声音的回响

——中国人民广播80年纪念文集

（上）

王　求　主编

新华出版社

图书在版编目（CIP）数据

声音的回响：中国人民广播 80 年纪念文集 / 王求主
编 .-- 北京：新华出版社，2020.11

ISBN 978-7-5166-5503-0

Ⅰ.①声… Ⅱ.①王… Ⅲ.①广播事业—中国—纪念
文集 Ⅳ.① G229.2-53

中国版本图书馆 CIP 数据核字（2020）第 219855 号

声音的回响——中国人民广播 80 年纪念文集

主　　编：王　求

责任编辑：徐文贤　　　　　　　　封面设计：贝壳学术

出版发行：新华出版社

地　　址：北京石景山区京原路 8 号　　邮　　编：100040

网　　址：http://www.xinhuapub.com

经　　销：新华书店、新华出版社天猫旗舰店、京东旗舰店及各大网店

购书热线：010-63077122　　　　　中国新闻书店购书热线：010-63072012

照　　排：北京贝壳互联科技文化有限公司

印　　刷：北京佳未印刷科技有限公司

成品尺寸：170mm×240mm　　　1/16

印　　张：51.5　　　　　　　　　字　　数：1038 千字

版　　次：2020 年 12 月第一版　　印　　次：2020 年 12 月第一次印刷

书　　号：ISBN 978-7-5166-5503-0

定　　价：138.00 元

编 委 会

主　任：王　求
副主任：赵忠颖　周然毅
成　员：王　求　赵忠颖　潘晓闻　周然毅
　　　　陈富清　李　宏　丁文奎

主　编：王　求
副主编：赵忠颖　周然毅

编辑部主任：陈富清
副　主　任：石良豫　李宝萍
成　　　员：陈富清　石良豫　李宝萍　张务纯
　　　　　　樊丽萍　常　可　段晓云　江骅谕

目 录

人民广播　时代之声（序言）…………………………… 范卫平 / 1

一、特稿

新型广播的探索与实践 ………………………………… 阎晓明 / 2

八十年　三个群 ………………………………………… 张振华 / 10

国庆这一天 …………………………………………………… 杨 波 / 14

九十年代的几件事 ……………………………………… 胡占凡 / 17

广播常在　声声不息 …………………………………… 王 求 / 19

二、中央广播电视总台（央广）来稿

广播时政新闻的变革与创新 …………………………… 刘振英 / 30

泪洒西花厅 …………………………………………………… 刘振敏 / 39

总理给我做嘉宾 ………………………………………… 郭 静 / 48

国家电台藏语广播 70 年 ……………………………… 张小平 / 56

那些年，我们这样做评论员 …………………………… 曹仁义 / 66

一次值得回味的工作会议 ························· 傅成励 / 71

为时代放歌　为人民抒怀
　　——广播剧独特的艺术贡献 ··············· 阚　平 / 76

用电波传递新时代强军之声
　　——浅谈中央广播电视总台军事广播节目的传承与创新 ··· 孙　利 / 80

中国少儿广播的旗舰 ························· 李晓冰 / 86

不忘来时路　有益于未来行稳致远
　　——中央台创办对农广播节目 65 年的启示 ········· 彭忠蛟 / 90

壮阔 70 年　奋进新时代
　　——纪念中央广播电视总台民族语言节目创办 70 周年 ··· 张克清 / 95

中华之声神州之声　反"独"促统的时代强音
　　——见证中央人民广播电台对台湾广播两套节目的
　　　历史跨越 ····················· 黄少辉 / 101

跨越海峡的"桥"
　　——对台湾广播《空中之友》的历史脚步 ········· 冬　艳 / 107

中央人民广播电台对港澳广播发展史研究 ······ 诸雄潮　刘文燕 / 114

140 个字与摇一摇 ························· 夏　文 / 122

三、中央广播电视总台（国广）来稿

继往开来，开创中国全球传播新局面 ············· 夏吉宣 / 128

有广播的一生都好听 ························· 王　璐 / 136

我的对外广播情缘
　　——电波传情谊　声音连世界 ············· 金　京 / 139

我与国际台的新闻情缘 ····················· 刘素云 / 143

我与广播的 25 年 ························· 台学青 / 149

我与《玉莹信箱》的故事 ··················· 李慧莹 / 154

对日广播不可忘却的人与事 ················· 王小燕 / 160

环球资讯广播以创新为基因惟进取故日新 ········· 黄永国 / 171

风雨同行 16 载，见证中国对俄传播事业飞速发展 ·· 安娜·阿拉贝尔特 / 177

中国不远　就在耳边
　　——纪念中国对外广播事业 80 周年 ········· 法迪里·姆鹏吉 / 181

念念不忘　必有回响 ····················· 王　馨 / 184

中央广播电视总台"小溪工作室"新媒体传播心得 ········· 奚啸琪 / 189

四、专家学者来稿

学广播　教广播的甲子岁月
　　——从广院至中传从教 60 周年有感 ············· 曹　璐 / 198

研究、实践与创新：人民广播类型化改版改革回顾 ········· 覃信刚 / 204

永远的广播情
　　——中国人民广播 80 年感怀 ············· 白　玲 / 212

声远流长　音缘永续 ····················· 黄　信 / 216

中国广播人　永远在"路"上 ················· 陈乾年 / 223

与人民共呼吸　与时代同脉动
　　——中国广播新闻的时代作用 ········· 韩瑞娜　周小普 / 225

人民广播 80 年来节目形态历史演进与发展特征 ········· 申启武 / 233

从抗战号角到和平之声
　　——人民广播 80 年的角色转化 ············· 艾红红 / 243

简论解放区广播在战争中发展壮大 ············· 哈艳秋 / 249

广播的传播意义 ····················· 孟　伟 / 256

广播，始终在前线 ····················· 刘洪涛 / 262

从"学会自己走路"到引领融媒体新闻文本建设
　　——人民广播创建 80 年来新闻文本嬗变及发展趋势研究 ·· 吴生华 / 266

5G 融媒时代新广播的转型机遇探析
　　——从回顾 29 年我国交通广播发展历程想到的 ·· 潘　力　胡庭瑜 / 276

从"对空言说"到"制造农民"
　　——新中国成立之初信息网络下沉背景下的
　　对农广播探索 ……………………………………… 潘伎伎 / 285

人民广播 80 年来云南少数民族广播事业的
　　发展和创新 ………………………………… 杨在彭　贺　林 / 293

中国广播受众 80 年之变迁 ……………………………… 黄学平 / 300

五、地方局台来稿

声频之花别样红
　　——北京人民广播电台成立 70 年成就辉煌 ···· 北京市广播电视局 / 308

初心筑梦　声彻京华
　　——写在中国人民广播事业诞生 80 周年之际
　　………………………… 北京广播电视台广播发展研究中心 / 314

初心澎湃　融创未来 …………… 湖南省广播电视局　湖南广播电视台 / 318

山西广播：与时代同频　为三晋传声 ……… 王　勐　赵力琼　任志宏 / 323

求变求新，与时代同行
　　——纪念中国人民广播事业 80 华诞·四川篇 …… 四川广播电视台 / 328

小广播　大作为
　　——四川应急广播创新基层治理的探索与实践 …………… 李　酌 / 334

风雨同舟六十载　砥砺前行谱新篇
　　——记西藏广播事业发展历程 ………………… 西藏广播电视台 / 338

发扬光荣传统　坚持守正创新 ……… 新疆兵团文化体育广电和旅游局 / 345

不忘初心　广播永远在路上 …………………… 新疆广播电视台 / 348

奋力前行的云南广播 ………………………………… 云南广播电视台 / 351

从磁带到鼠标

　　——记广播节目制作在技术中的演变 ················· 李钢弦 / 356

薪火相传，砥砺前行 ················· 甘肃省广播电视总台 / 358

主力军勇于挺进主阵地，融合时代更要唱响主旋律

　　——湖北之声融合创新、转型发展思考与实践 ··· 湖北广播电视台 / 363

从瑞金出发，初心照耀广播人 ················· 蓝　蔚　周　密 / 368

声音与祖国和人民共振 ················· 黄云鹤　赵英娜 / 373

以改革促影响力提升　广西广播的"破茧成蝶"之路 ·· 苏鹏程　黄永妮 / 376

贵州人民广播事业发展历程 ················· 贵州省广播电视局 / 381

狮忆青云

　　——贵州广播事业的风雨历程 ················· 赵苗苗　王　俐 / 384

三江之源　昆仑之声

　　——青海人民广播事业71年 ················· 青海广播电视台 / 387

根植燕赵文化沃土　唱响融合时代强音 ················· 河北广播电视台 / 391

我亲历了河北人民广播事业从无到有 ················· 成忠顺 / 395

浅谈新中国以前人民广播事业的发展 ················· 江　超 / 401

不喧哗　自有声

　　——东北地区最长时间

　　　　播音纪录保持者大连广播 ················· 大连新闻传媒集团 / 406

宁波电台发展长河里的3朵浪花 ················· 徐明鸣 / 410

一体多维：中国城市广播与媒体融合的未来之路 ················· 印永清 / 413

人民广播　时代之声

（序　言）

范卫平

　　人民广播走过了 80 年不凡历程。1940 年 12 月 30 日，中国共产党在革命圣地陕北延安创建了延安新华广播电台。这是中国共产党创建的第一座广播电台。这一天被定为中国人民广播事业创建纪念日。

　　不忘初心，方得始终。在血与火的战争岁月，当老一辈无产阶级革命家在农村指挥所领导气壮山河的抗日战争、解放战争，领导中国革命走向一个又一个胜利的同时，人民广播工作者以高度的政治热情投身于抗日民族解放斗争和中国人民解放战争的广播宣传工作。在当时物质条件十分困难的情况下，先辈们艰苦奋斗，不断把全国军民抗战的消息，八路军、新四军和敌后武装英勇杀敌的事迹以及世界人民反法西斯斗争的形势，传播到四面八方。让党的声音得以广泛传播，让真理的声音划破黑暗势力的天空。多少人从这一红色电波里，听到了正义的呼声，看到了中国革命的光明前途，进而奔赴延安，奔赴解放区；多少人因此坚定必胜信念，踏上了奋勇杀敌的征程。延安广播已成为"茫茫黑夜中的灯塔"。

　　1949 年 10 月 1 日，中华人民共和国成立，这也标志着中国人民广播事业新纪元的开始。1949 年 10 月 1 日下午 3 时，毛泽东主席站在天安门城楼庄严宣告："中华人民共和国中央人民政府今天成立了！"洪亮的声音通过北京新华广播电台的实况直播，传遍祖国的大江南北，传播到全世界。整个实况直播持续 6 个半小时，由著名播音员齐越、丁一岚现场播音。这是新中国成立后第一次全国性实况直播，在我国广播发展史上占有极其重要的地位。

　　在党的领导下，新中国的人民广播事业得到快速发展。建国初期完成了对旧中国遗留下来的私营电台的社会主义改造；修复、改造了国民党政权留下的破旧设备；在全国各省、自治区、直辖市和一部分省辖市陆续建设广播电台，以后逐步形成了四级办广播的发展格局；国家集中力量建设中央人民广播电台，适时增加发射功率、改进收听效果。与此同时，陆续发展对农村广播、民族语言广播、少儿广播、军事广播、对台港澳广播以及对外广播。

　　老一辈无产阶级革命家高度重视、亲切关怀人民广播事业。1965 年 9 月，毛泽东、刘少奇、周恩来、朱德、邓小平等党和国家领导人分别为人民广播诞生 20 周年题词。毛泽东的题词是："努力办好广播，为全中国人民和全世界人民服务。"刘少奇的题词是："高举毛泽东思想红旗，把广播工作做好，使全国人民和全世界人民都得到鼓舞。"周恩来的题词是："高举毛泽东思想伟大红旗，发扬艰苦奋斗、自力更生的革命精神，为发展人民广播事业而努力。"朱德的题词是："联系群众、联系实际，进一步把广播宣传工作做好，为社会主义革命和建设服务，为世界革命服务。"邓小平的题词是："高举毛泽东思想红旗，更好地为社会主义建设和社会主义革命服务，为马克思列宁主义和无产阶级国际主义服务。"

进入新时代，全国广播战线以习近平新时代中国特色社会主义思想为指导，自觉承担起"举旗帜、聚民心、育新人、兴文化、展形象"的使命任务，牢牢把握正确的政治方向、舆论导向、价值取向，大力宣传党的路线方针政策，生动反映民族精神和时代精神，热情讴歌党和人民新的伟大实践，努力丰富人民群众精神文化生活，推进应急广播体系建设，各项事业快速发展。目前，我国已建成世界上规模最大，有线、无线（调频、中波、短波、微波）、卫星、互联网等多种技术手段混合覆盖的广播传输覆盖网络，人民广播的传播力、引导力、影响力、公信力以及公共服务能力显著增强，成为名副其实的广播大国。

80 年人民广播历经风雨，筚路蓝缕，从小到大，由弱到强。在党中央的直接领导和亲切关怀下，人民广播事业在艰苦岁月中创业，在战胜困难中前进，在改革开放和现代化建设中发展。我们从当年设备简陋、条件艰苦的"窑洞电台"发展成为如今装备先进、覆盖广泛、队伍庞大的现代传媒。80 年人民广播事业发展的长期实践，积累了丰富经验，形成了不少基本规律。特别是党的十八大以来，广播战线深入学习贯彻习近平新时代中国特色社会主义思想，始终把习近平总书记关于党的宣传思想文化工作的重要论述作为做好新时代广播工作的科学指南和根本遵循，迈出了从正本清源到守正创新的坚实步伐。人民广播 80 年的发展，为巩固发展中国特色社会主义广播事业、开创广播工作新局面提供了重要启示。

一是必须始终坚持党的领导毫不动摇。党是领导一切的。历史雄辩证明，我国广播事业发展取得的巨大进步，根本在于坚持党的领导，在于坚决贯彻落实党中央决策部署。党的领导是广播事业从无到有、从小到大、从弱到强的重要政治基础和根本组织保证。未来无论新兴媒体如何发展，媒体格局怎样变化，党的"喉舌"性质不能改变，党管媒体原则不能走样，党对广播工作的领导不能削弱。广播事业必须始终坚持党的领导，坚持宣传思想工作"两个巩固"的根本任务，坚持正确政治方向、舆论导向、价值取向，坚持"字字千钧、秒秒政治、天天考试"，自觉承担好"举旗帜、聚民心、育新人、兴文化、展形象"

的使命任务。

二是必须始终坚持政治方向毫不动摇。方向问题是带有根本性的问题，没有正确政治方向，一切都无从谈起。若方向错了，那走得越远，离目标就越远，干得越多，错误就越多。习近平总书记关于宣传思想工作的重要讲话，强调最多、摆在首位的就是坚定正确的政治方向问题。广播工作必须始终把旗帜鲜明讲政治作为第一位的工作要求，把坚持正确的政治方向作为"生命线"，在举什么旗、走什么路的问题上始终保持清醒头脑，在重大政治原则和大是大非问题上做到立场坚定、旗帜鲜明。

三是必须始终坚持党性原则毫不动摇。党性原则是马克思主义新闻观的核心要义，是不同历史时期党的新闻舆论工作一以贯之的根本原则。广播是重要的新闻舆论阵地，其中一项重要功能就是新闻宣传，为此，我们必须把党性原则贯穿体现到广播新闻宣传工作的各个方面、各个环节，确保新闻宣传工作的领导权、管理权、话语权牢牢掌握在党的手中，让党的主张成为时代最强音。毛泽东同志曾经指出："我们必须坚持真理，而真理必须旗帜鲜明。我们共产党人从来认为隐瞒自己的观点是可耻的。我们党所办的报纸，我们党所进行的一切宣传工作，都应当是生动的、鲜明的、尖锐的，毫不吞吞吐吐。这是我们革命无产阶级应有的战斗风格。"习近平总书记强调："如果在坚持党性这个根本问题上没有明确观点和立场，那就是政治上不合格，就没有做党的宣传思想工作最起码的资格。"

四是必须始终坚持服务大局毫不动摇。"不谋全局者，不足谋一域。"讲大局、顾大局，从全局出发制定战略、运用策略，是我们党的优良传统和制胜法宝。树立大局意识是党对广播工作的基本要求。胸怀大局、把握大势是党的广播事业健康发展的重要前提。广播事业始终是党和国家整个事业的重要组成部分，广播工作始终是党武装自己、动员人民，统一思想、凝聚力量的重要工作。广大广播工作者必须始终坚持围绕大局，与党和国家事业同命运共呼吸，自觉地在思想上、政治上、行动上同党中央保持高度一致，任何时候任何情况下都要紧紧围绕党和国家的中心任务开展工作。实践证明，广播工作只有始终坚持服务大局毫不动摇，才能找准坐标定位，才能科学精准发力，在与时代同频共振中实现新闻宣传工作的真正价值。

五是必须始终坚持以人民为中心的宗旨毫不动摇。全心全意为人民服务是我们党的根本宗旨。坚持人民至上理念、与人民群众保持血肉联系，反映了中国特色社会主义的本质要求，体现着广播工作的作风和文风。习近平总书记关于宣传思想工作的一系列重要论述，字里行间彰显着坚定的人民立场，浸润着真挚的人民情怀。作为党的宣传思想阵地的主力军，广播战线一直在党的领导下抒写人民、讴歌人民、服务人民，从人民群众的火热实践中汲取营养，在人民群众的广泛支持中茁壮成长。历史经验表明，人民群众的支持是实现广播行业高质量发展的力量源泉。广播工作者必须牢牢坚持以人民为中心的工作导向，把实现好、维护好、发展好最广大人民根本利益作为全部工作的出发点和落脚点，把人民群众满意不满意作为衡量新闻宣传成效的最高标准。

六是必须始终坚持价值引领毫不动摇。社会主义核心价值观是当代中国精神的集中体现，是凝聚中国力量的思想道德基础。习近平总书记指出："当高楼大厦在我国大地上遍地林立时，中华民族精神的大厦也应该巍然耸立。"充分发挥核心价值观的感召和引领作用，引导广大人民向上向善，是"成风化人、凝心聚力"的题中应有之义。党的十八大以来，广播事业发生历史性变革、取得历史性成就，一个重要原因就是高度重视价值引领，牢牢坚持正确的价值取向。这些年来，全国广播机构全方位宣传社会主义核心价值观，在主要节目中开设专栏，自主策划推出专题节目、系列报道、新闻行动等，为核心价值观宣传树立起鲜亮旗帜。实践证明，广播工作者只有始终坚持价值引领毫不动摇，大力培育和弘扬社会主义核心价值观，才能够在纷繁复杂的社会意识中占领价值高地，在多元嘈杂的舆论环境中发出时代强音，用价值观的力量唤醒人们对真善美的向往和追求，从而赢得受众、赢得人心。

七是必须始终坚持守正创新毫不动摇。守正创新是清渠活水。当今世界正处于大发展大变革大调整时期，媒体格局、传播环境、受众对象都在发生深刻变化。同时，新技术新应用层出不穷，迭代周期越来越短。面对意识形态领域的新态势、媒体格局变化的新形势、信息化发展的新趋势，广播面临的一项重要而紧迫的战略任务就是深入推进守正创新。纵观新中国广播事业发展壮大的光辉历程，从新中国成立初期低水平的广播系统，到今天的媒体融合和全媒体发展，从传统媒体到新型主流媒体，从国内传播到国际传播，每一点进步、每一次突破，都是在党的坚强领导下和人民群众的广泛支持中，把握方向导向、坚持守正创新的过程。实践证明，守正是清渠之堤，创新是活水之源。面对正在发生深刻变化的广播发展外部环境和内在格局，必须继续正本清源、坚持守正创新，抓住新机遇、迎接新挑战、解决新问题，加快推动行业高质量创新性发展。

八是必须始终坚持科技引领毫不动摇。科技引领是发展动力。广播是科技创新的产物，也必然依靠科技创新来发展。谁牵住了科技创新这个"牛鼻子"，谁走好了科技创新这步"先手棋"，谁就能抢占先机、赢得优势。多年来，科技创新一直引领广播发展和媒体格局演变。当前，新一轮科技革命和产业变革浪潮奔涌，广播作为信息传播领域的重要载体、先进科学技术综合应用的天然实验场，必须乘势而上，加快运用人工智能、5G、大数据、云计算、区块链等新技术成果，大力发展智慧广电，加快建设全程媒体、全息媒体、全员媒体、全效媒体，全力打造新型主流媒体。实践证明，广播工作只有始终坚持科技引领毫不动摇，才能跟上社会需求的新变化，把握创新发展的好机遇。只要我们以敞开的胸怀、开放的心态主动拥抱新媒体新技术，补齐传统媒体在技术、渠道、平台等方面的短板，同时巩固强化内容优势、专业优势，加上主流媒体的资源优势、覆盖优势、政策优势，必将开创广播工作的新境界。

以上八个方面的"始终坚持"，是我们在回顾人民广播事业的发展历程、用习近平总书记关于宣传思想工作的重要论述指导新时代广播工作中总结出的重要经验和基本规律。实践永无止境，发展永不停顿，我们要在工作中不断总结新的经验，提炼新的规律，在尊重规律的基础上发挥主动性创造性，与时俱进做好新时代广播工作。

重整行装再出发，而今迈步从头越。为总结人民广播80年积累的宝贵经验和基本规律，发扬人民广播的优良传统，再创人民广播事业新的辉煌，中国广播电视社会组织联合会在全行业开展了纪念中国人民广播80周年约稿和征文活动。现将所约稿件和征文获奖作品选分上、下两册结集出版，以此纪念人民广播诞辰80周年。

（作者系中国广播电视社会组织联合会会长）

一、特稿

新型广播的探索与实践

阎晓明

今年是中国人民广播事业 80 华诞，作为人民广播事业诞生标志的中央人民广播电台也迎来了 80 岁生日。1940 年，在中国人民抗日战争最艰苦的岁月里，中央人民广播电台的前身——延安新华广播电台——在延安王皮湾诞生，从那时起，中央人民广播电台就成为中国人民革命事业的重要组成部分。她伴随民族图存、民族解放的战火硝烟，紧跟民族独立、民族复兴的伟大征程，召唤人民奔赴战场，激励人们建设国家，鼓舞人们改革开放，讴歌人民全面小康。作为"声音媒体"，80 年来，中央人民广播电台用声音见证历史、记录时代，传播党和国家的声音、人民的声音、时代的声音，也在历史的长河里留下了自己的声音，是声音中的中国、声音中的历史。

我从 2015 年 7 月到 2018 年 3 月在中央人民广播电台工作两年多。两年，在 80 年的历史中虽然只是一瞬，却是中央人民广播电台在以习近平同志为核心的党中央领导下，推进传统媒体和新兴媒体融合发展的一个特殊节点，我因此更深地感受到几代央广人汇聚成的风格和传统，以及在此基础上生生不息的情怀和责任。我以一个热爱广播的外行和这段历史的亲历者叙述一点感受。

一、广播自信和声音优势的缘起

本世纪开始，互联网的广泛应用引发了人类一场翻天覆地的技术革命，媒体首当其冲受到颠覆性的冲击，求变求新赶上潮流成为传媒行业的急迫心态，其中不乏茫然和焦虑，广播自然也不例外。广播的焦虑主要在于传统广播式微势头不减，新媒体上短视频一家独大，声音形态生存艰难。互联网时代传统广播怎么发展？新媒体要不要改弦更张做视频？广播的焦虑中透出一种失落和悲观。此时的传统媒体状态各异：纸媒没有退路，义无反顾投入新媒体；电视依旧强势，大屏为主小屏为辅依然有活力；广播处于传统广播前路不宽、新媒体前路不明的状况。我在报纸工作了 30 年，到中央台后反差还是相当大的，这种反差有助于客观看待问题。

互联网对广播到底有怎样的冲击？仔细分析发现冲击并没有担心的那样大。人们喜欢用互联网获取信息，首先是因为它可移动和便捷以及信息的及时性，这正是报纸和电视功能中的缺陷，却是广播的天然优势。从半导体收音机诞生起，广播就具备了随身移动的功能，而声音信息本身就有碎片化的特质，随时发布是广播信息传递的主要形式，广播具备互联网的基本属性，可以说是传统媒体中的新媒体。此其一；其二，互联网信息产品主要是文字和视频，音频产品微乎其微，并没有与广播在产品上形成直接竞争；其三，突然而至的汽车社会，为广播开辟了一个新天地：开车不能看电视尤其不能看手机，排斥了新老媒体对汽车的争夺，老年社会的来临，巩固和扩大了广播原有的受众群；其四，突发事件、重大灾害发生后，广播依然是最便捷的信息源头，因为手机的双向传播，受到信号覆盖、用户密集等诸多限制，这在汶川地震等灾害中得到了印证……这是广播在互联网时代的优势。

互联网时代，"声音"某种意义上处于翠尘珠埃状态。一位话剧演员的观点对我们深有启发，他说：现在用耳朵接收信息太少了，眼睛又使用过度了。这确实有一种恍然大悟的感觉。在所有传递信息的方式中，完全通过声音传递的信息，不受肢体语言等因素影响，最纯粹干净；通过耳朵接收信息具有解放手脚的独特优势，也是用眼过度时代最健康的信息接收方式，是唯一可以"一心二用"的信息接收方式。我们归纳了一下，高雅的信息大都是通过声音传递耳朵接收的：比如讲课听课、听音乐会，等等。同时，较之纸媒和电视，声音媒体不受场景限制，有相当的自由度和空间。广播的这些特性，借助互联网具有巨大发展空间，最直接的就是互联网弥补了传统广播节目转瞬即逝的缺陷，人们对感兴趣的信息，通过网上回听就可轻而易举获得。我们在分析优势的同时也提出了一个必须高度警觉的危机：互联网时代声音的竞争，已经不是广播行业内部电台与电台之间的竞争，而是所有人都有利用互联网制造声音产品的机会，是与所有互联网使用者的竞争，中央台已经不再具有一家独大的优势。2015年底，中央人民广播电台举办了首次资源推介会，名为"破茧成蝶"，阐述了"中央媒体、声音媒体、新型媒体"的定位，提出"一个属于声音的时代正在来临"，呼吁人们用"人间四月芳菲尽，山寺桃花始盛开"的眼光展望广播的未来。

二、广播体系的调整和探索

2015年是中央人民广播电台诞生75周年。此时的中央台拥有17套广播频率、4个网站、互联网电视和众多微博和微信公众号，还有报刊和在建的广播云平台……虽然形态丰富结构比较完整，但在互联网时代这个结构面对许多挑战：集中体现在内容怎么变、覆盖怎么办、新媒体怎么建三个问题上。

按照中央提出的传统媒体与新兴媒体融合发展战略决策和加快构建舆论引导新格局的部署，结合中央台实际做了一些探索和实践。

（一）频率结构的优化

传统广播板块突出国家电台功能是大家的共识。中央台传统广播的结构由时政、经济、综艺、音乐4大类构成，这4大类也是覆盖面比较广的频率。但央广还有港、台、民族、高速公路、农业和老年等覆盖面较小的频率。4大类是所有广播的共性，而"小类"是央广的个性,这些个性有的在广播行业中具有唯一性。音乐是广播的独特优势,央广的流行音乐具有了相当影响力,但传统音乐包括交响乐、民乐相对较弱,对于具有相当数量高端受众的广播来说是个缺憾,在广电总局的支持下,我们新开播了"经典音乐广播"频率,开设了"金唱片"等标志栏目,收到很好的效果。

央广传统广播要形成优势必须突出唯一性。央广有 5 种少数民族语言广播,这在全国各类媒体中是绝无仅有的,虽然受众少,但具有独特的政治功能,尤其是广播非常适合少数民族地区的生活习惯,在民族问题日益突出的形势下作用更加明显。这个阶段,我们动员全台同志在各种场合推介民族广播的功能,对于提醒有关部门重视央广这个唯一性起到了很好的作用。有关部门把在民族地区有特殊影响的人士的节目都交给央广录制,民族中心设立了民族新闻联播节目,形成了全国民族广播的龙头,影响力不断提升。

中国高速公路交通广播是央广的一个重要资源,但随着大交通理念的形成,高速公路的概念显得有些狭窄。如果能改为中国交通广播,便可以涵盖航空、航运、铁路、公路等领域。经过多方努力,2017 年 1 月 10 日,中国交通广播正式成立,成为中国第一个国家级交通广播。中央人民广播电台和交通部、国家发改委签署了合作协议。在筹划设立中国交通广播过程中,我们抓住国家京津冀协同发展战略,决定探索设立第一个区域广播——京津冀之声,集交通、应急、公共服务等信息于一体,形成新的广播模式。与交通部和发改委的协议就是区域广播的雏形,并初步决定在雄安新区设立京津冀之声和应急广播总部,开辟央广区域广播的先河,并针对我国民众应急知识匮乏的问题,建立应急培训中心。这个方案已经得到雄安方面的肯定,因为后来的机构变化未能实现,中国交通广播则作为唯一的国家交通广播正在逐步显现作用。

作为国家电台,中央人民广播电台没有国际传播部门,影响力和权威性受到很大限制,但这个问题涉及面太广,短时间内难以改变。我们把已有的华语广播联盟作为突破口,制定了境外华语广播既是央广节目的播出机构,也是为央广提供信息的采写机构,既覆盖华语社区又逐步实现央广国际报道自采的设想。在昆明召开的全球华语广播会议上,得到大家的一致响应,与会的华语广播全部和央广签署了合作协议,在国际传播上迈出了可喜的一步。中央人民广播电台 2016 年承办了首次在中国举办的亚洲广播大会,2017 年加入了全球最大的广播组织——欧洲广播联盟,并与英国广播公司和欧广联开始了实质性的合作,这些工作扩大了央广的影响,实现了国际传播的突破。

（二）覆盖理念的转变

频率覆盖是传统广播的基础。类似于报纸的发行,只有覆盖到位听众才能收到信息。但与报纸发行不同的是,报纸可以直接投递到读者,而广播信号即便覆盖到位也需要通过收音机才能接收。互联网时代覆盖发生了很大变化。首先是家家拥有收音机的时代已经不再。呈现在我们面前的是这样一种景象：报纸通过各种形式投递到读者，电视媒体因为电视机仍是家庭必备侈品，直接抵达受众根本不需要担心，广播因为拥有收音机的家庭很少，抵达受众是很大的问题，除了汽车，某种意义上广播成了飘在空中的信息，而且大多数频率覆盖需要自筹资金。尤其是手机成为主要信息载体后，人们接收信息的方式更加多样化。传统覆盖理念需要改变。我们提出频率覆盖重点在区域内的汽车一族，手机覆盖重点进入家庭，从载体角度思考覆盖问题。首先以交通广播作为区域覆盖试点。传统广播不同区域不同频点，只要从北京进入河北收听同一个节目就要重新搜索，这是广播最大的软肋。不同区域相同频点是提升便捷性的一种方法，以交通广播为试点，通过频率置换、补偿等方式，在京津地区、河北全境分别调整为同一个频率，这样开车在这个区域收听交通广播不需要再调换频率，这也为区域广播做了基础性工作。

在国内重要会议、重要场所中，可以看到报纸、电视，但听不到广播是一个严酷的现实，这从某种意义上反映了广播的状况。广播要扩大影响，首先要覆盖有影响的人。我们尝试以重要场所为突破口，试行载体覆盖。经过协商，确定一个重要场所作为首批试点，专门从深圳定做了不同类型的收音机，打上中央人民广播电台的字样，摆放到每个房间。这批收音机上我们也下足了"私心"，把中央台的频率在界面上设置成一键收听，其他台的频率则需要搜索才能收听。这个覆盖办法非常见效，许多在这里开会的领导都说听到了中央台的节目，有的领导和单位还专门来购买收音机。原来计划逐步扩大范围，在全国两会驻地等场所推广这种覆盖方式，并开始研究向听众免费赠送收音机的方案，先期启动了赠送农村的试点。同时，委托深圳企业研究具有路由器等多功能的收音机。我们有一个梦想，就是希望在收音机上打开广播新的天地。这个阶段，港澳中心经过努力，在香港争取到一个落地频率，成为今天对港宣传的重要阵地，设想的民族广播通过移动通信的铁塔覆盖，不再单独建发射台以节约资金的方案，则因为安全问题没有实现。最遗憾的是与交通部合作的在北斗导航系统植入中央台节目的项目，如果完成，就实现了对10万辆货运汽车的覆盖，可惜刚开了头。在改变覆盖的过程中，也有一个深刻的教训，原来设想的通过手机使广播节目进入家庭的思路，在实践中发现是行不通的，因为通过手机收听广播的人微乎其微。这说明并不是理论上说得通，实践中就一定做得到。

（三）新媒体的布局

中央台的新媒体怎么建，这是大家最关心的问题。解决不好这个问题，融合发展就没有基础。

依托央广网的技术和体制建设新媒体，这是形成的第一个共识。如果重建新媒体队伍，央广网就成了新的传统媒体，如果央广网也发展新媒体就造成了内部冲销资源浪费。央广网经过多年的发展已经具备比较成熟的技术和采编队伍，尤其是央广网的公司化性质非常契合新媒体的投资和分配特性。第二是新媒体不能改弦更张转型视频，要立足广播特点突出声音优势，建设国内最好的声音新媒体。第三，央广网整合台内其他四网，PC 端成为展示全台各类媒体和频率的平台，不再进行原创内容生产，集中力量创建新媒体；各中心原有的微信公号各显所长自主发展，鼓励民族语言做好新媒体；视频媒体重点做好银河互联网电视和阳光视讯。全台重点放在集中力量上线央广新闻客户端上。这些措施逐一实现，形成了新媒体的基本格局。

在此基础上，融合发展的思路也愈加清晰。中央台承担着一项国家项目"中国广播云平台"，最初的构想是成为全国广播共享资源的平台。当时，各家广播机构发展并不一致，短期很难发挥作用。我们决定对广播云一期项目进行调整，首先解决央广内部的资源共享问题，然后再带动兄弟台的加入。因为原来已经有很好的基础，这个调整很快实现。媒体深度融合，核心问题是流程再造。完善技术的同时，我们着手建立日常运行机制。建立了中央台编务会议制度，并以此作为全台宣传报道的指挥协调中心，这个机制的第二层是各频率或中心和新媒体值班编辑。根据编务会下达的任务，将具体任务分解后发送给后方的执行编辑、记者等具体操作层面。完成采编制作后，上传到技术平台，供频率和各新媒体方选择，实现资源共享共用。根据广播记者拥有录音资料这个得天独厚的优势，用计入绩效的机制，要求一线的编辑记者，既按订货制作成品，也要提供原料，就是采写的原始素材。形象地说就是，记者根据订货提供成品土豆丝，同时提供土豆，供别的菜系烹调其他菜肴，提升共享的质量。中央台的指挥协调中心设在主楼 104 房间，建立起线上线下多平台联合报题机制，初步完成了融媒体新闻生产流程。中国之声建成了集音视频为一体的演播室，成为全台新媒体的一个主要播出平台。那段时间内产生了不少爆款产品。

三、声音产品的探索

无论广播自信还是声音优势、融合发展，最终要看出了什么样的作品，产生了怎样的影响。那段时间，围绕"声音"举全台之力下了不少功夫，在内容和形式上做了一些探索。破题之作当属《致我们正在消逝的文化印记》。

现代化的过程中，许多传统文化印记正在消失，这是我们民族的血脉，这个问题媒体多有报道。广播能不能通过声音，以一种新的文体重现这些印记并作为历史记录留住这些印记？这个提议得到大家的热烈响应，围绕"留得住乡愁"这个主题，确定了方言、手工艺、民歌、古村落、服饰等内容，各中心自报选题分领任务，形成了系列报道《致我们正在消逝的文化印记》，以"季"的形式在广播和新媒体同时推出。新媒体除了声音外，还配以图片、视频、采编手记形成全媒体的产品。这组报道的效果是我们没有想到的，广播同行觉得很感动和自豪，听众觉得很新颖。收获最大的还是我们自己，感受到了属于我们的竞争实力，探索了一种新的文体"广播纪录片"。这组报道获得亚洲广播联盟大奖等诸多国内外奖项，并作为广电系统重点图书出版。

很难想象春节这样重要的节日，广播没有自己的重点节目。在重大节点上没有广播的声音，自然就没有广播的影响力。"必须有一个广播的春节品牌！"这个设想得到全台上下异乎寻常的支持。不办晚会、避开春晚，但对接春晚、突出声音特点、不拘泥节目形式。展示这一年的"国家声音""我家声音""我台声音""与历史有关联的声音"……这些定位为大家创造了一个充分想象的空间。大家集思广益，推出了一个以文化习俗为主，不是专题、不是晚会、不是报道，但各种元素聚集的独特节目，取名为"中国声音中国年"。2016年是猴年春节，我们突出1980年这个猴年出生的"80后"而立之年的历史背景，"比美食，赛歌声""晒美景，斗年俗""拼创新，看变化"，以40年春节的巨大变化反映改革开放的伟大成就。决定办这个节目时距离春节只有不到两个月时间，全台齐心协力付出了艰辛的努力，也获得了出乎意料的成功。之后这个节目不断完善，在机制上，实行各中心每年轮流承办，并吸纳地方电台的主持人参加，省级电台和全球华语台播出；时间上确定在除夕12点到18点的"忙年时段"，与央视春晚衔接；基本风格为亲情、恩情、乡情、爱情、激情；受众对象为路上的旅人和忙年而不能看电视的家庭。创作团队还加入了喊红包的现代营销环节，这个节目受到广泛好评，更重要的是探索了广播春节节目的形式。

与教育部、国家语委合作建设"中小学语文示范诵读库"，是我们期望引领声音标准的一次尝试。由著名播音员诵读中小学语文教材，形成声音中的教科书，免费发放到中小学校，把推广普通话和为中央台培养生生不息的听众有机结合。各中心都创作了一批精良的节目，像反映德高望重的老知识分子的纪录片《先生》、恢复高考40年10人访谈《那年我高考》、情景再现式新闻报道《遇到海昏侯》，等等，都是声音的上乘之作。

在声音产品中，新媒体产品是央广人声音优势的突出体现。其中《城市·声音印象》可以说是一种创造。现实生活中，每个地方几乎都有自己的形象片、歌曲、市树市花等标识，唯独没有声音标识。无论乘坐交通工具还是在商场博物馆都是一种音乐《回家》。能不能用最有代表性的声音元素，创作一个地方的声音标识，就叫"声音印象"？我实在是敬佩央广人的创造力，他们选择厦门为试点，不到一个月就创作出《厦门·声音印象》。采集的声音元素有海浪、海鸥声，用采访儿童的方式描述这座城市的色彩，用导游介绍鼓浪屿……尤其值得称道的，是用公共汽车介绍站名的方式引出陈嘉庚先生和厦门大学，令人叫绝。整个作品以《鼓浪屿之波》为背景音乐，用声音展示了一个独特新颖的厦门声音形象。一些列车和航班还把这个作品作为到达厦门的前奏曲。初战告捷极大激发了大家的积极性，之后有成都、合肥、雄安新区、海南等省市邀请中央台制作了声音形象，不仅取得很好的社会效益，也有了不错的经营收益。当初曾设想和各地文明办合作，为50个地方和城市制作声音形象，作为中央台的第一批营销式新媒体声音产品。此外，中国之声微信公号推出的新媒体作品《那些年，我们一起读过的课文》，成功进入了家庭，成为几代人共同收听的节目。

这些声音产品，虽然由于我们营销不够，影响有负于产品质量，但极大增强了大家的信心。

四、体制改革的破题

媒体要过好互联网关，关键是要有适应互联网时代的体制。传统广电媒体机构最大特点是以中心为单位，完成采编播的全部环节，台层面对全台新闻业务没有指挥协调机制。带来的问题是，每天全台的采编播整体情况哪个部门都不掌握。在融合发展中，这一层级的缺失使共享和协调很难实现。我们把这一环节作为流程再造的起点，在各中心之上设立了编务会制度，台领导轮流值班，各中心值班负责人参加，报送当天采编情况，确定当天的热点新闻。编务会一个重要职责是当场确定共享选题或作品，并协调组织报道人员。改变了长期以来，中心频率各自为政闭环运转的状况，优质资源得到释放。更重要的是成为融合发展再造流程的开端。

立足央广网，实现新媒体企业化建设是一项基础性体制。我们把央广的新媒体板块资源全部整合进央广网，使其从单一的 PC 业务发展成为拥有广播云平台、央广新闻客户端、广播节目制作等多种业务形态的新媒体公司。

地方记者站是采访的主力军，因为编制等原因，承担融合发展任务人员严重不足。我们借鉴驻外使馆的体制，实行以记者站为各地统一管理机构，扩大央广网地方网站，采编人员由记者站统一调度，但人员隶属关系不变、薪酬发放渠道不变，由中央台和央广网总公司结算。把记者站建设成各类媒体的供稿部门，同时又是新媒体的地方播出平台，通过遍布全国的记者站、网站地方频道，实现一次采集、多次生成、多平台发布。先期做了 7 个试点，积累了可贵的经验。

中央台的经营是殷实之家的模式还是大开大合的思路？这是一个充满困惑的问题。总结多年的发展经验，结合互联网时代特点，殷实之家是符合广播特点的。我们提出"减少""整合""提高"的基本思路。减少公司数量、收缩经营面。对民族、应急广播等四网实行技术整合，注销了四家公司和两个纸质媒体；整合就是全面推进广告经营转型，将全台广告资源集中统一授权央广传媒发展总公司统筹经营，实现广告资源从分散经营向集中经营转型，发挥品牌集聚效应。这个转变使得在新兴商业音频网站激烈竞争的大背景下，作为中央人民广播电台支柱的广告经营收入实现了稳步增长。收缩整合的同时，探索新的经营形式，重点做好银河互联网电视等优质资源，试点实行了主持人企业化工作室制度，为新媒体产品化做了有益探索，而且第一年就实现了盈利。2018 年，总结新媒体发展经验，在央广传媒总公司下设立产品运营室，专门经营央广的声音产品，并启动了前期工作。针对央广大型活动分散、缺少品牌的问题，确定了4个品牌活动：除了已有的流行音乐TOP排行榜、"夏青杯"朗诵大赛外，再重点塑造中国金唱片奖、少数民族文艺奖和中国广播节3个品牌。金唱片奖已经在昆明试行了新的举办形式，少数民族文艺奖则取得很好效果。

在那些年的制度建设中，最重要的当属绩效改革。薪酬体制是主流媒体发展新媒体最大的瓶颈。没有绩效保障就难以吸引更多人投入到新媒体建设中，也难以让已经从事新媒体工作的人保持长久的动力。我们吸取兄弟媒体的经验教训，按照"不动存量、不向各中心固定增量、专项用于融合发展绩效考核、向新媒体产品倾斜"的思路，出台了《关于进一步推进媒体融合，加强绩效分配管理激发队伍活力的方案》，简称"融合绩效"。这个绩效由台层面考核，不搞平均分配。这项制度极大地调动了员工尤其是年轻人的积极性，为新媒体的发展起到了举足轻重的作用。

下笔难自已，只因在中央人民广播电台工作的两年半，留下了太多感慨和感悟。"按照中央决策部署，结合中央台工作实际，立足广播优势，突出声音特色，再造生产流程，初步形成以内在逻辑连接物理空间，以构建中央厨房为突出标志，以编务会为运行核心，以绩效改革为制度保障，以中国广播云平台为技术支撑，以声音产品为内容基础，以传统广播和'两微一端'为呈现平台，进而带动经营方式转变的新型广播架构，走出一条具有中央人民广播电台特色的媒体深度融合之路。探索互联网时代新型广播的形态，维护汉语读音的纯正性，创造一种符合时代特征的中国声音时尚。"曾经的梦想历历在目……

这篇文章让我有机会梳理总结这段经历，虽然不尽全面，但我是认真的。感谢中央人民广播电台，感谢这段岁月。祝愿进入新发展阶段的中国广播事业"居高声自远"。

（作者系中央广播电视总台副台长、原中央人民广播电台台长）

八十年　三个群

张振华

2020年是中国人民广播事业暨中央人民广播电台创办80周年，明年则是中国人民对外广播事业暨中国国际广播电台创办80周年。

人民广播走过了80年，我在其中从业37年，如果加上在中国广播电视协会工作的13年，前后有50年。因此当学刊编辑部要我写点纪念文字时，既觉不容推脱，又觉似有可写。但真要动笔时却又不知从何写起了。

一切事业的历史，都是相关人众的历史。索性就谈谈中国国际广播的三个群体吧！

一、原清志和其他的"老外"们

20世纪40年代初，二战正酣。在亚洲战场上，为了适应对日作战的需要，中国共产党创办的延安新华广播电台于1941年12月3日首开了以侵华日军为对象的日语广播。这就是中国人民对外广播事业暨中国国际广播电台的发端。而首位播音员是日本女青年原清志。

原清志原名原清子，出生在日本东京一个平民家庭。丈夫是一名日共党员，曾因反战被捕，后去世。为了生计，清子进入一家书店工作。而出入书店的有许多进步的中国留学生，其中就包括新中国成立后曾任水电部副部长的程明升。在这些留学生的影响下，清子决心沿着丈夫的路继续走下去。

1937年，经程明升等人的介绍，她来到中国，参加了八路军，加入了中国共产党，并改名原清志。

1941年冬的一天，彭德怀副总司令紧急约见原清志说，朱德总司令要她火速去延安，准备做日语广播。

在几名战士的护送下，原清志骑马星夜奔延安。

一间窑洞，一部手摇发电机，简单的几样设备，1941年12月3日开始了她的第一次播音，就此成了中国人民对外广播播音第一人。

抗战胜利后，原清志选择留在中国，加入了中国国籍，并一直在辽宁省工作。1996年12月3日是中国人民对外广播创办55周年纪念日，中国国际广播电台特请84岁高龄的原清志老人进京，在刚刚落成的中国国际广播电台新楼参加了纪念座谈会。电台还特地为她制作了一座雕塑，放在台史展的突出位置，以表达对这位在中国对外广播和反对日本侵华战争中做出独特贡献的老人的敬意。2001 年，原清志老人在沈阳逝世，享年 89 岁。

国际广播的特点注定了它在工作人员的构成上必须具有开放性。一个外国人成为中国国际广播电台的一员，用自己的母语对自己的同胞广播，原清志是第一人，却不是最后一个。

在国际台，你会遇到操着不同语言、有着不同肤色的外国人，最多时有来自 59 个国家的近 300 名外籍人员和中国同事一起工作，因此被戏称是个小联合国。特别是要开办一些稀有语种广播，必须首先从某个国家物色老师到中国传媒大学招生授业。待学生毕业后，彼此由师生关系转变为同事关系，一起到台里共同开办某种语言广播。比如对亚洲广播的波斯语、尼伯尔语、普什图语（对阿富汗广播）、孟加拉语、泰米尔语、僧加罗语（斯里兰卡官方语言），对非洲广播的斯瓦希里语（坦桑尼亚、赞比亚等东非国家的官方语言）、豪萨语（尼日利亚、喀麦隆等西非国家通用语）等都是这样办起来的。

因此，在纪念中国人民对外广播事业创办 80 周年的时候，我们不能忘记原清志以及所有曾经同我们一起工作的"老外"们。

二、曾虹和她的归侨同事们

1949 年新中国的成立，使得许多热血华侨青年毅然回国参加国家建设。光是到国际台工作的，先后就有来自 18 个国家的 203 位归侨青年。来自越南的曾虹就是其中一位。

由于她出生在越南，越南语十分纯正，而且声音甜美、圆润而明亮，结果做了播音员，很快在越南拥有广泛的听众，甚至胡志明主席都称赞她的播音。

事实上，中国国际广播电台的不少外语广播，如日语、越南语、老挝语、泰语、柬埔寨语、缅甸语、印尼语、马来语、他加洛语（菲律宾官方语言）都是以归侨干部为主体创办和发展起来的，他们是中国对外广播事业的功臣。但是在"以阶级斗争为纲"的年代，归侨干部因为出身及海外关系，蒙受了不少冤屈。

2000 年 7 月中国国际广播电台侨联为纪念成立 10 周年，特地举办一个展览，并要我为之写一篇前言，义不容辞，于是大致写了下面的意思。

在中国国际广播电台队伍中，归侨干部是一个重要而特殊的群体。

说其特殊，是因为他们回国参加工作，与国内同志相比，有着极为不同的生活背景和心路历程。不少归侨（当然不是全部）本来在国外有着稳定而丰裕的生活，如果他们留在父母身边及侨居国，也许会继续享受人生的稳定与物质的充盈。而不会在反右、三年困难时期、"文化大革命"及五七干校中不被信任，尽受斗争、饥饿和劳役之苦。

说其重要，是因为新中国建立之初，国家缺少外语人才，正是他们以自己所掌握的侨居国语言（其水平有的胜过母语）以及对侨居国的了解，加之满腔的工作热忱和旺盛的工作精力，出色地担当起了创办某种外语广播的历史重任。如果没有他们，中国的一些外语广播要推迟数年开播，恐怕是不容争议的。

当年 20 岁上下回国的归侨同志大部分已经退休。回首往事，他们心头也许会有种种假设性的遗憾，但一定还会有实实在在的自慰和自豪。因为是当初立志要为新生的祖国添砖加瓦的赤子之心，使他们毅然踏上了回国之路，并且实地参与了国家的一项开拓性事业，而这一事业在改革开放的今天，已经有了长足的发展。特别是同他们一道经历了种种风雨的整个国家也取得了巨大进步。而这不仅是他们从归国之初就始终不灭的梦想，而且这一梦想的实现，也包含了他们的追求与奉献。

因此，他们不应被忘记，而应该接受敬意！

三、胡安·荷塞及像他一样的听众们

今年由于疫情，整个生活都摁下了暂停键。经过半年多的等待，一些国家的足球赛终于开场，但为了安全起见，场内没有观众。这使我想起当年我曾经说过的一个比喻。

我说，如果媒体也是一支球队，那么国际台踢的则是一种现场无观众式的足球。观众在哪里？在国外。赞也好，骂也好，声音都在国外。因此在中央三台中，国际台在国内少为人知。

实际上，中国国际广播电台在海外有着广泛的听众。在以书信为主要联络方式的上世纪 50 到 90 年代，外国听众来信最高年份会从 150 多个国家和地区收到 65 万多封。全台 43 种语言广播同时在外国听众中举办的某一主题知识竞赛会从 100 多个国家和地区收到 10 多万份答卷。许多听众为表达对中国的感情，还会寄来各种各样的纪念品。于是，1996 年，我们在新楼共享大厅办了一个永久性的外国听众纪念品展。几十个展柜里摆放着不同国家的各类纪念品，琳琅满目，美不胜收。我们叫它微型万国博览会。

为什么要办这个展览？无非是想自证——如果台外有人问：国际台的广播有影响吗？我会说：请看展览！如果新入台的职工问：在国际台工作有意义吗？我还是会说：请看展览！

许多国家的听众已不仅仅限于个别收听，而是自发组织起来，成立了地区性甚至全国性的听众俱乐部。其中，日本的北京广播听众之会不仅出版会刊，还不定期地举办中国问题恳谈会，以及不断地组团访华。1996 年在中国国际广播电台创办 55 周年之际，还专门赠送了樱花和松树，就栽在台的南草坪上，我们称之为樱松园。此外，日本听众还先后在河北省的丰宁和易县捐建了两所希望小学。

富士山脚下山梨县的神宫寺敬夫妇从上个世纪 50 年代起就收听我台日语广播，

并积极投身日中友好活动。他们觉得，中国年轻人要做好对日广播，必须具备对日本的实感。于是夫妻俩商定，轮流安排一些刚毕业的女大学生在他们家吃住，白天则到山梨电视台和日本员工一起工作。每人为期半年。十几年下来，先后接待了13位女播音员，着实令人感动。1996年10月，神宫寺敬夫妇再次到访中国国际广播电台，我拟刘禹锡的《陋室铭》句，写了一联，将神宫寺敬先生名字嵌入其中，请人书写相赠，以表敬意：

　　山不在高居仙则名，
　　寺不在阔宫神则敬。

　　最后我想谈谈西班牙听众胡安·荷塞。他从1998年开始收听我台西班牙语广播，对中国产生了浓厚兴趣，并不断同我们保持通信联系。1997年，他参加了我台有关陕西省的知识竞赛，其答卷长达十几页，图文并茂，答案准确，因此获得特等奖，应邀来华。自此，他对中国的关心与热爱更加炽烈，每逢中国重大节日，总要来信来电表示祝贺，张北地震、两江洪水，他不但来信表示慰问，还寄来赈灾款。1999年，他获得人民日报海外版举办的有关澳门的知识竞赛特等奖，再次来华，同时带来了他的侄子。为了迎接他来台做客，西班牙语部特地办了一个小型展览，展示了他历年的来信和寄赠的各种纪念品。我应约为展览写了一段前言，大意是：

　　一个没有听众的电台是可悲的，而一个拥有你这样听众的电台则是值得自豪的。你既是我们的听众，也是我们的老师。当几年前电波同你的心扉相撞开启了你对中国的爱的闸门之后，这种爱便如一股溪流倾泻不止。你使我们进一步看到了自己工作的价值和意义，激励我们不敢懈怠，必须以更好的信息服务来回应你和所有像你一样远在他国却关爱着我们，关注着中国的人。

　　这段文字既是写给胡安·荷塞的，也是写给天南地北的所有外国听众的。

　　国之交在于民相亲。几十年来，一代代国际广播工作者默默耕耘，为国家赢得了了解，赢得了友谊，赢得了朋友。得斯所哉，夫复何求！

（作者系原中国国际广播电台台长）

国庆这一天

杨 波

1999 年 10 月 1 日，国庆 50 周年纪念日在紧张的等待中到来了，这一天我要带领中央电台直播组到天安门广场直播上午的国庆 50 周年纪念大会和晚上的联欢晚会。为了出发方便，我头天晚上住在了办公室。当天早晨 4：50 起床，吃了一碗方便面，带了一瓶矿泉水、一包苏打饼干、一个望远镜、一部照相机、两个时钟和最重要的直播稿件，5：30 出发去中央电视台东门内统一安检。6：30 中央电台、中央电视台和国际电台参加直播的人员乘坐中办派来的专用大客车去天安门广场。汽车从南长街口左转，再从西华门右拐，沿故宫护城河来到午门前广场。下车后，在东朝房进行第二次安检，然后来到天安门城楼上。我们的转播地点在城楼西南角，转播桌是专门做的 1 米长、45 公分宽、1.1 米高的木制台子，上面用有机玻璃作了一个 U 形防风罩，放置了两只专用话筒，话筒也加了防风罩。另外一个矮一些的台子上放着调音台。工程师蔡永平、刘玉萍很快将转播设备架好，盖上了雨布并用绳子扎好，防水又防风。此时的天气虽未下雨，但云层很厚，难以断定上午的天气究竟如何，仍令人担心。8：00 一过，天空突然放晴，虽不能说是万里无云，但太阳毕竟露出了笑脸，大家非常高兴。在与主撰稿人蔡万麟和播音员丁然、于芳商量后，将直播稿中预设的关于天气的几种方案综合改为"金秋十月，节日的首都雨后初晴，阳光明媚，到处繁花似锦，五彩缤纷"。一开始曾提出不用"天高云淡"，能否说成"阳光格外明媚"，后来考虑还是以"阳光明媚"为宜。

9：00，天安门城楼东西两个临时搭起的观礼台陆续来人了，他们是各部委、各省市和军队中的正职，其中就包括国家广电总局的田聪明局长。为了防止大家无意中出声影响直播，我们在播音台旁的灯柱上拴上牌子，上面写着"中央电台正在直播，请保持安静"。果然，大家很理解和支持我们，有的义务为我们维持秩序。香港特别行政区立法会主席范徐丽泰小声地问我直播的流程，我向她作了介绍，她还不忘说了一句鼓励的话：广播作用很大。贾庆林、曾庆红、王忠禹在孟学农的陪同下前来检查慰问。徐光春来到直播台指导报名单事宜。

9：45，开始现场直播，介绍天安门广场的盛况和有关国庆的背景材料。虽然此前数次前来天安门城楼参加预演，但我心里还是感到有些紧张。丁然、于芳不愧是有经验的老播音员，很快就进入状态，直播自然流畅。三万字的直播稿九易其稿，现场用的是第十稿。10：00，贾庆林宣布纪念大会开始，接着升国旗、奏国歌、鸣礼炮。10：05，江泽民乘检阅车沿长安街向东检阅三军。10：26，江泽民发表讲话。10：35，分列式开始。红旗方阵后是各军兵种的方阵。我站在播音台旁，一边观察着受阅部队的行进速度，一边用手势提示播音员播音的速度，一切都很顺畅。可是到了11点零4分30秒，导弹部队方阵刚出现在天安门前，空中就传来了战机的轰鸣声。导弹和飞机是阅兵最抢眼的画面，按计划导弹方阵全部通过天安门，飞机才到，现在同时立体呈现，成了最震撼人心的风景线，全场一片欢呼。可这却慌了我们，我立即用手势提醒播音员暂停导弹方阵的介绍，转而介绍战机，然后适时穿插介绍导弹方阵。这种不是好办法的办法，解决了立体画面交叉转播的问题。接着游行队伍进入了广场，直播又自然流畅地进行着。12：08，游行队伍全部通过天安门广场，上午的现场直播宣告结束。转播组的同志互相握手庆贺，一张在天安门城楼上的合影记录了当时大家脸上高兴自豪的笑容。江泽民讲话用的话筒架和话筒是台里制作和购买的，有一定的文物价值，当我们想收回时，中办的同志说，这要由他们送到国家博物馆保存。中午回到台里，一楼大厅里贴着一张小字报，是一位老同志写的，对上午的直播连夸了三个好，这是对我们的最好奖励。

下午4：00，除了两位播音员换成常亮、黎江以外，直播组原有人员一起乘车去天安门广场。车到西华门，警卫告诉我们的车证只能走东华门。于是我们绕行北海南门来到东华门，可是这里的警卫也不让进。我们好说歹说才让我们的车开进了东华门，沿着故宫内高墙之间的甬道前行。至太和门前，警卫又不让进，又是一番和颜悦色的纠缠，终于让我们继续前行。车从午门出来，来到午门前广场。今天看来是我们的路线没有搞清楚，不过锻炼了我们的应对能力。到东朝房安检后上天安门城楼，此时还不到5：00。当天风很大，城楼平台圆桌上的茶杯被风吹得落到了地上。太阳下山以后气温骤降，我们直播台的后面就是上下城楼的通道，是个风口，仅穿一件夹衣已不能御寒。原规定上城楼要穿正装，但天气实在太冷，大家不得不把夹克、风衣穿上。幸亏黎江带了两件外衣，把一件夹克让给了我。好在是晚上，也看不清男式和女式。我把夹克穿上，帽子戴上，并系紧了带子。6：30，我们做好楼上的准备工作以后，来到楼下西耳房，这里有我们负责广场音响的机要处技术人员，来这里一是检查一下楼下机房的准备情况，二是避避寒。在这里吃了一碗刚泡的方便面，顿时觉得浑身热乎。可是两位播音员因为要播音，饱吹饿唱，不能吃东西，苦了他们了。

晚上7：50，联欢晚会直播开始，广场上各民族同胞载歌载舞，天空中五彩缤纷的礼花把晚会推向一个又一个高潮，这热烈欢腾的场面，通过解说传到亿万听众的耳旁。25000字的直播稿7易其稿，现场用的是第8稿。由于主撰稿人魏漫伦采访深入和多次排练的磨练，稿件文字准确，播音员功底深，播音自然流畅。直播中，田聪明来到直播台，关心地问我们需要什么。我们虽然很冷，但仍说不需要什么，让他放心。晚上 10：00 直播顺利结束，一天的直播任务终于完成了。金峰和李辉也出色地完成了晚会的现场解说任务，机要处的技术人员也完成了全天天安门广场的扩声任务。今天上午和晚上的直播，中央电台一、二、三、五、六、七套节目并机播出，播出安全。

收拾完设备，回到台里已近深夜 12：00。在办公室吃了一碗方便面，这是当天的第三碗方便面。我翻开上午的直播稿，仔细琢磨一番，终于发现飞机和导弹方阵同时到达的原因：阅兵分列式开始的时间比原定时间晚了 1 分多钟，方阵行进可以顺延，但飞机起飞是原定的时间，这才造成了飞机和导弹方阵同时出现的立体画面。琢磨完这件事后又看了一会儿电视阅兵重播才睡下，这一觉一直睡到第二天上午9：00。

（作者系原中央人民广播电台台长）

九十年代的几件事

胡占凡

人过 80 叫高寿，广播 80 正当年。

说起"想当年"，只会说些小事，大事记不准，容易说错。

与资深业者相比，我在广播业的时间不算长，但也不短。县里，省里，到中央人民广播电台，前后有 30 年左右。所以说左右，是因为期间偶有进出和变动，但时间都不长，一年半载而已。

单是在中央人民广播电台这一段，我做了将近 12 年。我很幸运，这 12 年，恰恰是中国广播形态改革精彩纷呈的年代。

其实，中央人民广播电台的节目形态的改革并非是最早的。说早，应该是广东电台的"珠江之声"。珠江之声应该是全中国的广播里第一个由单纯新闻播报转为主持人主持形态，就是由照稿播读变为口语说话和对话。不要小看了这个变化，十分不易。因为几十年从没有过这种"大逆不道"的方式。人们接受它还是有一个过程的。当时中央人民广播电台也是如此，有人甚至担心这种方式会不会取代新闻播音。事实证明，这二者是并行不悖的，各有各的功能和优势，相得益彰。中央人民广播电台的王牌节目"新闻和报纸摘要"，至今还是保持字正腔圆的播报方式，庄重大气，权威自信，依旧得到广大听众的喜爱，没有人希望它改成主持人方式。可见，且不说内容改革，仅仅播报方式的变化就不是一件简单的事。

说到内容，说一件最容易被人忽略的小事，天气预报。

到 90 年代末，还是延续几十年的传统，天气预报的形式和内容都始终如一。记得我在县广播站的时候，天气预报只有几句话：最高气温，最低气温，风力，雨雪。到了中央人民广播电台，多了很多专业术语，如高压脊，副热带，冷气旋等等。当然百分之百都是气象台提供的信息。

当时，我们的新闻中心就想改一改这种几十年一贯制的传统。从哪里改，改什么呢？还是先改内容。第一步，做减法，先把老百姓听不懂的话去掉，直奔主题。到底明天天气怎么样，晴还是阴，下不下雨，刮不刮风，多大的风，气温多高，冷还是热。第二步，做加法，贴近人性，增加人文关怀内容，提醒，关心。第三步，大白话式行文，娓娓道来，形象思维，不端架子，平视听众。

内容活泛了，在哪里播呢？我们决定放在"新闻和报纸摘要"这个当时万众瞩目的节目里，试试看。这当然也是从来没人做过的事情。一个以报告国内外大事要闻的庄重严肃的新闻节目怎么可以说天气这样的软话题呢？看来还是要有些胆量的。结果不错，听众认可。这启发我们，新闻内容的选择有一条非常重要的原则，就是受众关切度。天气与健康是人类永恒的话题，自古如此，原因简单，因为这两条与人自身感受息息相关。这就不难理解，几十年来，尽管充斥着那么多专业术语，天气预报一直排在各类节目收听率前列，所以我们没有理由不把它做得更好，这也是我们把它放在最重要的新闻节目里的依据。

一个国家级新闻媒体，新闻永远是第一等重要的，一时一刻不能放松，党和国家要求它这样做，听众希望它这样做。

90 年代中期，我们发现，当时中央人民广播电台拥有的名牌新闻类节目有了"新闻和报纸摘要"，但是从整体新闻类节目的布局上，还有所欠缺，缺少一档深度新闻分析调查类节目。当时，中央电视台已经有了"焦点访谈""新闻调查""面对面"等这类节目，社会反响很大。中央电台怎么办？于是，新闻中心策划了开办一档新闻调查类节目，取名为"新闻纵横"。这是很有难度的。谁都知道调查类节目历来不容易，风险大，采访难，播出难，甚至有生命危险，而且千辛万苦做出的节目许多难以播出。但是新闻中心还是下了决心做。队伍是新的，选题是新的，手法是新的，采访方式也是新的，一切从头做起。节目的定位就是关注国计民生，特别是关注党的政策在贯彻落实过程中遇到了什么问题，根源在哪里，人民群众的希望是什么，解决问题的出路在哪里。这群记者当时都很年轻，充满热情和干劲，不怕吃苦，不怕危险，不讲条件。几年下来，出了一大批好作品，出了一批优秀的记者编辑，许多作品得了大奖，在全台，在全新闻界，在全社会都产生积极热烈的反响。许多新闻纵横的记者经过几年的历练，如今已是当今媒体中的佼佼者和栋梁之材。

今天的中央人民广播电台，早已今非昔比，观念理念更新，视野更加开阔，节目内容更加丰富多彩，表达方式更加多样，队伍更加干练，精品力作叠出，受众更加喜爱，社会影响也愈发扩大，是中央媒体中不可或缺的重要力量。

作为中央人民广播电台曾经的一员，我一直为能身在其中并为之奋斗过而骄傲，也一直为她的发展进步而高兴。也深深祝福她未来的辉煌。

（作者系中国文联副主席、中国电视艺术家协会主席、
原中央电视台台长、原中央人民广播电台副台长）

广播常在　声声不息

王　求

　　1982 年 9 月，我由当时的北京广播学院调入中央人民广播电台对台湾广播部新闻组做编辑工作，到 2015 年 8 月退出岗位，为新中国广播事业服务超过 30 年。盛逢中国人民广播事业暨中央人民广播电台（下称"中央台"）建台 80 年大庆，在积极推动这次征文活动开展的过程中，不断激活往事记忆，借此机会留下片段感言，以铭记我挚爱一生的广播事业。

　　延安新华广播电台初始，我们的前辈，在抗日战争的烽火中凭着一台共产国际援助的功率大约 300 瓦的广播发射机、一部旧车头改装的发电机、两孔石窑洞的简陋条件办起了人民广播，尽管每天播音只有 2 小时，但它打破了敌伪的舆论封锁，宣传了我党的政治主张与革命真理，真正使中国人民有了自己的喉舌和声音。人民广播从无到有、从小到大、从弱到强的历程，生动地体现了中国人民自力更生、艰苦奋斗、无私奉献、开拓进取、追求卓越的精神，也激励了一代又一代广播人传播时代强音，不断开创广播的辉煌。截至 2016 年，中央台已拥有 17 套广播节目，每天播音 218 小时，而同年全国 169 座广播电台，共制作各类广播节目 7820296 小时，播出时长达到 14565058 小时（以上数据出自 2017 年版《中国广播电视年鉴》）。

　　2018 年 3 月，中央台、中国国际广播电台与中央电视台合并，组建中央广播电视总台，呼号为"中国之声"，而此前全国各地广播电台也大多先后与电视媒体合并组建广播电视台，这标志着中国人民广播事业跨入了一个崭新的时代。

　　80 年的中国人民广播事业发展至今，可谓挑战与机遇并存。当下的挑战，既有来自新兴媒体的发展壮大以及由此带来的传输方式、传播形态、接收终端等诸多革命性变革，也有来自其他传统媒体增强传播力、影响力的诸多革命性措施，还有传统广播自身局限及市场细分的趋势。机遇在于，在新兴媒体的冲击下，原有传统媒体之间的竞争格局被打破，这让近年来在媒介竞争中不占优势的广播受到的冲击相对较小。而在与新兴媒体融合这一点上，广播与其他强势传统媒体站在了同一起跑线上，机会难得。我始终认为，变革当前，广播始终不能忘记自己的主流媒体身份。广播始终要坚持党的喉舌属性定位，坚持正确舆论导向，坚持社会主义核心价值观，坚持为人民服务，坚持把社会效益放在首位。这是广播安身立命的根本。

　　关于广播的变革，我认为有三点思路可以为广播的创新与发展赢得更多空间。

第一，从广播的特性上看，其解放眼睛的伴随性特质尚未发挥到极致，其在伴随中提供服务的能力还有待继续提升，在提供服务中满足情感需求的功能还有待继续挖掘。广播在社会层面上的聚合力和在社会意义上的互通性，都还有相当大的发展空间。第二，广播具有明显的双重属性，它既是公益性文化事业，同时也是经营性文化产业。从广播产业的角度来看，还有空间可以挖掘，应该积极探索搭建创新发展的平台。第三，广播媒体与新兴媒体之间不存在非此即彼的关系，而是取长补短、相互促进的关系。广播媒体可以借助新兴媒体的形式与模式，扩大受众规模，提升自身影响力。这些其实也都可以为广播产业的发展提供更多的机遇。

回顾 30 多年服务党的广播事业的经历，感触良多，其中有所奉献与付出，也留下不少缺失和遗憾，在此各择选几件与同行们分享。

创建联盟　形成合力

2007 年年底，我刚任台长不到半年，中央台在北京召集 42 家省级及省会和计划单列市台开座谈会，我在会上表达的观点，引发了大家共鸣：广播的区域性特点，在生存空间和媒体影响力上分散弱小，但相较卫视满天飞激烈竞争的电视媒体，广播媒体相互之间基本不存在很强的竞争关系，因此"抱团取暖"、合作共赢是这个历史阶段最适合广播媒体的生存发展之道。根据会上达成的共识，次年 6 月成立了中国广播联盟，成员台最多时达到 170 多家（含部分县级台）。经过大家共同努力特别是中央台主动发力，联盟很快得到认可并取得成效，极大促进了全国广播的团结合作。正是由于联盟奠定的基础，中央台之后几年节目、覆盖及经营的改革才得以顺利进行。为达成全国广播合作共赢的目的，联盟建立过程中，中央台也做出了不少努力和奉献。比如北京奥运会期间，中央台出资 200 万元搭建直播间为全国广播免费提供报道条件，也是从这届奥运会开始，中央台把 20 多个奥运会报道名额拿出超过 10 个提供联盟成员无偿使用。正如我在联盟年会上所说："作为一个专业性、非营利性的合作组织，中国广播联盟成立 5 年来，秉承'自愿、平等、互利、共赢'的宗旨，在各成员台的全力支持下，发起并组织了一系列大型活动，为提升中国广播的品牌影响力、提高中国广播的核心竞争力起到了应有的推动作用。"

实际上，早在 2003 年，也是基于上述理念，我就在分管的台港澳广播基础上，发起并筹划建立全球华语广播网。2004 年，在北京召开的全球华语广播协作会议上，全球十余家华语广播机构共同签署了《全球华语广播协作倡议书》，成立了全球华语广播协作网。从 2005 年到 2008 年，连续四届年度会议上，我们先后对华语广播播音主持、北京奥运会广播报道的协作与节目的合作、新媒体的发展给广播带来的机遇与挑战以及华语广播大奖的奖项设置等主题进行了深入研讨，共同策划制作了《诗与歌——中国文化传统与现代的对话》《全球华语 72 小时大联播》《海天相连——行进中的中国与世界》等经典节目，在华语广播乃至世界广播界产生了广泛而深远的影响。2008 年，全球华语广播协作网正式更名为全球华语广播网。2012 年 5 月，我在美国洛杉矶年会上概括了对全球华语广播网的基本理念："交流、合作、创新、发展是我们永恒的主题。全球华语广播网创办伊始，就确定了它的宗旨：为中外华语广播机构搭建一个沟通交流的平台，促进全球华语广播的交流协作，提升和扩大华语广播在世界传媒界的影响力，促进中华文化与其他文化的交流、融合和共同发展。"

锐意创新　改革发展

2008 年，中央台明确了以"世界眼光、开放胸怀、内合外联、多元发展"为战略指导思想，锐意进取，推出众多创新举措，推动事业产业发展跃上新台阶。始于 2008 年的新一轮改革，从扩大覆盖入手，以节目内容为核心，带动经营管理模式转变。

对于广播来说，覆盖是基础。节目办得再好听，如果无法落地，内容到达不了听众，"把中央的声音传入千家万户，把中国的声音传到世界各地"就是一句空话。2009 年 12 月，中央台召开覆盖工作会议，强化了坚持紧紧依靠中央和广电总局，坚持依靠技术进步和改革创新，坚持统筹兼顾和协调发展，坚持多元发展的覆盖工作基本原则，提出了"广义覆盖"和"两条腿走路"的概念。广义覆盖说的是，覆盖不仅仅是无线覆盖和广播节目的覆盖，覆盖观念要从广播听众向多媒体受众转变。所谓两条腿走路，一个是要尽力争取国家政策和资金投入规模，实现公益性覆盖；另一个是合理利用中央台资源，测算投入产出比，加强产业化覆盖，改变以往覆盖工作全部依赖国家和广电总局，消极"等、靠、要"的做法。针对个别薄弱地区的广播覆盖，充分依托中央台的优质资源和品牌优势，探索新的方法和模式，秉承合作共赢的理念，尝试通过包括产业运作在内的多种形式和方法，增强中央广播在全国的覆盖。经过十多年努力，截至 2020 年 6 月，央广自行建设的中央调频广播节目覆盖工程（不含广电总局建设的以中一节目为主的中央农村广播无线覆盖工程）已覆盖 137 个城市，落地播出 254 个频率，投入自筹资金 1.15 亿元。

新一轮改革的目的是培育和发展中央台核心竞争力，打造世界一流的现代国家传媒机构，方法是一手抓传统媒体升级改造，一手抓新媒体跨越发展，并行推进，促进融合。

升级改造传统媒体，一方面是因为传统媒体仍然有很大的发展空间，仍然是中央台的生存支柱；另一方面也是为了适应新闻信息传播方式不断变革、传播速度不断加快、传播范围不断拓展的新情况和对接新媒体的新要求，力求在激烈的竞争中赢得主动。

中央台传统媒体的升级改造迈出三大步：第一步"新闻立台"，实施新闻改革，全力改造中国之声，大力提升广播的引导力、传播力、影响力，发挥广播在重大突发事件中不可替代作用；第二步"端口前移"，借助国家加强对台湾广播和少数民族语言广播建设的契机，对台广播及民族语言广播分别建立了厦门、梅州及拉萨和乌鲁木齐等前方编辑部，并逐步将民族之声 5 个民族语言都单列为独立的频率，大力提升民族语言广播的宣传实效及有效覆盖，发挥民族语言广播的特殊作用；第三步"专业为本"，倾力打造经济之声，使之成为一流水准的国家财经频率，强化经济宣传。

第一步从中国之声迈出，目的是强化"新闻立台"，牢牢掌握舆论引导的主动权，占领新闻传播的主阵地，打造类型化的中国第一新闻频率。在这一思想指导下，中央台新闻改革实现了三步跨越，一是 2007 年 12 月 2 日中国之声成为唯一覆盖全国实现全天 24 小时播出的新闻综合频率。二是在 2008 年一系列重大自然灾害和重大事件中，建立了"全台统一指挥、人员统一调度、设备统一保障、24 小时播出"的新闻应急机制，凸显了广播在重大突发事件中的不可替代。三是 2009 年元旦中国之声全新改版。改版后的中国之声回归广播新闻本位，更加尊重广播传播规律，"快字当头、策划为先"，争时效、争信息量、争权威性、争独家新闻、争可听性和感染力成为全频率的整体追求。节目形态上采取"板块＋轮盘"的基本模式，打造出新闻随时插播、随时更新、随时进出的全方位开放式的编排结构，形成了不间断直播新闻的节目样态。新闻报道的角度更加丰富，新闻的时效性、首发率、原创率和落地率明显提高，媒体竞争力、社会影响力、舆论引导力显著增强。

第二步从民族之声开启，目的是逐步完善民族公益广播新格局。2008 年 10 月，中央台加强少数民族语言广播建设项目获得国家批准。2009 年 3 月，中央台藏语广播从民族之声中分离，成为全天播出 18 小时的独立频率。2010 年，经中央批准，中央台成立了西藏民族语言广播中心和新疆民族语言广播中心两个副局级法人单位。为了增强贴近性、时效性、针对性，分别在拉萨和乌鲁木齐建设了前方编辑部，节目采取北京总部与对象地区编辑部分别制作、统一播出的模式，这是中央台改造民族语言广播、逐步完善公益广播格局迈出的重要步伐。在此之前，中央台对港澳广播在广州、深圳建立了编辑部，对台湾广播在福建厦门和广东梅州建立了闽南话和客家话两个编辑部。

第三步从经济之声启航，突出专业为本，探索国家电台经济广播新业态。2009 年 7 月 20 日，经济之声全频率系统升级改版，在综合性经济频率向专业性经济频率转型上迈出了坚实的一步。2010 年，经济之声进一步深化改革，以分频分播形式扩大覆盖；通过组建央广财经文化传媒公司打造产业化运营的新业态；通过人力资源的双通道改革激活动力人气；以创新节目运作方式优化服务模式，实现追求高端、追求权威，深入百姓、植入草根的"顶天立地"。这次改革是经济之声创建以来最全面、最深刻的一次改革。

在此之前，音乐之声作为中央台上一轮改革的成功范例，已经彰显出创新的突出特性。音乐之声的改革包括 4 个方面的重要内容：一是锁定适龄人群（15～45 岁）；

二是确定以流行音乐为节目内容；三是改变广告经营模式（引入专业公司代理）；四是启用音乐台专用播控系统 RCS。音乐之声改革取得的成效，引发了行业内外不小的震动。音乐之声的广告收入，也从 2002 年的 1000 万增长到 2014 年的 8800 万，实现了历史性跨越，其间累计收入达到 6.9 亿元。

广告经营一直是广播媒体的难点，不仅销售难，而且存在廉政风险和法律风险。但对大部分收入依靠创收的广播媒体，广告在很长阶段都是事业发展的基础。2008 年起，中央台在中国之声、经济之声等核心频道节目改革的同时，广告经营模式和经营策略也全面创新。

（1）让广告参与节目改版方案制定。在广告位、广告播出模式上创新，实现广告与节目的最优结合和互动，在保证收听率的情况下让广告价值最大化。

（2）推进广告的公司化经营。将广告部改组为广告经营公司，采用公司化机制进行经营成本核算。

（3）全面实行社会广告公司代理制和广告直营，逐步退出以地方记者站及台内业务部门经营广告的模式，大大提升了销售力，也降低了各种经营风险。

（4）逐步退出频率广告经营承包，稳健收回经济之声、音乐之声、华夏之声、都市之声的广告经营外包，大大提升了收益。

（5）坚决摒弃专题广告和医疗机构广告。2008 年开始，在全国所有媒体中率先在刊例价格表中注明不接受任何健康类专题广告和医疗机构广告。确保国家级媒体的广告品质和广告发布的合规性。

（6）创新开发高端品牌的"引流和效果型广告"。在全国广播媒体中率先开发出中国平安电话车险广告，高频次的广告不仅契合广播媒体广告优势和品牌价值，更带来了可观的收入。此后人保电话车险、三棵树全国招商广告、劲酒新品、美的新产品市场推广广告构成了广播广告的现象级收入模式。

（7）在广播广告高速增长的同时，央广的广告经营十分重视剩余广告资源的价值，创新出剩余广告资源营销系统理论和经营方式，实现了广告资源价值的最大化。相关理论被广电总局列为重大研究课题，在广播电视广告下行的趋势下，对全国广播电视广告经营起到了重要的引领作用。

（8）在广告资源充分利用的背景下，中央台的广告经营使用了灵活的价格杠杆，一年当中调价十余次，同时不断优化客户品质，实现收入最大化和客户利益最大化。

（9）广告经营实现管理经营分离、五级分层交叉管理、实时的集体决策流程、集中竞价模式等一系列制度化管理，确保经营的廉政透明。这些创新做法，在广电总局审计巡视、国家审计署审计中得到认可。其中，广告经营管理的五级分层交叉管理模式曾多次在广电总局全国行风会上介绍经验。

基于优质节目和强大的传播力，加上台里赋予的良好机制和策略，2008 年至 2015 年，中央台广告营收一直保持高增长。全台广告收入从 2007 年的不到 1 亿元增长到 2015 年的近 9 亿元。

不断探索　致力融合

近年来，以互联网为主要平台的新兴媒体快速发展，在传播力、影响力等方面给传统媒体带来巨大压力和诸多挑战，同时也带来前所未有的发展机遇。迫于生存和发展的压力，中国广播媒体在立足传统业务的同时，追随新媒体发展热点，积极在新媒体领域布局，向"可听、可视、可读"的趋势发展。经过不懈努力，国内几乎所有省级广播电台及绝大部分副省级、地市级广播电台都创办了自己的网站并实现台网互动。中央台和国际台还分别创办央广广播电视网络台及中国国际广播电视网络台，推进广播与新媒体的融合。

中央台高度关注媒体发展的潮流与趋势，在国内媒体中较早提出并实践"台网一体"战略，主动培育和发展新媒体产业，采取多种新手段、新形式、新机制推动传统广播与新兴媒体相互借力、优势互补、融合发展。2007 年党的十七大之后，中央台媒体融合步伐加快。2009 年 2 月，中央台召开"加快发展新媒体工作会议"，正式实施"台网一体、全台办网"战略，全面整合自身媒体资源，加快新媒体与传统媒体在内容资源、人力资源、技术资源上的协作与融合，将网络、手机广播、手机电视等新媒体资源统一管理、统一运营，建立全台多媒体信息采编、制作、存储、传播平台，实现对文字稿件、图片、音频、视频的综合处理和新闻资源的有效增值，形成新老媒体相互支持、相互促进的发展格局。2012 年党的十八大之后，中央台媒体融合提速。面对媒介融合趋势的进一步增强以及移动互联网的异军突起，中央台紧跟潮流，一方面在原有基础上进一步加强旗下新媒体建设，继续打造央广网、中国民族广播网、你好台湾网及手机电视、互联网电视等其他原有新媒体产品，扩大影响力；另一方面在微博、微信等平台上开辟新阵地，自建多个手机客户端，丰富传播形态，构想并启动中国广播云平台建设等。

中央台推进媒体融合以中国广播云平台工程为主要项目抓手。这个云平台采用最先进的云计算技术，建成后能够提供采、编、播、存、传、管、用等全业务流程的云服务，可开展广播台与台之间、广播台与社会机构之间、广播台与个体之间，以及机构与个体、个体对个体之间的音频等新媒体业务，是面向电台、个人、社会的音频互动共享的"中国声音库"平台。该平台具备以音频版权管理为核心的公益服务和商用能力，更能大大减轻大多数广播电台转型的巨大成本，不仅带动中央台的媒体融合变革，也会拉动中国广播行业实现转型。

经过不懈努力，中国广播云平台项目取得了实质性进展，2015 年 1 月，中央台与中国科学院签订战略合作协议，组建项目领导小组及技术专家组、执行组，并对基础架构设计进行了完善。云平台子项目中国广播云采编平台已经完成采编流程模块、原 CMS 发布系统对接模块、"央广新闻"客户端对接模块、用户统一登入对接模块，整体实现了对中国之声、经济之声、央广网采编流程的再造。

中央台 2009 年成立全资子公司——央广新媒体文化传媒有限公司，全面负责中央台新媒体所有经营性业务，包括产品开发、市场推广、品牌建设等。在以后几年中，中央台以央广新媒体为龙头，建成央广视讯、央广之声、银河互联网电视三大支柱子公司，依托央广网、央广手机台、央广广播电视网络台、央广银河 TV 四大平台，围绕手机、电脑（PC）、电视三大终端，开展互联网广告、信息服务、技术服务、版权服务四大业务，[①]收入已经突破中央台总收入的 1/10。

2012 年 7 月，中央台、江苏省广播电视总台（集团）、爱奇艺三家发起设立银河互联网电视有限公司（简称"银河公司"），承担中央台的互联网电视集成播出平台建设运营工作。这是国内首家由中央、地方广电机构和互联网企业联合发起的网络视听运营实体，在体制、机制、资源等方面充分发挥了各股东单位优势，大大激发了业务发展的活力。

经过 8 年发展，银河公司在互联网电视业务平台、内容、渠道、产品及服务能力等方面积累起充分优势，收入、用户规模、业务质量等各项指标居行业领先。在智能电视终端方面，银河公司与小米、创维、TCL、长虹、康佳、三星、夏普、索尼等主流终端厂商均建立起紧密的合作关系，其中与小米集团达成战略合作。"银河奇异果"等互联网电视客户端月活用户超过 1 亿，日活用户超过 4500 万户。在与电信运营商的合作中，主要与中国移动各省分公司合作拓展宽带用户，实现银河互联网电视平台集成播控的计费用户超过 3000 万户，市场份额占 1/4。经历创立之初 3 年的摸索、亏损、积累之后，银河凭借较为完善的技术、产品、内容和市场开拓基础，自 2015 年开始发力，收入规模过千万，2016 年收入一跃超过 3.8 亿，且开始盈利，收入连续翻番，2019 年银河收入超 19 亿元，利润 3.28 亿元，累计向股东分红 6.5 亿元，央广分红 2.66 亿元，银河的现金回报有力地支持了央广其他业务的发展。

作为一个党的新闻工作者，我时刻牢记自己的使命和职责，也做到了兢兢业业和恪尽职守。但人无完人、金不足赤，有些时候、有些事情，虽然尽了自己最大努力，仍无法达成目标，所以会有遗憾。以下两件事情就是我自认为虽然尽力但终未实现的缺憾记忆。

其一，中国人民广播事业及中央台的历史始终存有争议。

中华苏维埃共和国红色中华新闻台，是我国最早的红色广播机构。它诞生于土地革命战争时期中央革命根据地的中心、中华苏维埃共和国临时中央政府所在地江西瑞金。在战火硝烟中，在条件极其艰苦的情况下，新闻广播事业的先驱们克服重重困难，在一穷二白的基础上艰辛创业，白手起家开展新闻广播工作，宣传中国共产党的政策纲领，它是从一个零部件到一部电台，从无线电信号接收到无线电通讯，从播发文字新闻到播发广播新闻逐渐发展起来的。红色中华新闻台的诞生，在中国新闻广播史上具有划时代的意义，将永远载入光辉的史册。

1931 年 11 月 7 日至 20 日，全国苏维埃第一次代表大会在瑞金叶坪召开，红色中华新闻台负责人王净作为正式代表出席了大会。中共苏区中央局决定在召开大会时，用无线电对全国工农群众发出通电。大会在叶坪的谢氏宗祠召开，电台每日除抄收国民党中央社电讯，编印"参考消息"供代表参阅外，还以中华苏维埃无线电广播"CSR"的呼号，向全国播发大会的新闻和文件，以及我军对敌作战的胜利消息。上海和一些根据地都收到了这些喜讯。从此，"红色中华通讯社（新闻台）"正式成立。

红色中华新闻台建立后，与《红色中华》报社合署办公，两块牌子，一套人马，工作上各自独立。中央军委无线电总队总队长王净兼任新闻台台长。其具体业务由中央政府电台主任刘寅负责，岳夏、黄乐天等人也先后负责过。红色中华新闻台内设编辑、播音、发报、勤务和技修等工作人员约 5～7 人，行政上由中革军委领导，业务由《红色中华》报社领导。

1933 年 12 月 10 日，红色中华新闻台为"二苏"大会期间组织广播宣传活动，向苏区中央局宣传部呈报了一份报告。原文为："中央局宣传部：苏维埃军民盼望已久的第二次全国苏维埃代表大会即将在赤色京都瑞金召开，为了广泛宣传红色苏维埃共和国诞生以来的伟大成就，极大地鼓舞我百万苏区军民，同时让全中国乃至全世界劳苦大众都能及时迅速地了解我红色中华建国两周年来前进的声音，经我台第三十六次编务会议研究，决定于一九三四年初'二苏'大会召开期间进行广播电台专题宣传活动，一是利用无线电总队各台向白区播发通讯专电；二是用本台播报室开展各种内容生动活泼的播音宣传。拟在瑞金增设喇叭播音器材，扩大宣传效果，此计划妥否？中央对此有何具体指示和要求？请及时批示为盼。特此报告。中华苏维埃共和国红色中华新闻台（公章）公元一九三三年十二月十日。"这份报告表明：（1）1933 年 12 月 10 日以前红色中华新闻台已经有了专门的播报室（即如今的播音室），并拥有扩音机、喇叭等播音器材，这是口语广播的必备条件。也就是说，在这以前已有了口语广播。（2）红色中华新闻台领导及业务机构健全，经常召开编务会议研究广播宣传工作。（3）公章证明，红色中华新闻台是当时中华苏维埃共和国临时中央政府的广播电台，宣传业务由中央局宣传部领导。

中央党史研究室教授王新生认为，大量史料表明，这个红色中华新闻台是存在的，它是在《红色中华》报社的基础上建立的，因为办报纸就要有新闻，新闻来源一个是自己各根据地寄来的稿件，另外一个就是通过电台抄收国内外甚至国民党统治区的新闻。电台时效快，不受时空的限制，可以及时地通过电台发给《红色中华》报社，所以红色中华新闻台建立之初以抄收新闻为主，慢慢地又与各根据地交换新闻，播发中央苏区的新闻，用以宣传中国共产党的主张，传播苏区各级政府的指示、决议、法律、法规等。这期间电台的工作是交叉的双重的，既做抄收新闻的工作，也做播发新闻的工作。

上述史料在上个世纪 80 年代至 90 年代，曾经得到中央有关部门和广电主管机关的关注重视，也在业内引发讨论探究，当年在瑞金恢复苏区中央旧址时，红色中华新闻台也在其中。但由于种种原因，争议始终未得定论。如果能够消除分歧争议，中国人民广播事业的历史将追溯到上个世纪1931年，而我们今天要纪念的可能就不是80周年了。

其二，国家应急广播体系建设半途中断。

2008年年初，中国南方发生低温雨雪冰冻灾害；5月12日，汶川发生8级地震。重大自然灾害导致交通中断、通讯中断、电力中断，灾区民众与电视、报纸、网络的接触被阻隔。此时，广播无远弗届、收听便利的优势充分发挥出来，成为灾区人们的首选，嵌入灾区民众的灾后生活中。以中央台报道为例，当灾区民众对信息极度渴求时，中央台记者第一时间分赴一线，通过海事卫星，随时随地报道，并利用组织资源和行政资源权威发布各类信息，避免了谣言的蛊惑人心；当灾区民众悲伤无助时，中央台推出知识性节目，为灾区人们提供自救施救帮助，开办心理干预和心灵抚慰类节目，为灾区民众排解烦忧；当各方救援力量各自为战、缺少彼此沟通时，中央台的信息平台让各方信息成功对接。在抗击雨雪冰冻灾害期间，中央台收到运送天然气的槽车司机朱师傅的求助短信：由于长时间滞留在京珠高速公路湖南郴州段，槽车内天然气压力异常，可能有泄漏危险。这条短信在电台播出后引起公安部高度关注，公安部立即组成救援组连夜搜寻到冰雪之中的槽车，迅速采取减压措施，化危为安。由此可见，广播切实而有成效地介入救援行动中，实现了信息的有效链接、信息的快速执行和信息的多方反馈，不仅成为社会良性运行的舆论链条，更成为社会各个环节有效衔接的有力纽带。危难时刻，广播解疑释惑、排忧解难、安抚人心，成为社会的解压阀和稳定器。

广播在危机关头体现出了"必听"的使用价值，在激烈的媒体竞争中，其独特的信息通讯功能、伴随性抚慰功能等也为更多人所认识。广播深度介入突发事件的救援行动和民众的灾后生活，成为解决实际问题的抓手，成为政府和民众不可或缺的帮手。

与以往重大报道不同，这一次，中央台启动了应急报道机制。统一指挥、组织有序、责权清晰、各司其职，保证了应急广播的安全高效运转。

广播在南方雨雪冰冻、汶川地震及以后几年一系列突发事件中体现出的独特优势，得到中央高度重视，建立国家应急广播体系因此提上日程并先后被列入国家"十二五""十三五"规划。不仅如此，由中央台提出的建设方案，几经周折终于在2011年通过国家发改委专家组审核通过，但最终却因方案出现变动而被搁置。

从上个世纪电视的兴起到本世纪新媒体的流行，世界和中国的传媒格局都发生了巨大变化。变化之中，传统广播路在何方，成为当代广播人必须面对、必须回答的一个问题。英国桑德兰大学传播学教授安德鲁·克里塞尔曾在一次国际会议上郑重发言：广播不会消亡，广播这个老战士将长久地活着！这是个让广播人欢欣鼓舞的论断，但如何让广播长久地活下去，活得更精彩，还需在实践中寻找答案。

在充分盘点传统广播自身优势、深刻理解新媒体传播特点的基础上，业内人士逐步认识到，广播的技术特质、声音特质与新媒体有着天然亲近性，易于与新媒体融合；而新媒体在最大程度上弥补了广播传播的劣势、扩展了广播的影响力。对于广播与新媒体融合，大家已经形成了以下判断：第一，传统广播节目通过互联网可实现重复收听、点播收听，广播节目的"生命"得以延长；第二，全球化的网络广播扩展了传统广播的传播空间，传统广播能够借助互联网覆盖全球、联通世界；第三，网上广播借助多媒体技术，集文字、数据、图表、影像和声音于一体，实现了声音、文字、画面、视频同步传输，使信息的传播真正做到全方位、立体化；第四，互联网的实时交互特征丰富了传统广播与听众的沟通渠道；第五，网络广播吸引了长于使用互联网的年轻人和社会精英，这为受众群多为中老年人的传统广播拓展了新的受众群体，也为广播的产业发展带来商机；第六，广播与其他新媒体终端合作，将自己优质的内容通过不同渠道播放，可以自身投入的低成本挖掘巨大的市场潜力。

敢问广播路在何方？路在脚下。唯有跳出广播，才能清醒客观地看待广播；唯有不局限于广播，广播才能真正拥有未来。

注释：

①刘逸帆、宁黎黎：《转变的力量——专访中央人民广播电台副台长王晓晖》，《中国广播》2013 年第 2 期。

（作者系中国广播电视社会组织联合会副会长、原中央人民广播电台台长）

二、中央广播电视总台（央广）来稿

广播时政新闻的变革与创新

刘振英

改革开放以来,我国发生了举世公认的巨大变化。时政新闻,这一新闻报道领域的敏感区也发生了不可思议的变革。笔者作为一名从事广播时政新闻报道 40 余年的老记者,对此有着切身的感受。

时政新闻,简言之,就是对正在或刚刚发生的重要政治和外事事件的报道,通俗说,亦即对重要会议及党和国家主要领导人在国内外各项重要活动的报道。广播时政新闻就是指广播电台时政记者所采写的时政新闻。我国时政新闻的特点,也就是广播时政新闻的特点,决定了我们的时政新闻常常担负着对国家政策、方针的宣传任务,而不是单纯地为报道而报道。毛泽东、周恩来、邓小平等老一代革命家都曾对做好广播宣传做过重要指示。几十年来,我们的广播时政新闻报道正是遵循着老一代革命家阐明的宗旨和原则走过来的。中央人民广播电台作为国家电台,其地位决定了它的时政新闻的权威性和代表性,同时也表明了其所肩负责任的重大。

一

时政新闻的重要性客观上对做好时政报道提出了更高要求,而要做好广播时政报道、达到更好的报道效果,就需要在报道形式、内容等方面不断进行变革乃至创新。然而,长期以来,时政新闻报道的改革首先受到历史环境、民主政治进程和改革开放程度等客观因素的制约和影响。中央人民广播电台(前身是陕北新华广播电台)从 1940 年成立的第一天起,一直到新中国成立后的四五年间,新闻节目主要是播送新华社的文字稿件,可以说,这一时期的广播时政新闻同通讯社和报纸的新闻没有多大的差别,并且时效性也比较差。1955 年 4 月中央电台专门采访、报道国内重大政治和外事新闻的时事政治组(1983 年以后为时政部)正式成立,标志着国家电台的广播时政新闻采访步入正轨,开始有组织、有计划地进行独立的政治、外事采访工作。从此,中央电台播发我国重要政治、外事活动的报道都由中央电台时政记者承担。随着我国政治、经济形势晴雨表的变化,广播时政新闻报道的形式、内容和指导思想也在不断地发生着变化,或潜移默化,或不得不为之。可以说,广播时政新闻的改革从新中国广播时政新闻诞生时起,就在悄悄地进行,但由于时政新闻同意识形态的密切关系,其变革是受到种种客观因素制约的,加大改革力度显得尤为迫切。

1978 年的党的十一届三中全会，揭开了我国思想解放的序幕，中央电台的广播时政新闻报道也逐步开始稳定和正规，一个突出的表现，就是时政记者不再无端地受到冲击，人员相对固定下来；另一个最重要的表现，就是报道的内容和形式有了很大的变化。从一些时政事件报道的演变和报道形式、内容的前后对比，从一个侧面可以看出时政新闻改革的大势所趋和历史必然。

外事报道方面，因为直到 20 世纪 70 年代承认中华人民共和国的也只有 40 多个国家，所以，那个时候的外事活动不多，但活动规模比较大。一个部长级的外宾来访，除了有关领导人外，还要有四、五千名群众到机场迎接。外宾要在机场检阅三军仪仗队，并绕场一周接受群众欢迎。国家元首或政府首脑来访，除了机场的一套仪式外，从北京建国门到钓鱼台国宾馆的马路两旁要有几十万群众夹道欢迎；去外地参观访问时，各地都要有几千人的欢迎场面。有时为了政治需要，还要加码。这些，时政记者都要一一详细地报道，这样，有时中央电台的重点新闻节目常常超过预定的半小时时间，甚至整个节目都是时政新闻。唯时政新闻是瞻，在那时可以说是一点也不过分。繁冗的外交礼宾程序，是当时我国所处国际大环境的需要，无可厚非，但从新闻报道角度来讲，不能不说是失之偏颇。

外事新闻写作，一直到 20 世纪 70 年代后期，基本上还是"老三段"，即"某某人什么时间、地点会见了谁；什么气氛中进行的；有哪些人参加"。在今天看来，这似乎不可思议，因为现在人们关注的是谈了些什么。那些充斥在广播里的"老三段"不能不说有"外事八股"之嫌。20 世纪 80 年代初我国礼宾改革以后，迎接外宾的程序大大减化。这主要是我国的务实外交所致。应该说，这更有利于两国间在政治、经济上的交往。这一变化，客观上使外事报道从简，报道内容主要以会谈为主，抓住大家关心的内容进行报道，而欢迎仪式和参观活动则从简，广播里一般只一句话带过。由于报道透明度增加，外事报道的内容较以前充实，"老三段"式的报道也大大减少，一般不太重要的外事动态消息才偶尔用之。随着同我国建交国家的增多（目前已达 170 余个国家）和我国参与国际事务影响力的增大，外事活动空前频繁。参考国际上的一些做法和我国的外事特点，我国领导人同外国国家元首、政府总理、议长的会谈或会见，因影响大，要突出报道，但篇幅不会过长，对内对外政策的一般性论述除非情况特殊，可以不作报道。如果几位领导人分别会见同一位来访的国家元首、政府总理或议长，可作综合报道，内容要有所侧重。领导人会见外国部长、议员和一般外宾，若无需要，对外发消息，对内也可以不报道。

政治报道方面，从新中国成立到"文化大革命"期间，除了党代会、中央全会、人代会、人大常委会和政协全国委员会及其常委会等重要会议发表消息以外，其他党和国家领导人的重要活动，很少当即报道。而随着改革开放的逐步推进，随着我国社会各项事业的迅速发展，我国领导人的政务活动比以前更加繁重，大众对国家的政策和方针日益关心，渴望了解；另一方面，随着社会主义民主制度的逐步健全，党和国家有关部门不再把一些重要的决策视为秘密，而是通过传媒迅速地晓之于天下，这就促使政治报道更加及时，内容更加丰富，报道量也比以前明显增多。

笔者下面谈一下"广场新闻"和"名单的学问"，回眸其变迁的轨迹，从中可一窥改革开放后广播时政新闻改革的一个方面。

"文化大革命"结束以前，在天安门广场的大规模游行几乎是"家常便饭"，可以说，天安门广场在新中国成立以后，是我国许多重大事件非常典型的见证者。从 1949 年中央人民广播电台现场向全国直播开国大典实况伊始，凡是在天安门广场的大型活动，必有中央电台的现场直播，这可算作是那一时期广播时政新闻的一个很重要的组成部分。

作为亲身经历者，从 1969 年到中央电台时政组起，笔者就同广场报道结下不解之缘。第一次参加天安门广场的现场直播，是 1969 年的中华人民共和国成立 20 周年庆典，接着是采访"五一""十一"等节日庆祝活动和政治集会活动，笔者因此而多次登上天安门城楼。1971 年国庆节前夕，由于林彪叛逃，取消了已经准备好的大游行，笔者花费很大心血写成的转播稿也付之东流。在这以后，游行改成了游园，天安门广场的活动逐渐减少。唯其少，才弥足珍贵，一旦在广场上举行活动，就显得很重要，影响会更大，新闻性会更强，这也是和以往广场活动的不同之处。1984 年的大阅兵就是一例。这是多年来党和国家对我军的首次检阅，为国内外所瞩目，而不是可有可无的形式。通过新闻媒体的广泛宣传，特别是广播、电视的现场直播，广场阅兵产生了很强的冲击波。但这种活动毕竟不多了。20 世纪 90 年代以后，天安门广场基本不再举行大型活动，其原因主要是务实的风气在全党和全国渐已形成。例如，新中国成立 45 周年庆祝活动，就是以 10 月 1 日晚上在天安门城楼和广场举行群众大联欢和放焰火的形式来庆祝的，不再有领导人的讲话和各阶层群众的大游行，但气氛很祥和、喜庆。这样，就促使新闻报道的规模相应减小，报道形式也有所改变，趋于轻松、活泼。

另外就是"名单"的学问，这里的名单就是指我国主要领导人或相关国家政要的名单。谓之学问，一点也不过分。在时政报道中，名单常常非常重要，一些重大活动主要领导人出席与否，名单排列顺序如何，往往使观察家分析出国家政治生活的微妙变化。新中国成立初期，国内外的严峻形势和其他原因，使上自国家领导人下到新闻记者，对名单的准确性甚为关注，用力最著；而"文革"期间，政治生活的极不正常，导致领导人更换频繁，加之封建名位思想的影响，名单上的差错，竟然会成为政治错误。这就使记者不得不在名单上加倍小心。在广播现场直播中，核准出席活动的七、八十位领导人名单则更为艰巨。所以在当时，上至党和国家主要领导人，下到各部部长乃至各国驻华使节的名字，时政记者都要背熟。

自从 1970 年"五一"节焰火晚会实况转播中，笔者因排名单问题受到周恩来总理的严厉批评后，中央电台的广播基本上是按周总理的要求去做的，一般都是采取在转播中先简化名单，然后在重播的录音新闻中报大名单的办法。回溯时政新闻的历史，我们不能不承认，由被报道对象方面所促成的改革未必都是从新闻改革角度来考虑的，比如，周恩来总理对广播名单的看法，虽然促使了中央电台广播时政新闻在这一方面的改革，但带有一定的偶然性。

因为名单错误而大动干戈的事也不少。1970 年 10 月 1 日，在天安门广场举行国庆焰火晚会。新华社消息中漏发了当时的中共中央政治局委员、中国人民解放军总参谋长黄永胜的名字，主管宣传工作的姚文元得知后，竟责令已经印好的近 40 万份《人民日报》全部收回改版重印，当事记者也受了处分。可见名单在当时何等举足轻重。现在，像前面提到的七、八十人的名单都要报道的情况不再有了，重播时也不会再补齐，一般只报主要领导人的名单就可以了。记者也不再会因为复杂的名单而战战兢兢，怕犯错误了。这一方面是由于我国的政治生活日益民主和稳定，对从名单上猜测或透露某种信息不再那么敏感了，更主要的是，所报道的内容比以前更加丰富，有新闻性，名单的罗列于新闻报道确实无所补益，地位自然也就不那么突出了。

另外，改革开放以来时政新闻报道逐渐打破被一家或几家新闻媒体所垄断的局面，这也是时政新闻报道的一个显著变化，尤其是在外事报道方面，已从原来的新华社、中央人民广播电台、中央电视台三家扩大到人民日报、中新社、中国国际广播电台、中国日报等多家。全国"两会"报道，也不再是过去几家新闻媒体统天下，而是包括地方媒体在内的几十路诸侯各显其能了。通讯社、报纸、电视和广播的报道特点不尽相同，过去只用一份通稿，哪里能够体现出不同媒体的宣传优势呢？单说广播，一味地等新华社通稿，就会失去几亿听众。这种诸多新闻媒体并立的局面，导致时政新闻报道形式的多样化，使时政新闻更全面，更有活力，更有效果，给原本枯燥的时政新闻注入了生机和活力。

还有一个可喜变化就是新闻发言人和新闻发布会制度的实行和推广。20 世纪 80 年代末以后，外交部就已采用"吹风"制度和记者招待会制度，即主要的外事活动由外交部新闻官员统一口径，向记者介绍会见或会谈的主要内容，然后，各新闻单位各取所需，编发新闻。这同国外的一些做法相似。现在这种做法已经被普遍采用，如，国家部委基本上都设立了新闻发言人，由国务院新闻办公室牵头，一些部委定期向中外记者回答人们关注的一些问题，新闻发言人既做好本部门的代言人，同时也为记者提供报道线索和内容，更为记者把好关，使媒体的报道更具有了权威性和准确性。

2003 年 4 月，中央有关部门《关于进一步改进会议和领导同志活动新闻报道的意见》出台，在操作层面上触及到了改进时政新闻的问题，给正在探索中的广播时政记者带来莫大鼓舞，时政记者无疑是获得了一柄权威的上方宝剑。这一举措，为改进创新会议报道和领导人活动报道提供了有力的制度保障并产生了有目共睹的积极效果。

从上述可以看出，时政新闻是随着历史的变迁而不断变革变化的。这些变化首先离不开历史的进步、政治环境的宽松，亦即被报道对象这一客观方面的因素。改革开放以来，在政治透明度、政策开放度逐渐增加的良好氛围中，媒体、时政记者通过积极探索，改革创新，更为新时期的广播时政新闻带来了全新面貌。

二

时政新闻在我国新闻报道中举足重轻，决定了时政新闻改革在整个新闻改革和新闻媒体改革中的重要性和必要性。时政报道长期以来给人一种错觉，以为其形式是不可变、不能打破的，更遑论创新和逾越了。出现这种状况除了客观因素，不能不说时政记者在某种程度上起了推波助澜的作用，笔者称之为"责任的逃避"。对责任的逃避，是前车之鉴使然，因文字获罪在不正常的年代不在少数，这不能不使人畏之，退而明哲保身，而不愿有所突破。长期以来业内外不少人，包括一些部门的负责同志，往往采取"不求有功，但求无过"的态度，发稿用通稿，不怕千篇一律，只求不出差错。改革开放以来，政治环境日益宽松，政策的透明度日益增加，为媒体和时政新闻记者改革创新提供了良好的土壤和可以大展身手的舞台；如果还沿袭旧的定式和"规矩"来报道时政新闻，无论是对党和国家的发展大局，还是从报道效果看，都是极不负责任的。

大凡改革，往往是历史和现实的双重要求。改革开放以来，时政新闻无论是因时代背景，还是因新闻媒体自身改革发展的需要，都面临着必须进行改革的迫切需求。20 世纪 80 年代后期以来，中央人民广播电台的强势地位遭到新兴媒体的挑战，因此，广播时政记者率先在创新时政新闻方面自觉迈出了第一步。

中央电台时政部在采访实践中逐步确立了广播时政新闻创新的指导原则：关系全局、意义重大的活动或讲话，必须不折不扣按要求播发；对于常规会议和活动，择要播出。同时，发挥广播传播特点和优势，只要条件允许，时政新闻都要突出现场，强调新闻性、时效性和准确性，以录音新闻或特写的形式及时播报。广播时政新闻改革的最根本之处是在准确性、时效性和广播特点上下功夫。实践证明，这个指导原则符合新闻规律，符合听众收听心理和需求，达到了较好的报道效果。在这个原则指导下，中央人民广播电台时政记者在中央新闻媒体中比较早地、有意识地对时政新闻报道的创新进行了探索，并取得很好的效果。

第一，时政新闻的时效性增强。

时效是广播新闻最大的特点，如果没有了时效，广播新闻于通讯社、报纸和电视等新闻媒体的最大优势也就丧失殆尽。在增强时政新闻的时效性上，从 20 世纪 80 年代开始，中央电台的记者进行了积极的探索。

1987 年 11 月 2 日 15 时，世人瞩目的党的十三届一中全会开幕。15 时 42 分会议公报一通过，仅用41秒中央人民广播电台就在所有新闻媒体中率先播出了会议公报，这在当时的新闻界引起很大轰动。作为第一线的记者，笔者认为这一成功的报道是典型的媒体内集体合作的结晶。为了抢时效，记者事先做了精心细致的准备工作，如提前拿到公报草案，同后方频繁联络，事先征得有关负责人公报通过后即可播出的指示，等等。

1992年初，李鹏总理出席在瑞士达沃斯举行的世界经济论坛会议和在纽约举行的联合国安理会首脑会议。其中最为紧张、最为繁忙的是联合国安理会首脑会议。李鹏除在大会上发表演讲，还在纽约进行了频繁的双边交往活动，其中，李鹏和布什的会见，是1989年以后中美两国领导人的首次会晤，备受国际、国内舆论的关注。但是否会见，代表团从瑞士启程前往纽约时，还没有发布消息。在这种情况下，随中国代表团采访的笔者认为，两位领导人谈些什么倒无足轻重，见与不见则成了举世瞩目的重大新闻。最后，中美双方商定，1月31日17时15分，李鹏和布什在联合国总部会见。由于北京和纽约的时差为13个小时，会见时北京时间是2月1日6时15分，距《新闻和报纸摘要》节目播出只有15分钟了。得到这个消息后，笔者马上写出未定稿传回国内，稿件末尾是："到记者发稿时止，会见仍在进行中。"虽然后来会见时间推迟了10多分钟，由于笔者一直抓住电话同国内联系，中央电台还是准确、及时地先于其他新闻媒体播出了这条大家关心的消息。

第二，时政新闻内容的重点、亮点突出。

在改革创新中，中央电台的时政报道不再满足于按部就班、就事论事进行报道，而是在把握好报道口径的前提下，尽可能挖掘新闻的深层次意义，把视野放宽、内涵做深、外延放大，突出重点，这样报道的新闻性更加凸现，更逼近新闻的核心和实质。

例如，在每两月一次的全国人大常委会会议期间，中央电台的时政记者除报道会议本身外，还就一些焦点问题，深入采访常委会组成人员或在会上汇报的有关部委负责人，这样报道就显得很充分，有深度和广度。在一些专门的会议上，记者根据情况，适当地采访一些领导人，用录音访谈的形式，请他们简洁清楚、深入浅出地说明大众关心的一些政策性问题，避免了一般会议消息的枯燥乏味，使报道更活泼、更具可听性。

多年来，中央电台的时政记者另辟蹊径，在一般性的会议里和领导同志活动中抓住众人关心的新闻点，采制了一批有分量的独家报道。1990年3月2日，李鹏总理在第八次国务院全体会议上介绍了即将在七届全国人大三次会议上所作政府工作报告的主要内容和这次大会的重要意义，并要求国务院组成人员配合开好这次大会。由于这次全体会议的议程较多，新闻稿中只简单提到李鹏要求国务院全体组成人员要集中精力开好"人代会"、接受代表监督的内容。笔者感觉在当时的背景下，这几句话分量不够，就在各地代表起程来京报到前，又起草了一条消息：李鹏总理要求国务院各部委负责人，集中精力参加"人代会"。消息以"李鹏总理在日前召开的国务院全体会议上，为开好今年的全国人民代表大会向部委提出了要求"为导语，详细介绍了李鹏对这次会议的高度重视，其中包括会议期间各部委负责人不许出国、出差和无故请假之类的内容。笔者认为，这样既反映了国务院对"人代会"的重视，也体现了我国民主与法制制度的健全。成稿后，立即把这条消息传到总理办公室审定。他们认为这条消息很有必要发表，便马上报告了总理。总理批示：不但电台要广播，新华社也要发通稿。就这样，新华社 3 月 17 日向全国播发了这条消息，各报都予以转载，产生了很好的效果。

2007 年 1 月 16 日，温家宝总理出席在菲律宾举行的东亚领导人系列会议并对菲律宾进行正式访问。在短短 4 天时间里，温家宝总理的活动一场接一场，应该说，报道的内容很多，不用刻意去"找"新闻。但在随行采访中，中央电台的记者还是在温家宝总理会见我国驻菲使馆和领馆工作人员以及华侨华人代表的活动中，"发现"了两个重要新闻。一个是温家宝提出建设和谐东亚的课题，另一个是强调要走有中国特色社会主义道路，走科学发展、和谐发展、和平发展之路。可以说，这些信息稍纵即逝，有关部门没有要求发，往往也不为一些记者重视。其最终能够及时在中央人民广播电台重点新闻节目里播出，是广播时政记者的责任心使然，是创新动力的强烈驱使。

第三，时政新闻的形式更加丰富多彩。

时政新闻报道形式的多样性，比如，现场报道、录音新闻、新闻特写、系列报道等形式的运用，会使广播时政新闻异彩纷呈，更具吸引力，这也是时政报道改革创新应着力的一个方面。十几年来，中央电台的时政报道勇于打破常规，不断拓展报道形式，充分利用广播优势，以达到对时政新闻最佳的报道效果。

2000 年 9 月，联合国召开千年首脑会议。其间，在中国倡议下举行了联合国成立以来安理会五个常任理事国首次首脑会晤。这是一个标志性事件。中央电台时政部打破"擅唱独角戏"的工作惯例，主动与台内专题部门联手，共同策划，一起采编，改变以往只在重点新闻节目播报外事新闻的成规，将报道扩展成新闻与专题联动，全方位大视角更深入地对这一事件进行报道。这组连续 13 天的大型报道播出后引起轰动，获得 2000 年度中国广播电视新闻奖一等奖。而获得第十六届中国新闻奖一等奖的广播特写《历史性的握手》，是中央电台时政记者对重大题材报道创新的又一个例证。如何对海内外共同关注、上百家媒体参与报道的"胡锦涛与连战会晤"这一历史性事件进行诠释？中央电台时政部反复思考，精心准备，最终突出了三点：一是及时报道，这是重大新闻出奇制胜的首要法宝。当天下午会晤结束后 2 个多小时，中央电台《全国新闻联播》就以完整、权威的录音报道将这一事件呈现给听众，这在中央新闻媒体中是第一家。二是突出新闻亮点，将这一历史性场面落在"握手"这一精彩瞬间，提纲挈领，最直接最敏锐地冲击听众的听觉。三是以广播特写这种形式来表现这一重大事件。这是大胆的尝试，突破了重大新闻过于庄严厚重的表现习惯。专家和听众对这篇广播特写给予高度评价，认为是对重大题材报道的一个创新，既有磅礴之大气，又顾及到细节的刻画，在行文布局上可圈可点，在众多媒体对同一事件的报道中独树一帜。中央电台时政记者通过创新报道形式创作的《六方会谈特别报道》和《温爷爷的礼物》也分别获得第十六届中国新闻奖二、三等奖。这些无疑是业界对广播时政新闻创新的一个充分肯定，也标志着在时政新闻创新方面，中央人民广播电台时政记者更趋于自觉和成熟。

2003年4月，中央有关部门《关于进一步改进会议和领导同志活动新闻报道的意见》的出台，为创新会议和领导同志活动报道提供了强大动力和有力支持。在这之后的全国"两会"等时政新闻报道中，中央电台特别注意突出中央领导有特点、能传神的讲话音响的运用，有些话可能审定的文字稿里没有，但用在广播录音新闻里，顿时令全篇生动活泼，亲切感人，主题突出。这个大胆尝试受到听众普遍欢迎，他们在来信来电中说："中央人民广播电台对领导同志活动的报道，使大家听到了领导同志既亲切感人又权威可信的声音，感到领导和群众是心贴心的，让人耳目一新。"国家广电总局"两会"宣传报道工作简报和中宣部主办的《内部通信》都载文对报道予以肯定。

最近几年的全国"两会"报道，中央电台的时政记者毫不松懈，继续保持创新之势。2006年全国"两会"，在10天时间里，中央电台的时政记者制作了35个中央领导到团、组参加审议和讨论的录音新闻或特写，全部在中央电台《新闻和报纸摘要》《两会专题》节目里播发。其中，《求知于实践，问计于群众》《新农村建设不能搞形式主义》《教育是现代化建设的基石》等特写，都是中央电台时政记者在现场敏锐捕捉到，经过认真谋篇布局、精心剪辑音响而制作完成的"独家"新闻。专家撰文对中央电台近年来"两会"期间的时政报道予以点评，认为"对胡锦涛等中央领导同志的重点讲话内容以录音新闻的方式报道，是中央媒体的一大亮点"，赞扬"讲话剪裁得当，短小精悍，言之有物，具有鲜明广播特色的特写尤其出彩"。专家还高度评价记者的职业素养和敬业精神，认为"记者能抓住领导同志讲话的亮点加以报道，善于采写独家新闻，体现了中央人民广播电台记者的素质，值得肯定，值得赞扬"。

近些年，中央电台时政记者采写的广播特写愈来愈多，质量逐年提高。中央电台记者在随行采访胡锦涛主席出访欧亚四国的行程中，除了及时播发重要消息外，还另辟蹊径，采制了两篇广播特写，一篇是《主席与记者话外交》，一篇是《一份珍贵的礼物》。用特写形式表现中央领导同志的外事活动，在以往的出访报道中是少有的。这两篇特写，都是从胡主席出访的大背景中，精心选取两个典型的小场景，通过胡主席与记者和外国友人的对话，以小见大，把胡主席细致入微的工作作风、坦诚自信的大国领导人风范，用广播语言生动活泼地表现出来。形式创新逐渐改变了以往一些机械的、陈旧的表达方式，听众感到形象、亲切、自然，有益。

在 2008 年年初的低温雨雪冰冻灾害和 5 月 12 日汶川特大地震的报道中，中央人民广播电台反应迅速，报道及时，受到各方好评。其中，广播时政记者以多年创新改革的积蕴，领风气之先，创造了很多第一。第一次提出同步报道中央领导人在国内考察的动态消息并获同意；第一次专访总理，总理通过中央人民广播电台向全国听众和因灾滞留途中的听众拜年问候；第一时间将总理有关抗震救灾的讲话播发出去；第一次通过连线同步、大篇幅、高密度报道中央领导人在地震灾区的所有活动。这些实践，不仅达到了极好的传播效果，受到听众和业界专家的好评，从一定程度上，也影响到其他新闻媒体对时政报道的重新审视和定位。这可说是中央人民广播电台时政报道创新的一个重要成果。

广播时政新闻报道的改革创新，对时政记者的政治、业务水平和责任意识有了更高要求，通过创新不仅使时政新闻报道焕然一新，还促进了广播时政记者队伍的迅速成长、成熟。这可算是广播时政新闻改革带来的又一成果。

1995 年，笔者依据多年广播时政报道的感受和经验撰写发表了一篇文章，对时政新闻报道改革提出了一些建议。令人可喜的是，现在看，许多设想都已经逐渐成为现实。回顾改革开放 30 年来广播时政新闻的变革和创新历程，笔者感到，中央人民广播电台时政新闻创新的总体思路是正确的，即先形式后内容，先外事后国内，循序渐进，使广播时政新闻的创新逐渐为各方认可，再全面推进。这样做，也增强了时政记者创新的信心和动力。据统计，2006 年，中央电台仅胡锦涛主席和温家宝总理的有关活动，以录音新闻和特写形式播出的，就达 142 篇，其中不少是独家新闻。时政新闻创新已经成为中央人民广播电台新闻节目的常态，极大提升了国家电台的权威性和可听性。

2004 年 5 月，温家宝总理在出访途中特别对中央电台的随行记者说，"我发现你们的节目突破了一些框框。它是按新闻性、按重要性来采写的，应该说还体现了老百姓的喜闻乐见。"2006 年 11 月 29 日，温家宝总理在与中央人民广播电台负责人通话时又提到，广播的历史很长，有优良的传统，有一支非常好的队伍。他说，"我熟悉你们的一些记者，他们都非常敬业，请代我向大家问好。希望你们把广播办得更好，充分发挥广播的作用。"把广播办得更好，这是温家宝总理对广播工作者的鼓励和期望。对于广播时政记者来讲，就是要把时政新闻创新提升到一个新高度。任重而道远，唯有努力前行。

（摘编自中国广播电视协会编纂的《改革与发展中的中国广播电视》一书，中国广播电视出版社 2009 年 7 月出版，作者系原中央人民广播电台时政部主任）

泪洒西花厅

刘振敏

我在中央人民广播电台工作、生活了 59 年。

一生只在这一个单位，从事一种业务，发了一辈子政治外事广播新闻。

几十年的记者生涯，我见过世界上不知多少位女国王、女总统、女议长、女总理、女部长；采访过不知多少位国家领导人、知名人士的丧事，唯独邓颖超的音容笑貌让我刻骨铭心。

在庆祝人民广播诞生 80 周年之际，我最想把亲眼见到，亲耳听到的事说出来。

1904 年出生于广西的邓颖超同志，早年参加革命，是为数不多的长征女红军。新中国成立后，曾任全国人大常委会副委员长、全国政协主席。她是党、国家和人民共同拥戴的无产阶级革命家、社会活动家、中国妇女运动的先驱。

不管男女老少都亲切地称呼她为"大姐"。

第一次走进邓大姐家

新中国成立，周恩来总理一直工作和生活在中南海西花厅。文化大革命后，周总理和邓大姐的外事活动搬到人民大会堂。1976 年周总理去世后，西花厅交公了，他的东西收到储藏室。邓大姐一直住在西花厅后院。

1979 年 6 月 27 日，时任全国人大常委会副委员长的邓颖超为了表示对日本朋友的亲切和友谊，在住处西花厅第一次接待外宾 -- 日本公明党委员长竹入义胜（竹入义胜 1971 年为恢复中日邦交正常化做出过贡献），我才有机会到我心目中最敬爱的人家里看看。

西花厅小院绿树成荫，鲜花盛开。环顾四周，房子是旧的。据说，屋里的陈设还是老样子，非常简朴。客厅里摆着 17 个沙发、八个茶几和一个屏风，摆在我面前的茶杯边已经掉了瓷。惟一的布置是新增加了竹入先生送给邓大姐的樱花瓷盘和景德镇烧制的周恩来瓷像。瓷盘上的字是南京雨花学校的学生在雨花台冒雨拣的石头镶成："学习周总理 一心为人民"。

外宾来前，我望着周总理的像，陷入沉思，再看看与他相濡以沫的邓颖超大姐，我的眼泪立刻流出。没想到，被细心的邓大姐发现。她轻轻地在我耳边说："坚强些，沉着些！"话音刚落，外宾就走进了客厅。只见邓大姐很快就恢复了平静，笑眯眯地与客人握手、交谈。

晚上 7 点，主人和客人在庭院里散步。我坐在汽车里写稿。

望着这座静静的小院，往事涌向心头：文化大革命前，周总理在东郊飞机场主动走过来与我握手，还说"广播电台的"；1965 年，在三峡的船上，记者与周总理合影时，他老人家非要站在后排；1967 年 10 月 7 日，他在我的请示小纸条上亲笔写下的"同意"二字，让我大胆地用录音报道的形式播出了毛泽东接见 11 个外国代表团的新闻。又想起 1989 年 7 月，我看过李先念亲笔题写的优秀纪录片片名《我们的邓大姐》，片中用大量照片和实景介绍了邓大姐的革命业绩和高尚品德，也描写了周总理与邓大姐之间的革命情谊。20 世纪 80 年代，邓颖超到八路军西安办事处旧址参观，她慢慢走到丈夫工作过的屋里左看看，右瞧瞧，然后对身边的人说："让我一个人在这里坐一会儿。"那是一个令人心酸的镜头：周总理去世后，邓大姐独自坐在自己家的沙发上听录音："送战友，踏征程。默默无语两行泪，耳边想起驼铃声……战友啊，亲爱的战友……"我们的邓大姐把自己的思念、悲伤、缅怀深深地藏在自己心里。可她还经常劝别人要想开点，振作点，乐观点。

1980 年 5 月 13 日，在人民大会堂南门接待厅，邓颖超副委员长会见由日本主妇同盟议长牧野可祝率领的日本主妇同盟访华团。这批日本客人都是第一次来中国。他们因能见到德高望重的邓颖超大姐激动不已，来之前，精心选择了服饰，梳理了理想的发型，脸上画了淡妆。

长期从事妇女工作的邓大姐三句话不离本行，与团长谈得融洽、亲切。邓颖超说：妇女地位的提高必须与整个民族的发展与国家的经济建设联系在一起。国际形势的发展也使妇女不得不关心国际大事。妇女工作得到发展，关系到家庭成员的男女老少，关系到全国人民。妇女都是热爱和平的，希望孩子得到幸福。假如战争打起来，每个家庭都会受到影响。

会见进行中，家住岚山脚下的日本家庭主妇小冢绫子要求当场为邓大姐跳个自己编的舞。她利用短暂时间换上日本和服和白鞋，手拿纸扇，腰围金黄色的带子，伴着音乐，踏着轻盈的脚步在紫红色地毯上跳了起来，再现周总理在 1919 年 4 月 5 日写的诗《雨中游岚山》情景。这位家庭妇女感情投入，眼含热泪激动地说："我来中国前，京都的许多人夹道欢送我。我回去一定告诉日本朋友，我用舞蹈表达了对周恩来总理的尊敬。邓大姐访问岚山时，人太多，我没看清。没想到这次能有机会见到邓副委员长。这是最高的荣誉。这是我一辈子都难以忘记的事情。"

在场的全国妇联主席康克清、副主席黄甘英和日本客人不知是沉浸在对周总理的怀念，还是对邓大姐的敬仰之中，都哭了，翻译哭了，我也流了泪。

唯有邓大姐本人非常平静，不愧是伟大的女性，反而安慰大家："不要流泪，我们要坚强。死的人已经死了，活着的人要坚强，要更加努力地为人民服务。"

优秀党性无处不在

邓大姐的高贵品德，最让我难忘的是，她那始终保持着人民公仆本色，光明磊落，廉洁奉公，襟怀坦荡的巾帼风范。

公私分明是邓大姐的一贯作风。20世纪的五六十年代，我国物资十分匮乏，邓颖超和周总理外出，一般不同意别人请他们吃饭，如果吃了，他们总会如数付给粮票和菜金。记得1964年，我去人民大会堂的二楼餐厅找周总理审稿，只见他一个人在用餐。邓大姐担任第五届全国人大常委会副委员长期间，要求参加常委会的成员都要自掏饭费和茶叶钱。作为去采访的记者，我也掏过一角茶叶钱和5角工作餐费、半斤粮票。

邓大姐和周总理不准工作人员以他们的名义办私事，也不准接受地方送的礼品。我亲眼见邓大姐把自己家种的鲜花作为送给新西兰专家路易·艾黎的生日礼物；把自己用一元钱买的烟灰缸送给日本创价学会妇女部代表团八矢亏子。邓大姐还对我说："送礼的事就别报道了。"1980年10月22日，邓大姐送给路过北京的泰国外宾两包北京特产果脯。1980年1月8日，邓颖超把自己买的一套淄博产的瓷器送给日本知名人士宇都宫德马。1985年，邓大姐把延安送给她的大枣转送给日本奈良前市长健田忠三郎。

邓大姐对外宾送的礼品从来不贪为己有，他对中日友协副会长孙平化说："园田先生送给我的东西，我已通过共青团组织转送给东城区少年宫，其他人送的礼品，我也向人大常委会汇报过了。1979年7月3日，她说："今天日本奈良市市长健田忠三郎送的钥匙和灯放在哪里？你们研究一下。"

有两年的春节我记忆犹新。1983年的春节是2月13日。北京医院院长、科室主任、副主任提前两天拿着鲜花到病房给邓颖超老人家拜年。

邓颖超认为，自己是共产党员，作为一个病人，住院期间，组织生活在医院过。她说："我应该汇报汇报。我既是病人又是学生，我学了很多知识。这些同志给我治疗，我需要配合。我信赖他们。由于大家的精心治疗，我的身体恢复得很快。出院以后，我要继续为人民服务，做一些力所能及的事情。胡耀邦说要实行改革。北京医院已掀起改革之风，预祝你们的改革取得成绩。将来服务得更好。"她提议与同志们一起照个像。

医务人员正在排队。摄影记者也正在对准镜头。这时我突然发现是个采访机会，在快门按动的一刹那，我打开录音机，举起话筒，请大姐对全国听众说几句。邓颖超说："向全国所有的广播听众，向全国各族人民祝贺春节，祝他们节日愉快，身体健康，希望大家积极参加这场革命意义深远的改革工作。"

照相结束，新华社、中央电视台记者埋怨我为什么采访前，不给他们打个招呼，好录音。同行们的抱怨毫无道理，因为事先我也不知道有提问机会，完全是临时动议。

第二天，我看人民日报上发表的新闻，把"广播听众"四个字改成了"读者"。

1988 年春节。农历腊月二十八，李鹏代总理代表党中央和国务院到西花厅向邓颖超拜年，感谢她几十年来为中国人民，为中国的建设，为国家的兴旺发达做出了很大贡献。邓大姐说："这是我应该做的，一个共产党员，他所做的贡献是无止境的，到他的生命结束，他做的成绩究竟是多少？他不能自满，别人也不能过誉。"李鹏说："您看到我们做得不周全的地方，要提出批评。"邓大姐说："我不会放弃我应有的责任。我不会总说好话。你们做出成绩也要谦虚谨慎、不骄不躁，把工作做得更好。"

这次活动，我是自己播音，加上现场音响的录音报道。稿件写好后，几次与国务院办公厅联系审稿。我据理力争："既然是春节，就应该有欢乐气氛。政治报道也应打破格式化"。结果，播出以后效果很好。最有历史意义的是，邓大姐的那段话，在她老人家去世后的第一篇报道中我恰到好处地又引用了。

平易近人　严于律己

邓大姐那慈祥的笑容，让人从来都不感到拘束。1976 年 12 月，邓大姐当选为全国人大常委会副委员长后，立即有人提出要给她换汽车。邓大姐诚恳地说："我对我的司机和其他几个工作人员做工作，不要换车，要给我加警卫员，我坚决反对。我从 1958 年就自动精简了警卫员。"1978 年底，邓大姐在党的十一届三中全会上，增补为政治局委员，又有同志提出要给邓大姐增派警卫员，当时就被邓大姐婉言谢绝了。她说，她只需要秘书、服务员、司机、厨师四个工作人员。我经常看到的工作人员也只有赵炜和高振普。

1979 年 9 月 8 日，邓颖超会见台湾体育代表团。代表团的成员来自美国、香港、日本、巴西。合影前，邓大姐发现团长陈木森有点拘束，忙说："亲切一点，活泼一点。在国内可以活泼一点。我有三张女扮男装的照片。我在天津搞募捐，演新闻记者。那时，男女不能同台演出。在保安，我和恩来演姐弟，我演姐姐。演《摇篮曲》，我在后台伴唱。"大家鼓掌。邓大姐请大家入座。客人还是拘谨。邓大姐又说："随便坐，不分前后，不分上下，要表现出运动员的速度嘛。"这时，摄影记者对准邓大姐照相。邓大姐立即摆手说："你们不要有首长观点，光照我。"然后很关心地问："从国外回来的，能听懂普通话吗？运动会开幕前，我们见见面因为我们是同胞，台湾还没有回归祖国，见到你们倍感亲切。"邓大姐听说台湾代表团中摩托车组的一位运动员受伤留在了上海。她请有关方面转达她的问候，"告诉他以后还有机会来。在半个月里，运动员们要预防疾病，保证健康，赛出好成绩，从国外回来的人要多参观一些地方，有什么意见可以提。"大姐看看周围突然说：哎！不能让我一个人独说独唱啊。她接着说："不要尽说好话。任何地方都不是全好。训练中有什么困难也可以说嘛，不肯开口，也不像骨肉同胞。"邓大姐告诉客人，今天会见大家的地方叫台湾厅。她说："我们时刻怀念台湾，我们不仅是宣传员，而且是统一祖国的战斗员。设台湾厅，是总理亲自选材、布置、审定的，画是从故宫拿出来的。总理很关心台湾的回归。总理生病时说，你们可以看到台湾回到祖国的怀抱，我可能看不到了。"

一场秋雨一场寒。1979年10月13日，下着小雨，穿着黑色平绒上衣的邓颖超在人民大会堂会见朝鲜妇女代表团。她提醒服务员："今天应该把丝绒窗帘拉上，保暖。这是我们应该做的。"

细心的邓大姐在外事场合，不仅注意室温，还对布置提出建议。1980年3月31日，邓颖超会见斯里兰卡大使德辛哈前看看接待厅摆放的鲜花，对秘书赵炜说：瓜叶菊是紫红色的，放在花瓶中间颜色显得太暗。应该把迎春花放在前面。

邓颖超赞扬了大使为发展中斯两国关系做的贡献。她说：至于你对周总理的高度评价，中国依靠的是共产党政府和人民。他仅仅是党的领导人之一，我们还有其他党的领导，事情是集体做的，很多事情都不是他一个人做的。周恩来同志做的事情是党、政府、全国人民共同决定的。具体工作是周总理。我们两国友好也不能算在周恩来一个人身上。中斯建交是相互的，同样要感谢斯里兰卡的领导。

1981年7月22日，在三面环山、一面临海的烟台市，欧洲议会议长西蒙娜·韦伊夫人出席了邓颖超在烟台东山宾馆举行的宴会。反常的是韦伊先讲话。

韦伊在北京和西安的活动，邓大姐天天看报纸、听广播、看电视。外宾到烟台前，邓大姐考虑到外宾在北京时参加的都是重大政治活动，在西安又是冒着烈日参观，很辛苦。她建议山东省外办和烟台行署负责同志要安排一些轻松的活动，可以看看绒绣厂、制酒厂，还可以到海边游泳。

宴会进行中，大家兴致正浓，突然停电，没有空调，屋里很热。服务员很紧张。山东省的领导更是坐卧不安，个个吧砸嘴，一再检讨、道歉。不一会儿，服务员送来了蜡烛。邓大姐不但没生气，还幽默地说："很好嘛，欧洲人在宴会上专门点蜡烛。"

从来不居功自傲

在外人的心目中，邓大姐不仅是周恩来总理的夫人，更是做了60年妇女工作的革命老前辈，但每次她都把谦和、自律挂在脸上。1988年3月4日，人们用"研究周恩来，学习周恩来"的方式纪念这位伟人诞辰90周年。会议开始不久，只见周恩来的亲密战友和伴侣邓颖超同志出现在主席台上。顿时，全场掌声四起。

邓大姐走近话筒，向大家表示问候。她解释说："我不是来做长篇讲话的，是来会会老朋友，了却我想念大家许久的心愿。"出乎意外的是，邓大姐没有在主席台上就座。她由秘书赵炜陪伴从台的左侧走下台阶，来到会场中间，与陈荒煤、薛暮桥、童小鹏、王斌、黄华等同志握手。距离远一点的，她就大声与老朋友们打招呼。在几百人中，邓大姐突然指着一位老先生高声喊："致公党，致公党！"大家顺着喊声望去，只见80多岁的致公党中央主席黄鼎臣正在对大姐微笑。黄老慢慢移到邓大姐身边激动地说："总理虽然离开了我们，祝您健康长寿！"邓大姐伸出右手指着全场的人说："咱们大家都健康长寿嘛，光我一个人太孤立了。"这时，国民党革命委员会中央主席屈武准备站起来，邓大姐抢先一步说："您不要站起来。"说着就主动走到屈老身边握手、交谈。场内各个角落都在亲切地喊："邓大姐，邓大姐！"每个人都想挤到大姐面前，表达一下自己对周总理的思念之情。顾全大局的邓大姐有点过意不去。她举起双手，不停地往下摆动，示意让大家都坐下，可没有一个人坐下。邓大姐有点急了，几乎用尽全力向全场喊道："改革，改革！"

当泰国皇家陆军军官夫人协会代表团赞扬她在泰国享有很高的声誉时，邓大姐说："你对我个人的称赞，我愧不敢当。学习是互相的。我们的经验只能做参考，不能照搬。"

1983 年 8 月 27 日，全国妇联领导开会，讨论第五届全国妇女代表大会的准备工作。五届妇代会是一次换届的会。

邓颖超尊重自然规律，早就打报告退休，甘愿把"妇联主席"的职务让给更适合的同志担当。她对年轻一代寄予厚望。她说："老一辈革命工作者首先要做好传帮带，传得怎么样，带得怎么样，应帮的积极帮，拥护的热忱拥护。青年一代向老同志学习经验，要多看老一辈的长处，以崭新姿态出现。你们有志气、有能力、有才干，有坚忍不拔的精神。无产阶级解放全人类，我们妇女才能解放。"

唯物者的生死观

邓颖超同志平时有收听中央人民广播电台《午间半小时》节目的习惯。当她听到广播中讨论关于安乐死的问题时，引起她的极大兴趣，当天就给电台写了参加讨论的信。她认为，安乐死这个问题，是唯物主义者的观点。

1988 年 2 月 9 日，我去全国政协采访全国政协为已故政协委员和知名人士夫人举办的春节茶话会。邓颖超同志再一次谈到关于安乐死的问题。由于是春节前后，在我的新闻稿件中不好写邓大姐的讲话。但，我把邓大姐的话记录了下来。

那天，邓大姐在春节茶话上说：一个人的生命不能再进行抢救了，医务人员就不要与死人争那个自然已经不存在的气。这对人力、财力都是个浪费。上个星期，广播电台播了 6 封信，有 5 封赞成安乐死的观点，有一封反对。医务人员是担心死者的家属与他们吵。请在座的胡启立同志转告中共中央政治局和有关部门，等大法立完以后，就安乐死问题也立个法。"

邓大姐在即席讲话中着重谈到了对生与死的看法。她说：中国有句古话叫做"死者已矣，生者何堪。"生老病死，人之常情，谁也免不了，谁也逃不掉。一个人自然衰老了，他的志气、活力应该加倍增强，要活得值得。我们要用马克思主义观点对待生与死。

那天，按照原来安排，邓大姐在春节茶话会上讲话以后要去另外的地方会见海外来客。可她言犹未尽。会议进行中，84 岁的邓大姐又补充说：中国古代大诗人陆游写的《示儿》中说"死去原知万事空"。人死以后也不要送那么多花圈，开追悼会。这没什么必要。几年前，我已立下遗嘱，我死后，不搞遗体告别仪式，不开追悼会，不保留骨灰。

最后的告别

尊重邓颖超同志的遗愿，中央关于邓颖超同志丧事的宣传报道指示是：丧事从简，不提西花厅，不写吊唁，不举行遗体告别仪式，不开追悼会，不保留骨灰，不搞故居纪念，不要对亲属进行特殊照顾，不搞有组织的活动，不邀请外地人来北京，不通知各国驻华使馆……

这一连串的"不"，叫我这个时政记者无法写稿。可是，在我心目中大姐不仅是一位伟大的无产阶级革命家、政治家、坚定的马克思主义者的形象，更多的是一位和蔼可亲的老妈妈、德才完美的老大姐。

此刻，作为普通记者，我不可能用大量篇幅去颂扬邓颖超同志的丰功伟绩。只能通过她的"伟大"的一面的背后去观察她那"平凡"的一面。我用泪水、汗水、墨水汇成了稿件中的情、景、声，完成了我几十年记者生涯中最难忘的采访。丧事期间，发了 5 篇录音报道，其中《新闻和报纸摘要》节目播出了《邓大姐，人民永远怀念您！》《送大姐》《忠骨撒江河》并获得中国广播奖一等奖。1992 年 7 月 18日，我站在邓颖超遗像西侧静静采访。中共中央书记处候补书记温家宝向西边的人打招呼。我看看四周并没有其他人。他只好从大厅东边走到我面前，对我说："你早上那条新闻很好，昨天我也听了、今天又听一遍。很好。"

这次采访完全是有感而发。一个星期下来，我听什么音乐全是哀乐，很长时间耳朵才恢复正常。

1992 年 7 月 12 日，星期日。原先我接到的任务是到中南海西花厅采写张学良侄女张闾蘅委托吕正操向邓大姐送花篮的简明新闻。

可现场气氛太感人了：

中南海西花厅庄严肃穆，哀乐低回，催人泪下。

大厅正中挂着邓颖超同志的巨大遗像，花白的短发，既精神又潇洒。细边眼镜下透出了智慧，嘴角微笑，显得非常和蔼、可亲。

前来吊唁的人三五成群，一拨儿接一拨儿。

过去我曾经采访过许多领导人和知名人士的丧事活动，从来没有见过今天的场景：在邓颖超同志的遗像下，正中摆的是邓大姐身边工作人员敬献的花篮。邓大姐的秘书、警卫、司机、护士、炊事员站在遗像左侧。那本来是死者家属应该站的位置呀！

想到这里，我沉痛的心情中又更加了一层悲伤。大姐没有亲生儿女，可她的儿女有千千万。我背着采访录音机，情不自禁地默默站在工作人员的身后。

身经百战的老红军和在影视剧中扮演周恩来的演员抑制不住感情，竟然哭出了声。老作家谢冰心一早就提笔写下"痛悼人生第一知己"的缎带，并托外孙送来一束精致的白花。6 岁儿童哭着说："我想看看邓奶奶！给邓奶奶请个好医生。"一位养花工阎师傅哭着非要留下买花圈的钱，并说："你们不收下，我就不走。"两个人搀着他，他还是一个劲往下坠。1982 年 11 月 1 日被邓颖超处的同志及时挽救了生命的 9 岁男孩毛寇英连夜坐火车从湖南赶来。

全国政协常委沈其震刚刚做完胆囊手术，不顾伤口的疼痛，坐着轮椅从医院赶到西花厅。即将率队出征西班牙参加第 25 届奥运会的何振梁，代表全体运动员表示一定要用优异成绩，告慰敬爱的邓颖超同志。

中午，我买了两个面包一边吃，一边构思稿子。在动笔写录音报道的连接词时，我着意用事实说话，用贴近群众的朴素无华语言来表现邓大姐的高大形象。写到稿件的结尾，我思绪万千，感情的浪潮急促地拍打着我。我想，今后我再也不能报道邓大姐的活动了。我的听众也听不到邓大姐的声音了，泪水再一次蒙住了我的眼睛。

于是，我翻阅了资料，重听了 1988 年春节，采录到李鹏总理代表党中央、国务院向邓颖超同志拜年时的那段话作为第一篇报道的结尾。

1992 年 7 月 17，邓大姐遗体火化。大姐的遗体静静地安卧在北京医院告别室的鲜花翠柏之中，鲜红的中国共产党党旗覆盖着她那为人民耗尽光和热的躯体，菊花、马蹄莲和君子兰簇拥着遗体，四周摆满了 8 层花圈。

邓大姐活着的时候，一无所有。去了，也一无所求。今天她依然戴着咖啡色方格旧头巾，穿着 30 多年前做的那身黑色华达呢西服。工作人员对我说：衣服的领子、袖口破了。5 个扣眼全脱了线。衣服的里子有三种不同颜色的补丁。裤腰有一尺多长是补过的。用秘书的话说："全身上下没有一样新东西。"

这就是的邓颖超同志。我写下这样的解说词："一鞠躬，缅怀这位坚定的马克思主义者光辉战斗的一生；再鞠躬，敬仰这位德高望重的革命家高风亮节和崇高的共产主义情操；三鞠躬，告慰这位身受全党和全国各族人民爱戴的老大姐名垂千古，万世流芳！"

从北京医院到八宝山，沿途 18 公里的大街两旁，站满了为这位劳苦功高，为革命鞠躬尽瘁一辈子的大姐送行的人们。

那天中午，我坐在办公室一边写稿，一边听录音。当我听到这段时，泪水再一次遮住了我的双眼。我"吧嗒"一声把录音机关掉，稿纸推到一旁，干脆爬在桌子上痛痛快快哭了一阵。

1992 年 7 月 18 日，这是我最后一次去西花厅。邓颖超的骨灰要运往天津，撒向海河。天津是邓颖超早年投身革命的地方。天津也是她结识周恩来，他俩并肩战斗、工作过的地方。

汽笛长鸣，饱含着亿万人民对邓大姐的深情。邓大姐生前所在的党支部书记、秘书赵炜和秘书高振普轻轻地把大姐的骨灰撒到海河入海处。16年前，曾经在飞机上在这里撒过周恩来骨灰的高振普，一边撒，一边泣不成声地诉说着他难以言表的心情。

与此同时，中共中央政治局常委宋平，书记处候补书记温家宝，全国人大常委会副委员长、全国妇联主席陈慕华等向江河撒入了拌着骨灰的天津市花粉红色月季花瓣。

船上的人们哭成了一团。此刻，我也代表我的同行、朋友、听众将花瓣一把一把地撒入海河伴忠骨。

下午3点，从天津回北京，在颠簸的汽车上，歪歪斜斜地写稿子。

说起来也差点出问题。按照中共中央宣传部的要求，中央一级新闻单位是不报道天津市党政领导吊唁活动的。中午，临时接到通知说"中央新闻单位也可以报道"。幸亏我多了个心眼，早就录上了中共天津市委书记谭绍文和天津市长聂璧初的讲话以及天津市民迎灵的场景。否则，现场气氛稍纵即逝，这篇录音报道就不能形成，更谈不上能获广播大奖。

（作者系中央人民广播电台高级记者）

总理给我做嘉宾

郭 静

回想起来，这已是十年前的事了。

这件足以记入中国广播史的大事件，在我个人的记忆中，是从梅兰芳大剧院的一场演出开始的。

那是 2010 年 12 月 8 日的晚上。

那年，是中央人民广播电台创建 70 周年。为纪念中国人民广播事业暨中央人民广播电台创建 70 周年，台里在梅兰芳大剧院推出了为期 5 天的"中国广播嘉年华"活动。那晚，是首场演出，我有幸登台，参加了那场名为《声震长空》的主题晚会的表演。

应该就是在谢幕那一刻。王求台长率领台领导走上台和演员们一一握手。当王晓晖副台长走到我面前，边握手边笑着说"祝贺祝贺"之后，突然低声说了句："最近可能有个重要任务要交给你。"

什么重要任务？他没往下说。

他没说，我也就没问。我直觉，这个"重要任务"，第一，非同寻常，领导不说，一定是此时此地不便说；第二，任务还存在变数，所以领导才会说"可能"。

几天之后，我终于知晓这个"神秘"又"重要"的任务到底是什么。直接向我交代任务的，是中央台时政记者、中国之声副总监李涛。他郑重地告诉我：刚刚确定，温家宝总理将参加中国之声一场特别直播，我被选为这场直播的主持人。

就兴奋了那么几秒钟吧，我就迅速陷入前所未有的焦虑中……

我曾亲耳听方明老师回忆周恩来总理 1959 年亲临广播大楼，现场听齐越、潘捷播《各地人民广播电台联播》节目的情景；也曾听刘振英老师提起周总理指示实况广播简化名单、关心广播事业的一个个故事。但是，相比此前总理与广播的一段段佳话，时任国务院总理走进直播间，在一期广播直播节目中直接面对全国听众，这在共和国历史上，还是第一次。

"史上第一"，预示着无任何经验可循；万众瞩目，意味着"不能失败、只能成功"。因为任务高度机密，我甚至不能随便找人请教、求助，一切策划、准备工作都必须默默独自进行……

好在领导一直给我打气，从台长王求、副台长王晓晖、总监史敏到副总监李涛……我抛开杂念，静心凝神，开始仔细琢磨，这样一期特别节目该怎样做？

事实上，2010年是国内大事不断的一年。除了成功举办上海世博会、广州亚运会，成功发射嫦娥二号卫星外，重大突发灾难事件较多：4月青海玉树7.1级地震，8月甘肃舟曲特大山洪泥石流……加上这是汶川地震灾后重建第三年，临近年关，中国之声打算和前两年一样，推出一个特别节目，叫《重返灾区》，我们最初的设计，就是邀请总理参与这个节目。

那几年，每逢重大灾情发生，总理都会不顾安危，第一时间亲临现场，这已成为一个惯例。所以无论汶川、玉树还是舟曲，最凶险、最艰难的时刻，都曾留下他现场指导救援、抚慰灾区群众的身影。正是因为这样一份放不下的牵挂，得知可以通过中央人民广播电台电话连线灾区百姓，总理欣然同意！这才有了这样一个即使今天看来依然十分大胆的"直播计划"。

我做的第一件事，是细化连线方案，选准将与总理连线的灾区群众。我翻阅了大量资料，标注下他的足迹，查找那些曾与他有过一面之缘的普通人……

值得一提的，是连线的第一个地点青川的确定。其实说到三年前的汶川特大地震，大家首先想到的还是汶川。可请示总理后，他却明确提出"青川"。为什么是青川？他说："因为去汶川的人多，青川去得少，但那里死的人最多。我当时说要集中力量帮助那里。"

具体和哪位群众连线，总理把选择权完全交给了我们。他反复强调的只有五个字："一定要真实！"他说："现在这三个地方都冷，群众如何过冬，还有什么困难，一定要真实反映。"

筹划时间越久，反馈回来的信息越多，有个念头在我心中就越强烈：这么难得的一次采访机会，面对如此开诚布公的总理，我们就不问点大家关心的其他社会热点问题吗？

我很清楚，如果加进这一块，直播方案将比之前更为复杂，不可控的风险也随之增多。我们要不要、能不能冒这个险？

还有，从2009年起，总理每年两会前夕都通过中国政府网和新华网与海内外网友在线交流。再过两三个月就是2011年两会了，总理是否愿意在这个时点，"计划外"地集中回应社会关切？

思虑再三，我向李涛说了这个提议。他二话没说："好啊！请示一下，争取促成！"没想到，很快，总理办公室回复："同意。"

这下我摩拳擦掌，精神头儿更足了！怕我忙不过来，李涛特意安排策划部的编辑樊新征协助我。

在有限的时间里，问总理些什么问题呢？我和新征开始"秘密策划"。到行文阶段，我敬佩的任捷老师经台领导批准被我拉入。有了她这位经验丰富的"大师"指点，我感觉自己如虎添翼。

很快,三路记者名单也已确定。青川一路,领队是采访部副主任王健,记者是王亮、季苏萍、郑轶;玉树一路,领队是特报部主任高岩,记者是白杰戈、陈俊杰、葛修远;舟曲一路,领队是策划部副主任刘钦,记者是王娴、刘黎黎、张垒。

节目时间,定在了 12 月 26 日。

时间,一天天迫近。

应该是 12 月 25 日傍晚,我正在值班,李涛突然通知我:"总理想见你,一会儿跟我去趟总理办公室。"

我心里有些打鼓。平时做访谈,常常需要和嘉宾提前有个简短沟通,但这个沟通不能事无巨细,不然访谈时就没有新鲜感了。我很担心,万一见面后,总理提出看我的采访提纲,怎么办?

匆忙间,我准备了两份提纲:一份,是完整的节目文案;一份,是精炼的话题大致走向。

在总理办公室隔壁的房间,我们等了一会儿。李涛细心,发现门口的小茶几上堆放着一些药,一问,原来总理那几天有些感冒,这些药是刚从医务室取回的。

我们很快被请进他的办公室。只记得办公桌后是一排书柜,他和我们就坐在办公桌对面的那排沙发上。

李涛是多年的时政记者,我记得 2008 年 5 月 12 日,汶川地震发生两个多小时后,总理第一时间乘专机赶赴四川灾区,随行的记者里就有他。总理和李涛非常熟,一见面李涛就很自然地跟总理打招呼。我虽是第一次见到总理,倒也并不拘束,没怎么感到紧张。

总理说,他是中央台的忠实听众,每天早上都会听《新闻和报纸摘要》节目,几乎一天不落。但第一次到电台做直播,不熟,所以想提前了解一下"电台直播的要求"。我记得他说的最多的话是,"不要因为我去,干扰了你们","平时怎样就怎样,千万不要因为我,你们破例"……

李涛简短汇报了第二天请他到台里来考察的大致流程,我则告诉他:节目时长预计 45 分钟,我们将请他和青川、玉树、舟曲三地的灾区群众电话连线……我问他,是否还记得曾去这 3 个地方的情景?他说,"记得!"他告诉我们,他有记日记的习惯,晚上他会再翻翻当时的日记,"主要怕有些数字记不准确"。

说完连线部分的方案,我鼓足勇气,试探着开了口:"总理,全国的听众和网友如果知道您到我们电台来,一定还有些问题想问您,您能回答一下他们的提问吗?"

"可以!"总理微笑着回答。

见他如此爽快,我赶紧补充:"这些问题应该都关系民生,有些可能……"

我还在想怎么措辞,总理善解人意地接过话头:"没关系,尽管问。"

我准备的两份提纲,一份都没拿出来,沟通就已完成。我原本忐忑的心此刻彻底放了下来。

总理和我们拉起家常。他问："雪花怎么样？"——时政记者赵雪花刚刚生完孩子，正在休产假。我们告诉总理，雪花挺好的，刚刚生了个女儿。总理问起我的情况，我告诉总理，我父亲 1962 年毕业于北京地质学院，不仅和他是校友，还曾有两年同时在校；我父母与总理夫妇一样，都是地质工作者；我和我哥哥，从小就生活在野外地质工地……总理特别高兴，说"那你和我的孩子一样"。他说，"请代我向你父母问好！"

临别时，我们请示总理，能否合个影？总理欣然答应，主动叫来办公室的同志给我们拍照。

离开时，他一直送我们到楼梯口。我还清楚地记得，我们已经下了好几级台阶，走到拐角处，回头一看，总理还伫立在楼梯口，目送我们。

他的亲切、随和、周到、细致，我至今难忘。

12 月 26 日是个周日。早上 6 点多，天还没亮，我就到办公室，化妆、准备。

原定总理到达时间是 8：30，没想到刚刚 7 点多，就接到李涛的电话："总理已经出发！"——这可比计划时间大大提前！

后来听总理身边的同志讲，那天总理起得特别早，6 点多就问："是不是该出发了？"办公室的同志回答："天还黑着呢，电台的同志怕还没到！"他这才安下心。

听说总理会提前到，我赶紧冲到四楼直播间，开始做直播前的准备。

8：21，中国之声插播了第一条快讯："中共中央政治局常委、国务院总理温家宝今天（26 日）上午将走进中央人民广播电台中国之声直播间，参与我们的特别节目《重返灾区——中国之声温暖行动》，并考察中央人民广播电台。现在车队刚刚开进中央人民广播电台大门，温家宝总理正走下车。"

按照计划，总理将依次考察应急广播大楼功能示意沙盘，参观中央人民广播电台台史展。此时身在直播间的我，已顾不上直播间外发生的这一切，心无旁骛地清点稿件、试听耳机、测试 CD、刷新短信平台……

8：40，我正低头调试监听音量，余光发现，一行人已走进直播间！走在前面的是温家宝总理，他穿着一件我们非常熟悉的藏青色夹克，里面是件浅蓝色衬衫。他笑着走过来，和我握手……

落座后我请他戴上耳机。和几乎所有人一样，初次戴上我们这种全封闭专业耳机的他也有些不习惯，现场的技术保障工程师张杨贴心地想帮他调节松紧，他微笑着说："我自己来……"

有人递来一瓶水，我告诉他，为了直播台的安全，按照直播规范，一会儿直播过程中就不能喝水了。有人提议把水放在椅子下面，他摆摆手，"不用，还是拿出去吧！"

我指着电脑屏幕告诉他，得知他做客中国之声直播间，我们的短信平台已瞬间涌入海量的全国听众和网友对他的问候和留言……他饶有兴致地看着屏幕，那份专注，如同正面对一位位热切的听众……我试探着问，"一会儿您能不能多回答几个听众和网友的问题？"

他爽快地说："可以！"想了想，又说："我看你们节目内容很多，会不会影响你们后面的节目？"

对我们来讲，总理走进直播间就是一期最特别的节目；可他考虑的，却是我们整体的节目策划和安排会不会因此受到影响。

戴上耳机的他，很快进入了状态。他习惯用铅笔，几枝削好的中华铅笔放在了他手边，准备好的一沓纸也递了过来……

此时，中国之声正在播出的，正是《重返灾区》特别节目。正在舟曲采访的记者刘黎黎正沿着舟曲城关大街描述舟曲目前的物资供应。总理听得非常仔细，边听边做着记录……

原定访谈 9 点开始，还差十来分钟时，导播罗厚通过对讲告诉我导播间里领导们的决定：既然一切已经准备就绪，那就开始吧！

8：48，伴随着听众熟悉的中国之声大开始曲，一期非同寻常的节目开始了……

说心里话，刚开始的几分钟，我还是有些紧张的。和以往不同，此刻我对面，是长枪短炮一群摄影摄像记者，他们中有新影厂，有央视，有新华社……两侧，还有总理办公室的工作人员。平时大得有些空旷的中国之声直播间，此刻满满当当。

是从什么时候开始我的一颗心安稳下来了呢？应该就是我们聊到广播的时候。我用上了前一天他告诉我的细节，我告诉他，他每天早上听的《新闻和报纸摘要》节目就是从我们现在所处的这个直播间直播出去的。

他说："我听中央人民广播电台的节目已经有 50 年了，我对这个节目非常有感情，我能熟悉的知道中波节目（频率）是 639 和 720。"

他真是一位热爱广播的"资深听友"！作为一位 50 年如一日听广播的老听众，他给 70 岁的人民广播带来了最热切的肯定，最真诚的祝愿。此时的我，哪里还顾得上紧张，满心都是感动和欣喜。

我们依次连了青川、舟曲、玉树灾区的百姓，让我惊讶的是，他清楚地记得他经历过的每一个场景，甚至细节。

提到四川广元青川县，他记得震后自己三次前往青川的不同路线、看到的不同景象、遇到的不同的人。得知连线的村支书王均成来自东河口村，他马上想起，村口有条小河，"我那次过河是踩着独木桥过去的"。听说村民年前都已搬进新居，他细细地问，一家能有几间房？贷多少款？付多少利息？……他关心，过年了，村民准备了哪些年货，家里杀了几头猪，熏没熏制腊肉，他说，"村子里准备过年了，自己有菜，我听了很高兴。"

我向他介绍舟曲县月圆村村长何新朝，他告诉我，月圆村是个三百人的小村庄，泥石流造成一半村民遇难；他记得他是在医院探望伤员时见过何新朝，"他家里有十一口人，只有他和三岁的小儿子幸存"。他回忆，最初确定伤亡人数，地方上"要依据见到的尸体"，但像何家，九口人的尸体完全找不到，"这就应该统计在内"。他说，"地方的干部听了我的意见，就把比较真实的伤亡人数很快地向外界通报出来"。他关注舟曲的物价，关心舟曲的百姓过冬，他说，"我在甘肃工作十四年，对那里的山山水水都非常熟悉，都很有感情，对那里的乡亲们经常惦念不忘，请问大家好！"

连线玉树县第三完全小学老师才中措和校长尼玛时，他说他还记得震后在第三完小，孩子们给他唱《感恩的心》，他告诉孩子们要记住歌词里的一句话，"人间坎坷辛苦，我不认输"。他回忆，在玉树州综合职业学校，他从废墟中捡起散落的课本，"泪水止不住地流淌"。得知孩子们在板房教室里补课，他提醒，"冬季住板房，取暖用炉子要特别注意防火"；了解到当地现在煤价高，他说，"我会责成青海省政府对玉树地区加大救援的力度"，"要给群众以适当的补助"。他说，"藏族的孩子眼睛很大，很明亮"，"孩子学习是这个地区的希望"，"我很想念那些孩子们，他们非常聪明，也从小经过磨难"，"我希望有时间再去玉树，再听孩子们给我唱歌"。

记得连线王均成时，均成想说的话太多，加上和总理直接通话心情激动，一口气停不下来。我注意到总理几次想开口询问，都没能插得上嘴。他没有表现出丝毫不快，而是把自己的话咽回去，继续耐心地听，让均成把话说完，并且，边听边记。我瞅了个空，告诉均成，"总理有问题正好想问你"，均成这才意识到，不好意思地停下话头听总理说……

何新朝的儿子在舟曲泥石流中受过重伤，总理与何新朝对话，开口第一句就是："孩子好吗？"话语中的真切与深情，一下子撞击到我的心。作为一个4岁孩子的母亲，听到这句问话，汹涌的情绪一下子堵在胸口，漫上头顶，泪水差点夺眶而出。我忘不了节目中他说过的一句话："至今，这些死者和活着的人们留在我的脑海里难以忘怀。"

直播进行中，一张纸一面记完了，我伸手想帮总理把这张纸挪开，好在下张纸上接着记。他很自然地把写满字的这一面翻过来，在另一面接着写……看得出来，这完全出于平日里的习惯。

节目的后半段，我请他回答网友的提问。一位深圳的网友提及物价，说今年大家发明了新词，"豆你玩""蒜你狠""糖高宗"……他问总理："您是否有信心稳定明年的物价？"

总理开口就说："网友同志，你的一番话刺痛了我的心。"

有网友问到高企的房价，尖锐地请总理"评价房价调控的成果"。

记得当时念完这个问题，我自己也有些被吓住了，脱口而出："……好像是……一个比较敏感一点的问题啊！"

没想到总理肯定地说："对敏感的问题不要回避。"

正是他的坚定和真诚，给了我莫大的鼓励，我大胆说出自己心中疑虑很久的一个问题："总理，您听说过这样一个说法吗，今年有人说，'房价总理说了不算，总经理说了算'，您对此怎么看？"

据说当时导播间有领导听到这里，瞪大了眼睛，倒吸了凉气，大家把心都提到嗓子眼儿，等待总理的回答。

总理的回答精辟又充满睿智："这个讲法不准确，也不全面。房价有政府应该管理的部分，有市场应该管理的部分"。他说总理应该管的，"主要是保障性住房，解决的主要是中低收入者的问题"。

直播结束前，总理还为我们讲述了他眼中的"有尊严的幸福生活"，就是"保障每一个人享有宪法和法律所给予的自由和权利；每一个人在法律面前完全平等；要使社会更加公平；尊重每一个人的人格，包括犯错误的人，以至犯罪的人；使每一个人都能过上更加体面的生活。"他说，为了人民过有尊严的幸福生活，"我本人一定要做到鞠躬尽瘁，死而后已！"——他把我们心中的一个很大的理想、一种还模糊的概念，阐述得如此具体而细微，而"体面"这两个字，让这些概念和理想变得如此可触可感。

近距离地坐在总理身边，感受他独特的人格魅力，让我完全沉浸其中。不知不觉，我们竟然聊了 60 分钟。那每一分，每一秒，每一句话语，每一个细节，后来都如此真切地定格在我的记忆里。在那个时刻，我既是主持人，更是一个公民，通过这样一种方式，最真切地感知一个国家的信念，一个政府的追求！

直播结束后，他来到中国之声工作区，看望慰问正在工作的一线记者、编辑、主持人；随后，在中国之声指挥中心，他与葛兰、方明、铁城等著名播音员和编辑记者面对面座谈。

他显然还沉浸在刚才的直播节目中，落座第一句话他说："刚才做了一个节目，我是第一次戴耳机，第一次在话筒前说话，心里难免有点紧张……"

他说自己从上大学开始，就听葛兰、夏青、齐越的广播，"对这几个广播员都记得烂熟，连他们的声调、语音都清楚"。他称赞，"广播这些年很大的一个进步，就是它的节目编排多样化，形式也多样化"，"最大的一个创新，我觉得就是用原声，可能在过去，用原声上有很多'框框'，但是我以为，用原声有真实感。"

年轻记者李谦告诉他，他刚才戴着耳机的照片网上转发量很大，网友评价"很可爱很亲切"，他幽默地反问："没有说像个大熊猫一样似的？"

他特别向大家解释，他为什么语速偏慢："我很少用稿子，我需要想"，"语速慢，是要保证它准确"；他还说，"因为我这个人，说句老实话，是很有感情的，我边讲边有感情，所以它就慢一些。"他寄语年轻的主持人，语速慢一点，要带着感情对听众说每一句话。

这是一位近 70 岁的老人、一位热心听众送给 70 岁的广播最真挚的嘱托。

和语速相反，他说自己走路很快，"无论什么场合，我从不弯腰，从不在举动上有任何不恰当的地方。因为我时刻想着我是个中国人，是中国人的代表，我每一言、每一行都应该给中国人带来光荣，带来荣耀。其实延伸一点说来，我已经把个人的尊严和国家的尊严联系在一起了，没有国家的尊严也没有我个人的尊严。"

临别前，我请总理在我们播音员、主持人常用的一本《新华字典》的扉页上签字，他欣然提笔，写下"温家宝"三个字。当我把直播时我一直佩戴的一枚中央台台徽送给他时，他很高兴地收下，而且当即就要把它别在他的胸前。

那天送别总理后，我回去扎扎实实睡了一觉。醒来，手机已被打爆；网上铺天盖地，都是总理做客中央台的报道。他在直播中的金句，被提炼成套红标题，成为各大网站包括海内外媒体的头条；我们的节目策划，以及我在节目中的表现，也得到网友的点赞和肯定。

对我而言，这是一次难得的经历，它的珍贵，不仅在于我有幸获得了这样一个机会，总理给我做嘉宾；更在于，在人民广播迎来70岁生日的时候，我作为广播的一个代表，捧得了这位懂广播、爱广播的70岁老人，赠与人民广播的一份厚礼，以及深深的嘱托。

我想，很多年以后，更多的况味、更多的感悟，浸润着这次不同寻常的经历，会在我的心中生长、开花、结果，历久弥新。

（作者系中央广播电视总台新闻中心高级记者）

国家电台藏语广播70年

张小平

2020 年 5 月 22 日，是以中央人民广播电台的藏语节目为标志的中国当代藏语广播开播 70 周年，也是中央广播电视总台少数民族语言广播创建 70 周年的日子。

由于工作的需要，从 1970 年代开始，我即陆续进行了有关中国少数民族语言广播，特别是藏语广播历史的研究。本文记述的就是中央电台藏语广播 70 年来的发展脉络和与其相关的若干史实。

谨以此文纪念中国人民广播事业诞辰 80 周年。

新中国建立前的藏语广播

开办藏语广播是 20 世纪中国社会的一个重要政治现象。

1932 年，南京"中央广播电台"受蒙藏委员会委托创办藏语广播。1934 年 12 月，由国民党中央广播事业管理处和交通部共同在北平筹建河北广播电台，一开始就办有藏语节目，每周一次，内容为一周大事及其他新闻。这座电台只存在 7 个月。1937 年抗日战争爆发后，国民党"中央广播电台"迁至重庆，继续使用中外多种语言广播，其中包括藏语广播。1949 年国民党政权溃败至台湾后，在"中央广播电台"和后来的"台北国际之声"中仍继续办有藏语广播，其主要任务是宣传国民党的主张，煽动西藏地方抗拒人民解放军进军西藏和"反攻大陆"。

西藏地处世界屋脊，战略地位十分重要。近代以来，帝国主义列强相继将目光转向这片高天厚土，觊觎这块圣洁的土地，侵略西藏的步伐明显加快。广播领域也不例外。

1949 年 4 月 13 日，英国人在拉萨开办无线电通讯培训班。不久，英国特务福特在拉萨、昌都、那曲先后建立了三座小型通讯电台，同年 7 月，福特利用这些设备协助噶厦政府在拉萨建立"西藏广播电台"，用藏、汉、英 3 种语言广播。当时的所谓"西藏独立宣言"，就是通过这个电台广播的。这个短命的广播，功率小，用柴油机供电，没过多久，就在雪域长空中消失了。

中央人民广播电台开办藏语广播
是国家核心利益与重大关切的需要

历史降大任。真正属于人民的藏语广播，随着西藏和平解放的步伐应运而生。

解放西藏战略部署的决策与实施　1949年10月1日，毛泽东主席在北京天安门城楼上庄严宣告中华人民共和国成立。

此时，中国大地上有两个地方还没有解放，这就是台湾和西藏。其实，西藏，这片中国西南的高天厚土，早已进入党中央和毛泽东同志的战略视野。1948年初，毛主席根据国际国内和西藏形势，就高瞻远瞩地考虑了解放西藏的时机和策略问题。

1949年12月，毛泽东主席赴苏联访问，在途经满洲里时给中共中央并西南局写了一封信。大意是：印、美都在打西藏的主意，解放西藏的问题要下决心了，进军西藏宜早不宜迟，否则夜长梦多。1950年1月2日，毛泽东同志在莫斯科致电中共中央，指出："西藏人口虽不多，但国际地位极重要，我们必须占领，并改造为人民民主的西藏。"同年3月4日，18军在乐山举行进军西藏誓师大会。在这同时，为配合解放西藏的军事行动，中央有关部门和进藏部队，分别以不同方式，通过各种渠道，开展了西藏情况调研和派人进藏等重大举措，对西藏上层集团，包括噶厦、藏军、贵族和宗教上层人士等全方位的政治争取工作，显示了中央争取西藏和平回到祖国怀抱的宏伟气魄和坚强决心。

中央人民广播电台早期的西藏问题宣传　1950年代初，广播是包括报纸、通讯社在内的最先进的传播媒体之一。党中央充分认识到广播在解放西藏大进军中的特殊重要作用。作为随党中央进入北京不久的中华人民共和国国家电台——中央人民广播电台，在解放西藏的伟大事业中，承担了传播中国共产党声音，传达中国共产党和中央人民政府解放西藏的决心，宣传中央对西藏地方的态度和方针的舆论先导任务。

早在1949年秋拉萨发生"驱汉事件"时，中央人民广播电台就及时播出了新华社9月2日《决不容许外国侵略者吞并中国的领土——西藏》的社论；不久，又播发了出席第一届全国政协会议的藏族委员天宝的文章《西藏全体同胞，准备迎接胜利的解放》。

这一时期，中央领导人和领导机关对西藏问题发表的言论和文章，中央人民广播电台都及时进行反复广播。尽管当时西藏只有极少数上层人士拥有收音机，但他们以及握有电台的英国、印度人员时刻注意收听。中央的声音和人民解放战争伟大胜利的消息，不断传到西藏当权者耳中，对西藏分裂主义势力的活动，取得了一定的警告与遏制作用。

中央决策开办国家电台藏语广播　随着解放西藏战略部署的加紧实施，用藏语对西藏直接传播党中央声音的任务也正式提到日程上来。

1950 年 3 月 29 日，中央人民政府新闻总署召开全国新闻工作会议，决定中央人民广播电台增设藏语节目。

4 月中旬，时任新闻总署署长胡乔木介绍北京大学东方语言文学系于道泉教授（后为中央民族学院教授）协助主持中央人民广播电台藏语广播的筹备工作。

5 月 12 日，新华社发布消息："中央人民广播电台从 5 月 22 日起增设西藏语广播节目，暂定每周三次（星期一、三、五），波长：四二八·五七公尺，七〇〇千周；二九·二四公尺，一〇二六〇千周；一九·九二公尺，一五〇六〇千周。播音时间：北京时间二十三点三十分至二十四点。"

5 月 13 日，毛泽东主席做出批示，要求时任中共中央统战部部长、中央人民政府民族事务委员会主任委员李维汉"负责审查藏文广播并规定该项广播内容及方针"。同日，《人民日报》在第一版刊登新华社消息："中央人民广播电台将设藏语广播节目"。

5 月 17 日，中央明确对西藏的宣传原则：应按《共同纲领》内容进行宣传，着重纲领的总纲部分、民族政策和外交政策两章，其他内容暂不宣传，对西藏的电台广播尤需慎重。

5 月 22 日，中央人民广播电台藏语广播正式开播，这是中国国家电台在新中国成立后开办的第一个少数民族语言广播节目。节目的主要对象是西藏上层。节目主要内容是：宣传解释中央人民政府的民族政策；报道已解放少数民族地区的一般情况，人民解放军和人民政府保护寺庙、尊重少数民族宗教信仰和风俗习惯的实例；揭露、反对英美帝国主义侵略西藏的阴谋，号召西藏地方上层人士断绝与帝国主义的一切联系，回到中华人民共和国的大家庭中来。

此时，距"17 条协议"签订恰好还有一年的时间。党中央、毛主席的声音在西藏和平解放之前的一年，就通过电波传向了西藏高原。

中央台早期藏语广播的影响与作用

中央台开办的藏语广播，使用少数民族语言和当时最先进的传播手段，将党和国家的声音、党的民族政策及我和平解放西藏的方针，不受地域、语言、文化、年龄和性别的阻隔，迅速传播到世界屋脊。西藏解放和进步的信息，在藏族同胞中，特别是在西藏上层中间传播，引起了强烈反响，发挥了重要的作用。藏语广播成为 1950 年代在西藏最受关注和欢迎的现代传播媒体。

藏语广播开播时，十四世达赖喇嘛正滞留在位于中印边境的西藏重镇亚东。在帝国主义的策动下，他正站在返回拉萨，还是流亡国外的十字路口，同时也在急切地等待派往北京的西藏地方政府代表同中央人民政府谈判的信息。此刻，他就是通过中央台藏语广播最早得到《中央人民政府和西藏地方政府关于和平解放西藏办法的协议》（即"十七条协议"）签订、西藏和平解放的消息的。他在《达赖喇嘛自传——

流亡中的自在》（1990 年台北联经出版事业股份有限公司出版）中写道："在当时，所有我们所能获得的资讯只有靠收音机广播。""我在寺中有一部古老的布希收音机接收器，靠六福特电池运作。每天晚间我都要收听北京电台的藏语广播。偶尔，我和一位或其他官员一起听，但大多数独自收听。有一天晚上，我独自听到一个非同寻常的节目。一个严厉、爆裂的声音宣读当天由中华人民共和国和他们所谓西藏'地方政府'代表所签署的十七点'和平解放西藏'的'协议'。我简直不能相信自己的耳朵。我想冲出去，叫醒每一个人，但是，我呆坐在椅子上，动弹不得。"这段翻译的文字尽管很蹩脚，但从中仍可看到中央台藏语广播的"17 条协议"在北京签订的消息对达赖喇嘛的强烈震撼。

中央台藏语广播的开播在西藏爱国上层人士中也产生了积极的影响。担任西藏地方政府首席全权代表同中央人民政府签订"17 条协议"的阿沛·阿旺晋美，在 1951 年 5 月 23 日《中央人民政府和西藏地方政府关于和平解放西藏办法的协议》签字仪式上，曾经动情地说，一年之前，我还属于藏语广播中所说的"需要争取的藏族上层人士"。他自己没有想到，只经过短短的 1 年间，他的身份就发生了历史性的变化。而这时，恰恰是中央台藏语广播开播 1 周年的日子，国家电台藏语广播为西藏和平解放所做的一切，终于绽放出了绚丽的西藏解放之花。

中央台的早期藏语广播工作者

1950 年代在中央台藏语组工作过的许多同志，都是日后享有盛名的藏学家、翻译家或西藏有关部门的业务骨干。这里仅介绍几位。

于道泉，中央台藏语广播的创建者。1950 年 4 月中旬，时任新闻总署署长的胡乔木同志，介绍刚刚回到祖国的于道泉教授到中央电台协助主持藏语广播节目的筹备工作。这一聘请是由当时在中央民族事务委员会参事室工作的多杰才旦同志转达的。他向于道泉先生讲述了开办藏语广播对解放西藏的重要性，热诚希望于道泉早日参加筹备工作（多杰才旦此后不久即参加进军西藏的工作，后来担任了西藏自治区主席，1986 年 5 月起任中国藏学研究中心总干事。2013 年 7 月在北京逝世）。

刚刚结束 14 年海外生活，从英国回到北京的于道泉欣然受命，成为中央人民广播电台藏语广播的第一位成员。1950 年下半年，中央民族学院开始筹建，于道泉也从北京大学东语系转到中央民族学院教授藏语文。于道泉边教学边搞藏语广播。为了加快翻译速度，他还曾与中央民族学院的西康籍藏语教师土登尼玛合作，于道泉先把新闻稿件的大意翻成藏语，由土登尼玛迅速写成标准的藏文，然后提交中央台藏语节目组广播。

1990 年夏天我曾专程访问于道泉先生，谈起中央台藏语广播，他回忆说："那时，一位藏族友人阿旺顿珠告诉我，西藏上层听说解放军要进军西藏，都十分注意收听中央电台的广播，对藏语节目的每一句话都加以分析，然后做出判断，确定自己的立场和态度。当时，在西藏贵族中有较大影响的喜饶加措大师也曾为藏语广播撰稿，动员西藏贵族来北京看看，不要和英国人搞到一起。"

于道泉先生生于 1901 年，山东省淄博市人，是我国著名的藏学家，我国近代最早学习藏文和研究藏族文化的学者之一，也是我国近代史上第一个把才华横溢的六世达赖喇嘛仓央嘉措的诗歌译成汉文和英文的人。他是国际著名的藏学家和语言学家，通晓藏文、蒙古文、满文、法文、英文、梵文和世界语。1951 年底，于道泉结束了在中央电台的工作，回到中央民族学院任教。1992 年 4 月 12 日，于道泉先生在北京逝世，终年 91 岁。

江安西（洛桑顿珠），藏族，中央台藏语组首任组长。1906 年 6 月生于四川巴塘。1927 年 11 月，由国民政府蒙藏委员会副委员长白云梯（蒙古族）引荐考试院院长戴传贤，被保送到中央政治学校蒙藏华侨特别班和西康班学习。此后，江安西先后任蒙藏委员会专员兼该会翻译室藏文翻译、西康省参议会参议员、巴安（巴塘）县县长。1949 年刘文辉等在彭县通电起义后，江安西积极欢迎和支持 18 军进军西藏。

1950 年 8 月，江安西任康定军管会汉藏文翻译，参与了筹备成立西康省藏族自治区人民政府的各项文件翻译工作。1951 年 1 月至 1954 年 7 月，江安西任西南民族事务委员会汉藏文翻译兼西南公安党校藏文教师和西南人民广播电台汉藏文翻译。1954 年 8 月，在北京担任第一届全国人民代表大会第一次会议藏文组翻译兼任大会藏文校对组组长。1955 年至 1961 年，在中央人民广播电台民族部工作，任藏语组组长。1962 年后任甘孜藏族自治州人民委员会文史研究组副组长，甘孜州第五、六届政协常委。2000 年 2 月 24 日，江安西在拉萨去世，享年 94 岁。

德庆卓玛，女，中央台藏语广播最早的播音员之一。西藏阿里改则县人。西藏和平解放后，她就参加了工作，1951 年曾任重庆西南人民广播电台藏语播音员。1952 年至 1955 年在中央电台任藏语广播播音员。1955 年后德庆卓玛返回拉萨，受命去成立不久的拉萨市有线广播站做播音员，在罗布林卡、布达拉宫、西藏革命展览馆也曾工作多年，给时任西藏工委书记、西藏军区司令员张国华当过翻译。2017 年 6 月，德庆卓玛在拉萨病逝，享年 88 岁。

德门·德钦卓嘎，女，藏语组翻译、播音员。1934 年生于西藏仁布县的德门家族中。1951 年西藏和平解放后，她加入拉萨爱国青年联谊会，为解放军做翻译。1953 年，德钦卓嘎参加西藏爱国青年参观团到北京参观，并被送到中央民族学院学习。之后被选调进入中央人民广播电台民族部藏语组做翻译和播音员。1961 年返回拉萨，开始西藏民间故事的收集采录工作。她先后任中国民间文学家协会西藏分会副主席、西藏民俗学会副会长、中国民间文学三套集成的《中国民谣集成·西藏卷》主编。1987 年她编写了《西藏民间文学概论》，并在西藏大学讲授。2012 年 6 月 23 日，德门·德钦卓嘎在拉萨病逝。

索朗班觉，中央台藏语广播早期负责人，著名藏学家、翻译家。西藏和平解放后，索朗班觉于1952年到谭冠三任校长的西藏军区干部学校任教，并开始学习汉语文。1954年，被西藏工委作为优秀藏族青年选拔到北京中央民族学院学习。学习即将结束时，经阿沛·阿旺晋美先生引荐，索朗班觉进入中央人民广播电台工作，担任藏语组藏文新闻的翻译。1958年4月，他被任命为中央台民族部藏语组副组长（当时没有组长）。1961年中央台民族部撤销，他也随即返回西藏，先后在西藏人民广播电台、西藏自治区文化教育厅和西藏人民出版社等单位担任翻译文字、教材新编、出版编辑等工作。

1979年索朗班觉调到中央民族语文翻译局，任藏文室主任、翻译局副局长、党委书记。1991年调任中国藏学研究中心任副总干事。索朗班觉是一位杰出的翻译家。他参与翻译的列宁、斯大林、毛泽东、刘少奇、周恩来、邓小平等的选集有十几卷，还主持了《水浒传》《红楼梦》等的藏文版翻译和审定工作。《红楼梦》藏文版，是他翻译生涯的巅峰之作。1996年1月，索朗班觉因病在北京逝世。享年64岁。

朗杰曲珍，女，中央台第一代藏语播音员。1924年10月生于拉萨旧西藏的一个贵族家庭。1953年参加工作。1956年参加西藏妇女参观团到内地参观后，被中央人民广播电台选调到藏语组做播音工作。1961年返回拉萨，在西藏人民广播电台做翻译工作，1978年退休。2016年1月2日在拉萨逝世，享年92岁。

周恩来总理指示恢复中央台少数民族语言广播

中央台藏语广播在发展的道路上也经受了曲折与考验。

从1959年开始，我国进入3年困难时期，国家进行调整和精简机构。经中宣部批准，1960年底，包括藏语广播在内的中央台5种民族语言广播节目停止播音。

关于藏语广播等节目的停办问题，"文化大革命"中，我曾就周总理批评广播事业局不应停办少数民族语言广播一事，询问过时任中央广播事业局局长、正在接受群众批判的梅益同志（中国新闻家、翻译家，后任中国社会科学院党组第一书记、中国大百科全书出版社总编辑）。梅益同志回忆说，1962年7月，在青岛召开的民族工作会议上，乌兰夫、赛福鼎·艾则孜等同志都提到有必要恢复中央人民广播电台的少数民族语言广播，使中央发表的重要文件能够比较准确地译成少数民族语文，及时地传送到少数民族地区。周总理听取了会议汇报后，批评了广播事业局不应该停办少数民族语言广播，并责成国家民委和广播事业局共同研究恢复。7月21日，时任国家民委副主任的萨空了同志来到广播事业局，向梅益同志传达了周总理的指示。周总理批评的大意是：民族广播为什么停了？为什么不告诉我？这应由中央做出决定。我们国家这么大，地区这么辽阔，又是一个多民族的国家，中央台没有民族广播怎么行？不能只考虑精简几十个人，而要考虑党和国家的需要。听了周总理的批评，梅益同志当即表示中央台精简时撤销了民族语言广播是考虑欠周的，并将立即着手恢复中央台民族语言广播。

1965 年 4 月 29 日，周总理、邓小平等领导同志批准了中央台恢复少数民族语言广播的请示报告之后，有关前期准备工作就加快了步伐。

国家电台藏语广播的重建

1965 年 9 月，我从中央民族学院藏文专业毕业后，被分配到中央台工作。后来我知道，我和我的 6 位分配到中央台工作的同学，就是来参与完成恢复中央台民族广播这一任务的。我们也因此成为中央台民族广播的第二代工作人员。

1966 年夏天，"文化大革命"爆发，许多工作都陷入停滞状态。在日理万机，处境艰难的情况下，周总理仍然关注着中央电台恢复民族广播工作的进程。我们几个同学于当年年底给周总理写信，希望有关部门重视恢复中央台民族语言广播的工作。没想到，不久我们就被告知，周总理看到了我们的信，并请中央广播事业局抓紧这一工作。

1968 年，中央广播事业局就恢复中央台民族广播问题再次向周总理写了报告。同年 9 月 9 日，时任国家建委副主任的谢北一同志向当时的中央广播事业局军管小组传达说，周总理看到了中央广播事业局有关恢复民族广播的报告。1970 年 3 月，中央台军代表通知正在新闻部工作的黄凤锡和我说：恢复对少数民族语言广播的报告，中央已经批准。他要求我们尽快写出筹建民族部的具体计划。至此，中央台恢复藏语和其他民族语言广播的工作正式启动。从 1970 年起到民族广播恢复的两年多时间里，我参加了藏语广播的调干工作。藏语广播调干组在西藏拉萨、日喀则、泽当、林芝、那曲、昌都和四川康定等地开展工作。到 1972 年底的两年多时间里，调干人员在西藏各地选调了一批德才兼备的年轻藏族和汉族知识分子到中央台工作。

1973 年 1 月 1 日，中央台藏语广播开播。至此，包括此前陆续恢复的蒙古语、维吾尔语、朝鲜语广播和新开办的哈萨克语广播，中央台恢复民族语言广播的任务全面完成。中央台和广播事业局及时将这一情况上报给了毛主席和周总理。中央台恢复藏语广播，正值"文革"时期，调干工作难度极大。但是西藏自治区党委、西藏自治区革命委员会、西藏军区和西藏各级领导，广大藏族同胞仍然以极大的热情支持中央台选调优秀藏族干部到北京工作。西藏自治区党委和西藏军区领导明确要求：各有关单位要敞开大门，支持中央台选调干部，不管调哪个单位的人都要放行，要把最好的藏族和汉族干部选送到中央台。

中央台藏语广播正式恢复后，受到了藏族听众的热烈欢迎。拉萨雪居委的听众反映，1959 年的民主改革使我们在人身上获得了解放，中央台开办藏语广播，又使我们的耳朵得到了解放，我们可以准确及时地听到北京的声音了。1976 年粉碎"四人帮"后，藏语广播在拨乱反正、促进西藏和各藏区经济文化发展、推动社会进步、增强民族团结等方面发挥了广播媒体的独特作用。中央台西藏记者站也于 1981 年 5

月正式建立，对加强藏语广播的实效性与针对性起了重要的作用。

西藏空间斗争的挑战与应对

进入 20 世纪九十年代，藏语广播面临国内外分裂主义分子的严重挑战。西藏的空中斗争愈演愈烈。

1990 年 1 月 9 日纽约《世界日报》刊登报道《"美国之音"将添藏声》。此时，美国为了实现西化、分化中国的战略图谋，由国会通过法案，每年拨款 100 万美元，在"美国之音"中增设藏语广播。"美国之音"在广播中承认："美国之音藏语台是经过美国政府批准而组建的""是为了让为西藏事业而奋斗的藏人增加信心，鼓舞士气。"

1996 年 12 月 2 日开播的"自由亚洲电台"藏语广播，也是根据美国国会 1994 年通过的法案建立的。

1996 年 5 月 14 日《挪威自由西藏之声》（又称"挪威奥斯陆西藏自由广播电台"）藏语广播在印度开播。

此外，印度《德里广播电台》也设有藏语节目。

上述广播电台对我藏区进行长时间、多频率、大功率的藏语广播，企图搞乱藏族同胞的思想，为其西化、分化中国的政治图谋造势。

面对这一空中斗争的严峻形势，中央台藏语广播采取了一系列措施：延长播出时间，每天播出时间达到 8 小时；加强对西藏和四省藏区的调研和采访；栏目设置和节目内容不断创新，增加了"特别关注"和"西藏传统文化"两个栏目；新闻时效与节目的民族特色、地区特色不断加强，在拉萨率先建立了藏语广播工作站，与中央台西藏记者站的记者紧密配合，及时播发在西藏特别是拉萨发生的新闻，用藏语采写的新闻和专题稿件大幅度增加；在反分裂斗争，特别是十世班禅大师逝世、灵童转世与金瓶掣签，历次拉萨骚乱中以最快的速度播发新闻，有力地回击和澄清了西方敌对势力和境内外分裂主义者制造的谣言和诽谤，在第一时间传达了党和国家的声音，在西藏和四省藏区的影响日益扩大。

新时代的藏语广播正在稳步前进

粉碎四人帮后，特别是党的十一届三中全会以来，中央台的藏语广播取得了长足进步和发展，受到了海内外听众的广泛赞扬。

进入新世纪，国家启动"西新工程"（即"西藏新疆广播电视覆盖工程"，其目标是让党和国家的声音传遍千家万户，让中国的声音走向世界），中央台藏语广播的实力有了重大提升，藏语广播的规模进一步壮大，进入历史上最好的发展时期。

2000 年 12 月 25 日，中央台第八套节目宣告诞生，包括藏语在内的民族语言广播，有了自己的单独频率，这一年是中央台藏语广播开办 50 年。2001 年 9 月，藏语广播登上中国广播网，进入网络时代。

2009 年 3 月 1 日，经国家广播电影电视总局批准，中央台藏语频率正式开播。藏语广播从原来的分段 8 小时播出，改为全频率全天 18 小时播出。当年 10 月 1 日，中央台藏语播音员边巴丹增和达瓦玉珍站在天安门城楼上，用藏语直播中华人民共和国成立 60 周年庆典。这是中央台历史上第一次用少数民族语言直播国庆庆典实况。

2010 年 4 月 14 日，青海玉树藏族自治州发生 7.1 级强烈地震，4 月 17 日 17 时，中央电台用藏语康巴方言播出的节目在玉树上空响起。同年 12 月 17 日，藏语安多方言在中央台藏语节目中播出。至此，国家电台的藏语广播使用卫藏方言（拉萨语）、安多方言、康巴方言播音。3 种藏语方言在中央台同步播出，揭开了藏语广播发展史上的崭新一页。中央电台藏语广播受众对象也从创办初期的以西藏为主，发展为面向西藏及四川、青海、甘肃、云南四省的全部藏族聚居区。

2010 年 12 月 17 日，中国民族广播网正式上线，藏语广播和蒙古、维吾尔、哈萨克、朝鲜语广播一起，实现了音频、视频和图文的网络呈现。最大限度地改善了传播效果。几代藏语广播人"让海内外藏语听众都能听到藏语广播"的梦想终于实现。为了这一天，他们奋斗了 60 年。

2014 年 4 月 14 日和 9 月 20 日，藏语广播节目"倾听乡音"在尼泊尔的加德满都和博卡拉先后落地，海外的藏族同胞也能直接听到藏语广播了。2015 年 3 月，"中国藏语广播"微信公众号上线。2018 年，"藏语广播 APP"正式上线。

目前，中央台藏语广播中心除北京编辑部外，还陆续建立了拉萨编辑部、成都节目制作室和西宁节目制作室。全天播音 56 个小时，用 3 个专门的频率播出，与 70 年前相比，不可同日而语。

藏语广播已经成为中国广播的重要传播门类

以中央台为先导，西藏和四省藏区普遍建立、快速发展的藏语广播，已经成为中国广播电视系统的一个重要的传播门类之一。

70 年来，西藏和青海、四川、甘肃、云南四省藏区已经建立了 1 个数量可观的藏语广播宣传体系。西藏境内拉萨、山南、日喀则、林芝、昌都、那曲、阿里 7 个城市开办了藏语广播，日喀则的 18 个县均开设了有专门频率的藏语广播节目。这些广播电台同时承担着转播中央台藏语广播的使命。

改革开放 40 年来，西藏电台的藏语广播事业发展迅速。目前从事藏语广播的工作人员达 100 多人，藏语广播的三套频率全天播音 49 小时 15 分。开播于 1964 年 2 月 14 日的藏语对外广播，目前每天播音 120 分钟，设有"故乡云""藏地文化""西藏旅游"等栏目。目前，西藏电台通过短波、调频、卫星、互联网等方式传输覆盖。到 2019 年底，西藏全区广播人口综合覆盖率已达 98.1%。

除西藏外，青海广播电视台、青海海西蒙古族藏族自治州广播电视台、青海玉树藏族自治州广播电视台、四川广播电视台、四川甘孜藏族自治州广播电视台、四川阿坝藏族羌族自治州广播电视台、甘肃甘南藏族自治州广播电视台、甘肃天祝藏族自治县融媒体中心、云南迪庆藏族自治州广播电视台等都开设有藏语广播节目。党和国家的声音、藏族地区发展进步的声音，从来没有像今天这样骄傲地响彻在世界屋脊广阔无垠的天空和大地上。

可以预料，随着中央广播电视总台的建立，中央台的藏语广播将在现有的基础上，得到新的更大的发展。

藏语广播是中国特色社会主义广播的重要组成部分，是中国共产党的民族政策的生动体现。社会主义时期是中国各民族共同发展进步、共同繁荣富裕的重要历史时期。可以肯定地说，中央台的藏语广播必将长期办下去，这是世界屋脊发展的需要，也是中国国情、国家核心利益和重大关切的需要。这是一项长期的光荣而伟大的事业，藏语广播的使命未有穷期。

（作者系原中央人民广播电台副总编、中国西藏网原总编辑。本文原题目为《世界屋脊上的西藏解放进步之声——中央台藏语广播70年回顾》2020年7月10日第8稿于拉萨。此为压缩版，原文两万余字。）

那些年，我们这样做评论员

曹仁义

史料记载，早在延安时期人民广播诞生之后就有自写的新闻评论。50 年代进城以后消失。此乃一起一落；1958 年大跃进时期曾有过自写评论，不久消失。此乃二起二落；我赶上的是三起三落，1980 年党的十一届三中全会以后，台里提出要加强自己走路，决定成立评论组，台长点名我任组长，后提为主任，一干就是 20 年。这是辉煌的 20 年，实现了部领导要求："重点节目三天两头有评论"。通过走访人民日报等单位，规范了广电评论的本台评论、评论员文章、短评、述评、编后话等规格、形式、原则、写法，并形成讲座发表，后被人民大学收入教材，指导了全国广电界。中央人民广播电台不少评论由人民日报转发。评论组被评为全国新闻工作先进集体。2000 年初我退休。这第三起落下。从此新闻评论又没了。台里流行一句话：老曹一退休，评论没有了。

现在，正处于第四起的高潮，特点是电视新闻评论崛起。快评、热评、锐评方兴未艾。对社会上国内外重大问题表明态度，越办越好。

经历了四起三落，得出 3 点认识：

一、新闻立台，评论立帜。评论是旗帜，新闻媒体没有评论等于黑天走路，看不清方向；

二、必须有组织保证，建立一支精干的评论员队伍；

三、有计划地培养人才。

1980 年初，时任中央人民广播电台台长的左漠野同志提出"广播要自己走路"，并决定成立评论组。这年 8 月 18 日评论组成立。左漠野台长就成了党的十一届三中全会后历史新时期广播评论的开拓者，我和王燕春、白谦诚三人就成了历史新时期的专职广播评论员。

评论是分级的

开始，我们都不懂新闻评论是分级别的，凡是自己写的评论，播出时都称"本台评论"。时任广播电视部部长的吴冷西同志得知此情况后，说："这不妥。可到人民日报去取取经。"于是，我到人民日报评论部了解评论分级情况。之后，我们才知道新闻评论通常分五级，最高级是社论。参照人民日报作法，评论组研究后，将广播新闻评论定为五级：一是本台评论，相当于报纸的社论，是就全局性重大问题发表的评论；二是本台评论员文章（含特约评论员文章），是就全局性专门问题发表的评论；三是本台短评，是配合消息的评论，将前面消息中包含的普遍意义揭示出来，形成评论。短评必须与相关消息同发，不单独发表；四是记者述评，是记者就新闻事实夹叙夹议的评论，叙是为了议；述是摆事实，评是讲道理。述评播出时可报记者名字；五是编后话，是编辑对上一条消息有感而发的三言两语的评论。上述五种级别的审定权也作了研究：本台评论由台长审定，评论员文章由主管副台长审定。其它由主管部处领导审定。以上评论组提出的关于评论分级及审定权的意见，很快作为台分党组文件，印发各部门。

三天两头有评论

评论工作走上正轨后，台里又传来吴冷西部长指示："评论要真正实现自己走路，重点新闻节目应当三天两头有评论。"

按部长的要求，评论组 3 个人力量就不够了。于是，借调了军事部的张雨生、新闻部的赵慧、丁文奎。队伍壮大，评论数量增多了，社会影响越来越大。1982 年，中央人民广播电台重点新闻节目全年播出自写评论 300 篇，实现了三天两头有评论。中央人民广播电台评论工作的发展，引起了中央领导的注意。这一年，从部里传来陈云同志的话："中央人民广播电台有了自己的评论，多数都比较好。"1983 年，评论组被评为全国新闻界先进集体。由我代表参加了表彰会。

随着对评论文体的熟悉及评论写作能力的提高，借调来的张雨生、赵慧回了原部门，只有丁文奎还留在评论组。台里要求评论组每人每月至少写 3 篇评论。这样，仍可保持重点新闻节目三天两头有评论。随着中央人民广播电台评论的社会影响增大，社会上一些刊物便前来约稿。例如，内蒙古党建杂志就来评论组出了四个题目，希望评论组给写文章。包括丁文奎，评论组 4 个人，一人写 1 篇，在内蒙古这家杂志陆续发表。

五种级别的评论如何掌握呢？五一、十一等重大节日，中央发布事关全局的战略部署，需要动员全国办的大事等，这时，要写本台评论；关系全局的重大事件发生，要全国贯彻的中央主要领导的讲话需要解读，群众中对重大问题的是非产生争议需媒体态度等，这时，要写评论员文章；有的新闻消息内涵丰厚、意义重大，但不加以阐释，了解不透，这时，要配发短评；记者观察到连续发生的同类新闻事实、社会现象，将其综合分析，指出其中对社会造成影响的倾向。这便是记者述评；至于编后话，须选择包含重大社会意义的消息，用三言两语将其揭示出来。

1986 年，白谦诚、王燕春二人一个调离、一个升迁，我被任命为地方新闻部主任。我和丁文奎都归了地方部。评论组就此消失。但台长杨正泉对我说了一句话："你还管评论。"1990 年，北京召开亚运会期间，台长要求我每天写 1 篇评论在《报摘》

播出。亚运会开幕闭幕，我写了本台评论，期间，基本上每天写1篇述评或评论员文章。之后3年，由于我主持地方部工作很忙，中央人民广播电台自写评论彻底消亡。

当现场直播评论员

1993 年，我国申办奥运会。国际奥委会投票表决那天晚上，中央人民广播电台要作现场直播，于是我又当了一回评论员。事情是这样的：直播须请国家体委一位嘉宾参加评论，但体委能做此事的宣传部领导已被电视台请走，中央人民广播电台请不到。体育部请示主管体育的副台长王健儒怎么办？王健儒说："不用从外面请人了，老曹上就可以。他参加过奥运会报道，又可以随时发表评论。"就这样，我以评论员身份与播音员钟瑞、常亮合作参加了直播。直播晚上 8 点开始。这之前，我写好了两篇评论，1 篇是为申办成功写的，1 篇是为申办失败写的。结果，这次申奥失败。听到现场宣布投票结果之后，我立刻播报了那篇为申奥失败写的评论。1 年之后，人民大学评论课教授屠光晋给我 1 篇研究申奥期间媒体言论的论文，想听听我的意见。从文中我得知，这位教授对我直播中发表的评论评价很高：一是申奥失败后这是第一篇媒体评论，发表的最快。是啊，投票结果一宣布，我就播报了评论，当然是最快；二是以申奥激发出的爱国热情立论，准确、积极。这次现场直播没外请嘉宾，得到的启示是，以后这类节目不必从外面请人，要想到专家就在身边。

评论工作要有组织保证

就在这一年，杨正泉台长调离，同向荣任中央人民广播电台台长。同向荣来台三个月后，发现中央人民广播电台没有自己的评论，觉得这样不妥。他向我了解情况。我给他讲了本台自写评论的起落过程。于是，他决定恢复评论工作，并指定我选人组建评论部。还是像当年组建评论组一样，我在全台选人。一共选了 5 位。由于 3 人所在部门有充分理由不放，最后只落实两人，一个是王晓晖，一个是蔡小林。1993 年 8 月，评论部成立，我被任命为评论部主任。自此一直到 1996 年下半年，中央人民广播电台评论工作正常运行。这几年我年年主持"两会"报道工作，每年"两会"报道的评论工作得到加强，开闭幕发本台评论，期间，每天 1 篇述评。有一年，中宣部认为，中央人民广播电台"两会"报道每天 1 篇评论，是新闻界的 1 个亮点。

1996 年下半年，蔡小林调任采访部主任。1997 年上半年，安景林台长想让王晓晖当秘书，征求我的意见。我说："您需要，当然可以。但有两个条件，一是给他解决处级待遇，二是我还要拉他写评论。"这两条他都答应了。这样，评论部就剩我一个人了。

我加上半个王晓晖，使中央人民广播电台评论工作正常运作到 2000 年初。这年2月，我退休。中央人民广播电台评论工作就此终止。后来，台里流行一句话，"老曹一退休，评论没有了"。回首一算，我主管中央人民广播电台评论工作整整20年。

20年来，从评论组到评论部，中央人民广播电台专职评论员共5人。这5人都有在全国获奖的评论作品，有多篇评论被人民日报等报刊转载；这5人都早已被评为正高职称；其中有3人获得长江韬奋新闻奖；有2人任副台长；有1人享受国务院特殊津贴，成为国家级专家。可见，评论员是使人成才的岗位。

要吃透"两头"

有同志问，写评论，选题从哪里来？我的回答是：有了组织保证，就有人专门操心评论的事了。定选题必须吃透"两头"。"两头"：一头是上头。熟知中央精神，听传达，学文件，同时思考评论选题；另一头是下头。要养成观察社会、思考生活的习惯。观察思考中，同时联系中央精神，找出可以写评论的题目。这样的题目，既贯彻了中央精神，又针对了社会实际，写出的评论，定会有鲜明的指导性。20年间，中央人民广播电台在全国获奖的评论，都是这样的题目。例如，《绝不允许有特殊公民》《开展批评与贯彻"双百"方针》《拜金主义要不得》《扫除形式主义》《少应酬 多办事》等。

观察社会、思考生活的习惯，不仅有助于评论员任务的完成，也成就了我的业余写作。上世纪90年代，我曾在《中华英才》杂志开一个杂文专栏，名为"洗风尘"，先后在这里发表十余篇批评社会不良风气的杂文。这些杂文显然都是观察社会、思考生活的成果。同是90年代，我在人民日报上发表过4篇文章。其中有2篇是这个习惯促成的。一篇是《学雷锋不应制度化》，发表在人民日报一版"今日谈"专栏，署名"曹石"。当日，中央人民广播电台《新闻和报纸摘要》节目还摘播了这篇短文，同事们都不知道曹石是我。这篇短文是我在报纸上看到一篇报道引起的。这篇报道说，某部队订了一个制度：每年3月5日为学雷锋日，官兵这一天必须上街做好事，扫马路、擦栏杆等，不去者要挨批评。看了这个报道，我就想，学先进是自愿的，怎么能用制度死规定呢！这一天我不学雷锋，学别的先进人物行不行？于是，就写了这篇短文。显然，这篇短文是观察思考的成果。

另一篇是去美国探亲回来后写的，题目是《种瓜得瓜》，写的是在美国种菜的生活。我去的是美国堪萨斯州首府。在与邻居聊天中了解到，作为农业州，该地规定：居民可以在划定的土地上种菜，居室门前的草坪也可开成菜地。我和夫人到划定的菜地看了看，全是黑土很肥沃。我想，这真是太好了。农民家庭出身的我可以小试身手了。春暖花开时，我买了菜籽。除了在划定的地上种了黄瓜、西红柿等之外，把门口一小块草坪翻掉，种了六棵冬瓜。冬瓜苗长出后，我就回了北京。两个月后，夫人打电话告诉我结了6个大冬瓜。我高兴极了。于是，就写了1篇散文《种瓜得瓜》。

为了能让在美国的亲人看到，此文发表在人民日报海外版上。你看，这篇文章不也是观察思考的成果吗。

谁都知道，在人民日报上发表文章是不容易的。但只要养成观察社会、思考生活的习惯，就可以做到。

据了解，中央人民广播电台即将再次成立评论部。此文可供未来评论部成员参阅。

（作者系原中央人民广播电台编委会成员、评论部主任，高级编辑）

一次值得回味的工作会议

傅成励

　　大约在 1996 年，中宣部公布了一批奖项的立项名单，其中"艺术类"中新设立了一个奖项，名字叫"中国播音与主持作品奖'。1997 年"中国广播电视学会"举办了第一届评奖。

　　这一届的评奖工作我没有参与，因为我是"参评选手"。由于这个奖项是播音主持界的最高奖项，是唯一的政府奖，中广学会极为重视。时任中广学会常务副会长的刘习良同志要求第一届要评出高水平的作品，特别是要有权威性。为此指名要求中央三台和一些地方台有社会影响的播音员、主持人提交作品参评。中央电台的铁城、方明、雅坤报送了播音作品，我报送了主持作品。虽然没有参加这届的评奖工作，但我了解到这次评奖中遇到了一个较大的问题：一些参评人分不清什么是播音作品，什么是主持作品。有的以为自己写稿自己播音就是主持了，有的干脆把某某播音改为某某主持，有的作品，评委们也难统一意见。为了解决这一问题，第一届评奖结束后不久，刘习良同志亲自主持，召集所属"播音学研委会"和"主持人节目研委会"（后改名为"节目主持人委员会"）的部分成员及从事这方面教学与研究的学者、专家，在天津开了次工作会议。中心议题就是为播音作品和主持作品制定一个界定标准。

　　没想到，会议一开始，就有同志提出没必要做此界定，哪个作品优秀就评哪个。现在看起来，这个提法有些突兀，但在当时，大多数与会者却都能理解——这是不同的学术观点所致。此前北京广播学院（现为中国传媒大学）张颂教授曾提出一个"播音员涵盖主持人"的观点，引起了争论。大多数主持人和主持人节目的研究者不赞同这个观点，有人还曾发表过措辞较为激烈的文章予以反驳。我本人也在一篇论文中顺便对张教授的观点表达了不同的看法。但这一观点也有一些同志表示赞同，所以才会有"不必界定"的表态。其实，不必从学术上做深层次的研讨，仅从评奖的实际操作来看，界定也是完全必要的。举个极端点的例子吧，假如让罗京这位普遍认可的优秀电视播音员，送一个最好的"新闻联播"作品，让崔永元送一期最成功的"实话实说"节目，两者比较谁更优秀，谁该获奖，恐怕只会出现一个公说公有理婆说婆有理的尴尬结局。主持会议的刘习良同志没有让大家在"要不要界定"的问题上过多纠缠，而是表示：定一个界定标准，只是为了评奖工作的需要，各位以后仍可自由发表各自的学术观点。这之后，会议便开始了实质性地讨论。

我本人虽是与会者，但并未做记录，现在只能凭回忆写下印象较深的片断。在如何界定的讨论中，首先确定只给主持人节目定个标准。知道了什么样的节目是主持人节目，其余的自然就是播音作品了。这是有道理的。在广播电视节目中，直接面对受众的传播者就是播音员和主持人，他们的作品也就只有播音作品和主持人节目这两类。虽然也有记者的现场直播或评论员的直接传播，但这属于新闻范畴，与考察播音艺术和主持艺术的评奖无关。统一认识之后，与会者进行了极为认真的讨论，其间有学术观点的阐述，也有不同意见的争论，更有对条文字斟句酌的琢磨。对某些提法难以统一时，则做了求同存异的妥协。会议最终确定了主持人节目的标准：传播者在节目中以主持人的身份出现，要体现主持人在节目进程中的驾驭能力，语言表述方式以谈话体为主，具有直接的话语交流情态。

我认为，这四句话虽然简洁，还是比较准确地对主持人节目的要素做了概括。但其中第一条即关于身份的确定却给人以语义重复的感觉。主持人节目的传播者当然是以主持人身份出现"，还会有别的身份吗？之所以如此表述，其实是平衡不同意见的无奈之举。当时，一部分人的意见是"传播者在节目中以个人身份出现，而另一部分人则不同意如此表述。其实这一"问题"本该不成问题。从 1981 年主持人节目在我国大陆出现开始，到会议召开时已近 20 年。主持人节目这种形式已经呈遍地开花之势。无论是节目的从业者还是众多研究者基本达成共识，即主持人节目之所以是一种更易接近受众的节目形式，就在于主持人作为一个有血有肉的活生生的人，与受众进行着朋友式的交谈。沈力大姐谈主持节目的体会时更曾明确地说："主持人的最大特点，就是宣传者以个人的身份出现。主持人是一个栏目（或一组节目）的代表，是以个人身份与观众进行直接的、面对面的交流。既然是以个人身份出现，就要求主持人有鲜明的个性"。为什么这样一个符合实际的表述在会议上难以通过呢？原因是担心如此确定，会使人产生误会，淡化了"喉舌意识"。这种担心不无道理，主持人节目兴起之后，主持人年龄差异很大，水平高低不同，从业经历有别。当时就有主持人谈话随意、废话过多、甚至以高人自居、动辄训人等现象。"以个人身份出现"的条文全国下发后，会不会对制止这类现象不利呢？正是出于这种考虑，才给出了这样一个较为宽泛的措辞。然而，"以个人身份出现"又的确是主持人节目的特征之一。为此，有必要正确认识"个人身份"与"喉舌意识"的关系。

我国人民广播事业诞生以来，播音员一直被称为党和政府的喉舌，特别是新闻广播的播音员，被看做是党和政府的代言人，向广大受众报道消息、传达党的政策甚至宣读政令等等。因此，他们不可能以个人身份出现。然而，就像将广播电视从党和政府的宣传工具改称为大众传媒一样，我国大陆从中央到地方的电台电视台依然是党和政府的"喉舌"，并遵循着我党的宗旨：为广大的人民群众服务。主持人节目不过是在改革开放的大形势下，涌现的一种更符合"三贴近"原则的新的节目形式而已。以个人身份出现的主持人所传递的节目内容、所表达的观点必须符合主流意识，不能违反宣传纪律。除了节目的表现方式外，与播音作品一样，其性质并未发生变化。大量优秀的以个人身份出现的主持人节目的实践也证明，喉舌作用并未减弱，反而是提高了宣传艺术，吸引了更多受众。强调主持人以个人身份出现，不但可以使受众更愿意接受所传达的节目内容，也对主持人提出了更高要求。要使自己成为受众喜爱的有魅力的主持人，树立起良好的形象，就必须提高自己的修养，加强知识积累，甚至在日常生活中也要检点自己的言行。如果说，在当时的环境下，对主持人传播者的身份做一个较为宽泛的描述是可以接受的。现在，在这种较为模糊的措辞中揭示出正确的内含，我以为是必要的。

在这次会议上，关于"驾驭能力"及"谈话体的语言"两条，意见比较统一，只是在如何表述上进行了一番琢磨。讨论到交流方式的时候又费了些功夫。无论是播音员还是主持人，在传达节目内容时，与受众都应有交流。关于主持人与受众的交流方式，不少学者都发表了文章予以定义，有的说是"直接交流"，有的说是"双向交流"，有的说是"面对面交流"。这些都有一定道理。比如在广播节目中，主持人与主持人之间（双人主持节目）、主持人与嘉宾之间确实是直接交流；与打进电话的听众也有直接的或者双向的交流（现在又增加了短信、微信等交流工具）。在电视主持人节目中，常有聘请观众进演播室参加节目录制的，有的还让某些观众发表意见。这可以说是面对面交流。但是，谈主持人的交流方式，主要的是指主持人与那些不打电话、未进演播室、只收听收看节目的更广大受众的交流。这是不可能真的直接交流或面对面交流的。而许多优秀的的节目主持人为了实现与听众心灵相通，营造个人间平等的谈话氛围，往往用想象的办法，设想出交流的对象。这种对象并非具体的，但却是与所谈内容有关联的。这种交流当然不是真的直接交流，或可称为模拟的直接交流。那么，如何用更精准的语言描述主持人节目的交流方式呢？当时在场的广院吴郁老师对张颂教授说"张老师的词儿多，您给说说"。张颂教授略作沉思，道："可以叫直接的话语交流情态"。大家一致表示同意。这一表述把主持人节目中"真"的直接交流和更重要的"模拟的直接交流"都包括进去了，用简洁而准确的语言把主持人节目的交流特点描述了出来。

标准制定出来后，在以后"中国播音主持作品奖"的评选中，随评奖通知明文下发，另外两个有关主持人节目和播音作品的奖项也一律遵照执行。这两个奖项是：由播音学会研委会承办的"全国优秀播音与主持作品奖"；由主持人节目研委会承办的只评选优秀节目主持人的"金话筒奖"。之后的若干年，随着评奖项目的调整、删除、合并，有关播音主持的奖项，只剩下一个"改版"的金话筒奖，却不知是何原因，已经停办几届了。但不管怎样，只要有这类评奖，当时制定的主持人节目的标准依旧被使用着，显示出很强的生命力。

距这个标准的制定已经20多年了，随着社会的发展，有的具有全国影响力的主持人节目停办了，一些新的主持人节目火了起来；播音的风格和方式也发生了一些变化。可当时制定的这一标准却并未过时，反而显示出对主持实践的指导意义和学术研究的启示价值。从主持节目和评议作品的实践中，我甚至认为这个标准不仅可以用来判定是否为主持人节目，还可作为评判作品优劣的一把尺子，提供了评判主持人作品的四个角度，即：考察作品个性特色是否鲜明；驾驭作品的能力是强是弱；谈话的语言是否规范、恰当、睿智；是否始终坚持与受众的交流情态等。比如，现在的广播主持人作品中，访谈类的较多，却往往容易出现两种毛病，一是让嘉宾自由发挥，主持人几乎插不进话去，失去了对节目的掌控；二是主持人插话过于频繁、啰嗦，使节目支离破碎，破坏了完整性。这些毛病的出现，都是主持人驾驭能力弱的表现。还有些作品，主持人之间、主持人与嘉宾之间谈的热火朝天，完全忘了与听众的交流，使听众处于一种"旁听"的状态。这是因为主持人对"直接的话语交流情态"缺乏正确的理解。好的主持人则要心里有受众，能时时站在受众角度思考问题、提出问题。如果能结合主持人的实践，考察主持人节目的现状，研究者们从这四个方面加以理性的总结和提炼，应是很有意义的。从这方面看，四条标准不仅仅对评奖有作用，还有它的学术价值。

回想起来，能够制定这样一个标准，刘习良同志功不可没。他本人曾是国际广播电台的西班牙语播音员。担任广电部副部长后，有一段时间还负责中央电视台"新闻联播"的审听工作。担当中广学会的领导以来，这位真正的"行家里手"却从不以专家自居，而是以尊重和包容的态度，团结业内各方人士。标准的制定过程，正体现了他为人做事的良好素养和严谨科学的工作作风。

十几年后，在一项播音主持的评奖项目中，我看到了另一个播音作品和主持人节目的界定标准。主持人节目的标准基本沿用了原来的条文，在词句上却做了改动。第一条改成"参评者或参评作品在节目中以主持人的身份出现"。大概是考虑到这个奖项既评节目也评人，便如此造句了，岂不知成了病句。"具有直接的话语交流情态"改成了"交流能力"。一个词的改动，使准确的表达失去了原意。这些改动不管是有意还是无意，恐怕都会让人看出了浮躁和草率。除此之外，还增加了一个播音作品的标准。过去界定时只制定主持人节目标准的原因，上文已经谈到。再来个播音作品的界定标准难免有画蛇添足之嫌。如果一定要制定个标准，也该有些新意吧，可惜没有。比如关于身份的条文是这样说的"参评者或参评作品在节目中以播音员的身份出现"，依然是病句而且是无可辩解的语义重复。除了这个标准之外，他们在另一个年度的评奖通知中又简化为"基本要求"，其中关于主持作品只留下了"主持人的语言以谈话体为主"和"具有直接的话语交流情态"两条。"身份"和"驾驭"被去掉。殊不知，原来之所以定四条，是说主持人节目必须同时满足这四个条件。播音作品的基本要求很简单，只有一句话"主播人员的语言应以播报为主"。这样规定大概是参照了主持作品的"以谈话体为主"。这又是一个不求甚解的例子。主持人的语言表达方式是谈话体，用通俗的话讲就是"说"。为什么要加"为主"两个字呢？这是因为主持人在谈到某个话题时，有可能会引用一些诗歌或某些散文等作品的片段，这就不能"说"了。比如，《午间半小时》节目有一期专门谈年轻人恋爱的话题。虹云用"致橡树"这首诗结尾，这就必须朗诵了。我曾引用过报告文学的片段，就得是播读，讲个有趣的笑话，就得近乎于演播了。主持人整体上是以谈话体的语言表述，但根据内容，也会有播读的需要。在条文中加上"为主"2字正是为了更全面的概括。但对播音作品的基本要求中，提出"语言应以播报为主"却让人费解了。播音作品的类型很多，往往只将播新闻称播报，其他形式的节目如专题、录音通讯、长篇小说等等或称播读，或称播讲，或称演播，不一而足。"播报为主"如何解释？是说播音作品的评奖中，主要评新闻播音吗？这不合情理；是说各种样式的作品都得播报吗？这更说不通。向全国下发的标准或要求，行文如此随意是否太不严肃了？

评奖的最终目的是激发从业者的积极性，提高行业整体的业务水平。做好这项工作需要踏实的作风，认真的态度和科学求实的精神。这应该是20多年前的那次会议给我们的启示。

（作者系原中央人民广播电台播音主持指导委员会副主任，高级编辑）

为时代放歌　为人民抒怀

——广播剧独特的艺术贡献

阚　平

曹禺先生说："广播剧的生命在于它的独特性，广播剧的艺术家给听众留下了
广阔的天地，使听众参与了创作。听众是广播剧的创造者。"影视舞台演出等等，
观众很少能够参与创作，广播剧通过声音这种手段，让听众展开想象的翅膀，可以
把剧中人按照你的美学观点加以想象。

在纪念人民广播事业诞辰 80 年之际，回首广播剧，从产生、发展和繁荣到面对
危机与挑战时的突围与新生，始终以它独特的方式为时代放歌，为人民抒怀。

一、诞生于战火硝烟的民族解放运动中，为革命呐喊。

1949 年，伴随着解放全中国的号角，中央人民广播电台文艺科两位前辈陈开和
顾湘创作并播出了广播剧《一万块夹板》，表现铁路工人如何夜以继日地赶制生产
一万块夹板，铺设铁路，支援中国人民解放军挺进全中国的故事。据中国传媒大学
教授、广播剧研究专家朱宝贺先生考证，这部广播剧《一万块夹板》就是新中国成
立后的第一部广播剧。

鲁迅说："文艺是国民精神所发的火光，同时也是引导国民精神前途的灯火。"
文艺最能集中地反映时代精神和社会风貌。民族危难之际，无数文艺工作者与祖国
和人民同呼吸共命运，从不同的角度，通过多种艺术形式，为救亡图存发挥着重要
作用。早在 1933 年，上海播出了我国第一部广播剧《恐怖的回忆》，写日本轰炸上
海——7.28 事件的故事，当时没有录音带，就是实况直播。在那个风云变幻的年代，
文学家艺术家以笔为剑：戏剧家夏衍写过广播剧《7.28 的那一天》，孙喻仿照都德
的小说创作了广播剧《最后的一课》，洪深也创作了广播剧《开船锣》，于伶写过
《以身许国》等等。广播剧从诞生之日起就聚焦于民族的命运、聚焦于人民的生活。
它以意想不到的力量，鼓舞着民众的爱国之志。

二、繁荣于改革开放的春天中，为人民抒怀。

习近平总书记 2014 年在文艺座谈会上的讲话中指出："社会主义文艺从本质上

讲就是人民的文艺"。繁荣发展社会主义文艺必须始终坚持文艺为人民服务，为社会主义服务，"以人民为中心"，是新时代文艺发展的方向。

广播剧是广播媒体独有的艺术形式，广播文艺的最高艺术形态。电台日常播出大量音乐歌曲、戏曲曲艺、小说评书等，但它们是广播独有的吗？不是！只有广播剧是广播独有的、因广播而生的艺术品种。而广播剧又是最受局限的戏剧艺术。语言、音乐、音响是其三大要素，声音是它唯一的表演手段。这就为编、导、演、制作带来了巨大的挑战。

上世纪80年代，乘着改革开放的春风，迎来了广播剧的繁盛时期，中央人民广播电台制作播出了人量的广播剧作品，古今中外的很多文学名著被改编成广播剧，如长篇广播连续剧《红楼梦》《东周列国志》《西游记》《桃花扇》《杜十娘》《红岩》等，外国的如《皇帝的新装》《保尔柯察金在小皮耶卡车站》《居里夫人》等等。至今，提起广播剧，很多人还会说起小时候守在收音机前经常听到导演蔡舒文、导演胡培奋的大名，这两位导演为中央台的广播剧做出了很大的贡献，获得了广播剧的终身成就奖。

1980年，中国广播剧研究会应运而生，把全国的广播剧工作者团结了起来。1987年，中央人民广播电台王芝芙编导的《减去十岁》获得第十届柏林未来奖的广播剧大奖，这是我国广播史上的首次，标志着中国广播剧的制作已经达到了世界先进水平。后来我台出品的《人与狼》《余香》《沙宝》《深山信使》《心缘》等在亚广联、欧广联和麦鲁利奇、伊朗国际广播节上屡获大奖，中央人民广播电台成为业内公认的广播剧精品的制作基地。

习近平总书记指出："中国不乏生动的故事，关键要有讲好故事的能力；中国不乏史诗般的实践，关键要有创作史诗的雄心。"

1996年，中宣部把广播剧列入精神文明建设"五个一工程奖"以后，广播剧的创作走向了新的发展繁荣。全国的广播剧提升到了一个思想性、艺术性和欣赏性相统一的高水准上。现实主义题材作品大量涌现，好作品越来越多。作品数量越来越多，广播剧的影响力也越来越大。这一时期，中央人民广播电台的文艺编导以反映当代生活、讴歌时代楷模为己任，着重讲述人民对美好生活的向往和追求，制作播出了大量优秀广播剧作品，塑造了一批坚守梦想、不懈奋斗、既有真善美的人格力量，又有独特个性的鲜活的人物形象。从1996年至今中央人民广播电台的多部作品获得了"五个一工程奖"，如《女兵连来了男家属》《共和国赤子》《谢庄故事》《塞纳河畔的誓言》《你好，我是向菲》《深山信使》《吹破天的婚事》《红飘带》《中国船长》《呦呦青蒿》，广播剧的非视觉化艺术特征所引发的联想与想象更容易刺激人们创造性思考和个性化认知，这些精品佳作都来源于火热的现实生活，表现了人间的凡人大爱，在社会主义精神文明建设中发挥着积极的正能量的作用。

三、创新于媒体融合的新时代，为时代放歌。

完全用声音去讲好中国故事，塑造好中国形象，这是非常有挑战性的高超的艺术创造。广播剧人也在尝试更加多元的主题更加多样化的体裁，不断挖掘年轻人喜欢的文学作品，拓宽创作题材。

微广播剧（简称微剧）在媒体融合的时代背景下应运而生。它是新媒体时代广播剧呈现的新样貌，突破了传统广播剧纯音频的局限，成功与图片、视频和动漫相融合。传播渠道的多元化使得广播剧走出电台的大门，参与到自媒体的洪流之中，微剧的制作团队并不都是专业的电台广播剧制作人员，有很多是活跃在网络上的广播剧、配音爱好者，社会化制作力量占到了微剧生产单位的三分之一强。他们利用电脑、手机等电子产品进行录制、编辑。由于 5 分钟左右的微剧容量小，制作相对简单，演播人数少等，能够快速反映热点事件和百姓生活的微型广播剧逐步积累起越来越多的受众，微剧虽然小众但是并不寂寞。

2016 年，中央人民广播电台中国之声率先尝试以新闻事件为线索，制作播出了7 集系列新闻微剧《遇见海昏侯》，每集约 8 分钟。之后又推出了 10 集系列新闻微剧《生死攸关》（8 分钟）。广播剧越来越多地与新闻宣传相结合。风生水起的微剧正在成为广播剧的新的生力军，它很好适应了新媒体时代移动伴随性、故事快节奏、选择多样性，又可回放欣赏的特点，是传统广播剧在新媒体时代迭代出的新型态。

宋代诗人黄庭坚说："随人作计终后人，自成一家始逼真。"创新是文艺的生命，文艺创作是观念和手段相结合、内容和形式相融合的深度创新，是各种艺术要素和技术要素的集成，是胸怀和创意的对接。

2020 年 2 月 17 日，一部时长 14 分 52 秒、由中央广播电视总台"云听"和中国微剧研究会联合出品的抗疫微剧《凡人小林》音频版全网上线，并同步在总台央广及众多地方台播出。2 月 20 日，该剧编导同步配制的视听短剧《凡人小林》在"央视频" APP、@ 央视新闻微博上线。该作品直击人心的动人情感引发了网友的广泛关注和共鸣，音频视频、线上线下的"同频共振"，产生了强大的传播效果，纷纷点赞转发，并登上了微博热搜榜。据统计，该剧全网上线 5 天，总阅读量超过 3235 万、1345 次观看，转发 10 万 +、创融媒时代广播剧受众到达之最。

为时代放歌，为人民书写，总台由广播和融媒体联手推出的《凡人小林》是一次可贵的创新尝试，不仅开创了"云端联手、隔空制作"的全新广播剧生产模式，而且标志着广播剧创作传播进入了媒体融合的"云端"时代。

习近平总书记说："吸引、引导、启迪人们必须有好的作品，推动中华文化走出去也必须有好的作品。"我们广播人有义务呵护和培育好广播独有的艺术品种——广播剧，必须把创作生产优秀的广播剧作为文艺工作的重要环节，积极组织制作更多思想性、艺术性、欣赏性有机统一的优秀作品，发挥广播剧最大的艺术作用，传播当代中国价值观念，体现中华文化精神，反映中国人审美追求，用广播艺术的力量温暖人、鼓舞人、启迪人。

1968 年，加拿大作曲家谢弗提出了"声音景观"的概念。广播剧是"声音景观"的艺术，在媒体融合的背景下，它必将有更多样的呈现方式，必将展现出更加强大的艺术魅力和精神力量。广播剧的未来在于创新，策划思维的创新、编导理念的创新、制播手段的创新、传播渠道的创新。

我们常说，人民既是历史的"剧中人"、也是历史的"剧作者"。而广播既是文艺作品的传播者宣传者，也是文艺作品的创作者生产者。国家主流媒体要正面引导创作方向，更要不断创作生产出讴歌党、讴歌祖国、讴歌人民的伟大作品，乘势而上，推动社会主义文化的繁荣兴盛！

（作者系中央广播电视总台影视翻译制作中心副召集人、中广联合会融媒体微剧研究会会长）

用电波传递新时代强军之声

——浅谈中央广播电视总台军事广播节目的传承与创新

孙　利

1940 年 12 月 30 日，中央人民广播电台的前身"延安新华广播电台"开始播音，当时，电台大多数工作人员都是中央军委三局九分队的现役军人。开播伊始，电台就承担着传递党的声音、发布我军战报、开展舆论斗争等军事宣传使命，为党领导全国人民取得革命胜利作出了重要贡献。在浩瀚的历史长河中，一代代军事广播人永不停止地改革与创新，努力使军事节目保持长盛不衰的影响力，让国家电台军事节目品牌深入人心，为普及国防知识、增强全民国防观念发挥了重要作用。

一、国家电台军事节目在国家政治生活中的地位和作用

（一）党的新闻事业的重要组成部分

我国军事广播工作诞生在抗日的烽火硝烟之中，与人民广播事业同步，至今已有 80 年的光荣历史。在战争年代，毛泽东等老一辈无产阶级革命家十分重视军事广播，不仅对军事宣传工作给予具体指导和支持，还亲自撰写了许多脍炙人口的广播稿件，在我党新闻史上留下了光辉的一页。

1951 年 5 月，经时任总政治部主任罗荣桓元帅和代总参谋长聂荣臻元帅批准，中央人民广播电台创办了面向全国的广播军事节目《部队节目》，之后该节目在经历了《解放军生活》《人民解放军》《人民子弟兵》和《军事生活》等几次易名后，于 1999 年更名为《国防时空》。名称的改变折射出的是节目定位的变化，但无论国家电台军事节目的名称怎样变化，始终不变的是党对军队绝对领导的军魂意识，始终高举的是政治家办台的指导思想，始终坚守的是中央人民广播电台的品牌价值理念。

1962 年 10 月 1 日，毛泽东主席站在天安门城楼上检阅国庆游行队伍，当他看到转播国庆活动实况的中央人民广播电台播音员和技术人员后，对身边的周恩来总理说，我们说话别人听不见，他们说话全世界都能够听得见，广播就是重要。接着，他又以一些国家发生政变总是先夺取广播电台为例，强调指出，广播电台要掌握在可靠的人手里。此后，他又多次专门批示：广播不能中断，打起仗来不能没有声音。[①]

（二）展现人民军队形象的窗口

随着时代的发展和变迁，中央人民广播电台军事节目的制作理念在不断创新，但作为展现人民军队形象的窗口这项职责始终没有改变。著名作家魏巍创作的新闻名篇《谁是最可爱的人》，最早刊播于中央人民广播电台，在全国听众中引起巨大反响，后几经修改发表在《人民日报》。因此，人民解放军形象的代名词——"最可爱的人"，就起源于中央人民广播电台军事节目。

和平建设时期和边疆保卫战阶段，广播军事节目确定了"立足部队，面向全国"的节目方针，宣扬先进典型，报道战事进展，鼓舞官兵斗志，积极报道"双拥支前"工作，是这一时期的报道主线。雷锋、朱伯儒等一大批军队典型，经中央人民广播电台军事节目宣传后，深入人心。改革开放以来，面临电视等媒体的冲击，为适应听众需求的变化，军事节目的传播理念逐渐转变为"宣传人民军队，传播军事知识，进行国防教育"。这个时期，广播军事节目在强力推出张子祥、徐洪刚、华益慰、方永刚等典型人物报道的同时，还增加了军事知识、军事历史、国防法规等内容，更加贴近生活、贴近听众，部分经典军事广播作品被中学课本和大学教材收录。

2003年以来，"发布权威军事新闻，关注世界军情动态，传播现代国防理念"成为《国防时空》的栏目宗旨。从狭义层面上讲，此时的广播军事新闻可以理解为一切与国家安全相关的资讯。军事广播节目一改过去大时段录音专题的风格，向"短、小、快"的军事新闻转变。

党的十八大以来，党中央、中央军委更加重视国家电台舆论阵地的作用，重大军事行动、非战争军事任务、重大政策出台、重要时政活动等都赋予中央人民广播电台军事节目优先采访权、发布权和解释权。军事广播节目以宣传好习近平强军思想为第一要务，紧密围绕部队中心工作，全方位报道我国国防和军队建设新成就，生动展示人民军队新风貌。这一时期军事节目编排更加灵活而富有节奏，文风更加朴实，报道更接地气，《国防时空》栏目成为全军官兵乃至全国听众最喜爱的广播栏目之一。

（三）国际社会了解中国国防政策的重要渠道

新世纪以来，为满足国际社会了解中国国防政策的需求，中央人民广播电台积极对军事节目进行改革，加大中国国防政策的宣传力度和军事评论比重。《国防时空》相继开设了《一南军事论坛》《周末点兵》《央广军情观察》《今日关注》等评论性子栏目，中国之声晚间黄金时段开设固定评论栏目《晚高峰观军情》。《国防时空》《晚高峰观军情》《海峡军事漫谈》三档栏目相继荣获中国新闻奖新闻名专栏一等奖。从2020年7月份起，在中国之声新开设了一小时的特别直播《新闻有观点·军事周刊》。近些年来，军事评论作品《中国海军出现在亚丁湾，世界不要惊奇！》《琉球群岛主权归属问题值得研究》等评论性报道多次被美联社、路透社、共同社等海外新闻机构转载。

无论是我国公布国防预算开支，还是发布《国防白皮书》，或是每月国防部例会，中央人民广播电台《国防时空》《晚高峰观军情》都要进行重点报道。今天，伴随着中国军队走向世界的铿锵步伐，军事广播记者也多次走出国门，参与中外联演、环球航行、维和护航、海外撤侨、应急救援等任务，全时报道中国军队行动、传递新国家安全观、树立大国良好形象，使军事广播节目成为国际社会了解中国国防政策和观察中国军队的窗口。

二、国家电台军事节目面临的挑战与机遇

伴随移动互联时代的到来，传统军事广播在不断取得新成绩的同时，也面临着巨大挑战。沿袭了几十年的"我说你听"单向传播模式已无法适应时代发展，当听众来信来电明显减少，军事节目策划者感受到了危机。作为中国广播的引领者之一，国家电台军事节目有责任、有义务冲破束缚，在革新中破浪前行。

（一）挑战无处不在

近些年，由于受电视媒体和互联网的冲击，传统广播听众数量出现负增长，传统广播节目被边缘化已经成为不争的现实，特别是伴随着互联网成长起来的年轻一代，他们与传统军事广播渐行渐远。相较于其他传统媒体，伴随性、移动性曾是传统广播的优势，但在 5G 技术和智能终端逐渐普及的今天，这些优势已经不复存在。此外，"云听""蜻蜓"等音频移动客户端通过个性化、强互动的传播模式，改变了广播受众的用户体验和收听习惯，一些退役军人、专家教授、军事发烧友以敢说、敢评论闻名，言论或真有其事，或夸大其词，或捕风捉影，但这些言论客观上满足了受众的猎奇心理，分流了军事广播的部分受众。

（二）机遇就在眼前

必须指出，新媒体的发展，推动传统军事广播焕发出新的生命力，使其能在更宽、更广的平台上传播。军事广播 2001 年开设央广网军事分网，经过近 20 年的发展，目前形成了以央广网军事分网、央广新闻 App 军事栏目、微博、微信、抖音、今日头条为主的多平台传播矩阵。同时，中央人民广播电台也搭建了自己的军事广播多媒体平台，使广播更方便地实现伴随收听、点播收听与可视化传播，加之新媒体平台所具备的表达接地气、传播个性化的特点，产生了良好的舆论传播效果。

三、适应移动互联时代发展，创新广播军事节目机制与流程

如今，单一的声音元素已不能满足军事广播受众的需求，固定的播出时段也无法满足移动互联时代的用户体验，军事广播节目必须打破时空界限，内拓外延，对军事广播内容生产流程进行整合和再造。中宣部副部长，中央广播电视总台党组书记、台长、总编辑慎海雄强调："加快实现从传统广播电视媒体向国际一流原创视音频制作发布的全媒体机构转变，从传统节目制播模式向深化内容生产供给侧结构性改

革转变，从传统技术布局向'5G+4K/8K+AI'战略格局转变。"[2]军事广播人敏锐认识到，军事广播节目的改革，必须以习近平总书记在党的新闻舆论工作座谈会上的重要讲话精神为指引，与国防和军队改革进程相协调，与中央广播电视总台整体改革战略相适应，建立起适合国家电台军事节目的改革发展路径。

（一）拓展军事广播内涵

今天，当声音不限于无线电发射塔这个传播渠道时，当网站、手机客户端等可以实时传播声音和图像时，军事广播不能仅仅局限于录音报道、连线报道等形式，必须要开拓创新，逐步树立大广播的思想。2017年4月，大兴安岭发生森林大火，"央广军事""CNR国防时空"微博平台发布了几十秒的视频短片，内容涵盖森林大火的火情、武警官兵扑救的画面，短短几个小时就获取了几十万的点击量。2016年7月，有关"南海仲裁案"一事，"CNR国防时空"微信平台策划了作品《如果联合国有了朋友圈，一定炸了锅》，新颖的传播方式引起海内外受众大量转发。因此，能够体现军事新闻价值的文字、录音、微视频、手机直播、图片、H5、动漫、音乐、游戏等，都可被视为广义的军事广播传播内容。

（二）打造国家电台军事节目全媒体矩阵

近年来，军事广播人在办好广播节目的同时，大力拓展建设《国防时空》新媒体品牌集群，逐步建立了"CNR国防时空"和"央广军事"两个全媒体矩阵。如今，央广军事微博拥有1400万名粉丝，在中央人民广播电台的微博账号中排名第二，原创指数和互动指数排名第一；"CNR国防时空"微博账号，目前用户也突破500万，跻身大V行列。2018年2月，"@央广军事"官微被国家网信办、工信部、互联网发展基金会等八个部委联合评选为"微博影响力十佳账号"，仅次于人民日报、央视新闻，排名第三，被新浪评为"最具影响力军事自媒体"。

当听众变成了粉丝、受众变成了用户，军事广播积极适应这一变化，加快推进军事节目改革。今天，当军事广播编辑们在"央广军事""CNR国防时空"系列全媒体平台发布新闻后，瞬间收获数百万条反馈已经不再是新鲜事。2018年八一建军节报道中，"@央广军事"微博推出"为人民军队点赞"网宣产品，点击量高达26亿次，收到网友留言666万条。2020年上半年，央广军事和国防时空微博平台对解放军抗击新冠肺炎疫情进行充分报道，对美国新冠肺炎、香港问题、中印边境问题等进行舆论反制，取得良好效果，微博话题#武汉战疫#、原创视频《驻香港部队司令员表态：坚决拥护全国人大涉港决定》等，引发广泛关注，微博平台2020年上半年总传播量超过30亿。中央主流媒体的微信公号、客户端都转载了"国防时空"发布的图片，一系列的新媒体报道与广播报道互为呼应，有效提升了国家电台军事节目品牌知名度，加速了媒体融合的速度。

（三）整合军事新闻采访流程

近年来，中央人民广播电台军事节目积极探索传统广播与新媒体的融合发展道路，实施全媒体流程再造，对原有组织结构与生产链条进行重构，建立全新军事传播机制，以适应整合新闻生产流程的要求。

在直播已经常态化的今天，军事广播记者应树立起分秒必争的新闻时效观念。只要得到授权，可以现场直播的题材，及时进行广播直播和手机图文视频直播。由于军事节目广播时段相对固定，而新媒体平台是全天 24 小时开放，所以，在抗震救灾、抗洪抢险等突发事件的报道中，遵循"新媒体优先"的原则，先在新媒体刊发图片、微视频及文字快讯，再进行广播直播连线，最后采制录音报道和全媒体深度策划。

军事广播编辑部实现全媒体转型后，后方编辑全程融入前方记者采访过程，协助记者选题策划，提供采访建议和写作角度，保障宏观资料与背景信息，前方记者不再是孤军奋战，而是有着强大的编辑团队作支撑。2014 年 2 月 12 日 17 时 19 分，新疆于田县发生 7.3 级地震，19 时 45 分，新疆军区派出两架直升机飞往震区。3 分钟后，前方记者陈欣同后方编辑部连线，4 分钟后微博发出快讯《新疆军区直升机紧急飞往于田震区勘察》，中国之声在 20 点的整点新闻转发，该报道先于其他媒体半小时发稿。

（四）创新全媒体工作模式

多年来，中央人民广播电台军事节目一直沿袭采、编、审、录、播的线性操作流程，经过几轮深化改革，《国防时空》编辑部率先实施了非线性工作流程。所有前方记者或值班编辑发现重要线索，可直送值班主任或审稿人。审稿人有权现场摘编"微博快讯"发布，广播编辑也会根据新媒体平台阅读量、评论量调整广播编排顺序，对关注度高的新闻，还可根据情况配发点评或深度解读。

随着《国防时空》由广播编辑向全媒体编辑逐步转型，原有的记者队伍和新闻产品类型已经无法满足新闻改革发展需要。为此，国家电台军事节目着力将实体化的编辑部转型为"实体＋虚拟"编辑部，建立"央广国防时空编辑部"QQ 群和微信群，吸引解放军和武警部队 500 多名特约记者加入，及时交流新闻线索，协作完成录音报道和新媒体产品。

四、国家电台军事广播节目改革需要把握的几个问题

（一）处理好"台"与"网"的关系

《国防时空》编辑部将原来的"台网一体"调整为"网台一体、生产独立、各自呈现"的思路，强调广播与新媒体产品在新闻线索共享的基础上，各自独立进行制作和加工，彻底抛弃广播老大、网络从属的观念。2016 年，大型报道《不忘初心再长征》，采取线上宣传与线下活动相结合、广播报道与全媒体传播相结合的方式，推出后在全国产生巨大反响。2017 年上半年，在全军院校改革前夕，"CNR 国防时空"微信号策划推出《那些年，我们一起上过的军校》系列，在全军官兵中引起共鸣，获得了几百万人次的点击量。

（二）处理好"主品牌"与"副品牌"的关系

同一舆论环境下，如何处理"主品牌"与"副品牌"之间的关系？在媒体融合过程中，《国防时空》主品牌形象得到了强化，但是，其子栏目《一南军事论坛》《中国退役军人》《军旅人生》《央广军情观察》《名家谈军事》《周末点兵》等，在锐意发展过程中也不能被弱化，应该充分尊重这些子品牌的个性发挥。事实上，在《国防时空》主品牌的带动和辐射下，各子品牌充分彰显个性，形成和谐共存、相得益彰的关系，共同构筑起军事节目丰富、多元的品牌架构系统，全方位提升国家电台军事节目的影响力和竞争力。

（三）树立"有所为"与"有所不为"的观念

随着移动互联网的快速发展，新媒体平台如雨后春笋般不断涌现，尽管平台和渠道不再稀缺，但"内容为王"的根本始终没有改变。毋庸置疑，当今时代媒体竞争的关键是人才竞争，媒体的优势核心是人才优势。2019 年 11 月 9 日，中央广播电视总台军事节目中心正式成立，标志着总台机构改革又迈出了坚实的一步，总台国防军事宣传掀开了崭新的一页。站在新的历史起点上，总台军事广播节目的改革迎来了新的发展机遇，军事广播人要有所为、有所不为，要把体现军事广播节目核心竞争力与电视军事节目采编特点结合起来，与全媒体发展深度结合起来，制定出凸显自身优势且可持续发展的目标。当新的移动平台、可穿戴式设备、无人机等新型科技产品诞生之后，要及时感知用户体验，有前瞻性地投入更大人力、财力、物力。对于已经入驻的新媒体平台，创新力不足的要舍得退出，以节省宝贵的人力资源。

注释

①见孙利、马艺主编《纪念中央人民广播电台军事节目开播 60 周年丛书——探索思考》，第 40～41 页，解放军出版社 2011 年版。

②《中央广播电视总台 2020 年工作会议召开》，http://www.cctv.com/2020/05/09/ARTIHZOpFeNkRPciVgFXUX9C200509.shtml

（作者系中央广播电视总台军事节目中心广播节目部主任编辑、

《国防时空》栏目负责人）

中国少儿广播的旗舰

李晓冰

1984年12月，全国少儿广播研究会在北京正式成立。中央人民广播电台少儿部作为发起单位，主办了研究会隆重的启动仪式和首届年会。

那年，我正好大学毕业分配到少儿部《小喇叭》组。为全国少儿广播研究会首届年会做服务，应该是我参加工作后的第一件具体而又重大的任务。

作为刚刚参加工作的年轻人，我没有赶上前期的筹备工作，也不知道成立这个研究会的重要意义和历史作用，只知道这是一个联系着全国少儿广播栏目的新机构。在这个机构里，我认识了许多和我一样热爱少儿广播的同道朋友，更有机和大家一起畅聊少儿广播的各种设想、制作经验，甚至还制定出联合制作节目的"君子协定"，创作出许多至今值得回忆的优秀作品。当然，这都是后来在研究会里获得的业务上的巨大成果。

那时候，我的具体任务是接待来自全国各地的与会人员，收集登记他们带来的参加交流的节目样带。这项任务对我后来的工作，有着至关重要的作用。因为要对节目分类造册，我不仅要登记好项目明细，还要实际听验每一个节目，以防出错。因此，我有了一次得天独厚的极好的学习机会。对各地电台制作的优秀少儿节目有了非常具体的了解。那些对象性极强的采访，有别于成人节目中的你问我答。闭上眼睛听童话广播剧，让人有身临其境的感受，就像看电影似的。生动形象的讲故事和亲切自然的主持，让我第一次感受到少儿广播的美和博大精深。上至天文，下至地理，古有历史故事、传说故事，今有革命故事、童话故事，未来还有科幻故事等等，都是少儿节目所涉猎的主题。

因为我是《小喇叭》栏目的编辑，所以私下里对低幼节目特别关注。我发现除了《小喇叭》以外，全国还有《小百灵》《小号角》《小红花》《小螺号》《小花朵》《小星星》等一大批"小"字头的伙伴，节目内容也都是以讲故事为主，而且主持人的故事讲得也特别精彩。后来我才知道，原来，这些主持人都曾或长或短的在中央台少儿部进行过业务交流，大多都受到过孙敬修、曹灿、康瑛、徐文燕，以及王羽等老师们的亲自指导。作为业务交流，他们也会跟随著名的儿童节目导演钟晓冬、李正华、尹纪芸、万里彬进入机房观摩制作节目和全过程。更多的时候，他们还愿意长时间"泡"在《小喇叭》编辑部，一边翻阅大量的稿子，一边和编辑们共同创作新节目。他们与《小喇叭》有着极深的渊源，可以说是《小喇叭》设在各地的分支，也是为《小喇叭》输送优秀节目的园地。

上世纪80年代中期，改革开放让中国广播进入了一个百花齐放高速发展的时期，少儿广播也在这个阶段达到了空前的繁荣。各地电台在中央台少儿节目的影响下，纷纷开办了各类青少年节目。中央台的《星星火炬》和《小喇叭》便成为领航儿童广播的旗舰。因此，中央台少儿部义不容辞的联合全国各家电台，建立起一个全国性的少儿广播的联合体，来一起研究和探讨中国少儿广播的发展与未来。这是中国少儿广播界的一项重大的举措，受到了国家广播电视部、教育部、全国妇联和团中央少工委等领导机构的高度重视，主要领导相继参加了启动仪式，并发表了贺词。参加会议的代表近70人，会员单位达40多家。在首届年会上确立的由中央台作为会长单位的决议，一直延续至今。

在中央台少儿部的组织和带领下，全国少儿广播研究会轰轰烈烈的活跃了整整20年。虽然会长从刘涵、贾玉芝换成了易杏英、郝尚勤，少儿部的历届主任不仅为中央台少儿节目做出了巨大贡献，同时也为中国少儿广播事业付出了极大心血。《星星火炬》和《小喇叭》也成为全国少儿广播的标杆和旗帜。

在这期间，《小喇叭》节目依托研究会，开展了很多极有影响力的大活动。其中包括，开拓性的组织全国幼儿园的孩子们，参加"全国幼儿讲讲故事比赛"，让4至6岁的小朋友，讲他们自己喜欢的故事，激发他们的想象力和幻想力，同时锻炼孩子们的语言表达能力，为孩子们搭建了一个豪华的才艺展示平台。首届活动的优胜者在人民大会堂进行了展演，受到国家领导同志的接见。另外，组织了两次大规模的"全国幼儿教师讲故事比赛"，为长年给孩子们讲故事的老师们，开辟了展示才艺的大舞台。全国近千名幼儿教师参加了比赛。甚至有获奖者因为优秀的语言表达能力，走进了广播电视人主持人行列，成为当地著名的节目主持人。

无论是孩子们的讲故事比赛，还是老师们的讲故事比赛，都极大的推动了中国儿童语言艺术的发展进程，提高了幼儿园语言表演艺术的水准，并由此使"讲故事"作为一种艺术形式，成为从业者学习和研修的一门艺术课程，以至于后世效仿者，将些类活动发展成为让孩子进军艺术领域的第一个台阶。

然而，"讲故事"的最高殿堂，依然是《小喇叭》。因为《小喇叭》不仅是中国的故事宝库，同时也是中国故事家的摇篮。

2004年，随着中央台大规模的节目调整，中央台少儿部被撤销了。在静默了一年多之后，全国少儿广播研究会改名为"青少节目研委会（广播）"，和其他专业委员会一起，纳入中国广播电视学会统一管理的序列之中。会长台仍由中央台担任，会长则直接由副台长挂师，我也由"服务生"荣升为秘书长，具体负责委员会的各项事务。

进入21世纪以后，科技的高速发展给媒体竞争带来了巨大的变化。电视的迅速崛起，使广播变的黯淡了。许多少儿广播栏目也在"为生存而战"的阵地上，逐渐撤离了战场。当中央"加强和改进未成年思想道德建设的意见"出台时，全国少儿广播栏目的存量已经岌岌可危，甚至一些老牌名牌的少儿栏目也不得已让出了广播时段，许多优秀的少儿广播工作者也只能改行做其他节目去了。

少儿广播遇到了前所未有的瓶颈。幸运的是，几代中国孩子都非常熟悉的《小喇叭》，依然嘹亮的吹奏着"嗒嘀嗒"！

2005 年 11 月，在中国广播电视学会的积极运作下，"青少节目工作研委会（广播）"在绍兴召开了更名后的第一次会议——筹备会。然而，参加会议的仅有十几家台的 20 多位代表。

严峻的现实摆在我们的面前。一是强势的少儿电视节目已经风靡全国，所有地市以上的城市都纷纷开办了少儿频道，开始大量播出声屏并茂的电视节目和海量的动画片。全国近 80% 的孩子被牢牢的吸引在电视机前，以至于家长产生了孩子长时间看电视会损伤眼睛的顾虑。二是只闻其声不见其人的少儿广播失去了媒体优势，听众日渐减少，经费短缺，专业人才大量流失，节目时段被强行挤占。甚至很多的家庭已经没有了收音机。

在强烈的对比之下，少儿广播令人堪忧，前景十分渺茫。虽然《小喇叭》还在广播，但也是听众寥寥，反响平平，似乎成为了一种标志和令人不忍割舍的情怀。

少儿广播真的已经走到了尽头吗？时代真的不再需要少儿广播了吗？这不只是《小喇叭》的困惑，也是全国少儿广播的困惑。

大家把目光又投向了中央台《小喇叭》。在迷惘中，交通广播的异军突起给了我们极大的启发。这个以服务有车族为主要目的专业广播，随着汽车进入家庭而成为各地电台的热点，创造了社会效益和经济效益的双丰收。于是，有研究者提出一个新的观念，以小众化、专业化求发展，加强对象感和服务意识，使广播在夹缝中绝处逢生，走出困境。

与交通广播相比，《小喇叭》的服务对象是 4 至 6 岁的孩子，不仅属于"小众"，更是特殊受众。对学龄前儿童广播无疑也是一种对象性极强的专业化广播。但是，如何唤回听众，让孩子们重新爱上广播节目，成了急待解决的重要课题。

至此，"青少节目工作委员会（广播）"把全国所剩无几的少儿广播栏目组织在一起，以中央台《小喇叭》为龙头，再次联合行动，用"抱团取暖"的方式，一方面扩大少儿广播的整体影响力，一方面互相依托共同提高节目质量和生产能力。从 2007 年春节开始，由《小喇叭》牵头，全国少儿广播栏目以"同一主题，统一片头，各具特色，分别制作，联合播出"的方式，推出了《中国娃娃过大年》系列节目。这套节目不仅在中央台《小喇叭》播出，全国各地也同时播出，因此形成了强大的合力。当不同风格、不同地域、不同特色和各具风采的主持人，带着操各种口音的小朋友们欢天喜地的出现在同一平台上的时候，这道"风景"立刻成为春节期间广播节目的一大亮点，从而紧紧的吸引了孩子们的注意力。节目显现出的整体效应，冲击着媒体市场，因此被许多电台列为春节重点栏目，不仅突破了收听率的新高，也为电台创造了难得的商机。经过几年的打造，《中国娃娃过大年》成为少儿广播的品牌。《小喇叭》也再次发挥出了行业旗舰的巨大作用。

当第八届年会（2015年）在常熟召开的时候，"青少年节目工作委员会（广播）"又一次进行了更名，称为"青少广播节目工作委员会"。会长仍由中央台副台长兼任，我也依然是秘书长。所不同的是，委员会的会员台已达到了近50家，参加这次年会的代表和同时参加"纪念中国人民抗日战争胜利70周年"集体采访"红色教育基地——沙家浜"活动的记者，有60人之多。

2016年，中国少儿广播的联合舰队再次挂起风帆，全速启航，共同为"纪念中央人民广播电台《小喇叭》开播六十周年"开展了"中国家庭故事大赛"活动。经过三个多月的评比，最终有80多个由地方电台选送的优胜家庭来到北京，在中央人民广播电台音乐厅进行了现场录制和展示，他们表演的作品都在《小喇叭》节目中圆满播出。这次活动不仅唤起了爷爷奶奶对《小喇叭》的回忆，也让当今的孩子知道了《小喇叭》，并且走进了《小喇叭》。而更多的家庭正期待着参加"第二届"家庭故事大赛，一展全家的集体才艺。60年的广播名牌栏目又换发出了新的光彩。

经过10多年的探索和实践，《小喇叭》走过强盛，也走过迷茫；有过欢乐，也有过失落。我有幸在中国少儿广播的旗舰上，见证并经历了以《小喇叭》为代表的中国少儿广播所走过的36年的历程。不管是乘风破浪，还是逆水行舟，中央台始终没有推卸领航的责任和使命，她以博大的胸怀和无私的精神，带领着中国少儿广播向前进发。

如今，我终于明白了，无论是广播还是电视，无论是电脑还是手机，也包括图书和杂志，任何一种"媒体"只不过是一种承载内容的传输工具。因此，《小喇叭》这个极有儿童特色的品牌栏目，在今后的日子里，到底应该通过哪一种工具进行传播，已经并不重要了。而重要的是，《小喇叭》是一个能给孩子们创造欢乐、启迪智慧和传播正能量的信息源，即使人类研发出更快更便捷的传输工具来替代现在的电视、电脑以及手机，即使收音机、电视机，甚至手机被放进了博物馆里成为文物，只要《小喇叭》保持自己的特色，坚持为孩子们服务理念，为孩子们生产他们乐于接受、渴望接受、期待接受、并有助于他们健康成长的优质的文化产品，《小喇叭》就永远不会消失，永远是孩子们的好伙伴！

（作者系中央广播电视总台体育青少节目中心《小喇叭》节目高级编辑）

不忘来时路　有益于未来行稳致远

——中央台创办对农广播节目65年的启示

彭忠蛟

2019年9月23日，秋分，第二届农民丰收节。中央广播电视总台农业农村频道正式开播，习近平总书记致信表示热烈祝贺，希望农业农村频道"在全社会营造关注农业、关心农村、关爱农民的浓厚氛围，为打赢脱贫攻坚战、推进我国农业农村改革发展、实现乡村振兴作出贡献。"总书记为一个电视频道的开播致贺信，在中国广播电视史上是第一次。

解决好"三农"问题始终是全党工作的重中之重。习近平总书记的贺信，既表达了亲切关怀，也提出了殷切希望；既是对广播电视事业的关心支持，更是对"三农"工作的高度重视。

在总台农业农村频道开播仪式上，中央宣传部部长黄坤明还明确指出，办好农业农村频道是一项重要的政治任务。在广播电视融合发展的新时代，继续做大做强对农广播事业，使命光荣，责任重大。

一、不能忘本，农民是对农广播事业基础

中央人民广播电台开创的对农广播事业，曾经多次得到过中央领导的亲切关怀。

2012年9月26日，中国乡村之声开播，国务院总理温家宝致信，向中央人民广播电台和从事对农村广播的同志们表示祝贺，希望中国乡村之声为促进我国"三农"工作和做好"三农"宣传做出新的贡献，谱写人民广播发展的新篇章。国务院总理为一个广播频率开播致贺信，在中国广播事业史上也是第一次。

据史料记载，1963年11月，周恩来总理指示农业部部长廖鲁言转告中央台，"加强对农村青年的农业科学技术教育的广播宣传"。当月，中央台就开办了《农业科学技术》节目。

1965年8月，周恩来总理接见广播事业局的领导同志，重点谈广播面向农村的问题。周总理指示："中央台供向农村转播的节目，内容要研究，要真正适合农村听……对城市和对农村的广播内容，不可能完全相同。"中央台的对农广播节目在停播5年之后，在1966年元旦重新播出。

许多人都不理解：周总理日理万机，处理国家大事常常是通宵达旦。他为什么

如此重视对农广播工作？

在上世纪 80 年代初期，中央台内部曾经产生过对农广播"去""留"问题的争论，最后被广播电视部部长吴冷西"一锤定音"，对农广播保留了下来。他在一次编辑会议上说："农村节目究竟在我们广播电视宣传中占什么位置？不要忘记八亿农民。各台领导不要忘了农村，这是我们的基础。"我认为，吴冷西部长的这番话，能解开人们心中的疑团 -- 周总理重视对农广播工作，是因为他心里装着八亿农民。

中央台开办对农广播节目的历史，几经波折，原因复杂。但它是中央台持续时间最长的专题节目之一，而且是唯一扩展成为整频率广播的对象性节目。

1955 年 4 月 1 日，中央台开播《对农村广播》节目，很多人认为这是中国对农广播事业的开端。其实，在 1954 年 12 月 29 日，中央台与农业部、全国科协联合还开办了一档《农业技术广播推广站》节目。这档农业科技节目与《对农村广播》节目分分合合，几度更名，播播停停。

中央台《对农村广播》节目，曾先后使用过《农村有线广播站联播》《对农村人民公社社员广播》《今日农村》《中国农村报道》等名称。曾经两度停办，每次停办大约 5 年。第一次停办，是在 1960 年冬天。因为周总理指示广播要面向农村，1966 元旦又重新开播，中央台的对农广播也因此开启了 42 年的发展壮大历程。第二次停办，发生在 2008 年，《中国农村报道》栏目在新闻频率中国之声中被撤销，直到 2012 年 9 月 26 日中国乡村之声开播。中国乡村之声是国家对农广播频率，全天 24 小时播音，她的诞生，标志中国对农广播事业进入了新时代。

回顾中央台创办对农节目的经历，我们可以发现：对农广播节目虽然几经风雨屡受波折，但是风雨过后是彩虹，蛰伏之后是更深层次的蝶变、更高水平的腾飞。

重温中国对农广播事业 65 年的历史，我们不难得出结论：服务"三农"是对农广播的职责和使命，农民占人民中的多数，是对农广播存在与发展的的坚强后盾。

二、贴近"三农"，提供专业有效的精致服务

有很多广播前辈为对农广播事业付出了毕生心血。在他们面前，我是幸运的晚辈——在依然坚守对农广播工作岗位的同事当中，我成了入行最早、从业时间最长的一个。1985 年 7 月，我走出北京农业大学的校门，即投身于中央台的对农广播工作。2004 年中国之声开播，我被安排到新闻节目部门，离开对农广播节目 8 年；2012 年 3 月中央台成立筹备组，创办中国乡村之声，我又回到了农广"故乡"，因此，我亲历了对农广播在改革开放后和新时代两段光辉历史。

改革开放以后，中国广播界改革的步伐从未停止，对农广播事业也不例外。衡量改革成败的指标主要有两个：一是收听率，二是"创收"。在相当长的时间里，相当多的电台创收任务完成情况似乎是一项更硬的指标。

中央台的对农广播节目在改革开放后能长期开办，既得力于八亿农民的强力支

持，也得益于节目自身的不断改革。部门创收一度成为中央台的"四小龙"，节目的收听率、听众喜爱度始终位居中央台各专题节目的前列。

对农村广播节目一经创办，就归属于教育类。周恩来总理指示"中央台向农村转播的节目要真正适合农村听"之后，重新开办的《对农村广播》节目明确提出了"为农民的生产、生活服务，让农民听得懂、记得住、用得上"的节目方针。党的十一届三中会全以后，《对农村广播》节目重新定位为"以八亿农民为对象的教育性、服务性综合节目"，进一步强调了服务性。

为让节目内容更加贴近农村实际、更加贴近农民的需求，1985 年，《对农村广播》节目进行栏目化改革，开设了《政策学习》《时事谈话》《农村经济信息》《乡镇企业》《农业科学技术》《法律生活》《农村妇女》《农村新一代》等 10 个专栏。节目内容的针对性、可听性进一步提升。据中央台听工部组织的调查，那一年，《对农村广播》的收听率是 75%，喜爱率是 68.4%，听众来信数量在中央台各节目中居第二位。

1987 年，中央台进行"缩短战线、精办节目、提高质量、合理布局"的改革，《对农村广播》节目再一次全面改版。节目采用主持人形式，节目内容明确定位为"政策顾问、生活益友、致富参谋"。按照听众的要求精办节目，发挥广播特点提高节目质量，是这一轮改革的重点。

1992 年中央台听工作进行听众调查，在中央台 18 个专题节目中，《对农村广播》节目的收听率排名第一，听众喜爱率排名第二。这个排名，说明《对农村广播》节目着眼于节目内容、节目质量的改革，得到了农村听众的高度认可。

2012 年开播的中国乡村之声广播频率，由国家财政提供专项经费支持。节目采编播团队不用为广告发愁，可以专注于农业、农村、农民的需求，全力创办专业、实用、好听的公益服务性节目。30 多人的采编播团队，先后创办了《三农中国》《致富青年帮》《乡土乡情》《举案说法》《乡村保健站》《乡村夜话》等重点栏目，还有《三农信息》每逢整点、半点滚动播出，为农民提供"三农"动态、气象预报、市场行情等信息服务。

这样的节目内容，播出效果出乎意料。山东汶上县、宁夏青铜峡市最早与中国乡村之声开展"广播惠农"合作——利用当地的频率资源，全程转播中国乡村之声的节目。2015 年 10 月，中央台总编室委托尼尔森联网在汶上和青铜峡进行受众满意度调查，中国乡村之声的收听率分别高达 98.5% 和 99%。

从 2015 到 2018 年，中央台总编室每半年一次，对全台各广播频率进行评估。中国乡村之声节目的思想性、创新性和专业性表现出色，在中央台 5 个公益频率中多次排名第一。中国乡村之声的 7 档自办栏目，在 60 多个参评栏目中，2015 年下半年有 4 个栏目得分挤进了前五，2018 年上半年竟然囊括了前六名。

曾经的《对农村广播》改革已成历史，中国乡村之声的创办也是昨日辉煌。社会在进步，传播环境在改变，农民的需求也在改变。过去的媒体与受众关系，已经演变成为"供需"关系——处在供给侧的媒体，必须不断根据需求侧的变化，调整产品结构、更新产品样态、提高产品质量。需求侧的受众变成了用户，在传播中处在主导地位。供给侧提供的内容必须"物化"成为产品。

在移动互联网时代，我们要给用户提供什么样的产品？对农广播几十年的经验告诉我们，专业化的功效、精细化的品质、便捷化的传输，既是优质产品的必然要素，也是农民日益增长的必然需求。

三、传务求通，没有渠道就没有传播效果

说起农村广播，老辈人都会想起村头的大喇叭。上世纪六、七十年代，有线广播在农村普及率很高，几乎是"社社有广播站、队队有大喇叭"。在特定历史时期，农村有线广播发挥了强有力的宣教作用，但也损害了广播的形象。有人抱怨大喇叭"吵死人"，也有人责怪"大喇叭像个爹，天天就知道教训人"。这样大喇叭在公社解体之后已渐渐消逝。

中国人民广播事业，通常是指无线电广播。中国的无线电广播，主要有短波、中波和调频。短波主要用于对外广播，中波用于对内广播；调频广播资源的分配权不在中央，主要用于区域性广播。因为调频广播收听效果更好，广电总局在 2002 年启动"503 工程"——在全国 50 个重点城市推动中央台 3 套节目的调频覆盖。

中央台的广播节目覆盖一直存在着城乡差别。有相当数量的农村居民，从来没有听到过清晰的中央台的广播。我 2016 年在宁夏盐池农村调查农村广播"村村响"的情景，至今记忆犹新。两个光着膀子的老汉被我们调试大喇叭的声音吸引过来，一个 60 多岁，一个 70 多岁。我问"喜欢听广播吗？"一个老汉回答"喜欢！"我再问"喜欢听什么样的节目？"另一个老汉若有所思地回答："有声儿就行。"

中国乡村之声尤其尴尬。开播之时，根本没有可用的调频资源，凭借经济之声转让的一个发射台的中波频率，只能覆盖京津冀部分地区；规划中的"整合重复覆盖的频率资源"始终未能落实；节目信号送上了卫星，但是落不了地……一天，牵头创办中国乡村之声的台领导史敏，在上班路上听了中国乡村之声的节目，急火火冲到中央台办公楼的 15 层，大发感慨："这么好的节目，农民听不到，真是可惜！"

频率资源的瓶颈，逼迫中国乡村之声走上了"多元覆盖"的道路 —— 在央广网开通"三农"频道，把中国乡村之声的节目完整放到互联网上；在微博、微信、今日头条开通公众号，推送中国乡村之声的重点内容；与喜马拉雅、蜻蜓 FM、学习强国、云听等平台合作，把中国乡村之声推向用户终端；开展"广播惠农·爱在乡村"公益活动，先后深入全国 50 多个县市区，"送科技、送健康、送文艺"下乡，与当地签订"转播覆盖"协议……为打开节目传送渠道，费了九牛二虎之力，但是传播效果，并不能令人满意。

如今，传媒生态已经被互联网彻底颠覆。传统媒体谋划未来发展，全盘接受了源自营销界的"渠道""终端""平台"理念。媒体人都知道，"内容为王"与"渠道为王"之争，实际上是公益媒体与商业平台的经济博弈。广播人都清醒，过去的无线传播体系为广播电台无偿服务的事业格局，在互联网时代，已经演变成公益性广播替商业化平台"做嫁衣"的单边赢利局面。

长期受制于频率覆盖不足的广播人，对渠道和平台的重要性都有深刻体会。渠道既影响传播效果，也影响广告销售。如果渠道不通，传而不达，效果终将归零。

今天的广播人都懂得，未来的广播，既要有主流产品，更要有主流平台，双轮驱动，才能行稳致远。但是，截至目前，似乎还没有制定出可行性方案，什么样的广播平台才能成为主流？什么样的广播产品才能走进用户终端？这可能是广播事业发展面临的最为紧迫的问题。

（作者系中央广播电视总台农业农村节目中心高级编辑）

壮阔70年　奋进新时代

——纪念中央广播电视总台民族语言节目创办70周年

张克清

2020年5月22日是中央广播电视总台民族语言节目创办70周年的日子，也是新中国民族广播事业创办70周年的纪念日。在这一天的中央广播电视总台庆祝民族语言节目创办70周年座谈会上，中央政治局委员、中央书记处书记、中宣部部长黄坤明同志专门作出重要批示，中宣部副部长，中央广播电视总台党组书记、台长、总编辑慎海雄同志出席并讲话。

这是新时代中国民族广播史上具有重要意义的一次座谈会。黄坤明同志专门作出重要批示，充分体现了以习近平同志为核心的党中央对中央广播电视总台民族宣传工作的关心关怀，为新时代进一步办好民族语言节目、更好地服务党和国家民族工作大局明确了前进方向。

（一）

回望70年，中央广播电视总台民族广播事业的创办与发展，始终体现着党和国家的高度重视与关怀。

早在1950年，刚刚成立不久的新中国，就在百废待兴中开始着手创办自己的民族语言节目，藏语广播的第一声呼号响彻雪域高原，新中国的民族广播事业就此诞生。1950年5月13日，中央人民广播电台藏语广播开播前夕，毛泽东同志明确批示，中央统战部部长李维汉"负责审查藏文广播，并规定该项广播内容及方针"。执政党的最高领袖对于一种民族语言的广播给予如此高度的重视和具体指导，这在我国当代新闻传播发展史上实属罕见。

1957年11月，中央人民广播电台藏语、蒙古语、朝鲜语、维吾尔语、壮语五种少数民族语言广播全部开播。1960年，由于精简机构等原因，5种民族语言广播节目全部停办。1962年，周恩来总理听取民族工作会议汇报时得知这一情况后，批评不该停办少数民族语言广播，并责成国家民委和广播事业局共同研究恢复。此后经周恩来和邓小平同志批示，恢复民族语言广播所需基建投资纳入第三个五年计划。

1971年5月到1973年1月，中央人民广播电台蒙古语、藏语、维吾尔语、哈萨克语、

95

朝鲜语五种少数民族语言广播节目陆续恢复播出（哈萨克语节目是新增加的）。

2000 年 9 月 16 日，江泽民同志就加强西藏、新疆等民族地区广播电视覆盖工作做出批示，随后中央人民广播电台民族语言广播节目播出时间延长并有了一个相对完整的频率——民族之声，为今后的发展打造了一个新的平台。

2009 年、2010 年和 2015 年，藏语频率、维吾尔语频率、哈萨克语频率相继成立，五种民族语言广播由民族之声一套频率发展成为四套频率，以广播节目为核心的民族语言节目宣传平台进一步扩大。

2018 年 3 月，中央广播电视总台组建。2019 年 7 月 18 日，中央广播电视总台民族语言节目中心正式成立，慎海雄同志出席成立大会并讲话，阎晓明同志主持会议并宣读总台党组《关于成立中央广播电视总台民族语言节目中心的决定》。民族语言节目中心是国家级媒体中唯一的民族语言类单设机构，充分体现了党中央对民族宣传工作的高度重视。民族语言节目中心的成立，有利于整合总台的节目资源和人力人才资源，为进一步加强对民族地区的舆论引导夯实基础，提供坚实的组织保障，开启了民族语言宣传工作的新阶段。

目前，民族语言节目拥有 5 种语言 4 个广播频率（每天共播音 72 小时），5 个少数民族语言网站、微信公众号和央视频号，形成了多种民族语言，广播、新媒体等多个平台发布的民族语言节目矩阵。

经过 70 年的发展，民族语言宣传从无到有、从小到大，在艰辛中创业、在探索中进步、在创新中发展，见证并记录了全国各族人民从站起来、富起来到强起来的历史性飞跃。几代广播人满怀对党和人民的忠诚，满怀对少数民族群众的深厚感情，积极投身民族广播事业，蒙古语、藏语、维吾尔语、哈萨克语、朝鲜语等五种民族语言节目把党的声音传遍祖国的辽阔疆域，传到各族人民心里，为促进边疆稳定、民族团结和民族地区发展作出了重要贡献。

（二）

党的十八大以来，以习近平同志为核心的党中央高度重视民族宣传工作。习近平总书记从战略全局高度作出一系列决策部署，引领党的民族宣传工作取得历史性成就。中央广播电视总台成立以来，民族语言节目深入学习宣传贯彻习近平总书记关于民族工作的重要论述，依托总台的雄厚资源，推动了一系列重要工作，办成了一系列大事要事，引领力、传播力、影响力显著提升。

1. 用心用情用力打造"头条工程"，让习近平新时代中国特色社会主义思想成为民族语言宣传阵地上的最强音。

民族语言节目中心始终牢牢把握正确政治方向和舆论导向，坚持以领袖的高度就是宣传报道追求的高度为标准，传播领袖思想，强化喉舌作用，用心用情用力打造"头条工程"。总台有关习近平总书记的时政报道和新媒体产品，民族语言节目中心第一时间安排翻译推送，始终确保做到少数民族语言新媒体全国首发，让习近平新时代中国特色社会主义思想成为民族语言宣传阵地上的最强音。

2018年7月1日，民族语言节目推出蒙、藏、维、哈、朝五种民族语言版大型广播纪实文学《梁家河》。由中心层面统一统筹规划，各语言部负责人审定、校对、审听，各语言部编播一线骨干倾情演绎，广播、网络、公众号同步播发。以精准的翻译、精良的制作，让少数民族群众读到、听到习近平总书记在梁家河亲切感人的知青生活，感受人民领袖为人民的初心。

2018年，五种民族语言节目精准翻译了《习近平和母亲》《习近平和彭丽媛：这就是爱的样子》《致父亲——习近平与父亲的家国情》《彭丽媛在第七十三届联合国大会防治结核病问题高级别会议开幕式上发表视频讲话》及系列报道《平"语"近人——习近平总书记用典》等稿件，并在新媒体平台第一时间推送发布，让少数民族受众感受习近平总书记的家国情怀。

2018年、2019年的全国两会报道，自主策划推出了原创报道《习近平，各族人民的好领袖》《石榴籽的情怀 -- 我想对总书记说》，表达了全国各族人民衷心拥护爱戴人民领袖的肺腑心声。《习近平，各族人民的好领袖》集纳了正在参加十三届全国人大一次会议的蒙古族、鄂温克族、苗族、维吾尔族、赫哲族、彝族等7位少数民族全国人大代表的声音，通过还原习近平总书记参加内蒙古代表团审议、在内蒙古全票当选全国人大代表、考察十八洞苗族村、考察新疆喀什、看望黑龙江八岔乡赫哲族群众、考察四川凉山彝族山村的场景，生动展现了十八大以来，习近平总书记情系少数民族群众、深深牵挂少数民族同胞温饱冷暖的感人情怀，表达了全国各族人民衷心拥护和爱戴人民领袖的肺腑心声。《中国民族广播 CNR》微信公众号推出后，阅读量超10万人次。中宣部《两会舆情通报》第七期《国内主要媒体精彩看点》在第一条摘选了该报道的信息反馈，称赞报道有特色，效果好。

2019年10月，五种民族语言微信公号推出视频《习近平在庆祝中华人民共和国成立70周年大会上的讲话》（民族语言字幕版），当天阅读量再创新高。

2020年全国两会期间，民族语言节目及时翻译推送习近平总书记重要活动和重要讲话，聚焦以人民为中心、人民至上的领袖风采，在少数民族受众中引发较好反响。

2020年父亲节，五种民族语言微信平台翻译推送总台特稿《共同的牵挂》《背影》，反映了习仲勋、习近平父子同心、一脉相承、矢志不渝的人民情怀，一天内阅读总量超过11万。

2. 加快推动高质量发展，4套广播频率、5种民族语言网站全面改版升级，融合传播优势充分彰显。

根据总台"台网并重、先网后台、移动优先"战略和全面启动高质量发展改版工作的要求，民族语言节目中心成立了专项小组从各方面推进改版工作。先后组织召开了至少15次座谈会、研讨会，参会的专家和员工超过400人次；民族语言节目中心设计了改版调查问卷，征求全体员工的意见建议；派人到一些知名网站及对象地区门户网站进行调研。2019 年 7 月，改版方案几易其稿，如期完成。

改版方案改变各语言独自编排节目这一沿袭了 70 年的做法，打破传统民族语言广播的观念和形态束缚，强化对民族语言新闻宣传的规律性认识，确立了"强调统一性，兼顾差异化"原则，对广播节目进行了全新设计。《学习时间》栏目以习近平总书记重要讲话、治国理政方略和用典解读为主要内容，全面系统地宣传习近平新时代中国特色社会主义思想。《深度热搜》栏目以先网后台、移动优先、融合互动为特点，向新媒体要热度，向广播要深度，向听众要关注度。《行进中国 2019》栏目把握时代脉络，传播时代声音，挖掘时代特色，用民族语言和权威声音记录时代中国的历史脚步。《声动民族风》栏目打造民族文艺品牌，唱响新时代的民族旋律。

为适应少数民族群众的新需求、满足少数民族群众的新期待，改版工作加快包含蒙、藏、维、哈、朝 5 种民族语言的中国民族广播网全面改版升级，推动向移动端多平台传播转移，以视觉为核心制定技术规范。调整 5 种民族语言微信公号发播模式，统一美工技术标准。核心目标是以习近平总书记"守正创新，把新媒体新平台建设好运用好"等指示批示精神为指引，积极构建"5G+4K/8K+AI"战略格局，积极配合"央视频"新媒体平台建设，积极推动传统节目传播优势向新媒体延伸，加快形成内容丰富、图文并茂、影音交融、多姿多彩的节目形态，不断培养、强化视频制作能力，不断增强传播效果，加快提升民族语言节目在新媒体领域的影响力。

总台民族语言节目中心成立之前，长达 60 多年的核心工作任务是做广播节目，视频节目制作鲜有触及。2019 年 9 月改版前，民族语言节目中心每年制作短视频不超过 30 条，且质量和传播力都不高。改版后 10 个月时间，截止到 2020 年 7 月初，共制作短视频近 900 条，视频质量和传播效果稳步提升。在视频制作中坚持以效果为导向，注重民族语言和汉语的"双语"呈现，有效扩大了传播效果。目前，民族语言节目中心除了在云听上有实时的音频节目呈现外，在"央视频"上注册了 9 个账号，月均浏览量 6.25 万。其中维吾尔语《百科全说》曾一度排名央视频账号第 27 位。据统计，在 2020 年 6 月 8 日~14 日的一周时间内，民族语言节目中心 9 个"央视频"账号共上传短视频 57 个，总播放量 7 万 +，视频数量和播放量均创新高。

2020 年 5 月全国两会期间，民族语言节目中心推出 6 集原创视频报道《中国制度，民族复兴的保障》，总时长 110 分钟，在央视频、五种民族语言微信公号和网络平台同步播发，总阅读量 30 万。

2020 年的 7 月 1 日，由民族语言节目中心乌鲁木齐编辑部拍摄制作的视频节目《总台民族语言中心主播放歌庆七一》被央视新闻转发后，获得较好反响，得到总台领导的肯定。

2020 年 7 月，在新冠肺炎疫情防控常态化形势下，民族语言节目中心陆续推出一批聚焦少数民族地区脱贫攻坚的原创短视频产品，包括藏语《飘香四溢的藏香产业》，哈萨克语《不负韶华——最美奋斗者》，蒙古语《以"铁"的担当打通脱贫攻坚"最后一公里"》等，都收到较好的社会反响。

民族语言节目中心所属蒙、藏、维、哈、朝五种民族语言微信公众账号于 2014 年开通，在国内各少数民族语言微信公众平台中影响力稳居首位。2019 年 9 月高质量发展改版前，5 个平台总用户量 68 万，月浏览量 1000 万。截至 2020 年 6 月，5 个平台总用户量 108 万（接近目标用户总人口的 4.5%），月浏览量超过 3000 万。

3. 总台丰富的优质节目资源为民族语言节目带来勃勃生机，精耕品牌节目，发挥翻译特色，民族语言节目影响力倍增。

总台成立后，优质独家的节目资源，包括时政和精品节目资源，成为民族语言节目翻译推送的重要内容。这种"二次传播"不仅扩大了总台报道的覆盖范围，也极大提升了民族语言节目影响力，成为改版后的核心内容之一。

2019 年 10 月，在总台的统一部署下，民族语言节目中心推出 4K 直播电影《此时此刻　国庆 70 周年盛典》民族语言版，充分发挥蒙、藏、维、哈、朝五种民族语言优势和央视频制作团队优势，用民族语言的电影再现新中国 70 周年盛典，让少数民族观众通过本民族语言体验祖国母亲 70 年华诞盛典所独有的亲切感，让少数民族同胞共同感受伟大祖国 70 年来的繁荣和富强，增强民族幸福感和自豪感，激发中华各族儿女由衷的爱国热情。

2020 年以来，民族语言翻译推送《央视快评》《国际锐评》《大湾区之声热评》等专栏稿件 200 多篇。《"译"彩纷呈》《经典咏流传》等栏目凭借民族语言节目中心的翻译力量，充分利用总台的内容优势，用民族语言精心演绎制作，实现总台精品栏目和精品内容的二次传播。《我们走在大路上》《天使日记》等重要节目也全部完整译制推出。

可以说，总台精品的翻译制作让少数民族语言翻译潜力在改版后得到巨大释放，总台独家精品内容加上精准化翻译面向广大民族地区受众实现了二次传播，强强联合呈现出 1+1 > 2 的传播效果。

4. 在特殊时期、特殊节点，充分发挥民族领域"定音锤"和"压舱石"的重要作用。

在涉疆涉藏舆论斗争的各个重要节点，民族语言节目中心始终站在维护祖国统一、反对民族分裂的舆论斗争最前沿，适时推出重点报道，敢于发声亮剑，旗帜鲜明地开展斗争，营造于我有利的舆论环境，在特殊时期、特殊节点发挥了民族领域"定音锤"和"压舱石"的重要作用。

针对美国等西方媒体对新疆教培中心的恶意抹黑，2019 年 4 月，民族语言节目中心推出原创维吾尔语短视频《重新启程》。这是维吾尔语记者第一次进入教培中心采访，也是教培中心学员第一次用民族语言接受采访。作品通过学员及其家人的讲述，展示了教培中心的真实面貌和取得的积极效果，有力驳斥了美国等西方媒体的无端指责。

2019 年，我国先后发布《〈新疆的反恐、去极端化斗争以及人权保障〉白皮书》《〈新疆的若干历史问题〉白皮书》《〈新疆的职业技能教育培训工作〉白皮书》，维吾尔语节目、哈萨克语节目及时在重点新闻栏目进行翻译解读并在新媒体端推送，让维吾尔族、哈萨克族受众在第一时间收听、收看到白皮书的内容。

2020 年 6 月，CGTN 推出纪录片《巍巍天山——中国新疆反恐记忆》，民族语言节目中心对其第一时间组织完整翻译制作，推出维吾尔语版和哈萨克语版，用事实真相击碎谣言，一天内总阅读量超过 9 万。之前几部涉疆纪录片，民族语言节目中心在实现精准化译制推出后也都取得了较好的效果。

在涉藏报道中，每年藏历新年，用藏语英语汉语三种语言独家录制"十一世班禅藏历新年祝福"。该报道已经成为涉藏工作重点省和海外众多藏族群众的新年期盼，消除达赖集团的诋毁和污蔑，有效压缩了达赖集团的影响空间。

在 2020 年新冠肺炎疫情防控宣传引导中，民族语言新媒体报道用人文关怀抚平焦虑，形式多样的新媒体产品再次受到广大少数民族群众的喜爱。5 种民族语言微信公众号在疫情防控报道中全面刷新了历史数据。特别是维吾尔语节目拍摄制作的有关疫情防控的微视频《主播点评》（维吾尔语播报 + 汉语字幕），在维吾尔语微信公众号和央视频维吾尔语《百科全说》栏目同步推送，仅除夕到初四就有 2 条视频微信阅读量超过 40 万、7 条视频微信阅读量超过 10 万。

（三）

70 年风雨兼程，70 载春华秋实。站在新的历史起点上，民族语言节目中心将会更加深入学习贯彻习近平总书记对总台工作的一系列重要指示批示精神，认真按照总台的统一部署和要求，高举思想旗帜，为党的民族工作提供坚强思想保证和有力舆论支持；坚持守正创新，奋力提升总台民族语言节目引领力、传播力、影响力；发扬斗争精神，讲好新时代民族团结的中国故事；严格阵地管理，建设一支"拉得出、打得赢、敢胜利"的总台民族宣传工作队伍。全力以赴把民族语言节目办好办出色，努力打造人民领袖与各族群众心连心的宣传平台，深化"五个认同"、促进民族团结的传播平台，反映新时代各民族奋进奋斗精神风貌的展示平台，更加有力有效地服务党和国家工作大局，为把总台打造成具有强大引领力、传播力、影响力的国际一流新型主流媒体作出应有的贡献。

（作者系中央广播电视总台民族语言节目中心高级编辑、
原中央人民广播电台民族节目中心副主任）

中华之声神州之声　反"独"促统的时代强音

——见证中央人民广播电台对台湾广播两套节目的历史跨越

黄少辉

　　37 年前，也就是 1983 年三四月份的一天，厦门大学中文系毕业班级的教室里，我和同学们听完课正在自习，看见有个挎着黑皮包，戴着眼镜的瘦细个中年人，很严肃地在教室里转了一圈，没说一句话就走了。后来才知道，此人正是中央人民广播电台对台湾广播部（台播部）闽南话节目组的负责人洪永固，他是为对台广播的扩容发展来厦大挑选毕业生的，同时在厦门市招考闽南话播音员。

　　中共十一届三中全会以后，党和国家实行改革开放政策。1979 年元旦，全国人大常委会发表《告台湾同胞书》，1981 年 9 月 30 日，叶剑英委员长发表关于实现祖国和平统一方针政策的谈话，台海形势发生变化，凸显中央人民广播电台对台广播在对台宣传上的不可替代作用。1982 年 10 月 1 日，中央电台对台广播从原来的一套节目增加为两套，近 20 个节目，第一套节目以普通话节目为主，第二套节目以闽南话客家话节目为主，播出时间增加到 37 小时 45 分钟。发射功率增加到 3400 千瓦。这标志着对台广播进入了振兴发展阶段。

　　因缘巧合，可能是会讲闽南方言的缘故，杨刚毅、林志民和我被老洪给圈中了，我们三人一同乘坐火车来到北京，跨入了广播大院，刚毅留在总编室，志民后来调回厦门，我则一直在对台广播的岗位工作到现在，亲历了对台广播两套节目在新时期发展阶段的跨越式腾飞。

一、世纪的祈盼，对台湾广播人的薪火相传

　　80 年代初，台播部主任温磊在广播大楼四层西北角的办公室召见新来的年轻人，聊得高兴的时候，他还从办公桌抽屉里拿出糖果，招呼着让大家吃。当时除了应届毕业生之外，还有一批从厦门、梅州招考来的闽南话、客家话播音员。

　　对台湾广播成立于 1954 年 8 月 15 日，半个多世纪里，台海两岸风风雨雨，中央电台对台湾广播在不同历史时期承担着阶段性历史任务。为早日实现祖国统一的大业服务，是对台湾广播的宗旨。

　　1979 年"告台湾同胞书"发表后，1981 年，对台湾广播创办了《空中之友》栏目，这是具有历史意义的改革，《空中之友》是祖国大陆第一个以主持人形式播出

的广播节目，首任主持人徐曼是大陆第一位正式的广播节目主持人。《空中之友》创办在当时引起轰动。在 20 多年的时间里，因应两岸形势及台湾听众的需求变化，进行了多次重大的改革，在台湾听众中取到了良好的反馈。在 2003 年"中国广播奖"评选中，《空中之友》节目获十佳栏目奖。随之不久，她的使命和功能也逐渐被其他节目所替代。

2000 年，台湾政党轮替，主张"台独"的民进党陈水扁上台，台湾政局发生了重大变化。对台湾广播认真贯彻新时期党的对台政策，及时调整传播策略，把争取台湾民心、争取国际舆论、揭批和遏制"台独"作为对台湾广播工作的重点。

中央电台对台湾广播于 2003 年 12 月 29 日推出两套全新改版的节目。呼号分别是"中华之声"和"神州之声"，更换了已用了近 50 年的"中央人民广播电台对台湾广播"的呼号。两套频率的直播节目占新节目三分之二以上，每天首播的新节目时间由原来的 7 小时扩长到 18 小时 40 分钟，改革后每天首播新节目量增加 150%。节目播出后引起岛内听众、台湾主流媒体及海峡两岸社会各界的广泛关注，同时也引起了的广泛关注。中央领导对中央台对台湾广播的改革十分关心，要求对台湾广播不断总结提高，增强吸引力、凝聚力、亲和力。

在对台湾广播跨越 60 个年头的光辉历程后，2014 年，对台广播节目中心隆重举行了一系列的纪念活动。从当初的"解放台湾"时期到现在的两岸"和平发展"时期，时空变幻，对台广播始终不渝地贯彻党的对台湾方针政策，坚持不懈地发挥了其他媒体不可替代的入岛覆盖宣传作用。形成了用三种语言即普通话、闽南话、客家话，在呼号不同的两个频道即中华之声、神州之声播出节目；并拥有一个可同步收听对台广播的互动网站你好台湾网的对台广播的新格局。中华之声、神州之声两套节目每天累计播音 37 小时 50 分钟。两套节目覆盖祖国大陆东南沿海、台湾地区以及东南亚、南太平洋和日本等国家和地区。你好台湾网站是一个拥有专业对台网络传播队伍、300M 独享带宽的对台专业网站。2001 年，对台广播曾委托北京美兰德信息公司在台湾做收听状况调查，评估出在台湾约有 23 万听众，占台湾 18 岁以上人口的 1.4%，占台湾广播听众的 2.6%。2005 年再次委托北京美兰德媒体公司在台湾进行听众调查，听众由 2001 年的 23 万上升到 26.6 万，听众规模排台湾的第 11 位。随着收听环境的改善、与岛内电台的交流和网络收听技术的发展，岛内听众的分布会不断趋于广泛。

二、迎接两岸和平发展，树立对台广播反"独"促统新形象

北京奥运会后的 2009 年，正好是中央台对台湾广播成立 55 周年。8 月 10 日，中华之声、神州之声两套节目进行了正式改版升级。中华之声改版后进一步提高与强化了新闻的时效性，神州之声改版后方言节目首播时长由原来的每天 6 个小时增至 13 个小时，两套节目总首播时间由以前的每天 19 个小时增至 31 个小时 40 分钟。

进一步增强了贴近性与可听性。2008 年建立的中央电台厦门、梅州两个节目制作室作为对台广播的前沿抓手，显现出了先锋锐力，所制作的方言节目《祖地乡音》和《客家天地》由原来的每天 2 个时增至 6 个小时。

对台广播在大型节目制作和听众交流上下工夫，上海世博会期间，对台广播制作播出了系列广播《世博通天下》，推出《"你好台湾，相约世博"台湾网友 DV 大赛》活动，并于 2010 年 10 月 26 日在北京举行大赛颁奖典礼。获奖选手分别来自台南、彰化、台中、基隆、花莲、台北，以年轻学生为主，很多人是第一次来到大陆。同年的 6 月 9 日，中央电台对台广播联合福建省人民政府新闻办公室举办了"海西正东风——两岸媒体聚焦海峡西岸"大型联合采访活动，集合了台湾《中国时报》、台湾《民众日报》、台湾民视、台湾东森电视台、台湾青山广播电台等 14 家台湾媒体，历时 7 天，行经福州、泉州、漳州、龙岩、莆田、厦门等六大海峡西岸经济区中心城市，最终于厦门圆满落幕。联合采访为深化两岸媒体的交流合作搭建了平台，台湾主流媒体对海峡西岸经济区的建设有了基本认识，对沿途见闻进行了客观真实的报道。2010 年的 8 月 16 日，对台广播中心举办第十二届对台湾广播联谊会，邀请台湾岛内听众、媒体代表、专家学者等 20 位代表参加，此次联谊会在北京召开，并到吉林长百山进行参访活动。

2009 年 7 月 20 日，对台湾节目中心举办"情动 2009——两岸书画家笔会"，邀请 17 位两岸书画家在厦门挥毫泼墨，共同书写两岸和平发展的美好前景，这既是对中央台对台湾广播 55 载征程的纪念，也是对海峡两岸和平前景的展望。同年 10 月下旬，中央电台联合台湾岛内 10 家客家话中小广播媒体，以"一曲渡台歌 两岸客家脉——重走客家迁台路"为主题对福建广东客家祖地进行深入采访报道。节目播出后，再次引起台湾客家年轻人对两岸客家血缘关联和文化传承变迁的关注。其次，对台广播推出由岛内文化传媒名人与我主持人共同主持的节目《口口声声》于 2009 年 5 月开播，节目利用台湾嘉宾在岛内的知名度和影响力，更加有效地将祖国大陆的信息和理念传播到位。

精心办好《台北直播室》《两岸开讲》等重点栏目，开创对台新闻评论新局面。根据之前举办的研讨会的专家意见，2013 年《台北直播室》节目从内容到形式进行了改进，充分利用我驻台记者在岛内的采访优势，每日发回最新的岛内新闻、两岸交流最新进展情况，同时对相关新闻事件进行深度点评，该栏目内容时效快速，音响丰富，内容充实，凸显对台广播媒体优势。

新闻评论栏目《两岸开讲》评论内容越来越丰富及时，越来越深入。节目邀请台湾和大陆的知名媒体人、学者、教授参与，以台湾人和大陆人的不同视角解读两岸热点话题，如两会热点、两岸交流热点、南海问题、钓鱼岛问题、十八届三中全会等，吸引力强。

专题板块节目《捷运 2014》内容丰富，每个"站点"里的节目特色各不同。《乐游神州》除了请旅游达人和专家在北京直播室做访谈外，记者还深入到偏远地区采访基层民众，聚焦一系列生态环保的主题。时刻关注两岸交流度或参与度甚高的大型活动，并倾注更多的人文关怀和社会责任。

横跨两套对台广播频率的文艺广播以传承民族文化和唤起两岸民众共同文化记忆为己任，研究岛内广播节目分众化特点，根据 2012 年入岛调研情况进行节目改版，加大高原草原少数民族音乐的播出量，成功巩固了原有受众群并进一步拓展了南部青年受众。并创办了"书香两岸读书会"和"端午诗会"等两岸品牌交流活动。

2017 年，中华之声神州之声圆满完成了"第九届海峡论坛"、博鳌亚洲论坛、"一带一路"国际合作高峰论坛、金砖国家领导人厦门会晤等几十场各类现场直播。各类报道精心策划，形式创新、内容出彩，切合两岸实际。

三、闽南话客家话广播协作网创立两岸媒体合作新模式

闽南话广播协作网和客属电台协作网由中央电台对台湾节目中心于 2010 年和 2012 年发起成立后，随着各项活动的有效开展，在岛内的影响力不断扩大。

闽南话广播协作网联合两岸媒体于 2012 年进行"中部崛起看湖北，两岸媒体荆楚行"大型联合采访及"郑成功收复台湾 350 周年纪念大会"现场直播，活动相继成功举办使协作网对台湾闽南话广播媒体的吸引力日益加强。同年 10 月 30 日，台湾胜利之声广播公司和成功广播公司正式加盟闽南话广播协作网（以下简称"协作网"），成为继云嘉广播公司、好事联播网、爱心联播网、Apple Line 联播网、青春线上联播网五家电台之后的第二批台湾成员单位，由此协作网的会员总数增至 17 家（其中台湾 7 家），协作网朝"两岸闽南话广播共构"的目标又进一步。

客属电台协作网于广东梅县召开 2014 年客属电台协作网年会，吸收了第二批台湾电台加盟，在广东梅州举行加盟仪式及研讨年会后参访梅州客家村落以及两岸客家信众共同供奉的三山国王庙等，在直播节目《原乡快线》里由客属电台协作网成员台联合直播。2017 年 2 月 21 日至 24 日，客属电台协作网在广东省河源市举办了"2017 客属电台协作网节目交流暨'大美河源 绿野仙踪'两岸媒体联合采访活动"。协作网再一次壮大队伍，成员台达到了 24 家，其中 6 家为台湾电台，覆盖范围和影响力进一步扩大。两岸媒体人保持密切交流与创新合作，进一步发挥出对台广播推动两岸沟通交流的作用。

四、抢占先机进行网台融合，架设入岛传播新媒体平台

你好台湾网是以中央电台对台湾广播为依托发展起来的对台传播网站。自 2001 年创建后一直以传播中央对台方针政策为己任，发挥中央台对台湾广播的独家优势资源，抢占先机，实行网台互动融合，服务台湾同胞，推动两岸交流。经过近 20 年的努力锻造，业已成为中央级三大专业网络对台宣传平台中特色鲜明、自成风格

的一家。2014 年网站每天访问量为 120 万左右，台湾及境外访问量占总访问量近20%，此比例列当时专业对台传播网站之首。

网络是新时期对台传播的主渠道，网站规模和特色决定影响力。2010 年 5 月 28 日，你好台湾网全新改版，定位于立足对台传播、突出本土特色、服务两岸网民、推动台网一体。新版全面引入台湾媒体元素，创新设计，更加贴近台湾受众需求，其贴近台湾年轻人的互动社区、FLASH 动漫等内容产品在大陆涉台同类网站中独树一帜。网站改版后形式、风格与内容上都有很大创新，首页采用繁体版、台湾风格的竖式导航栏、立体主导式版面架构以及台湾人较习惯的色彩图形和 LOGO 设计。在内容制作上，网站新闻传播理念借鉴台媒，更注重新闻的针对性，追求信息的可读性。

自 2010 年成功举办首届"你好台湾 青春 online 行两岸"活动以来，你好台湾网线上线下联动，形成了可观的品牌效应。2013 年，你好台湾网站启动网络多媒体专题项目《筑梦大陆 职场领先——台湾青年登陆求职网路服务窝心宝典》。专题走访了北京、上海等台湾人就业较为集中的大陆城市，从百余位候选采访对象中甄选了 30 位年龄分布在 25 ～ 40 岁的台湾青年，通过他们讲述各自的职场故事，为有意愿来大陆就业的岛内青年梳理实用有效的政策法规，详解各行业就业秘籍，坚定台湾青年投身大陆、融汇两岸的决心和进程。为了增强入岛传播效果，专题除提供你好台湾网线上阅读方式之外，还尝试拓宽多媒体入岛渠道，制成了微信、Line 等内容在广大台湾青年中进行推送。

网站与台湾《两岸犇报》进入常态化合作。双方除继续落实合作栏目"大陆万象"之外，增设合作栏目"背著书包趴趴走"，聘请驴友撰写大陆各地游记见闻，定位独特、内容精良，受到岛内读者一致好评。2013 年 9 月，对台湾节目中心与台湾《民众日报》大陆新闻版面启动合作。平均每期刊登 7 ～ 8 篇大陆及两岸原创新闻，图文并茂，及时深入，其中不乏对台中心记者报道两岸有影响力的文章，如"两岸和平论坛"的新闻综述、"两岸企业家紫金山峰会"的综合报道及其相关图片等，都刊登在《民众日报》头版通栏。

作为两岸新闻交流的一部分，中央电台赴台湾驻点采访工作扎实推进，目前每批派驻 3 ～ 5 名记者驻台采访调研，时长为 3 个月。赴台湾驻点记者每年发回广播报道 500 多篇，图片数千张，主要在中国之声、中华之声、神州之声中播出，并在《你好台湾》网站上播发。2014 年 6 月底，国台办主任张志军访台，我驻台记者发挥广播的快捷特点，及时详尽地发回了大量实时报道，立体反映了此次历史性访问的成果。2017 年 8 月，在举办第十八届台湾受众联谊会期间，对台中心在腾冲和顺古镇利用"央广客户端"平台进行了一小时手机视频直播。台湾受众对这种视频直播的探索给予充分肯定，且自身参与兴趣十足。

在人民广播 80 年的光荣历程中，对台广播积累了 66 年的丰富而宝贵的经验，在岛内听众心目中建立了较有价值的信誉度，拥有一批批新老忠实的粉丝。对台广播以开创的思维，着眼未来，在广泛接触岛内广播媒体的基础上进一步扩大与台湾网络新媒体的节目合作与交流，广播节目在岛内的落地和本地化、品牌地面推广活动能得以逐步实现。经过几代台播人的耕耘，对台两套频率开创了新局，实现了腾飞。在新的时期，为反"独"促统、开创两岸关系和平发展的光明未来，为两岸同胞共同的"中国梦"的实现不断发出时代最强音。

2018 年 3 月，中央广播电视总台成立，2019 年 7 月 8 日，中央广播电视总台对港澳台节目中心正式组建，中央人民广播电台对台广播汇入了总台的巨舰航母，中华之声、神州之声两套频率和你好台湾网于 2019 年 10 月 25 日和 2020 年 1 月 6 日经历两次高质量发展改版后，开始了新的航程。

（作者系中央广播电视总台对港澳台节目中心高级编辑、原中央人民广播电台对台湾节目中心副主任）

跨越海峡的 "桥"

——对台湾广播《空中之友》的历史脚步

冬 艳

　　《空中之友》：中国广播史上第一个主持人形式的节目，具有开创性和里程碑意义；作为对台湾广播节目，在两岸关系的历史进程中曾发挥过举足轻重的作用，有过非同寻常的影响力。该节目 1981 年 1 月 1 日开播，2003 年 12 月 30 日中央人民广播电台对台湾广播频率改版，《空中之友》结束了其历史使命。

　　2003 年 12 月 29 日《空中之友》向海峡彼岸播出了最后一期节目，终止了自己往复于海峡两岸长达 23 年的脚步，留下令人难忘的背影。她与听众惜别的一刻彼此不舍，那一天我的邮箱里收到多封听众来信，其中一封这样写道："你走了。走在人情融融的不舍之中！你的离去，同时也带走了我们对你不曾爽约的期待。在 23 个春秋的往还中，感谢你的日夜陪伴，感谢因《空中之友》的存在而长年付出艰辛的编播同仁——你们的辛勤付出，已毫不着意地铭刻在广大听众的永久记忆里……"

　　人们对中央人民广播电台对台湾广播《空中之友》节目的关注，最多的是在它诞生的那个点上，也就是 1981 年 1 月 1 日。这是无可非议的，因为这个日子在我们的广播史上具有里程碑的意义。当然，作为从 1982 年开始主持《空中之友》直至2003 年，几乎伴随其走过全部历程的我，更希望人们把目光移向一条时间线。

　　《空中之友》虽然有轻软甜美的声音，但绝非只会与听众卿卿我我。在 23 年的传播历程中，她始终不忘为祖国统一而努力的使命，先后曾经四异其版，她的开始曲有过四种旋律，每一种旋律都呼应着两岸关系发展变化的节奏。所以说，要认识《空中之友》，就必须了解两岸关系发展的脉络，也正因为《空中之友》这种变化的律动和具有针对性的有效传播，才使其经久不衰保持着相当高的节目收听率。

　　作为中央电台对台湾广播的节目主持人、栏目负责人、部门主管，从职业经历中观察与思考，我以一己之见把《空中之友》开播后与两岸关系的因应和互动，粗略地分为四个历史发展时期，这也是《空中之友》的四种律动——

第一个时期 1981 ～ 1987 年，两岸关系的破冰松动期。

　　自 1979 年全国人大常委会《告台湾同胞书》、1981 年叶剑英委员长《有关和平统一台湾的九条方针政策》发表之后，两岸关系开始向着结束军事对峙，逐步推进"三通"的方向发展。这一时期两岸交流多在民间，其主旋律可以用一个"情"字来概括，这也是《空中之友》的第一种旋律。

《空中之友》应运而生并能获得成功在于天时、地利、人和。其一，改革开放、中美建交、对台方针政策做出重大调整变化的背景，可谓天时；其二，在"三不通"的条件下，大陆台湾咫尺天涯，无形电波是两岸沟通的唯一"桥梁"，可谓地利；其三，一支具有使命感和敢于创新的团队，可谓人和。

如此，1981 年元旦，《空中之友》的声音开始越过海峡，在台湾岛的每个角落回响。别的暂且不论，仅仅是"徐曼小姐"与以往大陆广播完全不同的温柔甜美的声音、亲切自然的语调，就使岛内听众如沐春风，几乎在一夜之间改变了他们心目中原有的大陆形象，动摇了国民党当局几十年间在民众心里筑起的政治防线。进而《空中之友》不断传递出祖国政府的召唤，一时间引发了去台人员压抑心底、蓄积已久的故土情；引发了新生代和本省人强烈的好奇心。

"1981 年初，某个午夜时分，我习惯地打开收音机，熟悉的频道里传来我不熟悉的声音，这天听到的与以前词锋锐利的播音极不相同，如此柔和的节目风格，我难以想象是出自同一个频道"（高雄听众李来阳 1981 年的来信）。这就是最初的《空中之友》，她像一场随风入夜的春雨，润物无声地融化着台海的政治坚冰。彼岸的百姓们冒着"通匪"和"坐牢"的危险，偷偷地贴近《空中之友》，他们对共产党的恐惧，对大陆的偏见，从接纳一个温柔可亲的节目主持人开始渐渐改变 ......

据调查，80 年代中期，台湾岛内大约有百分之七十到八十的人收听过我们的广播，《空中之友》节目及主持人的知名度，在台湾几近家喻户晓。主持人温文尔雅、善解人意，又不乏对台海局势、两岸关系的独到思考与见地，使许多台湾听众为之倾倒，他们在接受一个自己欣赏的个性节目的同时，也自然而然地愿意了解以至接受她所传播的信息、所推崇的理念。更具讽刺意味的是，如此一个"温柔"的《空中之友》竟还吸引着许多持不同政见的"热心"听众。

这种成功的速度与程度恐怕连节目的初创者也始料不及 ———

"我带着一台普通收音机，从基隆到台北，到台中，到台南，沿途收听大陆广播。全岛收听都很清晰，夜间 10 点钟以后较少干扰，是收听的黄金时间。以最保守的估计，大陆来台的外省人有 70% 经常收听，台湾本省人有 50% 经常收听，实际情况肯定高于这个比例 ......"（署名"绿色使者"的台湾听众 1984 年的来信）

"我是《空中之友》的忠实听众，我以为'三通''四流''九条'声明之所以能够普遍受到台湾人民的认识和欢迎，贵节目的制作单位和二位主播（徐曼、冬艳）将是最大功劳。我可以偷偷地告诉你们，贵节目受欢迎的程度，不亚于岛内电台的播出 ......"（署名"知心人"的台湾听众 1985 年的来信）

对此 80 年代初任台湾"中广"公司总经理、台湾"中国广播协会"理事长的蒋孝武曾大声疾呼："要加强对抗，以消除大陆广播的心战威胁"（注：80 年代初开始中央电台对台湾广播使用了大功率的发射台，时称"杀鸡用牛刀"）。

这一时期《空中之友》的主要听众是大陆去台人员和对大陆抱有好奇心的台湾本省人。此时《空中之友》的主持人恰似台湾听众的亲人与挚友。几年间，编播团队背着录音机踏遍祖国的大江南北、城市乡村，用采录到的最真实最质朴的音响告诉彼岸同胞——大陆人一日三餐有饱饭；男女恋爱有自由；小学、中学、大学有严肃的课堂和快乐的校园生活；人们少有所养、老有所依……别以为这些内容是"小儿科"，在当时的背景下，多年的信息隔绝和政治文宣，在台湾，相信大陆人食不果腹、共产共妻、少无所学、老无所依的大有人在。开放之初从彼岸扛着大米白面、拎着卫生纸牙膏返乡探亲的不在少数。我们还录下了——福建东山岛寡妇村发妻对丈夫、遗腹子对父亲的呼唤；广东蕉岭90岁老母亲对儿子的期盼；山东、河南、四川（国民党去台人员大省）的一奶同胞对兄弟姊妹的思念；还有生不能还，死亦魂归故乡的场面（子送父骨灰返乡安葬）……这些音响都是和着泪水的倾诉，以至那些年主持人在话筒前也常常从声音哽咽到潸然泪下！

祖籍江苏盐城，在台湾读过小学、中学的王赣骏博士，1985年4月29日，成为第一位乘"挑战者号"登上太空的美籍华人。此举当时在两岸引起很大轰动。同年7月受邀中国航天工业部，王赣骏偕妻儿回到大陆，并将他带上太空的一面五星红旗赠给中国政府。王赣骏的特殊身份，在台湾倍受关注，《空中之友》记者抓住机遇一路随访，主持人电话连线即时播出。谈起太空飞行，王博士说："我以我的中国血统为荣，我想我为中国人争了一口气！"他说，当航天飞机飞跃中国上空时，自己曾在舱内环带扎腰，在无重力状态下原地慢跑，内心深情呼喊："故乡，我来了，我来了……"这种思乡圆梦情怀，深深触动人心，引起岛内强烈共鸣与反响。而王赣骏眼里看到的大陆发展与进步的现实更让听众朋友对祖国充满希望。

此间，《空中之友》还依托节目，与中国社科院台湾问题研究所、北京社科院、人民大学合作，组织了"一国两制"专题研讨会，吸引了北大、清华、北师大，台大、成大两岸青年学子的热烈参与；在中央电视台、人民日报海外版、中新社、《中国建设》和《台声》杂志的配合下举办了台湾听众积极响应的"祖国知识有奖征答"活动，以温婉的形式传播着对"和平统一"大业最有价值的信息和内容。

第二个时期 1988 ～ 1994 年，两岸关系的缓和开放期。

这个时期实际上是以1987年11月台湾当局部分开放台湾民众回大陆探亲为起点。这一时期，台湾民众与祖国大陆的联系，渠道日渐拓宽，沟通日渐频密。交流驱动力也由单一的情感因素逐渐变得更为多元和务实。往来大陆的人员，从最初单纯的返乡探亲，进而到旅游观光，再到经贸交流。兴趣点也由对大陆社会状况和家乡变化的一般性了解，到对某一地域或某一行业的深入探索和实际接触，其目的更多是呼应祖国大陆招商引资的政策，调研考察、收集信息，以便为当时岛内过剩的台资寻找新的市场机遇。

90 年代初，经贸成为两岸交流和媒体传播中的新热点，这个时候《空中之友》也就开始了她的第二种旋律。增加了经济信息容量，先后开办了多个服务性专栏。随着"九二共识"的达成，两岸朝向"一个中国"良性互动的脚步似乎越走越快，越走越近。

这一时期对台广播的听众多为大陆去台人员和台湾中小企业者及中下层民众。此时《空中之友》主持人就像是一个可以信赖的向导，"空中之友"不仅只是一座在海峡两岸用电波架起的无形之桥，而且也成了一座实实在在沟通两岸的有形之桥——。1989 年 8 月 23 日，首届"《空中之友》台湾听众夏令营"在广州开营，这是个被推迟了将近一个月的日期。从未谋面的 20 位台湾听众，他们中间有老师、有学生、有商人、有去台老兵、有本省籍的普通人。出于对《空中之友》，对节目主持人的高度信赖，在 89 那个非同寻常的夏季之后，从千里之外，汇聚在广州海关。初见一刻双方忐忑不安，告别之时彼此难舍难分。走过羊城、桂林、西安、北京，在安然而美丽的中华大地上，一路阳光灿烂一路欢歌笑语，13 集纪实报道也在节目中陆续播出。百闻不如一见，听众用亲身经历验证了《空中之友》前期报道的真实性，进一步增强了对节目的信任度。那之后还有"台湾听众冬令营"和第二届"台湾听众夏令营"......这样，节目中的大众传播和接触后的人际传播，让《空中之友》成为越来越多台湾听众深信不疑的挚友。

台湾当局解禁之后，《空中之友》为许多骨肉分离近 40 年的"台湾老兵"和去台人员，找到了他们日思夜想的大陆亲人：

"我所以写这封信是因为我对《空中之友》有一份特殊的感情，《空中之友》自开播以来至今 18 年如一日，我一直在听。我感谢她为我及我的友人寻找到在大陆的亲人，使得我能返乡和胞兄团聚"（台湾听众萧咸柏 1989 年的来信）。

回黑龙江探亲的曹先生，家乡未至，先到北京来看望节目主持人。记得他从怀里掏出一张合成的全家福给我们看，照片上有人穿着单衣，有人穿着棉袄。

回河北献县探亲的齐先生从家乡叫了一辆出租车来到大楼北门，见到从未谋面的主持人不禁老泪纵横。他说，在大陆的人体会不出他们在台湾想家思亲的那份撕心裂肺的痛，多亏这几年有对台广播传递家乡的消息。齐先生说，每当夜深人静，他盼望《空中之友》开播的一刻，就像是等待一位家里亲人的到来，彼此促膝而谈、窃窃私语，动情时常常独自流泪到天明……就这样，20 分钟的叙谈，拍上一张照片，了却了这位七旬老人一个执着的心愿。看我们忙，他连口水也没顾上喝，便踏上归程，要知道这一趟往返要 8 个小时！齐先生那躬身进车的背影和那挂着河北牌照的出租车尾灯闪烁着融入长安街黄昏车流的画面，至今清晰于我的脑海。

1992 年，旅行社不只一次地将载着台湾游客的大巴车停在复兴门广播大楼北门口，因为车上的游客大多是我们的听众，他们把这里设为一个旅游景点，就是为了与多年电波里相会的主持人见个面、合张影。

那些年，《空中之友》接到的感谢信、年节贺卡和电话更是不胜其数……

第三个时期 1995 ~ 1999 年，两岸关系的徘徊低落期。

这个时期的到来，不象一二两个时期之间有那么明显的界限。90 年代中前期，两岸关系的顺向潮流与逆向势头几乎在同时交错而动。1992 年海协会和海基会达成"一个中国，各自表述"的共识；1994 年，两会的事务性商谈分别在台北和北京举行，这应当说是两岸关系良性发展的进程。然而，同年偶发的"千岛湖事件"，给两岸关系罩上了一层浓重的阴影。一直在寻找机会的李登辉及岛内"台独"势力，对此大加利用，攻其一点、不及其余。台湾"陆委会"叫停了两岸文教交流和民众赴大陆游。之后便是李登辉访美等一系列所谓拓展"国际生存空间"的举措，其结果是导致大陆舆论的强烈回应，还有军事演习、飞弹试射。1999 年 3 月李登辉《台湾的主张》一书提出七块论，7 月提出"两国论"，海峡两边剑拔弩张，一时间，良性互动中的两岸关系迅速回落，跌入底谷。

在这样的情形下，台湾民众不可能再像 80 年代末 90 年代初那样抱着寻求发展机遇的新希望与大陆安心地进行沟通交流。此时，他们心中失去了基本的安全感，为自己和整个台湾的命运而惶惑。许多台湾人又一次把注意力更多地投向对两岸政治理念的关心，对两岸文化渊源的探索，对两岸关系前途的思考，而且其层面远远高于过去任何阶段。

《空中之友》的第三种旋律就是因应这一变化，强化了言论性节目，在听众关注的热点问题上，与其进行一个新层次上的交流、沟通以至碰撞。

这一时期，《空中之友》逐渐微调成一个综合性的板块节目，主持人更像是一个杂家和学者。至 1999 年初节目最终设定了如下的栏目：《两岸交流通道》：两岸交流动态信息；《经济瞭望》：大陆经济建设与发展、投资政策与环境；《台商在大陆》：台湾投资者在大陆的投资历程，可资借鉴的经验和教训；《东西南北风》：在游历江河山川、探索风俗民情中寻根溯源；《冬艳时间》：回答听众来信，探讨听众关心的热点话题，包括反独促统的讨论。

此间，从台播部"《空中之友》台湾听众夏令营"变身而来的"台湾听众联谊会"，首届于 1998 年在昆明举办。之后每年一次地延续着，继而成为对台广播专题部、对台广播中心的重大项目，至今已有 18 届的历史。

第四个时期 2000 年 3 月 ~ 2003 年 12 月《空中之友》结束，两岸关系动荡下行。

2000 年 3.18 大选后，台湾领导人更迭，民进党上台，两岸关系走到了统、独的十字路口。针对这一变化，《空中之友》又一次在探索、在应对，在寻找自己新时期的最恰当的旋律：第四种旋律。

在 1999 年末、2000 年初，我们就开始思考大选可能给台湾、给两岸关系带来的变化。选后初期，台湾游离倾向加重，使我们感到仅靠空谈渊源、血脉、亲情，难以拉近两岸的关系，特别是要求得到台湾青年一代的认同更为不易。必须通过我们的传播，使台湾民众认识到和平统一，是其最大利益所在。必须通过客观地介绍大陆在改革开放中的进步与成就，潜移默化增强台湾青年一代的民族认同感。

针对 2000 年下半年以后，台湾政坛混乱、经济滑坡，高科技产业外移和年轻人的大陆求学热，《空中之友》加大对大陆经济建设成就和求学营商环境的介绍，组织了若干大型系列报道——《海峡商潮》：回顾了 20 年来两岸经贸往来的历程；《台湾同胞在大陆》：100 位不同年龄层的台湾人在大陆创业和生活的故事；《相约在西部》：台商在西部开发中的新机遇；《台湾学子在大陆》：追踪已在大陆读书的 60 位台湾学生，请他们讲述自己的学习生活及眼里的大陆和大陆人。《空中之友》的各种努力均获得了良好的反馈，受众群也发生了新的变化。

90 年代前期，《空中之友》的听众已经开始转向台湾中青年知识分子阶层，年龄大多在 40-60 岁之间，包括去台人员的二代。2000 年以后又增加了一些更为年轻的听众，以大学生群体为主，他们借助广播和网络两条通道，成为我们的双栖听友。

这一时期，《空中之友》主持人的角色定位越发复杂并难于驾驭。其听众组成越来越多元：对于渐渐老去的一代去台人员，要给予情感的抚慰；对于中轻代知识阶层，要进行理性的对话；对于新生代要给出务实地引导；对于台独分裂势力，要毫不留情地批驳回击。

至此，《空中之友》已不再是大陆与台湾之间沟通的唯一渠道，2000 年两岸"小三通"、间接"三通"已经实现；2001 年两岸新闻交流冲破重重阻力，也已开始了双向驻点采访；2002 年《空中之友》举办了一场别开生面的《两岸情缘》有奖征文活动，为"第五届台湾听众联谊会"选拔参与者，并于当年新年将近的 12 月 22 日，邀请征文获奖者和空友老听众赴北京出席了隆重的颁奖晚会。那一日恰逢京城初雪纷飞，天气的寒冷与晚会的热烈，就像当时的两岸关系一样冷暖交错。"空友"相聚，台上台下展现的那份相亲相爱几近极致，就像是为来年的谢幕做好了铺垫。2003 年 12 月 29 日播出了最后一期节目，《空中之友》悄然转身，告别了历史舞台，告别了不舍的听众。但是，她永久留在了台湾听众的记忆里，留在了两岸关系历史的记忆里！

结语

是时代赋予《空中之友》一个特殊的角色，她的创办者和几代"空友"人辛勤耕耘、不辱使命，赢得了属于自己，更属于中央人民广播电台对台湾广播的盛誉！她只是一个代表，当年《亲友信箱》《神州旅游》《百花园地》《体育天地》《我们的祖国》

《人物春秋》《国是论坛》《现代国防》，还有新闻和方言节目，共同创造了对台广播曾经的历史辉煌。

令人欣慰的是，在《空中之友》生命的最后一年，她荣获了中国广播电视新闻奖 2003 年度广播社教节目"十佳公共栏目奖"。这个迟来的奖项，她当之无愧！

在中央人民广播电台成立 80 周年之际，回顾自己 44 年中央台广播人的职业生涯无限感慨。1982 年的初秋，我告别了在中央台播音部 11 年的青春岁月融入对台广播的队伍，之后 33 年与对台湾广播携手同行直至 2015 年离开职场。其间，许多重要的历史时刻，自己有幸参与和见证。今天，把记忆中的点点滴滴呈现如上，以致敬前辈、激励来者，期待中国广播再创辉煌！

2020 年 8 月 8 日

（作者系原中央人民广播电台播音指导委员会成员、对台湾广播中心专题部主任）

中央人民广播电台对港澳广播发展史研究

诸雄潮　刘文燕

　　截至 2020 年，香港和澳门回归祖国已经有 20 多年的时间，而中央人民广播电台对港澳广播也已经有 28 年的发展历史。在近 30 年的发展过程中，对港澳广播从无到有，从小到大，不断摸索对港澳广播的规律和经验，多次根据对港澳宣传的舆论环境调整传播策略和节目内容，打造了众多品牌栏目，通过多种线上线下相结合的方式打通港澳与内地沟通的渠道，向港澳居民介绍祖国日新月异的发展，也将港澳积极融入祖国建设的行动告诉给了内地民众，架起了沟通内地与港澳的桥梁。

一、对港澳广播的萌芽期（1992 年 ~ 1994 年）

（一）对港澳广播从无到有，开始萌芽

　　1984 年 12 月 19 日，中华人民共和国和大不列颠及北爱尔兰联合王国签署了《关于香港问题的联合声明》，声明宣告：中国政府决定在 1997 年 7 月 1 日对香港恢复行使主权。1987 年 4 月 13 日，中华人民共和国和葡萄牙共和国签署了《关于澳门问题的联合声明》，声明宣告：中国政府将于 1999 年 12 月 20 日对澳门恢复行使主权。至此，香港、澳门问题的解决进入了实质阶段。

　　两个声明的正式签署到香港和澳门的正式回归之间是一段过渡时期，中央人民广播电台对港澳广播也在这个时期开始萌芽。1992 年 10 月 1 日，对港澳广播开始有选择地转播当时央广第一、二套节目和第三套调频立体声文艺节目，同时委托新闻中心每天编发一次新闻节目，每天 13 时至 13 时 20 分播出。

（二）创办对港澳广播节目是使命要求，也是重大挑战

　　20 世纪 90 年代初，香港和澳门的回归受到了所有人的关注，中国在解决香港和澳门问题时所提出的"一国两制"方针具有极强的创新性和极富远见的战略眼光，是开天辟地之举，也是实现祖国和平统一的重要战略。

　　对港澳广播的出现恰逢其时，但正如"一国两制"方针前无古人一样，萌芽期的对港澳广播刚刚起步，没有自制节目，严重依赖于其他广播频率的内容供给。但这个阶段的萌芽显示了对港澳广播开始被重视和发掘，随着港澳回归日期的日益临近，对港澳广播的发展也呈现加速之势。很快，专业的人才队伍开始组建，专门的节目也开始加紧制作，对港澳广播进入到下一个发展阶段。

二、对港澳广播的探索期（1994 年～ 2002 年）

（一）以华夏之声的开播为标志，对港澳广播开始探索发展之路

1993 年 8 月 18 日，当时的央广从台里其他部门抽调编播人员正式组建了第七套节目编辑部，开始筹办一套具有对港澳广播特点的新节目。

经过研讨和设计，第七套节目的核心思想确定为：准确有效地宣传中央政府对港澳的方针、政策，弘扬中华民族优秀的文化艺术，激发港澳听众的民族自豪感和爱国热情；在具体传播策略上以新闻报道和文化娱乐节目为主，帮助港澳居民了解内地的最新发展，也让内地民众更好地了解港澳的历史和现状。

1994 年 4 月 11 日，中央人民广播电台第七套节目部正式更名为中央人民广播电台华夏之声节目部。1994 年 6 月 18 日早晨 5 时，"中央人民广播电台华夏之声"开始播音，播出频率为调频 87.8 兆赫、104.9 兆赫，中波 1215 千赫，全天播音 21 小时。开播之初，华夏之声自办的具有港澳特色的节目只有 5 小时，其余时段转播央广第一、二、三套有代表性的节目。

华夏之声此时的自办栏目有三个：《黄金通道》的内容主要是新闻时事和经济贸易信息；《华夏风情》节目介绍祖国各地的风光，展现不同地区的民风民俗；《华夏温馨夜》主要是传播文化信息和提供娱乐欣赏。

1995 年 4 月 18 日，华夏之声进行了第一次节目调整，加强新闻传播力度，增设《华夏新闻网》节目，及时报道香港、澳门在回归祖国的进程中所发生的重大新闻事件。1997 年 4 月 7 日，华夏之声推出《大家说普通话》专栏，这是华夏之声开设的第一个教学类节目，每期节目 30 分钟，在当时港澳居民学习普通话的热潮中发挥了积极作用。

（二）重大报道和大型活动见证港澳回归的历史步伐

1994 年 10 月 5 日，距我国恢复对香港行使主权还有 1000 天。华夏之声与香港《文汇报》合作制作了总计 52 讲的大型系列节目《香港基本法讲座》，并举办了"《香港基本法》知识问答有奖收听"活动。1996 年 6 月，以《香港基本法讲座》系列节目为基础编写的《香港基本法讲座》一书，分别在北京和香港两地出版，国家副主席荣毅仁为该书题词：一国两制，港人治港。

1997 年 1 月，华夏之声节目部撰写并播出了 100 集系列广播节目《<香港基本法 >97 问答》，同时配合播出《香港问题访谈录》。

1997 年 6 月，华夏之声文艺组联合央广其他几套节目举办了"迎香港回归优秀歌曲展播月"活动，并联合中央电视台、中国国际广播电台举办了迎香港回归优秀歌曲电视晚会。

1997 年 6 月 30 日晚，华夏之声制作了长达 5 小时的香港回归特别节目《华夏欢腾不夜天》，反映了祖国各地民众欢庆香港回归的动人场景。

1997 年 12 月，澳门回归祖国倒计时两周年之际，华夏之声节目部与澳门基本法协进会、《澳门日报》社在广播和报纸上联合开办了 54 讲《澳门基本法讲座》和《澳门风采》专栏，同时举行《澳门基本法》知识问答有奖收听活动。以这两个节目内容为基础编写的《澳门与澳门基本法》一书，分别在北京和澳门举行了首发暨赠书仪式。

1999 年 6 月，华夏之声制作了系列广播特写《澳门故事》，将视线对准澳门回归过程中的典型人物，多角度、多侧面反映了澳门社会的历史变迁，也真实地映射了各界人士回归前的心态以及对回归的渴盼。

1999 年 12 月 19 日，华夏之声制作了 3 小时的特别节目《99 梦圆澳门归》，与央广一套大型直播节目《濠江欢歌动九州》形成补充，各种侧重，又相辅相成。

（三）探索期的对港澳广播圆满完成了港澳回归前的传播使命

从 1994 年开始，香港、澳门回归祖国的日期日益临近，回归的各项筹备工作也在紧锣密鼓的进行当中。中华儿女对港澳回归有着期盼，而港澳居民也有着对回归之后前途的担忧和忐忑，这个时期的对港澳广播要做的就是向港澳同胞深入讲解"一国两制"的内核和主旨，详细解读《香港基本法》和《澳门基本法》，全面展示祖国的发展变化，介绍港澳与祖国不可分割的血肉之情，加强港澳同胞对祖国的归属感，提升他们回归后的信心，同时也要对危害香港和澳门繁荣稳定的言论予以驳斥。

此时的对港澳广播虽然成立时间不久，尚在摸索规律的阶段，但是有着蓬勃的朝气和活力，开拓各种渠道增强对港澳广播的影响力，联合港澳相关机构和媒体进行节目合作，同时也进一步拓展对港澳广播的外延，通过出版书籍、举办电视晚会等形式，使《香港基本法》和《澳门基本法》的解读更为有效和深入。在此过程中，港澳回归的关注度越来越高，华夏之声对港澳广播的声势也越来越强，以香港和澳门回归前夜的大型直播节目为汇聚点，对港澳广播完成了港澳回归前的传播使命。

1997 年 6 月，华夏之声开播三周年之际，国务院港澳事务办公室发函祝贺，称赞"中央台华夏之声在对港澳宣传，特别是涉港宣传方面发挥了重要的舆论引导作用"。

三、对港澳广播的成长期（2002 年 ~ 2010 年）

（一）对港澳广播开始向频率专业化方向转变

2002 年 1 月 16 日，时任中央人民广播电台台长杨波主持召开台务会，研究 2002 年中央人民广播电台节目改版进程，会上对第七套节目也就是对港澳广播节目改革方案进行了讨论。这次会议明确了央广"频率专业化，管理频率化"的总体改革思路，决定以第七套节目为改革的突破口，有计划、分步骤地推进全台其他各套节目的改革。此次会议确定了对港澳广播进行改革的各个事项，包括：第七套节目的呼号定为"华夏之声广播电台"，从台港澳广播中心单列出来，在央广整体宏观调控下进行独立运作；频率实行总监负责制，总监和副总监通过公开竞聘产生；央广赋予总监在人、财、物等方面的决定权。以这次台务会为标志，华夏之声成为中央人民广播电台"频率专业化，管理频率化"改革的前锋。

2002年2月22日，台务会原则通过对港澳广播节目的改版方案，明确提出对港澳节目改革的指导思想——坚持正确的舆论导向，贴近港澳和广东的听众，引入节目竞争机制，打造区域性专业电台。2002年10月1日，"华夏之声广播电台"开播，包括华夏之声普通话（FM87.8）和华夏之声双语（FM104.9 AM1215）两套频率，全天播音42小时。

（二）华夏之声广播电台更加注重区域化特色打造

华夏之声广播电台确定了"呈现南北文化，引领生活潮流"的节目宗旨，改革的目标是充分满足珠三角及港澳地区听众的需求，做出真正为广大受众所喜闻乐见的优秀节目。这个阶段的华夏之声在注重社会效益的同时，开始兼顾经济效益，正视并充分研究对象地区经济快速发展之后所带来的媒体之间竞争日趋激烈的现状，通过打响节目品牌及打造时尚化、年轻化的频率整体形象，争取经济效益的最大化。

在具体运作上，华夏之声着力体现区域特色，以经济资讯、生活服务、休闲娱乐、音乐欣赏类节目为主，强调各类节目的娱乐性、参与性和互动性。

华夏之声的新版节目还力求贴近对象地区的生活形态，充分考虑对象地区听众的收听和交流习惯，以普通话和粤语主持的节目《阿强阿婷话你知》的创办就充分体现了这种理念，也成为中国广播史上第一个以普通话和粤语双语主持的广播节目。

（三）港澳形势发生变化是华夏之声广播电台开播的基础

香港和澳门相继回归祖国之后，港澳地区各方面都发生了根本性的变化。华夏之声及时调整了节目设置，重点报道祖国内地与港澳地区在政治、经济、社会及文化方面的交流与合作，报道两个特别行政区政府从政以来取得的各项成就。在这个阶段，根据对港澳广播的整体要求，华夏之声组织人员采写和播出了大量和港澳民生相关的节目：

40集系列报道《点击CEPA》，系统详尽地回顾了《内地与香港关于建立更紧密经贸关系的安排》及其附件（即CEPA）从酝酿到最终签署的整个过程，全面介绍了该协议实施后的落实情况以及粤港澳三地进一步合作的前景。

《港澳2005》节目于2005年年初推出系列情景短剧《铜锣湾0号》，通过苏明强一家人的故事反映香港市民关心的热点话题，具有很强的贴近性、时效性、深入性。

30集系列报道《港澳人士在内地》聚焦在祖国内地工作和生活的港澳人士，展现了他们在内地的工作、学习和生活，全面真实地反映了他们的思想与感受。

四、对港澳广播的成熟期（2010 年 ~ 2019 年）

根据对港澳传播的实践，华夏之声在 2009 年对部分节目进行微调的基础上，2010 年 1 月 1 日实现两套节目全新改版，突出新闻和文化传播，形成对港澳广播的两翼。

（一）对港澳广播加强新闻和文化传播的力度

在港澳和珠三角地区，听众对新闻信息的需求强烈，尤其关注与日常生活有关的信息；另外，听众对中华传统文化和艺术有着浓厚的兴趣。华夏之声决定在节目中加大新闻和文化内容的传播力度，确定普通话频率（FM87.8）以新闻传播为主，双语频率（FM104.9、AM1215）以文化传播为主，华夏之声频率宗旨确定为"汇集天下新闻，传播中华文化"。

2009 年 7 月 15 日，根据重新定位后的频率宗旨，华夏之声对两套节目进行整合，在已有《新闻空间》早间版的基础上，特别推出了新闻栏目《新闻空间》午间版和晚间版，分别在普通话频率（FM87.8）和双语频率（FM104.9、AM1215）播出，从而形成了大的新闻版块组合，具备了大视野、强时效、广覆盖的新闻报道特点。

2010 年 1 月 1 日，在前期节目改革取得较大成功的基础上，华夏之声对所属的两套节目进行全面改版，让新闻和文化节目唱主角，不仅延长了《新闻空间》《魅力中国》等新闻性栏目的时长，还通过《新闻空间》早、中、晚三个黄金时间段的播出，将全天重要新闻及时、全面、准确地传播给受众。

与此同时，华夏之声还推出了多种类型的优秀节目：秉承"关注文化、传播文化、解析文化"理念，推出文化类栏目《文化之旅》《网络文化看点》；秉承"健全法治环境，构建和谐社会"理念，推出生活服务类栏目《创赢人生》；音乐类节目也进一步细化，分类更加明确，涉及类型更为多样，满足了不同听众的音乐收听需求。

在改版中，华夏之声进一步加强了与港澳特区政府的合作，精办《京港直通车》和《每周听香港》节目。《京港直通车》每周播出一次，每期节目 30 分钟，围绕香港的特点策划设计了香港文化季、香港旅游季、香港 CEPA 季和香港时尚季等专题报道。《每周听香港》创办于 2006 年，原来是与内地五省级电台进行联播，到 2008 年，参加联播的电台增至九家，由华夏之声负责编辑制作，全面展现香港政治、经济、文化和社会生活等方面的最新动态。

（二）重点报道凸显对港澳广播的深度和锐度

从 2009 年到 2018 年，对港澳节目中心动员全中心的编播人员采访、制作、播出了大量的重点报道，类型丰富，内容多元，全面反映了内地的经济文化发展，也展现了港澳与内地迅速升温的交流与沟通，节目制作精良，播出后引起了巨大反响，也斩获了国内外多个专业奖项。

1. 通过系列报道全方位展现内地与港澳的多种类合作

系列专题《腾飞粤港澳》荣获中国广播电影电视社会组织联合会台港澳研委会一等奖，系列专题《历史的回响》荣获中国广播影视大奖，系列报道《透视9+2》荣获中国广播影视大奖提名奖，大型节目《激情绽放三十年——纪念经济特区建立三十周年特别节目》荣获中央人民广播电台一等奖，系列专题《共赢之路》荣获中国广播影视大奖，系列报道《我们一起走过》荣获中广联合会台港澳研委会一等奖，系列报道《我从香港来》荣获中央人民广播电台一等奖，大型节目《共命运·同出发》荣获中国广播影视大奖提名奖。

2. 通过大型多集广播专题展现香港和澳门的发展历史

系列专题《历史的回响》荣获中国广播影视大奖，系列专题《融合》荣获中国广播影视大奖提名奖，系列报道《幸福澳门》荣获中央人民广播电台特别奖。

3. 通过制作精良的广播特写展现祖国内地的优秀传统文化和现代文化成果

专题节目《古今传奇——牡帕密帕》荣获亚广联提名奖，系列专题《城市风骨》荣获中央人民广播电台一等奖，广播特写《湿地音乐会 -- 那木和他的自然之声》获亚广联最佳广播节目奖，大型节目《中华文化探源》荣获中央人民广播电台特等奖。

4. 通过评论在港澳遇到大事时及时发声，进行舆论引导

评论《西方一些政要正在充当香港民主道路的绊脚石》荣获中国新闻奖二等奖，评论《在法治的通道上不允许有违章建筑》荣获中国广播影视大奖，评论《只有依法普选才能依法治港》荣获中国广播影视大奖，评论《"港独"是香港肌体上的癌细胞》荣获中广联合会台港澳研委会一等奖，系列评论《香港政改之路》荣获中广联合会台港澳研委会一等奖，评论《将法律之剑高悬于"港独"分子之顶》荣获中国广播影视大奖，评论《香港的明天会更好》荣获中广联合会台港澳研委会一等奖。

（三）港澳新形势对对港澳广播提出了新要求

在这个阶段，香港和澳门回归祖国已经10年有余，在香港、澳门全体市民的共同努力下，有祖国做坚强的后盾，香港和澳门尽管遇到了一些暂时性的困难，但仍然保持了长期繁荣稳定，不过我们也应该看到香港、澳门社会的多样性和复杂性，维护香港和澳门的繁荣稳定，还需要做大量的工作。

香港和澳门的回归，只是港澳人心回归的开始，是回归的起点。同时，港澳的发展道路会对将来台湾问题的解决有强烈的示范作用。这种情况下，作为传递中央政府声音的对港澳广播，要在精办节目上下功夫，通过港澳民众喜闻乐见的方式，引导港澳民众正确认识中央的各项路线、方针、政策，完成港澳人心的回归以及融合。为更好地完成这项任务，华夏之声必须结合港澳的新形势，加大自己的传播能力和话语权，利用广播传播范围广、接收便利等优势来传达中央政府对港澳的支持和关怀，形成对港澳舆论的强势引导。

五、对港澳广播的腾飞阶段（2019 年之后）

（一）配合《粤港澳大湾区发展规划纲要》国家战略，粤港澳大湾区之声开办

为配合《粤港澳大湾区发展规划纲要》国家战略，促进大湾区经济社会发展，中央广播电视总台粤港澳大湾区之声于 2019 年 9 月 1 日正式开播。大湾区之声以"一流湾区、一流生活"为传播定位，立足湾区、服务全国、辐射全球，以粤语为主，全方位创新，探索对港澳有效传播途径和方法。11 月 7 日，总台粤港澳大湾区中心在深圳正式启用，成为对港澳传播的前方桥头堡。2020 年 1 月 6 日，粤港澳大湾区之声实现全天 19 小时全方言播出，进一步增强了节目的贴近性和吸引力。

为加强对港澳传播效果，扩大大湾区之声覆盖范围，深圳 FM101.2、广州 FM98.0、珠海 FM105.4 等 3 个频率启用，将香港原规划的两个频率转移至深圳麻雀岭发射台、珠海外伶仃岛发射点，并协调佛山、东莞、中山等 9 个城市电台转播《湾区早晨》《港清楚》等重点节目。

（二）大湾区之声通过多项重点报道打响第一炮，进入主流媒体第一方阵

1. 首次粤语直播新中国成立 70 周年庆典活动，4K 电影粤语版制作播出反响良好

2019 年国庆，大湾区之声连续完成三场大跨度、高难度的国庆庆典活动粤语直播，总时长超过 5 小时，是历史上首次粤语直播国庆庆典活动，同时为《此时此刻——国庆 70 周年盛典》4K 直播电影完成粤语配音，粤语版电影在广东省和香港、澳门 100 多家影院播映，反响热烈。

2. 首次推出大型系列广播政论《新时代之光》

这一系列政论站在历史的新起点上，回顾过往 70 年的峥嵘岁月，以强健的笔触描绘宏大的历史画卷，以独到的论点阐释新中国为什么可以屡创奇迹、中国共产党为什么可以带领中国人民奔向更加美好的未来，开创了中国广播史上大型政论节目的先河。

3. 庆祝澳门回归 20 周年组合报道全面深入

围绕澳门回归 20 周年，精心策划了"3+2"组合报道活动："一组粤语直播"，大湾区之声粤语直播庆祝澳门回归祖国 20 周年晚会、庆祝大会暨新一届特别行政区政府就职典礼；"一部粤语广播剧"，推出 3 集粤语和普通话双语版献礼广播剧《福满楼》；"一系列新媒体产品"，"大湾区之声"公号推出《日新月新 听·见澳门》系列新媒体产品；"两组系列报道"，大湾区之声、香港之声推出 5 集系列报道《再访澳门》，并制作系列节目《澳门印记》。

4. 首访澳门特别行政区第五任行政长官贺一诚广受关注

2019 年 9 月，澳门特别行政区第五任行政长官贺一诚当选后，大湾区之声第一

时间策划独家专访，推出《风正一帆悬——大湾区之声专访澳门特别行政区第五任行政长官贺一诚》，在关键时刻就港澳问题主动发声，充分说明"一国两制"行得通、办得到、得人心，专访报道被境内外媒体广泛转发，单篇全网阅读量超 500 万。

（三）评论成为旗帜，打造大湾区之声热评等言论评论品牌

为进一步发挥大湾区之声的舆论引导作用，"大湾区之声热评"适时推出，连续播发的《美国政客的脏手伸得太长了》《香港不是美国政客的做秀场》《香港永远是中国的香港》等系列评论被境内外媒体广泛转载、反响热烈。根据总台计算，包括香港媒体在内的境外媒体共有 33 家转发转载。以"大湾区之声三连发"为关键词，百度搜索结果为 128 万个，谷歌为 3 亿 6700 万个。

（四）融媒体多元发展，打造对港澳传播的媒体矩阵

借助总台内容资源和平台优势，对港澳新媒体平台建设得到加强。"大湾区之声"微信公号和手机移动收听平台及"粤朗倾听"小程序相继推出。"听港—铜锣湾"微信公众号开办，并在推特上同步更新，以第三方信源身份，针对香港舆论精心制作多个新媒体产品。截至 2019 年底，"听港—铜锣湾"公众号共制作发布融媒体稿件近 200 篇，其中《昨天，香港人在厦门被饭馆老板娘教育了》在微博话题阅读量达 1.7 亿，视频播放量达到 991 万。

对港澳广播成立近 30 年，从华夏之声、香港之声到大湾区之声，在不同历史阶段，紧密配合中央政府对港澳的政策发展，践行自己肩负的使命和责任，创新节目样态，贴近受众需求，采访、制作和播出了大量有深度、有内容、有趣味的广播节目和新媒体产品，在沟通内地与港澳，促进港澳人心回归方面发挥了重要作用。进入到新的历史阶段，香港形势进一步复杂化，媒体之间的竞争也日趋激烈，受众的需求也在不断发生变化，这都对对港澳广播未来的发展提出了新的挑战。站在新的起点上，对港澳广播既要站得高，做到全局在胸，又要能俯下身，真正了解受众所需，结合融媒体的技术发展和传播规律，将对港澳广播推向新的发展阶段，为港澳保持长期繁荣稳定、融入祖国发展大局再立新功。

（作者分别为：中央广播电视总台港澳台节目中心高级编辑、原中央人民广播电台对港澳节目中心副主任；中央广播电视总台港澳台节目中心对港澳专题节目部制作人、主任编辑）

140个字与摇一摇

夏 文

如果把标题改为《微博与微信》，可能很多新媒体的老师们会说我太俗气。至少在 2016 年以前，所有新媒体编辑都在为微博的单条 140 字限制而绞尽脑汁。即要对原稿做缩减摘编，还要保证不产生歧义，如果您还想抢独家和首发，手抖是自然现象。对于编辑来说，字数的限制似乎很不友好，但微博的出现，却在一定程度上将网民拉入"微"时代。之前网络上流行的是"博客"，可普通网友实在是没有时间精力去看和写长篇，于是随便发一句话的微博就这样产生了，且持续火热到了今天。对于"摇一摇"这个功能（动作）似乎不用多介绍：2015 年央视春晚，微信"摇红包"被称为一夜之间改变了中国人的过年方式，引发全民互动的科技狂欢。"140个字"与"摇一摇"，这两个本来完全没有科技含量的词语，却成为互联网"国民APP"的代名词，想必与两家互联网公司顺应了网友的需求密切相关。而微博与微信，则是我们新媒体从业者每日必须的"办公平台"，不仅是上去聊天，更重要的是做好我们的工作。

2009 年 7 月，告别了母校的计算机专业，我来到中央人民广播电台技术中心入职。专业对口，这应该是我一个应届生最理想的毕业状态。此时苹果公司刚刚推出iPhone 3GS，安卓阵营也仅仅发布了第一代可供商用的安卓系列 3.5 寸"大屏"手机。因此机房设备、播出系统的相关运行维护，是我未来 3 年的主要工作。但从那年起，随着智能手机硬件的不断提升，移动互联网成为大众社交活动的重要场所之一，"央广"也逐渐开始了传统媒体与新媒体的融合之路。我深受这种变革的影响，跟着电台发展的脚步，从一名技术人员到转变为新媒体编辑，这样精彩缤纷的经历实在难忘。

● 以技术为主导，拓展传播渠道

从工程师转岗到编播部门做新媒体工作，不只因对其他工种的好奇，而是我在实践中逐渐形成的理想。2012 年，台内新型制播系统升级改造工作基本完成，一向习惯跟机器打交道的我，承担了新的任务。晚上在机房值班，白天到办公室为编辑记者做技术系统培训。毕业仅 3 年，身体完全吃得消，我比较担心的是自身性格内向，不善言辞会给培训工作带来尴尬。为了做好培训工作，我注意收集编辑记者对新技术系统的需求。这虽然增加了不少工作量，令我感到有成就的是，通过调研，不仅为进一步完善技术系统提供了依据，而且在与编辑记者的交流中我逐步意识到技术和内容相结合的重要性。这有点像新房装修，假如设计师不了解客户需求，再时尚的设计理念也不会得到房主的认可。

然而新媒体技术与内容的结合，却并非两者"手拉手"那样的简单。作为一名新媒体人，这种结合意味着"跨界"的能力，即所谓的"多面手"，既要掌握一定技术知识，也要善于"爬格子"——至少打算从技术部门转到节目部门之初，我是这么想的。

2013年的夏天，我注册了自己的新浪微博账号，带着台里审批通过的工作调动函来到中国之声新媒体部报到。那时大家的手机配置越来越高，网络速度越来越快，几百兆的流量包都满足不了青年人的上网需求。对于广播电台的新媒体部门而言，急需有一点技术基础的编辑推出一些符合新媒体用户口味的东西，而我则需要去实践我的理想。我感觉机遇就在眼前，特意拿着自己的手机给主任看："您看我安装的这些手机app，我个人认为，自己的特长是利用一些新媒体技术制作产品，希望能为咱们部门出力。"当时一定是我对新媒体"产品"有什么误解，导致领导也搞不清楚我到底来新媒体部门要做什么，可这句话竟然成为我之后几年的工作重点：用技术为这个全是文科生的部门，做点新媒体的事儿。

在新部门工作的头两个月，我利用开源网站程序加插件的形式，架设了中国之声《直播中国》《千里共良宵》的"播客"站。首先是服务器的搭建，通过自学各种服务器软件的安装配置，再到简单的脚本语言调试，完成后将每天直播节目录制剪辑并上传到服务器。网站上线后，再将播客链接提交至苹果播客网站索引，经过一番折腾，第一次技术尝试顺利通关。至今我依然清晰记得，播客运行一个半月后，苹果公司的播客功能的负责人来到我们部门谈论合作事宜，为我们开通了专业制作者账号；在播客节目的评论留言中，有海外华人对央广一套节目上线播客的赞扬：在国外可以听到中国最纯正的声音，真的很感动！

●以创新为抓手，丰富传播形式

一个相对简单且低成本的技术尝试所换取的成效，令我感觉"飘了起来"，坚定了我走下去的信心，"自学"这个词几乎填满我工作之余所有的时间。2014年底，中国之声微信号发布了南京大屠杀死难者国家公祭日H5交互作品，是新媒体部第一次对自制交互产品的尝试。这一年，一个叫做"围住神经猫"的H5小游戏火爆全网络，从此H5不仅成为商家营销法宝，也被诸多传媒视为继"两微一端"后新的突破口。中国之声的新媒体部，也从广播内容二次传播，逐步转向新媒体原创内容的选题策划和制作。写作能力进步缓慢的我，则主动提出搞技术调研，争取在新媒体加速发展的当下，不掉队，有创新。由于H5页面的制作对于技术的要求也是多方面的，相应的交互行为也必须避开微信平台的各种限制，当创意与技术相互碰撞时，除了点点闪光，还有无数流汗叹气的加班熬夜，以及逐渐胀大的肚腩。

与此同时，我感受到整个行业对新媒体的态度在逐步变化。新媒体有了更多的话语权、参与感。以前中国之声的新媒体只有个位数的员工，大家挤在办公室里不挪窝，到如今恐怕每一次大策划缺了谁都不会缺少新媒体的参与，对新媒体的要求除了多出内容，还要有创新的东西，这种转变也成为我们成长的动力。微时代，受众从未降低对内容品质的要求。正在看手机的人，一点不比看电视听广播的情景放松，注意力高度集中在小屏幕上，对我们的作品更加挑剔。新媒体传播绝对不是广播电视播出渠道的平移，新媒体内容更不是广播电视节目的剪贴简化版，新媒体内容生产有时比广播电视更富有挑战。为什么人们喜欢"小而美"？为什么同等性能的笔记本电脑比台式机贵？这说明，要把产品做小，需要更认真、多投入，要做好真的挺难。

2016 年两会，我们推出了《全景看两会》系列新媒体产品，首期通过全景视频的独特视角，以交互页面向网友沉浸式呈现政协新闻发布会、部长通道等场景。与VR 设备普及的今天不同，2016 年初，市面上甚至连一款全景摄像机成品都尚未出现。在前期技术调研基础上，为了实现这一构想，我们从 2015 年底开始就做了如下的准备：

1）组装硬件，实验全景视频拍摄装备

2）制定整合可行的全景视频采录方案

3）学习研究呈现全景视频的交互引擎

4）验证解决画面拼接同步及瑕疵修补

5）优化分散模块，提升采录制作效率

虽然当时新媒体部已经有 10 位员工，但应对年终、春节及两会工作，早已身负重担。那段时间每一个人都是工程师与编辑记者的合体，上班写稿子，下班写代码，出门在外就背着组装的摄像机做实验。围观路人还以为我们是研究生在做毕业设计，窘迫之余同事安慰我："至少我们看起来很青春，没有被工作累变了形，还很有知识的样子。"其实这种错看还真挺形象，这种经历好似回到大学时代：遇到新问题，到处找参考资料，努力学习；有了思路，立即动手，认真作业。从修改相机固件，到 3D 打印安装设备的支架，有不会的就一起讨论，新媒体的工作状态不就该如此吗？这一次"好好学习"有了"奖励"：国办在看到我台时政记者推荐的《全景看两会》第一期后，中国之声新媒体获得唯一授权携带全景设备拍摄李克强总理参加分组审议的情况，首次将全景视频用于领导人下团报道中。

●强化用户和产品意识，克服"自嗨"毛病

新媒体与传统媒体最大的区别在于把受众变成了用户，把节目变成了产品，克服这个差异只能通过学习。不仅是学技术技巧，还要看别人的新媒体产品；不仅看

同行业优秀案例，更要看不同行业奇思妙想。由于每个人的理解不同，同事间讨论也非常重要。最近几年，我们也遇到过数次花费大投入的产品并不叫座。在这些个不服气的遗憾之余，通过激烈讨论与冷静思考，我们发现这或许都是犯了"自嗨"的毛病。新媒体人内心有一个必须面对的门槛："微信文章阅读量 10 万 +"，这也说明新媒体工作是面向用户为中心的特点。新媒体大多数产品最终是通过社交平台发布出去，用户行为直接"投票"，我们在后台看到没有水分的数据时，高下立判。这种感受有些残酷，也许不够公平，但就如一个演员在舞台上尽力表演了别人不是必须要鼓掌喝彩一样，新媒体人如何避免自嗨绝对是值得思考的。是不是花钱加上3D 动画就是好作品？用了人工智能就会受欢迎？当头脑里只有"做爆款"的想法时，无限放大策划者自身的想法，而没有考虑到用户的感受，甚至是标题里都要重点突出使用了哪种新技术，这样的产品怕是要得负分差评了。

在避免自嗨这一点上，我甚至庆幸我的微信好友列表里 80% 与广播电视没有关联，来自不同行业的他们每天在朋友圈里分享的、关注的，可能恰恰是我们业内所忽略的闪光点。作品上线后，通过观察非业内人员是否转发分享，至少可以作为调整我们选题策划的参考，培养我们的产品意识和为用户着想的工作态度。

有一个案例可以比较好说明"不自嗨"的作用：2017 年中国之声新媒体两会期间发布的《央广女主播王小艺的朋友圈》H5 产品，第一期在两会前一天推出，目的是预告中国之声两会的内容。发布 24 小时，H5 收获超 120 万点击量。这期 H5 我们仅通过中国之声微信号这一个平台发出，而同一时刻附带 H5 的微信文章只有 1万 5 的点击量。后台数据明确指出，大部分点击量都来自于用户的朋友圈及微信群。主要原因有两个：一是作品整体采用模拟微信朋友圈的形式，是广大用户所熟悉的场景，有亲和力。二是整个作品没有可以去宣传电台和节目本身，而是通过主持人王小艺给好友（用户）刷她自己朋友圈的方式，呈现节目主编、记者在准备两会前的生活状态，进而形成生活中大家关心的事，我们的记者将在两会期间采用为大家关注、解答相关话题这种将品牌拟人化的宣传手法。受限于当时新媒体部的人力物力，我们采用了相对传统的视频制作技术，对于 H5 页面的优化能力也有待提高，遗憾依然不少。但对避免"自嗨"的认知，这是最深刻的一次。

●打破传统媒体格局，推动融媒体传播

中国之声新媒体扎根于广播电台，如何为自己的性质下定义？到如今依然没有定论。但面对你们应该做最有新闻广播特色的新媒体的观点，我个人并不赞同。3年前，我们开启了新媒体日更专栏《那些年，我们一起读过的课文》，邀请中国之声及台内优秀播音员，朗读 80、90 年代语文课本上的精彩篇目。内容发出之后，包括知识付费类 app "得到"及"喜马拉雅"等音频 app 平台多次商谈与我们合作推出相关内容的可能，教育部官微"微言教育"多次转发我们的专栏节目。而我个人

参与的工作，则主要是在网络旧书市场里寻找品相较好的旧课本，并通过扫描仪和图像处理软件，将这些珍贵的资料做数字化处理并永久保存，随后打印出来，找播音员老师们录制。这样的内容，一点也不"新闻广播特色"，这样的形态，似乎一点也不新媒体。但这些内容恰恰是如今新手爸妈们童年的回忆，这些声音温暖了他们疲惫的夜晚时光。还有一些学校的老师，也将其作为课间的伴随音频，因为他们相信：这些声音是最标准的诵读教材。

那么中国之声新媒体就是发挥声音特色的新媒体吗？前述《央广女主播朋友圈》却是一个视频交互类 H5；2018 年《穿越改革开放 40 年》，则是一组受到广泛转发的手绘海报；2019 年推出的《定制你的声音读两会》，其实是利用人工智能生成用户音库的小程序……在一些有影响力的案例中，我们既可以是声音特色、也可以有短视频、AI 新技术等任何值得探索的形态。这样的探索还在继续进行中，并可能一直继续下去。不要因为是广播电台，其新媒体业务就仅做声音的内容。新媒体在互联网基础之上发展，就该遵循互联网传播的规律，从制作力、传播力等角度提升自有品牌影响，而不是先给自己设限，逼迫自己只能做"老本行"的新媒体。今年总台新闻新媒体与李佳琦共同网上直播带货助力湖北；人民日报联名李子柒推出螺蛳粉，都在力图让自己的新媒体品牌深植更多用户。

新媒体的探索充满了不确定性，学习、探索、失败、胜利都是新媒体人必须日常面对的现实。我们只有打破传统媒体的格局，拓宽思路，采用符合产品特性的传播形式，才能生产出满足用户需求的产品。

中国之声新媒体部的所有成员于 2019 年合并至总台新闻新媒体中心，员工被分散到中心不同部门的各个小组，我依然在做新媒体的事情。回想自己的经历，这些年在新媒体岗位做过编辑、摄影摄像、技术开发、美编等各种任务，以至于每次写年终总结时都在纠结对自己的岗位描述到底怎样才能精确。我不再害怕陌生与变化，希望自己能保持"不断学习"与"为用户着想"的习惯，继续迎接新媒体深度融合时期的未知挑战。如果有一天，我们的新媒体能够做出与"140 字"的微博、"摇一摇红包"的微信一样，百姓提到就能想到总台品牌的产品，假如我能参与其中，那将是我最幸运的事。

（作者系中央广播电视总台新闻新媒体中心编辑）

三、中央广播电视总台（国广）来稿

继往开来，开创中国全球传播新局面

夏吉宣

中央广播电视总台自 2018 年 3 月成立以来，在总台党组的正确领导下，深入贯彻落实习近平总书记对于总台工作的一系列重要指示批示精神，在继承发扬原三台优良传统的同时，以打造国际一流新型主流媒体为目标，以制度改革和机制创新为动力，以 "5G+4K/8K+AI" 等新技术应用为抓手，大力推动融媒体传播，取得诸多突破和可喜成绩，稳定快速地提升了总台作为央媒的引领力、传播力和影响力。与此同时，总台党组非常重视对外宣传，把加强国际传播确立 2020 年的重点工作，以 CGTN 为旗舰的各外宣频道 / 频率，按照中央的战略部署和总台要求，针对国际涉华舆情、顺应国际传媒发展趋势、遵循国际传播客观规律，努力推进国际传播能力建设，完成讲好中国故事，传播好中国声音，宣介中国和平发展理念，展现中国文明、民主、开放、进步形象的历史使命。在我国广播事业开播 80 周年之际，总结对外传播实践，探讨国际传播规律，为形成符合中国国情的国际传播理论打下基础，从而开创中国全球传播新局面，具有一定的现实意义。

一、我国对外广播发展简史

1941 年 12 月 3 日，中国共产党设立在延安的新华广播电台开办了呼号为 XNCR 的日语广播，标志着中国人民对外广播事业的诞生。[①]半个多世纪以来，由于运行环境的不同、技术手段的不同、承担任务的不同，我国对外广播在各个时期的工作重点和功能也不尽相同，经历了起步、发展、改革、探索和创新五个阶段，实现了从外语广播、对外广播、国际广播到国际传播和全球传播的升级转型。

1. 起步期：外语广播阶段（1941 年 ~ 1949 年）

1941 年 12 月 3 日，为了适应抗日战争形势的需要，中国共产党在延安的新华广播电台正式开办以侵华日军为主要对象的日语广播，每星期三 17：00 ~ 17：30 播出，由日本反战同盟成员原清志担任播音员。

1947 年 9 月 11 日，陕北新华广播电台在河北省涉县沙河村正式开办了英语广播，首任播音员是魏琳。

外语广播的任务重点非常明确，主要是瓦解敌军士气，宣传我党的政策和主张；分析国内外时局的动向，报道我党领导下的我军与解放区的功绩和事业发展；揭批国民党政府腐败黑暗的统治，号召蒋统区广大人民群众奋起抗争。

开办外语广播的播出对象是侵华日军和在华的外国人士，编辑部提出了要考虑到外国人的需要和习惯做好外语广播稿编译的指导原则。这一时期的外语广播，有力地配合了我党领导的抗日战争和解放战争走向胜利。

2. 发展期：对外广播阶段（1950 年～1978 年）

中华人民共和国成立后，对内迅速恢复了国民经济，社会主义建设一派欣欣向荣景象；对外以独立自主姿态走上国际舞台，坚决反对帝国主义的侵略政策和战争政策，坚决支持各国人民的正义斗争，在国际上产生了巨大影响。

为了打破西方的政治、经济和外交封锁，我国首先开办对周边国家和地区的广播和对华侨广播，并开始建设大功率发射台，以适应国内、国际形势发展的需要。1950 年 4 月 10 日，中国人民对外广播正式以"北京广播电台，Radio Beijing"的呼号向全世界广播。1959 年，随着对外广播事业的发展，中央广播事业局还设立了对外广播部，从而把对内广播和对外广播的宣传业务分开管理，提出了要根据对象和任务的不同，采取不同的内容和方式方法的"四不同原则"，并设置了《中国社会主义建设》《新中国的人们》《中国风光》《中国文化生活》和《答听众问》等固定栏目，以生动活泼的形式和内容增进外国听众对中国的了解。

据相关统计数据，我国对外广播使用的语言、播出时数、发射功率和听众来信在1950 年居世界第 12 位，到 1957 年跃居世界第四位，仅次于苏美英三国，到 1962 年，超过英国而居世界第三位。到上世纪 70 年代，中国对外广播发展为 43 种语言，每天播出 133 小时，发射功率增加到 1 万千瓦以上。此后，国际台在世界对外广播的排位基本维持在第三到第四名之间。

对外广播阶段的任务重点是向世界介绍新成立的中华人民共和国，宣传中国政府对国际国内形势的分析判断、所采取的对策以及社会主义革命的经验和建设成就，力争在国际上获得尽可能多的认可与支持；结合宣传毛泽东思想，在政治和思想战线上展开反对帝国主义、各国反动派和现代修正主义的斗争。

3. 改革期：国际广播阶段（1979 年～1999 年）

1978 年 5 月 1 日，对国外广播的机构改名为中华人民共和国国际广播电台（简称国际台），使用 38 种外语和汉语普通话及四种方言播出。

1980 年 9 月，中央对外宣传领导小组成立，提出改进和加强外宣工作的总体要求：解放思想、勇于创新，丰富多彩、实事求是，讲究时效、不失时机。同年 12 月 2 日，国际台首家驻外记者站—驻日本东京记者站启动。到 1999 年，国际台驻外记者站达到 29 个。国际台驻外记者在努力向本台供稿的同时，还积极为央广和央视等70 多家国内媒体提供国际新闻稿，为丰富国内媒体的国际新闻报道发挥了重要作用。

从 1982 年开始，国际台先后在北京地区开办了以在华外籍人士为对象的多套对内外语广播，使用英、法、德、俄等八种外语制播中国和国际新闻、时事报道、各类专题、中外流行歌曲及天气预报、娱乐餐饮、汉语教学等服务信息。国际台对内外语广播后被纳入外宣"灯下亮"工程，②进入全国大中城市涉外宾馆的有线广播系统，并通过 20 家地方电台转播在这些城市落地播出，从而实现了国际台多语种广播的环球覆盖。至此，无论是从覆盖范围还是播出内容，国际台都较好地满足了各国听众了解中国、了解世界，学习语言以及欣赏音乐的需求，不仅受到在华外籍听众的好评，而且还受到国内听众，尤其是广大白领和大学生的欢迎。在功能上，国际台从针对境外听众的对外广播转变成既对外也对内的国际广播。

1986 年 12 月 25 日，央视二套（CCTV-2）开始播出《英语新闻》（CCTV NEWS）。1992 年 10 月 1 日，央视国际（CCTV-4）开播，《英语新闻》在 CCTV-2 播出的同时，进入 CCTV-4，后又陆续增加了一些英语专题栏目。英语电视新闻的推出丰富了我国外宣的传播手段。

1997 年，国际台迁入新的办公楼，在国内首家实现了制作播出的数字化。1998 年 12 月 26 日，国际台网站正式对外发布，推出英语、德语、西班牙语和华语四种语言广播的文字和节目，解决了传统广播"转瞬即逝""过时不候"的线性传播弊端，凸显了网络传播的信息容量大、更新速度快、兼备点播、直播功能以及双向互动等优势，加强了广播节目的保留性、时效性、互动性，成为国际台拓宽传播范围的有效手段。

同年 6 月 27 日，央视英语传送频道（CCTV-9）开始对外试播。

国际广播阶段的主要任务是：立足中国，放眼世界，秉承"向世界介绍中国，向中国介绍世界，向世界报道世界，增进中国人民与世界人民之间的了解和友谊"的宗旨，围绕党和国家的中心工作，努力营造有利于中国的良好的国际舆论环境；为改革开放和现代化建设服务，为祖国统一、世界和平和人类进步做出新的更大的贡献。

进入 20 世纪 90 年代，为了适应国际形势的变化和我国改革开放深入开展的需求，中央对加强对外宣传提出了一系列指导原则，概括起来有：以正面宣传为主、以事实为主、以我为主，区别对象、加强针对性，把握内外有别、外外有别，以及贴近中国社会发展的实际，贴近国外受众对中国信息的需求，贴近国外受众的思维习惯等。这些方针原则促进了我国对外宣传事业的快速发展。

与对外广播相比，国际广播在传播模式上有三个显著的特点：一是电台与听众之间的双向互动，听众的来信和要求（如，提问、点歌和参与有奖收听的答案等）成为节目内容；二是国际与国内信息的双向流动，既向境外听众报道中国的情况，也向国内听众报道世界的情况；三是传统媒体内容资源与新兴媒体传播平台相互借力发展，提升了国际台的传播力和吸引力。1996 年，国际台使用 43 种语言，每天播出 192 个小时，收到听众来信 60 多万封，在 50 多个国家拥有 2000 多个听众俱乐部，其使用语种、播出时间和听众来信数量三项指标均已进入世界前三位，成为最有影响的三大国际广播电台之一。

4. 创新期：国际传播阶段（2000 年~ 2015 年）

随着新世纪的到来，现代信息和通讯技术的飞速发展，国际形势的复杂多变和中国经济实力的不断提升，给我国进一步加强和改进对外宣传提供了条件。

2000 年，国际台提出建设音频广播、视频广播、网上广播及印刷媒体兼顾并举复合型传媒的发展思路。国际台网站国际在线（CRI Online）被确定为国家重点新闻网站。

同年 9 月 25 日，央视英语国际频道正式开播，有效地扩大了我国国际传播的渠道和影响力。

2004 年 1 月 16 日，根据中央要求，国际台制定了"由传统媒体向现代媒体转变、由单一媒体向综合媒体转变、由对外广播向国际传播转变"的战略目标，从而进入了国际传播阶段。

为了达到预期目标，国际台积极探索新的传播理念，包括借鉴西方国际传媒的有益经验，强调宣传的主观意图与传播的客观效果相结合，着力打造多语种采编、多媒体制作、多平台发布的品牌特色，重点解决"听得见、听得懂、听得进"的问题。[③]

2005 年，国际台推出多语种网络电台，实现了从依靠短波发射的无线广播向依托互联网传输的在线广播的转型。

2006 年 2 月 27 日，国际台首家海外分台—肯尼亚内罗毕调频台（FM91.9）开播。同年 11 月 19 日，时任国家主席胡锦涛在访问老挝期间，与老挝国家主席朱马利共同出席了国际台万象调频台（FM93）的开播仪式，并为该台节目播出按下启动按钮。朱马利主席事后风趣地把这个调频台称作他的"新闻通讯社"。

2010 年，国际台通过短波广播、海外落地播出和互联网等渠道对外传播的语言达到 61 种，成为世界上对外传播语言最多的国际电台。同年，国际台在境外共有 51 个整频率调频或中波台，180 多家调频 / 中波合作电台，累计播出 1100 多个小时的节目，播出时间超过从国内发射的时数。当年，国际台收到网络用户反馈100.4 万件，超过全年受众反馈的三分之一，足以说明国际台新媒体传播的影响力在快速增长。

2010 年 4 月 26 日，央视英语国际频道更名改版为英语新闻频道（CCTV-NEWS）。

国际传播阶段的主要任务是：加快构建技术先进、传输快捷、覆盖广泛的现代传播体系，创新话语体系，讲好中国故事、传播好中国声音；宣介我国和平发展理念、展现我国文明、民主、开放、负责任大国的形象；努力架起促进中国人民和各国人民相互了解的友谊桥梁，为全面建设小康社会营造和谐友好的国际舆论环境。

我认为：通过受众使用的终端、采用受众熟悉的语言、贴近受众关注的话题、应对受众所处的舆情、配合国家发展的需要是开展有效国际传播的重要原则。

5. 探索期：全球传播阶段（2016 年至今）

根据中央提出的加强国际传播能力建设，增强国际话语权，集中讲好中国故事，同时优化战略布局，着力打造具有较强国际影响的外宣旗舰媒体的要求，中国国际电视台（China Global Television Network，简称 CGTN）于 2016 年 12 月 31 日正式开播，整合中央电视台英、法、俄、阿、西几个外语频道，成为中国第一家真正意义上的全球媒体平台。CGTN 开启了以电视主打、移动优先、融合传播为主要战略，以多语种电视、社交及移动端的 CGTN 客户端为主的融媒体发布集群，以北京总部 + 海外记者站、报道员、嘉宾和合作媒体联合制播的全球传播新时期。

CGTN 以"不同的视角"，客观报道中国，主动报道世界，充分阐明中国立场，把开放与发展、和平与共存的国际关系主张变为自觉的国际传播理念，寻找国际社会乐于接受的方式，展开讨论、对话和交流，积极探寻国与国之间的利益共同点和战略融合点。经过三年多的努力，CGTN 已成为总台乃至国家对外传播的重要平台，在时政报道、中美关系、新冠疫情防控、香港局势、新疆反恐等国内外重大新闻事件报道中发挥重要作用，为提升我国外宣实效做出了积极贡献。

在这一时期，全球传播主要任务是：参与世界文明对话、促进文化交流交融，在推动不同文化相互交流、吸收的同时，实现本国文化在全球的传播和推广；用文化传播的方式蕴涵价值观和政治信息，从而潜移默化地影响受众，获得他们对中国理论、中国道路、中国制度的理解和认可，使建设人类命运共同体等中国方案形成国际共识。

二、相关问题的探讨

1. 对外宣传

虽然外语广播、对外广播和国际广播在规模、手段和效果上有很大的变化，但就其基本功能而言，都是以外国听众为对象，以宣传我党在革命战争、经济建设和改革开放时期的政策主张，以及中国革命和建设取得的成就为中心任务，因而属于对外宣传范畴。简而言之，对外宣传是指一个国家或文化体系针对另一个国家或文化体系所开展的信息交流活动，其目标是影响和改变受众对信息发出国的态度和看法。[④]

2. 对外传播

进入新世纪以来，业界和学界在研究如何改善我国对外宣传效果时提出，由于"宣传"（propaganda）一词在英语中的贬义内涵，应该使用对外宣介、对外报道或对外传播来替代对外宣传。顾名思义，"对外传播学是专门研究以外国人为传播对象的传播学分支"[⑤]。从这个意义上讲，对外传播的本质是对外宣传，体现宣传的主观意图，但在手法上更接近大众传播，关注受众需求，讲究传播技巧，注重传播的客观效果。开展对外传播的方针是：讲好中国故事，传播中国声音，表达中国立场。

3. 国际传播

国际传播指跨越两个或两个以上国家的文化体系的信息交流，其功能包括对外宣传本国，对内报道世界。对主办国而言，国际传播是国家形象的塑造者，是了望世界的窗口，是与世界对话的渠道，是参与国际关系的工具，是国际竞争的一方战场。⑥

在推动国际传播的实践中，我们遵循"中国故事、国际表达"和"世界故事、中国视角"的原则，依托互联网和移动技术搭建一个"让世界了解中国、让中国了解世界、让世界了解世界"的信息服务平台，既传达"中国立场"，又传递"世界眼光"，还传播"人类胸怀"，为受众提供全面、客观的信息资讯和服务；让那些对中国存在偏见的西方受众接触到视角不一样的中国信息，让那些深受西方媒体报道影响但对中国印象尚有质疑的亚非拉受众接触到更全面的中国信息，让那些对中国友好的受众接触到更有深度的中国信息，成为受众认识中国和了解世界的重要窗口。

4. 全球传播

全球传播是进一步把全球化与传播相结合的产物。有学者把全球传播定义为：将国内传播与国际传播融为一体，以整个地球世界为范围的传播。⑦其基本趋势是：多种文化通过冲突与对话逐步形成新的全球文化格局，不同文化在全球层面逐步实现着大规模的交流与互动，相互吸收、共同发展。⑧虽然国际传播与全球传播都涉及到跨国界的信息传播，但两者间还是有着明显的不同：一是国际传播关注国与国之间的"国际性"，而全球传播更立足于全球性。二是国际传播的主体主要是国家以及政府机构，而全球传播的主体既包括国家和政府机构，也包括跨国活动的社会团体，以及以开拓世界市场为目的的企业和互联网用户。三是在国际传播中，不同国家之间的双边关系和多边关系是人们关注的焦点，在全球传播中，许多全世界各国面临的共同问题受到人们的重视，人们开始作为"地球村"的一员而思考和行动。

可以说，全球传播是国际传播的升级版，其任务是推动交流、开展对话、沟通交流、消除误解、增进了解、促进理解；模式是全球化布局、本土化运作、球域化覆盖⑨；目标是聚焦国家战略、世界关注、外媒曲解，做到解疑释惑；报道国际事务、展示中国视角；报道全球问题、提出中国方案；报道世界故事，传播中国价值。

三、继往开来的寄语

在过去的 70 多年期间，几代国际广播人以同样的精神，为完成各自年代赋予的使命，奉献着青春年华、聪明才智。这支队伍中包括我们这批生在新中国长在红旗下，经历过文化大革命，参与过上山下乡，投身于改革开放，受益于改革开放的 50 后群体。

回顾历史，我们虽然没能赶上对外广播创业和大发展的辉煌，但我们在建设现代国际广播体系中贡献了我们的青春、智慧和力量，也分享了总台创新拓展全球传播成果的喜悦。展望未来，我深切地认识到：继往不易，开来更难。我们不能片面地否定和切断历史，否则就会失去我们赖以生存的根基；我们更不能因循守旧和停滞不前，否则就会坐失推动发展的机遇。没有历史的事业会因缺乏文化的积淀而无传统可承，没有发展的事业会因缺乏美好的前景而后继无人。

继往，就是要准确理解历史，继承优良传统。作为继承者，一定要牢记，虽然我们现在面对节目的形式多样化、生产的方式多媒体化、传播的手段多元化、媒介的形态综合化等新变化和新局面，但我们肩负的使命没变，仍然从事着跨国界、跨文化和跨意识形态的国际传播；传播的宗旨没变，仍然是传达中国的声音、表达中国的立场；传播的目标没变，仍然是服务各国受众、增进理解和友谊；传播的基本原则也没变，仍然是增强传播的吸引力、感染力，提升传播的针对性和实效性。因此，我们仍需坚持几十年来形成的、经实践反复证明是有效的做法。

开来，就是要准确认识使命，与时俱进，开拓创新。作为传承者，必须在履行基本职责、继承基本原则和遵循基本规律的基础上，结合新形势、新任务、新技术和新需求，创新发展思路、创新运行机制、创新方式方法，才能建立起与我国日益增长的国家实力、日益提升的国际地位、日益扩大的国际交往相适应的国际传播能力。

我认为，要完成历史赋予我们广播人的使命，在日常工作中还需要自觉强化三个意识。

一是政治意识：政治是做好工作的导向和根本。讲政治，就是要有强烈的使命感，无论在什么岗位，都要尽心尽责尽力，出现问题，主动承担责任，做到让组织放心、让群众信任。抓宣传业务时，以维护党和国家的利益和树立良好中国形象为标准，严把口径关；抓行政管理时，以促进事业发展和体现党的执政能力为尺度，严把政策关；抓队伍建设时，以坚定特色社会主义信仰，在全球传播工作中，站稳中国立场为基本要求。

二是学习意识：学习是做好工作的基础。讲学习，就是要坚持政治理论和专业知识的学习，掌握新知识、了解新技术，跟上新形势。坚持学习是我们加强道德修养、增强业务素质，提升履行岗位职责能力的必由之路；也是我们了解基本政策、掌握基本情况、熟悉基本数据，为开展工作积累知识的必然手段。此外，还需善于总结，既要总结成功的经验，更要总结失败的教训。他人成功的经验可以帮助我们开拓工作的思路，他人失败的教训可以告诫我们避免犯同样的错误。政治纪律、宣传纪律就像交通规则，只要你自觉遵守，警察和处罚自然远离你。

三是协调意识：协调就是协作、调和、促成合力。讲协调，就是要从全局出发，明确职责，摆正位置，增强信任，补位不越位，多一些理解、多一些宽容。建设现代综合新型国际传播媒体需要打造融媒体传播的业务群体，没有协调意识，则将一事无成。

总而言之，要做到抓政治、促业务、懂感情。政治作为一种信仰、一种追求；业务作为一个载体、一个平台；感情作为一条纽带、一种文化，形成三位一体的支撑体系，成为激励我们投身事业的理想，成为我们展示才能的舞台，成为我们维系团队的抓手。我相信，通过我们的共同努力，中国的全球传播事业必将迎来更加辉煌的明天！

注释：

①此前，国民党政府先后在南京（1936年～1937年）和重庆（1938年～1949年）开办过针对在华外国人的英文广播节目（号称国际广播电台）。为了便于区别，史料把延安播出的日语广播作为中国人民对外广播事业的开始。

②笔者注："灯下亮"工程是指改革开放后，中央外宣办为了解决在华外籍人士看不懂中文电视、听不懂中文广播、看不懂中文报纸的窘况，做好针对"送上门"来的外国人的外宣而策划的外宣项目，其目标是对"来到中国内地的外国人、港澳台同胞进行充分、有效的信息覆盖"。

③笔者注：同时期还提出过与之类似的表述：入耳、入脑、入心。

④郭可：《当代对外传播》，第1页，复旦大学出版社2003年版。

⑤沈苏儒：《对外传播的理论与实践》第7页，五洲传播出版社2004年版。

⑥刘继南、周积华、段鹏等：《国际传播与国家形象—国际关系的新视角》，第88页，北京广播学院出版社2002年版。

⑦刘继南、周积华、段鹏等：《国际传播与国家形象—国际关系的新视角》，第88页，北京广播学院出版社2002年版。

⑧孙立英：《跨文化传播学导论》第245页，北京大学出版社2008年版。

⑨球域化覆盖指向全球化受众报道区域化话题以及向区域化受众报道全球化话题。

（作者系原中国国际广播电台副台长、译审）

有广播的一生都好听

王　璐

在我最亲密的关系里有一个位置始终会留给广播。

常听人对我说"是听你的节目长大的"，其实我自己更是听着广播长大，并以此为业，未来也无法想象没有声音产品陪伴的生活。

童年起我就是一个重度的广播听众。别人家的孩子喜欢一起玩儿各种游戏，我就爱一个人听广播，新闻、《东方红》《长征组歌》《小说连续广播》《每周一歌》，广播里播什么我就听什么，就这样学会了说方言之外的普通话，背诵还只是一知半解的主持词，熟悉几乎所有上辈人爱听的经典歌曲。那时候，放学后和爸妈一起边吃晚饭边听评书是每天其乐融融的合家欢时光，最熟悉也最不想听到的就是"且听下回分解"。

读中学的时候 walkman 不离手，除了听音乐，还有姐姐在美国工作期间用空白磁带录下的旧金山 KYUU 音乐台的节目，记得有一段话是 DJ 呼吁善待公园里的野鹅，半开玩笑地说"Geese are people, too(鹅也是人呀)！"；还有一盘宝丽金群星经典合集的翻版磁带印象极深，因为除了歌曲还有串联主持，开场白和每首歌前面的解说词满是奇怪腔调和错放的逻辑重音，后人称为"港台腔"；那时候中央人民广播电台偶尔也有欧美音乐节目，我这个后来国广的主持人就是从央广的节目里认识的加拿大女歌手 Anne Murray 并且喜欢了一辈子。中学无数个做题的日夜都在这些录音带和广播节目的陪伴下度过的。

大学的英国外教 Morris Mathews 同时也是中国国际广播电台（CRI）的顾问，于是大一的听力口语课就多了每天听写 Radio Beijing 早新闻这项功课。此后最大的惊喜是 CRI 开办了对内调频广播，每天 8 小时播放澳大利亚 DJ 全英文主持的欧美流行歌曲节目。后来才知道，在没有网络传输的当时，所有节目都是用国际快递送到北京播出的，最早用开盘带，后来是 DAT。在英语资料有限、娱乐产品缺乏的年代，这档叫做《Easy FM》的栏目风头无两，成为京沪各大高校和英语爱好者的耳畔奢侈品，一台收音机就可以是一个大学生的整个音乐世界。

作为那些大学生中的一个，我毕业后就考进了那个听了足足四年的 CRI。第一年没结束就坐上了早间黄金档英语新闻的主播台，每天 4 点起床、5 点到岗写稿，6:40 录音，7 点播出。后来节目改成直播，每每坐进直播间，整个世界都为此安静下来：

桌子是绿色绒面儿，上面摆着一盏老式台灯，一个不大的调音台和方形遥控器都归自己操控。10分钟"国际新闻"一气儿播下来，一个人"一台戏"的感觉至今难忘。有时候"新闻提要"来不及准备，就对着稿子现场提炼。有一次离直播还差不到30秒才拿齐所有稿子，从复兴门广电部（现在的广电总局）那座苏式建筑二层最西边的新闻稿办公室狂奔到建筑物的中间再向上爬两层楼，跑到直播间门口时开始曲已经播上了，落座深吸一口气推起话筒开播，每播完一句话就得把推子拉下来大口喘气，直到整段直播结束气息才彻底恢复正常。就是值新闻班的那几年的历练，牢牢夯实了我的时间观念，习惯争分夺秒地精准。

第二年我被派往香港接棒主持国内首档日播的中英双语音乐栏目《欢乐调频》，在栏目制作地 ------- 红磡黄埔花园商场地下一层新城电台的5个月，学到了商业化都市音乐台的方方面面：透明供围观的直播间，与明星艺人零距离的往来，广播在整个音乐产业链中的位置和作用，以及怎样以双语主持打开市场……最着迷的部分还是面对巨大的调音台和两侧半人多高的各类播放器，边主持边操控所有推子和按钮，在每首歌的前奏播完前分秒不差地把话讲完！那种一人掌控所有、多项任务处理一遍过的感觉只有电台DJ最懂。

接下来的20年见证了内地各类都市广播雨后春笋般发展，火爆的栏目层出不穷，其中就有每周播出15小时、从频受争议到被媒体报道封为"京城电台司令"、粉丝站电台门口拉横幅告别的《飞鱼秀》。我作为频率总监，有幸陪它走过由始至终的12年光阴，一起做线下透明直播和公益演出，出主持人原创英文专辑和漫画书，推广带"龙标"（电影公映许可证）并进入院线播放的《飞鱼秀》记录大电影。广播的魅力已不局限于某座城市特定频率每天线性排列的24个播出小时，成为多媒介和多空间表达的动因，推动着一个个个性鲜明的群体活出自己、鉴别同好、与世界沟通对话。

何止《飞鱼秀》。《摩天轮》《落日大道》《Music Matters》《China Drive》《圆桌议事》《新闻纵贯线》……CRI轻松调频一群平均年龄不到30岁的广播人创造了一个个口碑和奖杯兼具的栏目。我们也和听友一起长大成熟，成为彼此陌生又长情的陪伴。从未谋面仅凭声音他们就会认出你；因同听一档栏目而相爱、结婚；节目里说过的话你自己都忘了，他们不仅记得，收藏的录音比你还多；不知不觉中你影响了很多人的方向选择和生活方式，也获得了许多人的爱。

时间只有一个方向。21世纪第二个10年开始，收音机、都市广播、手机的FM功能、甚至车载电台逐渐被互联网聚合平台、各种音频APP、AI智能音箱等有声产品服务所逐步替代。领导一度问我：以后是不是没人做广播了？我不假思索地说不会。谁说广播只能和直播间、电台频率、收音机有关呢？疫情隔离迫使我们的DJ在家录制对播节目，2020年也催生了我们首个在华盛顿和纽约落地播出、两位主播一个在北京一个在芝加哥的跨时区越洋对话栏目。"路透新闻学院2020数字新闻报告"显示，

《纽约时报》的播客《The Daily》每天吸引 200 万人收听，36% 的美国人和 22% 的英国人每个月收听播客，每 5 个英国人就有 1 人使用智能音箱。广播的内涵从未如此宽泛：以广泛传播为目的的声音产品的创作及价值创造；广播的门槛也从未如此友好：电台、纸媒、自媒体人、人工智能……因此，在某款在线音乐 APP 上看到一个歌曲专辑起名"XX 电台"不必感到意外，遇到一篇基于数年跟踪采访创作而成的纪实播客、或是一款用毕生专业积累成就的音频付费产品也不必惊奇。中国社会发展到今天，越来越包容多元发展和个性化表达，声音作为一种个性化的创造工具，天地从未如此广阔。

我和我的同事们在不断学习融媒体制作与传播技能的今天依旧钟情于声音世界的创造，去全球编辑网络大会与播客专家对话，在亚广联和亚太广播发展机构的数字年会上向国际同行学习，每天关心着我们的产品又会在苹果、声田、Stitcher 上遇见哪国听友、收获几颗星？经过短短几年的播客实践，我们已经具备了不断推出精品的能力：面向国际市场，第一时间推出的《新冠病毒：走进真相》成为全球首批新冠主题播客，1 个月内下载量突破 6 万，超过三分之一的听众来自 G7 国家；在国内苹果播客上成为优质供应商，《圆桌议事》《新闻纵贯线》《美文阅读》等等都是排行榜上的常客。

随着手机无可避免地成为 24/7 的工作台、屏幕使用时间越长，我就越发依赖 AI 语音读屏功能和各种声音媒介。最喜欢的 APP 是可以用来听的，不管它是新闻、知识还是娱乐类。很难想象未来的生活没有移动收听、智能语音、声音搜索的支撑，而广播的未来就蕴含在这些由新习惯、新技术、新渠道成就的图景里，美好可期。

（作者系中央广播电视总台国广英语中心主任、播音指导）

我的对外广播情缘

——电波传情谊 声音连世界

金 京

想来，我从小就是一个不折不扣的广播迷。从记事时，家里的桌上、枕边，总有一个小小的便携式收音机陪伴着我，我对这种可以传递故事和情感的声音近乎痴迷，当时太多的资讯和音乐都是从这个小小的广播中获取而来。那个年代的通讯远没有现在发达，而广播于我的感觉，就像机器猫口袋里的任意门，打开它，我就可以通向世界的任何一个角落，无比神奇。

大学毕业后，我来到中国国际广播电台意大利语部工作，负责采访、主持意大利语广播节目，终于将我最热爱的外语专业和广播事业完美地合二为一。都说如果你的工作恰好是你的爱好，就是最大的幸福。第一次坐在录音间的麦克前，用外语把自己的声音传递给彼岸的意大利听众，第一次听自己的节目，第一次收到听众的来信和肯定……那种感觉是终身难忘的。

在负责广播节目的 10 余年里，由我负责策划、采访、主持、制作的节目有数百期。由于小语言的各种局限性和特殊性，决定了我们的广播节目从采编播译和制作播出，基本都是由一个人独立完成的。很多时候，为了做一期让自己满意的广播节目，利用各种手段寻找被采访对象，为了 10 分钟的节目要录出 10 个小时的声音素材，对配乐反复的推敲，对成品节目反复的雕琢。但也正是这样，广播将我锻炼成了一名多面手，从最初的广播小白，到熟练掌握对外广播节目的选材、策划、采访、整理、制作及创作过程，到成功采访无数中意两国政要、名人和各界人士，到获得中国新闻奖、中国广播影视大奖、中国彩虹奖等数十次大奖，广播，将我逐步历练为一名合格的记者、编辑、主持人、播音员。体验了太多难以忘怀的经历，交到了太多各行各业的朋友。

近年来，随着对意传播的逐步深耕，对外广播也从最初单一的短波、中波广播，逐步转变为本土电台、网络音频节目，更有与意大利广播同仁联合制作的各类广播节目落地本土。中国声音和中国故事，以更加灵活、有效的方式被传递给对象国听众，而我，也有幸成为这一切的见证者和亲历者。

总是有一些特殊的经历和感人的瞬间让我终身难忘。每个节目背后，都包含了太多我与被采访对象、与听众的故事和情感交流。

【音乐的故事】

2003 年，当时负责文化节目的我注意到一条采访线索，意大利著名男高音歌唱家安德烈.波切利即将来沪举办第一次个唱，他既是世人尊敬的一名伟大艺术家，也是我个人最喜爱的意大利歌唱家。因为一次偶然听到他的歌声而被久久感动，记得那次我彻夜未眠，反复听着那盘 "Time to Say Goodbye" 的 CD，尤其是当我得知他是一位盲人歌手并始终热衷慈善事业时，我被他的为人深深打动。当我听说他要来中国演出的时候，我决定竭尽全力去采访他，要把他的为人品德和艺术才华展现给更多的听众朋友。也就是因为我对他的这份喜爱及感动，我才能够用"心"去制作这期节目，展现他非常"有情"的一面。记得采访前，我做了大量准备工作和功课，阅读了大量意大利原文资料，尽量去了解他的方方面面，以备采访对话时可能出现的各种问题。当时的演出主办方明确拒绝了我们的采访要求，但我还是坐上了飞往上海的航班。带着各种不确定，我们终于在主办方和门卫的阻拦下，成功"混进"了采访现场。当所有中国记者采访完时，我冲上去用意大利语和波切利本人进行了短暂交流，表达了希望采访他的真诚愿望。就在所有人都不明白发生了什么的时候，波切利本人和他的意大利经纪人示意我坐在大师对面，可以开始我的个人专访了！那次的专访非常成功，我们从音乐聊到人生，从歌唱的故事聊到生活的细节，采访结束时，波切利欣然在我最喜爱的唱片签上了他的名字。他后来再来北京人民大会堂开个人演唱会时，我还受邀去现场观看。那次节目，也成就了我广播生涯中的第 1 个全国一等奖，那期节目的题目我至今印象深刻——《用生命歌唱的人——专访意大利著名盲人歌手安德烈.波切利》。

再后来，我有幸采访了很多音乐大师。记得在等待采访音乐大师多明戈时，我再次遭到保安和其经纪人的强行阻拦，大师突然出现，用手把我护在身边，示意在场的所有人"我愿意回答她的问题，你们让开！"喜极而泣的我当时在人群中问他："歌剧对于您意味着什么？"大师说："歌剧就是我的生命……"这次不寻常的采访经历，成就了我的另 1 期获奖节目《一次难忘的采访经历——记世界著名男高音歌唱家多明戈》。

2007 年 9 月 6 日，世界三大男高音之首帕瓦罗蒂突然去世，倍感悲痛的我，将之前对他的采访录音翻出来，大师的音容笑貌和温和的语气恍如隔世。那天，我连夜含泪创作完成了节目文字，赶录了 1 期节目《天籁之音——追忆帕瓦罗蒂》，当年的采访，大师的音乐，我对大师的追思，都被我融入节目之中。后来，这期节目斩获大奖，确是源于我对大师的无比敬仰和留恋。

【足球的故事】

记得是在 2003 年，为了采访首位登陆中国甲 A 足球联赛（现中超联赛）的意甲著名教练马特拉齐，我曾两赴当时的天津泰达足球俱乐部进行采访。虽然做了很多功课，但是性格相对内敛的他，第一次采访时显得不很善谈，交谈不够深入。回到北京，听了采访录音，我感觉这期节目缺乏深度，更缺乏温度。于是，我决定再赴天津进行采访。第二次去的时候，我先从他的家人入手，因为我发现她妻子非常健谈。可能因为都是女人，语言相通，她给我讲了很多她对丈夫的爱与支持，以及他们的爱情故事，我们一起笑，一起热泪盈眶，我被眼前这个真实的女人感动了。在后来对马特拉齐的再次采访中，我尽量围绕他的家庭生活和感情生活，挖掘他人性和感性的一面，他看到他的妻子很信任我，也开始和我聊起他对妻子和家庭的感受，说到动情处，这个七尺男儿的眼圈竟也红了……那次采访让我难忘和感动。这期节目《我选择了中国——记第一位登录中国甲A联赛的意甲教练马特拉齐》播出后，我收到了好几封来自意大利听众的来信，感谢我的节目让他们了解到了自己国家著名足球人在中国的工作和生活经历。

【采访总统的故事】

在做广播节目的那些年里，我采访过很多意大利政要和名人，但最难忘的还是采访时任意大利总统纳波利塔诺的那个晚上。2010年10月27日晚，中国人民对外友好协会在北京举行了"中国—意大利建交四十年招待会"。本来已经通知媒体取消所有专访的总统助理，突然通知我，也许晚饭结束后，总统先生可以接受我的独家专访。毫无准备的我，那天在意大利国家电视台的聚光灯和摄像机下，完成了他此行接受的唯一一个媒体专访。由于总统先生的随和和睿智，内心紧张的我流利地完成了10个问题的交流，采访非常完美。还记得从友协打车赶回台里制作节目的路上，几个意大利知名媒体记者纷纷给我打电话，希望我能透露给他们哪怕是一个采访中的关键词作为新闻标题。作为一名中国媒体记者，那是我最为自豪的一次。

【中意考古故事】

意大利是世界考古强国，中意考古交流与合作频繁而密切。2006年，中意合作修复故宫太和殿。得知消息后，我多方联系，终于进入太和殿的修复现场。年事已高的几位意大利资深修复专家，冒着烈日给我演示他们如何清洁每一寸汉白玉栏杆的细节，如何保护殿内的壁画和墙壁，带我进入太和殿从未对外开放的核心区域，讲解他们的保护理念和方法，舍弃午饭时间，老专家们坐在故宫花园的地上跟我侃侃而谈中意两国文物修复者的合作故事。采访回来，我制作了1期特别节目《让红墙绿瓦见证我们的友谊——记中意合作修复故宫太和殿》。

"听众朋友们，世界最大的水利枢纽工程长江三峡工程，目前已经蓄水发电。这项工程预计在2009年全部竣工。而三峡库区历史文物的抢救保护工作，也要在这个时间之前完成。在三峡地区采访时我看到，三峡库区已经成为全球最大的考古工地。为了保护人类共同的文化遗产，许多支考古队和大批考古工作者，在这里夜以继日地工作。"这是我的 1 期节目《不会被淹没的三峡古代文明》。当年，在重庆记者站同仁的陪同下，我坐着小渔船，沾了一身的泥土，来到即将被淹没的丰都古城。城里的人们都已迁移到了新城，这座即将消失的丰都鬼城，除了空旷的街道和房屋，就是那些执着的文物保护者们。为了抢救这些文物，他们只能在泥土地里边工作边和我交谈，我一边录着各种声音素材，一边感受着这份工作的伟大。三峡文物保护工作者们工作、生活在库区，在艰苦的环境中完成了一个个繁重的任务。为了再现古人类文明，他们却乐此不疲。

为实现有效传播，讲好中国故事和中意故事，长期以来，我们一直和意大利的广播同仁保持沟通，期待在关键的时刻实现合作。

2016 年 9 月 5 日杭州 G20 峰会当天早 6 点至晚 9 点，意大利时任总理伦齐正在中国杭州受邀参加峰会。我们也首次与意大利国家电台合作推出"意中新丝绸之路——中国广播日"广播特别节目，其旗下四个频率全天播出与中国有关节目，受到当地受众和媒体普遍关注和反响，这在意大利广播史尚属首次。2016 年 11 月 16 日，习近平主席拉美之行经停意大利撒丁岛当天，意大利国家电台一台早间新闻节目也和我进行了直播连线，进行联合报道。与意大利同仁共同策划节目的日子是难忘的，广播无国界，记得在几次策划会上，大家很多观点一拍即合，完全没有跨国沟通的感觉。随后，我们通过环球资讯广播和意大利国家电台联合举办了"意大利周"广播特别节目，其间采访了里皮、莫华伦等诸多中意名人，畅谈中意文化和中意美食，在听众中引发了强烈反响。

由于工作安排，我已经很多年没有参与广播节目的制作了，但是每每我都会说："在这么多的工作中，如果可以选择，我还是最喜欢简简单单的做广播，做记者。"

（作者系中央广播电视总台欧拉中心意大利语部主任）

我与国际台的新闻情缘

刘素云

大学时的毕业分配，决定了我与国际台的新闻情缘。

至今仍记得，1983 年 8 月的一天，我怯生生地走进了位于南礼士路的广播电视部大门。威严的武警战士，宏伟的苏式建筑，迷宫般的回廊，书桌上或排列整齐或随意堆放的报刊、剪报，以及风格古典的台灯，还有那些温文尔雅的老广播前辈们，都给我一种神秘感和神圣感。我的新闻生涯就从这里开始了。从那时到现在，我从一名刚走出校门的学生，成为一名即将退休的老广播，亲历并见证了国际广播事业的发展和她创造的一个个辉煌。

国际部：我新闻生涯的引路人

在干部司办完报到手续，我被告知分在国际台。当时，我只知道广电部下属有中央电视台和中央人民广播电台，国际台的名字还是第一次听说。

随即，干部司同志打电话让国际台来人接我。当时来接我的是国际部主任汪振清，他是东北人，朴实而温和。那时，国际部下设三个组：新闻组、专稿组和体育组。我们是恢复高考后入台的第三届毕业生。由于单位多年没有新人进入，所以我们这些新入职的大学生们非常受重视，老同志对年青人也非常关照。

国际部的主要工作是值班编发新闻稿，一是新华社的稿子，二是驻外记者的稿子。国际部办公室有三个小木板间，其中一个是接收时政记者的稿子；另一个是录音电话，主要用来接收驻外记者的稿子。国际部是国际台的国际新闻发稿部门，每天编发近百条国际新闻稿件，供全台各语种选用。

国际台国际新闻报道事业的大发展，始于上世纪 90 年代。时任国际部主任汪作舟回忆说，那时，国际台已在海外设立约 20 多个记者站，报道范围覆盖全球所有国家和地区，国际台终于建立起自己的国际报道队伍。国际台驻外记者的稿子时效快，文风清新活泼，令人耳目一新，而且重大新闻事件报道从不缺位。在 1988 年和 1992 年世界十大新闻中，其中有 9 条的国内首发新闻都是国际台驻外记者的报道。

为了提高国际报道的时效和质量，国际部同事们为此也付出了很多辛苦。"地球是圆的，24 小时都在运作。国际报道也应该跟上这一节奏，24 小时不停歇。"从 90 年代初开始，国际部实行每周 7 天、全天候 24 小时值班发稿制度。前方记者写稿争分夺秒，后方编辑部也是分秒必争，跟新华社比时效，跟国际主流媒体比时效，产生了一批又一批的优秀作品。品牌栏目《国际纵横》获中国新闻奖一等奖，国际观察、国际副刊等栏目百花齐放、争奇斗艳，驻外记者的国际报道稿件也屡获各类全国新闻奖项。

与此同时，台外用户数量也在不断扩大，包括电视、广播、报纸等，最多时达100多家。国际台的名声越来越响。更为可贵的是，国际新闻事业的发展，也锻造出了一支具有较高专业水平的国际新闻报道队伍，日后他们都成了国际台国际新闻报道的中坚力量。

国际部是我在国际台工作的第一个部门，也是我新闻生涯的起点，老一辈新闻人的耳濡目染、言传身教，不仅教会我如何做新闻，更让我看到了新闻人的执着追求与不懈坚守，引领我树立了正确的新闻观，培养了我作为新闻人应具备的基本素质。

时政采访：政治素质和业务素质的全面历练

1990 年，我调到时政组从事时政采访报道工作。

国际台时政组成立于 1984 年，在此之前，国际台没有自己的时政报道，采用的是中央人民广播电台时政记者的稿子。在初创阶段，时政组的同志克服了许多困难，做出了不懈的努力。1990 年我进入时政组时，时政采访已进入一个非常顺畅的时期。

时政组主要负责中国领导人重要外事活动的报道，包括中国领导人的出访活动、外国重要领导人的访华活动和国际多边会议等。时政记者看似一个风光的职业，坐专机，出入中南海、人民大会堂，但其实更是一个辛苦的、责任重大的岗位。首先要有强烈的政治意识，事关党和国家领导人的重大活动，不得有丝毫的闪失。还要有很强的保密观念。关于领导人的活动日程，尤其要保密。每次随领导人出访，有三样东西一定要揣好：护照，美元，再就是人手一册的出访日程。

说起时政记者的苦，莫过于没有时间睡觉了。记得有一次在莫斯科，我晚上困得实在顶不住了，手似乎还在键盘上敲，但屏幕上出来的都是乱码。于是决定去床上躺 10 分钟，然后再起来接着写。结果，倒在床上就睡得人事不省了，直到有人敲门。

迷迷糊糊地打开门，一个服务员问："你房间什么东西烧着了吗？"

我一下惊醒了："没有呀。"

她伸着鼻子闻了闻，眼睛扫到了床头柜上的电热杯。

想起来了，那是我躺下之前烧上的。电热杯里的水已经烧干，电源还通着，结果把实木床头柜烤糊了，发出一股焦糊味。她就是寻着这股糊味找过来的。

很多时候，时政组一定程度上还承担着国际台的公关任务。比如，曾经镶嵌在国际台大楼上的金色题字"中国国际广播电台"，就是邓小平同志题写的，而当时受领任务并最终完成这一任务的就是时政组。

时政组最重要的一项开拓性工作，是邀请国家主席通过国际台发表新年讲话，这一做法随后被确定下来并延续至今。

时任时政记者王冬梅回忆说，大国元首发表新年讲话是国际惯例。中国作为对外开放的大国，作为与世界接轨的大国，邀请国家主席通过国家对外广播电台发表新年讲话，通过43种语言向各国听众传递问候和祝福，将有助于在国际上树立中国的大国形象。国际台的这一设想，得到了时任国家主席杨尚昆主席办公室的首肯。

中国国家主席第一次通过国际台发表新年讲话是1990年。当时，由国际台负责起草讲话稿，并提前完成了讲话的录制。12月31日，中国国家主席的新年讲话《我对中国未来充满信心》，通过国际广播电台的43种语言，传送到了世界各国。

各位朋友，女士们，先生们！ 90代的第1年过去了，新的1年到来了，值此送旧迎新之际，我很高兴通过中国国际广播电台从北京向你们问好，祝你们在新的一年里事业成功，家庭幸福。

…………

自此之后，国家主席通过国际台发表新年讲话成为惯例。后来，中央电视台和中央人民广播电台也相继加入进来，现在随着中央广播电视总台的成立，国家主席新年讲话的名称也改为"通过中央广播电视总台和互联网"发表新年贺词。

从1991年到2000年，我做了9年的时政记者。这一段工作经历，培养了我的责任心、敬业精神、吃苦精神、合作精神，使我养成了细心、严谨、守时的工作作风，多年来受益匪浅。

耶路撒冷记者站：一段最难忘的新闻岁月

2000年7月，我被派到以色列记者站担任驻外记者，这也是我新闻生涯的一个新起点。

在中央三台中，国际台是最早在国外建立记者站的，当时国际台驻外记者同时承担着为三台提供报道的任务。最初，能被派往记者站常驻的都是资深有名望的老记者，年轻人只有艳羡的份儿了。后来随着国际新闻报道事业的发展，驻外记者队伍也越来越年轻化了。

当时，在国际部下面专门成立了记者管理组，全面负责驻外记者站的各项工作。前记者管理部门负责人龚子贤回忆说，80年代到90年代是国际台记者站的发展时期，记管组最重要的一项工作，就是新建记者站的申请和手续办理。而且，建站工作非常复杂繁琐，需要起草建站报告，向外交部、财政部、外宣办提出申请，而且各国情况不一样，申请过程有些比较顺利，有些则耗费一两年时间。除此之外，驻外记者的选派、记者站的报道与各项事务，甚至驻外记者的一些个人事项，都是通过记者管理组来沟通处理的，起到了桥梁作用。

驻外记者事业的发展，使国际台有了来自一线记者的原创报道，提升了国际台的报道水平和影响力。至中央广播电视总台组建前，国际台海外记者站发展到39个

（含香港和澳门），有约70名驻外记者，发生在世界各地的新闻正通过他们的报道，传递给中国和世界的受众。

以色列记者站建于1996年。从2000年7月到2014年9月，我在以色列记者站度过了4年又2个月，这是一段令人激情荡漾、难以忘怀的时光。

这期间，正好赶上巴勒斯坦和以色列之间爆发新一轮暴力冲突，而且有愈演愈烈之势。应该说，能到这样一个世界热点地区做记者，是一个非常难得的、非常值得珍惜的机会，但同时更是一个严峻的考验和挑战。当时只要外出，就会有危险，公共汽车、超市、餐厅、咖啡厅都可能成为自杀爆炸的目标；武装直升机、战斗机的轰鸣声不绝于耳；走在大街上，经常与身背长枪的以军士兵擦肩而过……在此期间，我们多次前往以军封锁下的加沙和约旦河西岸巴勒斯坦地区采访，前往发生在以色列的自杀爆炸现场采访，与巴勒斯坦领导人阿拉法特面对面，写出了一系列鲜活生动的报道，获得"中国新闻奖""中国国际新闻奖"等奖项。我本人也先后获得长江韬奋奖、全国优秀新闻工作者、全国三八红旗手等荣誉。

首席工作：努力做一名学者型记者

应该说，在长期的新闻实践中，我积累了一定的报道经验，在国际新闻和国际问题研究领域也得到了很大提升。从2005年起，我开始学做一名学者型的新闻人。

这一年，我在当时国际台主办的《世界新闻报》上开辟个人专栏《素云看世界》，主要就国际局势中的热点问题进行分析和点评。写专栏，对作者有着更高的要求。新闻报道只是客观地记录一个新闻事件，最多加一两段分析，专栏则是比较个性化的一种报道形式，个人见解、分析能力甚至个人写作风格都要体现出来。所以，专栏作者内心要丰富、思想要深邃，要有感受力、洞察力、判断力；除了要跟踪问题、熟悉问题，还要考虑怎么把专栏写得生动，甚至有趣。这个专栏开了一年左右，写了几十篇，如《战争之痛与人性之恶》《错误考验政治家的智慧》《"六重奏"与"二人传"》等。

中国国际广播电台堪称是一个人才高地，集中了大批优秀的编辑记者和外语人才。2007年，国际台首次推出了"首席"制度，第一批共评出了9位首席，我被荣幸地评选为"首席国际新闻编辑"。这对于我的新闻职业生涯来说，是一个新的台阶。我重新给自己定位：尽快完成从普通记者向学者型记者的转变，将多年的新闻经验与积累更好地释放出来。

在随后几年中，我组织一些有经验有潜力的年轻编辑们撰写出版了国际人物传记：《贝·布托——血雨腥风中坠落的铁蝴蝶》《奥巴马画传》《她可当总统——奥巴马夫人米歇尔》《法国第一夫人卡拉·布鲁尼》。我们这是一个写作团队，每次都根据选题临时搭班子。参与写作的共有七八个人，图书选题紧跟最新国际形势，时效快，内容权威。如《她可以当总统——奥巴马夫人米歇尔》一书，全面展现了米歇尔·拉沃恩·奥巴马的价值取向、生活态度、审美追求与奋斗历程，这部书稿就是我们利用 10 天时间赶出来的。

另外，我还代表国际台与中国传媒大学合作，策划编辑出版了"国际传播人才培养系列丛书"共计 13 册，这也是国内第一套有关国际传播研究的系列图书。

2008 年 2 月，我受命组建国际台时事专题部，承担起完善国际台新闻策划机制和评论性报道机制的重任，提高国际台引导国际舆论的能力，加强在世界舞台上的"中国声音"。

在国际台大厅入口处，树立着一块牌子：中国立场，世界眼光，人类胸怀。这既是国际台的办台理念，也是中国的对外传播理念。中国立场是我们要宣传中国的理念与态度，世界眼光是指要站在全球的高度再来看待我们的工作，人类胸怀就是要把人类看成一个大家庭，充满人文关怀。在时事专题部期间，我带领部门人员边摸索边实践，初步建立起新闻中心的重大事件策划机制，并围绕西藏 3·14 事件、汶川大地震、奥运会、改革开放 30 年、新中国成立 60 周年等重大新闻事件，组织策划评论文章，在加强外宣言论性报道、阐述中国立场、树立中国国家形象方面作出了积极贡献。

从日内瓦到开罗：续写驻外记者新篇章

2011 年，我被派往日内瓦作常驻记者，开始了一段新的驻外记者生涯。

日内瓦站建于 1996 年。日内瓦是联合国欧洲总部所在地，除此之外，这里还有40 多个政府间国际组织和机构，200 多个非政府组织，每年上万次的国际会议。所以，这里被称为"世界多边外交中心"。我们的工作就是，对这些事件进行报道。在日内瓦共有 600 多名外国记者，世界各大媒体都在日内瓦设有常驻机构，在万国宫内有专门的媒体办公室。万国宫会定期举行新闻吹风会以及不定期新闻发布会。

特别值得一提的，日内瓦还是新中国多边外交的发祥地。1954 年，周恩来总理率团出席日内瓦会议，新中国从这里走上国际舞台。

日内瓦的报道工作具有比较大的挑战性。

一是政策性强。比如人权理事会会议。联合国人权理事会会议每年举行 3 次，每次会期 1 个月左右。2007 年，人权理事会确立了普遍定期审议机制，即在 4 年内对联合国 192 个会员国的人权状况进行审议，使得西方国家无法再提出针对中国的人权提案。但是，人权理事会仍然是各种国际力量直接交锋的地方。

二是专业性强。设立在日内瓦的联合国专门机构和国际组织，涉及不同的专业领域，世界卫生组织、世界贸易组织、世界气象组织、世界知识产权组织，等等，每个组织就是一个专业领域。作为记者，经常只能是"现学现卖"，临时查阅资料或向发言人请教。

时至今日，驻外记者站承担了越来越多的国际传播业务。2017 年起，国际台（后为中央广播电视总台）受国务院新闻办委托，承办在日内瓦万国宫举办的中国人权成就展，相关布展和协调工作都由日内瓦记者站负责完成。展览主要是利用人权理事会开会之机，在联合国这个大平台上讲好中国故事。迄今，展览已举办 5 届，每次都吸引不少参会者前来观展。

2018 年，我结束在日内瓦的任期，在 7 月这个最炎热的月份，来到了地处中东沙漠的埃及。埃及记者站创立于 1986 年 12 月 26 日，是国际台第 9 个海外记者站。30 多年来，在中东热点问题的报道中，埃及记者站历任记者作出了重要贡献。

不过我特别想说的是，这次在埃及常驻，感受最大的是目睹了国际传播事业的新发展。2010 年，国际台在全球设立 6 个地区总站，主要承担国际传播任务。中东地区总站位于开罗。2012 年，国际台又在开罗开设了节目制作室，本土制作阿拉伯语广播节目。因此在开罗，国际台实际上有 3 个机构：中东地区总站、记者站和节目制作室。应该说，记者站业务与过去相比没有大的变化，依然以采访报道为主，而中东地区总站和节目制作室则是国际台发展进程中一项具有创新性、开拓性的工作。

比如其中一项很有创意的工作就是在埃及本土译制、播出中国影视剧，在埃及引发一轮又一轮的中国电视剧热。国际台中东地区总站站长张立介绍说，自 2013 年起，中东总站与当地媒体公司合作，译制了 10 多部中国电视剧、电影、动画片。2015 年 9 月，中国国际广播电台与埃及国家电视台签署了联合开办《中国剧场》电视栏目的协议，在埃及电视台播出了《媳妇的美好时代》《父母爱情》《北京青年》《欢乐颂》等剧目，赢得埃及观众的广泛关注和喜爱，收视率屡创新高。《中国剧场》为在海外推广中国文化进行了有益的尝试。

2018 年 3 月，我们又迎来了广播电视发展史上的一个重要时刻——中央广播电视总台宣告成立，中央三台的资源和平台得以共享，广播人有了更广阔的自我发展空间，中国的广播事业也迎来了一个新时代。

与国际台 37 年的牵手，让我告别了曾经的幼稚懵懂，收获了成长和有价值的人生。在中国广播事业 80 周年华诞之际，我愿送上一名老广播人的真诚祝福！

（作者系中央广播电视总台埃及记者站高级记者）

我与广播的25年

台学青

功德无量的事业

接到约稿电话，第一个反应是："我不够资格，还是找老同志写吧。"话一出口，才觉察到这说法有问题，人生已到半百，还要硬赖在年轻人的队列里吗？之所以这样反应，原因有三：一，自以为年轻的习惯性矫情；二，时光太快，人生太短，短得来不及反应；三，自己的职业生涯确实微不足道，没做出任何值得写下来、印在书里的贡献。约稿老师盛情难却，那么我就借庆祝中国广播八十华诞的机会，给自己服务对外传播事业的经历做个阶段总结，算是给奔腾的大海增添一朵小小的浪花吧。

动手写此文时，脑子里冒出一句话："广播是功德无量的事业。"这话出现得那么自然，好像我从来没忘记过它。28年前，我因为单纯地"想当播音员"，成了国际台法语部的一员。最初的新鲜感过后，一度对自己每天翻译稿子、录播新闻、在想象中与万里之外的听众交流的生活产生了怀疑，于是写信给大学哲学选修课的老师，求指点迷津。老师回信的内容大都在记忆里模糊了，只有这句话，一直清晰地在那里，像一束温润、顽强的光，该闪亮时就闪亮一下。

走出校门28年，除了中间溜号过3年去外企做了翻译，我一直在广播（广义）的行当里兜兜转转：大多数时间在做法语对外广播的采编制播，也做过3年电视记者和主持（央视法语频道），还做过对内双语广播（犹记得调频88.7的中法双语《阳光播音间》，以及听众见面会的惊喜）、非洲电台中国专家组的技术翻译、影视配音导演（《媳妇的美好时代》等中国影视剧法语版）、非洲调频电台的节目总监（国际台海外制作室）。"功德无量"自然是个足够高级的理由，更重要的，是我终归觉得这一行符合我对自己的期许：观察、记录时代的变迁，帮助不同语言、不同文化的人们相互了解、理解和交流。这也就是我对"广播事业功德无量"的理解。也希望未来的传媒技术和理念无论有怎样炫酷的发展，都能保留这个美好、朴素、和平的功能。

"70后"最大的幸运，是出生、成长在一个伟大变革的时代。在短短几十年的时间里，我们的国家经过艰难的探索、道路选择、开放改革，摆脱各种困境，融入国际社会，繁荣壮大，成为世界第二大经济体。我服务的对外广播行业也以令人目眩的节奏日新月异：从打字机、开盘胶带到数字化制作和传输，从短波到调频落地再到融媒体，多少 20 年前不能想象的事情已经变成了现实。感谢对外传播这个广阔的平台，给了我许多值得自豪、可资回忆的经历，感谢领导和同事们的信任，让我能坐在鸟巢的播音间里，用法语宣布北京奥运会开幕；在上海世博会开幕现场，用法语介绍来宾和演出；在巴黎的电台大楼里，与法国记者一起录制节目……这些"高光时刻"固然值得铭记，但回望 20 多年的职业生涯，我认为自己做过的最有分量的一件事，也是让我内心真正对自己感到满意的工作，是启动并运营了国际台在西非塞内加尔的制作室。

难忘的制作室

国际台法语广播 1958 年 6 月 5 日开播，至今已经 62 年。非洲法语国家一直是我们重要的传播对象地区。随着时代的发展、传输手段的进步和传播理念的变化，我们的对非广播也在不断改变思路，尝试新的传播策略。进入 21 世纪后，随着法语节目在越来越多的非洲国家实现落地调频播出，我们开始摸索部分内容本地化制作的路子，采取"制作前移"的策略，改变原来节目内容完全在北京制作，对远隔重洋的听众来说缺乏亲切感、说服力的状况，招聘当地采编播人员，当地制作、当地播出，从内容和风格上最大限度地拉近与受众的距离。塞内加尔制作室就是在"制作前移"策略指导下的一个有意义的尝试。

制作室项目从 2011 年开始筹备，建设机房、采购安装设备、技术调试、验收、注册成立当地运营机构、人员招聘、节目设置，于 2015 年 7 月正式开播。之后又经历了更换当地合作伙伴、机房搬迁、机构调整重新注册，等等，五年多来已逐渐走上正轨。目前制作室拥有，一支接近 20 人的正规当地团队，与塞内加尔国家广播电视总台签订合作协议，由其提供技术支持，达喀尔制作室每天 24 小时不间断播音。除北京总部制作的两小时直播节目外，其他播出内容完全由本地制作，其中每天首播内容 10 个小时，包括整点新闻节目和 26 个专题及音乐节目。达喀尔的节目信号实现了在塞内加尔 4 个主要城市同步播出，制作室自己的网站上也能实时同步收听我们的节目。

每次说起这些，我如数家珍，因为那里面有我一份心血，和四年零五个月的人生。2013 年 10 月到 2018 年 3 月，我是宾度·法勒（当地同事给我取的塞内加尔名字）、"中国记者马达姆"、达喀尔 CRI 制作室的节目总监。塞内加尔是除中国以外，我生活时间最长的国家，达喀尔的日子是我最难忘的驻外时光。记得老城区逼仄的街道，扑面而来的烟火气，卖图巴咖啡的小贩赤脚走过，清真寺传来悠长的晚祷声；记得苏麦迪奥海滩腥气生猛的鱼市，奴隶岛上身形秀气的埃及种野猫懒懒地躺在沙子里；暮色四合，西非之角的惊涛拍着黑色礁石，大西洋水天相接，晚霞美得惊心动魄。

记得老实巴交的司机老李（李是塞内加尔常见的姓氏），他当过维和士兵，最得意自己给联合国长官开车的经历；有新闻情怀的记者乌斯曼，制作室资格最老的员工，业务好，就是有点懒惰，非常自负；少年老成的马马杜，不起眼的他后来成了我们的主编，他是第一个得到机会来中国培训的员工，2017 年他在北京登上长城，到四川看了熊猫；特别耿直的姑娘法图玛塔，认真负责不怕得罪人，她体壮气足，录一条一分钟的新闻几乎都不怎么换气；不爱说话、蔫有主意的技术总监法鲁，不睡觉、不约会，永远都在鼓捣机器……

更记得 2015 年春天，接到台里指示，准备启动项目时的忐忑和茫然，咨询、招聘、面试、做预算、签合同……咬牙往前冲，每天告诫自己："再想想，别出错"。设计节目、调试设备、演练……一切似乎都准备就绪，著名歌手安杰莉卡还替我们做了宣传短歌。可是到了 7 月 25 日开播那天，似乎老天要考验我们的意志，天线调试了一整天，直到晚上八点，FM102.9 的频段上，才终于听到了我们的王牌播音员佳吉·图雷（我们的"佳吉叔叔"）那低沉浑厚的声音。一年后的同一天，我们在达喀尔大学举办中法双语《我与中国》主题演讲比赛，庆祝开播一周年，天气闷热，可大厅出乎意料地座无虚席，当地媒体几乎全部到齐，国家电视台更是连续两天在晚间新闻播出报道；那天是我们制作室第一个节日，我们的姑娘小伙一个个都洋溢着自豪。开播两周年时没有庆典，因为制作室不得不搬迁：那是一个由于各种复杂原因，我们不得不做出的艰难决定；感谢领导们的支持、同事们的努力，感谢制作室的两名技术人员花了一周时间，把混音台一块一块地拆卸、编号，感谢法鲁凌晨一点冒着大雨步行数公里回到电台，把停电而中断的临时播音设备重启，感谢达喀尔的搬运工们，用肩膀和手臂把体积太大进不了电梯的主机箱从楼底搬到八层，妥妥地安置在我们崭新锃亮的新机房……走过考验不断的头两年，制作室慢慢进入了正轨，开播三周年时，终于实现了酝酿已久的去外地做宣传活动的计划，当时已卸任回国的我，通过微信视频分享了达喀尔同事们的喜悦。

回忆还有很多，很多人，很多事……比如卡莉丝塔，我们在当地小有名气的音乐节目主持人，见了她我才知道，宗教气氛浓厚的塞内加尔也有假小子一样爽朗、40 岁还不结婚的个性女子；比如隔一阵就会在办公室出现的生日蛋糕：同事们骄傲地说，我们是达喀尔唯一一家会为员工过生日的公司……

本地化制作：我的一点思考

制作室的经历对我而言，也是一个学习、思考的过程。跨文化管理自然是一个新课题，更重要的，是如何在本地化制作的背景下实施有效的对外传播。在达喀尔，我经常被问到的一个问题是：中国人为什么要到这里来雇用本地人，在电台里讲本地的事？以下是我经过思考和实践，找到的粗浅答案。

我们对自己的定位是：本土化的中国电台。本土化首先体现在内容生产：当地内容占 10 小时首播内容的 7 成。体育节目报道当地赛事，采访知名运动员，音乐节目报道当地动态，请当地艺人到演播室现场演唱、录制访谈，经济和社会节目关注当地热点话题。每逢当地重要的节日，我们会像真正的当地媒体一样，关注老百姓最关心的话题，比如开斋节因大规模走亲访友、人口流动造成的交通问题，宰牲节的"天价羊"现象（按习俗，家家户户都要买羊，自用或馈赠亲友，传统的好面子、攀比心理往往使节日变成沉重的负担）。我们的健康节目，针对当地流行病和常见健康问题，每期邀请一位当地医生或医疗专家解答听众问题。历史文化节目关注非洲历史，每期介绍一位非洲政坛人物或历史人物。大量本地化的内容极大提高了我们电台的亲和力，增强了可信度。

本土化当然也体现在人员构成（基本人员配置是一名台派人员，其他均为当地员工），以及我们对当地文化风俗的尊重：重要的传统和宗教节日，制作室在保证基本节目播出的前提下，按当地习俗放假，并为员工发放适当福利；允许员工按穆斯林习俗在工作场所祷告，等等。

我们的中国血统体现在哪里？中国相关内容占当地制作节目的 3 成左右。整点滚动更新的新闻里专门开辟《中国新闻》专栏，素材来自新华社等中国官方媒体，以及部分当地采制内容；开设 50 分钟的周播专题《86 周刊》（86 是中国的国际区号），专门报道中非合作交流事件，回顾一周中国新闻，还设有中国文学、中文课版块；音乐专题《华语音乐时间》，每期介绍一位华语音乐人；2017 年，应听众强烈要求，我们又开了一档用当地民族语言沃洛夫语教中文的节目，聘请孔子学院的当地教员录制。另外，我们的系统自动播放的音乐库里有大量的中国音乐。

在对当地事件的报道中，坚持我们作为中国媒体的价值观。比如对当地政党政治、宗教问题的报道，务必客观中立。在有关当地传统文化的报道中，我们传递的一定是积极向上、符合现代科学精神的观点。通过这些做法，用润物细无声的方式帮助听众了解中国、亲近中国、信任中国。

通过宣传推广活动推介中国。上文讲过开播一周年举办的演讲比赛，不再赘述。2018 年，制作室开播 3 周年之际，联合中国援塞医疗队和"华之爱"公益平台在塞国文化中心、第二大城市圣路易举办了节目推广活动，并全程现场直播，25 家当地主流媒体对活动进行了报道。这次成功的活动是我的继任熊慧中的功劳，借此文为她点赞。

从 2013 年起，在制作室的努力下，我台与塞内加尔演员合作译配的法语版《媳妇的美好时代》《杜拉拉升职记》《金太郎的美好生活》先后在塞内加尔电视台播出。每次通过开播仪式、在当地媒体推介等方式推广，反响很好。这些活动也引起了国际媒体的关注，总部位于摩洛哥的泛非杂志《青年非洲》、英国 BBC 电台进行了正面报道。

用潜移默化的方式帮助当地雇员了解中国，理解中国的理念。2015 年开播之初，制作室只有一名高管来过中国，大多数员工对中国的了解仅限于达喀尔中国街上做生意的商人。现在已经有 6 名记者通过不同的渠道来中国参观培训，在中国的见闻给了他们每个人强烈的冲击，对中国的发展有了感性认识。来华培训的机会已经成了制作室招聘当地雇员的一个有诱惑力的福利。另外，在日常工作中，制作室的中方负责人也承担培训的工作，如介绍热点问题上中国的观点，与中国有关的历史问题的背景和由来，邀请员工一起庆祝中国传统节日。制作室的员工以及他们周围的人大部分成为当地民间对华友好力量。

中央广播电视总台成立后，媒体融合的新形势下，制作室迎来了新的发展机遇，达喀尔将建成兼具视音频内容生产、社交媒体运营功能的融媒体制作室。未来更将成为总台在西非地区的报道、制作和传播中心，改善投入产出的性价比，达到最优化的传播收益。

非洲广大地区在舆论上仍然很大程度受西方影响，英国 BBC 在非洲和中东地区设有落地调频 133 个，法国国际广播电台在非洲有关国家各大城市有 79 个调频台。要缩小这个差距，我们既要做好对宏大主题的宣讲，也要坚持长期的、润物细无声的传播。国外民众，尤其非洲民众，对中国的了解存在某种断层：他们眼中的中国是经济强国，正在成为技术大国，中国人勤劳吃苦，但似乎全是些经济动物；在文化方面，中国文化的形象似乎仅限于京剧、烤鸭、功夫、饺子等一些传统的符号。在这个画面中缺少那部分现代的、鲜活的中国，他们希望了解普通中国人的生活，他们的柴米油盐、喜怒哀乐，他们在想什么、在追求什么。我们能做的事情还有很多。

祝对外传播的道路越走越宽，并再次表达我的感激。

（作者系中央广播电视总台欧拉中心法语部记者、主持人）

我与《玉莹信箱》的故事

李慧莹

我久久地凝视着一张中国国际广播电台（国际台）越南语部拍摄于上个世纪八十年代初的全家福，时光荏苒，照片中亲人般的同事一个个都退休了，甚至有些长辈已经离世。只有我还未离开，依然奋斗在国际传播岗的位上，往事历历在目，并不如烟。

我出生在越南河内，就读于河内中华中学，父母靠工薪养家。父亲长期热衷于侨务工作，是河内华联会执委中的一员。1978 年越南当局排华，我随父母一道回国定居，在广东继续读书。1981 年经考核，我被选入国际台，从事播音主持工作，至今已有 40 个春秋。

记得 1978 年 5 月 17 日，刚一踏上祖国的土地，仰望五星红旗飘扬在云南河口中越边境的那一刻，我激动万分，眼眶湿润了。我终于回到梦寐以求的祖国了！我做梦都没想到，今生与国际广播结下不解之缘，做了一辈子，热爱了一辈子。

上个世纪 80 年代，中越两国处于冷战状态，国际台为了加强对越广播，壮大对越宣传队伍，从安置在我国南方各地华侨农场的越南归侨学生中招考越南语播音员。经过层层筛选，我幸运地被国际台录取。从 1981 年 3 月参加工作至今，我见证了国际传播事业的发展，也从当年部门里那个最年轻的小姑娘变成如今最年长的一位了。

因为在越南首都河内长大，我的越南语发音标准、纯正，但入台之后，我依然经常向部门前辈老师求教。我坚持每天早上跟老师们练发音、吊嗓子，学习运气和播音技巧，提高翻译水平和采写能力。他们既是我的良师，亦是益友，更胜似亲人。工作近 40 年来，我多次参与高端采访，主持过多档节目、现场直播，演播过 20 多部长篇小说，在越南本土出版 3 部译著，还为多个访华的越南党政高级代表团做随团翻译等。然而，在我的职业生涯中，让我倾注更多时间和心血的，却是《玉莹信箱》栏目，她一直伴随着我，不离不弃。我已接近耳顺之年，而她却依然充满活力，不断散发出新的魅力和吸引力。

在此，我就谈谈我与《玉莹信箱》近 40 载的那些故事。

《玉莹信箱》为听众播报平安

《玉莹信箱》栏目始办于 1983 年 10 月，是越南语部首次以播音员名字命名的栏目。

越南语部原来是国际台的来信大户，在中越两国关系友好的上世纪 60 年代，曾创下一年收到数万封来信的纪录，但当时并没有开办定期的"信箱"栏目。70 年代末，中越关系恶化，越南听众与我台的联系逐渐减少以至中断。越南出现船民潮，大量难民从海上、陆上逃离越南，有的与家人失散。越南语部正是在这样的背景下创办《玉莹信箱》栏目的。我们及时把握许多妻离子散、家破人亡的越南家庭的悲惨遭遇，通过"信箱"节目，开展对越听众工作。

"信箱"节目播出不久，我们开始陆续收到越南船民的少量来信，如获至宝。这些来信急切希望通过"信箱"节目，向家人报告平安或寻找失去联系的亲人。我们根据这一特殊情况，决定了栏目的主要内容是为越南船民与其仍在越南国内的亲人传递平安信息并帮助他们重新取得联系。

为了使"信箱"栏目更具接近性、亲切性，越南语部特地以我的播音名"玉莹"命名栏目，并由我本人固定主持。我曾有过逃离越南的经历，又亲历过越南抗美战争，特别能够体会逃离过程中与亲人失去联系时的急切心情，因此只要收到这类来信，我都会尽快处理，并用深切的同情和亲切的情感在节目中播报每一封来之不易的船民来信。记得 1985 年，越南语部记者前往侵柬越军战俘营进行采访，多名侵柬越军战俘委托记者，把写好的家书带去北京，希望通过《玉莹信箱》向其家人报平安，诉说思乡、思亲和厌战的心情。有的信笺还沾有侵柬越军的血迹。本着人道主义，我们认真对待每一封侵柬越军的家书，用笨重的打字机将信重新打出来，配以怀乡思亲的越南歌曲在节目中播出，引起越南听众强烈的反响。一些流落到欧美的越南船民纷纷给我们来信，许多辗转我沿海地区外逃的越南船民也逐渐消除顾虑，主动给我们寄来信件或录音带，希望通过《玉莹信箱》转达他们的思亲之情。到 1986 年初，难民的来信越来越多，节目越办越火，每周一期的"信箱"已经不能满足听众希望及时获知亲人消息的迫切要求了，于是我们又增设《玉莹信箱》的姐妹栏目"难民音讯"，也是由我来负责，同样受到越南听众的欢迎。据不完全统计，到 1988 年底，这两档栏目共播报听众平安家信 4000 多封，在越南听众中产生广泛影响。1986 年，《玉莹信箱》被国际台评为名牌栏目。

《玉莹信箱》开设时，中越关系尚处于非正常时期，栏目把针对性作为主攻方向，以巧妙独特的服务方式，寓政治于服务之中，赢得数以万计越南听众的欢迎，也为越南语部日后的听联工作打下了良好的基础。

《玉莹信箱》为听众答疑解惑

1991 年，中越两国关系恢复正常化后，从越南本土给我台来信的听众逐年增多。中越两国毗邻，历史文化有着千丝万缕的联系，社会制度相同。但由于中越边境冲突，冷战期间，两国人民往来中断 10 多年，加之越南对中国的敌对宣传和国际上对中国的歪曲报道，许多越南听众对当时的中国社会缺乏了解，甚至误解，《玉莹信箱》成为听众了解中国的窗口。一些青少年听众来信表达对中国的好奇，渴望了解中国的方方面面；老听众则多是回忆中国在越南抗法、抗美斗争中给予他们的巨大和无私的援助，为中国改革开放所取得的巨大成就感到高兴。在我对越宣传方针转变过程中，《玉莹信箱》作为最接近听众的栏目也翻开了新的一页。这时期《玉莹信箱》栏目已成为集服务性、知识性、欣赏性于一体的综合性栏目，解疑释惑，帮助听众了解中国。

上个世纪 90 年代，互联网尚未普及。此时，国际台越南语无线广播是越南听众了解中国的唯一渠道。他们来信提出的问题五花八门、包罗万象，涉及中国的政治、经济、科技、宗教、文化、教育、民俗等各个领域。他们对中国的历史和文化最感兴趣，比如有的听众问：中国的第一个皇帝是谁、中国的汉字是怎样形成的、秦始皇的陵墓有多大规模、曹操墓在哪里等等；他们对中国的政治、经济也甚为关心，包括中国对苏联和东欧各国解体的看法、香港和澳门回归祖国的问题、台湾问题、西藏问题、中国改革开放情况、乡镇企业等等，不胜枚举。

当时没有互联网，工作效率不高。为编好每一期"信箱"节目，编辑往往要几进几出资料室查找资料，翻阅多种书报。每当遇上难以解答的棘手问题而又没有现成资料可用时，就需要走出去或通过电话向有关单位和人员采访、求教。为更好地满足越南听众对中国过去和现在情况的了解，栏目不仅要怀有为听众服务的满腔热情，还要尽可能多的掌握中国历史和现实情况，只有自己首先了解，才能向听众介绍。由于我出生在越南，对越南的风俗习惯基本了解，为做到节目的针对性，在解答听众问题时，我经常使用越南的语言习惯，深入浅出、平等交流，使不同文化层次的听众听得懂、喜爱听，而不是大段地照念收集到的有关资料，进行说教式地解答。

《玉莹信箱》为听众减轻负担

很长的一段时间里，越南语部听众来信的主要渠道包括听众直接从当地邮局邮寄、转寄到我驻越使馆、电子邮件 3 种形式。越南是发展中国家，经济尚欠发达，老百姓生活水平普遍偏低下，加之越南没有加入万国邮联，国际邮资相当昂贵，寄出一封信得花掉 11400 到 15200 越盾（相当 6 到 8 元人民币）。听众普遍反映，寄信去中国邮费太贵了，希望我们想想办法。当时国际台在越南还没设记者站，经考虑，我们请求我驻越南使馆文化处帮助，很快就得到时任文化参赞的回复，同意越南听众直接寄信到使馆文化处，由他们集中打包再寄回北京。这样，听众只需贴一张 800 到 1000 越盾的邮票就可以了。从此，越南听众来信数量越来越多，信厚厚的，内容非常丰富。

《玉莹信箱》与听众俱乐部

为听众来信减负的问题解决之后，听众来信数量越来越多，有些地方听众自发成立收听国际台广播俱乐部，他们组织收听广播、学习中文，学唱中国歌曲等活动，经常写信谈心得，由俱乐部负责人集中信件转寄到我驻越使馆，再由使馆寄回北京。据不完全统计，当时国际台在越南有大小听众俱乐部 20 多个。《玉莹信箱》经常与这些俱乐部负责人联系，制作节目配合他们的活动，解答他们的问题，鼓励俱乐部成员积极参加国际台知识竞赛活动，还给他们寄送我台宣传印刷品等。以 2004 年越南语部来信情况为例，本部门共收到听众来信和知识竞赛答卷 53773 封（份），其中半数以上是听众俱乐成员写的。

越南胡志明市《友谊汉语俱乐部》长期表现突出，2006 年我们组团去越南对听众进行调研，专门访问该俱乐部，并举办别开生面的听众见面会。2011 年国际台成立 70 周年之际，《友谊汉语俱乐部》被国际台评为海外十佳听众俱乐部之一。该俱乐部主任范氏明庄女士应邀来到北京人民大会堂，参加我台的庆典活动并代表该俱乐部上台领奖。《玉莹信箱》经常积极配合国际台举办各类主题的知识竞赛，吸引听众踊跃参赛。十几年间，先后有 12 位越南听众获得知识竞赛特等奖，应邀来中国领奖并到各地参观访问。

《玉莹信箱》与听众的故事

现实生活中，想让别人把自己当成知心朋友，首先要以诚相待。在国际传播中更应如此，才能吸引更多听众。《玉莹信箱》栏目平时努力做到热情解答听众提出的各种问题，赢得听众的信任。经过多年用真情与听众交流，"玉莹"不知不觉已成为广大越南听众的知心朋友、知心姐姐了，很多信封上都写着"玉莹姐姐收"或者"玉莹信箱收"。

这个时期的部分听众，尤其是青少年听众常把自己在生活或学习中遇到困难和困惑写在信里，希望得到"玉莹姐姐"的启发、帮助和安慰，字里行间充满对"玉莹"的信任。对听众这份感情，我们十分珍惜，热情地安慰并劝导他们，用名人名言、模范人物帮助他们消除烦恼。如义静省的听众胡士甲，因双腿瘫痪，靠社会救济维持生活，终日感到自卑和烦恼。我为此专门编辑一期"信箱"节目，安慰他以及与他有着相同处境的越南残疾朋友，向他们介绍中国的张海迪以及她身残志坚的动人故事。胡士甲收听节目后深受感动，马上寄来他自己写的热情洋溢的诗，表示已经重新树立对生活的信心。

一句句富有哲理性的名言、一首首抒情的诗歌、一篇篇优美的散文，在节目中与主持人朴实、亲切、自然的声音编织在一起，配上动听的音乐，往往最容易拨动听众的心弦、引起共鸣，这也是通往听众心灵最近的渠道。越南清化省 12 岁小听众阮庭波 3 岁失去了母亲，他来信写道："每当我收听《玉莹信箱》节目就倍感亲切，仿佛妈妈的声音就在我耳边。玉莹阿姨，我有个请求：您同意做我精神上的母亲吗？"

在数以万计的越南听众来信中可以看出，从七八十岁的老人，到刚刚踏入校门的小学生以及中学生、大学生从艺术家、公务员到各行各业的人士，甚至一些越南党政高级领导人都是《玉莹信箱》栏目的忠实听众。他们经常给"玉莹姐姐"写信、赋诗、寄来礼品以表心意。很多听众在信中表示："玉莹是我的知心姐姐，是我心目中的偶像。"胡志明市一位叫黄文宏的三轮车夫是我的老听众，多次给我写信，有的信被他装订成册，厚达 529 页，主要内容是每天记录抄写我台越南语广播的主要内容和节目点评。有的听众则用彩线在白布上绣出"玉莹"两个字寄给我。还有家住越南平阳省的 74 岁老听众武文骐和他 27 岁的外孙女阮氏秋玄寄来一本 405 页、装裱精美、图文并茂的"相约上海精彩世博"知识竞赛答卷。每当收到这样精美的信件时，我都会爱不释手、抱在怀里。许多听众在信中说："我从小就听玉莹主持的各档节目，玉莹姐姐伴随我上完小学、中学、大学，直到参加工作，至今我依然爱听。"每当读到这一封封饱含深情的来信，我都被听众的热情和真诚感动。我常常在想，无论怎样努力，无论花多少时间和心血都难以报答听众对国际台、对中国的深厚友谊，我常为此感动地潸然泪下。

记得曾经有一位 83 岁高龄的听众 Bui Nguyet Anh 来信说："我天天都听你们的广播，尤其喜欢《玉莹信箱》节目。我要多给你写信，要不然再过几年，我不在世了，就不能再给你写信了。"

2007 年初，我在一期节目里向听众说，北京冬天寒冷，我患了感冒，声音沙哑，请听众谅解。节目播出大约两个月之后，我就收到由中国驻越使馆转寄到国际台越南语部一个纸箱，外面写着"玉莹姐姐收"，里面装有 10 条颜色各异的手织毛线围巾。再过一段时间，又有 6 件各式毛衣寄给"玉莹姐姐"，并附信留言道："玉莹姐姐，我寄给你这些围巾和毛衣是凭我自己想象编织的，大小长短不一定合适你们。北京冬天寒冷，希望你们保暖，不要患感冒，要不然我们就听不到你们的广播了。"这位听众叫 Phan Thi Hoc，是《玉莹信箱》栏目的铁杆听众，对中国有着深厚的感情。

《玉莹信箱》从广播名牌转向网红主播

在传统广播时代，《玉莹信箱》拥有众多听众，是国际台对越广播的名片之一。进入 21 世纪，互联网迅速发展，新媒体逐渐成为人们获取信息的主要途径。过去传统的大广播的影响力逐渐下降，纸质来信日趋减少，主持人与听众成了网友。

《玉莹信箱》栏目开办 38 年来，一直与时俱进，不忘初衷。互联网、新媒体的发展，给栏目注入了新的活力。为了扩大影响，吸引更多越南"粉丝"，《玉莹信箱》再次顺应时代潮流，转型重新打造。2014 年，我们在境外社交网站上申请账户，《玉莹信箱》以全新面貌与听众网友见面。"信箱"的内容更加丰富，形式更加灵活多样。刚开始以"玉莹博客"的形式与网友交流，采用图文、音视频等。根据越南网友需求，尤其是年轻网友的关注和兴趣，我们把"信箱"分成许多小板块，如"玉莹看点""中国好人好故事""你问我答""名人名言""带你游中国"等，每天更新。这些小板块根据网友的关注和兴趣变化而灵活调整，同时积极在评论区里与网友互动，对误解我国政策方针的网友，有礼有节地解释，讲事实摆道理。

总台成立后，提升我国国际舆论场发声能力成为我们新的目标，按照中央及总台领导指示，《玉莹信箱》开设了言论性板块"玉莹有话说"。"玉莹"这个在越南积累了 30 多年人气的著名播音品牌转型成为网红主播，在境外社交媒体开辟主战场，大胆发声，敢于斗争，讲述中国观点、中国立场，传递中越友好情谊。特别是从 2020 年初新冠疫情开始，我国国际舆论形势日益严峻，看到境外网站铺天盖地对中国的诋毁和那些不实报道，我常常夜不能寐。为此，我主动反驳越南部分民众借疫情散播的反华言论，批驳揭露美国污华辱华的险恶用心，直面交锋。在做到敢于发声的同时，我也总结经验，做到善于发声，用大量事实和亲身感受阐释观点，赢得大批受众支持。同时，我还将《玉莹信箱》栏目社交网站的留言区开辟为第二言论战场，正面与网民留言交锋，唤起受众正义感，"借力打力"，在留言区争取更多受众认同与支持。不少网民在跟帖中站在玉莹一边，与不友好、非理性的网友进行辩论，传播效果良好。今后，《玉莹信箱》还要更加主动、快速的拥抱新媒体，应用最新的手段，与听众沟通最真挚的情感，介绍真实的中国。

如今，《玉莹信箱》正越来越吸引更多的越南年轻"粉丝"，浏览量数以百万计。当年的老名牌正在焕发新的活力，实现了无线、在线、社交网等多个渠道同步传播，38 载的《玉莹信箱》栏目在竞争激烈的融媒体传播格局里，依然焕发出旺盛的生命力，历久弥新。

（作者系中央广播电视总台亚非中心越南语部播音指导）

对日广播不可忘却的人与事

王小燕

中国人民对外广播事业起步于抗战时期的日语广播，79 年的历程是一本厚重的史书，见证着中日关系深入发展的旅程，这里记载的只是其中很少的一些不可忘却的人与事。

日本女性原清志首开对日广播第一声

1940 年 3 月，周恩来结束在莫斯科疗伤返回中国，回国时，他从共产国际处获赠了一台广播发射机。其时，日本侵略者先后在中国境内建立了 60 多家电台，此外还有多家日伪电台也面向中国百姓推行奴化教育。美、苏、英、德、意、法等国均在华设有商用或民用电台，而那时的中国共产党虽然已拥有自身的通讯社，但广播则因器材原因迟迟未能开播。

这台获赠的发射机正是中共开设电台所必需的核心器材，为躲避国民党和日寇的检查，发射机被分拆为部品分别运回中国，带到延安，后经技术人员不懈努力，重新组装还原。与周恩来同行返程的人员中，有一位因共产主义运动流亡莫斯科的日本共产党人——野坂参三（曾用名"冈野进"），他希望能取道中国，回到故土。

组建电台的工作起步，为躲避空袭的干扰，电台地点选在了延安城西北 20 公里王皮湾村的山沟里，播音时工作人员需骑马前往。播音间是一个两孔相连的窑洞，一间为播音间，另一间为预备间。对岸石崖上也新凿了两孔窑洞，一孔为机房，另一孔为动力间。当时的延安还没有电力供应，仅找到的一台手摇的旧汽车引擎。基建完成后，经过延安通讯材料厂工人的反复调试，1940 年 12 月 30 日，延安新华广播电台正式开播，中国人民广播事业正式起步。

在延安新华广播电台中增设日语广播——这一建议来自与毛泽东、周恩来等人比邻而居的冈野进。1940 年 4 月，他跟随周恩来来到延安后，在"日本形势对其回国不利、中共对日作战迫切需要"的情况下，化名"林哲"留在了延安，度过了 5 个春秋。1940 年 7 月，在他的领导下，在华日本人反战同盟延安支部正式宣告成立——这既是延安首个日本人反战组织，也是随后在各抗日根据地相继成立的支部的领导机构。

1941 年 12 月 3 日，星期三，延安新华广播电台中第一次传出了日语广播。播音员是一位东京出生的日本女性原清子（1912–2001）。她与追求进步思想的丈夫结婚后育有一女，但丈夫被捕后惨死狱中，1937 年，她带着 5 岁的女儿，随同相识的中国留学生来到中国，随即投身抗日战争，参加了八路军并加入中国共产党。参军后，部队首长将她的名字改为清志。1941 年年底，在八路军第一军部敌军工作部工作的原清志突然接到彭德怀副总司令的指令，希望她去延安的电台担任日语播音员。原清志一开始认为自身文化程度低，不适合这个工作，彭副总司令拿出 3 封电报，说明此项任务的重要性，原清志这才接受命令。她带上了一本日后被她翻烂了的字典，走到了麦克风面前。

初创期的日语广播每周 2 次，每次半小时，主要内容为战况解说、介绍在华日人反战同盟，并用大量事实阐述战争的性质等等。曾多次采访过原清志的日语部前辈李顺然在其著作《二十世纪人留给二十一世纪人的故事》（外文出版社，2013 年。P261）中介绍到，1942 年 8 月 15 日到 28 日，为期两周的"中国华北地区日本兵代表大会"在延河畔召开，50 多名在中国北方从事反战活动的原日军士兵集会举行反战宣誓。冈野进和原清子也出席了这个会议，大会通过了"对日本士兵呼吁书"，其要点后经原清子的播音在电台播出，给侵华日军极大的震撼，涣散了军心。

延安新华广播电台对日广播因器材原因，只持续了大约 1 年半的时间。虽然时间不长，但是在揭露战争真相、介绍中国共产党的方针思想方面取得了很好的效果。1941 年 12 月 3 日，日后被正式确定为中国人民对外广播事业的开播之日。虽然有日本人谩骂原清志是"卖国贼"，但全国政协委员、日语部前部长李顺然称热爱和平的她才是"真正的爱国者"。

原清志后定居辽宁省，曾担任过幼儿园园长等职，2001 年在沈阳安详离世。就在头一年，老人家还受邀到访了中国国际广播电台，忆往昔，她说得最多的话就是——"战争中最受苦受难的总是老百姓，不忘历史不是为延续仇恨，而是为了从中汲取教训，为了延续和平与友好。"

陈真——让两国人民永远缅怀的一座美丽丰碑

1949 年 10 月 1 日的天安门广场，列席开国大典的群众方阵中，有一名扎着两条麻花辫、眼神清澈、难耐兴奋之情的 16 岁少女。1 个多月前，她刚刚和母亲、姐姐历经生死、辗转回到了祖国的首都。祖籍福建，1933 年 6 月生于东京的她，刚刚有了一个新名字——陈真（原名"陈蕙贞"）。

蕙贞 13 岁时，就用日文写下了一本 13 万字的小说《流浪的小羊》，二战结束后的日本《读卖新闻》以及台湾进步刊物《人民导报》上都曾刊发过这位小才女的投稿文章。她用文字抨击日本帝国主义思想、号召民众的觉醒，同时也如实地记录下了她在基隆下船后，第一眼目睹到的荒凉景象、批评了国民党士兵的不良风纪。

日本战败后，蕙贞一家于 1946 年 2 月回到台湾，后于 1949 年 8 月末辗转香港，历经艰辛，翌年才得以回到内地。船只靠岸天津塘沽港，先行回到内地的父亲早已等候在此，后来她才知道，这是父亲第三次来接船，此前的两艘船只，都因国民党的蓄意破坏而被炸沉海底。

吉普车颠簸了 5 个多小时后，终于抵达了父亲位于北京铁狮子胡同的宿舍。一家团圆不过两天，第三天一早，蕙贞就在父亲的催促声中卷起行李，赶往西单附近的六部口报道——1949 年 6 月 20 日，"北平新华广播电台"对日广播在这里开播。早在女儿回国之前，父亲就越俎代庖地接受了当时主管对外广播的廖承志之邀，派二女儿去电台报道。在日语组，蕙贞是第五位加入的成员。为防止国民党特务的破坏，在人事科报道时她改名"真"。

开国大典那天，陈真的内心无比激动，她在回忆录《自柳絮飘飘的北京》中写道：亲耳听到毛主席宣布"中华人民共和国成立了"，亲眼看到人民解放军朴素但英气奋发的军姿，我从心底真切地感受到，人民当家做主的国家诞生了——想到这里，扑簌扑簌地掉下了眼泪。

未待大典全部结束，陈真就和同事们匆匆赶回电台，投入了紧张的后续报道中，等当天的全部工作都结束之后，日语组 6 名同事以白开水代酒，举杯同庆。这时，最为年长的播音员王艾英深有感触地说："从今往后，中国人在国外也可以挺起胸膛了"。王艾英早年在日本生活，毕业于御茶水女子大学，后来回国后投身革命，从延安来到北京，这时的她已经五十出头。虽然年龄相差了一代人，但这番话也道出了陈真的心声，她想起了在东京的一幕幕遭遇——因为中国人的身份在学校遭受老师的歧视、小伙伴们玩游戏时总让自己当中国俘虏、坐电车时遭到的冷嘲热讽——这些都将不会再有。

在陈真 72 岁的人生中，遭遇过粟粒性结核长达 3 年 4 个月的生死摧残、也经历过一场场政治风波、家人的离散，但她都以顽强的信念挺过难关，每次听她讲述往事，再艰苦的岁月，她的回忆中也总是充满了对苦难时刻、默默帮助自己的人间真情的感谢，并无丝毫的怨恨和埋怨。

1973 年初，子承父业，她接手父亲陈文彬于 1962 年在对日广播中开创的汉语讲座节目。那一年，文革尚未结束，扣压在陈真和父亲头上的帽子尚未摘除。但得知重启中文讲座是周恩来总理听取到访日本友好访华团的建议后，亲自做出的批示，她觉得再也找不到推脱的理由。同年 2 月 19 日汉语讲座如期开播，2 周后，听众来信就达到了 2000 封。

1991 年，陈真受广电总局派遣，前往日本 NHK 担任广播及电视中文讲座的讲师，她和蔼可亲的形象、优雅美丽的日文、对中国文化和中国人生活细致入微的介绍让她在日本获得了无数粉丝的喜爱和尊敬。年近七旬、仍然每天满负荷忙碌的她的人生，在 2000 年底突然发生了巨大变化，在回国体检时，她查出了胃癌，手术出院后一直在家康复。这期间，虽然有病痛的折磨，但她仍多次在家接待到访的日本友好访华团。笔者与陈真老师的第一次见面，是陪同到访的日本中央大学白门合唱团登门拜访，时间应是 2001 年冬天，由于日程紧凑，访问被安排在晚上，人数一再精简，但也不下 10 个人。陈真老师笑盈盈地迎接了一行，谈笑风生，丝毫看不出任何的疲倦和病态，宾客相聊甚欢。日后回想起来，总是站在别人的立场，优先替别人着想，不愿让别人看到病痛，只肯留下美好，这应是陈真老师为人的信条，也是她吸粉无数的秘诀之所在。

2002 年到 2004 年夏季期间，陈真老师的病情相对比较稳定，还曾受邀参加过日语部的联欢活动、多次让日语部年轻人到家里玩，我也曾带着几位刚入台的新人登门骚扰过。2002 年 7 月，笔者受日语部派遣，前往山梨电视台（UTY）接受为期半年的播音培训，就在我即将出发前的一个周末，竟然收到陈真老师特地打来的电话，她鼓励我要珍惜这次学习的机会，而且要做好吃苦的准备，电话说得很长，内容语重心长，一位长辈对后辈成长的关切之情终身难忘。

2005 年 1 月，陈真前辈在北京离世，日本各大报社和通信社罕见地均刊发了消息，日本最负盛名的人文出版社岩波书店还赶在她离世前，于 2004 年底出版发行了精神医学家野田正彰撰写的人物传记《陈真——战争与和平之旅》，并将样书送至她在北京的病榻前，以表达对她的尊敬和抚慰。

对于国内学习日语的人而言，陈真老师同样是一位难以忘记的好老师，1982 年 5 月起，受中央电视台《周日日语》节目组之邀，她担任起日语学习节目的主持人，一干就是 14 年，在促进中日两国的民间友好和相互理解中，她用和蔼可亲的形象、娓娓道来的甜美声音架起了一座名副其实的友好桥梁。

2006 年，笔者在留学日本期间，偶遇一位学生时代曾一直收听陈真老师中文讲座的女士，当时的她还不知道陈真先生已经故去，在聊天中听说了之后，笔者看到，她的眼泪瞬间就夺眶而出，我被这自然流露的情感所震惊，也许，这只是成千上万陈真迷中的一个小小插曲，但那一刻，我为自己拥有这样的前辈深感自豪。

2014 年夏，日本国民诗人"古川俊太郎"在旅日诗人田原的引领下，欣然接受人物专访节目《CRI 会客厅》之邀，来台接受专访。在一层半的台史展处，古川先生久久驻足，凝望着拍摄于 1950 年 4 月的一张老照片，照片的正中，是身穿稍显肥大棉衣裤的少女，也是他儿时经常一起玩耍的小伙伴——陈蕙贞。两人的父亲为同一所大学任教的同事，所以常有机会聚在一起。陈真在回忆录《自柳絮飘飘的北京》中提及往事，"小时候，大人们在客厅聊天，阿俊和小他一岁的我常在一起玩，别人喜欢玩打仗游戏，他从不玩这个，自小他就有一个不同于别人的世界"。

"这就是阿贞工作过的地方呢"——古川先生边看边嚷嚷地说。这一年，离陈真老师的逝世已经过去了将近 10 个春秋，那一刻，我感受到在天国的她，仍然在冥冥之中用她温暖、明亮的笑容庇护着日语广播，庇护着后辈以及中日之间的友好往来。

冲破"竹幕"的第一封日本来信

日语广播开播于 1941 年 12 月 3 日，当初的受众是侵华日军，日本战败后，主要对象转为滞留中国的日侨。经历长春、大连、沈阳等东北广播时代后，1949 年 6 月 20 日，"北平新华广播电台"在六部口开播（同年 9 月 27 日更名为北京新华广播电台。1949 年 12 月 5 日，定名为中央人民广播电台。1950 年 4 月 10 日，对外广播部改称"北京广播电台"），从这一天起，来自北京的电波就再也没有停息过。1953 年，高峰时多达百万之众的日侨大部分都撤回日本之后，主要受众层也随之调整为日本国内的日本人。党和国家领导人非常重视对日广播，周恩来总理以及廖承志、张香山等对日工作领导人都曾多次直接指导、关心对日广播。根据李顺然所摘录的廖承志为对日广播留下的寄语，"朋友越多越好，敌人越少越好，这句话尤其适用于日本，国际台日语节目一定要牢记这一点"。

陈真刚入台时的广播时间为早上 5 点半 ~5 点 45 分（15 分钟）、晚上 17 点半 ~18 点（30 分钟），受设备所限，全部节目均为实况直播。起早摸黑、没有休息日是每一个工作人员真实的工作状态。

8 个月过去了，1950 年 2 月，主管日语广播的吴克泰兴冲冲地拿回了一个信封，这是对日广播收到的第一封日本来信，大致内容如下：

"调台时偶然听到了北京放送，中国成立了新政府一事，我之前也大致有所耳闻，但通过你们的广播，我才真正了解到，在广袤的中国大地上，劳动人民当家作主，国家建设正在蓬勃推进。节目里还能听到民谣和歌曲，格调出乎意料的明朗，今后我也会继续收听的。"

信封上盖满了各国的邮戳，从日期上看，一路航行了大约 2 个月。其时的世界，东西两大阵营冷战拉开序幕，而这封来信满载对新中国美好祝愿和鼓励的来信，冲破了"竹幕"阻碍，飘扬过海来到了中国，给年轻的陈真和同事们莫大的鼓舞和力量。

日本专家与归侨：对日广播初创期的生力军

在早年的对日广播中，华侨、台胞以及日籍专家一直是对日广播的生力军。中国出生长大、大学里学习日语的年轻人挑起对日广播大梁，则是改革开放、中国恢复高考制度之后的事。

新中国成立初期，随着设备和技术实力的提升，日语广播的时间延长、队伍也不断壮大，伪满时期来到中国、从事过广播及宣传工作的"留用日本人"以及在延安受到过进步思想洗礼的日本人相继加入，节目的内容和形式也不断得以丰富和充实。

就在陈真入台的 1949 年底，八木宽携妻子和两个孩子从东北来到北京，他是一名进步的剧作家，在日本国内受到排挤后，谋得了伪满国策电影公司"满映"的一份工作，因被八路军严明的军纪、良好的作风所感化，决定全家留下参加新中国建设。八木抵达后不久，日语广播组组长吴克泰因工作调动离开了日语广播，经验丰富、为人厚道的八木宽担任起日语广播组组长工作（1955年调整为副组长），在中国的对外广播事业中，由外国人直接主管某一部门的工作，这也是绝无仅有的一段历史。

八木来台后，先后创设了《寻访鉴真和尚的足迹》《街头漫语》《小说连播西游记》等深度介绍中国文化、民众生活的专题节目，其后加入的日本专家和归侨们此后也不断地开拓，《中国之旅》《儿童的时间》《音乐与话题》等一批节目相继创设，深受好评。

新闻报道方面，日语广播更是有着举足轻重的作用。1953年从东北鹤岗来到北京，后成为播音员的林纪美（本名：常泽美纪子，播音名：林华，林纪美为其加入中国国籍时的姓名）、参与新闻稿件翻译工作的谷内百合子、播音员李顺然、郑友惠等多名老同志在回忆往事时都提及，年轻时，深更半夜有人突然敲门、催着去台里赶稿是常有的事。他们很多人都参与过很多重要历史时刻的报道：西藏和平解放、炮轰金门岛、释放在押日本战犯、百万北京市民声援日本人民反帝反美斗争（实况直播）……

"台湾有很多人懂日语，炮轰金门岛之后，中央非常重视对日广播及时发声"。林纪美至今仍难忘记那一次次的深夜赶稿。93岁高龄的林老师，儿时随父亲移居中国东北之后，就一直生活在中国，如今她仍然住在真武庙附近的广电家属楼里。2002年1月，笔者为制作特别节目专访了林华前辈，她在节目里为自己点播了一首日本传统筝曲《六段》，她说，这是儿时母亲经常演奏、父亲也弹着三味线应和的曲子，"骨子里，我还是个日本人，我喜欢日本，但我也喜欢中国，之所以我坚持留在中国从事对日广播工作，因为我深信，这正是通往中日和平、友好的道路"。

1999年8月，我和另外3名同志正式入台后，早已退休多年的老专家添田修平主动承担起新人的播音训练课，添田先生1966年携一家四口来到中国，随后一直留在中国，夫人内海爱子也是一位非常深受欢迎的播音员，不幸于90年代初因病在北京逝世。

添田先生上课时精心准备了课件、包括五十音图发音基础训练、绕口令、简单新闻稿件等，老先生平时挺和蔼，但一上课就仿佛变了一个人，动不动就板着脸训斥，偶尔迟到自然会遭到严厉批评。他嗓音洪亮，中气十足，每天的课程从张大嘴巴，用腹式呼吸大声练习"啊~"开始，要求是每个人争取持续"啊"上1分钟。

据不完全统计，1949年以后，曾经在对日广播中工作过、且有姓名可查的日本专家不少于50人，此外，还有过大量短期停留的日籍工作人员，他们中，有人将生命定格在了中国大地，有人回国之后仍将热衷于创建、维护听众组织、为扩大"北京放送"在日本的影响而不停奋斗。

相比报纸而言，广播机动灵活的特点使得"北京放送"成为日本国内了解中国国内最新动态的快捷渠道，收听、抄录"北京放送"的新闻也是很多日媒每天必修的日课。文革后期，周总理离世、毛主席离世等重大消息都是经由"北京放送"首报之后传至日本的。

来信数量后来直线上升，文革开始前，每个月的来信达到了 1 万封，6 名工作人员专门处理、回复听众来信，但"文革"爆发后，一年之内，听众来信数量就跌破至不到头一年的十分之一。1972 年中日恢复邦交，78 年起改革开放，对日广播又再次迎来了黄金时代，在与听众的交往中，又诞生了许多感人至深的故事，此是后话。

新中国成立后，很多海外华侨青年响应国家号召，纷纷回国投身国家建设。笔者于 1999 年入台，赶上了一个和部分归侨短暂共事的尾声，耳濡目染他们严谨认真的工作态度、精益求精的职业追求，留下了深刻的印象。

世纪之交的国际台日语部的归侨中，还未退休的老同志有 1981 年从云南调入国际台、此后一直负责新闻改稿工作的徐一明前辈——徐老师爱抽烟，人非常文静，话语不多，但改稿严谨，用词准确，逻辑性强。有日本驻站刚刚回来的林叔猛（播音名：林涛）前辈——入台前我就从调频广播 FM88.7 里听到过他发自东京的报道，怎么听都觉得是一副"酒精浸泡"的磁性嗓音，没想到真实情况也的确如此，只不过让人大出意料的是，林老师的歌唱得非常好，原本是少女演唱的"花仙子"主题歌被他唱得活泼俏皮，谁听了都会哈哈大笑，不由得一起拍掌喝彩；他喜欢听日本传统曲艺"落语"，听后反复模仿、练习，最终锤炼成独成一家的《林涛的中国古代传说》，成为深受日本大妈们疼爱的男主播。

此外，退休后返聘上岗的同事，包括每次来台台要邀上小同志，请我们搓饭、喝酒的金宝光先生——金老师聚餐是最爱说年轻时的往事，听说他的父母在日本开中餐店，所以本人也喜爱美食，不幸的是后来还是因为饮酒过多患病故去；来信组的李建一先生——他和夫人郑友惠（播音名：郑湘）是很多日本听众最为信赖的好朋友，夫妻俩都喜爱旅游，精通各地的旅游信息，且为人非常随和，是感情非常好被年轻人视为教科书级的伉俪；同在来信组的长崎归侨、总是一脸笑眯眯、且衣着考究、举止优雅的林爱珠女士（播音名：李秀华）——爱珠女士爱开玩笑，看到我总喜欢毫无戒备地把书包敞开放在桌上，有一次有意趁我不注意，从里面拿出钱包藏了起来，然后得意地来问"你的钱包呢"。还要提及的是，爱珠的先生李敏宽是李建一老师的弟弟，爱珠和郑友惠是一对妯娌，两人都热爱烹制美食。我刚刚入台时，日语部最开心的活动是每年春秋各一次的远足郊游，已退休的老同志们、正好到访北京的听众都会受邀参加。每次郊游的日子，这对妯娌就会从头一天开始准备食材，当日起个大早，麻利地做好足够全体人员都能吃够的寿司、饭团和各种日式小菜。休息时分，众人一起铺开垫子，争抢、说笑着一起用餐的情景，让新人很快融入了大集体，成为我至今仍难忘记的美好回忆。这些看似与工作毫无无关的交流，以自然的方式促进了不同年龄层的交往、继承了日语部团结友爱、爱学会玩、重视传承的独特文化。

入台后，我的座位碰巧被安排在一位德高望重的老前辈旁边，前辈们总是爱用他名字的头两个字相称——"李顺"。后来我才得知，日语部除了"李顺然"，还有一位名叫"李泰然"的老先生，"泰"是哥哥，"顺"是弟弟，且兄弟俩都是夫妻一同在日语部工作。两人祖籍台湾，生在东京，父亲是成功的茶叶商人，家境富裕。李顺然前辈性格温和，从未与别人拌过嘴，但唯独儿时小伙伴的一句"台湾秃子"，让他大打出手，"活了这么大，跟别人打架也就这一次"。他说，新中国成立的消息他是从在北京放送的对日广播中听到的，听后无比兴奋，后来得知祖国需要知识青年回国建设国家，就毫不犹豫地做出了决定。

我入台时，"李顺然"先生虽已退休，但曾为全国政协委员的他，一直热衷于指导新人，同时自身也笔耕不辍，在日语广播以及日文月刊杂志《人民中国》都保持着连载栏目。他即使在身患癌症之后，仍以顽强的毅力撰写、出版了《二十世纪人留给二十一世纪人的故事》等著作，为后人留下了宝贵的精神财富。虽然他大部分时间都在国内度过，但是熟知日本的最新动态、尤其是日本报刊、杂志上的新思潮、新书信息等他都能敏感地捕捉到，然后通过恰似不经意的聊天，将他认为重要的信息反哺给我们。

2009 年，日语部最年轻的华侨——共和国同龄人林叔猛退休，归侨这一群体在日语广播中逐渐淡出了历史舞台，但他们的民族节气以及不畏困难、勇于开拓、精益求精的专业精神，为了祖国建设勇于自我牺牲、为了中日友好以及世界人民的和平、友好事业而奋斗终身的理想主义情怀值得后人永远铭记。

听众故事：以真情为纽带 以生命相伴随

北京西郊的万安公墓里，长眠着一位日语广播的老朋友——伊藤彰一，每年清明，日语部都要前往这里扫墓。1999 年 8 月，时任日中交流俱乐部代表干事伊藤率团访华之际，不幸在下榻的酒店突然离世，年仅 50 岁，他的父母决定将其一半的骨灰带回日本，另一半就安葬在他深爱的中国。

笔者虽未曾有缘与伊藤先生谋面，但多年后，翻看 2006 年由日本听众投稿结集成书的《我与中国国际广播电台》，仍为这一段生死相随的往事所深深打动——一个人如若愿不惜生命来维系一份情缘，这定不是一般的真情。70 多年来，听众和"北京放送"的真情互动中，留下了很多很多的故事，因篇幅限制，仅仅列举其中极少的一部分：

山梨县甲府市的神宫寺敬先生，生于 1920 年 2 月生，是一位长寿健康的老人。他从新中国成立初期就坚持收听北京放送的广播。二战末期，在通信公司任职的他被迫应征入伍，成为侵华日军的一名通信兵，虽然没有直接参加战斗，但他深深反省战争给中国人民带来的灾难，发誓要用毕生的力量呵护两国的和平与友好。1986年，他得知电台很多年轻播音员并没有去过日本，就主动牵线搭桥，开辟了当地电视台接受我台播音员赴日培训的渠道，延续至今。老人家携家人一道，恪守承诺。若不是疫情影响，今年 10 月，他和两个女儿仍会如约来北京看望他的中国孩子和友人。期待明年能在金秋的北京再次恭候老人家的到访。

同样于 20 世纪 50 年代就收听广播至今的是日本"国铁"（国家铁路，后私营化，今 JR 前身）时代就从事工人运动的岩田博先生（岐阜县美浓加茂市），1978 年 10 月，他第一次到访了中国，所到之处受到接待方和一般民众的热情迎接，回国后他按捺不住兴奋之情，提笔给北京放送写下了第一封信，由此开始了他和北京放送延续至今的友谊。岩田至今仍珍藏着当年的信件和节目录音，他还收藏、保管了大量与国际台信件往来的记录、以及日本国内听众组织编纂的报纸等珍贵资料，并于 2011 年国际广播开播 70 周年之际，亲自来台捐给了台档案室。

为"北京放送"所吸引的听众，并非都是成年人，20 世纪六七十年代，日本掀起了无线电热，其中既有私人电台的爱好者、也有不少人是通过短波收听国外电台对日广播的 BCL 听众，现在在东京都北区经营一家眼镜店的大井直行就是其中的一员。60 年代末，还是小学生的他，就曾收听过北京放送，但当时的广播用词生僻、内容也听不懂就没有坚持下来，1973 年以后，大井斥 5 万日元巨资买回了一台三波段短波收音机，此后他一直坚持收听北京放送至今。1988 年 3 月，首次访华的大井做出一个大胆的决定，请他在北京的笔友带自己去复兴门外的北京电台去看一看，负责来信接待工作的李健一热情地欢迎了他。在日语部，他说"看到在电波里架设桥梁的这些声音的真人，就站在自己眼前，我感觉无比高兴，这是我人生中永远都无法忘记的一幕"。大井在东京坚持义务献血，每次到访北京，也都不忘去设在王府井或西单的义务献血车，他说只要自己还健康，今后都会继续与中国朋友分享他的"元气"。

千叶县馆山市的原田桂子女士是一名普通的家庭主妇，到了晚上，她喜欢边做手工或是边练习书法，边收听广播，1980 年她因太极拳对中国产生了兴趣，又因偶然之间听到"这里是北京放送局"的呼号，"信号清晰，内容也很有趣"，从而成为了一名忠实听众。她先是从广播里听到"希望工程"的简介，继而又在电台寄来的日语月刊杂志《人民中国》上读到了详细报道，她和先生商量后，立即做出了一项重大决定——将母亲赠与自己的 100 万日元捐给中国的希望工程，因为她"希望这笔意外之财能发挥出更大的社会效益"，时任东京支局长张富生收下这笔善款并带回了国内。而这只是原田援助事业的第一步，回家之后，她和身边的朋友约定——每天捐出 300 日元（一杯茶点），每个月定期存下 1 万日元。15 年过去了，原田手捧 200 万日元的存款，再次来到北京，在电台的协助下，她用这笔钱购置了电脑、取暖设备，送往了河北省丰宁县六道沟小学，她说，"虽然我只是一个靠退休金度日的老人，但能用这笔钱为有着美好前途的孩子们做出些许贡献，是我无上的荣幸。"

……

北京放送和听众的真情互动，就像大海里一朵朵美丽的浪花，数也数不完。岁月流逝，不少老听众化作了天上的繁星，很多人直至生命的最后一刻，都保持着和电台的互动和联系。他们中，既有昔日的老兵、也有老兵们的子女、或是在日本殖民时代的东北度过青春岁月或儿时时光的人、亦或是为中国博大精深的传统文化所吸引——他们的共同特点就是喜爱中国、希望日本与中国一直友好相处下去——正是前辈们全心身投入打造而成的听得见、摸得着的北京放送，给了他们的思绪一个安放的平台。

在日语广播的老人中，也有很多人珍视这份来自日本民间的真情，在个人赴日探亲、旅游期间，前往探望病榻上的老朋友，虽然见面了也只是握紧他们的手，只是微笑地看看她们，然后是伤感的作别，谁也无法改变生命的无奈，但这份情感弥足珍贵……

尾声

2011 年，我在采访横滨归侨陆汝富老师时，他简单但真挚的话语让我终身受用："人与人的交往，说起来也很简单——你是否发自内心地想和对方交朋友、期盼中日的和平与友好？人的真心对方是可以感知的。如果内心并无这样的想法，只是公事公办地念念稿子，自然也无法打动听众的心"。

70 多年来，对日广播在中央的指引之下，在曾是侵略与反侵略、殖民与反殖民关系的中日两国之间，秉持传承历史、化解战争隔阂、在两国民众之间架设心灵桥梁、传播和平与友好的使命，在二战后的中日关系、尤其是民间交往的历史画卷中，留下了一页又一页绚丽、斑斓的色彩。

21 世纪之后，网络、通信技术的发展，国际人员往来增多，中日交流日趋密切，国际传播也随着新技术、新手段、新渠道而不断转型升级，做出了很多有意义的尝试，取得了新时期的发展和进步。但我深信，无论形式如何创新，贯穿在形式背后的真诚之心、对和平与友好的呵护之情，永远都不会改变。

参考文献：

①《北京放送听友会》会刊（1973-2000）。
②陈真：《自柳絮飘飘的北京——与麦克风相伴随的半个世纪》，日本东方书店2001 年版。
③中国国际广播电台史志办公室编《中国国际广播电台大事记》（第二集），中国国际广播出版社 2006 年版。

④张国清等主编《我与中国国际广播电台》，外语教学与研究出版社 2006 年版。

⑤傅颖主编《光影 70 年——中国国际广播电台日语广播开播 70 周年纪念特辑》，外语教学与研究出版社 2011 年版。

⑥李顺然著《二十世纪人留给二十一世界人的故事——一位对日广播老人的回忆》，外文出版社 2013 年版。

⑦刘金林：《新闻出版业的延安时期》，《西部文旅》2019 年第 2 期。

⑧艾红红、薄璐：《廖承志对我国广播事业的贡献》，《百年潮》2012 年第 7 期。

⑨卫广益：《延安新华广播电台的诞生及初期贡献》，《中国记者》2011 年第 1 期。

⑩刘莹莹、赵云泽：《延安新华广播电台》，中国人民大学新闻学院，2016 年。

⑪孙建和：《中国第一位日语播音员原清志》，《炎黄春秋》2002 年第 6 期。

⑫《中国对外广播第一声——原清志》，https://www.sohu.com/a/152659688_394265

（作者系中央广播电视总台亚非中心日语部主播、资深翻译）

环球资讯广播以创新为基因惟进取故日新

黄永国

在中国人民广播事业 80 年发展的历史长河中，开播仅 15 年的环球资讯广播仿佛还只是少年。作为全天候滚动播出国际资讯的广播频率，环球资讯广播创办至今，"世界在你耳边"的口号和追求始终如一，服务国家外交大局、满足国内受众对全球资讯渴求的初心始终如一，团队昂扬奋进、锐意进取的风貌始终如一……

围绕习近平总书记推动媒体融合向纵深发展的重要部署，在中央广播电视总台的更高平台上，如今的环球资讯广播正以打造中国"国际资讯第一传播平台与品牌"为方向，不断创新并进行高质量改版升级。

身为环球资讯广播创建团队的一员和多年的频率负责人，回忆起这个被听众称为"非常电台"的广播频率 15 年来的发展历程，满目壮阔，满眼星河，丹青难写是精神。

寻常一样窗前月　才有梅花便不同

2005 年 9 月 28 日，环球资讯广播正式开播。它标志着中国内地第一家类型化、全天候、全直播的纯资讯频率的诞生，也被学术界认为是中国广播事业从专业化向类型化发展的重要标志。

作为环球资讯广播创建团队的一员，频率筹建之初，我和同事们就一直在思考：今时今日的中国人，究竟需要一家怎样的国际资讯电台？

彼时，随着国家经济实力、综合国力和国际地位的显著提高，中国因素在国际格局中的分量正在加重，影响也日益扩大。与此相伴，中国人希望了解世界的热情、对国际资讯的渴求也日益高涨。

筹建环球资讯广播，我们首先想到的是更好地服务国家外交大局、加强舆论引导，同时满足受众对国际资讯的渴求。

当时的中国国际广播电台是我国最大、语种最多的中央级对外广播媒体，每天使用 43 种语言向全球广播，数十家驻外记者站遍布各重要国家和地区。立足于此，发挥优势，环球资讯广播以"锚定国际资讯"为频率定位。

而专业的国际资讯供给也弥补了当时广播领域的空白，环球资讯广播因而进一步丰富了国内广播市场，满足了受众信息选择多样化的需求。

其次，资讯广播是国际大都市文化生活中的重要元素之一。环球资讯广播的创办正是要适应我国改革开放的需要、适应我国各大城市日益国际化的需要。因此，从频率定位到频率落地、从节目编排到播报风格，"都市化"和"国际化"都是环球资讯广播的鲜明特色。

确定了这两个基本点，环球资讯广播自开播起就打破常规，进行了多种创新与探索：

——以新闻资讯、持续滚动更新为节目基本形态，以"资讯第一、第一资讯"为频率追求；

——每时段对国际国内重大新闻进行细化编排，实现轮盘式播出，使得节目内容处于运动、变化、更新中，打破了黄金与非黄金时段的区别，都市听众可随时了解最新的新闻事件；

——结合都市生活特点，做精早中晚三大新闻版块，辅以涵盖时政、财经、文体、旅游娱乐多领域的多档资讯和专题节目；

——追求"高端、专业、时尚、大气"的播报风格和传播特点；

……

历经 15 年发展，环球资讯广播不忘初心、情怀未变，正努力讲好新时代奋进中国与世界的故事，并已成为了具有较强引领力、传播力、影响力的国际资讯平台与品牌。

满眼生机转化钧　天工人巧日争新

创新创优，是环球资讯广播的基因。15 年来，环球资讯广播不仅一直奋力打造重大新闻事件最快捷、最权威的发布平台，更以自己的努力，助力国家外交以及经济、文化等领域的国际交流与合作，成果备受各界肯定。

（一）与国际大事同步　夯实国际资讯新闻台地位

全天滚动直播新闻资讯以及多年全国"两会"直播、重大航天发射任务直播、2006 年中非合作论坛北京峰会直播、2008 年北京奥运会直播……与国际国内大事件同步，环球资讯广播的专业性与影响力与日俱增。

面对全球重大突发事件，环球资讯广播更彰显了中国广播人的专业与敬业。

2011 年的"3·11"日本大地震，震级达 9.0 级，为有地震记录以来全球震级第五高的大地震，当时全球关切，影响至今犹在。地震发生后，国内关注度极高，环球资讯广播第一时间启动应急机制，打破常规节目形态，连续多日进行贯穿全天的大直播，首日直播就达 10 小时。凭借与赶赴地震现场的驻日本记者的多次直播连线，联动国际国内媒体、专家、部委等的权威发布、分析点评、国际关注等丰富内容，环球资讯广播成为了国内受众了解"3·11"日本大地震最新动态的权威平台。国内媒体研究、应急救援等多领域的专家学者对环球资讯广播的直播效果和人文关怀的媒体视角给予高度评价。

在随后的利比亚战局、红场阅兵、波士顿马拉松爆炸案、法国巴黎恐袭等各类型国际大事件中，环球资讯广播均实现了大直播"常态化"。驻外记者现场连线、权威专家深度剖析、国际舆论梳理盘点……面对突发国际事件，环球资讯广播速度与深度并重，获得了较好的传播效果、较高的市场认可。

由于影响力的提升，在环球资讯广播报道国际大事件时，新浪、腾讯等网络平台都曾主动联动，传播效果进一步扩大，广播与网络实现了融合传播的尝试。

同步直播国际大事，产生了良好的"大事件营销"效应，各地受众形成了"发生国际大事就听环球资讯广播"的认知，环球资讯广播国家级"国际新闻台"的品牌和地位也进一步夯实。

环球资讯广播2014年获国家新闻出版广电总局颁发的"最具综合实力中央级广播频率"称号，2017年再获"年度最具品牌影响力中央级广播频率"奖。

（二）持续策划精品栏目特别节目　进一步提升频率特色和吸引力

同步中外重大新闻事件、重大活动、重要赛事，环球资讯广播还注重打造精品栏目，在关键节点，推出特别策划，制作特别节目，以高质量的新节目、新内容，不断给听众带来"强刺激"，产生"强吸引"。

环球资讯广播晚高峰时段新闻评论类栏目《资讯非常道》，以国际视角分析新闻热点，以人文视野纵览全天热点，点评犀利、风格麻辣，开创独树一帜的广播脱口秀风格，于2012年获颁国家广电总局创新创优节目奖。

2012年伦敦奥运会期间，环球资讯广播开创了中国广播媒体在境外设立直播间进行常态节目直播的先河。环球资讯广播首次在伦敦奥运会IBC内设直播间，伦敦－北京联动直播，为听众呈现全现场、全直播、全视角、无时差的伦敦奥运报道。备受听众喜爱的体育脱口秀栏目《大话体坛》贯穿赛事始终每日夜间推出"直播伦敦"两小时特别直播;《资讯非常道》栏目推出《奥运非常道》脱口秀对赛事进行现场点评;早中晚资讯栏目《第一资讯》开辟"奥运零距离""直通伦敦"等由前方直播的版块，全面迅速报道赛事动态、及时进行赛事预告，并推出体育与人文相结合的赛事短评。通过环球资讯广播"听奥运"，成为了广大体育迷的一个重要选项。

在欧美同学会成立百年之际，环球资讯广播的《环球名人坊》栏目还曾推出"海归推动中国"大型策划，深度发掘各行各业杰出海归人才的人生故事，多角度、多方位诠释主题。该系列产品共包括30期访谈节目、1本《影响中国——20位顶尖海归访谈录》图书、"海归中国梦"论坛3个部分。环球资讯广播的这一策划得到时任中央主管宣传领导的高度重视和肯定，并部署各媒体关注海归这一特殊群体，掀起了国内"海归"创业、"海归"报国情怀报道的高潮。

环球资讯广播策划的特别节目，在外交、军事、财经、体育、文化、航天等多领域重大事件的报道和直播中持续推出，以其独特的新闻视野、"非常"的分析评论，提升了环球资讯广播的品牌美誉度和受众忠诚度。

（三）在节目中积累力量　从单一媒体向多媒体"挺进"

环球资讯广播始终关注、研究媒介业态的发展，积极主动拥抱新媒体、投身融媒体，并较早实现了自身的多媒体融合、全媒体发展。

环球资讯广播在深度国际报道上的专业能力和媒体融合素质，也得到电视同行的肯定。环球资讯广播先后与兵团卫视合作推出一周 3 期的国际新闻评论类电视栏目《环球锐观察》，与甘肃卫视合作推出文化旅游访谈电视栏目《边走边看》和深度新闻周刊类电视栏目《直通一带一路》等，不仅获得合作方和观众的肯定，《直通一带一路》栏目更曾获得国家广电总局优秀创新创优栏目表彰。

2009 年 11 月，环球资讯广播的官方微博发出了第一条问候。如今，"环球资讯广播"已是拥有超过 4800 多万粉丝的"大 V"，粉丝数在全国电台中排名第一。2019 年，环球资讯广播微博的全年阅读量近 20 亿人次。

环球资讯广播的微博依托节目、反哺节目，兼具信息发布、节目互动等多重职能。很多时候，《资讯非常道》《环球媒体浏览》《大话体坛》《新闻盘点》等栏目，节目直播还未开始，微博上的话题互动就已经掀起了一阵小高潮。微博也成为了环球资讯广播信息发布、节目观点"落地"的第一平台。

2015 年，环球资讯广播开播 10 周年之际，"环球资讯 +"客户端正式上线，这是环球资讯广播在媒体创新与融合发展进程中的重要一步。这一客户端旨在依托环球资讯的采集力量、节目资源，打造一款以有声新闻与听觉互动为核心的新闻社交应用平台，通过音视图文多媒体内容直击全球新闻现场，展现各方观点碰撞，实时与用户互动。

"环球资讯 +"客户端上线后，围绕"九三"阅兵、朱日和沙场阅兵、中美元首会晤、G20 杭州峰会等一系列中外大事件进行了多场广播与新媒体联动的全新直播，环球资讯的品牌价值和影响力进一步延伸到了更多端口和更广平台。

2016 年里约奥运会期间，环球资讯广播不仅多时段、全方位推出"奥运听觉大餐"，更将移动传播、社交媒体作为报道"主战场"。环球资讯 + 客户端对奥运会开幕式全景式直播，成为国内唯一一家在新媒体端对奥运会开幕式进行音视图文融合直播的媒体；里约奥运会期间，环球资讯广播的特别策划"大话里约"与中国移动的咪咕视频合作，向网络视频发力，创下 4500 多万人次的收视量；环球资讯广播微博"里约奥运"话题的总浏览量超过两亿人次，评论、转发、点赞等互动量超百万，多条单条微博的阅读量都超过两百万，创重大事件报道类新高。

可以说，环球资讯广播一直以实际行动践行着"台网融合 先网后台"的理念。环球资讯广播微博 2013 年获新浪微博"电台微博最具影响力奖"、2014 年获颁国家新闻出版广电总局"最具影响力视听微博平台"；2016 年上海广播节期间，环球资讯 + 客户端入选十大中国广播创新融合优秀案例。

鲜为人知的是，在中美舆论斗争中发挥重要作用的"国际锐评"，就诞生于环球资讯广播。

最初，环球资讯广播依托新闻评论栏目《新闻盘点》开辟"环球锐评"微信公众号，后组建专班围绕国际热点每日撰写评论。总台融合后，根据中美贸易摩擦的舆情需要，为加强涉美西方舆论斗争，"环球锐评"更名为"国际锐评"，任务更为明确、团队逐步加强、内容不断优化，在国家外交外宣领域发挥着更大作用。

如今，全新的"环球资讯+"微信公众号，依托《第一资讯》栏目，再推出以涉美舆论斗争为主线、以"深观察"为品质追求的言论性融媒体产品《环球深观察》，紧盯新闻热点，及时有力批驳美国政客恶劣言行和虚伪表现，揭露美国政客对内错误应对疫情、激化社会矛盾、打压专业人士的荒谬作为，对外毁约退群、恃强凌弱、以邻为壑的单边行径。《环球深观察》已在央视新闻客户端实现联动发布，点击率、转载率较高，影响力较大。

（四）举办多种线下活动丰富线上内容、拓展品牌影响

大数据分析显示，环球资讯广播听众的"画像"为：25 至 45 岁、接受过本科以上教育、中高收入都市群体。

听众分布广、素质高、忠诚度高、互动意愿强烈，是环球资讯广播听众群体的主要特点。应听众的强烈要求，多年来，环球资讯广播也通过举办形式多样的线下活动，丰富线上内容，拓展品牌影响。

2013 年，环球资讯广播启动"非常世界·非常国家周"大型项目，与多国驻华使领馆、多国旅游机构驻华代表处等密切合作，每月推出一周特色国家周节目组合与特色活动，意大利周、土耳其周、波兰周、瑞士周、克罗地亚周、印度周等密集高效铺展，这些国家的旅游、文化、历史、体育、教育、艺术、名人等内容，在各品牌栏目以及新媒体平台上全面呈现。环球资讯广播的各栏目都推出了大量特别策划、特别节目，进一步拓展了受众对世界的认知。

与此同时，画展、音乐欣赏会、名著阅读会、电影观赏会、文化论坛等数十场高规格地面活动相继举行。环球资讯广播的节目空间从直播间走向社会大平台，数万条节目互动交流量，数百位听众实地参与落地活动，包括时任法国驻华大使、克罗地亚驻华大使等在内的近百位嘉宾直接参与节目与活动，环球资讯广播的品牌影响力进一步提升。

活动期间，还有不少让人印象深刻的"小插曲"。北大法语系主任董强教授在参加节目直播的过程中，错过了很多"未接来电"，下了节目一一回电，都是亲朋好友告诉他听到了他的节目。环球资讯广播的影响力之大、听众范围之广让董强教授大为感叹。

多年来，环球资讯广播还举办"问道·新丝绸之路"、"《老外看点》地方行"，联合各地举办地方"城市周""魅力星主播"和"海外自驾游"等项目，从不同层

面拓展节目品牌和影响力。

环球资讯广播还曾多次举办全国广播媒体国际报道研讨会,与全国同行深入交流如何做好国际报道,共同推动中国广播事业发展。

惟进取也　故日新

经过 15 年发展,环球资讯广播在北京、天津、重庆等多个国内一线主要城市和粤港澳大湾区(覆盖广州、深圳、香港、澳门)落地播出。"环球资讯广播"微博账号现有粉丝超过 4800 万,"环球资讯 +"客户端下载量超过 172 万。

在中广协广电分会与赛立信媒介研究联合发布的月均中国国家级广播频率融媒体云传播数据中,环球资讯广播的点击量、云听指数、云迹指数、云交互指数四项指数的排名均位列全国第二;根据喜马拉雅 FM、蜻蜓 FM 等平台的数据,环球资讯广播在全网资讯类电台中排名第二,紧随中国之声。

2020 年是总台新一轮高质量发展改版升级年,是中国人民广播事业 80 周年。"年轻"的环球资讯广播也正以此为契机,进行新一轮改版升级,推出多系列特别策划,加强观点性、言论性内容的节目比重,强化国际热点舆论引导的锐度、深度,力争将总台新闻中心旗下的环球资讯广播打造成中国大中城市民众获取国际资讯的重要平台,并通过与总台新媒体平台的密切合作,将其品牌价值和影响延伸到更多端口、更广平台。

曾见证过环球资讯广播的同事们在无数激动人心的时刻,壮怀意气直播忙;曾在环球资讯广播的工作平台中,与同事们一起枕戈待旦、昼夜擘擎……在中央广播电视总台的新起点、高平台上,全新的环球资讯广播正以"快、深、全、精"的广播与新媒体融合式发布,讲述新时代奋进的中国与世界的故事,正努力打造中国国际资讯的第一平台。祝福曾经的同事们在总台融合的风云壮阔中永葆锐气与英气,为中国人民广播事业再添新意、再立新功。

(作者系中央广播电视总台环球资讯广播原总监)

风雨同行16载，见证中国对俄传播事业飞速发展

安娜·阿拉贝尔特

我很荣幸，从 2004 年至今一直在中国国际广播电台俄语部（现中央广播电视总台欧拉中心俄语部）工作。在这里，我和同事们朝夕相处，为增进中俄两国和两国人民的相互了解贡献着自己的绵薄之力。对我个人而言，把自己的青春时光投身于此项工作，这不仅是一份职业，更是一项使命。16 年来，我见证了中国对俄传播工作从单一传统广播向多媒体多平台多渠道融合传播的飞速发展和变迁。

还记得，我刚来俄语部工作那年正值俄语广播开播 50 周年。此时，中国对外广播事业正处在业务转型发展的关键时期。从那时开始到如今的十几年时间里，我亲眼目睹了俄语部如何开展媒体外交、与俄罗斯主流媒体合作，逐步实现从传统广播业务向新媒体发展，不断开拓视频、网站、杂志、社交媒体、移动客户端等业务。时光荏苒，16 年后的今天，借助中央广播电视总台成立的良机，俄语部合理利用总台资源，充分发挥对俄传播优势，更进一步地积极谋求自身发展，在纷繁复杂的世界舆论场里，发出来自中国的"俄语之声"。当然，俄语部取得的成就既要归功于领导层对对外传播事业可持续发展重要性的理解，以及掌握新媒体发展主动权的意识，同时也与中俄双边关系达到历史上最高水平、两国高层的频繁密切交往是密不可分的。

16 年前，我来到俄语部工作时刚刚 28 岁，是当时这里最年轻的外籍员工。那时，俄语部大家庭成员里有很多精通俄语、经验丰富的老师，还有 3 位 50 岁开外的俄罗斯专家。部门的主要工作仍然是对外传统短波广播报道。那时，部门刚刚开始涉足互联网传播，熟悉电脑、网络和新媒体的人才短缺。但这种现象没有持续很长时间，2004、2005 年前后，部里陆续来了一批富有朝气的年轻人，时至今日，他们已经成为俄语部工作和确定部门发展方向的骨干力量。

在俄语部工作初期，我们取得的成绩让我不得不提起我们的老领导范冰冰。她带领着俄语部全体成员，以及我们这些外籍专家不忘初心，砥砺前行。在这位活力四射的领导眼里，什么事情都没有"不行"和"不可能"之说，她的头脑中总是有很多"好点子"。在她的坚强领导和部门全体同仁的努力下，2006 至 2007 年，在中俄"国家年"的框架下，俄语部策划实施了史无前例的"中俄友谊之旅·俄罗斯行"和"中俄友谊之旅·中国行"项目，由中俄两国主流媒体记者组成的联合采访团长

途跋涉，用脚步丈量中俄两国广袤的土地，记录和报道两国相交相知的故事。随后，在俄语部的主导下还举办了中俄两国媒体记者摄影比赛和"情动俄罗斯·中国人唱俄语歌"大型选拔活动。

在所有这些活动的筹备和组织过程中，我们这些来自俄罗斯的同事也积极参与其中。从前期策划到根据俄罗斯国情提出建议，从筹备采访到联系俄方同行……处处都有我们辛勤工作的身影。我有幸成为"情动俄罗斯·中国人唱俄语歌"大赛的评委，还担任了几场分组淘汰赛的主持人。不得不说，参赛者们高亢的热情和对俄罗斯深厚的情感让我深受感动。俄语歌大赛最激动人心的时刻要算颁奖典礼了。当时，正值时任俄罗斯总理普京访华，在中俄建交 60 周年庆祝大会暨中国"俄语年"闭幕式上，两国总理一同为"情动俄罗斯·中国人唱俄语歌"大赛获奖者颁奖。毋庸置疑，这证明了活动举办的成功和影响力。

在中俄持续互办国家"主题年"的背景下，我们决定从 2010 年开始，与俄罗斯主流媒体合作推出《你好，中国》项目。该项目的第一季正值俄罗斯"汉语年"，为加深外国民众对中国和中华文化的了解，我们围绕 100 个代表中国传统文化精髓的汉语词汇制作了百集电视系列动画短片，在俄罗斯国家电视台"文化"频道、"俄罗斯之声"广播电台、《俄罗斯报》、俄通社 - 塔斯社等俄罗斯国家级媒体同步播出或刊发。第一季节目的推出为我们赢得了更广大的俄罗斯受众群体，据不完全统计仅在俄罗斯"文化"频道的收视人数就达到了 5200 万人次。俄罗斯媒体对这个节目给予了充分的肯定，在俄媒的报道中这样写道："国际台的'语言项目'引发了俄罗斯人对汉语的浓厚兴趣。"《你好，中国》品牌项目后来陆续围绕中俄"旅游年""青年年""媒体年"等推出了第二季，第三季，一直到现在的第七季不同主题的媒体产品和活动。不少俄罗斯媒体成为了我们新的合作伙伴，包括今日俄罗斯国际通讯社、RT 电视台等，合作的领域进一步拓宽，囊括了电视、纸媒、网站和社交媒体。

这些年我们在传统广播和媒体外交领域取得了令人瞩目的成就，尤其是凭借《你好，中国》项目在俄罗斯赢得了一定的知名度，特别是由于年轻人的关注，极大的拓宽了我们的受众范围。也正是因为受众的日益年轻化，我们必须要持续不断地去寻求更新颖的题材和传播方式，来满足他们的需求。

2017 年，俄语部发展历史上浓墨重彩的一笔——"中俄头条"双语移动客户端横空出世。直至今日，它依然是我们的工作重点。坦白地说，客户端的开发过程非常艰难。肇始之际，为了顺利推动该项目的实施，俄语部与今日俄罗斯国际通讯社进行了多轮谈判，双方同意通过多媒体应用软件（App）的形式对双方资源进行整合。经过 3 年的运维发展，中俄头条客户端下载总量超过 650 万，为增进中俄两国民众相知互信搭建了新媒体端沟通交流的平台。

2018 年，中央电视台、中央人民广播电台和中国国际广播电台三台合并，正式成立中央广播电视总台。这一事件为中俄头条客户端的快速发展提供了新的契机，在时任俄语部主任刘岩的带领下，俄语部同事们守正创新，积极利用现有资源和平台开展在民间外交新领域的探索。我们通过"中俄头条"策划推出了一系列互动活动，比如"世界杯有奖竞猜""点赞上合""乐动中俄"等等。最值得称道的要数为献礼中俄建交70周年而策划推出的"乐动中俄"跨国全媒体创意互动活动。这是由中央广播电视总台和今日俄罗斯国际通讯社联合策划实施的全媒体跨国创意活动。活动在各平台的点阅互动总量突破10亿次，参与者不乏知名公众人物、新闻界和演艺界人士。活动通过前沿的虚拟现实技术加以呈现，邀请中俄两国民众结对献礼中俄建交70周年。该活动引起了中俄两国社会的高度关注，创造了民间外交的新历史。2019年6月5日，在莫斯科大剧院举办的中俄建交70周年纪念大会上，中国国家主席习近平和俄罗斯总统普京一同观看了"乐动中俄"活动的成果短片。

2020年新冠疫情期间，俄语部的工作不但没有停止，反而更加忙碌了。我们第一时间报道了中俄两国的抗疫援助，在"中俄头条"上刊登载有援助物资飞机的独家照片，报道中俄两国携手并肩，共抗疫情的情况。我们与今日俄罗斯国际通讯社的同事一起，联合推出新冠肺炎疫情防控特别专栏《连线武汉》。该专栏真实反映了疫情下武汉市不同社会阶层民众的生活状态。报道相继在俄新网、《俄罗斯报》官网等平台发布后，在俄引起积极反响。

此外，我们与俄罗斯圣彼得堡FM102.4调频台联合推出了战"疫"公益歌曲《天使的身影》（俄语版）。该歌曲由俄罗斯明星和总台俄语主持人共同演绎完成，在俄罗斯多家媒体播出。配合《天使的身影》俄文版在俄播出，我们在俄最大社交媒体平台VK上发起歌曲传唱线上互动，共同向世界各国的医务工作者致敬。该活动在"中俄头条"和VK上的视频点阅量达到了115万。

为了纪念俄罗斯卫国战争胜利75周年，同时为中俄两国携手抗疫加油鼓劲，我们还策划推出了"'乐'来越好"中俄民乐公益云享音乐会。众多中俄知名民乐演奏家倾情加盟，演奏了战争时期的著名音乐作品和耳熟能详的民间乐曲。音乐会在中俄头条、央视新闻客户端、央视频、新浪微博以及俄罗斯最大的社交媒体VK中同步播出。音乐会时长约48分钟，吸引了22万人在线观看直播。视频总点阅量达120万。

疫情期间，在中俄友好、和平与发展委员会的指导下，"中俄头条"客户端参与策划并实施了"2020年中俄社会民意调查"活动。此次调查共回收中俄双方各1500余份问卷。调查结果显示，对于来自美国的诋毁和攻击，有三分之二俄罗斯民众表达了对中国的支持。大多数受访者积极评价两国间的抗疫合作，并对双边关系发展持乐观态度。这很好地证明了年轻一代对两国关系的清醒认知，同时也证明了中国媒体对外传播的高效。

一言以蔽之，在过去10多年的媒体融合发展过程中，俄语部学习并运用了几乎所有新的传播手段。毫不谦虚地说，这就是我们俄语部值得骄傲的地方！

　　我进入媒体领域工作已有 16 年。16 年来，我和俄语部领导、同事不断深入了解受众，不断学习新的技术、新的传播方式，借鉴国外的媒体融合发展经验，探寻如何让传统广播跟上信息化时代的步伐。这一过程艰难曲折，但也充满乐趣。16 年来，我与电台一同"成长"，参与了俄语部几乎所有的重要项目，许多事情都是第一次去尝试，自己从部里曾经最年轻的外籍员工成长为一名经验丰富的专家，业务上越来越老练和成熟。16 年来，那些从一开始便与我并肩作战的同事们，如今也都成长为具有高水平的专业传媒人，并正确引领对俄传播事业的发展方向。今天，随着中国步入数字化发展快车道，总台在技术创新方面不断探索尝试。我坚信未来等待我们的将会是更加先进和有趣的工作模式。而这将有助于我们打造出更富影响力的媒体产品和品牌。

　　回顾在电台的工作经历，我深刻认识到：作为媒体人，尤其是对俄传播的媒体人，我们有责任推动和促进中俄两国关系的发展和民间友好交往。错误的新闻稿件翻译、不正确的报道视角和过于传统的宣传会让不同文明之间的对话造成曲解。反之，有趣的评论，专业的采访，多媒体节目和出版物里优美的语言文字会促进拥有不同语言和文化背景的人们之间的相互理解。这种理解是基于寻求文化之间的相似性，而非对比和冲突。我认为，增进互相了解和理解是对外传播事业的最终目标，没有这种理解，世界和平与发展就不可能实现。我和我的同事们愿为这一伟大的事业继续贡献自己的力量！

　　　　　　　　（作者系中央广播电视总台欧洲拉美地区语言节目中心俄语部外籍专家）

中国不远　就在耳边

——纪念中国对外广播事业80周年

法迪里·姆鹏吉

80年风雨兼程，中国的国际传播事业始终以"让世界了解中国，让中国走向世界"为目标，伴随新中国的成长和对外开放阔步前行。从 Radio Peking 到 Radio Beijing，再到 China Radio International，一代代中外媒体人携手前行、辛勤耕耘，让这个名字越传越远，深入人心。在我的家乡，东部非洲地区，这个名字代表了发自遥远中国的独特声音，饱含兄弟般的友情。

母语传播　正面报道非洲

在非洲，虽然很多国家把英语或法语定为官方语言，但民间使用最为广泛的还是本土语言，例如东部非洲地区的"普通话"斯瓦希里语，使用人口超过 1.5 亿。外国人抵达肯尼亚内罗毕国际机场，或走在坦桑尼亚街头，就能感受到这种语言的冲击和包围。中国的国际广播很好地扑捉到了这一点，在坦桑尼亚和中国朋友的共同努力下，早在 1961 年就开办了斯瓦希里语广播，用每一个东非民众都听得懂的母语，把中国的声音、观点直接传递给了非洲的普罗大众。

熟练掌握非洲本土语言的中国媒体人是中国对非进行母语传播的一大特色，这提升了报道的准确性，也体现了中国的独特视角。中国记者能够使用斯瓦希里语、豪萨语直达非洲的新闻源头，用非洲民众的母语与被采访人进行交流，了解真实情况，展示他们亲身经历的非洲。此外，懂非洲语言的中国记者的努力，也打破了长期以来世界对非洲的信息来源依赖西方媒体的情况。中国记者为世人呈现出更加积极正面的非洲，讲述了普通非洲民众努力争取自身发展的故事，这些内容通过中国的对非广播传递给了非洲人，极大地鼓舞了他们。斯瓦希里语对非广播新闻版块《今日要闻》《东非经济》、专题节目《妇女儿童》《中非彩虹》等，都大量采用在非洲的一线中国记者的报道，他们聚焦非洲普通民众的生活，放大了中非团结共同谋求发展的声音。

非洲视角　让非洲人听得懂中国

中国与非洲远隔万水千山，在国际旅行不发达的上世纪，中国的对非广播就成了非洲民众了解遥远中国的最便捷方式。自上世纪 50 年代起，非洲独立运动风起云涌，Radio Peking 传递了中国对非洲兄弟最坚定的支持，非洲民众从站起来的中国朋友独立自主的故事中汲取了力量和经验。上世纪 80 年代后，Radio Beijing 展示了一个改革开放、千方百计谋求发展的中国，为摆脱殖民统治后，面临独立发展经济挑战的非洲提供了可借鉴的经验。进入新世纪，China Radio International 则大量介绍了经济高速发展的中国积极探索中非合作的新模式，帮助非洲经济发展加强自我造血能力的案例故事，以及非洲朋友在中国求学、工作的励志故事，这些都让非洲民众了解到中国的发展给非洲带来的重大机遇和希望。

在所有这些报道中，使用非洲视角呈现的中国老百姓的故事无疑是最受欢迎的。我们在中国的采访报道活动经常深入中国的基层，中外籍记者组成的报道团队走进中国的农村、社区、偏远地区，带着网友和听众关心的有关中国的问题，我们去看、去问、去听、去思考。作为一个非洲记者，我看到了多面多彩的中国。有些话题，对中国人来说可能是司空见惯的，并没有多少新闻价值，但在外籍记者眼里却是个宝，是能引起海外受众兴趣的兴奋点。记得前几年赴新疆维吾尔自治区采访，在南疆的喀什等地走访村民，我看到了与北上广那些可谓"超发达"的大城市不同的中国农村，那里的贫困程度与我的家乡东非地区的农村十分相似，但面对着更加恶劣的自然条件，当地政府和百姓摆脱贫困的努力令人钦佩和感动。在报道脱贫这个话题的时候，我更多地带入了非洲人对贫困的标准和非洲人的情感，向东非的受众阐释普通中国人如何勤奋、互助，政府层面如何提供政策资金扶助，正是这些不懈的努力使得一个国家由贫困转向富强。

中国观点　提供不同于西方的意见

中国的国际传播的独特之处，也在于不断探索具有独特风格的国际新闻报道。当世界上发生重大新闻事件时，中国的国际传播一直在用自己的声音表达"其他意见"。当今的国际主流媒体对于重大事件的报道，已经变成了不顾事实真相一味传递西方国家意见的传声筒。一个很好的例子是第二次伊拉克战争。当时所有的国际电台都站在一个立场上报道这场战争，只有中国表达了其他意见。战争结束后，事实证明中国国际广播电台播出的有关这场战争的报道从头到尾都是真实可信的。

今年以来，梳理全球媒体关于新型冠状病毒引发的 COVID-19 肺炎的报道，不难看出，中国媒体在全球抗疫中发挥了积极作用。在武汉出现病例的第一时间，中国就通过媒体对外报道了相关情况，尤为重要的是，中国媒体始终坚持发布科学的信息，并努力与虚假新闻进行坚决的斗争。疫情期间，我们的对非广播每天发布相关数据，报道科学界和医学界的最新研究成果，还制作了不少科普节目，例如《关于新冠肺炎　你必须知道的》《阻击疫情谣言》《防疫小常识》等，这些节目通过我们的调频广播——非洲人使用最广泛的媒体——在东非传播，为中非合作抗疫贡献媒体人的努力。

坚持为世界提供中国的观点，恰恰是中国的国际广播能够屹立于国际媒体舞台上的立身之本。

与时俱进　不断尝试新的媒体技术

我们身处在一个科技日新月异的世界，采访设备不断变得更加小巧、高效、便携和易于操作。以前，记者需要背着沉重的采访设备，有时需要开车来解决携带录音设备的问题，现在可以使用非常小型的设备，可以把它们放在衣服口袋里，比如手机，它们有强大的功能，能够像在录音间一样捕捉到高质量的声音。这些设备可以轻松地在任何地方录音，并通过手机和电脑传送到互联网上。

播出技术也有了很大的改进和提高。早期的国际电台依赖中波和短波传送广播节目，也使用卫星传送，但听众经常会抱怨听不清楚。现在，中国的国际广播可以通过东非的各个调频电台收听，大大缩短了与听众之间的距离。

近年来，伴随智能手机在非洲的普及，新媒体异军突起。中国的对非广播也敏锐地紧跟时代的步伐，大力发展新媒体平台的传播，开启了新的篇章。除了调频广播，我们还通过互联网站和各种社交媒体把节目推送给网友，同时运用各种新媒体手段，与听众的联系更加便捷了。不同于以前与听众收发信件需要一个月的时间，现在与听众的交流是实时的。有时一天会收到同一听众的多条信息，这些听众留言被放在网站上，或社交媒体如 WhatsApp、Facebook、Instgram 上。通过这些平台，听众可以发送音频阐述自己的观点，也可以表达自己的意愿，比如希望了解或收听有关中国的哪方面内容，他们也可以通过我们的网站和 App 实时收听我们的广播，并从世界任何角落将他们的意见发送给我们。

尽管如此，我们仍然应该记得，东非地区的国际媒体竞争是激烈的。其原因是美国、英国、法国、德国的广播电台已经在非洲多个国家占据一席之地，现在又向新媒体进军。

但在这场竞争中，中国对国际广播始终自成一格，因为它是一家与西方媒体报道同样新闻却视角不同的独特的电台。这是中国的国际广播与其他国际电台相比的优势所在。

今天，非洲的互联网应用日新月异，这是新媒体报道充满机遇的领域之一，互联网的高速发展为扩大中国的国际广播事业提供了巨大机遇。非洲民众可能不再会围坐在收音机边，收听发自中国的短波广播。更常见的现象，是上班族在通勤的路上通过手机 App 或车载设备收听中国的调频广播，市场、咖啡厅的小商户选择中国的调频广播作为陪伴并招揽客户。不管怎样，正因为中国对外广播事业 80 年的孜孜以求，非洲朋友始终坚信"中国不远，就在耳边"。

（作者系中央广播电视总台亚非中心斯瓦希里语部外籍专家；本文翻译：姚悦）

念念不忘　必有回响

王　馨

光阴荏苒，日月如梭，我国的人民广播事业从无到有，由弱趋强，在"极不平凡"的 2020 年，迎来了它的 80 华诞。大学期间，中国国际广播电台的阿拉伯语广播节目是我们可以获得的为数不多的学习素材之一。铢累寸积，电波里铿锵有力的声音，陪伴我们度过了四年的青葱岁月。2007 年大学毕业时，我毅然决然选择了中国国际广播电台阿拉伯语部，成为人民广播事业中一颗小小的"螺丝钉"。自此，我将"发出中国最强音"作为自己职业生涯清晰且长期的奋斗目标。

电波传情鸿雁传书

中国国际广播电台阿拉伯语广播创建于 1957 年，主要服务地区为阿拉伯国家联盟下辖的 22 个国家。经过几代人的不断努力，播出时长从开播之初的每天半小时，延长至一小时，直到 2006 年，对外广播节目每档节目时长延长到两小时，每天在八小时的时段内采用不同的短波频率对外播出，新闻类节目实现滚动播出。

在 2007 年我入台工作时，阿拉伯语广播形式多样、内容丰富的节目已经吸引了了大批忠实听众，成为阿拉伯受众了解中国的主要窗口之一，为加强中国人民与阿拉伯世界人民之间的相互了解，增进中国与阿拉伯各国之间的友谊做出了突出贡献。可以说，初入职场的我就站在了巨人的肩膀上。在老前辈们的悉心指导下，我对阿拉伯语广播有了一个直观而全面的认识，从新闻翻译、播音技巧，到节目制作，原本感觉离我很远的广播事业渐渐成为我生命中不可分割的一部分。

经过两年的认真学习与实践，我的努力得到了部门领导的认可与信任，希望由我来独立负责听众工作。由于听众工作对阿拉伯语水平、沟通技巧、协调能力等有较高要求，之前都是由资历深厚的老广播人来负责，因此初出茅庐的我倍感压力。经过数天的慎重考虑，我决定接受这个挑战，扛起这份责任。如何与阿拉伯专家合作录制每周一期的《听众信箱》节目，如何回复听众寄来的信件、打来的电话，如何组织听众俱乐部活动，如何安排编辑、印刷、出版发行季刊《友谊港》杂志，等等，前辈老师们都一一给出了中肯、实用的建议。经过前期的磨合，我意识到技巧固然重要，但是拥有一颗对待听众的赤诚之心，才是灵魂所在。去收发室领取听众寄来的纸质信件，变成一件充满了愉悦和值得期待的事。在这个快节奏的时代，每一封用心书写装饰、漂洋过海来到我手中的听众来信都是有温度的，见字如面。

作为听众了解我台广播发展并与之进行互动的季刊《友谊港》杂志，于 2011 年进行改版，除原有内容外，推出"中国文化"系列版面，集中介绍受众感兴趣的"中国国画""孔子思想""节日风俗"等主题，并于同年取得国家统一刊号，每期 8 版 16 页，彩色印刷，发行量 5000 份，我也荣幸地成为创刊号的副主编。看到原本只能通过电波传送的广播稿，经过重新编辑整理，被印刷在纸质杂志上，那些飘散在空中的声音被赋予了新的生命。

虽然听众工作繁琐细碎，但这些素未谋面的阿拉伯听众，用他们的热情与善良深深打动了我，也提高了我的职业自豪感和自信心。特别是多次组织、陪同获奖听众来华的经历，更是让我收获了多份如同家人般的真情。我还记得 2010 年 8 月，陪同埃及获奖听众哈楠·奥斯曼开启的"走进新疆"之旅。新疆幅员辽阔，地广人稀，从一个城市到另一个城市，少则四五个小时车程，多则需要搭乘飞机。哈楠女士第一次来到中国，有可能会是她人生中唯一一次。然而，路途中的疲惫、对家人的思念以及水土不服导致的身体不适，令她情绪非常低落。同行的伙伴中，只有我一名能说阿拉伯语的女性，于是我成了她唯一的依靠。年轻的我虽然没有太多照顾人的经验，竟也无师自通，陪她四处寻医问药，耐心安抚着她不安的情绪。很快，她的身体就恢复了健康，尽情体验了喀纳斯湖的美丽与神秘，那五彩斑斓的河滩、碧蓝清澈的湖水都令她惊讶得合不拢嘴。行程结束时，她紧紧握着我的双手，恋恋不舍，盛情邀请我去埃及，还将她的埃及水晶手链送给了我。就这样，这些不解之缘为我之后的工作与生活埋下了伏笔。

远渡重洋本土深耕

不知不觉，负责听众工作已经五年，我从一个懵懂羞涩的职场菜鸟，蜕变为被阿拉伯听众时常挂念的老朋友。这五年里，国际台阿拉伯语广播也发生了很多新变化，由单一的广播电台，发展成为集传统广播、卫星广播、网络电台、阿拉伯语综合网站和平面杂志为一体的对外传播媒体。

2012 年，国际台开罗制作室成立，依托 Vibration 文化公司，在埃及本土制作播出阿拉伯语广播节目。我台自 2013 年 3 月开始，向开罗制作室派驻中方节目负责人，对节目质量进行把关，与公司进行工作协调与沟通。此时已与阿拉伯受众建立了深厚友谊、却从未真正踏足阿拉伯世界的我主动请缨，希望能够派驻开罗制作室，走进阿拉伯受众的真实生活，积累一线工作的宝贵经验。

2017 年 4 月，我如愿踏上古老埃及的土地，正式开启三年多的驻外生涯。一开始的工作并没有想象中那样顺利，开罗制作室因各种原因，自 2016 年 1 月 1 日已停止节目制作，我赴任后的第一项工作就是重启制作室，并陪同李萍副总编代表我台与埃及开罗之声签署了我广播节目在埃及本土播出的协议。这是中国广播节目首次以日播形式落户埃及，标志着我台对阿拉伯世界重点国家的传播实现了重大突破。此后，我便开始从头梳理工作流程，紧锣密鼓地准备供国际台阿拉伯语部播出的 9 档专题节目，以及即将在埃及国家广播电台综合频率 FM107.4 开播的《丝绸之路》日播节目。

经过前期的积极协调与认真准备，《丝绸之路》节目于 2017 年 7 月 1 日顺利开播，并受到埃及听众的热切关注，他们纷纷通过电话、邮件等方式联系阿拉伯语部、我台驻中东地区总站及开罗节目制作室，对节目开播表示祝贺，对节目的精良制作表示赞赏。12 月 3 日，埃及发行量最大的日报《金字塔报》发表了题为《"丝绸之路"与汉语教学》的文章，专门推介《丝绸之路》节目，我台节目的影响力可见一斑。12 月 6 日，埃及国家广电联盟致函称"贵台制作的《丝绸之路》广播节目跻身埃及国家广播电台综合频道各广播节目收听率前三甲，特此告知并祝贺，期待该节目不断丰富，再创新高"。

经过多年的持续耕耘，目前开罗制作室共有埃及员工 30 余人，主要是编辑、记者、播音员和节目制作人等，负责制作在埃及全境落地播出的《丝绸之路》《文化论坛》《向东方展望》等 6 档日播专题广播节目，以及供国际台阿拉伯语部使用的《今日阿拉伯》《阿拉伯文化》《阿拉伯经济》《阿拉伯社会》等 9 档面向整个阿拉伯地区播出的专题广播节目，并协助国际台阿拉伯语部进行一些特别节目的采访、策划和制作，实现了节目制作的前移和部分节目的本土播出。

同时，除广播节目外，制作室还进行了多部中国电影、电视剧、纪录片、动画片的阿拉伯语译配工作，包括《鸡毛飞上天》《北京青年》《大唐玄奘》《京剧猫》等。这些影视作品在埃及国家电视二台和摩洛哥 2M 电视台播出后，受到了当地民众的热烈欢迎。

虽然经历了初创时的举步维艰、上升期的意外停摆，但在中东总站的大力支持下，开罗制作室逆势重启，并实现了中国广播节目在埃及本土播出"零"的突破，合作范围与规模在不断扩大，口碑与知名度也在不断上升。当我们还在为海外广播事业蒸蒸日上而欣喜不已的时候，新媒体的迅速崛起却给传统媒体带来了狂风骤雨般的考验。

创新突围拥抱未来

随着互联网的迅猛发展，新媒体爆发式增长。以 2011 年为分水岭，新兴媒体的市场份额超过传统媒体，传媒市场结构调整的速度越来越快。传统媒体转型发展与新兴媒体融合发展作为新时期的新课题摆在我们面前。尤其是 2014 年习近平总书记在中央全面深化改革领导小组第四次会议中强调推动传统媒体和新兴媒体融合发展之后，各大传统媒体纷纷积极探索媒体融合，传媒领域正在发生一场重大而深刻的变革。

身在埃及的我，也深切地感受到了这场变革的力量，埃及传统媒体面临着同样的挑战，传统模式的合作效果也大打折扣。如何能够守正创新，借助传统媒体在优质内容生产、深度新闻调查、丰富的信息源等诸多方面的优势，插上新媒体技术的翅膀，实现融媒体迭代，成为每个传统媒体人要面临的挑战和认真思考的问题。

特别是专注于国际传播的我们，如何能在这场变革的浪潮中，实现弯道超车，转危为机，成为我每天完成日常工作后经常思索的问题。中华民族和阿拉伯民族，两大文明之间有着千丝万缕的联系，但苦于距离遥远、语言不通、习俗迥异，中阿普通老百姓彼此了解的渠道远远不够。身边的埃及朋友时常就海外社交媒体上流传的各类谣言向我求证，让我真切地感受到海外社交媒体惊人的传播力，以及对媒体社会责任感提出的更高要求。如何能在海外社交媒体的场域，重构传统媒体的公信力与影响力？我想，实践才是检验真理的唯一标准。因此，作为一名老广播人，我响应中央广播电视总台号召，争当新媒体"新兵"，于2019年8月开通了脸书个人主页。令我惊喜的是，曾在新疆与我结下不解之缘的哈楠女士，在我抵达埃及之初就热情邀约见面，支持我的采访工作。当得知我开设了脸书个人主页之后，更是将我的主页推荐给身边的朋友和同事。像哈楠女士这样的忠实听众，孵化为我在海外社交媒体上的第一批"铁粉"。

受益于听众工作的多年浸染，对阿拉伯受众的了解让我的新媒体之路走得并没有那么难。选择了"菲哈·王"这个将阿拉伯语与中文两相结合的独特名称，搭配以亚历山大城堡为背景，丝巾遮面极具阿拉伯风情的头像，马上拉近了与阿拉伯网民的距离。账号运营前期，主打使用阿拉伯食材制作的中国特色家常菜，比如《蓑衣黄瓜》《香炸茄盒》，以及体验埃及的地道中国美食，比如《开罗城里的中国农家乐》《开罗最好吃的北京烤鸭》等多个原创短视频，一经发布，便在阿拉伯网民中引起热烈反响，纷纷留言希望能给他们介绍更多有关中文和中国文化的知识。就这样，短短半年时间，我的个人主页吸引了数十万粉丝。

2020庚子年伊始，突发新冠肺炎疫情，阿联酋出现中东第一例确诊病例。当看到阿拉伯朋友们没有丝毫的防护意识，我心中多了一份担忧，立刻认真学习了世界卫生组织推荐的"六步洗手法"，并制作发布了一段教授该洗手法及如何正确佩戴口罩的短视频，引起埃及最大商业电视台DMC的重视并发出直播邀请，向亿万电视观众科普新冠病毒的危害与防护知识。

随着疫情的不断升级，网络上各类反华言论甚嚣尘上，舆论形势愈发复杂和严峻。3月初，我发现了一段有关一位中国公民的视频，发布不久便在社交媒体上引起了巨大关注。视频中，埃及司机打开车窗，用纸巾捂住口鼻，向邻车声称这位中国公民为新冠肺炎患者，并在高速路中央将他赶下车。看到他惊慌无助地在车流中穿行，险些被撞，我的心一下子揪了起来，我一定要做点什么！

迅速向中国驻埃及使馆汇报并得到帮助后，我马不停蹄赶往当事人驻地，向他耐心解释，安抚他的情绪，同时作为翻译帮助埃及友人向他当面致歉、献花、拍摄独家视频发布在脸书个人主页上。该视频被中东主流媒体阿拉比亚电视台在当天的新闻直播节目中整段引用。翌日，我陪同中国驻埃及大使看望该中国公民，向他转达埃及政府高级官员的歉意与慰问，并进行了独家报道。同时，我分别接受了多家中东主流媒体和 BBC 阿拉伯语频道的采访与连线，及时澄清事实，呼吁民众不信谣、不传谣、团结合作、共同抗疫，也在无形中化解了一场外交危机。

冷静、客观的分析，对每一条留言的认真回复，不仅成功让众多阿拉伯网友"黑"转"粉"，更赢得了主流媒体的信任与尊重，多次将我有关维护人权、反对种族歧视和极端主义的"金句"进行引用。整个疫情期间，在中央广播电视总台国内各部门的共同支持下，特别是防疫物资的及时配给，让我能够安心赶赴新闻现场，最终实现与 50 余家境外媒体的近百次采访与连线。频繁的发声，也引起了 BBC 中文网的关注，在其题为《肺炎疫情：这些国家争相示爱取悦北京背后的考量》的专稿中，强调了"中国魅力攻势"，称"中国记者成为媒体红人"，这是对我驻外记者专业形象的另一种肯定。

经过 11 个月的努力，我的脸书个人主页得到了阿拉伯主流媒体的认可，树立起中国媒体人客观、公正的专业形象，掌握了更多话语权，成为海外社交媒体上的"意见领袖"。无论科技如何发展，对于媒体而言，"内容为王"永不过时，对于个人而言，"真诚待人"是赢得他人尊重的不二法门。"讲好中国故事"不仅仅要用语言，更要用点点滴滴的实际行动。我们是讲故事的人，也是故事中的人。

过去的 13 年间，我见证了老一代广播人打下的似锦江山，也见证了大数据时代下，面对新媒体的巨大冲击，传统媒体不断寻求突围的整个过程。从我个人经历的描述中，也许能瞥见历史的流淌。新媒体时代，是挑战，也是机遇，传统广播人、电视人的概念早已被打破，现在的我们都是精通"十八般武艺"的媒体尖兵。在国际舆论场，我们不但要持续发声，更要将这声音深深刻印在受众心里。我们的事业，当下有为，未来可期！

（作者系中央广播电视总台亚非中心阿拉伯语部翻译）

中央广播电视总台"小溪工作室"
新媒体传播心得

奚啸琪

一、媒体融合发展之初

2009 年 7 月，在学习了四年希伯来语之后，我有幸进入刚刚成立的原中国国际广播电台希伯来语部工作，成为学生时代向往的国际传播工作者中的一员。当时，基于对媒体发展趋势的判断和人力资源方面的条件限制，希伯来语部并没有走传统广播的道路，而是选择以网络为主要传播平台，以新媒体产品作为主营业务。其后三年间，我们几个"新手"尽心打造了专注中国文化和旅游的国际在线希伯来文网，并使其成为以色列来华旅游的"攻略宝典"。

时间不知不觉到了 2013 年，时刻关注主流外媒和以色列当地媒体等竞争对手动向的我，嗅到了社交平台快速崛起的气息，年轻人的冲劲和好奇心促使我策划了首个视频节目——《说希伯来语的中国人》，在 Youtube 和 Facebook 平台播出。该视频第一次打出"中国小溪"的"网红"招牌，新鲜的亚洲面孔和地道的希伯来语在"小溪"身上的新奇融合，让以色列受众先是眼前一亮，继而深受触动。有以色列网友看到视频后留下了这样的评论："在遥远的中国，有一位年轻人如此热爱我们的国家，操着比我还熟练的希伯来语介绍中国文化，这是我见过最魔幻又最感人的景象。"在之后的工作生涯中，我收获了数不清的友好评论，这些支持和鼓舞源源不断地注入我的心间，滋养着我作为一名讲好中国故事的中国"网红"的初心。

《说希伯来语的中国人》视频引发大量以色列社交账号转发，并成功吸引了以色列电视、广播等主流媒体的关注。其中，以色列电视台 10 频道王牌栏目《夜间新闻》迅速联系到我，采制了时长 5 分钟的电视节目在以色列首播，反响热烈。以色列国家电台也第一时间采访我，我抓住时机，在节目中深度介绍了中国国际广播电台的职责和希伯来语部的具体情况，突出我们作为中以交流桥梁的作用，淡化对象国受众心中固有的"宣传"形象。同年年底，我趁热打铁，利用个人假期赴以色列参与录制多档电视节目，其中包括以色列经典访谈类栏目《L&K》，并与 10 频道当家主持人共同主持"2013 年度视频节目盛典"等。自此，我走出了对以色列"网红传播"的第一步，以"网红"为抓手，在新媒体和电视、广播等传统媒体之间自由切换，融合发展。

而这一发展路径也在此后的几年内进一步拓展，形成了一种"新媒体—电视媒体—广播电台—平面媒体"的逆向发展模式。2013 年至 2016 年间，我带领团队年均制作原创新媒体节目 70 期，并与以色列电视、广播媒体合作报道中国相关主题 200 余次。其中，拳头产品《小溪说中国》与 10 频道《夜间新闻》栏目进行常态化合作，双方平台同步播出逾百期。

2015 年，网络剧萌芽，我感觉这会是一个进一步夯实"网红"形象的好契机，遂利用先前积累的与以色列网络媒体的合作资源，带领团队策划摄制 13 集网络剧《玩转中国》，于 2016 年下半年陆续在希伯来语部社交平台和以色列最大门户网站 Walla 网同步播出，该剧集在向以色列受众介绍西藏、云南、陕西、四川、黑龙江等中国旅游胜地的同时，进一步塑造了小溪"亲切、真实、可信赖"的"网红"形象。剧集播出后，中国驻以色列使馆向我部发来表扬信，称我们适时推出各种新媒体产品，"为以色列民众了解中国打开了新窗口，为两国关系发展夯实了民意基础，也是对我馆公共外交工作的有力支持"。2017 年，《玩转中国之成都》获优秀原创网络视听节目推选活动优秀网络科教 / 人文节目奖。

如果说"网红传播"是新媒体国际传播的有效载体，那么中国经济的迅速发展和国力的迅速提升才是国际传播的"硬通货"，以色列受众对中国的兴趣已从以往的纯文化，转移到更务实的科技、经贸合作等方向。2017 年，为纪念中以建交 25 周年，中国驻以色列使馆联合希伯来语部与以色列电视台 2 频道合作拍摄了 5 集聚焦中国发展的系列纪录片《中国制造》。作为以色列首部介绍中国现代化建设成就的大型纪录片，11 月 5 日至 9 日，《中国制造》在以色列电视台晚间黄金档《新闻联播》栏目，以"中国周"为专题名称连续播出 5 天，最高收视率达 25.6%。我作为节目中方主持人与以色列《新闻联播》两名王牌主持一起，在 9 天的摄制时间内采访 40 个企业及个人，内容涵盖我国基建、教育、电商、制造业、对外贸易等领域。以色列电视台 2 频道在成功播出后向我部发来感谢信，称纪录片"赢得了杰出的收视效果，更引发了以色列全国人民对于中国相关主题的广泛讨论，让以色列受众得以了解到一个开放、自信、真实的中国"。

至今，中央广播电视总台亚非中心希伯来语部共与以色列广播、电视、报纸、网站等各类形态的主流媒体合作报道中国近 500 次，制作原创视频 500 余个，新媒体平台累计视频观看总量 3000 余万（以色列 Facebook 注册用户约 500 万），创小语种"网红"国际传播之先河，有效扩大了我国在以色列的传播力和影响力。我也成了以色列人熟悉的中国面孔，走在中国大街上完全"路人甲"的我，在以色列即使墨镜出街都会被粉丝认出。以色列兄弟媒体还多次邀请我参加真人秀等综艺节目，间或也有电视剧导演找我试镜。在这些肯定的背后，我更看到自己肩负的重任，那就是作为一名说希伯来语的中国"网红"，牢记使命，讲好中国故事，传播好中国声音。

二、"小溪工作室"的传播实践

（一）"小溪工作室"与对象国主流媒体合作传播

2018 年 7 月，中央广播电视总台决定打造国际传播多语种"网红工作室"，围绕时政、文化等不同主题推出多种形式新媒体产品。"小溪工作室"作为第一批成立的"网红工作室"之一，旨在通过制作以色列民众喜闻乐见的新媒体产品，进一步扩大中国"网红"在以色列的知名度，提升讲好中国故事的实效。成立至今，工作室共制作原创视频 200 余个，总覆盖量约 6000 万，总观看量约 2000 万，并连续两年与以色列影响力最大的新媒体传播机构——以色列公共广播公司进行新媒体内容合作。

2018 年，"小溪工作室"与以色列公共广播公司进行了首次深度合作，共同打造《新时代中国故事》新媒体内容合作项目，由双方"网红"出镜，制作播出新媒体视频 16 集，累计获得视频覆盖量逾千万、观看量 500 万、互动总数突破 100 万。在以色列公共广播公司向当地媒体推送的官方声明中，有着这样的表述："以色列公共广播公司首次与中央广播电视总台签署合作协议，双方将在中国和以色列两国共同制作系列短视频，展示中国的美食、文化和中以两国间的合作与交流。中国在世界舞台中占据中心位置，中以两国的关系又是如此重要，以色列民众非常需要深入接触中国的文化和社会生活。中央广播电视总台是中国影响力最大的媒体，我们希望此次合作能为未来的合作奠定基础，成为两国人民之间交流的桥梁。"

2019 年，"小溪工作室"与以色列公共广播公司顺利完成 2019 ～ 2020 年度合作内容中 17 集节目的制播工作。电视平台播出的收视率在 1% ～ 10% 之间，电视和新媒体受众反馈积极。以色列政府新闻办主任尼赞·赫恩表示："自己向身边的朋友推荐小溪的视频节目，从很多媒体朋友那里都得到了极好的反馈，这说明中以两国在媒体合作方面还大有可为。"以色列公共广播公司副总裁埃拉德·特纳表示："以色列公共广播公司与总台开展卓有成效的内容合作，使得更多以色列受众通过第一视角直接了解中国，这无疑在很大程度上加深了两国互信。"

（二）"小溪工作室"2020 年抗疫新闻报道实践

自 2020 年 1 月 27 日进入抗疫报道以来，截至 6 月 30 日，"小溪工作室"共发布 170 个新媒体视频节目，其中原创视频和直播 90 个。脸书页面总覆盖量 1849.8 万，观看量 623.4 万，观看时长 683.7 万分钟；优兔页面总覆盖量 2538.9 万，观看量 225.3 万，观看时长 738 万分钟。此外，我还作为特约记者，与以色列 20 余家主流媒体栏目合作抗疫报道 140 余次。

1. 原创视频

工作室抗疫原创视频报道主要包括"战疫 Vlog"系列报道和"与中国人并肩的

以色列朋友"系列访谈，两个系列共计 48 期节目。前者是我用 Vlog 形式记录疫情期间身边的日常事态，如有效防疫措施、抗疫经验分享、复工复产成果等。该系列的特点在于纪实性，通过"网红"的亲眼所见和真实感受传达内容和情感，剪辑痕迹较轻，对受众来说具有更强的可信度；后者则利用我多年沉淀的在华以色列朋友圈资源，采访疫情期间居留中国各地的以色列人，了解他们和身边亲友的情况和感受，通过对象国公民的视角，讲述中国疫情的实际情况和抗击疫情的得力举措。

2. 抗疫直播（含直播评论）

工作室共发布 42 期"抗疫直播"，每期时长近 1 小时，每期直播中，我都会基于客观报道和真实数据，针对网友关注的问题，为其答疑解惑，安抚外国受众恐慌情绪；直面质疑，发表评论，对谣言"零容忍"；表达中国观点及立场，倡导我方理念。与以往直播报道观看量爆发力强、持续增长力弱不同，该系列由于信息量大，在直播结束后，仍保持了可观的影响力。

3. 境外发声

疫情发生以来，我与以色列主流媒体共合作报道 140 余次，合作机构和栏目据不完全统计有 20 余家。我常说，对对象国媒体的邀约，我不但从不拒绝，而且总是给他们超过预期的素材，这也许就是老朋友继续找我、新朋友闻讯而来的"滚雪球"效应的秘诀吧。但疫情期间，最忙的一天有 15 家媒体联系我出镜，因为时间实在发生冲突，当天只选取了 10 家连线，让我恨不得生出三头六臂或"七嘴八舌"来。在这些合作方中，主流电视媒体有以色列电视台 10、11、12、13 频道等，收视率最高超过 20%；电台频率有以色列国家电台、国防军之声、耶路撒冷电台等极具影响力的广播媒体；新闻网站平台有以色列最大的新闻网站 Ynet、最大门户网站 Walla 等；平面媒体有以色列发行量最大的报纸《今日以色列》和以色列最具影响力的评论类报纸之一《第一信源》等。此外，我还应邀参与以色列卫生部、旅游部及政府新闻办等机构组织的疫情应对研讨会，分享和介绍中国经验。

三、经验分析

（一）社交平台与"网红传播"

社交平台内容海量，要想在其中脱颖而出，不但要求多语种"网红"有过硬的语言水平、亲和可靠的个性、天赋的镜头表现力，还需要有讲好中国故事的强大逻辑。新媒体传播利用的是受众碎片化时间，这意味着新媒体视频不能追求大而全，而应该一次专注讲清楚一个问题，但这并不意味着新媒体产品流于简单化和表面化，在选取每一个小切入点的背后，都应该有足够宏观的传播意识把控作为支撑，用"润物细无声"的方式，在受众心目中构建起我国国家形象的"拼图"。例如"小溪工作室"《酷中国》系列短视频，每期我都会介绍一款中国科技，如柔性屏、新零售、配送机器人、城市轨道交通等，不但选题内容对喜闻乐见高科技的以色列受众非常有吸引力，更是在每期 3 ~ 5 分钟的台词中植入我国发展数据等丰富信息，使受众看完后对中国制造、物联网发展、基础设施建设等方面的成就有一个整体认知。此外，我还比较注意在讲述中国发展现状的过程中，精准切入以色列本土文化，使以色列这个"文化他者"能真正产生共鸣，进而认同中国，产品细微之处的用心可见一斑。

"网红传播"的一个独特优势便是对象国粉丝圈，对于"小溪工作室"来说，这个粉丝圈里少不了我的在华以色列朋友们。工作室先后发布过近 50 期"以色列人在中国"主题视频，借嘴传声讲好中国故事。在抗疫报道中，这个特殊的"朋友圈"更是起到了至关重要的作用。中国的以色列"网红"高佑思（Raz Galor）于 2 月初在以色列筹集了 10 万个口罩和其他防护物资送往湖北，他在接受我的采访后留言说："谢谢小溪对我进行了这次重要的采访。希望更多的人看到它，希望更多的人加入帮助中国的队伍，让我们合力，最终取得胜利！" 3 月底，"小溪工作室"为以色列捐赠 1 万个医用外科口罩，并以此为主题制作新媒体产品，在 Facebook 和 YouTube 平台获得 110 万观看量和 2.6 万个赞，因为这一义举，我被以色列电视台 13 频道、议会频道、20 频道、ILTV、Ynet 新闻网 5 家主流媒体先后采访报道 10 余次。高佑思又反过来采访我，并发布在"歪果仁研究协会"的官方微博上，视频开始这样表述："有一位名叫奚啸琪的中国朋友，他能说很流利的希伯来语，尽他所能筹集了 1 万只口罩并把它们都捐到了以色列，一个记录他所作所为的视频在以色列广为流传。"该视频获得近 3400 万播放，这一中外"网红"协同向对方国家进行的好感传播，也成为两国携手抗疫史上的一段佳话。

"网红"这一"人格化"的形象在国际传播中更具有渗透力，由于淡化了国家间的意识形态冲突和差异，所以相比国家机构，个人身份更容易被海外受众和媒体平台接受，引发共鸣。而依托"网红"个人的国际传播，其影响力来源于媒体，却不止步于媒体。我个人在以色列媒体的高曝光率引发了以色列智库和国际媒体的关注，以色列贝京—萨达特战略研究中心 2 月底发表文章，警告以色列当地记者"毫无批判地吞吃"小溪的观点和声音，称"中国奚"在以色列的成功是以色列媒体的失败。2 月 22 日，以色列最大的英文报纸《耶路撒冷邮报》发文，对"为什么以色列本国媒体人视小溪为权威？"这一现象提出疑问。2 月 27 日，BBC 在《肺炎疫情：这些国家争相示爱取悦北京背后的考量》一文中称，小溪成为以色列媒体报道疫情时抓眼球的受访人选，当地媒体称他为"中国奚"。对象国之外，美国的智库机构也开始关注中国"网红"的影响力。美国一家关注犹太人的报纸 Algemeiner 于 2 月 24 日发表题为 "China's Nefarious Penetration of the Israeli Media"（《中国对以色列媒体的罪恶渗透》）的文章称："以色列媒体对小溪提供的报道不加评论地忠实发布，这引发了担忧……换句话说，这些应该提供独立新闻报道的以色列媒体竟然一字一句地重复小溪的中国报道，没有发表任何解释或分析，这破坏了独立媒体在民主制度中应当发挥的重要作用。"华盛顿中东研究所和中东与非洲研究协会（ASMEA）

也分别在 11 日和 21 日发表文章 "How did China Win Over the Israeli People？"（《中国如何赢得以色列人民？》）和 "The Chinese Penetration of Israeli Media"（《中国对以色列媒体的渗透》），内容均基于 2019 年 12 月以色列《第一信源报》6 个版面的文章《我是"中国小溪"》。在这些关注和报道中，比之感受到恶意，我更心生一丝丝窃喜，也许西方媒体和智库的污名化言论恰恰证明，我这个小人物在以色列还真有着实实在在的影响力。

（二）新媒体产品形态创新

最初，我们最主要的新媒体产品形态是精编短视频，时长 3～5 分钟，大致分为《说希伯来语的中国人》《酷中国》《中国百科》3 个常态化系列。《说希伯来语的中国人》顾名思义，就是以国内学习希伯来语的人为主体，讲述他们与对象国的故事和自己个性化的生活，最高一期覆盖量 120 余万，观看量超 60 万，不但节目成效显著，还成为我部发动高校力量联动、弥补人力资源短板的有效尝试；《酷中国》系列则如前所述，切中以色列科技发达、国民喜爱创新精神的要点，展示中国现代化建设成就，频频有受众惊呼"你们简直生活在未来世界"。这一栏目也成为我作为特约记者与以色列电视台 13 频道科技栏目《Nexter》的常态化合作内容；《中国百科》则重在介绍我国文化，表达中国观点，其中美食类节目成为 YouTube 平台的流量常青树。

精编短视频在要求选题巧妙、内容具有贴近性的同时，也对剪辑技巧有相当高的要求。以色列媒体高度发达，为与对象国领先的新闻媒体节目形态看齐，我作为部门负责人责无旁贷，先是奋发自学，后来又将所学技术毫无保留地教给身边同事，把我部有限的人力均培养出有一定的拍摄、剪辑、包装等技巧的多面手，最大限度提高单兵作战能力，使团队战斗力最大化。

基于 2020 年上半年的传播经验，针对新媒体报道在"快速、真实、立体"方面的更高要求，"小溪工作室"增加两种新形态产品——更具真实性、代入感的 Vlog 和观点性、互动性更突出的直播。根据 2018 年统计数据，YouTube 作为全球最大的视频类社交平台，每小时诞生 2000 多条 Vlog 作品。相较于 Facebook 以 3 秒为观看量标准，YouTube 将 30 秒作为一个观看量的设定意味着两个平台的视频竞争战略不同。这种区别不仅体现在制作手法上，更体现在内容信息量上。"小溪工作室" Vlog 产品时长 5～30 分钟不等，此类视频的特点在于视觉展示更加直观、真实性强、信息量大，在抗疫报道中贴合了受众的需求，找到了两个平台传播规律的结合点。YouTube 平台甚至因为工作室 Vlog 节目的突出质量，而为工作室页面免费主页推荐 1 个月。

Facebook 直播是抗疫报道期间最直接的受众与"网红"交流的平台，同时也是对"网红"带来最大挑战的节目形态。首先，实时在线交流必须做到回应受众关切，即答受众之"想听"。其次，"网红"必须有扎实的知识、数据作内容支撑，才能让受众"听懂"。最后，"网红"须了解受众接受习惯，才能将中国价值糅进受众兴趣点，引导受众"听进去"我方想传达的内容。目前，工作室保持每周4～5次的直播频率，展示我国复工复产、民生建设、扶贫攻坚等方面的成就，就重大国际问题表达中国立场、阐述中国倡议，并为受众答疑解惑。

从时间维度上看，YouTube的视频比 Facebook 更具有持久影响力，因为该平台可检索性强，比起 Facebook 朋友圈的作用，它更像一个视频库。去年工作室发布的几个视频的观看量在今年初又增长了8%，准确且易于检索的视频标题和优质的原创视频品质在其中起到了关键作用，但无论哪个平台，固定、高频的更新都是必不可少的基本要求。而 Instagram 和 Tik Tok 在海外年轻受众中逐渐占据主流社交平台地位，也将为我们的传播平台和形态提出新的挑战和考验。

四、未来发展趋势

面对当下紧张的国际局势，讲好中国故事，推动构建人类命运共同体，是每个国际传播者的历史使命。扩大国际传播效果，提升国际传播效率是每条国际传播产品的硬指标。国际传播最终考验的是人际传播效率，从这一意义上讲，"网红传播"淡化了机构在传播中所占的比重，利用个人化的形象为国家发声，更易得到受众认可，影响更广泛的群体，切实提高中国国际话语权。未来，5G、AI 等新技术的发展将使传播更加直接、高效，找准定位、抢占国际传播先机，利用外语和国际传播专业优势实现中国信息精准直达对象国受众，是我个人努力的方向，也是"网红传播"的重大挑战和机遇。今年的我34岁，而我所投身的事业——中国人民广播事业则迎来了80华诞。我是年轻的，也是渺小的，而我认定要穷其一生从事的这项事业，是长青的，更是伟大的。愿我能不负使命，不负时代，不忘初心，方得始终！

（作者系中央广播电视总台亚非中心希伯来语部副主任）

四、专家学者来稿

学广播 教广播的甲子岁月

——从广院至中传从教60周年有感

曹 璐

1959年7月，我从中国人民大学新闻系毕业。正值北京广播学院创办，我和十几位人大毕业生一起被分配到广院任教，当时我22岁。随着岁月流逝，从青葱时代进入"十年浩劫"，人至中年又逢改革开放。从20年的行政和教学"双肩挑"到卸任后培养研究生的学术"爬坡"，至今我已八十有三。从广院至中传从教60年，实现了我的两个人生选择：一辈子学广播、教广播；一辈子当老师，面对学生。虽然平凡却逐渐领悟其中无比丰富的生命内涵。

致敬前辈：心中永远的广院"灰楼时代"

北京广播学院在原中央广播事业局技术培训专科学校基础上创办，校址在复兴门外长安街延长线南侧的一幢五层灰色办公楼。1959年7月，我来广院报到，走进灰楼，第一感觉是这个学院真小！随着进入紧张忙碌的教学节奏，逐渐适应了灰楼的教学与生活方式：紧张、充实、方便、简捷、省时间、有效率，人头熟悉且运转有序，方体会小有小的好处。

广院"灰楼时代"开创了"中国广播高等教育之先河"[①]，被誉为"培养广电和传媒人才的摇篮"，为中国广电教育事业做出了开创性、奠基性的贡献。其一，广院初创期得益于懂广播且有远见的领导班子。20世纪50年代，国内新闻院校主要是针对报纸培养文字传播人才。面对20世纪中期广播电视蓬勃发展的新态势，广院开创广电高等教育之先河，可以说是恰逢其时。广院新的领导班子具备丰厚的人文积淀、专业积淀。周新武院长是解放前的大学生，参加过"一二九"学生运动，战争年代领导创办华东新华广播电台，新中国成立后任上海人民广播电台首任台长，多年从事全国地方广播管理工作。从周院长留下的工作日志可以看到，他每天上、下午，包括晚上，工作安排得很满：从落实温济泽等几位摘帽"右派"来院任教，到上门请教社科人文专家提供办学方略；从考察广院搬迁新校址到研究改善学生伙食，建立"副食基地"等。当时正值三年困难时期，全校师生得以保证较为系统的专业教育和身心健康成长，得益于有一个懂广播、具人文情怀、务实开拓的领导班子。

其二，重视广播理论与实务的基础研究和教材建设。广院副院长兼新闻系主任左荧也是一位老广播人。从延安新华广播电台开办"对蒋军广播",到新中国成立后任广播局地方广播部主任、国际联络部主任。1957年3月,左荧在录音报道研讨会上的总结发言《谈录音报道》,以及他撰写的《论广播特点》《广播广告》等文章,是国内较早对广播理论与实务具有指导性和开创性的研究成果。当时,新闻系开办后的一件大事就是全员投入编辑《新闻广播文献论集》,搜集、抄写、编辑从延安时期至建国后党和政府有关广播和新闻宣传的政策、条例、文件等,其中不少具有历史抢救意义。该论集上下册近两百万字,为研究中国广播的发展历程留下了弥足珍贵的历史文献。为加快广播理论与实务教材建设,新闻系组建了老、中、青相结合的写作班子,还特地从地方台借调一批业务骨干参加教材编写工作,先后编写了《广播理论》《广播史》《广播新闻采写》等多门课程的教学大纲、教材和参考材料。这是新中国成立后较为系统的广播学理论与实务研究成果。

其三,重视专业教育与素质教育相结合。新闻系开创之初明确提出:培养高素质广播新闻人才。其特点是:重视理论与实践相结合,重视专业教育与素质教育相结合。当时新闻系有两门独家开设的课程,一门是"政策讲座",另一门是"社会知识"。这两门课均由温济泽主管,我有幸作为他的助教参与教学。"政策讲座"课邀请有关部门主管、专家系统讲解国家政治、经济、文教、外交等方面的政策,并编辑有关文件资料铅印成册。"社会知识"课配合"政策讲座"内容,参观矿山、工厂、科研单位、展览,学生写采访见闻、心得笔记,教师批改作业、讲评。温济泽还主讲了"新闻采写"课,学生这样评价:"温老师的课往往从一点升发开来,纵横捭阖、思路飞驰,又能带领我们回到原点,画龙点睛,引发思绪万千……""听温老师的课终生受益,温老师是'点燃生命之火'的人。"为了提高学生实践能力,还加强了认识实习、毕业实习等环节;为纠正外地学生浓重的方言口音,专门开设播音课;为培养学生兴趣爱好,开办"体育兴趣小组",从校内体育比赛直播解说开始训练;为提高学生的艺术素养,开办了"音乐欣赏"课……这些灵活多样的课程设置和办学方式体现了广院初创期"灰楼时代"办学特点:"小而活,小而美,小而人本。"如今广院灰楼早已不复存在,广院的老前辈周新武、左荧、温济泽等人都已驾鹤西去,他们对我们来讲都是"点燃生命之火"的启蒙老师,为我们留下了"小而人本"的广院灰楼时代美好记忆。

感悟广播:声音传播不朽的人本内涵

1959年来广院时,还是全国人民"早报摘,晚联播"的时代,我的媒介观念和业务基础基本是报纸的文字模式。广院新闻系的老前辈言传身教,引领我逐步进入对广播声音传播的感性认知和理性思考。从对传统声音广播的理念、形态、规律的梳理,到对21世纪融媒时代传统广播转型的探索,面对媒介融合的时代传统广播媒介变与不变的"元问题",我不断感悟着广播媒介声音传播不朽的人本内涵。

对广播声音传播感染力的"元认知"源于上世纪 60 年代初，左荧为新闻系学生开设的"录音报道"课。作为助教，我带领一个小组学生做录音报道作业，选择的题材是失散亲人团聚。在第 4 次的采访中，我们终于赶上了一个可遇不可求的故事：南城一户工人家庭，解放前因生活贫困把孩子送进了育婴室。20 多年后，女儿长大成了一名护士，在公安局的帮助下找到了亲生父母。恰巧，女儿是业余合唱队的领唱，女婿是手风琴伴奏。面对失散多年的亲人，在手风琴伴奏下，女儿深情唱起《唱支山歌给党听》。我和学生们陪着这家人流了不少眼泪，后来数易其稿，录音合成了广播特写《唱支山歌给党听》。记得左荧在作业讲评中强调："广播记者要善于捕捉现场音响，反映主题的现场音响唤起听众联想，触动人的心弦，可遇不可求。"可能由于切身经历了广播作品采写录制的甘苦与付出，讲评作业时，我感到眼前一亮、心头一震。看似一次普通的作业实操，于我，似是一种广播媒介的专业启蒙，从中感悟声音传播特有的潜能和生命力，唤醒了我对声音传播的关注和偏爱，坚定了我学广播、教广播的人生专业选择，并以此为幸。

1966 年 6 月，"文革"开始，广院搬离了"永远的灰楼"，迁往现在的校址——东郊定福庄东街 1 号。改革开放后，中国社会进入发展变革的春天，中国广播进入与社会同步的发展变革期，也为我自己学广播、教广播提供了理念与实务创新探索的思考平台。80 年代初，广播界提出"广播要自己走路"的命题，引发了一系列的创新变革。此时，我开始接触许多从未涉及过的新鲜领域，包括传播学、方法论、社会学等，改变了我较为封闭的阅读视野，开始感悟到新兴学科为我的学术视野提供了全新的认知空间。在读完信息论后，我产生了诸多联想，浮想联翩之后写出了《重视提升广播新闻信息量》，在 1985 年广播学会年会发表。后又从系统论视角，探讨广播频率"时间版面"的听觉内容有序呈现，节目内容如何从可听到必听，嵌入听众生活等。现在来看，论文论述尚显粗浅，但从中触动了自己多年传统思维认识模式的反思，敦促自己学广播、教广播要打开封闭的传统惯性思维，体会到学而知不足。探寻广播声音传播的规律，不仅回答是什么，更重要的是回答为什么，从中感到质疑精神、批判思维的可贵，认识到自己的教学和科研必须能够直面广播一线的鲜活经验和问题。

20 世纪 80 年代，中国进入电视普及时代，在电视的冲击下，广播进入低谷期。1986 年，珠江三角洲上空出现了一个新的频率——珠江经济广播电台。开播 3 个月，收听率大幅提升，成为珠江三角洲首选频率。珠江经济台成功的奥秘是什么？到电台参观座谈之后，我闪出了一个想法：原来准备的发言稿应该废弃，他们的经验不仅是微观层面的改进和内容精品化，其背后涉及广播声音传播运作规律的全新模式——"珠江广播模式"，其意义是冲破了多年"文字传播有声版"的束缚，进入了广播特有的听觉传播全新模式。即：从录播到直播、从播音员念稿到主持人说话、从小栏目到大板块、从"我播你听"到"请你热线参与"等一系列广播听觉传播运作的全新模式，而其难点是媒介理念优化与队伍素质优化、机制优化的同步。应当看到，广播媒介潜能开发的优势越大，驾驭难度就越大。离开了媒介理念与队伍素质和机制优化，广播改革，包括广播频率改版，其结果往往会形式大于内容。

20 世纪末，面对不断分化的受众市场，一些大台率先推进频率专业化改革。我从广播媒介本土化有效服务、以人口学特征推进目标受众与潜在受众的有效开发、吸纳民意、开启民智、发挥都市社会神经中枢作用以及打造都市文化等方面，撰写了《从"东广"效应看都市广播改革》《前景传播和"交通广播现象"》《"中国之声"节目定位与频率资源优化》《北京人"自己的"新闻广播》等多篇论文，从中也感受到了中国广播改革的步伐。

进入 21 世纪，社会步入了互联互通的"微时代"，大众传播也进入了融媒时代。有传媒学者提出"无视频不传播"等观点。广播媒介再次面临一个必须直面的"元问题"：融媒时代，广播声音传播还能否存在？若存在，广播声音传播必须直面哪些方面的变与不变？作为一个 60 年学广播、教广播的广播"老粉丝"，我的回答是："广播作为声音传播的媒介将永远伴随人类。"正如麦克卢汉（Marshall McLuhan）所说："广播是中枢神经系统的延伸……它与我们中枢神经系统的原始延伸和谐合拍，与我们树栖祖先的大众媒介即口语和谐合拍。"[②]广播声音传播与人相对接的是听觉感官器官——耳朵。作为声音传播的对象，听众可以闭上眼睛进入专注收听状态，也可在自由活动中进入灵活的半收听状态。无论专注性收听或伴随性收听必须成为稳定听众的习惯性、必听性选择，进而实现"耳朵经济"的社会效益与经济效益。

从社会学的时间理念来讲，一天 24 小时分为必要时间（8 小时工作）、必需时间（个人生活必需付出时间，包括睡眠时间）、休闲时间（休闲时间的质量决定人的生活质量）。广播的"非可视化"传播改变了视觉传播对人自由度的侵犯。听广播省下了人的眼睛，移动收听使听众进入伴随性收听状态，广播为人的必需时间和休闲时间提供了最方便的伴随和服务，同时也可以为某些岗位的必要时间提供服务。另外，欧美国家统计数据显示，当下听广播、听新闻是"下一波潮流"；年轻人更喜欢听人说话，好的语言类节目带给人"沉浸式"体验；而好听的经典音乐类节目则能使乐迷进入"高原体验"。广播从内容策划到话语表达要真正体现以人为本，真正做到呵护生命，嵌入人的生活，进入人的心灵。广播节目内容不仅要好听、有用，关键时刻还要成为呵护生命的社会神经中枢；广播可以吸纳民意、开启民智，成为凝聚民心的话语平台。尤其对于视觉障碍者和老年群体等弱势群体，广播更应体现主流媒体的社会公益责任和担当。

当然，强调广播"非可视化"特征并不等于拒绝现代传播技术的赋能与助力。现代传播技术亦可对广播声音传播给予辅助性赋能，如：适当运用文字做节目的预告和导听；运用文字做节目简介或内容展示，弥补声音转瞬即逝的缺憾；还可适当在关键节点运用图片、图示和短视频作为听觉内容的强化和补充。所以我将其称为"辅助性可视化"。融媒时代的广播传播特点应该是融媒体手段支撑下的声音为主体的听觉传播。其目的是确保广播声音传播更为理想的传播效果和更贴心的听众服务，核心理念是放大广播听觉传播以人为本的声音内涵。因此我更加坚信：广播作为声音传播的媒介将永远伴随人类。

祝福中传：课堂、学生和"后浪们"

一位哲人说：爱一个人就要在他人生的阶梯上，为他搭建梯子的横梁。从教 60 年，从老前辈和身边的好老师身上感悟到：教师应当是尽心尽力、心甘情愿为学生成才搭建梯子横梁的人。尽心尽力是状态，心甘情愿是境界。在广院初创期，我从老前辈身上感悟了课堂中"点燃心灵之火"的力量，老前辈们"春蚕到死丝方尽"的教书育人的精神，引领我树立"努力做对得起学生的老师"这一理念。

感谢命运，在我不惑之年与一个朝气蓬勃、极具创意的班集体相遇。1979 年，我担任了新闻系 77 级班主任。77 级是恢复高考的第一届大学生，他们经历了"十年浩劫"，是靠自己拼搏与努力改变自身命运的一代新人。面对当时行政化的条条框框，难免发生冲撞。上任之初，班上一位学生建议我和同学们谈心，我接受了他的建议，每周约几位学生谈谈心，一轮谈话下来收获满满。了解到学生们自身的曲折故事以及他们的成才事关每个家庭的命运，我和学生之间开始了平等、尊重的沟通交流。我开始参加了他们买书、传阅和评书的活动；参与他们的学术讨论和刊物出版；成了班上男生足球比赛的啦啦队一员；也尽量分担他们的困惑和困难。我分享了学生们的喜怒哀乐，从中感受年轻学子开放思维的活力和每个人身上待开发的潜能，自己也在观念和思维方式上开始向学生们靠拢，从中我明白了做老师要爱学生，先要向自己的教育对象学习。如果说这些年自己的思维方式和教育理念有所改变，其中的动因首先来自学生。这之后我进入了行政与教学"双肩挑"时期。在这 20 年的系主任、院长的行政角色中，我也努力从学生切身利益和未来发展去思考和变通。其中也要感谢学校和同事们的理解支持和成全。

1983 年起我担任了广播新闻方向的硕士生导师，截止到 1997 年，一共指导了 30 多名硕士研究生，如今他们大多在传媒一线工作并成为骨干。1997 年我步入花甲之年，不再担任新闻学院院长。同年学校开设博士点，我有幸担任广播新闻方向的博导。告别了 20 年的"双肩挑"，进入了可以专心读书、专心做学问、专心带学生的生活。这既是一种补课，也是我在生命倒计时之际重新学习的最好时机。从 1998 年至 2016 年 18 年间，我指导了 18 位博士研究生顺利毕业。现在回忆起来，带博士生虽然辛苦，但也是"教学相长"：师生相互激励，相互赋能，共同超越自我。我和学生们相约：读博士拿学位不是目的，重要的是拓展视野，认真读书，思考感悟，进入创造性思维状态，力争使论文既有现实针对性，又具有一定前瞻性，经得起时间和实践的检验。

在学术"爬坡"的过程中，重要的是学术自省和坚持不懈。学而知不足，只有清醒地直面自己的不足，才能听得进不同的意见和建议，学术上的闻过则喜才能有脱胎换骨的进步。我一直鼓励学生写论文要先有后好，才能越改越好。我深深理解论文写作中学生们的煎熬与付出，通过和学生多次的沟通讨论和一遍遍修改，论文质量得以切实改进提高。当学生论文顺利通过答辩时，我分享了学生成功的喜悦。更重要的是经历了共同的学术"爬坡"，学生的专业乃至人生得到了成长和正向改变。学生论文的选题事关学生的专业发展。一位研究性别传播的博士，如今成了女性研究专家，并担任联合国女性研究教席的中方主持人；一位研究老年社会与老年广播的博士，其毕业论文获北京市学术成果二等奖，并且成为中传广播学研究的带头人；一位多年从事应急广播的博士选择了应急广播研究，在论文写作中，主动请缨去地震灾区芦山开办应急电台，芦山的帐篷广播成为抗震救灾的信息中枢，做到了应急广播本土化的有效覆盖和有效服务；一位从事电视媒介研究的学生，论文选题是新媒体格局下数字电视发展研究，后来她在论文的基础上整理出版了3部有关互联网时代电视发展研究的专著，如今已成为国家融媒体电视的领军人物；一位多次参与重大突发事件报道的军事广播记者撰写了论文《中国军事广播发展研究》，后来这位博士成为"全军十大学习成才标兵"。其他博士也在博士论文的基础上出版了广播研究专著，如《中国广播体制改革研究》《声音传播》《社会转型与对农广播》《中俄广播发展对比研究》《城市广播转型研究》《现代传播技术与广播发展》等，这些专著拓展和丰富了中传广播学研究的学术成果，体现了广播研究梯队后继有人。

从广院至中传从教60年，深深体验着作为教师的另外一种财富——分享学生的成才和收获。当我参加华人媒介设立的"凤凰奖学金"颁奖典礼的时候；当我参加知名校友出资设立10年的社会调查"子牛杯"评选的时候；当录制评选媒介社会担当人士的仪式，我为获奖校友发奖并宣读颁奖词的时候；当校友联合学院广播团队合作完成"中国民族广播发展研究"的课题顺利结项的时候；当我参加白发苍苍老校友激情满怀返校团聚的时候；当在全国新闻大奖名单中发现校友姓名的时候；当学院为我们从教60年隆重举行纪念会的时候；当我为"00后"新生开讲《开学第一课》的时候……在种种感动中我更体会到了有关教育的一段名言：教育不仅是学生知识的增长，更重要的是生命的成长。教育是基于生命的事业，是生命实现自我价值、社会价值，获得生命的质量与意义的过程。联想到如今的一个热词："后浪"。长江后浪推前浪，作为"前浪"，我更愿意欣赏：青出于蓝胜于蓝。为此，我要向奋进中的中国广播人送上深深的敬意！向从广院至中传的老前辈，和我的同事们、学生们送上深深的祝福！

注释：

①语出自吴冷西为《周新武纪念文集》题词。

②［加］马歇尔·麦克卢汉：《理解媒介》，何道宽译，译林出版社2019年版，第369页。

（作者系中国传媒大学教授）

研究、实践与创新：
人民广播类型化改版改革回顾

覃信刚

21世纪初的10年，新中国人民广播事业兴起了一场类型化改版改革。10年多过去了，现在回忆起来，仍然记忆犹新。这场改版改革是人民广播理论自觉与新闻自觉，在改革开放时期系列台、专业台不断发展，寻求创新突破，建设广播大国的背景下实施的，改版改革走的是一条研究、实践与创新的路径，并取得显著成效，使人民广播事业步入辉煌时期。

一、类型化电台的起源及在我国的理论研究

关于类型化电台，有许多定义和解释，有学者认为："所谓类型化电台，是以特定内容和风格来满足群众喜好的需求而制作的节目。"①据笔者考证，美国广播之父李·德福雷斯特（Lee De Forest）早在1908年间就在巴黎埃菲尔铁塔上不断播出音乐节目，从那时到今天，音乐一直是电台最主要的内容。同时也可以认为，这是电台最早的音乐类型，只不过那时还没有类型的概念。1910年代，歌唱家卡罗素在纽约演出，由广播媒体播出，开启了古典音乐台之路。1920年Nashville的WSM电台首先播出以乡村歌曲为主的节目，之后乡村音乐在美国兴起，遍及大城市和小乡村。发展到今天，乡村音乐广播已经成为美国广播的领头羊。1930年纽约的WQXR-AM，是第一个古典音乐类型化电台。但同样，那时也没有类型化电台的概念。"1956年~1961年，这是广播的惨淡期。……'电视一崭露头角，广告客户就抛弃了广播，喜剧演员弗莱德·艾伦（Fred Allen）说，就像烧烤剩下的骨头'。"②由此，"广播消亡"之说出现。由于电视对广播的冲击很大，综合性电台对抗同样也是综合性节目设计的彩色电视台显然生存艰难，在与电视台的激烈竞争中，出现了类型化电台的设计与运营。具有代表性的是美国1955年创办的第一家音乐类型化电台KOWH-AM，以播出TOP—40音乐为主；1965年4月19日正式开播的纽约1010WINS全新闻电台，全天播出新闻与资讯。音乐、新闻类型化电台的开办，很快在美国流行，并拯救了美国广播业。

1923年1月，广播在我国出现以后，曾逐渐有工商电台、广告电台以及外语电台播音，包括新中国成立后的类似电台，但也未使用类型化电台概念。上世纪70、

80年代以专业电台称呼的是台湾地区的交通、音乐与新闻电台。1970年2月18日，台湾警广交通专业电台试播，3月1日正式播出；1972年8月1日中广新闻网开播，1987年中广音乐网开始全天播出休闲音乐，这些电台均称专业电台，包括之后的农业专业电台、渔业专业电台、教育专业电台。涉及新闻类型化电台的开办，台湾中广新闻网总监冯小龙2011年4月28日与笔者对话时概述：中广新闻网"从1990年开始就慢慢改，真正实施是2000年前后，中间经过了10年时间。这10年时间主要花在交流、沟通方面，也就是观念的改变上。"2002年12月，中央人民广播电台推出音乐之声，这是人民广播的第一家音乐类型化电台。

人民广播实施类型化改版改革，不像西方的类型化电台是在广播处于低谷、难以生存的时候展开的，而是在系列台、专业台蓬勃发展的时候进行的，这与西方的类型化电台在产生、发展方面有很大不同。

1986年12月15日，珠江经济台正式开播，我国广播改革从此迈出万里长征第一步，同时也拉开系列台建设序幕。什么是系列台？当时省市自治区一般设置一座人民台，是综合性的，在人民台之下再设电台，就开始走上了系列台之路。广东电台开办了珠江经济台后，先后又成立了新闻、音乐、交通、教育、股市等8个系列台。由此，系列台模式风行全国，广播的多功能得到充分发挥，并初步取得了一定的社会效益和经济效益。

但是，系列台由于理论支撑不足，在发展中暴露出不少问题，主要是节目设置雷同，并逐步回归综合性。有的电台又开始转型，试图成立专业台。

改革开放以来，我国不断吸取世界文明成果，到90年代，有不少人民广播的管理人员逐步走出家门，到国外参观学习。要知道，人民广播学习借鉴外国经验，曾有过深刻教训。这就是新中国成立初期，广播照搬照套苏联模式，结果水土不服，使广播走了弯路。由于走了弯路，广播似乎格外谨慎。那么，国外广播的现状如何？有哪些经验值得吸取？我国的广播应如何改革、创新？这是当时广播人思考的问题。带着这样的问题，广播人在工作中研究，在研究中工作；在研究中创新，在创新中研究，大多是摸着石头过河。

北京电台在珠江经济台诞生以后，作为首都台似乎有些坐立不安，从1992年年底开始创办专业台，到1994年年底，先后成立了新闻、音乐、交通7个专业台。这样，一个是专业台，一个是系列台，形成了不同的称谓。但专业台与系列台有什么区别，它的理论逻辑、实践逻辑、技术逻辑是什么？它与世界上的类型化电台又有什么区别？这些问题常常引发全国广播人的思考。笔者就是那时这样的广播人，当时所处的人民广播，内容不但有新闻、社教、文艺、戏曲等节目，而且台里已成立了经济台、音乐台、民族台，人民台应怎样改革、创新，是称系列台专业台，还是走类型化的模式？带着这些疑问，笔者从1997年开始了类型化电台的研究，撰写了《关键概念：类型化电台的词汇》《类型化电台的定位》等

文章。但当时的研究，主要是为了综合台的改版改革。综合台一步一步地改，到
1999 年，已基本归类，但也还存在不少问题，所以研究也在步步深入。特别值得
一提的是：2000 年 2 月 25 日，江泽民同志在广东考察时曾指出："我们必须加快
实施'走出去'的战略"，"'走出去'和'引进来'，是对外开放政策相辅相成
的两个方面，二者缺一不可。"在党中央的号召下，业界、学界"走出云""引
进来"，也开始投入类型化电台的研究。2000 年，上海复旦大学教授陆晔在《出
售听众——美国商业音乐电台对流行文化的控制》论文中，系统论述了美国商业
音乐电台市场营销的路径，③中国传媒大学教授胡正荣在《竞争、整合、发展——
当代美国广播电视业考察》一文中，则阐述了美国类型化电台的细分。④2001 年，
广东广播电台区念中《在客户制定规则的时代塑造市场——美国电台的广告经
营分析》一文中，介绍了美国类型化电台 10 年来广告蓬勃发展、不断上升的状
况。⑤复旦大学博士生林晖在《类型化——中国广播电视发展的必由之路》的论文中，
论及类型化的必由之路：市场细分、特色求胜，并全面分析了类型化电台的发展⑥。
2001 年 2 月至 2002 年 2 月，深圳市第五期出国进修干部钟海帆到美国纽约进行为
时一年的学习调研，撰写《走进美国广电传媒》一书，2003 年 4 月由南方日报出版
社出版，其中第五章"电台事业：稳定发展"介绍了美国类型化电台的发展演变。
2002 年 7 月至 2004 年初，北京人民广播电台新闻台台长张勉之在考察了多个国家
的类型化电台之后，撰写了《面向未来的世界广播》《法国广播媒介再考察》《美
国广播媒介再考察》《加拿大广播业印象》等，汇集在《世界广播趋势》一书中，
由中国广播电视出版社 2005 年 1 月出版，这些文章将类型化看成是世界广播的发展
趋势。2004 年，时任中央电台音乐之声总监刘晓龙《以"窄播"实现"广播"》，
论述了类型化的发展。⑦笔者发表的《频率类型化：广播改革的必由之路》，⑧上海
人民广播电台路军发表的《从东广新闻看类型化电台在我国的探索实践》，⑨是从
实践中提炼经验，再把经验上升到理念的文章，一篇论述的是地处西南边疆的云南
电台的经验，一篇论述的是大都市上海创办全新闻电台的实务总结。之后，围绕类
型化改版改革实务，又有一些研究成果发表。如杨叶青《类型音乐电台研究——从
运营理念和操作模式谈起》，⑩王丽《类型化电台与广播改革》，⑪王梦洁《我国
内地类型化广播的发展瓶颈及对策》，⑫张彩：《美国老年广播的"非老年化"呈
现》⑬等。

　　这一阶段，我国的类型化改版改革如火如荼进行，但此阶段我国类型化广播的
理论性系统性研究不足，争议较多，疑惑也不少。如：什么是类型化，它在三类媒
介（类型电影、类型电视、类型广播）中处于什么位置，公益性广播能不能搞类型化，
搞类型化是不是完全市场化，搞类型化频率资源从何而来等。《中国广播电视学刊》
向来以发表前沿性、系统性的广播电视研究成果著称，这次又敏锐把握到类型化电
台研究的这个问题，于 2007 年开始邀约笔者撰写系列文章。笔者再次总结了 10 余

年研究和实施类型化改版改革的实践情况，并多次实地考察了美国、法国及我国台湾地区的类型化电台现状，修改、完善原有成果，在《中国广播电视学刊》2008 年第 1 期至第 6 期发表《关于类型化电台的解析》《类型化电台产生的媒介背景》《类型化电台的子群体》《类型化电台的定位》《类型化电台的推广模式》等论文，并在电台内部刊物《类型化电台研究》刊载《特定内容类型化电台的定位及节目编排》《类型化电台的台呼、口号和台歌》等，系统阐述了类型化电台的理念逻辑和实践逻辑。2009 年《中国广播电视学刊》第 10 期至 12 期，又发表笔者《类型化电台特征分析》《音乐类型化电台的定位及节目编排》《新闻资讯类型化电台的定位及节目编排》。一家刊物两次发表类型化电台的系列文章，这在期刊中是少有的，也可以说，《中国广播电视学刊》为我国的人民广播实施类型化改版改革提供了理论支撑，功不可没。

这一阶段，类型化电台在我国不断增多，新闻、音乐、交通的越来越多，影响也越来越大，关于类型化电台的高峰论坛也开始举办。这时，业界人士在进行类型化改版改革时，都希望能透彻了解世界类型化电台的运行状态。据此，笔者借出访以及美国、英国、法国等国外广播专家和我国台湾地区广播专家来云南访问之际，一个一个进行专访，撰写了《关于类型化电台的中美对话》《关于全新闻电台的中美对话》《关于流行音乐类型化电台的中美对话》《关于新闻/谈话类型化电台的中美对话》《探析美国清晰频道管理和运营之道》《新闻、新闻，我们报道受众有用的新闻——关于美国 CBS 880WCB–AM 全新闻电台的对话》等，在《中国广播报》发表，一般都有 10 多个版面，多的一篇 22 个整版，这在《中国广播报》历史上也是少有的。而广播专业期刊《中国广播》也曾用较长的篇幅发表了笔者的研究成果《全新闻电台的节目编排和运营》等，由此，笔者出版了两部专著《类型化电台研究》[14]《全新闻电台的节目编排与运营》。[15]

在高等院校，类型化电台研究文章逐步增多，硕士、博士研究生毕业论文也开始涉及类型化电台的研究，云南师范大学传媒学院的硕士研究生就有多人研究类型化。云南三家主流媒体与法国里尔高等新闻学院、法国里尔科技大学开办"国际传媒管理"硕士研究生班，30 多名在职硕士专题研究类型化，撰写了《音乐类型化电台的建构与营销》等 24 篇硕士论文。武汉大学新闻与传播学院博士王丽、四川大学文学与新闻学院博士李欣的博士论文《中国大陆类型广播发展策略研究》[16]《类型化广播的中国发展道路》[17] 分别于 2011 年 9 月、2015 年 10 月出版发行。

在近 20 年的类型化电台研究中，我国业界、学界的学者、专家主要认为，人民广播实施类型化改版改革，要坚持马克思主义的指导地位，坚持党的领导，坚持中国制度、中国话语；坚持全心全意为人民服务，以人民为中心；坚持公益服务，社会效益第一位；坚持舆论导向，正面宣传；坚持与时俱进，不断创新；坚持技术升级，高质量发展；坚持大国工匠精神，精心编排节目；坚持在地属性，满足听众需求。这些思想、理念、观点，对类型化改版改革起到了引领作用。

二、类型化电台在我国的实践

2002 年 12 月，中央人民广播电台推出国内第一家类型化音乐电台——音乐之声，主打流行音乐，以两小时为一个时段单元。严格意义上讲，当时中央电台推行的是"频率专业化，管理频率化"，类型化理念并不浓厚。但作为国家电台，中央电台大胆引入世界文明成果，特别是我国台湾地区的文明成果，这在当时非常具有胆识。这一年，河北廊坊电台开播了"长书频率"，应该说这也是一个类型化电台，但该频率对外宣传有限，尽管这个频率很受本地听众以及周边北京市听众喜爱，但长期缺乏有关研究。2003 年，是国家广播发展年，多个全国广播现场经验交流会的召开，极大推动了广播的快速发展。这一年，中央电台加大类型化探索力度，中国之声、经济之声、文艺之声、都市之声均实施类型化。所不同的是，这样的类型化与美国、英国、法国的类型化、专门化有本质区别：体制不同、导向不同、事业性质不同、服务对象不同，坚持了中国特色、中国话语。举个例子：中国之声的节目编排，展现的是中国风格、中国气派、中国话语，与美国纽约 1010WINS 全新闻电台、法兰西新闻台、俄罗斯莫斯科全新闻电台、加拿大 680 全新闻电台就有本质区别。2003 年 5 月 15 日，中国国际广播电台"欧美流行音乐广播（金曲调频 HIT FM）"开播；2004 年 1 月，全新闻电台——上海东广新闻台开播；2004 年 6 月，湖北音乐广播"Fun Music Radio"正式播出；2004 年 9 月 20 日，云南人民广播电台实施类型化改版改革，对 10 套节目全部实施类型化改版，并表示用 5 年时间，构建新的管理模式、传播模式、受众模式、营销模式、技术保障模式，为听众精备"听觉盛宴"。该次改版，受到云南省委高度赞扬，云南 16 家新闻媒体作了报道。之后，云南电台节目在昆明、云南收听市场占绝对优势，改版带来了明显的经济效益和社会效益。2005 年 3 月 27 日，合肥人民广播电台故事广播开播，这种类型因其故事性较强，很受听众喜爱，随后风靡全国；2005 年 9 月 28 日，国际电台环球资讯广播开播，国际电台的资讯节目开始朝国内延伸；2005 年 10 月 30 日，大连音乐电台开播，主打流行音乐；2006 年 3 月 28 日，南京音乐类型电台开播，定位于当代成人流行音乐电台；2007 年，江苏人民广播电台全新闻电台开播。之后，新闻类型化电台、音乐类型化电台，特定类型化电台蓬勃兴起，有的再变细分，细分受众，细分节目，目标听众越来越精准。如交通类型，就有交通 / 音乐电台、私家车电台等。而北京交通台的创收，单频率先过亿元，最高值年 6 亿元，为世界之最。到如今，人民广播的类型化已经发展到 30 余种。

人民广播在实施类型化改版改革中，坚持马克思主义的指导地位，坚持党的领导，坚持全心全意为人民服务的思想，坚持社会效益第一位，与美国为代表的西方类型化电台有本质不同。具体来讲，有如下方面。

（一）统一规划，有序竞争。人民广播的类型化电台由人民台经办，坚持马克思主义的指导地位和党的领导，与人民台一样，既是人民台也是党台，是党领导下的人民台，这与西方类型化电台有本质区别。如中国之声是中央人民广播电台经办，是党台，为事业编制、公益二类，但美国纽约1010WINS全新闻电台则是哥伦比亚广播公司经办，是财团电台。中国之声为全中国喜爱新闻的听众服务，而1010全新闻电台为其上市的股民服务。

（二）以社会效益为首位，坚持公共广播文化服务。坚持把社会效益放在首位、社会效益和经济效益相统一的体制机制，是人民广播创办类型化电台的一惯做法。所有的类型化电台既做公益文化服务，又实行广告经营，以弥补事业经费不足，这与西方的类型化电台不同。西方的类型化电台大多数以市场为导向，以赚钱为目的，只有少量的公共类型化电台以公共广播文化服务为主，如美国几万家电台只有一千多家是公共广播，绝大部分是商业电台，可以出售，可以买卖，这与我国的类型化电台也不相同。

（三）心怀人民，平衡发展。人民广播人民办，人民广播为人民。我国类型化电台的发展，既成熟一个发展一个，又考虑地方听众收听的平衡。既有新闻、音乐、经济、交通等经营收入较高的类型，又有戏曲、农村、民族等经营较弱的类型，这与西方的类型化电台也有本质区别。人民广播虽大力实施类型化改革，但不盲目追求类型化的数量，不为类型而类型。目前，全国有30余种类型，这与西方某些国家类型电台小、散、乱也有本质区别。

三、人民广播类型化电台的创新

人民广播的类型化改版改革，是在我国改革开放这一时期实施的。良好的内部外部环境，给勇于创新又脚踏实地的广播人提供了难得的发展机遇，广播人牢牢抓住这一机遇，建构类型化电台，创新不断。

（一）突破理论认知局限，创新广播管理模式。人民广播在改革开放前实行的是综合性的管理模式，不但节目是综合性的，体制机制也是综合性的，业界、学界有专家认为，世界上的类型化电台，主要是民营企业，且内容细分，在我国难以推进，也不宜推进。有的专家抱着综合性的理念不放，认为在中国不宜搞类型化。同时还有一种认知，就是我国频率资源分配不同于西方，搞类型化缺乏频率资源。我国广播界在类型化改版改革中，从转变观念入手，加大了对类型化理论的研究，并用理论指导实践。这种理论就是构建具有中国特色的类型化电台，并由此建立受众需求、市场需求的管理模式、节目模式和技术保障模式。中央电台大胆创新人事管理制度，扩大部处和中心(室)领导干部竞争上岗范围,完善竞争上岗制度，推行目标量化考核，健全考核体系和制度；推行定岗定薪和全员聘用制度；使频率逐步细分，创办了音乐之声、经济之声、中国之声等在全国很有影响的分类电台，深受听众喜爱，其"管理频率化"的改革目标胜利完成。

管理既是一种形象，又是一种流程，更是一种战略。在类型化改版改革中，所有的类型化电台都推行了新的管理模式，"改变了电台过去机关式、行政化的管理模式，电台职能部门、技术部门建立起了为类型化电台服务的运营机制，包括能力本位的分配激励机制，降低了人、财、物的消耗，成本与效益在经营实践中得到了很好的体现"。⑱

（二）推进数字化发展，建立新的技术保障模式。广播发展的历史，是一部技术驱动的历史、技术升级的历史、技术需求的历史。从 1906 年广播诞生以来，广播每一轮变革，都有技术的深刻影响。而生产方式的落后，必然妨碍广播的竞争力和影响力，人民广播也不例外。在类型化广播的改版改革中，人民广播大胆创新，用数字化系统对节目进行精确控制，将综合性的生产方式改变成为类型化的生产方式。

一个类型化电台以全新的面貌呈现给受众，往往有度身打造的技术系统做支持。如全国的交通广播，都有交通部门的路况大视频作匹配，而交警摄像头的配合运用，也丰富了交通广播的节目。在实施类型化过程中，各级人民广播改建了数字化播控系统。如中央电台、北京电台、上海电台、广东电台的数字化播控系统就比较先进。地处祖国西南边疆的云南电台投入 4500 多万元改建数字化播控区，设立管理资讯系统、新闻广播数字化播出系统、节目制作数字化播出系统、广告管理数字化系统、节目曲库、新闻滚动编播室、舆论监督大型透明直播室、主控机房数字化系统、直播室数字化系统、大型录音棚、小型录音棚等。采用广告管理工具系统，使广告经营、管理做到了数据化、科学化、规范化。采用声音媒介的自动化系统，使新闻、民族语、越南语、旅游、交通、生活、少儿节目标准化、程序化；采用声音媒介的资产管理系统，使经典音乐节目更加科学和规范。数字技术的全面运用，改变了传统广播综合性的生产方式。大容量录制、全方位检索、自动编排生存、定时播出、方便快捷的管理，成为类型化自动播出和系统软件的基本功能元素。

技术创新是人民广播革命性发展的根本动力，是类型化电台生存和发展的支撑点，以数字化技术为特征的新技术的运用大大加强了类型化电台的发展进程，从而为类型化电台创造了新的平台和空间。⑲

（三）拓展广播想象空间，扩大类型内容主体。对于创建类型化电台来讲，想要不断扩大内容生产，有序增加类型，吸引更多的听众，就必须突破其想象空间，争取以多元、丰富的体量满足用户需求，配匹用户，并适应互联网传播趋势。我国的类型化电台改版改革，一是构建同类系列，如新闻类型，就产生了全新闻电台、新闻/专题电台、新闻/深度电台，交通类型有交通资讯、交通/音乐、私家车电台等；二是打深井，如听书、故事广播则挑选最受听众喜爱的经典内容，并在呼号、间奏乐、时段分配等方面精耕细作，使听众获得满足感；三是一步一步朝互联网转型，通过延伸、变革，将时间编排转向空间编排，突破广播声音单一局限，采取短视频带动，使互联网广播类型逐步受到听众喜爱。

注释：

①洪贤智：《现代广播学》，五南图书出版股份有限公司，2003 年 9 月版第 31 页。

②［美］雪莉·贝尔吉：《媒介与冲击——大众媒介概论》（第四版），赵敬松主译，第 132 页，东北财经大学出版社 2000 年版。

③陆晔：《出售听众——美国商业音乐电台对流行文化的控制》，《新闻与传播研究》2000 年第 1 期。

④胡正荣：《竞争、整合、发展——当代美国广播电视业考察》，《世界广播电视参考》2000 年第 2 期。

⑤区念中：《美国电台的广告经营分析》，《中国记者》2001 年第 3 期。

⑥林晖：《类型化——中国广播电视发展的必由之路》，《新闻记者》2001 年第 9 期。

⑦刘晓龙：《以"窄播"实现"广播"》，《中国广播》2004 年第 1 期。

⑧覃信刚：《频率类型化：广播改革的必由之路》，《中国广播》2005 年第 1 期。

⑨路军：《从东广新闻台看类型化电台在我国的探索实践》，《中国广播》2005 年第 3 期。

⑩杨叶青：《类型音乐电台研究——从运营理念和操作模式谈起》，《现代传播》2006 年第 5 期。

⑪王丽：《类型化电台与广播改革》，《新闻前哨》2007 年第 1 期。

⑫王梦洁：《我国内地类型化广播的发展瓶颈及对策》，《中国广播》2007 年第 7 期。

⑬张彩：《美国老年广播的"非老年化"呈现》，《中国记者》2007 年第 9 期。

⑭覃信刚：《类型化电台研究》，中国广播电视出版社 2013 年版。

⑮覃信刚：《全新闻电台的节目编排与运营》，云南人民出版社 2014 年版。

⑯王丽：《类型化音乐广播的知与行》，中国广播电视出版社 2011 年版。

⑰李欣：《类型化广播的中国道路》，人民出版社 20015 年版。

⑱⑲覃信刚：《类型化电台研究》，中国广播电视出版社 2013 年版。

（作者系云南广播电视台原台长、高级记者）

永远的广播情

——中国人民广播80年感怀

白　玲

正如中国古长城、埃及金字塔的建成一样，伟大事业的创建都必然经历"艰难困苦、玉汝于成"。新中国广播自延安窑洞里呼出第一声，已经走过了80年峥嵘岁月。中国人民广播事业在80年的奋斗历程中取得的光辉业绩，注定将与所有参与广播的人一起载入史册。广播，是我一生中不可磨灭的印记。纪念人民广播80年，心潮澎湃，感慨万千！

我有幸，在人民广播80年光辉岁月的长廊中，作为一名广播人，伴随着广东广播走过了46年。作为一名广播人我挺自豪的，在中国广播改革发展的征途上，成为中国广播改革"珠江模式"的一名参与者、实践者，亲历了其中的艰辛与欢乐。

回看广东广播：解放广州的隆隆炮声响过，带着一身硝烟，人民解放军战士英姿飒爽接管了国民党广州广播电台。每一代广东广播人都会依稀听到这样一个声音——1949年10月20日，广东人民广播电台（广州人民广播电台）正式开播的呼号。难以忘怀的是，在人民广播80年的历史长河中，广东广播人敢为人先，改革创新，创出了一个个引人瞩目的第一，掀起了一朵朵令人惊喜的浪花。

——1979年12月，全国第一家集制作、播出、传输为一体的立体声广播电台在广东试播，1980年正式播出。国家广电部在广州召开现场会议，通过了广东电台提出的国家立体声广播五项标准。中国广播声音制作和播出的立体声时代从广东开始，中国广播的调频广播时代从这个时候开始。我有幸成为这个立体声节目组的第一批音乐编辑。

——1982年全国第一部立体声广播剧《碧血黄花》播出。

——1985年，全国第一个推动本土原创流行歌曲排行榜《健牌十大原创歌曲大赛》创办，以此为基础，发展成为引领音乐潮流的《音乐先锋榜》，是华语流行乐坛榜龄最长，最具号召力的强势音乐品牌，目前已经发展成为由中国内地26家省级电台及香港、澳门、台湾地区的电台每年一度联合举办的《音乐先锋榜》年度颁奖典礼，成为华语乐坛引人注目的盛事。《音乐先锋榜》作为中国内地诞生最早的电台流行音乐排行榜，起着繁荣音乐创作、引领流行音乐潮流的积极作用，为中国现代流行音乐的起步、发展和繁荣做出了不可磨灭的重要贡献，在中国流行音乐史上写下了绚丽的篇章。

——1991年，全国第一家24小时播出的专业音乐电台开播。

——1994年，广东电台主办了全国唯一的由广播创办的"广播音乐国际博览会"，吸引了国内几十家省市电台和全世界五大洲近百个国家的广播机构代表前来参加。会间，举行研讨交流、展评节目、国际主持人大赛、名家名曲音乐会、国际音响唱片博览会等。七天的盛会，成千上万的广东百姓直接参与了广播的国际节日，超过一亿的听众通过收音机参与了广播的节目。

——1994年全国第一个广播的博览会《广州国际音响器材暨唱片大展》开展。由此开创的音乐广播与音响唱片产业链品牌的打造，突破了广播单一广告经营的传统，持续至今，这一展会已经成为全球各国音响器材商每年一度的中国广州峰会，是国际同类展会中的亚洲第一、全球第四。

——2000年，广东电台策划举办了第一个以音乐为媒介联合海内外华语广播走向全球的《全球华语歌曲排行榜》，由北京、上海、广东与马来西亚、新加坡、台北、香港等国家、地区电台联合举办颁奖典礼音乐会，通过广播向全球直播。

我清晰记得：1979年，中央决定在深圳设置经济特区，吹响了中国经济体制改革开放的号角。也就是在这个生机勃勃、令人憧憬、催人奋进的年代，我踏入了广东电台的大门，在广州美丽流花湖畔的广东广播大楼里，度过了40多年的广播年华。

——1986年12月15日凌晨5点，中国广播史记载了这个重要时刻——珠江经济广播台开播，第一声呼号播出之时，标志着中国内地广播电台改革与发展进入崭新的里程，由此开启了中国广播一个新的发展模式——"珠江模式"，以致深深的影响整个中国广播。

曾几何时，广东，因为毗邻港澳，大街小巷、平常人家，收音机里响起的都是港台的声音。是改革开放的春风吹绿了岭南大地，吹醒了广东广播人。1986年12月15日起，在这块改革开放的沃土上，"珠江！珠江！珠江通四海，经济第一台！"的呼号声，响彻南粤大地。珠江经济台以主持人直播、热线电话、大版块综合节目、全天滚动式新闻的全新播出形式，开创了划时代的中国广播改革新模式。珠江模式的诞生，不仅引领了国内广播界的改革潮流，还引来了国际媒体的广泛关注，更是让那些一度充斥广东人耳朵的港台广播电视也逐渐销声匿迹了。此后20多年里，改革和创新，成了中国广播发展的强大动力，广东以及全国的广播呈现出蓬勃生机，形成了中国广播欣欣向荣的时代。

"珠江模式"带给广东电台和全国广播界第一笔精神财富。经过10多年的探索，新的问题和新的挑战又横亘在广播前进的道路上。电视媒体迅速提升，报业媒体抢占市场，以互联网为代表的新媒体更是异军突起，而广播在快速发展后的粗放经营、恶性竞争、结构失衡等问题渐渐成了顽疾，如不思进取、小富即安，已然的模式将会成为发展的桎梏。

在改革开放中成长起来的广东广播人保持着警醒：创新，是"珠江模式"的核心价值，不断改革是创新发展的动力；发展的征途上永远需要以创新精神去突破、去跨越。2002 年，"中国广播改革 20 年高端论坛"在刚刚落成不久的现代化广东广播中心三楼国际会议厅召开，国家广电总局时任总局长徐光春、副局长胡占凡、中央台台长杨波、国际台台长李丹等领导及全国各省台台长出席了会议。会上，徐光春同志提出"开创广播新局面，实现广播广告五年翻一番"的要求，并指出"中国广播改革的序幕就是在这里拉开的"。按照总局的部署，广东电台制定了五年发展新规划，提出了"广东电台跨越式发展五年战略"。时任国家广电总局副局长胡占凡同志在为《见证——广东广播 20 年跨越式发展》一书作的序言中说到："跨越是一种思想方法，也是一种精神状态。广东电台提出新一轮改革的战略思路将'珠江模式'的核心价值——创新精神和创新能力推向了一个更新更高的层次，从中梳理出广播发展的客观规律，从'珠江模式'到'跨越式发展'见证了广东电台在改革实践中运用创新思维驾驭时代重大变迁的功底，20 年中，广东电台审时度势，把握机遇，在媒体竞争中突破重围，夺路而出，显示了广东广电人的胆识和具有前瞻性的创新意识。"

珠江模式 20 年后，广东电台提出的跨越式的战略思路，可以说是在十多年广播业的生产力和生产关系的矛盾运动中发展到一定的阶段，进一步推动广播产业的生产方式的变革的重要举措，更具不同寻常的作用。新一轮的改革形成了广东电台全体员工的共识，传承珠江模式的创新精神，实现五大跨越：

——广播理念的跨越。更新观念，超越自我。办看得见的广播，走出直播室办广播，让神秘的只闻其声不见其人的广播播音员、主持人走出直播间，走向社会，走进听众。此举大大提升了广播品牌、广播节目品牌、广播主持人品牌的影响力。

——体制机制的跨越。以南方广播影视传媒集团组建为契机，广东电台进行了广播跨区域联合发展的探索，省市县三级联合，跨省区的联合，开创了联合发展、互利共赢的新局面。

——品牌理念的跨越。推动广播节目品牌化，从做节目到包装、经营节目，办名牌、创品牌成了广东电台热火朝天的景象。

——经营理念的跨越。从独自经营到联合化经营，从广告为主的经营到广播产业多元化运营。广播经营创收连续 8 年省级台排名第一。

——广播技术的跨越。全台全面实现数字化改造，实现采编播流程数字化，为传统广播与新媒体融合打下了基础。

跨越式发展的探索与实践，使广东电台又一次进入了高质量发展的快车道，实现了全国省级台改革创新领先、发展规模第一、经营创收第一、国际影响力领先、收听率连续多年稳稳占有广东全省七成以上。广东电台以每年两位数的增长，提前大幅度超额完成总局提出的五年经营创收翻一番的目标任务。

回顾过去，那是一段激情燃烧的岁月，作为参与者、实践者，广东广播成长与发展的一幕幕,栩栩如生、历历在目、难以忘怀,因为收获,更源于付出。最难忘的是,广东广播人那种经久不衰的改革冲动、创新热情、创意激情。

一代一代的广播人披荆斩棘、薪火相传,创造了广东广播的辉煌,留下了生生不息的精神财富。尽管历史已经远去,然而,当人们仰望星空,熠熠光辉依然闪耀。他们为新中国的广播事业奠定基础,为中国广播事业的发展留下了具有南方特色、富有改革开放先行精神的闪光印记。在广东广播辉煌的发展历程中,我们必须不能忘记,那些传承光荣历史、撰写新里程的鲜活的身影:

马皓台长——1949年10月初,在江西赣州东南郊的一个农家小院,作为接管国民党广州电台的首席军代表马皓同志、军代表田蔚同志、尹敏同志等接受了上级的命令,在千里之外的江西赣州,召开了组建广州人民广播电台的第一次会议。10月12日马皓等同志戎装英武、昼夜兼程、跋山涉水、风餐露宿,带着一身战火硝烟味,进入广州,10月14日,随着中国大陆最后一个大城市广州宣布解放,国民党在大陆最后一个巢穴的倾覆,广东人民广播事业在划时代的起跑线上霍然起步。马皓同志被任命为第一任台长。10月20日,广州人民广播电台正式呼号播出。

陈克台长——经历了烽火硝烟年代的老革命,将广东电台从两套节目发展壮大,为系列台的发展打下了坚实的基础。带领全台推进广告经营的探索,为广东台事业发展给予了强有力的支撑。

还有周无忌台长、余统浩台长、曾广星台长等等,因为篇幅问题无法一一点到。

——记住他们,这些在不同的历史时期,为广东广播事业做出重大贡献的广播领军人。

我倍感幸福的是,这一生做了广播人!是广东广播,培养了我、成就了我。从一个20多岁的音乐编辑、记者、节目主持人成长为广东电台台长,南方广播影视集团的总编辑、党委书记,省级广播电视的领军人。是广播,让我拥有了许多荣誉:2002年成为国务院特殊津贴获得者,2008年被评为中国改革创新传媒年度人物,2009年被授予新中国60年有影响的60位广播电视人物,2009年被授予全国三八红旗手,2010年获得全国广播电视"十佳理论人才"奖。

我对广播的情怀满满。如今,尽管已在工作岗位退下来,但我依然是一个广播的忠实听众。中央人民广播电台中国之声是我的最爱,当然广东广播更让我倾情关注,因为,是她,让我结下了一生不解的广播情缘。

我对广播充满信心。有人认为,在互联网暴涨的今天,传统的广播电视媒体将要消失。我绝不苟同!我坚信:只要广播人坚持改革创新,广播就会经久不衰、屹立不倒!内容决定忠实度,服务决定贴近性,高度决定权威性,创新决定影响力。广大听众信任的广播,自有她独特的魅力!

（作者系南方广播影视传媒集团原党委书记）

声远流长　音缘永续

黄　信

　　"延安新华广播电台，XNCR，现在开始播音"，80年前，1940年12月30日晚7点，中国共产党领导的中国人民广播事业从延安窑洞诞生。人民广播雄壮美妙的声音伴随着中国革命建设和改革开放，回荡在新时代、传送海内外，为中国人民站起来、富起来、强起来作出了不可磨灭的重要贡献。

　　在中国广播史新旧交替的时刻，发出南京解放第一声、终结国民党"中央广播电台"的故事发生在如今江苏广播行政楼（当时的播音楼）里。1949年4月23日深夜南京解放，次日早晨，原电台留守人员毅然将呼号改为"XGOB南京广播电台"。北平新华广播电台负责人梅益获悉后，和播音员齐越迅速通过电台喊话联系，得知了南京解放的重大消息并及时播发。"XGOB南京广播电台"按要求转播新华广播节目、上传有关南京的新闻稿，配合中共党组织和解放军保护和接管电台，拉开了江苏人民广播事业的序幕。1953年元旦，江苏省人民政府成立，南京、苏北、苏南人民广播电台合并，于同日成立江苏人民广播电台。从此，江苏广播在中国人民广播事业的行列中，肩负使命，与时俱进。

　　2008年4月至2018年8月，我在江苏广播工作了10年多。2018年元旦是建台65周年，我提议以"结缘声音"为主题，征集听众与电台交集的故事和感受，结集出版，取名《音缘》。"音缘"是发自内心的感触。43年前我正插队务农，在知青点路口的大喇叭里得知恢复高考的消息，在公社广播站"借电灯"复习备考；在农村是县广播电台和公社广播站的通讯员，大学时曾在市广播电台见习。1982年初毕业分配至省委机关，就成为江苏人民广播电台的通讯员，证件至今还保留着。2002年6月起，我在江苏省广电局工作了近6年，与广播电台同一处办公、同一个饭堂，有了不少工作业务的交往；再后来就成了一个地道的广播人。江苏广播的历史，是一代代广播人薪火相传、创新进取的历史。50年代的理论节目重在普及，转化为江苏最早的通俗理论出版物；60年代的农村节目好听好懂，成为全国的学习样板；60、70年代起就持续挖掘报道华西典型；80年代的《江苏快讯》独树一帜、好评如潮，时任国家广电部部长称赞其代表了广播新闻改革的方向，《人民日报》刊文表扬；聚焦改革开放的大量典型报道成为同行关注的新现象；《文艺天地》开创了广播主持人节目的先河。频率负责制和专业化办台改革、事业部制管理模式、第一家省级类型化全天候新闻广播……都走在省级同行的前列。能加入这样一个有厚重积淀、优秀业绩的团队，不仅有缘更是有幸。上任时省领导明白嘱咐：广播是十分重要的媒体，必须守牢阵地，团结稳定鼓劲、抓宣传抓发展抓管理。我们明确了"坚持发展不动摇、务实拼搏不懈怠、团结进取不折腾"的指导思想，在总台领导下，依靠全体同事的努力，着眼新闻立台、发展兴台、管理强台、责任正台，努力创造新的黄金发展期，为人民广播事业付出我们这代人的担当和作为。

以"时政是最重要的民生、
民生是最生动的时政"的理念做新闻

我们牢记习近平总书记提出的 48 字党的新闻舆论工作职责使命，在弘扬主旋律中，讲究速度、深度、态度和温度，对大事急事百姓关注的事不缺位、有声音，正面宣传引导与树立正气、推动社会治理有机结合，新闻宣传的公信力和影响力全面提升。10 年间，立足省情民情策划推出了《信心江苏》《幸福江苏》《中国梦的江苏篇章》《迈上新台阶，建设新江苏》《新征程、新步伐》等大量形式新颖的主题报道。组建"特报部"着力深度报道，所采写的校园有毒塑胶跑道、兰菌净疫苗之谜、骆马湖非法采砂等一大批调查性报道，引起领导和社会的广泛关注，推动了相关政策完善和相关问题的解决。"特报部"坚持职业操守，广受好评，全国和省记协为此专文介绍，2013 年 12 月，省委书记批示："这样的'特报部'值得总结、学习、推广。" 10 多年来，我们不遗余力地精心打造新闻广播，继资讯、新闻专题类型化的有效探索，开辟全天评论节目带，强化言论观点，举办"青年演说家""舌战金陵"辩论赛，提升新闻宣传的引领力。2012 年 5 月，国家广电总局主要负责同志在江苏考察工作时评价："FM93.7（江苏新闻广播）是广大人民群众每天离不开的一个了解全省大事、了解国家大事、了解世界大事的主渠道，24 小时不间断播出，能做到这个程度，应该说很不容易"。近年来，江苏新闻广播在本地收听市场稳居前三并多次冲击第一。

除了在传统端继续扩大影响，我们以新媒体思维倒逼提升传统采编业务，全面、深度布局微博、微信、头条、抖音等新媒体平台。2017 年 6 月 22 日，新闻广播官微推送的《民工在南京地铁蹲等两小时，只怕耽误市民上班》图文新闻，不到 24 小时全网累计阅读量过亿、评论近 20 万条。江苏广播在中央台用稿多年稳居前三，金陵之声外宣节目在中央台、国际台的对外平台、北部湾之声以及在美国、新加坡、台湾的相关平台落地发声。2003 年江苏广播就开设了《政风热线》，2011 年起，与省纪委策划创新节目形式，从电台直播向电视跟踪、报纸点评、网络互动、广场问答延伸，扩大政府部门与群众充分沟通的渠道，有效解决了大量问题。中纪委《中纪办通报》曾以《倾听群众呼声，切实解决群众反映强烈的突出问题》为题，向全国通报了《政风热线》的经验和做法。我们着力拓展与党委政府各个部门的联系，及时发布与群众生活紧密相关的权威信息，做好解疑释惑工作，受到各方欢迎。2015 年 8 月，省政府确定江苏交通广播为"江苏应急广播"，凡遇重大自然灾害、突发性事件，新闻广播与应急广播联手，总是第一时间奔赴现场，最快速度组织连线，迅速多渠道发布相关信息，及时疏导社情，很多时候成为其他媒体的重要信源。2008 年四川汶川抗震救灾时，迅速派出 14 名记者去震区，播出稿件超过 5000 条、300 多小时，被省广电局肯定为组织抗震救灾报道最成功的媒体。

以"传播加服务"的思路办节目

作为生产广播内容产品的"工厂"，节目是主打产品，产品要适销对路，质量必须过硬。江苏广播一直实行节目听评，后来还引入了专业的收听率调查，但比较单一粗放。2009 年起，我们花了大半年时间调研设计，17 易其稿，形成了一个打通生产制作、平台播出、受众反馈、市场反映、目标考核，定性和定量、线上和线下、社会效益和经济效益有机结合的"节目综合评估体系"，2010 年 1 月开始实施，此后每年更新版本。2011 年 9 月国家广电总局《值班日报》《决策参考》专门介绍了这一全国率先的做法。与之相配套，完善名牌节目培育活动实施办法、节目奖励办法、节目技术质量评估办法，设计网上听评系统，把每月抽查听评调整为每月对所有节目分类听评。坚持面向听众开展 10 大名优节目年度评选，组织"创意星主播"年度大赛。10 年间，江苏广播的本地收听市场份额从 2008 年的 40% 左右上升到 2018 年的 80%。有近 20 篇作品获得中国新闻奖及提名奖、9 篇作品获得中国广播影视大奖及提名奖、6 篇作品和 2 位主持人获得中国播音主持"金话筒奖"及提名奖。

广播是"心灵媒体"，是沟通人与人、人与人群、人与社会的"心灵之桥"。作为党的喉舌，只有真诚地联系和服务好广大听众，才能有效地服务大局，成功地实现传播。做好广播节目，应当强化面向用户、贴心贴近的服务意识和办法。我们确定了"江苏广播 时刻与您同在"品牌语，并谱成歌曲。在节目设置上，拓展文化娱乐、生活服务及维权咨询类节目的布局和数量，强调要"贴地飞行"，好听有益管用，这些节目占总数的近一半。在节目运行上，努力以"走转改"的态度直接面对听众。我们坚持"开门办广播""办看得见的广播"，每年举办"广播开放日"几十场次，邀请近千名热心听众与主持人及节目人员见面，征求意见建议。连续打造听众服务季（节）活动和听众晚会，各频率结合各自定位和节目特点，努力做到做优线上与活跃线下有机结合，走进基层一线，组织了大量服务性活动，每年多达七、八百场，其中品牌性的大型系列活动不下 20 个。真诚付出就会有良好回报，《音缘》一书选编了 80 篇听众的文章和大量网络互动的帖子，讲的都是鲜活的事例，非常生动地反映出听众对江苏广播节目、活动和服务的喜爱和感谢之情。广播主持人能"一呼百应"，2017 年 8 月组织的一次跨省听众活动，只用一天，报名者就突破了 1500 名的限额。据说现在尝试网络直播带货，电台的效果也是优于其它媒体。2012 年，国家广电总局主要负责同志表扬"江苏广播电台还推出了一大批弘扬主流价值观、三贴近的好节目"。

以开拓创新的精神抓融合

面对媒体融合发展的大势，作为传统广播必须积极应对主动参与。

在传统端，继续优化用收音机听到听好，尽可能使"省域媒体"名符其实。2008 年前，江苏广播 10 套节目中仅有两套分别以中波和调频有限覆盖全省，两套国家已规划给江苏台的调频频点没有启用。我们下决心争取总局和省里的支持，于 2009 年下半年完成新闻广播在全省 35 个调频点的建设启用，建设经费大约需要 1900 万元，在省长、常务副省长的关心下，由省财政一次性补助 800 万元建设资金和每年度运营经费 300 万元。我们再接再厉，自筹经费，又在 2014 年完成另一套健康广播全省 28 个调频点的建设启用。同时进一步优化交通广播的同频点布局，从全省 9 个拓展到 34 个，为音乐广播在苏南增加同频点两个。在省委书记和省长的亲自过问下，动议了近 30 年的广播发射台搬迁工作于 2008 年 4 月启动。省里投入 3 亿元建设资金，与南京市置换土地 829 亩，2014 年底，总建筑面积 17000 平方米，承担中央和省共 7 套中短波广播节目发射任务的新广播发射中心投入运行，被专家称为"全国领先、世界水平"。占地 98 亩的老发射台曾经是始建于 1928 年的原国民党中央电台发射场，2013 年被列为第 7 批"全国重点文物保护单位"，将继续发挥作为历史文物的作用和价值。

传统广播怎样与互联网有机融合没有现成的定式样板。观察分析广播与互联网特别是移动互联网之间 3 个相对应的关系：直接交流与互动社交，主持人与网红自媒体，伴随收听和移动传播，这启发我们要走有广播特色的融合之路。分 3 步走：一是"摆摊设点"，尽早打造"两微一端一网"，培育互联网化表达和呈现的氛围和能力。二是"系统连接"，2015 年，我们自主开发"微啵云"跨媒体交互运营系统，把上述三个要素组织起来并对接播出系统，使广播也能成为移动互联网的入口。"微啵云"项目被国家广电总局所属协会评为"2015 年广播影视科技创新二等奖"。2016 年 10 月，基于"微啵云"的"大蓝鲸"APP 升级上线，融入了直播互动、视频直播、音视频节目、社交及营销服务等多种功能，打开了广播听众向网络用户转化的通道。当时，江苏广播在互联网上集聚"粉丝"超千万，每天有 50 万人在网上常态参与节目和互动，百万量级的节目互动经常出现，"大蓝鲸"APP 日活跃度 35%，峰值达 55%，相关营销也实现了突破。三是"自主产品"，打造以主持人为标签、互动为特征、特色内容为内核的自主产品规模化生产、集聚和分发能力。为此，我们在 2017 年开始改造融媒体播控中心和融媒体演播室、定制融媒体直播车。同时大力推动主持人和创意人员从挖掘声音的价值出发，融合多样传播手段，更多生产面向互联网的产品。现在广播的同事们正在认真实践，努力向打造可听、可看、可感、可交互、可交易的"新广播"的目标推进。

以遵循媒体规律的方式谋发展

2001 年 6 月江苏省广播电视总台（集团）成立，江苏人民广播电台呼号保留。总台按照不同媒体业态的规律统分结合、分类管理，给电台留足了发展空间，在各方面给予关心支持。2007 年，按照总台实施现代传媒管理的模式，江苏广播将原独立运营的 10 套频率，分类归并为 5 个集约化管理的二级事业部，取消频率广告部，成立广告中心，统筹媒体经营。在总台领导下，江苏广播开始走上新的跨越发展之路。

2008 年起，我们继续深化内部机制改革，优化组织架构，相继成立经管办、策划研发部、新媒体部等部门和多个产业公司，完善管办分离、整合营销、创新创优、内控管理的制度体系，制定了阶段性发展目标。根据外部形势的变化，经过多轮调研，在 2014 年初再次变革广告经营模式，优质调频平台的广告和商业性活动由广告中心统筹，中波平台的广告经营依托生活广播部（东品公司），以节目、广告、活动和延伸产业"四位一体"的方式整合运营。这种模式在业界还没有过，既确保了深耕优质资源的整体协同优势，又有效激发了已不被看好的中波频率的活力。生活广播部所属公司当年创办当年赢利并迅速壮大，广告面貌也明显改观。在做深做优传统广告业务的同时，我们积极审慎地向节目工作室、旅游、车用品、体育娱乐、演艺、会展、培训、模式输出、互联网营销等产业领域拓展，大都取得了较好的成效。2017 年，进一步明确了"融合传播、整合营销、协同创新、系统保障"的工作思路。2018 年与 2007 年相比，江苏广播结余的现金总额增加了近 26 倍，资产总额增加了近 8.5 倍，发展实力大幅度提升。2017 年底，在国家广电总局《中国广播影视》杂志社组织的全国广播业综合实力调研活动中，江苏广播创纪录地获得 5 项年度大奖，连续 3 次获得"年度最具品牌影响力省级广播电台"荣誉称号。

媒体发展最核心的资源是人才。我们提出大力弘扬"担当自强、团结协作、务实进取"的广播人精神，通过落实意识形态责任、强化党风廉洁建设、坚持 3 级培训、完善创业创优创新激励机制、优化员工管理及业务通道体系等途径，综合施策，培育正气，打造人才队伍。建立倾听制度，每年分类召开多场座谈会，当面听取意见，解决实际问题。升级改造直播间、制作间和"音缘坊"食堂、办公区，建设立体车库和健身房，为员工提供良好的工作生活条件。10 年间，江苏广播的员工数量仅有少量增加，结构明显优化，"80 后"占比 55%、本科以上学历占比 78%、研究生学历或硕士学位人员占比 13%、高级职称人员占比 13%，员工的福利待遇也大幅提升。还向总台输送交流了近 20 名中层骨干。广播队伍踏实拼搏、善于合作创新的状态得到了普遍肯定。

以"广播一家亲"的认同促合作

在从事广播工作10年多时间里，深切感受到了全国"广播一家亲"的浓浓暖意，可以说这是中国广播事业的一个鲜明特色。这方面，中央人民广播电台展现了作为国家台的气度和风范。2008年1月，中央台牵头成立有140家电台组成"全国奥运广播联盟"。火炬传递时，我们与中央台协同作战，充分报道在江苏传递的情况；赛事期间，我们的报道团队在中央台专设的联盟报道中心，利用无偿提供的工位和信号，成为省内唯一对中国奥运军团赛况及时全面直播报道的媒体。此后，在伦敦、里约奥运会上，我们得到了中央台提供的难得的持权采访名额，加入中央台报道团队，又成为省里唯一直接报道奥运会的媒体。2008年底，中央台酝酿发起成立了"中国广播联盟"，我们积极响应。次年元旦联盟开始运行，6月举行成立大会，首批加盟的台多达132家。联盟从重大事件和时间节点报道、跨区域主题性报道入手，统筹组织成员台参与，促成各台间深化联系联动，展现了广播的力量和魅力。正如时任中央人民广播电台台长王求所说，合作是提高广播舆论引导能力、内容生产能力、公共服务能力和媒体传播能力的有效途径。中国广播联盟是人民广播事业发展史上的精彩一笔。

在中央台的的示范下，我们也迅速行动，进一步扩大与兄弟台之间的合作。2009年底发起成"江苏广播联盟"和"江苏广播新闻协作网"，搭建新闻线索和资源共享平台，联合开展主题性新闻行动，深化新闻宣传的协同合作。2008年江苏文艺广播发起的有江、浙、沪两省一市16家电台参加的"长三角戏曲广播联盟"和2009年江苏交通广播与浙江、上海交通广播协议推出服务长三角出行人士的《长三角交通联播》节目，是长三角广播合作的较早案例。2010年4月，我们承办了中国广播联盟首届新闻协作年会，11月又邀请央广中国之声与江苏广播新闻协作网成员台共商深化合作。我们还发起成立全国戏曲广播联盟、健康中国传播联盟、全国交通广播自驾游联盟、江苏城市音乐广播协作网等等，不断拓展合作领域。广播业态的一个重要特征，就是合作大于竞争，合力培育实力。尤其是地方电台的区域性，决定了同行间更加需要联手去炒热那片天空，扩大电台的影响，用更优更新的办法深耕各自受众，方可能在互联网时代，从容面对真正的挑战，在更宽领域的竞争中有广播电台的一席之地。

在80载中国人民广播事业、67载江苏广播不平凡的历程当中，我仅仅是一个短暂的参与者、接力者。令人欣慰的是，我经历、见证的这一段是那么的生动精彩！感恩伟大的时代让我与广播结下不解之缘，感谢可爱的广播人和广大听众，让我心生喜欢，更加热爱广播。广播是现代电子媒体中的长者，在万物互联的新的历史方位中，显然面临着新的挑战，在媒体融合转型发展的深度、传统资源供给侧改革、体制机制和政策保障等方面，需要爬坡过坎、破解难题。口耳相传本是人际传播的基本方式，以声音传播为特征的广播，依然有着它独特的存在价值。传播格局在变化，但初心使命没有变；手段方法在变化，但方向目标没有变；队伍构成在变化，但优良传统没有变。我坚信，在以习近平同志为核心的党中央坚强领导下，新时代的广播人会砥砺前行，不断创造新的业绩、作出新贡献，谱写中国人民广播事业新的辉煌乐章。

（作者系江苏省广播电视总台〈集团〉原副台长、
党委副书记、集团总经理）

中国广播人　永远在"路"上

陈乾年

1940 年 12 月 30 日，中国共产党创建的第一座广播电台——新华延安广播电台开始播音，呼号为 XNCR。这表明了中国共产党人的远见卓识：在那么艰难困苦的条件下建台，相差世界广播电台的诞生不到 20 年。

80 年来，人民广播事业伴随着中国革命和建设的步伐，从无到有，从弱到强。这是一条艰苦创业，筚路蓝缕，不断探索，勇于开拓的道路。尤其是 1949 年 10 月 1 日中央人民广播电台在天安门城楼全程直播了中华人民共和国成立庆典的盛况，让毛泽东主席宣告的"中央人民政府今天成立了！"宏亮声音响彻云霄！真是永垂史册……

晚生有幸。投身人民广播事业已逾半个多世纪，无不见证了这些年来燦灿的广播事业的发展。

新中国成立后人民广播努力完成"发布政令，社会教育，文化娱乐"三项基本任务，社会影响日益扩大。但毋需讳言，广播新闻一度成为新华社和各级党报的"有声版"，"吃报为主"成了工作常态。党的十一届三中全会以后，经过第 11 次全国广播电视工作会议的部署，广播人强烈感到，广播要改革，要自己走路，"扬独家之优势，汇天下之精华"成了座右铭。广播新闻改革走在前列：从抓"活鱼"到开掘细节，从组织重大战役性报道到发出本台的言论。中央人民广播电台带了个好头，全国广播电台自采的最新报道，自办的各类节目风生水起。广播的时效性、公信力、影响力得到彰显。

进入上世纪 80 年代，党的工作重心逐步转向经济工作上来。广东的珠江经济台应运而生，并迅即向全国推广。经济宣传得到有力加强，贴近听众的各式节目形态不断涌现。1992 年上海东方广播电台的崛起，大大引发了广播界体制内的良性竞争和改革，广播专业化和细分化得到很大的推进，使"广播消亡论"不攻自破。广播"业界轻骑兵"的特色更加明显，生存环境等均比纸质媒体、电视等要好很多。

进入新世纪，面对互联网和数字化技术的挑战，广播人和其他媒体人一样积极应对，加快了改革和整合的步伐：从各台设立网站到开设网络数字频率，从中央厨房开设采编播及分发平台到融媒体衍生产品，从背囊记者到与社交媒体、纸质媒体、电视媒体的融合，从云播出到全国乃至全世界直播……作了大量的探索。尤其是 2020 年以来全球遭到新冠肺炎病毒的突袭。一场惊天地，泣鬼神的抗疫之战打响了。广播人和其它新闻工作者一样派出精兵强将，运用全台合力，以自己的公益力、权威性同社会各界在防疫抗灾及其后的恢复经济工作中作出更大的贡献！

同任何事情的两重性一样，疫情的突袭既给我们莫大的灾难同时又带来了克服新的困难的动力和信心。有数据表明："宅经济"加速了广播融媒体产品在线上的人气聚集。今年 1～5 月中央广播电视总台广播点击率超过 5 亿次，同比增加 40%；上海、北京、浙江、江苏、湖北近年发力办的"阿基米德 FM""听听 FM""喜欢听""大蓝鲸""九头鸟"连同"两微"等社交媒体，大大提升了融媒体在云端上的吸引力；省级电台在线直播点击量较去年同期上升 22.8%，广播还试水网络直播带货，2～5 月约有 31 个省级电台频率和 38 个市级以下电台频率开展直播带货，给受众带来便利和实惠。尽管直播带货为应急之举，功过是非待以后评价，但此事对融媒体的发展及对疫情后经济的推动起了重要作用。

纵观 80 年的人民广播事业，广播电视从业者到必须牢记以下几点。

（一）新闻为魂。人民广播作为中国共产党的喉舌、主流媒体，这个本质属性不会变也不能变。

（二）内容为王。当前虽然网络发达，通讯便捷，但广播人深入实际，联系基层，接近群众不能变。内容生产永远是要放在重要位置的，广播人应尽量到达新闻现场，敏于观察，善于思考，尽量找出倾向性、规律性，及时报道或发内参供领导机关参考。

（三）导向为先。作为媒体不管是传统媒体还是新型媒体都要以内容为王，不能偏离方向，努力做到社会效益与经济效益的统一，在两者发生矛盾时要始终把社会效益放在第一位。

（四）竞合为要。媒体终究要融合，广播的终端不仅仅是收音机，凡能接收到广播音频的都是广播终端，如手机、电脑、汽车等。广播人应该成为其它终端的内容提供商；"中央厨房"不能铺的很大却内容很空，不能再走铺摊子的老路。

（五）技术为基，人才为本。要重视技术工作，广播电视本身就是技术发展的产物，广播的发展离不开新技术，应该积累资本，时刻关注世界网络技术、数字技术及其它相关技术的发展，注意人才培养，人才才是一个行业能够生生不息向前发展的动力。

随着长三角经济区，粤港澳大弯区和渤海湾经济区的发展，广播要更好地遵循自己的传播规律，由原来一城一池的传播机构组合成网状结构；要做好区域传播的理论、融合工作的准备。

好在越来越多的广播人对曾经走过的足迹形成共识。路漫漫其修远兮，吾将上下而求索，"80 后""90 后"甚至"00 后"，广播人永远在路上！让我们在以习近平为总书记的党中央领导下，发扬优秀传统，为实现两个百年的中国梦而努力奋斗！

（作者系上海广播电视台原副总裁）

与人民共呼吸 与时代同脉动

——中国广播新闻的时代作用

韩瑞娜 周小普

作为党和国家方针政策的重要宣传者、人民所需有用信息的重要提供者，作为时代的参与者和记录者，广播新闻注定要与人民共呼吸、与时代同脉动。自 1940 年延安新华广播电台诞生以来，中国人民广播新闻历经战争时期的新闻宣传、改革开放前 30 年的新闻发展、改革开放后 30 年的新闻变革、媒介融合时代的新闻创新，"扬独家之优势，汇天下之精华"，走过了 80 周年的奋斗历程，发挥了重要的时代作用。本文探寻 80 年间广播新闻的发展变迁，总结广播新闻发展的历史经验，并研究新时代广播新闻融合创新发展的道路，以期对今后广播新闻继续承担历史使命、发挥社会价值提供有益的参考。

一、战争时期的广播新闻宣传

这个时期是从 1940 年延安新华广播电台诞生至 1949 年新中国成立。

抗日战争初期，中国共产党掌握的新闻工具主要是报刊和通讯社。由于报刊和通讯社的局限性，以及日本帝国主义和国民党顽固派的破坏、干扰，党的抗战报道和政策宣传工作受到影响。尤其是抗日战争全面爆发的形势下，为了使大后方和沦陷区的听众能够直接听到党的声音，建设人民广播电台成了当务之急。

1940 年 12 月 30 日，中央人民广播电台的前身——延安新华广播电台（呼号XNCR）——开始播音，这是中国共产党领导下的第一座广播电台。电台筹建时期，正是物质条件极端艰苦的年代，电台工作人员在周恩来同志等的领导下，刻苦钻研业务、克服种种困难，最终建立起中国的第一座人民电台——延安新华广播电台。

中国人民广播诞生于抗日战争时期，成长于解放战争时期，广播新闻的内容体现了不同时期党的斗争对象和革命活动的变化。抗日战争时期，广播新闻的主要内容有中共中央的重要文件，《新中华报》《解放》周刊、《解放日报》的文章和社论，国际国内的时事新闻，"延安台不断把全国军民抗战的消息，八路军、新四军英勇杀敌的事迹，世界人民反法西斯战争的情况传送到各地。许多听众从延安的广播中了解到国际国内形势的真实动向，从中受到鼓舞和教育，积极投身到抗日民族解放战争中去"[①]。

解放战争时期，广播新闻的主要内容有解放区的各项政策及民主政权的建设情况、人民军队的活动和解放区人民生活的消息《解放日报》等报刊的重要文章和评论、中共中央的重要文件和领导人的讲话、国内外时事新闻等，以上内容对宣传党的和平、民主、团结的主张，揭露国民党反动派发动内战的行径、号召人民奋起反抗、解放全中国起了重要作用。

战争时期的延安新华广播电台，历经一次停播、三次战斗转移，在不断对敌斗争中积累经验、快速成长，初步形成人民广播新闻的业务特色，其中以"大家办广播"的办台思想和爱憎分明、铿锵有力的播音风格为代表。"大家办广播"既强调"大家听"，又鼓励"大家讲"，非常重视和听众的沟通交流。播音风格则强调使用普通话，以口语为主，句子尽量短，注意音韵优美响亮。毛泽东曾经夸奖电台的女播音员说："这个女同志好厉害！骂起敌人来真是义正词严！讲到我们的胜利也很能鼓舞人心，真是憎爱分明。"②

延安新华广播电台的建立宣告了中国人民广播事业的诞生，打破了国民党对广播的垄断。随着人民革命斗争的发展，以延安新华广播电台为代表包含各地方的广播电台，最终成为中国人民广播事业的中坚力量，为新中国的广播事业奠定了坚实基础。中国人民广播从诞生伊始就肩负着服务于对敌斗争，宣传党的方针、路线、纲领的重要任务，对于推动抗日战争和解放战争的胜利起到了积极作用。陆定一指出，中国的人民广播事业，从第一天起就"为中国的独立、和平、民主事业服务，为中国人民的解放事业服务"③。可以说，宣传工作是战争时期中国人民广播的时代使命，延安新华广播电台广播不辱使命，圆满地完成了这一时代任务。

二、改革开放前的广播新闻发展

1949 年新中国成立到 1978 年改革开放拉开序幕，近 30 年间，新中国经历了新民主主义社会向社会主义社会的过渡时期、社会主义建设的初期阶段以及"文化大革命"3 个历史阶段。在这期间，中国广播新闻也经历了曲折的发展历程。

历经几次更名，延安新华广播电台最终于 1949 年 12 月 5 日定名为中央人民广播电台。在发扬"学会自己走路"、自力更生办广播的精神指导下，中央电台和地方电台认真探索广播新闻节目，如央广开办了《新闻和报纸摘要》《各地人民广播电台联播》④等著名新闻节目，实现了"发布新闻、传达政令，社会教育，文化娱乐"的任务。直至今日，这些节目还在传达党和国家的重要方针政策、帮助人们了解国内外大事方面发挥着重要作用。地方电台也结合自身特点，认真探索，一方面转播中央电台的重要节目，一方面办好自己的新闻节目。在过渡时期，1956 年 7 月召开的第四次全国广播工作会议提出了改进广播宣传工作的要求；其中，要求广播新闻报道要做到"又多又快又短又好"，"要全面、真实、生动、有趣、有立场，也要有自己的评论"。随后各个广播电台开始改进广播新闻，央广加强了《新闻和报纸摘要》《各地人民广播电台联播》节目，增加了新闻节目的次数；北京电台探索了录音报道、实况广播等多种形式；上海电台运用多种体裁开展广播评论，其《广播漫谈》节目颇有特色。

在社会主义建设的初期阶段，国家的经济建设取得不小的成就，积累了丰富的经验，但是也遭遇了很大挫折。整风运动、反右斗争、"大跃进"等频繁开展的各种政治和经济运动影响了正常的社会生产秩序，广播新闻也因此经历了迂回波折的发展道路。其中，广播在"大跃进"期间的新闻报道和宣传发生了严重失误，主要表现在：第一，对内广播节目中的浮夸风、瞎指挥和片面报道。第二，频繁召开的广播大会，严重影响人民的日常工作和生活。第三，对外广播信誉滑坡，节目质量明显下降。⑤这些报道违背了新闻真实性原则，负面影响大。

1962年，中央电台和地方电台认真总结了"大跃进"期间新闻报道的教训，集中力量"精办节目"：央广认真办好"联播""报摘"以及《国际时事》3大新闻名牌节目；甘肃电台的《甘肃新闻》、河南电台的《全省联播》《对农村联播》等都成为重点节目。广播新闻注意时效性和听众需求，广播宣传工作有了很大提高。但不幸的是，在1966年开始的长达10年的"文化大革命"中，刚刚有起色的广播新闻又遭遇了严重挫折，完全偏离了新闻传播规律，"从根本上背离了马列主义、毛泽东思想和党的正确路线和方针，违背了人民群众的根本利益和正当愿望，给社会主义事业带来了严重的危害"⑥。直到1976年"文革"结束，广播事业才又重新回到正常轨道上。

整体上看，在改革开放前30年间，以中央人民广播电台为代表的中国广播，配合党和国家组织恢复国民经济、执行党在过渡时期的总路线、开展社会主义改造、支持抗美援朝战争、进行土地制度改革、配合"三反""五反"运动等各项工作，展开宣传并发挥了巨大作用。不过，这30年间的中国处于坎坷曲折的年代，这决定了广播新闻同样坎坷曲折的发展道路，也因此影响了广播新闻的功能和作用发挥。

三、改革开放后的广播新闻变革

这个阶段是从1978年改革开放至21世纪初期的30年间。1978年12月召开的中共十一届三中全会，是中国改革开放的开端，也是广播新闻变革的开始。

广播新闻再次强调"自己走路"的方针：深入实际，独立自主地采编新闻、撰写评论，做不同于报刊和通讯社、突出广播特色的新闻报道和评论。电台自采自编的"本台消息"日益增多，新闻的时效性大大增强，广播新闻评论也重新恢复。如央广的《各地人民广播电台联播》节目，"本台消息"一度稳定在60%至70%，并在1979年4月26日播出了新时期第一篇广播评论：《改善中越关系的根本办法》。据统计，1980年央广的"联播"和"报摘"节目，共播出广播评论132篇。⑦中国国际广播电台⑧也专门建立了评论部门，就国际形势和国际事件发出中国声音。同时，1980年以后，主持人节目开始广泛开办，新颖的节目形式颇受听众欢迎。

1983 年，第十一次全国广播电视工作会议召开，广播电视业从此进入全面改革时期。在这一时期，广播电视新闻改革成为重点。就广播而言，央广在广播体制管理、广播新闻采制、节目编排等方面都进行了调整：首先，成立了广播新闻中心，对新闻宣传业务统一领导，并加强了地方记者的力量。其次，广播新闻的时效性进一步增强，内容更加丰富。最后，节目编排上突出新闻节目的主体地位，形成了"以新闻为骨干，以文艺和专题为两翼，以服务型节目为补充的格局"⑨。改革后的成效显著，以央广1987 年对中共第十三次全国代表大会的报道为例，新闻报道采用口头播讲、现场广播、录音新闻、录音剪辑等多种形式，新闻报道先声夺人，播出时间均快于电视和其他媒体。

1992 年 6 月，《中共中央国务院关于加快发展第三产业的决定》将广播电视列为第三产业，为文化产业的重要组成部分。产业属性的明确促进了广播电视事业的深化改革。在广播节目层面表现为：节目开始细分受众，节目形式进一步调整，朝着分众化和对象化、版块化和频率（道）化的方向发展。

在新闻节目设置方面，央广于 1992 年推出了综合性版块节目，1994 年进行了 3个频率的节目改革。2002 年开始的频率调整，涉及广播新闻节目的重新设置和布局；尤其是 2004 年 1 月 1 日以"中国之声"全新呼号与听众见面的第一套节目，作为新闻综合频率，实现了全天 24 小时不间断播出；节目权威专业、贴近百姓、生动活泼，成为广播新闻深入改革的典型代表。除了已有名牌"报摘"和"联播"节目，央广于 1994 年开办的聚焦于新闻事件和热点话题的新闻专栏《新闻纵横》更是成了"中国新闻名专栏"，在舆论监督、社会参与方面发挥了重要的作用。此外，新闻谈话类节目也开始崭露头角，如上海电台 1992 年开播的《市民与社会》等都广受好评。

在新闻业务方面，广播新闻的时效性和现场感大大增强。尤其是 90 年代末对香港回归、澳门回归、50 周年国庆游行等重大事件的直播报道，充分发挥出灵活快速的特点，利用多种技术手段，实现了多种形式的报道和宣传。2007 年底，央广的两大名牌节目《全国新闻联播》⑩《新闻和报纸摘要》实现了直播。

总之，从 1978 年改革开放至 21 世纪初期（2008 年左右）的 30 年间，是我国广播事业快速发展的时期。广播新闻"扬独家之优势、汇天下之精华"，坚持"自己走路"，探索出广播新闻独特的节目形式，也培育出一批精品节目，为我国改革开放和实现社会主义现代化鼓与呼，在新闻报道、舆论引导、舆论监督、政令宣传、教育和服务听众方面，发挥了巨大作用。

四、媒介融合时代的广播新闻创新

自 2008 年至今的十几年间，媒介环境发生了天翻地覆的改变：互联网技术、数字技术、云计算、机器学习、人工智能等各项新技术眼花缭乱，IPTV、网络电视、视频网站、短视频平台等各种视听新媒体层出不穷。中国网民的数量持续增长，新一代受众具有了完全不同于过往的信息消费习惯和模式。以网络空间为依托的舆论场众声喧哗。这些对媒体的组织管理、新闻生产的流程和运作机制、信息传播的渠道和受众管理、媒体舆论引导的能力和方式等，都提出了新的要求。

如何适应新形势下的媒体环境？如何面对新技术带来的改变？如何在网络时代继续发挥主流媒体的舆论作用？各大媒体在不断尝试，开展了媒介融合的探索。2014 年 8 月 18 日，中央全面深化改革领导小组第四次会议审议通过了《关于推动传统媒体和新兴媒体融合发展的指导意见》，标志着"媒介融合"的理念在经历了若干年的理论讨论和实践探索之后，被正式上升到国家层面的发展方向。从此，各大主流媒体的媒介融合实践进一步向纵深发展。

2018 年 3 月 21 日，中央广播电视总台（China Media Group，CMG）的成立是一个重要事件。中央三台合并，在制度层面上助推了多媒体融合发展。中国广播电视在业务、组织、管理、观念、体制等各个层面开展的融合创新，使得广播新闻的面貌也因此焕然一新。这种改变表现在新闻节目的生产制作、内容形式、传播渠道、受众效果等各个方面。

首先，新闻节目的生产流程采用"一次采集、多次加工"方式，广播和电视之间的互动加强，提高了生产效率。其次，在节目形式和内容上，继续发挥声音符号特色，同时突破单一音频的局限，综合运用文字、图片、视频等多种符号，丰富节目内容，创新节目形式。再次，传播渠道上将新闻内容"多次传播、多端展示"，形成了网站（央视网、央广网）、客户端（央视影音、央视频、云听[11]），各种级别的微博、微信公众号以及抖音账号、快手账号等的综合传播矩阵。最后，受众意识增强，利用新技术，广播新闻不但重视节目内容播出后的效果反馈，也在节目制作环节加强了与受众的互动。

作为中国最权威的新闻综合频率，"中国之声"以 2000 多个调频（FM）、400 多个中波（MW）、100 多个短波（SW）频率覆盖全国；拥有《新闻和报纸摘要》《全国新闻联播》《新闻纵横》《新闻晚高峰》《央广新闻》等多个品牌栏目；采取"版块 + 轮盘"的节目架构，全天 24 小时不间断播出。其官方微博粉丝量和影响力稳居全国电台类媒体第一名。

在 2008 年汶川地震、国庆 60 周年和 70 周年庆祝活动、党的十八大及十九大、新冠肺炎疫情防控等国家重大活动和事件中，以"中国之声"为代表的广播新闻均有突出表现，实现了"第一时间、第一现场、第一话语权"的新闻报道和及时深入的新闻解读，充分发挥了国家主流媒体的功能作用。以新冠肺炎疫情为例，面对这场重大突发公共卫生事件，"中国之声"的记者迅速赶赴防疫一线，恪守职业精神，发挥专业能力，采写出一篇篇有分量、有力度、有温度的新闻作品。自 2020 年 1 月 26 日至 3 月 14 日，"中国之声"全天共开设《天使日记》《疫情小贴士》《我是志愿者》《我的治愈故事》《战"疫"一线上的青春身影》《一线战疫群英谱》《英雄的城市，英雄的人民》等 15 个专栏。一线记者参与采写报道 474 篇，通过"中国之声"微信公众号发布的新媒体产品 442 篇，创下了多篇 10 万 + 的传播热点。在精准信息报道、正确舆论引导、科学知识服务、纾解公众焦虑、凝聚社会共识、提振抗疫信心等方面，积极发挥国家主流媒体的权威性和引导力，实现了在重大突发公共事件中媒体应有的社会价值和责任担当。

进入 21 世纪以来，尤其是最近这 10 多年间，广播新闻展开了声势浩大的融合创新实践，在肩负着传递国家大政方针、引导舆论、观照民生等媒体责任的同时，不断积累节目制播经验，为进一步深入探索新时代的广播新闻发展打下了基础。

五、结语

纵观中国广播新闻发展的 80 年，我们发现，作为党和国家方针政策的宣传者、人民所需信息的提供者，作为时代变迁的参与者和记录者，广播新闻注定要与党和人民同呼吸，与社会和时代共前行。概括 80 年来广播新闻的发展道路，既有值得后人借鉴的有益经验，又有需要新闻工作者牢记和反思的沉痛教训，还有对未来发展的启发。

（一）经验和教训

第一，广播新闻的发展与社会和时代发展密不可分。从人民广播诞生的 1940 年起，历经 80 年，党和国家走过了硝烟纷飞的战争年代、热火朝天的建国初期、"十年浩劫"的动荡磨砺，以及轰轰烈烈的改革开放和风云激荡的新时代。在这漫长的历程中，有值得骄傲自豪的辉煌时刻，也有让人扼腕叹息的灾难时期。广播新闻与每一个时期同步共振：在社会正常发展的时期，根据其时代特征和使命，或宣传党和人民军队、瓦解敌军，为新中国建设鼓与呼，或在改革开放中大显身手；在社会秩序遭受破坏的非常时期，广播新闻沦为动乱年代的工具，没能在失误关头做出自己的判断，发出警醒与匡正的声音。

第二，广播新闻的发展与人民利益紧密相关。人民是历史的创造者，也是历史的见证者，以人民为中心，是党的执政之基，也是广播新闻的立身之本。广播新闻深入实践、联系群众，想百姓之所想，急百姓之所需，聚焦人民最关心、最现实的切身利益，树立以人民为中心的工作导向，制作出百姓喜爱的节目是自己的本分。尤其是在互联网时代，技术给予人们更多的信息来源、更方便的互动沟通。在信息传播过程中，人们的主动性和选择性都大大增强，此时广播新闻更要时刻将人民利益牢记心中，根据听众需求提供恰当服务，从而发挥广播新闻引导舆论、宣传教育、服务百姓的功能。历史证明，那些真正将人民放在心中的节目，必然会得到人们的喜爱；那些罔顾人民需要的节目，注定被人民所抛弃。

第三，广播新闻的作用巨大。处于社会大系统中，媒体必然受到政治、经济、文化、技术等多种因素的影响，反过来，媒体也影响着社会的发展和进步。许多理论研究和实践早已证明，大众传媒具有丰富的社会功能和重要的社会作用，特别是在当今新技术极大发展的年代，互联网成为社会的基本架构，造就了信息时代的万物皆媒，这更显示出媒体对社会的巨大影响力。事实证明，当这种社会功能和社会作用发挥积极影响的时候，会极大地推动社会的发展和进步；反之，当这种社会功能变为负面影响的时候，则会对社会发展产生破坏力。广播新闻，是广播节目系统中的重要组成部分，较之其他类别的节目，是广播发挥社会功能作用的主要承载者，因此，广播工作者要认识到广播新闻的巨大作用和可能的破坏力，在节目制播过程中，恪守新闻职业道德，心怀敬畏、慎之又慎。

（二）广播新闻的发展

人民广播已经走过 80 年的发展历程，在总结经验教训的同时，也要考虑未来广播新闻的发展。总的来说，坚持"守正和创新相统一"是保持广播新闻活力的源泉。一方面"守正"，是要坚持广播新闻的主体地位、遵守广播新闻传播规律、勿忘人民广播的优良传统；另一方面"创新"，是要在广播新闻的制度、生产制播流程、节目内容和形式等层面持续创新。

守正是要认清广播新闻的发展规律，坚守广播新闻发展的正确思想路线，坚守广播新闻的基本任务。

一是坚持广播新闻的主体地位。多年来，新闻在节目系统中所占的播出时间不是最多，但地位却最重要。它是节目的"龙头""骨干"，是节目系统的基础，它的质量决定了整个节目系统的质量。因此，要继续坚持广播新闻的主体地位，充分发挥其社会价值。

二是遵守广播新闻传播规律。经过多年的探索研究，我们已经掌握新闻传播的规律，明确真实、客观、全面、准确、时效等是新闻的生命，广播新闻工作要尊重和遵守新闻传播规律，从而保持新闻的活力和影响力。

三是勿忘人民广播的优良传统。自力更生、艰苦奋斗，实事求是的态度，联系实际、联系群众的工作方法，鲜明、生动的文风等，是从战争年代保留下来的广播新闻的优良传统。新一代广播新闻人要牢记这些优良传统，并将之发扬光大，"要扎扎实实转作风，俯下身、沉下心，察实情、说实话、动真情，努力推出有筋骨、有道德、有温度的好作品"[12]。

创新是要继续推进媒体深入融合，将融合理念贯穿广播新闻生产的全过程。

第一，节目内容和形式的改进。节目内容上要着眼大局，以小切口反映大主题，以小人物表现大情怀，揭示具有时代高度、思想深度的重大主题。节目形式上要充分发挥广播的声音优势，并进一步结合文字、图片和视频的长处，综合多种符号，创新节目形式。同时，积极拥抱新技术，运用动漫、3D、H5、虚拟现实、人工智能等新技术，使报道既"可读可听可看"，又"可互动可分享可体验"。[13]

第二，制播流程创新。要"构建报道指挥一体化、组织管理扁平化、编辑加工集约化、新闻传播精准化、内容推送智能化的新的采编体系，形成同一主题'统一策划、N 次加工、多元生成、全媒覆盖'的新发稿流程"[14]。中央广播电视总台成立以来，中央三台的融合已经初显成效，广播和电视新闻的互动增强，初步实现了"你中有我，我中有你"的融合，但是离"你就是我，我就是你"的目标还有距离，需要继续探索新闻制播流程的融合创新。

第三，制度革新。融合创新是一个系统工程，涉及信息生产、技术应用、平台终端、管理体制、组织架构、队伍建设等方方面面，而处于顶层的制度革新是关键。中央广播电视总台的成立是制度革新的重要举措，而如何将中央三台完美地对接、融为一体，则是对管理部门未来更大的考验。

我们期待走过 80 年风雨历程的广播新闻，在"守正创新"的道路上高歌猛进，继续与人民共呼吸、与时代同脉动，承担起新时代下"举旗帜、聚民心、育新人、兴文化、展形象"的历史使命。

注释：

①②⑥⑨赵玉明：《中国广播电视通史》（第2版），中国传媒大学出版社 2006 年版，第 87 页，第 126 页，第 307 页，第 366 页。

③陆定一：《延安广播电台一周岁》，见中央人民广播电台研究室、北京广播学院新闻系编《解放区广播历史资料选编（1940-1949）》，中国广播电视出版社 1985 年版，第 15 页。

④《新闻和报纸摘要》最初名为《首都报纸摘要》，开播于 1950 年 4 月 10 日，1955 年 4 月更名为《中央报纸摘要》，同年 7 月定名为《新闻和报纸摘要》。《各地人民广播电台联播》1951 年 5 月 1 日开播，开播之初名为《全国各地人民广播电台联播节目》，1955 年 7 月 4 日定名为《各地人民广播电台联播》。

⑤⑦赵玉明、艾红红：《中国广播电视史教程》（第三版），中国广播影视出版社 2018 年版，第 122 ~ 124 页，第 149 页。

⑧1978 年 5 月 1 日，中央广播事业局下属的对外广播部更名为中国国际广播电台。

⑩即《各地人民广播电台联播节目》，1995 年 12 月 25 日正式更名为《全国新闻联播》。

⑪2013 年 5 月，中央人民广播电台推出了全国电台集成播出平台——"中国广播"客户端。2020 年 3 月，"中国广播"升级为中国国家级 5G 声音新媒体平台——"云听"，成为基于 5G+4K/8K+AI 等新技术的高品质声音聚合分发平台。

⑫李东东：《让党的新闻工作优良传统代代相传》，《求是》2018 年第 4 期。

⑬⑭何平：《坚定"四个意识"坚持守正创新—学习习近平总书记"8·21"重要讲话》，http://www.xinhuanet.com//politics/2019-06-26/c_1210170184.htm

（作者分别为：河南工业大学新闻与传播学院讲师、郑州大学传媒发展研究中心特约研究员；中国人民大学新闻学院教授）

人民广播80年来节目形态历史演进与发展特征

申启武

广播节目形态是广播节目的存在方式和基本载体。节目形态的演变与发展是广播媒体变革与创新的结果，也是广播信息传播活动适应时代变迁与社会发展的需要。人民广播自诞生以来的80年里，节目形态从无到有，从单一到多样，从平面到立体，从板滞到灵动，反映了广播工作者对广播媒介特性和传播规律认识与把握的不断深入，同时反映了时代变迁与社会发展对广播传播活动的深刻影响。基于这样的认识，本文拟在阐释广播节目形态本质内涵的基础上，从人民广播80年来节目形态的演进轨迹和发展特征中探索其在新媒体时代的发展方向。

一、广播节目形态的内涵阐释

一般而言，形态是指事物的形状或样貌。据此，如果坚持认为广播节目形态就是广播节目的形状或样貌，就不够严谨，也不太科学，因为广播是声音媒介，广播节目是借助声音符号诉诸听众的听觉器官的，声音符号是听众收听广播节目时唯一可感知的信号，而声音符号是难以用带有视觉性质的形状或样貌来界定的。当然，这样认为，并不意味着广播节目形态的不存在。从结构主义的理论角度看，虽然声音符号是听众收听广播节目唯一可感知的信号，但是这种符号本身包含着有声语言、音响和音乐等多种基本的符号元素，而且这些基本的符号元素还可以细化为更加多样的符号元素。作为广播节目最基本的符号元素，不同的声音符号往往会根据广播传播活动的需要，遵循其内在的规律或规则进行必要的排列组合，进而形成广播节目基本的结构模式。显然，这种内在的规律或规则主导着广播节目的结构模式，因为"这套规律决定着结构的性质和结构各部分的性质，这些规律在结构之内赋予各组成部分的属性要比这些组成部分在结构之外单独获得的属性大得多。因此，结构不同于一个集合体，结构的各组成部分不会在它们在结构中存在的同样形式真正独立于结构之外"[①]。从这个意义上说，广播节目形态可以理解为广播节目的存在方式和结构模式。在某个相对固定的结构整体或由不同的结构元素排列组合形成的基本框架中，内在规律或规则的不同，广播节目的存在方式和结构模式也会有所差异。换句话说，内在规律或规则的不同，决定着广播节目的某一形态与另一个形态的不同。

有人认为，"节目形态是节目类型和形式的总称"[②]。这一观点显然模糊了节目形态与节目类型的界线，因为类型一般理解应该是具有共同特征的事物所形成的种类，那么节目类型自然应该是具有相同特征的节目所形成的种类。对于林林总总的广播节目来说，类型标准的不同往往会将不同形态的节目划归同一类型，也会将同一形态的节目划归不同类型。因此，广播节目形态与广播节目类型具有明显的非一致性。

在一定程度上，传统意义上的广播节目体裁由于其本身具有内在的规律或规则，同样支配和制约着声音元素的排列组合，与广播节目形态存在某种一致性，但是二者之间仍有较大差异，因为广播节目体裁是约定俗成的，是一种静态的存在，而广播节目形态既是一种静态的存在，也会随着广播节目的变革与创新而发生动态的变化。也就是说，为了更好地满足听众的收听需求，不断适应广播媒介的传播特性，在媒介技术的作用下，一种独立的节目形态在形态的整合中转换成另一种节目形态的结构元素，进而生成新的节目形态的现象比较普遍。这一现象从实际操作层面说是广播节目变革与创新的结果，理论上则归结为"结构不是静态的，支配结构的规律活动着，从而使结构不仅形成结构，而且还起构成作用"③的观点。

节目形态与节目样式也有所区别，因为节目样式是指某个节目呈现出来的一种具体的式样或形式。如果说节目形态可以独立于节目内容而将自己封闭起来，根据自身的内在规律或规则形成某种固定的结构模式，那么节目内容对节目样式则拥有绝对的支配权，因为节目样式的选择在很大程度上决定于节目内容的特征与属性，节目样式是为展示节目内容服务的。不仅如此，特定的节目形态还决定具体的节目样式，节目样式会受到节目形态系统内在规律或规则的限制和制约。也就是说，在节目具体的运行过程中，节目形式可以根据内容呈现需要丰富多样变化多端，但是跳脱不了节目形态对自己的规范和制约。

二、人民广播 80 年来节目形态的演进轨迹

人民广播自 1940 年 12 月 30 日在延安窑洞中诞生，至今已走过 80 年的风雨历程。革命战争年代，广播节目内容主要依赖报纸、通讯社以及为数不多的唱片乃至进步文艺团体的现场演唱，所以没有形态概念。新中国成立以后的 17 年里，在"广播要学会自己走路"方针的指引下，广播节目形态问题得到一定的重视，然而，受技术、设备以及传播观念的制约和影响，广播新闻节目依然未能从根本上摆脱战争年代留下的"报纸有声版"的形态格局，广播文艺节目形态更多的也是各类文艺形式的原生态呈现。"文革"10 年，17 年来积累的成果几乎丧失殆尽。直到党的十一届三中全会以后，经过拨乱反正和改革创新，广播媒体真正步入良性发展的轨道，完整意义上的节目形态才逐步与听众见面。新媒体时代的今天，广播媒体更是在融合发展中涌现出一些崭新的节目形态。回顾人民广播 80 年历程，可以清晰地发现其节目形态演变发展的历史轨迹。

1、广播节目无形态意识的原生态呈现

人民广播是在抗日战争的艰苦岁月里诞生的。当时，设备简陋，环境艰苦，在延安新华广播最初断断续续播音两年多的时间里，播出的内容主要是战报、各根据地的政治消息、生产情况，蒋管区消息，关于第二次世界大战的国际新闻等等；传达党中央指示的党报社论；有时利用毛泽东主席送来的20几张唱片，插播一些文艺节目。由于唱片是梅兰芳、马连良等人演唱的京剧，反映不了延安火热的现实生活，播音员们干脆对着话筒演唱进步歌曲，或吹口琴，还邀请技术部门的文艺爱好者或鲁艺合唱团到演播室演播话剧和演唱歌曲。④

从抗日战争胜利到全面内战的爆发，为争取和平反对内战，人民广播播出了国内外重大的时事新闻；介绍民主政权的建设、军队活动和人民生活的情形；介绍解放区的各项政策和建设成就；也播送《解放日报》的评论、国内外的舆论介绍等；还播出通讯、故事和记录新闻；文艺节目则邀请文艺团体演播歌曲、戏曲、秧歌等。新闻稿件由新华社编辑科的口头广播组提供。⑤

解放战争前期，人民广播通过新闻传播集中揭露国民党反动派发动内战的罪恶行径，还邀请国民党起义人员以及各界名人到电台发表讲话或演讲，以分化瓦解国民党军队。

随着战争形势的发展和中国共产党战略方针和军事原则的调整，人民广播及时播出中共中央重要文件和毛泽东的著作、讲话以及有关战局的评论文章和解放军战略反攻胜利的消息。与此同时，文艺节目恢复播出，"随着解放战争胜利的临近，广播条件的好转，文艺广播节目逐渐增多和丰富，革命歌曲、新歌剧、民族民间音乐、古典京剧等都陆续进入了广播"。⑥

革命战争年代的人民广播没有独立的采编队伍，没有丰富的文艺节目资料，新闻节目主要依赖报纸、通讯社；文艺节目则完全依赖为数不多的唱片以及进步的文艺团体、文艺爱好者和播音员们在演播室的直播表演。形态意识的缺失使得所有节目仅仅是由平面的新闻信息或原汁原味的文艺形式通过广播的声音与渠道化转换变成新的传播载体。因此，无论是新闻节目还是文艺节目都是一种原生型的存在状态。当然，1946年6月新华社制定的《语言广播部暂行工作细则》规定广播稿件"要用普通话的口语，句子要短，用字用词要力求念起来一听就懂，并要注意音韵的优美与响亮"，⑦在语言表达方面提出一些符合广播特色的编写要求，与形态本身没有多少关联，广播节目的原生状态并没有因此而得以改变。

2、广播节目原生态呈现的延续与图新

新中国成立后的50年代初期，针对广播当时面临的新形势，胡乔木提出了广播"要学会自己走路"的方针，强调要根据自身特点，自力更生办广播，不能像革命战争年代那样，完全依赖报纸和通讯社。在这一方针指引下，中央台不仅建立地方记者网，增加新闻节目的自采量，而且增加新闻节目的播出量，《新闻和报纸摘要》《各地人民广播电台联播》两档重量级的新闻栏目也先后与听众见面。然而，由于受技术、设备和传播观念的限制与制约，"自己走路"的重心主要放在自力更生办广播上，对广播媒介特性的把握不到位，对节目形态的认识也较模糊。新中国成立以后的 17 年里，听众从广播中听到了朝鲜人民庆祝朝鲜停战的欢呼声、宝成铁路工人敲击最后一颗道钉的敲击声、第一列火车在武汉长江大桥上的奔驰声，采访先进人物的同期声。在这里，广播的媒介特性得到一定程度的体现，广播节目的原生状态发生了些许变化，但是更多的新闻节目，无论是广播消息、新闻专题，还是广播评论，多数还是取材报纸和新华社；即便是各地电台自采的新闻内容也多为口播的文字稿件，依然未能摆脱报纸和新华社对广播的影响，广播新闻节目自采能力增强没能从根本上改变革命战争年代留下的"报纸有声版"的原生态呈现模式，广播的媒介特性没有得到有效利用，广播的传播优势也未能得到充分发挥。

在"自己走路"方针的指引下，文艺广播一方面加强队伍建设，抽调骨干人员充实编播队伍，另一方面积极采录文艺素材，广泛拓展节目资源，社会上的各种文学作品、文艺会演、戏曲演出、曲艺表演乃至电影录音都成为文艺节目的主要来源。但是，由于广播文艺节目大都是原有文艺形式的广播化呈现，编辑意识不强，形态意识淡薄，其原生态特征依然鲜明。当然，新中国成立以后的 17 年里，广播文艺也涌现一些体现编辑意识和形态意识的节目，但被淹没在众多原生态的节目中而难以凸显其应有的光辉。即便如此，其一定程度上表明广播工作者突破文艺形式原生态呈现的努力与追求。

3、"解说＋音响"、"解说＋作品"定型为广播节目主流的形态模式

1980 年，第十次全国广播工作会议重提"自己走路"。1983 年，第十一次全国广播电视工作会议在确立新闻主体地位的基础上，进一步倡导"扬独家之优势，汇天下之精华"，以改革广播电视新闻的传播方式。于是，音响元素得到广播新闻应有的重视。"解说＋音响"逐渐定型为广播新闻节目基本的形态模式。在广播新闻的改革实践中，录音新闻、现场报道不断增加，丰富了广播消息的节目样态。新闻专题虽然仍保持较长的篇幅，未能改变口播新闻专稿那种板滞厚重的风格，但是音响元素的介入使录音通讯、录音特写、录音专访等体现广播媒介特性的新闻专题时常出现在新闻节目中，广播新闻专题的结构模式从根本上有了改观。音响的真切性和生动性赋予了广播新闻专题吸引力和感染力，新闻传播力和社会影响力随之大大增强。广播新闻评论突破长期以来一直惯用的本台评论、本台评论员文章、本台短评的做法，依托最新发生的新闻事件、社会现象，就公众普遍关心的社会问题进行深入的调查采访，以音响素材为依据，通过对新闻事实的客观评述发表观点和看法，其突出表现是由新闻评论向新闻述评延展。在这里，音响元素成了广播新闻评论增加新闻现场感和真实性的有效手段。

伴随着拨乱反正和改革创新，文艺事业逐渐复苏与繁荣起来，广播文艺不仅节

目来源丰富，而且在"扬独家之优势"的理念追求中，节目的编辑意识有所增强，节目形态的革新进入议事日程。广播文艺节目一改过去那种原有文艺形式广播化转换的原生态呈现方式，而是集作品欣赏、作品评说、背景介绍于一体，融欣赏性、知识性、趣味性于一炉。于是，"解说＋作品"成为广播文艺节目主流的形态模式。不仅如此，有的节目还突破"我播你听"的传统模式，尝试采用主持人形式，以追求亲切自然的风格，赢得了听众的喜爱。

4、主持人、大板块、直播化的"珠江模式"问世

改革开放以后，受香港广播的影响，广东广播遭遇巨大冲击，收听率迅速下降。面对这一局面，广东广播的决策者认识到，广播以训导的口吻在"我播你听"的状态下进行居高临下的灌输式传播是无法实现预期的传播效果的。为改变现状，他们在认真分析广播的媒介特性和传播规律，并借鉴香港广播传播经验的基础上，决定利用广播传输技术与现代通信技术合理对接搭建直播化的播出平台。于是，珠江经济广播电台 1986 年 12 月 15 日正式开播。这样，引领中国广播全面改革的主持人、大板块、直播化的"珠江模式"横空出世。板块节目的形态模式是由几个小栏目构筑一个大栏目，每个小栏目则定格在某个固定的节目类型上。在这里，大栏目涵盖新闻性、知识性、教育性和服务性的节目内容，故综合性特点明显；在主持人的作用下，小栏目中的不同内容通过结构耦合集结成一个有机的节目整体，不同内容所形成的社会功能相互作用又进一步体现整体节目的社会功能，所以深得听众的欢迎。在众多的板块节目中，中央台 1987 年 1 月 1 日开播的综合性栏目《午间半小时》和文艺栏目《今晚八点半》曾家喻户晓，风靡全国。

主持人的出现为广播谈话类节目的问世创造了条件，因为谈话节目离不开主持人的有序串联与适时引导。主持人用平等的态度、柔和的语调、亲切的话语就受众关心的新闻事实、新闻人物或社会问题乃至文艺热点、文艺现象与嘉宾或听众交流对话，体现出人际传播的一般特质，与谈话节目质的规定性和传播要求相契合。谈话节目在一定程度上刷新了广播节目的形态模式。无论是广播专题，还是广播评论，都不仅仅是在"解说＋音响"或"解说＋作品"的内容呈现方式中表达主题或发表看法了，往往是在直播过程中通过主持人与嘉宾乃至听众的交流对话对节目所反映的新闻事实或艺术对象表达主题或阐发观点。

5、新闻现场直播向多元融合的新闻特别直播延展

现场直播起初叫实况转播。1949 年 10 月 1 日，北京新华广播电台对开国大典进行了实况转播。不过，早期的实况转播是一种新闻事件广播化转换的原生态呈现，只是将新闻现场的信号配以播音员的解说，通过广播完整即时地呈现给听众，形式单一，缺少创意。

当广播传输技术与现代通信技术合理对接以后，直播成了广播节目常态化的播出方式，现场直播逐步为人们熟知和接受，在广播新闻传播实践中也被广泛采用。

与传统的实况转播不同，现场直播不再局限于新闻事件的一个地点，而是可以多点异地同步进行；不再是新闻现场单一的实况转播，而是除了新闻现场的实况信号外，还有连线报道、背景介绍、专家述评乃至与该事件有关的来自异地的新闻报道和新闻插播等诸多内容。节目中既有前方记者的现场采访，又有后方直播室里的嘉宾解读，还有主持人的串联、引导与协调。不过，新闻现场的实况信号依然是节目主体，处于核心地位。1997 年 6 月 30 日至 7 月 1 日，中央台对香港回归进行 7 场直播。长达 7 小时的《百年长梦今宵圆》就采用上述方式，除了新闻现场的实况信号外，新闻专题、人物访谈、多点连线报道等形态模式也在其中出现。不过，从形态结构的角度而言，它们只是作为节目的构成元素融入到整体的节目中。

进入新世纪以后，为了应对异质媒体的竞争与挑战，最大限度地争取听众，现场直播被广泛运用，而且其报道范围不再局限于重大活动和重要会议，而是将报道的视野拓展到社会生活的方方面面。中央台"中国之声"2005 年 1 月 4 日开播的《直播中国》则进一步将现场直播带入到日常播出的固定栏目之中，只是因为多数题材缺少重大新闻事件所拥有的现场盛况，所以少了实况转播的信号内容，与传统意义上的现场直播有一定的距离。即便如此，《直播中国》毕竟将现场直播延展到多元融合的新闻特别直播状态。虽然《直播中国》已停播多年，但是如今每逢重大新闻事件，多元融合的新闻特别直播就会与听众见面。

6、在融合发展中探寻广播节目立体互动与跨界混搭的形态模式

为适应新媒体时代受众信息消费习惯和消费行为的变化，广播媒体借助媒介融合的发展契机，通过与新媒体深度融合革新传播方式，优化节目形态模式，最大限度地满足受众的信息接受需要和消费需求。因此，通过与新媒体深度融合打造立体互动的结构模式成了新媒体时代广播新闻新的形态追求。在这里，热线、短信互动或现场互动依然是听众参与表达的主要方式；微博和微信的介入不仅给予节目更大的互动空间，而且将许多新媒体用户聚拢到广播新闻节目中。北京新闻广播的《博闻天下》除了让听众分享不同的博客内容外，还从中挑选一些话题，留给主持人、嘉宾与广大博主通过手机短信、网络论坛、热线电话等交流讨论。中央台中国之声每天下午在新闻晚高峰中通过微博、微信平台征集调查意见，晚上揭晓调查结果。网友可通过微博参与新闻调查，也可通过微信向主持人发送文字或语音信息参与讨论。

如今，利用新媒体资源为广播文艺节目搭建与受众的交流和互动平台逐渐成为趋势，甚至实现受众个性设置、上传、分享、互动评论等功能，从而促进广播文艺节目焕发出新的生机与活力。江苏交通广播的《嘀嘀叭叭早上好》以轻松的音乐和话题，以及听众的互动等构成主要内容。其中的"奇思妙想"环节，选取新闻故事或生活中的案例，经过精心编排，给听众设计一道道开心测试题，让听众即兴作答，既为听众送去惊喜，又舒缓了听众的烦躁心情。中央台经济之声《经济碟中碟》则

以电影音乐类比经济现象，将娱乐元素融入经济话题，让听众在妙趣横生的听觉体验中感受无处不在的经济学乐趣。[8]

在应对新媒体挑战的过程中，广播媒体出奇制胜，将不同的节目形态作为基本元素，经过精心设计与组合融筑成跨界混搭的结构模式是广播节目形态变革中的一大亮点。如果说新闻杂志节目中不同栏目板块在保持原形态特征的基础上，经主持人的耦合形成有机的节目整体，那么跨界混搭中不同的节目形态已经失去原有的形态特征，仅仅作为节目元素共同构筑一个崭新的节目形态。中央台的《创意英雄谱》别出心裁地用评书说新闻，却突破评书单纯地说，将评书元素与现场一对一采访元素跨界融合，共同构筑节目整体。而该台推出的特别系列报道《致我们正在消逝的文化印记》，以"广播纪录片"形式雕刻的"文化印记"，发挥了良好的社会效应。[9]北京新闻广播的《滋味北京》同样将纪录片的创作方式融入广播节目中，"以传统文化作为节目根，在创作手法上回归广播本源，即用声音营造真实的场景、用蒙太奇的艺术表现方式达到身临其境的审美效果、用温暖的话语表达真情实感，充分发挥广播声音的魅力，展现北京传统美食的魅力"。[10]

针对广播剧长期以来相对式微的发展状态，广播媒体通过跨界混搭方式创新广播剧形态模式，同样收到理想的传播效果。其中，中央台以"录音报道＋历史广播剧"形态模式推出的《遇见海昏侯》和用"广播剧＋口述新闻"的形态模式制作的《生死关头》均有不俗表现。

三、人民广播 80 年来节目形态的发展特征

人民广播 80 年来节目形态的演变与发展的历程是一个从形态意识缺失与模糊到形态意识觉醒与跃升，再到形态意识延展与超越的不断变革与不断创新的过程，是一个从无到有，从单一到多样，从平面到立体，从板滞到灵动的逐步进化过程，同时也是遵循广播传播特性和传播规律、适应时代变迁与社会发展以及不断满足听众的收听需求的过程。

1、从形态意识缺失到形态意识模糊

革命战争年代的人民广播是在编播人员缺乏，技术设备简陋的条件下坚持播音的，而且初创时期还面临着设备老化、元件损坏和机器故障以及国民党当局干扰破坏而不得不中断播出的问题。从编播队伍看，广播隶属于新华社，没有独立的采编人员，广播稿件是由新华社广播科编写，每天需由通信员将稿件骑马送到 20 公里以外的播音室；从节目来源看，节目内容主要是中共中央的重要文件、报刊社论和文章、名人讲演或者是京剧唱片和演播者的直播文艺表演。在这种异常困难的情况下，人民广播能够将中国共产党的声音顺利传播到四面八方已是难能可贵了，节目形态的问题自然无法得到应有的关注。因此，整个革命战争年代的广播传播活动都是在

一种节目形态意识缺失的状态下进行的，无论是新闻节目还是文艺节目都是原有形式的广播化传播，广播节目表现为一种原生态的呈现特征。

新中国成立以后，随着广播"要学会自己走路"方针的提出，人民广播在大力加强队伍和收音网建设的同时，也创办了一批适合听众需要的栏目。但是，由于对"自己走路"的理解主要集中在自力更生办广播上，加上受技术、设备和传播观念的制约，对广播的媒介特性和传播规律虽有了些许认识，但对节目形态的理解与把握还比较模糊。因此，新中国成立以后17年里，广播节目虽有些形态图新的尝试，但整体上还是未能改变革命战争年代留下的原生态呈现特征。

2、从形态意识的觉醒到形态意识的跃升

改革开放以后，"自己走路"的再度提起，尤其是"扬独家之优势，汇天下之精华"指导方针的制定，表明人民广播已经从自力更生办广播的思维惯性走出来，朝适应广播的媒介特性，遵循广播的传播规律的道路行进了。于是，音响元素得到广播新闻节目应有的重视，对文艺作品思想与内涵的挖掘以及艺术家审美理想与个性风格的展示成了广播文艺节目基本的理念追求，广播节目的形态意识有所觉醒。因为广播节目原生态的呈现方式已无法适应这一理念追求，所以"解说＋音响"或"解说＋作品"逐渐定型为广播节目主流的形态模式。在这里，录音新闻、现场报道不断增加，丰富了广播消息的节目样态；录音通讯、录音特写、录音专访等节目样式使广播新闻专题的结构模式大为改观；广播新闻评论也变过去那种本台评论、本台评论员文章、本台短评的原生态呈现为依托最新发生的新闻事件、社会现象，以音响素材为依据，通过对新闻事实的客观评述发表观点和看法。广播文艺节目更是突破原有文艺形式广播渠道化转换的窠臼，让文艺专题、文艺评论、作品欣赏以及电影录音剪辑等类型的节目在"解说＋作品"的形态模式中让听众感受作品和艺术家的魅力。

"珠江模式"的横空出世无疑表明广播节目的形态意识跃升到一个新的高度，因为它刷新了"解说＋音响"或"解说＋作品"这一主流的形态模式。在这里，直播化的播出方式不仅赋予广播新闻快捷性的传播优势，而且使得广播消息得以通过连线报道的方式呈现，广播消息"解说＋音响"的形态模式因而发生了新的变化；大板块的结构模式则形成了大栏目套小栏目的集合体，小栏目往往定格在某个固定的节目类型上，不同栏目所形成的功能价值相互作用又进一步体现整体节目的功能价值；而主持人的出现又进一步解构了"解说＋音响"或"解说＋作品"的形态模式，因为以"解说＋音响"或"解说＋作品"形态呈现的专题节目和评论节目都可以在主持人的作用下转换成谈话节目的形态模式。

3、从形态意识的延展到形态意识的超越

如果说"珠江模式"意味着广播节目形态意识的跃升，那么勃兴于90年代后期的广播新闻"大直播"则表明广播节目的形态意识向新的方向延展。之所以这样认为，是因为广播新闻"大直播"已突破传统意义上的新闻现场直播的形态格局，不仅延展了现场直播的节目时长，而且将新闻现场的实况信号作为构成节目主体的形态元素，与连线报道、新闻专题、新闻访谈乃至片头、片花等形态元素一道共同构筑完整的节目整体。而且，随着广播新闻"大直播"所报道的内容向社会各个方面渗透，其形态结构进一步向新闻特别直播延展。广播节目形态意识的延展赋予广播新闻节目更大的包容性和可操作空间，广播新闻的传播优势因此得以最大限度地张扬。

新媒体时代，当立体互动与跨界混搭的结构方式为广播节目所接受与吸纳，并定型为一种崭新的形态模式后，广播节目的形态意识已超越自身而达到了无所不用其极的状态。在这里，传统广播与新媒体在融合过程中可利用其优势和资源打造新型的节目样式；有的节目借助纪录片的艺术表现方式以强化节目的质感；有的节目在脱口秀的主体形态中、将传统曲艺的叙述方式以及舞台戏剧表演的技巧相融合，将新闻内容与娱乐形态相融合，通过新闻演播、情景再现、互动交流、生活滑稽录音等形式呈现和解读新闻内容。当然，上文中提及新闻与评书的混搭，广播剧与新闻报道的融合，都显现出广播节目的形态意识在超越自身方面所做的努力与探索。

需要指出的是，人民广播80年来节目形态从无到有，从单一到多样，从平面到立体，从板滞到灵动的历史演进过程表明广播节目发展是一个不断变革、不断创新的过程。但是，广播节目的变革与创新，并不意味着新的节目形态的出现就是旧的节目形态的消亡，而是以新旧节目形态不断累积的方式"补充叠加，共生相容"，共同绘制"众语喧哗"的节目景观。⑪正因为如此，如今，我们每天听到的广播节目种类繁多、形态各异。既有原生态呈现的广播节目，也有"解说＋音响"或"解说＋作品"的节目；既有谈话类节目，也有跨界混搭的节目。而且，新闻特别直播节目常态化播出已成为较为普遍的现象。"众语喧哗"的节目景观能够有效规避节目的单调乏味，赋予节目多姿多彩，也能够满足广大听众多样化的收听需要与消费需求，所以本质上还是受众本位意识在广播传播活动中的体现。创新无止境，变革需前行。新媒体时代，传统意义上的受众概念被赋予了新的含义，受众由传统媒体时代的接受者转变成具有双重角色的传播者与接受者。那么，如何将受众本位意识持续有效地贯穿到广播传播活动中，在广播融合发展中通过互联网思维进一步革新传播方式、优化节目形态模式，从而满足受众的收听需求和消费需要，是广播工作者理应思考也必须思考的问题。

注释：

①［英］特伦斯·霍克斯：《结构主义和符号学》，瞿铁鹏译，上海译文出版社1987年版，第7页。

②高成竞：《城市电台新闻节目形态的优化》，《视听界》2004年第2期。

③［英］特伦斯·霍克斯:《结构主义和符号学》,瞿铁鹏译,上海译文出版社1987年版,第7页。

④中国广播电视学会史学研究委员会等:《延安(陕北)新华广播电台回忆录新编》,中国广播电视出版社2000年12月版,第7、110、114页。

⑤赵玉明:《中国现代广播简史》,中国广播电视出版社2001年1月版,第88~89页。

⑥杨波:《中央人民广播电台简史》,中国广播电视出版社2010年12月版。第134~135页。

⑦赵玉明:《中国现代广播简史》,中国广播电视出版社2001年1月版,第94页。

⑧王岚岚:《广播节目最新创新创优趋势观察(创新路径篇)》,《V传媒》微信公众号,2020年5月18日。

⑨饶雷:《以声为根,以情为魂——记中央电台广播纪录片〈致我们正在消逝的文化印记〉》,《中国广播》2016年第4期。

⑩郭兆龙　左美哲:《打造有声有味的广播微纪录片——以北京广播电视台〈滋味北京〉节目为例》,《中国广播》2019年第8期。

⑪何国平:《电视新闻节目形态的嬗变之迹》,《现代传播》2007年第5期。

（作者系暨南大学新闻与传播学院教授）

从抗战号角到和平之声

——人民广播80年的角色转化

艾红红

2020 年是中国人民广播事业创建 80 周年。广播电视系统围绕这一时间节点所举办的系列纪念活动，不仅内含着党和政府对中国广播历史与现实的定位，也彰显了其对人民广播未来发展的价值判断。本文拟在回溯人民广播历程的基础上，总结它在不同阶段的角色塑造，目的是钩沉其初始坐标，探寻其成长脉络。

一、党的喉舌　民众号角：战争时期的人民广播

人民广播"第一声"——延安新华广播电台（以下简称"延安台"）诞生于抗日烽火之中，于 1940 年 12 月 30 日从延安西北的王皮湾村对外发出抗战救国的强音。抗战时期，延安台立足根据地，以敌占区和国统区听众为目标对象；日本投降后，延安台和其他解放区的人民广播对象主要在国统区和海外听众。由于这些"界"外听众对中国共产党的主张和政策知之甚少，甚至由于国民党和日伪政权的宣传而存在诸多误解，广播又是当时传播力最强的破壁型媒介，因此人民广播的重点放在"大外宣"上，意在争取更多中国革命的支持者与同情者，在当时不仅是必要的，也是正确的。

延安台起初只是新华社的口语播音部门，不是独立运作的机构，但播音使用的呼号 XNCR 却与新华社原呼号 CSR 不同；前者系英文 "Xinhua New Chinese Radio"（新华社新中国广播）的首字母缩写①，后者则是 "Chinese Soviet Radio"（中华苏维埃无线电台）的首字母缩写。由于播音机或发电机故障等原因，延安台前三年的播音时间和播出次数屡有更改，但播音内容基本一致，主要有中共中央重要文件、《新中华报》《解放》周刊及《解放日报》的重要社论和文章、国际国内的时事新闻、名人演讲、科学常识、革命故事、日语等，此外还有以抗日歌曲为主调的音乐戏曲类节目。

从当时党的媒体布局不难看出，延安台广播的战略地位极为重要。抗战时期，共产党在国统区的公开报纸只有《新华日报》，延安台成了国统区和日伪沦陷区听众接收中共中央信息的最权威渠道。1947 年内战正酣、延安失守后，中共中央机关报《解放日报》停刊。在此后一年多时间里，延安台成了唯一对外发出中共中央声

音的媒体。

为了与国统区、沦陷区的电台播音相区别，人民广播以"上海时间"（与今天的北京时间相同，属于东八区时间）作为报时标准，从而在当时各电台普遍实行的"隆蜀时间""中原时间"或"东京时间"报时方式外，自"创"了一个具有高辨识度特征的声音符号。

这种高辨识度还体现在电台的价值取向与节目内容方面。在战时状态下，电台播音员"憎爱分明"、掷地有声地代表党中央发出声音，同时还尽力替目标受众发出诉求："你们有什么话要 XNCR 替你们说的，有什么新闻要 XNCR 报告的，请赶快告诉我们，我们就可以很快地播送出去。尤其是大后方和'收复区'的听众，你们心里有很多话没有地方说，有很多新闻，没有地方登，你们想看民主进步的报纸，不容易看到。那么就请你们多多要 XNCR 为你们服务。"为此，延安台提出了"人民大众的号角要人民大众来鼓吹""大家办广播"的口号。所谓"大家办广播"包括两个方面的内容，一方面是大家听，另一方面是大家讲，两者相辅相成，缺一不可。延安台希望一切有收音机的单位和个人，每天按时收听延安广播，同时特别希望国统区的听众把自己在国民党统治下不能说、不敢说、没有地方说的话写给延安台。在延安台及其领导者看来，只有这样，才能把延安广播办成"人民的喉舌，民主的呼声"。根据听众来信，延安台还部分改进了广播宣传工作。而这种任务性与对象感极强的广播思想及实践，显然是中国共产党"全党办报""群众办报"理念的自然延伸。

1946 年 9 月 5 日，为纪念恢复广播一周年，延安台举办专题节目，播出了中共中央宣传部部长陆定一的《延安广播电台一周岁》和本台宣言《大家都来说话——XNCR 周年纪念广播》。陆定一指出："我们的广播事业，从它存在的第一天起，就为中国的独立、和平、民主事业服务，就为中国人民的解放事业服务。"[②]《大家都来说话——XNCR 周年纪念广播》则强调："我们创办这个电台，有个真诚的愿望，就是我们说的话，不仅仅要代表人民的利益，而且我们愿意把它变成全国人民说话的地方。""我们播音的内容，和国民党统治下的电台的播音，根本不同。我们播的，是国内跟国际的最真实的消息和动向；是解放区人民的生活和各种建设的情况；是中国人民的政党中国共产党的政策和时局的主张；是对于国民党当局腐败黑暗统治的无情的揭露；是蒋介石统治地区广大人民的呼声。这些声音，从国民党统治下的电台，是听不到的。""XNCR，它是全中国人民的声音。它愿意代你们讲话。你们有什么要说的话呢？你们有什么痛苦要向社会控诉呢？你们有什么话无处可说呢？写信来吧！来信请寄到延安新华社新华广播电台。我们是愿意为你们忠实服务的。我们正在热情地等待着你们的回音哩！"[③]

这种对民众参与的热诚呼唤，得到了进步听众的积极响应。尽管国民党报纸、广播不断宣称延安广播是"颠倒黑白""捏造谣言"的"反动宣传"[④]，很多爱国青年却因收听了延安台的播音而认清了现实和真相，毅然奔赴解放区。

二、国家喉舌　阶级工具：新中国成立至改革开放前的国营广播

新中国成立之初，在百废待兴、千头万绪之中，具有临时宪法性质的《共同纲领》就明确提出了"发展人民的广播事业"要求。广播业受到了执政党高度重视。

新中国广播业的性质是国有国营，人民广播的定位则从党的喉舌升格为党和政府的喉舌。从 1949 年启动私营广播的社会主义改造，到 1956 年底，全国上下就建立起统一的国有国营广播体制和以中央人民广播电台为中心的广播宣传网。在此期间，国家不仅承担了广播播音台的建设，还领导和搭建起遍布城乡的收音网，力图在最快时间内实现广播的最大覆盖。

建国初期的党和政府，不仅"在生产上领导人民"，还特别强调要在思想上领导人民[⑤]。而广播可以使中央的声音"一竿子插到底"，让基层群众"坐在火炕上都能听到北京的声音"，因此广播成为国家塑造新的意识形态的重要工具。1956 年1 月，中共中央颁布《全国农业发展纲要》（草案），其中的第 32 条规定："从一九五六年起，按照各地情况，分别在五年或十二年内，基本上普及农村广播网。"这种政治层面的高度重视和财政领域的倾斜性拨款，造就了中国广播普及率的超速发展。"各地广播收音员背着收音机下乡，帮助农民听广播，使得我们的农村中有了最现代化的文化生活，农民们真正有了'千里眼''顺风耳'，多少年的幻想开始实现了"。[⑥]到 1957 年庆祝"五一"国际劳动期间，中央人民广播电台已经做到了不管天气怎么变化，甚至刮大风下大雨，全北京、全中国的广播听众，从上午 9点 45 分起，都可以从收音机中收听到天安门前的实况。[⑦]

其次，金字塔形的广播事业体系，保障了中央声音的最远传播。国有国营事业体制使广播业处在"全国一盘棋"中，并逐渐形成以中央人民广播电台为塔尖，地方台为塔基的庞大的事业体系。这种参照苏联模式建立的金字塔形广播体系，无疑可最大限度保障中央声音的远播。

而中央人民广播电台在贯彻中央意志、传达中央精神的同时，还采取"北京时间"报时，从而与旧时代的广播实现意义上的"切割"。随后开播的《全国各地人民广播电台联播》《新闻和报纸摘要》《广播体操》《小喇叭》《星星火炬》等知名节目，也凝聚了更多的共识，帮助人民建构起新的国家与国际认知。地方电台尤其是基层电台则在转播中央电台节目的同时，还播出一些自制节目，以实现在地化。

最后是强调广播工作的阶级性。早在 1952 年召开的第一次全国广播工作会议，中央广播事业局就明确了广播的服务对象问题——"所谓'听众的需要'，实际上是指一定听众的需要"。[⑧]

纵观 1980 年以前召开的十次全国广播工作会议，都十分强调"广播电台是进行思想工作的机关"[⑨]，认为广播是"鼓动的工具"。很明显，这些认识主要是指对

内广播。因为在当时的主政者看来，"当广播一进入劳动人民的生活中间，它就长了根，就成为党和政府对广大人民进行爱国主义和社会主义教育的战斗助手；就加强了党和政府与城乡劳动人民的政治联系；就经常地和逐渐地满足了他们对文化娱乐的需要。"⑩

这种对广播的认知和实践，显然有其特定的历史和时代背景。新中国成立之初，党和政府面临着极为严峻的国内外形势。从国内环境看，一方面，虽然国民党政权败退台湾，但它留在大陆的残余势力还在从事破坏工作，其发自台湾的"心战"广播也开展得如火如荼；另一方面，连年战乱导致的经济衰退和工业破坏也亟需新的调整，国民的精神与意志都需要鼓励。从外部条件看，在英美两国启动的"冷战"大幕下，资本主义和社会主义两大对立阵营已经形成。以美国为首的西方资本主义国家对新中国采取的是政治孤立、经济封锁和军事威胁的 3 大措施，以 BBC、VOA 为代表的英美国际广播，则代表本国利益，持续不断地向中国听众发出各种蛊惑性信息。为抵御各种不利信息的侵袭，具有人皆可懂、无远弗届的传播效果的广播业，势必引起党和政府高度重视。由此，建构在计划经济基础之上的国营广播业就成为唯一选项。

当然，纯粹的国营体制并非一定导致广播内容的高度政治化或强烈阶级性。历史的发展业已证明，在基本体制不变的前提下，不同时期的广播偏重与表现也有很大差别。而改革开放前的广播业之所以强调阶级性和鼓动性，显然也与那一时代的精神有关。众所周知，阶级分析法是共产党人观察、分析和改造社会的基本方法。自新中国成立至改革开放之前，中国制度的设计基本单元也是"阶级"，中国"人"是阶级的人。⑪尤其是极左路线横行期间，"以阶级斗争为纲"，作为党和国家喉舌的广播自然难以置身事外。某种程度上说，广播业始终是那个时代各项政治运动的当事"人"和口述者。

应当看到，建国后前 30 年，新闻领域强调自身的工具性，强化传播内容的宣传性，是有其历史合理性的。但过犹不及。在 20 世纪 50 年代末开始的各项政治运动中，广播系统没有幸免于难，而是成了重灾区；连对外广播领域提出的"内外有别"这种常识性观点也受到批判，不能不说是政治单极化思维的产物。

三、生活助手，耳畔亲朋：改革开放以来的音频广播

广播真正走出单一的政治功能框架，走入普通百姓的日常生活，是在改革开放后。20 世纪 80 年代初，随着经济体制改革的启动和百姓生活的改善，普通人在精神文化层面的需求也日益丰富而多元，过去像教师一样高高在上的广播，此时则面临着电视、电影、录音机等新兴媒体的注意力争夺战，改变对听众说话的态度，似乎成了广播工作的首要问题。1983 年召开的第十一次全国广播电视工作会议就提出，广播要"像知心朋友那样同听众亲切谈话"。这种不同以往的表述背后，携载的是"扬独家之优势，汇天下之精华"的新型广播理念，是基于受众需求做节目、搭平台的

广播方略。

此后收音机中传出的，已不完全是过去那种"高、平、远"的训诫之词，而是日渐增多了寓教于乐的家常话语。广播在民众心目中的地位和角色也开始悄悄转变，从过去的"阶级斗争工具"，成了普通人获知信息的便捷渠道和日常生活的有益帮手。1983年的一项大型社会调查表明，广播成了中国百姓获知新闻的第一渠道，占受调查人数的53%，报纸占34%，电视仅占13%。[12] 当时知名度最高的新闻节目就是中央人民广播电台的《各地人民广播电台联播》，也即时人所默认的"新闻联播"。在改革开放的前沿阵地广东省，1986年12月15日，珠江经济广播电台横空出世。该台实行"大众型、信息型、服务型、娱乐型"的办台方针，主持人直播、听众热线电话等新方式，令听众耳目一新，很快在全国引发示范效应。

回看珠江经济台节目样式，其核心要义无非是"听众中心"，而不是从传者角度设想与构建的"为了听众"。这种改革固然有应对电视和外媒抢夺当地广播资源的"被动"成分，但该台所迈出的这一小步，却是整个国内广播业向受众本位回归的关键环节。

广播技术的迭代和更新，也助推着广播传输与接收的下行。尤其是在迷你接收设备日渐普及、网络广播成为廉价的"基础设施"后，收听广播成了私人之事；相应的，咨询个人感情、事业问题的广播谈话节目办得风生水起，车载收音机则为广播从业者打开了交通广播的新天地。

最先试水的是交通越来越拥堵的上海。1991年9月30日，上海人民广播电台设立交通信息台，成为国内首家交通广播频率。该台设立的初衷是为司机们提供及时的路况信息，即时通报突发事件，疏导行人车辆，结果播出后收效良好，被听众誉为"无形导游"和"空中红绿灯"。到1999年底，中国东部和南部沿海地区已有15家交通广播电台，西部地区也相继出现了5家。从交通广播电台的分布，可以清晰反映出移动听众的分布，也反映了广播电台作为服务型媒体在大中型城市复兴的事实。

新世纪以来兴起的互联网和智能手机，则使曾经由广播电台到收音机用户的清晰单向线性传播结构变成了现在漫无边际的网状传播。互联网技术支持下的移动收听，还极大地便利了听众与传统电台的互动，普通听众与电台广播从业者之间还可互转。"收音机是我们能够想象的最美妙的公共传播体系，巨量的频道……可以让听众不再只是收听，而且也让他们能够说话，不再只是孤立听众，而是串联听众。"[13] 借助互联网技术和无数人的参与，如今的广播已与各类新媒体高度融合，变身为手机、汽车上唾手可得的音频资源，汇入这个时代百姓生活的信息洪流中。

结语

人民广播所走过的80年，成就绝不止事业规模扩大或节目栏目增多等量化指标。作为中国共产党的"声音"，战争时期的人民广播着眼"对外"，以争取和团结最大多数民众为目标。作为新兴的中华人民共和国代言人，改革开放前的人民广播像是孜孜不倦的宣传员，以发动和教育群众，实现一个个既定的政治与经济目标。改革开放以来的人民广播成了大众生活的日常媒介，还借助互联网等新兴技术升级迭代，成为弥漫在网络世界的直接呈现的"中国声音"。在人民广播不断"变身"的历史背后，则是其坚守如一的价值理念——本文认为，着眼大局，顺时而变，注意用新的方式方法，以信息交流推动共识凝聚，以知识传播促进民众发展，齐心聚力，实现中华民族的伟大复兴，才是人民广播之魂，其理应作为一条宝贵的历史经验加以传承。

（作者系中国传媒大学新闻学院教授）

注释：

①还有一种说法，"X"是当时国际规定的中国无线电台呼号的英文字母，"NCR"是 New Chinese Radio 即"新中国广播"的英文缩写。

②陆定一：《延安广播电台一周岁》，《解放日报》1946 年 9 月 5 日第 4 版

③《大家都来说话——XNCR 周年纪念广播》，《解放日报》1946 年 9 月 5 日第 4 版。

④《延安新华社广播颠倒黑白，十二战区参谋处发表声明》，《西北日报》1945 年 11 月 4 日第二版。

⑤《在政协第二届全国委员会第三次全体会议上的发言》，《人民日报》1957 年 3 月 25 日版。

⑥《中央人民政府政务院文化教育委员会副主任马叙伦在第一次全国广播工作会议上的讲话》（1952.12.01），选自中央广播事业局办公室编内部资料《全国广播工作会议文件选编》，第 3 页。

⑦《为了欢度五一》《人民日报》1957 年 5 月 1 日版。

⑧《梅益同志在第一次全国广播工作会议上的总结发言》，《全国广播工作会议文件选编》，第 17 页。

⑨梅益：《让广播更好地为社会主义建设服务》，《全国广播工作会议文件选编》，第 65 页。

⑩梅益：《让广播更好地为社会主义建设服务》，《全国广播工作会议文件选编》，第 74 页。

⑪项佐涛：《阶级的人、经济的人、全面发展中的人——新中国成立后制度设计基点的变迁》，《中共中央党校学报》2019 年第 3 期。

⑫王巨光：《中央人民广播电台听众调查综述（1983 年——1985 年）》，《中国广播电视年鉴（1986）》，中国广播电视出版社 1987 年版，第 571 页。

⑬Bertolt Radio as a means of communication: A Talk of the function of radio, 转引自 [英] 汤姆.斯丹迪奇著, 林华译,《从莎草纸到互联网: 社交媒体 2000 年》, 中信出版集团 2015 年版。

简论解放区广播在战争中发展壮大

哈艳秋

解放区广播是指从 1940 年 12 月 30 日延安新华广播电台成立到 1949 年 9 月底，也就是中华人民共和国成立前，中国共产党在自己领导的解放区建立发展的广播事业。解放区的广播诞生在抗日战争最艰苦的年代，发展在解放战争的炮火硝烟之中，成为中国共产党教育人民、团结人民、打击敌人、消灭敌人一支重要的新闻传播媒介。在抗日战争和解放战争中，解放区广播工作者以"自力更生、艰苦奋斗"的精神办广播，以对党对人民高度负责的精神，严肃认真实事求是的开展宣传报道，他们为新中国的成立做出重要贡献，也为新中国的广播事业打下了坚实可靠的基础。

1937 年"七七"事变爆发后，日本帝国主义开始全面大规模对中国的侵略。在中华民族生死存亡的紧急关头，如何把中国共产党的争取民主、巩固国内和平、促进抗战实现的政策和主张，迅速而广泛地告诉全国人民，就成为党的宣传工作的重要任务。中共中央这时在陕甘宁边区的新闻媒介主要有两种：一是报纸，即《新中华报》，一是通讯社，即新华通讯社。抗日战争开始后，新华社和《新中华报》在宣传党的抗日民族统一战线政策、推动抗日救亡斗争的开展上都发挥了更要作用。但是，由于国民党顽固派和日本帝国主义对根据地实行军事进攻和新闻封锁，因而《新中华报》等很难传到国民党统治区和敌占区去；新华社的电讯又因受到接受设备的限制，国民党统治区和敌占区的人民群众也无法知道。再有，在国民党统治区，虽然 1938 年 1 月中国共产党在武汉公开出版《新华日报》，但由于国民党实行的是专制独裁和对日妥协投降的政策，《新华日报》创刊后经常遭到国民党当局的新闻审查和无理刁难，因此也很难正常地出版和发行。总之，无论从根据地还是从国统区来看，中国共产党只靠办报来宣传人民、组织人民参加抗日斗争还有一定的困难和局限性，为此，党中央和毛泽东同志提出在延安建立广播电台。

1940 年春天，党中央成立广播委员会，由周恩来任主任负责领导筹建广播电台的工作。担负具体筹建工作的是中央军委三局九分队。

延安广播创建之时，正是中国人民的抗日战争十分艰苦的时期。为了使广播电台早日建成，军委三局九分队的同志们克服了重重困难。广播电台的主要设备广播发射机，是 1940 年 3 月周恩来从苏联治病回国时带来的，由于长途转运颠簸，这部发射机受到损坏，九分队的技术人员经多次改装、试调，才使它适合广播电台使用，实际发射功率约 300 瓦。建台所需的其他零件，除少数是从国统区或敌占区买来的，大部分是由延安通讯材料厂和九分队的人员自己制造的。40 年代初延安没有发电厂，而广播电台所用电力较大，一般手摇马达发电无济于事。为此，九分队的同志们在党的领导下群策群力土法上马，利用汽车引擎来带动发电机转动，并把铁桶做成煤气发生炉，用烧木炭产生的煤气代替汽油发电，终于解决了广播电台的用电问题。广播电台架设发射天线没有铁塔，就用"木塔"代替。至于广播电台的台址，则设在延安西北 19 公里处的王皮湾村。九分队在当地老乡的帮助下，在半山腰中开凿出两孔石窑洞作为发射机房和动力间，播音室设在河对岸村子的土窑洞内。播音室内设备十分简陋，一张木桌和一个话筒，为隔音墙上钉着延安生产的羊毛毡。经过九分队同志们和当地群众的紧张筹建，1940 年 12 月 30 日，解放区的第一座广播电台——延安新华广播电台（以下简称延安台）开始播音，呼号为 XNCR，其广播稿由新华社广播科编辑。

延安台最初每天晚上播音一次，1941 年 4 月以后，每天又增加了两次，每次一小时。广播内容有：中共中央重要文件、《新中华报》社论、国内外新闻、名人讲演等。1941 年 12 月 3 日起，每星期五举办一次日语广播（以后成为中国国际广播电台诞生日）。当时广播中也有文艺节目，但大多数是延安台的播音员自己在话筒前唱歌或吹口琴，如《肃清亲日派》《大刀进行曲》《打回老家去》等抗日歌曲。1941 年夏天，毛泽东同志给延安台送来 20 多张唱片，延安台的文艺节目中播出了梅兰芳、马连良的京剧和贝多芬的《月光奏鸣曲》等唱片。延安台播音以后，《新中华报》《大众日报》《新华日报》等都刊登过延安台的有关启事、消息和广播稿。

党中央和毛泽东同志对延安台的广播十分关心和重视，多次在有关文件中指示各根据地党组织按时收听广播。1941 年 5 月 25 日，中共中央在《关于统一各根据地内对外宣传的指示》中提出："各地应经常接收延安新华社的广播，没有收音机的应不惜代价设立之。"同一天，中共中央宣传部在《关于电台广播工作的指示》中强调："电台广播是各抗日根据地目前对外宣传最有力的武器。"6 月 20 日，中共中央宣传部又在《关于党的宣传鼓动工作提纲》中，强调了发展广播事业的重要意义，指出："在现代无线电业发展的情况下，以及在中国交通工具困难的情况下，发展通讯社的事业、无线电广播事业，是非常重要的。应当在党的统一的宣传政策之下，改进现有通讯社及广播事业的工作。"

我国人民的广播事业在党的领导、关怀和广大人民群众的支持下，从诞生那天起就以崭新的风貌活跃在新闻宣传战线上，成为党联系全国人民的纽带、桥梁和对敌斗争的锐利武器。1941 年初国民党掀起第二次反共高潮，制造了"皖南事变"。事变发生后，重庆的《新华日报》报道事变真相受到国民党的刁谐和阻拦时，刚刚建起的延安台及时播出毛泽东同志为"皖南事变"起草的命令和谈话及有关报道，在全国人民面前揭露了国民党顽固派反共反人民的行径。延安台的广播，使国民党当局非常惊恐，1941年3月至7月间，重庆国民党的宣传部曾密令中央广播事业管理处等监测延安台的播音，要求"每日指定专员收听，逐日俱报"，并且布置河南广播电台"就近干扰"，甚至策划利用特务侦察台址，企图破坏。但是敌人的各种企图都失败了，延安台的广播传向各地，激励和鼓舞着全国人民把抗战进行到底。延安台的广播打破了国民党反动派和日本帝国主义对抗日根据地的新闻封锁，宣告了国民党反动派和日伪垄断控制广播时代的结束。

1943年春天，延安台因机器发生故障停止了广播。1945年8月抗日战争胜利前夕，延安台恢复了播音。从此，人民的广播再也没有停止广播。延安台恢复播音后不久，中国共产党又在东北解放区的哈尔滨、长春、安东（今丹东）、鞍山、抚顺、吉林、通化、齐齐哈尔、承德等地建立了广播电台；在华北，1945年8月23日我军解放张家口，接管了原日伪广播电台，建起张家口新华广播电台（后改名为晋察冀新华广播电台）。以上这些广播电台，是抗战胜利后最早建立起来的一批广播电台。它们的建立，标志着党领导下的解放区的广播事业已经初具规模，并且将随着解放战争的发展而壮大。

抗战胜利以后，国民党反动派在美帝国主义的支持下，顽固坚持独裁统治，1946年6月下旬，发动了全面内战。从抗战胜利到全面内战爆发前的这段时间，延安台和解放区的其他广播电台一方面积极宣传中国共产党的和平、民主、团结主张，揭露国民党反动派与美帝国主义沆瀣一气伺机发动内战的阴谋，号召人民提高警惕，随时粉碎国民党反动派的军事进攻；另一方面，延安台等积极宣传报道解放区的政权建设和经济建设情况，让国统区各界听众了解解放区、了解中国共产党和人民军队。1945年10月前后，延安台举办《解放区介绍》《解放区政策》和《解放区建设》三个专题节目，把陕甘宁、晋察冀、晋冀鲁豫、苏南、浙西、皖中等19个解放区创建和发展经过一个一个作了介绍，在《解放区政策》节目中，介绍了解放区新型的民主政权形式"三三制"。

延安台和解放区其他广播电台的宣传（张家口等除自办节目外，还转播延安台的节目），在国统区人民和国民党军队中有很大影响，人们从解放区的广播中了解到中国共产党的政策、主张，认识了蒋介石的独裁政策和鼓吹"和谈"的真相，纷纷起来反对内战，为争取国内真正的和平民主开展斗争。1946年6月，全面内战爆发前夕，国民党空军上尉飞行员刘善本，在听了延安台的广播以后，第一个驾驶飞机起义来到延安，以实际行动表明他反对蒋介石打内战。他在延安台发表的广播演讲中，号召国民党军队的官兵要认清形势，赶快退出内战的漩涡。

延安台在内战全面爆发前积极结合党的政治任务和国内斗争形势开展宣传工作。与此同时，延安台为适应斗争形势发展的需要，不断加强自身建设，改进宣传业务。1946年5月，新华社在进行机构调整时，把口头广播组扩大为语言广播部。同年6月21日语言广播部制定了《语言广播部暂行工作细则》，这个《细则》是解放区广播史上最早制定的一份有关广播宣传工作的规则。《细则》对广播电台的任务、宣传原则、编写广播稿的基本要求等，都作了具体的规定。关于广播电台的任务，《细则》中规定："建设全国性的语言广播机关，宣传党的政策和主张，报道国内外时局的动向；有计划与有系统地宣扬我党我军与解放区的事业和功绩，揭发国民党的腐败黑暗统治并宣传与鼓励其统治区广大人民的民主运动。"《细则》中还规定延安台的任务是"与国民党中央广播电台进行宣传斗争"。

从《细则》中可以看到，解放区的广播工作者经过几年的实践，已经比较系统地认识和掌握广播工作的某些规律和特点，编播工作正在逐步走向成熟和正规。

1946年6月下旬，国民党反动派不顾全国人民的反对，悍然发动全面内战，大举进犯各解放区。1946年底，国民党反动派对解放区由全面进攻，改为重点进攻，目标是山东解放区和陕甘宁边区，企图占领东西两个解放区，挽救中原和华北败局。中共中央和毛泽东同志早已预料到敌人的阴谋，决定主动撤离延安。1947年3月13日起，蒋介石纠集的大批兵力，对延安和陕甘宁边区开始了"犁庭扫闾"的军事行动。延安台根据中共中央的部署，于3月14日中午撤离延安转移到陕北瓦窑堡继续播音。这是解放战争开始以来，延安台进行的第一次战斗转移。3月21日延安台改名为陕北新华广播电台（以下简称陕北台）。3月25日，周恩来和朱德在戎马倥偬中视察了陕北台。3月28日战斗越来越近，陕北台在撤离瓦窑堡之前，向全国广播了青化砭大捷的消息。青化砭大捷是人民解放军在西北战场上的第一个大胜仗，歼敌一个旅。陕北台的广播鼓舞了解放区军民的斗志，粉碎了国民党的无耻谣言。当晚陕北台向太行山区的晋冀鲁豫解放区进发，开始进行第二次战斗转移。与此同时，设在晋冀鲁豫解放区的邯郸新华广播电台（1946年9月播音，台址在河北涉县沙河村）抽出部分人员及时做好了接替陕北台广播的工作。4月下旬，陕北台的一些同志日夜兼程到达了晋冀鲁豫解放区（另外一些人随新华社大队人马7月到达）。

陕北台转移到太行不久，1947年7月，人民解放战争由战略防御转入了战略进攻。根据解放战争新的发展形势和国民党统治区人民的斗争需要，陕北台编辑部提出了《对改进语言广播的几点意见》。改进意见分析了国民党统治区人民和国民党军队官兵重视收听解放区广播的情况后指出，要通过宣传，使他们了解中国共产党和人民解放军对新解放城市的政策、战局发展以及整个中国今后的前途命运。在宣传对象方面，除"以蒋管区听众为对象"外，也兼顾解放区军民的需要。在太行期间，陕北台根据上述意见改进广播节目，加强了军事宣传和政治宣传。1947年9月5日陕北台为配合人民解放军战略反攻，开办了《对国民党军广播》节目（最初叫《对蒋军广播》节目），这是陕北台开办的第一个对象性节目。陕北台在这个节目中，向国民党军队官兵宣传中国共产党和人民解放军的主张以及对放下武器的国民党军官兵的宽大政策，报道前线战局的发展，并以大量真实的事实揭露国民党中央广播电台的欺骗宣传。除陕北台外，邯郸新华广播电台和东北新华广播电台（1946年9

月 23 日播音）等也都办过此类节目。对国民党军广播，在国民党军队中拥有许多听众，尽管上边禁止收听，但有条件的人还是秘密收听。

陕北台在对国民党统治区人民的广播中，注意声援和促进国民党统治区人民的爱国民主运动，推动第二条战线斗争不断胜利开展。陕北台在新闻报道、名人讲演和特别节目中，及时广泛地宣传了国民党统治区人民声势浩大的斗争。另外，为了使国外听众了解解放战争和国民党统治区人民的斗争情况，陕北台继《对国民党军广播》节目之后，于 1947 年 9 月 11 日开办了《英语新闻》节目。

陕北台在太行期间，在号召解放区人民支援解放战争、推动国统区人民的民主运动以及开展政治攻势瓦解敌军士气等广播宣传上都取得很大成就。但是从 1947 年秋冬到 1948 年春，陕北台等在对解放区开展的轰轰烈烈的土改运动的宣传上却犯了"左"倾错误，片面的宣传贫雇农路线，而没有宣传巩固联合中农等政策，特别是由于陕北台播发了某些不正确的新闻，人们竟误认为这是被中央认可的意见。1948 年 2 月毛泽东同志在评价这个时期的宣传工作的时候指出："过去几个月的宣传工作，正确地反映和指导了战争、土地改革、整党、生产、支援前线这些伟大斗争，帮助了这些斗争取得了伟大成绩，并且在宣传工作中占着主要成分，这是必须首先承认的。但是也必须看到一些错误缺点。其特点就是过左。其中有些是完全违背马克思列宁主义原则立场和完全脱离中央路线的。"在中共中央和毛泽东同志指出土改宣传中的问题以后，陕北台在 1948 年 2 月写的《关于土改等报道的检讨》中，检查了前一个时期广播对土改、新解放城市、老解放区的工商业、政权建设和整党等方面宣传中反映出来的"左"倾错误，进行了分析和检讨，并且重新研究和确定了以后关于土改等宣传的方针。经过开展批评与自我批评，陕北台的工作又有了很大改变。

1948 年 3 月，毛泽东、周恩来率领中共中央机关人员东渡黄河，经晋绥解放区，于 5 月到达晋察冀解放区的平山县西柏坡村，在这里领导完成夺取全国胜利的伟大任务。陕北台根据中共中央指示，与新华社一起从涉县北上转移到平山工作，5 月 23 日陕北台在平山县张胡庄继续播音。这是陕北台的第三次战斗转移。从这时起，陕北台在中共中央的直接领导下，为迎接全国胜利和新闻事业大发展做了各种准备。

陕北台在平山期间，正是人民解放战争发展到夺取全国胜利的决战阶段。1948 年秋冬，辽沈、淮海、平津三大战役接连打响，陕北台、东北台和华东台等解放区的广播电台，积极配合解放战争战略决战的需要，继续加强对国民党军队开展政治宣传攻势。在淮海战役期间，陕北台根据毛泽东的指示，多次组织敦促黄百韬兵团放下武器的广播。在围歼黄维兵团时，陕北台连续播出了毛泽东撰写的《人民解放军总部向黄维兵团的广播讲活》《刘伯承陈毅两将军向黄维兵团的广播讲活》等。在淮海战役第 3 个阶段，毛泽东以中原、华东两人民解放军司令部的名义撰写的《敦促杜聿明等投降书》，从 12 月中旬到 1949 年 1 月上旬在陕北台反复广播。陕北台等进行的广播宣传铿锵有力，惊心动魄，威震敌胆，瓦解了敌军士气。1949 年 1 月

10 日淮海战役结束，歼敌 55 万多人，使国民党南京政府失去了最后的保护屏障。

在人民解放军取得三大战役胜利以后，解放区广播宣传的重点放在揭露国民党反动派玩弄的"和平"骗局，号召全国人民团结一致，坚决彻底干净全部地消灭一切反动势力，在全国建立起人民民主共和国，实现统一的民主和平。1948 年底和 1949 年初，陕北台先后广播了毛泽东同志为新华社写的新年献词《将革命进行到底》和《评战犯求和》等评论，揭露了蒋介石以"和平"为借口，继续保存反动势力伺机东山再起的阴谋诡计。随后，又广播了《中共中央毛泽东主席关于时局的声明》这一重要文献。

1949 年 3 月 5 日 ~ 13 日，中国共产党在西柏坡举行七届二中全会。23 日，陕北台广播了七届二中全会公报，向全国人民宣布了革命胜利以后党在政治、经济方面的基本政策和党的工作重心从乡村转到城市，以生产建设为中心任务的问题。

陕北台在平山期间，除积极开展广播宣传外，还在党中央的领导下，和新华总社一起，为迎接全国解放的到来，从思想上、业务上以及管理等方面做了准备工作。主要有：

第一，明确新闻工作指导思想。1948 年 4 月 2 日，毛泽东在晋绥解放区发表了《对晋绥日报编辑人员的谈话》，10 月 2 日刘少奇在平山发表了《对华北记者团的讲话》。毛泽东和刘少奇在讲话中论述了新闻工作的任务、作用以及新闻工作者的思想和业务修养等问题，为以后新闻广播工作由乡村转入城市从思想上、理论上做了准备。

第二，积极培训新闻工作领导干部。1948 年夏天，中共中央为提高新华社和陕北台的宣传工作水平，在西柏坡集中主要业务骨干进行培训，直接听取中共中央领导同志对新闻工作的指示和意见，学习党的方针政策，研究总结以往的宣传工作，提高了新闻工作干部的政策和业务水平。

第三，加强对广播工作的管理。1948 年 10 月新华总社组织召开了关于广播电台会议。会议研究了有关组织解放区广播网和提高广播宣传效果的问题。在这之前，新华总社领导机构调整时，明确文字广播和口语广播的领导分工。总社还成立广播管理部由廖承志同志兼部长，梅益为副部长，下设口播和英语两个编辑部。

第四，制定了有关广播政策。随着解放战争的胜利，各地大中城市先后获得解放，如何处理这些城市中原有各类广播电台及其人员，已成为当时亟待解决的问题。1948 年 11 月 20 日，中共中央发出了《对新解放城市中原有之广播电台及其人员的政策决定》。《决定》规定：所有国民党政府军队及党部办的广播电台都必须接收，并利用其设备建立人民的广播电台。民营广播电台一律归军管委员会统一管理，经审批后才能播音。凡外国资本及外国人办的广播电台一律停播。《决定》还确定了新中国的广播事业由国家经营的原则。

解放战争时期，在国民党反动派不断发动军事进攻时，解放区的广播事业的发展受到一定影响，一些广播电台因环境恶化暂时停播或迁址更名，但随着人民解放军战略反攻的开始，解放区的广播事业又有了新的发展和扩大，随着解放区的发展壮大，一批新的广播电台也相继建立。据 1947 年 9 月统计，解放区有广播电台 11 座，主要设在华北和东北一带，到了 1949 年 3 月，解放区已经有广播电台 24 座，除东北、华北外，华东、西北和中原解放区也有了广播电台。短短的几年中，解放区广播电台由 1 座发展到 20 多座，一个以陕北台为中心的解放区广播宣传网已经在战争中形成。

1949 年 4～6 月，人民解放军南下作战，先后解放了南京、杭州、武汉、上海、南昌等一批大中城市以及江苏、浙江、安徽、福建、江西、湖北等省的广大地区。不久，西北的甘肃、青海等地也相继解放。在上述这些城市和地区党迅速地建立起广播电台。据 1949 年 9 月统计，解放区已有广播电台近 40 座。3 年多的解放战争，使解放区的广播事业不断发展壮大。

（作者系中国传媒大学教授）

广播的传播意义

孟 伟

"媒介决定了我们的处境。"①随着互联网新技术推动下的全球媒体数字化趋势，从媒介的"物质性"②出发考量媒体正成为一种研究的热点。纵观中国广播 80 年发展历程，文化与技术哲学视角下的媒介物质性理解，或可启发我们思考一下当代传统广播的传播意义。

一.广播的媒体意义

我们把声音作为物质载体，从这个角度考量声音如何形成现代广播传播观。"物质性"研究转向的核心是摈弃简单的将互联网视作一个"虚拟世界"，而与物质世界割裂。要"将自然与文化、物质与观念整合起来"。③这意味着互联网影响下的媒体研究试图突破当下基于技术特征所带来的、异于前互联网时代的基础性认知，探索媒介社会化所带来的更为根本的社会影响动力。要点有二：其一，基于新技术衍生的互联网媒介社会"虚拟化"与传统"物质性"理解的相关性；其二，媒介社会化带来的"虚拟性"之现实性张力认知。

依据我国广播媒体的发展现实，有 4 点关于广播媒介属性层面的认知启示：

首先，"广播弱势"误区的突破。相比较于视觉传播，我国广播听觉传播多处于争取话语权的处境中。基于媒介形态本身进行"优劣"的判断，源自前互联网时期和数字媒体发展之前的一种认知；源自对于媒体传播渠道和受众媒介接触优先级别这样的一种判断；源自信息内容有限传播、有限制作、有限渠道的旧时代。今天我们可以清晰地看到，这种旧有的认识体系正在一去不返，特别是 5G 时代到来。但也不得不思考，在过去多年的发展桎梏中，广播媒体做了什么样的准备以应对这样突如其来的制约消失，机会重来？

其次，从固守"广播业的传统疆域"转向"广阔的大众听的需求"。无论技术和渠道如何变化，媒体内容的呈现形态无外乎"听"和"看"两种，或两者结合。从体量和影响力上看，目前广播电台仍然是音频媒体传播的主要代表业态。大众"听"的媒体内容需求一直都会存在，不会因为技术进步而消失，相反，技术创新是为了大众"听"的媒体内容消费体验更佳。哪一家机构抓住了"听"的媒体内容创新的命脉，哪一家媒体机构就掌握了有"听"的媒体消费需求的受众，进而具有生存和竞争的价值。

再次，"听的需求"之广义认知成为可能。对于音频媒体而言，如果拓展"音频内容"的边界，那么当前很多视听媒体内容正被受众以"听"的方式消费，大众一心多用成为普遍潮流，信息过剩状态下的受众和媒体现实，造就了大众消费信息和筛选信息的方式，越来越以"非注意"接收为特征。非"必须"状态下的媒体内容消费，往往是三心二意。实际上无论视听内容，还是纯粹的音频内容，都在强化着一个类似的作用和功能——伴随性功能。这是媒介社会化的表征之一，也诚如本文开头基特勒所提及的"媒介决定了我们的处境"。我们所未注意到的是，没有哪一种介质形态比音频介质更擅长"伴随性"功能的发挥。

最后，尽管广播"伴随性"通常与"非必要性接收"认知结合，但伴随性的有效传播，却与"伴随性"所建构的"声音景观"密不可分，从而发挥更为本质的媒体联系和作用。后者是我们过去忽视的部分，声音作为物质载体的认识角度，让我们有迹可循。但二者之间尚需要弥补一个认知盲点——我们需要回到技术发展促成的人类历史上第一个电子化现代媒介——广播的诞生之初：细想人类社会颇多努力，似与不竭追求"远离"和"接近"相关。声音广播是第一次促使大众实现了心理时空和现实时空的融合及界限突破，远隔千万里，可以同呼吸共思考，且传播效果发生在"大众传播"与"人内传播"之间的融合——声音来自远方却于此刻直击心灵。以广播为代表的现代大众传媒，第一次压缩、改写了人对"现实"时空的传统认知。

媒介的"物质性"研究转向也带给我们其他的启示——发现传统广播媒介属性层面与互联网技术催生的新媒介样态之间的延续性与本质的内在关联。2020年全球疫情，大量在线语音服务崛起，我们无法说 Zoom、腾讯会议、钉钉、WeLink 在多大程度上是以在线语音交互方式推进着社会联系和社会发展？又与非洲部落目前仍存在的口语信息交流方式"Dagu"存有多少本质性的关联？媒介史将有助于我们突破技术的迷雾，看到人类社会更为本质的传播关联。

随着新技术发展，广播或者具有听觉传播特质的媒体内容，将拥有比之现在更为广阔的天地。例如，未来家庭机器人语音服务能力或许会成为广播声音内容的延展之一。广播在文化规范、民主制度、身份认同等领域发挥的社会作用和影响，亦不容小觑。

二.广播的文化意义[④]

就中华文明而言，文字使用不过三千年，口语文化传统至少延续十万年。语言学家统计，人类历史上，用于书写的语言约一百多种，人类言说的语言却有几千种。听觉文化不仅是人类文化的最早雏形，也是人类最重要的文化形态。"我们的世界本身就是庞大的听觉空间，大自然的风声细语、虫鸣鸟叫，人类的吃喝呐喊、管弦丝竹。"[⑤]声音作为一种媒介，中介着人与人、人与环境之间的关系。

在人声语言化以前，人类的声音更多的是基于本能传达此时此刻的感官体验和情绪，是一种应激性的传播。在语言化过程中，声音符号汇总了自然界和人类生活的内容，并在长期进化过程中形成一个复杂的符号系统与组合规则，成为人类最初的表情达意工具，满足了人们跨越时空传播信息的需要，声音从自然媒介转化为信息媒介，催生并稳固了初级形态的人类社会——部落。在声音符号的基础上，人类社会初期形成的以神话、传说、咒语、歌谣等为代表的叙事活动，承载艺术特性和功能，成为人类早期群体聚合和交流的基本方式，也是文化的重要组成部分和生产资料。

直到 19 世纪末 20 世纪初，拾音、电子传输、录音等技术的发展，使声音可以脱离声源而独立存在，实现无限的再现、复制、传播，其根本意义在于为艺术创作奠定了基础，更重要的是为艺术的创作提供了无限的可能[6]，追求音质和完美声音的渴望开始受到关注和满足，反过来又促进声音媒介的发展。现代媒介理论研究者马歇尔·麦克卢汉和保罗·莱文森对电力时代和数字时代"听觉空间"的讨论，都是听觉文化兴起的典型表现。[7]

音频传播的这一变化变革了人类感知世界的方式，从过去到未来的时间关系扩展到此处与彼处的空间关系，听觉文化初步苏醒，注重现场体验的声音艺术崛起，并与表演、舞蹈、喜剧、朗诵等融合在一起。[8]音频传播促使在整体思维下，各种感官之间达到一种相对的动态平衡，从而实现人类感知的完整和丰富。

黑格尔将视觉和听觉称为认识性的感官。声音既是一种客观存在，也是一种主观感受。声音信号利用的是"边缘"注意力，只有当不寻常的声音响起时，人们才需要注意到发生的状况。[9]这意味着，与"看"不同，听觉传播是非排他性注意，听觉印象降临我们而从不需要自觉的关注，[10]被动多于主动，听觉对声音的反应时常隐而不显，除非受到过强的音量刺激。[11]声音与社交文化和共享文化具有亲近性，通过塑造声音空间创造一种集体在场的效果，这也是长期以来广播媒体承担社会组织动员，参与社区建设和促进社会意见表达，发挥政府与基层百姓桥梁功能的重要依据。

从媒体传播视角回到复杂的现代文明，希翁提出以一种以跨感觉感受（perceptionstrans-sensoirelles）为方法论的"听觉学"（acoulogie）。它是指关于我们从各个层面听到声音的科学，认为传统的"声音空间知觉（perception sonore spatiale）一致论"在现代社会的繁复声象中显得贫乏。现代视听形式创造出更为复杂微妙的声音与时间的关系，在自然感知的即刻记忆、音乐节奏韵律所包含的伸缩情感时间之外，新的视听形式创造了"全球共时性时空"（synchronization）。[12]

海德格尔使"倾听"成为影响深远的哲学概念，他指出，西方哲学传统从一开始就倾向于将"观看"当作进入存在物和存在自身的方式，而西方的科学技术又支持了这一哲学传统，使视觉至上主义成为逻格斯中心论的主要支撑。存在仿佛变成了一种可随手携带的东西或产品，可以用理性进行肢解和度量。然而，本真的存在和神性都是无法以观看的方式感知到的，它显现为一种语言的"道说"，而"道说"就是"显示、让显现、让看和听"。

因此，重建主体的"听知觉"和"声音文化能力"，对于矫正日渐"数字化"和"图像化"的当代文化具有重要的现实意义。[13]

三．广播的社会学意义 [14]

社会现实的建构是人们通过社会互动，能动地创造社会现实的过程。实际上，社会互动是一种复杂的协商过程。社会现实便是在这种协商中构建起来的。社会互动是人们在与他人的联系中如何采取行动并做出反应的过程。[15]

新技术带来的不仅仅是新型的信息传播方式，而是内在化地改造着社会结构、文化形态和社会性格。近 20 年来，我国互联网蓬勃发展的同时，也带来了社会性格和社会文化在知识理性上的一些新变化——碎片化、"幼儿化"、商业营销泛化、虚拟与现实感争夺等。比照视听媒体，广播虽处于弱势地位，但其在重建当代社会理性精神中或可具有亟待发现的价值。

互联网强大的交互性使它变成了全世界的大会堂，人们聚集在网络上，聊天、吹牛、争论或者炫耀，也通过众多的社交网站弄得信息满天飞。[16] 这一两年崛起的短视频和直播，进一步深刻撼动着实体经济和传统媒体的基础。但我们也发现诸如社会财富的分配、社会阶层、民主政治、社会公平、集体信仰、人的全面发展等真正严肃议题被互联网和大众搁置了。现实要求我们找回公共之善，重建事实与价值、利益与意义完整的共生世界；寻找主体性，寻找意义，寻找理想和理性。[17]

广播传播价值的载体可以从思维的工具——语言入手，讨论广播媒体所具有的的理性功能。语言不仅具有描述和传递信息的功能，它还具有理性思索的优势。眼睛看到的并不是事件的全部，我们依赖言语功能理解世界，理解的起点是抛开事件发生的表面现象，穿过现象的层面进行思考，在这个意义上，影像往往与言语思考能力之间发生激烈的冲突。影像很容易使我们的主要感知器官——眼睛获得满足，并发生情感波动，使我们觉得自己看到了"真实"。当我们进行深入思考状态的时候，常常会闭上眼睛，或者是看着一个地方不动，而这种状态与广播的收听状态更为接近[18]。广播作为声音介质的传播形态，体现为非视觉性特征，在这个意义上，广播是一类更接近"反思性或者是智力"的媒体，它完全不依赖于任何有形的东西的启发和刺激，所有的信息和观点都以非视觉的声音形式传递，这使得听众可以不受限制和约束地在头脑中构筑起相应的图像，进行没有图像干扰的理智思考。[19]

彼得·卢恩菲尔德称数字媒体中弥漫着一种"未竟的文化（Culture of unfinish）"，从这样的角度看网络文本，几乎总像是"过程进行中的工作"。[20] 主体性也处于虚拟与现实感的争夺战中。互联网影响下的世界正从"地方空间（Space of places）"转向"流动空间（Space of flows）"，而后者正成为现代社会的支配性空间，人们虽然生活在"地方空间"，但是由于我们社会的功能与权利是在流动空间里组织的，其逻辑的结构性支配根本地改变了地方的意义与动态。[21]

广播是一种时间的媒介，是日常生活式的现实媒介，很少给受众超越现实的感觉。广播媒体擅长于关注日常生活，特别是个体精神和情感生活，其内容可以直接融入到人们的日常生活中。广播的很多谈话内容是与人们的个体生活密切相关的，即便是国家大事，也是以闲谈的方式呈现，更接近人们日常谈话的氛围和交往方式；广播作为大众媒介也具有话题引导的特点，广播内容比其他媒介内容更容易成为普通大众的话题选择对象，并直接进入社交语境；广播的直播音频流模式，强化了单一节目内容的沉浸性对于受众个体的影响，更可以基于时间、地域建构个体日常生活框架，在客观上逻辑化地参与着个体日常生活，锻造"想象的共同体"，之于国家的、区域的、家庭的……

正如阿曼达·魏德曼提醒我们的那样，"作为一种声音和物质现象，声音不可避免地嵌入到社会关系中，塑造了声音的产生、感受和被听到的方式"[22]。一个互动的世界需要我们对它抛给我们的一切做出回应，而这种回应在很大程度上决定了我们在社会中的位置。在这个意义上，声音媒体对于主体性的建构，其价值值得我们做更为深入的探讨。这种"听的哲学"的目的不是要取消视觉，"它的更深刻的目的是使哲学从现在关于视觉经验的想当然的信念逐步转向一种关于经验的不同理解，这种理解在听觉经验的现象学中有其根据。"[23]

重新审视以广播为代表的传统主流媒体的传播意义和传播价值，在互联网时代不是旧话重提，而是一个个全新的研究课题。

注释：

① Kittler,F.Gramophone, film, typewriter. Stanford: Stanford University Press,1999：:123。

②媒介物质性，泛指一切涉及"物"与"物质"的媒介构成、媒介要素、媒介过程和媒介实践。今天我们身处其间的社会与文化为有形物质所形构，不同过往地为种种并无实体却一样具备物质性质的事物所重构。媒介物质性转向，带来的是本体、观念和方法的多重变革，它的最大价值是重新激发传播与媒介研究中的想象力。引自章戈浩，张磊.物是人非与睹物思人：媒体与文化分析的物质性转向.全球传媒学刊.2019（6）。

③ Hondros, J. (2015). The internet and the material turn. Westminster Papers in Communication and Culture, 10(1), 1-3.

④摘编改写自孟伟在 2018 年 8 月 23 日，第 27 届北京国际广播电影电视展览会·广播论坛"声音的价值 智慧的广播"（中国国际展览中心）大会发言：智慧广播：音频传播的本原、价值与未来。

⑤陆涛：《文化传播中的听觉转向与听觉文化研究》，《中州学刊》2014 第 12 期。

⑥曾笑鸣：《论电影声音艺术创作的未来发展趋势》，《北京电影学院学报》2004 第 1 期。

⑦引自胡清波：《听觉文化视域下的西方哲学与媒介研究》，《文化与传播》

2015 第 4 期。

⑧吕甍：《电影声景：流动的城市文化——以新世纪上海电影为中心》，华东师范大学，2015 年。

⑨芦影：《声音体验——关于设计的声音意识与听觉审美研究》，中央美术学院，2017 年。

⑩苏珊·朗格：《感觉与形式》，高艳萍译，江苏人民出版社 2013 年版，第 172 页。

⑪芦影：《声音体验——关于设计的声音意识与听觉审美研究》，中央美术学院，2017 年。

⑫参见米歇尔·希翁：《声音》，张艾弓译.北京大学出版社 2013 年版，第 151 页，第 210-211 页，第 356 页。

⑬刘士林：《城市声音：一种新的城市史与城市文化研究》，《天津社会科学》2016 年第 5 期。

⑭参见孟伟：《新媒体时代社会理性精神的重建——以广播音频传播为例》，《现代传播（中国传媒大学学报）》2011 年第 8 期。

⑮约翰·J.麦休尼斯：《社会学经典入门（14 版）》，中国人民大学出版社 2019 年版，第 99 页，第 95 页。

⑯参见［美］尼古拉斯·卡尔著：《浅薄——互联网如何毒化了我们的大脑》，刘纯毅译，中信出版社 2010 年版，第 91 页。

⑰参见胡百精：《新媒体语境、危机话语与社会性格》，彭兰主编《中国新媒体传播学研究前沿》，中国人民大学出版社 2010 年版，第 209 页。

⑱参见 Andrew Crisell (ed.).More than a music box : radio cultures and communities in a multi-media worl .New York ; Oxford : Berghahn, 2004:10.

⑲参见 Andrew Crisell (ed.).More than a music box : radio cultures and communities in a multi-media world .New York ; Oxford : Berghahn, 2004:10.

⑳参见 Peter Lunenfeld. The Digital Dialectic: New Essays on New Media.Cambridge, MA: The MIT Press, 1999:298.

㉑ Castells, Manuel. "An Introduction to the Information Age" in The Information Society Reader, Frank Webster, Raimo Blom, Erkki Karvonen, Harri Melin, Kaarle Nordenstreng, and Ensio Puoskari, editors. London and New York: Routledge, 2004:138 - 149.

㉒ Novak, David & Sakakeeny, Matt (eds.) Keywords in Sound. London: Duke University Press, 2015: 241

㉓李金辉：《声音现象学：一种理解现象学的可能范式》，《哲学动态》2011 年第 12 期。

（作者系中国传媒大学教授）

广播，始终在前线

刘洪涛

人民广播 80 年的辉煌历程，我只盲人摸象般触摸了其一半的时光，所见有限，所思肤浅。不过，从抱着收音机的懵懂少年、无意识的聆听者到醉心直播间的不惑大叔、有使命的广播人，我的所历所感虽微不足道，但我的广播故事也是人民广播发展壮大的一个注脚。

回望我的广播经历，最令人难忘的不是专业跨界的艰难和不易，不是获得专业大奖的惊喜和幸福，也不是完成对台湾广播历史研究的释然和欣慰，而是温州动车事故报道中的经历和体悟。如今，虽已勾兑了九年岁月，也依然感觉它如一杯浓咖啡，蒸腾着流淌在广播人基因血脉中的使命和情怀，让我不断咂摸和反思广播的责任以及广播人的初心。

我选择了动车

2011 年 7 月，在南京读博的我参加完一个理论研讨会，买了一张 23 日回福州的火车票。为了能够尽快回家，我放弃了经常乘坐的 K46，选择了只需 7 个多小时的 D301。

提前一个多小时来到南京南站，此时，大屏幕上显示 D301 大约晚点 14 分钟。我坐在第 3 检票口的最前端耐心等待，结果，D301 停靠站台突然换到了 5 站台，而且，不仅没有晚点，还提前了 1 分钟进站。

走进 4 车厢，发现与半个月前去北京调研时所乘动车一样，是软卧包厢改成的二等座。整节车厢有 10 个包厢，满员可以乘坐 60 人。我是 25 号座位，在第五个包厢的第一个座位，靠近车头一侧，紧靠窗户。

虽然提前进站，但火车并没有遵守时刻表，而是停了近半小时。火车一路飞驰，外面的天气一会儿大雨倾盆，一会儿艳阳高照。同包厢一个 11 岁的小女孩异常兴奋，她从来没有坐过这么高级的车。她的妈妈也说，平时有晕车毛病的自己，坐这样的火车竟然不晕车。小女孩大声地说："那就定了，以后从南京回温岭，都坐这趟车。"

灾难降临

天黑了，晚上 7：40，火车到达温岭，晚点 25 分钟，同包厢的其他乘客都下车了。

由于在南京一直没有好好休息，我决定睡一会儿。掩上包厢的门，关了灯，脱了鞋，在靠近车头一侧的下铺上躺下来，很快便进入半梦半醒的状态。火车继续向前飞奔，恍惚间，听到列车广播："前方到站温州南站，有需要在温州南下车的乘客，请提前到车门口附近等候下车。"

列车似乎在站台停留了不短时间，之后缓缓出站。噩梦就在我最放松的时刻突然袭来，一声巨大的闷响、一次猛烈的撞击……灾难来得如此迅猛、如此惊恐。车厢突然向左偏转，让头右脚左躺着的我一下子坐了起来，紧接着就是快速且剧烈的左右摇晃与上下颠簸，能感觉到是车轮在一个个交替着迅速迈过铁轨，然后是车厢的飞行与翻转，然后是短暂的静止下坠，最后一次撞击，车厢静止。整个过程不到一分钟，但却凝结了太多太多的瞬间：乘客不明情况下本能的齐声高喊、恐惧的尖叫、痛苦的惨叫、绝望的哭喊、死亡的静默、求生的呼唤……无论沉静的还是慌张的，都汇成现场的嘈杂，一声声，声犹在耳，画出一道从生到死的弧线……

生命中最难熬的 13 分钟

一切静止后，只听到本节车厢乘客的慌乱。一个小男孩哭喊着："救命啊！救救我们吧……"我也高声呼叫乘务员，询问发生了什么事，没有回答。这时，我听到一位乘客开始用重物击打玻璃，但我不敢动作太大，因为我发现车厢已经竖起来了，我怕剧烈的动作会让车厢发生二次倾覆。在促狭、漆黑且无法站立的包厢，我第一次深深地感到无边的恐惧，这是直面死亡的无助。我不知道还能不能活着出去，只希望最后一刻再和爱人说几句话。掏出手机，熟练地打给爱人，此时，话单显示是23日晚上8: 32分。80秒的通话，没有太多内容，但又承载了太多内容：火车翻了……你先别着急，我先想办法出去，出去以后再和你联系！

挂断电话，我开始观察自己的处境，寻找生的通道。从包厢不大的窗户向外看去，外面也是一片漆黑，下面似乎有微微的、白色的亮光，由此我判定车厢是插到一个水塘里了，所以，先不说包厢里没有救生锤，用脚也难以踹烂玻璃，就是可以从窗户出去，恐怕这条逃生的路也是不通的。这时，我想到了包厢的门。此时，左右开的门已经变成上下开了，且原本虚掩着的门因为重力的原因，关得异常严密。我真怕因为车体变形，这个唯一的出口也打不开。浑身颤抖的我用尽全身的力气，抓住门把手用力往上举，开了！伸出头往下望去，车厢的过道就像一口深不见底的井。

听到下面那位击打玻璃的大哥说："玻璃太结实了，而且是双层的，费了半天劲只打碎了里面一层。"其实，每个窗户中间都有一根很粗的不锈钢扶手，即使打碎两层玻璃，也难以逃出。还好不多时，一位乘客说，底部可以爬出去。这时，上方包厢的一个小伙子从过道窗户上的扶手一节节往下滑，身手敏捷，像个猴子。我也受到鼓舞，借着手机的亮光，找到鞋，穿上，把随身的两个包一左一右斜跨在肩上，用最大的行李包支撑住包厢的门，爬到过道，也顺着过道窗户上的扶手一节节滑下去。

出口处已经有几个乘客自发组织大家逃生，大喊着：趴下，爬出来，慢点……踩着一地的玻璃渣，爬过泥泞的水洼，我终于从底部的折断处逃出了竖起的车厢，此时是晚上 8：45 分，整个逃生过程用了 13 分钟，这是此生感觉最漫长的 13 分钟，同时，也是最短暂的 13 分钟。

来自事故现场的报道

从状似感叹号的车厢里爬出来，惊魂未定，双腿发软，但我来不及感叹生命的脆弱、事故的惨烈、人情的冷暖，下意识迅速转入报道者的角色。晚间 9：00，第一条现场连线报道在海峡之声广播电台新闻广播《666 海峡广角镜》中播出，之后，江苏、福建、上海、浙江……各地广播电台、电视台，甚至中央电视台的电话也打了过来，我开始通过"多"媒体的平台一次次把现场的最新消息发布出去，不断更新和更正着事故现场的信息。在与中央电视台连线之后，中央电视台的一名编导专门打来电话，询问坠桥的列车到底是 D3115 还是 D301，因为新华社的报道中一直说是 D3115 坠桥，而我的报道是 D301 坠桥，得到肯定的答复后，该编导说："马上改过来，马上改过来。"期间，手机电池多次告警，我在现场的一个小商店边充电边连线，在该商店被临时指挥部占用后，又换了一家商店充电。连线报道一直持续到凌晨。

24 日凌晨后，大量媒体记者已经到达现场，现场应急救援也告一段落，我也在思考下一步的报道重点，哪里才能发挥我这个亲历记者的优势。当时，有两个考虑的方向，一个是去医院，一个是跟踪未受伤旅客的安置疏散。快速权衡后，我选择了后者，因为已经有不少当地媒体去了医院，而几千名旅客的安抚与安置还没有得到媒体的重视。确定了方向，我一路寻找，终于找到了大批被引导的旅客，一路采访，一路报道。

跟随大量安全旅客，被转运到温州市客运中心后，我们再次被转运到温州南站，被送上一趟临时动车，开往福州。我决定跟着乘客回福州，一方面可以完整记录乘客疏散的整个过程，另一方面，我打算回单位换掉满是泥巴的衣服，拿上采访设备。

重返前线

一路情绪复杂，在天亮之前，简单向领导报告了再次重返温州的计划，并协调好了采访设备。回到福州，简单更换了衣服，带上全套设备，与单位另外两位记者一起去温州，但火车停运，汽车只有晚上 6 点的，一位热心出租司机提出免费送我们前往。经过五个多小时的疾行，终于在下午四点多到达温州，再次投入事故报道之中。

由于缺乏及时权威的消息，关于事故的谣言四起。其中，围绕事故死亡人数的各种揣测尤其离谱。不少人在我的微博留言询问，我结合车厢结构、载人数量、当时乘客数量等因素论证了官方数字的合理性,有网友留言:"以你的坦诚,我相信你!"

在医院对受伤乘客的救治中,也引入了心理危机干预。我在康宁医院刚刚发完相关的连线报道,接到一位新华社记者的电话,他一方面希望我接受他的采访,一方面向我透露了铁道部可能即将在温州香格里拉大酒店召开新闻发布会的消息。我立即前往香格里拉,不少媒体已经在此等候,但新闻发布会的时间与地点迟迟不能确定。接近晚上10点时,有消息灵通的记者透露,发布会的地点临时更改到了水心酒店,时间不变,措手不及的记者们又急急忙忙赶往水心酒店。晚上10:40,发布会正式开始,记者们群情激奋。主持人把持话筒,非常谨慎,后来干脆把话筒藏到了桌下。没有话筒,记者提问仍然争抢得相当激烈。就站在主席台旁边的我,能清楚看到铁道部新闻发言人握着发言稿的手不停颤抖。当我大声向发言人提问后,他愣了一下,立即起身向我深鞠一躬,然后才回答我的问题。

发布会在纷乱中结束。我在温州连续报道了5天后,也返回工作岗位,生活渐渐恢复常态,但由此引发的思索始终没有结束。

广播人的初心与使命

在现场报道期间,一位网友在我的微博留言:"海峡之声……多少年了,你依然在前线!"简简单单一句话,却深深触动了我情感的弦。我所在的海峡之声广播电台与延安新华广播电台一样,也诞生于炮火之中,拥有人民广播"在前线"的共同基因。因此,我理解,"依然在"表达的是听众和广播前辈对过去光荣传统的怀念和褒奖,对我们继承发扬传统的赞许;"前线"表达的则是听众对人民广播的期许。

广播人"曾经在前线",目前"依然在前线",未来还要"始终在前线",将传播作为自己的使命,甚至生活方式,饱含"为民"情怀和专业理想,始终冲在国家传播的前线、党和政府政策制度执行监督的前线、人民生活的前线、党和人民沟通的前线,视使命高于生命,触摸国家和社会的脊梁,洞悉受众思想的脉搏,传播真善美的正义之声,满足人民的知情权,做好党和人民的喉舌,时刻不忘反思"为谁发声、发什么声、如何发好声",不因拥有发声权而淡忘话筒平台的本质,不因行业门槛低而忽略专业的高标准、重责任。我以为,这才是纪念人民广播诞辰最值得汲取的经验和启示,才是确保人民广播永续发展的根本。

（作者系海峡之声广播电台原总编办副主任、主任播音员）

从"学会自己走路"到引领融媒体新闻文本建设

——人民广播创建80年来新闻文本嬗变及发展趋势研究

吴生华

1940年12月30日，延安新华广播电台以"XNCR"的呼号开始播音，宣告中国共产党领导的中国人民广播事业诞生。战争年代草创时期的人民广播，稿件由新华社广播科（1945年8月后称新华社语言广播组，1946年5月扩大为语言广播部）编发，经常播发中共中央机关报刊文章、新华社关于八路军新四军和全国军民抗日战争的消息、抗日根据地的建设情况以及其他国内外消息。1949年6月，中央广播事业管理处成立，和新华社分开，成为独立的新闻机构，管理并领导全国广播事业。新中国成立开国大典当天，广播事业管理处改组为广播事业局。1950年4月，中央人民政府新闻总署规定了广播宣传的三项任务：发布新闻、传达政令，社会教育，文化娱乐。就是在这样的基础上，20世纪50年代初，胡乔木提出了"广播要学会自己走路"的方针，为广播新闻的发展指出了努力方向。[①]人民广播自诞生之日起，一代代广播界前辈致力于广播特色新闻文本的建设，历经广播谈话、录音新闻到现场报道、连线报道等多种形态的探索，形成了一系列的规范化口语新闻文本样式，让广播新闻成为党的新闻事业中一支重要的力量。而在广播电视融媒发展的新征程中，一方面，在有些地区，广播新闻因采编队伍整合而受到削弱；另一方面，随着机器人播音的推广，"一切皆可播"成为新媒体渠道新闻传播的标准配置，新闻文本的规范口语化成为不可逆转的发展趋势。因此，在各地融媒体中心的建设过程中，融媒体新闻文本的构建，必须要认识到广播新闻文本可以起到的、不可替代的引领作用。

一、两次提出"要学会自己走路"，推动广播特色新闻文本建设

1950年，时任新闻总署署长的胡乔木在与中央广播事业局副局长梅益的一次谈话中，首次提出"广播要学会自己走路"。根据梅益回忆，"广播要学会自己走路"，是胡乔木在谈论如何办好广播的新闻性节目的时候说的。梅益认为："我体会他的意思是不要套用我们办报办通讯社那些做法，要从广播的实际出发，以发挥本身的特点与优势来办好广播。"[②]广播要自己走路，其实并不容易。"广播是不要纸张和'没有距离'的报纸。"（列宁语）[③]20世纪50年代，对于仍然习惯文字报道的新闻工

作者，广播就是"新媒体"，需要在"学会自己走路"的过程中摸索。经过 10 多年的实践和总结，1964 年，由梅益起草，经广播事业局党组讨论通过的《宣传业务整改草案提纲》（以下简称《提纲》），较为系统地总结了 10 多年来广播学习"自己走路"的经验的教训，并提出了广播宣传的改进意见。《提纲》明确提出：电台"作为一个新闻机关，我们要千方百计做到能自己走路，也就是说，能有自己的评论和采访力量，以摆脱目前这种宣传上相当被动的局面。"可惜不久之后，"文革"开始，当时的广播界把《提纲》作为"复辟资本主义的修正主义纲领"进行了批判，说广播要"自己走路"是"摆脱和反对党的领导"。一时间，"自己走路"的提法成了危险的禁区。④

改革开放以后，时隔 15 年，广播要"自己走路"被再次提出。在 1979 年 5 月中央人民广播电台召开的一次记者站负责人会议上，时任台长的左漠野重提了"广播要自己走路"的口号。1980 年 10 月，中央广播事业局召开第十次全国广播工作会议，时任局长张香山所作主题报告的题目就是《坚持自己走路，发挥广播电视长处，更好地为实现四个现代化服务》。⑤"自己走路"方针的重新提出，为新时期广播电视的改革发展明确了方向。左漠野在这次会议的书面发言中，还对"什么叫自己走路，为什么要自己走路"进行了细致地阐述："我们说的'自己走路'，就是根据中央的路线、方针、政策、重大的工作部署和广播的特点，根据国内外形势的发展，订出每个时期的宣传报道方针和选题计划，采访、编写、组织和制作我们的广播新闻、评论及其他专稿、文艺节目，向广大听众进行宣传。""要发挥广播的特点，也就是发挥广播的优势。……广播的特点就是：凭借声音，传播迅速，直接深入广大的群众。……广播的特点加上这些已有的发射和收听的技术装备，就是广播优势的所在。我们应当发挥这个优势。"⑥

1983 年 3 月，中央广播事业局改为广播电视部后召开的第一次全国性工作会议——第十一次全国广播电视工作会议提出，要以新闻改革为突破口，带动整个广播电视宣传改革，并提出实行中央、省、有条件的地（市）和县"四级办广播、四级办电视、四级混合覆盖"。时任部长吴冷西在题为《立志改革，发挥优势，努力开创广播电视新局面》的报告中强调："宣传工作的改革要以新闻改革为突破口"，"坚持自己走路，扬独家之优势，汇天下之精华"的业务方针。⑦由此，在广播业界，新闻性节目播出总量成倍上升，新闻的主体地位更加突出，广播特色的新闻文本建设也展开了更加积极的探索。

二、广播录音新闻和现场报道的兴起

广播特色新闻文本的建设，离不开"广播要学会自己走路"方针的指引。从 50 年代到"文革"之前，中央人民广播电台和各地人民广播电台都在积极探索录音新闻的报道新路子。北京广播学院创建人之一左荧在 1958 年第 1 期《新闻战线》上发表的《录音报道的真实性》就谈到，录音报道最突出优点，"就是由于在报道中运用了当时当地的现场音响素材和人们的谈话，因而大大增强了广播报道的吸引力、亲切感和真实性。"他还提出对现场音响的真实性要求做到两点："1、必须是当时当地的现场录音；2、必须是特定环境里的典型音响。"[⑧]1953 年就进入上海人民广播电台工作的老编辑李学成曾经在接受访问时谈到，五六十年代，上海电台的录音报道在国内也开展得比较早，考虑到两人或多人的对话性交流往往比单人发音更能吸引听众的注意力，当时他们还尝试编辑一些谈话类的节目，如《王小妹谈生产》《广播漫谈》等，采取一问一答，增加互动性，拉近了与听众之间的距离。[⑨]1959 年 8 月中旬，东北和华北各省自治区人民广播电台代表在哈尔滨召开协作会议，研究改进广播文风的问题。会议中，"同志们阅读了各台提供的一些稿件，听了一些录音报道，并且进行了讨论。"会议也对"个别节目流露出为技巧而技巧的形式主义倾向""有的录音报道的题材并不适于编制录音报道，音响的选择和录制不完全符合反映主题、具有典型性、清晰等基本要求，所配的音乐同内容题材不大和谐"等现象提出了批评。[⑩]1959 年 10 月，西北、西南地区的陕西、甘肃、青海、四川、云南、重庆、贵州等 7 个人民广播电台还进行了优秀广播稿件和优秀录音报道的评奖[⑪]。这些史料记载说明，50 年代，广播业界对录音报道采制，以及对其特点和规律的讨论与研究都是比较重视的。

20 世纪 80 年代，"广播要自己走路"指导方针的重新提出，让极具广播特色的录音新闻文本探索呈现蓬勃发展之势。80 年代采制广播录音报道最具代表性的人物当数中央人民广播电台记者刘振敏，她的口号就是"不想搞音响的记者不是好广播记者"，特别是她在广播现场报道方面的探索可谓独树一帜。刘振敏用音响进行报道的早期探索可以追溯到 60 年代。1966 年 10 月，刘振敏在人民大会堂采写毛主席会见外宾的消息，当时气氛非常热烈，她感到用文字实在难以表达当时的情景，就马上给周恩来总理写了一张纸条，请示是否能用接见时的实况录音，周总理在她写的纸条上批示"同意"，这一张小纸条，不仅拓展了录音报道的思路，也为人民广播留下了宝贵的史料。[⑫]1983 年起，作为随行记者，刘振敏采访报道了党和国家领导人访问亚、非、拉、欧 17 个国家的新闻，她用略带河南乡音口述制作的录音新闻、录音通讯、录音访问记等，经常在中央人民广播电台早间《新闻和报纸摘要》和晚间《全国各地人民广播电台联播》节目里播出。[⑬]

相对于录音新闻，早期一度称为现场口述报道的广播现场报道，其要求显得更加地严苛。现场报道的采制原则是采录、采访、解说在现场一次性完成，后期加工仅限于剪辑、修饰，它要求不能空间替换、不能易地录音、不能提前采录或事后补录、不能移花接木。刘振敏的现场报道就是严格按照这样的要求采制的，现场采录、现场解说，后期只做剪辑，不做其他的加工。确实，当时敢于在中央领导同志活动报道等时政新闻领域进行这样的创新，现在看来也是相当不容易的，为广播界留下了

《在火热的水利工地上》等一大批脍炙人口的现场报道作品。不过，因为是现场解说、现场采录，新闻事件发展难以预料，记者只好在现场事无巨细先说了再说，导致后期剪辑难以选择，因此，当时的现场报道，时长太长是一个普遍的问题，动辄八九分钟的报道长度，让许多广播记者和编辑望而却步。

整个 80 年代，广播业界的业务研究氛围十分浓厚，广播录音新闻和现场报道作为广播特有的文体也渐趋规范。1985 年 2 月，原中央电视台台长、时任中央人民广播电台副台长的杨伟光在中央电台地方记者站成立 20 周年纪念会上的讲话中，谈到广播新闻改革要纠正"左"、窄、套、假等问题，重点抓好真、广、深、活。特别是在谈到"形式要生动活泼"的时候，他说："电波传送、声音为媒是广播传播方式的最大特点，这就决定了广播传播速度快、群众性广、功能多样、感染力强等优势。为了增强广播节目的可听性，增强节目的吸引力和感染力，必须发挥广播的优势，把形式搞活。……要充分利用新闻事件的音响报道事物，发展记者现场报道、录音报道等形式。"⑭ 在中央人民广播电台的倡导和带动之下，"带响"报道——录音新闻和现场报道成为广播新闻节目的标配。

三、常态化广播新闻文本向连线报道和记者口述录音报道并重发展

20 世纪 90 年代，随着广播直播化的普遍推广，广播新闻文本开始向更显快捷的连线报道发展。相对于电视新闻的现场连线报道，广播连线报道对"现场"和"实时"的要求宽泛得多，并没有那么严格。原因主要在于，电视是场景传播，更加注重现场性，如果一位电视记者不在现场，那就几乎没有连线报道的必要了。而电视的电话连线报道则基本上等同于广播的连线报道。广播连线报道大多因为没有严格的场景需求，而且各家电台的新闻频率基本上都设置有整点新闻，同时广播新闻节目播出的黄金时间是在早间，除了相对较少的突发事件，一般可预期性的事件很少会安排在早间进行，因此，广播连线报道显得更加地便捷，使用也更为普遍。不管是记者正在赶往事件发生现场的途中，还是已经采访完毕，只要直播新闻节目有需要，记者随时随地都可以通过电话进行连线报道。

广播连线报道的出现，最早可追溯到二战时期美国哥伦比亚广播公司的《这里是伦敦》节目。1940 年 8 月 18 日，爱德华·默罗站在英国广播公司的楼顶上，迎着德军的狂轰滥炸，开始广播史上第一次的连线报道："你好，这里是伦敦。我正站在楼顶上巡视着伦敦。……我想我们马上就可以在近处听到大炮声了。……听！来啦，那是剧烈的、无情的爆炸声。……"⑮ 用严格的标准要求，现场连线报道的实现有两个前提条件：一是电台新闻节目是直播的，二是记者必须在新闻事件现场实时地进行口述报道。人民广播诞生之时广播节目都是直播的，主要原因是没有录音设备。真正的广播直播时代，起始于 80 年代后期。1986 年 12 月 15 日，广东人民广播电台珠江经济台开播，采用大板块节目设置、主持人直播，开启了将热线电

话引入广播节目的先河。1992 年，上海东方广播电台开播，开创了电台全天 24 小时直播模式，在长三角地区掀起了一股"东广旋风"，并直接带动了中国广播的直播化变革。⑯ 随着移动通信技术的快速发展，广播记者可以在任何时间、任何地点对新闻事件进行同步的连线报道。连线报道将广播新闻的时效性推向了极致，形成了其他媒体无可比拟的独特优势。

人民广播的新闻文本建设全面地向连线报道常态化发展，2004 年是一个重要的标志性时间节点。2004 年 1 月 1 日，中央人民广播电台新闻综合频率以"中国之声"的呼号全新登场，全天 31 次整点新闻、半点快报为主线构建起立体推进的动态新闻模式，"记者连线"成为最主要的报道形态。2007 年 12 月 24 日零点起，中国之声实现全天 24 小时不间断播出；2009 年元旦，中国之声再次改版，中国广播第一品牌栏目《新闻和报纸摘要》和中国新闻名专栏《新闻纵横》由录播改为直播，至此，中国之声所有新闻节目全部实现直播。从早间 6 时 30 分到晚间 11 时，全天节目采用"板块＋轮盘"式架构，打通各个时段，紧随时间和事件的发展，呈现出"不间断直播＋记者连线"的新闻流特征。⑰ 在地方广播电台层面，2004 年元月，原上海东方广播电台新闻综合频率重新整合为纯新闻的专业广播电台，对外呼号更名为"东广新闻台"。2006 年，东广新闻台进一步缩短新闻播出间隔，号称"中国大陆第一家类型化新闻电台"，以"20 分钟刷新全球资讯"的姿态全新亮相。开放式的"时间版面"构建，记者口述、主播与记者连线、主播播报 3 种主要的报道形式，东广新闻台较好地实现了记者在新闻现场同步报道事件最新动态，随时跟踪发布重要新闻事件发展。⑱2007 年 1 月 6 日，开省级电台类型化新闻广播先河，江苏人民广播电台新闻广播成立，开播一年多即在南京一系列突发事件应对的报道中崭露头角。鼎山化工厂爆炸、南京地铁二号线汉中路站塌方、汉中门外大街水管爆裂、2008 年南方暴雪等一系列突发事件，江苏新闻广播都是当地首发报道媒体。⑲

先声夺人、快人一步的直播连线报道，凸显了广播作为应急传播媒体的特殊地位与作用。2008 年 5 月 12 日下午 2 时 28 分，汶川发生 8.0 级特大地震。地震造成交通、电力、通讯一时中断，广播成为灾区群众获取外界信息的唯一渠道。当晚 7 时，中央人民广播电台中国之声、中华之声、华夏之声等 9 个频率并机推出 24 小时不间断特别直播《汶川紧急救援》；四川人民广播电台新闻、民族、经济、音乐电台 4 个频率并机推出《众志成城，抗震救灾特别广播》节目；成都人民广播电台交通频率在震后不到半小时即发出了抗震救灾的报道。面对灾后的流言，各级人民广播及时发布权威信息，发挥了稳定人心的积极作用。这也直接推动了国家应急广播体系的建设，2008 年 10 月，中办、国办联合下发《关于突发公共事件新闻报道应急办法》（中办发【2008】22 号）中首次提出"应急广播体系"，将应急广播体系建设纳入国家相关应急体系建设的总体规划。⑳

10 多年来，随着国家应急广播体系建设的不断完善，以及各级广播电台直播的常态化，广播新闻文本逐渐向着连线报道和记者口述录音报道两种形态并重的方向发展。一方面，更具传播速度的直播连线报道，让广播媒体依然保持了时效领先的地位。2019年8月9日、10日，超强台风"利奇马"正面袭击浙江，浙江之声从9日晚10时启动特别节目，连续60个小时，30多路记者密集进行了数百次直播连线报道，不间断刷新浙江各地抗台一线最新动态。10日凌晨1时45分，台风在温岭市城南镇登陆，浙江之声在确认消息后5分钟内迅速连线省防指驻点记者和登陆点记者作出报道，成为浙江省内最快播发超强台风"利奇马"登陆消息的主流媒体。㉑

相对于连线报道，如果时效不是特别紧张，记者口述录音报道更能兼顾音响和采访录音的使用。广播记者采用简单实用的即兴解说报道结构方法——"词语组合法"（原美国哥伦比亚广播公司记者特德·怀特在《广播电视新闻写作与报道》一书中提出），结合句群的使用，可以高效地口述一篇广播新闻报道文稿，并混合音响和采访录音剪辑，快速制作出一篇录音报道。事实上，记者口述录音报道早在八十年代就受到了广播界普遍的重视，得到了广泛的推广应用。改革开放后，随着"广播要自己走路"口号的重新提出，广播新闻报道的口语化同样成为业务研讨的热话题。1979年10月至1981年4月，原中央人民广播电台台长、时任副台长杨正泉就曾经连写了关于广播记者的口头新闻报道"四论"。他认为："广播记者有三件武器：笔、录音机和嘴。""我们常用嘴调查研究、进行采访，也要常用嘴进行直接的口头报道。"（《三论广播记者的口头新闻报道》）"多搞、搞好新闻的口头报道，是'自己走路'的一个重要方面。""把新闻的文字稿变成口头报道，把'写'变成'说'和'讲'，就要促使我们在通俗、口语上下功夫，改掉一些'新闻腔'。新闻的结构层次也会有相应的变化，使之更适合于说和听"（《论广播记者的口头新闻报道》）。在《再论广播记者的口头新闻报道》中他还对"口头新闻报道"进行了分类讨论："口头报道……大体上有两种做法：一是写成初稿，或打个腹稿，或不写稿子，现场直接介绍，叫现场口头报道。……二是写成适合'说'的文字稿，然后由记者口头报道出去。……口头报道有一个鲜明的特点，一般都是由记者出面讲，也就是由记者来'报道'介绍。"㉒我们这里所说的记者口述录音报道，就是引文所说的第二种做法，由记者自己口述合成制作录音报道，至今仍然为广播记者普遍地采用，有着十分旺盛的生命力。如2020年1月以来，新冠肺炎疫情突发，中央人民广播电台和各地人民广播电台的记者，就采制发布了许多可歌可泣的抗疫报道，综合发挥了口述报道的快捷性和音响报道的感染力优势。如2020年3月6日中国之声《新闻进行时》播出的广播特写《火神山医院：生命救护进行时》，就报道了记者走进火神山医院重症医学二科，结合音响，记者口头描述重症病房的场景，向医生询问采访病人救治情况，与从死神手中夺回生命的病人进行对话，记录了军队医务人员争分夺秒救治生命的瞬间，感人至深。

四、广播新闻要发挥融媒体新闻文本建设的引领作用

2020 年 8 月 18 日，是习近平总书记主持召开全面深化改革领导小组第四次会议，审议通过《关于推动传统媒体和新兴媒体融合发展的指导意见》六周年纪念日。随着指导意见的通过，媒体融合上升为国家战略，各级广播电视的媒体融合发展步伐迅速加快。目前，全国已有超过 1800 个县级融媒体中心挂牌成立，各级广电媒体正因地制宜，全力投入平台升级、流程再造、体制机制优化等融媒探索实践之中。[23] 目前，媒体深度融合发展已经进入"深水区"，各种问题正逐步显现。作为媒体融合流程再造的产品，融媒体新闻文本建设正是亟需寻找破解之策的一个主要问题。而在融媒体新闻文本建设过程中，一是广播媒体要更加积极地主动融入，二是广播新闻文本要以更加适于融媒传播的优势发挥引领作用。

为什么说广播新闻文本拥有更加适于融媒传播的优势？就目前各级融媒体单位日常采编运营情况来看，各级总台、传媒集团（传媒中心）和融媒体中心，在整合队伍建立融媒体新闻采访部门之后，融媒记者面临着"一对多"的发稿任务，一次采访要为广播、电视和新媒体，甚至还包括报纸等多个媒体终端供稿，因此，记者的发稿压力会比较大，往往会"以一对多"，也就是一篇稿件，多个媒体终端通用。同时，同级的广播电台、电视台和报社以及新闻网站等网络媒体单位在整合为一个融媒体单位之后，原先的电视记者人数所占比例较大，电视新闻的采制流程又相对复杂，因此，不少融媒体单位在整合新闻采访部门之后，往往会比较注重电视新闻的采制，造成的结果就是提供给多个媒体终端使用的所谓融媒体新闻文本，就是电视新闻稿。这样的融媒体新闻文本安排，可以说是"最差选择"。因为电视新闻稿又称"电视新闻解说词"，需要与画面协同叙事，场景描述、人物形象描写、采访环境交代和画内文字等往往并不需要通过文稿交代，因此，就信息传播的完全性而言，电视新闻稿只能算半篇报道。它只有和经过剪辑加工后的叙事性画面合为一体，才能成为一篇完整的新闻报道作品。电视媒体视听传播的形象化优势，一定程度上造成了文稿在电视新闻传播中的"弱势"作为。

与此相反，广播媒体一度被称为"弱势媒体"。就 3 大传统媒体传播的有效性进行比较，广播以单一的声音媒介作为传播手段，它的传播有效性是比较弱的。"看不见谈话的人，看不见所谈的话，也看不见所谈的事物"，广播新闻文稿"三重看不见"的特点，让广播新闻在"学会自己走路"的过程中，不仅要让听众"听见"，而且要想方设法让听众"看见"。因此，恰恰是广播单一声音媒介的"弱势"，培养了广播新闻文本的传播力"强势"，——广播记者在口述或直播连线报道中，要结合真实环境音响的使用，简要地进行场景的描述；要通过采访录音的使用，让听众听到当事人或相关人员的说话；要通过短句、通俗词语的使用，让听众听得明白；要通过句群的组织安排，让线性的话语传播体现清晰的层次表达……一般情况下，

广播新闻文本能够通俗、生动、全面地作出报道的，作为报道作品的新闻要素和报道要件就不会是缺失的。

　　同时，以连线报道、记者口述录音报道为代表的广播新闻文本，与新媒体短视频及文字新闻报道、报纸新闻文稿、电视新闻文稿等都有着较强的兼容性。广播新闻文本与新媒体短视频新闻都需要相对完整片段的现场音响，这就要求摄像记者更加地注意音响记录以及声音记录的相对完整性；广播新闻文本与报纸新闻都需要场景描写、人物形象描写以及可作为直接引语的对话实录，也较为符合报纸新闻口语化的发展趋势；广播新闻文本用作电视新闻文稿，编辑可以只做"减法"，编辑处理更加地方便。特别是以广播新闻文本作为基础稿，编辑用作新媒体文字新闻报道，它的口语化优势，也更加适应当前新媒体平台普遍采用的机器人播音备选的传播方式，即"图文＋播报"看听模式，当用户无法阅看的时候，立即可以选择收听的接收方式。此外，借助成熟的语音文字转换软件，记者直接的口述报道也可以便捷地转换为文稿素材。因此，在各级融媒体单位新闻采编流程再造的过程中，广播新闻理应成为融媒体新闻文本的基础性文稿。未来，广播新闻采制也将进一步融入融媒体传播的新闻产品生产流程，发挥融媒体新闻文本标准化建设的引领作用。

注释：

①杨波主编《中央人民广播电台简史》第 2 至 10 页，中国广播电视出版社，2010 年 12 月版。另有说法是"口头广播部"或"口语广播部"。赵玉明著《中国现代广播简史（修订版）》（中国广播电视出版社，1999 年 6 月版）第 288 页《中共中央关于成立中央广播事业管理处的通知（1949 年 6 月 5 日）》这样写道："为了适应广播事业日趋扩大的需要，中央已决定将原新华总社的口头广播部，扩充为中央广播事业管理处，管理并领导全国广播事业。"杨正泉著《我与广播》（沈阳出版社，1996 年 12 月版）第 3 页，杨正泉、曹石文章《广播自己走路》回顾说："中央人民广播电台的前身——延安新华广播电台，只是新华社的一个'口语广播部'，专业人员很少。"但准确的称呼似应是"语言广播部"。赵玉明著《中国现代广播简史（修订版）》（中国广播电视出版社，1999 年 6 月版）第 244 页据原件排印的《新华总社语言广播部暂行工作细则（1946 年 6 月）》中称呼为"新华总社语言广播部"，第254 页据原件排印的《XNCR 陕北阶段工作的简单总结（1947 年 6 月 10 日）》的落款也是"新华总社语言广播部"。

②《回忆胡乔木》，第 109 至 115 页，当代中国出版社 1994 年版。

③左漠野：《自己走路　发挥优势》，杨波主编《中央人民广播电台 60 年广播改革论文选》，第 22 页，北京广播学院出版社 2000 年版。

④杨正泉、曹石：《广播自己走路》，杨正泉著《我与广播》，第 3 至 4 页，沈

阳出版社 1996 年版。

⑤哈艳秋主编《当代中国广播电视史》，第 167 页，中国国际广播出版社 2018 年版。

⑥左漠野：《自己走路　发挥优势》，杨波主编《中央人民广播电台 60 年广播改革论文选》，第 19 至 22 页，北京广播学院出版社 2000 年版。

⑦哈艳秋主编《当代中国广播电视史》，第 223 页，中国国际广播出版社 2018 年版。

⑧左荧：《录音报道的真实性》，《新闻战线》1958 年第 1 期。

⑨李学成、余娟、肖定斌：《上海电台的新闻从一开始就注意创新》，《上海广播电视研究》2019 年第 2 期。

⑩杨兆麟：《东北、华北广播电台研究改进广播文风问题》，《新闻战线》1959 年第 17 期。

⑪《七省人民广播电台评奖优秀稿件》，《新闻战线》1959 年第 23 期。

⑫黄萌生：《依然匆匆的脚步——记中央人民广播电台高级记者刘振敏》，《新闻爱好者》1997 年 12 期。

⑬孔祥科：《竞赛场上——记中央人民广播电台女记者刘振敏》，《新闻爱好者》1987 年 11 期。

⑭杨伟光：《关于广播新闻改革的几个问题》，杨波主编《中央人民广播电台 60 年广播改革论文选》，第 66 至 76 页，北京广播学院出版社 2000 年版。

⑮刘毛雅：《他的声望超过艾森豪威尔（上）——记新闻史上第一位节目主持人爱德华·默罗》，《新闻界》1994 年第 2 期。

⑯吴生华：《广播引领传统媒体向交互型融合媒体进阶——对广播媒体 40 年交互功能进化的研究》，《中国广播》2018 年第 4 期。

⑰覃继红、刘浩三：《中国之声，中国第一新闻广播——专访中央人民广播电台副台长赵子忠》，《中国广播》2011 年第 11 期。

⑱路军：《从东广新闻台看类型化电台在我国的探索实践》，《中国广播》2005 年第 3 期。

⑲吴生华：《类型化全新闻台的机制与形态分析——解读江苏新闻广播》，《视听界》2012 年第 1 期。

⑳哈艳秋主编《当代中国广播电视史》，第 325 至 330 页，中国国际广播出版社 2018 年版；王求：《深入学习实践科学发展观　继往开来　团结一致　勇于创新　推动中央电台事业产业在新时期取得新发展——在中央电台 2010 年工作大会上的报告》，《中国广播》2010 年第 2 期。

㉑《众志成城！浙江广电集团打赢防御超强台风"利奇马"的宣传报道战役！》，搜狐－浙江之声，2019-08-15，https://www.sohu.com/a/333992064_349109。

㉒杨正泉：《论广播记者的口头新闻报道（1979年10月）》《再论广播记者的口头新闻报道（1980年6月）》《三论广播记者的口头新闻报道（1981年3月）》，杨正泉著《我与广播》，第59至61页、第78至81页、第87至89页，沈阳出版社1996年版。

㉓唐弋：《独家专访李岚：向新型主流媒体迭代升级具有重大意义》，《中国广播影视》订阅号"广电独家"，2020-08-18。

（作者系浙江传媒学院新闻与传播学院教授）

5G融媒时代新广播的转型机遇探析

——从回顾29年我国交通广播发展历程想到的

潘　力　胡庭瑜

在中国传媒博物馆广播馆展厅内，陈列着1940年延安新华广播电台的复原场景，不足10平米的窑洞依旧回荡着中国广播事业的第一声："延安新华广播电台，XNCR，现在开始播音"。80年筚路蓝缕、80年栉风沐雨，中国人民广播事业发展从抗日战争时期的革命宣传到当下弘扬中华民族的伟大复兴，全面展现了广播媒介强大的生命力与传播力。中国人民广播事业发展至今，为我国98.94%的人口提供收听服务[①]，承担着广播媒体的社会责任与"党的喉舌"神圣使命。随着新科技的迅猛发展，融合传播成为媒体发展的大趋势，面对5G、大数据、云计算、物联网、人工智能等技术的赋能，"媒体融合"已经逐步构建融为一体、合而为一的全媒体传播格局[②]。我国交通广播发展有别于其他媒体特殊性，囿于车载广播技术、车联网发展现状，融媒进程亟待新技术领域的攻坚克难。截至2019年底，我国汽车保有量达3.48亿辆[③]，交通广播服务的受众是4.35亿车主。传统报纸、广播、电视等媒介受到新媒体冲击导致广告收入的大幅下滑，融媒转型势在必行。交通广播围绕4.35亿的特定移动群体开展有"针对性、目标性、锁定性"的专属服务，利用新媒体开展线上线下一体化的整合营销，使社会影响与广告业绩在新兴媒体市场上重振雄风，是转型机遇期值得探索和实践的重要课题。

一、追根溯源：交通广播的生与长

1. 初创时期——解决行路难的问题。

交通广播的建立离不开"人、车、路"三元素，车主、汽车保有量、路面交通是交通广播孕育的先决条件，它的诞生与"路况信息"结下不解之缘。20世纪90年代，上海市获得开放浦东的重要发展期，汽车保有量迅速增长，交通开始日益堵塞，尽管城市修建诸多道路解决交通拥堵的问题，但是不断攀升的汽车保有量与缓慢的道路基础建设形成鲜明对比。1991年，上海人民广播电台开设国内首家684（频率）交通信息台，为缓解交通压力，与上海交警指挥中心搭建快速反应平台，报道交通事故处理信息与路况疏导信息，为上海市民提供及时有效、立体全面的交通路况信息。随后黑龙江、河南、广东（羊城）、北京、南京等省市分别在1993年前后开设了交通广播频率④。面对行路难、路堵塞的现实问题，交通广播应运而生，得到了社会的广泛认同。从 1994 年开始，省、市、地广播电台相继开办了 10 多家交通广播，全国形成了开办专业化广播电台热潮；与此同时，1995 年 8 月 28 日由国家民政部批复的中国广播电视学会交通宣传委员会（简称"交宣委"）在哈尔滨宣告成立，交通广播行业组织由此诞生，2001 年，全国已有近 20 多个省市自治区组建交通广播播出机构，数量达 60 多家⑤。

2. 成长时期——责任与效益并举。

2001 年～2011 年，在国家政策和市场需求引导下，各地交通广播与交管部门积极构建警媒合作平台，探索交通路况信息采集、发布方式，利用社会力量壮大路况信息员队伍，交通广播成为当地交通安全信息发布的权威机构，在"频率包装、栏目设置、活动企划、主持风格、采编特色"上凸显交通广播媒体的社会责任。2011 年，河北交通广播创办帮扶类栏目《992 大家帮》，旨在提供"应急帮、危困帮、维权帮、公益帮"4 大帮扶类别，承担着"大家帮助大家""行动改变社会"的社会责任精神，⑥为其覆盖区域传递主流广播媒体的社会正能量。经过几年运行实践，《992 大家帮》栏目在行业组织——交宣委的助推下，在全国交通广播行业树立了品牌影响力，并在 2018 上海广播节上启动了"全国交通广播帮扶类节目联盟"。随后，湖北、湖南、黑龙江、大连、沈阳等全国 45 家交通广播播出机构相继开办"帮扶类"广播节目⑦。交通广播在社会责任与公共服务上发挥出移动广播媒体的作用，以不拘于交通疏导服务，逐步确定"频率专业化"的经济发展和广播产业的发展战略，形成交通广播的可持续发展理念："受众目标清晰，主体市场明确，锁定车主消费，传播品质内容、拓展多元经营、推介特色服务、体现效益增长"，对社会经济发展起到了积极作用。仅 2011 年，全国交通广播广告收入约 37.3 亿元，同比 2010 年上涨 29%。⑧交通广播的成长与发展，形成了具有"专业性、权威性、拓展性、思想性"的播出机构，获得了社会效益和经济效益的双丰收。

3. 发展时期——挑战与机遇并存。

2012 年至今，可谓是沧海横流，快速迭代的互联网大潮让地图导航应用、移动收听 APP、社交新媒体等多类型、圈层化的传播方式打破传统广播媒体的庙堂思维，纸媒和广播电视不得不让位于移动互联网新媒体的传播。尽管广播移动收听抵御冲击的能力较强，但难免遭受新媒体社群的"降维打击"，广播产业规模出现增幅减弱的态势，交通广播面临着巨大的挑战。交通广播目标受众主体是移动人群，新兴的车联网技术发展，与传统交通广播仍具有一定的转型缓冲期。面对新媒体的冲击，交通广播准确识变，科学应变，主动求变，在率先保持住收听率与覆盖范围的前提下，以技术赋能加速构建"二微一端一抖一直播"的传播新格局，不仅再现声音魅力，还是视、听、购、互动等多维度的全员媒体。浙江、河北、杭州交通广播通过其多年的微信公众号运营，获得了近 200 万多的粉丝，日均阅读量超 50 万人次，日均互动量达 2.0 万人次，为交通广播带来直接经济收益。江苏交通广播通过 MCN 运营方式打造旗下主持抖音账号矩阵，多位主持人步入百万粉丝阵营，形成了具有用户粘性的交通广播互动平台。面对车联网的到来，交通广播在"你就是我，我就是你"的融媒转型中，按照"全程媒体、全息媒体、全员媒体、全效媒体"的发展目标找差距，[⑨]不断寻求新突破。每年由交宣委举办的全国交通广播总监工作会议暨"中国广播融媒发展论坛"，来自浙江、北京、上海、湖南、湖北、深圳等地交通广播播出机构代表分享了在融媒传播领域最新的实践成果和实施做法，实现从"跨域、联动、合作、共享"的融合传播的新场景，把"办有思想的行业组织"贯穿始终，引领行业发展，关注媒介前沿新动态。

二、百舸争流：4G 时代的互联互融

1. 移动"互联网 +"倒逼内容互相融合。

移动互联网进入高速发展期，全媒体产品，集声音、图像、视频、动图、音乐等媒体形式于一体，占据着社交媒体的大部分市场。交通广播单靠频率获取移动受众的方式已不能支撑其发展，必须在移动互联网领域进行规划布局。融合初期，交通广播选择使用"两微"拓展用户群体，从频率引流受众至微信、微博，做好交通、社会、民生等广播内容在"双微"领域的拓展。内容融合摆脱 UGC 内容特性，向 PGC 内容过度，专业化的融媒记者走向双微内容生产岗位，为移动人群提供权威性内容传播，体现"互联网 + 交通广播内容"的一种"倒融合"趋势。

为适应这种大趋势，2013 年交宣委引导各省市区的会员单位集体入驻新浪微博，形成具有交通广播整体优势的微博传播矩阵，全国近 120 家交通广播在微博共同发声。以"畅行中国"品牌活动为例，均在微博建立 #畅行中国#话题，百城百台交广记者从融媒传播视角生产专业化新闻内容在话题内进行有效传播。2017 年"畅行中国·全国交通广播走进大别山"融媒报道，微博话题达 1500 万的阅读量；2020 年"畅行中国·致敬英雄城市"全国百城百台记者走进武汉大型融媒报道形成了 800 万阅读量。除此之外，全国交通广播通过微信公众号实现了内容制作、传播与变现，通过优质内容拉动粉丝经济增长。例如浙江交通广播公众号实现了软文广告投放变现，反哺频率广告收入。同时借助"倒融合"路径，在微信、微博、广播、传统广告综合运维下，成功培育大型音乐节活动——"氧气音乐节"，实现了从线上到线下互动，从互联网到现场活动的经典案例策划。可见，交通广播敢于尝试、率先触网、勇于探索，成为全国主流媒体融合队伍前行的生力军。

2. "广播 +"促进跨平台自主融合

"双微"积累足够数量用户群，部分交通广播播出机构开始自建移动客户端，将受众、微信读者转化为自有客户端的用户，提供"路况、违章、限行、聊天、互动、线上、直播"等内容。北京交通广播打造官方客户端"交通广播"，用户可在线与

移动人群参与各类话题的讨论、与主持人互动。⑩在盘点"倒融合"经验后，交通广播开始进行跨平台融合，发现各平台用户优势，转化用户至自有平台或线上微信群，将粉丝力量为我所用。2020年新冠疫情期间，"抖音"与"快手"代表的短视频内容成为各大主流媒体主动链接的内容平台，交通广播主动入驻短视频平台，从健身、情感、艺术、生活、汽车等诸多领域沿袭MCN机构工作方式进行内容制作，迅速在短视频平台上形成核心圈层化用户，为交通广播行业活动推广提供了有力支撑。

以江苏交通广播为例，打造主持人程鸣知名运动达人主播的人设，在抖音平台分享跑步健身垂直内容，短期内迅速积累了百万粉丝。为了将抖音平台粉丝转化为江苏交广的核心用户，建立"身材管理交流群"，从抖音平台的弱连接转化至若干微信用户群的强连接关系，洞察疫情期间运动品牌服饰滞销的契机，联合品牌进行直播带货，共计成交额达60多万人民币。因此，4G时代交通广播以兼容并包心态适应时代发展需求，不畏技术突变，只求融合发展。从"互联网+"到"广播+"，交通广播用媒介智慧拥抱时代变革、拥抱技术红利，走出一条在困境中求机遇，在压力下求发展的"广播+平台+应用"的主动融合之路。

3. 顶层设计的"渠道+经营"模式。

2014年通过的《关于推动传统媒体和新兴媒体融合发展的指导意见》，奠定了媒体融合的顶层设计思路，推动传统媒体和新兴媒体在内容、渠道、平台、经营、管理等方面深度融合。⑪媒体融合是"一场革命性的转基因工程"，由技术创新推动、制度创新加速、市场创新进行深化。⑫交通广播囿于三网融合进程，将"两微"作为渠道基本配置、"一端"作为广播内容出口、互联网平台矩阵拓宽分发渠道；传统的交通广播创收方式主要是广告收入，在内容、平台、分发发生融合之后，知识付费、直播带货等多元经营模式应运而生，交通广播大胆探索与实践，取得了阶段性成果。但是顶层设计中的媒体融合是要打造新型媒体生态的媒体航母，其中经营与管理的融合取决于内容、平台、渠道的融合深度，交通广播经营融合仍不能完全脱离以广告获利的逻辑关系，但是我国交通广播敢为人先，走出了一条与众不同的经营运作模式。

习近平总书记提出"让文物活起来"，2019年交宣委组织江苏交通广播围绕社会大众接触、欣赏文物渠道与方式变化，进行了传播渠道拓展研发工作，从顶层设计进行决策，打造"世界博物馆日"明星产品——"为国宝代言"H5小程序，从行业角度指导江苏交通广播应用程序与各地博物馆相关渠道对接，奠定了内容与经营融合通道。通过博物馆讲解员、观众代表、广播主持人等众多角色的视频推介，深挖文物背后的故事，辅以展览、社教活动与文创衍生品等博物馆文化产品，深耕博物馆流量资源，与国家文物局在2019～2020全面推出"全国百座城市联动、百家电台强势传播、百家博物馆同步推介、百件馆藏文物云端呈现、百位明星主持人流量加持"的"五百"联动运营实践，实现"让文物活起来"，公众足不出户，感受历史文化的魅力。这是全国交通广播渠道融合，更是借助文博内容与市场经营模式融合，打破传统广告模式桎梏，从文化助力、文创研发、博物馆之夜等渠道进行经营，促进"渠道＋经营"的深度融合。

三、如芒在背：4G 时代融合瓶颈

1. 移动互联网蚕食交通广播市场

移动互联网应用打破交通广播的内容垄断的地位，以百度、高德为首的智能交通应用出现，为用户提供快捷、便利的交通信息、出行导航、测速提醒、拥堵路段、预计通行时间提醒等多项服务功能。交通广播垄断的"路况信息"已成为大众"共享资源"，不再是车主们获得交通信息的唯一渠道。喜马拉雅、蜻蜓 FM、荔枝 FM 等手机端音频平台的出现，为车主们提供了多元、垂直的音频内容，给受众提供了极大的选择空间。目前，交通广播节目的受众群体重合性高，节目内容同质化现象普遍，难以在竞争对手中精准的触及受众。随着通信技术的不断发展，各类音频平台成为交通广播强有力的竞争对手，不断蚕食交通广播的特定的用户市场。

2. "形"融而神未"融"

目前，传统媒体机构"中央厨房""融媒体中心"建立还只是平台和分发渠道的融合，是"交通广播＋互联网"格局，是交通广播内容的多平台分发。正像华南理工大学朱剑飞教授所说："在市场经济条件下须以传媒产业特殊性运作规律为准绳的研判标准，肯定'集团化'是媒体融合发展的组织基础；'产业化'是媒体融合发展的生存土壤；'数网化'是媒体融合发展的技术支撑；'平台化'是媒体融合发展的运营空间；'特色化'是媒体融合发展的市场保证，从而构建大型现代传媒集团的媒体融合框架并择定具体路径，"[13] 因此，交通广播要快速调整布局，冲破藩篱，适应变化新需求，选择全媒体人才运作方式，实现社会效益和经济效益的最大化。

3. 融媒体人才优势缺失

习近平总书记强调："人才是第一资源，创新是第一动力。"[14] 交通广播的融媒进程需要一批懂传播、懂融合、懂互联思维、能制作、能传播、能开发的全能型人才队伍。目前交通广播人才队伍普遍年龄偏大，缺乏自我革新与长效学习机制，队伍创新能力不够。面对 5G 融媒进程，缺乏专业技术、科技研发人员，无法将技术、产品、内容、经营与管理有机结合，新媒体运营人员、全媒体记者不足的问题，很难激发创新原动力。

四、奋楫者先：5G 赋能交通广播智联智融

1. "智能＋"助力交通广播加速融合

回顾我国交通广播发展 29 年，交广人不断面临挑战、不断战胜挑战。层出不穷

的新兴事物、迭代增长的技术都促使交通广播更加强大，成为引领广播发展的一面旗帜。5G 通信技术高带宽、低延迟、微基站网络的优势，提升了传输速度与数据稳定性，加速交通广播全面转型与创新融合。只有未来人工智能、5G 技术与交通广播产业结合，才能走向"深化应用"阶段。随着智能通信技术、大数据、云计算、3R（AR/VR/MR）、人工智能的发展，融媒体逐渐向智能化转向，"智能+"必然运用到交通广播深度融合之中。面对"5G"与"智能+"时代，交通广播因势而动，主动向"5G"靠拢。以河南交通广播为例，打造的"交广领航 APP"围绕"人""车""路""服务"创立"交广车生活服务平台"，实现在线下单洗车、保养、审车、证牌补换、违章查询、路况信息导航等服务，完成 900 万 A 轮融资，市场估值达 7500 万。[⑮] 成为区域新媒体旗舰平台，建构"旅游、汽车、美食、新闻"的媒体生态圈，成为创新融合的交通广播领跑者。

2020 年 8 月 6 日～9 日交宣委组织的"畅行中国·致敬英雄城市"新闻在行动主题采访中，首次使用 5G 信号开展"100 小时温暖武汉大直播"活动，将百兆光纤直播室与户外"5G 直播车"结合，全程进行 100 小时不断流直播，首次体验 5G 信号优势，取得了近千万次的收看量，这是"5G"信号上的牛刀小试。未来，全国交通广播将探索使用"5G"与"AI"技术在新闻热点抓取、大数据采集分析、新闻采编、虚拟主播演示、内容分发等领域的实践，发挥行业的引导力、组织力、创新力，在思想引领的前提下，探索"5G"时代融媒发展之路。

2. 智联智融创造媒介转型机遇期

交通广播发展 29 年中，在广播领域引领风帆的重要因素是交通广播始终在解决"人""车""路"的问题，抓住车主痛点，打造贴心、有引导的服务。"智能+""5G""AI"等科技发展，对交通广播来说是巨大的转型机遇，技术发展可推动服务进步。我国交通广播应布局"5G 车联网"技术产业，打造"人、车、路"大交通环境的信息系统。在大数据支持下，做好内容分发算法的开发、跨媒介内容生产、掌握前沿技术发展、拥抱无人驾驶技术、把握人与交通关系需求。5G 时代物联网、车联网的深度研发，将会打破媒介集团区域性优势，集团化将不在以地理区域为标准，或以行业领域为标准，实现"媒体+行业"的集约化、数字化、网络化模式。5G 时代媒体融合不再是媒介与媒介的融合，是媒介与万物的融合，人人皆媒化、万物皆媒化。交通广播作为解决人与交通信息传播的媒体机构，应形成全国性的交通广播媒体信息集成系统，发挥区域联动优势，集中为"人、车、路、交通、环境"提供出行的解决方案。

以行业组织正在探索的"车联通"全国车主数据终端平台为例，旨在建立为 4亿多车主服务出行的呼叫响应中心，实现出行数据及服务统一，依托云平台、大数据、人工智能的学习，进行出行数据挖掘、消费数据分析，实现媒介产业化和精准化的营销策略，整合全国交通传媒行业频率资源，将"信息、节目、服务、产业、资源"

聚合叠加,探索商业运营模式、实现资本运营终极目标。基于内容采集与分发、云计算,让内容投放更精准、内容服务更贴心,使"车联通"功能为车主提供更加全面的信息服务,培养车主的"行为、消费、自驾、旅行、休闲"习惯,打造"人、车、物、信息、服务"互联互通,跨地域,跨行业,行无忧的"车联通"信息网络终端平台。

3.5G 赋能第一资源,激发第一动力。

回眸 29 年的发展历程,交通广播是一支特别能吃苦、特别能战斗的队伍,赴后继的新生力量是交通广播不断前行的动力支撑。面对交通广播人力资源结构现实问题,应该思考和大胆尝试"四个一批"工作步骤,即:"退休解聘一批",交通广播员工身份门类众多,对老员工及时做好退休社保工作,对不适应岗位发展的员工解聘或调离,保证在岗人员的创造力与输出能力;[16]"学习提升一批",交广记者分工较传统,融媒记者不是普遍趋势,部分记者不懂目前新媒体运营方式、不理解新技术发展影响、不会新媒体报道手段,难以应对 5G 时代融媒采访报道方式。因此,各交通广播应通过组织学习培训或参与行业组织的报道活动,多沟通、多交流、多比较、多学习,促进人才队伍的优化;"从互联企业引进一批",5G 等高新技术产业人才大多供职于互联网企业,应从中引进一批专门人才,对未来融合进行布局规划,从基础研发开始,取得智联智融主动权,避免由互联网企业形成"倒融合";"定向培养一批",面对"智慧+"时代,交通广播所在的媒体集团应与高校联合培养一批"定向人才",保证未来人才供给,不断在人工智能领域、车联网领域有新的建树。

为激发全国交通广播第一动力,交宣委成立 25 年来,始终以不懈执着的行业精神,带领全国 140 家交通广播会员单位攻坚克难,创新实践,行业的"凝聚力、向心力、渗透力、引导力"得到充分的体现,打造出一支"影响有影响力人"全国主流广播媒体的创新团队。2020 年新冠疫情期间,第一时间在全国组织百城百台交通广播推出"疫情防控阻击战"新闻在行动特别报道,8 大交通广播区域协作网积极参与报道,截至 2020 年 3 月 25 日统计:全国交通广播共开办 125 个特别栏目、组织 65 次全国大联播、撰写新闻稿件 112750 篇、制作融媒体产品 72361 个、科普公益宣传 79297 次、影像资料 14614 条,区域广播联动的"协调力、号召力、传播力、影响力"发挥到极致。中宣部新闻局在 2020 年 2 月 11 日刊发的《新闻阅评》中写到:"在中广联合会交通宣传委员会的组织发起下,全国八大交通广播区域协作网抗疫情特别节目取得了良好的传播效果,在报道疫区感人事迹、组织全民共同参与、科普防控知识措施等方面取得了突出成绩,凸显了区域应急广播的特殊使命、主流广播媒体的责任担当,为打赢这场疫情防控阻击战贡献了重要力量"。

五、结语

在新技术迭代更新时代背景下,纪念中国广播事业 80 周年,回眸与展望近 30

年全国交通广播发展历程与前行足迹，我国交通广播扮演了重要的媒介角色，作为媒体融合中一支新生力量，解决了"人、车、路、交通、环境"之间的信息传递。4G时代，交通广播经历了"互联网+""广播+""顶层设计"的多种融合方式，在行业组织的引领下，借用互联网平台在"跨域、联动、合作、共享"融媒进程中，求生存，谋发展，形成与互联网平台、用户、自有平台的互联互融，使《畅行中国》媒介品牌的行业"传播力、影响力、引导力、公信力"得到充分展现。5G到来，"人、车、路、交通、环境"的媒介关系将重新解读和定义，拥抱"数字化未来"，布局"5G车联网"信息智能化系统，形成"互联+媒体+行业"的智联智融的发展新格局、新体验、新路径。未来交通广播融合传播将充分体现在"数字化、数据化、智慧化、特色化"的传播手段上，移动人群的特定服务将在"全景式、场景式、体验式、直播式"上全面呈现，适应车主的"新需求、新变化、新消费、新服务"，在5G转型机遇期谋划发展新领域，唱响新时代的最强音。

注释：

①覃榕、覃信刚：《新中国70年广播的主要成就及经验》，《中国广播》2019年第2期。

②习近平：《加快推动媒体融合发展 构建全媒体传播格局》，求是网，http://www.qstheory.cn/dukan/qs/2019-03/15/c_1124239254.htm

③人民公安报：《全国私家车保有量首次突破2亿辆 66个城市汽车保有量超过百万辆》，https://www.mps.gov.cn/n2254314/n6409334/c6852472/content.html

④秦晓天、谢先进：《交通广播发展历程与思考》，《现代视听》2007年第1期。

⑤秦晓天、谢先进：《交通广播发展历程与思考》，《现代视听》2007年第1期。

⑥高永亮：《唱响时代主旋律，传递社会正能量——首届全国交通广播综合影响力发布会暨"帮扶类"节目分享会综述》，《中国广播电视学刊》，2016第11期。

⑦王求、潘力、周然毅等：《中国交通广播发展现状、问题及对策研究》。

⑧崔保国：《2012年中国传媒产业发展报告》。

⑨王莹、康庄：《延安新华广播电台创建追记 纪念中国人民广播事业开创70周年》，《新闻知识》2011年第1期。

⑩王求、潘力、周然毅等：《中国交通广播发展现状、问题及对策研究》。

⑪《刘奇葆：在媒体融合发展之路上走稳走快走好》，http://news.xinhuanet.com/2014-04/14/c_1110235015.htm.

⑫朱剑飞，胡玮：《唯改革创新者胜——再论媒体融合的发展瓶颈与路径依赖》，《现代传播（中国传媒大学学报）》2016年第9期。

⑬朱剑飞，胡玮：《唯改革创新者胜——再论媒体融合的发展瓶颈与路径依赖》，

《现代传播（中国传媒大学学报）》2016 年第 9 期。

⑭ 新华社评论员：《把握第一要务　用好第一资源　激发第一动力》，《新华社每日电讯》2018 年 3 月 7 日。

⑮ 李楠：《2019 年广播业发展回顾》，《青年记者》，2019 年第 36 期。

⑯ 张敏、唐俊辉：《5G 时代市级广电网络发展刍议》，《中国广播电视学刊》2020 年第 4 期。

（作者分别为：中国广播电视社会组织联合会交通宣传委员会会长、

中国传媒大学图书馆融媒体中心项目主管）

从"对空言说"到"制造农民"

——新中国成立之初信息网络下沉背景下的对农广播探索

潘佼佼

　　新中国成立后，中国社会呈现出崭新的面貌，在 20 世纪 20 年代就进入中国都市的现代电子媒介——广播，终于跨过横亘在城乡之间的无形壁垒，以农村广播收音网（点）、农村有线广播网等形态进入到广袤乡村。[①]50 年代末，一个从县域辐射到乡村的农村有线广播网络初具雏形，中国县级广播台从新中国成立之初的 11 座增加到了 1958 年的 2580 座，此后直到 80 年代县市有线广播站的数量都保持在 2000 座以上。[②]

　　以广播为代表的现代电子媒介信息传播网络下沉，与《1956 年到 1967 年全国农业发展纲要》的出台息息相关。这个新中国成立后第一个对农村、农业制定的中长期规划，指明了"从 1956 年开始，按照各地情况，分别在 7 年或者 12 年内基本上普及农村广播网，要求各乡和大型的农业、林业、渔业、牧业、盐业和手工业的生产合作社都装置收听有线广播或者无线广播的工具。"[③]可见，广播网络下沉到中国乡村的过程，带有强烈的国家意志，是国家主导下乡村发展规划中的重要组成部分。

　　对广播网络下沉的社会影响研究关注重点为媒介技术的扩散与乡村现代化之间的关系，即探讨现代媒介技术如何襄助现代化政党的社会治理、如何介入到农民的现代化转型过程中，从乡村传播、基层传播的视野探讨其对乡村社区、农民群体的影响。但应该看到，乡村的广播网络建设过程不仅是新技术扩散过程，更是中国县域进行的大规模的传播基础设施建设过程。正如拉金所言，"基础设施与技术的区别在于，它们是建立其他对象运作基础的对象。当它们运作时，它们作为系统进行运作"。[④]作为长期以来乡村中最重要的大众传播媒介，甚至是唯一的现代电子媒介，农村广播网系统性地重塑了中国乡村的信息传播环境，也奠定了对农村广播的新格局。广播网络下沉带来信息传播格局的系统性变迁，其对专业新闻生产机构有何影响，在目前的学界视域中相关研究为之甚少。因而，本文试图通过对历史资料的梳理与分析，探究专业新闻生产机构如何通过各种转型、变革与探索，"反向适应"信息基础设施下沉的历史过程。

"可感知的农民和农村"：对农广播内容的增加

将农村广播网推向历史前台的动力，并非如现代的绝大多数发明一般，是意识到"新的技术在充分富裕的社会里能够创造社会对自己的需求"，[⑤]而是源于中国共产党对于工农业关系的探索与乡村社会的未来规划。

从 1955 年开始，随着党内对农业的社会主义改造方向日益形成共识，对农村的未来发展规划成为了重要的政治议题，农业合作化速度也随之加快。新的广播发展方案也随之酝酿而成，即强调广播的渠道拓展、扩大广播的地方收听。1955 年 9 月，中央广播事业局下达《关于今明两年在全国有条件的省、区逐步建设农村有线广播的指示》，当年 12 月，第三次全国广播会议明确了农村有线广播网建设的各项方针。而在前一年的第二次全国广播会议，广播部门的工作重点还是加强文艺广播内容的建设、削减了地方广播节目内容的生产。[⑥]

广播部门政策的跟进调整，是宣传机器对于国家意志的贯彻，这种剧烈的政策转型和随之而来的农村有线广播网广泛建设，使得作为信息基础设施的农村有线广播网开始大规模拓展，越来越多的农民听上了广播。农村、农业和农民在政治上的重要地位被不断提起，使得对农民广播成为重要的社会使命，这些都促使各级广播电台在 50 年代末、60 年代初就对农传播这一课题，进行了不同的探索和实践。到 50 年代后期，全国 29 个省、自治区、直辖市电台都举办了对农村广播节目，对农村广播节目也成为各级电台持续时间最长的节目之一。[⑦]

广播内容中对农村的重视，直接体现在各台对农村广播节目的设置日益增加，对农村广播节目内容的比重逐渐加大。以河南省为例，其 60 年代初开办的 11 个政治节目中有 5 个是面向农村的——包括《对农民广播》《对民兵广播》《对农村青年广播》《对乡村医生广播》和《农业科学技术》，文艺节目中也开办了考虑到农民口味的《公社戏院》《本省地方戏曲》《曲艺》《豫剧》和《大家唱》等专题。同时，大量"城乡互动"的节目内容出现在广播声音之中，仅 1960 年第一季度就举办了 7 次主题为"城市支援农村、工业支援农业"的现场广播大会。[⑧]可见，新增的对农村广播内容涵盖方方面面，既考虑到农民的生产生活、日常娱乐需求，也为乡村社会建设与经济建设提供了支持。

早在新中国成立初期，各地的广播电台就开始制作面向农民的节目，但在乡村鲜有收音机的年代，这些节目只能偶尔地传入农民的耳朵。例如，早在 1950 年 1 月湖南人民广播电台已经开始了《农村时间》栏目的播放，每天播出 1 次，每次 15 分钟，但"由于农村尚无收听工具，实际上是'对空'广播"。广播网络逐渐下沉到农村后，这些对农民的节目有了固定的听众，农村节目的播放时间也逐渐加长，《农民节目》从 1956 年 4 月的一周 20 分钟播音时间，增加到 1959 年（此时节目改名为《对农村广播》）的 60 分钟。为了办好对农村节目，各种面向农民的受众调查也在展开，湖南台在 1962 年 9 月就去长沙、湘阴、浏阳、宁乡、临湘、怀化、沅陵等县的农村调研，组织农民收听、访问农民"广播迷"，由此来确定应该如何办好农村广播。⑨

对于基层乡村的报道也随之增加。江苏台从 1961 年开始进行节目调整，将重点放在办好新闻和农村节目上来，其中农业节目要求各县广播台转播。此前，江苏台对来自地方的稿件做了分析，发现"报道上层活动"稿件占比过多，他们认识到其中有认识问题，认为"小队的东西角度太小，没有分量……"；也有作风问题，"基层来稿，由于写作水平较差，处理费事，稿件一多，有的同志看到个'队'字就往旁边一放，压久了也就不用了"。50 年代末，江苏台对这种现状做了有意识的调整，更多地采纳来自县以下基本核算单位的稿件。最直观地表现为，1959 年 9、10、11三个月中，江苏台基本核算单位以下稿件数占地方总稿件数的 22.1%，而 1960 年 9、10、11 三个月，这个比重上升到 45.9%。⑩

对农报道的内容增加、对农村最基层关注的增加，既是宣传机构服务国家政策的相应举措，也是广播网络下沉后受众群体重构的必然结果。左荧曾不失尖锐地提出，在广播网的早期实践中，一些省份"花了很大力量去扩大广播站的电力，增设喇叭，但是我们所发展的收听对象是中小城镇的市民和中小工商业户"。⑪ 究其原因，重要的一点是倘若以收音机作为广播接收终端，那发展的听众只能是能够支付收音机购买费用、维持费用（修理费、电池费）的市民阶层。受众群体的收听需求又会反馈到内容生产端，加之作为内容生产者的中央、省、市广播电台又坐落在城镇之中，这就形成了一个无法向乡村拓展的城市内循环。其导致的直接结果是，对于内容生产者来说，农村和农民成为了一个遥远而模糊的身影。

建设农村有线广播网的决策，使得农民从远离城市生活世界的存在，变成了各级广播电台可感知的真实听众。通过电波，城乡二元管理体制之下处于不同生活轨迹的人们形成了一个虚拟共同体，天南海北的农民可以通过田间地头、村里家中的小喇叭，听到来自各级新闻生产机构的声音。鉴于在新中国成立初期，农民长期占据总人口比重的九成之上，农村有线广播网的建设，意味着广播的"大众化"真正开启，真正面向"大众"的广播实践由此诞生。

"改变腔调"：共情的广播语言探索

当广播受众人群因媒介网络下沉而得以重构时，面对这些全新受众，新闻生产机构应该以什么样的语言叙事成为了一个核心的问题。在 50 年代末 60 年代初，一个普遍的共识是原有的面对工人、面对知识分子的广播语言，在面对农民广播时亟需调整"腔调"与"文风"。

既有的广播语言被视为不利于吸引农民收听，1959 年，杨兆麟在《改进广播文风问题的研究》一文中指出，"在广播工作者队伍里……习惯于公式化、一般化、不为群众所喜闻乐见的报道方法"，并指出"最大限度地吸引和争取听众，为尽可能多的听众服务，就成为广播工作的基本要求之一"。⑫如何争取更多的农民听众，新的广播语言应以何种面貌呈现？在当时并无现成答案，为此各地广播新闻机构做出了大量的探索。

一个最为普遍的探索就是在对农广播内容的生产中，"播新闻"被"述见闻"的形式替代。"述见闻"的说法来自江苏台的实践总结，为了更好地向农民广播，江苏台开办了诸多如"张队长谈生产""老王谈新闻""老李唱新人新事"等小专栏，通过一人独述和二人对谈的方式说新闻，"讲的时候如同亲自所见，亲耳所闻，有现场感"，也为此"要求记者采访更深入细致，要求广播员改变腔调"。⑬这种做法被各地对农广播普遍应用，如上海电台的《阿富根谈生产、谈家常》、浙江电台的《勤俭嫂谈家常》、江苏电台的《老张说新闻》、广西电台的《刘大姐谈心》、江西电台的《江保根讲故事》等。⑭

将广播语言改造成农民们耳熟能详的"闲谈"，在当时也遭遇到一些争议。当江苏省的实践探索在《广播业务》杂志刊登后，杂志编辑部收到的一封东北来信，认为"农村节目把党报社论改编成对话播出是不严肃的，是违背党性原则的；采用说新闻、谈心会等形式也违背了新闻真实"。为此梅益在 1961 年 9 月到南京视察时查阅了农村节目的播出稿件，并对江苏台的探索持正面鼓励的态度：

"我们搞广播宣传，对工人、对知识分子还比较容易，对农村就比较困难，如果做好了，就是打破一道难关，走上了阳关道……千万不要忘记广播是给人听的。你们要多向那些着重用语言来表达的文艺形式学习，如评弹、说书……在节目里采用对话、谈心会的形式，使内容容易为听众接受，也便于强调和重复。特别是对农民讲话，就要三番五次地讲，这在知识分子看来是罗嗦，但对农民来讲就要这样，这样能记住。"⑮

从梅益的讲话和杨兆麟的倡议中可以看到，俩人均指出了农民与其他社会群体之间存在着一定的"文化区隔"，对农民的广播应该以农民受众为中心，通过使用受众乐于接受的语言来达到传播效果。通俗化的口语表达、啰嗦的信息重复，在面对农民这个受众群体时，反而能够有较为高效的信息传播效果。可以看到，当作为基础设施的广播渠道拓展重构了听众人群、当广播的农村渠道拓展成为重要的任务之时，针对不同听众的广播语言探索就有了必要性。农村不再是作为城市的附属存在，成为了需要开拓的听众"市场"，要让农民能够参与到广播声音所营造的虚拟共同体中，作为再现媒介系统的广播需要自我变革，营造一个能够囊括最广大农民的全新声场，以便向农民宣传、教育农民、发展更多的农民听众。

对广播语言的改造，不仅是技术层面的遣词造句，而是用劳动人民的口语文化改造媒介声场。沃尔特·翁指出口语文化与书面文化的不同，在用口语表达知识时，需要"把概念放进情景的、操作性的框架里"，这"贴近活生生的人生世界"，因而口语文化是更加移情的和参与式的文化，需要贴近认识对象、达到与其共鸣和产生认同的境界。⑯ 刘江在其《试探通俗化口语化》一文中，认为要达成这种共情，"首先就得改造我们的思想感情"，要将形象生动的劳动人民的语言纳入表达中来，"不改造自己的思想，不深入实际，不和劳动人民接触是不行的"。⑰

这种贴近农民的口语声场的制造，让广播"说到农民的心里去"的冲动，也促使专业的广播内容生产者贴近农村、农民，了解农民的话语习惯和日常生活，甚至参与到农村的生产建设过程之中。为此，广播记者进入基层采访报道成为了办好对农广播的重要途径，河北台在其经验总结中写道，"感情并不是抽象的东西，而是十分具体的……我们在农村看到公社化以后，随着生产关系的改变，生产力的进一步解放出现的那种轰轰烈烈的劳动场面，真是激动人心……再播起稿来，感情就有了基础，再不是空洞的想象了"。⑱ 由此，在中国广播的声场中有了为农民而播报的声音，专业新闻工作者与农民在新的广播语言中实现了"共情"，"干部腔"的说教被摒弃，站在群众之中、用群众的语言播送成为了主流的对农广播报道模式，农民的生命处境、生产实践在广播语言中逐渐丰满起来。

"制造"社会主义主体：广播的"农民"再现

值得一提的是，正如前文所述，50 年代末 60 年代初涌现出一批全新的对农广播节目，这些栏目试图模拟劳动人民的口吻，创造一种农村日常生活的聊天环境，来吸引农民收听。

以《阿富根谈生产、谈家常》为例，这是上海人民广播电台 60 年代初开办的节目，用以对农民进行社会主义思想教育。在当时的上海农村，大家互相称呼时经常会在人名前加个"阿"字，从"阿富根"这个名字可以看出，他是一个生活在上海农村的男性农民社员。节目中还设置了一个女性社员，名叫"小妹"，代表农村女性进行发言。如同栏目名称所示，阿富根和小妹谈的话题不仅包括农业生产，还包括涵括邻里关系、婆媳关系、生活小常识在内的日常生活。⑲

在人物设定中，阿富根和小妹既有性别分工，同时也有代际差异，阿富根是"思想觉悟比较高、阅历深、见识广、农业生产经验丰富、善于说古道今的"年长农民，而小妹则是"政治敏锐、易于接受新事物、文化水平高但是社会经验较少、农业生产技术懂得不多"的年轻农民。两人通过对话的方式讲述道理，如在 1962 年的六一儿童节，阿富根和小妹通过如下对话讨论儿童教育问题：

"阿：听了刚刚那位女社员讲的她怎样教育自己小囡爱护队里的作物，我倒想起一句老话来啦。

小：哦？啥个老话？

阿：这句老话是从前说书人用来警告世人的，叫'天下父母几个知，教儿更比养儿难！'意思是……

小：哦，天下父母几个知，教儿更比养儿难！

阿：唉，天下父母几个知，教儿更比养儿难，这句闲话对我俚现在做父母的，做上辈人的来讲，还是着实有道理的。

小：是啊，要教好小囡成为对人民有利，成为人才这比养大他更要难得多。"⑳

对话模拟了两个农民的闲聊，从一个女社员教育孩子爱护集体财产出发，强调了在儿童养育过程中教育的重要性，目的是要将儿童培养成"对人民有利"的人。在对话里，"集体主义""社会主义"的语汇与农民们耳熟能详的"老话"——"教儿更比养儿难"有机地勾连了起来。这也是这种新型的农民节目的巧妙形式安排，通过贴近农民本身的话语习惯与日常生活，将农村之中的社会主义新语汇和老道理勾连起来，创造出在日常生活话语中探讨"社会主义""集体主义"等新话题的氛围。同时也调和了农村之中的新语汇和旧道理。

浙江台的《勤俭嫂谈家常》也呈现了类似的"虚拟农民"形象，并广受群众欢迎，从听众反馈可以得知，农民们在遇到移风易俗的问题时，经常参考"勤俭嫂"的意见并用她的观点来说服他人，可见"勤俭嫂"已经成为能够影响农民的舆论领袖。为此，参与了制造"勤俭嫂"的广播从业者许而权详细阐释了何以"勤俭嫂"能够声入人心。㉑首先，"勤俭嫂"的原型是一位女性农民劳动模范，即借鉴了一个建国初典型的先进女性形象来塑造"勤俭嫂"这个艺术形象。"勤俭嫂"的人设十分丰满生动，她"出身贫农，从小讨过饭，做过童养媳。解放后翻了身，觉悟高，听党的话，勤俭持家，勤俭办社有成绩，出了名，当了劳动模范，见过毛主席；经常到县里、省里、北京开会，跑过大码头，见过大世面，知道的事情多，能分清是非曲直，道理讲得透。她没有架子，肯替大家办事"。

其次，"勤俭嫂"说着和普通农民类似的"家乡话"，因而能被农民视为身边人。当时的绝大多数浙江农民都听不懂普通话，此前浙江台的对农村广播用普通话和杭州话播音，但随着农村有线广播网的拓展，广播收听范围已远超杭州，因而出现了浙江其它县市农村听众无法听懂杭州方言的状况。为了让大多数浙江农民能听懂广播，浙江台分几个语言调查小组前往嘉兴、进化、宁波、台州地区，带着有普通话、杭州话、浙江官话、越剧道白的录音磁带让农民听。通过对 10 多个县的调研，他们发现"越剧道白效果最好，多少见过一点世面的农民全能听懂，一般农民也能听懂八、九成，尤其受到妇女的欢迎。其他几种语言，能听懂五、六成的就算很好了。"[22]当说着越剧道白的"勤俭嫂"开始讲述时，绝大多数农民都能够听懂，从而省内的各县广播站也都乐意转播。

当这样的一个"勤俭嫂"向农民说起""勤俭持家、勤俭办社、民主办社、民主分配、粮食生产、多种经济、干部作风、忆苦思甜、移风易俗、破除迷信、科学文化"等内容时，这就形成了一个新的场景：向农民宣传、教育农民的"声音"不再来自于知识分子或政治干部，而是来自于这些虚拟的进步农民。"阿富根""勤俭嫂"展现的是一个理想的社会主义农民的形象——积极参与政治、乐于接受新事物、勇于表达、勤奋善良、有集体主义意识、乐于帮助他人等，广播的声音"再现"制造了一个社会主义新农民的形象。"虚拟农民"成为了广播声音的诉说主体，既对其他农民进行启蒙教育，也为现实中的农民想象自我、改造自我提供了一个蓝本，借由此，广播作为"再现"的媒介不仅参与到对社会想象的制造之中，同时也参与到对社会现实的改造之中。

结语：技术扩散与声音政治的互构

建国初广播网络下沉过程中，广播内容生产机构进行的各种对农广播探索过程，也是技术扩散与声音政治的互构过程。农村有线广播网的建设决策，使得特定的信息技术系统得以深植中国乡村，也使得整个舆论生态环境需"反向适应"这种新变化。传播网络的下沉不仅意味着受众群体的增加，也意味着专业广播内容生产机构需能够吸引农民受众，将农民纳入到声音塑造的虚拟共同体之中。

广播电台的各种实践，不仅仅是对农广播内容的增加，更是重构了"可感性的分配"，在电波中农民和农村不仅可以被感知、可以被叙述，而且是以农民的通俗日常语言被感知，以"虚拟农民"的主体之口被叙述。广播声场转变背后，是真正面向大众的广播实践的开始，蕴含着内容生产者情感结构的转变，也使得在再现的声音符号层面，"理想的农民"得以诞生——他们再也不仅是一个有待启蒙、教育的对象，而成为了一个能够自我启蒙、自我教育的能动群体，这些都共同建构了全新的社会主义的声音政治。

参考文献：

①潘佼佼：《扩散、转型与流变：对中国广播发展历程的回溯》，《现代视听》2019 年第 9 期。

②国家统计局：《中国统计年鉴（1981）》，北京：中国统计出版社 1982 年版。

③中华人民共和国国家农业委员会办公厅编：《农业集体化重要文件汇编 1949-1957（上）》，1981 年，第 535 页。

④Larkin, Brian. The politics and poetics of infrastructure. Annual Review of Anthropology. 2013.42: 327 ~ 343.

⑤卡洛 .M. 奇波拉主编：《欧洲经济史》第 3 卷，第 168 页。

⑥赵玉明：《中国广播电视通史》，中国广播电视出版社 2014 年版，第 491-494 页。

⑦《当代中国的广播电视》编辑委员会：《当代中国的广播电视（上）》，当代中国出版社、香港祖国出版社 2009 年版，第 150 页。

⑧当代河南历史丛书编委会：《当代河南的广播电视（1949-1993 年）》，当代中国出版社 1994 年版，第 44 ~ 45 页。

⑨湖南省地方志编纂委员会：《湖南省志》第 20 卷（新闻出版、广播电视），湖

南人民出版社1997年版，第57～58页。

⑩中央广播事业局《广播业务》1961年第3期。

⑪赵玉明：《风范长存：左荧纪念文集》，中国传媒大学出版社2005年版，第48页。

⑫中国广播学院新闻系：《中国新闻广播文集》下册，1961年，第332～336页。

⑬中央广播事业局《广播业务》1961年第1期。

⑭《当代中国的广播电视》编辑委员会：《当代中国的广播电视（上）》，当代中国出版社、香港祖国出版社2009年版，第152页。

⑮韩泽：《有所思》，吉林人民出版社2004年版，第407～410页。

⑯沃尔特·翁：《口语文化与书面文化：语词的技术化》，何道宽译，北京大学出版社2008年版，第32～37页。

⑰中央广播事业局《广播业务》1960年第5期。

⑱中央广播事业局《广播业务》1960年第9期。

⑲许云倩：《上海，不能抹去的记忆》，上海人民出版社2015年版，第68～69页。

⑳上海市广播电视局《当代》编辑组：《上海广播电视资料汇编》第一辑，1986年，第51页。

㉑《当代中国的广播电视》编辑部选编《中国的广播节目》，北京广播学院出版社1987年版，第334～335页。

（作者系北京语言大学新闻与传播学院讲师）

人民广播80年来云南少数民族广播事业的
发展和创新

杨在彭　贺　林

　　我国是一个多民族国家，新中国成立后，为了让党和政府的声音传播到边疆少数民族地区，更好促进少数民族地区的团结发展，国家高度重视少数民族广播事业的发展。1950 年 5 月，中央人民广播电台创办藏语节目，这是新中国少数民族广播的开端。经过认真的筹划和准备，1953 初，云南人民广播电台也创办起少数民族广播节目。

一、云南民族广播的探索发展

（一）依时依地，应运而生

　　云南是一个多民族的边疆省份，人口在 5000 人以上的世居少数民族有 25 个，与缅甸，老挝、越南 3 个国家接壤，边境线长达 4061 公里，有 16 个民族与境外同一民族跨境而居。解放初期，大多数少数民族社会发展滞后，不少少数民族仍处于刀耕火种的社会形态。由于交通闭塞，经济文化落后，许多民族不懂汉文、汉语，阻碍着与内地兄弟民族的友好往来。

　　1950 年，云南人民广播电台成立后，就准备举办少数民族语广播。1950 年和1952 年，云南电台先后两次派人随中央民族慰问团和省民族工作队到边疆少数民族地区参加工作，学习民族政策，熟悉民族情况，为开办少数民族语广播做准备。1953 年初，云南电台成立了民族组，依靠省边疆工作委员会和省民族事务委员会办广播。由云南电台民族组的两位同志编辑稿件，经省边委审定，再由省民委组织民族干部翻译并到电台录音播出。广播时间不固定，广播内容一般是少数民族上层人士、基层干部、工农群众畅谈亲身感受。

（二）艰苦创业，曲折发展

　　经过一段时间的实践，在认真研究并确定开办的广播语种后，1955 年 6 月 18 日，德宏傣语和西双版纳傣语广播正式播出，1957 年 10 月 25 日增办了怒江傈僳语广播。3 种民族语节目最初每周播出 1 次，每次 30 分钟。1959 年增加到每周各播出 2 次，每次 60 分钟。每次节目根据当时的中心工作选择播出内容，采用了消息、通讯、录音讲话、评论等多种形式。

这个时期的广播节目从民族地区实际出发，主要安排3个方面的内容：一是传播民族团结、民族平等政策；二是多方面开展以爱国主义为内容的教育，积极报道国内经济建设大事和民族地区出现的巨大变化；三是进行科技、卫生知识的普及。传播形式以新闻报道为主，着重于用事实说话；以各民族代表人物的谈话为辅，让他们现身说法并发表评论。此外，还有少量文艺节目。这些文艺节目也是以本民族喜闻乐见的形式播出，如西双版纳傣族的"赞哈"调；德宏傣族的城子调、坝子调；怒江傈僳族的"目括""摆石"等。1960年7月18日，由于国民经济困难等原因，云南电台3种少数民族语广播暂时停办。民族部的9名编播人员有的改做其他工作，有的回到原来民族地区安排工作。

随着国民经济的好转，经过一段时间的筹备，1965年7月1日恢复了西双版纳傣语和德宏傣语广播。1966年7月1日恢复了怒江傈僳语广播，接着又于1969年10月1日开办了景颇语广播，1970年1月1日开办了拉祜语广播。节目内容主要有新闻节目、知识专题节目、文艺节目。节目时间也从最初的每周播出一次，每次30分钟，发展到现在的每天播出3次，每个语种每次播出45分钟。节目覆盖云南省西部、西南部、西北部、南部边境地区和缅甸、老挝、越南、泰国、印度等周边邻近国家，国内外听众1000多万。

（三）日新月异，繁荣发展

改革开放后，党和政府在政策上加强指导，在经费上给予大力扶持，云南民族广播的发展日新月异，逐渐响彻云岭大地边疆少数民族地区，成为少数民族群众了解国家政策和新闻信息、学习科学文化知识的最重要手段，也是精神文化生活最重要渠道。云南民族广播取得巨大成功后，云南省各州市纷纷选派各语种播音员到省台学习，并在全省掀起了开办少数民族语言广播电视节目的热潮。发展到现在，全省共办有德宏傣语、西双版纳傣语、傈僳语、景颇语、载瓦语、拉祜语、红河彝语、楚雄彝语、西双版纳哈尼语、红河哈尼语、壮语、苗语、瑶语、佤语、藏语、布朗语、白语、纳西语等14个民族的18种语言广播节目。德宏傣族景颇族自治州等8个自治州和20多个边疆县开办了民族语广播电视节目。全省少数民族语广播电视从业人员达200多人。

全省各地各语种广播电视节目的开办，从节目设置、人才培养等方面，都得到了云南民族广播的帮助和支持。在媒体融合发展道路探索上，云南民族广播又以示范、合作、指导等形式带领各地各语种广播电视同行共同进步。率先开设5个语种微信公众平台和官方抖音号，起到了较好示范作用；在大型融媒体直播过程中，与州市县台机密合作，起到了手把手教和带的作用。可以说，云南民族广播在全省民族语广播电视行业始终充当着引领者的角色。

二、云南民族广播面临的挑战

由于互联网技术飞速发展，信息传播和接受方式产生了革命性变化，传统的媒体生态被颠覆，全新的媒体生态体系尚未重构完成。云南民族广播的发展也遇到了前所未有的挑战，存在的价值和意义受到部分人的质疑。由于无财政保障性拨款，加之广播电视创收经营整体下滑，云南民族广播运行经费不足，节目采录、译制和传输受到了极大影响，面临着生存危机，更难谋求新的发展。

（一）少数民族地区受众用母语接收信息为主的状况发生改变

随着我国经济社会的快速发展，通信技术日新月异，身处边远乡村、高山峡谷的各民族群众，已经实现了与世界的信息同步共享。但是，边疆少数民族地区媒体生态仍然情况复杂，需要做深入分析，采取有针对性的措施，才能有效要利用媒体引导好、服务好少数民族群众。

根据 2010 年开展的第六次人口普查数据，云南省特有少数民族中，小学和未上过学占到全部适龄人口的 6 成以上。云南民族广播所办 5 个语种的傣族、傈僳族、拉祜族、景颇族 4 个民族总人口中，小学和未上过学人口占到 6 岁及以上人口的比例分别为 65.36%、74.6%、78.75%、64.97%。这部分人口 50 岁以上占据大部分。这部分群众汉语听说能力普遍较差，生活方式相对固化，主要依靠少数民族语言内容产品了解政策、接受信息。

近 10 年来，云南省 9 年义务教育成效显著。少数民族中青年中，未接受 9 年义务教育的人数微乎其微。尤其是，随着脱贫攻坚任务不断落实和推进，边远少数民族村寨的普通话推广工作力度不断加大，除了少数 60 岁以上的老年人外，现在听不懂、不会说汉语的少数民族群众已成为极少数。经调查了解到，目前，少数民族群众听、看少数民族语言广播电视节目，看少数民族文字报纸、期刊、图书，主要原因已不再是因为听不懂汉语、看不懂汉文，而主要是民族情感需求。

因此，少数民族语言文字媒体必须适应这样的新情况、新变化，调整、传播内容、传播形式和传播手段，来满足目标受众的新需求，做好舆论引导，为铸牢中华民族共同体意识、为民族团结进步做出新贡献。

（二）传输技术局限，短波收听民族广播人数急剧下降

经过改革开放 40 年的发展建设，我省在经济文化交通通讯各个方面的基础设施都取得翻天覆地的变化，随着互联网的普及延伸，农家书屋、农村电影放映等工程的实施，为少数民族群众提供了更丰富多元的文化资源获取渠道，短波广播在我省山区农村也逐渐丧失了原有的文化承载地位。

短波是最早采用的广播传输覆盖方式，工作原理是通过大气电离层反射传输调制了节目信号的电磁波，优点是传输距离远，覆盖范围广，缺点是发射功耗大，传输衰减大，受电磁环境和天气变化影响大，易受其他电磁信号干扰。与上世纪 90 年

代之前"洁净"的天空相比，现今我省的电磁环境已非常复杂，无线电频谱资源所剩无几，这一变化对短波信号的传输影响极大，在同一地点 2000 年前可以收听的信号强度现今无法收听的情况非常普遍。由于云南民族广播的发射功率一直没有增加，近几年，经广电技术部门实测，在大部份原覆盖区域用普通民用收音机均已无法收听。

自国家推进广播电视村村通、户户通工程建设以来，截止 2016 年底，我省已完成 920 万户电视接收设备的安装使用，按平均每户 3.5 人计算，相当于解决了 3220 万人收看电视的问题。我省目前农村人口总量约 2700 万，两项工程的实施不仅基本实现了全省所有通电农村地区人口的电视全覆盖，还有数百万城镇人口因此获益。少数民族群众收听广播的文化需求已转化为收看更有吸引力的电视节目。

因云南民族广播短波传输是完全开放式的覆盖，短时间内在少数民族群众分布广泛的农村地区无法实现对有云南民族广播节目短波收听习惯听众的准确统计，之前也没有任何社会机构做过这方面的准确统计，但根据掌握的情况分析，在山区农村少数民族人口中通过短波收听云南民族广播的听众严重萎缩已是不争的事实。

（三）新媒体冲击，云南民族地区传统媒体生存空间萎缩

时代的进步、科技的发展，全球媒体生态发生了翻天覆地变化，传统媒体正面临着调整思路、转型升级、与新媒体融合发展的新挑战。随着我国移动互联网和智能手机终端的普及，通过网站、网络电台、微信等网络新媒体收听广播已成为当今时代的潮流趋势。网络收听效果良好，不受地域、播出时段限制，可碎片化交互式点播收听等突出优势，使越来越多的听众，特别是 45 岁以下的听众选择网络收听方式。

在移动互联网 4G 信号已覆盖云南省所有行政村的今天，互联网已经深刻影响着少数民族群众思想观念、生活方式，越老越多人喜欢通过网络新媒体和智能手机等多种渠道了解世界的发展变化，接收信息、开展社交，互联网生活已经成为他们生活的一部分。据调查，20 ~ 29 岁的少数民族年青一代是新媒介使用的主力人群，其媒介接触率最高的电子设备为手机。甚至其中相当一部分受访者表示自己几乎所有的信息都可以在手机端获取。在这部分受访者中，微信、QQ 等社交软件使用率为 100%，绝大部分人都在抖音、快手等短视频传播平台。

三、云南民族广播的创新举措

云南民族广播遇到的困难和存在问题，引起了有关领导、专家学者、各民族干部群众的高度关注，得到了中央有关领导和云南省委主要领导的高度重视。在省委的直接关心下，自 2017 年开始，省财政每年拨出专款，用于云南广播电视台云南民族广播运营，使云南民族广播在技术设备采购及维护、采编业务经费有了基本保障。云南民族广播也积极面对全新的媒体生态，大胆探索媒体融合发展道路，积极向互联网传播转型，调整频率传播结构和运营管理机制，不断加快全媒体转型发展的步伐。

（一）稳宗旨，精心策划、实施主题宣传报道。围绕党和国家中心工作，特别策划用融媒体手段向少数民族群众宣讲中央精神、或反映少数民族地区发展变化的主题宣传报道，有效提高传播效果。3 年来，充分利用台内外优势资源，采取融合媒体手段，策划、录制了《好在了，我的家》《民族之声话"两会"》《行进新时代，奋斗出幸福——云南直过民族和人口较少民族精准脱贫大型融媒体系列直播》《同心共筑中国梦——云南 26 个世居民族儿女喜迎党的十九大》《我在云南上大学——南亚东南亚留学生眼中的中国》等多个主题报道及文艺节目，得到了各族群众欢迎，受到中央宣传部、国家广电总局、省委宣传部的表扬和肯定。

（二）强根本，突出传统广播节目的时效性和贴近性。创新新闻节目，进一步增强新闻节目的时效性，增强受众地区的新闻贴近性，更加准确及时地传递党和政府的声音；创新专题节目，更加注重服务性，丰富科技、农业、生活服务、卫生健康、文化娱乐等节目，满足各民族群众的不同需要；创新文艺节目，制作形式多样的传统民间音乐、民族文艺作品、新人新歌节目等，传播各民族优秀文化。

（三）顺形势，开设微信公众平台和官方抖音号，精准推送新媒体产品。目前，云南民族广播开通运营的"拉祜雅""傈僳傈瓦""傣泐金湾"、"相丽勐傣""景颇之声"5 个微信公众平台共有关注人数 97326 人。大数据分析表明，5 个微信公众平台在各对象地区少数民族群众及外出务工、求学人员中拥有了极强的黏性，溢出效应显著，为宣传影响力扩张奠定了良好的基础。每次大型微信直播活动，参与度、活跃度都很高，形成很好的受众自发引流。从 2020 年 3 月起，云南民族广播先后开通"景颇之声""拉祜波歌说""傣泐金湾""相丽勐傣""傈僳傈瓦"5 个官方抖音号，每天摄制少数民族语新闻、剧情、音乐、脱口秀类别的短视频，备受各民族群众欢迎。截止 2020 年 7 月 30 日，5 个官方抖音号共有粉丝 10.2 万人，日均浏览量超 36.1 万，单条最高浏览量和点赞量分别为 290 万和 1.7 万。值得关注的一个现象是，5 个官方抖音号粉丝中有相当比重来自东南亚南亚。所以，云南民族广播的官方抖音平台在做好境内各民族群众的舆论引导的同时，可以起到较好的对外传播效果。

（四）促联动，线上线下全面提升节目覆盖率和影响力。为了加强云南民族广播与地方的合作以及与受众间的互动互信，更好地推广云南民族广播的融媒体平台，树立良好媒体形象，创新思路，发挥优势，突出特色，策划举办了多个广播节目、新媒体平台网络报名投票、地面活动、现场视频＋图文直播等线上线下紧密结合的活动，极大提高了频率的传播力、引导力、影响力、公信力。2017 年，党的十九大召开前夕，与澜沧拉祜族自治县合作，举办"漫梨花开幸福来——中国拉祜族歌曲演唱大赛"，并对总决赛和颁奖晚会进行了融媒体直播，为十九大的召开营造了良好路舆论氛围。2018 年 12 月，与西双版纳州原文体广电局、勐海县政府合作，举办了"自强、诚信、感恩——西双版纳州傣族章哈大赛"，深受广大傣族群众欢迎，为加强"文化自信"、弘扬优秀传统文化、铸牢中华民族共同体意识做出了努力。2019 年 4 月，与耿马县傣学会共同举行"最美水姑娘"评选活动，投票页面浏览量达 170 万 +。

（五）沉下去，以少数民族文化和民族群众为依托，增强节目"人情味"，提高受众粘性。少数民族传统节日是中华民族文化的优秀传统的重要组成部分。宣传好丰富多彩的少数民族节庆活动，能够有效增强民族团结，对维护国家统一、弘扬中华民族文化的优秀传统具有重要意义。对云南省少数民族特色浓郁的传统节庆，2017 年 3 月至 2019 年 12 月，共开展 93 场大型融媒体直播，累计收看人群超过 2000 余万人次。开展直播的节日有傣族德昂族泼水节、景颇族目瑙纵歌节、拉祜族葫芦节、傈僳族阔时节、阿昌族阿露窝罗节、红河哈尼族"开秧门"等。通过一些列大胆创新的尝试，云南民族广播利用新媒体技术和资源，带着节目走进民族地区，带着主播走进民族群众，提高了节目的覆盖率，也丰富了节目形态，增强节目的"人情味"，受众对节目的喜爱度以及粘性也不断提高。

四、经验和思考：稳步推进、创新发展

面对媒体融合汹涌波涛，云南民族广播必须不断加大改革力度，保持与新时代社会发展进步相一致，勇立潮头，奋勇向前，打造多语种、多渠道、多媒体融合发展平台。

（一）加大思想解放力度，勇探创新发展之路。云南民族广播"是省委省政府向社会特定人群提供的公共服务"，即对少数民族群众开展宣传教育和信息服务，为我国民族团结进步、边疆繁荣稳定发挥了积极作用。今天，互联网正在加速重构媒体格局和舆论生态，对传统媒体形成严峻挑战，云南民族广播必须提高政治站位，积极学习贯彻好中央和省委要求，适应新形势、新变化、新需求，理清思路，从传播技术手段、节目内容、方式方法、人才培养、体制机制等方面进行大胆改革创新，"打造一个多语种宣传服务、多渠道传播覆盖、多媒体融合发展、多元文化相生共荣，具有传播力、引导力、影响力、公信力的民族广播，成为党的重要宣传阵地"。

（二）把握时代脉搏，做党的好"喉舌"，当群众的好"朋友"。云南民族广播将认真贯彻落实好中央精神，勇于改革创新，大胆探索媒体融合发展道路，根据边疆少数民族地区的媒体生态变化，走出与社会发展相适应的媒体运营机制，生产出能满足边疆少数民族群众需求的内容产品，通过群众广泛使用的渠道、平台，以群众乐于接受的方式传达给群众，从而引导好、服务好少数民族群众。面对全新的媒体生态，新一代广播人要继承好老一辈民族广播人用半个多世纪所铸就"感恩奋进、团结互助、艰苦奋斗、认真履职"的职业精神，大胆创新，勇敢探索，不畏艰辛，坚定媒体融合发展的信心和决心，铸就"守正创新、勇立潮头、精益求精"的云南民族广播新精神。

（三）着眼长远，打造一个多语种宣传服务、多渠道传播覆盖、多媒体融合发展平台。树立服务意识，根据受众细分，有针对性生产高品质音频、视频、文字、图片或融合内容产品，精准提供信息服务；同时不断加强广播、互联网线上线下互动，提高用户对频率的黏度，建立良性的信息传播生态。目前，广播节目和通过移动终端服务受众的微博、微信、快手、抖音等客户端都是云南民族广播传播信息、引导舆论、实现目标定位的平台。根据不断变化的社会实际，构建有效传播平台矩阵，是云南民族广播保持传播力、引导力、影响力、公信力的不变方向。

参考文献：

①《云南省志》卷七十八《广播电视志》，云南省地方志编纂委员会总纂，云南人民出版社 1996 年版。

②《金桥银路——纪念云南台民族广播创办五十周年》帕安福主编，云南民族出版社 2005 年版。

③《中国拉祜语广播创新研究》，李建波著，云南人民出版社 2018 年版。

④《中国西双版纳傣语广播创新研究》，岩甩冬、岩庄丙、玉恩著，云南人民出版社 2019 年版。

⑤《声频漫步——景颇语广播三十年回顾》，云南人民广播电台景颇语组编，云南民族出版社 2001 年版。

（作者分别为：云南广播电视台民族频率总监、云南经济管理学院讲师）

中国广播受众80年之变迁

黄学平

自 1940 年 12 月 30 日延安新华广播电台开播至今，中国人民广播事业走过了整整 80 年。在中国广播这一路走来的发展历程中，始终离不开两个字——受众，广播的出现带来了这个媒体的受众，科技的进步改变着受众的行为习惯，受众的变化也时刻推动着广播的发展。作为一个专注于广播媒体和广播市场将近 30 年的研究者，我细细回味这些年来的广播受众的变迁，自然感触良多。从一档广播节目引发万人空巷，到今天广播融媒体转型的大潮，中国广播有过大起，也有过大落，而在这其中起着决定性影响作用的因素，始终是"受众需求"的变化。受众收听喜好的改变、受众收听需求的增长，推动着中国广播不断革新、不断改变，也促使中国广播一步步适应着时代的变迁，在媒体变革的潮流中向前迈进。

纵观中国广播受众的 80 年，在我脑海中印象最深刻的是三个关键词：听众、受众和用户。可以说，中国广播 80 年的发展过程，也正是从过去的"听众时代"，到之后的"受众时代"，再衍变至时下的"用户时代"的变迁过程。

听众时代：从中国广播诞生到改革开放前

上世纪 40 ~ 50 年代，在那个生活物资都还十分紧缺的时候，广播是人们不可多得的信息获取途径。通过广播，人民群众听到了党的声音，了解各项政策的实施与意义，接触到更广阔的世界。只是那时候收音机是稀罕物，能够经常听广播的听众少之又少。

那时的电台数量不多，且只在固定的时段进行播送。革命战争时期，广播中播送的内容多为新闻与时事政策发布，这些内容成为党与全国各地人民的沟通桥梁，大大鼓舞了群众参与革命斗争的士气。直至新中国成立后，社会的主旋律由革命转为建设，人们的心态逐渐从紧张中放松下来，广播内容也开始变得更为生动、更为多样化，大批优秀的广播文艺节目诞生，《东方红》等成为人们耳熟能详的歌曲，评书、广播剧、快板、曲艺等娱乐内容也时有播送，是人们生活中的重要调剂。

尤其在 50 年代中期，全国农村有线广播网建设如火如荼的展开，不少农村人在得知村里能搭上"大喇叭"后都非常高兴，自发向施工线路上运送木杆、挖杆矿。"大喇叭"建好后，广播便成了全村人都爱听的重要信息来源与精神娱乐途径，从每天清晨的新闻联播，到休憩时的乐曲、相声，再到每日傍晚的天气预报，广播伴随着人们一天的劳作，拂去疲惫，送来振奋人心的声音力量。

"四大件"是 20 世纪 60～70 年代的一个流行词，指的是当时普通老百姓所希望拥有，也比较稀有的 4 件家庭高档耐用消费品，而收音机正是这"四大件"之一。随着我国生产力逐渐提升，终于能够自行生产收音机，当时，一台"红星牌"或"红灯牌"收音机或许就是家里的宝贝，聆听那收音机中传出的广播声，成为一家人共同的爱好。

受当时的社会大环境影响，这个时期的广播节目大多具有很强的红色教育性质，以传递党的声音与精神为主。70 年代中后期开始，文艺节目再次兴盛起来，汇集古今中外内容的广播小说、广播剧，是几代人的文学启蒙。广播是那个年代普及率最广、接触率最高的媒体。听广播，或许已经成为了这几代人深入骨髓的习惯。尽管已经过去了 40 多年，有一个场景仍然清晰地刻在我的脑海：下午放学回到家，爷爷在巷子里编竹篾，旁边端放着一台他老人家至爱的收音机，爷爷边听广播边干活。我来不及放下书包，就坐在爷爷傍边听他叨叨，因为接下来就有我喜欢的少儿节目《小喇叭》。2005 年 12 月，我有幸应邀参加中央电台中国之声举办的庆祝《小喇叭》节目 50 周年晚会，在现场又听到了清脆而又熟悉的童声："小朋友，小喇叭开始广播啦！嗒滴嗒、嗒滴嗒、嗒嘀嗒——嗒——滴——"。一个个熟悉的名字，一张张似曾相识的脸孔，一种种耳熟能详的声音，深深地勾起了我对童年的美好回忆。

改革开放前，我们国家的物质生活条件比较艰苦，人们的文化娱乐极为贫乏，能够收到的广播节目也很少，基本上是电台播什么节目人们就听什么。当时也不乏听众来信、打电话的方式与电台或播音员沟通，广播事业在广大人民群众的心目中具有崇高的地位。从广播受众的角度看，这是典型的听众时代——广播电台占据宣传传播高地，节目内容和形式单一；听众没有太多选择，广播是人们及时了解国家大事和认识世界的唯一途径。

听众时代的中国广播，很神圣，也很神秘；那个时代的广播听众，很狂热，也很忠诚。

受众时代：改革开放后至 21 世纪初期

改革开放带给中国人民的不仅是物质和精神生活的改善，更重要的是思想的开放。随着社会生产力的提高，电视机走进了千家万户，广播已不再是热门获取资讯的必需品，尤其赋闲家中的时候，"看电视"远比"听广播"更有吸引力。在上世纪 80 年代到 90 年代我国生产力水平快速发展的进程中，人们最常接触的媒体类型逐渐从广播媒体转为电视媒体，1996 年，珠江三角洲地区电视到达率已高达 92.8%，广播到达率仅为 46%，甚至不及报纸，只能屈居第三位。

另一方面，境外广播也吸引了不少听众的好奇心，大学生们流行起听着 BBC 学英语，东北地区可以接收到俄罗斯广播，南部广东、福建等地亦能接收到香港、台湾的广播，这些外来的"新鲜玩意儿"抢夺了人们的关注，毗邻香港的广东便被香港广播夺走了七成左右的听众，国内的广播电台一度陷入低迷。

从"珠江模式"开始，中国广播启动了大刀阔斧的改革之路。1986 年 12 月广东电台珠江经济台正式开播，将传统的播音形式转变广播直播节目的采编播控一体化，令听众"耳"前一亮，重新将关注回到了本土广播。以广东地区为例，1997 年，经常收听珠江经济台听众达 48.5%，当时珠江经济台中午时段的小说连播节目，张悦楷、林兆明等粤语"讲古"大师点燃了午间收听高峰。随后，全国各地陆续兴办起专业电台，广播节目的制作从不分受众的宽泛内容，逐渐演变为向单一、特定的受众群体提供服务的专业化内容，越来越多的精品广播节目，大大提升了本土听众的忠诚度，赢得了听众的喜爱。2005 年，中国广播现实受众规模达到 6.1 亿。此后 10 年，广播到达率持续上升，到 2015 年我国的广播现实受众规模已经达到 6.88 亿。

进入 21 世纪，汽车迅速普及，车载听众成为广播的新贵。据国家统计局的数据，2000 年中国私人汽车拥有量为 625.3 万，到 2010 年私人汽车拥有量已增长至 5938.7 万，短短 10 年间增长了近 10 倍。据赛立信在 2006 年调查显示，驾车人士中有 95% 经常收听广播，广播的接触率列 5 大媒体之首。广播媒体以其得天独厚的伴随性优势，获得了广大车主及驾车人士的青睐，能够为他们及时播报路况的交通广播，更是在这一时期得到了飞速发展。

赛立信的调查数据显示，到 2018 年广播车载听众已经超过 4 亿，日人均收听广播长达 104 分钟。汽车场景下的广播受众呈现出高收入、高学历、高层次的"三高"和年轻化的特征。

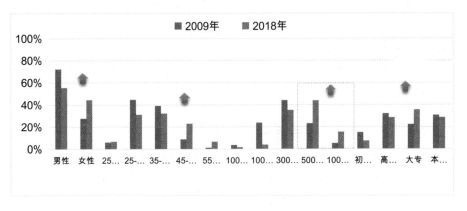

2009 ~ 2018 年广播车载人群画像的变化

数据来源：赛立信媒介研究，全国广播受众调查

科技不断发展，人们的收听工具也逐渐变得更为多样化，收听广播的设备早已不局限为收音机，带有 FM 功能手机、MP3、MP4 等各种便携设备都成为收听广播

的重要途径。而收听广播的场所，亦是不再局限在家里，私家车、公共交通工具、工作场所、休闲娱乐场所等等，随时随地均可收听广播。2005 年，听众收听广播的场所仍有 9 成是在家中，到 2010 年已降至 7 成，而选择在路上、在户外、在公共交通工具上等移动场景收听广播的听众占比在这 5 年间增长了 4 倍，且在这类流动听众中，近 8 成属于每天都收听广播的重度听众。得益于车载收听与手机 FM 功能的普及，每天上下班时都不乏能看到听着交通广播来获取路况的司机，或是地铁、公交上戴着耳机边听广播边移动的上班族。

从听众到受众，应该是这个时期广播受众最明显的变化。专业化、类型化广播给受众带来了更多的选择，而受众对广播节目的需求日趋多元化、多样化和个性化，衍生出各式各样的受众细分群体。广播不再是你播我听，而是受众想听什么就选择听什么，广播节目和受众的互动随着通讯技术的革新特别是实时通讯技术广泛应用而成为常态。

受众与听众的最大区别在于，受众的收听需求充分释放并且被广泛重视，造就了广播市场空前繁荣。而车载听众规模日益壮大，令广播的传播价值和广告价值达到了一个新的高度，中国广播进入一个空前的繁荣时期。

在中国广播的受众时代，也是广播受众调查从无到有、从小到大、从不规范到标准化、从手工调查到电子化自动化的过程。赛立信、索福瑞为推动中国广播受众调查方法与技术的发展、推动中国广播市场的发展作出了不可磨灭的贡献。特别是赛立信作为国内唯一一家专门从事广播收听率调查的专业机构，最早规范了广播收听率调查方法和指标体系，研发出广播收听测量仪 BSM 在全球率先实现广播收听率调查电子化、自动化。短短 20 年，中国广播受众调查从起步发展到国际先进水平。

用户时代：广播融媒的起步与发展

根据中国互联网络信息中心（CNNIC）的统计，截至 2008 年底，我国互联网普及率 22.6%，首次超过 21.9% 的全球平均水平，我国网民数量 2.98 亿。到 2017 年 6 月，我国互联网普及率为 54.3%，超过全球平均水平 4.6 个百分点，网民规模达到 7.51 亿，占全球网民总数的五分之一，其中手机网民规模达 7.24 亿。移动互联网的快速发展大大拓宽了人们的触媒空间，人们的时间被进一步碎片化，听众使用广播的场景发生变化。以手机为视听终端的第五媒体应运而生并快速成长，传统媒体的融媒发展也稳步推进。

2009 年，我国 3 大通信运营商正式推出了 3G 业务，随后智能手机迅速推广，移动互联网时代的大门就此打开。喜马拉雅 FM、蜻蜓 FM 等由企业打造的聚合音频平台把握住移动在线收听的商机，将全国多省市的广播频率集中在同一平台上，喜欢听广播的人们又找到了一种全新的移动收听方式。数据显示，2019 年受众所接触的在线收听渠道大多都是这一类聚合音频平台，其中蜻蜓 FM 的接触比例高达67.1%，喜马拉雅高达 64.9%。

赛立信在 2017 年进行的一项调查显示，广播与移动互联网的用户重叠率高，广播听众中近 85% 是移动互联网用户，移动互联网用户中收听广播的听众占比略超过 50%。在移动互联网用户中，通过手机听音乐 / 音频的比例高达 71.2%，收听网络广播 / 在线广播的比例也达到 21.3%。可见，移动智能收听市场已经成为广播收听市场的重要组成部分。

网络平台上各种新媒体悄然兴起，开始与传统媒体争夺受众——尤其是年轻人。广播媒体在新媒体冲击下做出了许多尝试，如兴办互联网广播，令广播主持人明星化、广播节目品牌化等，这一系列举措也成功吸引到不少年轻听众驻足。热爱"上网冲浪"的年轻人们可谓是互联网新型传播体系中不可或缺的"生力军"，他们不仅热衷于用便携设备收听广播，还会搜寻广播电台的相关网站，通过电子邮件、网站留言向广播电台表达观点与建议，关注广播电台的线下活动等等，成为广播不断与互联网平台接轨的有力推动者。

基于互联网思维，广播融媒体受众已经从传播学意义上的受众悄然变为营销学上的用户。从受众到用户，意味着受众的位置已经发生了变化，广播融媒要以用户为中心，将节目变为产品。而用户不仅仅是广播融媒的使用者，同时也是广播融媒产品的制造者。因此，用户需求、用户参与和用户体验被认为是新语境下广播融合创新的重要特征。互联网平台、智能收听终端的用户有别于传播收听终端与车载收听终端，在线广播的用户多为年轻人，目标受众呈现年轻、活跃、网络化的特点，他们的收听更为碎片化、更讲究参与度。

截至 2019 年 6 月底，我国的在线广播用户接近 2.5 亿，其中 34 岁以下的年轻人占 53.2%，女性占 52.6% 略多于男性，大专以上学历占 53.2%，本科以上学历占了四分之一。

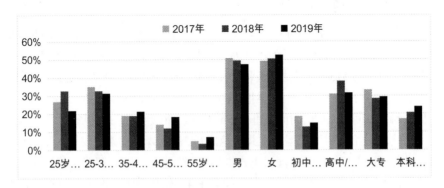

2017–2019年在线广播用户画像

数据来源：赛立信媒介研究，全国广播收听率调查

互联网时代，受众对内容获取要求也越来越高，偏好于"只听想听的，只看想看的"。为了满足日益增长的受众需求，广播电台加速走向媒体融合之路，开办官

方微信公众号、微博号、头条号、抖音号以及自办 APP 等，通过社交平台实现零距离互动、提升用户黏性，不断扩大媒体影响力。以微信平台为例，2020 年 1～5 月，省级电台 200 多个频率微信公众号发文量累计达 19.8 万，累计阅读量达 13.1 亿，较 2019 年同期翻了一倍，文章点赞量累计近 500 万，是 2019 年同期的 1.46 倍。

通过互联网平台传播的广播，不再是不可保存、不可重复、只传不接的单向传播，广播不再受发射波段、功率的影响，打破三大传播局限：区域、时间、声音。广播融媒体在传播渠道、传播方式、受众群体、内容生产模式及盈利模式等方方面面都发生了极大的改变，从"中央厨房"到"矩阵立体化传播"做了各种各样的尝试，经过多年的努力探索，可以看到广播媒体在移动互联网上的影响力不断提升。同时，互联网是一个"全民发声"的时代，人们乐于借助互联网以即时互动、转发评论等方式表达自己的看法，并有着更高的表现欲、交流欲，这也导致了直播行业的兴盛。

"直播"其实是广播人最为擅长的领域，传统广播的融媒体发展终于搭上了快班车，逐步建立"传统广播电台＋移动网络电台＋自营 APP＋微信公众号＋小程序＋官网"的立体传播方阵，以求全方位触达用户。

结语：用户的刚性需求凸现广播的独特魅力

80 年来广播受众的变迁，是中国广播不断发展的缩影，从某个角度来说也正是中国社会发展变化的具象。伴随着生产力的发展，科技水平的提高，人们的物质生活与精神生活都越来越丰富，但无论受众收听需求与收听终端如何变化，广播以其独特的魅力，在广阔的媒体市场中保有一席之地。一方面，广播作为唯一的非视觉媒体，能够解放双眼与双手，是人们在伴随场景中获取资讯的不二选择；另一方面，各省市广播电台的节目编排大多具有浓厚的本地化特点，无论是新闻报道还是娱乐内容都具有鲜明的本土特色，更进一步贴近人们的生活。同时，广播作为主流媒体，是党和人民的喉舌，有着强大的公信力与权威性，在信息来源愈发纷繁混杂的当下，广播等主流媒体将是社会舆论阵地中不可或缺的稳固防线。

当然，要满足日益增长的受众需求，广播人必须时刻保持敏锐，主动把握住时代变革的脉络。从中国广播 80 年来的发展历程，尤其是近 40 年的历程中，我们可以清晰的感受到，技术水平的提升对广播受众以及广播媒体自身带来了怎样的巨变。在改革开放以前，广播基本处于"电台播什么，听众听什么"的优势媒体地位，直到改革开放后，人们的娱乐选择增多，广播电台才逐渐有了受众意识，开始深入研究如何服务受众、如何满足受众需求。而后，随着移动收听设备的发展与普及，受众的收听场景越来越多样化，对广播节目的口味也越来越挑剔，促使广播在受众研究领域下更多苦功，并开拓更多传播渠道、尝试更多节目创新。所幸，技术发展的影响是双向的，收听终端在进步，广播制播技术以及辅助受众调查的数据采集技术等也都在进步，大数据能够及时剖析受众群体的每一点变化，并将其反馈给广播电台。

对于当下的广播媒体而言，切忌在传统领域故步自封，让不断兴起的新媒体、新技术割据广播的生存空间。广播媒体唯有紧跟技术迭代，方能把握住科技发展所带来的机遇。

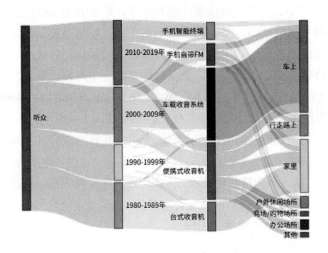

1980～2019年广播接触率及收听工具/收听地点的变化

数据来源：赛立信媒介研究，1980～2019年

如今，媒体融合的趋势已愈发清晰，互联网与声音媒体的进一步融合，标志着广播传播模式的又一次巨变，化受众为用户，化节目为产品，广播在不断摸索中找到了自己的融媒体之路。而随着5G、人工智能等高新技术的兴起，广播媒体或将迎来新一轮的机遇与挑战。时代的巨浪永远在奔腾向前，而广播媒体要做的，始终是把控好受众需求的桅杆，洞察潮流与风向，不惧风雨，踏浪前行。

（作者系赛立信数据资讯股份有限公司总裁）

五、地方局台来稿

声频之花别样红

——北京人民广播电台成立70年成就辉煌

北京市广播电视局

1949 年 2 月 2 日，伴随北平和平解放的歌声，迎着新中国五星红旗即将冉冉升起的朝霞，北京人民广播电台的前身——北平新华广播电台开始了第一次播音。从此，人民广播的声音响彻古都上空，开启了北京人民广播事业蓬蓬勃勃发展的新时代。

70 年岁月更替，70 载春华秋实。

70 年来，北京人民广播电台紧跟首都北京前进的脚步，不忘初心，同向同行，精心创办节目，大力发展产业，加快技术改造，扩大对外交流，加强人才培养，取得了辉煌成就，发生了历史性的变化。

70 年来，北京广播工作者既是首都现代化建设的实践者和参与者，又是首都现代化建设的见证者和记录者。他们用自己手里紧握的一支笔和肩上背的录音机，记录下北京 70 年昂首前进的足音，记录下首都翻天覆地的变化，为北京的改革发展做出了贡献。

广播节目丰富多彩

北京人民广播电台初建时，只有编辑 8 人，播音员 5 人，加上台长 1 人共 14 人。全台开办 20 个栏目，每天播音 8 小时 50 分钟。发射功率 600 瓦，只能覆盖北京城里的部分地区。

1978 年党的十一届三中全会提出改革开放，广播迎来了大繁荣大发展的春天。北京人民广播电台坚持以新闻宣传为突破口，推进广播节目全面改革。原来，电台开办的新闻节目，主要是转播中央人民广播电台的新闻节目和编播报刊新闻稿件，自采新闻报道很少。1979 年 12 月，北京人民广播电台成立新闻部，充实了新闻报道的编采力量，广播新闻开始了"自己走路"。1980 年 10 月，《本市新闻》更名为《北京新闻》，"本台消息"与"本台记者报道"由原来的 30% 增加到 70% 至80%，北京人民广播电台也由此成为名符其实的新闻媒体，愈来愈显示出无可替代的舆论引导作用。

在办好新闻节目，强化新闻立台的同时，北京人民广播电台还陆续开办了经济、科教等多类广播频率，使广播的触角广泛触及大千世界生活及市民家庭生活的各个领域，为广大听众提供全方位的服务。到 1993 年，北京人民广播电台已开播新闻、音乐、儿童、交通、文艺、教育、经济等 7 个开路广播频率，每天播音达 120 小时，是建台之初的 13 倍。

广播频率专业化、系列化，广播栏目个性化、品牌化，是广播节目改革在新形势下的继续和深化。20 世纪 90 年代，由于电视媒体的兴起，看电视的人多了，听广播的人少了，广播传媒陷入低谷。面对大众传媒转型带来的竞争压力，北京人民广播电台开始了以建立专业化系列台为龙头的全方位的体制改革和机制创新。1990 年 8 月 6 日，在学习兄弟省市先进经验的基础上，北京人民广播电台第一个专业台——北京经济台开播，广播专业化改革的大幕正式拉开。到 1994 年，北京新闻台、北京音乐台、北京交通台、北京文艺台、北京教育台、北京儿童台等 7 个系列广播专业频率陆续开播。广播专业化改革，使广播的传播对象，由"大众化"向"小众化"转变，节目内容由"一般化"向"个性化"转变，目标受众更集中、更明确、更具体；广播专业改革化使节目形式生动活泼，各类节目普遍设立节目主持人，照稿播读变为口语化地说节目，与听众距离拉近了，呆板的单向灌输变为亲切的双向交流，节目更加贴近生活、贴近实际、贴近群众。

在广播节目专业化改革的进程中，北京人民广播电台重视实施精品化战略工程，打造品牌节目和栏目。一批已经开办十几年甚至几十年的老牌栏目，如《北京新闻》《新闻热线》《一路畅通》《交通新闻热线》《评书连播》《空中笑林》《中国歌曲排行榜》《开心茶馆》《欢乐正前方》等，经过不断改革创新，重新焕发光彩；一批近几年诞生的集思想性、艺术性、欣赏性于一体的既有社会效益又有经济效益的品牌栏目和品牌活动，如"北京榜样""广播过大年""V 蓝北京—我的环保日记""乐享四季—北京广播音乐会""银发达人秀""乐行京津冀""我的冬奥梦—冬奥双语小记者全国选拔赛"等，把节目形式和节目内容创新有机结合起来，受到听众的广泛好评。

如今，北京人民广播电台已经成长为位居全国先列的地方广播电台，拥有新闻广播、城市广播、故事广播、体育广播、音乐广播、文艺广播、交通广播、外语广播、青年广播、动态调频广播等 10 套开路广播及 15 套有线调频广播、14 套数字音频广播，1 个数据服务频道，还在北京有线电视网络平台播出 16 套有线数字广播节目。全台开办固定栏目 188 个，每天播音 343 小时，是建台之初的 37 倍。总发射功率 205.7 千瓦。全台的节目已覆盖北京城乡的千家万户。

广播产业兴旺发达

改革开放之前，广播电台遵循的是"发布新闻、传达政令、社会教育和文化娱乐"3 大任务。那时候的广播电台，只有事业，没有产业；只有宣传工作，没有产业经营；只讲社会效益，不讲经济效益。改革开放特别是党的十四大提出建设社会主义市场经济体制之后，广播电台才摆脱了计划经济体制的束缚，与市场经济接轨，大力发展广播产业。

提到广播产业，令北京广播人铭记于心的是一个会议名称——"三元会议"。1992 年 11 月 23 日至 24 日，北京人民广播电台在北京东直门外一个不大的宾馆——三元宾馆召开了中层以上干部会，主题是解放思想，推进电台全方位改革。经过两天时间的学习讨论，大家统一了思想，转变了观念，增强了信心，明确了方向，为深化电台体制改革和机制创新奠定了基础。这次会议之后，北京台的广播产业伴随着频率专业化、系列化改革的深入蓬蓬勃勃地发展起来。

广告经营是广播产业发展的突破口，是增加产业创收的主渠道。从 1994 年开始，北京人民广播电台就在全台范围内施行"统一管理、分散经营、分别核算"的经营模式，千方百计开辟广告创收渠道，增加广告收入。这一年全台广告收入达到 2800 万元，比上一年增长 90%。1999 年 12 月，北京交通广播创新广告经营模式，在全国广播行业率先推出广告行业代理制，并向社会公开招标。到了 2002 年，北京交通广播单频率广告收入突破亿元，创全国之最并多年稳居全国第一。2009 年，北京人民广播电台 9 个频率联合推出组合套播的信息类广告节目《资讯联播》。广告客户一次投放，9 个频率全天 24 小时播出。这一年，5 月 8 日，国家广电总局在北京人民广播电台召开"全国广播电视广告经营管理现场经验交流会"。会上，授予北京人民广播电台"广播电视广告播放行业自律示范单位"称号。2010 年，北京人民广播电台广告收入达到 7.12 亿元，连续 8 年位列全国广播电台广告创收之首。

在大力发展广告创收的同时，北京人民广播电台于 2002 年成立了北京广播公司，充分挖掘广播节目资源，优化广播产业结构，扩大广播产业范围和规模。2018 年 12 月，北京广播公司完成改制工作，名称变更为北京广播集团有限公司，企业性质由全民所有制企业变更为有限责任公司，公司注册资本 5.347 亿元。公司改制后，不断完善法人治理结构，加快建立现代企业制度，以资本运作为助推器，以新媒体为龙头，积极参与版权、音频新技术等移动互联网音频产业链关键环节项目；开发听众资源，大力开发旅游、购物、演出等广播延伸项目。到 2018 年年底，北京人民广播电台拥有北京广播集团有限公司直接投资或委托合资投资中心投资的全资和控股公司 15 家，有限合作企业 3 家，分公司 1 家，全资和控股三级公司 7 家。北京人民广播电台总资产达 28.5 亿元。

融合媒体健康发展

北京人民广播电台迈上媒体融合发展之路，是从建立广播网站开始的。

为适应互联网和移动互联网快速发展的新形势，北京台早在 2001 年 8 月 22 日就开播了官方网站——"北京广播在线"，以文字发布新闻和本台 7 个专业广播的部分节目内容，提供 7 套开路广播的网络实时收听。2004 年 3 月 18 日，"北京广播在线"更名为北京广播网，建设了国内最大的网络音频社区"听吧"频道，汇集本台 7 个专业频率的优秀栏目音频资源，内容包括小说、音乐、曲艺、戏剧、影视、娱乐等 10 多个门类，并提供在线录制和下载功能。2006 年 5 月 5 日，北京广播网实现本台 8 套有线调频节目的网上收听，加上原有的 8 套开路广播，实现电台全部 16 套广播节目的网上收听。每天直播 204 小时节目，全年累计收听人数达 940 万人次。2008 年 8 月 8 日，北京广播网改版上线。新版网站共设置 17 个频道，其中奥运频道推出的自制视频访谈节目《我与奥运共辉煌》播出 21 期，采访记者、主持人 40 余人次，总节目时长近 10 小时。在整个北京奥运会期间，北京广播网通过 24 小时滚动播出共发布文字新闻 24000 多条，图片新闻 2500 组，音频报道 1900 条，原创视频报道 50 段。

2015 年，北京人民广播电台建成"微信公众号矩阵"，将"北京电台"官微、各专业广播、品牌节目、知名主持人的微信号统一纳入矩阵，特别是微信公众号"问北京"和"1039 调查团"的设立，履行了媒体监督责任，增强了主流媒体的公信力和影响力，得到北京市民广泛赞誉。目前，北京台共有登记在案微信公众账号 84 个，拥有粉丝 300 余万。据 2019 年 5 月统计，粉丝数 5 万以上的公众号 16 个，其中"北京交通广播""一路畅通""听听糖耳朵""英语 PK 台""爱车一点半""吃喝玩乐大搜索""一路畅通 CLUB"等 7 个微信号粉丝数都超过 10 万。

2017 年，北京人民广播电台融合型节目制播云平台"讯听云采集系统"和微信小程序"见外十四号"移动产品正式上线。前一个上线，揭开了电台信息化、智能化建设新篇章，为媒体竞争和融合储备了重要资源；后一个上线，实现了全台 16 路广播的音频直播及精品节目推荐等功能，为网民收听电台节目提供了一个新渠道。

2018 年，北京人民广播电台新版音频新媒体运营平台——听听 FM 客户端上线。"听听 FM"是电台官方手机客户端，以"把美好送到你耳边"为口号，以"本地、垂直、互动、服务"为特色，更加突出优质声音和垂直服务。该客户端主打广播电台、精品专辑、互动直播、用户社区 4 大板块，正在成为一个独具特色的音频服务客户端。

与此同时，北京人民广播电台还与"北京时间"、一直播、凤凰新闻、今日头条等 27 个优质新媒体平台合作，搭建了立体内容发布网，拓展了传播力和影响力。截至 2020 年初，已有《照亮新闻深处》《话里话外》《议政论坛》《旅行号 1073》《职场帮帮团》《教育面对面》《联 e 会》《吃喝玩乐大搜索》《演艺群英会》《青年说》《974 LIVE SHOW》等 11 档精品栏目在"北京时间"音视频同步播出。

对外交流不断扩大

早在 1949 年北京人民广播电台开播之初，就与北京市中苏友好协会合办了《俄语广播讲座》，为在华的苏联人和学俄语的中国人提供服务。

20 世纪 80 年代，适应对外开放的要求，北京人民广播电台扩大了对外交流的窗口，逐步走出国门，走向世界。1987 年 6 月，北京人民广播电台与加拿大国际广播电台签署联合举办英语讲座协议,从当年 10 月开始播出加拿大电台编辑制作的《每日英语》广播讲座。首次播出时加方赠送给听众教材 8 万册,供不应求,后又加印 15 万册。

1992 年 8 月至 1993 年 8 月,北京人民广播电台为新加坡丽的呼声电台提供约 480 小时文艺节目,内容包括中国的文学、戏剧、曲艺、音乐、歌曲等各个方面,在新加坡听众中广受好评。新加坡《影视周刊》《联合早报》等均作了连续报道。2001 年 6 月,北京人民广播电台与澳大利亚澳洲广播电台签署合作协议,从 6 月 30 日起,北京台每周为澳洲广播电台提供 30 分钟专题节目《今日北京》,在每周六晚上的《四海来风》节目中播出;澳洲广播电台提供的《澳洲通讯》专题节目在北京人民广播电台的《环球报道》节目中播出。

2004 年,北京人民广播电台外语广播开播,其中一个 80 分钟以国外听众为主要对象的节目坚持每天播出,并通过多种形式送达海外 24 家电台广播。2006 年,北京人民广播电台与美国洛杉矶"1300 电台"建立了合作关系,实现了中文对外节目在洛杉矶落地播出。同年,又与德国之声电台开展了双向节目交流合作。从此,北京人民广播电台的声音在德国上空响起。

2007 年 11 月、2008 年 5 月,北京人民广播电台先后两次主办"体验北京·感受奥运"海外媒体记者北京行活动。来自亚洲、欧洲、北美洲和非洲的 30 多名记者在北京进行了为期一周的采访体验活动,采写了多篇介绍北京建设、介绍北京奥运筹备情况的报道。2008 年 11 月至 2009 年 7 月,北京人民广播电台举办了"我的汉语生活——全球外国人讲汉语故事大赛",先后派出 9 个记者小组赴美国、巴西、肯尼亚、埃及、西班牙、俄罗斯、澳大利亚、日本、韩国、越南等 15 个国家组织当地赛事,采访参赛选手。共有 38 个国家、700 多名选手参赛,最终 24 名海外选手获奖。

"一带一路"倡议提出和实施后,北京人民广播电台加快了走出去的步伐,与沿线国家的广播机构建立了更加广泛、更加紧密的合作关系,2020 年年初开始节目交流合作。播出北京人民广播电台选送节目的有俄罗斯、美国、加拿大、法国、澳大利亚、新西兰、新加坡、韩国等 11 个国家和地区的 20 个华语广播电台,其中,还有 4 个国家级电台的中文频率以及联合国电台播出北京广播节目。

人才培养硕果累累

为了培养造就高素质的广播人才,北京人民广播电台推出一系列举措:

引进竞争机制,实行聘用制度。1984 年,北京人民广播电台首次向社会公开招考录用编辑记者,从 500 多名应试者中择优录用了 14 名应聘者。此后,凡进入电台的人都必须经过严格考核,严把进人关。从 1993 年开始,对台内正处级以下的所有工作人员,全部实行聘用制,能者上,庸者下。2002 年,制定了播音员主持人持证上岗的制度,对播音员主持人的基本条件提出了明确要求,符合条件的发给有效期

3 年的上岗证书，不符合条件的调离岗位，3 年后重新考核颁证。

加强业务培训，注重实践锻炼。从 1987 年开始，北京人民广播电台就坚持了职工培训制度，强调以岗位培训和提高业务水平为重点，通过定向深造、专业补习、岗位培训等方式，不断提高职工的政治和业务素质。除了正常情况下的培训外，还特别重视利用重要活动、重大事件的采访报道，在实践中锻炼队伍，培养人才。1998 年夏季，中国长江、嫩江、松花江流域发生重大洪灾。北京台分 4 批组织 11 名年轻的记者奔赴抗洪一线采访。他们深入最危险的抗洪前线，用话筒和手中的笔记录下抗洪军民不顾生死、与洪灾顽强抗争的感人事迹，不但出色完成了报道任务，自己也经受了考验，思想得到升华。

建立专业职务评聘制度，鼓励高端人才脱颖而出。1987 年，北京人民广播电台开始实行专业技术职务评聘制度。第一次评聘，7 个专业职务系列评聘高级职务 3 名，副高职务 27 名，中级职务 135 名，助理职务 146 名，技术员 15 名。2004 年 9 月，北京台又颁布首席记者、编辑、播音员、主持人评聘办法，年底评出第一批首席编辑 2 人，首席播音员 1 人，首席主持人 1 人，成为全国第一个引入"首席制"的广播媒体。

开展业务评比，激励人才成长。从 2003 年开始，北京人民广播电台开展了每两年一次的"听众喜爱的主持人"评选活动。每次活动采取听众投票、专家参与评定的办法评出 10 名"十佳主持人"和 20 名"优秀主持人"。时至今日，已开展了 9 次评选活动，评出"十佳主持人"90 人次，"优秀主持人"180 人次。

人才是兴业之基。在北京人民广播电台这个广阔的舞台上，已成长起一批又一批优秀广播人才。他们当中，有韬奋、范长江新闻奖获得者，有全国"金话筒"主持人，有全国和北京市劳动模范，有全国优秀新闻工作者。这些优秀的广播人才，以他们出众的才华和富于创造、乐于奉献的精神，创造了辉煌的业绩，为北京广播事业的发展做出了卓越贡献。

北京人民广播电台地处首都北京，是全国文化中心这座百花园中的一朵声频之花。百花园中春意闹，声频之花别样红。

初心筑梦　声彻京华

——写在中国人民广播事业诞生80周年之际

北京广播电视台广播发展研究中心

1940年12月30日，延安新华广播电台正式开播，标志着中国人民广播事业的诞生。1949年2月2日，北平新华广播电台开始播音。从此，人民广播的声音响彻古城上空，北平开启了人民广播的新时代，也就是从这一天开始，北京人民广播电台诞生了。

中国人民广播事业即将迎来80华诞。80年来，伴随着中国广播事业的蒸蒸日上，北京电台也由小到大、由弱变强，发生了翻天覆地的变化。建台初期只有十几名工作人员，每天播音不足9小时，发射功率不足1千瓦。今天的北京电台已经发展成为在全国有相当影响、具有相当经济实力的地方大台。全台现有员工近800人，开办有新闻、城市、故事、体育、音乐、文艺、交通、外语、青年和动听调频10套广播节目，2020年在播栏目总计175个，每天播音340小时，总发射功率203.7千瓦。部分节目还在美国、中国台湾等7个国家和地区的15个华语电台播出，与美国、俄罗斯、英国、日本等国家的十几家主流媒体建立了节目交流与合作关系。截至2019年底，电台总资产为21.9亿元，是北京电台1990年实行专业化办台改革时1514万元的144.6倍。

北京电台的快速发展之路启于20世纪90年代。改革开放的大政方针使广播焕发了生机和活力，特别是以建立专业化系列台为龙头的全方位改革开始以后，北京电台的改革和各项事业建设得到迅速发展。回首后30年，大体可以分为三个阶段：

第一阶段从1990年到2002年，是全面改革阶段。这一阶段的主要任务是实施以建立专业化系列台为龙头的全方位改革。

1990年8月6日经济台的开播，拉开了北京电台宣传改革的序幕。两年后在北京三元宾馆召开的北京电台宣传改革研讨会，标志着以建立专业化系列台为龙头的全方位改革全面启动，这次会议决定着北京电台的改革方向和发展进程，具有里程碑意义，后被称为"三元会议"。从1993年到1994年的两年间创办了新闻、音乐、儿童、交通、文艺、教育6个专业台。至此，规划中的7个专业台全部建成。在建立专业台的同时，干部人事管理、经营管理、宣传管理、技术管理、分配和激励机制等方面也进行了相应的配套改革。建立专业台的任务完成之后，为了巩固全面改革的成果，从 1994 年开始，围绕宣传改革重点抓了 4 项工作：一是针对各专业台运行中出现的问题，制定了按专业台办台方针设置节目和按节目方针要求办好节目的规范专业台的相关规定及其监督落实的配套措施。二是优化频率资源配置，适时调整频率定位，先后把儿童台合并到教育台，把教育台改型为首都生活台；撤销生活台，建立体育台。三是启动品牌工程建设，从 2001 年开始举办名牌节目（栏目）评选活动。四是建立健全各类人员激励机制，充分发挥人的潜能。

北京音乐广播是这一阶段改革成功的典范。自 1993 年开播伊始，音乐广播时尚、活泼的风格吸引了年轻人的注意力。《音乐礼品卡》《零点乐话》等节目迅速成为社会的时尚话题。特别是 1993 年 5 月 24 日开播的排行榜类流行音乐节目《中国歌曲排行榜》和以节目为依托先后举办 20 多届颁奖演唱会，见证了内地原创音乐的发展历程，为推动本土音乐的繁荣做出了积极贡献。

第二阶段从 2003 年到 2012 年，是北京电台进行全面深化改革阶段，这一阶段的突出特点是实施全面深化改革措施，使电台改革的深度和广度升华到一个新水平。

2003 年到 2012 年的 10 年时间里，先后实施了多项重大的改革措施，主要包括：2003 年年初开始在全台范围内引进并运用 ISO9001—2000 国际质量管理体系标准，为节目生产实行流程化管理的可持续发展奠定了坚实基础；2003 年 3 月开始举办"听众喜爱的主持人"大型评选活动；2003 年底调整广告经营管理策略，实行全台广告行业代理制；2004 年 9 月开始实施首席记者、编辑、播音员、主持人评聘办法，使得业已建立的激励机制得到进一步强化；2005 年年初开始在职能、技术部门全面实施员工岗位管理；2006 年创办城市服务管理台，创建全国首个都市外语台，创建首都第一个爱家台；2007 年开始改革节目制作运行模式，建立节目制作中心；2008 年全面推行企业文化；2011 年全台广告收入超过 8 个亿，同年，北京电台发起"北京榜样"年度大型人物评选活动。

进入 21 世纪，交通广播成为北京电台专业广播的排头兵。其王牌栏目《一路畅通》为了给听众提供及时、实用、有效的路况信息服务，分别于 2000 年和 2015 年在北京市公安交通管理局指挥中心和北京市交通委员会设立直播间，利用指挥中心和交通委的信息监控资源进行实时路况信息播报，充分发挥社会资源优势，确立了交通广播在专业领域的权威地位，至今依然以超过 30% 的市场份额牢牢占据着北京广播市场第一频率的宝座。北京交通广播还创新广告经营模式，在全国广播行业率先推行行业代理制。2002 年，单频广告收入突破 1 亿元，创全国之最并连续多年稳居全国第一。2012 年，单频广告收入突破 5 亿元。

第三阶段从 2013 年至今，广播事业正式进入守正创新、融合发展阶段。

推动传统媒体与新兴媒体融合发展，是党中央着眼于巩固宣传思想文化阵地、壮大主流思想舆论作出的重大战略部署。习近平总书记要求要"打造一批具有强大影响力、竞争力的新型主流媒体"。首都广播媒体要行稳致远，必须坚持"守正创新"

的理念，始终把坚持党性原则、坚持新闻规律、坚持人民中心立场，同时要把融合发展作为推动电台转型发展的重要突破口。

北京电台接触互联网相对较早。2001 年电台建立北京广播网，成为媒体融合工作的开端；2005 年与团市委共同创办青檬网络电台；2011 年 8 月，网络电台菠萝台上线；2014 年 12 月推出面向移动互联网的重要产品——听听 FM。2017 年 4 月 18 日，"讯听云采编平台"上线，目前电台已经实现了移动端多媒体采集、后台全媒体信息共享、多渠道分发，完成了虚拟"中央厨房"的全部功能。此外，北京电台微信矩阵第三方运营平台也已初具规模。

回顾 80 年的广播发展历程，特别是改革开放以来，北京电台在激烈的媒体竞争中，坚持不断改革创新，开创了我国广播史上的多项第一：第一个完成频率专业化布局；第一个把节目当作产品实行流程化管理；第一个实现异地、跨国多媒体直播报道；第一个成立节目制作中心，进行制播分离的探索；第一个建立节目质量考评体系；第一个建立 24 小时不间断工作的听众服务中心；第一个实行高密度节目收听第三方日记统计调查；第一个实行采编播首席制；第一个开办专门的网络电视；第一个广告创收突破亿元大关并连续 10 年以上保持广播经营创收全国省级电台第一；第一个把 ISO9001 国际质量管理体系引入广播；第一个实施文化致胜战略，开展企业文化建设。截至 2019 年底，北京电台获得长江韬奋奖 2 个，五个一工程奖 41 个，中国新闻奖 68 个，中国广播奖一等奖 31 个，中国广播影视大奖 35 个，以及广播电影电视节目技术质量奖金鹿奖、广告长城奖黄河奖等奖项。

回顾 80 年的广播发展历程，我们深深感到，北京电台的成长和进步，凝聚着党和国家领导人的亲切关怀，凝聚着国家广电总局、市委市政府、北京广播电视台以及社会各界和广大听众的关心支持。各级领导的亲切关怀和热情鼓励，广大听众的真诚厚爱和积极参与，成为北京电台继续前进的巨大动力。

回顾 80 年的广播发展历程，北京电台经过艰辛探索，写下了辉煌业绩，形成了光荣传统，积累了宝贵经验：

一是坚持党的领导。党性原则是马克思主义新闻观的精髓，是党的新闻舆论工作的根本原则。北京电台就是在各个历史时期坚定自觉地在思想上政治上行动上同党中央保持高度一致，才有了不断前进的动力和底气。坚持党性原则，最根本的是坚持党对新闻舆论工作的领导，坚持党管媒体，把体现党的主张和反映人民心声统一起来，不断巩固党的群众基础和执政基础。

二是牢牢把握正确的舆论导向。坚持正确的舆论导向、提高舆论引导水平是媒体的灵魂。历届中央领导同志都非常重视舆论导向问题，特别是新时期以来，习近平总书记多次强调，要把握正确舆论导向，提高新闻舆论传播力、引导力、影响力、公信力，巩固壮大主流思想舆论。北京电台始终坚持"政治家办台"，始终以旗帜鲜明的政治姿态与党中央保持高度一致，始终以高昂的热情和独具的优势，展开卓有成效的宣传，充分发挥了广播宣传应有的作用。

三是牢记为人民服务的宗旨，时刻与人民群众同呼吸、共命运，这是北京电台的立台之本、兴台之基。建台以来，北京电台始终牢记为人民服务的宗旨，时刻讴歌社会主义好、共产党好、改革开放好，时刻注意倾听人民群众的呼声，反映人民群众的意愿。

四是坚持勇于探索、开拓创新的精神，这是电台持续发展的制胜法宝、动力源泉。北京电台之所以能够发生翻天覆地的变化，最根本的原因就是我们在党和国家方针政策指引下，坚持创新，不断改革和调整北京电台内部的各项管理机制。面对新形势新情况新问题，始终用可持续发展的思路、创新的精神、求实的态度来推动电台内部各项工作，为电台的持续发展提供了不竭动力。

五是抓好队伍建设。不断完善选人、用人、育人机制，努力创造人才公平竞争的环境，提供人才学习提高的条件，拓宽人才成长进步的渠道，尽可能让每个人都有机会通过努力实现自我人生价值，为北京电台持续健康发展奠定了坚实基础。

初心筑梦，不负韶华！中国广播事业已经走过 80 年的风雨历程，北京电台也在过去的 70 年取得了辉煌的成就。站在新的历史起点上，北京电台响应党中央提出的"建立新型主流媒体"的号召，积极融入北京广播电视台，以变应变，在今后的融合发展中创造新机遇、赢得新优势、取得新成就。

初心澎湃　融创未来

湖南省广播电视局　湖南广播电视台

在中国人民广播事业迎来 80 周年之际，湖南广播跟随中国广播前进的节奏走过了 71 年的春秋。伴随着中国广播事业发展的主旋律，湖南广播始终保持着忠于党和人民、与时俱进、不忘初心的鲜明特质，与党中央同频，与共和国共振，传播中国故事中的湖南声音，在光阴流转中沐浴着中国广播兴旺的光芒，迎风生发、成长、壮大。一代代湖南广播人以逐梦的姿态披荆斩棘，以坚定的信仰为指引，以技术为风帆，在迭代中乘风破浪，驶向中国广播传播的星辰大海。

一、单频时代：初心澎湃　出声不凡

人类历史潮流奔腾向前、生生不息，其中重要动力，是一次次科技革命。广播技术的发明，让声音与现代科技结缘，人类进入了从口口相传到电子化传播的新历史阶段。在影响人类世界的 100 项科技进步中，收音机的发明排在了很靠前的位置，仅次于火的使用，车轮与印刷技术对人类的推动。

没有技术就没有广播，而没有中国共产党就没有新中国湖南广播。

1949 年 8 月 5 日，湖南宣告和平解放，国民党长沙广播电台被接管。白崇禧的军队拆毁了所有设备，致使广播无法发声。广播是当时最现代的媒体，中国共产党建立的新政权急需广播发声代言，担当起宣传党的主张、揭露敌对势力阴谋、维护人民利益的初心使命。因此，新成立的湖南省委、省政府把广播开播列入重要议事日程，做出了"开播就是胜利"的部署。这表明，被国民党反动派破坏了的电台的"开播与不开播"，不是一个广播媒体存亡的简单问题，而是中国共产党与国民党反动派、新生人民政权与旧中国腐败政府在舆论主阵地的一场较量，一场硬战。时任省人民政府主席王首道亲自指挥督办，为广播发声调集设备，到海外采购机器，从南下队伍中抽调播音人员。经过上下努力，日夜奋战，1949 年 11 月 7 日，在湖南和平解放 3 个月之后，新中国的湖南人民广播电台正式发声。

湖南人民广播电台的第一任女播音员、南下干部袁有芳，在去年湖南人民广播电台 70 周年纪念活动时深情地回忆说，湖南的解放没有硝烟，湖南人民广播电台的创立却"硝烟弥漫"，历经波折，面对敌人破坏，在没有任何技术设备、人才和基本办公场地的情况下，在省委、省政府的领导下，第一代湖南广播人没有退却，开始了建台大业，克服一切困难，发出了新生人民政权自己的声音，由此，湖南广播开启了与新中国人民广播事业同行的光辉历程。

新生的湖南人民广播电台尽管简陋，却不遗余力地担当起了党的舆论主阵地的使命。每天早间和晚间共播音4个小时，由于没有录音设备，节目都是大会讲话式的广播直播，参加节目的嘉宾，无论是省委书记，还是普通百姓，都要排队候播，于是，一则"省委书记在电台坐冷板凳"的善意调侃也因此流传多年。由于播音室是普通、不隔音的民房时任湖南省委秘书长刘型专门给电台写信，要求播音室要把门关紧一点，别让走廊里的说笑声、呼喊打开水的声音都出现在广播里。

1951年4月26日，开播一半年的湖南人民广播电台，响应党中央抗美援朝号召，组织了一次全省范围的广播大会，动员全省人民支援抗美援朝。从某种意义上说，这是湖南人民广播电台历史上首场大型广播实况直播。当天晚上7点，广播大会正式开始。中心会场设在省政府大礼堂，1100多个座位座无虚席，两位播音员首先报道了抗美援朝的战况形势，时任湖南省政府主席王首道随后作局势分析和动员，会场实况通过广播同步传遍全省。会场后台十几部为听众设立的互动电话响成一片，收集听众的意见，大会秘书长黎体贤立即把听众意见整理成文，送到前台播出。整个会场和会外听众激情沸腾，当场募捐32亿旧币，推动湖南掀起了抗美援朝的捐款热潮，全省共计捐款1720亿旧币。当年国庆节，由捐款购买的15架战斗机送往了中国人民志愿军空军司令部，被命名为"毛泽东故乡号"。

在湖南广播70周年台史陈列里，展示有技术员自己动手、改装发射机的照片，记录了1951年1月湖南广播发射功率从几百瓦扩大到3千瓦的场景；摆放有一台钢丝录音机，这是湖南省委、省政府为湖南广播专门采购的，湖南人民广播电台自己的第一部录音机；有雷锋、袁隆平、黄永玉等一批三湘骄子珍贵的声音档案；有《浏阳河》《党啊，亲爱的妈妈》等在湖南人民广播电台首录首播的经典歌曲。一张张照片，一件件实物，记录下了时代的印记，也记录了湖南广播创业的初心澎湃和筚路蓝缕，勇往直前和出声不凡。

二、多频时代：改革引领　湘声激荡

1978年的改革春风，吹醒中国大地，也引领着湖南广播事业在探索中前行，在前行中发展；在改革宣传中发声，在宣传改革中发力。

20世纪80年代初，长沙汽车发动机厂厂长范崇武大刀阔斧改革，推行承包制度，劳动计件考核，打破平均主义。这一改革新举措，遭到部分职工和社会人士质疑，"厂子是国家的，凭什么他说了算？""奖金，是资本主义搞法""大家都是正式职工，凭什么我拿得比别人少"等各种议论，纷至沓来，一时间压力重重，范崇武主导的企业改革面临夭折。湖南人民广播电台魏文彬、曾凡安等记者得知这一情况后，深入企业调研采访，以十一届三中全会为导向，采写了广播长篇通讯《汽车工业新一代的献身精神》，为范崇武厂长的改革鼓与呼，1983 年 4 月 4 日，报道在湖南人民广播电台《全省新闻联播》节目播出，成为触发湖南工业改革的第一声呐喊，媒体高频转载，社会热烈讨论。趁热打铁，5 月 15 日，湖南人民广播电台《全省新闻联播》节目推出魏文彬采写的后续报道《范崇武终于抬起了头》，热情歌颂企业家的改革精神。

回望历史，很多我们报道过的"第一声"已然成为坐标，见证了宣传战线广播人初心不忘、"导向金不换"的绝对忠诚。从生机勃勃的联产承包到热火朝天的企业改革、从如雨后春笋的"万元户"到欣欣向荣的市场经济、从团结鼓劲的正面故事到激浊扬清的舆论监督、从冰灾应急到抗洪救灾、从雷锋精神到杂交水稻、从奥运盛会到"神舟"飞天，湖南广播将改革发展的每一寸光阴都刻录在了电波里，为时代留声。

1980 年 1 月，湖南人民广播电台开办《广告与音乐》节目，播出了第一条商业广告——广州中药六厂的《喝感冒茶 治感冒病》，每分钟收费 12 元，播出了 40 次，共计广告费 480 元。这是湖南广播媒体意识的觉醒，宣传改革的湖南人民广播电台开始了改革宣传的探索与实践上发力。调频立体声、音频工作站、卫星传输、数字通讯，这些新技术助推湖南广播的改革宣传走上快车道。

1992 年 8 月 8 日，湖南经济广播电台（经济广播）开播，广播走出播音间，在长沙市当时最繁华的商圈，建起了直接面向听众的户外透明玻璃间直播间，神秘的电台暴露在"光天化日"之下，成为湖南省会长沙都市生活中的一道亮丽风景。20年时间，湖南人民广播电台综合广播、文艺广播、交通广播、金鹰之声、音乐之声、潇湘之声、旅游广播等 8 个频率先后开播，形成广播专业化、多频时代集群发展新格局，主流宣传、应急疏导、广告传播、特色定位、各展所长，直播、互动、线上节目、线下活动，改革浪潮中涌现出的广播新模式、新形式，承载着广播内容创新在探索与实践中赢得了广播的快速发展,赢得了广播更强的引导力、传播力和影响力。

2008 年 1 月，一场突如其来、百年不遇的冰雪灾害袭击湖南，交通大动脉堵塞、主电网中断、报纸送不出、电视看不了、电话打不通。危急时刻，湖南人民广播电台主动担当起把党和政府声音快速、准确传出去的主阵地重任，创立广播应急传播机制，交通频道牵引各专业频率，全天滚动播报冰雪路况信息、即时刷新民航、铁路、公路动态，广播由信息发布媒体提升为党和政府应急工作的空中指挥平台。1 月 29 日 11 点 10 分左右，时任中共中央政治局常委、国务院总理温家宝来到长沙火车站，指导抗冰救灾工作，看望、慰问滞留旅客，正在温总理身边采访湖南交通广播记者拿着电话大声说："温总理，我是湖南交通广播的记者，您来到湖南，有什么想对三湘大地的人民说的话吗？"温家宝总理转过头，接过记者的手机，亲切地说："湖南交通台，我是温家宝，向湖南全体干部职工转达党中央和国务院对他们的亲切问候。目前，我们遇到的冰雪灾害一定能够克服，请大家坚守岗位。把各自的本职工作做好，谢谢大家！"温总理亲切而坚定的话语通过湖南广播同步传遍三湘大地，鼓舞了抗击冰雪灾害的干部群众，被听众誉为"百年不遇的寒冬里，中华大地最温暖的声音"。

三、融媒时代：薪火相传　融创未来

新世纪，迎来了新时代的互联网新媒体，如何保持电子时代创造的传统广播辉煌、应对百年未有之大变局是新一代广播人需要回答的时代命题。党中央及时给出了"推动融合发展、建设新型主流媒体"的路标，展示出了媒体融合发展的美好前景。湖南广电抓住机遇，启动"广电一体化"改革，湖南电台实行"广播传媒中心制"，保留呼号和称谓，从管理上变更为"湖南广播电视台广播传媒中心"，以机制体制融合先行，为媒体融合发展搭桥铺路。

伴随着互联网、大数据、人工智能、5G 等前所未有的新技术，新媒体迅猛发展，在传播市场全方位挑起了一波又一波竞争。担当党媒使命的湖南电台以不忘初心的责任感主动迎接不可避免的挑战，坚决贯彻落实习近平总书记关"融合发展"的思想不动摇，在挑战中寻找发展的机遇。2017 年 7 月，新一届湖南电台中心党委决定，深耕广播的核心资源——声音，聚焦音频市场竞争力——内容生产与传播。以声音为原点，走出传统广播，创建多元化的音频市场舆论主阵地，不忘初心，传承使命，增强湖南电台舆论引导力；激活机制体制，创业新媒介市场主体，拓展更广阔的传播空间，增强湖南电台的影响力；以新技术赋能，推动音频内容生产的供给侧改革，建立"一人一频""一地一频"的精准服务，连接最广泛的音频客户网，提升湖南电台的传播力。

2017 年 7 月 18 日，湖南电台与拥有国内先进音频智能技术的科大讯飞达成合作，共同研发音频智能新技术在音频内容生产中的应用，2018 年 7 月 6 日，按市场运行方式，与科大讯飞组建运营音频产品的市场主体——芒果听见科技有限公司；2018 年 12 月 15 日，公司运营的新媒体产品——芒果听见 App 上线，将湖南电台的发展触角延伸音频新媒体市场的蔚蓝大海。

2018 年 2 月，与电子科技大学建立合作，引入大数据技术，改造内容传播；2019 年 10 月，运用 5G 技术，自行研发出"5G 智慧广播技术系统"，以人工智能技术重构音频内容生产和传播流程，实现音频内容产品"一键生成"的智能化生产、对主流声音宣传"一键推送"的智能化传播；2020 年 4 月，组建运营公司，将"5G 智慧广播"产品推向市场。

2020 年初，突如其来的新冠肺炎疫情袭来，湖南电台以创新的姿态主动而为，担当使命与责任，在运行机制上，将传统广播宣传与"村村响"广播、应急广播联动联通，在技术上加持新研发出"5G 应急广播系统"，打通广大乡村宣传的最后一公里，以"一地一频"的融合传播新理念为应急场景提供精准信息，成为抗击疫情

宣传舆论战的主力军，得到 5G 应急广播新技术赋能的"村村响"和应急广播系统以新的面貌进一步扩充和夯实了广播传播舆论主阵地的版图。

初心使命，薪火相传，是湖南电台人前行的信仰，融合发展，融创未来是我们踏上新征程的动力。在习近平总书记"加快推动媒体融合发展"思想的指引下，湖南电台将"以前是人找信息，现在是信息找人"的新理念具化成为"一人一频""一地一频""一景一频"的时代梦想，根植音频领域，在城市、乡村、社区、车载、出行、家居、应急和智能手机、智能音响等音频新媒体赛道上奔跑逐梦，创建多元化、全方位提供精准信息服务的音频融合传播网，将音频的融合传播媒体价值转化为主流价值、媒体价值、市场价值，让党的声音传得更开、传得更远、传得更深，用融合发展开创湖南电台的未来，为中国广播事业发展的光辉历程增光添彩！

山西广播：与时代同频　为三晋传声

王　劢　赵力琼　任志宏

　　时光荏苒，岁月留声，山西广播伴随着太原解放发出第一声呐喊，已走过了 70 多个春秋。不论革命建设年代，还是改革开放建设中国特色社会主义的新时期，山西广播始终屹立于时代潮头，坚守初心，牢记使命，一路辛勤耕耘，一路传声流芳，用广播话语记录、传播、见证着三晋大地翻天覆地的沧桑巨变，同时，其自身也在重重挑战和考验之中完成着从传统广播到新型主流媒体的"蜕变"。

一、新中国诞生前夜的初啼，划破夜空的灯塔

　　1949 年 4 月 24 日上午，人民解放军攻克太原城。战斗结束不久，城内硝烟还未散尽，以邯郸新华广播电台台长常振玉为组长的太原市军管会电台接管组，迅速接管了太原市东后小河 8 号院国民党广播电台。当天晚上，接管组就组织接管人员和旧电台留用人员抢修机器设备，大家只有一个心愿，就是尽早把人民广播的声音传播出去。

　　4 月 25 日晚上 21：50，伴着《渔光曲》的旋律，女播音员于明昭和吴砺坐在话筒前，呼出了人民广播第一声："这里是太原新华广播电台，周率 1270 千周，现在开始播音。"这清脆嘹亮的声音划破夜空，在新中国诞生的前夜，像初生婴儿的第一声啼鸣，宣告了山西人民广播事业的诞生，从此，山西人民当家作主的正义之声，通过红色电波传到千家万户。

　　1949 年 6 月 1 日，原新华总社语言广播部扩编为中央广播事业局，中国的广播事业脱离新华社成为单独的宣传系统，太原新华广播电台也随之更名为太原人民广播电台。1950 年 12 月 20 日，太原人民广播电台正式更名为山西人民广播电台。

　　上世纪五六十年代是山西广播事业快速发展的黄金时代，第一代山西广播人在极其艰苦的条件下，迅速建成了全省中波广播与农村广播网。1959 年国庆 10 周年前夕，省电台的 150 千瓦大功率发射机和 136 米高的发射铁塔同时投入使用，扩大了广播覆盖面积，使省电台和中央电台的广播进入了全省城乡千家万户。1966 年至 1980 年，以建设"四山一洞"为标志，进一步扩大覆盖，在山大沟深情况下构架有效的发射接收体系，山西广播走在全国的先进行列。

　　总体而言，山西广播成立后的前 30 年，始终在党的领导下，成为党和人民的喉

舌耳目，也是党和政府密切联系群众的桥梁纽带。从土地革命、抗美援朝、贯彻党在过渡时期总路线到全面建设社会主义时期，紧密围绕各个不同历史阶段党的中心工作开展新闻宣传，推出了一大批深受听众喜爱、社会影响极大的广播节目，特别是对工业战线先进人物王贵英、甄荣典、马六孩、赵大庆和农业战线先进人物李顺达、郭玉恩、吴春安、申纪兰、吴吉昌、陈永贵等典型宣传，至今仍留在人们的记忆中。

二、踏着改革开放的时代节拍，在创新中蜕变

党的十一届三中全会确定把工作重点转移到经济建设上来，拉开了中国改革开放的序幕。山西广播伴随着我国社会经济由计划经济向社会主义市场经济转型，始终处于时代大潮的风口浪尖，在改革与创新的探索中，一步一步完成由单纯的宣传单位向集喉舌、公共服务、产业发展"三位一体"的现代主流媒体的"蜕变"。

广播新闻创新创优，创造了"山西经验"

八九十年代是山西广播理想高昂、激情燃烧的一段岁月。一大批长在红旗下、经历过上山下乡的"老三届""老知青"，高考恢复后接受过高等教育的大学生以及来自各行各业的菁英，陆陆续续来到山西台，为山西广播队伍注入了新血液和新活力。

把广播搬到户外去，打破地域界限，办"没有围墙的广播"，让广播无处不在，小情大事、时时处处都有广播的声音和广播人的足迹，一直是这一代广播新闻人苦苦追寻的目标和探索的课题，在山西广播新闻史乃至于中国广播新闻史上创造了许多"新纪录"，也成为山西广播新闻宣传的致胜法宝和优良传统。

1985 年，山西人民广播电台记者张敬民、马小林沿昔日晋西北穷苦百姓逃荒"走西口"的路线徒步采访，历时 82 天，行程 1000 多公里，足迹遍及晋、陕、蒙三地，走访了几百人，以亲身经历感受和表达改革开放后晋西北农村的变化，他们采制的饱含激情的广播专题特写《难以忘却的歌声》获得联邦德国第十届柏林未来奖特别奖。1993 年 4 月 8 日，长城广播扩展为 24 小时全天候播音，在中国北方第一家实现全天候直播，被专家们誉为"南有东方，北有长城"。1995 年，长城经济广播组织《长城人家》大型采访活动，历时 3 个月，深入晋、陕、蒙 25 个县市，行程 11162 公里，播发 150 多条消息、70 多组专题节目。同年，山西广播联合冀、鲁、豫、苏、皖五省电台以及珠江经济台跨省联合共同推出《抗战老区南北行》大型采访活动，行程总计 10000 多公里，形成强大的宣传合力，受到中宣部的重视和肯定。

此外，山西广播新闻节目实行滚动播出，大量增加正点新闻和带音响的报道、现场口头报道、现场直播以及电话采访等形式，突出了短、快、新、活、汇的优势；专题和文艺节目采用"主持人"形式播出，新闻、专题、文艺推行直播节目，让节目主持人与听众双向交流，充分发挥了广播的社会服务功能；健康之声广播作为全国首家医疗卫生专业广播，把健康信息和服务带给听众；探索节目质量管理改革，

创立和实施了《山西人民广播电台节目质量管理体系》等等。山西广播无论是在节目创新还是制度管理等方面都在全国广播业内开了风气之先，并获得广泛赞誉。

加快广播事业建设，形成了"山西样本"

1981年12月20日，山西广播电台6部1室从后小河搬到位于迎泽大街318号新址，揭开了山西广播崭新的一页。30多年来，电台采制和播控设备经历了从电子管、半导体晶体管、集成电路到数字电路；广播节目录制技术从单声道、双声道发展到多声道（多轨）和立体声技术；广播信号传输从模拟技术发展到数字技术；广播频率由1个发展到8个；广播节目覆盖由太原市区扩大到全省及周边地区达6000多万人；广播节目制作、播出、存储等环节全面实现了数字化、网络化。

推进广播产业发展，走出了"山西路径"

山西广播在发展战略上，根据自身的资源禀赋和地面广播的特点，紧密结合山西经济及区域市场的实际，在广播媒体市场化运营产业化发展上努力探索一条适合自身发展的路径；在媒体运营上，始终坚持节目立台和内容为王战略，以新闻为主体以专题、文艺为两翼的节目结构，以优质的节目和富于公信力的平台服务实体经济发展；在节目形态上，率先探索多样化的娱乐性广播节目样态及运营模式，不论是长城广播的热线互动节目《快乐电话》《幸运转盘》，城市之声的益智竞猜节目《步步为赢》，还是文艺广播首创的脱口秀节目《关不掉的RADIO》《爆棚三人组》等节目，都曾让人们听觉一新，也促进了广播广告收入持续增长。

三、新时代再出发，在媒体深度融合中浴火重生

党的十八大以来，习近平总书记带领全党全国各族人民开创了中国特色社会主义新时代。移动互联网和智能技术突飞猛进，彻底打破了原有的信息传媒行业边界，人们更加青睐多元化的内容，渴望全方位打开感官接收信息，这既给广播媒体带来了严峻挑战，也为传统广播转型带来了重要机遇。山西广播站在新时代起点上，张开怀抱拥抱互联网，在与新媒体深度融合中重塑自我、获得重生。

提升"话术"，创新业态，向融媒全媒转型

随着互联网技术迭代升级，各种新媒体新业态层出不穷，促使山西广播新闻人开始"触网"。山西综合广播2010年就全员开通微博推送节目内容，很多节目的微博粉丝达到10万以上，单条阅读量最高达到1000万。2014年8月，中央出台《关于推动传统媒体和新兴媒体融合发展的指导意见》，将传统媒体与新兴媒体融合发展上升为国家战略。山西台各广播频率都成立了新媒体部，微博、微信成了各节目栏目的标配，一些节目组和主持人还在各个垂直领域开通大量微信公众号，形成了上百个在本土有一定影响力、较高活跃度的微信圈和社交媒体群。

山西广播一直紧跟新媒体迭代的脚步，不断拓展融媒业态的空间。2015年，山西综合广播借助有赞平台，成立了904微商城，采用节目推广、手机端微信公众号

接入、商场下单销售的模式，不到一年销售额达到73438元。2018年开始尝试短视频、直播等业务，通过"黄河plus"客户端，以日常节目、特别节目、活动现场等场景方式开展了"主播带你赏花季""主播带你品美食""主播带你看非遗""人间四月读书天""致敬青春云朗诵"等一系列直播活动，吸引了大量受众参与，有的已成为在全省具有较高知名度和影响力的品牌直播活动；2019年开通抖音、快手公号，一年间粉丝数已突破10万人，单条最高阅读量1968.3万。

山西广播经过几年努力，已形成了多平台、多终端、多形式的新媒体矩阵。在节目理念上，从策划、制作到播出全流程贯穿全媒体传播理念，引入多种新媒体传播手段，将广播节目打造为全媒体服务节目；在传播平台上，节目主打频率主平台，同时在山西网络广播电视台首页设置"实时收听"和"点播回听"专栏，并积极入驻"蜻蜓""喜马拉雅"等网络音频平台，还通过"央视新闻+"、腾讯视频、花椒直播、新浪微博等引入视频直播，扩大了广播节目传播的覆盖面；在传播话语上，运用新媒体工具将广播节目内容转换为音频、图文、视频等多种产品，还以视频直播、小程序、H5、小视频制作、海报等多种形式，丰富了广播话语，增强了广播融媒节目的表现力传播力；在运营方式上，积极探索和推广工作室制，以制片人、主持人为核心孵化了一批融媒工作室，促进了内部人力要素优化配置，激发了节目制作团队的活力，提升了融媒产品生产率。

提升传播力影响力，向新型主流广播媒体转型

近年来，山西广播深入贯彻习近平总书记关于媒体融合和打造新型主流媒体的系列论述，通过资源整合、流程优化、平台再造，加快推动传统广播与新兴媒体一体化发展，逐步从"相加"迈向"相融"，进行着从传统广播媒体向新型主流广播媒体的蜕变。

处于蜕变中的山西广播，在功能定位上，始终坚持党和人民喉舌的根本性质，坚持以人民为中心创作导向，发挥文化建设的主阵地、主力军、排头兵的作用，在围绕中心服务大局中充分彰显主流广播媒体"举旗帜、聚民心、育新人、兴文化、展形象"的使命任务。2020年面对新冠肺炎疫情给农产品带来的滞销影响，山西综合广播先后组织了"吕梁名特优功能食品带货季直播""为方山农产品打call"等28场直播带货活动，平均收看量70多万人次。山西交通广播通过微信公众号、抖音和看点直播等平台连续推出"药茶直播""晋心晋力 攻坚扶贫 山西联通BOSS天团扶贫直播"等系列直播活动，为助力湖北抗疫、服务本土脱贫攻坚决胜战贡献了山西广播力量。山西农村广播以服务三农为核心，打造了《人说山西好特产》《惠农直播间》等品牌节目和"第一书记年货节""好特产代言人大赛"等品牌活动，并持续进行电台流动直播、融媒体矩阵报道，搭建"农产+媒体+电商"多元互动、多方共赢的新型对农服务平台，实现了社会效益和经济效益双丰收。

2020年6月30日，中央全面深化改革委员会第十四次会议审议通过了《关于

加快推进媒体深度融合发展的指导意见》，提出了广播媒体进行融媒转型"打造融合型新型广播主流媒体，为构建主流舆论格局、建立全媒体传播体系、占据传播制高点贡献广播力量"的目标任务要求，进一步为传统媒体与新媒体深度融合指明了方向。山西广播站在新起点，一定会抓住新机遇、立足新方位、找准新坐标，用深化改革破解难题，用媒体融合重塑自我，完成由传统广播媒体向"新型区域主流广播媒体"的蜕变。

（作者单位：山西广播电视台）

求变求新，与时代同行

——纪念中国人民广播事业80华诞·四川篇

四川广播电视台

1952 年 10 月 1 日，一个崭新的声音将巴蜀大地唤醒。四川人民广播电台，这个以川西人民广播电台为基础，与川南、川北人民广播电台合并组建的人民广播电台正式开始播音，巴蜀大地上空，从此能听到成都的声音、北京的声音、祖国各地的声音。

在新中国的怀抱里出生，在中国共产党的引领下成长，68 年如一日，始终把人民放在心中。从最初的每天播出 8 小时 15 分钟，发展到 8 个频率 9 套节目每天共计播出 186 小时 35 分钟，从 133 人的队伍，壮大到如今的 437 人，从宣传引导、资讯服务，到救灾应急、产业延伸、融合创新，四川人民广播电台与时代同呼吸，与祖国共命运，植根厚重的热土，把四川的声音传遍巴蜀，把中国的故事讲给世界。不论光辉岁月，还是大考关头，始终不忘来路，不改初心。

1952 年 ~ 1978 年，新的生命破茧而出，历尽考验。有嘹亮的初啼，有短暂的沉默；有新生的喜悦，有濒死的考验。那时，收音机是稀有的奢侈品，"无线电广播是群众性宣传教育的最有力的工具之一"。以"发布新闻""传达政令"为主要任务，四川人民广播电台发出崭新的声音。

从 1952 年 10 月建台到 1953 年 5 月 30 日，四川人民广播电台自办《重要新闻》和《新闻评论及其他》两个新闻栏目；1955 年，编辑部配备了 31 名记者到全省地、市、州驻站，为台里提供地方重大新闻、通讯、录音报道；同年 10 月，藏语广播开播；1956 年至 1957 年，文艺广播固定挂牌节目增加到 16 个。

1952 年底，中央广播事业局召开建国后第一次全国广播工作会议，提出了重点建设、稳步前进的方针和"精办节目"的口号。四川台建台伊始便意识到什么是节目的质量标准。

1958 年以前，四川人民广播电台播音员还需要为民航飞机导航，只要在电台不播音的时间，播音员放送唱片，并连续播报两次台号，如此循环，有时通宵达旦。这支队伍良好的素质开始养成，铸就的品格传承至今。

这是一段激情燃烧的岁月，人民广播受到高度重视，党和国家领导人多次指示批示。1962 年，毛泽东同志指出"广播电台要在任何情况下都能各就各位，坚守岗位，正常工作，安全播音"。1965年，毛泽东同志题词："努力办好广播，为全中国人民和全世界人民服务"。川台人备受鼓舞，政治意识、大局意识愈加坚定，责任心、使命感深深扎根。

1978年～2000年，"坚持自己走路"，广播闯出广阔天地。以"新闻立台""特色强台"为思路，川台人以极大的创新精神，立足巴蜀省情，用声音书写改革开放的进程。

党的十一届三中全会以后，四川人民广播电台贯彻第十次全国广播工作会议提出的"坚持自己走路"方针，开始一系列节目改革。针对新闻节目，特别强调自办，主要播发自己的编辑、记者采编的稿件，加强带声报道，充分发挥广播的优势，使新闻节目基本上摆脱了报纸"有声版"的状态。1983年开始，更是着力于"新、快、短、深、广、活"大刀阔斧深化新闻节目改革，形成《四川新闻和报纸摘要》《全省广播台站联播》《四川新闻》等6种挂牌节目。80年代末，更提出以新闻改革为主体，实行编采播一体化，带动广播宣传全面改革的思路。

在新闻改革的同时，这片"包产到组"诞生的土地上，几经改革、形式多样的对农节目，唤醒了这个农业大省农民兄弟们前所未有的热情。在巴蜀大地的田间地头，有大喇叭的地方就有人听《李民信箱》，没有人不知道"农民兄弟的知心朋友"——这档节目的主持人李民。

广播的改革也体现了四川深厚的文化底蕴。1982年，四川人民广播电台着手改编、录制并播出108集全本《三国演义》广播连续剧，该剧被有关专家誉为新中国成立以来广播剧罕见的鸿篇巨制，先后在全国和四川省荣获特别奖、一等奖、"五个一工程"荣誉奖，并在多家电台播出，掀起一股"三国热"。植根西部文化大省，创作灵感取之不尽。

同样，川台人改革进取的动力也取之不尽。"珠江模式"的兴起，为改革发展面临峻挑战和机遇的广播提供了成功范本。1991年，四川经济广播电台开播，以大板块小栏目构架和主持人直播双向交流的方式，打造了第一个专业频率。正值海湾战争爆发，经济台高密度即时插播战况，迅速掀起"经济台热潮"。人民群众对收音机的需求使得人民商场、百货大楼等成都大型商场积压几年的各种收音机一夜脱销，商家不得不从外地调入收音机救急。此后，四川信息广播电台、四川证券广播电台、四川岷江音乐台、四川健康之声等5个系列台相继开播，各种专业台、系列台应运而生，主动顺应该时期广播变"窄播"的趋势，四川台开启了值得铭记的发展历程。

2000年～2013年，互联网技术将传统广播卷入新的浪潮。广播借助互联网和自身技术的迭代，变革以图存。在艰难的蜕变时刻，不断提升党媒影响力、公信力、传播力，川台在舆论引导、政务公开、应急响应中强力发声。

2000年前后，川台调频广播极大发展；2001年，借助国家在西部实施广电覆盖"西新工程"，四川台在全省尤其是藏区的覆盖极大提升。9 个播出频率分别采用卫星、中波、短波、调频、互联网等多种手段传输，四川有效人口覆盖率超 97%。电波飞架空中蜀道，听天府神韵，传时代强音。

这一时期，四川台事业与产业发展水平均居西部各省市（自治区）电台前列，经营创收总量在西部 12 家省级电台中位居前列，逐步成长为中国西部事业基础好、实力强、影响大的广播强台。既当好喉舌，引导舆论，又贴心服务，关注民生。《天府早新闻》《阳光政务》等品牌节目，《西部广播的春天》《站在"9+2"的前沿》等中国新闻奖获奖作品，在这个时期留下奋力探索的脚印。

2008 年 5 月 12 日，阿坝州汶川县发生里氏八级特大地震，四川台第一时间投入救灾报道，发挥广播在大灾面前无可比拟的独特优势，用新闻拯救生命，用新闻传递力量，在公共危机中努力践行媒体责任，在抗震救灾和灾后恢复重建中出色体现了担当精神。

在前所未有的灾情中，"震不断的电波"为灾区人民撑起希望，也在中国广播发展的岁月长河里，留下非同寻常的声浪。震后 7 天，新闻频率主导推出大型连线直播节目"我们在一起"，全国 31 家省级电台和香港、澳门电台参与连线直播，节目长达 11 小时，集中展现了全国人民声援四川灾区，携手抗震救灾的民族精神，受到全国强烈关注。震后 10 天，交通频率与全国 72 家交通广播连线，联合推出长达 13 小时的大型同步直播节目"我们心连心"，鼓舞人心，凝聚力量，将抗震救灾宣传再次推向高潮。特殊关头，跨越大江南北、声势空前磅礴的直播合作，也为此后全国广播的大手笔合作、大规模直播带来了崭新启示。

正是因为这场灾难，应急广播呼之欲出，取得国内业界学界共识，建立国家应急广播体系也被纳入国家"十二五"规划中。

2013 年 ~ 2020 年，全面建成小康社会的蓝图绘就，中国，正开启新时代新征程。在筑梦的豪迈中，广播人也秉持一份冷静，一份清醒。"只有顺应历史潮流，积极应变，主动求变，才能与时代同行"。时代赋予的使命，传统媒体的困境，磨砺出新时代川台人。以改革为动力，以媒体融合赋能，川台把时代强音传遍巴蜀，把中国故事讲出国门。

从建台开始，求变求新，便已是川台最为活跃的动能。

2010 年，四川人民广播电台和四川电视台合并为一个播出实体。以宣传为中心，牢牢把握正确的舆论导向，大力发展广播电视事业和产业，努力建设"西部第一，全国一流"的现代文化传媒。前路浩荡，风疾草劲！

68 年求变求新，当年的四川人民广播电台逐步发展完善，顺应时代的要求、人民的期盼，川台形成日趋科学的组织和节目生产播出架构。以新闻频率、民族频率为主阵地，形成强大宣传平台；以交通频率、经济频率、天府之声为主骨架，形成完善的信息服务平台；以岷江音乐频率、城市之音、文艺频率等为主支撑，形成文艺娱乐分享平台。同时，依托交通频率建立的应急广播功能日趋强大，在突发公共危机中发挥着日益重要的作用。近年筹建的融媒体中心蓄势待发，以新技术新理念为传统广播赋能，作为川台主打的音频新媒体，"熊猫听听"APP具有鲜明的广播特色，同时也在探索广播+视频的可视化新路。

党的十八大以来，四川广播电视台坚定以习近平新时代中国特色社会主义思想为指导，认真落实中央、四川省委关于宣传思想文化工作的总体部署，自觉承担起"举旗帜、聚民心、育新人、兴文化、展形象"的使命任务，聚焦"出作品、出人才、出效益、树品牌"总目标，坚持稳中求进、守正创新总基调，对内深化改革、对外开放合作，着力融合发展、转型发展，迈入新的发展阶段。

努力把川台建设成为以广电为主业、多元化布局，具有强大传播力、引导力和产业竞争力，具备良好自我造血机能和产业发展基础，在西部名列前茅、在全国具有重要影响力的综合性现代文化传媒集团——置身新时代的历史坐标，对标川台高质量发展的新目标，广播人奋力用行动作答：主题宣传强势有力，融合传播优势蓄积；应急报道准确及时，舆论引导有力有效；涉藏宣传扎实开展，舆论影响持续扩大；精品节目全面推进，内容生产能力持续强化；跨界融合步步深化，频率转型取得重要成果；多元经营危中寻机，新的产业增长点正在形成。

从2013年到2020年期间，从党的十八大到十九大，从"建设美丽繁荣和谐四川"到"全面脱贫奔小康"，川台广播人不断增强脚力、眼力、脑力和笔力，保持人民情怀，记录伟大时代，讲好四川故事，不断拿出冒着热气、带着露珠、透着温度的好新闻、好作品。

广播录音消息《总理向我问灾情》获第二十四届中国新闻奖一等奖；广播专题《回家》获第二十九届中国新闻奖一等奖、第四届亚洲–太平洋广播联盟气候行动和灾害防范奖评委会特别奖；大型原创广播剧《迫降》获全国"2019年度优秀网络音频节目"、四川省"五个一工程"奖；广播剧《撤离》获第四届国际亚广联气候变化与减灾防灾大会最佳广播节目大奖；融媒微广播剧《心愿》，获全国微广播剧优秀作品奖。

紧扣习近平总书记来川视察一周年、庆祝新中国成立70周年、五四运动100周年等重大节点，聚焦一带一路、长江经济带、成渝双城经济圈建设、新时代西部大开发、2020年全面建成小康社会、夺取疫情防控和经济社会发展"双胜利"等大事大势，川台广播整合资源、创新方式、融合传播，形成强大主流舆论场。

西成高铁首发，川台交通频率与陕西交通广播合作，开展2小时融媒体特别直播"中国速度·双城时代"，联合成都铁路局承包了首发班列一节车厢，征集听众全程体验，在"一直播""花椒直播""熊猫听听"和"四川观察"等融媒体平台进行视频直播，累计观看人数近10万人。

抗击新冠疫情，川台新闻频率与交通频率推出56期融媒体音视频《沙画声音日志》。央视《东方时空》以 7 分多钟时长进行转载，央视新闻客户端、国际在线等主流媒体也纷纷转载《沙画声音日志》。作品还在央视新闻微博推出，以《驰援武汉医生的沙画日记》为话题，点击量突破 2000 万次。

在突发事件中，广播应急报道、融合传播，及时回应社会关切，有力引导社会舆论，充分发挥了主力军作用。2018 年国庆大假，上千台车因大雪被困折多山，川台交通广播及时连线交警、消防，持续跟进报道抢通进展，引导车辆有序分流。微信推文《甘孜境内突降暴雪！折多山告急！》阅读量近 40 万人次。

近年来，川台精心策划一系列大型新闻行动和精品力作，与民族地区的发展振兴同频共振。2013 年，"巴蜀万里行—走进三州　见证跨越"大型广播电视主题采访活动，足迹遍布甘孜、阿坝、凉山州 30 个民族聚居县，行程长达 1 万多公里，途中翻越了五千米以上的雪峰 5 座。以声音、文字、图片、视频并茂的形式，以藏、彝、汉几种语言作为报道载体，充分展现四川民族地区的历史性巨变，受到各族听众好评。2014 年，中宣部《新闻阅评》以"四川民族广播贴近各族群众写新闻做节目，近期一批优秀作品很受听众欢迎"为题，反映四川民族广播在少数民族地区不可替代的作用。2015 年，联合全国五省区电台推出大型新闻行动《喜迎 19 大　藏区万里行》，足迹遍布五省（区）70 余个藏族乡镇村寨，在四川、甘肃、云南、青海、西藏策划推出系列现场直播 5 场。

"文化兴国运兴，文化强民族强。"党的十八大以来，川台以高度的文化自觉引领广播主流价值，探索新闻立台、人文强声双驱动的价值路径，精心打造文化类品牌节目、经典活动，构筑跨界传播的文化栏目旗舰阵地。2015 至 2017 年，岷江音乐频率和四川省非物质文化遗产保护中心合作，聚焦非遗中的民族优秀音乐精品，历时两年，行程 1 万多公里，完成了《寻找天籁之音 --- 四川省非物质文化遗产声音档案》项目。2017 年 6 月 10 日，在第六届中国成都国际非遗节上，岷江音乐"寻找天籁之音——四川省非物质文化遗产声音档案视听展"惊艳亮相四川非遗馆。2018 年，川台新闻频率《这里是四川》栏目获得四川省委常委、宣传部长甘霖亲笔批示肯定："用声音来留住和传播文化是一个有益的尝试，四川人民广播电台新闻频率做的工作值得充分肯定。"

在做精做优重大主题宣传，集中力量办好重点节目，持续打造精品力作，为推动治蜀兴川再上新台阶、实现全面建成小康社会目标任务营造良好舆论氛围的同时，川台广播频率立足媒体融合的大方向、文化产业的大格局、传统媒体的大趋势、宏观经济的大背景，锐意改革，砥砺奋进。

迎难而上，危中寻机，广播内容生产的融合优势正在孕育，新的产业增长点也正在形成。

2018 年，川台天府之声推出人工智能主持人，打造智能化广播，开创了川内首家"人工智能语音播报路况"的新模式；同年，城市之音与四川人民艺术剧院首次跨界合作打造话剧《声音·聆听》，创造了场场爆满的盛况。

2019年，四川旅游生活广播调整为四川新闻广播，成功完成机构调整和人员分流，进一步强化了四川新闻广播作为广播舆论宣传主力军和主平台的作用；同年，广播新媒体商业化运营初见成效，交通频率FM101.7、城市之音FM102.6以及熊猫听听app实现创收，其中，交通频率官微实现经营创收110万元。这一年，经济频率与"熊猫听听"联合打造的《大龙燚 过年红直播》《小龙坎春节直播》《大嘴20年直播》《嗨椒堂+炸蛋超人》等多场跨品类直融，市场反响热烈。

"知常明变者赢，守正创新者进"。1952年的声音，跨越时空，叩响新时代的大门。跨越68年，2020年的川台，正以时不我待的奋进姿态，开创全面建成小康社会之年的工作新局面。只争朝夕，不负韶华，奋进新时代浪潮，逐梦新型主流媒体，川台必将声而不凡、声动未来！

小广播　大作为

——四川应急广播创新基层治理的探索与实践

李　酌

党中央、国务院将应急广播体系建设列入国民经济和社会发展"十三五"发展规划、国家"十三五"推进基本公共服务均等化规划,中办、国办印发的《关于建立健全基本公共服务标准体系的指导意见》提出,"为全民提供应急广播服务,保障广播电视节目有效覆盖"。聂辰席同志在全国基层应急广播工作推进会上指出,应急广播体系建设是建强基层宣传思想阵地、有效传播党和政府声音的政治工程,是提升国家应急管理能力、保护人民群众生命财产安全的社会工程,是服务乡村振兴战略、助力精准脱贫的民生工程,是保障人民群众基本文化权益、满足群众美好生活需要的文化工程。

四川是一个自然灾害多发的省份,灾害种类多、分布地域广、发生频率高、灾害损失重,严重危害人民群众生命财产安全。近年来,四川广播电视局坚持以习近平新时代中国特色社会主义思想为指导,按照党中央、国务院和国家广电总局决策部署,将应急广播建设、管理和使用与地方党委政府基层治理、应急管理、政策宣传、政务服务等有机结合,加快推进全省应急广播体系建设,取得积极成效,探索出了一条具有四川特色、符合基层实际的路子,受到基层干部和群众普遍欢迎。

经历过"5·12"汶川特大地震、"4·20"芦山强烈地震的四川灾区群众和基层干部,亟盼应急广播建设。2013年,国家广电总局决定在四川开展应急广播体系建设试点,四川省迎来了应急广播"村村响"建设的良好机遇。作为全国第一个启动应急广播体系建设的省份,四川省委省政府高度重视,将应急广播"村村响"列入防灾减灾专项规划和扶贫攻坚工作,列入民生工程和基层公共文化建设重要内容加以推进。从2012年起,省级财政将广播"村村响"建设纳入了补助范围,按建设经费每个行政村2万元、贫困村3万元,运行维护经费每年1000元给予重点保障。芦山"4·20"地震灾后恢复重建期间,安排1.3亿元建设受灾地区市、县应急广播系统。中央补助四川省1.5亿元建设44个深度贫困县应急广播体系。近年来,各级财政安排资金15亿元,四川省已建成省级应急广播平台,2个市级、94个县级应急广播平台和4.6万个村级广播系统。

一是在提升政府应急管理能力方面,应急广播发挥了"轻骑兵"的作用。四川面积辽阔、人口众多，自然灾害种类多、发生频度高，社会公共安全等领域突发事件也时有发生，这对做好应急处置、维护社会稳定提出了更高要求。广播具有覆盖面广、方便快捷、抗损毁能力强等优势，在加强灾害预警、发布权威信息、协调救援指挥、灾后心理重建等方面有着不可替代的特殊作用。2013年，"4·20"芦山强烈地震发生后，雅安市名山区马岭镇全镇总共1.1万余人当天通过应急广播紧急疏散的就达7000人以上，被新华社等多家媒体报道，受到时任中央领导肯定性批示。2019年，"6·17"长宁地震，广播电视地震预警系统提前10秒向宜宾市预警，提前61秒向成都市预警，受到群众广泛赞誉；"8·22"雅安市发生特大暴雨洪灾，市、县两级应急广播系统第一时间运转，村民说"听到广播通知，我们赶紧往山下跑，人就安全了。"小广播起到了"人心稳定器"的作用。巴中市恩阳区将应急广播系统与县级融媒体中心建设统筹推进，与广播电视媒体深度融合，应急信息通过媒体"中央厨房"向新媒体平台快速推送、交互式传播，有效提升了应急广播节目的丰富性时效性和政府应急信息传播力影响力。

二是在建强基层宣传舆论阵地方面，应急广播发挥了"宣讲队"的作用。分布在田间地头的"大喇叭"与基层群众具有天然的联系，广播内容通过充满泥土气息的语言和贴近群众生活的编排，能更加入耳、入脑、入心，使中央的声音"一竿子插到底"，传入基层、飞入农村、进入家庭，让基层干部群众听得懂、能领会、可落实，从而更好地统一思想、凝聚力量。四川多个地区探索利用广播"村村响"开设"农民夜校"，将习近平新时代中国特色社会主义思想分门别类制作成深入浅出的小专题，在晚间固定时段播放，取得了良好宣讲效果。芦山县探索"六学五讲一转"，即通过应急广播学精神、学政策、学技术、学三治、学好人好事、学歌曲，领导讲、专家讲、部门讲、村长讲、群众讲，转重要新闻，深受基层干部群众的欢迎。基层在开会传达党的方针政策时，通过广播同步播出，提升了学习传达效率，确保了政策传达不走样。基层干部反映，群众眼睛可以合上、嘴巴可以闭上，但是耳朵不能关上，政策天天播日日讲，用群众身边的事，教育身边的群众，潜移默化地宣传引导的效果非常好。四川省深度贫困县大多位于甘孜、阿坝、凉山州等少数民族聚居地区，应急广播对于维护藏区、彝区经济社会发展和安定团结还具有十分重要的政治意义。

三是在推动基层乡风文明建设方面，应急广播发挥了"吹鼓手"的作用。应急广播具有使用方便和成本低廉的优点，对于这些遍布山野间的"泥话筒"，基层干部普遍"习惯用""善于用"，应急广播因此被形象地称为"书记的嘴""干部的腿"。通江县用好致富、时政、应急、廉政、文化"五只小喇叭"，助力乡村振兴大战略。部分地方还通过应急广播自办节目，评选好夫妻、好婆婆、好媳妇、好儿子，以家风带动乡风、村风、民风文明进步。基层干部认为，最严格的监督就是公开，通过广播好事点名，坏事点现象，大事进行公示，这是广播在助推基层治理中发挥的特殊作用。巴中市恩阳区万寿村通过广播，以点现象的方式批评某组村民违反乡约村规操办红白喜事，大力宣传新时代文明乡风，该村大操大办红白喜事的数量大幅下降，收受大额红包的陋习逐年减少。广元市昭化区柳桥乡通过"广播天天响、书记天天讲"，选取身边真人真事"以案说法"，使乡村"脏乱差""等靠要""怒争骂""忤逆徒"四大现象明显改观。昭化区柳桥乡纪委书记反映，通过广播把党的政策传到千家万户，群众的思想通了、心气顺了，信访量大幅降低，该乡从上访量全区第一，到 1 年内征地 3700 亩、拆迁房屋 135 户，无一例上访，一跃成为乡风文明先进典型。

四是在推进政务服务便民利民方面，应急广播发挥了"千里眼"的作用。如何运用应急广播系统打通政务服务"最后一公里""最远一家人"，一直是四川努力的方向。珙县应急广播平台与城市数字信息管理服务中心共建共享，主动融入智慧城市建设，为应急指挥、便民利民、绩效监察和政府决策提供了数据支撑。岳池县将应急广播系统建设与"雪亮工程"统筹实施，提升了资金使用效益，拓展了服务基层和群众的功能，该县老百姓亲身经历的"偷西瓜"的故事，就是个典型例子："雪亮工程"监控发现村里偷西瓜的贼，村干部迅速通过应急大喇叭呼叫村民合力捉到了贼，大大提升了老百姓安全感。巴中市恩阳万寿村一名 4 岁孩童走失，通过广播发动全村村民帮助寻找，终于在高速路出口找到了孩子。广播还被基层干部用来及时提醒村民缴纳社保医保、参加免费体检等便民服务信息，发布当地农牧种植业的实用信息技术，成了当地经济发展的"信息库"。成都市双流区利用社区资源，布设集智能门禁、社区安防等多功能于一体的应急广播系统，提升了基层组织应急响应能力和社区居民防范和应对灾害能力。部分地区借助广播"村村响"平台与政府部门、电力、医院、房产等部门合办节目，实现了公益性创收，激活并拓展了便民服务功能。

此外，四川省不少地方还利用广播为村民点播生日祝福，播放当地群众喜闻乐见的广场舞、地方戏等文艺节目，丰富基层群众的精神文化生活。在基层调研走访中，村民们深情地把广播比作山坡上开满的"小喇叭花"。有老年人反映，岁数大了耳朵不好，有时候听不大清楚村广播，要是每家屋里都安一个喇叭就好了，希望"村村响"升级为"户户响"。中宣部"学习强国"学习平台报道了广元市昭化区"广播书记"邢显锟运用广播助推乡村发展的故事，称其用"大喇叭"播出了"乡村振兴最强音"，邢显锟将应急广播在当地基层治理中发挥的作用浓缩成 5 句话——"政策法律宣传主阵地、中心工作开展动员令、乡风文明改善助推器、实用技术推广大讲堂、应急事件处置警报器"，道出了基层干部对广播推进基层治理重要作用的深刻认识和生动实践。

党的十九届四中全会明确提出"坚持和完善中国特色社会主义制度、推进国家治理体系和治理能力现代化，是全党的一项重大战略任务"，要求更加重视运用互联网、大数据等现代信息技术手段提升治理能力和治理现代化水平。习近平总书记在第四届中国－阿拉伯国家广播电视合作论坛的贺信中，对推动媒体融合发展，打造智慧广电媒体，发展智慧广电网络提出殷切希望。国家广电总局提出智慧广电发展战略，推动广播电视行业深度融入经济社会发展。

党中央对推进国家治理体系和治理能力现代化的重要部署，习近平总书记对于广播电视工作的重要指示，国家广电总局对应急广播体系地位和作用的重要判断，以及四川近年来的探索实践都证明，应急广播作为传统广播电视媒体在基层的延伸，是新时代极富政治性、文化性、先进性、群众性的基层治理手段，在基层群众中具有天然的亲和力、贴近性，是开展主流舆论宣传、加强思想政治教育、更好凝聚人心的重要平台，在丰富治理载体，创新治理模式，提升治理效能，吸引公众协同参与等方面具有独特作用。

同时，应急广播作为智慧广电的重要内容，兼具智慧广电媒体和智慧广电网络的双重属性，被科技赋能后具有更加强大的传播功能。5G 时代新技术赋能应急广播发展，智慧应急广播在创新基层治理中使命光荣，责任更加重大。"十四五"规划中，四川将按照国家总体要求，加快建立健全适应媒体融合发展方向的应急广播技术体系、运行管理体系、保障体系，到 2025 年全面建成省、市、县、乡、村，多级联动、调度灵活、分级负责、手段多样、覆盖城乡、快速准确、安全可靠、保障有力的全时段、全天候、全方位的智慧应急广播体系，增强各级党委、政府应对突发事件的应急处置能力、应急宣传能力，为人民群众提供更好的应急广播服务。

（作者系四川省委宣传部副部长，四川省广播电视局党组书记、局长）

风雨同舟六十载　砥砺前行谱新篇

——记西藏广播事业发展历程

西藏广播电视台

1959 年 1 月 1 日，西藏人民广播电台正式开播。60 余年来，经过数代广播人的艰苦努力和团结奋斗，西藏人民广播电台由弱到强，逐步发展壮大。广播频率由最初的 1 个发展到现在的 5 个，并顺应时代发展需要建起网站、移动客户端、微信公众号等新媒体平台。目前，自办广播栏目 90 余个，用藏、汉、英和藏语康巴话方言每天播音 90 小时 25 分钟，全自治区广播人口综合覆盖率从 1959 年的 12% 提高到 2019 年的 96.2%，年译制量由最初的 365 小时，发展到现在的 12000 小时。

60 余年来，西藏人民广播电台牢记党和人民的嘱托，紧紧围绕自治区党委、政府的中心工作，坚持团结稳定鼓劲，正面宣传为主的方针，在贴近实际、贴近生活、贴近群众，不断提升传播力、引导力、影响力、公信力，已经成为推动西藏改革发展稳定，维护意识形态安全，向西藏 320 余万各族群众提供强大舆论支持的一支重要力量。

2018 年 11 月 29 日，西藏人民广播电台、西藏电视台整合组建为西藏广播电视台，是自治区党委重要宣传舆论阵地，为自治区人民政府直属正厅级事业单位，归口自治区党委宣传部领导。

一、回顾发展成就

西藏人民广播电台在雪域高原的诞生，标志着西藏结束了落后的信息传播阶段，跨入了现代化电子信息大众传播的新时代，掀开了西藏广播事业发展史上光辉的一页。

1、从数据看变化

西藏人民广播电台由建台初期的 1 套节目，藏、汉语交替播音，每天播音 2 小时，发展到 1978 年的 2 套节目，分别使用藏语、汉语播音，每天播音 10 多个小时，再到目前的每天播音 90 小时 25 分钟。

目前，西藏台拥有藏语广播、汉语广播、藏语康巴话广播、都市生活广播、藏语科教广播五套广播，开办有中国西藏之声网和移动客户端 App、微信公众号。1991 年 5 月 18 日，藏语广播上星传输，1993 年 1 月 1 日汉语广播上星传输，2001

年 10 月 1 日藏语康巴话广播开播并上星传输，2015 年 1 月 1 日藏语科教广播开播。60 余年来，西藏广播的人口覆盖率提高了 84.2 个百分点，这在西藏自治区广播发展史上是空前的。

为顺应时代发展的需要，中国西藏之声网于 2006 年创办，2009 年独立组网，2012 年网站进一步升级改造，2013 年推出移动客户端 App，2016 年，获得了由国家网信办颁发的《互联网新闻信息服务许可证》，正式跻身于国家一类新闻网站行列。目前，中国西藏之声网和客户端每天更新稿件近 300 条，网站和客户端日均点击量达到 60 多万人次，客户端装机用户量已达 70 万余人次，并以日均 300 多个用户量增加，用户覆盖全球 120 多个国家和地区。

2、"西新工程"给西藏广播插上了腾飞的翅膀

2000 年 9 月 16 日，时任中共中央总书记江泽民对加强西藏、新疆等边远省区广播覆盖工作作了重要指示（简称 9.16 批示）。明确提出"让党和国家的声音传入千家万户，让中国的声音传向世界各地"的伟大号召。这是我们广播人的光荣，更是广播人肩负的历史重任。实施"西新工程"国家投入巨资，购进了国内先进的播出技术设备，淘汰了沿用 40 多年的模拟播出设备。2002 年 5 月 1 日，随着"西新工程"设备的正式启用，西藏人民广播电台基本实现了数字化播出。2015 年 3 月，自治区下达了"西新"五期译制能力建设项目资金，建成了广播中心低压配电扩容改造工程、广播中心空调系统更新改造工程、网络系统升级改造工程、制播系统升级改造工程和 300 平米大录音棚更新改造工程，使西藏台数字音频采样频率、量化精度、记录格式、传输格式、同步标准和音频接口全部按照国家制定的标准和相关国际标准规范执行。项目的实施极大地提高了西藏台节目的译制能力。节目译制量由 1999 年每年 1800 小时提高到 2017 年的 12000 多小时，比 1999 年增长了 7 倍。同时，节目的译制水平也有了明显提高。每天藏语译制量达 54 小时，藏语网页译制量每天达 40 条，2 万字左右。节目译制的增加和制作水平的不断提高，丰富了西藏台的节目内容，大大地提高了广播的收听率。

3、主题宣传丰富多彩，节目质量稳步提升

随着西藏广播事业的逐步发展壮大，西藏台的各项新闻宣传工作，紧紧围绕自治区党委、政府中心工作，服务自治区改革发展稳定大局，开展了一系列主题新闻宣传报道工作，取得了优异成绩。5 套广播节目质量稳步提升。党的十八大以来，西藏台举全台之力创新推出了一批内涵丰富，吸引力、感染力强的品牌节目，营造了良好的舆论氛围。

改革开放以来，西藏台精心组织参与了西藏自治区成立纪念日，西藏民主改革、西藏和平解放、西藏百万农奴解放纪念日，历届自治区党代会、自治区两会等重大历史节点和重要会议，以及重大自然灾害的新闻宣传工作。近年来，先后开展的大型系列采访报道活动包括：《中国梦·美丽西藏暨发现美丽新西藏　万里高原江河行》

《党的群众路线在西藏的实践》《新旧西藏对比》《追梦喜马拉雅—来自西藏边线的故事》《触摸西藏，天路传奇—纪念川藏、青藏公路通车 60 周年》《感受沧桑巨变　倾听幸福心声—全国广播记者西藏行》《幸福欢歌 50 年》《走进林芝·看人间净地》《砥砺奋进　雪域巨变—以优异成绩喜迎党的十九大胜利召开》《"讲党恩爱核心、讲团结爱祖国、讲贡献爱家园、讲文明爱生活"—喜迎党的十九大主题教育实践活动》《在习近平新时代中国特色社会主义思想指引下—新时代新气象新作为》《壮丽 70 年　奋斗新时代—治边稳藏成功实践调研行》等。

西藏台不断创新宣传方式和宣传手段，创办一批新节目、新栏目。自 2012 年12 月 31 日对 4 个广播频率的节目重新进行了优化改版，先后新推出《直播西藏》、《面对面》《交通热线》《驻村夜话》《藏家小康路》《轻松学藏语》等一批新节目。进一步加大原创广播剧的创作力度，藏、汉语原创广播剧《一群追梦的人》《幸福》《天堑变通途》《情满亚东》《金色太阳》《咱们村里的贴心人》《名人的童年》《央吉阿妈的战"疫"》，以及 2019 年与上海台联合制作的 4 集广播连续剧《种子方舟》等相继播出。

近年来，西藏台广大采编人员认真学习贯彻习近平总书记在党的新闻舆论工作座谈会上的重要讲话精神，扎实践行"走基层、转作风、改文风"，"贴近实际、贴近群众、贴近生活"，以提高节目质量为抓手，实施以打造新节目和巩固原有品牌节目为重点的项目，创新思路、方法和手段。如今，西藏台 5 套广播和中国西藏之声网不仅创作了一批粘泥土、带露珠、冒热气的新闻作品，而且在节目听得懂、听得进上下功夫，酥油糌粑味更浓了，节目的可听性更强了，节目质量和水平有了明显提升，传播力、引导力、影响力、公信力明显增强。涌现出荣获中国新闻奖新闻名专栏一等奖的《驻村夜话》等品牌节目，自 2010 年以来，西藏人民广播电台新闻作品和节目栏目连续九年获得中国新闻奖。

4、顺应时代潮流，积极探索发展新媒体

2006 年西藏台开通了中国西藏之声网，2009 年该网在线广播开通，2011 年中国西藏之声网开通了视频业务，实现西藏电视台藏语卫视、汉语卫视的在线收看和精彩节目的点播。2013 年中国西藏之声网进行全方位的改版，开通了全球涉藏网站中唯一的手机客户端。通过这几次的升级改造，使得西藏广播电视在互联网、移动互联网上实现有效传播覆盖，中国西藏之声网整体技术水平得到大幅提升，内容更加丰富，传播手段更加多元和先进，中国西藏之声网也被列为西藏自治区重点新闻门户网。2016 年 6 月 14 日，中国西藏之声网获得了由国家网信办颁发的《互联网新闻信息服务许可证》，正式跻身于国家一类新闻网站行列。

2014 年以来，西藏台陆续开通了"非常西藏""声动高原""藏地之音""藏家小康路" 4 个微信公众号，每个公众号的关注用户超过万人。2018 以来，为适应新时代新闻宣传工作的新形势、新要求，台党委班子精心谋划、周密部署，集中力量将微信公众号整合为"听西藏""看西藏"两大品牌，致力于做大做强工作，取得了一系列可喜的成绩。

近年来，西藏广播电视台党组为深入贯彻落实习近平总书记关于媒体融合的重要论述，稳步有序地完成党中央和自治区党委对媒体融合发展提出的目标要求，全力推进西藏台媒体融合工作。2019年，西藏台在融媒体建设中改进宣传报道，动员和激励全台一线业务部门和广大业务人员积极投身融媒体发展，力促西藏台媒体融合上水平、上台阶，出台了"融媒体十条"，确定了3个平台和8个工作室。2020年又制定了《西藏广播电视台媒体融合和技术发展规划纲要》。

5、队伍建设蓬勃发展

60余年来，西藏人民广播电台涌现出一大批先进集体和先进个人。他们是西藏广播战线上的骄傲，其先进事迹将激励一代又一代广播人去奋斗，去创造新的辉煌。1987年，国务院、国家民委授予西藏广播电视新闻部"全国民族团结进步先进集体"称号；2000年，国家人事部、国家广电部授予西藏人民广播电台经济频道编辑部"全国广电系统先进集体"称号；2000年，共青团中央、国家广电总局授予西藏人民广播电台《格桑梅朵》节目组"全国优秀青少年维权岗"称号等。截至目前，全台累计有近30位员工先后获得"范长江新闻奖""韬奋新闻奖"和全国"百佳"新闻工作者、全国广电系统先进工作者等国家级荣誉称号。

事业要发展，队伍是基础，人才是关键。自治区党委政府，自治区党委宣传部、自治区新闻出版广电局、台党委把培养高素质全能型的广播人才队伍作为一项重要战略任务来抓。目前，已形成了一支以藏族为主体的人才队伍。截至2019年，全台在编职工有317人，聘用工80人。其中，在编藏族职工有176人，占全台在编职工的55.5%。副高以上职称73人，占全台23%。

二、总结历史经验

1、坚持党管媒体的原则，坚持正确的舆论导向，是办好西藏广播的生命线

西藏广播处在反分裂、反渗透、分西化的最前沿。同达赖集团的斗争，既是一场重大的政治斗争，也是一场特殊的舆论斗争。因此，西藏广播不能片面追求收听率，要把坚持正确舆论导向始终放在第一位。坚持正确舆论导向，就要求西藏广播坚持以人为本，坚持把实现好、维护好、发展好最广大人民的根本利益作为西藏广播发展的出发点和落脚点，结合西藏地域特色，创新新闻宣传，唱响主旋律，创作出符合受众需求的广播节目，把体现党的主张和反映人民心声统一起来，把坚持正确导向和通达社情民意统一起来，把自治区各族人民群众的思想意识引导到社会进步和稳定上来，引导到维护祖国统一、民族团结上来。

为此，西藏台五套广播频率和中国西藏之声网、客户端始终坚持党管媒体，坚持政治家办台、办网站的原则，坚持党的领导，做到了守土有责、守土负责、守土尽责，

充分发挥自治区党委、政府的喉舌作用,始终坚持把宣传党的路线、方针、政策并准确、及时将其传播到广大受众,尤其是广大农牧区群众放在首位。党的十八大以来,西藏台充分发挥主流媒体和新兴媒体的引导作用,为广大受众提供具有很强的思想性、指导性、可听性的高质量精神食粮,对广大干部群众的政治、思想和文化、生活等方面起着强大的启迪和引导作用;积极抢占涉藏舆论阵地,深入揭批十四世达赖集团和西方反华势力的分裂图谋,引导广大干部群众认清反分裂斗争的长期性、艰巨性和复杂性,为自治区社会经济社会的长足发展和长治久安营造舆论氛围;大力宣传社会主义核心价值观,引领各族干部群众树立团结奋斗的思想道德基础,形成奋发向上的精神力量和团结和睦的精神纽带,为构建社会主义和谐社会提供精神动力。

2、高度重视,加大投入是西藏广播发展的强劲动力

60 余年来,在党中央、国务院高度重视和亲切关怀下,全国各兄弟省市大力支持和无私援助,自治区党委政府和上级有关部门加强指导,西藏广播事业迎来了一个又一个的发展高潮。

2000 年 9 月 1 日,时任中共中央政治局常委、国务院副总理李岚清在西藏视察时来到拉萨市城关区娘热乡了解广播节目收听情况;1989 年,时任全国人大常委会副委员长、自治区人大常委会主任阿沛·阿旺晋美为西藏人民广播电台题词;2001 年春节、藏历年前夕,时任自治区领导郭金龙、热地、列确等视察西藏人民广播电台;2007 年 11 月,时任自治区党委副书记、自治区主席向巴平措视察西藏人民广播电台;张海涛、崔玉英、陈全国、吴英杰等领导同志都先后到西藏人民广播电台视察指导工作。

党和国家十分重视西藏广播事业的发展,从财力、物力和人力方面给予了大力扶持和帮助,特别是"西新工程"实施以来,广播事业建设不断深入、广播覆盖范围不断扩大、广播频率不断增多、节目质量不断提高,对增进各民族间的了解、加强民族团结、维护祖国统一、激发各族群众建设中国特色社会主义的热情,促进经济文化发展,维护意识形态领域安全,都发挥了重要不可替代的良好作用。

根据中宣部 [2008]29 号文件"关于研究提高西藏广播电视节目质量专题会议"精神,自治区党委、政府多次研究部署提高西藏广播电视节目质量专题会议,加强广播传播能力、提高节目质量工作,强化广播宣传反"西化"、反"渗透"、反"分化"工作,并作出了重要指示。多年来,自治区财政厅十分关心西藏广播传播能力建设,给予了特殊扶持和大办支持,使西藏人民广播电台传播能力和节目质量日益提高,为西藏的经济社会长足发展和长治久安营造了良好舆论环境。

2011 年 1 月经西藏自治区机构编制委员会审核并批准,西藏人民广播电台升格为西藏自治区新闻出版广电局管理的副厅级事业单位。工作人员从改革开放时 100 余人增加到目前的近 400 人。2018 年 11 月,根据自治区深化党政机构改革工作领导小组的要求,西藏人民广播电台与西藏电视台合并组建为西藏广播电视台,这是

西藏自治区贯彻落实习近平新时代中国特色社会主义思想和党中央决策部署的具体举措，是自治区深化党政机构改革工作的一件大事，必将有利于广播电视资源的深度整合、集中人力物力财力办大事，有利于全方位立体式传播能力的建设，有利于传统媒体和新兴媒体的融合发展，具有重大的现实意义和深远的历史意义。

3、突出地域、民族特色，是西藏广播立足之本

西藏自治区是以藏族为主体的多民族聚居地区。西藏人民广播电台从建台之初便确立了"藏汉语并重，藏语强台"的办台方针，始终突出地域特色和民族特色，把工作重点放在解决农牧区听众"听得懂、听得进"的问题。始终把自治区广大农牧民作为重点受众对象，目前通过自采和译制90多个节目（栏目），宣传党的路线方针政策、传播自治区党委和政府的惠民举措，大力宣传典型事迹和典型人物等主题内容。为广大农牧民提供了农牧业实用知识、医疗健康知识、法律法规知识、国防教育知识、科学文化知识、国内外资讯和政风行风监督等大量服务性内容，很多品牌栏目不断收到的听众和通讯员的来稿、来电、来信。

西藏人民广播电台综艺节目始终坚持"为人民服务，为社会主义服务"的方向和"百花齐放，百家争鸣"的方针，弘扬主旋律，传播正能量，提倡多样化，突出民族特色和地方特色，以弘扬藏民族优秀文化为主线，以满足人们日益增长的精神和文化需求为目标，采录了一大批反映改革开放的优秀歌曲和歌舞。节目不断创新，电影录音剪辑、广播剧、广播小说、诗歌和相声等既体现了时代特色又突出民族风格。这些健康向上、品位较高、感染力强的综艺节目在西藏台藏、汉语综艺节目中播出后，受到自治区各族人民，乃至全国人民、世界人民的喜爱。由西藏台录制播出的《逛新城》《在北京的金山上》《金瓶似的小山》《唱支山歌给党听》《洗衣歌》等一大批优秀歌曲，唱红了西藏高原，唱红了大江南北，传遍了世界各地，且久唱不衰，流传至今，熏陶、感染、激励了几代人，激发了听众的爱国热情，振奋了民族精神。

60余年来，西藏台办出了一大批深受听众喜爱的名牌节目，如《空中雪莲》《空中大舞台》《歌声传情》《说唱格萨尔》等。西藏台录制的一大批综艺节目多次在国际、国内的评比会上获得大奖，如专题音乐节目《西藏的心跳—来自地球之颠的原始绝唱》获1995年上海第五届国际广播音乐节银编钟奖，这是西藏台建台以来第一次获得国际大奖。

4、创新形式方法手段，是西藏广播保持发展的活力

党的十八大以来，西藏人民广播电台在党的十八大、十九大精神指导下，以邓小平理论、"三个代表"重要思想、科学发展观和习近平新时代中国特色社会主义思想为指导，确立了"导向主台、新闻立台、管理稳台、研发固台、内容实台、人才强台"的办台方针，认真贯彻落实"走转改"和"三贴近"，注重发挥集体智慧，注重新闻的引导作用，注重节目研发工作，注重在创新上下功夫，除每年推出一个大型主题系列采访报道外，还通过"新闻联播头条工程""藏语广播剧原创工程""节

目研发工程""看得见的广播工程（户外直播）""台网融合工程"等抓业务练内功，推出许多新节目，开展了"藏地之音民歌秀活动""歌声传情听友见面会"等走出去办广播活动，进一步提升了广播节目的传播力、引导力。

为做好传统媒体和新兴媒体融合发展工作，西藏台于 2017 年初，成立了以台领导为班底的融媒体建设领导小组，制定了《西藏人民广播电台关于推动传统广播与新媒体融合发展的实施意见》，主动适应融媒体新闻传播规律，在内部进行组织架构调整和工作流程再造，外部积极与新媒体互为联动、深度融合，以创新的融媒体传播抢占舆论高地。发挥全台智慧，策划出传统媒体和新兴媒体融合的新节目《藏家小康路》和《藏家小康路》和《直播西藏》是西藏台在媒体融合方面的有益尝试。四季户外直播节目《直播西藏》。

《藏家小康路》节目中，记者深入田野山庄、农家院落，与贫困户促膝谈心，挖掘出一个个好听易记、跌宕起伏、生动有趣的故事与听众分享，从小切口入手讲述大主题，深刻表现西藏扶贫路上的精彩瞬间，通过图文、音、视频传播手段，准确、细致、生动地报道了基层扶贫工作的亮点和经验。该节目播出后，得到了自治区党委宣传部、新闻出版广电局领导的充分肯定和广大受众的普遍欢迎。

三、展望美好未来

西藏人民广播电台高举改革、发展、稳定的大旗，通过数次大的机构改革和内部管理创新，完善各种工作激励机制，激发了广播人干事创业、争先创优的热情，使西藏人民广播的各项事业取得突飞猛进的发展。

回顾过去，展望未来。在新历史的进程中，西藏广播电视台将又一次站在新的起点上，我们将高举中国特社会主义传大旗帜，以习近平新时代中国特色社会主义思想和党的十九精神为指导，坚定不移地贯彻落实总书记关于宣传思想工作和治边稳藏的重要论述，增强"四个意识"、坚定"四个自信"、做到"两个维护"，全面加强党对广播电视工作的领导，紧紧把握政治家办台的原则，严格落实意识形态责任制，聚焦根本任务、把握中心环节，围绕举旗帜、聚民心、育新人、兴文化、展形象的使命任务，开拓创新、精准发力，唱响主旋律、传播正能量，不断促进各族群众在理想信念、价值理念、道德观念上紧紧团结在一起，进一步凝聚起自治区全体各族干部群众的磅礴力量，为推进新时代西藏自治区长足发展和长治久安提供更加有力的思想保证、文化支撑和精神动力。

发扬光荣传统　坚持守正创新

新疆兵团文化体育广电和旅游局

　　兵团广播事业起源于 20 世纪 50 年代，在中国共产党的坚强领导下，一代又一代兵团广电人不忘初心、牢记使命，发扬兵团精神，兴办广播电视事业，建设网络，促进融合，加强监管、保障安全，兵团广播事业一步一个脚印，从无到有、从小到大，不断发展壮大。特别是党的十八大以来，兵团广播电视系统以习近平新时代中国特色社会主义思想为指导，自觉承担起"举旗帜、聚民心、育新人、兴文化、展形象"的使命任务，牢牢把握正确的政治方向，积极宣传党的路线方针政策，以反映民族精神和时代精神为使命，热情讴歌新时代伟大实践，把满足人民群众精神文化美好生活需要作为努力的目标，不断推进广播事业高质量发展。

　　坚定的理想信念是人民广播事业的光荣传统。中国共产党领导下的第一座广播电台是 80 年前在延安宝塔山下、延水河畔开始播音的。80 年来，中国人民广播事业历经光辉岁月，始终随时代发展前行，有着当好党和人民的喉舌、服务人民解放事业的优良传统。

　　兵团文化发端于军队文化，一直保留着军队文化的政治本色，兵团广播事业传承红色基因。兵团广播电视起源上世纪 50 年代，最早的广播雏形是硬纸或铁皮制作的喊话筒。1953 年，兵团第一师阿克苏城区建立的有线广播站标志着兵团广播事业的诞生。在后面的几年里，各团场广播室如雨后春笋一般发展起来。到 60 年代中期，兵团建成有线广播站（室）259 个，初步建立起全兵团范围内的广播收听网。有线广播是当时兵团最主要的宣传工具和文化娱乐载体，是兵团的职工群众了解外部信息的重要渠道。

　　改革开放以来，兵团的广播事业进入新的阶段。1983 年，石河子人民广播电台正式成立，这是兵团的第一家广播电台。到 1985 年底，95% 的农牧团场都有了广播站。兵团广播事业突出兵团"兵"的属性，展现兵团家国情怀大义，取得较好的效果。

　　服务职工群众，扩大广播覆盖面和影响力。新疆生产建设兵团于 2019 年 4 月 1 日组建了文化体育广电和旅游局，为兵团正厅级行政工作部门。随后，各师市文化体育广电和旅游局以及各团场文体广电服务中心相继成立，负责兵团广播行业管理工作。目前，兵团共有广播电视播出机构 197 座，其中：兵团广播电视台 1 座、师市广播电台和电视台各 1 座、师市广播电视台 13 座、农牧团场广播电视站 176 座、工矿企业广播电视站 5 座。广播综合覆盖率预计达到 98.8%。

近年来,通过"西新工程""广播电视台制播中心建设",不断完善广播覆盖体系,一是在"西新工程"中,建设调频发射台 180 个,改扩建设基础设施 91 个,实现师团场广播全覆盖。二是推动师级广播电视台制播中心建设。2019 年投资 37680 万元,实施了兵团师市广播电视制播中心建设项目,进一步加强兵团 8 个师市广播电视台制播能力和基础设施综合服务能力。三是积极推动兵团应急广播试点工作。2019 年,组织编制了《兵团应急广播系统总体规划》和《兵团应急广播系统可行性研究报告》,并积极争取中央转移支付专项资金 600 万元,在第三师 44 团、51 团开展兵团应急广播试点工作。

坚持以人民为中心的创作导向,打造精品力作。兵团广大广播工作者加强兵团题材的广播作品创作。推出《守望过境线》《兵团魂》等系列广播剧,其中《守望边境线》获兵团"五个一工程奖",《兵团魂》在央广《中国之声》播出。石河子人民广播电台多次获得公益广告"广播类优秀作品"、优秀传播机构等奖项;在中央广播电视总台的大力支持下,《沙海老兵村——不忘初心红色之旅》《兵团红枣》《兵团香梨》等 4 部精准扶贫广告和《向祖国致敬》《@ 中国》公益广告在总台主频率免费滚动播出,为助力兵团脱贫攻坚,进一步增强全国观众对兵团的认知度发挥了积极作用。

在国家广电总局的大力支持下,兵团综合广播(FM88.2)于 2014 年 1 月 6 日开播,现有自办栏目《兵团新闻联播》《新闻深一度》《爱车有道》《行走城市》《强者争锋》《午间乐淘淘》《大医生来了》《爱上下班路》《周末随心听》《兵团故事会》《有请大律师》《零点靖听》《城市乐飞行》13 档,全天自办节目 13 小时,直播节目 12 小时,外采节目 15 档,节目收听达到了新疆地区中上水平,节目质量和影响力不断提升。

立足媒体融合时代,创新发展广播事业。坚持传统媒体与新兴媒体深度融合,加强顶层设计,集中全台力量推进媒体融合。搭建"昆仑云"省级技术平台,开设新闻信息发布、政务信息发布、民生服务等功能,完成一期建设,实现师市技术平台与省级平台对接,推动传统媒体和新媒体深度融合。打造新媒体矩阵,先后构建兵团在线网、爱新疆和"云上兵团"手机 App 客户端以及微博、微信公众号,实现一次采访、多次加工、多元分发、全媒体覆盖。通过成立微视频制作部,利用"学习强国""抖音"等平台,创新推出"微视频"、H5 等互联网产品。启动了兵团广播电视发展"十四五"规划,研究兵团广播电视发展"十四五"重大政策和重大项目,并拟委托国家广电总局规划院编制"十四五"规划。

继往开来,全面提升能力水平。一是实施"舆论引导能力提升"工程,做好主题主线宣传,讲好兵团故事,传播好兵团声音,增强传播力、引导力、影响力、公信力。二是实施"新时代精品"工程,打造精品力作。聚焦新时代新思想,强化价值引领,突出创新创造，唱响新时代主旋律，打磨体现兵团精神、兵团价值、兵团力量的精品力作。三是深入实施"智慧广电"建设工程，建设智慧广电媒体，加快行业提质升级，推动媒体深度融合发展，全面提高公共服务质量和水平。四是实施"安全播出"工程，守住底线、筑牢防线，保障万无一失。全力做好安全播出工作，不断提高安全保障能力。

兵团广播事业始终坚持以习近平新时代中国特色社会主义思想为指导，增强"四个意识"，坚定"四个自信"，做到"两个维护"，认真学习深入贯彻党的十九届四中全会精神，在广电总局的有力指导下，以党的"不忘初心，牢记使命"主题教育为抓手，发扬"热爱祖国、无私奉献、艰苦奋斗、开拓创新"的"兵团精神"，为基层职工群众提供丰富多彩、喜闻乐见的文化生活，大力营造昂扬向上的社会氛围，引导各族群众追求现代文明生活，不断增强各族群众对伟大祖国的认同、对中华民族的认同、对中华文化的认同、对中国特色社会主义道路的认同。

新时代呼唤新担当，新时代需要新作为。兵团广播人将认真贯彻落实党中央的决策部署，深入学习贯彻落实新时代党的治疆方略和对兵团的定位要求，围绕兵团深化改革和向南发展决策部署，聚焦兵团职责使命，牢记初心使命，锐意改革创新，推动媒体融合发展，打造智慧广电媒体，发展智慧广电网络，只争朝夕、实干笃行，努力在新时代展现新作为。

不忘初心　广播永远在路上

新疆广播电视台

诞生于 1940 年 12 月 30 日的新中国广播事业，迎来了 80 华诞，这是值得热烈庆贺的日子，我们会不忘初心，沿着老一辈广播人开拓的事业，继续奋力前进。在这个时刻，我们也想起了新疆广播风雨兼程、岁月如歌的发展历程。

1949 年 12 月 21 日，伴随着新中国成立的礼炮声，在祖国大西北乌鲁木齐市和平北路 122 号一间简陋的房子里，发出了"新疆人民广播电台"的第一声呼号。70多年前这个普通的冬日，成为了新疆各族人民自己广播的诞生日。

1957 年 10 月 1 日，新疆人民广播电台迁到乌鲁木齐团结路八户梁新建的 5000平方米办公楼。后来，这个地方被叫做"向阳坡"。直到今天，新疆人民广播电台一直矗立在这道洒满党的阳光的山坡上，这里成为了讴歌新疆历史发展的高地。这里，每天都在演奏着时代的交响，传播着凝聚社会正能量的时代之声。

在许多广播人的相册和手机里，都珍藏着这样两张黑白照片，一张是建台初期，记者骑自行车出去采访，一张是记者当年坐着"六根棍"马车下乡采访。每当看到这两张照片，我们就感慨万端，想起了新疆人民广播事业的开创者艰苦奋斗砥砺前行的感人事迹。我们不会忘记，当年，许多前辈唱着《毕业歌》从北京、上海、南京等大城市走进了新疆人民广播电台的大门；我们不会忘记，老一辈新疆广播人用的是"钢丝录音机"，下乡采访坐的是马车，穿的是羊皮大衣，住的是土坯房；我们不会忘记，为了新疆的广播事业，有的同志落下了终身残疾，有的同志甚至献出了年轻的生命。

有一个"带血的样报"的故事一直在感动着新疆广播人。那是 20 世纪 50 年代，为了办好广播早新闻，新疆人民广播电台领导专门派了通讯员每天早上北京时间三四点钟骑自行车到《新疆日报》拿当天的报纸大样，一年四季天天如此，从不间断，冬天如遇大雪，就得推车前行，有时还骑着骡子取样报。1959 年 8 月 9 日早晨，一位叫李树森的通讯员去《新疆日报》取样报，因天黑走得急，从报社印刷厂无护栏的楼梯上摔了下来，鲜血染红了样报。上早班的同志拿着带血的样报，痛心地说：李树森同志过早地把自己的名字刻在了墓碑上，把年仅 19 岁的生命献给了新疆的广播事业。还有一位叫韩廷贵的通讯员，在往老满城送播出稿的途中遭遇车祸，耳朵被撞掉了，但他忍着剧痛从地上爬起来，坚持把稿件送到播音员手里。后来，他的耳朵虽然被接上了，但听力受到了损伤。今天，新疆广播系统的工作环境、工作条件发生了历史性巨变，一座座大楼拔地而起，现代化设备一应俱全，交通工具十分便捷，职工生活日益改善。但我们不会忘记老一辈广播人艰苦奋斗、勤奋敬业的顽强精神，这种精神一直激励着后人拼搏奋斗，勇敢前行，不断谱写新疆广播事业的新篇章。不忘初心，广播永远在路上，是我们神圣的使命和历史责任。

多年来，新疆人民广播电台充分利用广播这个广阔的舞台，开展一系列丰富多彩的广播活动，新疆天山南北到处留下了新疆广播人艰辛跋涉的足迹，展现了各族广播工作者奋发努力、勇于开拓、不断创造着新疆广播新辉煌的求实创新精神。

多年来，新疆人民广播电台一直在路上，一直在行动。我们牢记使命，听党指挥，勇于担当，与时俱进，创新求变，以强烈的社会责任感和历史使命感，按着党对新闻工作的总要求，积极弘扬主旋律，传播正能量，把广播办精办活，不断推出丰富多彩的主题宣传和一系列新的品牌节目和品牌活动，让群众产生共鸣，让主流舆论的声音响起来。

我们通过多种广播形式，利用多种广播活动，组织了一场场弘扬社会主义核心价值观的社会实践活动，吸引了各族各界群众的广泛参与，比如"为大山里的孩子捐一双鞋""爱心捐书包""为环卫工人送环保口罩""为贫困妇女献爱心""新疆优质农产品广播促销大行动""农业科技下乡""法律进社区""创业导师进校园""交通万里行"等，受到了广大群众的热烈欢迎。当今，传媒产业竞争激烈，媒体孤军奋战已经不能适应现实需要，媒体在自身发展过程中需要引入新的内容或形式来不断提升自身的品质，打造品牌，增强核心竞争力，因此，媒体大型推广活动应运而生。在许多电台，大型广播活动层出不穷，丰富多彩，吸引了人们的耳朵和眼睛，不仅塑造了广播电台的品牌形象，也提高了电台的知名度和美誉度。近年来，新疆台维吾尔、汉、哈萨克、蒙古、柯尔克孜5种语言12套广播开展各类广播活动数千场，其中1000多场实现了网络视频播出，有效扩大了新疆广播的影响力、传播力、吸引力和凝聚力。我们坚持"一切为了人民"的思想，通过广播起到凝聚人心、弘扬主旋律、传播正能量的作用，让中华文化的甘泉，流入时代的花园，沁入人们的心田，滋养、浸润着人们的精神世界。许多听众动情地说："新疆人民广播电台是我们的终生伴侣。"

我们通过采访挖掘和寻找最美新疆人等活动，推出了一大批优秀的典型人物，并开展了"万朵鲜花送好人"活动，吸引各族各界群众参加。这些先进人物是我们这个时代的象征，也是新时代精神的再现，是大家学习的标杆和榜样，他们无私无畏、拼搏奋斗的情怀冲击着人们的心扉，引领着人们的言行。宣传这样的典型，对于引领良好社会风尚能发挥潜移默化的重要作用。

我们在各类重大事件报道中，在关注民生、反映民意的各类节目中，主动发声，贴近民众，扶贫帮困，办有"温度"的广播，把党和群众沟通的桥梁架起来，一批热线服务类节目已成为群众的"知心线""热心线"和"连心桥"。比如"新广行风热线"节目已经开办多年,每天接听大量听众热线,解决群众最关心的切身利益问题,现在群众遇到什么问题常常会说"找新广行风热线去"。

我们坚持开展"走转改"活动,采编播人员一次次接地气的行走,留下了无数难忘的脚印。我们始终感悟:"话筒上沾有多少风尘,心灵就拥有多少共鸣。只有走出高楼大院,跳出文山会海,走进基层的广阔天地,才能写出散发泥土芳香、饱含质朴情感并与时代共鸣的好新闻,才能挖掘出反映社会主流价值的先进典型。"

我们坚持精品创优。多年来,一批新闻佳作和广播剧等文艺精品获得中国新闻奖、"五个一工程奖"和广播影视大奖;一大批金牌频率、金牌节目、金牌活动脱颖而出,引领和提升各语言广播节目的质量。

我们不断加快传统媒体和新兴媒体的融合发展,形成了传统媒体和新兴媒体的互融互通,新疆广播的传播力和影响力不断增强、扩大和延伸。

多年来,新疆人民广播电台的综合实力进一步增强,基础设施更加完备,职工福利不断改善,精神文明建设蓬勃发展,各族干部职工精神面貌昂扬向上,展示了新时期广播人的时代风采。

一位哲人说过,纪念节日的最好办法,就是把我们的注意力集中到还没有完成的事业上。回顾以往,我们已经做了大量的工作,但还有很多工作没有做;总结过去,我们已经取得了很大的成绩,但还有更艰巨的任务在前面。今天,我们的广播事业又进入了一个新的历史时期,我们依然在路上,我们依然要行动。

用声音纪录历史,用创新开拓未来,做时代风气的先觉者、先行者、先倡者,通过更多有筋骨、有道德、有温度的作品,书写和记录人民的伟大实践、时代的进步要求,彰显信仰之美、崇高之美,这是我们广播人的神圣使命和职责。

当前,我们面临着百年未有之大变局,广播面临着严峻的挑战和新的机遇,无数的新事物、新技术、新理念以及难以预测的新局面向我们扑面而来,我们必须按照习近平总书记的要求,坚定理想信念,保持政治定力,发扬广播人勇于拼搏创新的顽强精神,在新的形势下勇开新局,夺取新疆广播事业的新胜利。

回眸往事,我们不忘初心,面对挑战,我们坚如天山,永不停步。

广播永远在路上。

奋力前行的云南广播

云南广播电视台

今年是中国人民广播事业 80 周年华诞。作为中国人民广播事业的重要一份子，云南人民广播事业也走过了 70 年的光辉历程。70 年来，云南电台紧随共和国的伟大征程，始终坚持党的领导，始终坚持正确导向，全面、准确、及时地宣传党的路线方针政策，围绕云南省委、省政府的工作大局，用声音纪录了云南 70 年的沧桑巨变，用声音展现了云岭大地蓬勃发展的时代风貌，为促进云南经济发展、社会进步、民族团结、边疆稳定做出了积极的贡献。

1950 年 3 月 4 日，在云南解放的日子里，昆明人民广播电台（云南人民广播电台前身）正式向全省播音，拉开了云南人民广播事业的新篇章。成立之初，昆明人民广播电台工作重点是转播中央人民广播电台对东南亚广播的节目，同时兼顾本省宣传的需要。自办节目有"省市新闻""言论或通讯""政令布告""市政之声""建设之声"等。因为云南经济社会发展比较滞后，云南方言和普通话差别较大，为了让群众听得懂新闻，专门设置了"云南话新闻"和"云南话政令布告"。考虑到交通不便，报纸传递消息缓慢的特殊情况，加强了"记录新闻"，内容主要是当天播出的重要新闻、言论和政令布告，让各地抄收后，编印成小报或者黑板报传播，这是 50 年代初期云南各地干部群众获得新闻信息，了解政府政令、国家政策的最主要渠道。除新闻类节目外，这一时期还增设"讲座""常识""儿童节目"等教育类节目，"滇剧""花灯""云南民歌"等独具特色的文艺节目。1951 年 3 月 23 日，遵照中央广播事业局的决定，昆明人民广播电台改名为云南人民广播电台，云南电台进入了新的发展阶段，节目内容不断丰富，广播覆盖范围逐步扩大。

1955 年，云南人民广播电台德宏傣语广播和西双版纳傣语广播开播，之后，陆续开办了傈僳语广播、景颇语广播、拉祜语广播。深深扎根于边疆民族地区的云南台民族语广播，为少数民族群众带去了党和国家的声音，传播了先进文化和科技卫生知识，丰富了各少数民族的精神文化生活，促进了民族团结，推动了边疆民族地区社会主义事业的发展和繁荣。

1978 年，党的十一届三中全会召开，中国进入了新的发展时期，云南广播事业也在改革中迎来了繁荣发展。云南人民广播电台坚持"走自己的路"，不断改革创新新闻广播、文艺广播、民族广播，还创办了对外广播、经济广播、音乐广播、交通广播、教育广播、旅游广播、农村广播，成立了网站和广播博物馆，广播综合覆盖率也扩大到了 93.12%。

顺应媒介融合的趋势，2012 年 8 月 29 日，云南广播电视台挂牌成立，合并带来合作，也带了资源的整合、共享，云南的广播事业在深化改革中迎来了新的广播、电视、网络、新媒体融合发展的全媒体探索和实践，开启了广播发展的新征程。2018 年 5 月，云南广播电视台党委明确提出了台和集团的"12345"发展思路。"1"就是要围绕一个中心，即紧紧围绕省委、省政府中心工作，全力服务全省改革、发展、稳定大局。"2"即着力推进"做强事业、做优产业"两大发展战略。"3"即全力打好内容建设、媒体融合、防范化解债务风险这"三大攻坚战"。"4"即始终做到坚定不移始终坚持党的领导、坚定不移始终坚持正确的舆论导向、坚定不移始终坚持深化改革、坚定不移始终坚持把社会效益放在首位。"5"即全面实施舆论引导、广告转型升级、对外传播、人才培养和党的建设这"五大工程"。全台各广播频率围绕"12345"发展思路，全力以赴打好内容建设和媒体融合攻坚战，不断创造新的业绩。一是努力提高政治站位。把习近平新时代中国特色社会主义思想贯穿于内容建设的始终，坚持党对媒体的领导，坚持正确舆论导向，坚持党性和人民性的统一，做到突出政治性、把握规律性、体现时代性、发挥引领性、富有创造性。二是牢固树立融合发展理念。把内容建设作为媒体融合最强有力的支撑，以改革创新的思路和举措适应社会发展以及媒体传播的新变化，以移动优先为目标，突出问题导向，创新新闻传播和文化传播的理念、形式、内容、手段，积极探索新的工作机制、管理机制，按照媒体融合的要求，实现一体化发展。内容建设坚持把握好时、度、效，提高新闻宣传的议题设置能力，掌握新闻舆论的主导权、话语权。全力打造一批内容丰富、形式多样、制作精良的品牌节目、特色节目和亮点节目，提高精神文化产品的丰富度和艺术性，增强主流媒体的传播力、影响力和感染力。三是坚持正面宣传为主。紧紧围绕省委、省政府中心工作，全力服务全省改革、发展、稳定大局，在基础性、战略性工作上下功夫，在关键处、要害处下功夫，在工作质量和水平上下功夫，努力实现 10 个"着力"，即：着力体现云南独特的元素、着力讲好云南美丽的故事、着力发出云南动人的声音、着力推介云南的先进典型、着力聚焦云南的改革开放、着力展示云南的跨越发展、着力推助云南的社会和谐、着力提振云南的争创精神、着力塑造云南的良好形象、着力凝聚云南的发展力量。四是坚持把社会效益放在首位。正确处理社会效益和经济效益的关系，坚持把社会效益放在首位，实现社会效益和经济效益相统一。

近年来，全台各广播频率针对国内媒体发展格局、传播方式的新变化和新趋势，结合各自的实际情况，内容建设努力求精、求新、求特，真正做到：新闻报道要"准"、民生节目要"实"、专题节目要"深"、文化娱乐节目要"活"、生活服务节目要"广"、对外宣传节目要"亮"的总体质量要求。强化全台"一盘棋"的理念，在大胆创新、精心谋划、选准重点的基础上，拓宽视野、打破藩篱，在人员、资金、制作、宣传、传播等方面集中调配全台资源、相互支持配合，集中力量打造特色和亮点。新闻频率、经济频率、民族频率、交通频率等围绕"提质增效，狠抓落实"的主线，进一步深化改革、融合创新，努力把主流媒体的"信度、深度、高度"优势和新媒体的"快速、互动、易分享"结合起来，实现了宣传报道的全方位覆盖、全手段运用和全阵地拓展，宣传报道亮点频现，内容建设屡创佳绩。先后圆满完成了党的十九大宣传报道工作、庆祝改革开放40周年、庆祝新中国成立70周年等一系列重大战役性宣传报道活动，充分发挥广播传媒特点，利用融媒体等多种渠道，通过新闻报道、记者手记、人物故事、广播剧等多种形式开展全方位、多角度、融媒体宣传报道，全面回顾云岭大地70年来波澜壮阔的伟大历史进程，深入总结改革开放和社会主义现代化建设取得的成功经验，充分展示彩云之南26个民族儿女昂扬奋进的精神状态。2020年上半年，各广播频率努力做好新冠肺炎疫情防控报道，充分发挥了主流媒体的主阵地功能。赛立信数据表明，各频率的收听人数、市场份额均有不同程度的上涨。新闻频率在全天节目中相继开设"万众一心 众志成城 防控疫情""全国新闻广播抗击肺炎疫情联合报道""英雄归来"等一批专题，并通过七彩云平台、微信公众号、今日头条、抖音等平台及时刊发、推送，全方位、多角度报道云南省抗击疫情推动经济社会平稳发展各项工作。交通频率充分发挥应急广播在重大突发公共卫生事件处置方面的宣传优势及传播优势，第一时间快速反应、第一时间回应关切、第一时间引导舆情，同步联动省市疾控、州市及县（市、区）交警、民航、铁路、公路、气象等职能部门和国家应急广播，以疫情防控中的交通安全保障、护民利民举措为重点，在全天节目中全力做好交通疏导、疫情管控及出行安全信息发布工作，以权威、及时、准确、有效、有用的信息发布，全力服务全省疫情处置及防控工作。

近年来，各频率打破传统宣传格局，努力推动形成了广覆盖、汇人气、聚关注的"新闻宣传＋互联网"宣传格局。精心组织的重大主题全媒体报道，传播力、影响力进一步提升；构建"广播节目＋七彩云＋各新媒体平台"的直播新模式，传统广播节目视频化推进顺利；积极适应新技术、传播新方式，推动传统广播节目多元发展，试水短视频取得初步成效；打造声音产品上线获好评。各频率以全员轮岗新媒体为突破口，以融媒体直播为载体，与台内各部门、各电视频道通力合作，进一步完善融媒体直播操作流程，不断创新融媒体直播运作模式和节目形式，"广播节目＋七彩云＋各新媒体平台"的直播模式日渐成熟，实现了线上线下同步推送。交通频率立足"交通服务＋应急广播"的专业内容生产优势，有效利用"七彩云融合媒体平台"，积极与台内频率、频道、部门进行沟通协作，以多屏呈现、多端发布的形式对一系列主题宣传及公益活动进行融媒传播；联合91.8微信、微博、抖音、看点直播、今日头条、百度百家号、新浪看点、天天快报等新媒体传播平台，不断构建完善91.8融媒体传播矩阵，有效布局手机移动端；不断完善优化微信端"高速路况自主查询"板块服务功能，体现专业、专属，点对点服务功能；联合省交通运输厅，成功将"入滇登记"小程序接入91.8公众号，成为全省唯一获得授权的主流媒体；目前，每天 7 点 30 至凌晨 1 点，交通频率直播间音视频信号与新媒体中心交互，并实现七彩云端 App 直播，以及频率、频道、网台间音视频直播信号在新媒体移动端的实时同步共享，新媒体推送内容也实现了全网主流新媒体自动抓取和分发，仅 2020 年 1 至 4 月疫情防控期间，交通频率通过融媒体传播矩阵发布内容的总传播及阅读数超过 4000 万人次，实现了交通频率"交通服务＋应急广播"融媒体的宣传效能叠加，舆论引导力、内容影响力和传播力实现了几何级的倍增。新闻频率王牌节目《金色热线》栏目以"广播＋电视＋新媒体"的方式进行资源整合，各自发挥所长，做足内容文章，发挥平台优势，创造全新的全媒体运行模式。从节目预告到节目内容，都逐步实现了广播电视多平台共享，并且挖掘节目里的民生内容和新闻点，多档节目呼应，形成连贯的报道和关注。全媒体联动运行的方式极大地拓展了受众收听收看《金色热线》节目的方式，图文、音视频的全媒体直播使手机收看非常方便，受众可以通过云视网、"七彩云"融媒体平台、云南手机台、官方微博、官方微信同步收看节目的网络视频直播。在完成《金色热线》《云南人才风景线》《云南科普》《畅听东南亚》等日常节目的新媒体直播的基础上，新闻频率聚焦脱贫攻坚，联合全省 16 个州（市）广播电视台，推出《决战决胜 2020 融媒体直播》节目，《决战决胜 2020》H5 新媒体产品目前也已启动制作。值得一提的是，今年 6 月、7 月，新闻频率联合卫视频道策划推出《沿着习近平总书记指引的方向奋勇前进》和《韵起东风　艺艺生辉》两场融媒体直播节目，两个频率频道通力合作、各尽所长，两场直播在运作模式、内容形式、传播效果等方面均实现新突破。民族频率在继续精心办好广播节目的同时，积极开设微信公众平台和官方抖音号，精心生产、精准推送新媒体产品。目前，民族频率开通运营的"拉祜雅"、"傈僳傈瓦""傣泐金湾""相丽勐傣""景颇之声"5 个微信公众平台在各对象地区少数民族群众及外出务工、求学人员中拥有了极强的黏性，溢出效应显著，为宣传影响力扩张奠定了良好的基础。民族频率先后开通"景颇之声""拉祜波歌说""傣泐金湾""相丽勐傣""傈僳傈瓦"5 个官方抖音号，每天摄制少数民族语新闻、剧情、音乐、脱口秀类别的短视频，备受各民族群众欢迎。5 个官方抖音号粉丝中有相当比重来自东南亚南亚，这表明民族频率的官方抖音平台在做好境内各民族群众的舆论引导的同时，可以起到较好的国际传播效果。民族频率还充分利用台内外优势资源，采取融合媒体手段，策划、录制了《好在了，我的家》《民族之声话"两会"》《行进新时代，奋斗出幸福——云南直过民族和人口较少民族精准脱贫大型融媒体系列直播》《我在云南上大学——南亚东南亚留学生眼中的中国》等一批融媒体节目，得到了各族群众欢迎，受到中央宣传部、国家广电总局、云南省委宣传部的表扬和肯定。旅游频率联合新闻频率、交通频率和新媒体等共同打造云南大旅游、旅游＋的新闻宣传能力。由旅游频率等四个频率联合打造的全媒体旅游节目《袁田的 radio 旅游家》，通过网络视频进行现场直播，同时对当天播出的视频进行重新整理和制作上载到腾讯视频专辑，并在今日头条、网易新闻、一点资讯、喜马拉雅以及四套频率的公众号推送，形成了一定规模的声势。

近年来，各广播频率围绕各自的定位，在狠抓节目质量上下功夫，精办一批节目，优化一批节目。新闻频率推出了《阳光八点半》《畅听东南亚》《财经风向标》《云南人才风景线》《云南科普》等节目，进一步整合节目资源。全天节目以新闻资讯为主线，以3大黄金时段节目带为重点，形成早间新闻＋午间访谈＋晚间互动的区隔鲜明节目架构，着重打造"舆论引导＋民生关怀＋本土特色"的全维度内容产品，频率定位更加明确，节目品牌效益逐步凸显。《金色热线》等品牌节目进一步转型升级，结合"不忘初心、牢记使命"主题教育，在节目策划、直播及反馈全流程中更加注重"三贴近"，更加注重以问题为导向，以整改落实为抓手，为上线单位扎实开展主题教育提供直面问题、真抓实改的有效载体，提高了节目运行实效。交通频率重点打造"交通服务""应急广播"两大板块专业内容生产，不断强化交通服务属性和专业交通内容生产优势，按照"优化现有品牌节目、打造品牌汽车节目、推出精品服务节目"的思路，深入打造精做细做一批重点节目，以《91.8早高峰》《91.8晚高峰》《铿锵车语》《小宁说车》《91.8我来了》等品牌节目及《91.8及时路况》《91.8资讯》《平安贝贝》等线性节目为重点，通过不断优化完善制作流程、内容架构、传播渠道及服务功能，实现了品牌及内容多平台、多形式融媒输出，交通服务综合水平不断提高，确保同时段收听率、市场占有率继续保持第一，听众基数及市场认可度明显扩大，有效提升了频率影响力和内容传播力。音乐频率用丰富多彩的节目内容建设特色化品牌，打造了《音乐早出发》《音乐不下班》《新青年新主播》等一批名牌栏目。

目前云南广播电视台正举全台之力打造MCN计划。各广播频率也聚焦行业发展动向，积极参与全台MCN计划，动员一批优秀主持人加入其中，试水短视频拍摄制作推送。音乐、旅游、教育、经济等频率全体主持人都已开通抖音、快手等短视频平台账号并发布了一批点击量喜人的音视频作品，各位主持人均已有多条短视频播放量超过10万次，这为之后获得流量扶持、实现粉丝增长，进而为内容变现打下了良好的基础。交通频率积极培育扶持抖音、快手等短视频类新媒体节目号，与官方节目主体及机构号形成共生共荣模式，在信息内容构成、传播形式、发布渠道、融合创新、营销再造等方面不断进行尝试和探索。

70年风雨兼程，70年成绩斐然。站在新的历史起点上，云南台广播媒体将按照"云南第一、西部领先、全国一流"的目标，在内容创新、渠道拓展、平台运营、流程再造、组织重构、安全保障等各个环节实现互相支撑、全面融合，在融合发展中寻求发展机遇，努力推进全程媒体、全息媒体、全员媒体、全效媒体的建设。坚持把创新创优作为实现高质量发展的突破口和着力点，制定清晰的路线图，着力打好内容建设攻坚战，以内容优势赢得发展优势，以内容创新赢得受众关注，努力提升传播力、引导力、影响力、公信力，为云南经济社会发展营造良好舆论氛围，为云南人民广播事业发展不断做出新的贡献。

从磁带到鼠标

——记广播节目制作在技术中的演变

李钢弦

　　作为一名广播人，笔者亲身经历了多次技术的革命，深为技术革命为广播事业带来的简便、快捷而欣慰，技术为推动广播事业的发展烙下了深深的印记。

　　笔者是19世纪90年代从部队转业后才进入广播行业的，担任音乐编辑工作。当时的广播已经进入到第二代广播人参与，第一代广播人开始纷纷退去，与此同时，广播已经进入了直播的年代，但依然还有部分节目是录播，特别是深夜的节目以及双休日的节目。笔者面对的节目录音制作还是磁带制作，即开盘带录音制作。实际上，这一技术在解放后持续了几十年，制作音乐节目从语言录制到合成出成品往往需要耗时几小时。就拿1个小时的音乐节目来说，语言量大约在15分钟左右，而录制语言至少要花20几分钟的时间，主持人只要错一个字，录音师就要反反复复的听，然后是找位子，打标记，挑带子，把错字抹去，把正确的补录上去，当语言录制完成后才进入合成的阶段，这个过程对技术的要求就更高，由于音乐节目一些段落需要语言和音乐压混，录音师需反反复复的听语言，然后又是找位子、打标点。音乐播放又牵扯第二台设备，要么是开盘带，要么是卡式录音机，要么是唱片机的接入，都是操作比较繁琐的设备，它们将和语言同步播放，卡到标点处进行混录，于是，60分钟的节目做出来至少也要双倍以上的时间才能完成。笔者作为音乐编辑感受极深，通常情况上午编稿子，下午制作节目，每天紧张得气都端不过来。

　　20世纪初期，广播录音技术悄然间开始变化，随着半数字化的到来，DAT录音带出现，把用了几十年的开盘带给淘汰了，这个小巧易操作的设备因不用占太多空间且以比较直观的数字呈现，大大节省了制作的时间，还易于存放和携带，一时间，我们放下了熟悉的开盘带进入到DAT半数字化的时代。

　　时光飞逝，岁月如梭，几年后，一项重要的技术又给我们带来了全新的变化，那就是计算机的普及。工作中一台电脑与调音台连接，轻轻松松就可以把语音录制完，后期合成则全部在电脑上完成，广播录音技术又一次得到了极大的改变，DAT的诞生也仅在几年里悲剧般的结束，电脑的到来让我们彻底放弃了磁带。那个时候电脑还只是处于上网的初级阶段，互联网还没有真正到来，但电脑特别是笔记本电脑的出现已经带给我们广播人决然不同的工作形态，它大大的为我们提升了录制节目的时效和质量，也让我们开始在电脑屏里根据音频的波形图像剪辑和编辑，精准到位，应用方便。

　　从此，因为设备的简便，我们的身影时常出现在大大小小的音乐会现场，一些商业活动的现场，甚至是田间地里、乡村小院那些拥有民歌民乐的现场，我们完美的收录着现场音效。这里笔者要特别提到音乐采风，由于近年来数字化的录音设备迅猛发展，其收录干净、立体声场到位、记录清晰、储存量大、导出简便、灵巧易于携带的强大功能，为我们收录民族音乐起到了功不可没的作用。2005年以来，我们对重庆大多数具有民族特色的山歌民乐进行了采录，如：涪陵御锣、万盛金桥吹打、黔江民歌、秀山花灯、彭水山歌、綦江刘家班吹打、木叶吹奏等等，这些采风录音极其宝贵，如彭水县的非物山歌"娇阿伊"，演唱此歌的第一代传承人现在已经离世，而我们在他生前就收录了"娇阿伊"的原声；再如彭水县梅子垭镇演唱"苞谷调"的歌师傅，现在已经年已古稀，我们也抢在他唱不动之前为他录下了高亢的歌声，这些都是极其宝贵的非物质文化原声，再过一些年后或许还会失传，而我们为其保存下来了，它将永远留在人世间。可以说我们为市非物质文化的收藏和保存作出了贡献，这些获得归功于录音技术的发达和改变。

　　技术的改变不仅仅体现在设备上，它也深深地影响到我们工作的形态。这里不得不提到我们广播的主持人，当广播直播的年代开始的时候我们曾经对外界说，我们的主持人是集采、编、播为一体的综合性人才。随着技术的更新，特别是电脑在广播运行中的升级应用，主持人的工作形态再一次出现变化，从编辑、录音、直播到制作全部过程都由主持人一手完成，真正做到了自己的节目自己做，每一个主持人都是各档节目的灵魂，同时，这个变化也让录音师渐渐离我们远去，这是广播事业发展过程中的聚变，当然，是随技术领域的改变而形成的。

　　这些年，日新月异的技术革命一次次冲击着社会，互联网、5G、人工智能改变着我们的生活与工作，广播也会随着技术的更新而不断改变，但是，永远不变的是广播人对广播的热爱和执着。或许，今后我们同事之间很少面对面相见，硕大的办公室也不复存在，或再也见不到我们工作环境中的那些网线，大约我们会集中在云空间里。而声音、编辑、制作都将以自媒体形式完成，广播人除了集采、编、播、制作为一体外，还会集视频拍摄、应用为一体，应该会比手机App里的主播更为专业。或许，你不再是一个人呆在直播室那孤独的空间里直播，你会常态化的把来自全国的、甚至全球的多家电台主播相约在一个无线空间里同步直播一个主题，随着技术的演变。广播，不会再是一个单一的媒体，它可能仅仅只是一个符号或一个名称而已，它一定拥有强大的植入性，它一定是一个更为全面、快捷、专业，具有代表性的、权威的综合性媒体，相信它会再次打破人们的视角，随着更多新媒体的出现而转变，因为，新媒体仅仅是根据技术而来的，但广播不是，它不但是传统的，专业的，也可以是全新的，它从来就是以快捷、灵活存在于世界之中、人们的生产生活之中，今后更是如此。广播人，加油吧！

（作者单位：重庆广播电视集团音乐频率）

薪火相传，砥砺前行

甘肃省广播电视总台

时间的指针拨回到了 1940 年 12 月 30 日，一声响亮的广播呼号声在延安王皮湾村的两孔窑洞中发出："延安新华广播电台，现在开始播音。"

80 年栉风沐雨，筚路蓝缕。从战争年代党的宣传工具到新中国进行社会主义建设的号角；从礼赞改革开放的歌者到践行新时代中国特色社会主义的媒介先锋，中国人民广播事业从无到有、由弱趋强，正在引领着我国从广播大国向广播强国铿锵迈进。

作为一种大众传播时代的重要媒介形态，广播诞生的开始就具备着宣传教育、传播信息、文化娱乐、提供服务的功能。

甘肃人民广播事业也是沿着这个发展轨迹砥砺前行。

遥想 70 多年前，1949 年 9 月 7 日，一个声音从兰州传出，它穿透解放战争的烽火，响彻陇原大地；它庄严宣告，中国共产党领导的甘肃人民广播事业诞生了；从那一天，它开始了与党和人民同行的光辉历程。

从 1949 年的 9 月 7 日开始到如今，一个永不消逝的电波，见证了甘肃的发展，见证了甘肃的沧桑巨变，见证了这块大地从历史的硝烟迷雾中走到现代辉煌的每一个脚印。

70 余年，这一永不停息的电波一直回荡在陇原大地，历经风雨沧桑，人民广播依然书写着对祖国的爱和忠诚，对听众的爱和贴心。

在炮火中诞生，跟着新中国成长，在改革开放中发展壮大，这是甘肃广播事业70 多年来走过的足迹。

一、第一阶段：突出宣传时代（1940 ～ 1977 年）

播音员刘颖曾经回忆说："1949 年 8 月 26 日兰州解放了，……我含着热泪兴奋地开始广播解放通令，一遍又一遍，一声又一声，红色电波广泛迅速传播……"

刘颖的热泪，是为兰州的解放而激动，同时也是为失去了亲人而悲伤，就在这个 8 月，她的丈夫，地下党员李泊牺牲在敌我斗争最激烈的时刻。刘颖是甘肃人民广播电台第一代播音员，后来她写下了回忆文章：《陇原解放第一声》。

当年参与接管旧电台的施致铳前辈曾经回忆说："9 月 7 日，甘肃人民广播电台的前身——兰州人民广播电台在庄严的《中国人民解放军进行曲》的乐曲声中宣告成立。10 月 1 日，电台转播开国大典实况。毛主席庄严宣告："中华人民共和国中央人民政府已于本日成立了！"这高亢有力、气魄宏伟的声音，响彻了兰州的四面八方。多少人流下了激动的眼泪！"

从 1949 年 9 月 7 日那天开始，甘肃的广播事业在一天天发展。当时，全省只有几百部收音机，而且大都集中在兰州市。1950 年 10 月，省上决定分期分批给每个专署和每个县配发一部收音机，建立收音站。

1951 年 4 月 1 日，兰州电台改名为甘肃人民广播电台。从此，甘肃广播事业开始振兴，无线广播提高发射功率，有线广播从无到有。

说起上个世纪 50 年代初的广播，设备的简陋、条件的艰苦，是如今的年轻人所无法想象的。

一个是收音站、收音员。由于收音机太少，只好把拥有收听工具的各单位组织起来，分别成立广播站或收音站，按时播放，组织集体收听。1951 年年底，全省各地普遍建立了收音站，广播宣传在农村有了据点。那时，培训了专门收听广播声音的"收音员"。他们白天背上能够播出声音的"匣匣子"，下乡组织收听，晚上抄收记录新闻，油印散发，起到了报纸当时起不到的作用。

另一件事情是：那时，甘肃曾经拥有全国最高的木杆发射天线。湖北汉阳附近，有一个名叫鹦鹉洲的地方，盛产杉木，这里的杉木长得又高又直，适宜于做高架广播天线杆。曾经参与接管电台的何谧同志受组织委派来到了这里，他精心挑选了 30 根杉木，捆成木筏，从长江顺流而下，又经过火车长途运输，千辛万苦，历经波折，终于把木材运到了兰州。

1954 年 1 月，兰州黄河北岸赵家庄发射台架起了当时全国最高的 84 米的木杆天线，完成 150 千瓦发射机房的建设安装任务，提高了发射效能，为扩大广播覆盖面创造了条件。

从 1956 年到 1960 年，县县建立了广播站，广播喇叭深入到了各个村落和部分院户，宣传了党和政府的政策，活跃了广大农民的文化生活，在岁月更迭的平凡日子里，广播真诚地伴随着全省人民生活的轨迹。

从"文革"结束后到党的十一届三中全会召开的两年时间中，我们的广播事业成为了全国范围内拨乱反正的重要宣传阵地。1977 年和 1978 年，人民广播事业为破除"四人帮"和"文革"的影响做出了积极努力，但有碍于当时"两个凡是"方针的影响，人民广播事业整体上进展较慢，艰难前行。

二、第二阶段：多元化发展时代（1978 ～ 2012 年）

改革开放的历史新时期，是共和国新的春天，新闻媒体新的春天，也是甘肃人民广播电台新的春天。

1978 年 12 月，中共十一届三中全会以后，全省的广播事业有了长足发展，最明显的标志是：广播长期被忽视的社会服务功能、文化娱乐功能和信息服务功能得到了全面复苏和发展；以中波和调频覆盖的网络逐步形成，甘肃人民广播电台事业形成了省、市、县三级办广播的新局面。

自 1979 年开始，甘肃人民广播解放思想、不断革新，新办和恢复传统的受听众欢迎的教育性、知识性、文艺性、服务性节目，充分体现了广播特色和甘肃特色，广播多元化功能得到了有效释放。

在宣传形式上，电台陆续开办了一批主持人节目，一批融新闻性、知识性、服务性、娱乐性为一体的综合性板块节目，群众直接参与广播节目的热情日益高涨。播音风格也由过去的单向宣讲式逐步向亲切的双向交流式转变。长期以来以说教为主的专题节目开始对接听众需求，理论节目、知识性节目、服务性节目变得丰富起来。特别是广播剧的制作进入到了繁荣阶段。1980 年秋，中央人民广播电台和全国各省、区、市台联合举办《建国以来优秀广播剧展播》，甘肃台制作的广播剧《沙海魂》被评为全国最优秀的 5 部广播剧之一。北京广播学院把《沙海魂》列为广播剧的授课教材。《沙海魂》表现了 20 世纪初敦煌莫高窟的画工，为了保护中华民族艺术珍品而展开的一场英勇斗争。

1984 年以后，甘肃全省广播电视网基本形成，广播电视技术有了较大提高，节目传送手段由过去以中、短波为主，发展到调频、微波和卫星转播等多种方式传送。同时，广播队伍得到了壮大，制作节目的能力有了很大提高。

甘肃是"花儿"的故乡，多年来，电台为"花儿"的整理、编发付出了巨大精力。专门制作了系列节目《听众来信与花儿音乐欣赏》，为甘肃民间传统戏曲的收集、整理、传承等方面做出了很大贡献。

1986 年创办的广东珠江经济台成为我国改革开放后第一个经济广播频率，由它推动创造的"珠江模式"改变了传统广播的编播生态。在"珠江模式"的引领下，全国各地一批新闻广播、交通广播、音乐广播、教育广播纷纷创建。为了适应社会主义市场经济的发展和广大听众的新要求，1996 年 2 月 1 日甘肃人民广播电台都市调频广播开始播音，1996 年 8 月 28 日交通广播开始播音，2000 年元旦经济广播开始播音，2005 年 1 月 1 日甘肃青少广播开始播音，2007 年元旦甘肃农村广播开始播音，频率多元化、专业化的设置，使得广播可以传递更多的信息，凝聚更固定的受众群体。这种专业化的频率设置在激烈的媒介市场竞争中为广播抢占了分众市场，同时也为甘肃人民广播事业开辟了新的天地。

2008 年发生的汶川地震和 2010 年舟曲泥石流这两场灾难中，广播的快速播报功能得到了充分的展现。无论是汶川地震中的第一信息发布平台还是舟曲泥石流沟通灾区与外界的广播信息桥梁，广播都在信息传播方面做出了杰出贡献。

在这一时间段，甘肃人民广播事业在党的领导下，广播传播既强调宣传引领，又重视信息服务，将宣传教育寓于信息传播之中，寓于服务受众、服务社会之中，人民广播的不断改革创新，彰显了人民广播事业不断焕发的勃勃生机。

三、第三阶段：媒介融合时代（2013～目前）

党的十八大以来，以习近平同志为核心的党中央高度重视新闻舆论工作，把推动传统媒体与新兴媒体融合发展作为重大任务进行部署，专门印发了指导意见，予以强有力推动。习近平总书记在 2013 年、2018 年全国宣传思想工作会议、2014 年 8 月 18 日中央全面深化改革领导小组会议、2016 年 2 月 19 日党的新闻舆论工作座谈会、今年 1 月 25 日中央政治局第十二次集体学习等重要场合，多次对做好这项工作作出深刻论述、提出明确要求。

近年来，甘肃广电总台认真落实中央及省委推动传统媒体和新兴媒体融合发展的部署要求，在 2014 年底出台实施媒体融合发展总体方案基础上，制定了媒体深度融合工作方案，特别是在夯实融合发展的技术支撑上进一步精心梳理谋划，形成并不断调整优化了"甘肃广电飞天融合媒体云技术体系"建设规划，自主研发的"全流程媒体融合飞天云平台"项目通过中广联合会组织的专家评审，达到国内先进水平，"融媒飞天云"技术体系 1.0 版全面建成。目前，甘肃广电总台"你中有我、我中有你"的媒体融合格局已基本形成，省级主流媒体围绕中心、服务大局的思路进一步优化、措施不断强化，传播力、引导力、影响力、公信力持续增强，正朝着"你就是我、我就是你"的深度融合目标加速迈进。

全面启动实施了"融合新闻生产及协同调度系统""新闻生产指挥中心系统"等一批涉及新闻宣传指挥调度和策划、采集、制作、播控、存储、管理、传输、分发的技术改造项目，连接新闻生产环节各个要素，着力提高新闻生产的融合化、全媒化水平，一批技术改造系统升级方面的项目全面建成，一次多样采集、全媒多元编辑、立体多渠道传播、多屏联动接收的新型媒体技术格局正加快形成。

甘肃人民广播电台各广播频率，始终秉承内容为王，深耕本土、开拓创新，深入推进融合发展，打造传播品牌，市场竞争力持续提升。经过多年打造，6 个广播频率持续领跑兰州市场，特别是甘肃交通广播凸显"内容＋服务"理念，不断创新生产内容和形式，促进用户体验升级，其中，运用互联网思维打造的线上购物节目《5号店》，成功实现了广播听众的流量转化，创造了甘肃本土广播嫁接互联网的商业运作模式；充分利用活跃用户超过 50 万的微信公众号，精准推送服务信息与线上互动活动，成功实施了喊红包、产品代理、票务售卖等网上商业营销，既赚足了人气，又获得了收益。例如：2017 年 9 月，交通广播作为"张学友演唱会临夏站"唯一官方指定媒体，成功运用微信公众平台，全程网上售票，销售总额近 200 万，刷新了甘肃媒体行业分销演唱会门票销量记录；目前，甘肃交通广播在本地市场特别是车载收听终端独占鳌头，已成为省内广播融媒体的第一品牌，并多次入围"全国广播电视移动传播榜"十强；"尕兰州"抖音号快速升温，目前粉丝量已突破 30W+，已广泛赢得受众市场的认可和青睐；《1035 帮帮忙》栏目荣获"全国广播民生影响力十强栏目"。特别是新冠肺炎疫情发生后，交通广播主持人发挥自身优势与特点，积极联系合作单位，发起公益、商业模式的"带货直播"，兼顾"消费扶贫"直播形式，仅 2020 年上半年，共参与各类扶贫助农带货、商业合作直播 30 多场次。孕兰州、艾静、马欢 3 位主持人在上半年全国范围主持人"网红"效应评比中跻身前 50 位，省内前 5 位。甘肃都市调频打造的《王师 bia 帮子》节目已成为全省在线实时互动量最高的广播节目，节目主持人王师傅，也成了全省广播电台主持人在抖音的第一网红主播。值得一提的是，2019 年，甘肃人民广播电台与重庆万州台联合创作的广播连续剧《事儿妈宋小娥》获得中宣部第十五届精神文明建设"五个一工程奖"。

在中国特色社会主义进入新时代的时代背景下，在媒体融合发展演变到"你就是我、我就是你"高度交融的新阶段，甘肃人民广播事业在坚持正确舆论导向的同时，通过传播手段的不断创新，进一步提高了新闻舆论传播力、引导力、影响力、公信力。

站在近 71 年的时间节点上，我们和未来对话。

70 多年风雨沧桑，甘肃人民广播事业走过了一条不断成长壮大、逐步走向辉煌的发展道路。基础设施从无到有，宣传规模从小到大，传播能力由弱到强。伴随科学技术的发展，甘肃广播的节目制作经历了钢丝录音、磁带录音和音频工作站的交替更迭，节目传输发送经历了从单声道广播到立体声广播，从短波、调频传输到无线、微波、卫星传输的发展过程。如今，甘肃广播已成为省内外广大听众及时、准确地了解国家大政方针、获取新闻资讯和科技知识的重要渠道；传播社会主义核心价值观、满足人民群众精神文化需求的重要平台，为建设幸福美好新甘肃、开创富民兴陇新局面，决战决胜脱贫攻坚、同全国一道全面建成小康社会提供强大精神动力和有力舆论支持。

甘肃人民广播事业在不同的历史时期中始终把初心当作恒心，牢记职责使命，践行着党媒之于国家、之于人民的义务和承诺。

千帆竞发、百舸争流，不变的，是广播人面对挑战的勇气和必胜的信心。我们的信心，来自于党和政府的支持；我们的勇气，来自于每位听众朋友的关爱。70 多个春夏秋冬，凝聚着甘肃几代广播人的心血与汗水，也诉说着无数广播人的艰辛与奋斗。

让我们不忘初心，砥砺前行，站在新起点，扬帆再起航！

主力军勇于挺进主阵地，
融合时代更要唱响主旋律

——湖北之声融合创新、转型发展思考与实践

湖北广播电视台

湖北人民广播事业诞生于 1949 年 5 月 23 日。这一天，湖北人民广播电台的前身——武汉新华广播电台正式开始播音，翻开了湖北人民广播事业的崭新篇章。2006 年，湖北广播电视总台成立，湖北人民广播电台进行频率化改造，其主要喉舌功能由湖北新闻综合广播（湖北之声）承担。2013 年初，湖北新闻综合广播（湖北之声）和湖北经济广播合并组建为湖北广播电视台新闻广播部；2019 年，湖北资讯广播并入新闻广播部，改组为新闻广播事业部。

近年来，新闻广播事业部（湖北之声、湖北经济广播、湖北资讯广播）坚持"导向为魂、内容为王、融合为先、服务为本、市场为要"的融合传播思路，以新闻宣传为先导，以专业节目为入口，以活动推广为载体，以融合传播为动力，用融媒思维指导内容生产、品牌塑造和市场营销，以内容供给侧改革助力收入结构调整，不遗余力提升平台品牌价值和综合实力。经营创收稳中有进，收入结构不断优化，抗风险能力显著提升。

主频率湖北之声连续 13 年保持省网收听率第一、武汉市网收听率第三，3 次入列全国省级新闻广播频率综合实力第一阵营，位列前 5，荣获传媒中国"年度十大品牌竞争力广播"称号，连续 3 年位列全国省级新闻广播收听市场风云榜 5 强，在 2018 全国广播电视民生影响力调查中，湖北之声荣获"广播类 10 强品牌媒体"。2012 年以来，共有 7 件作品荣获中国新闻奖，3 次荣获全国"五个一工程"奖，6 件作品获中国广播影视大奖，48 件作品获湖北新闻奖一等奖，2 名播音员主持人获中国播音员主持人"金话筒奖"。

一、以新闻宣传为先导，通过流程优化、平台再造，创新推动新闻性内容产品实现移动优先，用权威和专业的内容引领舆论导向。

湖北之声坚持大视野、正能量、暖民生，牢牢掌握意识形态工作领导权和主动权，大力宣传习近平新时代中国特色社会主义思想，创新展示新思想、新发展理念在湖

北的生动实践，讲好湖北故事。加快推进新闻创新，把传统媒体产能和新媒体产能有机融合。严格执行"三级审稿"全覆盖制度，严守宣传纪律，在围绕中心、服务大局中找准坐标定位。

广播特色不丢，疫情期间第一时间转型"战地广播"。第一时间启动战时应急报道机制。2020 年 1 月 23 日 10 时，武汉关闭离汉通道。湖北之声从 9：45 开启《万众一心、众志成城，抗击新型冠状病毒感染的肺炎疫情——我们在一起！》应急大直播，用一场 75 分钟的直播完整记录了共和国历史上第一座特大城市交通封闭的历史性时刻，成为唯一全程见证报道这一重大历史事件的媒体；也由此拉开了持续 60 天的战时大直播《万众一心、众志成城，抗击新型冠状病毒感染的肺炎疫情——我们在一起！》的序幕。

战时大直播《我们在一起》由湖北之声、湖北经济广播、湖北资讯广播同步直播。紧扣"战时应急"状态，定位于"新闻性 + 服务性"，突出"权威性 + 伴随性"，第一时间发布权威信息、报道政府部门应急举措、全国各地驰援湖北抗击疫情；回应市民关切、普及科学防护知识、提示公众注意事项、传递人间大爱暖心故事；定时转播湖北卫视《众志成城战疫情》、中国之声新闻节目；插播凝聚力量的战"疫"诗文、歌曲、微广播剧、公益宣传片等。

持续两个月的大直播，在关闭离汉通道一个月、"三八"国际妇女节、武汉"解封日"等关键节点推出了重点策划《八方驰援，携手战"疫"》《战地玫瑰别样红》，留下一部战"疫"声音档案。同时，依托湖北之声"新闻第一声"的优势，陆续推出《战"疫"一线群英谱》《一方有难八方支援》《战"疫"镜头》《英雄的城市　英雄的人民》《应收尽收刻不容缓》《天使日记》等专栏版块，播出了 3000 多篇一线战"疫"的录音报道；同时，发挥广播媒体的特质，先后策划了《湖北之声普法宣传》《心理防疫站》《抗击新冠肺炎小贴士》《战"疫"书简》等音频产品，通过专家访谈、故事讲述、诗文朗诵、送歌曲送问候等方式，为广大市民与网友提供防疫知识与心理疏导服务，传递情感与鼓舞信念。

截至 3 月 22 日，共播出近 400 个小时战时直播，每天不少于 10 小时，成为党和政府传递力量信心、指导科学防控、凝聚大爱的重要公信平台。

特别节目《我们在一起》通过网络客户端实时传播，获得听众、网友的热切关注与高度赞誉。赛立信调查显示，疫情期间湖北之声在武汉地区市场占有率超过 15%，环比涨幅超过 35%，武汉与湖北地区市场占有率排名均第一。湖北之声在聚合音频直播平台的点击量也有不俗表现，日点击量 20 万，点击量和升幅均为湖北广播电视台各广播频率最高。

采制编发战"疫"融媒报道 23000 余篇，累计阅读量（播放量）35 亿 +，打响打赢了战"疫"宣传突击战、攻坚战、持久战。

经此一役，湖北广电政治过硬、作风过硬、业务过硬的核心竞争力得以刷新和彰显。新闻广播事业部全体采编播人员凝聚成"众志成城、迎难而上；勇于担当、勇于战斗；敢于创新、敢于胜利"的战"疫"精神。

努力践行"四力"。持续多年精心策划组织"新春走基层""记者的农情日记""与打工者同行""青年记者进老区""防汛应急报道"等一系列践行"四力"的特色报道，"四力"建设常抓常新，10年累计发稿超千篇，成为全国知名的广播新闻宣传品牌。频率领导班子成员每年坚持带队下基层蹲点采访，全频率所有青年记者编辑主持人在实战中接受传帮带，提升了政治素质和业务能力。用"记者视点""声音纪录片"等多样态报道方式，唱响湖北新时代新气象新作为，营造出湖北高质量发展的强大舆论场。

二、事业部体制下，细分受众需求，打破频率边界，主攻融媒节目及产品群。

以专业节目为入口，整合打通旗下3套广播优质节目资源，以融媒思维引领广播节目改版，以苦练业务基本功促进内容产品品质升级，实现音视频、图文全样态生产，推出一批融合生产融合传播的精品力作。

主攻新闻、财经、公益、文化、健康五大融媒节目群，实现一类产品（广播节目、新媒体、活动等）深挖一个行业、服务一类需求、锁定一群用户、形成一个融媒价值生态圈。推出金融、健康、教育、体育、三农工作室，试点广播创客中心机制改革，以专业权威精准的内容生产和融合传播，提升节目公信力、影响力、服务力，促进社会效益和经济效益最大化。

《焦点时刻》节目获评中国新闻名专栏、中国广播影视大奖；《党风政风热线》节目进入2014年"全国最具特色省级广播栏目"榜单（位列第三），在2015年第三届全国广播电视民生影响力调查中荣获广播类10强品牌栏目称号；《新闻晚高峰》节目获湖北新闻奖一等奖。《金融服务热线》《上课啦》《点赞湖北》等多个节目列入湖北省广播电影电视局优秀节目扶持项目。

广播剧创作一直是新闻广播事业部的优势品牌，《首义三杰》《格桑花开》《今生无悔》分别获得中宣部第十二届、第十三届和第十五届"五个一工程"奖，担当起"声音记录时代，思想引领生活"的责任使命。2019年8月获中宣部"五个一工程"奖的广播连续剧《今生无悔》，取材于我国第一代攻击型核潜艇总设计师黄旭华的感人事迹，讲述他隐姓埋名30年，无怨无悔奉献的传奇人生。既是一部庆祝新中国成立70周年、致敬中国海军成立70周年的主旋律英模剧，也是一部难得的涉及军事题材、科技题材的科普剧。

三、以融合传播为动力，多种媒介资源、生产要素有效整合，搭建起 FM/AM+ 两微 N 端的融媒生产发布平台和工作机制，融合传播价值不断提升。

湖北之声用融合传播思维引领各项改革创新、再造生产流程和组织架构。目前已形成广播线上与长江云、九头鸟、学习强国、微博、微信、抖音、快手、头条号、百家号、央视新闻＋等 10 多个端口、26 个节目和行业垂直服务号、多个主持人特色号为一体的融媒传播矩阵。截止 2020 年 8 月，湖北之声融媒矩阵用户量 500 多万。湖北之声微信公众号入列全国新闻广播影响力公号十强。2018 年，获湖北省委宣传部 100 万宣传文化专项资金扶持，建成全国领先的融媒体直播间，实现音视频图文全样态生产。多档节目视频直播常态化，日均收看人数稳定在 100 万左右，融合传播影响力逐年攀升。

战"疫"宣传中融媒产品爆款频出。《浙江援汉 ICU 主任直播中哽咽流泪》等 10 余篇微博推文登上微博热搜榜；《不一样的除夕》《战"疫"实录》等近 20 余篇作品登上"学习强国"全国主平台首页推荐；《援鄂医务人员分批撤离：谢谢你们，辛苦了》《湖北开设首家新冠肺炎康复门诊》等百余篇融媒体作品登上新华社、人民日报等各大央媒平台。策划《我的战"疫"日常》《武汉从春天出发》等 20 余场系列网络视频直播，在央视新闻＋、人民日报客户端、长江云、抖音等多平台同步推出，总观看量 5000 万＋。

2019 年 10 月 18 日到 27 日，第七届世界军人运动会在武汉举行。湖北之声、湖北经济广播于 11 日至 28 日全面开启军运时间，广播线上开设《军运之声》专栏，采用全天信息滚动＋重点时段重点节目重点聚焦的模式。体育节目《我爱运动＋》将直播间搬到军运会主新闻中心，每天一小时广播线上直播和快手平台进行网络视频直播，提供给全国 15 家体育广播联盟台同步推出。重点打造《军运万花筒》《军运会客厅》《show 军运》《军运七分钟》4 个移动端产品，湖北之声微博、头条号、微信、抖音等平台多点开花。军运会融媒报道 2000 多条内容全网推送，总点击量近亿次，涌现多个点击量 10 万＋的"爆款"产品。

对 2020 年全国两会，湖北之声依托自身融媒体直播平台的技术领先优势，利用低延时的视频连线技术，推出《连麦两会》系列报道和网路视频直播，记者与代表委员从过去的"人找人""面对面"，实现了"屏对屏"。两会特别节目《2020 对话长江——牵手的力量》，借助云直播技术，联合上海新闻广播、重庆之声和 3 位在北京参会的代表委员四地同屏，呈现长江经济带重要城市在高质量发展中的逐浪前行。

"2018、2019 全国两会省级广播移动传播力数熙指数"总排名，湖北广播（湖北之声）位居全国第二、第三位。尼尔森网联发布 2020 年全国两会"全国新闻广播两会报道传播影响总榜"，湖北之声排名第三；"全国省级新闻广播两会报道传播影响总榜"，湖北之声排名第二。

四、以活动推广为载体，在服务党委政府、服务中心工作的同时，服务受众用户、服务市场客户，守正创新夯实核心竞争力，久久为功打造公益活动品牌。

新闻广播事业部秉承"时政是最大的民生，民生是最鲜活的时政"的理念，寻找重大战略主题与民生需求之间的最佳契合点，灵活开展线下现场＋广播节目＋网络"云活动"的融合传播公益活动。每年举办各类活动超过100场，打造融媒体传播的爆款内容产品，实现品牌＋节目＋行业的有机融合。

"用我的声音做你的眼睛"致力于关爱留守儿童、残疾孩子，号召百万大学生组成声音志愿者团队，影响遍及全国，受到中宣部主要领导表扬。连续30年举办的"春联大奖赛"每年收到来自海内外数以万计的参赛春联，被中国楹联学会授予"楹联之家"称号。连续6年举办"诵读经典·声动荆楚"湖北省中小学生经典诵读大赛、"同声诵经典"活动弘扬中华优秀传统文化，传播社会主义核心价值观，全省累计300多万中小学生参与其中。连续10年举办"快乐老年擂台赛"，深受全省中老年群体喜爱。"大山的回答"脱贫攻坚新闻行动、"爱我千湖　绿满荆楚"、"我陪父母看春天"、"新时代文明实践"、"家风家训故事"、"搭把手　拉一把"网络视频直播活动、"创新创业大赛"、"戏迷文化节"等丰富多彩的各类活动，上接党委政府中心工作、大政方针，下连百姓需求，提供文化补给，深受各方好评。

中国人民广播事业1940年12月30日诞生于延安，今年是其80华诞。80年来，中国人民广播事业从无到有，从弱到强，历经革命、建设、改革不同历史时期，取得了辉煌的业绩，积累了宝贵的经验。广播人艰苦奋斗、勇于创新、敢于胜利的革命精神代代相传。经历2020年新冠疫情的考验与磨砺，湖北之声浴火再起飞，做精新闻、做深服务，通过流程优化、平台再造，推动媒体融合向纵深发展，发扬广播优良传统，奋力打造新型广播融媒价值生态圈。在危机中育新机，于变局中开新局，让主力军进入主阵地的步伐更快、更坚实、更铿锵！

从瑞金出发，初心照耀广播人

蓝蔚 周密

中国人民广播事业 1940 年 12 月 30 日诞生于延安，今年是其 80 华诞。80 年来，广播人从延安到北京，砥砺前行，传播向新中国奋进的声音，讲述"中国人从此站立起来了"的伟大历程。

我们不能忘记，1931 年 11 月 7 日，瑞金叶坪红军广场，中国人民广播事业的初心从这里出发，她跨越岁月的崇山峻岭，绽放出今天 FM 的满天繁星。

讲好中国故事，传播好中国声音，我们永远在路上。江西广播人脚沾着泥土、怀着真情，行吟赣鄱的人杰地灵，向那段红色岁月的光荣与梦想致敬；我们初心不改、使命在肩，正努力打造具有强大引领力、传播力、影响力的新型主流媒体，担负起举旗帜、聚民心、育新人、兴文化、展形象的重要使命，红土地上的红色电波，正赋能江西新时代"第一等的工作"。

为了新中国的光荣岁月：人民广播事业的初心和雏形

20 世纪 30 年代初期，在瑞金成立的中华苏维埃共和国开展了大量有益探索，创造了光辉实践，中华苏维埃的这次伟大预演，其中包括中国人民广播事业在江西苏区的孕育与萌芽。

1931 年 11 月 7 日，中华苏维埃第一次全国代表大会召开，红色中华新闻台成立。据当年在红色中华新闻台工作过的老同志雷良荣回忆，红色中华新闻台"对外发出新闻稿件，扩大宣传，电台的对外呼号 R·C·I（红色中华第一台），后改为 C·S·R（中华苏维埃共和国），还播送过中央的宣言文告。"[1]

苏区时期创办的红色中华新闻台，是否是我国最早的红色广播电台机构？是否是中央人民广播电台的前身？客观界定中央苏区红色中华新闻台在人民广播事业发展中的历史地位具有重要意义，广播人有使命、有责任溯源人民广播事业的光辉历程，为历史存照。

20 世纪 80 年代初期，赣州当地有志于中央苏区史志工作研究的同志就已经开始了对苏区红色资源的收集、研究做了大量工作，出版了《中央革命根据地新闻出版史》《中华苏维埃共和国红色中华新闻台历史考证》等一批论文和书籍。这些论文和书籍的发表，肯定了红色中华新闻台是新中国中央人民广播电台的前身。

同年 8 月，国家广电总局联合调查组参观考察红中台旧址后，形成的报告指出：苏区时期已有了广播雏形，但改写人民广播开始的历史尚需进一步论证、核实。

2005 年 12 月，赣州同志发表了《苏区时期的人民广播事业》文章，文章称："经过科学考证，初步认定红色中华新闻台是中央人民广播电台的前身，这一认定，把中国人民广播事业的历史推前了 9 年。"

对苏区时期人民广播事业的认定，引起了不同反应。关键的分歧之处在于红色中华新闻台是否开展了口语广播业务，这是判断它是不是媒介意义上的广播电台，是不是"中央人民广播电台的前身"的关键问题。

《中央苏区新闻出版印刷发行史》中记录的两份材料，是对杨九庆、李永福两位苏区老人的访问，对这两位老人的访问没有注明是何人在何时访问的。这两位老人都回忆说听到了广播喇叭播音。两位老人已经作古，苏区时期是否有口语广播包括有线广播和无线广播，目前还无有力证据证实。而当年的红中台负责人提供了另一方面的信息。

红军在第一次反"围剿"中，在龙岗战役中缴获了敌人一部半电台（两部收报机，两个充电机和一部发报机），接下来的第二次和第三次反"围剿"战斗的胜利，红军缴获了功率一百瓦的电台，还缴获两架飞机，一架飞回瑞金，另一架未修好，但把里面的设备拆下后运回瑞金，其中应有新闻台所需设备。红中台刘寅说：1931 年 11 月 7 日，中华苏维埃第一次全国代表大会召开，播发新闻的电台，是公秉蕃送来的那部机器，这台机器指的是缴获的 100 瓦收发报机器，电台播发的新闻是文字广播而不是口语广播。《王净传》一书中明确地说，1931 年 11 月 7 日"中国共产党第一个文字新闻广播就此宣告诞生了。"

文字新闻广播诞生后，1931 年至 1934 年间，江西苏区是否发展过口语广播？现在保存的《红色中华》报刊载了 1932 年 2 月苏区中央局的一系列通电、宣言等，新闻台及时进行了播发，但均没有提及到红色中华新闻台的口语广播。苏区时期是否有口语广播包括有线广播和无线广播，目前仍无有力证据证实。

1940 年 12 月 30 日晚八点，延安新华广播电台进行第一次播音，这是我党建立的第一个口语广播电台，曾任红色中华新闻台的第一任台长王铮，任延安新华广播电台第一任台长；红色中华新闻台第二任台长刘寅，1938 年 5 月回到延安。瑞金的红色基因，经过艰苦卓绝的万里长征，注入到延安新华广播电台。

中国人民的广播事业在江西苏区孕育、萌芽，红色中华新闻台作为人民广播事业的雏形，是当年中国共产党人为了建设和发展无产阶级的新闻事业在广播领域中的一次有益探索。

1949 年 5 月 28 日，江西人民广播电台成立，当时称南昌新华广播电台，1950 年 11 月 11 日改名为江西人民广播电台。2012 年 6 月 5 日，经国家广电总局批准，江西电视台与江西人民广播电台两台合并，正式成立江西广播电视台。江西广播电视台顺应新时期广播改革与发展的需要，完成了一套九频率的机构改革，助力江西经济社会发展。

激情燃烧的改革岁月：广播的主体意识觉醒与受众意识培养

与社会变革一样，广播的变化与创新经历了从萌芽、发展到成熟的历程。江西广播为适应改革开放的传播环境，坚持改革创新，努力实现更快捷、更有效的广播传播，广播的主体意识、主角意识、竞争意识撬动了江西广播改革的一系列创新、创优和创收举措。

江西广播加快加强广播基础建设、增加节目播出时间和自办节目时间，从量的扩充上努力满足社会对广播的需求。

1978 年到 1990 年，江西人民广播电台自办节目时间增加了一倍，地（市）广播电台由 3 座增加到 6 座，县级广播站启动了"站改台"步伐，广播人口覆盖率从不足 40% 提高到 62.3%；从 1991 年到 2010 年，江西广播全面改革、加快办台速度，从单一的综合台向综合台与专业台并驾发展，由原来一台一套节目向一台多套节目发展，由原来主要由省级办台向三级办台发展，至 2003 年全省 80 个县实现了站改台，全省 11 个地（市）广播电台全部建成开播。

江西广播的主体意识觉醒激发了广播人的创造性、创新性，精品节目大量涌现，打造了江西广播的品牌效应，壮大了江西广播的社会影响。新闻广播开办新闻评论节目，有效引导舆论；信息交通频率开办《交通在线》和《交广双声道》，关注交通热点、提供路况信息。《交通在线》获中国广播电视优秀栏目奖，主持人蔡静获江西广播界首位中国播音主持"金话筒奖"。《政风行风热线》节目让各级党委政府负责人与听众对话，交流信息，解疑释惑，2009 年获中国新闻奖名专栏奖。

新闻立台、精品强台，以新闻改革带动全台的节目改革，强化新闻定位，增加信息量，改革播出风格，江西广播成为各级党委政府的重要宣传阵地和受众获取新闻信息的主窗口。

一系列新闻行动打造江西广播品牌印象，新闻精品不断涌现。

江西人民广播电台新闻评论《无链自行车的喜和忧》、广播专题《忠魂长存天地间》两件新闻作品荣获 1990 年度首届中国新闻奖，带动江西广播新闻创优创新的激情和热潮；新闻评论《反暴利，在南昌为什么难以展开》、广播专题《开路先锋建奇功——红土地上树丰碑之一》、广播消息《九江发生 5.7 级地震，震区主干道交通安全畅通》等中国新闻奖获奖作品，忠实记录江西改革开放的壮阔历程。1990 年至今，江西省台创作的新闻作品共获得 20 多个中国新闻奖、中国广播影视大奖。

广播剧精品创作始终走在全国前列。1996 年，江西人民广播电台广播剧作品《袁庭钰的故事》夺得中宣部第六届"五个一工程奖"，取得了江西省广播剧创作在中宣部"五个一工程奖"零的突破；这一时期全省各级广播电台生产了 62 部广播剧，南昌人民广播电台的《大法官梅汝璈》《回家》，新余人民广播电台的《重返鄱阳湖》、鹰潭人民广播电台的《青山之恋》都是这一时期的重要作品。

进入新时代，江西广播剧创作坚持现实主义创作理念，《本色》《反腐第一枪》等作品以新的认知能力、宏观把握能力，在创作中弘扬当代精神、中国价值，实现了江西广播剧创作在时代性、思想性、艺术性融合的新跨越。

行业组织搭建桥梁、整合资源，广播专业化呈现系统优势。在行业组织的指导支持下，江西广播借助行业组织的协调优势、政府部门的资源优势、媒体平台的传播优势、传媒高校的研发优势，以"合作、融合、发展、共赢"理念，助力"畅行中国"品牌，积极参与全国交通传媒信息发布交流的新媒体网络平台和主题宣传活动影响平台，组织发起"爱心送考""文明交通在行动""边疆万里行""主题采风行"等系列主题宣传活动，实现融媒体、跨地域、跨行业合作，为江西广播发展开拓视野、集聚资源，注入新活力，唱响时代主旋律。

江西交通广播融合全国交通广播媒体资源，连续多年推出《中国红－江西篇》"畅行中国"之《江西风景独好》《红色基因引领中国梦》《新时代，新征程——改革，再出发》等系列大型主题宣传活动，全国交通广播记者体验江西的社会、经济、文化、人文特色和改革创新风貌，为江西经济发展提供更加广阔而强有力的传播路径。

融合传播的抗"疫"岁月：打造传播矩阵，打响疫情防控宣传主动仗

2020 年初，面对新型冠状病毒感染的肺炎疫情，江西广播电视台 9 个广播频率发挥广播优势、丰富传播形态、拓展传播矩阵，打响疫情防控的宣传主动仗。

江西交通广播作为江西省政府授牌的省级应急广播，第一时间发声。1 月 27 号，江西第一批 138 名援助湖北武汉的医务人员出发，记者在现场第一时间发出第一条现场报道《江西第一批援助湖北医疗队出发》，制作的短视频全网推送。

江西交通广播将《直通湖北》节目视频化，以前方医疗队医护人员的亲身讲述，通过配图片视频，展现江西援鄂医疗队的战"疫"风貌，实现融合传播，江西交通广播系列抗"疫"短视频在抖音、快手等平台呈现，获得超过千万次点击、数十万点赞，截止 3 月中旬，江西交通广播新媒体发稿 2872 条，总点击量已经超过 2 亿次，官方微博累积阅读量 3400 万次，微信公众号累积阅读 3200 万次，头条号累积阅读量 2100 万次，抖音、快手累计阅读量 1.2 亿次，使传统线性传播的广播节目有了新的、更大的影响力。

与此同时，江西广播电视台新组建的 29 家融媒体工作室、9 个广播频率进入战斗状态，擅长做音频、用声音讲故事的广播人，迅速进入融合传播领域，掌握动漫、图片、视频等新技能，生产出了一批点击过千万的融媒体产品。

为快速占领防控疫情舆论引导的制高点，江西广播各频率积极掌握宣传主动权、话语权，全台涉及防疫抗疫的宣传报道都是在手机端先期发声，同时发起融媒体直播、

现场连线、线上线下的互动和评论言论，及时引导社会舆论，播发大量前线"战疫情"的温情画面和感人瞬间，陆续推出了《90 后医护的"战疫"爱情》《抗击疫情的年轻人》《战"疫"家书寄深情》等新闻故事。

在抗击疫情报道中，9 个广播频率顺应社会需求，积极发挥各自特点和资源优势，开辟专业特别节目。都市广播推出《致敬奋斗的青春》人物特写专栏、《我心中的英雄》系列微剧；文艺音乐广播与江西音协共同创作推出系列战疫歌曲，鼓舞士气；民生广播和省心理咨询师协会合作，开设线上疏导、线下援助的心理咨询节目；各广播频率针对抗击疫情的阶段特点，创作推出系列抗疫公益宣传；江西广播还实现了省台与市县融媒体的联动，实时共享"疫情地图""线上教育"等实用模块，直接帮助他们生产、推送了一批过千万的融媒体产品，合力打通基层防疫宣传的"最后一公里"。

在抗击疫情战斗中的一系列创新举措，顺应了新传播时代的传播需求，提升了江西广播频率的融合进程，最终实现内容、终端、受众等多方面连接与融合，达到"把主流媒体的公信力与新媒体的传播力有机融合事半功倍"的效果。

每一次重大事件都会深刻地影响和改变社会。抗击新冠肺炎疫情的这场宣传仗对于传统媒体的转型是一次契机。索福瑞媒体研究（CSM）发布的调查显示：今年疫情期间，传统媒体公信力凸显，77.3% 的被访用户会专门去看传统媒体在互联网上发布信息，其中，44% 的用户表示不仅会专门看传统媒体在网络上发表的信息，还会关注相关帐号、机构。面对日新月异的传播新时代，传统广播正积极适应社会获取信息渠道的变化，不断丰富自己的传播形态，加快提升网上传播能力，以进一步提升传播力、引导力、影响力、公信力。

注释：

①红色中华新闻台回忆录稿由江西省邮电局整理，现存江西省党史办。

（作者单位：江西广播电视台）

声音与祖国和人民共振

黄云鹤　赵英娜

2020 年，人民广播事业 80 华诞。吉林人民广播电台也迎来 75 岁生日。在广播这个大家庭中，吉林台属于全国成立较早的首批成员之一，1945 年，伴随着解放战争的炮火，吉林电台的呼号划破长空。从此，广袤的吉林大地回响着我们坚定有力的声音，萦绕耳畔，穿透流年。

75 年，吉林广播从 1 套频率发展到 9 套频率，各领风骚。新闻综合广播舞动龙头，新闻立台，发主流声音，走品牌之路；交通广播车轮上的媒体，专业化的服务，"103.8，大家帮大家"；资讯广播百里挑一，垂直服务类节目集群成为城市生活风向标；音乐广播承接东北亚音乐台曾经的辉煌与荣光，致力打造全省最好听、最有爱的音乐频率；经济广播 1993 年开创了直播互动的先河，多年坚持贴近生活，贴近百姓，"一切为了咱爸妈"；乡村广播立足三农，搭建城乡桥梁，"爱上 976，幸福伴左右"；健康娱乐广播是坚持多年的省内第一评书频率，让书迷们过足了瘾；旅游广播引领旅游风尚，融入旅游市场，成为吉林旅游产业助推器，听游天下，快乐随行；教育广播传播知识，寓教于故事和娱乐，乐享生活，为爱安家。

75 年，吉林广播从一部敌人手里缴获的 50 瓦中波发射机到 4 套频率上星、中波调频覆盖全省，声名远扬。不管在多偏远的村庄，不管是洪灾还是地震的危急时刻，AM738 的声音总是不知疲倦地回荡在百姓耳边，传达政令，解读政策，关注民生，是百姓生活中的"稳定剂"。记得改革开放之初，吉林省产粮大县的一个村部会议上，大家为一个问题争论不休，忽听人说"738 就是这么说的"，会场上顿时鸦雀无声，瞬间止争，达成共识，广播就是有这样的力量。FM103.8，全省同频覆盖，其间的技术难题如何突破、付出了多少艰辛，广播人心中自然清楚。付出就有回报，全省高速公路上每隔一段就有提示牌，提醒司机通过 FM103.8 了解高速通行情况。百姓遇到问题，首先想到的是打电话给 103.8，于是，全城寻找丢失的两岁孩童、为白城孕妇急送长春打开生命通道、组织护送通化被蛇咬伤农民赴长救治、急寻熊猫血救人、协助找到离家出走少女或者迷路老人。一场场惊心动魄、化险为夷的紧急营救，一次次发动群众、多方协作的成功案例，让 103.8 成为真正的应急广播。

75 年，吉林广播从战地电台简单的信息传播功能到名牌栏目千帆竞发，精彩纷呈。《738 百姓热线》《记者观察》《关东大地》连获中国新闻名专栏称号。《好人帮》

创新慈善帮扶手段，栏目组荣获中宣部学雷锋示范点和"中国好人"，并获得广播电视总局年度创新创优栏目。新闻龙头《738 早新闻》《畅行早高峰》发出权威声音，《有理走天下》《916 阳光热线》《乡村振兴直播间》三方通话为百姓答疑解惑，《晓声长谈》《大可说了》《雷鸣有话说》组成情感栏目"三剑客"所向披靡，《青雪故事》《雷鸣拍案》《施展侃历史》《袁礴开讲》等一批播讲类节目制作精良，网络点击以亿计，《美食娱乐大赢家》《疯狂的匣子》《1038 车天下》《麦克疯了》娱乐服务两不误，两个效益一起抓。

75 年，吉林广播由"我说你听"的单一形态转为"看得见、能互动"的开放式融合媒体。微信、微博 400 万粉丝随时关注吉林电台的最新资讯；吉林广播网总点击量超过 4 亿，有 8 档节目点击量过千万；沐耳 FM 内容垂直深耕声音产品，推出汇聚吉林广电主播资源的"新青年 100"主播推广计划，打造大型融媒体城市文化踏查项目"长春微光"，成为吉林省地域文化的动态展示，总播放量超过百万；新闻综合广播的抖音号"吉林之声"2020 年上半年共发布短视频 672 条，总点击量破 1.5 亿，点击量突破百万的有 47 条；经济广播主持人大雄在抖音上发布的原创音乐脱口秀作品单条阅读量最高 2700 万、点赞量近百万。据赛立信数据显示，吉林台手机端在长春市场占据 74% 的收听份额，在媒体融合时代占据市场强势地位。2020 年上半年新媒体点击量在全国 30 多个省级台中居第 7 名，为东北三省首名。

75 年，吉林广播从"一把剪刀、一瓶浆糊的报纸传声筒"到原创精品佳作不断涌现，硕果累累。从 1987 年至今，共获得 282 个国家级奖项。其中"五个一工程奖"11 项，近五届精神文明建设"五个一工程奖"优秀作品奖，吉林台的广播剧连续夺大奖，刮起"吉林广播剧旋风"，在业界名声鹊起；1993 年，广播消息《我省最后一个无电屯通电》获中国新闻奖三等奖，开启了吉林台在中国新闻奖的征程，这些年共有 31 件作品获中国新闻奖，几乎年年有所斩获，其中《兴华乡的"富民工程"到底掺了多少水》《工人王洪军获国家科技进步奖》《"神舟""天宫"完美对接背后的"吉林科技元素"》先后获中国新闻奖一等奖；从 2004 年设立中国广播影视大奖以来，吉林台共有 59 件作品获得大奖和提名奖，最多的一年有 10 件作品获奖；广播节目技术质量奖（金鹿奖）仅一等奖就有 12 个；公益广告《镜子》《我爱你中国》《工匠精神助力中国梦》等入选国家广电总局组织的广播电视公益广告扶持项目一类作品及"新中国成立 70 周年优秀公益广告"一等奖。另外，吉林台连续 11 年在中央台和国际台发稿数量位居省级台前三。

75 年电波连绵，75 载佳音频传。

每一个重大事件、重要时刻，吉林广播从未缺席。无论是非典、洪灾、新冠肺炎疫情的生命考验，还是振兴发展、争当排头兵的生动实践，抑或是慈善捐助、救人危难的温暖场面，吉林电台始终用独特的发现，鲜活的讲述，人文的情怀，忠诚地用话筒记录每一个风起云涌的历史瞬间。2020 年上半年，最值得铭记也最令我们骄傲的是，吉林广播人出色完成了新冠肺炎疫情防控宣传报道任务，几个数字颇具代表性：2020 年 2 月 ~ 6 月吉林广播共播发抗击疫情相关报道 6 万多条，总点击量超过 5 亿次，单条点击量过千万的超过 10 条；九频率都开设了抗击疫情专题，新闻综合广播每天制作播出长达 4.5 小时的抗击疫情特别节目，传播防疫知识，讲好抗疫故事，疏解心理焦虑；全媒体资讯中心赵孟秋同志奔赴武汉抗疫一线，每天发布《战"疫"行》《孟秋的武汉日记》等融媒产品 20 余篇，经过后方对接团队的编辑加工、及时高效分发，各频率和新媒体端采用 1500 多次，成为抗击疫情报道的最大亮点；各频率上传抗击疫情节目源 2000 余件，共享播出 5000 余次；疫情期间，吉林广播文艺创作迎来爆发式增长，广播剧《春天见》《婚礼》《口罩风波》等 7 部作品登陆学习强国平台；歌曲创作热情被点燃，《天使的容颜》《爱的凯旋》等 6 首抗疫歌曲相继涌现；广播人联合制作的抗击疫情"云声音晚会"在吉视通直播 1 小时 15 万人观看，反响热烈。面对新冠肺炎疫情，吉林广播新老媒体齐发力，融合思维再创新，打造了多项亮眼产品，体现出省级主流媒体的力度、温度和暖意。

75 年声音激荡，75 载改革不断。

犹记得，1987 年吉林台第一次开播调频立体声广播节目，节目更清晰更具立体感；犹记得，1992 年，吉林台第一档大时段直播节目《周日大世界》开播引起的轰动和热度；犹记得，1994 年，东北亚音乐台 24 小时直播，费翔、周华健、孟庭苇、陈红等在长春举办歌友见面会，那人头攒动、一票难求的情景。犹记得，1996 年吉林交通广播初创时全员上路"跑路况"的艰难；2008 年，吉林台第一次举办广播节目创意大赛，获奖者的激动与泪水；2013 年，吉林广播网用 10 年时间完成《晓声长谈》点击量 100 万的新高峰，再用半年时间将峰值加倍，现在已经达到近 1.5 亿。犹记得，2014 年吉林广播艺术团推出的话剧《岁月是把杀猪刀》一炮而红，9 场演出笑声不断，口碑极佳；2018 年 10 月 31 日，吉林人民广播电台与吉林电视台整合成"吉林广播电视台"，挂牌那一刻的心潮澎湃感慨万千；如今广播九频率和全媒体资讯中心、吉林广播网、沐耳 FM、融媒创智部组成吉林广播电视台广播传媒事业部，实行统一管理，广播在新的框架下依然充满生机，继续发挥着主流媒体的引导力和影响力。

人民广播事业走过 80 年历程，吉林台和全国同仁一道，回眸过去，展望未来。在互联网+时代，在新媒体扩张分流不可阻挡的趋势下，人民广播有压力，也有动力，有危机，亦有机遇，有寒流袭来的觉悟，也有抱团取暖的实践。吉林广播愿和全国同行一道，化压力为动力，化危为机，以融于骨血中的创新基因，永葆年轻的姿态，迈开新的步伐，与新时代同频共振！

（作者单位：吉林广播电视台）

以改革促影响力提升
广西广播的"破茧成蝶"之路

苏鹏程　黄永妮

1950 年 5 月 1 日 19 时，"广西人民广播电台"的呼号第一次通过电波传向八桂大地。广西人民广播电台（以下简称广西电台）成立之初仅有 1 套节目，全天播音 3 个小时，发射功率 500 多瓦。2018 年 11 月 13 日，广西电台与广西电视台合并成立广西广播电视台。目前拥有综合广播、经济广播、教育广播、文艺广播、对外广播（广西北部湾之声）、交通广播、旅游广播 7 套频率，全天播出节目总量 136 小时。节目通过卫星传送，以短波、中波、调频向海内外播出。到 2019 年底广西区内人口综合覆盖率达 95.68%。

广西广播电视台的广播事业历经 70 载，见证和记录了广西壮乡的发展，成为广西各族人民生活中重要的一部分。70 年间，广西广播历经成长、沉浮，不断在求新求变中再创辉煌。2009 年，广西广播发展迈出了具有跨越性的关键一步，广西电台着手频率类型化、差异化内容改革，打造"绿色频率"，基于媒体规律重塑广播的传播力、引导力、影响力和公信力；打造区域性国际广播频率"广西北部湾之声"，扩大东盟国际影响力。到 2012 年，广西电台所有频率全部停止医疗药品、保健品专题广告，成为全国首家全面执行此项改革并获成功的省级电台，之后直至目前的持续改革发展，创造了广播传媒锐意创新并重获勃勃生机的"广西广播现象"。

类型化差异化本土化经营广播频率

2009 年广西电台"绿色频率"改革启动，分阶段打造定位明确、形态各异、风格鲜明的系列品牌频率。改革目标以移动人群为主，并大胆细分移动收听人群，改革的频率定位体现差异化，分别占有不同的核心听众群。在此过程中，广西电台创造了广西业内多个第一，多项改革走在全国前列。

广西文艺广播作为全台第一个进行"绿色频率"改革的试点，2009 年 4 月 26 日全面改版，打造广西第一家类型化音乐电台。广西文艺广播以"就是爱音乐"为口号，按照目标听众的年龄特征和收听习惯，科学进行流行音乐年代界定；在广告经营上彻底放弃医疗广告，锁定适合优质听众的高端广告客户。该频率脱胎换骨的变革改变了原来节目内容与市场脱节、与创收脱节的现象，改革半年后收听率、到达率、市场占有率在南宁市 9 个频率中从第 5 名跃居第 1 位，广告量持续出现跳跃式上升。

2009 年 12 月广西教育广播改革转型为"私家车 930"，是国内第二家以"私家车"为频率定位的省级电台。教育广播频率定位在改革第一年就得到了时任中宣部部长刘云山同志的直接肯定："广西私家车广播是一个很有创意的概念，值得推广。"频率针对私家车主等城市高端和移动人群的需求，以新闻信息为框架，辅以汽车服务的内容，致力做"有声音的媒体、有态度的广播""有文化的广播"。教育广播签约凤凰卫视名嘴曹景行、何亮亮、邱震海，并联合国内著名专家学者，开辟时政评论专栏《私家车看风云》，抢占舆论高地；整合资深编辑及广西学者，组建本土评论员队伍，开办《930 快评》，影响本地声音舆论；开播《八颗牙齿晒太阳》《马达总动员》《大表哥与小表妹》等融合本地生活、富有娱乐精神、广播语言本土化的板块语言类节目，这些逆潮流开创的板块节目深受听众欢迎，在广西知名度高，形成强势品牌效应。

2011 年 1 月 5 日，继"95.0Music Radio"和"私家车 930"成功之后，广西经济广播改革推出"970 女主播电台"，这是全国第二家推出"女主播"概念的频率，除借鉴"女主播"概念外，所有其他的节目内容和市场化运营等均基于广西地方特色，根据频率现有的资源而设立。改版后的"女主播电台"摈弃所有医疗节目、"炒股理财类"节目、广东话节目包括男主持人等，以"听听资讯，听听歌"为频率标志口号，内容主要为碎片化、格式化的"资讯 + 音乐"，10 分钟为一单元滚动播出，呈现出鲜明的"休闲风格的城市资讯广播"特征。目标听众 25~45 岁的城市移动人群，频率定位"美丽、时尚、温暖、知性"八字概念，秉承"产品是最大的营销"的市场化理念。广西经济广播的这次改革具有诸多开创意义：广西首家以非内容定位命名的概念频率；开创广西频率商业推广的全新模式；开创广播主持人新的培养模式，采用"艺人化管理，明星化包装"的方式，开启广播品牌化深度发展阶段等。

广西综合广播是广西台覆盖最广的频率，肩负广西的政治宣传任务，2012 年 7 月 1 日全面取消医疗广告，打出"我们只做新闻"的宣传口号，以碎片化的内容结构打造"有广度、有深度、有态度"的新闻广播频率，全天 24 小时播音，成为广西第一家以新闻为主的频率。

2014 年 2 月，广西交通广播在成立 10 年后二次创业，提升突发应急事件处理能力，打造"潮流电台，应急广播"品牌，服务交通人群。

2016 年 1 月，广西旅游广播开播，打造广西专业的旅游宣传平台，全方位展现广西丰富的旅游资源。至此，广西电台共 6 套类型化内宣频率加上广西北部湾之声 1 套外宣频率，各具特色又各自拥有核心竞争力。

广西电台通过"绿色频率"的改革，逐渐摸索出一条各频率优势个性实现最大化开发的路径。通过刺激各频率找到各自的利益增长点，实现全台各频率均衡发展的良性态势。据 CSM 央视－索福瑞在南宁收听市场的调查数据，2020 年上半年，广西广播电视台 6 套内宣广播频率的收听率占南宁市 70% 的份额。

媒体社会责任担当驱动"绿色频率"改革

"绿色频率"改革的核心是广播内容的改革，剥离医疗广告则是其中的一个重要举措，这个举措在当时的广西电台来说堪比刮骨疗毒、壮士断腕，但电台媒体人克服了困难，履行主流媒体社会责任担当，完成了全台频率的改革。

20 世纪 90 年代到 21 世纪初，是全国各广播电台医疗广告高速发展的 10 多年。2008 年，广西电台广告收入中 80% 为医疗药品、保健品专题广告，工商广告收入不到 1000 万。看似繁荣红火的医疗广告给媒体带来的负面影响也同时显现：媒体影响力几近为零，广播队伍面临巨大的危机，高品质的受众群体和广告客户不断流失。

医疗专题广告除了形式单一、可听性差，更重要的是其中难以避免地掺杂虚假宣传，而节目的"医疗广告化"也侵占了大量黄金时段，采编播人员业务水平不断下滑，单位时间的营收效益却很低，广播渐渐失去主流听众和话语权，甚至连广播人自己都觉得抬不起头，认为如此依赖医疗专题广告的饮鸩止渴经营模式，"长此以往，台将不台，更何谈社会责任"。

在这样的背景下，广西电台人下决心要彻底进行全频率改革，提出"全力打造绿色频率品牌，实现广播发展新突破"的目标，在全台内实行机制改革、管理改革、经营改革、内容制作改革。

全面取消医疗专题广告，重构频率内容，各频率在改革之初都经历了阵痛。改革头半年，广西文艺广播所有员工没有一分钱绩效，原来创收 98% 来自医疗专题的广西教育广播没有任何广告收入，大家凭着一腔热血开办节目经营频率。经过一段时间的市场培育，这些频率凭借给听众带来的全新的听感，颠覆了原有的广播形态，掀起了收听热潮，广告额呈井喷式发展。教育广播改革三年后，广告收入增长了 10 倍。

广西电台全面取消医疗药品、保健品专题广告，完成频率改革后，整体公信力不断回升，社会效益和经济效益也实现了双赢。听众纷纷来电、来信赞扬广西电台取消医疗专题广告的做法。广西电台各频率进入良性运营轨道，《八颗牙齿晒太阳》《悦来悦乐》《大海现场秀》等一批精品化栏目在广西美誉度高、受众广泛，衍生的动画、微电影、广播剧、剧场真人秀等多元媒体开发同样受到当地群众的热捧。随着广西媒介影响力的加强，各频率承担了更多的全区各级政府和部门的形象宣传及政策推广宣传任务等。广西综合广播《阳光在线》栏目被政府部门作为联系群众的方式，写入自治区纪委工作报告；"970 女主播"因为深入人心的概念群体形象和良好的公益声誉，成为"广西环江申遗""广西预防艾滋病""不让毒品进我家""关爱儿童成长家庭教育"等公益宣传的形象代言人；广西交通广播在南宁市首先倡导"礼让斑马线，先文明先点赞"公益行动，不仅获得了具有公益意识的广告主的青睐，活动最后成为政府倡导全社会参与的活动，彰显了广播媒体的传播力和影响力。

广播内容足够优秀，媒体影响力持续扩大，品牌效应不断叠加，投放广告的商家也大幅增加。一些广告客户原来仅在一个频率投放广告，"绿色频率"改革后在5套频率全面投放。以中国移动为例，投放的广告额度由原来的几十万增加到500万。2012年广西电台全台收入首次过亿，达到11412万；2013年全台纯工商广告收入增长到13827万，比2009年改革之初的广告收入增长了2.7倍。2018年，广西电台广告收入达到1.5亿元。

打造区域性国际传播平台扩大对东盟影响力

作为中国沿边省份的主流媒体，广西电台不仅通过改革提升国内影响力，在对外宣传上也着力创新突破，将自身打造成具有一定国际影响力的区域性传播平台。2009年10月23日，广西电台与中国国际广播电台联合开办广西北部湾之声。北部湾之声以"中国立场、广西特色、国际表达"为宗旨，采用英语、泰语、越南语、普通话和广州话5种语言播音，是国内首家中央媒体和地方媒体合办的区域性国际广播频率，开创了中央媒体和地方媒体合作的新模式，并迅速成长为中国与东盟信息交流、文化汇聚的平台。

此后，广西电台依托地缘优势和小语种人才优势，主动服务国家战略及国家周边外交战略，围绕中央赋予广西的"三大定位"，全面加强面向东盟的国际传播能力建设，打造了《中国剧场》《中国动漫》《中国电视剧》及《荷花》杂志、"同唱友谊歌"中越歌曲大赛、"同一个月亮 共一片爱心"中秋跨国文化活动等系列对外宣传品牌。

2012年9月，广西电台与越南广宁省电台签约合办中越双语期刊《荷花》，这是我国唯一一本在越南发行的边境期刊。《荷花》丰富的内容、精美的制作赢得越南读者的好评，成为反映中国建设成就和广西北部湾发展的重要平台。

2014年广西电台成立"东南亚译制传播中心"，利用广西本地资源优势，与东南亚各国联合译制推广优秀中国影视剧和动画片等，实现文化输出。同年10月9日，广西电台与柬埔寨国家电视台合办的《中国剧场》在柬埔寨国家电视台开播，定期播放中国优秀影视剧作品。首播柬语版动画片《猫眼小子包达达》传播效果良好，迈出了广西电台外宣面向东盟各国输出国产影视剧（动画片）的第一步。截至2018年，广西电台分别与柬埔寨、老挝、缅甸等东盟国家的国家电视台合作开办《中国剧场》《中国动漫》《中国电视剧》系列固定电视栏目，开创了中国媒体与"一带一路"沿线国家电视主流媒体开展合作传播的全新模式，得到中宣部、国家广电总局认可。

《中国剧场》《中国动漫》《中国电视剧》按照"栏目化、本土化、常态化、品牌化"运作模式，在境内建立节目制作基地，在境外建立译制工作站，本土化译制，栏目化播出，实现合作传播常态化。目前每年在东盟国家播出优秀中国电视剧和动漫 1000 多集。译制播出的《红楼梦》《琅琊榜》《小鲤鱼历险记》等优秀电视剧和动画片，在当地引发追剧热潮，成功探索区域性外宣广播实施文化走出去战略的有效路径，提升了中国对外宣传的实际传播效果，扩大了在东南亚地区的国际影响力。

重塑影响力创造了广播改革成功范例

广西电台是全国首家全面取消医疗保健品专题广告的省级媒体。中宣部 2013 年第 7 期《内部通讯》刊登了题为《广西电台打造"绿色广播"取得好效果》的文章肯定了该台的经验和做法。2013 年广西电台分别在中国广播联盟新闻协作年会、全国广播影视系统行风建设座谈会、全国广播广告经营管理经验研讨交流会上作经验介绍。广西电台被广西壮族自治区评为"文明单位""作风效能建设示范单位"，被中国广告协会评为"广告行业诚信经营单位"。同年 8 月，广西电台作为全国广播电台唯一发言单位，在国家新闻出版广电总局召开的广电系统行风建设工作会上做经验介绍。全国超过 20 家省级电台来广西电台学习"绿色频率"建设的做法和经验。

广西电台改革成功，本质是重新打造了广播的核心影响力。在改革的浪潮中，广西电台人回归媒体人初心，以高度的社会责任感，把控节目质量，重视听众需求，重新细分、定位频率，按媒体规律办广播，按市场规律办广播，按党的宣传政策办广播，以此重新焕发广播的影响力。可以说，广西电台通过频率改革，通过思维的创新、节目的创新、管理的创新破茧成蝶获得了新生，赢得了政府、商家、老百姓的信任，树立权威性和增强社会动员力，实现了区域性广播强大的传播力和影响力，也实现了经济效益与社会效益共赢。与此同时，区域性对外宣传由广播平台逐渐拓展到多媒体平台，形成了立体化、系统化、多元化和本土化对外传播体系，与东盟各国的文化交流日益紧密，对东盟影响力不断提升。

回顾广西广播的 70 年，2009 年是一个具有标志性的重要年份，这一年，广西广播开始频率改革；广西区域性对外宣传步入新的时期。在过去的 10 来年间，广西广播紧跟时代步伐，拥抱互联网，开办北部湾在线，成立广西网络广播电视台，打造"广西视听"移动客户端，利用微信、微博、今日头条和抖音等新媒体矩阵扩大媒体影响力，全情参与到广西的经济和社会发展中。2020 年的新冠肺炎疫情让广西广播再启新的传播模式，各频率公益发声，直播带货，助力扶贫，"云直播""云访谈""云歌墟""云购物"等成为广播新热词。

习近平总书记指出，惟改革者进，惟创新者强，惟改革创新者胜。广播作为文化产业，内容是生存的核心，创新是发展的不竭动力。广西广播锐意创新的一个 10 年已经过去，另一个充满想象的 10 年已经到来。我们相信，未来的广西广播依然有无限可能。

（作者单位：广西广播电视台）

贵州人民广播事业发展历程

贵州省广播电视局

人民广播的理念源自马克思的人民报刊思想和列宁的广播思想，人民广播在毛泽东为人民服务思想的指导下诞生和成长，在中国特色社会主义理论指导下发展壮大。贵州人民广播事业的诞生，可追溯到 1950 年 1 月 1 日贵州人民广播电台成立并开始正式播音。在 70 年的岁月中，贵州人民广播事业在社会主义革命、社会主义建设时期、改革开放和新时代中国特色社会主义建设各个时期的舆论宣传方面作出了重大贡献，并随着新中国的发展不断成长壮大，以满腔的热情、积极的探索、不懈的努力和竭诚奉献的精神走出了一条符合贵州省情的人民广播发展之路。

一、从无到有，贵州人民广播事业诞生启程

1939 年，贵州广播电台建成开播，标志着贵州出现了广播这种宣传形态。1949年 11 月 17 日，中国人民解放军派军代表王湛接管贵州广播电台，开始转播北京新华广播电台（中央人民广播电台前身）节目，同时广播人民解放军贵阳军事管制委员会的命令和通令。1950 年 1 月 1 日，贵州人民广播电台正式成立并开始播音，贵州人民广播事业从此诞生，但由于电台发射功率小，只能面对贵阳市开展宣传工作。

贵州山脉众多，重峦叠嶂，绵延纵横，山高谷深，海拔高低落差大。解放初期交通不畅，居住分散，经济文化落后，少数民族人口占相当比重，文盲众多，报纸发行困难，许多文件政令不能及时下达，广播就成为了发布新闻、传达政令、宣传党的方针政策、进行社会主义、爱国主义思想教育和传播科学文化知识的重要工具。1950 年初，贵州省决定在各地、县建立收音站、发展广播收音网，贵阳及各地委所在地以机关、工厂、学校为单位建立收音站和收音小组，组织群众收听广播和抄收贵州人民广播电台的记录新闻节目，将宣传内容出成黑板报、墙报、油印报纸等，及时将党和政府的方针政策、国际国内重大时事传送到广大基层干部和农村人民群众中间。从 1950 年 8 月至 1951 年 8 月，仅仅一年的时间，贵州省收音机数量就从200 架增加到了 3000 架。到 1955 年底，全省广播收音网基本建成，共有 7 个有线广播站和 756 个专、县、区、社收音站，全省约有 180 万人直接从广播宣传中受到教育，广播作为新闻宣传、政治宣传、典型宣传重要阵地的特性得以凸显。

1951 年下半年，贵州人民广播电台开办对农村广播节目，及时向农民宣传讲解重大新闻、法令政策。1956 年全省广播收音网基本建成后，电台陆续开办了《全省

农村广播站联播》节目和《全省厂矿联播》节目，增加新闻播出次数，丰富广播内容，人民广播宣传质量不断提高。50 年代中期，我国社会主义改造基本完成后，贵州的广播宣传紧跟形势，从播放剿匪、征粮、税收、安定社会秩序、抗美援朝、土地改革、农业互助合作等内容积极向宣传社会主义建设总路线转变，宣传广大人民群众改变经济文化落后状况的丰富实践。到 60 年代中期，贵州人民广播一直紧密配合中央和贵州省委省政府的政策，紧密配合全国经济形势发展，进行积极、多层面的宣传报道，有重点地、突出地宣传各行各业在经济建设中的新举措和涌现出来的先进集体与先进个人，充分发挥了党的新闻宣传机构人民广播为人民的积极作用。

二、从弱到强，贵州人民广播事业改革发展

"文化大革命"中，贵州广播工作受到错误路线的严重干扰，于 1967 年停播了所有自办节目，1971 年 5 月，贵州人民广播电台恢复自办新闻节目，但节目内容受到严格控制。

1976 年 10 月，"文化大革命"结束后，特别是中共十一届三中全会后，广播宣传工作逐渐回到正确的新闻路线上来，全省广播工作拨乱反正，恢复实事求是的思想路线，坚持新闻真实性，讲求新闻时效性，扩大新闻报道面，改进新闻节目，重新开办评论节目和深受听众欢迎的知识性、服务性节目，办出特色，办出亮点，增加新闻条数，增大信息量。随着改革开放与经济建设大潮的涌现，贵州广播事业也开始飞速发展，"扬独家之优势，汇天下之精华"，以宣传"四化"建设为重点，将经济建设宣传提到突出位置，把农业宣传放在突出地位，除报道党、政、军重大活动外，侧重报道农业，加强工交、财贸、科技、文教、体育、卫生等方面的报道；适应农村改革需要，大力宣传党的农村经济政策，对贵州最早实行包产到户的典型——关岭县顶云公社的经验进行反复报道，鼓励农民开展多种经营、勤劳致富，对贵州农村经济的改革起到了积极的推动作用；文艺节目逐渐丰富，记者深入农村，采制了许多具有浓厚民族风情的文艺节目；开办了以青少年为主要对象的爱国主义教育、革命传统教育、道德教育和思想教育节目；在服务类节目中增加了新的专栏和内容，扩大了听众的范围。广播的内容不断丰富，新闻性、教育性、文艺性和服务性 4 大类节目栏目不断增加，贵州人民广播电台第二套节目和第三套节目分别于 1986 年 4 月和 1989 年 1 月开办，每天 3 套节目共计播音 1960 分钟（含转播中央台节目 540 分钟），满足了不同人群的精神文化需求。

1983 年中共中央发出"四级办广播，四级办电视，四级混合覆盖"（以下简称"四级办"）发展广播电视的方针后，贵州省确定大力发展调频广播，普遍建立小型卫星地面收转站，整顿、提高、发展有线广播网，坚持从贵州实际出发，走无线与有线相结合的路子，县级发展小调频，解决从县到乡镇的信号问题，乡（镇）以下搞一村、一寨式的小片联网，发动群众自筹、自建、自管、自用，并开始逐步设立市（州、地）、县（市）广播电台，贵州人民广播事业进入飞速发展阶段。

1989 年 10 月 1 日，贵州省广播电视卫星地球站实现卫星模拟广播电视播出，全

省各地只要有卫星广播电视地面接收设施、有稳定电源，都可以收听到中央人民广播电台和贵州人民广播电台第一套广播。卫星地球站的建成使用，为卫星地面站建设提供了有利条件。1992 年贵州省人民政府决定从 1992 年起，用 3 到 4 年的时间，在全省有稳定电源的乡（镇）基本建成卫星地面站，提高全省广播、电视人口覆盖率。经过努力，到 1996 年，完成了有稳定电源乡（镇）建设卫星地面站的任务。1997 年，广播电影电视部到贵州省调研广播电视，对贵州省从实际出发，大力建设农村卫星地面站，加快扩大广播电视节目的有效覆盖率和实际入户率，予以充分肯定，1998 年在贵州省召开全国村村通广播电视现场会，学习推广贵州省村村通广播电视的做法和经验。从 1998 年起，贵州省的村村通广播电视工作纳入全国村村通广播电视工程，统筹安排建设。1998 ~ 2002 年，完成了全省行政村的卫星地面站建设。2003 ~ 2005 年完成了计划内建设的农村卫星地面站的"模改数"。2004 ~ 2008 年，完成了自然村（寨）卫星地面站的建设任务。2006 ~ 2010 年完成了农村广播电视节目无线覆盖工程。2009 ~ 2010 年完成了全省直播卫星接收站建设。2014 年 ~ 2018 年完成了全省 21 个数字广播发射站建设任务。随着这些工程的实施，党和国家的声音传进了千家万户。

三、从强到优，贵州人民广播事业创新转型

近年来，随着科技的进步，经济社会的发展，人民群众对美好视听生活有了新需求和新期待，广播作为主流媒体，一直担负着"引领群众、服务群众"的职责使命，在媒体融合的大背景下，贵州人民广播事业积极探索智慧广电建设之路，利用智慧广电着力提升广播业务能力和服务能力，促进贵州人民广播事业高质量发展。

2016 年至今，贵州省连续 5 年实施多彩贵州"广电云"村村通、户户用工程，在进一步夯实广电网络基础设施的同时，促进了全省城乡公共文化服务均等化。全省累计投入资金 53.09 亿元，敷设干线、通村、通组和分配网光缆 33.65 万公里，新增多彩贵州"广电云"用户 355.82 万户，建成乡镇广播电视综合服务站 1000 个，确保无线广播未覆盖地区人民群众通过多彩贵州"广电云"收听到广播。

贵州广播电视台建设了"动静云"融媒体平台，对内打通各类媒体形态、统筹广播内容生产，对外无缝对接各类平台资源、传播渠道，再造广播采编流程，及时与听众和用户互动、沟通与交流，实现包括广播在内的全媒体传播融通共享、集中管理，实现对广播用户需求的科学分析、有效洞察、精准传播，借助融媒体传播能力发挥广播作为主流媒体的舆论引导职能，深耕民生、深入百姓生活，以广播产品的多样性、知识性和实用性服务群众生活。

中国人民广播事业 80 年，贵州人民广播事业 70 年，始终秉承"人民广播为人民"的发展理念，打造人民广播的公信力、专业性，坚持解放思想、求真务实、与时俱进，走出了一条不断发展壮大的道路，取得了丰硕成果，为党的宣传工作和新闻事业作出了不可磨灭的贡献。

狮忆青云

——贵州广播事业的风雨历程

赵苗苗　王　俐

"金眸玉爪目悬星，群兽闻知尽骇惊。怒慑熊罴威凛凛，雄驱虎豹气英英。"狮，兽中之王，智慧和力量的化身，最常见的吉祥神兽。自古以来，我国民俗文化中就有用石雕狮子镇宅守院的习俗。

贵阳市瑞金南路 149 号，贵州广播电视台的大门口就有一对霸气威武的石狮子。它们一雄一雌、鬃毛卷曲、耳大如扇、双目圆睁、口含玉珠、颈挂铜铃、身披锦带、站立翘望。雄狮右前爪按着一只绣球，显露出脚踏环宇的雄壮气势；雌狮左前爪轻抚一只幼狮，寓意传承兴旺，万世昌盛。

岁月更替，往事悠悠。这对石狮子，见证了贵州广电事业由小到大、由弱变强的 50 余载风雨历程，伴随着一代又一代贵州广电人书写了一个又一个精彩故事。故事得从贵阳市青云路 474 号广电大院旧址说起。

贵阳市青云路 474 号（原 272 号）——风光秀丽的青云山下，南明河畔，有一片依山傍水的老式建筑。在它的大门口，曾经有一对威武雄壮的石狮子镇守两边，几十年来岿然守候，见证了贵州广电艰苦创业，不断发展壮大的光辉历程。

1958 年，是这对石狮子来到青云路 272 号的第一年。彼时，贵阳市劳动人民文化宫（现贵阳市工人文化宫）在这个当时被叫做"妙哉坡"的地方进行单位扩建，建造了一座仿苏式的两层办公楼。从办公楼正面沿着三段石阶而下，就到了正大门。

当时的开宫元老陈宝华的一位好友，将家族祠堂门口的一对石狮子作为文化宫新址落成的贺礼，赠予了文化宫。自此，这对两米多高的"石头卫士"便开始屹立在青云路这座大院门口。说起青云路，在三四十年代的时候，曾因其位于南明河南岸而叫"河南路"。道路扩建后，依照路旁的青云山而得名"青云路"。直到今天，仍有很多人称青云山为"电视台那座山"，只因这里曾是贵州广电事业的摇篮。

贵州广电事业的发展辉煌基本都是从青云路 272 号，这个后来被叫做"广电大院"的地方起步的。

贵州的广播事业始于 1938 年，当年 4 月，民国政府开始筹建贵州广播电台，于 1939 年 1 月 1 日建成并开播，台址租用电台街华家阁楼。播音对象为本省、全国以及南洋，用国语、英语、马来语和粤语、客家、厦、沪 4 种地方语共 7 种语言播音。

在 1939 年至 1945 年的抗日战争时期，当时的贵州广播电台负有重要的国际宣传任务，运用短波对东南亚地区广播，电波可到达美国东部。在当时的民国政府所辖的 11 个电台中，贵州广播电台属中上规模的电台，排名在中央、国际、昆明台之后的第 4 位。

1945 年，抗日战争胜利后，国民党给贵州广播电台的经费减少，管理也有所放松，因此，机件损坏往往无法补充。从播音室到发射台的传音线路已经老化，一遇风吹，播音就中断。到 1949 年解放前夕，贵州广播电台仅剩下 19 人。

当时贵州广播电台台长黄天如对电台控制很严。在贵阳解放前夕，电台的大多数员工与黄天如进行护台与毁台的斗争。1949 年 3 月，中共派安粤（安毅夫）到贵阳，指示电台工作人员邓俨在贵阳解放时设法保护电台设备，防止破坏。

1949 年 10 月，解放大军逼近贵州。10 月中旬，黄天如在电台开"应变会议"，决定拆卸机器，向重庆逃跑。会上分工黄天如负责与有关单位联系，筹集经费；中管处派来的专员邬义军等人负责交通工具；巫瀚澄负责拆卸机器装箱。

11 月 10 日，巫瀚澄等人到发射台，打电话叫发射台准备装机器。当时解放军已逼近贵阳，国民党很多机关已纷纷外逃。邓俨等人商量决定，采取拖延的办法。当天，外面传来国民党军警逃走的消息，专员邬义军首先就稳不住了，不断催促快走。黄天如顾不上到发射台装运机器，最后他们只是顺手把一些唱片和一部放在台长室的收音机拿走。11 月 11 日，邓俨与共产党地下刊物《解放快报》取得联系，一方面了解解放军进军的情况，一方面及时布置发射台检修机器设备，迎接解放。

11 月 15 日，贵阳解放。中国人民解放军对广播电台实行军事管制，接管电台，并于当天恢复中断两天的播音，呼号为"贵阳人民广播电台"。内容主要是转播北京新华广播电台（即中央人民广播电台前身）的节目，同时也广播人民解放军贵阳军事管制委员会的命令和通令。

12 月 12 日，中共贵州省委决定调张经五任广播电台军事代表，负责电台工作。当时干部很缺乏，解决的办法一是大胆使用贵州广播电台的原有人员，二是招收新人员。根据党的政策，张经五宣布将黄天如等调离广播电台，邓俨等 13 人留用。

与此同时，调来了西进贵州的一批学生和贵阳革命干校的一批学生，接着又在贵阳招收了一些青年学生。从 12 月 20 日起，对广播电台所有的广播器材、房产、地产以及唱片、办公用具等造册登记，一一验收。

当时电台工作非常紧张，大家一面接收旧电台，一面筹建人民广播电台。当时除原有人员仍实行薪津制外，其他人员都实行供给制。薪津和供给标准都按米、布、油等实物计算。虽然很艰苦，但大家情绪高涨。编辑人员夜以继日地筹办广播节目，技术人员克服困难积极检修广播设备，各项筹备工作进展顺利。

经过 10 多天的努力，到 1949 年年底，建立人民广播电台的条件已经基本具备，12 月 31 日，举行了贵阳人民广播电台成立大会。会上，中国人民解放军贵阳市军事管制委员会文教接管部部长申云浦代表省委宣布:《新黔日报》社社长刘子毅兼任贵阳人民广播电台台长,张经五任副台长兼编辑部主任;确定 1950 年 1 月 1 日为贵阳人民广播电台正式成立的日子,开始正式播音。贵州人民广播事业从此诞生。

从此,人民广播强大的信号无论白天黑夜,不管风雨雷电,永不停歇地将党中央和省委省政府的重要精神和重大新闻传向贵州的城市乡村;将贵州的好声音、好故事源源不断地传向全国和世界各地。

1951 年 4 月 5 日,贵阳人民广播电台更名为贵州人民广播电台。

1956 年 11 月 13 日,贵州省广播事业管理处成立,与贵州人民广播电台在电台街华家阁楼合署办公。1963 年,省委批拨 13 万元专款对年久失修的华家阁楼进行全面修复。

1981 年,贵阳市人民政府将华家阁楼定为贵阳市文物保护单位。2006 年 6 月 6 日,省人民政府将华家阁楼定为第四批省级文物保护单位。

1975 年,贵州人民广播电台全部从电台街华家阁楼搬迁至青云路 272 号,这个大院从此就成了广电大院,一直镇守在大院门口的那对石狮子也随之成为了名副其实的"广电卫士",默默守望着贵州广电事业风雨兼程数十载,其斑驳的狮身记录着每一位广电人在此奋斗的日日夜夜。

贵州人民广播电台经历了艰苦奋斗、励精图治的峥嵘岁月。两台在党的坚强领导下,激励全体广电人不断奋进,守正创新,顽强拼搏,凝聚起了全省人民同心共筑中国梦的磅礴力量。

2011 年 11 月 25 日,按照省委、省政府深入贯彻落实中央关于深化文化体制改革的战略部署和要求,贵州人民广播电台与贵州电视台两台正式合并重组成贵州广播电视台,并从青云路 272 号广电大院陆续搬迁至瑞金南路 149 号新的贵州广播电视大楼。

时光荏苒,白驹过隙。随着省广播电视局局机关搬迁,人民大道建设的推进,青云路 474 号(原 272 号)广电大院也完成了历史赋予的神圣使命,而大门口那对镌刻了 50 余载贵州广电烙印的石狮子,早已成为贵州广电的文脉,成了贵州广电人不可忘却的心灵记忆。

2019 年 4 月 1 日,这对石狮子也和广电人一起搬进了新家,来到了瑞金南路 149 号贵州广播电视大楼大门口。

"顽石如今皆泽润,猛狮于此亦从容。"这对威武之狮将一如既往,继续见证贵州广播事业乘风破浪、蓬勃发展,继续肩负着守护贵州广播事业不断走向辉煌的神圣使命。

(作者单位:贵州广播电视台)

三江之源　昆仑之声

——青海人民广播事业71年

青海广播电视台

1949 年 9 月 14 日，伴随着西宁的解放，青海人民广播电台的前身西宁人民广播电台开始播音，人民广播的声音在青藏高原响起。1951 年 4 月 1 日，西宁人民广播电台改名为青海人民广播电台。

青海人民广播事业诞生在新中国成立前夕，成长于社会主义革命和建设的创业时期，繁荣于改革开放和现代化建设的伟大时代，特别是党的十八大以来，青海人民广播事业发生了日新月异的变化。从建台初期只有十几名工作人员，每天播音 1 小时，发射功率不足 1 千瓦，发展成今天拥有新闻综合、经济、交通、生活、藏语 5 套广播节目，覆盖率达到 90% 以上全省广播人口的多媒体联动综合性传播机构。

回顾青海人民广播事业的发展历程，是一代又一代广播人不怕困难、艰苦创业的奋斗史，是一代又一代广播人勇于开拓、不断创新的探索史。可以分为新中国广播的发展、传统广播的全面发展改革和现代广播融媒体发展 3 个阶段。

一、新中国广播的发展阶段

建台初期，青海人民广播电台只有一部 1 千瓦发射机、两部扩大器、两台五灯收音机和一个高音喇叭。设在省政府中山堂内的机房，地板和楼梯是木质的，为了保证安全，不允许生炉子，冬天大家只能在零下 20 多度的严寒环境中工作。播音室只有简单的隔音和吸音处理，没有通风设施，设备也只有几只话筒和手摇录音机。虽然每天只有 1 个小时的播音时间，但是，由于当时青海电厂装机容量小，还会常常因为超负荷停电，广播节目也常因此而中断。就是在这样的条件下，1952 年 7 月 22 日，青海电台开办了每周一次的"藏语广播节目"，每次播出 20 分钟。开启了青海藏语广播的先河。

1954 年 5 月 30 日，又开办了"对农村广播节目"，使用西宁话播音，这个节目一直延续到今天，经过不断的发展、创新，传承下来的《农牧天地》在 2015 年度被国家广电总局授予全国广播电视创新创优节目。

1976 年，老一代记者张二龙参加工作不久就被派到果洛藏族自治州担任驻站记者，当时，遥远的牧区工作条件非常艰苦，西宁到果洛的班车夏秋季每周 1 班，冬春停运。600 多公里的路程，最少要走两天。照明电也是时有时无，下乡采访就骑马、骑牦牛、住帐房。食堂的饭菜单一，极少有新鲜蔬菜。采写 1 篇稿件后，要通过信件邮寄、发电报或者打长途电话等方式往台里传送，编辑等候在电话边，记者口述一句，他们记录一句。电话线路信号差，传完 1 篇稿子，记者嗓子都会喊哑。

1977 年，果洛州发生特大雪灾。在这之前，张二龙被召回省城西宁参加省人代会的宣传报道工作。会议刚结束，台里让他立刻赶回果洛，采访抗灾保畜的工作。当时，客运班车已经停运了，他通过救灾指挥部安排，搭乘了一辆运送救灾面粉的卡车前往灾区，可是原本需要两天的车程，他和司机两个人一边挖雪，一边等推土机推雪保通，一路艰辛冻饿、停停走走，到了第 11 天的深夜 12 点才到达。第二天，马上就投入到抗灾保畜的采访工作中去了。老一代广播工作者们勤勉敬业、勇于探索的可贵精神品质代代相传，一直传承到了今天。

二、传统广播的全面发展改革阶段

20 世纪 90 年代中期，青海人民广播电台的节目开始快速走上直播化、频率专业化的改革道路。在国家"西新工程"的大力扶持下，青海电台全面升级了播出设备，基本上实现了节目从录制、播出、传输的数字化要求。可以说，"西新工程"为青海人民广播事业的发展注入了生机与活力，加快了青海电台实施以建立专业化系列台为龙头的全方位改革步伐。

1995 年 6 月 12 日，青海经济广播电台开播，并由此拉开青海电台频率专业化创新发展之路的改革进程。经济广播的开播，创造了青海广电史上很多的第一：第一次举办全省大型户外广播现场直播活动，实现了青海广播播出形式的重大突破；第一次和上海人民广播电台进行广播节目异地双向直播；第一次将直播现场设置在了省城西宁以外的基层城镇，进行城乡主题广播现场直播；第一次举办听友见面会。变广播的单向传播为双向互动，弥补了广播节目只闻其声，不见其人的弱势，加强了广播人与听众之间的沟通和交流。重点打造的精品节目《青海政风行风热线》等深受群众欢迎。

1999 年 12 月，青海交通音乐广播正式开播，这是青海人民广播电台首次按照市场经济的规律和要求，用新的体制机制、新的思路理念和青海交通警察总队联合打造的专业电台。个性化的交通服务理念和市场化的办台宗旨，让青海交通音乐广播成为全省拥有最广泛收听人群的广播媒体，并成为青海第一家 24 小时不间断播出的专业交通广播。形成了"春天种树——交广司机林""夏天在广场——我的城市我知道大型竞赛""秋天爱心送考"的交通广播品牌。以交通音乐广播开播为标志，青海人民广播电台走上针对不同对象，具有不同风格系列台的建设。

2004 年，新闻综合广播开播，原青海人民广播电台新闻部、社教部、文艺部、广告部等部门整合到新闻综合广播，节目按卫星传送要求设置，全天播出 18 小时，标志着青海广播电台整体性改革顺利投入运行。

原青海人民广播电台的老广播们进行了有别于以往岗位的全新职能磨练，当他们一次又一次运用当代广播的先进理念和传输手段，成就了国家级、省部级大奖后，传统的老广播凤凰涅槃，踏上了新时代广播的鼓点。

随即，藏语广播在同年也进行了改革。青海台藏语广播承担着全天 17 小时 10 分钟的藏语广播宣传任务。自 1952 年 7 月 22 日开播以来，在宣传党的路线方针政策，促进民族团结，维护祖国统一，提高藏族群众的思想道德素质和科学文化素质，推动藏族地区物质文明、精神文明建设方面发挥了重要而独特的作用，是全国藏语媒体中影响力、权威性较高的主流媒体之一。

2004 年，青海藏语广播以全新的双向互动节目，受到了青海涉藏区县和毗邻省份涉藏区县广大受众的热烈欢迎。

从 2004 年到 2007 年，青海藏语广播为契合广大草原牧区群众的文化心理需求，抢救整理挖掘和传承了一大批宝贵的、频临失传的藏族民间文艺作品；相继在青海省各地、甘肃省甘南藏族自治州等地举办直播活动并取得圆满成功。尤其是一档全新的空中代话节目《空中信使》，弥补了当时游牧生活的诸多不便，各家各户要办的事情通过广播就可以在各地之间进行信息传达。被广大牧民群众亲切地称为"雪域金桥"。

2004 年，青海藏语广播还开通了全国第 1 个藏语广播网站，除了在网上在线收听广播以外，还增添了内容丰富多彩的网页，尤其是反映广大涉藏区县各行各业新成就、新面貌的图片文字，受到了涉藏区县社会各界广泛关注。随着青海藏语广播加大网上新闻的发布，很多旅居在美国、日本、瑞士、印度、意大利等国家的藏胞和 61 个国家的国外听众，经常通过互联网来收听青海藏语广播的节目，了解涉藏区县的建设以及家乡父老乡亲的生活工作情况。

68 年，青海广播藏语新闻工作者采写的广播新闻、文艺等作品，先后有近 210 篇获得国家级、省级及各级各类奖项，藏语广播不断开拓，不断创新的精神受到了广泛赞誉，藏语频率也因此先后获得了全国民族团结进步先进集体、青海省民族团结进步先进集体、青海省少数民族语言文字工作先进集体等荣誉称号，还被中共青海省委宣传部授予"全省新闻系统对外宣传先进单位"称号。

至此，青海广播第一轮的频率专业化改革宣告完成，并由此迎来了一个崭新的发展历程。青海电台的改革赢得了广大听众的支持和社会的认可，数以万计的听众来信、短信像雪片似的飞来。各频率以各自鲜明的专业特色，呈现出了勃勃发展的生机，频率的价值潜能得到了较好的挖掘。

三、现代广播的融媒体发展阶段

党的十八大报告提出要"促进文化和科技融合，构建和发展现代传播体系"。党的十八届三中全会提出推动媒体融合发展重大任务。2014 年 8 月，中共中央印发《关于推动传统媒体和新兴媒体融合发展的指导意见》，强调融合发展重在"融为一体、合而为一"，要尽快从相"加"迈向相"融"，着力打造一批新型主流媒体。

面对新兴媒体日益崛起带来的挑战，青海新闻综合广播在 2011 年 9 月青海广播电视合并组建之后，率先依照台里的安排部署踏上了媒体融合先行先试的行列。抓住时机，在不放弃传统广播发展路径的同时，尝试向网络延伸。之后又借助微博、微信、抖音、快手等探索开展台网互动；借助互联网打破传统广播只能听、不能看的界限，办"看得见"的广播。把直播间搬到户外，在重点工程工地上、在脱贫致富田野里、在政府服务办事大厅中进行音视频直播，融媒体直播正在成为新闻综合广播的特色。

青海藏语广播也通过青海网络广播电视台（祥云网）、金格桑手机 App、藏语广播微信公众号等渠道进行全方位覆盖传播，地面发射覆盖青海广大涉藏区县，并且通过互联网使青海藏语广播的声音走向了全球各个角落。国内受众占到全国藏族总人口的 1/2 以上。

根据市场小众化的需要，2011 年 12 月 29 日，青海广播电视台又以全方言形式推出了青海生活广播。这是青海广播受众小众化、自主经营的一次有益尝试。以目前生活广播创收额位居广播创收第二的情况来说，广播小众化的尝试是成功的，有时代的特色，也顺应了市场的需求。

征程刚刚起步，大道始于足下。广播的黄金时代正在我们眼前徐徐展开。三江之源、昆仑之声，青海人民广播的声音将在青海上空与三江的清流一起奔涌。

根植燕赵文化沃土　唱响融合时代强音

河北广播电视台

　　1949 年 9 月 1 日，一道电波从保定光园发出，一个声音响彻燕赵长空，河北人民广播电台正式开播了，从此，开启了与时代同行，与人民广播事业同步，与燕赵儿女声声相伴的光辉历程。

　　忆往昔，风雷激荡，看今朝，砥砺奋进。无论是过去还是现在，河北人民广播电台始终坚持围绕中心、服务大局，引导主流舆论，凝聚奋斗力量，在推动河北政治、经济和社会发展中发挥着重要作用；始终坚持与时代同频共振，讲述河北故事，传播河北声音，忠实记录新中国成立以来河北发生的巨大变化和铸就的辉煌篇章；始终坚持服务人民、贴近群众，报道火热现实生活，满足人民文化需求，深受广大听众的喜爱与支持，成为鼓舞群众投身改革和建设的强大精神力量。

　　河北广播人在记录社会前进步伐的同时，也在不断谱写着河北广播事业发展的新篇章。从单一的新闻综合频率，到拥有新闻、经济、交通、文艺、生活、音乐、农民、旅游文化、科教 9 个专业频率；从每天只有一套节目播音 5 小时 30 分钟，到几百档节目异彩纷呈，全天 24 小时不间断播出；从 500 瓦单频辐射河北一隅，到中波、调频综合覆盖全省各县乡村镇；媒体形态从单一的传统广播到拥有音频广播、视频直播、互联网站、手机客户端等多业态、多平台融合传播机构；采编播设施从简陋的播出台到多功能中央厨房、策采编发系统网络化、播控自动化、传播发射数字化；广告经营从无到有，从改革开放之初的探索起步，到现在集线上广告、线下活动、新媒体营销、公司化运营、产业化拓展的立体营收模式，实现了跨越式发展。巨大变化的背后凝结着河北广播人的心血和汗水。

创业：艰难困苦，玉汝于成

　　岁月轻轻翻动，那青春如火、目光如炬的日子扑面而来。1949 年 5 月，27 个来自农村根据地的年青人在保定光园开始了河北人民广播电台的筹建工作：第一台发射机是跑遍京津，用 3 万斤小米换来的；第一个播音台是利用一张旧桌子中间掏个洞做成的；第一声呼号是由刚满 16 岁尚显稚嫩童音的播音员发出的。从零起步，一路走来，河北电台在全国第一个开办对农广播节目，被中央广播事业局印发《河北人民广播电台对农民广播节目经验专集》向全国推广；自行研发全国第一台可携带的手遥式胶带录音机；第一次转播开国大典，第一次录制大型专题节目，第一次召开广播大会，无数个第一汇聚成河北广播创业时期一幅幅生动的画卷。时光流转，初心不变，弦音不辍。从麦浪翻滚的田间地头到寒风刺骨的张承坝上，从断壁残垣的唐山抗震前线到浊浪滔天的海河洪水救灾现场，从凌晨到深夜，从城市到乡村，到处都有河北广播人的身影，到处都传递着河北广播的声音。青春的光园成为一段永恒的记忆，但飘荡在岁月里的声音伴随着历史的风雨经久不息。

发展：蓬勃向上，奋发进取

时代激流滚滚向前，改革大潮汹涌而来。河北人民广播沐浴改革的春风，经历10 年风雨后重新启航。1988 年、1992 年节目进行了两次全面调改，打破几十年一贯制的节目设置、编排模式和播音风格，重点推出大时段主持人直播板块节目，为开办系列台奠定了基础。1993 年河北经济广播开播，标志着河北广播事业步入了飞速发展阶段，之后以平均两年建成一个频率的速度，交通、文艺、生活、音乐、农民、旅游文化广播 7 个专业台相继成立。《阳光热线》《北方快车》《灯火阑珊》《交通新干线》等一批独具特色、影响广泛、双效俱佳的品牌节目脱颖而出。《阳光热线》作为在全国省级台最早推出的民生类热线直播节目，开创了党委、政府通过传媒与广大群众即时互动的崭新模式，被中纪委和国家广电总局誉为"党委政府通过媒体施政的典范，新闻改革的一面旗帜"，荣膺中国新闻名专栏奖，影响力辐射全国。时任中共中央政治局常委、中央纪委书记贺国强专程考察，并指示向全国推广。在全国广电系统创造性地实施了人员"梯次管理"模式，建立起绩效考核、正负激励和末位淘汰"三个机制"，推进采编岗位首席制、节目责编制、播音主持分级制的"三制改革"，国家广电总局先后召开现场会，推广河北电台改革和发展的经验。

转型：乘势而上，跨越腾飞

飞速发展的汽车工业带来车载广播的迅速崛起，而互联网新媒体的萌芽与迅速壮大同时带给传统广播强烈震荡与冲击。河北广播因时而变，乘势而上，在坚守做"好听、有用、有益"的广播节目这一主业的同时，向移动互联网的新型传播平台主动出击，抢占新媒体的前沿阵地，在节目内容和传播渠道两个领域都取得了令全国广播同行瞩目的成绩。坚持新闻立台，打造具有深度、广度、温度、锐度的强势主流舆论，组织《太行燕山百村行》《走两环看发展》《走进魅力村镇》大型走基层采访报道活动，锤炼队伍作风，推出系列报道，在听众中引起强烈共鸣，受到中宣部、中国记协充分肯定。坚持"板块化＋碎片化"现代广播理念，打造了《992 大家帮》《燕赵传奇》《小强来了》和《善行河北》《中国梦赶考行》百集系列微广播等一批特色品牌栏目。《992 大家帮》作为全国率先推出的帮忙服务类节目，秉持行动改变社会理念、倡导大家帮助大家，获得中国新闻奖新闻名专栏殊荣，成为业内标杆。

品牌节目集群支撑起收听市场,省网收听份额接近六成,市网收听份额牢牢占据半壁江山,车载居家占有率不断刷新,屡创新高。河北电台腾讯微博发布厅作为全国第一家广播媒体发布厅迅速上线,手机综合服务客户端"即通"、音频聚合平台"即听"陆续上线,成为河北电台拓展传播力、影响力的重要平台。河北广播充分利用京津冀协同发展国家战略的实施,发挥自身独特资源优势、传播优势和区位优势,不断推动河北广播事业产业加快转型、实现跨越发展。

聚变:融为一体,合而为一

2016 年 4 月,河北广播迎来历史上最为重要的一次变革与机遇。为了进一步深化文化体制改革,打造强势主流媒体,河北省委、省政府决定,将河北电台与河北电视台合并,成立河北广播电视台,掀开了河北广电发展的新篇章。河北广播电视台党委面对媒体内外环境的深刻变革,信息技术的迅猛发展,人民群众精神文化需求快速增长的新形势、新变化、新要求,加快改革创新步伐,推进资源业务整合,推动媒体融合发展,着力打造形态多样、手段先进、具有竞争力的新型主流媒体。河北广播从新的起点再出发,合并 4 年以来,不断取得新突破新亮点新成效。

新闻宣传"融"字当先。新闻频率与电视公共频道、融媒体新闻中心共同构建"中央厨房"式生产模式,再造采编流程,统一新闻策划,一次采集,多渠道、多终端分发,传统广播与电视、报纸、新媒体实现新闻资源共享、协调联动,形成强大宣传合力。在今年的全国两会报道中,新闻频率位列省级联播数熙指数全国综合排名第一位。

节目创新创优扎实推进。设立"节目创新创优扶持基金",投入上千万元,重点扶持有潜力叫好又叫座的创新创优节目。《建楼开讲》《992 大家帮》《天天学习》等品牌节目守正出新,知识性、贴近性、服务性和趣味性不断增强。广播剧《太行山上新愚公》荣获"五个一工程奖",广播访谈《"新愚公"李保国》荣获第 27 届中国新闻奖一等奖。

改革创新迈出新步伐。9 个广播频率资源重新整合,按照市场需求精准定位、突出特色、差异发展,构建了新闻宣传、交通服务、生活康养、文化娱乐四大广播平台,优化配置,化掌为拳,将线上节目、线下活动、网上社群、综合服务融为一体,4 大平台节目资源共享、一体化宣推,努力实现广播听众向平台用户的转变。

媒体融合不断深化,网络收听位居全国前列。自有"冀时"客户端全新迭代升级为 3.0 版,按需订制内容版块,功能更强大,使用更便捷。冀时、即通、即听三端累计下载量超过 235 万,"两微矩阵"总粉丝量突破 4000 万,台属 56 个微信公众账号全部入驻统一管理平台,河北广电 MCN 公司位列字节跳动系(抖音、今日头条、西瓜视频)媒体 MCN 榜单帐号数量第一名,综合实力前 10 名。尼尔森全国广播媒体融媒传播影响力排行榜中,新闻、交通、音乐均位列全国省级广播频率融媒传播影响力前 10 名。

活动营销成为增收新亮点，4 大主题活动连年举办成为品牌。"河北汽车文化节"累计入场人数超 30 万，总销售收入 4.57 亿元；"河北美食文化节"接待食客近 20 万人次，营业额不断扩大；"乐享音乐节"吸引省内外乐迷近 3 万人，成为全省文化娱乐标志性活动；"河北健康文化节"6 万余人次到场参与，社会经济效益可观。另有大型助残公益活动、爱心助学圆梦行动、"青少年自强之星"评选等各类大型公益活动贯穿全年，不断提升媒体品牌价值和广告吸纳能力。

产业链条不断延伸。频率利用自身优势成立公司，交通频率群交广传媒公司、音乐频率群河北广电乐商电子商务公司、生活频率声旺公司等产业链项目均已经实现盈利，有效带动价值链提升。同时频率积极创新项目代理、行业代理、保底分账式营销、跨媒体联合套餐等营收模式，拓展创收渠道。

制度建设增强发展活力。制定出台了融媒体和新媒体供稿奖励办法和考核办法，规范采、编、播、发、传等各环节流程，发挥考核和奖励的"指挥棒"作用，加快融媒体发展步伐。实施工作室制、项目制和项目公司制，为创新人才搭建施展舞台。打通人才晋升"双通道"，选聘了一批首席、资深和特聘人才（记者、编辑、主持人和工程师），拓宽专业人员发展路径，激发干事创业活力。

凡是过往，皆为序章。传媒行业正面临前所未有的大变革、大调整，挑战与机遇并存，困难与希望同在，河北广播电视台党委继续谋篇布局，规划未来，决定利用 3～5 年时间，重点实施宣传能力提升、精品节目打造、媒体融合深化、智慧广电建设、广电产业升级五项工程，全面推进运营机制、绩效机制、生产机制、晋升机制、人才培养机制五项改革。加快建立以内容建设为根本、先进技术为支撑、创新管理为保障的全媒体传播体系，努力走出一条"具有鲜明河北广电特色"的融合发展之路。

初心铸就伟业，使命引领征程。河北广播人，将继续用笔和话筒关注祖国的发展，用辛勤和智慧讲述奋斗的故事，

不忘初心，接续奋斗，努力唱响时代的最强音！

我亲历了河北人民广播事业从无到有

成忠顺

1948 年 11 月，根据中央军委的作战部署，为配合东北野战军与华北野战军发起的平津战役，冀中军区决定攻打保定，以牵制平津之敌。战斗在 11 月 13 日晚打响，经过九天的激战，我军于 11 月 22 日顺利解放保定。我当时才 21 岁，是冀中军区通讯科无线电中队的技术骨干、正连级机务员，随军进驻保定。1949 年 1 月 31 日，傅作义率兵起义，北平和平解放，我党的工作重点转移到大力恢复与发展工农业生产方面。广播电台是指导工作的有力工具，建设广播电台这一工作便提上了议事日程。

一、初领建台任务，勘查"光园"选址

1949 年 4 月 25 日上午 11 时许，一辆美式军用吉普车缓缓驶过无线电中队维修室门口，停在机务股长王化南办公室门前，从车上跳下两个人来，一位是冀中区党委书记兼冀中军区政治委员林铁，一位是陪同他的冀中军区通信科政委王昌培。大约过了半个多小时，汽车开走了，就听到王昌培政委在维修室门口喊道：

"忠顺同志你过来一下，说个事情。"

我放下手中的电烙铁来到王化南股长的办公室。

王昌培政委开门见山地说：

"刚才林政委来咱们这儿，主要谈了一件事，就是开办我们人民政权的广播电台，咱们的主要任务是负责技术设备的建设，你抓紧时间去趟国民党河北电台的旧址，看看国民党逃跑时给咱们留下了什么有用的东西。重点是广播设备、天线地网、播音室、机房、电源等。一定查清楚，回来汇报。"

军人作风雷厉风行，我接受任务之后立即出发。广播电台旧址设在原直隶总督衙署西侧的"光园"，是总督府的一个组成部分，离军区驻地不到 3 华里，一会儿工夫就到了。

"光园"原为明代大宁都司右卫署和断事司，清康熙二年（1663 年），直隶巡抚由正定迁到保定后，巡道司狱署驻光园，1916 年，曹锟任直隶督军时，对光园进行大规模改建，成为曹锟的公馆。因曹锟敬慕抗倭名将戚继光，故将此处改名为"光园"。"光园"东西长 60 多米，南北长 80 多米，东临直隶总督府大院，南邻民权街，西邻永安路，北邻 2 层洋楼，似乎是总督官邸。"光园"大门坐北朝南，居于东西

方向的中间位置，从大门口至二层洋楼南门是一条 6 米多宽的水泥马路，大院东北角有一座假山，山南有一座凉亭，是"光园"保存下来的仅有的两处遗迹。

国民党广播电台占据了"光园"全部，大门门洞两侧各有一排平房，西南角是电台的工作区，东墙以内是一排平房，大概是生活区。进了门洞往西一拐是电台的正门，正门上方横书"河北广播电台"六个大字，正门内是走廊，走廊以南是办公区，以北是技术区，各区屋顶相连，构成一个整体。两区有走廊相通，技术区由四套房间构成，东南角是一间语言播音室（使用面积 21 平方米）；西南角是一间文艺演播室（使用面积 45 平方米）；东北角是发射机房兼播控机房（使用面积 50 平方米）；西北角是技术人员工作室（使用面积 26 平方米）。两个播音室均做了简单的音响处理，四壁和天花板均装置了水泥木丝板，隔音处理也很简陋，两个播音室没有窗户，均设有隔音门，与播控室之间的联络窗均采用双层玻璃隔音。两个播音室（兼走廊）共用一个声闸，声闸的门做了隔声处理。两个播音室均无采暖设施。为解决通风问题，两播音室均设有一个排风口，在播音空隙打开通风口隔音小门排风，播音时即把小门关上。排风扇完好无损。播控机房东、北、南墙三面距墙 50 厘米左右均有走线槽，以便于铺设电源和信号线路。发射机房西北角有两扇大门，看来是搬运大型机器时使用的。西墙北端与技术人员工作室有门相通。

天地线系统设置情况是：院内架设了 3 根木质天线杆子，呈等边三角形，相距均 30 米左右，杆高约 30 米；在发射机房东墙北端和北墙东端接近天花板位置设有天线出口；墙外埋设 6 米左右高的木桩一根，顶端还栓着一个棒形绝缘子，应该是固定由室内至天线垂直部分用的；天线的金属线已缺失，在靠近木桩旁地上，露出一根 7 股 4.0 粗的铜线，不用说这就是发射台的地线了。

电源系统分室内室外两个部分，室内部分设壁橱式木质配电箱，箱内设总闸一个，分闸 4 个，分闸以上的导线已经拆了，由总闸至墙外的电缆走的墙内，是否有导线看不清楚。墙外部分是从机房北墙木横担至电源变压器，变压器架在永安路旁，功率 30 千瓦左右，除供电台用电外，还供附近居民用电。变压器在机房西北方向，相距 15 米左右，电压 220 伏，三相四线制，电线已掐断，但恢复供电并不困难。电台有自己的水井，位于技术人员工作间西北方向，相距不过 10 米，是一口压水井，压水机尚在，保定市水位很浅，故压水机出水量充足，足够几百人饮用。

检查完电台情况后，又到总督府大院各房间查看，各房间都是空的，在大院里转了约 2 个小时，一个人影也没有见到，寂静的掉一根针都能听得见，是个原地重建的好地方。

二、奔波京津两地，采办发射设备

回来后，我向领导作了详细汇报。听取汇报的除王昌培、王化南 2 位领导外，还有通信科刘瑞龙科长。大家一致认为，恢复电台广播并不是十分困难的事情，首要任务是派人到北京去，把被国民党运走的机器设备找回来；第二是物色技术人员，把原来在电台工作过的技术人员尽可能的找回来几个。至于电源、房屋修缮等问题都比较容易解决。为了顺利完成建台任务，进行了初步分工，由王昌培政委全面负责，王化南股长抓筹建，我两头顾，在保障军区电台设备正常运转的前提下，协助王化南股长工作。至于房屋修缮、恢复供电系统等各方面的工作，确定由原电池厂厂长周凤宇负责，根据工作需要适当配备助手。鉴于"五一"国际劳动节将至，这是保定解放后第一个"五一"节，开好纪念大会，扩音工作是关键，一定要把机器设备检修好、管理好。保证顺利完成任务，决定"五一"过后筹建工作马上开始。通讯科把目前情况和筹建电台的打算抓紧时间向冀中党委作了详细汇报。

冀中党委接到汇报后，立即致电新成立的中央广播事业管理处处长廖承志同志，报告了拟筹建河北人民广播电台的事宜，并希望中央广播事业管理处协助寻找被国民党掠走的原国民党保定广播电台设备。廖承志同志当即口头同意了建台事宜，答应安排人员寻找相关设备的下落，希望我们"五一"以后派人来京共同解决建台设备问题。

1949年5月2号上午，王化南股长就登上了开往北平的列车，到了新成立的中央广播事业管理处，查找被国民党拆走的广播设备。在中央广播事业管理处有关人员的带领下，王化南股长查遍该处所属各个器材库，结果却一无所获。这时，中央广播事业管理处提出让我们到天津市接收原国民党特务开办的"天津文化广播电台"的机器设备。据说这个台的发射机功率为250瓦，比国民党河北广播电台的发射机功率大一倍还要多。王化南股长于是马不停蹄赶赴天津，但一看设备状况大失所望：发射机破旧不堪，元器件丢失大半，根本不能使用。经中央广播事业管理处协调，由天津人民广播电台和冀中军区两家出人，在天津电台对这台设备进行改装，以原来的发射机元器件为基础，补充的器件尽量从冀中军区通信科借，若再凑不够就从市场上采购，电路仍按250瓦发射机配置，机架做新的，钢材缺乏就以木代钢，力争"八一"前后修复。

这一方案得到冀中军区通信科的批准，立即派出技术比较过硬的军区无线电中队直属队区队长王克俨同志前去天津参加改装。但由于装机人员少，缺少装机经验，器材缺乏，能否在"八一"前后改装完成实在没把握。为了实现冀中区党委尽快建成广播电台的要求，还是要设法找一部现成的机器比较理想。为此，王化南股长跑遍了天津、北京。功夫不负有心人，10多天后竟然在天津市找到一部全新的、发射功率500瓦的广播发射机。这部机器是天津中美无线电机厂生产的，机件结构紧凑，还附带一部简易增音机，如果顺利，连"七一"开播都大有希望。没想到一谈价格，厂方居然狮子大开口，张嘴就要3万斤小米。几经讨价还价，就是降不下来。这个数目可太大了，王化南股长赶紧跑回保定请示，我们都没料到的是，冀中区党委从工作大局出发，竟然批准照此办理了，可见当时宣传工作的重要性、紧迫性。

三、围绕广播用心，加入电台出力

1949 年 6 月中旬，500 瓦发射机运抵保定，随机运来的还有增音机、无线收转机、电唱机、话筒等。厂方派来技术人员配合安装发射机和增音机，其余部分由我们自己负责安装。这时，我们忽然想起还没有播音室控制台，这是广播电台播出的第一环节，缺少它是没法播出的。离"七一"只有半个月了，根本无法买到，我们决定自己动手做一台。王化南股长把这个任务交给了我。

我对王股长说：

"没问题，但需给我一份电路原理图，至于怎么完成由我来想办法。"

我从军区找来所需广播器材和铝板，请机务股木工王殿臣同志帮忙。我想，如果做新的控制台，又需要设计、备料和制作，那就太费时间了，干脆找一个现成的写字台，把电唱机、控制板、监听器等全部安装在写字台的台面上。结果仅仅用了两天多的时间，播音室控制台做出来了，大家都很满意。

旧的问题解决了，新的问题又来了。

那台新的 500 瓦发射机出状况了，调试工作很不顺利，主要问题是噪音大，各级之间屏蔽差，工作极不稳定。经过大拆大改，面目全非。天线太短，为了提高辐射功率，从机房附近第一根木杆至总督府门口一根大旗杆之间架设了一副 60 米长的水平天线。

1949 年 6 月 13 日，中央广播事业管理处印发《关于各地广播电台转播北平新华广播电台节目的规定》，要求自 6 月 20 日起，各地广播电台一律转播北平新华台 20 点至 21 点 30 分的新闻、综合报道、评论、国际时事节目。为此，河北人民广播电台在大院东侧一间小房子里设置了收音台，安装了美国 RCA 厂生产的 AR—80 型 10 管收音机一部作为主机，备机为美制 S—20R 型 9 管收音机，架设了由收音台到播控室的节目传输线。

1949 年 6 月 30 日，中央广播事业管理处印发各地广播电台暂行管理办法。其中规定："各地所设的广播电台一律统称某地人民广播电台"。据此规定，正在筹建中的"河北人民广播电台"改称"保定人民广播电台"。

1949 年 7 月 1 日，中共冀中区党委与冀中军区通信科合作就举办了收音员训练班，为每个县培训一名收音员，配发一部收音机。课程包括收音机电路原理、收音机的维护管理和速记。训练班的主管刘国栋、教员李树德均是从军区通信科临时抽调的营级通信干部，速记教员是从区党委宣传部抽来的。第一批学员来自冀中各县和冀中区直属单位，第二期训练班的学员来自除冀东以外的各县，8 月 10 日结束。两期共培训收音员 105 人，结业时分发了收音机，由学员带回建立收音站，建成了河北省的收音网。这些收音员每天定时打开收音机，记录各项政令和时事政治新闻，形成文字后报当地党委，有些重大新闻和我军的战报则油印成报纸发放下去，形成了一个广播与文字相结合的信息传递网。

在广播设备建设的同时，组建了保定人民广播电台的领导班子，从新闻、教育等单位抽调了文化水平较高的干部当编辑记者，又通过北平军管会从进步学生中选拔了播音员。

1949 年 7 月初，冀中军区司令部通信科刘瑞龙科长找我谈话：

"广播电台的建设工作快要结束了，很快开始播音，但技术人员太少，不适应播出工作的需要，广播电台的领导想把你留在电台工作。我找你来，就是听听你的意见，是否愿意留在那儿，我们尊重你的选择，不必勉强。"

抗日战争时期，我年仅 12 岁就加入了中国共产党，一边读书一边从事地下工作，为了传递情报、传达上级指示、宣传党的方针政策和反法西斯战争的胜利消息，我经常想尽办法带着情报、文件、传单、小报冒着生命危险通过鬼子的岗哨和封锁线。现在我们要建设人民自己的广播电台，用现代化的宣传工具传达党的声音和解放战争的捷报，这太让人兴奋了，到广播电台工作是求之不得的夙愿，所以我痛痛快快的（地）答应了。从这一天开始，我就算是电台的人了。那个时候还是军政合一的体制，没听说过"转业"这个词，仍按老习惯叫做"调动工作"。调到广播电台后，一切待遇不变，仍然实行供给制，穿军装、吃大灶，由于我是技术干部，每月还发给 30 斤小米的技术津贴。

四、广播事业发轫，开国大典转播

1949 年 7 月 21 日 19：55 分，一曲《团结就是力量》的旋律随着电波传向广袤的华北大地，"保定人民广播电台现在开始播音。首先，请您收听北平新华广播电台的新闻节目……"，河北人民自己的广播电台——保定人民广播电台自此正式试播。

1949 年 8 月 1 日，以冀中军区党委为基础的中共河北省委成立。8 月 17 日，省委下发关于建立保定人民广播电台的指示中明确：保定人民广播电台隶属于中共河北省委，主要任务是贯彻党的各项方针政策，下达省委、省政府以及省级各部门的决议、决定、布告、通令与指导工作，交流各地工农业生产经验，开展干部教育和群众宣传。

1949 年 8 月中旬，在天津组装的 250 瓦广播发射机运抵保定。这部机器由两个机箱组成，其中一个是高频机箱，另一个为低频和电源机箱。机器设计合理，元器件布局宽松，经过简单调整，就进入了正常工作状态，用作 500 瓦的备机。与该机一起运来的还有一部旧的日本产增音机，该机结构合理，层次分明，分为 A 盘、B 盘、交换盘和监听器盘，操作方便，技术指标达到播出要求，经过清擦、整理，很快进入正常工作状态，担任播出主机，原来的简易增音机改为备机。至此，发射机、增音机实现一主一备，增加了安全播出系数。

1949 年 9 月 1 日，保定人民广播电台正式播音。呼号：保定人民广播电台；开始曲《团结就是力量》；发射功率：主机标称 500 瓦，备机 250 瓦，主备机使用不同的频率，主机频率 770 千赫，备机使用 690 千赫，两部机器轮换工作，供收音员选择受干扰最轻的频率，好中选优，确定使用 770 千赫；覆盖范围：南至临漳、大名、磁县，北至唐山、秦皇岛，利用效率较高的接收天线都能收听省电台节目，能抄收省电台的"记录新闻节目"。

1949 年 9 月 27 日，中央广播事业管理处以《关于各地广播电台转播开播大典的通知》（播字第 37 号）告知各地人民广播电台："人民政协即将正式闭幕，中华人民共和国不日诞生，本处为庆祝此一开国大典，决定北平新华广播电台与全国人民广播电台以及各地私营电台于人民首都举行庆祝大会之日，全部转播大会实况，其日期与时间，临时在北平新华广播电台对野战军记录新闻时间内通知，望注意收听，不另预告……"

1949 年 10 月 1 日下午 3 时，中华人民共和国开国大典在北京天安门广场隆重举行。毛泽东同志在天安门城楼上庄严宣布：中华人民共和国中央人民政府今天正式成立了。首都 30 多万群众参加了大会。大会之后举行了阅兵式和群众游行。北京新华广播电台在天安门城楼作了实况广播。

开国盛典和群众游行总共持续了 6 个半小时，河北人民广播电台准时、完整、高质量的完成了这次重大的政治任务，让燕赵儿女在收音机旁如临其境般地融入了欢乐的海洋。在转播过程中，工务科的全体同志始终值守在发射机、收转机旁，聚精会神地盯着技术设备每一个环节的工作状态。各个环节的技术设备始终正常运转，圆满完成了转播任务。

雄关漫道真如铁，而今迈步从头越。

从踏进荒废的"光园"到今天，一晃 72 年过去了，我也由一个气血方刚的小伙子变为一位年近期颐的老者，在广播战线奋战了大半人生。我欣喜地看到，河北省人民广播事业早已发展得日新月异，河北人民广播电台作为新中国成立最早的省级电台之一，现已拥有新闻、经济、交通、文艺、生活、音乐、农民、旅游文化科教 9 套节目，占有河北广播市场近 60% 的份额，正在与电视、网站、新媒体、平面媒体等有机结合，形成强大的全媒体发展格局，成为党和人民十分重要的宣传阵地。

值此纪念中国人民广播事业诞辰 80 周年之际，我想说出自己的心声——

革命的征程回忆回味，一生的奉献不怨不悔；

人民的广播从无到有，未来的辉煌可望可期。

（作者系河北省广播电视局离休干部）

浅谈新中国以前人民广播事业的发展

江　超

中国人民广播事业诞生于烽火硝烟的战争年代，随着中国共产党和人民力量的壮大，在艰难中建立，在挫折中发展，在建设中壮大。硝烟散尽，人民广播事业继续延续辉煌，取得了非凡的成就。但历史不能忘却，让我们重拾记忆片段，重温那段艰辛历程。

一、土地革命战争时期（1929 年 ~ 1937 年）：星星之火

1929 年冬，中国共产党在上海建立起第一座秘密电台；1931 年 1 月，中央红军在江西宁都县的小布镇建立了第一座红色电台；1931 年 11 月，著名的"红色中华新闻台"正式成立，与之合署办公的"红色中华通讯社"（以下简称红中社）是第一个用无线电台播发新闻的通讯社；1934 年 10 月，红中社随大部队开始长征，不久对外广播中断；1935 年 11 月，在瓦窑堡恢复对外广播；1936 年 12 月至 1937 年 3 月，在西安临时设立了红中社分社。

人才和设备是广播事业建立和发展的关键因素。1930 年，中共在上海开办了"无线电技术培训班"，初步接触到无线电技术领域；1930 年底至 1931 年初，在中央苏区第一次反围剿中，工农红军先后取得了龙冈战役、东韶战役的胜利。期间，红军缴获了敌人两部 15 瓦无线电收报机和一部发报机，俘虏了包括后来任中央军委三局局长王诤等 10 名无线电技术员；2 月，红一方面军又成立了无线电大队，开始举办无线电训练班，同时，工农红军通信学校在瑞金创办，该校至 1934 年 10 月，共培训无线电报务、机务、司号和旗语等各类通信人员 2100 余人，4 月 ~ 5 月，红军取得第二次反围剿作战的胜利，在战斗中缴获国民党军 100 瓦大功率电台 1 部，15 瓦电台 2 部，并俘获敌 28 师无线电队全部人员，红军无线电队又一次得到扩充。12 月，国民党第 26 路军在宁都起义再次为红军带来了一批电台和无线电技术员。为后来建立和发展红军无线电通讯事业以及广播事业奠定了基础

红中社创立之初仅有编辑、播音、发报、勤务和技修等工作人员约 5 ~ 7 人，当时广播主要有两种方式：一是通过拍发明码电报向广大地区传播新闻稿件；二是通过有线的方式挂设喇叭，在特定的区域传播消息。其播发内容主要有：授权发布的中华苏维埃共和国临时中央政府的文件，包括声明、宣言、通电、文稿、法律、

法规；革命根据地建设的新闻和红军部队的战斗捷报等。同时抄收国民党中央通讯社每天播发的文字广播，编辑成《参考消息》（原名《无线电材料》、《每日电讯》），供中央领导同志参阅。国际新闻主要是宣传报道苏联社会主义的建设成就，以及日本侵占亚洲的消息。1936 年 12 月西安事变爆发后，中共成立了红中社西安分社，接受抄收红中社从陕北发来的电讯，内容主要是宣传抗日救国、建立抗日民族统一战线，扩大了共产党的政治影响，推动了西安事变的和平解决。

整个土地革命战争时期，随着政治军事斗争不断加剧和扩大，人民广播无线电事业也悄然诞生，其主要机构红中社是通过电台形式进行文字广播的，是广播的原始形态，其历史地位暂且不论，至少为广播事业发展提供了一定的人员和设备。这种初始形态随红军长征的顺利结束，保存了各种技术力量的珍贵火种。

二、抗日战争时期（1937 年 ~ 1945 年）：愈燃愈烈

1937 年，红中社在延安改名新华通讯社，随后在华北、晋绥、晋察冀、山东、华中各抗日民主根据地相继成立分社，至 1940 年，各地人民广播主要借助于无线电波进行电台广播，必须依靠收报设备才能接收，且须经过译电才能阅读，有很大局限性。1940 年 12 月，延安新华广播电台成立，是中国共产党领导的第一座广播电台，发射电力约为 300 瓦，使用短波广播；1941 年 12 月，其日语广播正式开播；1943 年春，延安台因广播发射机发生事故被迫中断；1945 年 8 月恢复广播。

期间，中国共产党也适当利用国民党的广播电台来宣传其抗日政策和主张，如周恩来、彭德怀、邓颖超、吴玉章及郭沫若等中共人士都陆续在武汉、重庆、成都等地广播电台发表广播讲演。

抗日战争爆发后，抗日民族统一战线的形成为中国共产党发展广播事业创造了较为有利的条件。抗战时期，中央军委三局，克服种种困难和险阻，肩负起扩大和充实无线电队伍和设备的重任。主要体现在，第一，通过自身通信学校加速培养人员和各地下党以各种公开或秘密形式动员技术人员，将零部件、电池、电线、收发报机送到各根据地；第二，从香港等地多方采购无线电通信器材；第三，从上海等地聘用、输送技术工人到根据地，组建通信材料厂；第四，调整无线电通信任务，将通信人员和器材全部集中，加强统一管理和使用，提高通信的质量和效率。这个时期，中共的发电设备依旧大都是缴获而来，仅有手摇发电机、电瓶和汽油发电机几种，汽油发电机也因为缺少汽油不能正常使用，起初利用烧木炭产生的煤气代替汽油，但所产生的电力根本不能满足语言广播发射机的需要，后经过技术人员的反复研究，以汽车引擎成功带动了发电机的转动。

抗战时期，延安新华广播电台作为中共崭新的宣传利器，主要在对日宣传、对国民党和根据地的宣传上发挥了重要作用。

对日军的广播内容，主要分为两类，第一类是由在华的日本反战人士宣传日军

残暴统治真相；第二类是战事新闻和评论，包括国内和国际新闻，通过对敌进行广播宣传，促使大部分日本士兵认清日本军国主义的本质，了解到战争的非正义性。

战争期间，国民党表现出其党派狭隘性和自私性，其广播宣传策略也自始至终体现了"反日""限共"的两面性。面对国民党宣传的双重标准和属性，中共始终认清形势，不刻意追求强硬，保持理性认知，期间针对国民党发动的反共高潮，在维护统一战线，保证团结合作的同时，坚持有力、有理、有节地反击，加强对国民党宣传的理性抗衡，典型事例即中共对皖南事变的处理。

对内鼓舞宣传是中共广播事业的重要内容之一。延安新华广播电台经常播出八路军、新四军在前线奋勇杀敌的捷报，宣传他们英雄主义的形象，还宣传了减租减息、精兵简政、大生产运动、整风运动等抗日根据地政权建设的成就和经验。通过对自身各方面的介绍，激发了民众的爱国热情、抗战热情和抗战必胜的信心，吸引了民众，壮大了队伍。

期间，以延安为中心的人民广播文艺体制开始成型，延安台和各根据地的广播文艺工作被纳入中共领导下的文艺阵地，为了解决文艺材料短缺的问题，各地广播电台多采取和根据地文艺剧团合作的形式。文艺团体的演播成为文艺广播节目的支柱。节目类型主要为音乐（革命歌曲、民歌、器乐演奏等）、反映边区人民的大生产运动、参军、学文化、减租斗争等内容的秧歌剧或新编历史评剧。

抗战期间，人民广播事业实现了从弱小到逐步发展的过程，开始在长期斗争中积累政治经验与传播实践。早在1941年5月，中共中央就开始加强统一各根据地对外宣传工作，随后的整风运动，进一步统一了思想，加强了党的领导，保障"全党意见与步调的一致"，统一全党全军指导思想和宣传口径，建立高度集中一元化管理制度。1943年，毛泽东同志提出"从群众中来，到群众中去"的观点，此后，各处广播电台都注意把联系群众、听取群众意见作为重要工作方针，并明确提出了"大家办广播"的口号，这也正是人民广播区别于旧中国广播的根本的标志，体现了中国共产党为人民服务的宗旨。正是这一系列的指导思想和理论实践为将来广播事业的辉煌发展，凝聚了进步力量，奠定了坚实基础。

三、解放战争时期（1945年～1949年）：燎原之势

这一时期，共产党广播电台主要分成两大部分，一部分是以延安台为代表的中央台，另一部分是各个解放区的广播电台。延安广播电台1945年8月恢复播音；1947年3月中旬迁至瓦窑堡，改名为陕北新华广播电台；1947年3月，迁至河北涉县；1948年5月，迁至河北平山县；1949年3月，迁至北平，改名为北平新华广播电台（京新华广播电台第一台）。各解放区相继建立起一批广播电台，哈尔滨广播电台是第一座地方人民广播电台。随后，长春、沈阳、通化、本溪、鞍山、承德、齐齐哈尔等地的广播电台先后建立，受战局影响，这些电台时断时续，1946年9月建立

了东北新华广播电台，1948 年，东北解放区又新建了哈尔滨台和牡丹江台，原有一些因战局转移或中断播音的也陆续恢复工作；1945 年 8 月建立了张家口新华广播电台，1946 年 9 月，组建了邯郸新华广播电台，1948 年 9 月，建立华东新华广播电台，不久，天津、北平也相继建立起新华广播电台，至 9 月全国广播电台共计 46 座。

解放战争时期，中共广播电台设备来源较为繁杂，除自身生产和采购外，缴获仍占有相当比例。尤其东北解放区的广播电台设备主要来源于自主接管或在苏联红军配合下接管的日伪广播，部分是从国民党政权下接收的。这些电台原有发射功率大，技术水平较高。邯郸新华广播电台也是利用缴获的美军无线电设备组建起来的。1947 年 3 月到 1948 年 5 月，延安台多次转移，与各地方报社、电台、军政大学、政治部等力量促进融合，互相充实了领导人员和编播力量。后随着战局发展和野战军的扩大，逐渐发展成为野战总分社、野战分社、野战支社的体制，培养了一批素质过硬的军事记者，使广播电台的通讯报道尤其是战地通讯开始呈现量和质的增长。

解放战争中，随着战局的发展以及中共政治地位、经济环境的变化，人民广播事业的宣传内容和任务随着政局、战局的发展而呈现阶段性特征。

解放战争之初，延安台于 1945 年 9 月 11 日正式广播，播送节目有时事新闻、解放区消息、时评、名人讲演及记录新闻等，宣传任务围绕争取和平民主，揭露国民党独裁内战而展开，宣传重庆谈判、《双十协定》的签订、政治协商会议，传达了中共争取民主和平诚意，奠定了广泛的群众基础。

1946 年 6 月，全面内战爆发。中国共产党与国民党的军事斗争成为主要的斗争形式。

陕北台和各解放区电台加强了对国民党军的宣传，通过对国民党军官兵讲话、播送国民党军高级将领广播讲话和书信等形式，加强对国民党军的争取瓦解，并以大量事实揭露国民党军的欺骗宣传，突出了心理战功能，形成了对国民党军进行强大政治攻势的合力，推动了战争的进程。据统计，解放战争期间，国民党军起义、接受和平改编和投诚的官兵总数达 177 万余人，起义投诚将领 1400 余名，占歼敌总数的近 22%。

关于解放区的报道，则力在表现人民的英勇参战、参军、支援前线、加强生产、经济建设等。以前线作战的解放军官兵为对象的广播节目也开始出现，主要播出各战场野战军、地方兵团和民兵的战报及作战活动的通讯、特写、时事新闻以及部队政治、纪律与战术技术教育等材料。

战略决战期间，以反映战斗场面或战斗生活为主的战地通讯大量涌现。对主要战役都采取了及时播报或灵活插播战报的方式，确保战报的强大鼓舞或攻心作用，在具体实施中，注重集中性、连续性和多侧面，报道通常有战报、战果、俘虏情形、战役意义、社论、战地通讯以及人民参战等各个方面。

战争后期，随着新解放城市的增多和解放区条件的逐步改善，针对城市不同受众层和收听需求不同的特点，针对特定人群的知识性节目逐步丰富起来。基于发展城乡经济的需要，各地解放区广播电台还陆续开播了一系列直接为生产生活、市场流通和消费服务的节目，对沟通经济信息、交流物资、繁荣经济、平抑物价、稳定民心起到有益的作用。

解放战争时期，广播文艺节目在重视文艺与政治结合的同时，也开始注意文艺的本质回归，欣赏性和娱乐性的节目更多地走进受众的视野，随着各大、中城市相继解放，民间、学校、工矿等专业和业余的文艺团体数量大幅增加，为文艺广播提供了丰富的节目来源，内容、形式、品种都更为丰富多样。

战争中，长期的广播实践证明，用事实说话是提高自身宣传的权威性、打击敌对势力的最好办法。1947年10月至1948年2月，解放区进行了大规模的反"客里空"运动，这是中共新闻史上前所未有的反失实运动。从此，中共"实事求是"的思想作风开始贯穿广播事业整个发展之中。不久，中共中央决定建立全国联动体制，全国短波由陕北台负责，关外统一由东北台管理，各地方台不设短波，只设中波转播陕北和东北台节目，进一步加强广播事业的高度集中化管理。

新中国之前，纵观人民广播事业近20年发展历程，已从昔日星星之火，渐成当时燎原之势，最终将人民的声音传遍了整个中华大地，它是中国共产党和中国人民自力更生、艰苦奋斗下的产物。而高度集中管理、为人民服务、实事求是也必将成为当时和今后广播事业不断发展壮大的不二法宝。

正值中国人民广播事业诞辰80周年之际。谨以此文，献给为广播事业奋战的同志们，向你们致以诚挚的问候和崇高的敬意！

（作者单位：河北省邯郸市文化广电和旅游局广电管理处）

不喧哗　自有声

——东北地区最长时间播音纪录保持者大连广播

大连新闻传媒集团

一首诗里说到：广播的声音就像一条奔流不息的河，岁月掩埋了我们身后的足迹，只有在听众的心田里，才能找到我们曾经走过的河床。

有这样的一个声音，从 1946 年诞生之时起就从未中断过。她创造了东北地区连续播音时间最长的纪录，她伴随着新中国的成长，始终铿锵，愈发嘹亮。这就是大连广播的声音、这个在天空之下、海洋之上蓬勃了 74 年的声音。

大连人民广播电台成立于 1946 年 1 月 16 日，是继延安新华广播电台之后，在解放区最早成立的人民电台之一，自诞生后就从未中断过广播。

解放战争时期，她与延安新华广播电台遥相呼应，紧密配合，有力地传达了党中央的声音，传播了人民解放战争的胜利喜讯，鼓舞了人民夺取战争胜利的信心。新中国成立后，她鼓舞人民进行社会主义革命和建设、宣传改革开放、宣扬新时代波澜壮阔伟大成就、弘扬社会主义核心价值观与伟大信仰、培根铸魂、守望精神家园、记录国家和大连所发生的翻天覆地的变化，做出应有的贡献。2010 年 10 月 15 日，大连人民广播电台与大连电视台合并为大连广播电视台。2018 年 8 月 31 日，大连新闻传媒集团挂牌成立，大连广播电视台整体并入。至此，大连广播迈入新时代媒体跨界整合、深度融合的新征程。

74 年来，大连广播的电波承载着大连的使命，大连广播的声音记录了时代的年轮。

74 年历久弥新，大连广播挟着历史劲风訇然向前。由当初的一套节目，每天播音不到 9 小时，发展到现在通过市域全境无线网和有线网双重传输，整体覆盖人口 600 多万，延伸辐射辽、津、冀、鲁"三省一市"沿海地区上千万人口，拥有综合广播、财经广播、体育广播、交通广播、少儿广播、都市之声广播、新城乡广播 7 个频率，听众到达率 92 万人，整体收听率达到 2.67%，收听份额为 79.96%。发射总功率由最初的 1 千瓦增加到 70 千瓦，实现了节目制作、存储、播出、传输技术系统的数字化和网络化。通过诸多融媒体网络在线收听的方式，也使更多的人了解并喜欢上大连广播的声音。同时意味着，大连广播的听众不仅仅局限于大连市区，也不仅仅停留在金州、旅顺、开发区、瓦房店、普兰店、庄河、长海等地，辽、津、冀、鲁三省一市沿海地区的上千万人口以及韩国、日本沿海城市，还有更加遥远的地方，都有大连广播久违与崭新的聆听者。

大连广播的受众群体涵盖了公务员、企业经营者、白领、军人、学生，还有家庭主妇、老人、孩子以及球迷、歌迷、发烧友等等。不管人们以何种姿态方式与大连广播相逢，都会找到属于自己的收听兴趣和个性领域，并分享那由来已久的兴奋与快乐。74年过去了，大连广播的声音早已融合成为大连这个城市与城市中人们生活极其重要的一部分。人们通过电波所构筑的情谊充满和谐与默契。大连的人们不会忘记：中波882，曾经给大连人民的生活带来怎样的惊喜与感动。社会的进步，时代的脉搏，时刻记录社会发展进步的最新讯息，家国大事，日常生息，都在大连广播的声音国度里，潜移默化陪伴了大连人这整整74年，让多少尘封已久的心灵家园色彩斑斓。

默默陪伴，历久弥新。念念不忘，必有回响。特别是1978年以来的这40多年，大连广播的声音已经成为大连这座城市最为鲜明的精神坐标。

有这么几个清晨，当人们倏然从梦境中醒来，便已经察觉到世界因为某种声音的到来而变得与众不同。就像我们抬眼可见的群山，历史厚重的沉淀是岿然未动，是不喧哗，自有声。而新鲜的葱绿则平添了生命不断延续与完善的非凡意义。1993年2月22日清晨，大连人民广播电台经济台开播；1995年1月15日清晨，大连文艺台开播；1996年3月18日清晨，中国国际广播电台大连地区特别节目"半岛之声"开播。至此，大连广播的声音与山脉延绵承接起的广大听众更加贴进与相容。特别是在1992年12月大连人民台的《空中彩桥》和《周日882》节目首度以直播形式与广大听众见面并获得了巨大的成功之后，经济台的《1152伴你行》、文艺台的《滨城时空》以及半岛之声的《欢乐正前方》都分别以形式新颖，内容生动，听众喜闻乐见等特点广获赞誉。2001年3月6号，大连台交通广播诞生，标志着大连城市步入了新的收听年代。《欢乐同行》等节目也迅速成为流动在街头巷尾的声音风景线。2003年3月16号，大连台财经广播开播，《赚钱好时间》等一系列节目顺势风靡，成为智慧人类与财富生活的代名词。2007年6月29号，大连台新城乡广播与旅顺台合作成功，《女性家园》等平实而充满特色的节目，如同清新的空气，自然舒展地弥漫在每一个街道和邻里之间。

我见青山多妩媚。就在大连广播迎着每一次晨起的阳光豪情上路的时候，听众朋友们热情与鼓励也再次为大连广播人注入了前行的动力与希望。每一封来信，每一通电话，每一条留言，每一份点击，每一次走近，大连广播的声音因为听众的爱与聆听始终充满眷恋与朝气蓬勃。大连广播的声音伴随着时代的脚步，分秒塑造着城市的音容笑貌，在这样一种始终不断的自我完善精神与睿智进取的品性作风下，大连广播孕育出了7个丰富多样的系列品牌频率。

集中了优势资源并倾力而为的综合广播，以海量资讯密集投放、重点新闻深度跟进、热度编排持久吸引的方式打开了监督的尺度。如果说张扬媒体责任是一种态度，那么以速度、广度、深度、热度、温度重新锻造"五度新闻"则是一种崭新的气度。同样的新闻事件，不一样的新闻解读，大连广播的新闻持续创造价值，大连广播的新闻积极影响受众。家国天下，时代留声！

大连财经广播是大连地区最具含金量的区域化专业财经媒体，始终秉承活力、进取、睿智、亲和的作风，以目标听众的需求为指导，在创新节目和积极探索掌握市场路线的过程中，建立起良好的品牌形象及节目号召力，并拥有和不断发展着更具消费能力的主流听众群。除服务更广泛的理财人群外，财经广播亦从资讯、娱乐、情感多角度贴近听众生活，为合作伙伴营造更宽阔的市场，全力打造"信任、成就"并举的品质广播。

大连体育广播以健康的姿态跃动为大连城市一道充满美好与活力的风景线。其始终以专业体育品牌节目为龙头，同时进行有关联、有策略的外延，打造出品了具有时尚特色和动感元素的专业特色广播。以体育的时效性、专业性、娱乐性为基础，增加了服务性、贴近性、本土性的特质，并以多元化声音元素体现动感色彩。关注百姓体育，创造民间赛事，精心打造百姓明星，形成鲜明动感的体育时尚频率品牌。

大连交通广播是大连地区始终如一的专业交通媒体，服务于最广泛的出行人群，以高品质的声音构建交通出行信息、公用服务信息等城市专业信息服务网络。从成立之初就把"服务交通、服务社会、公益先行、超越共享"作为品牌的发展的理念。交通广播是春天里诞生的孩子，因此被赋予了春天的精神——始终辛勤耕耘；也被赋予了春天的灵魂——始终充满希望和梦想；当然也被赋予了春天的样貌——始终生机勃勃、欣欣向荣。

大连少儿广播始终拥有对生活最为纯粹的赤子之心，秉承"爱与自由"的培育理念，各档节目齐头并进，在孩子和家长人群中享有很好的声誉和关注度。专家走进直播间，以专业知识引导家长科学育儿，传播养育理论，交流教育心得，青少年音乐赏析陶冶情操。关注未成年人健康成长，保护未成年人合法权益。践行社会公益，知名品牌活动不断唱响大连。大连少儿广播在专业化、持续化、规模化、纵深化的方向持续探索迈进。

大连都市之声广播秉承为都市人群服务的宗旨，参与城市生活，反映城市变化，与城市共成长。定位城市私家车人群，将资讯，娱乐，服务融为一体，倡导优质生活方式。在节目创新上，触角抵达城市生活的方方面面，视角力求探达都市人的真正关切。以听众需求为主导，以服务和陪伴为理想，和合作伙伴们一起，向纵深市场和高效品质不断努力探求。

大连新城乡广播以贴近性、服务性和实用性作为自己声音的鲜明标签，用一颗极具情感天赋的媒体之心讲述简单生活里的关怀与感动。尊敬老人、疼惜孩童、赞美青春、歌唱爱情，用声音讲述幸福生活的点点滴滴。在平常的生活中用轻松真诚与听众一起善待生命，识别快乐，向幸福出发。

如今，随着信息化浪潮风起云涌，大连新闻传媒集团认真贯彻习近平新时代中国特色社会主义思想，正大力推动媒体融合发展、建设全媒体，目前已经取得了阶段性成果。大连广播在这股"整合、改革、发展"的主旋律大潮中，顺势而为、开拓创新。正如大连新闻传媒集团党委书记、董事长王会军所说："在大连新闻传媒集团大力推进媒体融合和机制创新的关键时期，大连广播将作为支撑性力量，为改革发展提供动力，为媒体融合探索新路，为大连新闻事业产业发展打开新空间。"拥有东北地区播音时间最长记录的大连广播，将乘着文化产业大繁荣大发展的东风，以全面适应现代媒体发展规律的新格局新面貌，进入充满挑战和希望的全媒体时代，向着新征程新目标乘风破浪、扬帆远航！

宁波电台发展长河里的3朵浪花

徐明鸣

宁波人民广播电台进入改革开放新时期以来，抓住时代赋予中国广播的最佳发展机遇期，经过3次大变革，实现了3次大发展。它犹如宁波电台60年历史长河里3朵耀眼的浪花，虽成旧影，却难以忘怀。

"甬江"唤得广播春

1993年初，以时任台长舒继恒为"班长"的宁波电台领导班子提出"改革要有新举措，节目要上新台阶，创收要有新突破，事业要有新发展"的工作目标，其中"新举措"之一就是开办第二套节目。我受命负责筹建宁波电台第二套节目"甬江经济台"（现在的规范呼号为"宁波电台经济广播"）。在市委、市政府支持下，经过电台上下一心的努力，"甬江经济台"于当年8月18日开播。这是宁波电台第一次深化改革，宁波电台由1套节目日播12小时发展为新闻台、经济台2套节目日播35小时。广播的春天拥抱甬城，宁波电台的社会影响陡然增强，广播人的信心极大提高，积极性被充分调动。

经济台创办之初，各方面条件简陋艰苦，包括我在内的18名男女同事（当时戏称"十八罗汉"）硬是挑起了每天直播18小时节目的重担。为了拓展听众群、满足听众多样化需求，经济台与第一套节目新闻台（现呼号为"宁波电台新闻广播"）实行错位发展、差异化竞争。我们把经济台定位为"大众型、信息型、服务型、娱乐型"电台，响亮地喊出"朝夕相处，为你服务"的口号，很快打开了局面，一时间甬城商场"随身听"热销，街头行人、路上骑车者戴着耳塞收听经济台广播的随处可见，成为一道"风景"。为了这一切我们付出很多很多。我们的记者每天清晨赶到菜场询价，以便在早新闻里播报即时行情；我们的主持人每天深夜主持谈话节目，为情感困惑者"指点迷津"……我本人则清早编审新闻、夜晚监听节目，忙得不亦乐乎。当时电台食堂不开早餐，每次早新闻结束我和当班主持人建军、阳帆就找小面馆吃早餐，差不多把附近小吃摊吃个遍。记得1994年春节，正月初一下了早班，我们骑车跑遍整个海曙区，愣是找不到一家开门的早餐店，3人饥肠辘辘回到台里泡了碗方便面解决问题。

"交通"崛起迷港城

1998 年底，为落实"争取外延拓展，注重内涵挖潜，走内外并举发展之路"的思路和目标，我们准备以分频的方式创办"音乐之声"和"健康之声"。所谓"分频"，就是在一套节目具有两个发射频率的前提下，最大限度利用频率资源播出主频与分频两套节目，通过有分有合的播出安排，既保证主频率重要时段、重要栏目双频覆盖，又在其它时段分为两套不同节目播出，借以扩大市场份额和发展空间，创造更高社会效益和经济效益。新开办的两套节目实行什么样的管理体制和激励机制？我提出实行总监负责制和绩效挂钩制的新思路，即不采用直接任命负责人筹办这两套新节目，而是引入市场机制通过台内招标方式竞争产生频率总监，授权总监"招兵买马"筹建节目部门，负责节目宣传和广告经营。经过广泛动员、报名投标，两名竞争者以详实的策划和最高标的脱颖而出，成为频率总监。这次探索开了宁波电台中层干部竞争上岗的先河，也为日后全面推行频道制和干部、用工、分配 3 项制度改革积累了经验、扫清了观念障碍。

干部人选甫定，开播排上日程。当时电台在老大楼办公，用房紧张、条件简陋。"健康之声"尚有正规的直播室和办公用房；"音乐之声"则完全是白手起家，没有办公室，就改造会议室，用赞助来的文件柜分隔几个工作间；没有直播室，就在原大播音室的一角，用隔音屏风围出一间十来平方的临时直播室。大播音室屋身高声音散，就在隔音屏风上盖上泡沫塑料板作为直播室的顶棚。

条件是如此艰苦，时任"音乐之声"总监辛雪莉不负众望、践行承诺，带领频率编内外 10 来名工作人员紧张筹备，"音乐之声"1999 年 1 月 1 日顺利开播。开播当年节目就获得听众好评，社会影响不断扩大，广告也超额完成预定指标，成为双效俱佳的全新频率。正是鉴于此，一年后台里正式授权"音乐之声"在原有基础上创办交通音乐频道，"健康之声"并入该频道。交通音乐频道（现呼号为"宁波电台交通广播"）于 2001 年底克服各种困难障碍，获得国家广电总局正式批准。交通音乐频道很快成为驾车一族和"的哥的姐"们的"最爱"。

从此，宁波电台拥有了 3 套节目，日播时间扩展为近 70 小时，顺利完成广播节目重大的结构性调整。全台形成新闻综合、经济娱乐、交通音乐系列节目，广播宣传整体优势逐步形成。

"两声"并啼响浙东

党的十六大以后，全国广播再次出现新的发展势头：一些大台纷纷采取扩张战略，以更多地占有听众市场，扩大发展空间；广播广告连续 5 年高幅增长；广播听众的分众化趋势日益显现。在这一背景下，电台领导班子对宁波广播的现状与未来进行了分析：从宁波台现状看，已有节目套数与城市地位不相称，与听众需求不适应；

从改革周期规律看，每次改革上台阶后，经历 5 年左右平台期后可以而且应该推进新一波改革。于是在 2006 年我们决定再次实施分频战略，增办 2 套广播节目，使宁波电台节目套数达到 5 套，以满足不同听众的多样化需求。

经过之前五六年的奋斗和积累，宁波电台的基础条件、综合实力早已大为改观。因此新办节目的重点、难点已不在克服困难艰苦创业上，而是如何准确定位、如何选择发展路径。我对即将创办的"阳光之声"（国家广电总局 2006 年底正式批准开播，呼号为"宁波电台老少广播"）、"音乐之声"（国家广电总局 2009 年正式批准开播，呼号为"宁波电台音乐广播"）提出"三坚持"的要求：坚持错位发展的正确方向，真正找准自身的市场定位和在宁波电台总体格局中的位置；坚持低成本运作的基本思路，充分挖掘现有各种资源的潜能，加以整合利用，使资源产生的效益最大化；坚持多渠道扩大影响的有效办法，开展各种活动做看得见的广播，借助其它媒体宣传自己，不断塑造在目标听众中的形象。

2006 年 5 月 8 日早晨，宁波电台的两套崭新的节目开播了。欣慰之余，当时我用一首打油诗记录了当时的心情："阳光音乐洒甬城，两声并啼响浙东。全台上下齐努力，梅开三度分外红。"至此，宁波电台已实际拥有 5 套节目、日播 90 多小时，宁波广播发展又跨上了一个新台阶。

从 1992 年 9 月算起，到 2011 年 10 月卸任台长职务，在我担任台领导的 19 年（前 5 年任副台长，后 14 年任台长）间，宁波电台赶上了时代赋予的最佳发展机遇期，经过 3 次重大改革，实现了 3 次跨越式发展，从当初在一套传统广播基础上创办经济台，发展到今天拥有新闻、经济、交通、老少、音乐等五套频率和自主综合网站"宁波广播在线"（创办于 2001 年，2011 年划归广电集团新媒体中心），覆盖人口 1000 万，取得占宁波广播收听市场一半份额、网站日点击量逾 40 万人次的绝对优势，形成了广播宣传整体优势和规模效应，宁波电台的社会影响力和综合实力不断增强。作为一名广播人、一名广播改革发展实践参与者，我为之自豪，因为我亲历其间并发挥了我的作用。

时代洪流奔涌向前，广播仍将追随时代的足迹，不断变革、发展。我相信，宁波广播百折不回的历史长河会有更多的浪花进溅出夺目的光芒。

（作者系宁波人民广播电台原台长）

一体多维：中国城市广播与媒体融合的未来之路

印永清

今年是中国人民广播事业诞生 80 周年。80 年来，中国广播坚持党的领导，坚持正确政治方向和舆论导向，坚持走中国特色社会主义文化发展之路，在改革开放中特别是当前媒体融合和建设新型主流媒体的战略实践中，正由世界广播发展的跟跑者变成快跑者，由快跑者正跑入领跑群体。

中国城市广播是人民广播事业的一个重要部分。广播人需要在新时代重新认识广播的历史方位和发展方向，确立广播改革的目标和价值追求，实现城市广播的融合转型。

一、中国城市广播：改革开放以来的 5 个发展阶段

1. 开端：珠江模式时代（1986 ~ 1991）

中国城市广播新时期的发展始于广东。1986 年 12 月 15 日，珠江经济台开播标志着一个新时代的开始。今天回望珠江模式，它的价值不是办了专业的经济台，它最大的功绩是突破原有刻板的照本宣科、我播你听节目形态和话语模式，回到遵循广播传播规律，尊重听众需求的道路上，最明显的标志是大板块、主持人、直播式、双向互动（互动的工具是电话，之后才是短信、双微等）。与此同时，广播广告经营初露端倪，广播的产业属性得到呈现。

2. 布局：系列台时代（1991 ~ 2002）

1991 年，中国第一座交通广播——上海交通信息台诞生，上海市政府利用该频率为司机提供及时有效的路况信息，疏导城市交通，受到听众欢迎。随后各地出现开办交通广播的热潮。全国省（直辖市）、地、市的广播频率数在这个期间也逐步增加。上个世纪 90 年代，全国各地的广播系列台相继开播音乐台、新闻台、生活台等等，天津台在这个期间继经济台之后，逐步开办了新闻、交通、音乐、文艺、生活等 6 个频率，频率数是改革初期的两倍。为了避免频率之间节目的同质化竞争，各地电台在宏观上都加强了调控。天津台提出了进行系列台的规划、布局和管理。北京电台则用"红灯、黄灯、绿灯"的节目原则来促进系列台的布局，强化频率专业定位和市场细分。

广播实践催生了广播对分众化概念的认识，理论认识又反过来指导和推动各地

城市广播的实践，不仅提升了广播的影响力，带动了良好的社会效益，也带来了可观的经济效益。2002 年，已有多家省市电台广告收入超过亿元，北京广播的广告收入达到 2.1 亿，天津广播的经营收入达到 1.2 亿。[①]

3. 加速：类型化广播兴起的准类型化时代（2002 ~ ）

2002 年改版的央广《音乐之声》（Music Radio），全天面向都市年轻人群播放精心选择歌单的流行音乐，其节目以两小时为一个单元，严格控制节目中的语言时间，国际广播界称之为类型化音乐台。这标志着一个广播时代的悄悄开启。

随着全国广播规模的扩大，特别是频率数（节目套数）在快速增长，由 1000 多套节目增加到近 3000 套节目。天津台这个时期节目由 6 套增加到 10 套。一些省辖市上空的广播频率，由原来的 10 个左右上升到 20 个以上。全国广播市场年度广告规模此时已经超过 100 亿人民币。

在频率增加后怎样避免同质化竞争？天津台提出了"导向正确，定位准确，资源共享，受众细分，特色突出，专业分工，扬长避短，媒体联合"的频率设置分工原则。依此原则，2002 年开始，天津台先后开播滨海广播（全国省级台第一家准滚动新闻电台，新闻半小时一滚动）、生活广播（全国省级台第一家全天播出的情感谈话台）、相声广播（全国首家），相声广播和后来开播的小说广播都是全天播出相声和小说的专业频率。

全国广播同行也在频率专业化方面做了广泛而深入的探索。在新闻专业频率方面，出现了专业的滚动新闻台，上海 2004 年元旦起对所属东方广播电台新闻综合频率进行全新整合，设置了纯新闻类型化电台——东广新闻资讯频率，呼号为"东广新闻台"。2008 年，集类型化大成的央广《中国之声》成功开播，在全国掀起了新闻广播类型化的浪潮，成为中国大陆新闻频率类型化的里程碑。上海音乐广播则进行了同一地区的类型化区隔，形成 3 套节目：动感 101（全亚洲顶尖华语音乐电台）、魅力 103（现在改为 LoveRadio，主打流行音乐）和经典 947（经典音乐）。

一直有业内人士呼吁中国广播类型化时代的到来。[②] 笔者以为中国广播特别是城市广播市场要进入的不是"类型化阶段"，而是"准类型化阶段"：即综合频率和类型化、准类型化频率并存。这是中国国情和广播频率资源决定的，应该从频率资源和听众市场构成实际出发办台。在当代中国，由于频率数量还远没有欧美城市那么多（美国全国 15000 个频率，中国不到 3000 个频率，城市上空最多在 20 个频率左右），不必盲目照搬照抄发达国家的经验。央广《中国之声》在最初改版后做了调整，将新闻类型化滚动轮盘（所谓轮盘，就是类型化格式：节目表犹如一台时钟，新闻、路况、气象、体育讯息、财经新闻，在一个小时内不断滚动，循环轮转）

---

① 汪良：《广播改革 30 年》，中国广播电视出版社 2013 年版，第 8 页。

② 覃信刚：《类型化电台的推广模式》，《中国广播电视学刊》2008 年第 7 期。

与谈话节目有机结合，调适到比较符合目前受众和市场接受的水平。

4. 转型：广播融媒体时代（2005～）

新媒体的发展已经深刻改变了传播格局，传统广播面临的挑战也越发严峻。第45次《中国互联网络发展状况调查统计报告》显示，移动端的有关数据不仅数量翻了一番，音视频已成为热点：截至2020年3月，我国网民规模达9.04亿，互联网普及率达64.5%，手机网民规模达8.97亿，我国网民使用手机上网的比例达99.3%，手机即时通信用户规模达8.90亿，网络购物用户规模达7.10亿，手机网络购物用户规模达7.07亿，我国网络支付用户规模达7.68亿，手机网络支付用户规模达7.65亿，我国网络视频用户规模达8.50亿，其中，短视频用户规模为7.73亿。移动端的信息传播的革命性变化为音视频APP乃至直播带货准备了物质基础。在移动端互联网音频聚合平台方面，蜻蜓FM和喜马拉雅FM各自的总用户数突破4.5亿，活跃用户过千万。

2005年，央广推出网络广播"银河台"，标志广播融合时代的开始。

传统广播的融合之路首要任务是牢牢把握舆论导向，主力军占领主战场，同时实现网络化转型。以央广为例，从2009年开始制定了"全台办网，台网互动，网台融合"的三步走战略，逐渐从传统广播的单一生产者变身为"以音频为主的内容供应商，数字多媒体平台的运营商，全媒体的新闻内容生产商，广播网络的拥有者，跨行业的多种服务提供商"等。2018年中央广播电视总台成立后，相关媒体融合业务又进行重组。2020年4月，央广的"云听"客户端上线。

对于中国城市广播，融合方向定位在"两微一端一网多平台分发引流"。即传统广播，电脑，平板电脑（IPAD等）和手机以及各种头部APP，包括后来居上的商业平台"今日头条""抖音""快手"，音频聚合平台蜻蜓FM和喜马拉雅FM等，有主持人还在荔枝FM上传送音频作品。这其中基于PC端的"一网"大都早已配置，"两微"是市场化社交媒体微博、微信。2009年，微博诞生，之后两年，迅速应用于广播的互动，短信互动骤降。2012年，微信被广播主持人短时间内广泛使用，其音频被直接用于广播的互动。"一端"方面，上海广播－阿基米德FM、北京广播－听听FM、江苏广播－大蓝鲸、湖北广播－九头鸟FM等都先后出现。阿基米德自述用户已达4000多万。聚合全国广播优质内容及优质自媒体音频节目，日更新节目超过10000档，聚合形成近90个围绕节目互动的万人社区。

拥有自主移动客户端或网站，优点是内容产品版权、用户资源、用户信息和沉淀的大数据都可控可用可分析，可以此为基础，推进广播的数据化和互联网化，进一步形成声音产品的生态群落并向人工智能方向创新拓展。同时存在的问题是：自有客户端建设运营有不小的成本，而且是持续投入；技术迭代和媒体体制变化、部门调整都会牵动客户端运营方向甚至存留；有的广播客户端上马后，形成不了内容产品的影响力和用户聚集，很难建立成功的商业模式。2018年11月8日，北京广播听听 FM 改版，将原来的 800 多个广播频率，精简到只剩下 10 套开路广播、15 套有线调频和 16 套数字广播节目，并且主推北京电台的"声产者"内容，聚焦北京电台 200 多位专业的"好声音"、高水准的音频制作团队，专注做高层次的、符合"全国文化中心"定位的精品内容。

天津所有主流媒体一体化成立海河传媒中心，天津广播在 2013 年开发上线的手机客户端"劲听"于 2018 年下架，直播流和音频内容纳入津云新媒体广播频道播出。就全国广播而言，广播的融媒体时代还有很长的路要走。

5. 嬗变：广播的智能音频时代（2010 ~ ）

2010 年，以苹果 Siri 和科大讯飞"语音云"发布为标志，智能音频应用领域由传统行业开始向移动互联网等新兴领域延伸。

如果说音频是声音和互联网结合的产物，那么，智能音频则是声音与移动互联网及其相应产业链融合的结果。庞大的产业链包括语音云算、芯片、大数据内容、平台等。以国内情况为例，百度、阿里巴巴、小米都推出了智能音箱，语音云计算公司有科大讯飞等，QQ 音乐、喜马拉雅等已成为内容供应商，平台包括智能音箱、智能家居、车联网等。智能音频不只是媒介，还是第三代人机交互的方式，第一代通过按键来实现交互（第一代手机），第二代通过触摸屏（智能手机）来交互，第三代用声音交互，通过这种人与人之间最自然的交互方式，获取移动互联网上的内容和服务。

2014 年 11 月，亚马逊 Echo 智能音箱正式发布，目前成为市场上最火热的智能家居产品之一，智能音箱在中国的发展基本与世界同步，今年上半年，智能音箱在中国的销量达到 1908 万台，比去年同期增长 22.7%，预测 2020 年智能音箱在中国的销量将达到 4260 万台，同比增长 15.6%。广播可以通过双向多种方式融入智能音频。一方面，随着语音转换技术的日渐成熟，"语音 – 文本"双向转换的人工智能技术在广播中有诸多应用：例如将语音识别技术在采编环节中使用，将现场的语音生成新的音频、文字、图标版（疫情期间，武汉医护人员使用科大讯飞语音系统，可以直接生成报表），迅速处理，大大提升效率。另一方面，语音合成技术可以基于深度学习模型，把文字报道转换成语音版。甚至可以根据不同受众群体的需求，针对性地生成特定的声音供用户收听，打造更贴切、更有亲和力的智能音频体验。目前不少媒体都推出或合作推出智能音频主播，2018 年，搜狗联合新华社，发布了全球首个机器人新闻主播——"AI 合成主播"，各地广播也采用了不同形象的音频主持人。

人工智能承担起广播的一部分信息收集、数据整理和内容制作、播报等工作，将广播人从一些重复性的繁冗工作中解放出来，从而节省出时间用于创造性工作。更重要的是它通过云计算、语音识别和大数据等技术再度对音频赋能，使广播的直播流和播客等音频资源得以进行重组推送，使得交互的智能音频，进入比广播更广泛、更垂直的应用场景。去年，英国广播公司 (BBC) 把广播的直播流和播客都汇入了亚马逊 Echo 智能音箱等平台，成为平台的内容提供商。2020 年 6 月，BBC 又推出自己的人工智能语音助手"Beeb"，用户可以要求 Beeb 播放广播、混合音乐、播客，并朗读新闻和天气预报。

今天的城市广播面前，挑战和机遇并存。吃着"碗里的"（传统广播）、看着"锅里的"（互联网化的音频）、想着"地里的"（智能音频），发现新的蓝海，并制定面向未来的蓝海战略是当今城市广播都要面对的主题。

二、广播的传统品牌转型：建设以智能音频为目标的一体多维的新型主流媒体

当声音不只是通过 AM、FM 方式传播时，当声音以多种形态通过网络特别是移动互联网呈现时，当智能音频在算法的引导下成为互联网交互方式时，传统广播的转型不可逆地发生了，这是挑战，也是历史性机遇。

中国城市广播要深刻把握信息技术发展而形成的全程、全息、全员、全效媒体的融合趋势，以建设智慧主流媒体的目标来引领传统广播的转型，满足用户（听众）日益强烈的场景化、沉浸式的需求，实现内容生产和分发平台的一体多维战略架构。一体指的是"声音媒体"这一主体，多维则是以"声音"为主的，包括图文等多媒体内容的一体化采集、集成、跨平台发布。也就是传统广播要转型成为以音频为主的多媒体内容提供商。

一体多维表现在内容生产方面，不仅要做好传统广播节目，经营好广播频率资源，还要大踏步进入以音频为主的网络多媒体内容生产领域，同时吸引和筛选优质的社会组织和个人的 OGC、UGC 内容。利用品牌优势，布局智能音箱、智能家居等智能音频内容生产。

一体多维表现在分发渠道和平台方面，广播智能音频平台应包括数字化的多媒体内容生产平台，云化的大数据 PGC 媒资库和 OGC、UGC 内容库，基于大数据的算法，拥有传统广播、互联网、移动互联网、智能音箱等跨媒体的播出和发布系统，海量用户等。具体说，广播媒体不仅要有传统广播频率的播出平台，还要通过网络，进入网站、手机移动端、智能音箱、智能家居、智能健康、车联网等平台。

目前，央广的"云听"，北京、上海广播的"听听 FM""阿基米德"，天津广播基于"津云"的音频平台，都在朝这个战略方向探索。当然，智能音频之路刚刚开启，很多迭代的内容和应用软件正在探索阶段，还有很大的不确定性和调整的空间，但方向日益清晰。

一体多维体现在组织管理方面，就是要实现基于数据的平台型的内容生产组织和扁平化的高效管理。

三、形成内容发布矩阵：完成广播音频业务部门重组和流程再造

一体多维体现在组织架构和管理方面，就是要完成业务部门的重组和整个生产流程的再造。

这一过程和新媒体在体制外的创业路径不一样，不是在一张白纸上画最新最美的图画，必须不断改革，艰苦探索完成融合之路。

传统广播业务的流程从生产到播出，业务链条短，瞬息即逝，附加值小。目前和将来，通过多媒体的采编制作系统、网站、不同客户端和智能音箱等的内容发布系统，能够大大扩展和永久留存内容生产链条。广播一次性采集、集成的内容，由过去单一广播平台的制作，变为经过多平台的加工制作；内容产品不仅在传统的调频、中波进行播出，还要统筹以不同形式，在微博、微信、抖音等其他手机客户端、网络、智能音箱上发布，形成原来不曾有的传播矩阵。

广播内部的内容生产部门也因此要通过改革完成重组。以天津广播为例，2014年，广播在总编室下成立了新媒体部，主要目标就是举全台之力培育广播融合发展的实体和人才。新媒体部运营了广播的一网双微、自建的"劲听"音频客户端以及"今日头条""抖音"等账号，其中"天津广播"微信公号已成为天津地区最具影响力的社交账号。2019年，新媒体部并入广播新闻中心，与传统广播业务深度融合。新闻中心的内容生产部门也因此重组，成立了中心层面内容生产的指挥协调部门——策划部，之后又与原来编辑部门融合，成立融合策划部。而原有的采访、节目部门，也逐步在传统广播业务外加入了新媒体内容的采集任务，实现深度融合。

原来的策、采、编、发流程也为之改变。以天津广播新闻中心的微观日常运转为例，早间、下午的例会不仅要梳理白天广播的重点新闻内容和进展情况，还要梳理其中适合在新媒体传播的内容；不仅涉及到舆论导向、主题、角度、事实背景挖掘和广播特点，还涉及新媒体可能要求的音视频内容。不仅要协调新闻播发的时间节点，还要配置重点报道的人员，因为有的情况要加派记者，比如疫情下的天津医护人员出征武汉，就要加派音视频编辑记者，现场及时剪辑小屏客户端和社交媒体播发，契合新媒体传播的大众情绪线。再以"发"为例，广播突发事件的插播、直播有一套成熟的流程和把关机制，记者口播或录音报道的发布相对简单。但新媒体时效性强的特稿发布，是另一种运转流程：长度达六七千字的稿子，带有图文、音视频等，要在一两个小时审定分发，必须记者、新媒体编辑、审稿编辑、多位主任同时"非线性"作业，这都是过去的广播前所未有的。

为了保证采访质量和足够的多媒体信息支撑后期的内容生产，对重点选题、有时效选题和活动，还要开小范围的视频会议，对接前后方进展的各环节和补充有关内容采集。

笔者认为广播多媒体内容矩阵的策采编发是一体多维运转，传统广播是单维运

转。多维运转基于舆论导向、互联网大数据、算法、用户思维的综合分析，其复杂性和综合协调性大大高于单维运转，要求记者编辑采集信息的深度、广度大大加强。多维运转形成的且经过传播数据检验的优质内容，一般会带动单维内容的优质化生产。媒体内容矩阵流程的再造，有利于"此涨彼涨"，广播和广播之外的内容生产质量共同进步。

当然，要推进"内容、渠道、平台、技术、管理"等融合，建立广播媒体"一体多维"的生态和平台，使这一方式制度化，还需要广播组织的管理者和内容生产组织者提高媒介素养，强化转型意识，实现部门和流程的重组以及一系列有效的改革制度的支撑、保证。

内容矩阵为广播采编播人员赋能，给有多媒体内容生产能力者以宽阔的跨界传播渠道，大大提高了广播的影响力。今年新冠疫情下天津广播的近百篇新媒体报道阅读量超十万，传播规模、互动程度、传播力影响力获得广泛承认，成为天津最具影响力的移动端新媒体平台。传统新闻广播的收听率也同比获得 20% 以上的增长。

四、再造传统广播：内容为王、准类型化、主持人 IP、大数据

对传统广播品牌的重新定义和包括新媒体在内的媒体内容矩阵的建设，不仅不是要削弱传统广播，而是在遵循规律的基础上，增强互联网思维和用户思维，利用大数据开掘传统广播的潜能，使之成为世界广播大家庭中的灿然星群。

传统广播还有强大的生命力。传统广播高强度的伴随、互动、快速便捷的信息传播（相对手机解放了手），与移动互联网微博、微信、移动客户端（APP）的特点有许多高度的一致。从互联网和广播业发达国家的经验看，广播市场不仅没有像报业断崖式滑落，还在平稳增长。普华永道 2018 年预测：美国广播广告以 0.1% 低速度增长，收入总额在 2019 年达 159.2 亿美元，2020 年 159.4 亿美元，2021 年 159.6 亿美元，2022 年 159.9 亿美元，规模将近中国广播的 10 倍。英国商业广播近两年以 5% 的速度增长。

对于中国城市广播，尽管北京、上海、天津等 11 个城市当前机动车分别已超 300 万辆，但与欧美发达国家相比，千人汽车保有量仍然较低，因此随着中国现代化、城市化的进程，私家车市场未来有较大增长空间。车载传统广播移动收听尽管受到车联网和网络音频的挑战，但仍然是中国城市广播发展的强劲动力，必将迎来进一步的发展。中国的广播广告体现的发展规模与服务 6000 多万人口的英国广播（英国 BBC 广播部分加上商业广播）相当，低于德国的广播规模，只是美国的十分之一，有着潜在的巨大发展空间。

那么，在媒体融合的背景下如何拓展传统广播的空间？再造传统广播有四个着力点：

一是加强新闻内容的集约化生产，实现新的"内容为王"。

党的新闻舆论工作在中华民族伟大复兴战略全局和世界百年未遇之大变局中意义和作用重大。中央广播电视总台 2018 年集结中央三台新闻力量成立了新闻中心，央广《中国之声》可以依托整个新闻中心的资源，对新闻力量集中配置，发挥广播优势对新闻进行快速滚动发布和权威解读。中国城市广播也都逐步成立融媒体新闻中心，成为所在城市最权威的声音。广播权威的声音是凝聚人心、形成共识，特别是在突发事件中成为社会动员的重要力量，这也是应急广播重要和必要性所在。这次新冠疫情证明了广播在"坚定信心、同舟共济、科学防治、精准施策"，打赢疫情防控人民战争中的重要作用。以天津新闻广播为例，天津 1 月 24 日启动重大公共卫生突发事件一级响应后，广播随即每隔两小时发布所有天津市发热门诊应诊人数，进行信息引导。权威疫情和有关信息随时插播，记者赶赴武汉、天津海河医院、天津宝坻区等一线发回报道，还开设了特别节目《空中问诊》，满足疫情下听众高度关注的信息，引导和疏解市民内心的焦虑不安和求医问药的实际需要。新闻广播不仅有力传播了党和政府的声音，有力引导了舆论，还用多种具有广播特点的方式服务受众，满足需求，收听率影响力也节节攀升。

二是推进传统广播的准类型化进程。

中国城市广播的准类型化阶段还在发展之中。如何调整频率结构，分众化满足听众日益变化的需求，设置类型化和准类型化频率，是下一步拓展广播空间，实现高质量发展的重点。天津广播近年来细化了文艺音乐类广播的分工设置，由文艺广播分出单设了小说广播、相声广播，在音乐广播之外增设经典音乐广播形成细分，都以较低的成本赢得了听众，赢得了市场。其中，天津相声广播的本地垂直设置，探索了中国气派的类型化广播频率新路，获得了可观的经济效益和社会效益，说明这条路大有可为。

广播频率的投入产出性价比有其特殊规律，和报纸和电视频道运营的高成本不一样，一个高度垂直化的文艺、音乐或者服务类频率，投入的人力资源可能只有十几个人甚至几个人，服务的垂直受众也非大而全，比如音乐的细分可达 10 多种甚至数十种，国外有的非盈利性社区电台只服务若干个中心街区。中国城市广播至少在以下几个方向可以进一步实现垂直化的细分：谈话节目类除了新闻谈话台还可以有服务老年听众的谈话台，服务婚姻爱情、低幼儿童培育等主题的谈话节目群落。以老年谈话台为例，天津台服务老年听众的节目《枫叶正红》广受欢迎，但还没扩展成全时符合老年人生理、心理特征，服务其养生、保健、知识、情感等需求的节目群落和频率，也缺乏相应的具有一定专业知识的主持人才。其他城市广播也大体如此，但中国社会已经进入老年社会，养老问题成为全社会的问题。[5]音乐类频率也可以进一步按照需求细分为古典、民族、流行等。

三是打造和培养主持人 IP，使之成为广播主流媒体的核心竞争力。

无论是回顾广播百年，还是展望未来，媒体格局潮起潮落，广播作为声音媒体，核心竞争力就是有内涵、有个性、有影响力的播音员和主持人。这个核心竞争力，即便在音频和智能音频时代仍然不失其魅力⑥，这是因为声音符号有其独特的价值：时代的印记，文化的密码，情感的互动，价值的共鸣。

新中国广播事业奠基人之一，中国人民广播事业的第一位男播音员齐越曾经是那个时代的"国家声音"，他以特有的直抵人心的庄重和深沉，播出了《谁是最可爱的人》《县委书记的好榜样——焦裕禄》等名篇，其声音感染了千百万听众。天津广播著名播音艺术家关山，以清脆悦耳、铿锵顿挫，声情并茂，朴实自然的声音，播出《欧阳海之歌》《林海雪原》《闪闪的红星》《雷锋之歌》《四世同堂》《乔厂长上任记》等小说和报告文学，塑造了与寻常中国百姓心灵共情共鸣的众多真实英雄和文学形象。

虹云、付成励的声音和主持艺术，是和中国改革开放后央广第一档谈话节目《午间半小时》联系在一起的。按当时收听率调查推算，这个节目当时拥有空前的4.9亿固定听众。此前，地方台的主持人直播新闻板块节目由于始于1986年的广东珠江台改革而遍地兴起，一批各地名闻遐迩的主持人异军突起。天津经济台开播于1989年，张谦和砼磊主持的《天津早晨》节目以激情四射、亲民平视、互动共情的主持风格令人耳目一新，时任天津市主要领导，后来担任过全国政协主席的李瑞环欣然为节目题词："天津早晨好，声情系万家！"

随着时间的推移，全国城市广播的主持人节目星罗棋布，主持人队伍日益庞大。体制内外确实涌现出一批优秀的有识别度的广播节目和节目主持人。以新闻类、知识类谈话节目为例，全国层面的《王冠红人馆》《海阳脱口秀》《冬吴相对论》等，省市级台层面，浙江广播的《方雨时间》、江苏台汪玲的《新闻早高峰》、天津台孙阳的《公仆走进直播间》等。但与听众提升了的需求相比，与互联网赋能草根主持人的兴起（比如，微信公号"夜听"的主持人刘筱，2017年粉丝数即达1100万，每天新增粉丝四万）和音频聚合平台以巨资打造的头部主持人相比，广播这类节目主持人，无论是综合素质、节目人设、节目形态、节目质量都有巨大的提升空间。寻找、培养、打造有影响力主持人的IP，是城市广播未来发展构建战略高地的工作重点。比如，河北广播精心培养、打造主持人晨露及其《缘分天空》节目，将节目延展到与电视、互联网一同直播。当前广播主持人的网络直播带货活动，也是疫情特殊情况下主持人影响力延伸的新变化。

四是利用互联网用户大数据推进广播节目形态创新、质量提高和各项改革。

传统广播过去通过抽样调查了解广播频率与节目传播和收听情况，并据此进行频率和节目的调整。听听FM、阿基米德、津云广播频道等城市广播移动音频平台（APP）的设立，形成了依靠实时大数据对节目更精确更全面的测量和判断，阿基米德拥有90个万人用户社区，这些社区互动的数据，对于节目如何满足听众（用户）需求，创新内容产品，有着前所未有的价值，也将推动再造传统广播的进程。

五、把握时度效，推进中国城市广播网络化、音频化、智能化进程

全媒体不断发展，出现了全程媒体、全息媒体、全员媒体、全效媒体。今年7月，习近平总书记主持的中央深改委第十四次会议审议通过了《关于加快推进媒体深度融合发展的指导意见》，为推进中国城市广播的新型主流媒体建设提供了遵循。

尽管声音与电磁波构成的媒介传统广播仍在发展，用户规模依然可观，广播广告二次售卖的商业模式依然有效。但声音终究将与大数据、云计算相连接，在万物互联、万物皆媒的智能融媒时代对接，成为云端社会的新入口，成为新兴网络社会中分众化服务的个人媒介。当这一天来临，且用户各种场景使用成本基本可以忽略不计的时候，AM\FM 的传播与接收状况大部分会被其他设备和渠道替代，这些，都不仅是一次技术变化，更是人类传播形态和生存方式的又一次转型。[⑦]

中国城市广播要坚定不移推进传统广播的互联网化、互联网音频化、音频智能化的进程。不管这个过程是江苏广播开始时的"借船出海"、还是北京广播听听 FM、上海广播阿基米德的"造船出海"，抑或美国卫星广播公司收购 Pandora "买船出海"，传统广播基本上要经历"全台办网、台网互动、台网融合"等阶段。在这个过程中目标不变，因为移动互联网技术发展及其产品变化的速度太快，体制内的中国城市广播不太可能像商业音频聚合平台那样，从资本市场获取投资持续"烧钱"发展。即便是美国的商业化音频聚合平台，传统广播清晰频道公司投资建设最大的 iHeart radio 和互联网公司建设的 Pandora，2018 年，前者申请破产保护，后者因为用户下降和版权费居高不下导致巨额亏损，被天狼星 XM 卫星广播公司以 35 亿美金收购。[⑧]据普华永道咨询公司观测，2019 年，美国传统广播中新媒体的收益只占广播总收入的 10%，而 2018 年，英国传统广播的新媒体业务收益占整个收入的 6%，有效的商业模式还没有建立起来。中国城市广播融合实施步骤要蹄疾步稳，注重"时度效"。

1. 建立大数据库，分析内容产品的传播情况，在比较充分的信息基础上提升传统广播的生产和进行新媒体内容的布局。

天津广播将收听率调查数据和津云 APP 广播频道后台的大数据打通，调取广播内容产品在微信微博等其他网络平台分发阅读、转发、点赞等数据，来综合诊断分析现有广播节目的问题，根据用户（听众）需求创新研发节目。北京广播听听 FM 开发了名为数据分析的功能应用。电台主持人可以在客户端的管理后台清晰看到每一档节目在每一个时间点的数据情况，并据此准确调整节目内容和节目形态。北京电台还正在打造大数据中心，把来自听听 FM、微信矩阵、广播网、俱乐部等渠道的数据都沉淀在用户中心，这些数据经过分析之后，将来可以让听听 FM 根据用户的喜好，实现千人千面的智能推送。浙江城市之声开发了节目实时评价体系，为广播分析受众行为、调整节目内容与形态、节目考核提供了大数据支撑。

移动互联网时代，真实的数据是决策的重要基础，也是融合的最基础环节。

2. 提升员工互联网素养，用户意识，实现跨平台内容生产。

天津广播实行"一体多维"的运营，并非把直播流和音频搬到客户端上就万事大吉。大部分跨平台内容的生产，来自于传统广播的再生产。员工在此过程中熟悉"两微一端"、头条、抖音等不同平台的特点和用户要求，完成互联网意识的提升和用户意识、用户体验的积累。比如广播在津云 APP 上有几十家工作室，其中新闻广播、相声广播、生活广播都提供了优质的独家内容。而"天津广播"微信公号的内容，特别是独家的特稿报道，尽管是一次性采集，但复杂程度比较高，记者们都要适应不同平台用户的需求，在标题方面，在内容、故事和细节方面，都有不同的表达。比如，此次新冠疫情下，天津广播在微信公号发布了全国城市广播唯一的"实录"、"观察"、"自述"、"战疫"、天津抗疫时间轴等原创、独家的系列栏目和数据库，尽管是一线记者采访的结果，和广播同题录音专稿、述评同源，但叙事结构、图文应用、音视频插入都不一样，传统广播新闻中心的负责人和采编人员参与整个策采编发全过程，实现了"一体多维"运营，其内容在微信公号领域影响力在天津地区首屈一指，形成了传统广播在内容深层生产方面理念、能力、机制、流程的跃升和完善。特别是这种能力还会提升传统广播的制作水平和影响力。

跨平台内容产品的生产会加速传统广播在"内容、渠道、平台、经营、管理"等方面与新媒体的深度融合，这一过程最终将追踪互联网、移动互联网及人工智能语音识别等技术的发展，选择最合适的方式，完成"你就是我，我就是你"的目标。

3. 加快广播与人工智能融合，以智能音频加速高质量发展。

目前，传统广播在以下几个方面运用人工智能，实现融合：

一是在播报环节，人工智能可通过语音合成技术，实现自动识别播报。广播整点新闻资讯可以由能够将文字转码成语音的人工智能机器人承担。比如，包括河北新闻综合广播等采用微软人工智能机器人小冰与主持人共同主持新闻资讯节目。今年 1 月 1 日起，河南省林州市广播电台引进的 AI 智能语音播出系统正式上线。该系统引入 AI 智能主播，通过声纹分析引擎，对累计 15 年的海量声音节目资料进行模型训练、深度学习，再通过大数据计算，进行真人声音的再创造。AI 主播可以做到歌曲串词、天气预报、歌曲预告、寻点报时等。目前，在语音合成、语音识别等方面拥有世界领先成果的科大讯飞与国家广播电视总局广播科学研究院共建"广播电视与语音技术融合创新实验室"，一旦播报环节产品成熟，将节省一般性播报的生产资源。值得一提的是，广播电台节目主持人的声音也是产品，名人熟悉的声音会被定制为导航、知识应答、音频播客等。

二是逐步实现人工智能与广播内容及制作流程的深度融合。2019 年，央视网与央广网、国际在线等总台"三网"新媒体紧密协作，共同建设"人工智能编辑部"，以视听为特色，对总台的优势资源进行智能化开发。接着，又与科大讯飞合作将"人工智能编辑部"建设成集智能创作、智能加工、智能运营、智能推荐、智能审核"五智"于一体的人工智能集成服务平台,为用户提供智能化的多场景服务。"媒体 + 人工智能"深度融合,引领"媒体 +AI"生态的不断发展。上海广播阿基米德依靠人工智能技术,对广播节目音频实现自动打点、拆条、分类、标签、标题,可以在 APP 上自动组合用户需要的定制专题广播。

　　未来广播与人工智能合作的领域主要就是智能音频。智能音频目前的产品就是智能音箱、相关联的是智能车联网、智慧家居、数字办公、娱乐休闲等场景。智能音箱的出货量将在 2021 年超过平板电脑。[9]尽管目前的发展还是初级阶段,但方向已经越来越被认可,这里已是国外的苹果、亚马逊、谷歌,国内的百度、阿里巴巴、小米等各大平台公司竞争的新场域。中国城市广播应该从理念、技术、内容三个维度把握这一发展趋势,提前进行智能音频产品体系的研究、开发、布局。

　　人民广播创立 80 年之际,包括天津广播在内的中国城市广播,正站在媒体融合新的历史起点上,拥抱声音与移动互联网、大数据、云计算及万物互联的最新机遇,守正创新,赢得属于我们这代广播人的光荣与梦想。

参考文献:

　　①陈彦旭:《从匠心传承到融合创新—听听 FM 的融媒体探索之路》,《现代视听》,2019 年 11 期

　　②戴夫·马基丘克:《越来越多中国消费者正使用智能商品》,香港亚洲时报网站 8 月 13 日

　　③《太阳报》,www.thesun.co.uk/tech/11771904/bbc-beeb-voice-assistant-amazon-alexa-apple-siri

　　④胡正荣:《迎接智慧声音时代的到来》,《中国广播》2018 年第 11 期。

　　⑤⑥张彩等:《广播百年看广播学:声音本位与听觉传播规律探索》,《现代传播》2020 年第 4 期。

　　⑦朱宏宇、姬德强:《"声声"不息—声音传播视域下智能音箱的功能与原理》,《现代视听》2020 年第 4 期。

　　⑧财新网,http://database.caixin.com/2018-09-25/101329662.html

（作者系天津海河传媒中心副总裁）

声音的回响

——中国人民广播80年纪念文集

（下）

王　求　主编

新华出版社

目 录

一等奖

人民广播事业孕育期的红色中华新闻台考索 ……………………… 陈 芝 / 2

烽火岁月中的红色广播电台 ………………………………………… 张昆明 / 10

从广播史到收听史：加强以人民为中心的广播史研究 ………… 刘书峰 / 16

新中国初期广播理论的建构（1949～1965）

　　——以人民主体地位与中国特色为线索 ………… 曹培鑫　薛毅帆 / 22

关于续编广播史的几点思考 ……………………………………… 高铁军 / 29

公益弘扬抗疫精神　歌声唱响中国故事 …………………………… 李仙芝 / 33

论齐越播音创作的编辑意识及其现实意义 ………… 谈华伟　姚喜双 / 42

人民广播历史上十大女播音员研究 ……………………………… 吴 倩 / 49

中央广播电视总台藏语节目发展历程与实践探索 …………… 泽 嘎 / 56

应急广播：人民广播事业 80 年时的未泯初心 ………… 李晓北　王 磊 / 65

传媒生态位变迁视角下的中国广播 80 年经营历程 ……… 刘 涛　卜彦芳 / 72

交通广播近三十年发展的六个向度 ……………………………… 高永亮 / 81

从边缘到边锋

　　——中国地方周边广播的崛起 ……………………… 高 菲　陆 地 / 87

人民广播 80 年：一个边疆省台的演进轨迹 ………… 魏 红　李建文 / 96

融媒·智媒：中国对外广播的话语布局与创新逻辑 … 汤天甜　贺思雨 / 104

二等奖

中国播音员口述史及数据库建设研究论纲 …………………… 徐爱华 / 110

乡村振兴背景下对农广播的发展路径 …………………… 李　静　陈嘉宾 / 115

城市电台发展路径与融合发展原则

    ——以保定人民广播电台为例 …………………… 刘锦岳　刘玉军 / 120

湖南人民广播电台事业发展研究 …………………………… 唐文玉 / 126

中国广播事业发展中的相声传播 …………………………… 郝　丹 / 133

5G 时代广播融媒发展新趋势 ……………………………… 余　苗 / 139

物联网时代下传统广播的价值转型 ………………………… 吴卫华 / 145

成都（四川）人民广播事业创建考证（1949～1952）……… 李申建 / 152

充分发挥民族语言广播优势　加强民族地区意识形态工作 …… 李晓红 / 158

从国家电台驻地机构的职能变化

    看我国国家新闻广播的改革轨迹 …………………… 陈　俊 / 165

构筑心灵的桥梁

    ——对台广播文艺节目"连接性"的实现及意义 ………… 陆　凯 / 171

历史性重大主题报道的故事化呈现

    ——以宁波新闻综合广播《决胜脱贫在今朝》为例 …… 郑士炎 / 175

我国广播家庭教育类节目现状与发展 ……………………… 曹德瑞 / 180

创新理念实现县级广播新突围

    ——辽宁东港电台创办对农广播十年记 …………… 朱明丽 / 185

主旋律题材播音作品如何成风化人

    ——人民广播播音主持创新发展研究 ……………… 孙海亮 / 190

福建广播事业发展历程及融媒体时代福建广播节目创新发展 … 李　斌 / 195

融媒时代地方电台的转型之道 ……………………………… 陈鸿滨 / 201

音乐广播的品牌发展策略探究

    ——以宁夏音乐广播发展探索为例 ………………… 周新文 / 209

早期音乐广播体系化建设的探索与实践

    ——纪念中国人民广播事业暨中央人民广播电台 80 周年 … 黄一樑 / 214

新中国人民广播语言规范发展 80 年 ……………… 袁　伟　文　俊 / 220

三等奖

全媒体时代互联网音频的内容生产与传播研究 ……… 姜　燕　余俊雯 / 230

数字媒体时代广播新闻传播策略研究 ………………………… 李艳梅 / 238

中国故事广播有声语言艺术创作现状与思考 ………………… 曾志华 / 243

融媒体思路下广播媒体短视频的探索与发展 ………………………… /249

　　——以"浙江城市之声"为例 …………………………… 张　静 / 249

新中国播音口述史研究路径与方法 ……………… 李　颖　蒋启迪 / 254

润物无声为民族立心铸魂　春风化雨提升中华软实力

　　——央广网《每日一习话》的传播实践 ……………… 王春婵 / 263

对主持人提升电台自建客户端传播力的思考 ……… 吴志超　刘乐明 / 268

全媒体格局中新闻广播的舆论能力建设探析 ………………… 彭碧萍 / 273

广播与社交的"互嵌"研究 ……………………… 周　芳　黄　钦 / 280

在地性视域下的广播解困之道

　　——以湖南交通广播为例 …………………………… 唐涤非 / 286

把关人理论视角下热线新闻生产研究

　　——以 S 市广播电台为例 …………………………… 马新瑶 / 292

从北部湾之声看区域性对外广播的创新发展之路 …………… 玉楚嫣 / 300

上海青浦人民广播的融合发展路径 ……………… 魏阜龙　徐国兴 / 304

从《奥囵囵》谈儿童系列微广播剧的制播技巧 ……………… 刘　彦 / 312

广播文化类栏目"本土化"的坚守与创新 …………………… 吕　瑜 / 318

疫情环境下城市广播的融合传播实践与思考 ………………… 芦　刚 / 322

广播专业频率推进媒体融合的方向和路径 ………… 曾学优　肖剑冬 / 326

我的广播情缘 …………………………………………… 赖志忠 / 331

华北（广播）电台的创办及精神传承 ……………… 赵建荣　姚丽菊 / 336

"民族直过区"发展人民广播事业探究 ………………………… 陈庆庄 / 343

未来城市的广播形态与功能展望 ………………… 宋　凯　陈佳慧 / 347

融媒体语境下广播主持人的突围之路 ……………… 成　倍　张玲玲 / 353

媒介逻辑视角下人民广播事业

　　作为本土化政治实践的特征与效应 ………………… 李建刚 / 358

从播音语言范式流变看人民广播

不同阶段的角色与作用 ··················· 王一婷　王耿炜　任闲牧 / 366

人民广播 80 年播音主持风格演变探析 ···························· 冯鑫燚 / 372

附录：优秀奖目录 ·· / 377

一等奖

人民广播事业孕育期的红色中华新闻台考索

陈 芝

长期以来，延安是中国人民广播事业的发源地，延安新华广播电台是中央人民广播电台前身的说法一直流行。1980 年 12 月，中共中央宣传部批准以 1940 年 12 月 30 日（延安新华广播电台诞生日）为中国人民广播创建纪念日。此后，每逢五或十的重要周年，国家广播电影电视部（现改为国家广播电视总局）、中央人民广播电台（现改为中央广播电视总台）和各地广播电台都会组织各种纪念活动。但是，江西瑞金红色收藏家、研究者严帆同志在 2009 年出版的《中央苏区新闻出版印刷发行史》一书中延续了他 2002 年率先发表的观点："苏区时期创办的红色中华新闻台，是我国最早的红色广播电台机构，也是新中国中央人民广播电台的前身。"2003 版的江西广播电视年鉴收录江西省广播电视局的《调研报告》，其中称"江西瑞金是人民广播事业的发源地，在瑞金创建的中华苏维埃共和国红色中华新闻台是延安新华广播电台的前身。"2006 年 10 月，红色中华新闻台旧址及陈列馆（简称"陈列馆"）揭幕开展。

2008 年，庞亮在其《关于人民广播事业发源于江西苏区说之商榷》文章中提出与严帆不同的观点："作为红中社一部分的红色中华新闻台，其传播工具是发报机，传播内容是文字广播，传播符号是需要根据电码本译出的电码。如果拍发的信息电码是密码，也只限于党的秘密机关和少数单位可以抄收。"他说，红色中华新闻台为中央人民广播电台的前身过于勉强。他认为只有延安新华广播电台是中央人民广播电台的前身，延安是中国人民广播事业的起源地。

针对双方的不同说法，笔者认为，严帆为代表的"红色中华新闻台是中央人民广播电台的前身，江西瑞金是人民广播事业的发源地"的说法有失严谨；庞亮为代表的反对观点也缺乏考证。争论关键点在于红色中华新闻台是否开展口语广播业务（包括有线广播和无线广播）。如果明晰当时红色中华新闻台广播业务的情况，就可以从传播主体、传播内容、传播对象、传播范围和传播效果几个方面判断红色中华新闻台是否为媒介意义上的广播电台，从而界定红色中华新闻台在人民广播事业中的历史地位。面对争论，带着疑问，笔者调查研究，考察旧址、查阅档案、对相关文史资料进行分析、寻找当年亲历新闻台的见证人、访问相关研究者，对目前掌握的证据进行考证，得出结论："人民广播事业在江西苏区孕育、萌芽，红色中华新闻台（简称'红中台'）存在的这段历史，是人民广播事业的孕育期。"

一、红色中华新闻台的由来、定位和工作内容

（一）红色中华新闻台的由来和定位

中华苏维埃共和国红色中华新闻台，是在工农红军无线电通讯的基础上建立和发展起来的。当时中央苏区的主要任务是对国民党作战，红军部队对于电台十分渴望，如能获得电台，在军事上将大有帮助。红军在第一次反"围剿"中，于1930年12月30日在龙岗战役中大获全胜，缴获敌人一部半电台（两部收报机，两个充电机和一部发报机）。接下来的第二次和第三次反"围剿"战斗的胜利，让红军先后又缴获了功率100瓦的电台（当时最大的电台，其它电台一般都是15瓦）和许多新的无线电装备。从此，红军总部与各军之间，中央苏区与其它苏区之间，上海党中央（白区）和中央苏区都先后建立了无线电联络。"红色无线电通讯网的形成，为红色中华新闻社的新闻广播，提供了物质基础。"①

对于红色中华新闻台的定位可以从以下两则消息中得到答案。《红色中华》报第177期刊登了一则消息《后方无线电技术人员对前方各电队挑战》，其中有这样的内容："军委、中央局、中央政府、红中新闻台，四电台工作人员决定自四月至七月每人节省津贴费三分之一，充作革命战争经费，预计四个月可达一千元。"②此消息说明，红色中华新闻台存在，并且它和军委、中央局、中央政府的电台一样，是独立的机构。《红色中华》报第213期第3版刊发了一组红色中华新闻社的消息："本社工作人员对于收集被单供给红军的号召，表现了极大的热忱。自从国民经济部的通知发到本社后，本社的列宁室马上就动员起来了，经过宣传鼓动后，立即集中了六条（本社工作人员连新闻台在内才十二人），另外还有棉衣三件，单衣一件。现在仍在动员中，不久还会有些成绩。"③此消息中，也提到红色中华新闻台，它的人员是属于红色中华通讯社（简称"红中社"）之内，但是口头和书面上总是有所区分，这显然是对新闻台另眼相看。

所以，红色中华新闻台作为一个机构，具有相对独立性。新闻台的工作内容，可以看成是通讯社工作的一部分，业务上相互交织。新闻台的人员被区别对待。与此同时，新闻台在技术与业务上与军委三局有密切的联系。

（二）红色中华新闻台的工作内容

红色中华新闻台成立于1933年5月，创办人岳夏（原名罗若遐），因为新闻台只有收报机没有发报机，所以，只能收，不能发。根据岳夏的回忆文章《我党我军

---

① 蒋齐生、于继华：《新华社的由来及诞生年月》，《北京广播学院学报》1980年第2期。

② 《后方无线电技术人员对前方各电队挑战》，《红色中华》1934年4月19日。

③ 《中央一级机关收集被毯的热烈动员》，《红色中华》1934年7月20日。

的第一部"新闻电台"——长征回忆片断》，他在新闻台工作了半年，此后就被调回军事通报台，新闻台的工作由黄乐天负责。红军长征途中，新闻台停办，后又恢复。工作内容仍然是抄收新闻，但除国民党中央社的新闻外，增加了莫斯科塔斯社的英语新闻、日本东京的用英文字母拼写的日语新闻、西贡的法语新闻和德语新闻等。根据岳夏的意见，新闻台的具体任务是抄收国民党中央通讯社每天播发的电讯。当时收的是明码，新闻台工作人员抄录下来后送红色中华通讯社，译成文字，然后选编成《每日电讯》并油印出来，送给党中央、中央军委负责同志参阅。

如何解释程沄在《江西苏区新闻史》中提到的，苏区每天用无线电明码对外广播，报道苏区建设消息、红军捷报或苏维埃中央政府的声明、宣言等，并且还被鄂豫皖、湘鄂西、湘鄂赣等其他苏区和白区地下电台抄收呢？

岳夏同志回忆说："间或也由无线电第六分队对外发些苏区情况的报道，呼号是 CSR"[①]（岳夏负责新闻台的工作之前，曾在军委无线电第六分队做报务员）。又据当时同在红色中华通讯社工作的任质斌同志回忆，除了抄收新闻以外，新闻台每天还播发几条新闻出去，用红中社的名义，向全国用无线电明码广播，有条件的革命根据地就进行抄收编译。他还说："我们的广播，究竟有多少地方抄收，不清楚。但是，我知道上海中央局在的时候，是抄收的……还有鄂豫皖、湘鄂西、湘鄂赣等苏区，也是抄收的。红中社每天发四五条新闻不等，有时发政府的声明、通告、宣言，不是新闻台发，因为新闻台没有发报机，而是送到军委三局发"[②]（注：另据岳夏后来回忆当时叫红军总司令部无线电总队）。任志斌 1933 年夏天进入红中社工作，岳夏 1933 年 5 月创办新闻台，也就是说二人是在差不多的时间进入红中社的。任志斌在文章中谈到新闻台的主要任务与岳夏叙述相符。根据所征引的材料，不难知道答案。这些对外新闻由红中社直接送往军委三局用军用电台对外播发。

二、红色中华新闻台开展口语广播业务考据

苏区时期红色中华新闻台是否开展了口语广播业务（包括有线广播和无线广播），是判断它是否是媒介意义上的广播电台，是否是"中央人民广播电台的前身"的关键问题。

（一）三类证据考据

对于红色中华新闻台是否开展口语广播业务，需要从 3 个方面进行考证，即重要人证（含当事人的回忆）、有形的物证和历史留存下来的史实资料。根据这 3 条标准具体考证，发现在红色中华新闻台口语广播的有限研究成果中出现了 3 类证据：

---

① 岳夏：《我党我军的第一部"新闻电台"—长征回忆片断》，《北京广播学院学报》1979 年第 1 期。

② 任质斌：《红中社的三大任务》，见新华新闻研究所、社史编写组《土地革命时期的新华社》，2004 年 5 月，第 16 页。

第一类为口述记录；第二类为文物及公章；第三类为相关书报记载。

第一类证据是两份口述记录：第一份是 2002 年，严帆在文章中最早披露的 1984 年 6 月 12 日访问杨九庆老人的记录，约 100 多字，未注明何人访问。内容为红色中华新闻台在叶坪村的情况。这份口述记录同样出现在严帆 2009 年出版的书中，不同的是注明了杨九庆老人已故。第二份是 2002 年，严帆在文章中披露的访问 81 岁的李永福老人的回忆，约 300 字，未注明何人在何时访问的。内容为红色中华新闻台在沙洲坝的情况。笔者 2017 年 10 月 22 日采访严帆，谈到杨九庆老人的口述记录，严帆表示是他当年访问的杨九庆老人，可是几十年前的笔录早已经失散，非常遗憾。严帆书中又引用了访问李永福老人的回忆，称老人当时 81 岁。笔者采访严帆，询问李永福老人情况，严帆表示李永福老人的回忆文字是在 2002 年 8 月 22 日国家广电总局考察组访问老人时，老人的回答。当时考察组拍摄了访问视频，并录有光盘，是由严帆将音频转化为文字的。笔者没有看见光盘，也未发现有国家广电总局向外公布出版的调研报告。

瑞金沙洲坝红色中华新闻台历史陈列馆里挂着当时李永福老人带着国家广电总局考察组一行到红色中华新闻台旧址福主庙参观的图片。笔者于 2017 年 10 月在瑞金市沙洲坝镇大布村实地寻找老人的下落，村民反映老人已故，后经瑞金市公安局户籍部门证实，李永福老人几年前已过世。

第二类证据是 3 件文物和 3 枚公章。3 件文物，第一件是红色中华新闻台在 1933 年没有标注日期的用稿通知单；第二件是 1933 年中央苏区邮政总局发出的第 36 号通知，时间是 10 月 7 日；第三件是 1933 年中央苏区"二苏大"会议期间，组织广播宣传活动的报告，时间是 12 月 20 日。陈列馆展出了 3 件文物的照片仿制品。最早发现上述 3 件文物的是严帆，笔者采访严帆，他回答 3 件文物当时在收藏家手中要 2 万元一份，无力购买，现已下落不明。严帆在 2009 年出版的书中说："正是因原件未得，故本书不将其作为佐证，此几件文物亦是间接证据。"严帆称 2002 年 8 月，国家广电总局考察组一行目睹了这份珍贵的文物（指第一件文物），当场鉴定并录像拍照，存有光盘，笔者未见光盘。现陈列馆说明中也称"此文物下落不明"。3 枚印章的图片，即是根据上述 3 件文物照片上的印章图案复制，在陈列馆中展出。

第三类证据为与红色中华新闻台有关的书报上的记载。严帆在《中央苏区新闻出版印刷发行史》一书中引用两份相关书报记载。一是 1934 年 4 月毛泽东"关于日本声明书的谈话"，署名"红中社"，1935 年在苏联外国工人出版社出版的中文版《苏维埃中国》第二集将此文收录其中。严帆在其书中称"此谈话由红色中华新闻台对外播发，中共驻共产国际代表团也抄收了这份电稿。由于地处瑞金的红色中华新闻台的'无线电播音听不清'，致使文稿缺记两句，因而当时在记录稿上加注。"二是中央档案馆藏（馆藏类号为二甲 23 号）1936 年 1 月巴黎出版的《救国时报》第 9 期、第 10 期刊登的《毛主席在中央苏区广播电台上与法国记者的谈话》。严帆书中称：

"此文应是中华苏维埃共和国临时中央政府主席毛泽东在瑞金利用广播电台，就中国红军抗日问题向法国记者发表的谈话，后在《救国时报》上发表。"严帆书中说："这两份珍贵的历史文献，说明瑞金当时已经有了无线电播音"。

第一类证据中当事人杨九庆和李永福已身故，两位老人口述记录的共同之处是，由于听到了喇叭播报，疑似有线广播，所以当时苏区有口语广播。当时访问杨九庆老人的笔录已失散。访问李永福老人录像的光盘，笔者正在搜索中。第二类证据的3件关键文物，第一件是 2001 年 6 月间由严帆在瑞金发现，关于第一件文物 2002年经国家广电总局专家组鉴定的光盘，笔者正在搜索中。第二件文物和第三件文物的发现时间并未提及，并且流落民间。陈列馆中对这 3 件文物的说明仅限于"系民间流散文物，现分别由福建长汀县、龙岩市、（江西）瑞金市某收藏家收藏"。笔者对上述文物现在何处，被何人收藏在多方打听线索。如果找到 3 份文物原件，图章也就一目了然了。第三类证据中前述证据之一毛泽东 1934 年 4 月"关于日本声明书"的谈话的报道，在瑞金市叶坪的红色中华通讯社旧址展览馆中可见报道图片，收入此文的《苏维埃中国》这本书笔者也在搜寻中。前述证据之二毛泽东与法国记者的谈话的报道，笔者在中央档案馆馆藏革命历史资料作者篇名索引中可以搜索到，已复印。但文中表述"中华苏维埃共和国临时中央政府主席毛泽东在瑞金利用广播电台，就中国红军抗日问题向法国记者发表的谈话"，文中并未提及主席是利用广播电台无线电播音的话筒进行谈话。当时谈话究竟是通过文字广播还是口语广播（有线广播播音或者无线电播音）传送，在文章中比较模糊。

根据这 3 个标准，目前看来，无线电播音证据不足，苏区时期红色中华新闻台开展口语广播业务的部分证据有待进一步考证。

（二）播音员和器材考据

江西苏区如果有口语广播，必须有口语广播播音员和器材。涉及播音员和器材比较详细的文字记载出现在严帆 2009 年出版的《中央苏区印刷出版发行史》一书所引用的李永福老人的回忆文字中，以及刘卫国、刘照龙文章中的相似表述。老人回忆："电台的侧边有一张办公桌子，桌子上有话筒，话筒一讲，它那个喇叭就响。""喇叭里有时候呼叫'飞机来了''飞机来了，快躲飞机'的话我们是听得懂（的），当地老表就会赶快躲飞机。敌人的飞机来轰炸，电台的喇叭就会大声讲，说哪个地方或哪个方向飞机来了，有时我们吃着饭也会把饭碗一丢，赶紧躲飞机。""当时新闻电台（新闻台）的喇叭就悬挂在福祖庙边的那棵大树上，在那个大树杈上。这里电台话筒一讲话，树上的喇叭就很响，同时下赣州的马路那边一直到红军大学的喇叭一起都有响。除了庙里的喇叭之外，红军大学有喇叭，不远处的一个哨棚上也有喇叭，一样响。平时，我们还听过喇叭里放音乐，讲话播音时女人的声音更多，男人的声音更少，我见过电台里有红军女战士。""当时电台周围有很多人，来来去去的，恐怕有百把人。在电台里播音的人有两三人。红军走的时候，我们都很害怕。

里面有没有留下什么东西，我们也不知道。只记得红军走时在收线，有一个圈子，线绕在圈子里，拼命地在绕线。这个线，不是像现在的红红绿绿的，一律是黑线……"[1]李永福老人的回忆提到当时新闻台有男播音员和女播音员两三人，播出的内容是应对国民党袭击的防空警报，也有时播放音乐。回忆中提到的器材是福祖庙（实地考察是"福主庙"非"福祖庙"）边挂在大树上的喇叭、"下赣州的马路边一直到红军大学"的喇叭、庙附近哨棚的喇叭以及庙里桌上的话筒及黑色电线。上述描述接近有线广播的播音，播报的是应急讯息和防空警报。

无线电广播的器材包括广播发射机（1940 年建设延安新华广播电台的广播发射机由周恩来同志从莫斯科带回）、发射天线、发电设备和话筒等播出设备，缺一不可。根据当时亲历者的回忆和展出图片可知，新闻台利用话筒、喇叭进行播音，手摇发电机和蓄电池、干电池提供电力，在一定范围内进行喇叭扩音，这是有线广播的雏形，并非无线电播音的设备。由于亲历者李永福老人已故，其他证据有待进一步搜寻和考证。关于播音员和器材的相关证据说明，江西苏区开展无线电口语广播业务证据不足。

三、红色中华新闻台在人民广播事业中的历史地位

笔者考证红色中华新闻台的定位、工作内容以及开展口语广播业务的状况，得出的结论是：红色中华新闻台进行文字广播毋庸置疑、有线广播已见雏形、无线电播音证据不足。从传播主体、传播内容、传播对象、传播范围和传播效果几个方面看，苏区时期已有人民广播的萌芽，红色中华新闻台存在的历史是人民广播事业的孕育期。红色中华新闻台与延安新华广播电台有割舍不断的关联，红色中华新闻台是延安新华广播电台的预演，为人民广播事业积累了经验、人员和物资等重要元素。社会历史的发展必然遵循其规律，任何事物都不是凭空产生的，它既是特定的社会历史条件的产物，又是人类认识发展的必然结果。红色中华新闻台的建立有其客观存在的要素，它的出现不是偶然的，是与中国革命的发展分不开的，它是人民广播事业的孕育和萌芽，有着深刻的历史背景和艰难的发展过程。

1931 年 11 月 7 日至 20 日，中华苏维埃共和国临时中央政府成立，并首次用军用渠道无线电明码进行文字广播，向国内外播发大会的新闻。1933 年 5 月，红色中华新闻台建立，由岳夏负责，是利用国民党手中缴获的广播器材改装后白手起家创建的。红色中华新闻台于 1934 年 10 月 16 日因中央红军长征中止了在瑞金的新闻广播，但抄收新闻仍在继续。1935 年 10 月中央红军到达陕北后，很快恢复新闻台的工作。江西苏区时期，新闻台对内每天源源不断地抄收中外通讯社的新闻并提供给中央苏区的党政军领导同志参考，发挥了"耳目"的作用。对外则代表中华苏维埃共和国

---

① 严帆：《中央苏区新闻出版印刷发行史》，中国社会科学出版社 2009 年版，第 77 页。

临时中央政府做外交发言。向上海中央局和鄂豫皖、湘鄂赣、闽浙赣、川陕边等几个主要苏区以及国民党统治区广泛传播苏区各级政府的指示、决议、法律、法规等，起到了"喉舌"的作用。这就是我们常说的党和政府以及人民的"耳目喉舌"，它有力地宣传了中国共产党的政治主张，增进了全国人民对共产党和红军的认识，为苏区扩红参战，揭露敌人的政治谣言和军事围剿立下了功勋，彪炳史册。红色中华新闻台利用喇叭为扩音器，直接提供一定范围内苏区军民收听的由工作人员播送的"有飞机来了""快躲飞机""国民党有行动了"等有线广播应急信息和防空警报，有力地协助了通信兵战士的工作。在中央苏区，毛泽东主席曾经对电台人员说："做任何工作都应该知道它的重要性。你们是革命的千里眼、顺风耳嘛，红军缺少了电台，就好比缺了块'鲁班石'一样。"所以，电台的工作人员常用毛主席的话鞭策自己，发扬着一丝不苟、脚踏实地、不务虚名的忘我工作精神，这种精神传承下来，指引着现在的广播事业新闻工作者走好今天的长征路。

四、考证结果

（一）红色中华新闻台的定位和工作内容

红色中华新闻台在技术与业务上与军委三局有密切联系，行政上属于中央军委领导，业务上属于红色中华通讯社。但红色中华新闻台作为一个机构，具有相对独立性。

红色中华新闻台的工作内容是：第一，对内抄收白区以及海外广播电台播发的新闻，具体任务是抄收国民党中央通讯社每天播发的电讯，将明码电报抄录下来，送往红色中华通讯社译成文字并选编油印成内部参考资料，送给党中央和中央军委负责同志参阅；第二，使用喇叭播音，直接供一定范围内苏区军民收听的有线广播应急信息和防空警报；第三，对外将苏区建设消息、红军捷报或苏维埃中央政府的声明、宣言直接送往军委三局，用军用电台以呼号 CSR 明码对外广播。

（二）红色中华新闻台开展口语广播业务状况

红色中华新闻台进行文字广播毋庸置疑，目前，关于红色中华新闻台是进行无线电播音的口语广播电台的证据不足（关键证据一部分流落民间，一部分有待进一步搜集和考证）。

（三）红色中华新闻台的历史地位

红色中华新闻台存在的这段历史，是人民广播事业的孕育期，具有重要的历史意义。人民广播事业在江西苏区孕育、萌芽，在陕北延安诞生并发展壮大。红色中华新闻台与延安新华广播电台有着一脉相承的割舍不断的联系。红色中华新闻台是人民广播事业的预演，谱写出了一曲不畏艰险、服务工农的伟大颂歌，具有不可磨灭的历史功勋。

人民广播事业在江西苏区孕育、萌芽，为通信保障、发布信息、培训新闻工作者、筹措广播器材、明确组织纪律、建立制度规定积累了经验。历史是人民创造的，追根溯源，了解这段历史，认识并学习这段历史，继承和发扬红色中华新闻台的精神传统，对当今中国人民广播事业的发展，有着不可估量的深远意义。

参考文献：

①赵玉明：《中国现代广播简史》，中国广播电视出版社 2000 年版。

②赵玉明：《中国广播电视通史》，中国广播电视出版社 2014 年版。

③赵玉明：《中国广播电视史文集》，中国广播电视出版社 1993 年版。

④严帆：《中央苏区新闻出版印刷发行史》，中国社会科学出版社 2009 年版。

⑤陈信凌：《江西苏区报刊研究》，中国社会科学出版社 2012 年版。

⑥杨波主编《中央人民广播电台简史》，北京人民出版社 2000 年版。

⑦鲁之玉、于致田、张伯义、申瑶：《王铮传》，电子工业出版社 1998 年版。

⑧刘德柱、张伯义主编《刘寅文集》，电子工业出版社 1995 年版。

⑨邮电部邮电史编辑部编《难忘的战斗岁月——革命战争时期邮电回忆录》，1982 年。

⑩崔伦、裘慧英等：《生命在电波中闪光》，1981 年。

⑪陈信凌主编《中国红色新闻事业的理论与实践（1921 年-1949 年）高层论坛论文汇编》，载《新闻春秋》第 11 辑，江西高校出版社 2009 年版。

⑫程沄主编《江西苏区新闻史》，江西人民出版社 1994 年版。

⑬总参谋部通信部编著《中国人民解放军通信兵史——第一编革命战争时期》，1992 年。

⑭新华通讯社史编写组：《新华通讯社史（第一卷）》，新华出版社 2010 年版。

⑮总参谋部信息化部：《历史的天空——红色电波（上、下册）》，长城出版社 2013 年版。

（作者系赣南师范大学新闻与传播学院副教授）

烽火岁月中的红色广播电台

张昆明

1947 年 3 月 39 日晚，月光朦胧，黑夜沉谧。位处太行深山沟的涉县沙河村如同一位安祥的老人，卧榻在山野中休憩。

村里的人都不会想到，在一间普通的房子里，此时，晋冀鲁豫军区通讯三处副处长王士光、邯郸新华广播电台台长常振玉等几个人正守在电台旁。他们有的一脸焦急，有的心头惴惴不安，在等待着延安新华广播电台的播音，因为党中央有一项不寻常的任务落在了他们身上。

一、不寻常的广播接替任务

延安新华广播电台于 1940 年 12 月 30 日播音，是中国共产党在延安创建的第一座广播电台。电台呼号为"XNCR"，"X"是当时国际规定的中国无线电台呼号的英文字母，"NCR"是"新中国广播"英文"New Chinese Radio"的缩写。

无论在抗战时期，还是解放战争期间，这座由中国共产党创建的第一个红色电台，面向国内外观众，深入宣传中国共产党的工作路线、方针、政策和根据地的所作所为，像一名传递真理的使者，让人们看到了黑暗中的光芒，被国民党统治区的听众称之为"茫茫黑暗中的灯塔"，团结了众多爱好和平、反对战争的国内外同胞。

1946 年 11 月，尽管中国共产党不想打内战，可是国民党蒋介石毫无和平谈判之心，使国共谈判破裂，一场生死厮杀的内战不可避免，而延安方面也为此做好准备。

1946 年 12 月底，延安给晋冀鲁豫、晋察冀、晋绥 3 个军区发电，蒋介石要大举进攻延安，延安广播电台播音不能中断，要抓紧做好接替广播的准备工作。1947 年 3 月初，中共中央宣传部部长陆定一又给晋冀鲁豫中央局宣传部发电："中央决定暂时撤离延安，各根据地只有晋察冀和你区有广播电台可以接替。……除重要文章和重要消息由中央编写或审查后发你们播出外，日常电台口播和新华社文字广播全由你们接替，接替时间在约一星期后。"不久，中央宣传部又给晋冀鲁豫去电，告知晋察冀那边已表示不能接替电台。于是，接替延安电台播音的任务便落在了王士光一行人身上。

王士光祖籍天津，1915 年出生于北京，1938 年加入中国共产党，曾在天津从事秘密电台工作。自 25 岁起，他先后担任晋察热辽军区无线电中队机务主任、晋察冀军区无线电大队教育股股长兼无线电训练队队长、八路军前方总部通信三科材料股股长等职，拥有丰富的电讯工作经验。

1946年的3月，战争风云弥布整个陕甘宁边区，国民党胡宗南部集结20多万大军，进攻陕甘宁边区，毛泽东等人不得不暂时撤离延安。延安新华广播电台为躲避敌人，也迁至陕北瓦窑堡，并改名为"陕北新华广播电台"。

自这年3月份以来，王士光他们每天都会站在沙河村的电台房里，注意收听陕北电台的播音。

可是3月29日晚7点钟，陕北电台并没有像往常一样按时播出。房间里有短暂的沉寂，大家都期望陕北电台能如期播出，可是却又总觉事情有些不妙。

行事敏锐的王士光马上意识到，陕北电台那边可能出现问题，被迫停播了，必须马上接替。可是，上级并没有发来指示？如果层层请示，恐怕好几天工夫又过去了？党的声音突然中断，敌人会说什么呢？肯定会说中共已被彻底摧毁，连电台都哑声了，政治影响可不好。

王士光迅速与身边同事们商议后，果断开机，立刻接替陕北电台广播。因为手头没有播报稿件，只能暂时宣布电台出现故障。

于是在十多分钟的时间里，这座房子里的播音员在电台里反复播出了一句话："陕北广播电台XNCR，由于机器发生故障暂听播音，明天再见……"

王士光是个敢作敢当的人，为打消同志们的顾虑，他说："这关系到党的威信，国内外影响，如果追究责任的话，我承担全部责任。"他这一说，让周围人都由衷的钦佩。

陕北广播电台"暂听播音"当晚，邯郸新华广播电台台长常振玉等人连夜组织稿件，以备第二晚正常播出。

3月30日晚7点整，王士光等人又站在电台旁。在播音员的操作下，先是按照惯例，播出了反映解放区大生产运动的前奏曲《兄妹开荒》，接着连呼三遍："陕北新华广播电台XNCR"。而后，开始正式播放新闻和其他节目。

从此，从涉县沙河村发出的这个红色电台声波，正式接替了陕北新华广播电台的播出任务。

二、来之不易的广播电台

在物资拮据的年代，八路军的电讯器材也来之不易。说起王士光他们带到沙河村的电台设备，也经历了一番曲折。

1945年12月，国民党空军派遣一架飞机空运两部归航台，准备安装在河南焦作附近的机场，用于加强空中飞机导航，便于军机往来运输。

令敌人没有想到的是，机场已被八路军占领。敌机降落后，飞行员发现情况不妙，逃跑已然来不及，当场被民兵俘获。

当时八路军非常缺乏电讯器材，得到俘获国民党飞行员和缴获重要设备的消息，八路军前方总部参谋长滕代远立即指示王士光，派人将两部归航台运到麻田。

等两部归航台运回来后，王士光看了看，当即提出了两种改装方案：一是改装成两部短波发报机，供通信使用，另一种是改装成两部广播发射机。

八路军前方总部使用的发报机功率较小，如果将归航台改装成发报机，功率增大，会提高发报质量和水平。但是也有一个缺点，发射机、汽油发电机笨重，携带不便，信号功率大，也极易引起敌人注意，引来敌机偷袭。但若将两部归航台改装成短波和中波广播发射机，可以改变太行山没有广播的局面，利用电台广播这种"特殊武器"，对国统区和战场的官兵加强政治宣传。

在两种方案中，王士光建议采取第二种。

随后，滕代远听了有关人员汇报，认为将归航台改装成广播发射机好。

当时八路军已有加强电信设备生产的计划，滕代远给材料股划拨了几部金属加工机床，组建起了电信工厂。

不久，一些设备拉到了山西看后村。在这里，王士光对发射机的设备和数据进行了详细分析计算，制定出了归航台改装成两部广播电台的设计方案。

1946 年初，随着战争形势变化，王士光和装配科、材料科、电信工厂的人又来到邯郸峰峰煤矿附近的街儿庄。在这里，他带领一些技术人员，开始了广播电台设备的改装工作。

说起来，将飞机归航台改装成广播电台，其中的工作量要比改装成发报机要大得多，这需要制造调制器、天线调谐箱、语言放大器等播音控制设备，架设短波和中波发射天线、接收延安台的定向接收天线等。

由于缺乏零件和设备，王士光他们在改装中，颇费了一番力气和周折。一些电台用的电子管和零部件，有些是归航台本身配套的，有些是从飞机残骸上拆下来的，有些是库存产品，还有一些零件没有，只好自己动手研制。

在制造零件过程中，用的钢铁材料是八路军破坏敌人铁路时搬回来的钢轨，铜材是从民间搜集来的铜元、麻钱和缴来的铜线。电镀用的纯银电极是用银元电解提纯而成。铝皮是用飞机蒙皮碾平。铝板是将飞机残骸的铝铸成坯，再用铣床铣成。电表是用飞机上拆下的电压表、水温表改装而成。可以说，广播电台改装工作十分不易。

因医疗条件差，在改装工作中，王士光染上了疟疾和中毒性痢疾，病倒了，他一连多日发着高烧。可是在他的心里，却始终惦记着电台改装任务。他让身边同志们拆下一块门板，放到工作室里，把他抬到那块门板上，躺着继续指挥。尽管病痛折磨着王士光的身体，可在他的脑海里，图纸和机器的线路却一清二楚。一个零件应该安装在哪个位置，他指挥分毫不差，工作台调试时哪儿出了问题，他一听声音便听了出来。疟病发作中，只要体温降低一些，他就挣扎着爬起来，亲自动手焊接零件，处理关键部位。

正是靠着不怕困难舍己为公的劲头，1946 年 5 月，在王士光的带领下，两部广播发射机改装成功，并在街儿庄进行试播音。从各地反馈回的情况看，电台播出效果不错。远在延安的广播电台在一次播音结束后，呼叫邯郸电台，告诉王士光这边，在延安收听邯郸台短波台声音良好，这让王士光他们十分振奋。

从这年 5 月初到 6 月中旬，利用归航机改装的广播电台，王士光他们每天转播延安台 2 小时，并从报纸上选出社论短评和新闻，进行 1 小时试验播音，这让红色太行山第一次有了自己的广播电台。

三、隐藏在太行山沟里的广播台

1946 年 5 月，上级要求试播中的邯郸广播台随同装配科、材料科和电信工厂，搬迁到涉县沙河村。

王士光认为，让自己干点儿技术活儿还行，可要抓新闻广播，就勉为其难了，这可不是自己的长处。

为了让邯郸广播台顺利办下去，王士光找到了晋冀鲁豫中央局宣传部副部长张磐石，提出了 3 点建议：一是希望尽快派一位广播电台台长主持电台工作，二是希望指定专人负责节目编辑工作，三是建议明确邯郸广播电台由晋冀鲁豫中央局宣传部领导。

张磐石有点儿为难，宣传部事务繁杂，人手少，况且，对电台技术，他们也是一窍不通。于是，张磐石提出，宣传部这边的人不懂广播电台技术，最好还是由军区三处管理。

王士光又跟张磐石详细解释，电台设备是由美制归航机改装，前方收听播音后，反响不错，发挥广播电台的作用，可以鼓舞己方人员信心，并对蒋管区和蒋军官兵加强政治宣传攻势。在电台维护技术上，请宣传部的人放心，三处的同志会抽调出人，负责到底，但是新闻稿件编辑和电台节目播出方面，只能请宣传部的人领导。要让三处继续领导管理，等于停台不办，太可惜了。

随后，张磐石将王士光的建议汇报给了邓小平、刘伯承。

刘邓表示，这是件好事，很重要，要抓紧办好，人手不够，干部缺口大，要下决心从下面抽调。

按照刘邓指示，张磐石等人才研究决定，抽调宣传部教育科科长常振玉担任台长，并选派余铭久、于韵琴两位同志做播音员。

1946 年 6 月，王士光、常振玉等人带着设备，搬迁到涉县沙河村，迅速开始建台工作。

他们选中了沙河村一座面积较大的北房，改做成大播音室，以备合唱、话剧音乐会等节目播出。在这座房间的东侧，隔出小半间，安装上了播音控制设备和电唱机。

在房屋后挖了两孔窑洞，作为小播音室和发射机房。而在两个播音室墙壁上，都钉上了平毛毡，作为吸音材料。

为防止敌机轰炸袭击，王士光他们还在窑洞前用条石砌了一道防护墙，做好了防空准备。

电源是个大问题，这里无法扯电线，王士光找来两台旧汽车发动机，改装后，用木炭代替汽油作燃料，带动发电机供电。但是这种发动机运行并不稳定，一旦出现故障，需要用汽油发电机开机应急。而各类物资奇缺，汽油不多，也无法做到充足供应。

1946 年 9 月 1 日，邯郸广播电台正式播音，在每晚 6 点到 8 点期间转播延安广播电台节目，转播前后各 1 小时播出本地节目，包括重要新闻、本地新闻、前方战况等。但是，因为电源无法保障，10 月中旬又不得不停播。停播后，王士光集中人力、物力，解决电源问题。

1946 年 9 月底，上级从峰峰煤矿抽调了一台锅炉和蒸汽机，运到沙河村，计划 2 个月建好锅炉房，半个月试车。

在建造设施中，王士光他们因地制宜，用石头砌了一个半地下室的锅炉房。为了伪装好，不被特务和敌机发现，在房顶上铺上土，种上草。直立的高烟筒容易暴露目标，他们就利用地形，沿着山坡修了一条 10 公尺长的烟道，再在头部加上两三公尺高的铁烟筒。

因为烟筒矮，烟道长，必须加装抽烟泵。王士光他们又想了一个办法，让一部分蒸汽从烟筒里吹出，代替了抽烟泵。

就这样，利用土办法，王士光他们解决了电源问题。1946 年 12 月 15 日，邯郸电台正式恢复播音，并应前方和蒋管区人员来电来信要求，播音时间增加到了 5 个半小时。

1947 年 3 月，王士光接到接替延安广播电台的任务后，决定将中波台改装成短波台，代替延安台，另一部仍作为邯郸台。其中最困难的是需要一块调频合适的石英晶体。石英晶体是从飞机上拆下来的，可是身边没有精密的加工设备，王士光便用金刚砂，一边磨薄，一边测试，最终磨出了需要精密仪器才能磨出的合适晶体。改装后的两个电台可以互为后备，一台坏了，也不至于影响延安台和邯郸台播出。

沙河电台顺利接替延安台后，1947 年 5 月，新华通讯总社和陕北台的一些人员又陆续赶到沙河村。于是，电台又开始兼做新华社播发新闻稿件和社论的发报机。

四、电讯事业上的"特等功臣"

涉县沙河村的电台顺利接替"陕北新华广播电台"后，国民党的测向机也没闲着，很快侦测到了陕北台在晋东南地区。

可是，敌人始终想不明白：中共的陕北电台怎么可能一夜之间就从陕北跳到晋东南呢?

测向台的人对机器的测试结果有些怀疑,他们担心,如果据实上报,上面不信,会以"谎报军情"之罪杀他们的头。

依照常规,建立广播电台,需要有机房和动力设施,目标大,容易发现。国民党的侦察机在晋东南一带飞,并没有发现地面存在广播发射台的迹象。

于是,国民党的人便向上级报告称,中共电台在延安西北定边,并派出飞机,前往定边狂轰滥炸一番,事情也就不了了之。

沙河电台接替陕北电台播出,邯郸台也没有中断。从各地反映的收听结果看,两台声音都很好,而且陕北台和过去收听没有差别,这让王士光他们十分欣慰。

毛泽东转战陕北时,随身携带着一个装着干电池的收音机,经常收听陕北台、邯郸台的广播。他对晋冀鲁豫军区电台顺利接替陕北电台广播一事,很是满意。

后来,刘伯承、邓小平、董必武、陈毅等首长也特地赶到沙河村,看望王士光他们,肯定了王干光一行人艰苦创业、勇于负责的精神。

董必武称赞道:"你们广播是战斗号角,起的作用很大呀!"陈毅说:"我们在前方浴血奋战,你们在后方呕心沥血广播,都是为了打败蒋介石么!"刘伯承则提出希望:"我希望你们好好工作,保证部队每天能听到你们的声音。"

1947年8月,为表彰广播台建台有功人员,晋冀鲁豫中央局、军区司令部、军区政治部联名给王士光记特等功一次,并奖给王士光"特等功臣"锦旗一面、"人民功臣"银质奖章一枚。同时,其他一些同志也分别被授予了"人民功臣"铜质奖章或锡质奖章。

1948年5月,按照上级指示,陕北新华广播电台又由涉县沙河村迁至平山县。1949年3月,又迁至北平,并在这年12月,正式定名为中央人民广播电台。

新中国成立后,在无线电领域拥有专长的王士光先后担任中央军委电信总局工业管理处处长、重工业部电信工业局副局长、第四机械工业部副部长等职,为我国电子工业发展作出了卓越贡献。

如今,在涉县沙河村,王士光他们曾经战斗、生活和工作的窑洞依然存在。透过窑洞里的痕迹,后人依然能感受到,当年王士光等老一辈革命家是如何在太行深山里艰苦战斗、生活和工作的,当年的红色新闻电波是如何飞出太行山,向全中国发出最响亮的声音,让人振奋,给人希望的。

(作者系河北省邯郸市涉县税务局工作人员)

从广播史到收听史：
加强以人民为中心的广播史研究

刘书峰

中国人民广播事业于 1940 年 12 月 30 日诞生。80 年来，我国人民广播事业从无到有，从广播大国走向广播强国。以《中国广播电视通史》《中华人民共和国广播电视简史》等为代表的中国广播电视史研究，充分记录了人民广播事业取得的辉煌业绩，总结了人民广播事业的宝贵经验。人民是中国广播事业的主体，人民是广播史研究的出发点和归宿。对广播历史的研究应注重加强以人民为中心的书写，以收听史来开拓广播史研究的视野，继续将广播史研究推向深入。

一、历史实践：人民是广播事业的主体

1. 人民广播事业的来源和发展要依靠人民

回顾中国人民广播的历史，坚持人民主体地位是中国人民广播事业发展一以贯之的核心理念。1945 年，毛泽东在《论联合政府》中指出："人民，只有人民，才是创造世界历史的动力"。人民广播事业的来源和发展依靠人民，是我国长期革命和建设经验的实际总结。不论在革命时期，还是社会主义建设时期，人民群众始终是人民广播历史的创造者，是推动人民广播不断发展的根本动力。"人民群众对新闻广播工作是能动的积极的因素，而不是被动的消极的因素，是不能随意支配的，在某种程度上讲，广播机构不能支配群众，而人民群众则能左右新闻广播工作。"[①]因此，人民广播事业的来源和发展，都要依靠人民群众。

解放区的人民广播电台始终注意把联系群众、听取群众意见和为听众服务作为重要的工作方针。1945 年 10 月 25 日，延安《解放日报》发表了在广播史上具有重要地位和意义的《大家办广播》，称"人民大众的号角要人民大众来鼓吹"，这既体现了全党办广播的要求，更是呼吁以人民为主体进行广播事业的建设。中华人民共和国成立以来，依靠人民群众的力量，从建设全国广播收音网及有线广播网开始，发展收音员队伍，充分发挥了广播团结和教育广大群众的功能。1983 年的第十一次全国广播电视工作会议后，形成了全国四级办广播、四级混合覆盖的发展态势。随着经济社会的发展，中国逐渐成为广播大国，并与新闻出版电视互联网络等媒体一

16

起，整体向"强国"的目标迈进。在新的历史时期，习近平总书记指出："中国梦归根到底是人民的梦，必须紧紧依靠人民来实现，必须不断为人民造福。"②新时期的人民广播事业发展，同样必须始终坚持从人民立场出发，将人民广播的发展与中国梦的实现紧密联系在一起。人民既是中国梦的主体，也是中国广播实践中国梦、实现中国梦的历史主体。

2. 人民广播事业的使命和目标是为了人民

在1946年9月5日播出的《大家都来说话——XNCR周年纪念广播》中，中国人民广播的初创者们在延安台宣告："我们创办这个台，有一个真诚的愿望，就是我们说的话，不仅仅要代表人民的利益，而且我们愿意把它变成全国人民说话的地方。"③1965年9月，毛泽东为广播事业题词："努力办好广播，为全中国人民和全世界人民服务。"这幅带有明显时代特征的题词，指明了我们广播事业的使命和宗旨：广播要为人民服务。为中国人民广播创办奠定了重要基础的周恩来总理，全方位关怀、支持、指导广播事业的发展，在对农村广播、体育广播、少数民族广播、对外广播等多个方面都有十分具体的指导意见。比如有关农村广播，他"从节目设置到方针，从宣传内容到方法，都提出了具体意见，为办好对农村节目指明了方向。"④从中华人民共和国第一代领导人开始，就明确了人民广播为人民的使命和目标。

中华人民共和国成立初期，全国广播收音网及农村有线广播网起到重要作用，通过收听小组等群众收听组织的建立和收听工作的开展，在当时"交通不便、文盲众多、报纸不足的条件下"⑤，充分发挥了广播在政治思想教育、促进生产和丰富人民精神文化生活方面的作用。改革开放以来，广播与电视、报刊等媒体一起进入发展的快车道，成为"我国改革开放和实现社会主义现代化的强有力的新闻舆论工具和宣传教育工具"⑥。党的十九大报告指出，新时代中国特色社会主义必须坚持人民主体地位，坚持立党为公、执政为民，践行全心全意为人民服务的根本宗旨，把党的群众路线贯彻到治国理政全部活动之中，把人民对美好生活的向往作为奋斗目标，依靠人民创造历史伟业。新时代赋予了人民广播全新的任务。随着人民生活的明显提高，当前社会的主要矛盾变化也说明了新时代人民对广播提出的要求越来越高，这就需要通过进一步提升人民广播发展水平来实现。正如聂辰席在2019年全国广播电视工作会议上指出的，新时代的广播工作"要回应人民呼声、满足人民愿望，为人民书写、为人民创作，努力奉献人民喜闻乐见的优秀精神食粮，努力提供人民共建共享的优质公共服务，不断增强人民群众获得感、幸福感、安全感。"⑦

二、内在逻辑：人民是广播史研究的出发点和目标

1. 记载人民为广播事业做出的贡献

人民广播事业创建于抗日战争时期的艰苦岁月。人民广播事业的逐步壮大，是在人民解放战争的胜利后，逐步发展起来的。在老一辈广播人艰苦创业、辛勤耕耘

的基础上，新一代广播电视工作者承前启后、勇于创新，创造出当前繁荣茂盛的广播电视事业。在广播史研究中，应重视记录人民为广播事业做出的贡献，加强对广播人物的研究和记载。

在广播史学工作者的不断努力下，2000 年，北京广播学院出版社出版了《中国广播电视人物词典》，在全国广播电视系统内选取 2600 多位的杰出代表，成为广播电视优秀人物记录的集大成者；《中国广播电视年鉴》逐年选取当年业绩突出的广播电视人物和新任领导进行记载，细水长流；各地编纂的首轮和第二轮《广播电视志》和《人物志》，则在充分体现地域特色的基础上，为众多已经去世的优秀广播电视人物树碑立传；另外，许多广播电视界人物还出版了文集和回忆录。然而，纵观对广播电视人物的记载和研究，仍然存在数量不足、比例失衡等种种问题，如有研究者将其归纳为"研究广播电视系统领导的成果多，研究广播电视一线记者的成果少；研究广播电视名播音员、主持人的成果多，研究广播电视名编辑、技术人员的成果少；研究广播电视业界人物的成果多，研究广播电视学界人物的成果少。"⑧在各地编纂的广播电视志中，许多"为早期中国广播事业的开拓、发展有巨大贡献的人，在各地的广播电视志编纂中均未给予足够的重视和相应的记述。"⑨人物研究是史学研究的重要组成部分，我们应在更广阔的人文社会科学背景下，继续加强广播人物的研究。

2. 记述广播事业给人民带来的影响

从广播诞生开始，这个能将声音传播至无远弗届的媒介就受到人们的喜爱。随着经济社会的发展，广播走进千家万户，走到每个人的身边，一度成为人们最接近、最亲密的媒体。在广播史的研究中，要加强反映人民对广播的态度、情感，如实记录广播事业对人民生活的影响、心灵的抚慰、精神的塑造。"对于人民的态度，历来是党的新闻广播事业的一个基本态度，是区别于其他广播事业的一个显著标志。"⑩在革命战争时期，广播起到团结人民、鼓舞人心、打击敌人的作用。在探索社会主义时期，广播有教育人民的作用。1951 年，梅益在为《人民日报》撰写的社论中指出，"人民广播事业对城市劳动人民的影响，尤其显著。广播在工厂、矿山和其他企业中，意见证明是进行思想教育、推动生产和开展文化娱乐的有力武器之一。"⑪1964年 4 月，陆定一在第八次全国广播工作会议上作报告，指出"广播要搞新东西，特别是移风易俗如火葬、结婚不搞请客送礼、计划生育、婆媳关系等的宣传。"⑫ 在建设有中国特色社会主义时期。广播更多起到信息传播、经济建设、娱乐服务等作用。1998 年，党中央、国务院启动广播电视村村通工程，解决广播电视信号覆盖"盲区"农民群众收听广播、收看电视问题。近年来，加强农村地区广播电视无线覆盖，成为各级政府的公共服务职责。

人民是包括广播在内的社会各项事业发展的主体，人民广播事业发展的成败得失必然应由人民群众来检验和评判。广播事业应建立、坚持人民衡量标准，把人民满意作为衡量广播发展成效的基本准则,在广播宣传中听取群众声音、考虑群众意见,让人民群众有更多获得感、幸福感。随着实践的发展,广播史的研究也应注重反映广播事业的发展对人民群众日常生活、心灵情感的影响过程,记载新时期广播作为公共文化服务建设、丰富市民文化生活、保障和提高老百姓精神文化生活重要载体的新发展。

三、发展趋势:探索研究的新视角

1. 开拓新的理论视野

在近 20 年的人文社科理论研究中,从语言学的转向开始,"转向"成为各学科研究的热门词语。广播史研究的收听史转向,并不完全受西方哲学发展的影响,而是植根于人民广播事业的发展态势及广播史研究本身的内在逻辑。1949 年以后,中国共产党对广播事业的投入和对内容播出的调控,把国家事业发展和听众个人体验更加紧密地结合在一起,广播与听众的互动愈发频繁和深入。事业建设方面,从建国初广播收音网的建设到 20 世纪 90 年代中后期开始的村村通建设,直至广播成为公共服务体系中的重要一环;内容宣传方面,"长期以来在新闻传播中流行的'传媒为本'理念正在渐渐为'受众为本'所取代。"⑬事业建设与内容宣传的发展变化,都直接作用于广大听众,与听众的收听感受息息相关。收听史的研究,将广播这个日常生活的媒体与人们的日常经验建立起更紧密的联系。进入新的历史阶段,广播听众正在成为"具体的、清晰的、细分的,有更多个性化需求"的用户,⑭从"听众"到"用户",这不仅仅是名称或概念上的改变,而是媒体发展到一定阶段的必然现象,有其背后深层次的经济社会发展逻辑。探索以人民为中心的收听史研究,也成为广播史研究的新视角,成为广播史研究中亟需加强的方面,为广播史的研究增添新的生命力。

新的角度带来新的视野,收听史的研究以更为广阔的社会文化视角探寻广播的历史,建构人们收听广播与国家发展、社会变迁的内在联系,是广播史研究的拓展和深入。广播是一个动态的系统。从事业到内容,从组织到个人,从记者到播音,从录制到传输,从收听到影响,所涉及的主体都应是广播史研究的对象。当前的广播史研究内容最多、影响最大、水平最高的,主要是机构史、事业史、制度史等,收听史重点关注听众的收听行为、收听效果、收听影响,将大大充实中国广播史的研究内容和视野。

2. 发掘新的研究史料

1946 年 7 月,延安新华广播电台向人民听众发出公开信,征求对开办节目的意见:"在目前播送的新闻、评论、通讯、时事讲话、解放区介绍、故事、歌谣中,有哪些是你喜欢听的,哪些不喜欢听?你还希望增加些什么项目?各报馆及各通讯社对于记录新闻有何意见?你们那里收听的情况怎样?播音时间是否恰当?对播音技术有何意见？如何改进？均请提出具体意见。"⑮此后，多个解放区的人民广播电台也纷纷发出征求意见的启示，并根据反馈改进节目，满足人民听众提出的要求。听众联系工作，一直是人民广播事业 80 年来的优良传统和重要经验。作为广播史的研究，应当超越广播业务实践中将听众反馈定位于如何提高节目制作播出水平方面，更近注重其史料价值，探讨听众来信背后的意义，发掘广播对听众个体的影响、对人民生活的影响。

采用什么样的史料作为研究基础，本身代表了研究的方向和旨趣。史学研究的不断发展，正是建立在新材料的发现和对旧材料的重新解读基础之上的。当前的广播史研究以档案、文件、报刊为主要史料来源，而以人民为中心的收听史的研究，则应在重视以上材料的基础上，更加关注听众个体的具体反应和社会反响。作为广播史研究者，要重视从人们的日记、回忆录、传记、文集、年谱、信件中寻找第一手资料。从这些史料字里行间中体现出的情感、态度、认识背后，挖掘更深层次的内容。在更广阔的人文社会科学视野下，重新认识、发掘史料的意义，从新的角度给广播史研究注入动力，推向深入。

80 年来，中国人民广播事业的发展一直是以人民为中心展开的。人民广播事业的来源和发展依靠人民，人民广播事业的使命和目标是为人民服务。习近平在中央政治局第十二次集体学习讲话中说："我们要加快推动媒体融合发展，使主流媒体具有强大传播力、引导力、影响力、公信力，形成网上网下同心圆，使全体人民在理想信念、价值理念、道德观念上紧紧团结在一起，让正能量更强劲、主旋律更高昂。"⑯人民是广播史研究的出发点和目标，广播史的研究应既客观地记录人民为广播事业做出的贡献，也应全面记述广播事业给人们带来的影响。在新的历史条件下，收听史作为中国特色广播电视理论研究体系的重要组成部分，有利于将广播史研究进一步引向深入。

（作者系中国传媒大学学术期刊中心编审、《中国广播电视年鉴》副主编。本文系 2019 年国家社科基金重大项目"新中国 70 年新闻传播史 1949—2019"〈项目编号：19ZDA320〉阶段性成果、中国传媒大学中央高校基本科研业务费专项资金资助项目的研究成果。）

注释：

①康荫：《新闻广播学研究》，广播出版社 1982 年版，第 261 页。

②《习近平谈治国理政》，外文出版社 2014 年版，第 40 页。

③中央人民广播电台研究室、北京广播学院新闻系编《解放区广播历史资料选编（一九四〇——一九四九）》，中国广播电视出版社 1985 年版，第 72 页。

④赵玉明：《周恩来同志与广播电视》，载《赵玉明文集（第二卷）》，中国广播影视出版社 2014 年版，第 65 页。

⑤《各级领导机关应当有效地利用无线电广播》，载《人民日报》1956 年 6 月 6 日。

⑥赵玉明：《中国广播电视通史》（新一版），中国广播影视出版社 2014 年版，第 436 页。

⑦《聂辰席在 2019 年全国广播电视工作会议上的讲话》，载《中国广播电视年鉴（2019）》，第 6 页。

⑧庞亮：《广播电视历史人物研究三议》，载《现代传播》2014 年第 12 期。

⑨刘书峰：《正面人物的想象与政治标准的桎梏——广播电视志里的早期广播人物》，载《上海地方志》2016 年第 4 期，第 81-82 页。

⑩康荫：《新闻广播学研究》，广播出版社 1982 年版，第 259 页。

⑪梅益：《大力开展工人中的广播工作》，载广播电影电视部政策研究室《当代中国的广播电视》编辑部编：《梅益谈广播电视》，中国广播电视出版社 1987 年版，第 35 页。

⑫《陆定一同志与广播电视》，载《赵玉明文集（第二卷）》，中国广播影视出版社 2014 年版，第 144 页。

⑬童兵、陈杰：《围绕"五论"的六十年争论——新中国成立以来新闻学理论研究管窥》，载《中国地质大学学报（社会科学版）》2009 年第 6 期。

⑭唐晓菁：《从听众到用户——新媒体给传统广播电台带来的变革》，载《中国广播电视学刊》2014 年第 5 期。

⑮《延安广播电台广泛征求听众意见》，载《人民日报》1946 年 7 月 29 日。

⑯习近平：《加快推进媒体融合发展，构建全媒体传播格局》，《求是》2019 年第 6 期。

新中国初期广播理论的建构（1949～1965）

——以人民主体地位与中国特色为线索

曹培鑫　　薛毅帆

一、引言：为什么要在今天讨论广播理论史

媒介融合大潮对所有媒体的创新发展都发出了时代的呼唤。其中，在审看广播的辩证发展时，我们虽对这样一个观点耳熟能详，却未能在实践中给予足够的重视——广播理论来自于广播实践，同时也对广播实践产生重要影响。[①]以往思考传统广播转型时，我们主要是在广播媒体实践的层面上从"技术迭代""制度改革"与"业务创新"3个方面切入，将此3者当作广播实践在融媒时代进步发展的基础性因素。

这些实践层面的角度固然重要，但却未涵盖广播融媒发展的全部影响要素，因为这3个面向显然忽视了这样一个事实：无论是从业者，还是管理者在实际展开广播媒体实践工作之前，都已经被武装了一定的关于广播媒体的理论知识。我们知道，"认识对实践具有反作用"——既有的广播理论知识对于一个"广播人"的媒体实践工作具有重要的影响，关系到广播事业管理、市场经营、内容制作、节目评价等方面的活动。因此，关于广播媒介的"理论重构"，理应成为我们今天讨论传统广播融媒发展时，不得不考虑的一个重要面向。[②]

"重构"不是"无中生有"，不是"平地起高楼"，而是对既有的广播理论体系做出时代性的扬弃。中国共产党主导下的广播理论发轫于延安时期，但作为一套影响全国广播实践的理论体系，则要从新中国成立后算起。新中国初期的广播理论成果，与新中国广播事业在历史实践中彼此同构，相互形塑，孕育了当代中国广播理论体系的大发展和大繁荣。[③]在媒介融合的时代，我们若要激活广播理论对广播实践的当代生命力，首先就要充分了解和尊重新中国广播理论历史生成过程。

基于此，本文将以当代眼光对新中国初期广播理论的形成背景、体系结构和历史价值进行探讨，并由此理解我们今天进行广播理论创新性重构的方向。

二、人民主体地位与中国特色何以成为基点——新中国初期广播理论建构的历史语境

在新中国初期，广播理论建构活动普遍带有强烈的现实关照，直接指向广播实践活动中的现象与问题——这是当时广播理论的鲜明特征。正如有学者所指出的，当时广播理论"主要的研究均来自于广播业界即实践一线的经验反馈、分享与交流。"④因此，理解当时广播理论建构的历史语境，一定程度上就是理解当时广播事业所处的历史语境和面临的时代任务。

理解当时广播事业的处境，关键是要认识到广播事业在新中国国家体系中所处的位置和扮演的角色：作为整个新闻宣传体系中的一部分，广播从延安时期就被纳入了中国革命的总事业，以宣传、动员、教育等方式为革命服务。因此，广播事业发展的主体，与中国近代革命的历史主题就形成了一种同构的关系：即追求"民族独立"与"阶级解放"。因而，新中国广播事业的时代任务，就是建设一套具有中国特色的无产阶级广播体系。

这样的时代任务体现在对内和对外两个方面。从对内角度来说，新中国广播体系建设的阶级性追求，一方面体现在国家积极建立和完善服务于工农大众的社会主义广播，例如在工厂、街道、农村搭设的有线广播系统；⑤另一方面也体现在对原先大都市中的资本主义广播业的收编与改造，以及对广播工作中资产阶级做派的整改。⑥而其中的民族性追求，体现在对中国式的审美趣味、文艺形式和精神气派的强调。⑦

从对外的角度来说，新中国广播体系建设的民族性追求体现在驱逐外资力量在中国广播事业中的渗透，以求摆脱原有广播业受制于外国资本家的状况，争取民族广播事业的独立性地位。⑧其中的阶级性追求，则体现在冷战背景下加入社会主义阵营成立的"国际广播组织"（OIR），寻求对帝国主义阵营的资本主义广播业的反抗。⑨

可见，新中国初期广播事业的发展主题，就在于对广播"阶级性"和"民族性"的追求——这一点从"中国人民广播"这样的命名方式就可以管窥而知（"中国"即是对民族性的强调，而"人民"即是对阶级性的强调）。服务于搭建一套具有阶级性和民族性的广播事业体系，是新中国初期广播理论研究活动得以展开的基础历史语境，也是研究者们建构广播理论的根本立足点。

三、本体－事业－业务：新中国初期广播理论体系的三维结构

随着国内局面的趋于稳定和广播部门的分工细化，新中国初期的广播研究，作为一项专业性活动，逐渐拥有了独立的活动主体、活动空间和活动形式。具体来说，新中国初期广播研究活动的主体是广播事业局与各地广播电台的研究室、以北京广播学院为代表的高等学校及其中的研究人员；空间是以《广播业务》《新闻业务》《新闻战线》《物理通报》等涉及广播的学术期刊；方式是通过发表专业学术文章，

对广播现象与问题进行描述、理解、解释和讨论。

在这样的条件下，新中国初期的广播研究依循本体论 – 事业论 – 业务论的三维框架，搭建起一套基础性的广播理论体系。

（一）广播理论的本体论范畴

广播理论的本体论范畴主要关注的是作为一种媒介类型的广播，其本身的技术特征、媒介属性、传播特征等问题。不可否认的是，当时的中国研究者们对这一范畴的讨论相对较少，但其中仍然不乏先进与科学的论调。

首先，在广播技术研发和改进方面，一大批声学、无线电和通讯专家参与到了广播技术理论的探讨当中。比如中国现代声学开创者马大猷就曾著专文探讨过播音室内声场扩散问题和扩音系统设计问题，以回应广播工作实践中一些重要的声音问题。⑩另有讨论无线电波、收音装置等问题的文章。

其次，当时的研究者以列宁的著名论断"不要纸张，没有距离的报纸"为出发点，讨论了广播的听觉性与远距离的特点。当时的研究者普遍认为，听觉性特征使得广播传播对受众文化程度要求的门槛降低，能够保证更多的劳动群众接收到政治与文化教育；而远距离特征能使一些重要消息以最快的速度跨越中国的巨大版图，与全国的人民见面。⑪

总之，从广播的技术原理出发，当时的研究者在理论层面上明确了"传播的迅速，影响范围的广泛，使用语言和声音，这是广播工具的主要特点，也是它的优点。"⑫广播的这些特点与优点又都是被置于为中国人民服务的框架下被解读和强调的。

（二）广播理论的事业论范畴

广播理论的事业论范畴主要关注的是作为一项社会事业的广播业，其在各国的发展历史与现状、广播业的本质属性，以及广播事业管理的原则等问题。

首先，中国人民广播的发展历程是当时研究者们重点探讨的问题之一。一方面，研究者们追溯新中国成立之前人民广播事业在革命战争年代的光辉岁月。比如著名广播人温济泽就撰专文，梳理延安新华广播的发展历史。文章将人民广播的历史从革命战争年代追溯至新中国成立，是研究中共早期广播事业的重要历史文献。⑬另一方面，研究者们也关注建国后中国广播事业的新发展和现状。比如，一些文章关注农村有线广播事业，对其建设意义、方针等问题展开了讨论，尤其思考了在技术与物资不足的情况下如何依托群众"勤俭建网"等问题。⑭再如有文章讨论中国对外广播事业的既有成就和未来方向，以使中国声音能够"从北京的天空发射到全世界的各个地方。"⑮

其次，当时的社会主义阵营国家是我国广播事业建设学习的重点对象，因此有大量介绍苏东广播业的专业文章，其中尤以苏联为重。研究者们围绕苏联广播的历史缘起、现有规模、播放状况、栏目设置、群众关系等多方面，做出了详细的介绍，并指出其是目前世界上规模最具有头等设备、拥有广泛群众基础的社会主义性质的广播。在"以苏为师"的环境下，研究者们提出我国广播应当借鉴苏联广播事业的优秀发展经验，同时也强调在学习过程中必须考虑到中国的独特情况，将苏联经验与中国的"民族特点结合在一起"。[16][17]

另外，当时也不乏有对英、日、美等国广播发展情况的介绍。其中包括介绍生产效能、用户增长速度、新技术前沿、广播站规模以及未来的规划。虽然与苏联东欧相比，对西方国家广播业发展状况的介绍显得有些粗略，且数量不多。但与想象不同的是，研究者们并未因为阵营之分而偏狭地贬低西方国家的广播业发展，而是认真地分析其优势，总结其问题。

基于对中国各国广播事业的了解，研究者们也开始思索广播事业的阶级属性等更深层面的问题。面对当时国际上形形色色的广播事业体制，研究者们在理论建构时，直接言明"阶级性"是广播事业一个客观存在的特征。尤其是在批驳美国广播业号称"绝对自由"时，研究者指出"五彩的无线电传真机，在美国是早就发明了的，但他们无法在广播台中分配到波长，原来是奇异、西屋等公司的黑白无线电传真机还没有卖完，便通过广播电台不让他们出售"[18]，揭示了美国广播业本质上仍具有资本主义逻辑下的资产阶级性质。

与资产阶级性质的广播业相对比，研究者们从所有制基础入手，解释我国广播事业的无产阶级属性；[19]并指出，广播事业的所有权只有真正回归至人民手中才能获得长足的发展动力。[20]正是由于其本身的无产阶级属性，我国发展广播事业的基本出发点，就是为无产阶级群众服务。无线电广播事业被认为"是群众性宣传教育的最有力工具之一。"[21]这样一种对广播功能的观点明显受到苏联广播理论的影响，认为应当充分利用广播的形式向人民宣传科学与政治知识。[22]

（三）广播理论的业务论范畴

广播理论的业务论范畴主要关注的是日常广播业务工作中的问题，既论及内容生产，也谈到从业者培养。

在内容生产方面，研究者们高度关注广播播报的政治性，其中最核心的应属政治新闻报道。研究者提出，面对重要的政治新闻，广播新闻工作者应当在尊重新华社稿件的基础上调动业务积极性，使广播政治报道能够超越报纸，为更广大群众所接触。[23]

在提供政治新闻事实性信息的同时，广播也要加强言论性内容的生产，如广播评论，"对当前的重大事件或带有普遍性的问题，及时组织广播评论。"[24]同时，有研究者也思考广播工作如何服务国家的重点工作。比如有文章提出，在建立国家金融的背景下，可以利用广播广告、广播讲话、广播会谈等方式向人民宣传银行储蓄业务[25]。但也有研究者提出这种为了配合某项工作而出现的"赶任务"问题可能引起广播节目质量下降等后果。[26]可见，在坚持广播应当服务国家政治工作的共识前提下，针对服务过程中广播业务的具体尺度、效果和原则等问题，当时的研究者们确实展开了积极的理论争鸣。

尽管思想性是当时业务工作的第一要义，但这不代表研究者们忽视对广播内容真实性和艺术性的探讨。研究者认为广播新闻，尤其是实况广播"必须遵守无产阶级新闻学的真实性原则"，不能为了拔高或贬低而随意地"异想天开""信口开河"。而且，在保证真实性的前提下，广播应当提高趣味性，向听众传递生动的新闻场景，以弥补广播的视觉短板，使其有身临其境之感。㉗

关于内容生产方面的业务思考，不仅在广播工作的普遍性层面上进行抽象分析，还细化到类型化的具体内容业务上，广泛涉及体育广播、经济广播、文艺广播等多种细类。

在从业者培养方面，研究者们对广播工作者提出了"既要红，又要专"的要求：一方面要增强广播工作者的思想政治修养。这项工作可以通过"辩论会""学习小组"等具体形式展开。另一方面也要苦练业务本领，积极改进广播工作中的许多重要问题，如口语化、录音报道的真实性等。

通过分析我们发现，在围绕广播业务纷繁讨论的背后，始终存在着两个基本共识。其一是坚持广播工作的群众性，在广播工作中践行群众路线。有些研究者分析了"听众信箱""群众通讯员"等具体形式在实践群众路线中的必要性、要点和可以改进之处，努力"使广播宣传在群众中扎下根子"㉘。还有文章以福建省诏安县为案例，分析了包括从筹款、培训到日常运作、维护全流程的依靠群众发展广播网的可能性与先进性。㉙

其二是坚持我国广播工作的民族特色（包括守护少数民族的广播特色㉚）。这一点在文艺广播业务方面体现得尤为突出。许多研究者认为面向中国大众的作品应当是具有民族性的，因为大部分听众来自于基层，其收听习惯倾向于中国传统风格的文艺形式，诸如苏联音乐或西方音乐虽受到学生与知识分子的喜好，却与广大工农兵群众的兴趣有较大差距。㉛由此可见，广播的群众性和民族性不是彼此无关的两种追求，而是相统一于中国社会主义文化事业的总特征。

四、结语：激活广播理论的当代生命力

可以看出，在新中国初期的广播研究历史中，研究者们始终没有放弃建构具有鲜明阶级特色和民族特色广播理论成果的努力，一直坚持着对阶级性与民族性的追求。随着国内外现实的变化，"阶级性"与"民族性"本身的涵义发生了时代性的变化，但人民立场和中国特色仍然是我国广播研究工作所强调的重要灵魂。㉜1986年，中国广播电视学会就提出建立具有中国特色的社会主义广播电视学（简称中国特色广播电视学）的倡议，㉝回应了时代对广播理论新发展的呼唤。

在融媒体已经深刻影响传媒格局，多样化所有制的媒体共存于信息市场的今天，广播理论建设应当怎样坚持其"人民立场"和"中国特色"呢？一方面是坚持正确的导向，切实掌握马克思主义新闻观的基本原理——这是"广播电视理论研究的基石，

是广播电视新发展方向的航标。"[34]面对日益复杂的传播生态，广播研究者们必须以马克思主义新闻观作为思想层面上的"红线"，认真研究广播事业（尤其是主流广播媒体）如何能够在新时代更好地为人民服务。另一方面是开拓具有当代中国风貌、关切当代中国问题的理论视野。中国的当代广播实践不仅包括着主流媒体方兴未艾的融媒创新，也包括大量移动网络广播平台中的新媒体活动。这些崭新的广播实践，构成了当代中国广播理论研究的时代基础，回应这样的时代基础，也是当代广播理论发展的题中之义。

历史表明，媒体实践大变革的时代，也一定是理论研究大发展的时代。在守正（坚守原则性的人民立场）与创新（回应当代中国新问题）之间，中国广播理论研究者需要负有时代使命感，推陈出新，在新的语境中激活广播理论的当代生命力，从而为中国广播事业的发展提供长足的智识动力。

注释：

①张彩：《广播一直在路上——对广播理论创新与实证研究的几点认识》，《中国广播》2016 年第 12 期。

②张海涛：《努力为广播创新发展提供理论支持》，《中国广播电视学刊》2016 年第 12 期。

③胡妙德：《广播电视理论研究迈向新台阶》，《中国广播电视学刊》1996 年第 12 期。

④朱婧雯、欧阳宏生：《新中国 70 年广播电视理论研究的发展》，《中国广播电视学刊》2019 年第 10 期。

⑤李乐：《听觉的社会主义化——1949—1962 年浙东乡村的广播动员》，《中国广播电视学刊》2013 年第 8 期。

⑥马光仁：《旧上海广播电台改造始末》，《新闻大学》1993 年第 2 期。

⑦高中伟、邱爽：《新中国初期新闻宣传的价值重塑与体制重构》，《四川大学学报（哲学社会科学版）》2017 年第 2 期。

⑧彭学宝：《试论建国初期中共接办外国在华文化事业》，《商丘师范学院学报》2014 年第 11 期。

⑨李煜：《"媒介融合"：电视开播的技术政治意义》，《现代传播（中国传媒大学学报）》2019 年第 10 期。

⑩马大猷：《广播中的声学问题》，《电信科学》1956 年第 2 期。

⑪何允：《广播技术发展现状》，《电子技术》1964 年第 11 期。

⑫杨兆麟：《关于体育竞赛实况广播》，《新闻战线》1959 年第 6 期。

⑬温济泽：《延安和陕北新华广播电台》，《新闻业务》1957 年第 5 期。

⑭黑龙江广播事业局：《用高速度建设农村广播网》，1960 年。

⑮漠野：《和平的声音　真理的声音——介绍中央人员广播电台的对外广播》，《新闻战线》1959 年第 3 期。

⑯ 作荧：《苏联广播是我们学习的榜样》，《新闻业务》1957 年第 11 期。

⑰ 利群：《苏联的无线电广播和电视事业》，《新闻战线》1959 年第 6 期。

⑱ 华岗：《论中国自然科学的历史使命——兼论自然科学和社会科学的关系》，《山东大学学报（哲学社会科学版）》1951 年第 1 期。

⑲ 梅益：《政治是广播大跃进的统帅》，《新闻战线》1958 年第 5 期。

⑳ 周新武：《跃进中的中国广播事业》，《新闻战线》1959 年第 18 期。

㉑《赶快把收音站建立起来》，《江西政报》1950 年第 7 期。

㉒ A·奥巴林：《电影与科学知识的宣传》，李纬武译，《电影艺术译丛》1953 年第 6 期。

㉓ 庄重：《进一步改进政治新闻报道》，《新闻业务》1957 年第 3 期。

㉔《广播宣传工作大跃进的基本经验》，《新闻战线》1959 年第 1 期。

㉕ 赵春仁：《几种新颖的广播宣传形式》，《中国金融》1954 年第 12 期。

㉖ 李习人：《对音乐广播的几点意见》，《人民音乐》1955 年第 7 期。

㉗ 杨兆麟：《关于体育竞赛实况广播》，《新闻战线》1959 年第 6 期。

㉘《广播宣传工作大跃进的基本经验》，《新闻战线》1959 年第 1 期。

㉙ 中共福建省诏安县委宣传部：《和群众一起办有线广播》，《新闻战线》1958 年第 5 期。

㉚ 朱金贵：《我国少数民族广播工作的发展》，《新闻战线》1959 年第 6 期。

㉛ 东北、沈阳人民广播电台文艺组：《关于我电台音乐广播的情况及其问题》，《人民音乐》1954 年第 2 期。

㉜ 杨晶：《习近平新时代文化思想对广播电视发展的指导意义》，《中国广播电视学刊》2018 年第 2 期。

㉝ 覃榕、覃信刚：《新中国 70 年广播电视发展理念的演进历程与主要特征》，《中国广播电视学刊》2019 年第 10 期。

㉞ 龚荣生、陈道生：《以新理念引领广播电视理论研究》，《声屏世界》2016 年第 12 期。

（作者分别为：中国传媒大学新闻学院教授；中国传媒大学电视学院博士研究生。本文系 2019 年北京社科基金项目"党报理论的学术话语、政治话语、大众话语的互动关系研究"〈项目编号：19XCA001〉资助成果）

关于续编广播史的几点思考

高铁军

2020 年是中国人民广播事业创办 80 周年。80 年的广播实践累积成了 80 年沉甸甸的广播史。围绕着这些历史，学界和业界都以不同主题、从不同角度开展了大量研究，形成了丰硕成果。但从现有研究成果看，对于当代广播史的研究和编写还略显单薄，主要表现为：研究和编写的截止年代较早，对最近 10 年广播发展的历史涉及较少[①]。

在人民广播创办 80 周年之际，在此前广播史研究的基础上续编广播史尤为重要。不过，最近 10 年的媒介环境、广播电视管理体制以及广播史研究理论本身与过往相比，都出现不少新的变化。置身其中的广播，也随之呈现出很多不同于从前的内涵与外延，这对续编广播史也提出了新的要求。

一、媒介融合环境扩大了广播史研究的关照范畴

美国学者伊契尔·索勒·普尔提出的"各种媒介呈现出多功能一体化趋势"的媒介融合概念始于 1983 年。在随后的近 40 年时间里，媒介融合逐渐从理念变为现实。特别是最近 10 年，媒介融合的广度和深度进一步增强，各种新型的媒介形态层出不穷，其中就包括很多基于声音的新型媒介产品。

2011 年 9 月，国内首个网络音频应用蜻蜓 FM 问世；2013 年 3 月，喜马拉雅 APP 上线。自此之后，国内网络音频市场迅速发展壮大，影响力与日俱增。截至 2019 年底，国内网络音频用户规模达 4.9 亿，市场规模为 175.8 亿元[②]。虽然网络音频的参与主体多为商业公司，如喜马拉雅、蜻蜓 FM、荔枝以及懒人听书等，但传统广播媒体的加入步伐也在逐步加快。2020 年 3 月，中央广播电视总台 5G 音频新媒体平台"云听"上线。此外，国内各级传统广播媒体也都有各类各式网络音频产品相继问世。总的来说，网络音频已经成为以声音为载体的媒介传播不可忽视的一员。

[①] 在当前的相关研究中，比较有代表性的有赵玉明主编的《中国广播电视通史》（新一版）以及哈艳秋的《当代中国广播电视史》。其中，前者研究的截止年代为 2000 年左右，后者研究的截止年代为 2010 年左右。

[②] 艾瑞咨询：《2020 年中国网络音频行业研究报告》，https://www.vzkoo.com/doc/12061.html?a=4.

媒介融合环境除了深刻影响了广播行业的实践外，也影响了新闻传播学理论中的广播。一直以来，对于广播的经典定义为：通过无线电波或通过导线向广大地区播送音响图像的节目①。但随着媒介融合趋势的增强，对于广播的概念和内涵，也有所变化。有研究者指出，通过电讯设备对音响信息所做的广泛传播都可以称之为广播②。还有研究者抛开广播的具体形态，直接将广播定义为音频表达的媒体③。总而言之，对于广播的定义已经发生了巨大变化，不再强调形态与方式，转而强调广播核心本质为以声音为载体的媒介。从这个角度来说，网络音频也具有广播的性质，可以考虑将其纳入广播的范畴之中。当然，对于中国广播的定义，还应该包括社会属性方面的内涵：是党、政府和人民的喉舌，是现代化大众传播媒介④。

网络音频的发展及随之而来的广播内涵范围的扩大，都对续编广播史时选取研究对象的考量提出了新的要求。

二、广播电视管理体制调整改变了广播史研究的重要对象

除媒介环境发生巨大变化外，近 10 年，广播电视的管理体制也有不少调整，其中最主要的就是广播电台与电视台的合并。

广播电台与电视台最早的合并始于 2000 年之后。最先推进的是有线台与电视台的合并。2004 年，中央出台措施，开始推进地（市）县广播电台、电视台合并。2007 年之后，开始推动省级广播电台、电视台合并⑤。到 2018 年之前，全国县级、地市级、副省级广播电台、电视台的合并已基本完成。2018 年 3 月，中央三台合并组建中央广播电视总台。到 2018 年底，全国各省级广播电台、电视台的合并工作也已经完成。至此，在全国四级范围内，单独建制的广播电台基本不复存在，留下的只有广播业务和各广播电台的呼号。对广播电台的管理也由本级广播电视行政部门划转到本级宣传部门。

这种变化意味着，续编广播史时，很多广播业务的实施主体已经不再是广播电台，这将给广播史的书写带来重大影响。

三、新的史学理论的介入丰富了广播史研究的方法

广播史学属于史学与广播学的交叉学科。近年来，大量中西方最新史学理论与方法被逐渐引入广播史研究之中，形成了不少成果。

---

① 辞书编辑委员会：《辞海》，上海辞书出版社 1979 年版，第 845 页。

② 黎炯宗：《广播新闻学》，武汉大学出版社 2014 年版，第 2 页。

③ 金珠：《媒介融合时代广播媒体发展策略研究》，华中科技大学硕士学位论文，2012 年。

④ 欧阳宏生主编《广播电视学导论（第三版）》，四川大学出版社 2007 年版，第 4 页。

⑤ 杨明品：《我国广电机构合并改革之观察》，《中国广播》2018 年第 6 期。

比如有学者在探讨在新的历史框架下重新书写民国广播史时认为，应该研究民国社会的组织系统、管理机构、文化心态等，构成所谓的民国影响机制，作用于广播的发生与演变。此外，还要从这一时期特定的社会环境框架出发，关照广播，探讨广播传播与民国社会政治、经济、军事、文化科技等方面的互动，梳理媒介生态的变化与传播观念的演进[①]。这种理论视角主要基于西方史学主流研究学派年鉴学派的理论与方法。此外，还有学者直接提出广播史研究的范式转移，认为应该将广播史研究回归到传播史研究范式，探讨在技术变迁的历史背景下，广播的传者（广播与国家的关系）、广播的内容乃至广播受众的发展史[②]。这既是传播史研究的方法与视角，同时也是西方史学中经济社会史研究的主要方法与视角。笔者也曾经提出过在史学视阈下创新广播史研究的理论与方法，以及用新文化史的方法研究广播史等观点。

总的来说，近年来在广播史理论与研究实践中出现的多种对新的史学理论的借鉴与运用，在此前传统广播史研究中基本是没有的，丰富了广播史研究的方法与空间。

四、对续编广播史的几点建议

结合上述形势、实践与理论的变化，笔者提出对于续编广播史的一些不同角度的建议，抛砖引玉，以供参考：

一是将网络音频发展纳入广播史书写范畴。广播史并不仅仅是广播电台的历史，更应该是以声音为载体的媒介传播的历史。当然，这种媒介在中国，还要具有主流意识形态属性。在以前，广播史和广播电台史重合度极高，但这在媒介融合时代发生了变化。最近10年，网络音频发展迅速，其地位和影响力也越来越大，应该纳入到广播史编写的关照范畴之内。当然，网络音频类型复杂多样，目前主要包括音频节目、音频直播、有声书（广播剧）以及网络电台4种。此外，网络音频的参与主体既包括了主流媒体也包括了不少商业机构。但现实的复杂性并不等于理论研究的不可操作性。在续编广播史时，可以对相关情况进行认真甄别、仔细筛选、严谨定义、详细分类，不搞泛音频史。可以先体现传统广播媒体生产的互联网音频产品，兼顾社会化的网络音频行业。可以详略得当，但不要对近10年来蓬勃发展的网络音频失语。媒介融合环境下的广播转型已是大势所趋，将网络音频纳入其中或许也将成为修编广播史的转折点，具有积极意义。

二是调整既有广播史分期。当前的通史类广播史研究著作，多截止到2000年前后，其历史时期划分基本与政治史划分相吻合。即便是书写到2010年左右的广播史，在2000年前的历史时期划分中也基本遵循的是政治史的分期方式，并将

---

① 谢鼎新：《广播学科史的重写：民国框架下的研究初探》，《现代传播》2017年第5期。

② 李煜：《广播史研究的范式转移》，《现代传播》2014年第9期。

2000～2010 年这段历史以"新世纪"作为划分依据。这种分期方式对于编写之前的广播史具有相当的合理性，因为当时的广播史确实与政治史密不可分。但近年来，包括广播在内的媒体社会属性不断发育壮大，其也就具备了不与政治史密切捆绑并设计新的历史分期的条件。鉴于 2000 年至今，媒介融合环境日趋增强，广播媒体逐渐开始新型化转型，同时这也与全国范围内广播电台、电视台合并的时期相吻合，因此可以将 2000 年至今的广播史分期定名为"融合发展时期"。在编修具体历史时，可以淡化广播电台这一曾经的重要研究对象，改为主要撰写作为一个整体的广播形态变化，以及各地区广播业务、广播经营、广播受众等情况。

三是在续编广播史中更多体现最新史学理论成果。经济社会环境与政策环境、传媒环境都已发生了诸多变化，用传统广播史书写的范式续编广播史已经面临着越来越多的困境。美国著名传播史学家小威拉德·罗兰曾说过，"应该将传播史放置于一个广阔的社会背景中加以思考，甚至可以以整个人类历史为背景，以年代为顺序思索传播系统，以此来检验传播在人类及其文明的发展这一更宏大的历史进程中所扮演的角色"①。这给用新的史学理论研究并书写广播史带来了很多启发，提供了很多新的视角和思路，可以尝试运用。比如可以按照年鉴学派的理论与方法，从不同层面综合反映一个事物的历史发展全貌，将广播通史划分成广播宣传史、广播技术史、广播经济史、广播社会史、广播文化史等不同版块，并在各自版块中按年代书写。再比如，可以采用经济社会史的研究方法，将广播置于整个社会历史发展中去考察社会历史不同方面对广播发展的影响，以及广播发展对社会历史不同方面的影响等。

总而言之，新的时代背景势必给研究、续编广播史带来很多新课题，同时也势必给广播史研究、续编带来更为广阔的空间。

（作者系中央广播电视总台创新发展研究中心发展战略部主任编辑）

---

① ［加］保罗·海尔、戴维·克劳利编，董璐、何道宽、王树国译，《传播的历史：技术、文化和社会（第五版）》，北京大学出版社 2011 年版，序言。

公益弘扬抗疫精神　歌声唱响中国故事

李仙芝

2020年年初，面对突如其来的新冠肺炎疫情，媒体如何坚守马克思主义新闻观和职业道德准则，客观公开报道疫情信息，弘扬中华民族众志成城抗击疫情的精神风貌，果断精准回击各种舆论逆流，营造健康、向上的舆论环境，在特殊的危情时期对提振士气民心、凝聚抗疫共识、强化核心价值尤为重要。

习近平总书记在2020年2月3日主持召开的中共中央政治局常务委员会会议上指出："要生动讲述防疫抗疫一线的感人事迹，讲好中国抗击疫情故事，展现中国人民团结一心、同舟共济的精神风貌，凝聚众志成城抗疫情的强大力量。"[①]

疫情期间，河南省委书记王国生指出，最扎实的作风是干在平时，用在战时。河南广播电视台音乐广播在没有历史经验可借鉴、没有现成样板可参照的情况下，抗疫宣传报道攀爬前行、独树一帜，根据自身音乐台定位，原创策划、联合全国兄弟媒体，倡议发起了主题为"声暖人心，我们在一起"——全国大型抗击疫情公益歌曲征集展播活动，用歌声为奋战在抗疫一线的医务工作者加油打气，形成了强大的传播效应。以受众喜闻乐见的方式讲述了一个个鲜活的抗疫故事，用文艺的形式鼓舞了全国人民抗击疫情的斗志。在合作媒体数量上、征集歌曲广度上、展播覆盖范围上都开创了先河，是迄今为止中国广播界规模最大的一次歌曲联合征集展播活动，彰显出广播人强烈的社会责任感和铁打的业务执行力。

用音乐的独有力量，讲好中国抗击疫情故事，奏响感人肺腑的"中华同心"奋进曲，展现全国人民同舟共济的坚韧面貌，凝聚众志成城抗击疫情的强大力量，河南音乐广播联合全国媒体共同探索出一条面对突发公共卫生事件，文艺类媒体的5S战斗方式。

一、承担责任原则（Shoulder the matter）

（一）主动作为

1. 原创策划

2020年1月27日（正月初三），河南音乐广播闻疫而动，根据自身音乐台特点，第一时间完成全国公益歌曲征集展播活动的构想，原创策划全国大型抗击疫情公益歌曲征集展播活动。抽调8名业务骨干成立项目组，以最快速度联系黑龙江音乐广播、江西音乐广播经典 1034、重庆音乐广播、福建音乐广播、山西音乐广播、新疆音乐广播、FM97.0 广西女主播电台、福州广播电视台、中山广播电视台共 10 家单位为最初发起台，于 1 月 29 日（正月初五）正式推出"声暖人心，我们在一起——全国大型抗击疫情公益歌曲征集展播活动"，活动主题宣传语——"用歌声温暖人心，用音乐歌颂英雄"，并决定成立"全国公益歌曲征集展播联盟"。

2. 主动出击

正处于春节长假和防疫封闭隔离期间，组织联络媒体、动员方方面面的创作人才实属不易，一对一联络、点对点沟通，诚邀全国各地兄弟电台加入联盟。随着武汉音乐广播、宜昌音乐广播、荆州音乐广播的加入，抗疫歌声传到抗疫最前线；随着北京音乐广播、上海动感 101 等颇具影响力的电台加入，活动覆盖到国内全部一线城市；随着邀请澳门广播电视公司、台湾瑞迪广告公司（电台代理方）加入联盟，活动参与单位覆盖了全国（除香港外）所有地区。

3. 创意联动

项目组快速确定活动通用文案，设计展播模板，录制全国通用版音频片头片花，制作活动全国通用版链接，创建全媒体展播专区，建立全国资源共享的展播平台，共同推广联盟单位报送的优质歌曲。为了便于全国联盟单位全媒体展播使用，项目组要求创作者提供包括 MP3 音频、作品 MV、词曲作者歌手简介、歌曲海报和创作思路简介等内容，及时把征集整理好的音视频文件、图文资料上传到共享平台，供全国联盟单位全媒体展播刊发。

4. 把关管控

随着全国人民激情如潮般的抗击疫情歌曲的纷至沓来，我们明确审核把关机制，主动压实主流媒体的责任担当。把关（gate-keeping）是传播者发挥对传播效果的定向作用的重要机制，最早提出"把关人"概念的是美国社会学家卢因。"把关"研究表明，媒体选择什么信息决定着受众瞩目的焦点和范围，规定着传播效果发生的性质和方向。按照确立的审核机制，项目组对征集到的每一首歌曲都进行内容和艺术性的审核。版权方面制定切实可行的规则，向征集到的歌曲提供者进行说明，所有征集到的歌曲用于广播电台的公益播出，不涉及版权问题。通过项目组审听、筛选、整理文案，反复确认版权问题，审听审看歌曲音频文件、MV 是否符合宣传要求，避免争议纠纷和违法违规。每天晚上 10 点，把当天征集整理入围好歌上传到全国共享平台，供全国兄弟台展播刊发。

（二）创新勇为

1. 云端共享

在搭建展播平台的过程中，由于疫情影响，许多技术团队无法集中办公，河南音乐广播通过云互联的方式，让技术团队分散编码，由专人整合搭建，最终有了一个稳定可靠的歌曲展播平台。

2. 创设情境

借助新媒体力量，河南音乐广播在"大象新闻"客户端发布全国首张抗击疫情电子专辑，开辟专题和播客两个情境板块，将征集到的公益歌曲实时展播。通过生成电子专辑二维码，设计时尚悦动官方海报，在联盟单位的全媒体平台开启矩阵传播。这种融合传播的方式，在短时间实现了资源共享和传播效果最大化，推动实现了声音有温度、曲调有气度、歌词有态度、管控有尺度、抗疫有高度的 5 度法则。

3. 华彩样态

河南广播电视台台长王仁海说："内容为王、讲好故事，是媒体传播的根本。"内容、媒体与受众，是传播的三个基本要素，此次活动，在内容方面，可以说是丰富多样，精彩纷呈。征集到的歌曲有歌颂白衣战士的，有歌颂警察的，有歌颂志愿者的，有歌颂社区工作人员的，还有口罩歌等等，涉及抗疫的各行各业、方方面面，全方位展现了中国强大抗疫正能量。所有歌曲运用美声、民族、通俗、说唱、戏歌等多种唱法，独唱、重唱、合唱等多种形式，原生态乐器伴奏、大型交响乐演奏等多种编配方式，使用了音频、MV、短视频、图文等多种传播手段。谱写着中华儿女情系荆楚大地的动人故事，述说着华夏民族勇往直前、无坚不摧的强大力量。

4. 隔空"声"援

随着征集展播活动的深入开展，部分联盟单位依托联盟，围绕抗疫主题，创意策划了一系列影响力爆棚的衍生传播。

2 月 22 日，广东音乐之声主导联盟内的 33 家电台联合推出的"为爱合唱·'益'声有你"活动成功举办。当晚，全国 33 家音乐广播的主持人云合唱《我和我的祖国》MV，点亮广州塔，致敬逆行者。该活动通过抖音、快手等 12 大网络平台同步直播，30 分钟直播时间里，全国超过 500 万名网友在线观看。

3 月 20 日春分当天，浙江音乐广播主导联盟内的 31 家省级音乐广播隔空"声"援一直在武汉疫情最中心坚守岗位的同行"湖北楚天音乐广播"。选择春分，就是选择一份期许，春分之后，昼长夜短，昭示着光明终将驱散疫情的黑暗和阴霾。

二、真诚沟通原则（Sincerity）

（一）点亮公益

公益就是公共和公众利益。公益活动指一定的组织或个人向社会捐赠时间、精力、知识、财物等活动。公益活动的内容包括帮助他人、知识传播、紧急援助、公共福利、社会援助、社区服务、专业服务、文化艺术活动、国际合作等等。

社会公益事业是中国优良传统的延续，是构建社会主义和谐社会的内在要求；公益精神就是愿意为改善"公域"部分而奉献努力的精神。

河南音乐广播以主流媒体的社会担当和公益道德，以雄心、细心、爱心倡导人们在国之有难的危情时刻，身体力行"经世济民，以人为本"，鼓励每一个普通人用歌声、乐曲参与社会治理，思考生命价值，复兴公益传承，书写媒体使命，唱响主旋律，畅望新未来。媒体用责任和专业成为公益活动家，赢得公众美誉。

（二）情感认同

我们党的宣传思想工作，必须以科学的理论武装人，以正确的舆论引导人，以高尚的精神塑造人，以优秀的作品鼓舞人。一惯倡导宣传群众、组织群众、服务群众、团结群众、激励群众，自觉做到权为民所用、情为民所系、利为民所谋。习近平总书记 2018 年全国宣传思想工作会议上就如何做好宣传思想工作，强调"一个中心环节"，坚持"两个巩固"，讲好"三个故事"，推出"四个精品力作"，承担起"五项使命任务"②。必须把人民对美好生活的向往作为我党的奋斗目标，引导广大文化文艺工作者深入生活、扎根人民，更好强信心、聚民心、暖人心、筑同心。用心用情用功抒写伟大时代，不断推出讴歌党、讴歌祖国、讴歌人民、讴歌英雄的精品力作，书写中华民族新史诗。

本次征集展播，专业音乐人、记者主持人、医护工作者、高校师生、人民警察、公务员，还有社区工作者、快递小哥、农民工携手联袂；年龄上至古稀老人，下至十一二岁的小学生；回族、藏族、蒙古族、哈萨克族、维吾尔族等少数民族的同胞，纷纷用独特的民族作品助力抗疫。还有一批演艺界明星张明敏、关牧村、陈奕迅、蔡依林、蔡徐坤、佟丽娅等倾情献唱加入展播。不同行业、不同职业、不同民族的守望相助，心系一处，用音乐表达对抗疫英雄的崇高敬意，描绘和讴歌了战斗在疫情防控最前沿的最美身影、最美人物和最美事件，做到了媒体为时代画像、为时代明德的责任担当。创作、演唱者基本来自基层一线，题材内容取自滚烫的生活，传唱中民众的情感认同空前交融，在歌曲中找到自己灵魂的共鸣和思想的映射，激荡成为感同身受的理解和幸福。

（三）以人为本

传播讲求艺术，在说服性传播活动中，以什么方式打动对象是影响传播效果的关键因素。在宣传战史上，诉诸理性和诉诸感情是常用的两种传播致效的方法。

歌颂为生命打开希望之门的白衣天使，赞美风雪无阻严防死守的人民警察，讴歌不畏艰险逆行而上的志愿者，赞颂传递疫情最新消息的新闻工作者。这些作品用艺术再现感人故事，讴歌人间大爱，体现出音乐的独特魅力，凸显了情感关怀的感动。

以人为本，让故事和情感来说话，让故事为中国制度、中国精神注入了更为丰富厚重、生动深刻的内涵。讲好中国抗疫故事，可以展现中国作为负责任大国的担当，讲出新时代的中国力量和中国形象，才能为疫情防控营造良好的舆论氛围，鼓舞抗击疫情的士气，帮助公众缓解被疫情阴霾笼罩的心理情绪，坚定众志成城、共同抗疫的决心和信心，表达中华民族逢关必破、不屈不挠的顽强斗志。

1. 诚意

所有联盟单位均在常规节目中开辟专门时段，播出征集到的抗击疫情公益歌曲。

江西音乐广播线上节目开辟专题，一天30次滚动播出；山东台、甘肃台、江苏台均通过其所在节目中心所属两套频率全天30次播出；中山广播电视台和福州广播电视台通过广播、电视、新媒体等所有台属平台进行展播。据不完全统计，截至5月18日，全国广播线上累计播出时长据估算达到近52万分钟，电波发射覆盖全国绝大部分地区和人口。

2. 诚实

河南音乐广播武汉籍主持人创作出武汉方言说唱歌曲《不逛GAI（街）》，希望由武汉本地或武汉籍歌手来演唱，通过武汉方言说唱的方式号召大家不逛街，安心居家隔离。但受疫情影响，歌手录制问题始终无法解决。无奈之下，在没有专业演唱经验的情况下，主持人自己勇敢面对、突破自我、饱含深情地为家乡演唱了这首作品，或许真的还不够专业，但是情感却足够光芒与诚实。

3. 诚挚

作为具有号召力的感情艺术，公益歌曲的播出，激发了全国人民的爱国热情和坚强斗志。在全国各大平台展播后，无数粉丝留言称"看完了，听哭了，太感动了""听到这些歌觉得充满了希望""这些歌就是火炬，是黑夜中的光""好感动，最美逆行者，你们都是英雄""我们都是光，坚信爱会赢""武汉加油，中国必胜"。

三、速度第一原则（Speed）

新冠疫情作为突发公共危机事件，有其复杂性、迅疾性、难料性、危害性，河南音乐广播在极短时间内迅速反应、精准发力，展现了新闻工作者的职业敏感和应对突发事件的能力。

（一）闻"疫"而动

2020年1月20日国家正式对外公布疫情；1月23日武汉封城；1月27日河南音乐广播已经完成征集展播歌曲活动的构想，创意策划出全国大型抗击疫情公益歌曲征集展播活动。公益音乐作品宣传具有短、平、快、实、新的特点，可以团结力量、营造氛围，为坚决打赢疫情防控阻击战发挥重要价值。河南音乐广播抽调8名业务骨干快速成立项目组，昼以继夜、夜以继日工作，以迅雷之势携手全国10家兄弟媒体为最初发起台，创立"全国公益歌曲征集展播联盟"。联盟成员云端研讨，隔空决议，旋风般推进"声暖人心，我们在一起"各项工作。距离国家公布疫情短短一周，方向确立高屋建瓴，时机把握精准到位，行动迅疾风卷残云，步伐稳健果敢有为。

（二）节点宣发

随着活动的稳步推进，每当联盟单位数量达到30家、50家、60家，征集歌曲数量突破100首、200首、300首、500首、600首时，河南音乐广播就特别设计了节点推广方案，全国联盟单位步调一致，全媒体手段火力全开，统一节奏，同步推发。节点宣发，提升了活动的自我宣传，吸引了更多创作者积极参与，征集到了更多优秀作品，掀起了一轮轮持续不断创作、传唱抗击疫情公益歌曲的高潮。

（三）幕后故事

河南音乐广播项目组始终牢记媒体人肩负的使命，克服种种困难保障活动顺利进行。为让活动覆盖范围更广、传播力度更强，项目组千方百计争取联络更多电台的过程实属不易，特别是西藏台等单位的联系工作异常曲折，通过努力最终使活动参与单位覆盖了全国（除香港外）所有地区。项目组经常加班至凌晨，整理海量的投稿作品及大量保障工作。"声暖人心，我们在一起"活动的微信全国联络群《武汉加油音乐群》中经常是 24 小时信息不间断，有人半夜 1 点发信息，也有人凌晨三四点发信息，每天早晨打开手机时群内都有几十条甚至上百条新的消息，大家调侃说，"原来广播人是不用睡觉的"。这一切充分体现出媒体人以人民为中心的社会责任担当，可以说是以音乐为武器的抗疫战士，才能创作出"凌云健笔意纵横，激情放歌天籁声"的美好作品。

四、系统运行原则（System）

（一）矩阵融媒

1. 集聚效能

全国联盟单位保持高度一致，通过全国联盟单位的传统媒体渠道统一播发宣传片花，通过联盟单位的官方 App、微信、微博、网络平台等渠道进行统一海报和图文素材宣发，通过联盟单位的官方抖音、快手等短视频平台，统一播发视频片花。在一些特殊节点，优选出部分优秀代表作品，进行全国范围的统一宣发，通过音视频连线报道、云访谈主创团队、录制专属 ID 等方式进行全国同步报道，发出全国联盟单位全媒体的最强音。

2. 梯层联动

伴随着活动影响力的扩大，全国十几家非传统广播机构主动要求参加展播联盟，其中包括中央广播电视总台的央广云听 App、阿里巴巴旗下的鲸鸣 App 等新媒体平台和部分电视、报纸媒体，使联盟单位扩展到了传统广播之外的全媒体平台。经过两个多月的时间，联盟共吸收到 66 家单位参与。其中，全国 31 个省级音乐广播（除湖北外）全部参加，其他多数为省级非音乐类广播、市级广播电台，以及部分电视、报纸、新媒体等全媒体平台。

由北京人民广播电台发起，70 余家县区级电台组成的城市电台有声媒体集群"融媒体声音联盟"，后期主动联系加入展播活动，使"声暖人心，我们在一起"联盟活动在覆盖省市级电台的基础上，更将抗疫歌声传递到县区级电台，参与展播单位达到 140 余家。

3. 强强联袂

随着影响力的逐步提升，活动还在"学习强国"学习平台开辟专栏进行刊播，每期展播 20 首征集到的公益歌曲，强势原创内容和强势精英平台联袂，精准触达全国广大党员干部，为群策群力、万众一心、科学防控，坚决打赢疫情防控阻击战聚力攻坚。

4. 新媒助力

征集到的公益歌曲同时在 66 家联盟单位的官方 App、微信、微博、抖音等网络平台进行全媒体展播，并且同步在 QQ 音乐、网易云音乐、酷狗音乐、咪咕音乐、虾米音乐、酷我音乐等国内各大音乐平台展播。中国音乐家协会、河南省音乐家协会、国际 YouTube 等平台展播了该活动征集到的部分公益歌曲。

（二）系统智库

在活动推进过程中，一些细节性、技术性的问题频出，比如录制作品困难、歌曲版权不明晰、歌曲品质良莠不齐等。66 家联盟单位经常召开云端论坛，常常讨论至凌晨，黑龙江音乐广播、江西音乐广播、新疆音乐广播、广东音乐之声、广西女主播电台、重庆音乐广播等各联盟单位纷纷给项目组献计献策，共同解决遇到的种种难题。

这场由河南音乐广播原创策划、10 家单位共同发起面向全国的公益歌曲征集展播活动因疫结缘、缘歌智动。赢得中广联合会领导的关注和高度评价："在很大程度上引领了行业发展，助力了疫情防控阻击战。"北京广播集团有限公司发来感谢信："通过这次活动的组织方与融媒体声音联盟的密切合作，我们看到了通过加强行业内的沟通与互动在关键时刻所展现出来的强大传播能力与影响力，不但拓展了优秀作品的传播渠道，更展现了作为广电媒体面对危机时刻的担当和勇气。"

五、权威证实原则（Standard）

（一）圈层评点

这场面向全国的公益歌曲征集展播受到业内的一致好评，国内同行纷纷评价称"国家需要我们的时候，广播人没有丢脸""广播人干得漂亮""引领了行业发展"……面向全国体现了媒体人的战斗力。疫情是一次危机，严重危及人民生命安全和身体健康，疫情也是一场大考，考验新时代媒体人的能力本领以及责任担当。通过这次疫情，河南广播人深深感受到全国媒体人同心同德所凝聚起的强大力量，同时也深切体会到主流媒体所应担当的责任。今后在奋斗新时代，实现中华民族伟大复兴的中国梦征程中，全国媒体人将继续当好传播的最后把关人和社会的积极建设者，讲好中国故事，为新时代交上合格答卷。

（二）现象传播

通过 66 家联盟单位的共同努力，截至 5 月 18 日，共征集展播抗击疫情原创公益歌曲 656 首，其中各联盟单位自有版权歌曲 168 首。全国广播线上累计播出时长估算达到近 52 万分钟，覆盖全国绝大部分地区和人口。据尼尔森监测统计，截至 3

月 6 日，全国联盟电台微博账号共发布抗疫公益歌曲相关微博 8312 条，总计阅读量突破 9743 万，转评赞 591396 条。全国联盟电台在各自 App 开设的相关专题共发稿 4974 篇，总计点击量 6.8 亿次。

歌曲《我们能》《这时候》两首歌曲由中共河南省委宣传部、河南广播电视台、河南省音乐家协会联合出品。通过在"学习强国"平台、国际 YouTube、香港 TVB 翡翠台等平台刊播，《我们能》播发及点击量超 3 亿次，《这时候》播发及点击量超 2 亿次。其中，《我们能》被河南广播电视台政论片《雄关》选作片尾曲，得到了河南省委主要领导的肯定。

强大和密集的传播使得活动收到了良好的传播效果，受众投票及点评赞等互动形式提升受众参与度，互动体验良好，成为"现象级"传播。

（三）数据监测

继"赛立信""电台工厂"等业内平台开辟专版刊发介绍该活动后，权威媒介数据服务公司"尼尔森"发布监测数据显示，征集展播期间，河南、黑龙江、广东、新疆、福建、山西、江西、内蒙古等是热门发布地区，魅力 881、锋尚 958、新疆 MIX1039、893 音乐广播、最爱 931、HAppyradio 快乐 888 与江西音乐广播等联盟单位微博与微信账号位居活跃账号前列。截至 3 月 6 日，"声暖人心，我们在一起"歌曲展播微博与微信推送在全国累计触达超过 846 万人。征集到的作品经过全国 66 家联盟单位传统渠道以及全国各大媒体的官方 App、微信、微博、抖音、快手、音乐网站等全媒体平台持续数月的展播，截至目前的刊发量、阅读量、点击量、转评赞数量早已数以亿计。

六、结语

沧海横流，方显英雄本色。在这段特殊的历史节点，一个个平凡普通的媒体人，闪耀着非凡的光芒，绘就了广播人的英雄图谱，擦亮了媒体人的鲜明底色，如灿烂画卷，光耀夺目。

疫情面前，挺身而出的广播人，肩负使命任务，凝聚奋进力量。一个个音符火速集结，从全国奔赴武汉；一曲曲旋律星夜兼程，用电波声援湖北。这些优秀作品通过音乐关注疫情、抚慰人心、鼓舞斗志，增强了民族凝聚力，激励人们砥砺前行。

当前，零星散发病例和局部暴发疫情的风险仍然存在，"声暖人心，我们在一起——全国大型抗击疫情公益歌曲征集展播活动"虽然已经结束，但联盟组织得以永久保留，且形成常态化"轮值主导运作机制"。联盟组织内的成员单位，有适合全国推广的公益或商业项目，均可作为主导成员在联盟组织内发起、主导、承办该项目，为各联盟单位成员事业发展提供更多机会，为受众提供更好服务，在中广联合会的领导下，为中国广播事业作出更大贡献。

用声音铭记一个国家的努力，用作品召唤全国人民的力量。汇聚成百折不挠的坚强意志，唱响了生生不息的奋斗赞歌，青春和热血，勇气和担当，激荡在我们心中，在战"疫"一线凝聚起磅礴的声音力量，鼓舞人心、气壮山河！

注释：

①《中共中央政治局常务委员会召开会议　研究加强新型冠状病毒感染的肺炎疫情防控工作　中共中央总书记习近平主持会议》，http://www.xinhuanet.com/politics/leaders/2020-02/03/c_1125527334.htm

②《习近平在全国宣传思想工作会议上强调　举旗帜聚民心育新人兴文化展形象　更好完成新形势下宣传思想工作使命任务》，《人民日报》2018 年 8 月 23 日。

（作者系河南音乐广播总监、"声暖人心，我们在一起"项目总负责人）

论齐越播音创作的编辑意识及其现实意义

谈华伟　姚喜双

编辑是指在信息传播活动中使用独特符号系统，对他人的精神文化成果进行创造性优化处理，使其形成整体有序的物化形态。[①]编辑在新闻传播过程中的地位十分重要，从媒体内容和形式的整体设计到稿件的选择、修改和编排，再到最后以合适的形式，把最好的内容呈现给受众，编辑工作贯穿了新闻生产的始终。

本文所探讨的编辑意识的实质，就是强调播音员主持人在创作时，站在编辑视角思考问题，高度融入新闻编排的过程中，具备对信息的甄别把关能力，对于整个节目的整体掌控能力，以及对节目内容的细致地处理、协调能力。

一、齐越播音创作的编辑意识

作为新中国播音风格开拓者的齐越在成为播音员之前曾经从事过编辑，对编辑工作十分了解，这段工作经历也为其播音风格的塑造奠定了基础。经过长期的播音创作实践和理论探索，齐越逐渐培养了编辑意识，这种意识贯彻于播音创作之中，并指导着其播音实践。

（一）充分挖掘稿件内涵，具有加工意识

在齐越播音的时代，播音员主要依靠编辑记者所写的稿件。在齐越看来，编辑掌握着稿件的第一手材料，对节目的内容和对象更为熟悉，播音主持的二度创作是建立在编辑对节目的加工创作基础之上，播音员主持人只有在深刻理解编辑意图的基础上，才能够准确把握节目定位。因此在准备稿件过程中，对稿件内容有不清楚的地方就会向编辑请教，这样能够加深播音员对稿件的理解，播起来更加心中有数。

新闻稿件对于稿件作者来说已经是"成品"了，可对于编辑来说，却是等待加工的新闻素材。无论是文字的还是声像的稿件，作者本人因各种因素的限制，不一定能够了解到受众(用户)的需求，因而传播效果会受到影响。而编辑了解受众(用户)的要求和心理，结合传播目的，把稿件加工或编排成受众(用户)所乐于接受的形式，将稿件中最精彩的内容凸显出来，从而充分发挥稿件的潜能，获得最优传播效果。

同编辑工作一样，播音主持工作的重要任务也是对稿件进行加工再创造，把文字作品转化为有声语言和副语言，从某种意义上来看，播音员主持人从事的也是一种"编辑"活动，因此播音员主持人也要学习编辑对稿件的创造加工意识。播音员

面对不是自己写的稿件，要在极短的时间内掌握稿件的内容和形式，变成自己想要说的话，这绝非一件易事。只有充分挖掘稿件的深刻内涵，深入生活实践，了解受众（用户）的心理，才能准确、生动传达稿件的核心要义，起到好的传播效果。

为了深入了解稿件，齐越向编辑请教学习，从内容出发，对具体稿件进行反复深入地具体分析，找到切合内容和形式的表现方法。对于稿件内涵，齐越主张，播音员不能仅仅停留在稿件本身，而要深入生活实践，掌握第一手材料。唯有深入实际才能对稿件内容和服务对象产生真情实感，进而引发播音员主持人真切、真实的创作愿望。一个播音员若没有对生活的体验和感受，只会机械而简单地见字出声，那就不可能领会稿件的精神实质，也无法把人物的内心世界生动、准确地诠释出来。从《谁是最可爱的人》到《县委书记的好榜样——焦裕禄》，每一篇通讯的人物都鲜活而生动，这播音背后凝结的是齐越深入理解稿件的付出。

（二）细致甄别信息，具有把关意识

齐越在播音实践中，编辑时常与播音员沟通交流，反馈意见。"意见中不仅登记播出差错，还有对字音不准、断句不当的纠正，对文章播法、发声方法等的评述和探讨。"②

对于播音员主持人来说，新闻编辑不同于一般的听众（观众），由于职业属性特殊，编辑更是新闻传播重要的"把关者"。在我国，媒体既具有新闻宣传、舆论引导的功能，又具有社会服务和审美娱乐的功能。编辑从选稿、改稿到编排再到播出，每一句话、每一个画面和声音都要一丝不苟，严格把好政治关、事实关、艺术关。因此，编辑在审听节目时，会以受众（用户）的视角，对播音主持创作提出专业意见，这些意见是极为宝贵的，能够帮助播音员主持人及时发现问题，调整状态，提高播音主持创作水平，防止出差错，以保证新闻传播的质量和舆论导向的正确。

编辑对节目的高标准"把关"意识深深地影响了齐越了播音创作，让齐越在播音创作中时刻以"党的宣传员"的高标准来要求自己。齐越意识到"小小话筒千钧重"，它载负着党的重托和人民的信任，播音中出现差错，不仅有损媒体的威信，严重的还会给党和政府的工作，人民的生产和生活带来损失。

为了当好"党的宣传员"，齐越以"把关人"的身份力求在播音创作中不播错一个字，力求准确无误地高质量地播出，这成为了齐越永远遵守的准则。齐越把正确理解稿件，准确、鲜明、生动地表达稿件，防止播出任何差错（包括读音差错），提到自觉维护新闻真实性原则的高度来认识。不仅自己不播错，还要在备稿时严格把关，尽力堵住稿件中的漏洞，消灭差错。

（三）建立大局观，具有整体意识

齐越在总结播音经验时说，周恩来曾在一次报告中要求电台的工作人员"不但对自己所担任的工作负责，同时对与自己工作有关的其他工作也要负责，发扬对工作全面负责的精神，编、播部门的人员团结合作"。③建立整体创作观是齐越播音创作的重要理念，贯穿于他的播音论著和播音创作之中，而这种创作观的形成离不开齐越的编辑整体意识。

新闻产品的生产和传播需要经过许多道工序，从制定编辑方针、政策和计划开始，到组织稿件信息、编辑加工，最后媒体产品的产出及反馈，所有媒体从业人员有着共同的目标，即生产、传播优质的新闻作品。要把不同的工种、环节、人员串联起来，使新闻产品生产、传播有序进行，就需要新闻编辑工作。因此，新闻编辑是串联各项业务的纽带，如果没有编辑工作，那么新闻的生产就无法进行，更不用说传播效果和质量了。因为职业的特殊属性，编辑必须具有整体意识、从宏观角度把握整个节目的能力及素养才能胜任工作。

齐越在播音创作实践中，主张从整体出发，这种整体创作观既体现在从整体上把握不同稿件之间的联系，也体现在具体播音技巧中的运用。播音员须从编辑视角考虑问题，一篇稿件不能仅仅只看稿件本身，而要将其置于整个节目之中，甚至置于整个社会发展的背景之中，这样才能准确把握稿件的分寸，分清主次。齐越善于把许多不同的稿件放在一起，进行对比分析。在通讯播音中，他善于运用不同的播音基调在对比中区分人物之间的不同性格；即使同类人物，齐越也善于找出他们的区别，赋予他们不同的基调。齐越认为，播音前准备稿件时，不能从个人兴趣、爱好和所谓的"重要不重要"出发，而要从节目整体出发，注重前后照应。只有这样，才能使播音员主持人的表达方式与节目节目内容和形式相吻合。

在具体实践中，齐越的播音总是从文章的全局出发。根据主题这条线，把内在联系的自然段合并为几个部分，然后再分清主次，找出重点，并且还要掌握层次之间的内在联系。

二、齐越播音创作的编辑意识的现实意义

齐越播音创作的编辑意识的实质，就是强调播音员主持人要具备编辑的素养，领会编辑意图，把播音主持创作实践高度融入新闻编排的过程中，着重培养编辑所具有的加工意识、把关意识、整体意识。

在广播电视节目生产过程中，编辑环节与播音主持创作关系密切。随着科技发展和媒介形态的变化，编播两大业务部门相互融合已经成为趋势，甚至涌现出了采编播一体化的模式。在融媒体发展的今天，探讨播音员主持人的编辑意识，无疑具有十分重要的现实意义。

（一）有利于播音员主持人更好地主持播报

播音员主持人是将已经编排好的节目通过有声语言和副语言的方式呈现给广大受众(用户)，在这个过程中，播音员主持人需要将文字符号向有声语言和副语言转化，将别人写的稿子变成自己想要说的话，这不是简单的照字出声的过程，而是一次创造活动，需要具备理解和感受稿件的能力、有声语言的表达能力。在播音主持实践中，

一些播音员主持人与编辑之间缺少沟通，缺乏对编辑意图的准确理解，机械地读新闻稿，给受众（用户）一种冷漠、生硬的感觉，难以与受众（用户）建立起亲近关系，最终导致节目效果大打折扣。

如果播音员主持人在创作实践中重视与编辑沟通，甚至积极主动参加到节目的编辑和策划之中，这样不仅有利于播音员主持人对节目内容的掌握，还可以促进播音员主持人充分挖掘新闻背后所隐藏的思想内涵，从而在创作时更容易达到节目内容与声音形式的统一，形成自如、个性的表达，从而引发情感共鸣，达到传播效果。在准备稿件的过程中编播合作非常重要。听听编辑的意见，了解采编的经过，为什么要写这篇稿件，这样对理解稿件很有帮助。

齐越一再强调"播音中只有动真情，才能引起听众的感情共鸣"。为了能调动真情实感，齐越会主动参与到编辑、记者的工作中，即使不能直接参与采编工作，也要与编辑、记者沟通，在备稿的时候听听他们的采访感受，通过间接体验，领会作者的创作意图。

播音员主持人应当充分尊重编辑的劳动，注重与之沟通交流，这样才能更好地提高播音主持创作水平。我国播音艺术家方明在谈及他的《阅读与欣赏》播音创作时曾说，多年《阅读与欣赏》的播音创作也是和该节目编辑的指导分不开的。"我们一起研究探讨播音表达方式，甚至细到其中某一个字、词的读法。"这种合作方式充分发挥了创作集体中每一位成员的智慧，最终促进了节目水平的整体提高。

（二）有利于提升节目的整体融合度

从系统论的角度来看，系统的整体功能大于系统内各部分之和。编播之间出现的相互渗透、相互合作的趋势，有利于发挥媒体的整体传播功能。

传统的采编分离模式，固然可以保证从事本专业所需要的时间和精力，但是把人限制在一个相对固定的工作岗位上，也会制约其潜在能力的发挥，从而导致职业热情的衰减。将之前相互分离的编播岗位融为一体，这样减少了工作环节，提升了工作的协同创新能力和工作效率。另外编辑和播音员主持人之间加强交流，也能够让广播电视节目的风格呈现连贯性，促进节目制作的和谐统一，最终提升节目的质量。加强编播之间对播出内容的共同理解，无疑是融媒体时代提高编播队伍素质的重要途径。

中央广播电视总台的新闻节目主持人白岩松，在成为主持人之前曾经在《中国广播报》担任过编辑，并坚持自己撰稿写评论，具有较强的编辑意识。白岩松这段编辑、记者从业经历为其标志性的严谨睿智、简洁流畅的语言风格形成奠定了坚实的基础。在主持国内首档新闻直播评论节目《新闻1+1》时，白岩松作为主持人并不是简单地面对镜头侃侃而谈，而是深入节目整体编排，自己动手写主持串联词，使主持人不再埋首于单个新闻内容，而是注重节目整体之间的协调统一，既强调局部的闪光，又致力于整体的出彩，最终形成了节目定位与主持人风格的完美统一。④

（三）有利于增强播音员主持人竞争力

在融媒体时代，以报纸、广播和电视为主体的传统媒体格局逐渐被打破，新的媒体环境对播音主持人才提出了新的要求。随着互联网时代的到来，传统媒体的话语强势地位被冲击，普通民众也被赋权，逐渐享有主动权，不再处于被动地位。接受信息的方式发生改变，使得人们的话语表达渠道较以前更加多元。这种种变化对传媒人才，尤其是对直接面对受众（用户）的播音主持人才，提出了新的要求。

随着受众（用户）对媒体节目的要求日益提高，迫切需要一批播音员主持人既能掌握传统业务能力，又具备对新闻资讯进行精心筛选、编排的能力，从而更好地发挥媒体的新闻传播优势。播音员主持人要在夯实本专业业务水平的基础上，培养编辑意识，成为一专多能型的复合型传媒人才，增强核心竞争力，不断提升"脚力、眼力、脑力、笔力"，不仅在语言方面拥有绝对优势，也要在采编播方面形成综合能力。

三、播音员主持人编辑意识的培养

互联网深刻地改变了人类社会的生活方式，人类获取信息较以往更加便利快捷，与此同时，面对纷繁复杂的信息，媒体从业者对信息的编辑选择越来越有价值。要想培养具备编辑意识的播音员主持人须从多个方面着手努力。

（一）树立整体意识，注重协调统一

整体意识即从全面角度看问题。因为编辑人员着眼的是整个节目，这是由他们自身工作的特点和要求所决定的。编辑作为节目的总把关，起着串联节目的纽带作用，这必然要求具备全局观。

播音员主持人是整个节目的"关键一环"，以个人角色代表着媒体的形象，只有立足于社会的宏观全局，培养编辑意识，从整体上统筹兼顾语言样态、体态语的设计、服饰搭配等一系列环节，才能担负起提供信息、引导舆论的责任。

播音主持创作是一个复杂的系统工程，在这个系统之中蕴含着诸多要素的协调统一，从具体稿件来看，包括语句之间的相互关系，创作实践与生活实践的协调统一，感受理解与表达的统一；从节目整体来看，包括配音与画面的协调统一，表达手段与听觉规律的协调统一；从播音员主持人身份角色上来看，包括播音员的个体与党的宣传员的整体的统一等等。[5]播音员主持人只有从整体上协调好这些关系，用独特的表达模式进行播音主持的创作，才能呈现出整体美。

优秀的播音员主持人都会具备整体把握的意识和能力，比如重视逻辑链条的整体把握的夏青，注重稿件与节目内容统一的林如，以及注重整体意境创造的方明等等。

（二）扩大知识结构，提高文化素质

所谓知识结构，用美国著名心理学家布鲁纳的观点，是指"学科知识的内部联系和规律"。一个人的时间和精力毕竟有限，培养播音员主持人的编辑意识，并非要求其一定要采、编、播样样都精通。要求一个播音员主持人什么都懂一些，事实上有些苛求，但是他必须学会用编辑视角从整体上把握节目的传播过程，熟悉每个业务环节的规律。

从客观上讲，随着信息社会的到来，大众媒体成为信息的集结地，这必然要求媒体从业人员具备较高的文化水平和较广博的知识面。播音主持工作又是媒体节目传播的"门面"，直接影响着传播效果，理应具备较宽的知识面。那么，作为一名具备编辑意识的播音员主持人，其知识结构无外乎两大组成部分，一是起根基作用的播音主持专业知识，二是在此基础上广泛涉猎扩展的知识面，这样才能适应瞬息万变的媒介环境。

在播音主持实践中，由于知识贫乏造成的错时有发生，有的播错字句，有的语言表达不到位的，这些都会影响到播音创作。具体来说，播音员主持人须具备文、史、哲方面的基础知识。文学方面尤其应当具备驾驭语言文字的能力；在哲学知识方面，须掌握好马克思主义的唯物论和辩证法，只有对其精髓深入领会，才能具备准确把握节目内容和稿件的能力。

需要强调的是，作为播音员主持人，除了上述基础知识外，对政策理论方面的知识也应该有比较高的修养，尤其是对党和国家的路线、方针、政策、法律、法规，要有比较多的了解，且要及时了解其政策的变化。播音员主持人的政治水平、思想修养、政策观念作用于播音主持创作活动，决定着技巧的运用，这也是播音主持创作成败与否的关键。

（三）增强把关意识，提升审美情趣

广播电视等大众媒体是党、政府和人民的"喉舌"，肩负着以正确的舆论引导人的社会责任，编辑是媒体的总把关人，而播音员主持人作为媒体形象，也肩负着把关人的使命。

播音主持有声语言传播过程，其实就是一个审美的过程，通过审美情感的活动，能够更好地达到认知的目的。播音主持作为一种语言传播活动具有三重不同层次的标准——语言的生存空间、语言的规范空间、语言的审美空间。最开始人们在求生存、求温饱的欲望中，获得了语言交流的生存技能，而随着生存空间的不断扩大，人类社会的"契约"开始出现，并逐渐使语言走向了标准的规范空间。随着人类精神需求的不断发展，在满足了生存、规范之后，人们向往语言的审美空间。播音主持语言的审美空间追求的是一种音声美、意蕴美、分寸美、韵律美。

面对媒介环境的变化，播音员主持人要与时俱进，紧跟时代的步伐，创作出更多受大众喜爱的优质新闻作品，为人类审美体验的提升贡献自己的力量。同时也要保持一种警觉，防止受到不良思潮的影响，导致意义被消解、崇高被颠覆。

注释：

①谭云明：《新闻编辑》，第 8 页，中国传媒大学出版社 2008 年版。

②③齐越：《献给祖国的声音》，第 98 页，第 90 页，中国广播电视出版社 1991 年版。

④黄自昌：《〈新闻 1+1〉的标题追求》，《电视研究》2011 年第 12 期。

⑤姚喜双：《播音主持概论》，第 185 页，高等教育出版社 2014 年版。

（作者分别为：中国传媒大学播音主持艺术学院博士研究生；中国社会科学院研究生院教授。本文为国家社科基金项目"中国播音史研究"的研究成果，项目编号：17BXW039）

人民广播历史上十大女播音员研究

吴　倩

自 1940 年 12 月 30 日，延安新华广播电台成立至今，女播音员在人民广播的历史上发挥了重要作用，她们不仅是人民广播播音事业的奠基人，更是新中国人民广播历史的重要开拓者。如今，人民广播的事业已经蓬勃发展，播音事业也取得了令人瞩目的成绩，但我们不会忘记老一辈女播音员的努力以及她们所创造的历史功绩。本文根据这些女播音员在人民广播播音历史开创中的重要地位和作用，在播音事业中所取得的成就以及对播音事业的精力投入情况，梳理出 10 位女播音员。通过回顾她们在人民广播事业中创造的辉煌历史，展现我国女播音员们的成长历程，总结女播音员在人民广播事业中的特色优势与传统。

一、十大女播音员在人民广播播音历史中的地位与贡献

1.麦风是人民广播历史上第一位女播音员，"麦风"是其播音名，原名为徐瑞璋。1940 年 12 月 30 日，延安新华广播正式开播，她是第一个呼出"XNCR"台号的播音员，这声音向全中国宣告了中国人民广播的诞生。尽管当时没有录音设备，但麦风的"呼号"，成为了人民广播播音历史上的"第一声"。

2.肖岩是延安新华广播电台的早期播音员之一，也是延安女子大学培养的第一位播音员。在没有录音条件的情况下，她深刻认识到，每一次播音都是"直播"，任何一个小的差错都是无可挽回的。在严格的自我要求下，她在人民广播播音的严谨态度方面做出了表率："我严肃认真地对待播音工作，两年的播音生活中，从来没有读错过字。"[①]"不要播错一个字"的要求也成为播音业务能力上的一个重要标杆。

3.钱家楣是在 1946 年 6 月调到延安新华广播电台做播音工作的。她的声音悦耳流畅，富有感情色彩。在播出蟠龙大捷和真武洞祝捷大会的消息和评论时，被正好听到这段播音的毛主席评价道："这个女同志好厉害！骂起敌人来真是义正词严！讲到我们的胜利也很能鼓舞人心，真是爱憎分明。这样的播音员要多培养几个！[②]

---

①　北京广播学院新闻系选编《中国人民广播回忆录》，广播出版社 1983 年版。

②　杨沙林：《用生命播音的人——忆齐越》，中国广播影视出版社 2019 年版。

钱家楣的播音为新中国人民广播播音风格的确立奠定了基础，在早期以"传帮带"为主的播音员业务学习背景下，"爱憎分明"的播音风格得到了传承，最终也成为人民广播的播音特色。

4. 孟启予是在延安新华广播电台 1945 年 9 月恢复开播时加入的播音队伍，从此开启了党的"红色宣传员"的播音生涯。孟启予的声音高亢清脆，音调义正词严，擅长播送毛泽东的幽默、辛辣的文章和中央文告，中共中央宣传部常常在重要文稿上注明："孟播"。[①] 著名男播音员齐越和"荧屏第一人"沈力都经过她的选拔和指点。1951 年，创办中央人民广播电台少儿部并担任主任，其间大胆启用了为孩子们讲故事的"几朝元老"孙敬修，让其成为了孩子们口中的"故事爷爷"，受到了极大的欢迎。1957 年，孟启予又被任命为北京电视实验台筹备处副主任，参与筹备北京电视台。1978 年 5 月 1 日，孟启予担任了中央电视台副台长。直到离休，孟启予的职业生涯始终没有离开中国的广播电视事业，在各阶段的领导岗位上为新中国播音事业的发展探索助力。

5. 丁一岚 1945 年被调到张家口新华广播开始工作，并出任播音科科长一职。1949 年元旦，丁一岚全文播出了毛主席为新华社写的新年献词《将革命进行到底》。1949 年 10 月 1 日，她与播音员齐越一起承担了开国大典的现场播音任务，这也成为她播音事业中难忘的辉煌经历。丁一岚曾用一首短诗总结自己的播音经历："历尽艰危万岭中，喜闻伏虎颂帅声。荣临盛典常追忆，爱我广播献平生。"在丁一岚的播音生涯中，几乎一直担任着领导者的角色，从开始播音时的播音科科长，到新中国成立后，担任北京人民广播电台台长兼编辑部主任，再到 1982 年 6 月出任中国国际广播电台台长。丁一岚凭借自身的努力，不仅做好了播音工作本身，还不断参与着播音事业发展的探索和实践。

6. 林田是在 1949 年 12 月重庆（西南）解放后，被调入重庆（西南）广播电台工作的，成为人民广播"山城第一声"。1954 年调入中央人民广播电台。其播音作品涉及文体广泛，质量上乘。在播音时间长、稿件内容多等播音工作任务重的特殊情况下，她曾创造了万分之零点二的极低差错率，同时期中央台播音组的差错率为万分之零点六二。[②] 20 世纪 60 年代初，播音历史上著名的"九评"[③]，周总理亲点齐越、夏青和林田进行播送。1965 年国庆节，林田与齐越和方明一起在天安门城楼转播国庆盛典。20 世纪 60 年代她以"清新晓畅，娓娓动听"的讲解式播音风格独树一帜，

---

① 周迅：《大海的一朵浪花：孟启予的广播电视生涯》，中国广播电视出版社 2008 年版。

② 这一数据源自翁斯英（林田）的《永远听党的话 做红透专深的播音员》，此文收录在《全国文教群英会广播方面先进经验选集》中，广播事业局业务研究室编，1960 年。

③ 九评：20 世纪 60 年代中苏关系破裂后，两党之间发起公开论战，我们党相继发表了 9 篇评论。当时要求这类政论性文章由固定的播音员来播送，承担此播音工作任务是播音员能力得到认可的重要证明。

成为中国播音史上的"四大高峰"之一。

7. 费寄平是中国共产党电台进入北平后吸收的第一个播音员，并先后两次赴苏联从事播音工作近 10 年，曾被莫斯科台评为特级播音员。费寄平在莫斯科期间，受到前苏联播音员托别士等人"播音要像日常说话"的前苏联播音观念的影响，在播音实践中不断探索生活的语言规律来丰富自己的播音语言，逐渐形成"谈话式"播音风格。① 回国后以"谈话式"播音的特点与齐越、夏青和林田共同开创了中国播音史上的"四大高峰"。即"齐越的朗诵式、夏青的宣讲式、林田的讲解式和费寄平的谈话式"。

8. 葛兰自 1951 年起在中央人民广播电台开始了播音工作，曾经播过记录新闻，《新闻和报纸摘要》以及通讯等多种类型的节目，被称为播音界的"金嗓子"，播报风格庄重大气。葛兰从事了 40 余年的播音事业，带出了不少优秀的广播人才。2019 年 9 月，葛兰获得了中央颁发的"庆祝中华人民共和国成立 70 周年"纪念章。葛兰退休后回到母校中华女子学院，作为特聘教授继续从事着播音教育工作，至今仍站在讲台上教授诵读博雅课程。此外，葛兰在教学之余仍积极组织和参与社会性的艺术语言创作活动，对播音事业的深切热爱与投入从未停止，并用实际行动传承着人民广播的播音精神。

9. 林如从 1952 年起开始从事播音工作，连续两年的记录新闻播读练就了扎实的播音基本功。1954 年到莫斯科广播电台华语部播音，让林如近距离感受和学习了苏联的播音风格。"小嗓门儿"的林如，音质纯正，声音柔润、甜美，依托自身音色的特点形成了质朴、含蓄的播音风格，不仅新闻播音业务能力好，文艺作品演播更具特色。林如跨界在电视剧《阿信》和电视专题片《让历史告诉未来》中的配音也是她的经典代表作。齐越对林如的播音给予过很高的评价，"林如的播音进入了炉火纯青的阶段。她的播音做到了不加雕琢而富有魅力，质朴平淡中蕴含着丰富的内涵，自然平易中贯以诚挚的感情。"②

10. 徐曼 1961 年开始在中央台播音部工作。原本还是一名高中生的徐曼，一直立志在毕业后去当一名医生，但最终她响应国家广播事业的召唤，毅然选择成为了一名人民广播的播音员。在播音前辈的培养教导下，凭借个人的努力，20 多年中，在播讲散文、通讯、文艺解说方面形成了自身特色。1981 年成为她工作的新起点——开始担任对台湾广播的《空中之友》节目主持人，标志着广播节目主持人新样态的形成。徐曼在主持《空中之友》栏目过程中，形成了"甜而不腻、软而不嗲、轻而不飘、美而不妖"的独特风格。

---

① 陈晓鸥主编《广播电视语言传播风格多样化研究》，中国广播电视出版社 2007 年版。

② 姚喜双：《播音风格探》，中国文联出版公司 1992 年版。

二、十大女播音员的特色与优势

（1）富于特色的女性之声

在延安新华广播创办初期，受当时传播技术局限，由于女声频率较高，受信号衰减影响较小，女播音员成为首选。国民党高级飞行员刘善本回忆自己第一次听到延安新华广播电台播音时的情景："延安的广播声音虽然不大，但很清晰，一个女播音员清脆有力的声音，与国民党的所有电台都迥然不同。"[①] 后来，刘善本就是受到延安播音的鼓舞，驾驶飞机起义投奔延安的。延安时期的广播在蒋管区产生了很大的影响，也成为了重要的宣传武器。"清脆有力"的女播音员的声音是人民广播的标志，有力量、有态度的女性声音成为人民广播的一大特色，它就像"茫茫黑夜里的灯塔"给迷茫的人民指明了方向。

这些女播音员们在走上播音岗位之前，已展现出了女性在文艺或语言方面的优势：文艺方面，徐瑞璋参加过抗敌演剧队，孟启予唱过美声，林田中学时期曾是合唱团成员和学校的文艺骨干；语言方面，肖岩有学习普通话的经历，丁一岚曾经参加过基层干部的巡回演讲，葛兰在河北省立女子职业学校读书期间曾作为学生代表上台发言。这些经历让她们和播音结下了不解之缘。这些女播音员们将自己在文艺和语言方面的特长与日常的播音工作相结合，既丰富了播音节目形式，又增加了自己的创作感受。

（2）多重丰富的角色体验

这些在中国广播历史上留下光辉印记的女播音员们，不仅在播音岗位上兢兢业业的工作，还有各种社会角色的担当。这些丰富的角色体验，不仅增加了生活经历，也为他们的播音创作提供了宝贵的经验。播音前辈齐越先生曾经在《和青年朋友谈播音》一文中谈到，"一个播音员如果没有生活的体验和感受，缺少对现实生活的真情实感，只简单地把文字变为声音，无论如何也不可能把稿件的精神实质、人物的内心世界揭示出来。"[②] 延安时期的女播音员们在播音之余，还从事劳动生产。她们响应党中央提出的"自己动手，丰衣足食"号召，实践着体力劳动者的生活角色。"我们单位争取蔬菜自给，准备充足供发电和取暖用的木炭，自己动手捻毛线，织毛衣，外出捡粪积肥，终于度过了艰苦的岁月，使红色电波继续不断地传播着。"[③] 除此之外，这些女播音员们更是常常在妻子、母亲、女儿、儿媳等社会角色中频繁转换。夏青和葛兰是一对"播音伉俪"，同为中央人民广播电台播音员的他们，

---

① 刘善本：《飞向传播毛泽东思想的地方》载《中国人民广播回忆录》，北京广播学院新闻系编选，广播出版社 1983 年版。

② 齐越著，杨沙林、姚喜双编，《把声音献给祖国》，中国广播影视出版社 2019 年版。

③ 肖岩：《延安播音生活回忆》，《中国人民广播回忆录》，北京广播学院新闻系编选，广播出版社1983 年版。

每天都要忙于各自的播音工作。作为母亲的葛兰，在孩子幼年之时，常常因夜里喂奶而休息不好，却从未耽误工作，即使是面对披星戴月出门的早班，也从未喊苦叫累。在生活上，作为夏青的妻子，她更是全心投入，成为家务劳动的主要承担者，也因此获得了夏青这样的评价"如果要选'模范妻子'的话，我要投葛兰一票。"①在对台广播中开启事业新篇章的徐曼，曾有同事这样谈到对她的印象："徐曼同志在电台是节目主持人，在家里是贤妻良母啊！徐曼今年五十来岁，是三个孩子的妈妈。在她这个六口之家里，有三口是病人，负担很重的。可是，徐曼从没叫过一声苦，每天都是精神饱满地工作，有时关在录音室里做节目，一做就是一天，从无怨言……"②这些女播音员们在多重角色之间的转换中，增加了角色体验和生活感悟，这些经历和经验最终又凝结在她们创作的作品中，通过她们独特的声音展现出来，形成个人播音的魅力。

（3）独立自主的女性意识

这 10 位女播音员是人民广播事业的奠基人和开拓者，也是当代女性中觉醒意识较早，且具有独立自主精神的代表。这十大女播音员中学历层次从中学到大学均有覆盖，可以说是同时代中为数不多的知识女性。先进的文化学习经历奠定了他们作为女性人格独立的基础。其中，丁一岚曾经是延安陕北公学③的第一批学员，早在1937 年就开始接受革命教育。徐瑞璋、肖岩则都曾有过在延安女子大学学习的经历。孟启予在走向播音岗位之前，曾在延安鲁迅艺术学院学习。林田在 1949 年高中毕业时曾考入了南京中央大学，因正值京沪解放，毅然选择投身革命，进入华东人民革命大学学习，最终参加了中国人民解放军西南服务团。这些拥有知识的女播音员们不仅展现了开阔的眼界，还表现出了实现独立自主的勇气。丁一岚在抗日战争时期，就曾在敌后根据地担任过平山县的妇救会宣传干部，工作赋予了她更多关注女性生活和命运的视角。当她了解到当地一名女抗日积极分子被其公公和丈夫残忍杀害的事实，便提笔写出了近 3000 字的报道《血泪控诉》，为女性权益抗争，并在《晋察冀日报》得以发表，并且得到了时任社长的肯定。在新中国成立后的生活中，其自身也成为女性独立自主，坚忍不拔精神的典范。无论是在新中国广播事业上所取得的成绩，还是在特殊时期的生活考验，丁一岚都展现出了女性的独立与担当。孟启予在加入延安新华广播电台之前，曾敢于主动摆脱不幸婚姻的枷锁，从此开启了播音事业新篇章。

---

① 徐朝晖：《播音风格与艺术丛谈》，北京广播学院出版社 1987 年版。

② 同①。

③ 陕北公学直属中央组织部、中央宣传部领导，实行党团领导下的校长负责制，是中共中央直接领导创办的一所革命的大学，一所战火中的大学，它坚持教育为持久抗战服务，培养谋求民族解放和社会解放的大批抗战干部。

三、十大女播音员播音成就的启示

1. 政治可靠，立场坚定

人民广播从诞生之日起，就与中国共产党的革命事业紧密相连。战火纷飞的年代，播音员的话筒就是和敌人战斗的武器，播音员的声音就如"茫茫黑夜中的灯塔"为迷茫的人指明方向；和平时期，播音员则以高度的时代使命感和责任感传达党和人民的声音，做好党的喉舌。北平新华广播电台在 1949 年 8 月给出的选择播音员的标准是："一、历史清白政治可靠者；二、能操流利之普通话，音色清晰者；三、具有高中的文化程度；四、有一定的政治水平。"[①] 这也成为新中国人民广播播音员选拔的开端，在以上 4 条标准中，跟"政治"信仰相关的提法就有两条，占到一半，并且"政治可靠"放在了第一条，足见其重要地位。这 10 位女播音员在走上播音岗位前，大多曾经以各种方式参加过革命，表现出了坚定的政治信仰，这也为她们成为中国共产党的播音员提供了重要前提。实践证明，在坚定信仰的支持下，她们最终通过了历史的重重考验。无论是面对抗战时期敌人的战火封锁，还是新中国成立后播音事业的发展变革，她们都出色地完成了自己的播音任务，成为了党和人民信任和认可的优秀播音工作者。

2. 全情投入，百折不挠

这 10 位女播音员走上播音岗位大都具有一定偶然性，其中多位播音员在承担播音工作之前，大多没有过相关的培训经历，甚至对播音工作一无所知。尽管如此，她们从走上播音岗位那天，就从没有向困难低过头。这种对工作的投入，对责任的坚守以及百折不挠的精神也成为对延安精神最生动的诠释。如果说前人的播音是进行了从"无"到"有"的开拓，那么随着新中国人民广播事业的崛起，则有了更多从"有"到"新"的突破。无论是在节目门类上的丰富和创新，还是在播讲方式上的探索和钻研，这些女播音员们都是榜上有名的佼佼者。她们中有人走向了更高的领导岗位，有人形成了独特的播音风格，有人将对播音事业的热爱在生活中无限延伸。

3. 独立思考，博采众长

这 10 位女播音员之所以能够成为众多女播音员中的杰出代表，跟她们在工作中所取得的成绩是密不可分的。她们的播音起点各有差异，业务擅长也各有不同，但都有对播音创作的独立探索和借鉴吸收。费寄平对"降调"的分析，林如学习优秀播音员的"专长"以及徐曼在台湾受众心中"和蔼可亲"形象的形成，都离不开她们在播音业务上的深入钻研。

俗话说"女人能顶半边天"，这 10 位女播音员在中国广播的播音事业中曾经发

---

① 中央人民广播电台研究室、北京广播学院新闻系编《解放区广播历史资料选编 1940-1949》，中国广播电视出版社 1985 年版。

挥自己的光与热，她们或者完成播音形式从无到有的突破，或者在播音岗位上精耕细作，形成个人特色。绝大多数都将自己主要的精力和毕生的青春贡献给了中国广播事业。时代赋予了这些女性在播音工作中展现自我的机遇，她们充分发挥女性特色，凭借信念和努力不负时代的重托。

（作者系中华女子学院讲师）

中央广播电视总台藏语节目发展历程与实践探索

泽　嘎

一、中央广播电视总台藏语节目的发展历程

2020 年 5 月 22 日是中央广播电视总台藏语广播暨新中国民族广播事业诞生 70 周年的生日。70 年来，中央广播电视总台藏语节目同西藏的解放事业紧密相连，同藏区的发展稳定息息相关。

（一）藏语广播的创办与起步

20 世纪 50 年代初期，新中国刚刚成立，西藏尚未解放，进军西藏成了全国人民关注的焦点。人民解放军进军西藏前，广播作为当时最先进的传播手段，通过创办藏语广播把党中央和毛主席的声音传入西藏成为最快捷和最有效的办法。在这样的背景下，1950 年 3 月，根据中央要求，决定开办中央人民广播电台藏语广播。1950 年 5 月 22 日，标志着新中国民族广播事业诞生的中央台藏语广播于正式播音。由于受条件限制，藏语广播开播初期，每星期一、三、五广播 3 次，节目时长分别为 30 分钟，广播对象主要是西藏上层人士。那时还不定期出版过藏汉文对照的《藏语广播稿》，供西藏上层人士阅读。可以说，我国藏语广播开办就是为和平解放西藏服务的。毛泽东同志十分重视藏语广播，1950 年 5 月 13 日，藏语广播开播前夕，毛泽东同志在《关于审查藏文广播问题》的批示中指出："请李维汉同志负责审查藏文广播并规定该项广播内容及方针。"①根据这个指示和当时西藏工作实际，制定了中央台藏语广播的主要任务。藏语广播把党中央和毛主席的声音，把真理的声音直接传到西藏高原，不少上层人士通过收听广播，了解了中国共产党和中央人民政府和平解放西藏的政策，消除了疑虑，选择了光明的道路，从而促进了西藏的和平解放。当时中央台藏语广播是许多关于西藏重大信息的第一发布平台，中央许多有关西藏的指示都是首先通过中央台的藏语广播播送出去的。

（二）恢复和发展藏语广播

由于三年困难时期缩短战线、精简机构和政策失误等原因，中央台藏、蒙古、维吾尔、壮、朝鲜等 5 种少数民族广播全部停止播音。上世纪 60 年代初，在周恩来总理的亲切关怀下，民族广播问题又提到了议事日程，有关部门开始筹备恢复民族广播事宜。停办 13 年之后，藏语广播于 1973 年 1 月 1 日正式恢复播音，藏语广播

进入了新的发展阶段。

刚刚恢复的藏语广播节目构成以新闻为主、专稿为辅、文艺为补充的原则，每天播出1次，播音时长为50分钟（两年后增加到60分钟）。这个时期，文艺宣传逐步成为藏语节目的重要内容之一，并且成为深受欢迎的节目形式。《报童的怀念》《金鱼和渔夫的故事》《仙女草》《海蜇为什么没有骨头》《忘夫云》《吉祥的彩虹》《你是共产党员吗？》《东郭先生和狼》《馋嘴的赤毛猴》《真与假》②等成为当时藏语节目脍炙人口的广播剧，深受听众的欢迎，为后来藏语节目共享本台丰富的汉语节目资源提供了借鉴。

进入上个世纪80年代，中央台民族广播正式提出了"立足中央、面向对象地区"的节目方针。在这一方针的指导下，藏语广播在及时报道党和国家的政策、方针和法令，及时播发国内外要闻的同时，注重播发对象地区在"两个文明"建设中取得的新成就、新经验和藏族同胞所关心的热点问题，努力探索节目的时代特色、地区特色、民族特色，以喜闻乐听的形式和有针对性的内容吸引受众。

上个世纪90年代，随着境外反动势力渗透，我国广大藏区上空的电波大战、舆论大战也十分激烈。广播电视在西藏意识形态领域的重要位置愈加突出，显示其他媒体无法替代的特殊作用。这个时期，藏语广播加强节目针对性的同时加强了国际时事报道的分量，《空中信箱》《国际时事述评》栏目就是在此背景下产生的。其中，《空中信箱》开办取得了较好的效果。上个世纪80年代初，中央决定在全国十几个内地省市设立西藏班，支援西藏教育事业，加大为西藏培养人才的力度。藏语节目从客观实际出发，以服务对象地区听众为宗旨，于1996年1月开办了《空中信箱》栏目，通过在广播中播出在内地学习的藏族同学用藏语录制的家信形式，为在内地学习的藏族学生与家长之间架起了一座空中桥梁，不仅为藏族同学与在西藏的父母亲人的沟通创造了很好的条件，也为宣传内地西藏班的办学情况提供了很好的平台。

为进一步提高节目质量，更好地为对象地区听众服务，1999年中央台民族语言节目全新改版，在坚持正确舆论导向，准确及时发布新闻的同时，开设了《雪域访谈》《文化体育》《医药卫生》等具有民族特色和服务性的栏目。新闻的时效性更强，专题节目设置更趋合理，更具吸引力，更有权威性，听众来信逐步增多。这一年恰逢西藏民主改革40周年、第十世班禅大师圆寂十周年等重要节点，藏语广播发挥自身独特优势，积极参与报道，加强了涉藏报道的深度，在改革的道路上迈出了新的一步。

（三）进入21世纪的藏语广播

2000年9月16日，江泽民同志就加强西藏、新疆等民族地区广播电视覆盖工作做出批示，随后国家广播电影电视总局开始实施"西新工程"，包括藏语广播在内的少数民族语言节目时间延长，质量提高，覆盖效果明显改善。2000年12月25

日开始，藏语节目延长了播出时间，每天播音 6 小时，比"西新工程"实施前增加了 2 倍。同时，为解决在首都北京工作、学习和生活的几千名藏族同胞收听藏语广播的问题，中央人民广播电台 2001 年 9 月 1 日开通了专门覆盖北京的第四套广播频率（FM101.8 兆赫），实现了藏语广播节目在北京的落地。

自国家"西新工程"以来，随着硬件设施的不断改善和藏语节目收听覆盖效果的明显改善，藏语广播的实力大大增强，节目质量不断提升，藏族同胞反响强烈，赞扬藏语节目有新面貌、新气象，新闻内容更加丰富，专题节目形式多样，更有针对性、可听性，来信来电话创藏语节目开播以来新高

2004 年元旦，中央台第八套频率《民族之声》开播。这是民族广播史上一件大事，也开启了藏语广播在新世纪的新起点，出现了《走遍神州》《歌声传情》等一批有影响的栏目。《走遍神州》栏目的开办，标志着藏语广播开始摆脱单纯译播模式，编辑、记者、主持人走出大楼，走向北京，走向全国各地，通过藏族编辑记者的视角和所见所闻，以口播的形式介绍全国各地经济、文化、历史和群众生活，介绍各地名胜古迹的历史和现状，介绍比较著名的旅游景点，以增进藏族听众对祖国大家庭的了解。节目一经播出受到藏语受众的热烈欢迎。《走遍神州》栏目作为藏语广播的名牌节目一直保留至今，并进一步加强了节目策划，探索制作短视频等形式，提高传播力，影响力。

2008 年 4 月，藏语广播从原来的每天播出 4 小时延长到 8 个小时，《特别关注》《西藏传统文化》栏目应运而生。根据藏语安多、康巴方言区听众需求，2010 年 12 月，增加了安多方言和康巴方言节目，藏语广播的内容覆盖进一步扩大，针对性加强，实现了多方言播出。

藏语节目作为总台系列节目的重要组成部分，有其自身的特色和发展规律。2004 年藏语节目开办 55 周年之际，出版《藏语广播论文集》，这是我国第一本藏语广播论文集。2013 年《中国广播》杂志出版了一期以汉语撰写的业务论文专刊，我们与西藏人民广播电台携手，刊发论文 30 多篇。

2009 年 3 月 1 日，藏语广播实现分频播出，藏语频率成立，节目播出时间由 8 小时增加到全天 18 小时。2010 年，成立西藏民族语言广播中心，内设办公室、新闻部、专题部、拉萨编辑部、西宁安多语节目制作室、成都康巴语节目制作室。2011 年 7 月 26 日，拉萨编辑部揭牌；2016 年 1 月，成都制作室和西宁制作室开始运行制作节目。藏语广播前方制作机构的建立，使藏语广播报道的触角延伸到对象地区，进一步扩大了信息源、节目源，提高了节目采编能力，创新了节目形式，丰富了节目内容。

（四）中央广播电视总台成立赋予藏语节目新的发展机遇

中央广播电视总台 2018 年 3 月正式成立。这是中央打造具有强大引领力、传播力、影响力的国际一流新型主流媒体的重大战略举措。根据中央广播电视总台高质量发展总体要求和总台民族语言节目中心提出的民族节目"领袖思想（中央政策）

的传播平台，民族团结的维护平台，总台精品的翻译平台"定位，藏语节目 2019 年 9 月正式改版并完成全新上线，这是藏语节目历年来调整幅度最大的一次改版。以"天下大事，藏语播报"为口号，突出"台网并重、先网后台、移动优先"理念，每天播出的《全国新闻联播》《新闻和报纸摘要》《世界报道》《安多在线》《康巴在线》等栏目成为藏语新闻的主干内容；《学习时间》《"译"彩纷呈》《声动民族风》《走遍神州》《空中课堂》《行进中国》等构成专题栏目。

为顺应新媒体发展，目前藏语广播 APP 在包括安卓和苹果应用商店在内的大部分主流应用商店上架；藏语广播客户端获得汉藏双语移动应用程序征集评选活动休闲益智类优秀作品；2019 年经西藏自治区党委网信办选定为"网络扶贫手机捐赠公益项目"的指定客户端，"藏语广播" APP 被植入扶贫手机，用户通过手机免费收听和点听总台藏语广播节目，为进一步扩大藏语广播的覆盖面，提升总台藏语节目的知名度和影响力发挥积极作用。

2015 年 1 月"中国藏语广播 CNR"微信公众号正式开通，中央广播电视总台成立后获得实质性发展，截止 2020 年 4 月 24 日，藏语微信公号总用户达 196265 万，阅读量增幅明显提升，在央媒民族语言公号阅读量排名第一，特别是阅读"26 万 +"、"5万 +"等精稿、优稿比重明显增多。少数民族语言新媒体平台，作为总台移动传播矩阵的组成部分，承担着在民族对象地区宣传党的政策方针、引导社会舆论导向、维护民族团结稳定的重要使命。

二、主要成绩与经验

总台藏语节目开播 70 年来，在曲折中坚守，在实践中摸索，在探索中前进，逐渐走出了一条日渐清晰的特色之路。

（一）加强横向联合，突破单纯译播模式，探索涉藏报道新途径

近年来，特别是党的十八大以来，藏语节目先后组织策划了一批大型采访宣传活动，初步实现了重大新闻宣传不缺位，大型主题报道制度化、常态化。藏语节目采、编、译、播合一能力得到锻炼，积累了重大宣传报道的丰富经验，取得了较好的效果。藏语节目从自身定位出发，积极参与直播、记者连线、制作专题节目等形式，引导舆论，探索涉藏报道新途径。

2012 年初，组织实施迎接"十八大"主题报道《走基层看西藏》，整个报道活动主题鲜明，采访深入，效果明显。时任西藏自治区党委书记陈全国在中央人民广播电台藏语频率《走基层看西藏》报道活动总结上批示："很好！谢谢中央人民广播电台的同志。"时任西藏自治区党委常委、宣传部长董云虎批示："中央人民广播电台对西藏的正面宣传报道很重视，把西藏作为'走转改'活动的重点，派出 50 多位记者深入西藏 50 多个县 300 多个乡镇进行采访报道，播发了大量稿件，全方位、有声势地宣传了西藏的发展变化，值得充分肯定。"通过报道活动锻炼了藏语节目

记者队伍，提高了民族广播工作者的业务水平，同时扩大了总台藏语节目在藏区群众中的公信力和影响力。

由于受地域辽阔、人口居住分散影响，特别是受方言影响，我国的藏语广播长期以来处于各自为阵、各自为战的状态，因为缺乏跨区域交叉采访，各方言区藏语广播都较少对其他藏语方言地域的鲜活报道。2013 年初，根据中宣部要求精神，藏语广播结合"走基层、转作风、改文风"活动深入开展，组织策划实施《和谐藏区行》系列采访报道活动。从 2014 年起，先后与四川广播电视台、甘肃省甘南州广播电视台、云南省迪庆州广播电视台、四川省阿坝州广播电视台、四川省木里藏族自治县广播电视台、甘肃省天祝藏族自治县广播电视台等联合，6 年时间走遍全国 10 个藏族自治州和 2 个藏族自治县进行全方位采访报道，扩大了总台藏语广播在藏语各方言区的影响力和传播力，提升了各地方台藏语广播在全国的知名度。

2018 年总台藏语节目组织策划，以新媒体和广播融合报道手段，开展了《携手小康路 共筑中国梦——学习贯彻十九大精神暨庆祝改革开放四十周年》大型主题报道，中宣部《新闻阅评》刊发《央广记者深入藏区采访展示改革开放成果》为题，对本次大型主题报道活动予以肯定。

通过《和谐藏区行》《携手小康路 共筑中国梦——学习贯彻十九大精神暨庆祝改革开放四十周年》等一系列主题采访报道活动，我们感受到联合采访报道不仅是全国藏语广播机构相互协作的一种形式，更是总台藏语节目和地方台藏语广播打破地域界限，突破方言限制，扩大传播效能，提升国家台藏语节目公信力、传播力的有效途径。

（二）发挥独家优势，提高舆论引导力

2009 年 10 月 1 日，藏语频率直播了"首都各界庆祝中华人民共和国成立 60 周年大会"的盛况，实现了藏语节目与汉语节目同步直播，开创了民族语言节目在天安门城楼直播的先河。西藏人民广播电台拉萨语频率、青海人民广播电台藏语频率（安多方言）同时进行了转播；海内外最大的涉藏网站"中国西藏网"藏文版、英文版和人民网藏文版链接了中央台藏语直播节目；藏族群众听到藏语广播第一次直播国庆庆典，更是欢欣鼓舞。

2010 年 4 月 14 日，青海玉树突发强烈地震，牵动了全国人民的心。地震发生后，藏语广播快速反应，立即派记者赶赴玉树灾区，进行灾情报道，制作了《直通玉树灾区》特别节目。根据原国家广电总局和台领导指示，针对地震发生地区居民中 90% 是讲康巴方言的藏族群众的实际，藏语广播临时调整，增加每天 8 小时的康巴方言节目，调动专家力量，紧急制作康巴方言专题节目《情系灾区携手抗灾》，引导灾区群众树立信心。

2011 年 5 月 23 日，是西藏和平解放 60 周年。这一年的 3 月起藏语节目连续、集中、大量地报道了西藏的建设情况。7 月 19 日，西藏和平解放 60 周年庆祝大会在拉萨市布达拉宫广场举行，藏语广播与西藏人民广播电台藏语广播并机直播了大会实况，实现中央台藏语广播在京外的首次直播。

针对 2012 年底频繁发生在藏区的"自焚"事件，在最需要舆论引导的时候，民族节目中心立刻组织强大的采编团队对节目进行了周密的策划设计和采访，2013 年 3 月 18 日推出一组以"珍爱生命，追寻幸福生活"为主题的反自焚系列报道。这组报道代表了中央媒体的立场，树立了国家台的权威，有力地引导了舆论。藏语节目这组报道获得第 24 届中国新闻奖二等奖，这是中央台藏语广播获得的首个中国新闻奖项。

在中央统战部的大力支持下，自 2015 年起，每年的藏历年，十一世班禅额尔德尼·确吉杰布通过藏语广播及新媒体向海内外藏族同胞祝贺藏历新年。现在这个节目作为每年的常态节目，已经在受众中形成品牌影响。例如，2018 年录制的藏历土狗年新年祝词《祝愿大家新年新气象，新时代新作为》音视频于 2 月 16 日在藏语广播和中国藏语广播 CNR 微信公众号推送，藏语、英语推送到央广网海外 Facebook 账号，迅速在国内外引起广泛反响；2 月 16 日 ~ 22 日，一周内 Facebook 等境外社交媒体阅读量 80.3 万。

（三）承担媒体责任，传承优秀文化

习近平总书记在党的十九大报告中指出"文化是一个国家、一个民族的灵魂。文化兴国运兴，文化强民族强。没有高度的文化自信，没有文化的繁荣兴盛，就没有中华民族的伟大复兴。"藏族文化是中华文化的重要组成部分，作为国家台的藏语节目，严格按照把握正确舆论导向、唱响主旋律的方针，报道在党中央的亲切关怀和大力扶持下，西藏优秀传统文化得到继承、保护和弘扬的辉煌成就。近年来，总台藏语节目积极探索传播规律，在宣传藏族优秀文化方面取得了较好的效果，例如《空中课堂》栏目自 2010 年 10 月开播以来，播出内容涵盖西藏文化历史、藏文音韵和语法、藏医药常识、藏族民俗习惯等，深受广大听众朋友欢迎。2014 年，邀请中国社会科学院、中国藏学研究中心、北京民族出版社、西藏社会科学院、西藏大学等科研院校专家学者录制的 30 多集《西藏传统文化》系列访谈节目，涉及历史、宗教文化、歌舞、西藏古籍、翻译、辞书出版、西藏建筑艺术、格萨尔文化等。

2002 年 1 月，藏语节目在成都举行了藏族歌手演唱会，来自北京、西藏、四川、甘肃等地的著名藏族歌手在演唱会上演唱了 30 多首歌曲。这是藏语节目举办的第一个晚会和第一个在京外举办的活动。2003 年 2 月，在北京成功举办了春节、藏历水羊新年联欢晚会《欢聚北京》，得到广泛好评，被认为是藏语广播开播以来，规模最大、档次最高的一次晚会。2010 年起，先后举办了《吉祥彩虹》《再唱山歌给党听——歌唱我们的幸福生活》《倾听天籁——西藏原生态歌曲广播征集评选》等活动。这些活动，以歌颂党、歌颂家乡、歌颂新西藏为主题，反映在中国共产党的正确领导下，藏族人民欣欣向荣的新生活，藏区各项事业取得的巨大成就，用歌声架起民族团结的桥梁，提升国家台藏语广播的影响力、凝聚力，丰富了藏语节目内容，为推动西藏优秀传统文化的传承和发展、弘扬藏族原生态歌唱艺术作出了贡献。

为了用数字化音频和视频记录较完整的、且能够体现艺人们说唱特点的《格萨尔》说唱资料，2015 年，经中宣部批准，《文化名家暨"四个一批"人才工程》个人自主选题项目《<格萨尔>经典故事说唱》项目获批。该项目从 2015 年 4 月启动以来，先后邀请来自西藏昌都和四川甘孜藏族自治州德格县《格萨尔》吟诵艺人录制《格萨尔》经典故事说唱之《英雄诞生》《赛马称王》《大食财宗》《嘉绒粮食宗》《卡切松石宗》《察哇箭宗》《地狱大圆满》《霍岭大战》等音视频资料近 140 小时，填补了国家电台音频资料库没有格萨尔音频资料的空白。

三、总台藏语节目的前景与思考

在党中央的亲切关怀下，中央广播电视总台藏语节目已经形成独具特色的新型藏语媒体，拥有一支可靠的藏语三大方言节目团队。目前，藏语节目除传统广播外，还有藏语微信公众号、藏语广播客户端、"藏视界"、"扎西德勒"藏语短视频账号等全媒体平台，中央广播电视总台的藏语节目进入了全媒体发展阶段。

（一）牢牢把握正确的舆论导向，为藏区的发展稳定服务

藏语节目是总台节目体系的重要组成部分，承担着向国内外广大藏语听众宣传党和国家的路线、方针、政策，及时报道国内外大事的重要任务。藏语节目要坚持领袖思想（中央政策）的传播平台，民族团结的维护平台，总台精品的翻译平台的方针，深入贯彻台网并重、先网后台、移动优先的原则，宣传好中央对西藏各项方针政策；宣传好中央关于西藏经济发展的重大决策和重要措施；宣传好藏区经济社会发展，尤其是党的十八大以来所取得的成就；宣传学习贯彻落实习近平新时代中国特色社会主义思想，构建和谐社会方面的新进展、新经验；在承担举旗帜、聚民心、育新人、兴文化、展形象的使命任务中有新作为、新担当，为实现决胜全面小康、决战脱贫攻坚提供思想武器、精神动力和舆论支持。

我们认为总台藏语节目在藏语宣传报道领域的影响力和话语权，应建立在国内外重大新闻快速翻译传播、大型主题报道、总台精品节目翻译的基础上。这两年，藏语节目根据总台部署翻译推送的纪实文学《梁家河》、电视政论片《永远在路上》《将改革进行到底》《大国外交》《平"语"近人——习近平总书记用典》等，以及新媒体产品《习近平和彭丽媛：这就是爱的样子》《习近平和母亲》《习近平和父亲》等凭借其正能量的内容，受到藏语听众和网民的广泛关注和好评。2019 年 10 月 1 日，中央广播电视总台对庆祝中华人民共和国成立 70 周年大会、盛大阅兵和群众游行进行了现场直播，以"国际一流、历史最好"的表现为盛世华诞呈上了一份圆满的答卷。同时推出了中央广播电视总台 4K 直播电影《此时此刻　国庆 70 周年盛典》蒙古、藏、维吾尔、哈萨克、朝鲜民族语言版，再现新中国 70 周年盛典，让少数民族观众用母

语体验祖国母亲 70 年华诞盛典所独有的亲切之感。实现总台优质节目资源的二次传播，民族节目的独特优势进一步彰显。

（二）用好新媒体，构建藏语节目新的传播模式

随着新兴媒体的风起云涌，传统广播面临多重挑战，也充满融合发展的大好机遇。中央广播电视总台藏语节目必须与时具进，整合力量加强藏语微信公众号、"藏视界"、"扎西德勒"短视频账号的内容建设，不断开发出适应时代要求、满足群众需求的传播途径和表达方式，提升藏语节目的影响力。今年突如其来的新冠肺炎疫情的报道中，藏语节目根据总台宣传报道要求精神和民族语言节目中心的具体部署，在做好自身防护的前提下，通过议题设置，加强策划，藏语新媒体平台和广播端充分发挥正面引导作用，全力做好疫情防控宣传报道和舆论引导，其中《藏语主播为你讲述防疫知识》《预防新冠肺炎传播的小提示》《医护人员却吉卓玛驰援武汉》《甘露藏药在行动，不忘国企使命担当》等 20 多篇微视频报道，受到广大藏区受众一致好评，点击量、转发量、评论数等方面均得到明显提升，开启了藏语节目日常宣传与突发事件报道的全新模式。再如 2018 年为纪念改革开放 40 周年策划推出系列融媒体产品《花开高原》在总台新媒体平台陆续发布，总阅读量达到 92331 次，极大地扩大了藏语广播微信公众号在藏区群众中的影响力。

（三）发挥央媒作用，促进藏区文化繁荣

藏族具有悠久的历史，灿烂的文化。在新时代大力发展民族文化事业、加强民族文化建设、繁荣优秀传统文化过程中，中央广播电视总台藏语节目不仅是藏区文化建设的一个重要组成部分，更是藏区文化建设的重要载体和助推器。就社会功能而言，藏语节目具有凝聚力、影响力、感染力的作用；就繁荣民族文化来讲，可以起到桥梁和服务作用。一是特殊传播功能。在藏区广大农牧区发展滞后、交通不便的情况下，通过藏语节目这种载体、藏语新媒体的传播，可以向藏族听众及时发布国内外重大新闻，宣传党和国家的各项方针政策，同时传播优秀的藏族文化，进一步推动优秀民族文化的发展；二是保护传承功能。中央广播电视总台在发掘和整理藏族文化，继承和发扬藏族传统优秀文化中起到不可替代作用。近年来，藏语节目通过录制《格萨尔》，在系统介绍西藏非物质文化保护情况，记录、挖掘和整理藏族优秀传统文化方面做了一些有益的尝试，取得了较好的效果。三是文化交流功能。通过藏语节目把其他民族的优秀文化作品介绍给藏族受众，为藏族听众了解各民族优秀文化提供平台，从而促进民族文化的相互交流，相互吸收。中央广播电视总台藏语节目在这方面具有独特优势，大有可为。

（四）加强编辑记者的全媒体素养，尽快适应融合发展环境

人才是传统媒体和新兴媒体融合发展的关键。为加快中央广播电视总台藏语融媒体节目体系建设，加强藏语节目的传播力、影响力，我们要进一步加强编辑记者的全媒体素养。近年来，藏语节目加强了全媒体报道意识，增强了编辑记者的全媒

体意识，例如，每年的大型主题报道中，提出编辑记者在采访制作传统广播节目的同时，要求完成微信稿件、微视频拍摄，在新媒体端发布文字、音频、视频、图片。为调动编辑记者的积极性，在绩效考核时向新媒体倾斜，微信、短视频原创等作为工作考核和奖励的依据。

　　藏语节目融媒体发展是一个全新的课题，目前还没有成熟的经验和路径，这是对我们翻译、编辑、记者和主持人思想素质和业务素质的综合考验。我们要发挥优势，扬长避短，积极探索新媒体传播方式，在微信、短视频账号、藏语节目客户端等多平台开展全媒体报道。新时代赋予新使命，我们将以改革创新的精神，不断总结经验，加强人才的培养，只争朝夕，守正创新，继续努力探索和实践，为打造具有强大引领力、传播力、影响力的国际一流新型主流媒体添砖加瓦。我们的目标是让党和国家的声音走进世界屋脊的千家万户，把国家台的藏语节目办得更好。

注释：

①《毛泽东西藏工作文选》，中央文献出版社、中国藏学出版社 2011 年版，第 14 页。

② 2020 年 3 月 16 日，据当时负责藏语文艺节目的索朗多吉同志介绍。

（作者系中央广播电视总台民族语言节目中心副召集人）

应急广播：人民广播事业80年时的未泯初心

李晓北　王磊

延安新华广播电台呼号响起已 80 个年头，80 年风雨佳菁，80 年业绩辉煌。应急广播作为广播事业大家庭中的小字辈，始终承载着人民广播事业"艰苦奋斗、服务人民、不断创新"的未泯"初心"不断前行。

（一）为服务人民而生的应急广播

2008 年期待奥运的中国人，年初就遭遇了严重的雨雪冰冻灾害。寒冷中的滞留、拥挤和焦急成了那个冬天最深的记忆。紧接着，汶川大地震突如其来，一个接一个的意外让那年不少广播电台的节目表变了脸。第一时间赶赴灾区面向全国报道突发事件的广播人惊奇地发现，除了方便面、矿泉水、帐篷，百姓家中早已褪去"宠儿"光环的收音机在灾区却变得"金贵"起来。废墟前、帐篷边，人们通过收音机听到国家电台帮助他们寻找失散亲人的"寻亲纸条"，听到他们向外界求救之后得到的一个个温暖回应，得知全国人民付出的努力。学校、商店甚至跳广场舞的大喇叭被从废墟里找出来加上汽车上的蓄电池拼凑起小小广播站，今天通知发雨布、明天组织领食品、后天宣传防疫消毒方法——无论是被困灾区，还是深陷冰天雪地，人们孤独无助的心渐渐有了依靠。广播的抗毁性能、社区服务本领以及情感沟通优势展现得淋漓尽致。

如果说 80 年前人民广播事业是由侵略者铁蹄下中国人民的企盼光明之心而生的话，那么 2008 年应急广播的概念则是应灾区信息孤岛中群众渴望救援和重建之愿而发，是灾区公众的心理需求和切身需要让人民广播事业在将近七旬之年又重温了"初心"，发出了光和热。

随后几年时间里，大灾面前充分发挥广播媒体的特殊作用，把广播媒体作为应急信息发布的重要平台成为决策者的重要考量，一篇更为宏大的应急广播发展蓝图开始沿着人民广播一直以来服务人民的方向布局开来。2011 年 3 月"十二五"规划纲要将国家应急广播体系建设列入文化事业重点工程。同年 10 月党的十七届六中全会提出："建设统一联动、安全可靠的国家应急广播体系。"2012 年《国家基本公共服务体系"十二五"规划》将突发事件应急广播服务和基本广播电视服务并列作为政府为全民提供的文化体育公共服务项目。同年，中编委批复增加中央人民广播电台"国家应急广播体系建设运行维护、突发事件新闻信息快速播发"等新职能，设立国家应急广播中心专责此事。

上一次灾害的重建、整饬还在进行，更多的灾害又如幽灵般如影随行。2013 年
4 月 20 日，四川雅安发生 7 级地震。震后 40 小时，中央人民广播电台联合四川、雅安、
芦山广播电视台在震中芦山县开办了"国家应急广播·芦山抗震救灾应急电台"。
作为首个以"国家应急广播"为呼号、面向震中区域实施定向广播服务的"帐篷电台"，
芦山应急电台及时联接起了当地政府、救援专家、志愿者和位于安置点的受灾群众，
架起了一座信息服务的空中桥梁。一年多后，2014 年 8 月和 10 月，云南昭通、景
谷又相继地震，国家应急广播·鲁甸抗震救灾应急电台和景谷抗震救灾应急电台相
继开播。在震中，应急广播由汶川地震时的自发行为变成了有组织、有计划的媒体
行动，传政令、促沟通、凝心聚力，应急广播成为政府组织救灾工作的有力工具；
通民情、表民意、达民心，应急广播成为安抚人心、引导灾区民众重塑精神家园的
重要力量，其公共服务功能第一次实现。广播天然独特的应急属性因应急电台的诞
生而发扬光大，人民广播事业在应急行动中更具生命力。

在芦山，应急电台开播次日一早，县国土资源局就请求"帐篷电台"提醒震区
群众小心降雨之后山体滑坡、泥石流等次生灾害。工作人员拿出《告全县人民书》，
反复叮嘱多播几遍，还公布了各地质灾害勘察组的联络电话。随后，在芦山持续一
整天的降雨中，应急电台不断发出"亲人们，请一定注意避险"的温暖提示。

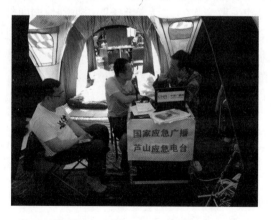

图一：国家应急广播·芦山抗震救灾应急电台

在鲁甸，应急电台开播后不久，解放军就开来了野战洗澡车，迷彩车停在部队帐
篷旁，群众误以为不对外开放，用者寥寥。应急电台得知后反复播出洗澡车位置、服
务时间、特别强调是免费服务，结果来洗澡的人们一直排队到了当天深夜，应急电台
又不得不提示大家分散洗澡，避免拥挤。震后第四天，几位开挖掘机的志愿者眼看清
理废墟的任务接近尾声，就来应急电台看看还能做些什么。应急电台马上把信息播发
出去，1 个多小时后就有净水设备公司打电话，请求挖掘机协助为净水站平整土地。

与之类似，寻找帐篷安置点失散的孩子、慈善组织寻找合适的捐赠对象、发放婴儿奶粉……，应急电台发挥了灾区信息枢纽作用，提供了贴近灾后需求的各项服务。

图二：国家应急广播·鲁甸抗震救灾应急电台
——中央人民广播电台技术人员在震中安置点架设大喇叭

在三次应急电台的搭建过程中，国家新闻出版广电总局（时名）调度短波、中波、调频、卫星等多种手段满足应急电台在震中地区的覆盖要求，在技术上验证了紧急情况下应急电台临时搭建、临时覆盖的可行性，为《全国应急广播体系建设总体规划》奠定了实践基础。

据不完全统计，到2018年全国已有近50家省级和地市级广播电台经当地政府或广播电视行政主管部门批准确立了应急广播频率，其中北京、天津、上海等省级应急广播频率13个、省会城市广播电台应急广播频率10个。这些频率储备了大量的应急广播专业人员、设备，具有较强覆盖力和影响力，在本地遭遇灾害时能紧急启动，播发应急信息服务公众，发挥应急电台的作用。

随着大灾之后供电、通讯、广播电视恢复速度加快，重大灾害之后如汶川地震一样出现"信息孤岛"的情况也越来越少，持续时间越来越短。应急广播把工作方向放在了利用广播电视手段在灾害发生之前向影响区域公众发送预警上。应急广播的服务范围从收音机、大喇叭逐渐拓展到了电视荧屏，应急广播的"广播"从媒体形态的名称升级成为"广泛传播"之意。

2014年8月19日，广西桂林地区的有线电视用户收看到这样的滚动字幕"预计未来5小时左右，桂林市恭城河恭城段将出现超过警戒水位1米左右的洪峰水位"，同时，桂林电视台、广播电台的观众（听众）也在节目中收看（听）到了这一信息——应急广播第一次通过广播电视手段对灾害影响区域精准发布预警信息，从以往的技术验证提升到了实际操作阶段。这年汛期，在国家应急广播中心和广西新闻出版广电局、广播电台、网络公司等单位共同努力下，广西应急广播试验平台和国家应急广播平台连通，应急广播在柳州、桂林、梧州三地面向公众开展服务，为减少柳江、漓江、西江流域洪水损失作出了努力。此后，国家应急广播中心又和四川、江西、湖北、贵州、云南等地广播电视部门及机构合作，连通了国家应急广播平台和各地应急广播平台、应急广播试验平台。四川、江西、贵州的有线电视网络数百万用户，贵州、云南全省交通广播频率听众，湖北荆州农村大喇叭用户都可以收听（看）到当地气象、水利等红色预警信息。

图三：广西应急广播试点试验——柳州有线电视用户在直播页收看应急广播预警提示

2019 年，国家应急广播中心和云南广播电视台合作，通过云南 IPTV 省级播控平台和"七彩云"手机客户端向全省用户发布应急信息，应急广播的服务渠道从传统广播电视扩展到了互联网。随着有线电视和互联网电视交互技术的成熟，用户已经能在接收应急广播预警信息时，点击提示弹窗中"了解详情"按钮，收看针对当前预警的应急广播科普视频，获取专业指导。2020 年南方暴雨水灾期间，仅贵州有线电视用户防灾科普视频点播就超过 6 万次，当地民众在灾害发生之前及时获得了"暴雨中如何防护""山体滑坡泥石流来了怎么办"等必要知识。

图四：2020年6月23日，贵州有线电视网络向黔东南州定向发布
国家应急广播预警提示并在"查看详情"页推送应急科普视频。

新冠疫情期间，国家应急广播中心又与云南台、贵州网络公司等紧急启动响应机制，第一时间以滚动字幕、直播页面插播提示弹窗的形式发布疫情防控信息。

（二）在媒体融合中不断创新发展的应急广播

过去80年，广播旁观了电视、互联网、移动互联网等多种新生媒体的发展和腾飞并始终积极地和新兴传播手段融合共存。应急广播如同一面镜子恰如其分且浓缩地反映出了这一过程，它的发展与整个广播行业转型创新的轨迹是吻合的。

首先，应急广播改变了传统广播服务类信息的产出方式，把记者通过电话、传真、电子邮件发来信息，人工编辑后进行播报升级为系统级自动接收发布信息、智能语音生成节日。国家应急广播平台先导系统——国家应急广播预警信息自动适配播发系统自2014年建成以来先后连通了气象、水利、地震、民航等多个权威信息源，获取结构化数据，并以秒级处理速度分发给省级应急广播平台、中国广播云采编平台等，同时自动制作普通话、藏语、维吾尔语节目，年均处理各类信息60多万条。这远远超越了传统广播电台的应急信息处理模式，也印证了"媒体融合发展植根于社会信息化与智能化的语境之中"的观点。

其次，广播的"广"在不断延展，传统广播与电视、互联网不再泾渭分明，而应急广播以应急信息发布手段的建设为切入点，以传播效果最大化为目标，不但撬动了广播、电视、互联网等各种传输手段并行运转，还使有线电视、互联网电视通过适配应急广播功能提升了公共文化服务的能力。国家应急广播网站、手机客户端、微博、微信公众号等传播手段更是跨越了地区和媒体形态，构建了比四级广播电视机构更为扁平化的应急广播服务网络。

第三，广播在发展中逐渐变"窄"——受众划分愈发精细，精准传播的需求越来越高，而应急广播以终端可控的独特优势实现了应急信息分区定向播发，只发布给受影响的人，不打扰其他人的生活。应急广播过去五、六年的试点试验秉承的就是这一原则。此外，越是在突发事件紧急情况下，受众接收的信息越是容易过载，应急科普就越需要过滤提纯。近两年，云南、贵州等地应急广播试验便在发布灾害预警的同时为公众提供相应灾种的防灾科普知识，精准发布的同时精准服务。

此外，广播的功能在融媒体时代也在悄然发生着变化。"新型主流媒体通过深度参与社会事务，将自身的功能由信息传播扩展为社会的发展与治理平台，构建'媒体－政务服务''媒体－便民服务''媒体－城市服务'等多种促进社会整合的新形式"。这种功能的转变，广播媒体尤为明显。广播的服务功能日益显著，而应急广播本就自带服务属性。日常时期它为新闻资讯增值，提供灾害预警和科普服务，突发事件发生时，更是需要它为受灾的特定人群提供全方位定制化的信息服务。

（三）国家应急减灾能力建设大背景下期待更多破题的应急广播

由于历史和现实原因，我国应急信息发布工作还有很多短板。应急广播从信息采集、流转再到发布面临的问题，不仅是广播电视行业的一个全新课题，也是国家应急减灾领域一个新课题。应急广播机制建设需要以问题为导向,不断在实践中探索。

问题一:应急信息种类多、整合难度大

我国应急信息源种类多、传输关口多、格式差别大、传播效率不高。应急广播正在从广电行业内、外部两个方面探索如何打破原有流程壁垒,建立能够满足公众获取应急信息需求的机制,让应急信息快速流转起来。一方面,依托前文提到的国家应急广播预警信息自动适配播发系统,针对不同信息源特点,采用不同的数据传输自动共享机制,将各类应急信息并行接入、处理。另一方面,减少广电行业内部对应急信息的人工审核关口,力求让应急信息自动快速直达受众。

问题二:缺少科学而统一的应急信息发布策略,公众尚未养成应急响应习惯

服务人民是应急广播工作的基本原则。因此,根据不同的灾害及严重程度,以不同方式向公众呈现应急信息,诱导响应行为,形成接收习惯尤为重要。一直以来,不同的广播电视机构通常按照自己的工作习惯和内部规章播发应急信息,没有一套完整的规则约束和指导。2015 年起,国家应急广播中心与中科院心理所等单位共同开展了应急广播自然灾害预警信息音视频呈现规律研究,得出了"音频信息之前宜采用 1050Hz 左右的警示声音""在信息播报中多采用频次信息,慎用概率信息,提高受众理解度"等结论,之后又据此开发了应急广播预警提示音,用于多地试点试验。不过,这距离形成统一的应急广播发布策略,使公众能够根据不同的信息做出恰当响应,甚至形成文化符号依然有很长的路要走。

问题三:应急信息发布缺少效果评价机制,受众反馈易被忽略

从历史来看,我国的应急减灾工作更多关注上对下的"管理"和"救援",灾难面前新闻媒体的工作则更多侧重"记录"和"引导",这和应急广播公共服务的属性在某些方面存在错位。大数据时代,信息传播可以从发布端到接收端被精准记录、分析。要做好公共服务,应急广播必须关注传播效果。近两年,应急广播试验中有意识追踪公众接收到应急信息之后使用遥控器进行预警弹窗点击操作的相关数据,如对科普视频的收看数量、完播率的统计等。但和其他公共服务一样,应急广播目前还缺乏权威有效的效果评价手段指导服务的实施,如何从公共财政资金使用的绩效考核提升到公众行为数据的考核还是个漫长的过程。

(三)未来的应急广播

我国应急广播应运而生,应时而变,已经跨越了两个"五年"。去年初热播的电影《流浪地球》多次使用了"全球应急广播"的台词。电影情节虽为虚构,甚至有些搞笑,但其对极端情况下应急广播提供信息服务的设想确实让人脑洞大开。未来的应急广播需要紧跟时代发展,大胆创新,更好地服务人民。

1. 发布渠道的拓展和创新

近两年,作为应急广播主要渠道的传统广播电视影响力有所降低,从其广告收入下降的明显趋势就可见一斑。同时,随着有线电视和互联网电视用户数量此消彼

长，应急广播利用互联网精准定位发布及获得精确效果反馈的需要将可以得到更多的满足。

应急广播应积极探索同智能电视生产厂家或互联网音频、视频共享平台等网络视听服务商合作，对不收听收看传统广播电视节目却在接收视听娱乐服务的受众主动推送应急信息。未来各类移动终端、穿戴设备和楼宇广播等都将可能成为应急广播的发布渠道。电子手环、手机，物联网下的智能家居产品都将可能具备在紧急情况下自动唤醒协助应急广播提供点对点公共服务的能力。应急广播发布信息从渠道到终端将大大拓展，智能化水平也必然会越来越高。随着我国北斗导航系统、卫星互联网系统的逐步完善和大规模使用，更加精准地进行定向应急广播和对偏远地区进行应急广播服务也许都将不再是难题。

2. 发布机制和功能的创新

信息来源方面，除自动获取政府部门应急信息外，应充分利用社交媒体平台个人用户发布的线索，更早地知晓突发事件，甚至做出预判。发布内容方面，除突发事件预警信息外，应急广播系统还可引入气象、空气质量、交通运输等实况信息，与预警等进行综合分析，为公众提供更为贴近的服务。发布策略方面，未来应注意从受众出发研究应急信息场景化及分众化传播，关照到不同场景、不同受众类型的定制化应急信息和科普内容，随时随地发挥"减压阀"作用，做应急语境中的优质陪伴者。未来几年，我国将具备地震预警与烈度速报的能力，相关的应急广播策略和规则在国内仍是空白。结合试验积累的经验，研究地震预警快速自动发布是未来应急广播的重要工作之一。

应急广播的发展历程还很短暂，但从整个应急广播体系涉及的繁杂要素来看，这项工作积累的经验和成果却是丰硕而独特的。无论小灾还是大难，未来的应急广播事业应该被赋予更丰富的内涵和职责，这支年轻队伍的从业者也应继续肩负人民广播事业的"初心"，通过提高应急广播服务水平增益其所不能，为广大人民群众谋求更多福祉。

（作者单位：中央广播电视总台央广国家应急广播中心）

传媒生态位变迁视角下的中国广播80年经营历程

刘　涛　卜彦芳

广播在中国传媒业的发展之中占据着重要位置，是现代传播体系的重要构成部分。从 1940 年延安新华广播电台创建以来，中国人民广播事业走过了 80 年的光辉岁月。政策、技术、市场和资本等力量构成了不断变化的传媒生态，广播媒体的生态位（ecological niche）也处于不断调整当中。在坚守和壮大主流媒体舆论阵地的同时，广播媒体不断调整和优化生产关系，解放和发展生产力，践行符合时代发展的经营理念。

生态位是组织生态学与种群生态学的常见概念，描述的是某个种群组织的特定资源空间，可以较为准确地刻画和勾勒某个生物单位（个体／种群或物种）生存与发展所需要的各种生存资源和生存条件的总和，反映该生物单位对环境的适应性。生态位理论被学者迪米克（John Dimmick）等人引入传媒领域后，引起传媒学者的广泛关注。今天我们从传媒生态位视角出发，梳理和分析人民广播 80 年的经营历程，可以更好掌握不同阶段的传媒生态特征，探究广播在不同时期的生态位经营开拓和选择策略，总结其发展规律和发展经验，可以在未来更好地发挥广播在引领主流媒体价值、促进国家治理现代化、推进媒体融合等方面的巨大作用。

一、中国广播 80 年生态位变迁与经营空间拓展

中国人民广播事业以延安革命根据地的新华广播电台为起点发展至今，根据传媒生态环境和广播生态位的变迁特征，大致可以分为 5 个阶段。通过梳理不同传媒生态中广播经营的空间与相应策略，筛选出影响广播发展的经营理念和关键事件，可以勾勒和投射出中国人民广播事业的经营与发展图景。

（一）政治生态位下的零星经营（1940 ～ 1977）

从 1940 年到新中国成立再到改革开放之前，中国人民广播事业长期处于比较典型的政治生态位之中，主要服务于革命和政治的需要，虽然偶有经营尝试，但呈现出的是零星而短暂的样态。

1940 年 12 月 30 日，延安新华广播电台开始播音，此为中国人民广播事业之发端。这座电台的广播发射机是周恩来总理从苏联回国时辗转运到延安的，建台需要的其他器材和零部件则是通过采购、缴获和自制而来。电台的物质条件非常艰苦，但工

作人员的政治热情饱满高涨，把军民抗战、英勇杀敌的消息传送到四面八方，推动了革命的发展、民族的独立和新中国的建立。

1949 年 9 月 29 日，《中国人民政治协商会议共同纲领》获得通过，具有临时宪法性质的《纲领》第 49 条规定"发展人民广播事业"。新中国成立之后的人民广播事业继承了革命时期的光荣传统，且对国民党电台、民族资本电台和外商电台进行了逐步接收和改造。中央及各部门对人民广播事业的建设方针和宣传原则及时作出指示与部署，这些安排对于广播发展的生态位具有决定性的影响。

1950 年 2 月 27 日，新闻总署在京津新闻工作会议上提出了各级广播电台的发展方向，明确了广播电台、报纸和通讯社的相互关系，即"全国性与全世界性的重要新闻，报纸与广播（电）台均应以新华社为主要来源"①。上述意见在很长时间内成为我国有关新闻机构之间互相分工和协作的基本原则，也可以理解为不同介质主流媒体在内容生态位上的关系格局。与通讯社和报纸在内容生态位上的较高重叠度，在一定程度上消解了广播电台的生态位优势，所以广播电台也常被视为战争年代和以阶级斗争为中心年代里的报纸"有声版"。②

新中国成立后，基于我国人口众多、幅员辽阔、交通设施不够完善、民众科学文化水平不高的基本国情，广播相对于报纸来说有更好的传播优势，发展广播得到了国家的重视。1953 年 1 月，第一次全国广播工作会议确定了人民广播事业重点建设、稳步前进的发展方针。在政治生态位下，广播媒体是受党领导的、具有无产阶级性质的新闻舆论工具，是对人民群众进行宣传教育的工具。因而在较长时期内，人民广播事业没有从经营生态位上挖掘出经济价值。新中国成立初期胡乔木署长提出广播"要学会自己走路"的要求，主要被理解为根据广播特点自力更生办广播，不要过度依靠通讯社和报纸，要发扬艰苦奋斗、锐意创业的精神，而不是从经济上"靠自己走路"。所以长期以来，广播发展基本依赖财政拨给经费，就连"文革"之中有线广播剧烈扩张的经费，也因为政治需要而得到了财政保障，到 1973 年，全国农村有线广播喇叭达 9900 万只，比"文革"前的 870 万只增加了 10 倍以上。③

因此，处在政治生态位下的广播经营虽然偶有开拓，但总体上不成气候，产业规模更无从谈起。1949 年 6 月 20 日设立的天津经济台是较早命名的经济电台，后来太原和济南都开办了经济电台，广州开办了工商台，沈阳和北京开办了广告台，但因为各种政治的、业务的和体制的原因，本来为国家增加了收入的这些专业台和经营行为在短短几年间便终止了。④此外，中央广播事业局两次探索征收广播收听费的提议，均因担心影响人民广播事业的发展而未获通过。⑤但上海、江苏等地的部分有线广播站在当地党委同意、群众愿意的前提下进行了收取少量收听费的尝试。⑥

（二）有限市场生态位下的广告等探索性经营（1978 ～ 1991）

1978 年 12 月，党的十一届三中全会召开，开启了中国改革开放的征程。以《人民日报》为代表的 8 家媒体进行"事业单位，企业化管理"的试点，开启了传媒领域的有限市场化经营活动。

广播开创市场经营生态位的标志是在广告市场上的破冰。继上海电视台为解进口设备经费之困而于 1979 年 1 月 28 日播出中国内地第一条电视商业广告后，上海人民广播电台于 1979 年 3 月 5 日率先恢复了中国内地广播电台的广告业务。1979 年 5 月，在中国出口商品春季交易会期间，广东人民广播电台播出第一条外商广告——瑞士乐都表广告。[7]同年 11 月，中宣部发出《关于报刊、广播、电视台刊播外国商品广告的通知》，从政策上认可了大众传媒播发商业广告的行为。1980 年 1 月，中央人民广播电台开办了广告节目。广告业务的恢复和推广，使得广播电视事业长期以来全部依靠国家拨款的局面发生了改变，广播发展有了新的经费来源，广播广告在促进商品流通、引导市场消费、推进社会生产、传播经济信息方面发挥了有益作用，逐步得到了企业的重视和社会的认同。

1983 年 3 月，第十一次全国广播电视工作会议确定了"四级办广播、四级办电视、四级混合覆盖"的方针，并首次提出"放开搞活，广开财源"，要求广电媒体由过去单纯依靠国家投资改为多渠道筹措资金。[8]一方面是"四级办"带来的资金压力，另一方面是"放开搞活，广开财源"的政策活力，广播电台自筹资金谋求发展的积极性大大增加了，除了加大广告经营的力度，还要大力寻求"广开门路，多种经营"的可能性，从而形成了有限市场生态位下的探索性经营格局。

信息经营是广播电台经营生态位的重要突破。广播电台捕捉到改革开放带来的信息需求并相继开办经济信息类节目。珠江经济广播电台信息资料部开展有偿服务，开播 2 年多就先后为社会 500 多个单位牵线搭桥，促成技术转让、推广、商品物资交易等，成交额达 2000 多万元。[9]

合办栏目也是该阶段广播电台经营生态位的延伸。政策允许把广播电视节目投入市场以获得经营收入。从 20 世纪 80 年代中期开始，社会各界纷纷与广播联办、赞助、特约播出节目，并支付一定费用；由合办单位出资的有奖征文、征答、知识竞赛等活动也不断增多。从 1988 年起，北京人民广播电台通过合办栏目和广告收入达成的自主创收已超过财政拨款，其中合办栏目收入大于广告收入。[10]

开展广电技术经营，也是广播电台经营生态位的重要路径。广播电影电视部设计院就以"事业单位，企业化管理"体制改革为突破口开展多种服务业务，广播电视发射塔、彩电中心、电视台和广播电台业务大楼等设计业务遍布国内外，仅 1991 年的综合产值就达 370 万元。[11]

总体来说，虽然这一阶段广播电台广告经营得到了恢复，也有一些其他类型的探索性经营活动，但是由于之前多年的政治生态理念深入人心，国民经济还在恢复和成长，许多企业对在广播电台等媒体上投放广告的价值认识不足，投放广告的能力和动力均显不足，有限的广告收入甚至以实物代替，不能为广播电台等媒体的运转和发展提供充裕的资金保障。到了 1988 年，在广播广告经营走过 10 年的时候，全国广播广告收入仅为 0.64 亿元。广播电台因此并未给予广告经营和其他经营活动足够的重视。基于上述原因，该阶段的广播经营整体处于一种有限的市场生态位下。

（三）市场化改革生态位下的全面经营（1992 ~ 2001）

1992 年春天，邓小平同志南巡并发表一系列重要讲话。1992 年 6 月，中共中央、国务院发布了《关于加快发展第三产业的决定》，提出"以产业为方向，建立充满活力的第三产业自我发展机制""自主经营、自负盈亏"等理念。1992 年 10 月召开的中共十四大明确提出，我国经济体制改革的目标是建立社会主义市场经济体制。市场机制开始在各行业发挥调节作用，人们的思想也大大解放，传媒领域的全面市场化改革快速推进。

这一阶段广播在经营生态位上的全面拓展可圈可点。在广告经营方面不断拓展资源，也在广告经营方式和代理方式方面进行探索。在 1994 年中央电视台开始黄金资源位招标的经营方式之后，其他广电媒体也陆续跟进，大大提升了广告资源的经营效率，广播电视广告经营进入高速增长期。到 1998 年，广播广告收入达 13.3 亿元，是 10 年前的 21 倍。

专业化频率和类型化广播在这一阶段也得到了大发展。我国首家交通广播电台在上海诞生后，全国各大广播电台纷纷跟进开办交通台或交通音乐台。1993 年和 1994 年两年内，北京人民广播电台先后成立新闻广播、音乐广播等 7 个专业广播频率。[12] 1994 年，北京人民广播电台最早大胆尝试"频率负责制"，实行"分散经营、统一管理"，从而走上了增长快车道。[13] 作为媒介生态位经营的典型应用，专业广播频率是对利基市场的细分和开发，是广播经营的专业化演进，体现了市场机制对媒介资源配置的影响。

此外，随着专业化改革的持续深入，广播媒体的产业意识和市场意识不断增强，在与听众互动、节目创新、频率建设等过程中，不断发掘经营空间，进行了声讯开发、节目销售、品牌运营以至跨地域、跨媒体、跨行业的多种尝试，资源整合力度空前，引入社会资本，经营理念也上升到新的高度。[14]

作为提质增效、优化体制的重要抓手，20 世纪 90 年代的集团化改革也带来了广电发展的新契机。1999 年组建的无锡广电集团拉开了广电体制改革的大幕，采取"事业单位，企业化管理，实行经济核算，自收自支，自负盈亏"发展模式，集团化发展成为广电体制改革纵深发展的主要路径，提升了广播经营的空间，使得广播经营的生态位宽度、生态位竞争优势均得以优化。产业化与集团化进程的推进，导致了全国广播电台数目的压缩和经营规模的扩大。[15]

总之，这一阶段随着市场经济体制的确立，广播的生产要素商品化、资源配置市场化，最典型的就是资本要素越来越需要通过广告市场、信息消费、资本运营和社会合作等渠道来筹措。但是，市场化改革的推进，也使得不同广播媒体之间开始出现生态位重叠、生态位竞争优势不明显等问题。因此，市场化改革生态位下的广播经营既贯彻"发展就是硬道理"的思想，通过锐意改革来带动人民广播事业发展，促使广播经营生态位得到多渠道、多层次、多形式的拓展，也开始重视发展的质量，避免散、乱、生态位重叠等问题。1996 年《关于加强新闻出版广播电视业管理的通知》明确提出，要逐步形成"布局合理、结构优化、效益明显、富有活力的发展格局"。

（四）文化产业生态位下的深化经营（2002～2011）

2002 年 11 月，党的十六大提出"发展文化事业和文化产业""增强我国文化产业的整体实力和竞争力""继续深化文化体制改革"等论断。文化体制改革的大幕正式拉开，发展文化产业、推动文化体制改革成为共识。

2003 年，国家广电总局提出要全面贯彻十六大精神发展文化产业，广播影视业发展要有新思路，一是要把宣传功能和产业功能进一步开发起来，二是在产业开发上要把单纯的广告开发转向以广告开发为主、多项开发并进的路子上来。总局将 2003 年确定为"网络发展年"和"广播发展年"，并提出要加大广播创收力度等五大目标。[⑯]

在这一阶段，按照广播产业的特性和规律，广播媒体以体制机制创新为动力，以结构调整为主线，以科技创新为手段，走产业经营的道路。这一阶段，广播媒体充分运用市场机制，优化资源配置，调整结构布局，提高产业集中度，吸纳社会资源，拓展经营平台，同时依托技术发展带动产业升级。许多广播电台将非新闻类节目分离出来，按照现代企业制度和现代产权制度的要求进行公司化经营。

以北京人民广播电台为例，其实现了从"广播经营"到"经营广播"的跨越式发展。在广播生产要素、生产环节的整合上引入市场优化的理念；在经营上以广告经营为主业，创新广告经营模式，深度开发广播品牌资源，2008 年的广告创收达 6.2 亿元；在专业化平台搭建上，延伸至相邻产业进行多元生态位的开发和经营，利用交通广播资源成立北京交广汽车俱乐部有限公司；在跨行业经营上，"一业为主，多种经营"的格局不断壮大广播电台运营规模，通过 8 个控股子公司形成依托主业、整合资源、长短结合、高低搭配、跨媒体跨地域经营的产业化发展格局，2008 年实现经营收入 4.74 亿元。[⑰]

在文化产业生态位下，广播电台根据"发展文化事业和文化产业"的目标，按照产业和市场的规律办事，积极进行"分类改革"，在市场经济的大潮中真正"培育新型市场主体"，向市场要收入要效益，广播媒体的经营活力得到较为充分的释放，产业经营能力得以深化。有研究指出，2008 年广义的广电产业收入达 1374 亿元，占全国广播电视系统总收入的 86.84%，意味着广播电视系统主要是依靠自己的产业收入来保障整个系统运行和整个事业持续发展的。[⑱]

（五）融媒体生态位下的创新经营（2012 年至今）

2012 年，党的十八大胜利召开，文化体制改革迈入新时期。在这一阶段，党中央作出了推动传统媒体和新兴媒体融合发展的重大战略部署。2013 年 11 月，党的十八届三中全会上明确提出"推动传统媒体与新兴媒体融合发展"。2014 年 8 月 18 日，中央全面深化改革领导小组第四次会议通过了《关于推动传统媒体和新兴媒体融合发展的指导意见》。人民广播事业在媒体融合上升为国家战略的背景中开始了新的征程。

在新媒体快速发展的过程中，传统广播媒体的受众不断流失，其生态位明显衰减，广播媒体的商业模式亟待优化和再造。2018 年，广播广告收入 140.37 亿元，同比下降 9.76%；2019 年上半年，广播广告刊例收入减少 9.7%；而新媒体广告收入则快速增加。以上数据表明，广播的经营生态位正在发生重大调整，这要求广播媒体在融媒体发展的生态位下持续创新经营，扩大生态位宽度，塑造融媒时代的广播核心竞争力。

以央广传媒为例，作为中央人民广播电台全额投资的大型国有独资公司，其依托可经营性节目资源，围绕传统媒体业务、新媒体业务、投资业务和电视购物业务4 大主营板块，构建了广播节目制作、广播节目版权开发、广告、动漫、手机阅读、投资和电视购物等产业价值链，经营收入和资产规模大幅增长。央广传媒成长为全国首家以广播产业为基础、增长率最高的综合传媒企业之一，是中国广播产业开发和创新经营的重要标志。[19] 再以区域广播佛山人民广播电台为例，其通过创新经营方式、构建垂直化的社群经济，在移动互联时代构建出经营新生态，借助自身的专业性和权威性以及在多个领域延伸的相关产业链，通过建立粉丝之间的社交关系实现商业转化，开发出相关的配套产业、互动活动和服务。[20]

随着媒体融合的深入推进，传媒生态进化必将到达一个产业与市场高度融合的临界点，并进入旧市场与新市场生态位价值动态变化的系统失序期，在短暂混乱后实现整个生态系统价值的新一轮扩张。[21] 融媒时代，广播媒体依然拥有其他媒体难以替代的核心优势。但是，在传媒生态进化的临界点即将到来之际，广播媒体需要及时舍弃在旧生态位衰减中无法扭转颓势的传统业务，转而将传统业务中剥离出的资源投入到对新入口、新渠道、新市场的开拓中，发展具有生态位升值潜力的全新业务。[22]

二、从现实到虚拟：中国广播经营生态位的未来延续与创新

从上述 5 个阶段的发展历程可以看出，中国广播的经营生态位经历了从政治语境到市场语境、从有限经营到全面经营、从事业空间到产业空间、从单一媒体到融合媒体的深刻变革。尽管传媒生态环境发生了各种变化，广播媒体通过理念变革、经营机制改革、商业模式再造等方式积极开拓各种经营生态位，在争取生态资源、优化生态位宽度、降低生态位重叠度、强化生态位竞争优势等方面作出了极其有益的尝试。未来，对于处在 5G、AI、AR/VR 等技术集群所塑造的现实与虚拟相混合的

传媒生态新格局中的广播融媒体来说，探求经营生态位新的空间、挖掘竞争新优势格外重要。

（一）强化和更新生态位经营理念

生态位经营理念可以使广播找到在国家特定时空中的生存位置，找到在媒介群落中的发展空间，规避媒介市场的恶性竞争和无序竞争。它能够从国家特定时空、传媒生态环境和媒介群落的整体结构出发考虑广播媒体的发展战略。以专业频率为例，"广播中的任何一个专业频率都有自己时间和空间上的生态位"[23]。专业频率的深入发展，不仅是市场细分理念的体现，也可以视为生态位经营理念的整合。

面临 5G 背景下融合生态位的人民广播事业，强化和更新生态位经营理念更显必要。有观点认为，在互联网出现之前，中国的传媒业嵌套在"垂直生态位"结构之中。[24] 广播媒体在"四级办"的"垂直生态位"中，依照纵向的等级序列在不同的行政区域生态位上占据生存空间，互联网出现之后"垂直生态位"被侵蚀和击穿，开始向"平行生态位"市场结构转变。因此，生态位结构秩序的消解和重构，要求广播媒体进一步强化和更新生态位经营理念，合理作出判断和选择，以应对互联网带来的"无边界"竞争市场。

（二）优化生态位宽度，降低生态位重叠度

在媒介生态位经营体系中，生态位宽度和重叠度需要根据传媒生态环境和广播实际经营情况来进行选择和优化。20 世纪 90 年代，上海东方广播电台与上海人民广播电台在并行发展的过程中出现了频率定位、节目生产和市场开发的重叠问题。2001 年 8 月，上海人民广播电台、上海东方广播电台等单位合并组建上海文广新闻传媒集团，集团在保留两台呼号的基础上，重新规划推出新闻、交通、文艺、财经等 10 个频率，将各频率的生态位进行了合理划分，避免了因生态位重叠带来的冲突及内耗问题，堪称广播生态位调整与经营的典范。

当前，伴随媒体融合的推进，电视台与广播电台的两台合并工作已近尾声。2018 年，中央级广电媒体完成了 3 台合并。我国部分区域还出现了广电媒体与报社整合的案例。来自上海广播业的优化生态位宽度和降低生态位重叠度的理念和实践，对于解决广播电视等媒体的深度融合发展与转型问题，具有极其重要的价值。广电传媒机构应以生态化的布局思维，推动内部价值链与外部跨行业的多方位融合。[25] 不断优化生态位宽度、降低生态位重叠度，是 5G 时代实现融合媒体整合升维的重要路径。

（三）再造生态位竞争优势

在电视和互联网崛起之前，无论是政治生态位还是经济生态位，都赋予了广播较为充足的生态资源。随着电视和互联网的兴起，广播的经营生态位遭遇挤压，"小而美"成为广播业生态位相对衰减的写照。有研究通过对我国报纸、电视、广播、杂志和网络 5 大媒体从 1999 年到 2006 年 8 年间的生态位竞争态势进行测算后发现，电视与广播在广告收入来源上的生态位重叠度最大，即竞争最为激烈。[26] 广电总局数据显示，2018 年的全国广播广告收入 140.37 亿元，同期电视广告收入 958.86 亿元。[27] 2018 年，我国互联网广告总收入达到 3694 亿元人民币，较上一年增长了 24.2%。[28] 广播的广告收入不仅远远低于电视和互联网，而且还有继续下降的趋势。因此，传统广播媒体作为一种经营业态的市场生态位正在不可避免走向衰减，其生态位竞争优势迫切需要在新的传播格局中进行再造甚至是超越。有研究提出，传统广播媒体在拥抱媒体融合所带来的诸多机遇之时，还有望经历一次听觉生态位的超越，即与其他所有"以声为媒"、满足用户听觉需求的新媒体整合发展，成为新型的听觉媒体。[29]

综上，广播经营生态位的变革都与发展理念转换、发展路径转型、发展模式切换有关，改革开放、体制改革、"以产业为方向"的政策红利更是赋予广播媒体在经营上的动力和活力。未来，在 5G、AI、AR/VR 和大数据赋能的媒体融合时代，中国广播将随着在线音频产业的发展进入"耳朵经济"的赛道。"连接"与"场景"将成为催生新业态的关键词，"现实"与"虚拟"相混合将构建新的音频世界。流量听觉化生长、产业去界化融合、主体平台化扩张、内容精准化匹配和人机语音化交互是"耳朵经济"时代音频产业演进的主要特征，内容场景、社交场景、位置场景和调用场景是音频产业最重要的应用场景。[30] 对这些应用场景进行建构和深耕，将是广播融媒体谋求生态位经营新优势的重要契机。

注释：

① ⑥ 赵玉明：《中国广播电视通史》，第 194 ~ 195 页，第 238 ~ 239 页，北京广播学院出版社 2004 年版。

② 申启武：《坚守与突围：广播媒体融合发展的战略选择》，《现代传播（中国传媒大学学报）》2017 年第 5 期。

③ k 赵玉明、艾红红：《中国广播电视史教程》，第 118 页，第 148 页，中国广播电视出版社 2009 年版。

④ 赵玉明：《中国广播电视图史》，第 111 ~ 112 页，南方日报出版社 2008 年版。

⑤ 覃榕、邹娜娜、覃信刚：《新中国 70 年广播运行机制演变轨迹及前瞻》，《中国广播》2019 年第 6 期。

⑦ ⑨ 白玲：《广播的跨越：广东广播插图史》，第 95 页，第 114 页，暨南大学出版社 2012 年版。

⑧ ⑩ ⑭ 王春美、黄升民：《我国广播多元化经营的演进轨迹与内在逻辑》，《编辑之友》2019 年第 1 期。

⑫ ⑰ 凌昊莹：《广播经营战略研究》，第 7 页，第 13 ~ 16 页，中国传媒大学出版社 2009 年版。

⑬ 董传亮、黄孝俊、郭华省：《广播经营与管理》，第 7 页，浙江大学出版社 2008 年版。

⑮ 刘立刚、卢颖等：《广播电视经营管理》，第 259 页，中国广播电视出版社 2006 年版。

⑯ 徐光春：《全面贯彻十六大精神　努力开创广播影视工作新局面》，《中国广播电视学刊》2003 年第 2 期。

⑱ 黄勇：《论新中国六十年广播电视的发展道路》，《现代传播（中国传媒大学学报）》2009 年第 6 期。

⑲ 周竞东：《广播产业发展路径探讨》，《中国广播》2019 年第 7 期。

⑳ 肖婧为：《本刊融媒调研系列：区域媒体的融合转型之道——以佛山人民广播电台的实践为例》，《中国广播》2019 年第 6 期。

㉑㉒ 卜彦芳、董紫薇：《调适与突破：新型主流媒体生态位经营新策略》，《青年记者》2019 年第 24 期。

㉓ 申启武：《媒介的生态位策略与广播频率的专业化设置》，《暨南学报（哲学社会科学版）》2006 年第 2 期。

㉔ 许敏球：《从垂直生态位到平行生态位》，《视听界》2020 年第 2 期。

㉕ 郑苏晖：《新时代广电传媒经营的转型、变道与升维》，《电视研究》2018 年第 10 期。

㉖ 强月新、张明新：《中国传媒产业间的广告资源竞争：基于生态位理论的实证分析》，《新闻与传播研究》2009 年第 5 期。

㉗《2018 年全国广播电视行业统计公报》，http://www.nrta.gov.cn/art/2019/4/23/art_113_42604.html

㉘《〈2018 中国互联网广告发展报告〉发布》，http://www.cicn.com.cn/zggsb/2019-01/14/cms114359article.shtml

㉙ 田园：《听觉生态位的超越：从广播媒体到听觉媒体》，《当代传播》2018 年第 3 期。

㉚ 刘涛：《音频产业的演进特征与场景建构》，《新闻战线》2019 年第 24 期。

（作者分别为：中国传媒大学博士研究生、广州大学新闻与传播学院讲师；中国传媒大学经济与管理学院教授。本文系北京市社会科学研究基金基地重点项目"京津冀一体化中的传媒生态位测算及生态圈构建研究"的阶段性成果，项目编号：19JDXCA004）

交通广播近三十年发展的六个向度

高永亮

2020年适逢人民广播事业诞生80周年。80年来，人民广播经历了战火的洗礼，见证了中国革命、改革、建设的伟大历程。1991年9月30日，中国大陆第一家以交通信息为主导的广播媒体——上海人民广播电台交通信息台开播，交通广播事业由此发轫。经过近30年的发展，全国各地交通广播已超过200家，在交通疏导、出行服务、应急传播、公益慈善等方面发挥着越来越重要的作用，取得了令人瞩目的社会效益和经济效益，已经成为人民广播事业的一支重要生力军。如果把人民广播事业80年的辉煌历史比作一本大书，那么交通广播的发展历程称得上是其中一个精彩篇章。交通广播近30年发展主要呈现出六个向度。

一、改革开放的历史机遇和经济发展红利，为交通广播创造显著经济效益提供了前提和可能。

交通广播诞生于20世纪90年代初，当时正值我国社会主义市场经济体制逐步确立和发展，改革开放不断深入和扩大，国民经济和社会开始进入前所未有的高速发展和繁荣期。交通广播以交通信息为主要内容，以汽车驾驶人和出行者为主要服务对象，因此也被称为"车轮上的广播"。20世纪90年代以来，随着经济的发展繁荣，汽车和驾驶人数量与日俱增。1991年，全国民用汽车拥有量为606.11万辆，机动车驾驶员人数1791.57万人，其中汽车驾驶员人数为859.44万人。[①]到2019年，全国机动车保有量达3.48亿辆，其中汽车2.6亿辆；机动车驾驶人达4.35亿人，其中汽车驾驶人3.97亿人。[②]改革开放的历史机遇和经济社会发展的红利为交通广播提供了得天独厚的发展条件。继上海交通信息台之后，成都交通广播、南京交通广播、河南交通广播等18家交通广播在5年内相继开播。到2019年，全国交通广播超过200家。交通广播在各地广播市场平均占有率约为30%。随着知名度、美誉度、市场占有率的不断提高，交通广播广告收入不断攀升。在各地广播电台各类频率中，交通广播广告收入名列前茅，有些电台交通广播单频率广告收入超过其他频率广告收入总和。深圳交通广播《深圳早班车》这一档节目年广告创收就曾达1亿元。2003年，北京交通广播开播10周年时广告收入超过1亿元，在北京流动人群中拥有84.7%的广播收听市场份额，成为全国广告收入最多、收听率最高的广播频率。当时全国广播广告收入约为 22 亿元。2003 年 11 月 28 日，国家广电总局在北京交通广播召开工作现场会，组织全国 50 余家省市电台负责人参会学习交流该台办台经验。从 2000 年到 2016 年，北京交通广播广告收入一直居全国广播单频率第一位，最多时年广告收入超 5 亿元。直到今天，北京交通广播仍然是全国广告收入最高的交通广播频率。到 2018 年，广告收入超过 1 亿元的交通广播有 18 家。2018 年，全国广播广告收入 140.37 亿元，③其中交通广播广告收入约 45 亿元，占全国广播广告收入的 32%。显著的经济效益让交通广播成为各地各类广播媒体中当之无愧的经济龙头和经济支柱。

二、秉承主流媒体社会责任，高扬主旋律，传递正能量，做社会主义核心价值观的培育者、弘扬者、践行者。

习近平总书记指出："培育和弘扬核心价值观，有效整合社会意识，是社会系统得以正常运转、社会秩序得以有效维护的重要途径，也是国家治理体系和治理能力的重要方面。历史和现实都表明，构建具有强大感召力的核心价值观，关系社会和谐稳定，关系国家长治久安。"④他强调："要加强社会主义核心价值体系建设，积极培育和践行社会主义核心价值观，全面提高公民道德素质，培育知荣辱、讲正气、作奉献、促和谐的良好风尚。"⑤作为主流广播媒体，交通广播一直秉承传媒的社会责任，充分发挥和运用自身资源优势和专业特质，不断探索通过广播节目、线下活动、公益项目等不同形式面向各个群体开展社会公共服务，弘扬主旋律，传播正能量，培育和践行社会主义核心价值观。如通过联动交警和驾驶人员疏导交通，为载有危重病人或有其他紧急需要的车辆开通绿色通道或开展爱心救援生命大接力，这几乎是所有交通广播司空见惯的工作内容。再如每年高考期间，各地交通广播协调交警部门、出租车公司、私家车主等开展爱心送考活动。湖南交通广播从 2000 年至今持续开展了 20 年爱心送考，并且从送考逐步延伸到护考、助考进而协调更多社会资源开展爱心助学。20 年来全国有数千万人以各种形式参与爱心送考，惠及上亿高考学子。2011 年，河北交通广播开办帮扶类直播节目《992 大家帮》，通过应急帮、危困帮、维权帮、公益帮 4 种帮扶形式，开播 4 年使 4 万多人获得有效帮助，通过举办公益活动等形式为困难群众募集善款 700 多万元。2013 年，贵州交通广播与贵阳市道路运输管理局、贵州省青年志愿服务基金会、贵州省道路交通安全协会联合建立 "952 找到啦" 失物招领公益平台，截至 2019 年收到失物 2.6 万余件，找到失主 1.6 万人。交通广播培育、传播、弘扬、践行社会主义核心价值观的实践引起了社会各界积极反响。2014 年 10 月 15 日，国家新闻出版广电总局在黑龙江哈尔滨召开了全国交通广播传播社会主义核心价值观经验交流会，时任副局长聂辰席在会上对交通广播在传播社会主义核心价值观方面所做的工作给予充分肯定和高度评价。

三、坚持守正创新，强化精品意识，在内容创新创优方面不断探索并实现突破。

正确的政治方向、舆论导向和价值取向是交通广播作为主流媒体必须坚守的基本原则，也就是所说的"守正"。在"守正"的基础上，交通广播在内容产品题材、体裁及生产、分发、传播等方面不断探索和创新。如贵州交通广播2013年推出《我是柳叶眉》系列微广播剧，每集时长不超过2分钟，通过剧中人物对话表演和音响音效模拟场景等方式传播交通、消防、生活常识、防范网络诈骗等相关信息，播出后广受欢迎。安徽交通广播在新闻短评节目上尝试推陈出新，致力于"热一度、快一步、深一层"，推出"新闻故事＋打油诗点评"形式的节目《小李飞刀》、"新闻故事＋引经据典名人名言点评"形式的节目《有一说一》，为听众津津乐道。2015年，北京交通广播为应对媒体融合发展趋势，基于用户画像并结合自身频率特点创办了《联e会》节目，通过切入用户生活方式的各个圈层，帮助用户跟上时代潮流，规避相关风险，解决互联网等新兴技术给普通用户带来的信息壁垒和使用困惑，更好地满足用户在媒体融合时代的交通、汽车、房产、旅游、健康等方面核心需求。除了内容创新，交通广播注重强化精品意识，对内容深耕细作，不断提高内容品质，在国家级重要奖项中屡有斩获。北京交通广播的《交通新闻》《一路畅通》、黑龙江交通广播的《好人朱占华》、河北交通广播的《992大家帮》、江苏交通广播的"国家公祭日新媒体互动H5项目"等一系列交通广播节目、栏目或内容产品获中国新闻奖、中国广播影视大奖等国家级奖项。北京交通广播自开播以来先后有几十篇作品获中国新闻奖、中国广播影视大奖。此外，越来越多的交通广播主持人开始出现在中国播音主持最高奖"金话筒"奖的领奖台上，如北京交通广播的杨洋、李莉、郭炜，上海交通广播的李欣、白瑞、方舟，黑龙江交通广播的亓欣莉，江西交通广播的蔡静，湖南交通广播的何帅、丹阳等。其中，李欣、白瑞不止一次获"金话筒"奖，蔡静、何帅均为其所在省广播媒体领域首位"金话筒"得主。北京交通广播自2006年起连续6年有9位主持人获"金话筒"。

四、承担"应急广播"任务，服务国家战略。

党的十七届六中全会通过的《中共中央关于深化文化体制改革推动社会主义文化大发展大繁荣若干重大问题的决定》提出"建立统一联动、安全可靠的国家应急广播体系"。[⑥]2012年国务院印发的《国家基本公共服务体系"十二五"规划》中也提到"积极推进国家应急广播体系建设"。[⑦]这充分表明应急广播体系建设已成为国家战略。2013年芦山地震和2014年鲁甸地震后，中央人民广播电台联合一些地方电台在两次地震震中尝试开办面向灾区听众的应急广播，充分发挥其在发布权威信息、引导社会舆论、协助抗震救灾等方面的重要作用，受到地方政府和灾区群众的欢迎。2014 年 9 月 16 日，国家广电总局主办了首届中国应急广播大会，广电系统开始全面部署和推进国家应急广播体系建设。在应急广播体系建设中，交通广播扮演了重要角色，承担了重要任务。2011 年 9 月 1 日，"安徽省应急广播"授牌仪式在合肥举行，时任安徽省委常委、常务副省长、省委秘书长詹夏来向安徽交通广播授牌。这是我国第一家省级政府应急广播，也就是说全国第一家省级政府应急广播的工作任务交给了交通广播。此后，北京、上海、天津、河北、河南、山东、江苏、浙江、湖北、湖南、新疆等省级交通广播，烟台、石家庄、太原、武汉、广州等城市交通广播都纷纷被当地政府授牌成为"应急广播"。据不完全统计，截至 2019 年全国有近 60 家交通广播被授牌成为"应急广播"。近些年发生的一系列重大突发公共事件中，如 2013 年 "11·22 青岛输油管道爆炸事件"、2015 年 "8·12 天津滨海新区爆炸事故"、新冠肺炎疫情、2020 年南方地区洪涝灾害等，作为应急广播的交通广播第一时间公开报道权威信息，正确引导舆论，回应社会关切，疏导公众情绪，为各级党委、政府相关部门及社会各界积极应对和妥善处置事件提供了良好的舆论环境。

五、发挥自身资源优势和频率特色，积极推动广播媒体与新兴媒体深度融合。

党的十八大以来，习近平总书记高度重视媒体融合，针对媒体融合发表了一系列重要论述。2013 年召开的全国宣传思想工作会议上，习近平提出"加快传统媒体和新兴媒体融合发展"。[8]2014 年 8 月 18 日，习近平主持召开的中央全面深化改革领导小组第四次会议审议通过了《关于推动传统媒体和新兴媒体融合发展的指导意见》。这次会议和这个文件通常被视为国家层面正式开始推动传统媒体与新兴媒体融合发展的标志。2019 年 1 月 25 日，习近平总书记在中共中央政治局第十二次集体学习时的讲话中指出，"要坚持一体化发展方向，加快从相加阶段迈向相融阶段"。[9]今年 6 月 30 日，习近平总书记主持召开的中央全面深化改革委员会第十四次会议审议通过了《关于加快推进媒体深度融合发展的指导意见》。面对媒体融合发展的大势，交通广播发挥自身资源优势和频率特色，在内容、渠道、平台、经营、管理等方面积极探索和推动广播与新兴媒体深度融合。各地交通广播开通微博微信公众号、建立新媒体矩阵、打造融媒体中心，在新媒体平台实时发布交通路况信息弥补线上节目内容的不足；一些交通广播将本台的代表性节目，如前文提到的贵州交通广播的《我是柳叶眉》、安徽交通广播的《小李飞刀》《有一说一》等，在传统广播平台播出之外还放在新媒体平台进行多次传播，增强与用户互动，实现传播效果最大化；江苏交通广播尝试开发教育类、社会服务类网络音频产品，探索媒体融合商业模式；湖北、新疆、黑龙江、河南等一些交通广播媒体，尝试与内容平台、电商平台、社交平台合作进行网络营销和电商直播；还有的交通广播开始探索与 MCN 机构合作进行网络内容产品生产、分发、营销，有的甚至探讨和尝试创办 MCN 机构。交通广播正在致力于"建立以内容建设为根本、先进技术为支撑、创新管理为保障的全媒体传播体系，牢牢占据舆论引导、思想引领、文化传承、服务人民的传播制高点。"⑩

六、以社会组织为纽带实现跨区域联动，形成全国范围品牌效应和发展合力。

广播媒体频率覆盖范围一般固定在各省、市、县级行政区域内，广播媒体的报道内容、收听群体、广告市场及传播效果也因此大多局限在各自省、市、县区域范围内。区域性是包括交通广播在内所有广播媒体的先天特点，在很大程度上也是广播媒体发展的一个软肋和痛点。1995 年 8 月 28 日，全国交通广播的社会组织——中国广播电视学会交通宣传委员会（中国广播电视社会组织联合会交通宣传委员会的前身，以下简称"交宣委"）成立。交宣委积极发挥桥梁纽带作用，先后协调组织全国 140 家会员单位成立了 8 个区域交通广播协作网，通过开展联合主题报道或公益活动，遇突发公共事件、极端天气、节假日等交通信息联动共享，互派记者、主持人到对方单位进行学习、交流及参与采编实践等形式，加强协作网内成员台之间及协作网之间各台跨区域联系和互动，实现资源共享，优势互补，在主题报道、公益服务、交通疏导等方面形成全国交通广播合力。在抗击新冠肺炎疫情报道中，"全国交通广播疫情防控阻击战"特别节目在 8 个区域协作网、全国百余家交通广播全媒体平台同步播出，全国交通广播公益捐助活动同步启动，报道覆盖全国 30 个省份，触达人群近 5 亿，2 个月时间里发出各类报道近 28 万条，中宣部《新闻阅评》（2020年 2 月 11 日第 30 期）对此给予报道和充分肯定。2010 年起，交宣委创立"畅行中国——全国百城百台交通广播主题采访报道"品牌活动，每年组织全国交通广播记者采访团赴相应省份或地区，集中采访报道当地经济、政治、文化、社会及生态文明建设。围绕"抗日战争胜利 70 周年""红军长征胜利 80 周年""改革开放 40 周年""新中国成立 70 周年"等重大主题，交宣委面向全国交通广播征集选题和作品，对优秀作品在全国交通广播全媒体平台进行展播并结集出版。每年高考、黄金周、春运等重要时间节点，各地交通广播都开展不同形式的交通信息服务或公益帮扶活动。交宣委联合全国文明办、公安部交管局等单位，统筹联动各地各相关部门，同步开展全国百城百台"爱心送考""黄金周文明安全出行""温暖回家路"等活动，使活动参与范围和传播效果覆盖全国。在社会组织的积极推动下，"全国交通广播区域协作网""畅行中国""爱心送考""温暖回家路"等已经成为辐射全国的交通广播媒体品牌，在全国范围的传播力、引导力、影响力、公信力不断提高。

结语

诞生于改革开放和经济社会繁荣发展背景下的交通广播在近 30 年发展中，通过发挥自身资源优势和频率专业特色，始终把社会效益放在首位，坚持守正创新，恪守主流媒体社会职责，服务国家战略，积极推动与新兴媒体深度融合，通过社会组织实现跨区域联合发展，创造了令人瞩目的社会效益和经济效益。但必须看到，随着媒介生态、传播格局及经济社会发展环境的变化，交通广播正面临收入下滑、听众流失、盈利模式单一、产业拓展乏力等前所未有的挑战。这也是学术界、理论界和传媒业界亟待解决的时代课题。相信在交通广播人的不懈努力下，在社会各界的积极支持下，交通广播在未来发展中一定会"努力在危机中育新机、于变局中开新局"，[11] 进一步锐意进取，开拓创新，为人民广播事业、广电事业、传媒事业乃至整个经济社会发展不断做出新的更大贡献。

注释：

① 数据来源：国家统计局官方网站，http://data.stats.gov.cn/easyquery.htm?cn=C01。

② 数据来源：公安部官方网站，https://www.mps.gov.cn/n2254314/n6409334/c6852472/content.html。

③ 国家广播电视总局发展研究中心编著《中国广播电影电视发展报告（2019）》，中国广播影视出版社 2019 年版，第 96 页。

④ 习近平：《习近平谈治国理政》，外文出版社 2014 年版，第 163 页。

⑤ 习近平：《习近平谈治国理政》，外文出版社 2014 年版，第 154 页。

⑥《中共中央关于深化文化体制改革推动社会主义文化大发展大繁荣若干重大问题的决定》，《人民日报》2011 年 10 月 26 日第 1 版。

⑦《国家基本公共服务体系"十二五"规划》，《人民日报》2012 年 7 月 20 日。

⑧ 习近平：《在全国宣传思想工作会议上的讲话（2013 年 8 月 19 日）》，中共中央文献研究室编：《习近平关于全面深化改革论述摘编》，中央文献出版社 2014 年版，第 84—85 页。

⑨ 习近平：《加快推动媒体融合发展　构建全媒体传播格局》，《求是》2019 年第 6 期。

⑩《习近平主持召开中央全面深化改革委员会第十四次会议强调依靠改革应对变局开拓新局　扭住关键鼓励探索突出实效李克强王沪宁出席》，《人民日报》2020 年 7 月 1 日第 1 版。

⑪ 谢环驰：《习近平在看望参加政协会议的经济界委员时强调坚持用全面辩证长远眼光分析经济形势　努力在危机中育新机于变局中开新局汪洋参加看望和讨论》，《人民日报》2020 年 5 月 24 日第 1 版。

（作者系中国传媒大学广播产业研究所副教授。本文系国家社科基金项目"习近平新闻舆论思想研究"的部分成果，项目编号：18BXW003）

从边缘到边锋

——中国地方周边广播的崛起

高 菲 陆 地

近年来，中国的经济体量越来越大，综合实力越来越强，国际影响力更是与日俱增，但是，中国的周边却越来越不平静。从北到南，朝鲜半岛朝晴暮雨、"台独"分子兴风作浪、"港独"分子引狼入室、南海地区波谲云诡、中印边境是非不断。美国频频拉来参加南海军演的几个国家日本、印度、澳大利亚都是中国的紧邻或近邻，有的国家更是频频邀请昔日的死敌美国的军舰甚至航母来访，牵制中国的意图十分明显。可以说，中国从来没有像今天这样强烈地感受到周边国家和地区的重要以及美国利用中国周边威胁中国的阴险意图。因此，加强中国对周边国家的传播力度和效度，增进中国和周边国家人民的了解和理解，强化中国和周边国家命运共同体的理念，挫败美国利用中国周边围堵中国、压缩中国生存空间的战略图谋，具有重大的现实意义和深远的历史意义。而深具地利之便的中国边疆地区的广播媒介是对外传播的轻骑兵、无影脚，在周边传播中作用非凡，已经并且继续发挥着重大的作用。

一、中国周边外交战略需要周边传播

（一）中国周边外交战略的调整

2013 年 10 月 24 日至 25 日，中国周边外交工作座谈会在北京召开，首次明确提出我国周边外交的基本方针就是坚持与邻为善、以邻为伴，坚持睦邻、安邻、富邻，突出体现亲、诚、惠、容的理念。2015 年 6 月 29 日，习近平主席在会见外宾时又说，中方提出"一带一路"设想和亚洲基础设施投资银行倡议，是本着亲诚惠容的周边外交理念，致力于同亚洲国家一道解决本地区面临的现实问题，共同发展。①

这意味着，我国已经改变了原来过于注重美欧的外交战略，更加注重经营自己的周边环境，甚至把周边外交提到对外战略的基础和首要位置。这就在客观上要求中国的对外传播也要与时俱进，配合立体、多元、跨越时空的周边外交，改变原来在报道和传播上过于注重美欧国家的战略，加强对周边国家的报道和传播，为中国和周边国家的政治、经贸与文化联系更加通常、更加紧密创造良好的舆论环境。

（二）广播媒体最适合周边广播

在众多的大众传播媒介中，广播并不起眼，但是，却不容小视。因为它所具有的优点是别的媒介不具备的，尤其适合周边传播。

首先，有天时之优。电视有声有色，报纸和杂志文图并茂，互联网无所不有，手机随时在手，都有很强的存在感。但是，在国际传播中，这些存在感也很容易被传播对象国认为是"文化入侵"或"信息主权受损"而转变为传播对象国的警惕性进而被封杀。比如，印度最近强令国内运营商删除了 59 款与中国相关的手机应用软件。而广播媒介看不见，摸不着，似无实有，无所不在。在电视媒介、新媒体媒介轮番风光的时候，很多人并不注意和在意广播媒介，周边国家之间对广播的防控也相对较弱。因此，周边传播的众多媒介中，广播媒介貌似存在感很低，其实，这正是广播媒介的优势和加强传播广度与力度的好时候。

其次，有人和之利。广播媒介轻便、快捷，使用成本低，接收便利，更不需要像其他媒介那样花费专门的时间才能使用，伴随性强，因此，一般的老百姓都能用得起，非常普及。现在的手机媒介一般也都有广播电台集成平台，几乎可以找到想听的国内外任何广播频率。特别是在人们用眼疲劳的时候，在移动的交通工具上的时候，在夜深人静的时候，广播正好可以见缝插针，"随风潜入夜，润物细无声"。正所谓"弱以奇胜，强以正合"。

又次，有地利之便。广播媒介的地方性很强，频率覆盖有限，内容大多以地方为主，而新闻传播的相关性规律也决定了民众对本地或周边地区的广播具有更大的兴趣。国与国之间的周边地区很多都是跨境民族，语言风俗民情相通或相近，具有天然的亲近性、亲切性。按照周边传播相似相容的理论，周边地区两侧的民众都很容易接受对面周边地区的广播内容，以便获取相关的政治、经济和文化信息。这也是周边广播更适合在周边存在和发挥作用的理论依据。特别是高保真的调频（FM）广播，以直线方式传播，通常覆盖范围在几十公里左右，最适合周边广播。

二、中国地方周边广播的兴起

新中国正式的对外传播是从 1950 年中央人民广播电台成立国际广播编辑部开始的，但国际影响力的形成则伴随着 1978 年中国国际广播电台的成立。基于"内外有别""外事无小事"的宣传指导思想，改革开放前中国的对外传播主要是央媒的使命，地方媒体则由于人才、内容、语种、覆盖的限制和对外宣传口径的难以把握，除了几个重要的边疆省级电台，如黑龙江人民广播电台（下称"黑龙江电台"）于 1963 年 2 月 20 日开播的朝鲜语广播、1984 年成立的广西人民广播电台（下称"广西电台"）对越广播等，其他地方台很少涉足对外传播。即便是相互近在咫尺的周边传播，也因为属于对外传播的范畴，边疆地方媒体很少轻易发声。2001 年加入世界贸易组织以后，中国对外开放加速，中国的对外传播理念也从"内外有别"转变为"内外无别"，以央媒为主、地方媒体为辅的多元化对外传播格局逐渐形成,边疆地区省级媒体乃至地市级媒体在对外传播特别是周边传播活动中日渐发挥重要的作用,几乎所有的边疆省级广播电台都先后开办了以最近的邻国为对象的周边广播。

（一）边疆省级广播的周边传播势头方兴未艾

我国有 14 个陆上接壤的邻国、6 个海上邻国,与我国经济文化联系密切,但是,国际热点密布,是中美、中日、中印明争暗斗的前沿阵地,消耗了我国的大部分外交资源,周边传播的任务十分艰巨。我国周边传播的对象遍及东西南北各个方向,即东部和东北部的朝鲜半岛和东海周边地区以及台海地区、南部的南海周边地区、西南部的中印边界地区和西北部"三股势力"活跃的中国与中亚国家边境地区。与此相对应,东部和东北部的黑龙江、吉林、辽宁、山东以及上海等省级广播电台,南部和东南部的广西、海南、福建、广东等省级广播电台,西部和西南部的云南、西藏等省级广播电台,北部和西北部的内蒙古、新疆等省级广播电台,是我国国际传播特别是周边传播媒体中最主要的地方军。

近 10 年来,随着边境贸易的扩大开放和对外传播环境的日益宽松,上述各台都不约而同地加大了对外传播特别是周边传播的力度。尤其是广西电台、内蒙古人民广播电台（下称"内蒙古电台"）、黑龙江电台等,不但在周边传播的实践上不断创新,成效显著,而且在周边传播的理论上不断探索。

由广西电台和中国国际广播电台联合于 2009 年开播的《北部湾之声》节目每年在越南、老挝、泰国、柬埔寨、缅甸等东南亚国家媒体落地播出时长 7852 小时,在东南亚地区影响巨大。2013 年 3 月 1 日,内蒙古电台以蒙古国官方语言喀尔喀蒙古语向蒙古国听众播出的《草原之声》节目开播。自办节目有《新闻播报》《美丽中国》《文化风景线》《民间艺苑》《天籁之音》《空中门诊》《友谊七彩桥》等 8 档新闻类、文艺类、服务类节目和本土化节目。目前,《草原之声》在乌兰巴托一家公司合作落地播出 8 小时。2020 年 7 月 1 日开始,蒙古国 FM92.1 国际广播转播《草原之声》6 个小时节目,从而使得《草原之声》在乌兰巴托落地的播出时长达到了 14 个小时。

2004 年 6 月 10 日和 7 月 20 日,新疆人民广播电台（下称"新疆台"）柯尔克孜语《中国之声》和维吾尔语《中国之声》节目分别在吉尔吉斯斯坦、乌兹别克斯坦国家电台主频率播出。2007 年 2 月,新疆广播电影电视局与蒙古国巴彦乌列盖省 GCMM 广播电视公司合办的调频广播每天直转新疆电台哈萨克语广播节目 10 个小时。2007 年 7 月,新疆电台的维吾尔语《中国之声》节目在土耳其 YON 广播交流公司调频上星广播中播出,每天 1 小时。到 2009 年 12 月 31 日,新疆电台的《中国之声》节目已先后在吉尔吉斯斯坦、乌兹别克斯坦、哈萨克斯坦、蒙古、土耳其 5 国落地,充分发挥了新疆广播媒体的地理、人文和语言的优势,为"一带一路"建设提供了良好的周边传播环境。云南人民广播电台也是开展周边传播活动较早的省级边疆大台，目前通过卫星、中波、短波、调频等手段，向海内外开通了西双版纳傣语、德宏傣语、傈僳语、景颇语、拉祜语、越南语广播，每天累计播音数十个小时。

西藏人民广播电台（下称"西藏电台"）于1959年1月1日开播，1964年2月14日在全藏首次开办对外广播节目。2001年10月1日，西藏电台藏语康巴话广播开始播音。2002年5月1日，西藏电台开办了全藏首个也是唯一的英语对外栏目《圣地西藏》，全景介绍西藏的文化、风土人情、名胜古迹，展示新西藏的新发展、新变化、新生活。2009年6月3日，西藏电台中国西藏之声网正式开通，进一步扩大了西藏电台对外广播的影响。目前，西藏电台每天用藏、汉、英3种语言播音80小时25分钟，节目的西藏特色、民族特色、时代特色浓郁，为维护祖国统一，稳定边疆局势，在国际上树立西藏的客观形象和促进国外藏胞归国工作，发挥了积极的作用。

（二）边疆省级广播的周边传播活动成果累累

我国边疆省级广播的周边传播实践历史虽然不长，但是，由于是就近传播，占据天时地利人和的优势，尤其是了解和符合周边听众的需求，所以，各台很快取得了显著的成效。

1. 周边覆盖初见成效

周边省级广播媒体在周边传播上不断加大投入，播出语种不断增多，覆盖范围不断扩大，传播效果不断提升。

据广西电台介绍，该台主办的《北部湾之声》目前已经开播了柬埔寨语、老挝语、越南语、英语、泰语等多语种，全天17个小时调频直播，可以有效覆盖越南北部湾海域大部、广宁省大部、谅山省和高平省北部以及海防市局部，短波频率可以有效覆盖越南、柬埔寨、老挝、新加坡全境和泰国大部以及马来西亚西部。根据越南方面提供的数据，整频率在越南广宁省落地的《北部湾之声》的收听率已经超过广宁省本土广播频率。

广西电台不但积极借船出海，而且善于"出海借船"，不断尝试进入其他媒介的周边传播业务。近年来，广西电台主动合作，已经分别在柬埔寨、老挝、缅甸、泰国等国的国家电台开播了广播栏目和电视剧以及动漫栏目。2017年上半年，老挝国家电视台与广西电台联合开展的收视调查显示，高达77.4%的老挝观众收看过老挝国家电视台与广西电台合作在当地开播的《中国剧场》《中国动漫》。

内蒙古电台的《草原之声》自2014年1月1日起在蒙古国首都乌兰巴托正式推出本土化节目《友谊七彩桥》，由蒙古国FM107.5广播主持人负责完成采访、后期编辑及播出工作，实现了节目的本土采访、本土制作、本土播出以及本土互动。《友谊七彩桥》自播出以来，连续4年开展《内蒙古人在乌兰巴托》的系列采访报道，依照蒙古国受众的思维方式和收听习惯，讲述内蒙古人在乌兰巴托不懈奋斗、追求梦想、创造美好生活的故事，加深"一带一路"上的蒙古国民众对内蒙古及中国的了解。乌兰巴托胜利者中文学校 2018 年 3 月专门成立《草原之声》广播听友俱乐部，现有几十名成员，有教师，也有学生，不仅经常收听，还给《草原之声》广播写信，提出意见建议。由此可见，《草原之声》的影响力日益扩大，越来越多的乌兰巴托听众喜欢它，已经成为蒙古国听众了解中国、了解内蒙古的主要渠道之一，成为增进中蒙两国人民相互了解、增进友谊的桥梁和纽带。《草原之声》也得到中蒙两国相关部门的肯定，早在 2014 年 5 月就被中宣部、商务部、财政部、文化部、新闻出版广电总局评定为年度国家文化出口重点项目。无独有偶，与内蒙古电台合作的蒙古国新频率 107.5 广播在 2015 年 12 月蒙古国新闻工作者协会组织的评优活动中，在蒙古国 60 多家广播电台中脱颖而出，被评为年度最佳广播电台；2018 年被蒙古国媒体联盟评为优秀媒体。这充分证明了《草原之声》在蒙古国的传播力和影响力。

西藏电台每年都能收到近千封来自世界各地的藏语、英语听众来信和电子邮件，还有很多生活在印度等周边国家的藏族同胞听了西藏电台对外广播后，毅然决定归国定居。

2. 周边传播不断前移

近年来，周边省级广播媒体的周边传播活动不断创新，突破了传统对外传播的老套路，如加大发射功率、扩大覆盖面积、增加传播语种、增加周边联谊活动等。比如，广西电台对外传播工作不断前移，首创了全国地方广播媒体驻外工作站、译制站，实现本土传播和在地传播的有机结合。2015 年 6 月，该台首先在柬埔寨、老挝、泰国设立工作站，常年派驻人员与当地人员一同办公，开展节目编译、配录音、采访、译制剧推广、技术交流等工作，每 3 个月派驻一批，每批 2 至 3 人。2016 年 10 月 15 日，广西电台老挝译制工作站启用，主要负责《中国剧场》《中国动漫》栏目作品的译制和推广工作，形成本土化译制、公司化运作推广联动机制。2017 年 8 月，广西电台驻缅甸译制站成立。这是中国媒体在缅甸设立的首个译制站，由缅甸国家广播电视台免费提供场所，广西电台提供全套技术设备，双方人员一起在此工作，主要负责《中国电视剧》栏目相关影视剧节目在缅甸的译制工作。2017 年 11 月，广西电台驻越南办公室成立。这是广西媒体在越南设立的第一个工作站，凭借"本土化"优势，进一步加强与越南各界的沟通联系，配合做好广西电台与越南歌舞剧院合作开展的"同唱友谊歌"中越歌曲演唱大赛、与越南之声合作开展广播电视节目等，并推动更多的合作项目落地。这种把译制传播窗口前移至对象国的周边传播模式不仅提高了节目的针对性和工作效率，还有效降低了对象国对我国外宣的担心与戒备。在上述工作站点的基础上，目前，广西电台已经建立了全国首个东南亚多媒体译制传播中心，拥有越南语、泰语、柬埔寨语、老挝语、缅甸语、英语及译配技术人才 100 多人（包括录用的对象国技术与语言人才），具备电影、动漫、电视、广播、音响等多种媒体的译制、录音、配音等功能，还自主研发了便携移动录制系统，实现了多语种节目与汉语节目的高品质互译，可满足多点录音、多方同时录音等业务需求。

3. 周边传播日渐立体

除了节目传播外，一些边疆省级台还积极开展与周边国家的文化交流活动，使得周边传播从符号感觉向实物感受转变，从抽象向直观转变，从单一的新闻媒介传播向信息、活动与实物交流并重的立体传播转变。比如，最早也是最重视周边国家传播的省级台之一——黑龙江电台——就参与主办或成立了"洪达敏"全国朝鲜族少儿广播艺术节（已连续举办 15 届）、黑龙江俄罗斯油画艺术联合会、俄罗斯和朝鲜油画展、958 艺术馆实体馆等实体文化产品的国际交流和经营活动，大大促进了中国和周边国家文化艺术的生产和交流。该台在俄罗斯开播的中医养生节目和实地举办的一些中医药服务活动也广受欢迎。上述和类似活动都丰富了周边传播的内容和形式，大大拓展了周边传播的视野和国际传播的渠道。

广西电台《北部湾之声》围绕国家重点战略和我周边外交战略，主动与东盟各国媒体进行全方位合作，逐步构建起涵盖外宣广播频率、网络新媒体、边境外宣期刊、东南亚工作站等的对外传播体系，实现对外传播立体化、系统化和多元化。2012 年9 月，广西电台与越南广宁传媒中心正式合办《荷花》杂志，合作双方各自设立编辑部，共同组稿。这是中越两国媒体首次合办期刊，创刊 10 年之久的边境期刊《荷花》杂志终于在越南建立起正常、合法的发行渠道，基本实现外宣期刊在对象国的注册本土化、翻译本土化、发行本土化、广告本土化、印刷本土化、办刊本土化要求。目前，该杂志在中越两国发行量已近 2 万册，全年出版 12 期，发行网络覆盖越南全境，尤其是河内、胡志明、岘港、顺化、下龙、芽庄等重要城市的政府机关、星级宾馆、度假村、车站、游轮和机场候机厅等。

"因云洒润，则芳泽易流；乘风载响，则音徽自远。""触非其类，虽疾不应；感以其方，虽微则顺。"周边省级媒体的周边传播活动之所以取得前所未有的传播效果，最主要的原因就是遵循了就地传播、就近传播和顺势传播、顺情传播等周边传播的基本规律。

三、中国周边传播能力提升要实现"五个转变"

中国广播的周边传播活动实践虽然已有几十年的历史，并且取得了很大的成就，积累了一定的经验，但是，与中国周边外交的严峻形势和周边传播的巨大需求相比，与周边媒体的强烈愿望相比，还有很大的潜力和发展空间。中国广播媒体的周边传播能力要大幅度提升，除了继续加强和发挥央媒的主力军作用外，还要特别发掘和发挥边疆广播媒体的潜力和能力，尤其要实现"五个转变"。

（一）从自发到自觉转变

中国的国际传播虽然已经部分摆脱"高大上"的宣传模式和"中央军"的孤军

深入模式，但是必须承认，目前地方媒体和边疆媒体的国际传播和周边传播大部分还处于自发阶段，既缺乏理论的指导，也缺乏政策的引导，既缺乏明确的目标，也缺乏创新的手段，甚至还延续着传统的宣传思维和宣传模式。因此，边疆省份的广播媒体需要树立"文化戍边"的思想意识，自觉地把周边传播与周边外交战略、与地方经济和文化发展战略、与媒介产业发展战略自动、自觉地结合起来。

在周边传播活动中不断探索、不断创新的内蒙古电台主办的《草原之声》在蒙古国之所以越来越受欢迎，就是自觉、主动和科学传播的结果。该台通过蒙古国新闻研究院了解到，目前蒙古国共有广播电台56家，其中乌兰巴托30家，地方26家。覆盖蒙古全境的有3家4套广播节目，其中除了蒙古国家公众广播电台的1套和2套节目外，还有2套私营广播电台的节目。覆盖若干省的地方广播电台有5家。蒙古国约有40%的人有收听广播的习惯，其中，首都乌兰巴托29%的人每天平均收听1～2小时广播节目，其他地方41%的人每天平均收听1～2小时的广播节目。听众中收听音乐歌曲节目的占70%，收听新闻节目的占30%，收听服务类节目的占16%，收听交通信息的占8%，收听广告和其他节目的占23%。据蒙古国新闻研究院院长孟和满都呼介绍，目前网络和Facebook（脸书）等新媒体已经成为乌兰巴托市民获取信息来源的首选，电视次之，广播排在第三。此外，内蒙古电台还多次对蒙古国听众进行多种形式的调查或访谈，深入了解听众的结构、习惯和需求。2019年7月22日，内蒙古电台组织在蒙古国学习工作的人员在乌兰巴托街头、商场等公共场所对50名陌生人进行随机拦截式问卷调查。结果50人中35人收听广播，占70%。收听广播的35人中竟然有20人关注并收听《草原之声》，占57%。这是一个相当大的比例。与内蒙古电台合作的蒙古国新频率FM107.5广播每年都进行听众调查，随时了解蒙古国听众收听广播的场所、途径、时段、时长、内容偏好、主持人喜爱程度等。上述调查和信息对内蒙古电台的周边传播起到了很好的导航作用，避免了国际传播的盲目性和标准化。

（二）从边缘到边锋转变

随着周边外交战略的确立和实施，中国周边传播的理念和理论也逐步完善，周边媒体特别是周边省份广播媒介的作用也日渐凸显。周边广播媒介应当摒弃"边疆即边缘"的消极或无为思想，树立"边疆即边锋"的主体意识和前沿意识，充分利用地利人和的优势，主动承担中国周边传播的光荣使命，积极开展各种形式的周边传播活动，促进周边国家、地区和民族的信息交流、经济交流、文化交流和情感交流。此外，由于美国和周边一些国家也一直非常重视在中国周边地区的新闻传播和信息渗透，围绕中国周边设立了许多广播电台、差转台，因此，中国周边地区包括广播在内的各种媒介都承担着周边新闻战、国际信息战和市场前哨战的艰巨任务。

（三）从项目支持到常态支持转变

目前，周边省份的媒体特别是广播媒介对周边传播价值和意义的认识日渐提升，并在周边传播活动中扮演着越来越重要的角色。广西电台每年一度主办的"同唱友谊歌"中越歌曲演唱大赛自 2005 年以来已举办 15 届；由广西电台《北部湾之声》2011 年发起的"同一个月亮共一片爱心"——中秋节大型跨国友谊活动每年都在柬埔寨、老挝、缅甸、泰国、越南等东盟国家举办，目前已经成为中国和东盟国家重要的周边民间友好交流活动，有效地传播了中华民族的传统节日文化。广西电台在柬、缅、马、越媒体主办的《中国剧场》也越来越受欢迎，还入选中宣部、国家广电总局 2018 年度"丝绸之路影视桥工程"。但是，也应当看到，周边省级媒体毕竟财力有限，在周边传播活动中经常力不从心。如内蒙古电台 2014 年主办的"中蒙歌会"非常成功，在中蒙两国青年中很有影响，但是，因为规模大，流程长，经费有限，只举办了一届就办不下去了。《草原之声》2013 年 3 月 1 日开播时，内蒙古自治区规定每年拨款 156 万元，但这个款项只能用于在蒙古国落地和传输工作，而且每年都在递减。目前，《草原之声》广播的人员经费、办公费、差旅费、制作费、节目购置费、培训费、节目信号传输费等费用都由内蒙古电台承担。周边传播活动的主体虽然是周边省级媒体，但是，他们其实承担的是国家的周边传播使命。因此，省级媒体的周边传播活动应当得到中央或省级宣传部门或外宣部门专项经费的大力支持。这种支持不仅是"一事一议"的项目制，而且应当成为常态。国家有关部门应当成立周边省份周边传播活动专项基金，让周边媒体后顾无忧地专注于周边传播活动的推进与创新。

（四）从共边向共情转变

中国的"一带一路"倡议和周边外交政策，主要是为了与周边国家共享中国发展机遇，实现合作共赢、共同发展。包括广播电视在内的中国周边省级媒体在传播理念上要把对外传播转变为周边传播，不要把国境线作为两国信息市场的分界线，而是作为两国人民共享的"中介线""共边线"，促进和实现周边信息、周边文化、周边经济的融合发展。也就是说，周边传播不是单方面地要求一方了解另一方，而是把"边界"变成"中介"甚至"媒介"，把"他们"变成"我们"，推动周边国家的人民从"共边"向"共享""共利""共情""共鸣"转变，最终促进周边利益共同体乃至命运共同体的形成和发展。

（五）从传统广播向融合广播转变

我国传统的对外广播节目传播和覆盖形式主要有短波和中波直接向对象国发送节目，或与国外电台开展节目交流，如浙江人民广播电台就在美国洛城双语电台购买时段，每周在该台播出我方制作的一个小时节目。但是，全媒体时代的到来使得包括广播在内的传统媒体面临前所未有的严峻挑战。传统的传播与覆盖形式已经很难适应新媒体时代用户的需求。周边很多国家已经加强新媒体方面的布局和传播。比如，蒙古国各家广播电台就非常重视新媒体的传播和融合发展，已经有 20 家广播电台开设了网站，39 家广播电台在 Facebook 上开设了账号。内蒙古电台的《草原之声》

也加快了与移动新媒体融合的步伐，力求以互联网思维做广播节目，使节目内容和形态符合新媒体及其用户的要求。该台近年投资建立了蒙古语网，蒙古语广播和《草原之声》也开设了微信公众号。但因为资金有限，目前该台建立西里尔文网站和手机客户端以及利用 Facebook 等新媒体扩大影响力的设想尚难以很快落实。

注释：

①《习近平会见出席〈亚洲基础设施投资银行协定〉签署仪式各国代表团团长》，http://www.xinhuanet.com/politics/2015-06/29/c_1115756477.htm

（作者分别为：江苏师范大学传媒与影视学院教授；北京大学视听传播研究中心教授）

人民广播80年：一个边疆省台的演进轨迹

魏 红 李建文

1940年12月30日，延安（陕北）新华广播电台（XNCR）播音，中国人民广播事业从此诞生。40年代，人民广播曾在边远的云南产生广泛的影响，为云南的解放提供了舆论支持。新中国成立不久，云南人民广播电台（下称"云南电台"）创建。从此，云南人民广播事业伴随着社会主义建设、改革开放和新世纪以来的创新发展，从最初的仅仅覆盖昆明及周边地区，到现在形成覆盖全省96%以上地区的广播体系，不仅有新闻、教育、音乐、交通、少儿等类型的广播，还有多种少数民族语言广播以及对外广播。少数民族语言、外语广播种类居全国省级电台前列。回顾云南电台的创建、创新与发展，有诸多启示值得我们借鉴。

一、创建、发展与转型

（一）收听记录延安新华广播电台消息：人民广播在云南的传播（1940年~1950年）

延安新华广播电台开始播音时，云南多个地方都可以收听到。但那时收音机不多，昆明地区的一些进步人士和青年就通过各种方式秘密收听。"他们从中了解抗日根据地军民英勇斗争的事迹和自力更生、丰衣足食的生活，加深了对中国共产党政策的理解，认清了抗战的形势和前途，产生了对延安的向往。他们把延安新华广播电台称为'黑夜里的一盏明灯'。"[①]

1938年3月，由国民党中央广播事业管理处处长吴保丰、总工程师刘振清带领工作人员从武汉、重庆到云南昆明，筹备电台工作。1940年8月1日，面向全国（含日占地区）和南洋各地华侨的昆明广播电台正式播音，每天5小时，后逐步增加到7小时。除用普通话播音外，先后使用过粤、闽、厦、英、法、日、韩、越、缅、泰、印、马来等10多种语言播音。"抗日战争时期，昆明广播电台的爱国抗日宣传占一定的比重，……在国内和各沦陷区广大爱国同胞以及海外爱国侨胞中有一定影响。但它的宣传从总体上看是充满反共反人民色彩的。"[②]鉴于此，昆明地区的中共地下党员、进步青年秘密抄收延安新华广播电台的"记录新闻"，整理、刻印成油印刊物，秘密组织传阅。抗日战争胜利后，国民党发动全面内战，封锁消息，迫使云南的地下党员、进步青年更多地抄收延安新华广播电台的"记录新闻"，或印成传单散发，或抄写成大字壁报张贴，受影响的地区日益扩大。

党组织组织地下党员、进步人士、大学生依靠在民声广播电台（民营）、中华职教分社、中央航空公司昆明站、富滇新银行等单位的进步人士，秘密抄收延安新华广播电台的广播，刻印成传单、简报广为散发，并动员昆明市的一些报纸，如《大观报》《复兴晚报》《平民日报》《观察报》《正义报》等，利用报社的电台和收音机，抄收延安新华广播电台的消息，刊登在报纸上，在边疆地区产生了广泛影响。

40年代后期，在云南省内活动的边纵部队（注：地方部队）有10个支队、两个独立团，他们为了打破国民党的封锁，也想学习延安新华广播电台，开办人民广播电台，但受各种条件限制，未能如愿。他们就自建电台，主要抄收延安新华广播电台的"记录新闻"，收听延安新华广播电台的节目，为云南的解放做舆论准备。

1949年8月15日，中共中央广播事业管理处处长廖承志致信邓小平："昆明有个五十启罗电力的广播电台，将来在对东南亚广播宣传上处于有利的地位，所以我们决定派黎韦同志并带同李廉士、苏明、祝敬迓、姚琦、钟清平等同志参加你们进军大西南的战斗序列，到云南去接管昆明广播电台。"③黎韦同志有曾经组建和担任山东省济南新华广播电台领导的经验，在他的协调和领导下，调来了新华社新闻工作人员培训班的学员加入到南下队伍中，组建了最早的昆明广播人员队伍，为在昆明接管旧台建立新的人民广播电台做好了干部准备。

1949年10月1日，新中国成立。12月9日，国民党云南省政府主席卢汉宣布起义。这时，黎韦等还在南下的行军途中，中共云南省工委决定派张仁坚以云南人民临时军政委员会专员名义，接收国民党昆明广播电台。张仁坚等人进驻电台后，组织力量抢修广播设备，于12月下旬恢复了播音，开始转播原延安新华广播电台、现中央人民广播电台（12月5日正式改名）的节目，云南的人民广播处在开播的前夜。

（二）初创的云南人民广播事业：建立覆盖全省的广播收音体系（1950年～1977年）

1950年3月4日，昆明市军事管制委员会发布公告宣布："原昆明广播电台遵照中央人民政府新闻总署广播事业局统一系统，改编为昆明人民广播电台。"当天，昆明人民广播电台正式向全省播音，开启了云南人民广播事业的新篇章。黎韦任第一任台长兼总编辑。成立之初，昆明人民广播电台重点承担转播中央人民广播电台对东南亚广播的任务，自办节目有"省市新闻""言论或通讯"，这是云南省第一家人民广播电台。1951年4月15日，昆明人民广播电台改名为云南人民广播电台。

新中国成立初期，广播技术逐渐推广。但云南是一个高原山区省份，受到地形条件的制约，当时云南的广播网基础弱、技术条件差，广播收音员数量严重不足，迫切需要加速广播网的建立和发展，一方面提高节目制作能力，另一方面兴建新的广播发射台来扩大广播的覆盖率，同时需要大量的广播收音站开展广播收音工作。1950年4月，中央人民政府新闻总署发布了《关于在全国各县建立广播网的决定》，要求全国普遍建立广播收音站。根据中央和省委的指示，云南电台开设了首批广播收音员培训班，着手建设广播收音站。到 1952 年年底，云南的广播收音站已发展到 144 个，基本实现了县县有收音站。到 1956 年，全省广播站的数量发展到 1291 个，区、乡、社广播站占到 700 个。此间，有线广播也快速得到发展，到 1955 年年底，全省已经有 21 个县建立了有线广播站，通过广播线路在固定的时间、固定的地点播出广播节目。到 1960 年年底，全省建成县级有线广播站 128 个，公社、管理区广播放大站 878 个，厂矿广播站 648 个，安装喇叭 5.5 万只，覆盖主要厂矿、公社和生产队的有线广播网初具规模。1970 年之后，云南建成覆盖全省的广播收音网体系。

总之，云南广播技术从一开始就作为民族工作的主要内容受到政府的极大重视。通过广播技术驱动了边疆民族地区的科技启蒙，联系云南边疆民族地区实际，宣传了党和国家的方针、政策、法令，报道了国内外的重大事件和各种新闻信息。相应民族语言的广播内容在得到"外部世界"信息的同时，也找到了自己在国家叙事中的定位。

（三）改革开放中的云南人民广播事业：不断发展壮大（1978 年～2010 年）

1978 年，党的十一届三中全会召开，中国进入新的发展时期。云南电台顺应时代潮流，坚持"走自己的路"，创办对外广播、经济广播、音乐广播和交通广播，不断改革新闻广播、文艺广播、民族广播，人民广播事业在改革中迎来繁荣发展。

1. 坚持新闻立台

1980 年，第十次全国广播工作会议提出"走自己的路"的方针，全国广播事业开始改革创新，符合广播特点和传播规律的主张得到运用。云南电台大力发展通讯员队伍，恢复和新建驻各州市记者站。开辟新闻稿源，自编自采稿件大幅上升。1983 年，广播事业开始了"以新闻改革为突破口"的大刀阔斧的改革。在新闻改革中，云南电台把新闻内容的改革放在首位，随着国家工作重心转移到"以经济建设为中心"上来，云南电台提出"以经济报道为主"的方针。从 1981 年到 1990 年的 10 年间，经济新闻在新闻广播的比重达到 60% 以上。新闻时效性增强，广播特色和优势得以凸显，符合广播特点的"短""快"新闻增多，重大新闻基本做到上午发生中午播出，下午发生晚上播出，晚上发生当晚或次日清晨播出。对新闻栏目结构和布局的改革，令云南电台逐步实现了从早到晚都有新闻节目。1987 年，云南台按照"缩短战线、精办节目、提高质量、合理布局"的思路，自办节目均在新闻综合台播出，每天播出 8 次，总时长为 90 分钟。加上转播中央人民广播电台《新闻和报纸摘要》（30 分钟）、《各地人民广播电台联播节目》（30 分钟），新闻综合台全天共播出 10 次新闻节目，时长达到 150 分钟。

2. 专业化办台

20 世纪 80 年代中后期，发展卫星广播、调频广播来提高广播覆盖范围、音质效果是全国办广播的基本思路。紧跟时代浪潮，云南电台 1984 年开始试播立体声调频广播，1987年开始通过卫星广播电视地球站传送到全省各地及周边国家和地区，大大改善了边远地区特别是边疆少数民族地区以及周边国家的收听条件。这一时期，云南电台也开始走上广播频率专业化的道路，在原有3套节目基础上，分设综合台、民族语言台、教育和文艺台，初步形成专业化、系列化的广播格局。1994年，经济广播开播，采用大板块结构、主持人直播、听众热线参与的模式，开创了云南广播体制改革的先河。1995年，音乐广播开播，使用FM97和FM100两个频率，双声道调频立体声播出，这是云南广播界的第一家调频电台，也是全省唯一的专业化音乐台。1999年，交通频率开播，以频率专业化、栏目专业化、服务对象化为特色，迅速成为云南地区市场占有率第一的广播频率。

3. 全省人民广播电台的兴起

历史转折中云南人民广播事业的繁荣，还体现在全省人民广播电台的建设和发展上。为贯彻中央、省（市）、地区（市）、县（市）"四级办广播，四级混合覆盖"的方针，在省电台的带动下，云南兴起了建设州市人民广播事业的浪潮。1991年在全省实现了"乡乡通"广播，2000年完成了全省"村村通"工程的建设任务。从1978年4月14日西双版纳人民广播电台开播，到2008年大理人民广播电台开播，云南的人民广播事业得到了整体大发展。特别值得一提的是，民族语言广播作为云南人民广播工作的重点，在各州市的电台中快速发展。1985年，云南省已有24个州、县广播台（站）办起了傣语、哈尼语、壮语等10个民族12个语种的少数民族语言广播节目，西双版纳、文山、德宏、红河、迪庆、怒江等州市台开设了傣语、景颇语、哈尼语、壮语、苗语、瑶语、彝语、藏语、傈僳语等民族语广播节目。

（四）新时代云南人民广播事业：融合与转型（2012年~现在）

在科技进步与经济发展的促动下，世界传播格局发生着巨变，打破了原有的媒介生态和传统的媒体格局。如何兼顾经济效益与社会效益，在丰富内容资源、改进传播理念、实现产业增值的基础上满足受众日益多元的收视需求，广播媒体开始了一系列的变革和探索。"身份和运行模式之间的杂交、冲突和矛盾，是改革开放以来广播业发展的结果，也是广播体制改革继续推进必须解决的现实问题和核心难点。"[④]因此，制度机制上，各省、市广电媒体重组为广播电视台，来实现统一管理，云南各级人民广播电台也在行政推动下开始了合并的步伐。2012年8月29日，云南广播电视台挂牌成立，云南人民广播事业在深化改革中全面实施广播、电视、网络、新媒体资源整合、融合发展的全媒体探索和实践。

2014年8月，中央全面深化改革领导小组第四次会议审议通过了《关于推动传统媒体和新兴媒体融合发展的指导意见》。习近平总书记在此次会议上强调，要"推动传统媒体和新兴媒体在内容、渠道、平台、经营、管理等方面的深度融合，着力打造一批形态多样、手段先进、具有竞争力的新型主流媒体，建成几家拥有强大实力和传播力、公信力、影响力的新型媒体集团"[⑤]。媒体融合成为国家战略，这既是对我国广播电视发展重大变革的敏锐把握，也对传统广播媒体的变革创新提出了更为紧迫和现实的要求。云南电台也吹响了全面深化改革、全面深入融合的号角，提出走全媒体建设之路，要在媒介融合上做到技术融合、观念融合、组织融合、内容生产融合、经营融合、终端融合，这是一个由表及里、由形式到内容、由简单的相加到实质性相融的循序渐进的过程。2013 年 7 月，开办 10 年的政风行风热线栏目《金色热线》全面升级改版，广播传媒、电视传媒、云南日报、云南网联合构建的四位一体"金色热线"媒体监督平台正式启动。

二、类型化、多语种与广播博物馆

人民广播诞生 80 年，云南人民广播事业经历了从收听延安新华广播电台，到创办、创新人民广播事业的历程，取得辉煌业绩，立下汗马功劳。

（一）开创全国省级电台类型化改革先河

"所谓类型化电台，实质上是一种心理和需求的归属，它是针对特定的地区和特定受众的需求而整体设计与运营的广播细分模式，这种模式植根于特定受众之中，为特定受众所接受。"⑥21 世纪初，我国建成了覆盖全国的庞大广播网，全国广播频率数量激增，省会城市一般可以收听十几个频率。粗放式增长带来了广播频率在运作方式、经营管理、节目类型和内容同质化等方面的问题。2002 年、2003 年，中央人民广播电台音乐之声、经济之声细分内容、细分受众，相继成功改版。全国各省级电台也开始谋求类型化改革。云南电台 2004 年以"创一流的类型化电台"为目标，提出类型化改革要全方位整体推进，要在吸取国外类型化电台先进理念和模式的基础上，充分考虑国情、省情以及云南的经济、政治、文化、民族等诸多因素，强化公益性和服务性，探索出适合我国国情、适合云南省情的类型化管理和运作模式。顺应时代发展，云南电台从办台观念和体制机制着手，按照特定地区、特定受众的需求，对频率资源进行重新定位，对节目资源进行整合，至 2010 年形成了新闻、经济、交通、音乐、旅游、教育、少儿、民族、农村、国际 10 套类型化广播频率，并在全省进行收听率大调查，跻身全国一流省级广播电台行列。除了节目的类型化改革探索，还产出了系列类型化改革的专题性研究成果，形成了一个很有特色的团队，在研究中工作，在工作中研究，有力地推动了类型化电台的改版改革。

（二）开办广播语种处全国省级电台前列

民族语广播的繁荣发展是云南人民广播事业的一个鲜明特色。新中国成立初期，边疆民族地区不仅有敌对势力利用民族、宗教等问题制造事端，而且一些地方基层党组织和人民政权还没有建立，许多少数民族群众对新生的人民政权不够了解，对党和政府还缺乏信任。面对云南少数民族众多、社会发展滞后，而且大多数少数民族群众听不懂汉语的实际，云南电台开始创办民族语广播。1950 年和 1952 年，云南电台先后两次派出人员跟随中央民族慰问团和云南省民族工作队到边疆少数民族地区宣传党的方针政策，帮助群众发展生产，同时学习民族政策、熟悉各民族情况，为开办少数民族语言广播做准备。1953 年年初，云南电台成立民族组，开办不固定的少数民族语专题节目。1955 年，云南电台和云南省委边疆工作委员会、云南省民族事务委员会商定，共同举办固定的民族语广播节目。1955 年 6 月 18 日，德宏傣语广播和西双版纳傣语广播开播；1957 年 10 月 25 日，傈僳语广播开播；1969 年 10 月 1 日，景颇语广播开播；1970 年 1 月 1 日，拉祜语广播开播。云南成为全国开办民族语广播语种最多的省份之一。5 个语种的民族语广播定向对少数民族群众宣传党和政府的各项方针、政策、政令，这对于加强民族团结、保证边疆稳定、维护祖国统一，对于让少数民族认可新中国、认同中华民族这个民族共同体，不仅具有迫切的现实价值，更具有深远的历史意义。在当时边疆民族地区娱乐活动缺乏的背景下，这些民族语广播的文艺节目极大丰富了各个少数民族的文化生活，许多少数民族群众在播出之前，会早早聚集在收音机前等待节目的播出，境外少数民族侨胞也经常收听民族语广播的文艺节目。在省台民族语广播的带动下，截至 1985 年，全省有 19 个县级广播站开办了 1 ~ 2 种少数民族语广播。到 2008 年，全省有 7 个民族自治州的电台开办了 1 ~ 3 种少族民族语广播，语种数量在全国省市区名列第一。

互联网出现后，在其 50 余年的发展历程中，人们意欲将世间所有有价值的声音呈现给网络世界，着力打造声音互联网。云南民族语广播奉行"人民广播为人民"的宗旨，不断挖掘声景（soundscape）、拓展声景、呈现声景、丰富音频，努力为边疆少数民族群众服务。

"声景"这个概念由加拿大学者罗伯特·莫里·谢弗（Robert Murray Schafer）的创新运用而引起学界关注。声景，简言之，"指特定区域能为感知的所有声音"⑦。在新时代，2018 年至 2019 年，云南民族语广播展开少数民族精准脱贫大型融媒体系列直播，行程上万公里，深入边疆村寨，聚焦云南 11 个少数民族的精准脱贫，运用传统广播与社交媒体传播，全部采用汉语普通话 + 民族语直播，为移动互联网音频增添了 6 种少数民族语言，其社群效应、复合传播效应明显，成为少数民族语言的现象级传播。

云南面向南亚、东南亚国家特殊的地缘特征，决定了不同时期对外传播的历史使命。新中国成立后很长一段时间，广播以其独特的媒介优势，是对外传播的最重要渠道。云南电台先后开办了"对云南境外国民党军残部广播""对云南境外侨胞广播"节目和云南对外广播电台，为祖国统一、边境安宁、展示云南及中国形象作出了积极贡献。1957 年 1 月 28 日，云南电台与昆明军区政治部联合开办"对云南境外国民党军残部广播"，在国民党军残部中起到明显效果，先后有 7000 多名云南境外国民党残部官兵回国投诚，其余的脱离国民党军残部从事其他职业成为华侨。1983 年 1 月 3 日，"对云南境外侨胞广播"开播。对云南境外侨胞广播节目主要宣传党和国家和平统一的方针政策、宣传爱国主义思想、宣传侨务政策，对祖国建设成就的宣传，侧重于云南边疆地区、少数民族地区及侨乡的建设。云南对外广播电台于 1986 年开播，采用越南语播音，每天播音 5 小时，是全国 3 个对外短波广播电台之一。云南对外广播电台提出"认真贯彻中共中央对越方针，向越南人民介绍中国的政治经济情况，宣传中越两国人民的传统友谊"的办台方针，对巩固祖国边防、增进中越友好关系具有特别意义。2007 年，云南对外广播电台呼号改为"云南人民广播电台香格里拉之声"，采用越南语和汉语普通话播音，覆盖中越、中老、中缅我方边境县（市）和以越南河内、泰国曼谷为中心的 7 个东南亚、南亚国家和地区，增进了对周边国家的交流和友谊。

（三）建成全国首家广播文化专题博物馆

在类型化改革中，云南人民广播电台还建成了中国大陆首个广播文化专题博物馆——云南广播博物馆。该馆于 2006 年 8 月 8 日组建。作为纪念广播诞生 100 周年的标志性博物馆，该馆集广播历程展览、声音技术博览、收音机精品收藏和广播文化、教育、研究、交流为一体，不仅是云南最大阵容的精品收音机博物馆，还是全国最具特色的广播声音博物馆和全国最具规模的广播器材博物馆。主题为"用广播的历史告诉广播的未来"，以历史的空间为陈列线索，分为"百年沧桑""尘封记忆""收音世界""岁月留声""云南历程""领袖与广播" 6 个部分，收藏广播实物和声音资料 6 万多件及 16 万余首曲目，引来全国及世界许多电台的台长、总监、播音员、记者前来参观考察，推动了全国广播遗产的保护。

三、历史演进留下的启示

回顾云南电台的历史演进，所取得的显著业绩，有诸多启示。在笔者看来，主要有如下方面。

第一，始终不渝坚持"人民广播人民办，人民广播为人民"的办台宗旨。新中国成立前后，我党领导的电台，根据毛泽东有关讲话，一律改为人民广播电台。全心全意为人民服务是我们党的根本宗旨，也是广播事业的根本宗旨。人民广播 80 年的实践告诉我们，为了中国民族的解放，为中国人民谋幸福，为中华民族谋复兴，是中国广播人的初心和使命。人民广播是党和政府的喉舌，也是人民的喉舌，必须坚持以人民为中心的宣传导向，坚持以人民为广播的主体和服务对象，不断满足人民的需求。云南电台的演进历程走的就是这样一条道路，真心诚意以人民为中心，节目内容办到了群众心坎上，符合时代要求，所以取得了不俗业绩。

第二，注重广播传播的边疆性、民族性。云南地处边疆，少数民族众多，又与多个国家接壤。特殊的地理环境，要求云南电台节目设置应不同于内地。云南电台设置的对外电台、少数民族语言广播就是为了适应这种状况而实施的；所进行的类型化改革，也有这方面的因素。因为，一种民族语广播就是一种类型，而新闻、交通、音乐、少儿、农村广播本身也具有类型基因。不同的是，云南电台的类型化改革吸取了世界广播的文明成果，但坚持了中国特色、中国制度、中国话语，这就是社会效益第一位及做好公共广播服务，不为类型而类型，因而受到听众喜爱。收听调查显示，云南电台多个频率一直处于云南广播收听率前列。

第三，坚持与时俱进、不断创新。80年来，云南人民广播事业从无到有，从小到大，成功的经验就是紧跟时代的脚步，不断从受众的角度进行节目的运作和改革，在创新中前行，在探索中超越。广播本身是一个依靠创新驱动发展的行业，不创新不求变，就难以生存发展。新媒体时代到来，广播也一直主动在变革、在探索，云南民族语广播探索声景、打造声景，运用社交媒体传播，就是有益的尝试。相信在不久的将来，也会开辟出一片新的天地。

注释：

①②③云南省志·广播电视志编委会编撰《云南省志·广播电视志》，云南人民出版社1996年版，第56页，第43页，第439页。

④王梦洁：《我国内地类型化广播的发展瓶颈及对策》，《中国广播》2007年第7期。

⑤《习近平：着力打造一批具有竞争力的新型主流媒体》，http://cpc.people.com.cn/n/2014/0818/c64094-25489714.html

⑥覃信刚：《关于类型化电台的解析》，《中国广播电视学刊》2008年第1期。

⑦李丹枫、李迅：《声景理论与电影声音创作：对话李丹枫》，《当代电影》2020年第2期。

（作者分别为：云南师范大学传媒学院院长、教授；云南广播电视台编辑）

融媒·智媒：中国对外广播的
话语布局与创新逻辑

汤天甜　贺思雨

　　随着全球地缘政治的不断重构与弥合，我国的对外传播工作也步入到新的关键时期，2018年8月，习近平总书记在全国宣传思想工作会议上明确指出："要推进国际传播能力建设，讲好中国故事、传播好中国声音，向世界展现真实、立体、全面的中国。"①眼下，音频媒体的勃兴唤起了公众对"听"的欲望，如何吸引国外公众的听觉兴趣，实现对外广播内容的更广落地值得我国对外广播关注。综上，尝试以融媒联动为引领、糅合多元话语模态、创造广播的听觉价值并以此作为实现广播话语创新、谱写新时期中国故事、传递中国精神、打造中国形象的基本思路。

一、中国对外广播的话语图景

　　在跨文化传播的语境中，主题文本与媒介技术的相互嵌构诞生了意义丰富的话语议题，多个对外广播议题的流动与释义构成了联结海外的文化疆域，"这一文化疆域突破或某种程度上突破了传统的国家、政治地理范畴以及社会范畴，"②，成为了板块间沟通交流的中介。

　　（一）话语嵌入加深区域互联

　　中国的对外传播事业着眼于打造多话语传播矩阵，如中国国际广播电台使用65种语言面向全世界200多个国家和地区传播；内蒙古广播电视台"草原之声"自2013年3月1日开播以来，就以蒙古国官方语言喀尔喀蒙古语向蒙古国听众播出新闻信息和专题节目；吉林人民广播电台与俄罗斯符拉迪沃斯托克电台合作的广播节目"中国故事　吉林之声"也在2018年6月开播，成功搭建起了中俄友谊的又一个交流平台。综上，对外广播在塑造话语身份的同时，通过声音串联起不同的地域板块，成为沟通海外、区域互联的话语承携者。

　　（二）融媒联动丰富话语载体

　　在新媒体技术的支持下，对外广播内部新旧媒体融合、更新的发展趋势日趋显著。如新冠疫情暴发期间，广西广播电视台通过广播、电视、新媒体三合一的方式，利用中、柬、老等6种语言每天向越南、柬埔寨、老挝等国家广播电台推送疫情新闻和防疫措施。此外，广西广播电视台还利用新媒体《荷花》杂志、facebook 账号（北部湾在线）等新媒体平台在世界范围内推送多语种化的疫情防控信息，这种由传统媒体延伸至新旧媒体共同发力的新兴模式，扩充了对外传播内容的话语载体，促使中国对外广播在话语表达上也进入到一个新的发展阶段，由中国国际广播电台开发的"多语种移动新闻客户端 ChinaNews""多语种移动音频客户端 ChinaRadio"及"多语种移动视频客户端 ChinaTV"皆借助图文、音视、直播的方式带给海外用户多类型的特色化音视内容，其中除了文字新闻外还包括了多语种的音频、可视化的移动视频等。新兴技术的入场刺激着广播媒介不断地向融合媒体靠拢，对外广播在话语表达上也呈现出多类化载体叙事的特点。

（三）跨国合作共塑话语样态

2012 年，中国国际广播电台豪萨语部在尼日利亚短波广播节目和对尼日尔调频节目中开设了一档面向妇女儿童名为 In Ba Ku Ba Gida（《有你就有家》）的栏目，旨在关注女性发展、展示各国女性新风采；2017 年 10 月 20 日，北京外语广播与俄罗斯卫星通讯社也联合推出了《北京—莫斯科双城之声》栏目，这档节目不仅介绍了双方国家在文化、艺术、建筑、体育等多领域的发展动态，还讲述了关于生活在双城中科学家、艺术家、留学生等不同社会群体的生活故事。不同国家媒体间的相互合作促成了本国话语的输出与他国内容的流入，双向合作模式下广播节目不再局限于本国传播，跨国合作型节目成为广播话语实践的新方向。

二、对外广播话语叙事的再思考

当下，互联网媒介生态的话语平衡被新兴文化所打破，新式的话语样态如"二次元""土味"等网络话语的关注度逐渐上升。与此同时，对外广播在话语叙事方面所存在的议题宏大、"自说自话"式输出、话语缺乏柔性等问题也被逐一放大。

（一）话语叙事：偏重宏大议题建构

在国际话语场域中，对外类广播节目多倾向于宏大题材的内容叙事，较少选择主题小众的内容作为话语议题，如 2018 年中央广播电视总台英语环球广播制作推出了文艺类英文栏目《音悦中国》，栏目围绕文化议题介绍了中国传统的民族乐器和音乐人。2020 年，吉林广播电视台通过中国国际广播电台《全景中国》向全球听众播出了抗疫一线系列人物故事《战"疫"家书——抗疫三姐妹，上阵金兰》《跨越2000 多公里的温暖驰援》等。总体上，经济、文化、科技、发展、疫情等宏大议题比例较大，轻量小众化议题则相对较少。此外，据 2020 年 9 月 15 日在京发布的《中国国家形象全球调查报告 2019》显示："海外受访民众对中国的整体印象为 6.3 分，较 2018 年提升 0.1 分，中国在科技、经济、文化、生态等各领域参与全球治理表现的认可度均获提升，其中文化、安全领域认可度上升 4 个百分点，值得注意的是，在受访者当中，高达 80% 的海外受访者体验过中国饮食文化，体验后对中国饮食文化有较好印象的超过八成。"③综上，如何从国外听众"兴趣"中提炼话语主题、平衡"宏大议题"与"小众议题"的话语占比、"从告知型媒体进化到交流型媒体"④都将成为对外广播话语变革的核心议题。

（二）话语表达：本位输出缺乏柔性

现如今，新兴媒介技术的革新加速了广播媒体的融合进程，"只看不听，只听不看：两个看起来相同的过程，然而第一个在遇到视听兼备的竞争后衰亡，第二个却在遇到视听兼备的竞争后变成一个在我们这个世纪里最成功的大众文化之一。"⑤从无声画面到有声内容，技术的演进提升了对外广播内容的整体表现，但大众传播式的积极发声却难以针对性地满足受众的收听要求，具体表现为：叙事过程中单向输出的表达逻辑、冗长刻板的话语文本、严肃强硬的文风语态等。与此同时，以表情包、短视频为代表的多模态话语冲击着传统的对外广播语态，在此背景下，对外广播面临着话语输出单向与话语表达生硬的双重挑战。

三、对外广播话语表达的创新逻辑

移动互联时代，整个对外广播业态更加注重话语细分、优势输出，"移动音频类应用让传统广播看到了碎片化、个性化、智能化的音频内容有着巨大的需求和市场，未来传统广播的创新首先要做的就是内容与渠道的创新。"

（一）探索可视化广播形式

"听得见的广播"是传统时代背景下借助广播技术而产生的，可视化技术的入场，广播的也不再拘泥于声音这种单一形态，可视化让"看得见的广播"成为现实。2017 年，北京外语广播的旗舰节目《感受北京》Touch Beijing 通过"直播"的方式向听众介绍北京的城市故事；福建广播交通在 2017 年改版后，建立起全省首家"共享"直播间平台；山东新闻广播把广播的声音、可视化视频、游戏性的互动相结合，推出了广播直播，2019 年年末，山东新闻广播自制的直播节目《双十一驾到》的单场观看人数超过 400 万，留言达 50 万条；陕西新锐广播《DJ 夜生活》则将直播间以可视化的方式向公众展出，这种可视化的广播改变了公众惯有的收听习惯，更提升了节目的播出效果。综上，"一种新媒体的出现不仅意味着信息生产方式的革新，也意味着围绕它的某种组织性和结构性的变动，并将在社会历史层面上产生重要影响。"⑥对外广播作为音乐与音响的组合载体亦无国界、人群之分，国内广播矩阵中的可视化广播、广播直播等话语形式同样可引入到对外广播的话语实践中，"广播"到"广播直播"的进化促成了新的对外话语生态。

（二）智能参与话语生产

在媒体融合、智能交互的今天，人工智能被广泛地应用在媒体行业，第一财经的"DT 稿王"、新华社"快笔小新"、及今日头条"张小明"等人工智能机器人的出现促使传媒生产向自动化、高效率、高质量推进。2017 年 8 月，作为国内首个人工智能内容生成平台——"小冰电台"上线，自动、实时、不间断是"小冰电台"最大的特色；2018 年苏州广播也开始与"微软小冰"合作，利用微软人工智能结合本土优势，研究开发了《半点幸运车牌大搜索》、《小冰姐姐讲故事》、《背包听世界》、《小冰说财经》等节目；河北广播电视台综合广播（FM104.3）也在节目《今日十万加》中运用"微软小冰"，成为河北地区首个融入人工智能的广播节目。综上，利用人工智能技术和智能机器人提取广泛的文字、声音、影像作为素材，再将各类素材快速组合生成话语内容是人工智能助力话语生产的关键逻辑。

（三）激活话语传播中的粉丝效应

当代小众文化的异军突起成就了亚文化青年群体的兴趣爱好与偶像崇拜，新的群体——"粉丝"开始加入互联网社交阵营，并逐渐在各个群体集群中萌芽。不论是社会中的英雄榜样、偶像明星、平民草根或是文化圈层中的精英领袖，甚至延伸至纯粹的影视节目、小说、游戏均有粉丝群体。以入驻抖音短视频平台的新闻联播账号为例，该账号虽然与广播电视节目相互关联却又独立大胆运作并开设《主播说联播》栏目，节目在编排上一改往日固定化形式，"采用接地气的网络语言，打破群众对中央电视台新闻主播严肃认真的刻板印象，"[7]亲民活泼的节目风格吸引了大量抖音粉丝的关注。用户在抖音搜索框输入关键词"主播说联播"，就会"主播说联播最近一期""主播说联播怼美国""主播说联播抗击疫情"内容出现，公众对节目的关注和搜索让新闻联播在抖音平台上吸粉 2827.8 万，获赞 1.8 亿。[8]此外中央广播电视台的节目主持人康辉、朱广权、欧阳夏丹等人也因其主持《主播说联播》收获大量粉丝，在抖音平台中输入关键词康辉，与主持人康辉有关的视频就有 5.1 亿次播放量，随之还会出现"康辉式播报"、"康辉主播说联播"、"康辉—我们没时间陪你作"等短视频，且视频内容大多与《主播说联播》有关。在粉丝经济盛行的当下，广播话语所蕴含的声音能量正与日俱增，而处于广播消费端口的听众亦或拥有未被发觉的粉丝潜质，其粉丝效应亟待挖掘。

技术赋能之下的广播媒体正面临着内容与话语的双重革新，其中，挖掘话语价值、平衡内容叙事、激发创新思维将是对外广播在话语层面不断探索的 3 个方向。未来，探索感觉、听觉、视觉"三觉合一"化的广播内容或成为对外广播发展的新一"风口"。

注释：

① 2018 年 8 月 21 日，全国宣传思想工作会议，http://media.people.com.cn/GB/22114/421094/

②蔡敏：《传媒话语生产与控制》，《现代传播》2002 年第 6 期。

③《2019 中国国家形象全球调查报告 www.199it.com/archives/1120531.html

④黎斌：《媒体融合新思维：从"内容为王"到"'内容+'为王"》，《中国广播电视学刊》

2017 年第 1 期。

⑤［美］保罗·莱文森：《软边缘：信息革命的历史与未来》，熊澄宇等译，清华大学出版社 2002 年。

⑥潘祥辉：《"无名者"的出场：短视频媒介的历史社会学考察》，《国际新闻界》2020 年第 6 期。

⑦王玉迪、刘玉萍：《媒介融合下传统主持传播新样式研究——以短视频《主播说联播》为例》《中国广播电视学刊》2020 年第 6 期。

⑧数据来源：抖音平台（统计截至 2020 年 9 月 23 日）

（作者单位：西南大学新闻传媒学院）

二等奖

中国播音员口述史及数据库建设研究论纲

徐爱华

播音与主持艺术涵盖新闻播音、文艺作品演播、综艺节目主持、影视配音、舞台朗诵等多种有声语言表达艺术形式。播音员既是广播电视节目的传播者、把关人，也是国家形象、舆论导向和时代精神的实践者与引领者。一大批深受观众喜爱的播音员徐恒、陈醇、沈力、铁城、方明、邢质斌等已年逾耄耋或古稀，源头性抢救和保存他们的口述史料是当今社会的重要课题。本文从口述史研究及数据库建设的角度对这一课题进行讨论。

一、本课题研究现状及意义

目前国内外"播音员""口述史"二者关联、系统研究的成果近乎无。在中国知网，相关篇名和关键词精准查询，结果均为0，也没有播音员口述史研究的专著。基本情况如下：

1. 中国播音史研究

基本集中于当下现实和实践问题，进行播音史整体研究的屈指可数。张颂（2007）简单概述了中国播音学80多年发展历程中的主要研究方向与内容。姚喜双（2007，2012）基于文献、调研、访谈、视听资料进行了现当代中国新闻播音主持发展史专题研究。高国庆（2016）第一次以文献为主，全面分析1923至2013年间中国播音学形成的过程、背景和基础。马玉坤（2015）课题组第一次全面收集整理20世纪中国播音史史料，包括文献史料以及与播音相关的朗诵、演讲、台词等有声语言作品。基于上述文献梳理，从研究对象看，均为史料之内求历史——播音作品以及文献史料的分析与互证；从研究内容看，见作品不见人品——播音史的主体（播音员）及其社会互动研究是薄弱环节。因此，史料之外求历史——走进播音员的内心世界，添写播音史"活态史料"成为本研究的重点之一。

2. 艺术口述史学研究

现代口述史学发端于20世纪中叶的美国，后逐渐被世界各国历史研究所采用。艺术学类成果多集中在注重口述史料收集方面：冯骥才（2004）、减艺兵（2005）、吴迪（2011）、王挺（2012）、高度（2015）等人较早进行了文学与木板年画传承、音乐、电影、戏曲、舞蹈等艺术口述访谈与史料整理，同时"艺术人生"、记忆中的音乐家查尔斯·艾夫斯、美国民间音乐口述历史、纪念上海人民广播 60 周年等专题事像的口述访谈也成为研究热点（李谦，2016；Perlis V.Charles，1974；Dunaway D K，Beer M，2010；上海广播电视台，2009）；忽略了口述史料整理后的本体研究及其开放数据库建设（王拓，2013；郑劭荣，2016）。此外，口述史学理论的跨学科关系研究与应用（杨祥银，2016；左玉河，2018）以及引进数字化技术的研究成果颇丰（Levin R，2014；唐纳德·里奇，2011）。综上所述，口述历史所包含的独特信息和价值、所发挥的独特作用，已被艺术史研究广泛运用，但播音与主持艺术口述史研究鲜有涉猎，这使得本课题研究更为迫切和必要。

3. 相关研究的启示

国内外虽然没有直接研究"播音员口述史"的成果，但以下 3 方面成果对本课题研究有重要借鉴意义：（1）专史类史料学研究。一般性史料学通论研究方法已被历史学家广泛运用，专史类史料学研究方法近年来逐渐被学科专业史研究所用；口述史的"活态史料"研究方式，具有史料丰富、鲜为人知、文字生动、音像效果直观、代代相传等优势，尤其适用于传承人研究与专史研究。中国新闻传播史史料学体系建设、中国新闻人史料学研究、口述戏剧史料学构建、中国电影史料学建构、影像史学等引发的史料学革新成为新的研究趋势（王润泽，2018；王华，2018；郑劭荣，2016；陈刚，2013；林硕，2016）。上述成果拓宽了播音史研究的视野。（2）本体传播史研究。在宏观传播史研究（macro-history）、本体传播史研究（history proper）和组织传播史研究（institutional history）/传播史研究框架下，"本体传播史"研究媒介与文化、政治、经济或者社会历史之间的关系，关注"传播领域的变化如何影响其他的社会变迁因素，以及这些因素又如何反过来影响传播领域的变化"（ankowski, N. W., & Jensen, K. B.，2002）。上述成果对于思考百年播音发展史与社会时空环境的互动影响提供了理论参考。（3）意识形态建构与文化认同的关系研究。上世纪 90 年代后，韩国实施传媒文化软实力立国战略，从政策、制度、资金、人才等方面支持文化艺术产业发展，超越西方文化霸权，重塑文化认同（Haksoon Yim，2002；Choong Soon Kim，1992）。这类研究有助于深入思考播音员的教化传承对于凝聚社会主义文化认同的重要意义。

研究本课题的实际意义与理论意义在于：存音存史的史料意义。不少优秀播音员年事渐高，许多播音史料实际处于随时可能湮灭的紧迫状态，本课题将源头性抢救和保存口述实录、影像图像、声像网络、社会调查等活态史料。播音研究的学术意义。理清有声语言表达的艺术价值，破解播音生态变化的内在逻辑与外部影响，为丰富中国特色的播音学理论作出学术贡献。资政育人的应用意义。挖掘一代代播音员的"播音技艺""文化记忆"，构建播音史史料数据库，凝聚文化认同，提升人人讲好中国故事的能力。

二、本课题的基本内容

本课题以中国播音员的口述史为研究对象。沿着"百年中国播音发展的历史脉络→样本播音员口述访谈→口述资料整理与文本研究→中国播音史史料数据库建设"的研究主线逐次展开4部分研究内容。样本播音员人群为：一、1949年以前参加工作的全国各类电台播音员；二、具有正高职称的各级广播电视台的各类节目播音员、主持人（含已退休的、在岗的，以及由播音员转岗的高校播音专业教师）。

1. 百年中国播音史梳理

①纵通研究。以时间为经，分4个交叉时期进行广播电视语言艺术传播的内部发展史研究。初生与发展：民国时期播音样态研究（1923～1949）；确立与巩固：人民广播播音风格研究（1940～1986）；延续与繁荣：节目主持艺术理论与实践研究（1983～至今）；坚守与变革：新媒体时代播音与主持艺术生态研究（2013～至今）。②传承与创新研究。百年中国播音史，"谁在播、播什么、怎么播、时代意义如何？""从广播、电视到网络直播、人工智能主播，播音员与社会结构变迁如何相互影响？"需对人民广播播音的艺术价值与社会价值的传承作中观解读，需对播音员的国家形象叙事与社交信息共享等整合性角色特征作守与变的分析，为田野调查提供学术架构。

2. 样本播音员口述史访谈

①样本播音员拉网式普查。依托课题组成员所在单位的全国各地传媒校友会，统计各省样本播音员人群的基本信息，含姓名、性别、年龄、名族、任职情况、代表作品等。②口述史访谈。首先运用半结构式访谈方法，进行70岁以上长者的"抢救性采访"和其他年龄段的常规性采访，并签订受访人委托出版协议、口述访谈资料的使用设限协议以及其他次生协议。访谈工作围绕播音专业史（入行经历、播音风格、代表作品），社会生活史（生活环境、社会关系、成长历程）和个人心灵史（个性心理、个人事迹、人生感悟）等主线展开；同时对受访人的个人小传、职业年谱、代表作目录等进行文字整理，力求全面充分。其次，有意识地进行一些集体采访、交叉采访、叠加采访、专题采访等实验性采访研究，力求细致准确。③辅助式口述史访谈。其他拟采访的知情人士有：第一类是广播电视活动的管理者、节目编导、观众等相关人员；第二类为当地影视文化界人士；第三类为亲友邻里、各种情境中结识的当地人等。以人的发展、人的记忆为主线，把优先权给予被访者，同时强调访谈的最后结果是叙事者和研究者双方的产物。

3. 口述史料的整理与本体研究

①口述资料"原汁原味"整理。先对原始口述资源进行文字著录，辅助式口述史可作为附属内容以精炼的篇幅置于播音员口述文本之后，然后实现文字与所描述的音视频之间的相关联；其次是按新闻社教类、综艺娱乐类、生活服务类等节目类型，

分别列入资源库；再次对口述史进行姓氏、地域等条理化的编目。②口述资料与纸质文献、实物资料互证研究。口述访谈是播音员的"文化记忆"对播音艺术发展的历史流变考察，如作为"活态史料"载入史料库，则需要查证大量文献档案加以互为补遗性研究。③口述史料的本体研究。通过求同求异法、描述归纳法、叙述分析法、事件分析法等方法，将整理后的口述文本进行关键信息的梳理与分析。一方面破解隐藏在被访者叙述语言背后的人生价值观念、文化认同、人格化传播特征，以及促成这种变化的社会条件与精神动因。另一方面基于中国传统文化所蕴含的讲学、说书、舞台艺术等理论资源和实践积累，丰富和促进当下有声语言表达艺术研究。

4. 中国播音史史料数据库建设

①创建"文献·作品·口述"三位一体的三维数据库。以阿里云平台为载体创建数据库。第一维：按照史料性质分类。如音视频史料、文献史料、口述史料等；第二维：按媒体性质分为广播、电视、互联网新媒体等；第三维：按史料的学术领域分类，如播音史、传播技术、播音业务、主持业务、会议与事件、播音人、播音管理、播音教育等。同时对每一份史料标注出版时间、出版地点、关键词等，建立方便快捷的文献搜索窗口。②动态式集成。向社会征集并收藏有关中国播音员以及更加广泛的口述历史录音或录像档案，在取得采访人和受访人（或受访人亲属）授权的前提下，口述历史工作团队针对单个史料，在技术手段上实现随时发现随时补充的搜集模式；针对新类型史料，实现随时添加类型目录的模式。③开放性学术共享。广泛利用微博、微信、网站、慕课、（短）视频、APP等社交媒体为播音学史数据库研究成果的转发平台，实现史学信息、史学成果的平等共享。相应地，受众可以自由对历史研究发表意见，提出评论，甚至能够参与到历史的书写中去。

三、课题研究思路和方法、研究工作方案

本课题研究的总体思路：拟根据研究目标，逐步探讨"播音员口述访谈""口述史料的整理与拓展研究""史料数据库建设"等问题。第一步是基于中国播音史的宏观思考和整体把握，以及口述史学的理论与实践，对大样本播音员进行口述访谈；第二步是对口述访谈资料进行文本、音视频整理，并与已有文献史料、实物史料互证，以及口述史料的本体研究；第三步是基于数字化技术、国内外其他史料库建设经验进行中国播音史史料数据库建设。

研究方法：基于艺术学理论，综合运用播音学（人民广播播音风格、节目主持理论）、历史学（口述史学法、比较史学法、心理史学法）、民俗学（田野调查、半结构访谈方法）、人类学（整体观、实地参观法、文化相对论）等展开"规范+访谈"分析，多学科方法的应用与多视角的关照在本课题中将得到高度重视。

研究工作的具体方案：

首先，融合文献分析、团队合作、问卷调查和深度访谈，开展中国播音员口述

史的实践调研。针对"播音员口述史与数据库建设"的主题,挖掘各种与播音史、口述史相关的资料,组建调研团队深入各省市电台电视台调研,把握拉网式问卷设计的结构方向和筛选重点,提炼深度口述访谈的样本人员、类型特征与突破方向。口述访谈的基本程序包括:第一、选择对象及准备工作并开始联络;第二、定期预访;第三、制定访谈计划;第四、正式采访(录像、录音,半结构式访谈);第五、采访总结。

其次是综合口述历史理论和方法、案例研究法,进行播音员口述史料的理论演绎。通过口述资料整理、不同材料间的互证、口述史料本体研究,按照"百年播音历程立体描述→个体口述访谈→个体统计分析→群体规范分析→个体、群体、立体互动考察→分析结论"的思路,析出播音员人格化传播特征,以及促成播音实践变化的社会条件与精神动因。

进一步结合数字化技术手段和史料学学科体系规范,构建中国播音史史料数据库。以数字化技术为基础、阿里云平台为载体,结合史料性质、媒体性质、学术性质,通过层次分析法、搜索引擎法等对全部史料数据进行分析,借鉴国内外口述史数据库经验,创建"文献·文物·口述"三位一体的中国播音史史料数据库。

课题负责人长期从事高校播音专业的主干课程教学工作,主持的播音学课程教改项目获得省人民政府奖,自行设计制作的三门课程网站分获教育部和省级网络课程奖,因拓展播音主持节目内容创作自 2012 年开始进行非遗民俗传承人口述史研究与实践。本课题所需的播音学理论功底、口述史工作经验、数据库建设等 3 方面的能力均具备。

本课题有前期积累,也需进一步斟酌。我们希望对百年中国播音之路进行富有深度的根源性反思,对百位以上播音员进行心灵的访谈,藉此打通生活世界与文本世界、视听世界的隔阂,理清百年播音生态变化的内在逻辑与外部影响,为当今传承优秀民族文化、人人讲好中国故事提供行之有效的理论依据。

(作者系浙江传媒学院播音主持艺术学院教授。本文系国家社科基金艺术学项目"中国播音员口述史研究及数据库建设"〈项目编号:19BC045〉的研究成果)

乡村振兴背景下对农广播的发展路径

李　静　陈嘉宾

实施乡村振兴战略是党中央的一项重大决策。习近平提出，"要把实施乡村振兴战略摆在优先位置，让乡村振兴成为全党全社会的共同行动。"[①]振兴乡村是新时期全社会的共同任务，全国各地区、各部门积极配合助力乡村振兴，作为直接服务于"三农"的舆论、资讯及服务平台，对农广播理应采取多种方式创新创优节目模式、聚集各级传播平台服务农民生产生活，在打赢乡村振兴攻坚战中发挥积极作用。办好对农广播是党和国家对媒体的要求，更是媒体应尽的责任。对农广播要围绕乡村振兴战略不断探索发展路径，更多地发挥广播媒体的优势，进一步加快乡村振兴步伐。

随着国家城镇化进程的不断提升，近年来对农广播听众的状况有了很大程度的改变。相当一部分农民离开农村进入城市务工、创业；留在乡村的农民生产方式也逐渐产生分化，农业集约化程度的不断推进，促使乡村经济由传统的农业经济向集种植业、养殖业、农副产品加工业、旅游业为一体的商贸经济转化。农村经济的快速发展带动了农民生活质量的不断提升，手机、互联网等新兴媒体走入农村千家万户，悄然改变着农民接收媒体信息的习惯，新时期的农村广播正面临着前所未有的严峻挑战。对农广播节目要与时俱进，创新发展，依据农民听众的需求适时调整节目定位、节目内容及传播方式，力求以农民群众喜爱的、易于接受的方式开展对农服务，引领"三农"不断超越。

一、精准定位是对农广播创新发展的根基

改革开放40年来，广大农村发生了巨大的变化，近年来随着城镇化进程的推进，农民群体特征、农民需求等方面更是呈现出多样化的态势。对农广播要想在激烈的媒体竞争中立于不败之地，就必须要契合农村转型发展，依据农民群体特点和农民多样化需求合理地设置栏目，实现节目精准定位。

（一）关注新形势下的农民群体

伴随着国家市场经济的不断深入，农民群体呈现出多元化发展的趋势。新形势下的农民主要分为两大类：一类为城镇农民，主要在城镇务工、创业。这些农民身在城市，"根"却依旧在农村，他们时刻关注着农村地区的发展变化，同时期待获得城市就业、技术培训、社会保障、子女的就读、法律维权等方面的信息。另一类

为乡村农民。这些乡村农民除了留守农村的妇女、儿童与中老年人外，还包括一批懂得农业科技的知识型农民。这些新型农民租种土地开展集约化经营，由原先的普通农民转变成种植业大户、养殖业大户，成为现代农业生产的骨干力量。由于长期从事专业种、养殖业，这些农民在粮食、蔬菜种植、肉禽养殖方面积累了一定的经验，但依旧面临农业技术和市场销售等方面的问题。生产的农副产品不能及时以合理的价格找到买家，导致农产品丰产不丰收，这些情况更是困扰着这些农民。对农广播不仅要普及农业技术，更需要发挥广播媒体传声筒的功能，发布农业产品信息，吸引外界的购买力，以解决农民的燃眉之急。针对城市居民希望去农村休闲消费的需求，有些农民筹集资金办起了"农家乐"；有些农民办起了农副产品加工企业；还有些农民在互联网上注册了经销农副产品的淘宝店，这些农民为农村资源的营销者，也是对农广播服务的对象。对农广播以城乡互动的形式介绍乡村旅游景点、推介农副产品，不仅能引导城市居民理性消费，还能有效解决农副产品的滞销问题，有益于城市和农村资源的最大化利用。

（二）立足农村，搭建和城市沟通的桥梁

习近平总书记关于"精准扶贫"的重要指示强调"要强化社会合力"。农村不是孤立存在的，农村的发展和城市有着千丝万缕的联系。对农广播不能仅限于关注"三农"，而是要发挥桥梁和纽带的作用，将农村与城市结合起来，实现生产者与消费者的有效对接。在城乡共同发展的背景之下，对农广播除了要关注农民群体之外，还应拓宽报道视野，把城市人口纳入潜在的受众群体。城市居民渴望体验乡村风貌、风土人情，希望购买到绿色环保的农副产品；农民也希望了解城市，希望感受城市现代化生活气息。对农广播在强调节目"农味"的同时，应将视野扩展到对城市的信息发布上，依托对农广播的影响力吸引众多城民来农村休闲、购物、娱乐，把城市的休闲娱乐、素质教育和农村的经济文化建设结合起来，促进农村快速发展。

二、优质内容是农广播创新发展的核心竞争力

创新对农广播的关键，就是要改变以往"四季歌"的模式，多方关注农村前沿性、前瞻性问题，对题材做出更深层次的挖掘，为农民提供内容丰富、形式多样的高质量节目。对农广播在内容上要充分体现"受众为本"的思想，要以乡村振兴背景下农民的需求为指向，传递信息接地气、重实效，充分发挥对"三农"的指导、服务作用，做符合农民意愿、服务农民需求的对农广播。

（一）调整新闻报道视角，多措并举强化舆论引导

宣传党的方针政策是对农广播的责任和重要任务。对农广播在新闻报道中要充分体现"受众为本"的思想，从农民的角度出发报道新闻，以平视的视角宣传"三农"政策，要围绕乡村振兴最新政策及时解读评论，聚焦社会热点开展深度报道，采取多种举措进一步强化舆论引导。1.调整新闻报道视角，突出"三农"主体地位。

向农民宣传党的方针政策是长期以来对农广播的重要任务，但遗憾的是农村群众热情不高。究其原因在于对农广播没有从农民角度报道新闻，导致新闻主角常常是各级领导干部或是专家学者。这种居高临下的报道看似领导在关心农民，实则是本应为节目主体的农民被边缘化了。农民是人民生活安定幸福的重要保障，如果没有农民，中国的全面小康将无从谈起。新闻工作者要转变工作方式，要以农民视角宣传"三农"政策，深入农村去采集和挖掘大量的鲜活资料，让农民参与到节目中，这样的报道才会受到农民群众欢迎。2. 及时解读评论，强化舆论引导。为加快农村现代化建设进程，国家相继出台了一系列涉农政策。作为对农宣传的重要平台，对农广播要充分发挥主流媒体的优势，及时解读国家政策，引导农民打消疑虑，从而减少矛盾冲突、维护社会安定。温州实行城乡综合改革期间，一部分农民对政策存在误解，致使改革一度受阻。为此对农广播特地请来了专家，通过精心策划，制作了多期专题报道和人物访谈节目。节目从多个角度对方案进行解读，打消了农民群众的疑虑，保证了改革方案的有序实施。3. 关注社会热点，加强深度报道。在新农村建设过程中，新事物不断涌现给农民群众带来许多困惑，亟待权威媒体深度解析。对农广播要充分发挥媒体的引导作用，以社会主义核心价值观积极引领舆论方向，围绕乡村建设中的难点、热点问题，深入挖掘，精心策划，扎实开展全方位、多角度的深度报道。央广名牌栏目《致富青年帮》常年推出深度报道，报道通过一系列典型事例展示乡村建设的新举措、新成果，反映新时期农村发展中出现的新问题。节目进行了客观深入的剖析、细致理性的引导，鲜活又接地气，形式新颖多样，受到农民群众普遍欢迎。

（二）以先进理念为引领，注重"实用性"和"服务性"

农村信息渠道相对比较狭窄，这就需要对农广播具有前瞻性，要掌握国内外农村发展的最新动态，以先进的理念引领现代农业快速发展。对农广播要充分发挥主流媒体的优势，全方位开展对农指导，要注重"实用性"和"服务性"，帮助农民快速掌握现代农业科学技术。1. 重视先进理念引领，紧跟时代发展步伐。启蒙思想家大卫·休谟说，"人是由利益支配的，但利益本身以及人类的所有事务都受理念的支配。"[②]也就是说，人们的行动方式取决于拥有的理念。当前不少农民思想观念、思维方式滞后，不仅丧失了"平等参与现代化进程、分享现代化成果"的良机，[③]也影响了乡村振兴战略的节奏。对农广播要充分发挥引导作用，引领农民树立全新理念、以前瞻眼光把握农业发展新动向。温州对农广播通过"温州有了'淘宝村'""瑞安农民尝试微信卖菜"等报道，引导农民掌握现代购物方式；廊坊对农广播邀请农业科技人员讲授物联网知识。掌握了"物联网知识"的蔬菜种植户，通过微信扫码让消费者掌握蔬菜从种植到采摘运输的全过程，实现当天"直供蔬菜到你家"。2. 注重"实用性"，激发参与热情。改革开放以来，农民的生产观念、生产模式发生了很大变化，如果还是像以往那样请农业专家解答育秧、施肥、养殖等疑难问题，农民就会觉得单调乏味。农业集约化促进了传统农民向现代新型农民转变，农民迫切需要对农广播突破传统农业模式，提供现代农业高效、生态的种殖、养殖技术、加工营销等内容；农村的快速发展激发起农民致富的热情，对农广播要顺应农民的需求，更多地推介致富项目、传播致富信息、提供法律指导，全力协助农民致富。温州对农广播播出"瑞安农民用秸秆做炭棒开发新能源"的消息后，许多感兴趣的听众打来电话咨询，还有听众表达了想和农民合作的意愿。3.注重"服务性"，做农民的"贴心人"。对农广播要充分发挥传播的作用，在"三农"建设中彰显"服务性"。富裕起来的农民面临着销售渠道狭窄的问题，对农广播要加强农业信息的推广，不断拓宽农业产品的销售渠道。农民工能力提升是城市化进程中必须关注的问题。对农广播可以与技术培训部门合作，以专业讲座形式制作成系列节目在对农广播频率播出。这种便捷、高效的专业技术培训方式，将会为农民工提高技术水平创造条件。

三、多元化传播渠道是农广播节目创新发展的重要保障

随着科学技术的迅猛发展，以微博、微信、手机为代表的新媒体成为农民获取新信息的重要手段。新媒体的运用改变了农民接收信息的方式，对农广播在面临挑战的同时，也面临着难得的机遇。新媒体具有"覆盖广、速度快、互动性强"的优势。为拓展信息辐射范围，对农广播要加大与新媒体合作力度，同时开展各种主题的助农活动，多元化传播渠道齐头并进，不断提升媒体的公信力和影响力。

（一）融合新媒体，拓展传播渠道

广播的局限性决定了对农广播必须要联合新媒体共谋发展，对农广播与新媒体融合已是大势所趋。对农广播要积极探索与"两微一端"等新媒体的联动模式，研发出适合农业广播特色的传播样式，全方位拓展传播力和影响力。1.利用新媒体平台，扩大传播范围。媒体融合发展是传统媒体转型的突破口。对农广播要以此为契机，牢牢抓住网络技术飞速发展的机遇，创建自己的官方网站，开设官方微博、微信公众号，开发客户端。此外对农广播可以在蜻蜓 FM、喜马拉雅 FM 等平台开设直播窗口；可以与抖音、快手、火山等短视频直播平台签署战略合作协议，这些举措将会为对农广播扩大传播范围创造有利条件。2.重视新媒体平台，扩大新闻来源。微博、微信、短视频等新媒体是对农广播获得最新资讯的重要"新闻源"。近年来，很多新闻都是由新媒体平台第一时间发布的，如"山西襄汾县'8·29'饭店坍塌事故""山东莒县村民电动车违规充电引发火灾"等等。对农广播要关注各级新媒体平台的动向，筛选出有新闻价值的信息制作发布，以提高对农节目的时效性和丰富性。3.借助新媒体平台，强化互动交流。对农广播可以通过官方网站、手机 APP、微博、微信等新媒体平台与受众进行互动，互动可以采取多种形式，既可以是活动互动、也可以是观点互动、需求互动。对农广播与农民听众互动不仅可以丰富节目形式，也培养了听众对节目的感情，节目收听率将会不断提高。天津农村广播跟踪微博热点，聚焦微博话题展开讨论，农民听众踊跃发表意见，不仅丰富了节目形式，也为职能

部门决策提供了参考。安徽农民种植的小麦发生了病虫害，他用手机拍摄照片发送到新媒体平台，安徽农村广播邀请专家在新媒体平台在线诊断，指导农民进行科学的田间管理，解决了农民的难题。4.联合新媒体平台，实现全媒体直播报道。对农广播可以与新媒体平台融合发展，采取"一次采集、多元生成、多渠道传播"的模式，实现全媒体直播。"美丽乡村惠农行活动"走进田庙乡万亩梨园活动，河南广电新农村频道、大豫网、新浪网、《河南商报》等媒体同步对活动进行了报道。对农广播多渠道联动扩大了信息传播力度，进一步提升了媒体公信力。

（二）开展助农活动，提升节目影响力。

对农广播要想成为有影响力的品牌节目，就必须开展与频率定位相契合的助农活动，实现助农活动和对农节目的"双翼驱动"，不断提升节目的影响力和号召力。首先，举办对农服务公益活动，对农广播可以和相关部门合作，举办科技下乡、医护服务、文艺演出、法律咨询、教育培训等公益活动。这些活动具有指导性、服务性，很受农民群众欢迎。吉林乡村广播"惠农专家团"到靖宇县农户家中为病牛诊病，兽医专家开出药方并指导农民用药的方法。邻里乡亲闻讯而来，在听专家讲授的同时拍下了照片和视频。其次，举办农产品展销活动。不少优质绿色农产品卖不出去。对农广播可以和有关部门联合举办农产品展销会，一方面可以帮农民打开销路，另一方面市民在家门口就能购买到优质农货，扩大了对农广播的影响力。再次，与贫困村户结成帮扶对子.对农广播要在深入调查的基础上，帮助困难群众制订脱贫计划;利用媒体的影响力号召社会各界从生活、生产等方面帮助困难农民，从而助力贫困农民早日脱贫。

对农广播是宣传党和政府方针政策的重要阵地，是指导服务"三农"的重要窗口。新时期对农广播受众状况、受众需求发生了变化，对农广播的内容也应随之作出调整。对农广播要审时度势，勇于创新，精准把握节目定位、积极优化节目内容，主动融合新媒体拓展传播渠道，切实成为沟通"三农"的重要桥梁。创新是对农广播发展的必由之路，是提升对农广播传播力的重要手段。对农广播在创新发展的道路上，只有走得更迅速、更扎实、更稳健，才能跟上时代的步伐，打造出对农广播高品质的传播。

注释：

①史敏：《办好对农广播，助力"乡村振兴"》，《传媒》2019年第5期。

②邢陈强：《理想与行动》，《山东教育》2018年第1期。

③廖继红：《城乡一体　精准服务》，《中国广播电视学刊》2014年第3期。

④黄建平：《新时期对农广播节目如何让农民"买账"》，《中国广播电视学刊》2017年第11期。

（作者分别为：浙江传媒学院播音主持艺术学院教授；德清电视台节目主持人）

城市电台发展路径与融合发展原则

——以保定人民广播电台为例

刘锦岳　刘玉军

2020 年是中国人民广播事业诞生 80 周年，80 年来，我国城市电台发展取得辉煌成就。据国家统计局数据显示，截止 2018 年底，全国共有各级广播电台播出机构 2647 个，其中大部分为城市电台，每个地级以上城市基本都有 1 座或几座广播电台。城市电台在新闻宣传、舆论引导、信息服务、文化传播等方面为地方经济社会发展做出了突出贡献。

一、城市电台发展路径和成绩

1、发展路径

（1）在新中国建立中诞生。我国各级城市电台绝大部分是在新中国建立过程中诞生的。1949 年前后，随着人民解放军席卷天下的攻势，国内绝大部分城市先后解放，城市人民广播正是在这一时代背景下产生的。例如，1948 年 11 月 22 日，保定解放当天，冀中区党政军领导机构从河北省安平县迁入保定市。为便于宣传党的方针政策、传达政令，11 月 26 日，"保定市有线广播电台"正式开始播音。1949 年 8 月，河北省人民政府成立，省会设在保定。1949 年 9 月 1 日，河北电台在保定开播，呼号为"保定人民广播电台"。1958 年 5 月，河北省会由保定迁往天津，电台随迁。保定地委、行署于 1958 年 7 月 1 日建成新的"保定人民广播电台"，自办无线广播电台，从此保定人民广播开创新篇章。

（2）在履行宣传职责中变换"台"与"转播台"角色。城市的人民广播是应宣传需求而产生的，从建台伊始就忠实履行党和政府交付的宣传职能，随着不同时期党和国家政策变化以及区域政治经济变化，人民广播事业也不断变化。建国前后，城市广播完成迅速建台并及时报道了诸多重大历史事件。如保定电台建国初期实况转播开国大典、刘青山张子善公审大会，报道抗美援朝、"三反""五反"运动等。大跃进时期，报道了毛泽东、周恩来、刘少奇、刘伯承、邓小平、李先念等一大批党和国家领导人来保定徐水、安国、定县等地视察工作。履行宣传职责的同时，城市广播事业不断发展，1959 年，保定电台建成全省第一座轻型铁塔，高 93 米，国内领先。1961 年，随着三年经济困难时期到来，我国城市广播电台发展进入收缩期。

1962年初全国有无线电台145座，当年10月就缩减到81座。1962年5月5日，保定电台停播。1962年10月1日，改为"河北人民广播电台保定转播台"继续播音。其后经历文革等历史阶段，在22年的转播台时期，保定台除曾短期自办《保定新闻》广播节目外，绝大部分为完全转播上级电台节目内容。

（3）在改革开放中壮大。1983年，全国第十一次广播电视工作会议召开，中央下发37号文件，提出"中央、省、市（地）、县四级办广播电视，混合覆盖"的方针，颁发《关于市县办广播电台、电视台的暂行规定》，我国城市电台发展迎来新的历史阶段。1984年8月1日，"保定地区人民广播电台"恢复播音，1986年3月6日"保定人民广播电台"恢复播音。在1984年至1994年保定地市分设时期，保定电台在服务改革开放大局中迅速发展壮大。电台人员成倍增长，部门设置成倍增加，自办一大批地域性很强的节目，紧密配合当地中心工作，满足本地受众需求。如：保定地区人民广播电台宣传推出河北农大"太行山道路"在全国产生重大影响；报道"白沟箱包""安国中药材""曲阳石雕"等促进了县域特色经济形成；报道"高碑店崔中旺村与驻军部队军民共建活动"开创宣传军民共建先河；保定人民广播电台现场直播亚运火炬保定交接活动、创办河北省内第一个广播直播节目《共度黄金时刻》、开办河北第一个舆论监督热线节目"百姓传呼"等。在履行宣传任务的同时，城市台在改革开放的大潮中也逐步成为经济建设的一员。如：保定电台在这一时期开始了广告创收，同时拉开体制改革的序幕。1988年7月开始，保定地区电台广告收费，成立广告信息部；1993年，保定地区电台成立"保定广播电视广告信息公司"开启公司化运营之路。1985年，保定人民广播电台成立"广告科"；1988年保定人民广播电台成立"经济信息部"；1994年保定人民广播电台成立"北方超导广告公司"统一经营电台广告。伴随着城市电台创收能力的增长，城市电台逐步从全额拨款事业单位转变为差额拨款、自收自支事业单位。1994年底，保定地市合并。1996年6月保定地市电台合并，新成立的保定人民广播电台开始由一套节目向多套节目演变，其后保定电台发展为"新闻广播""经济广播""交通广播""城市服务广播"4套节目。

（4）在新时代融合升华。根据国家相关政策，2010年6月，保定人民广播电台、保定电视台、保定广播电视报、保定有线电视台合并成立"保定广播电视台"。保定广播电视台成立后，广播、电视等业务部门相对独立运行。保定电台在坚持传统传播基础上开始打造新媒体平台、探索融合发展，先后建立"保定广播网"、微信公众号"保定声音"、"在保定APP"等10多个新媒体平台，开通新浪微电台、"蜻蜓""优听"等收听渠道。2019年，保定电台在生产音频、图文融媒产品基础上，开始尝试生产视频产品，并在"快手""抖音"等音视频平台注册媒体号30多个，全方位深化探索城市电台融合发展路径。保定台也成为签约"快手"的全国首家传统媒体。新媒体平台的建立和收听渠道的拓展强化了新媒介环境下城市电台的"主流声音"。

2、成绩显著

我国城市电台在党领导下，积极发挥"喉舌"职能，紧紧围绕党和国家大政方针，紧密配合地方党政中心工作，反映百姓呼声、传达社会舆情、服务大众生活、参与经济建设，为地方经济社会发展起到重要推动作用。

（1）区域舆论场的重要塑造者。几十年来，我国城市电台树立了权威、公正、公平、正义等主流媒体形象，深受本地受众信任，无论国家还是地方党政中心工作的贯彻落实，都离不开城市电台的宣传配合、舆论引导。如，保定人民广播电台每年都根据不同时期的党政中心工作开设 20 多个专栏专题，营造良好舆论氛围，广播宣传在"行风建设""文明城市创建""拆除违章建筑"等诸多热点难点工作中发挥出重要作用。

（2）本地内容音频文化产品、信息产品的主要生产者。80 年来，在绝大部分历史时期，受技术设备和专业素养限制，城市本地内容的音频产品（广播新闻、音频专题、广播剧、广播文艺节目等）主要由城市电台垄断性生产，其他机构和个人生产量微乎其微。如：保定人民广播电台几乎垄断了本地内容音频产品的生产、包揽了省级以上奖项。近年，随着网络传播兴起和自媒体平台出现，本地内容音频产品的生产呈现大众化趋向，但城市电台无论在产品生产数量还是质量上依然占据主流地位。

（3）区域音频信息传播的重要承担者。音频信息是受众获取信息的重要渠道，它与图文信息、视频信息一起组成信息流的主体。区域音频信息具有较强的对象性，它的服务对象在特定区域往往具有集中性。城市电台因其鲜明的服务本地受众特征，天然成为了区域音频信息的重要传播平台。同时，我国城市电台基本都有覆盖自己区域的无线发射设备和有线传播渠道，如保定电台拥有自己的广播发射台和"对农大喇叭"传播渠道。所以，无论从内容需求还是传播能力上看，城市电台都是区域音频信息传播的重要承担者。

（4）区域活动的重要组织者。区域活动是指在本区域有较大影响的活动，它涵盖政治、经济、文化、体育等活动内容。前期的城市电台在区域活动中大多只充当宣传者的角色。如："抗美援朝""三反""五反""土地承包到户"等重大政治性活动在保定开展时期，保定电台的宣传配合。随着改革开放的深入，城市电台获得市场主体地位，逐步走上组织创办区域活动的舞台。目前，城市电台及其下属机构已经成为区域活动的重要组织者。如近年保定电台创办了"车房博览会""家装节""婚恋博览会""体育名城 冠军荣耀"等一系列品牌活动，还通过政府购买服务等形式组织"空竹节""桃花节""音乐节""梨花节"等，成为保定区域活动的重要组织者。

（5）区域广播服务的主要践行者。由于不同区域的地域条件、人群结构不同，不同区域间存在着对广播服务的需求差异。城市电台经过 80 年发展，成为满足不同区域受众差异化需求的重要承担者。如保定电台目前是"本地应急广播""保定气象服务""保定路况信息"等公共服务信息的重要传播承担者，同时针对本地大众需求举办了一批对象性强的科技节目、教育节目、对农节目、生活服务节目、医疗保健节目等。此外还为农村"大喇叭"有线广播提供播出内容，较好发挥了区域广播服务本地人群的作用。

（6）广播人才的培养基地。城市电台是我国广播人才的重要培养摇篮。1983年"四级办广播电视"伊始，我国广电行业迅猛发展，各级广播电视台对广电专业人才的需求空前提升，远远超出当时的大学培养能力，"在干中学"成为当时的专业人才培养主流。30多年以来，城市电台培养出一大批播音主持、新闻采编、广电技术、专题采制、编导艺术等人才，其中很多优秀分子被上级台录用。

二、城市电台发展经验与新时代融合发展原则

回顾历史，预知未来。笔者认为，人民广播诞生以来，城市电台的发展壮大源自于较好坚持了以下基本经验，这些基本经验也是传统城市电台在5G时代融合发展所应坚守的基本原则。

1、当好"喉舌"、配合大局，坚持正确的舆论导向。城市"人民广播"是应党和政府宣传需求而创办的，当好"喉舌"、配合大局是职责所在。几十年来，城市广播电台在曲折中发展壮大，首先是做好了4个坚持。一是坚持"社会效益第一、经济效益第二"，正确处理了宣传职能与经营创收的关系，明确了什么是城市台的根本职能。二是坚持"围绕中心、服务大局"，正确处理了宣传谁、宣传什么问题，明确了不同时期的宣传重点在哪。三是坚持"正面宣传为主"原则，正确处理了新闻宣传与舆论监督的关系，明确了舆论引导的方向。四是坚持"架起党和政府与群众沟通的桥梁"，正确处理了党和政府方针政策的传达与群众诉求反馈的关系，变单向传播为互动交流，为党政决策施政提供了良好参考。城市电台的"行风热线""民生热线"等节目都起到了较好"桥梁"作用。5G时代，无论传播生态发生如何改变，作为党和政府"喉舌"的城市电台坚持社会责任、围绕中心服务大局不能改变。

2、深耕本地、服务市民，坚持贴地的内容创作。城市电台无论在队伍素质、技术设备条件、资金投入还是在策划制作水平上都和全国性大台有明显差距。但80年的发展，很多城市电台的收听率却稳居本地第一（据赛立信调查，多年来，保定电台集团收听率在保定上空占有份额都超过50%，超越中央台、河北台），这得益于城市台创作出了一批贴地性很强的广播节目。新媒体时代，传播渠道空前广阔、传播格局空前变化、传播竞争空前激烈，城市台要在深度融合发展中闯出一条新路，笔者认为必须坚持深耕本地、服务市民，坚持贴地的内容创作这一基本经验。

3、技术支撑、目标明确，坚持精准的传播覆盖。城市电台的传播不同于全国性大台追求覆盖的"大而全"，而是更加注重覆盖的本地性、针对性。80年的发展实

践证明，城市电台只要找准类型化目标人群，通过技术支撑实现精准、有效传播覆盖，就能够通过"区域化"传播或者说是"精准化"传播而助推成功。如，保定交通广播受众主要为保定市区出租车司机、私家车主等。为强化对上述移动人群的传播覆盖，保定交通广播在实现电波、网络、移动客户端传播多渠道覆盖的同时策划推出"百日零违法有奖"等精准推广活动，巩固和扩大移动收听群体。尽管发射范围、功率与保定台其他频率一样，但保定交通广播节目影响力却大大高于其他频率。笔者认为，技术支撑、目标人群明确，坚持精准的传播覆盖也为城市台在融媒体时代改革与发展提供了传播借鉴。随着传播技术的进步，网络传播、移动传播、传统传播迭代鼎足局面日渐形成，在这一背景下，城市台在做好"内容为王"的同时，进一步深化"精准传播"意识，紧紧依托技术支撑，结合自身内容平台的对象性要求，深化对特定受众的精准传播覆盖，就有助于在新媒体时代开创出一番新天地。

4、符合实际、改革创新，坚持务实的事业发展。城市"人民广播"是在建国之初应实际需求产生的，经济困难历史时期，大部分城市台停播变为转播台，保留下来的城市台也大部分缩编减员。改革开放后随着国家经济建设的洪波涌起，城市台如雨后春笋迅速恢复并发展壮大。进入新千年，城市电台在融合发展、转型发展中探索升华之路。无论是收缩期还是扩张期，城市台都坚持了从实际出发、不墨守成规、改革创新、务实发展的道路。正是坚持了这一道路，城市台在几十年征程中经历有线广播、无线广播、网络广播、融合传播各个历史阶段都能与时俱进、不断发展。在今后"迭代期"的媒体融合发展中，城市台坚定改革创新、务实发展就能够取得新成就、创造新辉煌。

5、不断完善、追求高效，坚持细致的内部管理。城市台发展，经历了从职能单一到复杂的变化，机构也从部门、科室发展成为广播电台、广播电视台再到广电集团。每一次发展变化，都伴随着不断完善内部管理制度。如保定台无论在转播台时期、电台时期还是广播电视台时期，每年都制定、修订，完善出台一系列内部管理制度，规范各项工作，确保高效、良性运行，尽量杜绝发展漏洞。城市电台正是依靠不断完善内部管理制度，激发内部活力，保证了强劲的生存耐性。尤其是在从全额事业单位向差额拨款、自收自支事业单位过渡的历史时期，城市台勇于变革、"刀刃向内"，通过管理制度变革引导员工向惰性宣战，靠自我奋斗、制度保障实现了自身的成功转型。在今后媒体融合发展进程中，随着传播、节目、经营、产业等各方面探索的不断深化、细化，城市电台不断完善内部管理，适应发展需求的任务也会越来越重。笔者认为，不断完善、追求高效细致的内部管理依然是融媒体时代城市电台发展的必然选择。

6、实用实际、注重能力，坚持严谨的队伍建设。城市电台的发展得益于拥有一支较高专业素质的广播人才队伍。受待遇和地位等因素制约，城市电台对专业人才的吸引力普遍不高，自主培养、从严要求、注重实用是大部分城市电台的队伍建设原则。如保定电台 100 多名专业技术职工中，新闻专业科班出身的占比很低，大部分都是边干边学，逐步成为业务骨干的实用型人才。融媒体时代，人才在媒体竞争中将越来越重要。笔者认为，对人才吸引力"先天不足"的城市电台，要想在融媒竞争中有所作为，必须继续坚持自主培养、从严要求、注重实际能力的自我人才队伍建设道路。

结语：总结历史、面向未来。城市人民广播历经几十年历程，已成为区域传播领域的重要力量。城市电台积累了宝贵发展经验，这些经验为城市广播在新媒体时代的融合发展、转型发展、高质量发展提供了借鉴。城市电台在国家政策范围内牢记使命、找准位置、错位发展，就能够开创出融媒体时代的新辉煌。

参考文献：

①《保定人民广播电台发展史》，新华出版社 2006 年 12 月版。

②黄炜：《60 年来广播电视发展的基本经验与存在问题》，《中国广播电视学刊》2009 年第 1 期。

③刘锦岳、刘玉军：《试论 5G 时代城市广播电视台融合发展路径》，《电视研究》2019 年第 10 期。

（作者单位分别为：上海大学新闻传播学院；保定广播电视台）

湖南人民广播电台事业发展研究

唐文玉

湖南人民广播电台是新中国成立后较早建立的省级广播电台之一，1949 年 11 月 7 日发出的"湖南第一声"为湖南广播电视事业开启了崭新的一页。70 年来，湖南人民广播电台经历了艰难而辉煌的历程，成为三湘大地与报纸、电视、新媒体并驾齐驱的综合性与专业性相结合、深受人民群众喜爱的大众传播媒体。本文将对其事业发展历史分创立、台局合一、独立建制、广电合台 4 个阶段进行梳理。

一、创立阶段（1949 年 ~1955 年）

1949 年 11 月 1 日，中国共产党湖南省委宣传部发出了关于建立人民广播电台的通知。按照当时中央广播事业局的规定，省级人民广播电台均以省会城市命名，故湖南人民广播电台在最初创立时名为长沙人民广播电台。11 月 7 日，长沙人民广播电台正式建立，台址位于湖南省长沙市天心路 89 号，负责湖南省全省的广播宣传和广播收音事业的发展。1950 年 11 月 1 日，长沙人民广播电台将台号改为湖南人民广播电台。

在创立初期，虽然设备和工作条件非常简陋，但湖南人民广播电台充分发挥广播的宣传、社会教育、文化娱乐等功能。除转播中央人民广播电台的普通话新闻和全国人民广播电台的联播节目以外，还自办有新闻性节目和针对工人、农民、青年、妇女、儿童等不同受众的对象性节目以及文艺节目。而后又紧跟中央广播事业局改进广播工作的方案精神，创办了很多反映湖南省人民革命和建设的政治节目和文艺节目。湖南第一首唱响全国的不老红歌《浏阳河》也是在 1950 年通过湖南人民广播电台走进了千家万户，并被传唱至今。

湖南人民广播电台开始的播音工作由播音组的 5 个年轻人负责。他们是袁有芳、肖金、王静、李莉、莫英，由袁有芳担任播音组组长。播音员们不仅注重平时的基本功训练，每周台里还邀请专业工作者给他们讲授声乐辅导课。经过 50 年代初期广播大会充分的播音实践和 1953 年以后走出机关参加社会实践，播音员们的业务能力得到了全面的锻炼和提升。1955 年湖南人民广播电台的第一个广播剧《聂耳小传》也是由本台播音员演播且大获成功。

二、台局合一阶段（1956 年 ~1983 年）

1956 年 8 月，湖南省广播管理局成立，与湖南人民广播电台合署办公，实行台局合一建制。这一阶段的前期仍以台为主监管全省广播事业工作；后期湖南人民广播电台作为台号存在，正副台长均由广播管理局正副局长兼任，采编播人员编制和技术人员编制分别列为局直属编辑部和机务处，全台的行政、业务领导权力均实际上由局编辑部行使。1983 年 11 月，编辑部与机务处合并，湖南人民广播电台成为正处级单位。

在台局合一的阶段，湖南人民广播电台接连经历了 3 次挫折：第一次，是在反"右派"斗争的影响下，一些社会教育节目和文艺节目被取消，对广播多功能的发挥造成了影响；第二次，是三年经济困难时期，湖南人民广播电台节目进行了调整、缩减，一些对象性节目和文艺节目被取消，全天播音时间缩短；第三次，是文化大革命的 10 年，湖南人民广播电台只能照播通讯社、报纸、杂志的消息、文章和少量录音报道，内容充斥着"假、大、空"之词，文艺节目只保留了几个样板戏。文化大革命期间还时常出现任意延长节目时间、打乱节目整体安排的现象，对广播在群众中的声誉造成了极其负面的影响。

但每次挫折后，湖南人民广播电台都抢抓时机将广播事业发展拉向正轨。如在 1959 年第五次全国广播工作会议提出"开门办台"方针后，湖南人民广播电台迅速组织地（市）、县委和有关部门合办专题节目，增办农村广播站联播节目、对工矿企业广播，恢复了之前停播的对农广播和针对青年、儿童的节目；在三年困难时期之后，国民经济有所恢复和发展，湖南人民广播电台延长了播音实践，自办节目质量显著提高，新开办了一批文艺节目拥有大量的听众；中共十一届三中全会后，湖南人民广播电台也迅速恢复了文化大革命前的传统，将办好新闻和文艺节目作为重中之重，同时还按照广播特点与湖南特色改进了广播节目。

20 世纪 50 年代中期，湖南人民广播电台基本照搬苏联经验来培训播音员，并形成了自己的一套方法。新播音员要先经过一段时间的严格训练和节目试播才可上岗播音，先播《天气预报》《气象广播》《记录新闻》，然后才能播《全省联播》《新闻和报纸摘要》等。后经过 10 多年的播音实践经验的积累，湖南人民广播电台也制定了一套较为严格的播出制度，如碰头会制度、节目监听制度、差错登记制度、奖惩制度等。虽然"文革"期间一批老一代播音员被调离湖南电台，一些播音员被调离工作岗位，播音力量被严重削弱，但江青反革命集团被粉碎后，湖南人民广播电台迅速恢复播音工作。1978 年在北京招考了 4 位播音员，为播音组注入了新生力量。同年，全国著名播音员齐越来湖南人民广播电台讲学，并对台里的播音员们进行了辅导和示范，是一次极好的业务训练。1981 年 8 月，中央广播事业局召开的第二次全国播音经验交流会，提出了"继承传统，勇于创新"的要求，进一步端正了湖南人民广播电台播音工作的方向。1983 年的第十一次全国广播电视工作会议强调播音改革，提出了"亲切不等于轻浮，庄重不等于古板，播音速度要根据时代的节奏加以合理调整"，湖南人民广播电台在会议精神指导下，播音业务研究气氛浓厚，播音实践活动空前活跃。

三、独立建制阶段（1984 年~2009 年）

1984 年开始实行机构改革，湖南省广播管理局和湖南人民广播电台分家，湖南人民广播电台恢复了独立建制。

随着广播事业的逐渐成熟，专业化、分众化成为了广播电台发展的必然趋势。从 1980 年到 1983 年，湖南人民广播电台就已经创办了 3 套节目：第一套是以新闻为主的综合性节目（中波广播），第二套是以广播教学为主的节目（调频广播），第三套是以音乐为主的节目（调频立体声广播）。这 3 套节目是湖南人民广播电台走上专业化道路的前奏。自 20 世纪 80 年代中期起，湖南人民广播电台就对第一套节目进行过数次多方面的改革，但受条件所限未能在格局上有所突破，终于 1993 年在第一套节目的基础上，湖南人民广播电台新闻台开播；1988 年初，湖南人民广播电台曾决定创办经济广播电台但由于各种原因计划落空，直到 1992 年，湖南经济广播电台才正式开播；1995 年以第三套节目为雏形，湖南人民广播电台文艺台正式开播；为适应交通事业迅猛发展，1997 年，湖南人民广播电台交通台开始试播，1999 年正式开播。2000 年 2 月起，各台的呼号先后更改为"湖南人民广播电台新闻频道""湖南人民广播电台经济频道""湖南人民广播电台文艺频道""湖南人民广播电台交通频道"。此后又先后开播了音乐之声、乡村之声和旅游频道。

自 20 世纪 80 年代以来，电视的普及向过去多年"一枝独秀"的广播提出了挑战。面对社会上广泛流传"电视取代广播"等言论的状况，湖南人民广播电台同湖南省广播电视学会广播学研究会紧密协作，引导全台编播人员从实际出发开展业务理论研究，产生了一系列丰硕的研究成果，在国内权威期刊发表或被收录到广播电视年鉴。同时，湖南人民广播电台坚持用科技和创新扩大覆盖范围和影响力。1997 年 1 月 1 日，新闻台广播节目信号被送上亚洲 2 号卫星，2004 年 1 月，经济、文艺、交通 3 个频道的广播节目信号被送上亚洲 3S 卫星，实现了湖南人民广播电台 4 个频道节目在全国及亚太国家和地区的覆盖。2000 年 9 月 20 日，经济频道数字音频自动播出系统投入试运行，这是湖南省广播界拥有的第一套大型现代化的数字音频播出系统。2004 年 11 月 13 日，经济频道街头直播室在长沙黄兴南路步行街正式开播，这是导入国际先进媒体理念开创的全国第一家满足广播电视双重要求的街头透明直播室。2005 年 11 月 6 日，经济频道与长沙百老汇电脑城共同投资打造的"百老汇直播室"可支持广播、电视、网络的节目直播，是中国当时最先进的广播户外直播室。

20 世纪 80 年代末起，湖南人民广播电台还积极开展与中央和地方广播电台、互联网站、影视等媒体的深入合作，扩大广播宣传领域。如 1987 年 7 月，与四川、湖北、江西、安徽、江苏、上海 7 省市广播电台合作大型广播系列报道《长江行》；1990 年联合江西台开展湘赣边界革命老区采访，播出稿合编出版达 34 万字的《湘赣边界纪行》；1993 年 11 月 22 日至 27 日，为隆重纪念毛泽东诞辰 100 周年，邀请中央台以及北京、天津、河北、沈阳、武汉等省市 22 家广播电台的记者和节目主持人，来湘开展大型采访活动《你好，韶山》；2001 年 10 月，"湖南广播在线"与湖南红网联合开办《实时收听》栏目，使新闻、经济、文艺、交通 4 个专业频道的节目实现了网上实时播出；湖南人民广播电台的广播文艺与中央台、各兄弟省区市台和全省各地市县广播电台（站）合作，内容涵盖了音乐、广播剧、曲艺、评书、晚会、文艺宣传活动等众多领域。

在这一阶段，湖南人民广播电台不断探索播音改革。1987 年 2 月 14 日，第一个新闻采编合一的主持人节目《今日好时光》正式亮相，虽然该节目仍采用录播方式，当时被称为"假主持人节目"，但是其播音形式较之前更加口语化、生活化，内容丰富，活泼而亲近，受到广大听众好评。1988 年 8 月 21 日创办的《星期天特别节目》试行"主持人负责制"，首次实现了由录播到直播、"假主持"到"真主持"的转变。节目主持人的出现，为播音员带来了新的挑战和机遇。因此，湖南人民广播电台注重培养"两栖型"专业人才和新型主持人。一方面，鼓励在职播音员一专多能，轮流参与采编、主持工作，既锻炼文笔又探索主持人节目的播音形式，有助于播音员向既能播又能主持的方向发展；另一方面，面向全社会广纳贤才，选拔和培养主持人，并推出了一系列新的主持人节目，内容多样且由主持人全程直播，在社会各界享有较高美誉度。

四、广电合台阶段（2010 年至今）

2010 年 6 月 28 日，湖南广播电视台正式挂牌成立，由原湖南电视台、湖南经济电视台、青海卫视[①]、湖南人民广播电台、湖南有线电视网络合并而成。自 2010 年 1 月，湖南广播电视融合后，机构名称更改为"湖南广播电视台广播传媒中心"，"湖南人民广播电台"仍对外保留作播出呼号使用。目前的湖南人民广播电台拥有新闻综合频道、交通频道、经济频道（湖南经广）、音乐频道（893 汽车音乐电台）、文艺频道（摩登音乐）、News938 潇湘之声、旅游频道（乐田 1069）、金鹰 955 等 8 套广播频率及湖南移动电视频道。湖南人民广播电台前台长王本锡曾多次提到"媒体无新则死，员工无新则蠢"。在新的阶段，湖南人民广播电台始终坚持"新闻立台，守正创新"的发展战略，各频道不断探索模式创新和技术创新，全方位深入受众、

---

① 湖南卫视经过广电总局批准，从 2010 年起与青海卫视展开"深度合作"项目，由湖南卫视提供主持人、电视节目、制作团队，在青海卫视中播出。该合作于 2013 年 2 月 1 日终止。

服务人民。

在模式创新方面，湖南人民广播电台各频道除了办好各自的常规节目以外，还通过主办、承办众多线下活动与线上节目播出相结合模式和植入营销模式，壮大了自己的传播引导力和营销力。如交通频道的"全国百城百台爱心送考""一帮一爱心大行动"；893 汽车音乐电台的"最美童声"；News938 的"金秋助学""直播间开放日""百姓奥运会"；文艺频道和旅游频道的"穿越湘鄂赣，红色励志夏令营"；乡村之声的"牛郎织女相亲会"；新闻频道的"三湘读书月"等。交通频道则植入高速服务区，建立了"高速服务区直播室"，之后又建成了全国第一个高速公路全媒体应急直播室和全国第一个空港直播室，在全国率先实现了台本部直播室、交警直播室、全媒体卫星直播室、高速直播室、空港直播室和服务区直播室 6 大直播室同步直播的格局。

在技术创新方面，湖南人民广播电台勇于快速将新技术应用于广播实践，抢跑全国先列。2011 年 4 月 12 日，5 台"全媒体流动直播车"亮相湖南广播电视台交通频道、893 汽车音乐电台、湖南移动电视"全媒体流动直播车交车暨全媒体报道团成立仪式"，全国首支"全媒体报道团"正式组建；2013 年，湖南人民广播电台建立了芒果微电台作为 7 个频道对外手机 APP 窗口，实现了随时收听、微博互动、精品点播、直播回放等功能；2015 年，18 集广播剧《栀子花开》全部由各频道优秀主持人演播，为国内第一部"3D 环绕声"声音大片，新媒体"微视觉"年点击率达 120 万人次，《基于虚拟化技术的新型敏捷广播制播系统》获中国影视科技进步一等奖，是全国广播获此项大奖的唯一项目；2015 年，国美湘江音乐节率先融合"互联网 +"，全国百余家广播同行纷至沓来学习经验；2015 年，交通频道爱心送考活动借势"互联网 +"，运用 H5 技术推出全国首个"爱心送考云服务平台"，携手百度、神州在 5 个城市投入 500 台专车，掀起公益行动话语风潮，在全国广播界创新探索 R2O 实效营销成绩斐然；2017 年 12 月 18 日，湖南人民广播电台与科大讯飞股份有限公司合作共建了国内首家广播人工智能实验室；2018 年芒果动听 APP 正式上线运行后，湖南人民广播电台形成了"八频一端"的融媒传播新格局。

2020 年是全面打赢脱贫攻坚战的收官之年。湖南人民广播电台与湖南卫视、湖南经视、都市频道等省直广播电视媒体，在黄金时段、主新闻栏目推出 10 多个扶贫专栏专题，着力加强脱贫攻坚宣传。2020 年也是特殊的一年，从年初开始，新冠肺炎疫情开始蔓延。湖南人民广播电台启动全省唯一应急广播——湖南交通频道应急报道，《全省新闻联播》"村村通"大喇叭健康之声专栏，针对农村听众，及时告知疫情变化，并采访官方权威专家广泛普及防疫知识。

合台后的湖南人民广播电台整合了优质资源，并借力湖南卫视、湖南经视、湖南都市等推广平台，不断产生了强大的传播引导力和营销力。目前，湖南人民广播电台各频率有效触达人群 5800 万人，全省市场份额达 65.9%。70 年来，收获了全国最具品牌影响力省级广播电台、最具品牌影响力交通类省级广播频道、中国媒体品牌影响力广播媒体品牌十强等诸多荣誉。未来的湖南人民广播电台将继续围绕"服务中心、服务大局、服务百姓"，充分发挥广播媒体的功能，并不断推陈出新为听众提供更加优质的收听体验。

参考文献：

①湖南省地方志编纂委员会：《湖南省志第二十卷——新闻出版志·广播电视》，湖南人民出版社1997年版。

②湖南省地方志编纂委员会：《湖南省志·广播影视志（1978-2002）》，中国文史出版社2009年版。

③湖南省广播电视厅史志编辑室：《湖南广播电视年鉴（1986年版）》（内部发行），铁道部长沙铁道学院印刷厂，1986年。

④湖南省广播电视厅史志编辑室：《湖南广播电视年鉴（1987年版）》（内部发行），湖南印刷二厂，1987年。

⑤湖南省广播电视厅史志编辑室：《湖南广播电视年鉴（1988年版）》（内部发行），湖南省农林工业设计院印刷厂，1988年。

⑥湖南省广播电视厅史志编辑室：《湖南广播电视年鉴（1989-1990年版）》（内部发行），长沙当代光控杂志社印刷厂，1989年~1990年。

⑦湖南省广播电视厅史志编辑室：《湖南广播电视年鉴（1991-1992年版）》（内部发行），中南彩印厂，1991年~1992年。

⑧湖南省广播电视厅史志编辑室：《湖南广播电视年鉴（1993年版）》（内部发行），长沙华云印刷厂，1993年。

⑨《湖南广播电视年鉴》编辑委员会：《湖南广播电视年鉴（1994-1996年版）》，湖南省新闻出版局，1994年~1996年。

⑩《湖南广播电视年鉴》编辑委员会：《湖南广播电视年鉴（1997-1998年版）》，湖南人民出版社，1997年~1998年。

⑪《湖南广播电视年鉴》编辑委员会：《湖南广播电视年鉴（1999年版）》，湖南省新闻出版局，1999年。

⑫《湖南广播电视年鉴》编辑委员会：《湖南广播电视年鉴（2000-2002年版）》，今日中国出版社，2000年~2002年。

⑬《湖南广播电视年鉴》编辑委员会：《湖南广播电视年鉴（2003-2005年版）》，湖南教育出版社，2004年~2005年。

⑭《湖南广播电视年鉴》编辑委员会：《湖南广播电视年鉴（2006-2010年版）》，方志出版社，2006年~2009年。

⑮《湖南广播电视年鉴》编辑委员会：《湖南广播电视年鉴（2011-2013年版）》，湖南人民出版社，2013年~2015年。

⑯《湖南广播电视年鉴》编辑委员会：《湖南广播电视年鉴（2014年版）》，世界图书出版广东有限公司，2017年。

⑰《湖南广播电视年鉴》编辑委员会：《湖南广播电视年鉴（2015年版）》，九州出版社，2018年。

⑱《湖南广播电视年鉴》编辑委员会：《湖南广播电视年鉴（2016年版）》，湖南人民出版社，2019年。

⑲芒果广播网：《〈"声声不息"七十年〉，湖南电台建台七十周年，守正创新，成就主流宣传》，http://news.hnradio.com/f/2019/201911/201911510251363.html，2019年11月4日。

⑳芒果广播网：《湖南广播70年专稿|湖南电台播音组的那些年，那些人，那些事》，http://news.hnradio.com/f/2019/201911/20191115161448577.html，2019年11月5日。

㉑电台工厂：《湖南广播70年专稿|细数湖南广播历史上的那些第一》，https://m.sohu.com/a/351426945_738143/，2019年11月4日。

㉒央广网：《纪念湖南人民广播事业暨湖南人民广播电台创建70周年座谈会在长沙召开》，http://www.cnr.cn/hunan/xxtt/20191108/t20191108_524850071.shtml，2019年11月8日。

㉓电台工厂：《面对疫情，湖南广电启动宣传一级响应》，https://www.sohu.com/a/369033469_738143，2020年1月27日。

（作者单位：中国社会科学院大学研究生院）

中国广播事业发展中的相声传播

郝 丹

"相声是一门语言艺术，讲究说、学、逗、唱。"相声的基本特质天然地与广播这种以声音传播为主体的传播媒介有着高度的适应性。相声来自民间，在最初是以撂地表演的形式存在的，因而在传播空间上有很大限制，受众范围小，普及度较低。广播是大众传播媒介，以无线电波传送声音，不受空间因素的制约，传播的对象范围广，速度快，选择性大。相声进入广播媒介后就摆脱了"刮风减半、下雨全完"的困境，并开始向大众化传播迈进。中央人民广播电台为相声艺术在全国的普及提供了重要的平台支持，其覆盖全国的绝对优势帮助相声这种更多活跃于北京、天津一带的曲艺形式变得家喻户晓。相声在借助广播的翅膀飞进寻常百姓家的同时，也没忘记与广播进行更为深入的互动、记录广播的发展——山东相声名家孙少林就把广播作为题材写进了相声，创作出了传统相声名段《学电台》。而新世纪以后专业化相声广播"天津相声广播"（FM92.1）的开播一方面顺应了全球广播专业化发展的趋向，另一方面也体现出城市广播依托自身资源优势进行精准市场定位的改革力度。

一、"上电台"：相声与电台直播录音的结合

相声走进广播电台最初就发生在曲艺之乡天津，始于 1927 年 5 月的天津官办无线广播电台在同年 7 月就邀请了当时的相声名家张寿辰和陶湘如以直播录音的形式演绎了经典作品《对春联》。到了 30 年代中期，相声艺人在天津已经成了仁昌、中华、青年会、东方等广播电台争相邀请的嘉宾。张寿臣在回顾自己的艺人生涯时说："民国二十七年（一九三八年），我在天津法租界'小梨园'和仁昌电台说相声，生意相当不错"。[①]在天津尝试让相声艺人入驻电台不久，北京的中国、华声、民生、国华等知名电台也把目光投注在了曲艺界。到了 40 年代中期，许多相声艺人，比如常连安、"小蘑菇"常宝堃、赵佩茹、侯宝林、郭启儒、张寿臣、高德明、刘宝瑞、郭荣起等，已经通过"上电台"的形式成为享誉京津的"名角"。郭荣起曾回忆，1940 年刘宝瑞从济南回北京后他们二人搭档起来演出，两个人"应了北京电台的零点节目（即在夜间十二点在电台播放相声）"，"一连在电台播演了四个月，每天不重"。[②]据统计，1944 年北京和天津"两地电台全天播出节目都是十八项，天津

台曲艺占十二项，北京台曲艺占十四项，几乎全天都播出曲艺节目"，③其中相声方面在北京台和天津台都各有 3 场。

相声艺人"上电台"在技术层面原本是因为大多数电台在当时还无法实现唱片的灌录，只能直播，随着相声在广播中的分量越来越重，相声艺人就从"上电台"变成了"赶电台"。这个"赶"的出现又不是仅仅出于相声节目的精彩，应该说"赶"的这种紧迫感的生成更大程度上源自相声艺人播广告所带来的经济效益。新中国成立之前，许多电台都是私人创办的，它们得以生存的根本依赖就是广告收入。相声艺人由于拥有相当的听众，也就具有了一定的商业价值，生意人较早注意到电台相声的传播影响力，因而就愿意出钱在相声节目中插播自己的商品广告，"更由此出现专门承应电台广告的广告商，花钱购买电台时间，聘请曲艺演员播音演出，穿插所承应来的广告"。④在播广告方面，常宝堃和赵佩茹比较出名，二人通常是根据商品供应者的需要把广告巧妙地写进相声段子当中，在内容上既不突兀，又有趣味。到了解放战争时期，相声艺人"赶电台"又夹杂了一些被迫的性质，因为解放之前北京和天津的许多电台安排的相声节目主要还是为了能承接更多的商业广告，但相声艺人不管多忙多累都很难推脱，因为这些电台背后大都有一些艺人们惹不起的"后台"局长和长官之类。

二、大众化：中央人民广播电台助力相声普及

虽然相声艺人"上电台""赶电台"是"时髦事"，但在新中国成立之前，这种带有较浓商业化表演性质的行为更多地还是在京津一代展开，并没有走向全国。实际上，早在抗日战争时期，相声就和评书、大鼓、秧歌等一样，是延安地区激励群众团结一心抵御外敌的曲艺宣传武器，其内容有的是颂扬英雄人物，有的是批判侵略者的无耻残暴。到了解放战争阶段，相声仍然是延安老百姓钟爱的曲艺形式之一，其功能依旧是政治宣传和思想教育，这是当时的政治生态和社会环境决定的。解放区的一些曲艺团体很重视相声的征集和创作，比如，"1941 年 9 月，延安业余杂技团登报征集魔术、武术、双簧、大鼓、相声等稿件，说：'来稿经采用者，致以每千字三至五元稿费。未经采用，但本团认为有保留与研究价值者，亦致稿酬，余稿一律退还。'"⑤还有一些作家也加入到相声的创作当中，比如赵树理、何迟。值得注意的是，在延安，相声节目基本就是在田间地头或军民联欢会上呈现，并没有和电台广播结合。这一方面是因为解放区不像北京、天津那样是相声的根基所在，并不拥有培养有影响力的相声名家的土壤；另一方面，成立于 1940 年 12 月 30 日延安新华广播电台作为中国共产党创建的第一个电台，承担着非常重要的政治宣传任务，即不仅要及时传达中共中央的文件，党的主要纸媒上的社论、文章，以及时政新闻，还要播放革命故事和革命歌曲等。

1949 年 1 月北平（北京）和平解放，同年 3 月延安新华广播电台迁到北平，同

年 12 月更名为中央人民广播电台。在建国之初，出于统一思想的需要，党中央对于电台播放的节目有着比较严格的审查制度和标准，所以像相声这种发端并蓬勃于京津一代的具有很强娱乐性质和商业性质的曲艺形式一开始很难进入到频率覆盖全国的中央人民广播电台。在经过了曲艺界思想改造和"北京相声改进小组"的创建之后，相声艺人们在政治站位和思想觉悟上都有了显著的提升，精神境界的变化也带来了作品内容的变化，比如常宝堃就在《打灯谜》开篇加入了"日本无条件投降，打一古人名"这样的谜面。

1953 年初，相声再度回到了广播电台，中央人民广播电台面向全国播出了孙玉奎、回婉华夫妇合作的相声《新历书》。实际上，中央广播事业管理局和中央人民广播电台在 1952 年就开始准备要创建一个专门服务于人民广播的曲艺团体，1953 年 4 月这个团体正式成立，它就是"中央广播说唱团"（原名"中央人民广播电台说唱音乐团"）。这个说唱团体是由表演大鼓、琴书、二人转、相声等多种曲艺形式的艺人组成的，相声艺人中一开始有刘宝瑞和郭全宝，后来侯宝林、郭启儒也参与进来，到 1956 年青年业余相声演员马季又加入，相声艺人的阵容越来越大。中央人民广播电台为相声的传播和普及提供了重要的动力支持，许多非京津地区的听众，甚至是一些偏僻乡村的听众，都是从 50 年代开始才通过广播电台认识和喜欢上相声这门"语言艺术"的。当然，在普及的初始阶段，电台相声始终承担着和其他曲艺形式一样的思想宣传任务，因而从艺术性来看普遍缺乏灵动性和民间性，有些作品甚至有了模式化的倾向。伴随着"反右派斗争"及其扩大化以及"大跃进"，相声艺术又遭受了寒流，一方面一些相声演员，比如马三立、孙少林等，被错划为"右派"，以致他们在电台的录音都被停播；另一方面是对一部分相声节目进行批评，比如王焚认为传统相声节目《大少爷》抹杀了党的领导和组织的作用。

相声在广播中真正回归大众化、娱乐化是在改革开放以后。中央人民广播电台高级编辑陈连升从事曲艺编辑工作 40 余年，他将"文革"以后至 1985 年称为相声的广播时代。1986 年以后电视开始普及，新世纪以后以互联网技术为支撑的新媒体又成了媒介使用的主流，相声的传播媒介就变得多元化。实际上改革开放后相声所迎来的这个"广播时代"远比 30 年代到 40 年代京津相声艺人的"上电台""赶电台"影响力要大得多，中央人民广播电台以及各省地方台的大力扶持和推荐不仅让侯宝林、马三立、苏文茂这些老艺术家再次回到大众的视野当中，而且还捧出了一批后来在中国相声界地位举足轻重的"新人"，比如姜昆、侯耀文、师胜杰等。相声的广播时代恰是中国社会变革的关键期，"广播始终走在前列，起到引领潮流、促进相声发展的主流媒体作用"。陈连升表示，他那时就曾"代表电台联合有关部门，陆续策划组织了'恋爱婚姻''道德风尚''法制宣传''纪念五四青年节''五讲四美三热爱'等一系列以相声为主体的曲艺专场演出"。⑥

三、《学电台》：用相声的形式演绎广播节目

"上电台"不仅给相声艺人带来了知名度和收入，而且为他们提供了更多观察和思考广播节目和电台生活的机会和动力。因此应该说，《学电台》这样一个作品的诞生是有其必然性的，伴随着越来越多的相声艺人对其进行翻新升级，《学电台》也变成了一段非常经典的传统节目。从目前可搜集到的资料来看，最早创作这个作品的人是济南相声名家孙少林，《中国传统相声大全》中收录了孙少林版的《学电台》，⑦因为这版的文本是其弟孙少臣根据自己的回忆记录整理而成的，所以表述上也许和孙少林在舞台上表演的最初版本还有些许出入。

孙少林版的《学电台》提供的基本模式是"学电台介绍名称和频率——学电台播广告——学电台播京剧——再学电台播广告——学电台播京东大鼓——学电台播相声——第三次学电台播广告——学电台播放河南坠子唱片——学电台转播另一个电台并播新闻——学电台播外国歌曲"。

从这个基本模式可以看出，首先，这个节目主要包括学唱和学播广告两大项，学唱的内容就是电台播放的各类曲艺节目，比如梅兰芳的《二进宫》、刘文斌的《拆西厢》和乔清秀的《玉堂春》等，这里能够充分地展现出相声艺人的曲艺功底；学播广告所涉及的商品门类也很多，比如山东老号瑞蚨祥的布匹绸缎、天津大同药房生产的寿星牌生乳灵、盛锡福帽店的皮帽子、前门香烟、骆驼牌化妆品、亨得利钟表店的大三针游泳表等，学广告的部分由于发挥余地更大，所以更容易夹杂着大量的笑料。

其次，《学电台》是一个典型的讽刺性节目，主要讽刺的就是电台广告太多，而且其中有严重虚假宣传的成分。关于广告多的呈现，在孙少林版的演绎中逗哏刚介绍完电台信息就说"下面请听广告"，捧哏接的是"先做广告"，言外之意就是"什么节目还没播呢就播广告"；当逗哏第二次说"下面请听广告"，捧哏说的是"广告倒挺勤的"，潜台词是"正经节目没播几个又来插播广告"；到第三次逗哏说"现在是广告节目时间"，捧哏的直接就把对电台广告太多的指责抛出来，即"除了广告没别的"。这样的设计是基于相声艺人在"上电台"甚至"赶电台"过程中的真实体会，节目想讽刺的是私人电台为了获得更多的商业利润不惜压缩广播节目时间、降低广播节目质量的行径。在对广告虚假宣传的表现上，创作者主要采取的是调侃的手段，比如说骆驼牌化妆品抹在脸上半袋人就会变成窦尔敦，而大众对"蓝脸的窦尔敦"是有一个基本认知的，所以这里是一个非常突出的讽刺包袱的设计。

孙少林版之后，《学电台》又被改编过诸多版本，比较知名的有常宝霆、白全福合作的版本和郭德纲、于谦合作的版本。常白二人的版本叫《听广播》，它创新性地将道具引入了相声表演中，即在舞台上添置了一个收音机模型，常是播音员，而白是收音机外的听众，因而这个节目在"播广播"的基础上又将受众"听广播"

的场景生动地呈现出来，让相声对广播的呈现多了一个维度，即播与听的互动维度。郭于的版本为许多观众所喜爱的原因有二，一是郭德纲的功底极好，能学的曲艺种类多，嗓子调门也高，二是把广告包袱设计成了一个具有连续性的逗趣小故事，即王姐反复意外怀孕。如果说早年的《学电台》是对广播电台的一个记录和再现，那么今天的《学电台》又产生了让年轻人了解广播媒介发展历史的作用。

四、专业化：天津相声广播的建立与发展

传媒多样化时代，广播不再像上世纪80年代以前那样"独得恩宠"，如何才能突出重围有效地吸引受众的注意力？广播人给出了建设专业化广播电台的方案。2006年，全国第一个也是唯一一个专业化的相声广播电台"天津相声广播"成立，这是广播人对市场进行细化、对受众进行精准定位的结果。广播的细化、定位实际上是一个依据自身优势把原本大众化的媒介应用小众化的过程，其根本目的在于提升"听众黏度"。

相声最初走进电台就是在天津，如前所述，天津的广播电台一直有播放相声节目的传统。据国内最权威的从事广播收听率数据调研的专业机构"赛立信媒介研究"统计，2019年上半年，天津相声广播在天津市的平均收听率保持在1.19%～1.28%之间，市场占有率始终在15%以上，6个月来一直排在第三位，仅次于交通广播和音乐广播。[⑧]作为著名的"文化土特产"，相声在天津有演员基础和受众基础，自然就有市场前景，天津广电集团就是抓准了这一点。天津相声广播在栏目方面多是围绕"乐""笑"""逗"命名的，比如《超级逗翻天》《师徒论捧逗》《欢笑在路上》《笑林广记》《笑笑江湖》《一听可乐》《欢乐921》等；也有一些栏目的名字听上去就知道是要为听众播放相声作品，比如《老活听不腻》；另外就是在众多以搞笑逗乐为主体的栏目间隙穿插的《健康驿站》栏目，立足服务听众的养生需求，健康身心。从具体的形式上看，除了播放相声、小品、喜剧影视作品外，还有像《满不懂和假行家》《包袱抖不完》里的主持人讲掌故和知识，谈热点话题，聊闲天，《你点我播》中的主持人与听众互动等。在内容和形式之外，天津相声广播在机制改革和品牌打造上也下足了功夫，比如用工制度方面从2008年起全员竞聘，以收听率和一定经济效益作为制定绩效工资分配方案的依据，再如与社会投资方合作拍摄喜剧微电影《哏都青年》并在各大互联网平台播放。[⑨]

其实专业化电台的建设从上世纪90年代初就开始了，像各省市都有新闻广播、音乐广播、交通广播、儿童广播这样的改革实践成果。但是专业化广播一旦类型化就又出现了内容和形式上的雷同趋向，无差别往往就会带来受众忠诚度的降低。因此，各地方的专业化广播电台的建设就要创新思路，依据自身的优势找到"个性化"元素，比如：拥有丰富旅游资源的西安创建了西安交通旅游广播（FM104.3），旨在宣传旅游文化，服务市民和游客出行；上海和广州是金融中心城市，上海就创建了第一财

经广播（FM97.7），广州创建了广东股市广播（FM95.3），意在为关注财经金融信息的受众提供最新的播报；大连足球有近百年的历史，辽宁省也是传统体育大省，大球、小球爱好者众多，所以大连就创建了大连体育广播（FM105.7）。未来中国的专业化电台建设和发展仍要秉持"按需"思想，在实现频率专业化的同时，还要不断完善内容和人才的专业化。

注释：

①张寿臣：《回顾我的艺人生涯》，中国人民政治协商会议天津市委员会文史资料委员会编《天津文史资料选辑》，第 14 辑，天津人民出版社 2003 版。

②郭荣起：《我的学艺经历》，中国人民政治协商会议天津市委员会文史资料委员会编《天津文史资料选辑》，第 14 辑，天津人民出版社 2003 版。

③倪锺之：《中国曲艺史》，春风文艺出版社 1991 版。

④姜昆、戴宏森主编《中国曲艺概论》，人民文学出版社 2005 版。

⑤孙国林：《延安时期的稿费制度》，中华读书报 2017 年 10 月 17 日。

⑥陈连升：《试谈改革开放三十年相声发展的轨迹和对相声发展的几点看法与希望》，《曲艺》2009 年第 4 期。

⑦冯不异、刘英男主编《中国传统相声大全（第四卷）》，文化艺术出版社 1993 年版。

⑧赛立信媒介研究官方微博、新浪微博，https://weibo.com/smrmedia.

⑨李鲲、刘元旭：《"曲艺之乡"天津相声广播：专业细分赢得广阔市场的探索之路》，《中国记者》2018 年第 1 期。

（作者单位：天津美术学院公共课部）

5G时代广播融媒发展新趋势

余 苗

伴随5G、人工智能、大数据、云计算、物联网等技术持续突破，智能移动终端进一步渗透人类社会，改变着信息传播环境。其中5G技术意味着社会将进入"万物互联"的高速移动互联时代，实现各行各业的颠覆性发展。当下，移动社交平台的飞速发展及移动社交产品的涌现使传统媒体迭代升级，传统媒体与新媒体的有机结合塑造了一个融合新技术新手段、新渠道新载体、新平台新用户新场景的融媒体时代。2019年1月25日，习近平总书记在中共中央政治局第十二次集体学习时强调，加快媒体融合发展步伐，推动各种媒介资源、生产要素进行有效整合，推动信息内容、技术应用、平台终端、人才队伍的共享融通。[①]媒介融合是大趋势、主方向，也是一篇大文章，伴随5G等技术逐渐成熟，我国媒介融合将朝着纵深融合、一体化方向发展。

在5G等技术逐渐成熟背景下，声音与移动互联的融合也进一步升级，视听传播的形态越来越多样化，传播平台越来越多元化，呈现出了听众年轻化、终端智能化、传播场景化等趋势，我国广播媒体融合向全连接、全移动发展，进入了提质提效、存量听众的深耕时代。十三届全国人大一次会议第四次全体会议上，国务院机构改革方案提请了组建国家广播电视总局作为国务院的直属机构，统筹规划和指导协调广播电视事业与产业的发展。[②]这意味着广电媒体在我国拥有着不可撼动的特殊地位，广播人才实现培养升级、广播媒体实现融合转型、广播行业实现创新发展是国家层面的战略部署。2019年8月，国务院办公厅发文要求深入实施"宽带中国"战略，加快5G等新一代信息基础设施建设，优化提升网络性能和速率，推进下一代互联网、广播电视网、物联网建设。[③]国家助力，行业响应，广播与5G技术结合趋势正在加速，出现了多面向新发展趋势。

一、广播融媒呈现多方位、多层次、立体化的特征

传统广播的媒介融合创新先后经历了3个发展阶段，即创办网站、台网联动、建设两微一端（微信、微博、移动客户端）。[④]目前，我国广播媒体处在这3大手段同时并存、相互融合的阶段，即通过传统广播电台、官方网站、自有App、官方微博、官方微信公众号、官方微信小程序等平台同步发布内容，多个平台根据其特

点内容各有侧重，相互补充，广播媒介融合呈现出多方位、多层次、立体化的特征。

在发展路径上，不同定位的广播媒体有着不同的融媒体之路，主要分为两大类，一类是大型电台的"中央厨房"路径，以国家级、省级电台为主；一类是中小型电台的"本土化"路径，以地方电台为主。中央和省级电台作为影响力较大的媒体平台，具有政策、技术、资源、人才上的优势，以"中央厨房"作为运行模式，能够有效集成策划、采编、审核、发布、管理等所有环节，充分利用现有资源统一管理、统一调配、统一编排，避免资源浪费与效率低下，推动广播电台、网站、移动客户端、微信、微博等多种媒体形态的深度联动与一体发展。

中央广播电视总台是由中央电视台（中国国际电视台）、中央人民广播电台、中国国际广播电台合并而成，通过平台、资源、人员的整合以及传播渠道和产品形式的融合，力求达到最佳的传播效果。2020 年 3 月 4 日，中央广播电视总台高品质声音聚合分发平台"云听"正式上线。"云听"基于"5G+4K/8K+AI"等新技术，着重将人工智能、5G 网络等运用到平台的开发建设中，为总台广播频率改版及传统广播向移动音频转型提供技术和平台支持。[⑤]"云听"除了充分调动总台央广以及国广的优质音频资源进行收录、分发，还通过 5G 技术开发新的数字智能音频。

地市及以下电台在传统的"四级办台"模式中，缺乏了某些政策扶持和资源优势，转型过程更为艰难。但这些电台具有极强的地区性，部分地方电台充分利用此特点，在转型发展的过程中追求"小而精"，主动缩小目标群体，结合本地文化特征，调整节目内容及架构，深耕本地用户需求，积极构建本地生活圈，打造极具本土特色的广播电台。

2020 年 3 月 20 日，湖南广电推出"开火"5G 智慧电台项目，致力于打造广播新的生命形态。湖南广电基于 5G 技术，结合现有资源进行内容生产，并且致力于将智能广播系统以及音频产品下沉到县级电台，通过与县级融媒体合作达到全国织网。广东佛山人民广播电台在地方电台广播融媒中具有突出表现，打造的"花生FM"App 立足于自身和本地的特色，不断完善在线收听、台网互动、粤语有声读物、粉丝社群、草根播客、粤语 IP 开发等功能，目前已发展成为广东省最具影响力的粤语音频平台。[⑥]截至 2019 年 5 月 31 日，"花生 FM"下载量达 400 万，覆盖粤语地区百万用户。"花生 FM"与佛科院岭南文化研究院正式签约，发动"岭南文化触网计划"，围绕武术、醒狮、粤剧等领域开发岭南文化精品视听内容。

二、听众构成呈年轻化趋势，听众品质不断提升

广播用户主要通过"听"来获取内容，解放了双眼和双手，这种获取方式符合互联网时代用户的半离场特征，在移动生活中伴随性的优势凸显，随着车载广播和广播智能移动终端的发展，广播的用户结构被进一步调整。

据"电台工厂"公众号的文章《从广播听众的新身份看广播的融合发展》，

尼尔森网联 2019 年基础研究显示，广播听众的核心的年龄群为 20 ~ 59 岁，占比 84.5%，其中 20 ~ 39 岁的占比为 50.3%；《第 44 次中国互联网络发展状况统计报告》的显示，2019 年上半年全国手机网民中 20 ~ 59 岁的占比达到 72.3%，其中 20 ~ 39 岁为 48.3%。根据以上数据，广播听众群体与互联网用户群体具有高度重合性，呈现出明显的年轻化趋势，同时中青年群体相比老年群体受教育程度更高，广播听众的整体素质有所提升。广播听众向年轻化、高学历、高消费能力发展的特征更为突出，听众品质不断提升，传播价值被不断挖掘，同时对广播节目的内容提出了更高的要求。

碎片化的伴随收听方式促使广播听众热衷于获取资讯类的音频内容，且对各类资讯都有关注。传统广播用户最常收听新闻资讯、服务信息、相声曲艺，而车载用户热衷于获取交通路况信息，智能终端用户则更倾向于收听娱乐化资讯等。当前听众年轻化的构成趋势也为广播内容的编排提出了新的要求，考虑到年轻受众追求新鲜、注重时尚的特点，广播节目内容也应该做相应调整。

据"电台工厂"公众号的文章《融媒时代下，广播节目如何"玩转"8090 后？》，温州音乐之声 3 分钟新闻节目《善良的晨阿土》是温州本地知名的广播节目，它突破传统新闻播报的刻板形式，将新闻与漫画相结合，将人物漫画化，用有故事、有情节的幽默短剧展现出来，节目核心有时是耳熟能详的热点新闻，有时是发生在老百姓身边的真实故事。根据赛立信温州地区 2019 年 9 月调查数据显示，《善良的晨阿土》节目年龄主要群体集中在 10 ~ 39 岁，占比高达 90%，不仅深受 8090 后青睐，甚至逗乐了 00 后，越来越多听众成为二位主持人的忠实拥趸。

三、收听终端呈现智能化趋势，技术升级驱动创新

技术进步不断推进广播媒体融合的广度和深度，催生出更丰富的传播渠道、传播形态和传播产品，尤其 5G、大数据、云计算、物联网、人工智能等在广播媒体中的应用，大大提升广播媒体的传播力和影响力。

对于面对即将到来的 5G 时代，广播媒体终端的泛智能化则是形成智能音频平台和智能交互场景。中国传媒大学教授孟伟在《5G 时代声音内容的传播价值》的主题演讲中提到，在广播音频的升级中，应在垂直领域对智能化、私人化的服务性系统内容进行研发。广播媒体将通过 5G 网络，推出面向个人或家庭的智能手机、智能穿戴设备、虚拟现实终端、智能家居、智能车载等端口，为用户提供音频广播、音频直播、音频点播、用户自制音频、用户交互内容等，实现"无处不在"的音频消费场景。

2019 年 5 月 1 日，郑州人民广播电台"新会面上线仪式暨郑州电台郑州移动 5G 新媒体应用联合实验框架协议签订仪式"举行，标志着郑州电台正式进入"5G+广播新媒体"时代。之后，郑州人民广播电台立足于自有的新闻客户端《会面》进

行 5G 技术的深度应用，促进广播业务与 5G 业务的深度融合。

此外，生态车联网也是各大科技巨头以及有声平台的发展方向，通过大数据技术统筹天气、路况、周边建筑、停车等信息，将汽车纳入信息网络，同时对听众的人口学特征、选择偏好、行为习惯等数据进行分析解读，从而实现内容精准分发、用户实时反馈、场景无缝切入等功能，有效提升行车质量。2019 年 6 月，国内智能音频服务商考拉 FM 听伴宣布正式向合作伙伴开放 K-radio 内容运营云平台，成为国内第一家车载音频内容运营开放云平台，目前考拉 FM 听伴已经与 50+ 车企品牌展开深度合作，其他品牌车型也正在陆续落地实施中。

四、伴随场景更加丰富，个性化需求愈加凸显

随着广播与 5G 等技术深度融合，媒体之间的渠道边界逐渐打破，从而给广播媒体营造了多维度的信息语境，同时音频的伴随性特征又可以实现多场景叠加，为广播场景的融合与实现带来诸多可能，例如，边做家务边听、边开车边听、边看展览边听等。同时大数据可以根据用户的喜好设置、收听行为等，为用户推荐个性化、定制化的音频内容，进一步将声音植入到各种生活场景中，抢占用户碎片时间，改善受众体验，从而实现用户场景消费的最大化，也为广播广告的精准投放提供了依据。

随着中国汽车保有量不断增加，汽车目前已经成为广播收听的重要场景，庞大的交通伴随式场景将开发巨大的服务性音频市场。车、路、人及互联网之间的数据交互所形成的智慧交通系统，为城市广播电台在内容供给、语音服务、听众互动、权威信息发布等方面的创新提供了广阔机遇。2019 年 10 月 24 日，黑龙江交通广播携手百度地图以及相关部门启动"998 智享生活"项目，包括"998 美食家""998 爱心驿站""998 出行家"等，基于黑龙江交通广播与百度智慧出行以及其它合作单位提供的信息，为用户提供包括衣食住行在内的全网智能服务。

大数据在满足个性化需求方面发挥重要作用，传统电台开始借助新兴声音平台的力量，依据共同爱好将分散在音频世界中的听众聚集在同一音频场景中，用户与主播之间、用户与用户之间对音频及相关内容进行交流、互动，从而产生了社区与社群，进一步满足用户个性化需求。湖南电台 893 汽车音乐电台因应亲子节目市场需求，推出一系列亲子内容的节目产品，2019 年成功打造《马上好孩子》插件节目，主要致力于解决家长对于孩子的各种问题，同时借助喜马拉雅 App 等声音平台进行二次传播，进一步扩大节目影响力。

五、车载经济红利消退，进入存量用户深耕时代

近年来，车载人群中的广播用户出现下滑，广播车载触达率呈下降趋势，车载经济红利逐渐消退。随着私家车数量持续增多，城市堵车日益严重，导致堵车时长增加，供车载听众选择的娱乐方式随之增多，社交平台、短视频平台以及新闻平台

的浏览比例上升，广播媒体不再独享车载场景。接下来如何提升车载用户的留存率和黏性，是广播行业的一大重点。

第一，在音频内容上，广播媒体的生产模式要从"内容导向"转变为"用户导向"与"市场导向"。这要求广播的内容生产者要在对用户和市场进行深度了解的基础上，倒推媒体的内容生产，以满足市场需求。"粤听APP"是广东广播电视台融媒体发展的重点项目，截止到2020年1月，下载量已经突破1000万。"粤听APP"以粤语文化为标签为例，以本土情怀为切入点，处处通过持续、高质量的内容输出力求"讲好广东故事"，比如，"增值听"目录中设有"科普""读书""历史"等专栏，内含《粤听人义占韵》《广州的故事》《声音空间》等多个节目，在短时间内聚集了大批的本地用户。

第二，在用户精细化、垂直化的运营上，对于范围宽泛的内容类型进一步细分品类、开设子栏目；对市场关联度高的节目，进一步精准细化，建立子微博、子微信或App。例如，河南"交广车生活服务平台"，将"交通"精细化，上线了交广洗车、交广审车、证牌补换、交广养车等业务。满足了客户需求，从而获得用后的认可；贵州广播电台推出的"互联网+智慧交通云"平台，为听众提供用户评价系统、远程电子化管理、快捷支付等功能。

第三，设计即时反馈机制，加强与用户的互动，增强交流感参与感，提高用户对平台的黏性。如北京人民广播电台开发的"听听FM"，为了强化听众参与，调动听众积极性，特意开设直播板块，使得用户可以与喜爱的主播随时随地互动，2019年北京初雪之日与故宫"上元之夜"，北京电台的文化记者便利用听听FM的音视频直播，在紫禁城内为难求一票的老百姓进行热情的解说，为用户描绘了浪漫的雪景、展示了绚丽的灯光。⑦

六、资源整合不断优化，经营模式不断创新

在市场化大背景下，传统广播电台的经营手段、盈利方式、营销模式必须进行创新以适应市场化需要。目前，传统广播电台在尝试促进经营模式改革的过程中已经表现出新的创新方向，如内容的付费收听、音频版权交易、广播与电商购物的结合、线下演艺活动、自驾旅游等模式，归纳起来，这些模式创新有3个共同的思路。

第一，融入城市基因，打造本土生活圈。基于本土文化特征，城市广播电台在场景的发挥上独有优势，也使广播电台和受众的联系更为紧密，互动更加显著。南京广播电视集团推出的手机客户端"在南京"，积极打造"本地生活圈"，实现了"看新闻、听广播、享优惠、逛社区"等多种功能。粤语系三大音频APP——广东台的粤听、广州台的花城FM、佛山台的花生FM，立足本地，注重本地用户需求。

第二，线上线下整合营销。通过线上线下的资源整合和统一的宣传配合，让用户从多个渠道了解产品特色，提高产品或活动的影响力、赢得用户对品牌的口碑、

促进渠道间的流量转化。江苏音乐广播整合自身资源，成功打造"咪豆"音乐节品牌，除了江苏广播全频率集中宣传外，还结合线上线下等多种资源进行全面推广。2019年两届咪豆音乐节汇聚了 20 万人次的现场观众、数千万人次在线互动、2 亿＋网络关注，并成功拉动举办地经济发展。

第三，跨界合作，实现优势互补。在渠道、资源上相互共享，各自发挥所长，引导用户转化，实现多方共赢。安徽音乐广播目前已形成节目与融媒体工作室、节目与电商平台互动发展的良性循环。融媒体工作室"嘻哈搜货""优乐宝""音乐昆昆说"等均有不俗表现。截至 2019 年 8 月，"嘻哈搜货"每日登录人数超过 5000 人，每日浏览次数接近 10 万次，单周销售额日均最高突破 10 万元。[8]

参考文献：

①中央纪委国家监委网：《关于媒体融合发展，习近平总书记这样说》，2019 年 1 月 25 日。

②北晚新视觉网：《国务院机构改革方案提请审议：设置组成部门拟变为 26 个》，2018 年 3 月 13 日。

③国务院办公厅：《国务院办公厅关于促进平台经济规范健康发展的指导意见》，2019 年 8 月 8 日。

④杨罡：《从国内广播媒体的实践看新媒体时代下广播的创新发展》，《视听纵横》2016 年第 6 期。

⑤王冠：《以融媒体思维打造财经专栏　构建广播电视网络协同生产——以融媒体评论专栏〈两会财经快评〉为例》，《中国广播》2019 年第 5 期。凤凰网：《中央广播电视总台音频 App "云听"上线　基于 5G+4K/8K+AI 新技术》，2020 年 3 月 5 日。

⑥麦真喜：《地方媒体 APP 发展路径——以佛山电台"花生 FM" APP 为例》，《传播力研究》2019 年第 21 期。

⑦赖钰盈：《从听听 FM 看传统广播蜕变新生——专访北京人民广播电台听听 FM 项目负责人陈彦旭》，《国际品牌观察（媒介）》2019 年第 5 期。

⑧李盛楠：《2019 年全国广播广告及营销调研报告》，《中国广播影视》2019 年第 22 期。

（作者单位：暨南大学新闻与传播学院）

物联网时代下传统广播的价值转型

吴卫华

5G 作为第七次信息革命的基础，为未来经济飞跃提供新引擎，并为物联网的发展提供了关键的技术支撑。互联网巨头谷歌公司的执行董事长埃里克·施密特预言：互联网即将消失，一个高度个性化、互动化的有趣世界——物联网即将诞生。[①] 物联网作为对传统互联网的继承和发展，将深刻影响人类生活的方方面面，并赋能予传统产业。在这一背景下，传统广播也必然面临着深刻变革，这种变革将重构媒介生态。

一．物联网对传统广播的挑战

互联网发展至今可以分为两个阶段：web 1.0 是在 PC 互联网时代下建构了"人——信息"之间的关系，其主要目的是获取信息；web 2.0 是在移动互联网时代下建构了"人——人"之间的关系，其主要目的是网络社交、电子商务。随着 5G 的到来，人类社会很快将进入到 web 3.0 时代，这一时代是对原有互联网的迭代升级，建构起"物——物"之间的关系。互联网发展所带来的技术红利对媒介的数字化发展起到直接的重要推动作用，而传统媒介在面临这种转型的时候通常采取两种不同的路径：其一是全面融入互联网，通过"互联网 +"进行数字化转型，比如各类音频 APP、影视点播应用；其二是坚持原有发展模式，部分接触互联网技术，比如传统广播电视频道。其结果就是媒介格局呈现"马太效应"，全面融入互联网的各类 APP 发展迅猛，不断蚕食传统媒体的市场份额。传统广播因此面临一种尴尬境地：传统广播的单向传播模式无法适应移动互联网时代下的用户多元化选择，同时，用户碎片化的收听习惯也无法拓展传统广播的价值优势。

物联网包含着两层含义，一方面，物联网的核心和基础仍然是互联网。另一方面，物联网中的终端延伸并拓展到了任何物品与物品之间的信息交换。物联网运用传感器、射频识别（RFID）、智能嵌入式等技术，使信息传感设备感知任何需要的信息，按照约定的协议，通过可能的网络（如基于 WiFi 的无线局域网、5G 等）接入方式，

---

① 澎湃新闻：《谷歌执行董事长大胆预言：互联网即将消失，物联网无所不能》，https://www.thepaper.cn/newsDetail_forward_1298436，2015.1.27

把任何物体与互联网相连接，进行信息交换通信，在进行物与物、物与人泛在链接的基础上，实现对物体的智能化识别、定位、跟踪、控制和管理，物联网是继通信网和互联网之后的第三次信息浪潮。[①] 如果说 4G 完成了"人——人"之间的链接，5G 则将因为其速率高、延时低实现"人——物"以及"物——物"之间的链接，更重要的是，5G 带来的乘数效应不但能够改变社会生产方式，而且能深刻改变人类的思维方式，物联网就是 5G 乘数效应的典型代表。物联网的发展最早可以追溯到传感器技术的发展，大体可以分为 3 个阶段。第一个阶段在移动互联网发展之前，主要以传感器应用为主，其目的主要是信息汇聚，利用射频识别即 RFID 来对物体进行感知，同时采用传统互联网来实现物物相连；第二个阶段则是当前移动互联网被广泛运用阶段，其目的主要是信息处理，其主要特点为综合运用传感网、通讯网和各种应用系统；第三个阶段则是未来物联网发展阶段，是泛在聚合，也是物联网的最终目标。既未来每一种物体都会分配一个 IP，并且形成唯一对应的关系。这样，就会有数以万计的带 IP 的物体，在互联网技术支撑下形成一个物联网。尽管物联网脱胎于互联网，但它与互联网之间仍然存在一定差异（如下表），这种差异对传统广播发展提出新的挑战。

名称	通信网	互联网	物联网
连接主体	网络空间	虚拟的信息空间	客观物理世界
目的	连接、传输	信息共享	行为事件
关注点	网络内部， 不关注传输内容本身	网络内部， 关注传输内容本身	关注外部目标、 事件和环境

首先，广播的媒介功能面临价值转型。传统大众传播理论认为大众传媒具有 4 大功能：社会协调、解释、传承文化以及娱乐休闲，移动互联网的发展使得以手机和 Pad 为代表的智能化媒体逐渐承载并增值了更多的媒介功能，比如网络社交应用、网络游戏、网络购物等，这些基于个性化、场景化、碎片化、移动化的智能媒介比传统大众传播媒体更受用户欢迎。而在物联网时代下，这种媒介赋能现象将继续强化，物联网应用技术主要包括四个部分：感知层技术、网络层技术、应用层技术和公共技术，[②] 在移动互联网时代下，传统广播仅仅只是融合了部分网络层技术，但随着物联网的发展，广播的媒介功能将进一步在感知层和应用层拓展，比如家居安防、远程医疗、远程教育、在线办公等等。

其次，物联网的出现进一步加剧传统广播的场景危机。梅洛维茨认为媒介的变

---

① 吴卫华：《机遇与挑战：大数据时代下的影视产业发展战略》，电子工业出版社 2018 版。
② 王进军：《广播电视物联网构想与发展》，《广播与电视技术》2012 年第 2 期。

化必然导致社会环境的变化，而社会环境的变化又必然导致人类行为的变化。从媒介技术演进的角度来看，每一次媒介变革都会导致原有的媒介场景发生割裂和分离，传统广播作为一种伴随性媒体，曾经发挥着巨大的信息传播作用。电视的出现使得传统广播原有的信息传播作用逐渐衰弱，但由于其情感价值与具身性，传统广播的媒介场景迅速切换，仍然具有一定的影响力。随着互联网时代的到来，传统广播的媒介场景再次改变，汽车产业的发展为传统广播寻找到新的突破口，同时，各类音频应用的出现为广播发展开辟了新天地。可以预见的是，物联网的出现将继续改变传统广播的媒介场景，从而出现新的场景危机，但这种场景危机往往也是新的发展机遇。从本质上来说，媒介场景危机就是信息传播模式危机，当新媒介技术出现后，原有的旧媒体由于无法适应和融入这类新媒介技术，就会出现信息传播模式上的挑战，产生"信息隔离墙"。基于互联网技术基础上的物联网融入了原有的媒介技术，它不仅能够包容传统媒体的媒介场景，还能够产生新的媒介场景，从而为传统媒体打破技术藩篱、突破应用瓶颈创造条件。当然，前提是传统媒体能够接纳和融入这一技术应用场景。

最后，物联网所形成的媒介生态将挤压传统广播发展空间。物联网打破各类媒体的物理、时空以及应用情境的限制，形成一个"无边且自由"的新场景，在这一场景中，原有的"媒介"概念也将发生颠覆性变化，许多传统意义上的"非媒介"设备将成为"媒介"设备，例如许多家用电器由于内置 RFID 电子标签、计算机芯片和音视频播放应用而成为"媒介"设备，一些传统媒介也会成为新的物联网应用设备，电视将不仅仅是信息传播媒介，而且还是结合家居安防、电子商务等功能于一体的智能设备，广播也将逐渐从车载媒体转型为汽车物联网和家庭物联网的应用产品。基于 5G 的物联网"将原本基于媒体的信息获取方式，转变为当前基于终端的信息获取方式。"[①] 用户不仅是广播内容的接受者，还可以通过广播实现"人——物"以及"物——物"互连互通。与此同时，以听觉为核心的传统广播也逐渐被移动互联网时代中各类 APP 应用挤占发展空间，这类 APP 应用不仅具备传统广播的伴随性优势，而且其与移动互联网和物联网的结合改变传统广播的线性传播模式，并通过大数据、算法推荐等互联网技术唤醒了用户的主体意识，从而使得用户与 APP 应用更深度的融合，以至于让用户产生一种观念：音频类 APP 应用不仅是一种媒介，更是一种生活方式。

二. 物联网时代广播媒介生态圈的重构

央视索福瑞国内广播收听市场分析报告指出，2019 年居家广播收听份额较上年下滑 7.8%，而以车载收听为主的非居家广播收听已经超越居家收听份额，车载收听

---

① 王昕：《5G 时代传统广播的场景危机》，https://www.sohu.com/a/285040415_652597

已经成为传统广播的主要阵地。同时,手机移动端的广播收听也已经超越传统收音机,位列车载收听之后,互联网音频超越广播直播,手机移动端对传统广播的影响日益加深。从这些数据可以看到,传统广播的发展模式受到越来越多的挑战,音频边界不断被互联网技术突破,网络化和数字化成为未来传统广播发展的必由之路。随着物联网时代的到来,这一趋势更加明显,这就要求传统广播从渠道、内容、技术等多个方面与物联网深度融合,重构媒介生态圈。

(一)渠道多元化。以通信网为基础的大众传媒时代下广播媒介主要是以收音机为代表的硬件设备,以互联网为基础的网络广播传输则通过软件应用实现用户链接。这两者在广播收听过程中都会受到不同条件的限制,物联网时代下的广播则克服了软硬件限制,实现全渠道传播,任何穿戴设备乃至家用电器都可以成为广播传送的一种形式。实际上,无论是早期的通信网还是后来的互联网,解决的只是人与人之间的信息通信和传输问题,而物联网解决的是物物相连的问题,最终形成一个人和人、人和物、物和物之间的信息交互体系。以家庭应用场景为例,只需要在现有广电网络基础上连接发展传感技术、通信技术和自动控制技术即可实现家庭全声控场景,这也是对传统广电产业发展的拓展和延伸。除此以外,传统广播还可以通过物联网跟其它终端连接,比如在手机端内置传感器,通过手机 GPS 信息精准定位地理位置,上传至后台数据服务中心。后台数据服务中心可以根据用户以往行为数据,判断用户的性别、年龄、职业等身份信息,并向手机用户及时推送养生保健、防暑降温、预防流感等广播信息,当然,这需要后台数据服务中心利用大数据和云计算技术进行精准识别与分析。在物联网环境下,所有的"物"在技术赋权中逐渐被赋于人性,每一件物体最终将成为一个智能化的"个体",人的作用则类似于大脑,可以通过各类终端向所有个体发出指令,使"物"能够及时反应,迎合人类需求。

(二)内容智能化。移动互联网将传统广播引入到移动音频时代,给用户带来沉浸式场景体验,增加了用户黏性。与传统广播不同的是,互联网时代中的广播已经在内容上转型为大音频产业,随着喜马拉雅 FM、蜻蜓 FM 等音频 APP 和各类"夜听"公众号的出现,大音频成为传统广播在移动互联网时代下用户消费升级的必然选择,而物联网将进一步助推这一趋势。大音频产业包括上游的语音识别技术、中游的内容平台建设和下游的智能硬件制造,每个环节都需要利用物联网完成人机交互,实现物物相连。比如物联网时代中的智能音箱,将不仅仅是声音播放设备,同时,还可以结合大数据和算法推荐,为用户主动选择广播内容,提供个性化音频,乃至通过人机交互成为智能应用设备,物联网时代下的传统广播内容生态被彻底颠覆。

(三)技术场景化。场景化关注的是用户体验和心理需求,技术场景化标志着技术开发者不仅要关注技术本身,还要关注技术使用场景和氛围。用户对于车载广播的需求集中于交通信息传播与时间消遣,而对于家庭广播的需求更多的是娱乐休闲,广播技术必须关注到这种差异,摆脱传统广播"频率"观念,注重用户体验,从传统广播的信息传播转型到物联网时代下用户的"沉浸式"体验，通过 AR 和 VR 等人机交互技术，完成音频的虚拟现实，从而创造出"声临其境"的效果，给用户带来听觉冲击，增强用户的沉浸体验。随着物联网的发展，人机交互技术也在不断突破，各类移动应用和智能音箱层出不穷，传统广播中的信息"受众"已经转化为物联网时代中的音频"用户"，主体意识不断觉醒，用户选择的主动权也在不断强化，传统广播的媒介生态圈发生巨大变化。

物联网时代下，传统广播应当顺应并融入这一环境中，聚焦于用户的沉浸式体验，通过智能穿戴、人机交互、车联网等技术，参与媒介生态的改造，把握媒介发展的趋势，掌握主动权。在这个过程中，广播云媒体平台的打造是关键一环。

三. 物联网时代下广播云媒体平台的价值打造

从现有经验来看，广播物联网的建设应当以 5G 为基础，以大数据和云计算为核心，最终实现包括嵌入式系统、无线射频以及以手机和智能音箱为代表的多终端物联网体系。从传统广播到移动音频再到物联网广播，这种媒介演化是一个递进过程，"新媒介并不是自发地和独立地产生的——它们从旧媒介的形态变化中逐渐产生。当比较新的传媒形式出现时，比较旧的形式通常不会死亡——它们会继续演化和适应。"[1] 物联网的出现虽然可以改变传统广播的媒介生态，但其作为用户情感伴随的音频特征却不会改变。云媒体则是大数据、云计算与互联网背景下的多媒体服务结合而产生的一种新兴服务模式，其主要功能在于搭建一个融合传统媒体与网络新媒体聚集的共享空间，形成"云端"，用户可以根据自己需要，随时从云端上传或下载相关多媒体服务和信息内容，最终实现信息资源的全民共享。从本质上来说，广播云媒体搭建的是一个基于人机交互与数据交互的用户关系网络，不同用户在这一平台中都可以找到满足自身需要的内容。

物联网时代下的广播云媒体平台受到互联网技术影响，将深度融合音频内容数据和用户行为数据，完成"从精准搜索到智能决策，从现实收听到虚拟体验，从人人连接、人网连接到人、物、网在虚拟和现实空间的多维度互联。"[2] 总体而言，广播云媒体平台的价值打造应当聚焦在以下两个方面：

其一是广播云媒体的信息服务。物联网时代下可以通过广播云媒体平台实现对音频数据的数字化管理、海量存储和数据共享，甚至可以与视频、文字和图片数据实现跨界整合，改变传统广播的"频率"定位，转型为音频资源提供者，以开放化、智能化为特征，为用户提供融合广播、互联网、音频互动以及开放的增值业务等全业务服务的安全可控数字媒体。包括语音智能搜索、语音智能推荐、语音通信、语

① 罗杰·菲德勒：《认识新媒介：媒介形态变化》，华夏出版社 2000 年版，第 19 页。
② 周洋、熊忠辉：《从技术升级到媒体变革》，《视听界》2012 年第 3 期。

音分享等等，并且融合多媒体通讯系统、移动互联网系统、综合资讯系统、业务消息系统、云计算系统以及音频流推送系统等多项业务系统功能。用户可以通过包括手机、家电、智能音箱为代表的终端实现广播收听、音频点播、智能家居服务等功能，还可以进行天气、交通、股市、公积金等民生信息的查询，全方位满足用户信息需求。广播云媒体平台服务是传统广播在互联网时代下的转型升级，它不仅仅是一种信息传播平台，更是一种智能化的业务系统。通常来说，广播云媒体平台至少包含 3 个层次：资源层（IaaS）、服务层（PaaS）、应用软件层（SaaS）。资源层就是将硬件设备等基础资源封装成服务提供给用户使用，它提供给用户的服务是对所有计算基础设施的利用。对于广播云媒体平台而言，资源层可以理解为广播机构的基础设施服务层，"云端"为广播音频业务提供各种计算资源和存储资源，它是整个云媒体平台的基础；服务层指的是将软件当做一种服务提供给用户，服务层所提供的服务与其他的服务最根本的区别是服务层提供的是一个基础平台，而不是某种应用。对于广播云媒体平台而言，服务层主要包括媒体服务生成、运营支撑、媒体内容资源核心管理以及云媒体设备资源核心管理等，通过服务层可以对用户进行数据深度挖掘，形成以客户为中心的基础应用平台；应用软件层位于云媒体平台的最顶层，它提供的是软件应用，客户可以直接通过各种音频 APP 获取服务，广播云媒体平台可以通过应用软件层提供多样化数据支撑，主要体现为业务智能服务，用户精准推送、广告精准投放等。

总体而言，广播云媒体平台最主要的功能在于实现了用户数据管理、内容资源优化与智能服务增值。对于广播用户而言，云媒体平台进一步激发了用户的主体性和个性化选择，用户可以通过人机交互与智能化服务选择自己喜欢的音频内容和信息服务。广播机构可以通过云媒体平台收集用户音频行为数据，再利用大数据技术加以分析，从而更精准、更合理的实现内容编排、广告营销、智能服务。增强用户黏性，使得广播云媒体平台成为一个智能服务和信息发布的平台。

其二是广播云媒体的场景运用。物联网时代最重要的特点就是以多终端之间相互关系为核心，应用场景随着用户需求不断变化。如今，用户使用广播已经不再只局限于某一空间或某一时间，特别是随着 5G 的发展，多终端成为促进场景融合的重要手段，这种多维化的场景应用为广播云媒体的发展创造了更广阔的空间。未来的广播音频终端很有可能被置入各种传感器，成为集信息通讯、信息传播、数据处理、休闲娱乐以及智能家居于一体的智能设备。物联网时代下的广播无论是形式还是内容都发生了重大变化：从形式上而言，在技术赋权的环境下，人和人、人和物以及物和物三者之间将能够互连互通，广播、手机、电脑等终端将不仅是客体角色，它们将在大数据、物联网技术支持下，自动识别用户需求，精准向用户推送内容。并且，未来的所有媒体都将深度融合，也就意味着，用户可以利用广播、电视以及其它各种终端设备进行在线娱乐、即时通迅、在线社交、电子商务等等一系列活动，甚至与智能家居设备融合在一起。从内容上而言，在物联网环境下，广播将不仅提供休闲娱乐，还可以提供信息融合、家居安防、环境监测、在线教育等多元化服务。在广播云媒体平台的价值打造过程中，用户将从传统的"听广播"转化为"用广播"，这一转化不仅意味着功能和服务的转型，也意味着主客体角色的转变。

四、结语

5G 将引领人类社会从移动互联网时代走向物联网时代，这一过程也是媒介生态的重构过程，传统广播也必然要适应并且融入这个过程中。物联网的本质是以关系为核心的信息交互体系，传统广播的单向、线性信息传播模式已经无法适应这一体系，因此，必须从技术变革的角度重新思考传统广播的发展，完成广播媒介的价值转型。

（作者单位：浙江湖州师范学院求真学院）

成都（四川）人民广播事业创建考证
（1949～1952）

李申建

一、成都（四川）人民广播创建之前　成都市的四家伪电台

1949 年 12 月 10 日下午 2 时，蒋介石带着儿子蒋经国，从成都凤凰山机场起飞，仓皇逃往台湾。17 天后，即 1949 年 12 月 27 日，中国人民解放军解放了中国 16 个中心城市之一的四川省省会成都市，盘踞成都市的胡宗南部被全歼，标志着国民党彻底退出中国大陆舞台。然而，在这百废待兴的时刻，四川成都广播环境还存在着 4 家伪电台。分别是：

1、国民政府国防部军中之声"广播电台。简称"军中播音总队"，建于 1943 年 6 月，呼号 XMPA。1949 年 11 月，在解放战争中由南京经广州、重庆逃到成都，驻在成都旧皇城坝内，全队尚留有编播、技术、勤杂官兵 45 人，有较完好的 1 千瓦短波机 1 部、500 瓦中波机 1 部，及扩大机、小型播音机等设备。

2、"军中之声"广播电台第二队。建于 1943 年 6 月，呼号 XMPA。大西北解放时，1948 年 3 月由西安迁到汉中，1949 年 11 月逃迁到成都，驻在旧皇城坝内，有编播、技术 11 人员 10 多人，200 瓦短波机 1 部及其它零星广播器材。这个队进入成都后，中共地下党组织即向该队队长马培诚做了争取工作。资助黄金 10 两，要他保护好设备，等待接管。

3、华西广播电台。原为西安广播电台，后改为陕西广播电台，建于 1935 年 8 月，呼号为 XGOB。1949 年 11 月跟随胡宗南部队逃到成都，驻在商业场总府街小学内，有编播、技术人员 15 人及 400 瓦中波机 1 部等设备。临到成都解放前夕，代理台长韩镇华向北京中央广播事业局发了一封电报，表示起义。

4、成都广播电台。该台于 1936 年 9 月 16 日建成播音。即由国民政府的交通部直接委托该部国际电台成都支台代管。1945 年抗战胜利后，国际电台迁回上海，交通部于是决定于 1946 年 6 月将交通部成都广播电台人员和机构设备全部移交交通部成都电信局接管。对外呼号仍为交通部成都广播电台，"XGOG"。频率 560 千赫，发射功率为 10 千瓦，电台的技术设备，发射功率及覆盖面，仅次于国民政府中央广

播电台。西南、西北、东南沿海诸省及香港等地均可收到 XGOG 的声音。在成都解放后，我党接管小组首先接管成都广播电台，并与成都电信局军代表商定，仍用"成都广播电台"呼号继续播音，播送《中国人民解放军向蒋管区进军的命令》、《中国人民解放军约法三章》等内容。两天后，奉命停止播送。

二、成都（四川）人民广播事业创建经过

1949 年 11 月，向成都进军的中国人民解放军第一野战军十八兵团途经西安时，上级传达了中共中央宣传部 1948 年 11 月 20 日发出的《对新解放城市中原有之广播电台及其人员的政策规定》，指出："所有敌方政府、军队及党部管理之电台，必须全部接收。并务须争取入城后迅速开始播音。首先播送我入城法令、布告、城市政策等。"

当时，在西安的晋西北临时军政委员会主任贺龙也指示有关部属："进入成都，要早看到报纸，早听到广播。"为此，贺龙主任还与中共中央西北局书记习仲勋商定，从西北人民广播电台抽调一名播音员（即成都人民广播电台和四川人民广播电台的首任播音员卫群同志）随同军队，于 1949 年 12 月 12 日南下。又选送《八路军进行曲》等歌曲唱片 20 多张，为成都解放后迅速建立人民的广播电台作准备。

1949 年 12 月 27 日，成都解放。卫群作为南下广播人参加了入城仪式。

1949 年 12 月 30 日晚，卫群和南下战友组成的电台工作组，落脚于位于当时成都学道街伪教育厅办公大院，向成都市军事管制委员会报到。

接管工作于 1950 年 1 月 2 日开始进行。接管小组先后接管了 4 座国民政府伪电台，总计尚留有编播、技术、行政勤杂等人员 80 多人和 10 千瓦德国制中波机、1 千瓦短波机、千瓦中波机、500 瓦中波机、400 瓦中波机、200 瓦短波机各 1 台，以及一部分转播机和扩大机等广播器材；在华西后坝，还有发射机房 1 座铁塔天线 1 对。接管小组接管各电台后，组织原电台人员学习，对他们进行政策教育，然后分别予以留用、调出、资遣。

接管同时，着手筹建成都人民广播电台。军事代表几经权衡，以"军中之声"两座广播电台的驻地和设备为基础，加上其它两座电台的设备和力量，开展了筹建工作，仅在五六天内，即完成了抢修机器、安装设备等准备工作。

成都市军事管制委员会于 1950 年 1 月 4 日发布命令，任命沈以为军事代表，负责接管国民党部队和政府在成都的广播电台。成都市军事管制委员会新闻处组成了接管小组，由沈以、武子芳、张勇、鲁秀云、卫群等组成，沈以任组长。

1950 年 1 月 5 日，星期四，农历十一月十七日。这天下午六点，位于现在成都市锦江区暑袜街邮电大楼二楼的一间小房子里。成都人民广播电台第一任播音员卫群，当时只有十六岁的她，怀着激动的心情慢慢地推开了调音台的按钮，对着麦克风喊出了三声"成都人民广播电台"。宣告了成都（四川）人民广播事业的

到来。

据卫群介绍，开播当天节目一共持续 90 分钟。开始曲选用广东粤曲《雄鸡》。首先，播出了军管会政令、文告和《告听众书》。接着，邀请六十军文工团和演唱山西梆子的"七月剧社"在现场表演。中国第一部广场秧歌剧《兄妹开荒》的作者羊路由（四川籍）在播音间，自编自演了花鼓剧，向四川人民庆祝解放。他一边唱一边流泪，深深地打动了在场工作人员。最后，转播中央台广播节目。

成都人民广播电台顺利开播，达到了中央"入城后迅速开始播音"的要求，成都市军事管制委员会新闻处特向中共中央宣传部发了电文为"成都人民广播电台已于子微（即 1 月 5 日电信代号）开始播音"的告捷电报。

在成都台开播的那段时期，成都百姓家里几乎没有收音机。即使有，也是目前只能在博物馆看到的矿石收音机。所以，城里没有听众的信息反馈。可是，让卫群万万没有想到，成都人民广播电台九十分钟的首播节目，竟然通过电波引起了海外华侨的关注。

据卫群介绍，因为当时留存于成都华西坝的伪电台为覆盖地域很广的 10 千瓦发射机。1 月 10 号，成都人民广播大台就收到了一马来西亚的听众来信。这位听众在信中说明自己是马来西亚华侨，祖籍中国四川省，表示在马来西亚听到了家乡人民广播电台的声音，自己非常高兴，祝福人民广播电台的开播。这封信，也是成都（四川）人民广播事业创建后，电台收到的第一封听众来信。

三、三次户外直播　打响人民广播事业的知名度

"人民广播为人民"。初心不改的成都广播人，在人民广播事业创建后几个月，经历了 3 次大型户外直播，打响了人民广播事业的知名度，开启了人民广播节目创新发展之路。

1、抗美援朝广播大会

1950 年 10 月，中国人民志愿军赴朝作战，拉开了抗美援朝战争的序幕。在激战正酣之际，成都人民广播电台于 1951 年 4 月 18 日举行了抗美援朝广播大会。在此之前，工作人员在成都的街道、机关单位、工厂、学校安装了大喇叭，组织大家收听。采用中波 200 频点播音。

抗美援朝广播大会上，播音员在节目中揭露了当时美国跨过三八线罪行。并请时任中国人民志愿军归国慰问团及总后部长洪学智同志在节目中介绍我志愿军在前线艰苦卓绝的战绩，对人民群众鼓舞很大。

据当时的播音员卫群介绍，抗美援朝广播的时候，成都百姓听了广播后很振奋，敲锣打鼓到电台送贺信、送鞋底、送银元、送金银首饰，可谓"倾巷出动"。因为大家愿意支援抗美援朝，觉得这是人人应该尽的义务。

人民广播，在成都人民的心中起到了鼓舞士气的作用。

2、五一劳动节　全市人民广播大会

1951 年 5 月 1 日，成都人民广播电台在今盐市口丁字路口第一次举行户外落地直播，名为"五一劳动节实况转播"。十万听众涌向活动现场，欢度劳动者自己的节日。广播直播是从早上 10 点开始，持续到下午 4 点结束。卫群就在用草席围起来的直播棚里播音主持。

此外，当时电台编辑、记者被纷纷被派到游行队伍里采访。结束后，在草席播音棚里，现场介绍刚刚采访的情况。广播现场直播的真实性、时效性、鲜活性、互动性在这次广播大会上，第一次较好地呈现出来。

同时，这次直播也是成都台建台以后第一次落地活动，收听人数超过 10 万人。因为在成都街头，从盐市口一直到顺城街、骡马市、东大街、西大街等到处都是安装好的大喇叭。老百姓都听到自己的声音了，非常激动，从来没有过的，感到非常新鲜有趣。这次广播，在听众的心目中，进一步提高了人民广播的美誉度。

3、中华人民共和国成立两周年实况广播大会

盛况空前的劳动节广播，获得了成都百姓的喜欢。成都人民广播电台的知名度和美誉度大大提升。强化提高新闻采编团队业务技能也是当时电台全体工作人员必须面对主要任务。

1951 年 10 月 1 日，在新中国成立两周年之际。成都人民广播电台的"国庆实况转播"探索围绕同一重大主题，多个点位，动态化立体式的直播报道。

经过此前五一劳动节实况转播，成都人民广播电台总结经验教训，在此次国庆广播大会上，强化对现场活动和听众的报道。派出 10 多位记者，围绕"工农兵学商"等主题情况进行多角度、全方位报道。这也是成都人民广播事业在新闻报道上的大胆尝试。

同时，当天的实况广播大会，还邀请到当时军区文工团在转播台内演唱歌曲《歌唱祖国》。

四、关于台址变迁

1950 年 1 月 5 日，成都（四川）人民广播事业创建后，敌对势力继续盘算着如何对其搞破坏。为了避免广播电台受到攻击，人民广播电台建立以后，在一年不到的时间里经历了 3 次搬家。

皇城坝，是原国民党旧驻军的营盘。当时，伪电台的播音总队和播音二队在此有一小院做工作场地。我人民广播工作人员接管这一场所后，在此安装了天线和播音室。1950 年 1 月 12 日，成都人民广播电台由开播地——暑袜街邮电局，搬迁至皇城坝（今四川科技馆）播音。

1950 年 2 月 15 号，成都人民广播电台第二次搬家。这次的地址是位于华西后坝（现九如村 1 号）的方超公馆。这个公馆为一别墅，是时任国民党水上警察局局

长方超所有。

1950 年 12 月 22 日，成都人民广播电台又将台址迁至庆云西街 86 号（原邓锡侯公馆），现四川省广播电视局办公地（成都市红星中路 119 号）。

为改善电台办公条件，1961 年秋，经中共成都市委常务书记郭实夫的同意，成都人民广播电台迁往东城根南街 76 号办公（原成都市教育局办公地址）。就此，电台结束了分几处办公的状况，工作秩序逐渐恢复正常，节目质量明显提高。

1990 年年底，成都人民广播电台在今成都双林路 99 号办公。首先入驻节目为《午间特快》栏目组（于 1991 年 2 月 15 日在双林路办公区，并通过调频立体声播音）。

五、成都（四川）人民广播广告事业的兴起

1951 年 1 月 21 日，成都人民广播电台在《川西日报》（今《四川日报》前身）第二版发布正式发布工商广告启事，正式开启了成都（四川）人民广播广告事业。

全文如下：

"（一）为了推动各项生产事业，繁荣城乡物资交流，鼓励正当工商业的发展。本台自 2 月 1 日起，增设工商节目广告时间。收纳本市公司营工商有益于生产建设及文化教育事业及工商业界各类性质之广告。

（二）广告播送办法暂定为在川剧与京剧节目中插播一种，时间在每日 13 点 05 分至 13 点 55 分，16 点 10 分至 16 点 40 分，如有要求，特定时间增加时间或自备节目者可与本台工商组直接接洽。

（三）广告价格一律以人民银行成都分行折宝转价为计算单位。1. 广告词在一百字以内，每天播送一次，每月二十个单位。2. 广告词在一百字到二百字者，每天播送一次，每月四十个单位。3. 广告词在三百字到四百字者，依此类推。4. 每日播送两次者，照一次价加收八成。播送三次者加收一倍半（只限三次）。5. 各类广告不满一月者，每天依全月二分之一计算，满一月者九折优待，满三月者，八折优待。6. 有关生产建设至产品广告一律九折，寻人广告五折优待，但需经区以上人民政府或公安机关证明。

（四）广告费须于交稿时一次缴清，中途停播不是本台原因概不退费，遇有特别节目或停电等情，致广告未能播送得于期满后补播。

（五）广告稿件由广告户自行拟定之，但本台有删改或拒绝播送权。

（六）播送广告，请到本台工商组接洽，或电话通知。

（七）本办法自一九五一年二月一日实行。

成都人民广播电台台址：庆云西街八十六号　电话：总机八五九号。"

通过刊登在《川西日报》这一启事的分析，我们可以发现其广播广告经营理念和方法和当今中国广播界的广告管理发布有"异曲同工之妙"。这也说明成都（四川）人民广播之广告事业具有行业前瞻性和实际可操作性。

六、川西（四川）人民广播电台开播与成都人民广播电台停播

1951年，在成都人民广播电台成立一周年时，为适应革命形势发展的需要，解决川西地区人民收听广播问题，经当时的中共川西区党委批准，在成都人民广播电台的基础上组建了川西人民广播电台（今四川人民广播电台），于1951年2月1日正式成立并开始播音，首任播音员同样是卫群同志。

成都人民广播电台为筹建川西人民广播电台作了大量准备工作。中共川西区党委指派叶石（时任成都人民广播电台台长）兼任川西人民广播电台台长，沈以为副台长，武子芳为编辑部主任。

1951年2月1日，川西人民广播电台成立后，根据当时中央广播事业局关于川西人民广播电台编制等问题给西南台的复函中"以一个行署台兼市台"的指示精神，成都人民广播电台和川西人民广播电台实行合署办公，一套班子，一支编播队伍，办两套节目。《川西日报》在2月1日当天三版专辟了庆祝川西人民广播电台成立和成都人民广播电台成立一周年特刊，发表了《大家办广播 大家听广播》的社论。

1951年4月9日，中央广播事业局在关于川西人民广播电台编制等问题给西南电台的复函中指出："川西台编制，我们认为一个行署台兼市台（丙种台），四十五名干部已足够用，目前以不扩充为宜。"根据中央广播事业局指示精神，川西人民广播电台和成都人民广播电台实行"一套领导班子、一支编播队伍、两套广播节目"，人员由47人逐步增至63人。

1952年10月1日，四川人民广播电台在川西人民广播电台原址（红星路119号附1号）成立，成都人民广播电台由省台兼管，省台兼办市台节目。

1952年12月，第一次全国广播工作会议根据"调节人力、精办节目"方针，提出："省兼市台，除少数省台为都市大台者外，将撤销兼办的市台，以便集中力量办好节目。一部分小城市台在省台加强城市广播之后，也可以取消或合并。"当时，成都市还没有排入全国大都市之列，根据第一次全国广播工作会议精神，成都人民广播电台于1952年12月底停播。

（作者系成都市广播电视台主任播音员、四川电影电视学院特聘教授）

充分发挥民族语言广播优势
加强民族地区意识形态工作

李晓红

民族地区意识形态工作对民族团结和社会稳定起着至关重要的作用，直接关系国家长治久安和中华民族伟大复兴工作大局。党的十八大以来，党中央高度重视民族地区的意识形态工作，通过加强党对意识形态工作的领导，落实意识形态工作责任制，全力推进党的民族理论、方针、政策落地落实，使民族地区的意识形态工作出现了崭新的局面，极大地推动了民族团结进步事业的新发展。

习近平总书记2016年在青海考察时指出："要教育引导各族群众在不断增强对伟大祖国、中华民族、中华文化、中国共产党、中国特色社会主义的认同中做到和睦相处、团结共进，共同推动民族地区加快发展。"

贯彻落实习近平总书记对新时代民族工作和意识形态工作的新理念、新思想、新战略，更好地适应新时期民族地区意识形态工作的新发展、新变化、新要求，是每一个从事民族宣传的新闻工作者最重要的责任。中央广播电视总台民族语言广播作为民族宣传的主要阵地，要充分认识新时期民族地区意识形态工作的特殊性与紧迫性，进一步发挥民族语言广播在民族宣传工作中的独特优势。

一、新时期民族地区意识形态工作的特殊性

习近平同志指出，能否做好意识形态工作，事关党的前途命运，事关国家长治久安，事关民族凝聚力和向心力。意识形态工作始终是民族地区具有全局意义的重要工作。与国内其他地方相比，民族地区因为对象不同、环境不同，意识形态工作有着鲜明的独特性：特殊的周边环境、特殊的发展现实和特殊的工作对象。把握好这3方面的特殊性，对做好新时期民族地区的意识形态工作意义重大。

1.民族地区是意识形态斗争的主战场。

民族地区大多地处祖国边疆，是重要的国家安全屏障、重要的生态安全屏障、重要的战略资源储备基地、重要的中华民族特色文化保护地、"一带一路"建设的重要通道，处在我国同境内外敌对势力、分裂势力和宗教极端势力斗争的最前沿，意识形态领域始终是斗争的主战场。

民族宗教问题已成为当今世界动荡不安的重要根源，也对我国边疆少数民族地区的经济社会正常秩序造成了不良影响。这种影响主要表现在以下几个方面：一是涉藏涉疆国际舆论"西强我弱"的总体格局并未根本改变，达赖集团对西藏的分裂活动出现新特点，伊斯兰原教旨主义、泛伊斯兰主义和泛突厥主义对新疆的影响依然存在。二是西方敌对势力持续利用民族宗教和人权问题对我国进行"西化"和分化活动。三是各种敌对反华势力相互勾结，部分组织调整了策略，其活动出现了新动向，对少数民族地区的社会稳定构成了现实危害。

2. 社会主要矛盾在民族地区表现更为突出。

着眼于长治久安的发展，是社会稳定的重要基础，是意识形态工作的重要基础，更是民族团结的重要基础。边疆民族地区经济社会发展与发达地区的差距是客观现实。由于自然条件差、发展起点低、历史欠帐多、城乡差距大，从总体上看，民族地区不仅包含欠发达地区、不发达地区、发展最不充分地区，而且地区之间发展也很不平衡，人民日益增长的美好生活需要和不平衡不充分的发展之间的矛盾在民族地区尤其突出。

我国80%的民族地区在西部，社会经济发展水平相对落后，民生问题与民族问题、贫困问题、宗教信仰问题交织，由民生问题转化而来的各种社会矛盾，由社会弱势群体挫折感带来的宗教盲从等等，都对我们做好民族地区的意识形态工作提出严峻的考验和迫切的要求。

3. 少数民族群众是特殊的宣传对象。

习近平同志2015年9月30日在会见基层民族团结优秀代表时强调指出："民族团结就是各族人民的生命线。船的力量在帆上，人的力量在心上。做民族团结重在交心，要将心比心、以心换心。"意识形态领域的工作、民族宗教工作归根结底是做人的工作，做争取人心的工作。特殊的工作对象对民族地区的意识形态工作提出了特殊的要求。

在广大的边疆民族地区，我们意识形态工作的主要对象是使用本民族语言的少数民族群众，其中很大一部分群众很少或根本不能使用汉语。同时，由于特殊的文化传统、生活习惯和宗教信仰造成了一些少数民族群众独特的思维习惯和思维定势。

这些都迫切要求民族地区的意识形态工作要充分理解特殊的对象、特殊的文化传统，要有特殊的人才、特殊的思路和特殊的工作方法，巩固和加强特殊的意识形态工作领域。

二、新时期加强民族地区意识形态工作的紧迫性

没有民族地区的稳定就没有全国的稳定，没有民族地区的现代化就没有全国的现代化。要进一步贯彻、落实习近平新时代中国特色社会主义思想，巩固和发展平等团结互助和谐的社会主义民族关系，为中华民族的伟大复兴创造良好的舆论环境，

民族地区各方面工作都必须以时不我待的紧迫感加速发展、补齐短板、迎头赶上。

1. 进一步宣传、贯彻、落实习近平新时代中国特色社会主义思想是民族地区群众的迫切要求。

习近平同志高度重视民族宗教工作，始终关心民族地区的发展和少数民族群众的生活。习近平同志对民族宗教工作的论述是习近平新时代中国特色社会主义思想的重要组成部分，是民族地区一切工作的指针，是团结全国各族人民努力奋斗实现"两个一百年"奋斗目标的精神力量。

记者在采访中曾经听到许多民族地区的干部群众反映，近年来，通过各种媒体的宣传，对习近平新时代中国特色社会主义思想有了一些了解，但对其思想内涵和对工作的指导意义领会得还很不够。他们迫切希望能够通过进一步的宣传，特别是媒体开办知识讲座、理论讲坛一类的节目，把习近平新时代中国特色社会主义思想学得更透、理解得更好、记得更牢，更好地指导实际工作。

2. 加强民族地区意识形态工作是应对民族地区周边复杂多变的国际形势的必然要求。

民族地区面临的周边形势依然严峻：一些西方国家频繁打"西藏牌""新疆牌"，企图对我国进行战略牵制；达赖集团利用宗教进行民族分裂活动，扰乱藏传佛教正常秩序，涉藏国际舆论斗争形势严峻；"东突"势力竭尽所能拓展生存空间，涉疆舆论斗争形势面临阶段性压力；境外各种敌对势力利用民族宗教问题对我国进行渗透，培植他们的力量。

随着互联网技术的发展，多元、复杂的海量信息每天覆盖着庞大的网民群体，对社会意识形态造成巨大影响。网络的开放性、自由性和交互虚拟性，赋予其潘多拉魔盒般神力，致使一些缺乏定力的人尤其是涉世不深的边疆民族地区高校青少年受到其更多的负面影响。

同时也应该看到，我国近年来经济建设成就突出，"一带一路"倡议和习近平总书记构建人类命运共同体倡议获得国际社会广泛认同，国际社会涉藏涉疆认知日趋客观理性，国际舆论形势开始朝着有利于我国的方向发展。更好地利用好国际舆论转向过程的机遇期，抓住时机做好民族地区的意识形态工作，也是目前形势和任务的紧迫要求。

3. 加强民族地区意识形态工作是全面建成社会主义现代化强国的时代要求。

十九大报告提出，从 2020 年到 2035 年，在全面建成小康社会的基础上，再奋斗 15 年，基本实现社会主义现代化。从 2035 年到本世纪中叶，在基本实现现代化的基础上，再奋斗 15 年，把我国建成富强民主文明和谐美丽的社会主义现代化强国。

新时代提出新任务，新任务面临新挑战。发展是解决一切问题的关键，也是解决民族问题的总钥匙。中国走入新时代，中国的发展迈向新征程，民族地区的发展愿望尤其迫切。习近平同志一再强调："全面建成小康社会，一个民族都不能少。"这迫切要求宣传工作发挥好武装人、引导人、塑造人、鼓舞人的作用，凝聚起56个民族的力量，促进各族人民戮力同心、砥砺奋进，为实现中华民族伟大复兴的宏伟蓝图而共同奋斗。

三、民族语言广播在民族宣传方面的优势

民族语言广播作为党和国家的特殊舆论阵地，多年来不断探索如何把中央的声音传达至少数民族听众，如何把民族的声音传得更远，如何使传播方式手段更新，如何使协作配合更科学、更清晰，倾力搭建权威民族信息发布平台，为党和国家的事业发展以及民族地区的长治久安发挥更大的作用。民族语言广播在民族宣传方面不断显现出独特的优势。

1.民族语言广播在民族地区覆盖面广、传播范围广、贴近性强。

民族地区地域辽阔，自然条件、生活习俗、民族文化各具鲜明的特色，广播比任何其他媒介更适应这广袤多样的自然地理环境，民族语言也比任何其他语言更能贴近对象听众。调研数据显示，广播在民族地区的粘附力最强，是少数民族群众获取信息、休闲娱乐的重要手段。

据 2015 年"全国民族语言广播现状调查"报告提供的数据：截至 2014 年底，我国各级开播民族语言广播节目的机构共 177 家，频率 202 个，其中独立的民族语言广播频率共 110 个。这些民族语言广播播音使用的民族语言达 30 种，其中蒙古语、维吾尔语频率最多，各有 57 个；藏语频率其次，有 21 个；朝鲜语、哈萨克语和壮语频率各有 10 个左右。民族语言广播是党和政府在少数民族地区最重要的舆论阵地之一。

2013 年中央台维语广播调研报告提供的数据显示：中央台维语广播是新疆地区许多听众了解外部世界的重要窗口，他们主要通过维语广播获取有用的生活信息、了解国内外时事和少数民族政策。在新疆喀什地区，63 位被访者当中，84% 的被访者只熟悉维语，听不懂汉语。在喀什地区中央台维语广播的认知度很高，83% 的被访者听过中央台维语广播。

2.方便、快捷、便宜使民族语言广播在少数民族地区受到普遍欢迎。

广播是通过"声音"传递信息的，受众是通过耳朵来获取信息的。这一特殊的传播和接收方式，决定了广播比其它任何媒介接受信息都要简单、方便。同时从听众的角度讲，接收广播的设备方便易得，成本低廉。

在西藏，人们常常称赞广播"好吃不贵"，因为广播在当地是最易得的媒体。一方面在于广播的伴随性让他们可以随时随地接收到各地的资讯，而且广播是通过耳朵收听，既避免了因为文化知识而带来的阅读困难，又可以以藏语言的形式让当地民众有较好的理解；另一方面，广播有多种载体，收音机、手机、网络甚至电视

都可以成为广播的收听终端，国家广电总局免费给当地提供的接收电视机，就可以成功收听广播。所以，广播对于藏族群众来说是最方便易得的媒体。

3. 民族语言广播具有较强的权威性和可信度，在少数民族地区突发事件宣传中发挥着独特优势。

广播作为传统媒体一直是党的新闻事业最重要的一部分。特别是在民族地区，由于自然、历史等原因，很多少数民族群众第一次接触到的现代媒体就是广播。特别是中央广播电视总台的民族语言广播一直被当作中央的声音，在少数民族听众的心目中有着崇高的地位，其权威性是不容置疑的。

2018 年"中央人民广播电台民族语言广播收听效果调查"数据显示，重大突发事件期间，90% 的少数民族听众会首选通过中央台民族语言广播了解真相或将中央台民族语言广播作为了解事件信息的主要渠道之一，反映出中央台民族语言广播在报道重大突发事件时独有的优势。

4. 民族语言广播是有情感媒介，在宗教宣传中发挥着独特的作用。

广播的核心是声音，声音传播的核心是口语。广播使人类进入了新的口语传播时代，人类的口语交流可以将听觉传播传真、传情、传神的效果开发至极致。国际传播理论认为，通过现代传播技术，口语交流可以跨越时空，使广播成为一种最具人文关怀的媒介，是有情感的媒体，民族语言独特的贴近性让民族语言广播成为少数民族听众的心灵慰藉。这种特质不但让广播更容易走进少数民族听众的内心，还使民族语言广播在宗教宣传中更容易发挥作用。

2011 年藏历新年前夕，中央台藏语广播播出了十一世班禅的采访录音，节目中，十一世班禅的声音第一次通过电波传向广大藏区，向藏区听众送去了藏历新春的祝福。现在每逢藏历新年，十一世班禅的新年祝福都是通过藏语广播传播到广大涉藏地区，已经成为藏族人民每年的新年俗。

四、充分发挥民族语言广播在民族地区意识形态工作中的独特作用

民族语言广播在民族宣传中的独特作用一直受到党中央的高度重视。近年来中央广播电视总台民族语言广播获得前所未有的发展，取得了辉煌的成绩，多次被评为民族团结进步先进集体，受到党中央、国务院的表彰。充分发挥民族语言广播的传播优势，对加强新时期民族地区意识形态工作意义重大。

1. 加强融合传播，总台民族语言广播在少数民族语言新媒体领域独领风骚。

在去年国庆阅兵报道和今年抗击疫情报道中，总台民族语言广播的新媒体都有不俗的表现。

去年国庆期间，民族语言广播推出 4K 直播电影《此时此刻　国庆 70 周年盛典》民族语言版，让少数民族观众用本民族语言体验祖国母亲 70 年华诞盛况，共同感受伟大祖国的繁荣和富强，激发各族同胞的爱国热情。

今年年初抗击疫情报道中，民族语言广播新媒体报道用人文关怀抚平焦虑，形式多样的新媒体产品受到广大少数民族群众的喜爱。蒙、藏、维、哈、朝5种民族语言微信公众号在防疫报道中全面刷新了历史数据。

民族语言广播始终牢牢把握正确政治方向和舆论导向，让习近平新时代中国特色社会主义思想成为民族语言宣传阵地上的最强音。有关总书记的时政报道和新媒体产品，民族语言广播新媒体都是第一时间安排翻译推送，有关总书记的时政新闻，始终确保做到少数民族语言新媒体全国首发。

2.适时发声，积极引导，在涉疆涉藏舆论斗争中勇为先锋。

总台民族语言广播始终站在维护祖国统一、反对民族分裂的舆论斗争最前沿，在特殊时期、特殊节点发挥特殊作用。在涉疆涉藏舆论宣传的各个重要节点，总台民族语言广播确保不缺位，适时推出重点报道，敢于发声亮剑，旗帜鲜明地开展斗争，营造于我有利的舆论环境，充分发挥了民族领域"定音锤"和"压舱石"的重要作用。

去年，美西方再次对新疆"教培中心"抹黑之时，总台民族语言广播推出原创维吾尔语短视频《重新启程》。这是维吾尔语记者第一次进入"教培中心"采访，也是"教培中心"学员第一次用民族语言接受采访。作品通过学员及其家人的讲述，展示了"教培中心"的真实面貌和获得的积极效果，有力驳斥了无端指责。

在中央统战部指导下，民族语言广播积极探索涉藏宣传。藏语广播对十一世班禅的一系列独家专访节目，在境内外播出后获得了积极反馈。系列报道《追寻幸福生活——佛教生命观解读》获得第二十四届中国新闻奖。

3.讲述好民族地区脱贫攻坚故事，唱响各民族群众共同团结奋斗、共同繁荣发展的昂扬旋律。

决战脱贫攻坚，一个民族都不能少；决胜全面建成小康社会，一个民族都不能少。这是党对全国人民的庄严承诺，是各民族共同团结进步、共同繁荣发展的最强音，更是民族语言广播目前最重要的宣传任务。

民族地区是脱贫攻坚的主战场，少数民族是习近平总书记最牵挂的脱贫攻坚困难群众。总台民族语言广播蒙、藏、维、哈、朝5种民族语言广播端、新媒体平台统一挂栏推出《一个民族都不能少》主题报道，翻译推送习近平总书记重视关心民族地区和少数民族脱贫攻坚的重要讲话、活动、指示精神和党中央相关决策部署，讲述民族地区和少数民族脱贫攻坚的故事。

各民族语言节目广播和新媒体平台融合策划，开辟"决战决胜脱贫攻坚"栏目，有针对性地做好宣传引导工作。藏语节目推出原创视频《一位擎纸演述格萨尔故事的人》《匠人指尖留住的文化精髓》《飘香四溢的藏香产业》，讲述西藏传统文化中的格萨尔说唱、手工木雕、藏香制作等传统技艺，在现代社会不仅焕发出新的光芒，也成为群众脱贫致富的现代产业。维语节目与新疆和田地区广播电视台合作采制脱贫攻坚系列报道，《全覆盖式入户核查确保贫困村如期实现脱贫目标任务》《墨玉县萨依巴格乡拟打造成农产品初加工乡镇》等受到受众欢迎。哈语节目打造系列报道《不负韶华——最美奋斗者》，有网友评论："这些年正是有了他们这些驻村干部的努力，咱村才有了今天这样崭新的面貌。"

（作者单位：中央广播电视总台民族语言节目中心）

从国家电台驻地机构的职能变化
看我国国家新闻广播的改革轨迹

陈 俊

2018 年 4 月 19 日，新组建的中央广播电视总台正式揭牌亮相，开启了我国广播电视事业的新征程；同年 10 月 8 日，中央广播电视总台第一个区域总部和地方总站——长江三角洲总部和上海总站在上海正式成立，也开启了我国国家广播电视台驻地机构的新征程。从 1965 年开始，中央人民广播电台（以下简称中央电台）就开始在全国各地设立地方记者站。经过 53 年的发展壮大，国家电台驻地记者站已经遍布全国 31 个省（市、自治区）、5 个计划单列市和香港、澳门。地方记者站作为国家电台一支重要的采访力量和信息来源，是为了加强广播电视宣传而设立的，在不同历史时期也发挥了党和政府在地方的耳目喉舌作用。随着时代在的变化、国家广播电视机构的变迁，国家电台的驻地机构也随之调整变化，但其采写新闻报道和反映情况的核心职能始终没有改变。本文从建国后我国国家电台驻地机构的职能变化中梳理出我国广播新闻改革的轨迹与路径。

一、建国之后：国家电台驻地记者站与"广播要自己走路"

建国初期的 50 年代到 60 年代初期，中央电台主要是采用播出新华社、人民日报的稿件，只有为数很少的专业记者，地方新闻更是寥寥无几。1954 年 7 月，中共中央宣传部批准《中央广播事业局关于建设中央人民广播电台地方记者站的决定》，制定河北、山西、上海等 18 个地方台承担"地方记者站"任务。1955 年，经中宣部批准，中央广播事业局决定"地方记者的称谓今后一律改为集体记者"，并增加辽宁、吉林等 31 个地方台担任集体记者。后来，集体记者发展到 52 个。但是由于地方台自身任务繁重，力量有限，不能完全满足中央广播的需要。在这种情况下，中央广播事业局开始考虑建立自己的专业地方记者队伍。

1960 年，中央广播事业局党组在全国第七次广播工作会上提出"由中央台出编制，由地方党委配备干部，由地方台负责领导，增设中央台的地方记者"的设想。1965 年 2 月，中宣部批转了中央广播事业局《关于建立地方广播记者站和电视记者站的请示报告》。其中明确规定，地方广播记者站的任务是：根据中央台和北京台（后改为中国国际广播电台）的报道意见和当地情况，完成报道任务；经常汇报当地党政机关的意图和当地工作情况，干部群众思想动向和对广播的意见、要求；和当地广播电台密切合作，协助完成集体记者任务；文艺采录记者的任务是采录当地的各种文艺节目和搜集当地有价值的文艺录音资料。到 1965 年底，建起了辽宁、陕西、上海、广东、四川、黑龙江、河北、山东、福建、湖北、湖南、河南、广西、云南、新疆 15 个记者站，加上 1964 年底试点建立的吉林、山西记者站，一共 17 个记者站。

当时，国家新闻总署给广播电台规定了三项任务：一是发布新闻，传达政令；二是社会教育；三是文化娱乐。[①]在发布新闻上，大家都认为广播电台不过是报纸、通讯社的"大喇叭"和"传声筒"。为了改变这一状况，胡乔木这一时期多次对梅益说：电台不能光当喇叭，要有自己的东西。[②]胡乔木提出，广播要学会自己走路，要充分发挥广播的特点。在这种形势和要求下，广播开始"自己走路"——开始不完全依靠报纸和通讯社，改变"念"报纸的传统，通过建立自己的新闻采编队伍，自己采编、发布新闻。从这时开始，中央电台的新闻除了按惯例播发新华社和报纸的消息、评论之外，开始有了少量自己采写的"本台消息"和"本台评论"，广播消息、新闻专题、广播评论开始初具形态。

国家电台地方记者站的创立是同"广播要自己走路"的提出密不可分的。国家电台地方记者站的组建，保证了国家电台新闻来源的可靠和广泛，也保证了专题节目内容的丰富多样，广播不再是"没有纸张"的有声报纸。更为重要的是，广播跟报社、通讯社一样，有了自己的记者队伍，建立起一套相对独立运行的采编播体系，这为国家电台在日后的新闻竞争中不再受制于报纸、通讯社，赢得主动权和话语权打下了好的基础。这时开始，广播才真正作为一个独立的媒体，以独立的姿态出现在受众面前。

10 年动乱中，广播再次变成通讯社、报纸的"录音版"，沦为了"文革"错误理论的传声筒。广播新闻从文风上看充斥着假话、大话、空话，完全违背了新闻规律与宣传规律。在当时凝重的政治空气下，广播电台必须把报纸上的社论一字不差地播出去。广播的性质和任务被规定为"阶级斗争的工具"、"无产阶级全面专政的工具"。驻地记者不被允许采写新闻、内部参考材料和评论。就这样，建国之后积累的广播新闻改革成果几乎丧失殆尽。

二、改革开放时期：国家电台驻地记者与"扬独家之优势，汇天下之精华"

党的十一届三中全会以后，广播事业步入良性健康的发展轨道。1980 年，中宣部再次就中央电台地方记者站建设问题向各地党委批转了中央广播事业局党组《关于建立和健全中央广播记者站的请示报告》。此报告经胡耀邦等中央领导同志批准，以中宣部的名义转发到各省、自治区、直辖市党委，至此，国家电台地方记者站的建设有了权威的依据，记者建设步入正轨。到 1984 年底，中央电台又分别在江苏、大连等地建立了 22 个记者站。中央广播事业局党组的这个请示报告对地方记者站的基本任务又作了重新明确："根据中央人民广播电台和国际广播电台对国内、国外宣传报道意图，在各地采制有广播特点的新闻、专题节目；进行调查研究，反映情况；密切联系当地干部群众，搞好通讯联络工作"。在 1983 年第十一次全国广播电视工作会议期间，吴冷西接见中央电台记者站站长提出：广播记者要做"能采、能写、能编、能摄像的全能记者"。③这既是较早的全媒体记者的提法，也是对地方记者职责使命的具体要求。这一时期，中央电台对地方记者站提出了"搞好重点报道，提高报道质量"的主攻方向，一批针对性、思想性、指导性较强的报道陆续涌现。如驻陕西记者采写的《咸阳道哨卡无故扣押西北农大教授》广播之后，人民日报全文转载，并配发了评论。从 1988 年开始，驻地记者为中央电台提供的新闻稿件大大增加，占到了中央电台自采新闻稿件的 50% 以上。到了 1999 年，这个比例提高到 80%，驻地记者采写的新闻成为了中央电台消息的主要来源。相比国家电台驻地记者站创立之初的角色定位，改革开放之后对记者站的定位不再是"完成报道任务"那么简单，而是要突出广播特色，提高报道质量。

驻地记者职能变化的背后，是国家电台对新闻广播定位与方向的调整。1980 年 10 月，第十届全国广播工作会议对新中国成立以来广播事业的经验教训进行了全面的总结，重新提出了"自己走路"的广播方针。④一方面强调广播要有"自己的新闻"，另一方面强调广播"自己的新闻"要有广播"自己的特点"。1983 年，第十一次全国广播电视工作会议进一步提出"扬独家之优势，汇天下之精华"的指导方针，这一方针是对"自己走路"方针的补充发展和调整。

改革开放之后，受众群体发生了很大变化，被动接受的群体逐渐转变为富有个性的个体，对新闻资讯的渴望与需求也与日俱增。传统新闻发布的质量和数量都已经不能完全满足受众的需要。为此，国家电台一方面提高新闻时效，另一方面扩展了新闻播发渠道和时段。1983 年 1 月开始，中央电台新闻节目增到到 24 次⑤，1988 年又开始设置了整点新闻来及时播发最新消息。1994 年，在进一步强化整点新闻的同时，国家电台实行了滚动播出机制。这一时期，由于国家电台驻地记者站采编网络的健全，广播播发自己采写的新闻已经占到播出新闻总量的 50% 以上。

在自采新闻比例提高的同时，国家电台的新闻节目开始通过建立和完善广播节目形态和样式来实践"自己走路"和"扬独家之优势"。广播新闻的节目样式、构架也是在这一时期开始初具雏形的。大家才意识到，广播媒体有自己独特的话语方式，广播新闻的样式、生产采集的流程跟报纸、通讯社是不尽相同的。建国之后很长一段时间以来，广播媒体的个性被忽视，报纸、通讯社"传声筒"的功能被放大。改革开发之后，声音作为广播媒体的特有属性开始受到重视和尊重。广播从业者和听众都意识到，发挥广播的声音优势，能突出广播的特色，还能提升广播作品的吸引力和表现力。中央电台开始注重音响等多种声音元素在广播中的使用，广播新闻也不再以刻板的样式出现。录音新闻、现场报道等节目样式比过去有所增加；以录音通讯、录音特写、录音访谈等体裁形式采制的专题节目时常会出现在广播中；新闻通讯、新闻访谈、新闻特写等体裁的新闻、专题节目纷纷与听众见面。当然，这一时期的许多新闻专题还是存在篇幅较长、板滞等问题。但总的来说，广播在"自己走路"的基础上，已经发挥出迅速及时、传播广泛、声形并茂、感染力强的优势，开创出一条适合我国国情的广播电视的发展道路。

三、进入新世纪：国家电台驻地记者"与世界同步 与时代同行"

进入新世纪，以网络为代表的新兴"第四媒体"快速崛起，发展迅猛。加之此前受到电视的冲击，广播可谓受到了"双重夹击"。面对新形势、新挑战，国家电台 2009 年 4 月召开了驻地方记者站工作会议。这次会议印发的《关于加强和改进地方记者站管理的意见》明确提出：驻地记者站要以宣传工作为中心，充分发挥记者站主力军作用；按照标准化、规范化、制度化等职业化建设要求，打造适应多媒体发展的现代新型记者团队。

进入新世纪，作为国家电台最大的一只专业采访队伍，驻地记者站在国内重大报道、主题宣传、典型宣传及应急报道等方面都发挥着主力军作用。据统计，国家电台驻地记者站这一时期每天采写的原创新闻稿件在 200 篇以上，采写的地方新闻稿件成为"中央电台消息"的主要来源。中央电台《新闻和报纸摘要》《全国新闻联播》等重点新闻节目头条稿件的三分之一是由驻地记者站完成的。在继续强化以"以我为主"的原创新闻采集的同时，地方记者站时刻处于"临战状态"，"第一时间""第一现场"的职业理念被凸显和强化，国家电台地方记者站的新闻采集职能也随之进行调整——"随时赶赴现场"已经成为地方记者站的工作常态。广播新闻的报道形态随之发生了变化，新闻的采制流程也由过去"外采＋沉淀＋提炼主题＋成稿"，逐步变为"采录与现场新闻播报同步进行＋采后制作新闻专稿"的模式。这一时期，在几乎所有国内重大、突发事件中，地方记者站都能第一时间赶赴新闻现场做出第一报道，许多报道还是首发的独家新闻。"广播连线报道"成为驻地记者的工作常态，来自驻地方记者的连线报道已经占到国家电台新闻频率全天连线报道的 80% 以上，使国家电台的新闻节目更生动、更好听、更具感染力，让广播新闻离受众的距离再次变近。

驻地记者站的工作调整只是国家电台新闻改革的一个缩影。进入 2000 年之后，危机意识并不强烈的国家电台也感受到了"阵阵寒意"——一方面来自地方经济广播、交通广播改版的成功；另一方面收听率、影响力和广告效益也都难同当时国家电台的地位相匹配。为此，国家电台进行了一次较为彻底的"频率专业化、管理频率化"改革，建立起了一系列的专业频率，新闻综合频率就是在这个时期正式出现的。这一时期的国家新闻广播改革，不仅是节目层面的改造，更是新闻理念、运行体制的一次全方位变革：一是国家电台最重要的第一套节目从综合频率转向新闻频率，全天24小时基本以新闻为主，全天以重点时段新闻节目和新闻轮盘滚动播出的形式呈现。新闻全天轮盘滚动播出，不在拘泥于固定时段，新闻的承载量和信息量较过去成倍增长；二是直播成为常态。以往广播只对重大活动、重要会议进行直播报道。这一时期，由于新闻理念的转变，新闻由"静态"为主转为以"动态"为主，从强调新闻的时效性转而要求"与新闻同步"，加上广播现场直播在报道新闻事件方面具有相当大的灵活性，能全景呈现进行中的新闻全貌，所以广播直播的范围不再局限于重大活动和重要会议，触角拓展到社会生活的方方面面，并从此成为常态。特别是在2008年雨雪冰冻灾害、汶川地震之后，国家电台的新闻广播淡化栏目、节目的概念，快字当头，秉承"与世界同步，与时代同行"的理念，形成全天开放的即时临战状态，在公众中树立起锐意进取、积极作为的主流媒体形象，使国家电台的公信力、影响力、传播力显著增强。

四、步入新时代：国家电台驻地记者站与"守正创新 打造新型主流媒体"

党的十八大以来，习近平总书记围绕做好宣传思想工作提出一系列新思想新观点新论断，形成了习近平总书记关于宣传思想工作的重要思想，开辟了宣传思想工作理论和实践新境界，体现了时代和形势发展对新闻舆论工作提出的新要求，指明了新时代新闻舆论工作的努力方向。中央广播电视总台组建之后，切实把习近平总书记重要讲话精神贯彻落实到总台机构改革和宣传报道各项任务中去，对国家电台地方记者站的工作也提出了明确要求：地方记者站不仅是新闻采集部门，也是组织地方重大宣传报道、开展融合传播的主阵地，是做好舆情监测处置、反映社情民意的排头兵和晴雨表。

与前几个阶段相比，进入新时代后，国家电台地方记者站的职能凸显为：开展重大宣传报道和开展融合传播报道。因此，国家电台驻地记者站持续"聚焦"新闻主业，发挥身处一线、离新闻最近的优势，奋力作为，用话筒和镜头聚焦习近平新时代中国特色社会主义思想宣传；聚焦各地在新时代、新征程中的新作为，让来自一线的新时代、新气象、新作为的宣传报道天天见、天天新、天天深。显著的变化是，驻地记者站不再单一的围着传统广播"转"，强化了移动优先、首发、独家意识，"先网后台"的利用"两微一端"等平台快速推发各类音视频新闻。这一时期驻地记者在新闻采集方式上也出现了很大变化，开始尝试"一次策划、集体采访、多元传播、全媒体表达"的方式构建全新地方新闻的采编流程。

进入新时代之后，国家电台自觉承担起"举旗帜、聚民心、育新人、兴文化、展形象"的使命任务，进入到"以守正促创新 以创新强守正"的新阶段。⑤在"守正"方面，统筹各类宣传平台壮大主流舆论声音，着力突出宣传习近平总书记作为党中央核心和全党核心的地位，适应受众多样化分众化特点，润物无声、久久为功地宣传习近平新时代中国特色社会主义思想，宣传习近平总书记领导下我国发展的新气象新面貌新作为，为服务党和国家事业全局作贡献。这一时期推出的时政融媒体专栏《习声回响》、音频纪实文学《梁家河》等都是运用创新手法展示大国领袖的风采、风范，提升了主旋律宣传的吸引力感染力亲和力，也做到了习近平总书记重要思想和风采"天天见、天天新、天天深"。此外，国家电台与国家电视台联动，共同发力"打造头条工程"，精心培育领袖宣传品牌，创新阐释解读习近平新时代中国特色社会主义思想，在更接地气、润物无声上下功夫，见功力、出实效。在"创新"方面，按照"新型广播、融合发展"的要求，建设以声音为特色的"广播＋互联网"的新型广播，平台建设进入到"攻坚阶段"——以"中国广播云平台"为技术支撑建成云平台北京数据中心、云采编系统、云媒资系统、云发布系统，对"中国广播"客户端、"央广新闻"客户端进行迭代升级和宣传推广。还通过中国广播云平台项目支持，建设打造移动互联网（车载）集成播控平台，汇聚 400 余套直播频率节目及超过百万时长版权音频节目。不难看出：进入新时代后，国家电台的新闻改革不再是修修补补的改动，而是以中央广播电视总台的成立为契机，紧紧围绕建设国际一流的国家级现代传媒航母的战略目标，在价值引领、业务流程、平台渠道和管理机制上进行改革重塑，推动国家广播电视台进一步由大变强。

注释：

①葛娴、陆宏德：《名人心影录》，中国广播电视出版社 1994 年版。

②中华人民共和国史广播电视编辑部编《当代中国广播电视回忆录 第二集》，中国广播电视出版社 1995 年版，第 267 页。

③中华人民共和国史广播电视编辑部编《当代中国广播电视回忆录 第二集》，中国广播电视出版社 1995 年版，第 272 页。

④张骏德：《试论新中国广播事业 60 年的历史经验作》，《新闻记者》2009 年第 10 期。

⑤许海：《从"探索调整"到"改革创新"——新中国广播 60 年发展历程与未来趋势》，《新闻学论集（第 23 辑）》，2009 年 12 月。

⑥慎海雄：《以守正促创新 以创新强守正》，《求是》2018 年第 19 期。

（作者单位：中央广播电视总台人事局）

构筑心灵的桥梁

——对台广播文艺节目"连接性"的实现及意义

陆　凯

历史课纲"去中国化"动作不断；青年导演傅榆在"金马奖"上公开发表"台独"言论；"灭火器"乐团创作演唱多首充满意识形态的歌曲……岛内的"台独"势力不断将"黑手"伸进文化艺术领域，企图使用各种手段切断两岸连接。作为大陆对台宣传重要途径之一的对台广播，作为对台广播内容和形式最柔性的文艺节目，其重要性越发凸显。充分实现对台广播文艺节目的"连接性"作用，使之成为台湾民众了解、走近大陆的桥梁，在当下具有非常重要的意义。

一、"连接性"的实现

两岸血脉相连，拥有相同的文化基因，是对台广播文艺节目"连接性"实现的先决条件。但岛内复杂的政治环境等诸多因素，也让"连接性"的实现面临着不小的挑战。通过不断优化传播内容和途径，才能将"连接性"的作用发挥到最大。

1、创新传播中华优秀传统文化

两岸同文同种、同根同源，发挥好中华优秀传统文化的魅力，可以很好地提升台湾受众内心的认同感。但单纯地传承显然是不够的，创新性地传播必不可少。

中央广播电视总台央广"中华之声"推出的系列文艺节目《大国有学》通过"文艺国学""严肃国学""娱乐国学"3个维度，成功实现了创新性地弘扬传统文化，传承国学经典。"文艺国学"的代表《诗遇见歌》节目，每一期设定一个主题，通过方明、姚科、苏扬等名家的朗诵和讲述，让经典古诗词与华语金曲"完美邂逅"，赋予古诗词新的生命力，拓展流行音乐的表达内涵，产生了"1+1>2"的"化学反应"。"严肃国学"的代表系列节目《国学诸"子"谈》，邀请史航、丁嘉耕、赵世民等多位活跃在大陆学术、文化、艺术等各领域的专家学者担任主讲人，请他们从各自的专业所长出发，就传统国学的现代价值发表独到观点。"严肃"在这里代表"深入思考、认真表达"，节目风格则是"严肃"却不古板，绝对的生动有趣。第三维度"娱乐国学"的代表则是风格诙谐幽默的小型对谈脱口秀《藏也藏不住》。主持人李晓东与刘滴川精彩解密"收藏"背后的传统文化和历史故事，让那些珍贵的"藏品""活起来"。

除了《大国有学》之外，"中华之声"还有很多节目也在努力创新传播中华优秀传统文化。梅花奖得主魏春荣、著名音乐家程池等参与制作的原创广播昆曲音乐剧《西厢·三重奏》，以崔莺莺与张生爱情故事的流变（唐代元稹《莺莺传》、元代王实甫《西厢记》）为线索，以三次入梦完成了三世崔莺莺的自我对话与成长，深入探讨不同历史背景下人们的不同选择，进而展现时代变化和社会发展。该剧用"昆曲＋音乐剧＋广播剧"的创新形式全新讲述《西厢记》的故事，吸引了更多台湾年轻人了解并走近昆曲。

不同的节目，有着不同的切入角度和制作方式，但同样都是通过运用创新思维，带来了精彩的的内容，充分展现了两岸传统文化的深度连接。

2、紧密追踪、深入挖掘两岸热点

除了应该继续在传承、发扬中华优秀传统文化上"做文章"，如何紧跟当下发生的两岸热点及时产出精品节目也是夯实"连接"的关键所在。

2017年，"中华之声"为纪念两岸恢复交流30周年而作的原创广播音乐剧《以月致心》就做出了很好的尝试。该剧讲述了在台湾寻找创作灵感的大陆音乐人陈默和台湾女导游陆以心阴差阳错的相遇。二人因为各种误会不欢而散，当再次遇见，一首古老的湖南童谣《月亮粑粑》意外地拉近了彼此的距离，这背后正蕴含着以陆以心爷爷为代表的台湾外省老兵对原乡的日夜思念，深刻反映出两岸割不断的骨肉亲情。虽然该剧主题涉及两岸重大历史事件，但创作者舍弃了一般的宏大叙事模式，以两岸年轻世代的爱情故事作为主体内容，以"音乐剧＋广播剧"的创新形式进行呈现，自然、清新、美好，让人耳目一新。

2018年，"中华之声"为纪念"改革开放四十周年"而制作的系列专题节目《改革风来，两岸花开》中相关文艺的篇章都富有巧思。以讲述中国电影发展的《"影"响》篇为例，节目通过陈正道、黄茂昌、麦若愚等台湾知名电影人、媒体人的讲述，生动再现两岸电影人的互动、交流。展现改革开放以来中国电影代表作的经典片段，大陆第五代、第六代及之后优秀青年导演的风采。深入挖掘两岸电影人台前幕后亲密无间的合作，并寄望两岸电影人，特别是年轻影人携手创造华语电影更美好的未来。该节目通过精妙的连接，很好地展现出台湾同胞作为"改革开放"的参与者、见证者所做出的努力和贡献，所获得的机遇和成就。

3、树立节目品牌，举办落地活动

随着媒体的激烈竞争，树立品牌意识、加强品牌效应已成为媒体可持续发展的重要手段。[①] "中华之声"除了在节目的内容上"下功夫"，也积极通过举办落地活动树立节目品牌，进一步建立与台湾受众的紧密连接。

2013年至今，"中华之声"《文化时空·书香两岸》（现改版为《艺文两厅苑·书香悦读汇》）栏目以"海天一色，两岸共读"为品牌，先后举办了端午诗会、仲夏诗会、中秋诗会、两岸亲情读书会（厦门）、两岸亲情读书会（九江）、两岸亲情读书会（武夷山）、北京国际图书节特别策划、首届海峡两岸新锐作家好书评选、海峡两岸年度作家评选等多场大型活动。邀请大陆各地的台生、台胞参与活动；带领台湾各地读书会的成员走进多所大陆高校，进行互动、交流；评选两岸知名作家的优秀作品，实现两岸作家的深度对谈。

2018 年开始，"中华之声"又联合北京京剧院打造了全新的"梨园雅集——两岸京剧名家演唱会"品牌活动。2018 年，首届活动在台北、台中举行，除了两岸名角奉献的精彩演出之外，大陆的京剧名家还走进台湾校园与青年学生进行面对面地分享、交流。2019 年，第二届活动在北京举办，两岸京剧名家再次携手为戏迷听众带来了一场高水平的演出。演出期间，以来自台湾的京剧名家魏海敏、唐文华、刘海苑作为主角拍摄制作的三部 vlog 短视频发布在"中华之声""你好台湾"微信公众号上，真实记录了他们的整个演出行程，展现了活动的精彩看点。2020 年，"纪念张君秋先生诞辰 100 周年"暨第三届"梨园雅集——两岸京剧名家张派经典折子戏专场演出"也将隆重举行。值得一提的是，活动将通过"全息影像"技术实现张君秋先生与大陆亲传弟子王蓉蓉、台湾亲传弟子刘海苑的共同演出。

相关系列活动的举办在两岸听友间引起广泛关注，赢得了不俗的口碑，很好地树立了节目品牌。更重要的是，通过弘扬中华传统诵读、戏曲等文化，凝聚了中华文化的向心力，助力了两岸文化的融合发展。

4、结合自身优势，推出新媒体节目

如何拓宽对台广播文艺节目的辐射面？与时俱进、推陈出新，积极打造新媒体节目是值得深耕的路径。不论在什么情况下，传播过程中最重要的因素都是信息本身，"内容为王"在新媒体时代的对台文化传播中仍是一条必须坚持的原则。[2]作为以声音见长、具有对台特色的广播文艺节目，充分发挥自身的优势和特点，才能在竞争激烈的新媒体传播中占据一席之地，为两岸的连接开辟新的道路。

借助国家级声音新媒体平台"云听"，中央广播电视总台央广"中华之声"相继推出多个亮点纷呈的新媒体节目。35 集有声小说《我的猫咪在天堂》改编自大陆青年作家刘滴川的同名作品，以两岸年轻人感兴趣的萌宠猫咪作为主角，除了广播形式的精彩演播，更设计了两岸猫奴有话说、猫咪八卦周刊等碎片化的"彩蛋"环节，与演播内容随机结合、丰富呈现。针对台湾年轻人对大陆影视作品的喜爱特别推出的《光影悦电台》节目，每期选定一个主题，将相关主题的两岸优秀影视作品集结展示，建立专属于两岸的流行文化记忆。音乐脱口秀《音乐备忘"陆"》由主持人陆凯担任备忘官，轻松分享那些音乐背后值得被了解和珍藏的两岸音乐故事，主题活泼、有趣，制作精良，每一期节目恰似一张用心挑选完成的音乐专辑，让人过耳不忘。因"新冠疫情"的发生而特别制作的系列节目《我和艺术宅一起》，将疫情期间减少出门、宅在家的困境转化为一种"慢分享"的节目形态。邀请两岸各领域的艺术家们分享宅在家的状态和与艺术为伴的趣事，真实、自然，具有很强的伴随性。

紧跟时下热点、潮流，极具创意和想法，这些新媒体节目轻盈、灵动，收获了两岸受众的喜爱和肯定。

二、"连接性"的意义

从创新思维、制作精良的传统广播节目，到精彩纷呈的新媒体节目，节目形态的转变，体现出了软硬文化的共同发展；从传承和发扬中华优秀传统文化，到展示潮流最前线的流行文化，节目题材的丰富，体现出了坚定的"文化自信"。从在大陆学习、生活的台生、台胞，到极具想法和娱乐精神的大陆民众，从这些出现在节目中的嘉宾、采访对象的身上，体现出了社会的开放包容，对人和表达的充分尊重……

习近平总书记曾谈到，"两岸交流，归根到底是人与人的交流，最重要的是心灵沟通。两岸同胞要以心相交、尊重差异、增进理解，不断增强民族认同、文化认同、国家认同。"[3]在创新传播中华优秀传统文化上做好文章，在紧密追踪两岸热点上下足功夫，在举办落地活动中树立品牌，在新媒体竞争中扩大影响……对台广播文艺节目"连接性"的实现，便是在努力构筑一条通向心灵的桥梁。除了可以让台湾同胞全面了解大陆的发展、进步，更希望唤醒他们内心的认同感，进而促进两岸民众实现情感融合、心灵契合。

注释：

①任桐：《广播创优重在强化三个意识》，《传媒观察》2010 年第 9 期。

②钱志军、施会毅：《新媒体语境下对台文化传播策略浅析》，《声屏世界》2017 年第 7 期。

③《习近平总书记会见中国国民党主席朱立伦》，http://www.xinhuanet.com/politics/2015-05/04/c_1115169416.htm.

（作者单位：中央广播电视总台央广港澳台节目中心）

历史性重大主题报道的故事化呈现

——以宁波新闻综合广播《决胜脱贫在今朝》为例

郑士炎

2020 年是夺取脱贫攻坚战全面胜利的决胜之年，中华民族千百年的梦想即将变为现实。习近平总书记在今年 3 月召开的决战决胜脱贫攻坚座谈会上指出："脱贫攻坚不仅要做得好，而且要讲得好。"为讲好脱贫攻坚"宁波故事"，在坚决打赢脱贫攻坚战最后冲刺的历史性时刻，宁波广电集团新闻综合广播特别策划组织了大型全媒体新闻行动《决胜脱贫在今朝》，先后推出系列报道《扶贫模范张祖安 16 年后重走黔西南》和《大山深处的帮扶故事》，以全景式、故事化呈现宁波对口帮扶贵州省黔西南州取得的历史性成果，为全面打赢脱贫攻坚战贡献了广电媒体的力量。

一、历史性重大主题报道的微视角实践

报道历史性重大主题时，采用个人的微视角反映大主题，以百姓听得懂的语言、喜闻乐见的方式讲述故事，报道就会变得更加生动鲜活。宁波广电集团新闻综合广播于今年 5 月下旬推出的系列报道《扶贫模范张祖安 16 年后重走黔西南》，以张祖安的个人视角，回望那些令人难忘的帮扶故事，感受脱贫路上的时代变迁，表达决胜脱贫这一重大主题，通过全媒体传播，引发了甬黔两地受众共鸣，产生了很好的宣传效果。

（一）体验式重访，见证帮扶故事

如何在重大主题报道和受众喜闻乐见两者要求间找到最佳结合点，体验式报道可以说是最佳方案之一。宁波市与贵州省黔西南州于 1996 年正式建立对口帮扶关系，作为宁波对口帮扶黔西南州的亲历者、见证者，宁波市原对口扶贫办主任、全国扶贫模范张祖安的脚步曾遍及黔西南州的山间、田野和村寨，被当地干部群众亲切地称为"我们苗家的大哥"。从市扶贫办主任岗位退下来后，张祖安已 16 年未踏上黔西南州这片土地。今年是夺取脱贫攻坚战全面胜利的决胜之年，新闻综合广播特别邀请张祖安重走黔西南，看看曾经一起工作过的同事，会会那边的老朋友，了解一下自己以前亲手牵线搭桥的帮扶项目。今年 5 月 26 日至 31 日，《宁广早新闻》推出 6 篇特别报道《扶贫模范张祖安 16 年后重走黔西南》，分别记录了几棵杨梅树成

万亩林、长毛兔养殖成为当地主导产业、茶树种苗建成繁育基地等扶贫故事。在杨梅林里，张祖安语重心长地对农户说，只要好好地管理培育，这片杨梅林就能成为当地老百姓的储蓄罐；看到宁波新一代挂职干部把长毛兔养殖产业发展下去，他觉得了却了自己未能实现的心愿，颇感欣慰；看到曾经的徒弟冯灼华如今也奔赴在扶贫一线，他的眼眶不禁湿润了，鼓励徒弟："人生难得的这么一次机会要好好完成任务。"一幅幅脱贫致富的图景鲜活再现，一个个精准帮扶的故事接力传承，充分体现了这位全国扶贫模范至深至诚的扶贫情怀，听后让人动容。

（二）对比式呈现，感受时代变迁

抚今追昔是媒体采写成就式报道的重要手法。该组报道多处运用对比式手法表现对口帮扶 24 年来，黔西南州在基础设施、产业发展、教育医疗等方面发生的巨大变化。如首篇报道《重逢！扶贫老兵再相逢》中，张祖安看到兴义市一路盛开的花朵，眼角略显湿润。在宾馆驻地，几位老友们翻出了几张 1999 年拍摄的照片，一起回忆往昔，惊叹县城变化巨大，总有说不完的话。又如《蝶变！照片背后的扶贫印记》中，张祖安带着两张旧照重回故地，想要实现拍两张同 20 年前一样照片的愿望。当站在普安县政府门口，看到照片中的水泥路如今已是车水马龙、一派繁忙时，他感慨万千："这在当时根本想不到，也没办法做到的。"在晴隆县一个山头拍照时，他又激动地说："那个时候晴隆县是根本没有高楼大厦的，现在是完全不一样了，这个楼比我们宁波的还高，只是后边的山还是一样的。"同样的地方，同样的动作，但张祖安这次重走黔西南却有一种丰收的喜悦。这组报道通过老照片等载体与现实情景进行对比，具有强烈的听觉冲击力和心灵震撼力，让人恍如穿越时空回到了过去，同时又更深刻地感受到"甬黔模式"的精准帮扶正在黔西南大地上结出累累硕果。

（三）实录式采写，述说山海情深

实录性采写是营造新闻现场感、增加报道吸引力感染力的重要途径和手段，主要体现在运用镜头式语言或是直接引用采访对象原话来反映新闻事实。如《燎原！柔软的兔毛重千斤》写道："老张熟练地从笼子里抓出一只兔子，摸了又摸，还指着兔舍墙上悬挂的工作标识，边看边读：'一到、二看、三闻、四拍、五记，一到是干什么事情、二看是看什么事情……'"个性化的动作和语言表述，充分体现了张祖安对扶贫工作的无比热爱和对黔西南这片土地的深厚感情。又如《传承！师徒同走帮扶路》写道："看着蜿蜒曲折的盘山公路，冯灼华颇有感悟：'这二十四道拐就像我们扶贫的二十四年，从 1996 年到 2020 年，扶贫的路上再辛苦，最后我们还是能翻越它的。'"此话一语双关，道出了宁波扶贫干部薪火相传、后继有人的责任担当，同时对实现脱贫攻坚战全面胜利充满希望和信心。这些以新闻主人公直述和记者第一人称描述的实录式语言，现场感、画面感极强，让人产生如临其境、如见其人的感觉，从而对甬黔帮扶的山海情深和扶贫干部的实干精神有了更加清晰的认识。

（四）全媒式联动，形成立体传播

移动互联网时代做好重大主题报道，关键是选好观察视角、找准社会价值共识的最大公约数，并用足媒体融合手段。系列报道《扶贫模范张祖安16年后重走黔西南》除了在集团新闻品牌栏目《宁广早新闻》重磅推出外，还于"在宁波"App及频率微博和微信公众号上同步推送，尤其是每个3分钟左右的短视频以无解说的同期声形式伴随性呈现，有效实现了音画融合。该组报道还受到中央广播电视总台央视频、央广网等国家级媒体关注和转发。央视频App先后于5月27日、31日整合推送了《当年他带着三棵杨梅树夫扶贫，16年后再回故地他一眼就认出是"宁波的种"》《扶贫干部16年后再回照片拍摄地：完全认不出来了》等短视频作品，央广网于5月28日刊发消息《宁波新闻综合广播推出大型全媒体新闻行动〈决胜脱贫在今朝〉》，进一步扩大了整个新闻行动和主题报道的影响力。

二、历史性重大主题报道的地方视角表达

对于脱贫攻坚这一具有历史意义的全国性重大新闻事件，城市广电媒体应以全国视野、地方视角的方式进行故事化表达。系列报道《大山深处的帮扶故事》于今年6月下旬推出，这组有思想、有温度、有品质、有影响的专题报道，全景展示宁波对口帮扶黔西南州取得的历史性丰硕成果，真情讲述好宁波对口帮扶故事，生动展现宁波扶贫干部的责任担当。

（一）全景展示，联动全媒体

在这一重大题材报道中，宁波广电集团新闻综合广播及早策划、精心谋划，组织全媒体记者深入黔西南州脱贫攻坚一线，挖掘宁波在东西部扶贫协作工作中的先进事迹和典型经验，全景式、多角度、立体化地展示宁波打赢脱贫攻坚战的决胜姿态。从6月25日至7月13日，新闻综合广播分别在《宁广早新闻》节目、频率微信公众号上推出了大型全媒体新闻行动《决胜脱贫在今朝》之特别策划《大山深处的帮扶故事》。播出的13篇专稿，全面展示了宁波在产业帮扶、劳务协作、消费扶贫、教育帮扶、卫生帮扶、旅游帮扶、人才培训、干部交流等方面取得的成果。其中4篇在《宁广早新闻》节目的头条重磅播出，频率微信公众号则以"音频＋文字＋图片"的形式图文并茂地推送，立体传播扩大了新闻行动和宣传报道的影响力。

（二）聚焦个体，突出时代感

在信息碎片化传播的背景下，那些鲜活有趣、有血有肉的新闻故事更容易引发受众共鸣。系列报道《大山深处的帮扶故事》着重以"人"为中心，深入发掘对口帮扶这一时代背景下那些有情感、有活力、有希望的个体故事。如《产业成链，一蔬一果总相济》开头描述了册亨县坛坪村村民韦坤秀在宁波援建项目供港蔬菜基地里忙碌的场景，这份工作使她每月能有1000多元的收入，比原来种稻谷、玉米的收益好很多，以后她还要造房子、送孙子读书。在与记者短短的交流中，韦坤秀笑声

不断，这不仅是布依族女性乐观和坚强的性格使然，更多的是这份工作给她带来了安定和希望。又如《山水相连、真情永驻——宁波社会帮扶力量助力黔西南州决胜脱贫攻坚》中，记者集体采访了在安龙一中就读的数位同学，其中王胜炉是班里名副其实的学霸，但其家庭由于不富裕，难以支撑他姐弟 3 人同时完成学业。他激动地告诉记者，是来自宁波的"爱心基金"帮助他继续就学。这些孩子有一个坚定的共同梦想，就是考上大学。宁波的社会帮扶力量就像涓涓细流，滋养、浸润、温暖了那一片土地。一个个典型故事，既是普通个体生命里程中的刻度，也是脱贫攻坚时代进程中的印记。

（三）捕捉细节，呈现闪光点

要让新闻故事打动人，需要抓住细节，生动的细节像是闪光点，可以照亮报道中的人物、场景，使之"活"起来，从而让受众对整个报道难以忘记。《大山深处的帮扶故事》中，许多人物语言、记者描述都体现了细节的亮点。如首篇《靶向植入，一业一策总相宜》讲述的是宁波精准帮扶的两个故事。一个是千亩茶园项目。2018年初，浙江安吉县有个村提出要捐赠 1500 万株白茶苗帮助困地区脱贫的想法，得到了习近平总书记的重要批示。得到这一消息后，宁波扶贫干部觉得普安是中国古茶树之乡，非常适合种茶树，于是想方设法争取白茶苗，让本不在受捐之列的普安最终成为获赠茶树最多的县。宁波扶贫干部说，这个"白叶 1 号"是争来的，这体现了我们抢机遇、抢生意的市场意识和"六争攻坚"的"争抢"精神。另一个帮扶故事，说的是宁波籍企业家在晴隆成功开发投资南美对虾养殖基地，期望黔西南人民在当地就能吃上新鲜海虾。记者这样描述细节："在距离乌蒙山约 70 公里的晴隆县光照镇孟寨村的南美对虾养殖建设基地，20 多个塑料薄膜大棚一字排开，大棚内的池中 1200 万尾虾苗刚刚投放完毕。深山里种茶不稀奇，养海虾可是头一回听说。"这段话一下子就把听众的注意力牢牢吸引住。又如《释放农业扶贫驱动力，"甬优"水稻显身手》开头描述："初夏时节，在黔西南州兴义市万峰林街道上纳灰村姚家湾组水稻引种育秧田里，成片绿油油的秧苗呈现出一幅生机勃勃的画卷。当地的农户正在将翠绿的秧苗打捆装车，准备移栽到万峰林下的大田当中……"生动的现场描述，反映了宁波市农科部门不断地将先进科技成果送往黔西南，甬优水稻、余姚榨菜等优良品种正在那里落地生根、苗壮成长。这些故事和场景等细节的生动描写，增强了新闻报道的可听性，达到了引人入胜的效果。

（四）挖掘典型，展示好形象

对口帮扶黔西南州 24 年来，宁波一代代扶贫干部接力前行，涌现出一批批先进人物典型。整组报道，通过对当地群众和扶贫干部的双向采访，既全面反映了宁波对口帮扶给黔西南州带来的新变化、新面貌，也充分展示了宁波帮扶干部的好形象。如《"抓两业"、助脱贫；心贴心、谋发展——记扶贫干部罗剑光》讲述的是罗剑光在望谟县挂职两年多来，通过抓产业、抓就业，帮助当地群众脱贫奔小康的故事。

他像爱家乡人民和土地一样，深爱上了望谟的风土人情，达到了"来了不想走"的扶贫境界。又如《扶贫路上，用苦干实干书写青春答卷——记扶贫干部储杨洋》记录了"85后"年轻扶贫干部储杨洋扎进大山，找到"甬黔模式"的切入点和发力点，干出"宁波速度"的扶贫事迹。再如《让缺医少药成为永远的历史！宁波着力推进医疗卫生帮扶》着重讲述了宁波中医大夫朱建丰在册亨对口帮扶期间，用自己擅长的中医针刀疗法为当地群众解除胃痛并培养徒弟的故事。上述报道，记者通过对当地群众和扶贫干部的双向采访，让扶贫成果得到了有力的印证。

（五）配发手记，加深思想性

记者深入一线、扎根基层进行蹲点采访，总会产生一些情绪、感慨或者思考，把这些东西以记者手记的形式体现出来，是加深报道思想性的重要手段。《大山深处的帮扶故事》13篇报道都配发了记者采访手记。如《内生动力，一枝一叶总关情》中记者写道："激发贫困地区的内生动力，才是脱贫的关键。甬黔帮扶实施'志智双扶'，为当地长远发展注入生机和活力。"又如《望谟县打易镇边王村——脱贫路上一个都不能少》中，记者手记这样写道："曾经的高山沟壑已经不能再阻碍脱贫之路。如今这个小山村，山上有茶树，山间胡峰嗡嗡、牛哞鸡鸣，今年全村将全部稳定脱贫，整村出列，村民正阔步走在脱贫路上。"这些简明扼要、富有个性的采访手记，都是记者们深入扶贫一线采访后的所见所闻、所思所想，让报道更具思想深度，起到了画龙点睛的作用。

助力打赢脱贫攻坚战，对主流媒体来说，既是自身职责，也是历史性机遇。只有深入一线潜心蹲点采访，切身体验精准扶贫带来的巨大改变，才能呈现给受众一个个真实、生动、鲜活的扶贫一线好故事，反映出时代的宏大主题，为脱贫攻坚这一历史性事件提供强大的舆论支持。

（作者单位：宁波广播电视集团）

我国广播家庭教育类节目现状与发展

曹德瑞

近年来，在新闻广播、交通广播、音乐广播等几大广播媒体传统优势节目之外，家庭教育类广播节目越来越引起人们的关注，成为了广播媒体在受众细分时代，重新获取受众注意力、拓展广播市场的重要节目类型。

随着我国经济社会的不断发展，生活水平的提高，温饱需求的时代已逐渐成为人们的记忆，在生活水平不断提高的同时，教育需求成为了家庭发展和个人发展的热点问题。越来越多的人开始关注教育信息，无论是婴幼儿教育、中小学教育问题，还是兴趣教育、专业知识教育问题，都是社会公众需求的客观表现。这在侧面提高了家庭教育问题的社会关注度，推动了家庭教育问题的凸显。广播家庭教育类节目就是在此背景下，在我国广播市场中逐渐出现并发展的。

（一）国内家庭教育类节目的发展状态

早在上世纪 80 年代初，我国就出现了家庭教育类的广播节目。其最早并不是以独立的节目形式出现，而是以广播专题节目的形式播出，抚顺人民广播电台早在1981 年就关注到听众对家庭教育信息的需求，开设了《文明家庭》专题节目。该节目借鉴报纸专栏的形式办小专题，包括《生活顾问》《家庭新风》《饭后杂谈》《夫妻之间》《育儿常识》《老人茶座》《天南海北》等。节目有着浓厚的家庭氛围，脱离了传统教育节目的生硬说教色彩，转而以一种充满人情味道的方式将家庭教育的相关信息融入节目中。

此后几年间，家庭教育类节目在全国范围内开始广泛出现，并涌现出一批优秀的节目。1987 年 3 月 19 日，北京人民广播电台开播了《家庭教育》节目，记者们抓住广大家长普遍关心的家教问题进行大量的采访、组稿和社会活动。其中有社会知名人士从不同角度发表的对家庭教育的一家之言，34 个系列专题节目包括"宝宝日记选""家教辩证法""美在您家中""漫谈课外阅读""青春期教育""九十年代卖报歌""热线点播""广播夏令营""对家教的社会透视""家教难题研讨"等，以及其他各种类型的节目 [5]。北京电台的《家庭教育》不仅打造了一个精品节目，还推出了以苏京平为代表的优秀节目主持人。

以《家庭教育》《文明家庭》为代表的一批节目，代表了我国广播家庭教育节目发展初期的基本面貌，也勾勒出广播家庭教育节目在上世纪 80 年代的基本特征，即以节目为平台，通过多个专题，全面关注家庭教育各个领域的相关问题。这一时期的节目，尚未出现定位的细分和专业化的发展趋势。

进入 90 年代后，广播家庭教育类节目开始进入了平稳发展的态势，节目形式在原有基础上更为多元化，内容也更具时代气息。如今，家庭教育类节目已经形成了专业化、常态化、多元化的发展态势。如上海人民广播电台的《教子有方》节目将内容定位在子女教育，于周一到周五 21 时至 22 时播出，高频率的播出数量将节目内容深入到子女教育的各个领域。节目中也开始出现了主持人、心理专家、家长、孩子、教师间的相互交流[6]。与上海台相似，黑龙江人民广播电台也开设了一档同样名为《教子有方》的节目，旨在就孩子成长中的各种问题和家长孩子共同寻找科学、健康的解决之道。

中国国际广播电台的《成长你我他》是目前国内家庭教育类节目中具有较大影响力和专业性的一档节目。每周日播出，每期 50 分钟，内容包括最新教育的动态、教育专家访谈、教育个案分析、亲子对话、教育故事、好书分享、问题解答等。北京人民广播电台城市广播的《教育面对面》，是一档开办了 11 年的经典教育节目，也是北京地区唯一一档涵盖基础教育、高等教育、成人教育和就业留学的日播教育咨询类广播节目。节目与教育行政和考试主管部门独家合作，累计为上百万的北京考生即上百万个家庭展开直播咨询服务。《教育面对面》在 2014 年确立了节目的全新定位，旨在服务各类考生及家长，针对子女教育和升学就业、留学移民等教育难题与教考政策，兼顾在职人群的继续教育，为受众权威解读，答疑解惑。

郑州人民广播电台《亲子课堂》节目从 2009 年开播，节目紧密围绕亲子教育的相关问题，通过线上节目、线下活动的方式，打造了一档在郑州地区最受关注的广播家庭教育类节目。《亲子讲堂》节目所依托的 FM93.1 经济生活广播是郑州人民广播电台一个基于省会郑州的都市频率。《亲子课堂》特色鲜明，包括节目对专家型主持人的打造和专家嘉宾的高度重视，对受众反应和评价的及时关注，还积极开展各种形式的社会活动。《亲子课堂》通过公益大讲堂活动的实施，成功的完成了一次又一次的与受众家庭的亲密接触，使节目在与受众建立直接联系的同时，获得了更稳定的收听群体和广泛的社会影响力。正是一系列的社会活动取得的影响，将《亲子课堂》最终打造成了中原地区最专业的亲子教育节目，也是中原地区最具影响力的家庭教育广播节目之一。

通过对国内家庭教育类节目 30 年来发展历程中几个代表节目发展状态的简要描述，可以看出，国内广播家庭教育类节目在改革开放后，走过了从无到有、从专题节目到常态节目、从全面覆盖教育问题到节目细分定位的发展过程。今天的广播家庭教育节目，已成为一个拥有自身发展历史、专业化不断加深、影响不断扩大的重要广播节目形态。

（二）国内家庭教育类广播节目的定位

我国广播家庭教育类节目，已经形成符合社会受众信息需求，顺应社会家庭问题发展的节目形态和定位。其节目定位可以概括为以家庭教育为核心、以受众服务为目标、以提升社会整体幸福感为宗旨。

1. 以家庭教育为核心

以家庭为核心是指广播家庭教育类节目的核心议题，始终是围绕家庭这个核心点。广播家庭教育节目的内容，主要涵盖了亲子教育、中小学教育、成人教育、老年人教育、家庭情感、婚姻恋爱等范围，无论哪一种类型的家庭教育类节目，其服务对象都是家庭听众，最终实现的目标，是针对目标受众家庭关系改善、维系和发展的信息传播与知识教育。

除了广播之外，家庭教育节目在电视媒体也表现的极为突出，其中湖南卫视的《爸爸去哪儿》成功引进了国外亲子真人秀节目的模式，在国内掀起了亲子教育的热潮。即便是国内老牌的相亲节目《非诚勿扰》也在很大程度上兼有婚恋家庭教育服务的效果。电视家庭教育类节目呈现的这种娱乐节目形态和提供大量教育信息的特点，将节目背后的家庭问题或情感问题打造成社会关注的娱乐模式。这给广播家庭教育类节目的发展提供了一个很好的思路和方法，但家庭教育类节目无论在内容中增加多少娱乐因素，节目都应该围绕家庭教育这个核心。

2. 以为受众提供家庭信息服务为目标

广播家庭教育类节目产生的根本原因是受众对家庭教育类信息的需求、是我国社会家庭教育问题日益普遍和凸显的发展趋势。广播家庭教育类节目始终应该坚持以服务受众为目标。这可从两个角度进行诠释，一是节目内容选择以服务受众为目标，二是受众收听目的是解决家庭生活中潜在的问题或显现的具体问题。

目前，我国广播家庭教育类节目的内容构成主要包含亲子教育、婴幼儿科学喂养、中小学学生学习教育、成年继续教育、家庭健康教育、婚姻关系教育、恋爱情感教育、家庭理财投资教育、家庭咨询服务等，节目的定位无论是全面涵盖家庭教育的全部内容，还是专注于其中一个领域，播出的实际效果都是将家庭教育的相关信息传递给受众，使受众从中体会到家庭教育活动的重要性、学习到家庭教育知识、解决已经出现的问题或防止可能出现的问题。

3. 以提升社会整体幸福感为宗旨

家庭教育类节目旨在关注与家庭相关的知识、教育、交流和沟通等问题。受众通过收听节目，提升家庭幸福感。在广播家庭教育类节目发展的 30 余年里，我国社会经济文化产生了巨大的变化，社会开始越来越多的关注社会成员的幸福感。幸福感也在一定程度上成为与经济物质指标一样的，衡量一个人、一个城市，乃至一个国家发展的重要指标。

近年来，我国大众媒体开始越来越多的涉及到公民幸福感的问题，其中央视在

2012 年进行的街头采访"你幸福吗？"引起全国观众的广泛关注。大众媒体对幸福话题的集中关注，表明了幸福作为社会和谐稳定发展的一个重要保障，是我国公民和政府工作共同关心的议题。

广播家庭教育类节目依托广播平台，有较低的接触门槛，节目以家庭问题作为内容选择的首要准则，其直接社会作用就是促进家庭更好的发展、协调家庭关系。家庭是社会的基本构成单位，也是每个公民获得幸福感的重要来源。节目通过树立以家庭为核心、以服务受众为目标的定位，其最终起到的作用和效果，就是间接促进社会整体幸福感的提升。

（三）广播家庭教育类节目的发展方向

我国的广播家庭教育类节目，目前虽处于整体上升的趋势，但发展过程中仍然存在一些问题需要解决，包括节目空间的拓展问题、节目内容发展和丰富的问题。同时，互联网近年来快速发展、媒介融合逐渐加深，都把广播媒体拉进了一个全媒体的时代，广播媒体面临着新的竞争，广播节目也面临着新的改革的需求。这要求广播节目重新审视自身的发展策略，注重新媒体的发展和受众的发展策略。

1. 探索基于品牌节目的全媒体家庭教育平台

广播家庭教育节目经过了 30 余年的发展后，已形成不少在全国范围内具有一定知名度，在地方范围内形成自身节目品牌的优秀节目。但无论哪种类型的家庭教育类节目，都会受到专业节目内容范围带来的空间限制和依托广播平台带来的媒介限制。下一个阶段，节目在广播平台继续持续稳定发展的同时，还需要通过已形成的节目品牌优势，探索基于品牌的覆盖面更广的全媒体节目平台。

打造全媒体节目平台，是改变目前广播家庭教育类节目的内容形式相对单一、传播渠道单一的重要手段。节目运用互联网媒体程度较低，仅仅借助媒体网站和节目的微博微信平台，或通过借助类似微电台的形式在互联网寻求一个能够弥补广播播出时间的节目播出渠道。这样的媒体运用程度，难以满足今天全媒体时代节目竞争的需求。因此，广播家庭教育节目，特别是在当地具有一定品牌价值的节目，应当将节目内容从单一的音频节目，扩展到文字、图片乃至视频相结合的形式。通过媒体的网站或节目的互联网平台，将节目内容拓展到家庭教育相关的电子期刊、手机终端 APP、视频讲座、文字学习资料等，同时这些新内容又与广播节目内容进行关联和呼应，最终形成一个基于品牌节目的覆盖面更广的全媒体节目平台。

2. 借鉴其他服务节目搭建专业家庭服务内容架构

广播家庭节目在内容发展的层面，要注重借鉴其他服务类的节目，搭建起一个专业的节目内容架构。传统的广播家庭教育类节目，信息形式局限在主题讲座与听众答疑的组合。其中既缺乏听众参与过程中的娱乐效果，也缺乏主动为听众寻求问题创造兴趣的过程。

广播节目可以借鉴电视节目中专家与观众高度互动的模式。这就需要更好打造一个服务受众的专家队伍，将专家队伍从讲堂上带到听众中间，带到网路平台中去，也将观众从电话另一头引入广播节目的演播室。

3. 创造广播互联网联动的节目家庭服务体系

广播家庭教育类节目寻求适合自身发展的新媒体策略，是顺应目前媒体发展趋势的必然选择。从节目的发展现状来看，实行台网联动的一个重要方面是将广播与互联网的联系从单纯的"广播节目互联网收听"的模式中拓展出来，寻求包含广播节目的互联网营销，广播节目内容扩展等在内的综合平台。将广播家庭教育节目中专业的家庭教育知识，强大的专家团队资源从广播平台和社会活动中，复制和移植到互联网上，实现全方位的广播与互联网的联动。

目前，台网联动的节目组织形式已经并不少见，节目可以通过与互联网媒体的直接合作，打造一个广播电台频率与门户网站板块联动的策略，也可以自己建立一个功能更完善提供全方位服务的节目网络门户或移动终端。无论是哪种途径，都需要将创造广播互联网联动的节目媒体平台作为未来发展的重要策略。

4. 打造"广播、网络、线下"三维一体的家庭受众消息体验

广播家庭教育类节目的本质是为受众服务的生活类节目，能否持续抓住受众的注意力，能否始终保持一定的受众关注度，是节目生死存亡的关键。

在未来的发展过程中，广播家庭教育类节目受众策略发展的重要目标，应该是打造一个"广播、网络、线下"三维一体的受众交互体验模式。节目要顺兴网络时代受众的习惯，除了坚持将广播节目做好外，还要借助互联网实现受众参与节目的新形式。具体的做法可以是通过现有的微信简单的实现受众间的交流和受众与节目的交流。建设短视频团队输出家庭教育内容适应新媒体场景。

打造"广播、网络、线下"三维一体的受众交互体验模式可以给受众带来更为丰富的广播家庭教育类节目的收听体验，将过去单纯的收听广播，演化为从广播到网络、从网络到社会线下活动的复合体验模式。实现"广播、网络、线下"三维一体的受众交互体验模式的渠道是多种多样的，但通过丰富受众的节目体验，保持节目长久发展的动力，是每一个家庭广播教育类节目必须重视的发展策略。

（作者单位：郑州人民广播电台）

创新理念实现县级广播新突围

——辽宁东港电台创办对农广播十年记

朱明丽

随着基层广播节目普遍创新不足，农村收听广播的传统几乎丧失殆尽，这是基层广播宣传的"阵地失守"，放弃农村无疑就是放弃自己的立身之本。习近平总书记指出"中华民族伟大复兴需要以中华文化发展繁荣为条件"，中华文化发展繁荣，要从人民群众获得先进的、优秀的思想文化做起，从夯实基层思想文化阵地做起。县级广播的发展必须以符合地域特色来进行定位，需要放低身段"贴地飞行"，踏踏实实办农村需要的广播，老老实实办农民喜欢的节目，占领农村思想文化阵地，守护好群众的精神家园，用先进的优秀的思想文化去滋养群众心田，以创业精神完成县级电台再蜕变，以创新理念实现农村广播新辉煌。

1."小"广播有大思维

十几年前，县级广播已经被边缘化，生存举步维艰，一些县级广播有的成为转播台，有的被市级台兼并，有的被广告公司承包。东港广播同样面临这样的困境，县级广播虽小，也需要发展壮大，是靠财政吃饭混日子，还是不等不靠自我创新求发展，"小"广播也要有大思维，有大思维才有大作为。东港电台几任领导班子带领广播人开始了新的创业，天下老广是一家，我们带领采编播人员走出去取经学习，开阔了视野，开拓了思维。近10年，先后去过北京、江苏、内蒙古、辽宁、山东、大连、吉林等中央、省、地级市广播电台观摩学习，不断提升宣传理念。在广播专业化的大趋势下，我们只有创办对农频率，实现县级台专业广播新尝试。思维一变天地宽，2007年东港电台申请启用闲置频点，开播了辽宁首家县级对农频道——呼号"新农村广播"：一是借助新农村建设的热潮占据政策与文化的宣传高地；二是在中央、省、市、县四级广播覆盖的困境下，发出自己的个性声音；三是向广大农村要听众，再现80年代农村广袤大地的"大喇叭"辉煌。

2."小"媒体向大媒体靠拢

大树底下好乘凉。作为县级媒体，应积极向大台靠拢，互通信息，寻求帮助，实现广播资源共享。2012年，中央人民广播电台中国乡村之声开播，作为最权威的"三农"政策、文化阵地传播平台，我们需要让本地农民听得到用得上。东港新农村广播加入全国农村广播联盟，与中国乡村之声结成合作关系，多次参加各类年会，借助联盟力量壮大自己。2014 年 10 月参加中央人民广播电台全国县（市）广播电台协作研讨会，东港电台作为会员台代表在会上进行交流发言，并与中国乡村之声共同签署了《合作意向书》，合作办对农广播，全新包装的对农广播频率以中国乡村之声节目为骨干，在相应时段加入东港电台自办对农节目，如《东港新闻》《政风行风热线》《热线八九帮你办》《金土地》《咱村也有文艺人》《电话赶大集》《法制热线》等。从运行效果看，一是节省了地方台人力资源，精办节目，强化记者队伍建设，每年被中央台采用稿件 30 多篇；二是丰富了节目内容，中央及地方资讯纵贯到底、优势互补，增加了频道的厚度和深度；三是方便了农民的收听，记者下乡采访时，有的农民说："这样好，一个波段听节目，省得调来调去。"我们的做法得到了中国乡村之声的肯定，并向全国推广经验。先后 6 次参加农村广播联盟的全国联播，4 次参加农广采风报道。2014 年中央台"乡村调查"走进东港，直播东港，在本地形成了强大影响。2015 年，东港台受邀参加中央台在四川举办的对农广播研讨会，做了《贴地飞行，协作共赢》的主题发言。

3. 广播节目"沉"下去

县级广播节目创新不是简单的形式创新、包装创新，而是理念的创新、内容的创新；创新的根本是践行走转改，创新的目的是更有效地服务"三农"。声音，我们比不过中央台，创意，我们比不过省市台，我们可以拼的只有地域性和服务型，因此办实用广播、地域广播，广播节目真正"沉"下去，广播的声音才能在农家响起来。先后多次进行新闻创新节目改革，目前已形成时政资讯、民生报道、信息服务多种形式相融合的宣传模式，《记者有话说》《百姓说新闻》《记者在现场》《政务直通车》是目前东港电台新闻的主要栏目；在《政风行风热线》《热线八九帮你办》《新闻大嘴巴》等直播节目经多年打磨形成主导品牌的基础上，近年来，《法制热线》《咱村也有文艺人》《金土地》等节目也逐渐赢得大量听众，形成新的品牌效益。

2003 年，东港电台在辽宁县级广播中率先开播《行风热线》节目，奏响县级媒体舆论监督的最强音，《政风行风热线》听民意、传民声、解民忧，成为农民建议、投诉、咨询的有效平台；《法制热线》节目律师每天进直播间解答听众法律咨询，先后前往长安、合隆、马家店等乡镇制作近百期《调解面对面》，对全民普法、建设法治东港起到了积极的推动作用。

《三农热线》专门解答涉农政策、投诉类问题，唠农嗑、传知识，深受农民欢迎；农业专家和种养殖"土"专家成为节目常客，每年开展各类科普活动 20 多场，直播到田间地头，宣传更接地气。

《热线八九帮你办》《电话赶大集》是东港电台一档近 20 年的品牌栏目，专门为农民提供公益信息传递，每天为听众传递各种农副产品、农机器具、土地转让、房屋买卖、招聘求职、丢失捡拾信息几十条；每年为听众找回失物 200 多件，大到十几万的现金物品，小到身份证钥匙；帮助家长找回离家出走的孩子、女儿找回迷路的父亲。

《热线爱帮忙》帮助果农卖果 3000 多斤，为黑沟贫困农民募集电子琴，为小甸子特困户学生募集学习用品，为十字街贫困学生募集自行车，为北井子镇农户卖农副产品等。节目从服务农民逐渐向帮扶贫困户方向发展，这又给了我们新思路——对农广播如何在精准扶贫上下功夫。

《咱村也有文艺人》是农民草根文艺的大舞台，农民朋友通过热线电话展示才艺唠家常，节目主持人定期举行的下乡活动，更是引来农民朋友自发敲锣打鼓到村口来迎接，并与各乡镇文化广场结合，开办户外版的文艺人现场直播。珠山村百姓人联欢、小甸子村歌舞欢唱纳凉夜、合隆满族乡少数民族广场舞大赛等等，主持人和村民们同台演出，广播节目完成了与乡村舞台的融合，实现了在农村的落地生根。

4. 广播活动"进"农家

开门办活动，广播看得见。从 2007 年开始，我们启动东港广播乡村行系列活动，先后开展进农家院、唠农家嗑的《直播到农家》、招募培训农村报道员的《百姓说新闻》、宣传新农村建设的《美丽乡村行》、宣传东港乡村旅游业的《美丽乡村游》等系列采风活动。十几年开展送广播、送文化、送科技、送政策下乡活动，"百姓说新闻"发放新闻联系卡上万张。相继推出《山乡行》《沿海行》大型系列报道，主持人、记者吃住在农家，获得了新农村建设的第一手新闻素材，其经验被中国农业信息网、盛世金农网、辽宁政府网相继报道。10 年间共开展户外活动 200 多场，活动规模和影响不断升级。2010 年 9 月首次邀请辽吉黑、内蒙古、天津、山东、山西、陕西等12 家省市级广播媒体直播东港海鲜节；2014 年 5 月，中央人民广播电台中国乡村之声公益品牌《广播惠农爱在乡村》系列活动走进辽宁东港；2015 年 7 月，邀请中央台乡村之声和京津、东北地区 11 家中央省市级广播媒体齐聚东港，以《青山绿水画东港》为主题报道东港美丽乡村建设以及农家乐旅游业的发展；从 2016 年开始，以《鸟语花香游东港》为主题分别邀请域外媒体报道东港观鸟节和全国草莓文化节活动。

把近万只小音箱、大喇叭、收音机送到万千农户的大棚里，挂到每个村的广场上，送到赶集农民的手中，这是东港广播近年来实施广播惠农工程取得的显著成效，广播这一传统主流声音在农村大地又一次全面"唱响"。东港电台几任领导分别担任过党代表、人大代表和政协委员，通过写提案、建议案等多方呼吁利用各部门扶贫项目进行转化，重新完成各个村级的大喇叭覆盖，陆续有十几个村完成设备安装。2009 年我们调整思路，三条腿走路：一是定制调频音箱免费进大棚；二是把收音机作为奖品免费给农民；三是把大喇叭作为应急惠农广播工程来做。小音箱、小地域覆盖区域化试点工程先后展开，有计划、有目标发放到黄土坎、椅圈、北井子、长安、龙王庙、黑沟等 20 多个乡镇的蔬菜大棚、中心户点及人群密集的商业网点，全面拓展农村广播受众市场，截至 2018 年累计投入 60 多万元，为农村免费发放调频小音箱 5000 多个，发放收音机 8000 多个，让不断"变脸"的小广播走进田间地头，走进千家万户。

从 2014 年开始，东港电台的大喇叭小音箱覆盖工作作为文化惠农工程，成为各项主题教育工作一项重要内容。2015 年在完成广播传输数字化设备改造同时，争取东港市委、市政府投入资金 20 万元，完成东港市龙王庙镇 8 个村应急惠农广播覆盖建设试点工程，在每年汛期，市、镇两级政府的各项防洪防风政令均通过这批"大喇叭"及时通知给险区群众，有效保证了国家和百姓的生命财产安全。近年来，利用农村大喇叭把学习宣传习近平新时代中国特色社会主义思想作为首要任务，通过各种寓教于乐、让农民群众喜闻乐见的方式使习近平新时代中国特色社会主义思想在农民群众中入脑入心，开通"文明实践讲堂"，统筹安排党的理论宣传教育栏目，每年开播党课类节目 20 余期，播报国事要闻 1000 余条，收听的党员群众 80000 余人次，让党的创新理论和惠民政策"飞入寻常百姓家"。

5."小"广播实现大发展

从 2007 年 6 月 5 日开播新农村广播，10 多年时间，东港电台进行了多角度的广播宣传软着陆、多元化的广播传播硬覆盖、全方位的对农频道精组合，逐渐打通广播到乡村的"最后一公里"，多条腿走路均衡发展，事业建设和经济效益位列全省县级媒体前茅。我们曾经主动上门和一些单位、企业、商家寻求合作机会，但收效甚微，如今这些单位、企业、商家主动上门找电台寻求合作，举办汽车、房产、家装、旅游等行业的活动宣传，社会效益和经济效益双丰收。东港电台全口径创收由 2007 年不足 30 万元，到今天突破了 260 万元；采编播队伍由 10 年前不足 10 人增加到今天的 50 人，从当初的新闻采访"没人找"到今天的新闻采访从不缺席。最初改造电台直播设备要通过节目合作部门向上争取几万元资金，到 2015 年数字化设备改造工程一次性投入 220 万元，改造后的电台播控中心和直播中心硬件设施在省内县级广播媒体中处于先进行列。

6."大"活动赢得公信力

做责任媒体，办人民广播，这是东港广播人不变的初衷。东港广播在有作为中赢得地位，市委、市政府分管宣传的领导经常指导节目，市委、市政府每年举办的政治性、主题性大型活动，如建党、建国、建团纪念活动、各类节会、展会活动都交给东港广播承办。10 年来由电台组织策划、现场直播有影响力的大型户外活动 50 多场，连续四届承办东港海鲜节的大型直播和演出活动，举办革命题材的主题歌舞晚会《燃情岁月》；与纪委举办廉政题材主题晚会《清风东港》；举办百名干部驻百村大型表彰活动《情系热土》；举办《爱在身边温情七月》大型公益活动；承办东港市委纪念建国、建党大型歌咏会，《我和我的祖国》大型歌友会，《我和祖国共成长》经典演颂汇，《东港英雄谱》故事朗诵会等新中国成立 70 周年大型主题户外直播活动。这些直播活动的举办让东港广播在本地的影响力达到了一个新的高度，受到地方党委、政府及相关部门的高度认可，广播人的归属感和荣誉感得到了强化。

有创新才有作为，有作为才有地位，这些大活动让东港广播的社会知名度、影响力和公信力不断提升。

习近平总书记指出，建设具有强大凝聚力和引领力的社会主义意识形态，提高新闻舆论的传播力、引导力、影响力、公信力，巩固壮大主流思想舆论，要加强传播手段和话语方式传播，让党的创新理论"飞进寻常百姓家"。县级电台如何办好对农广播，更好地引导群众，服务群众，发挥主流媒体的社会责任，我们还在不断探索当中，但其宗旨不变：放低身段贴心服务三农，走进乡村办好地域广播，敞开大门培育广播市场，正确引导占领三农阵地。

（作者系辽宁东港人民广播电台台长）

主旋律题材播音作品如何成风化人

——人民广播播音主持创新发展研究

孙海亮

习近平总书记在党的新闻舆论工作座谈会上的讲话，提出了新的时代条件下党的新闻舆论工作的职责和使命，其中提到的"成风化人"是耳目一新的表述，对新时期指导党的新闻舆论工作具有重要意义。

2016 年是中国工农红军长征胜利 80 周年，长征中涌现出数不胜数的感人故事和传奇人物，深圳交通广播推出了系列广播节目《铁流壮歌》，将一个个鲜活的英雄人物，以"英雄谱"的形式呈现在电台节目当中。尽管 80 年过去了，时代发生了巨大变迁，但长征中的感人故事所蕴含的理想和信念，坚持与奋斗，却是社会主义核心价值观的精神源泉，对引领当今社会风气、鼓舞士气、凝心聚力仍具有积极意义。

这样的主旋律题材作品，在播音创造中应如何处理，怎样才能适应当今社会的受众收听习惯与审美需求呢？

应当牢牢把握"成风化人"这四个字，按照习近平总书记要求新闻舆论工作者"转作风、改文风，俯下身、沉下心，察实情、说实话、动真情，努力推出有思想、有温度、有品质的作品"的要求，让主旋律题材的播音创作适应时代需要，令作品有血有肉。

在播音创造的处理上，可以归纳为以下几点：

1、放低语调，平和语态；

2、讲好故事，杜绝空洞；

3、注重人性，真情实感。

一、成风化人，基础在"风"——把握时代正能量与主旋律

成风，是指用人们普遍认可的道理、有目共睹的事实、耳熟能详的语言、喜闻乐见的形式引导舆论，形成积极健康向上的社会风气。（引自《人民日报思想纵横："成风化人"解》张天培）

纪念长征，学习长征精神，其根本是重视理想信念教育。坚定的理想信念，是长征精神的核心要义，是战胜一切艰难险阻的致胜法宝。把握住这个主旋律，在播音中就会围绕着这个基础展开创作。

美国作家和记者埃德加·斯诺在《西行漫记》中这样纪录长征：中央红军在历

时一年的长征中，几乎每天一次遭遇战；平均每天行军35公里以上，击败了数倍于己的国民党中央军的围追堵截。经过千锤百炼的战斗，红军的理想境界、意志品质、战斗作风、团结精神、纪律观念等都得到极大提升，一步步凝聚成战无不胜的钢铁洪流。

因此，对长征题材的作品处理，不能单纯地高声歌颂，奋力呐喊。还应当注重对恶劣环境的客观描述和真实反映，要将长征途中的艰难困苦如实通过语言的表达得以呈现，这样才能折射出长征的精神——理想信念支撑着红军队伍完成了几乎不可能完成的二万五千里征程。

在广播节目《铁流壮歌》中"巾帼英雄康克清"的稿件里："长征中，康克清任直属队指导员，曾经三过草地，历尽艰辛。和其他妇女一样，康克清也分到了一匹马，但她很少骑，大多让给了伤病员。为了帮助他人，很多时候，她甚至肩扛三四支步枪行军。"

在处理这段稿件时，播音员并没有像过去某些年代里那样，一遇到歌颂伟大精神的题材就惯用高昂语调，而是将语气放平和，客观冷静地陈述事实，令内容更加真实可信。表达"三过草地，历尽艰辛"的语调无须高声激昂，而应该沉稳平实，步步坚定。

吴郁在阐述播音"基调"时指出："把握基调，实际上是要求理解与表达的统一，播音基调和稿件基调的统一。它是在对稿件深入理解，具体感受的过程中逐步把握到的，又是要在话筒前的表达过程中落实到声音形式中去的。基调随内容而又相应变化，一方面能表达出事件或思想的发展脉络，表达出情感变化的层次，另一方面使播音有曲折，有波澜，避免平板乏味，增强了感人的力量。"

在有关"红色娃娃兵向轩"的稿件中有这样一段："在回忆长征这段经历时向轩说：'长征一路上虽然很苦，牺牲的人也很多，但大家始终有一种信念，一种无论如何都要走下去的信念。没有这种信念，不会走到今天。'"

在播音创作中，切忌"见字生情"，一读到"信念""理想"之类崇高的精神层面的词汇，就拔高调门，大声咏叹。张颂在《播音创作基础》一书中指出："那种不顾播讲目的，不放过任何'情景再现'的机会，大搞'情景再现'的展览的播音，是不足取的。"

创作中必须联系上下文，分析具体语境，让语调语气的处理与客观场景、人物相吻合。这段话是在当年的"娃娃兵"向轩老年时，回忆童年时经历的长征时所作出的感慨，语调要与老年人的语调相适应，语气要有追忆往事的时间感。"但大家始终有一种信念"不是高声激昂的表态，而是深沉思索后的坚定。

吴郁在《播音学简明教程》中指出："播音决不能就稿论稿，停留在文字表面的播读上，一定要努力挖掘文字后面更深刻的含义及把握到鲜明的语句关系。"

有理不在声高，导向不等于说教。在把握主旋律和传扬正能量的播音创作中，"成风化人"所成之"风"是符合时代特点，尊重客观现实的，并非空泛拔高、言之无物的空中楼阁。

二、成风化人，路径在"化"——讲好故事，才能感染人

习近平总书记 2013 年 8 月 19 日在全国宣传思想工作会议上的讲话提出：宣传思想工作关键是要提高质量和水平，把握好时、度、效，增强吸引力和感染力，让群众爱听爱看、产生共鸣，充分发挥正面宣传鼓舞人、激励人的作用。

"成风化人"的"化"，是指潜移默化，它不是生硬的灌输、机械性传达，而是用作品去感染人、打动人、说服人、影响人。

"化"的路径，在于找准思想认识的共同点、情感交流的共鸣点、利益关系的交汇点、化解矛盾的切入点，才能取得群众口碑好、社会共识强的良好效果。讲故事比喊口号更能打动人，讲故事能让道理生动，还能拉近与听众的心理距离，更容易赢得信任与支持。

长征胜利 80 周年，跨越了漫长的沧桑历史到今天，与当代的听众是有时间距离的。无论播音员还是听众，都不是长征的亲历者，如何拨开历史的迷雾和隔阂，用今人的视角去体味革命理想与情怀，需要播音创作者有所创新，有所思考。

为电影《大决战》录制旁白配音的著名演播艺术家张家声，曾这样讲述其创作的经历：导演曾让他用高亢的、充满战斗激情的声音去演播电影旁白，但张家声把嗓子都快喊破了，仍达不到导演的要求，认为"力度不够"，一遍又一遍的重录。到最后，张家声跟导演说，能不能用另一种方式去演播。用一种讲故事的方式，很生活、很真挚地把声音降下来，像个经历过事件的历史老人。最终，张家声的处理方式，获得了肯定。

著名播音员、播音指导方明先生在《方明谈播音》一书中指出："无论哪种情况，在表达的时候，都要力求做到绘声绘色、细致入微、活灵活现、情景交融。通过有声语言的描绘，把形象刻画得有立体感、层次感，真切传神。要达到这种境界，重要的一条就是，播音员必须如临其境，感物动情。"

广播节目《铁流壮歌》中"隐蔽战线的英雄钱壮飞"的稿件里，有一段具有悬疑色彩的内容："1935 年 3 月 29 日，长征中的中央红军在乌江边上遭到敌人袭击……轰炸结束后，细心的周恩来发现，时任红军总政治部副秘书长钱壮飞不见了！毛泽东得知此事后，指示红五军团不惜一切代价一定要找到钱壮飞。红五军团接到命令后，组织部队在树林里、村庄里找了一个多小时，连搜带喊，也没有找到他的踪影。特殊战线上的一代传奇英雄钱壮飞，就这样消失了。"

这是一段故事性强，引人入胜的情节，播音员借鉴了小说演播的方式，将故事的悬疑神秘色彩、危急紧张气氛，充分营造出来。

读到"钱壮飞不见了！"之后，留下一段停顿的静止时间，将恐怖和惊慌的情绪强化处理。以此对我党隐蔽战线的高级领导失联后，可能遭遇到的惨烈后果，进

行了生动的体现。

紧接着，下文的"毛泽东得知此事后，指示红五军团不惜一切代价一定要找到钱壮飞。红五军团接到命令后，组织部队在树林里、村庄里找了一个多小时，连搜带喊，也没有找到他的踪影。"则加快语速，用疾风骤雨般的"贯口"形式，将紧张地搜寻钱壮飞下落的场景描绘了出来。

再到最后一句"……就这样消失了"，整句话语速放慢，结束后怅然所失的语气通过停顿来延续。

整段稿件的处理，张弛有度，松紧相间，节奏对比强烈，情景重现鲜活。演播中注重了讲故事的创作特点，令听众心弦紧绷，一路追问，提高了收听欲望，达到了有效传播的目的。只有讲好故事，才是主旋律稿件感染人、打动人的途径。

这也正是张颂在《朗读学》一书中曾指出的：停连的运用必须遵从的总原则是"按文意，合文气，顺文势"。

三、成风化人，关键在"人"——以所成之风化所需之人

当前，从传播手段到受众心理都发生了很大变化。新闻舆论工作要赢得更多受众、占领更大阵地，必须把握新时代传播规律，要有受众意识，适应受众的接受习惯。注重人性表达，讲究真情实感，这是当代传播规律的需要。

全球科技领域资深记者罗伯特·斯考伯（Robert Scoble）和专栏作家谢尔·伊斯雷尔（Shel Israel）在《即将到来的场景时代》一书中提到：2012 年，全球手机数量就已超过世界人口总数。到 2012 年底，全球平板电脑的数量已达 1.2 亿台。高德纳市场分析公司预测，2016 年这一数字将达到 6.65 亿。移动设备聚合了移动设备、社交媒体、大数据、传感器、定位系统等技术力量，它是获取互联网力量的关键，也是体验场景超级风暴的载体。

广播语言的传播，是通过电波传输并具有特定的接收工具实现的。随着声音传输和播放等设备技术的发展变迁，广播语言也随之发生着变化。上世纪五六十年代，广播普遍通过厂区、大院和村头儿的大喇叭播放，声音传播范围广，容易形成回响。为达到有效传播的目的，播音员的语言必须语调高亢有力，语速庄重弛缓，以达到播出时内容的清晰准确作为基本要求，逐渐形成了一种独特的播音语言风格。

随着广播节目收听渠道的多元化，音响设备的技术进步，声音还原度高，收听形式私密化，广播语言也愈来愈趋同于生活语言，播音员和主持人的语言状态逐步回归生活化。播音创作中，注重人性，真情实感，在此基础上才有了更可靠的技术支撑。

革命时期的作品题材，与当代年轻受众的生活体验差异巨大。如何令现在的受众感同身受，理解 80 年前的红军战士的理想和信念，这是创作者不能也不该回避的思考课题。只有充分表现人性的共性，用真情实感的表达，才能感染受众，润物无声，形成"化人"之风。

斯坦尼斯拉夫斯基曾说："只有当人们藉自己的体验从内部赋予所要表现的作品的潜台词以生命的时候，在这部作品里，同时也在演员自己心里，才显露出作品所要表达得精神实质，创作的意义就在潜台词上。"

张颂在《播音创作基础》一书中，曾对播音中思想感情的运动状态作出这样的阐述和分析："播音，作为语言艺术，通过感受的表现来再现生活是它的一大特长……真挚和崇高，独特和丰富，永远是感情的化境。"

著名朗诵艺术家姚锡娟在朗诵艺术专著《未成曲调先有情》中写道："如果说理性分析能使我们的朗诵获取一个扎实可靠的骨架，那么我们对作品感情上的相知就使朗诵有了骨肉；前者是准绳，决定了表达作品的深浅，后者是灵魂，关系到你能否表达出作品的情，使之血肉丰满"，"只有朗诵者做到了与作品作者'情意相通'，朗诵才会有感动人心的精神血肉"。

广播节目《铁流壮歌》中"巾帼英雄康克清"的稿件里："1992 年弥留之际，康克清对围在身边的子孙们断断续续地说：'这次，我可能拖不过去了……你们要好好地、太平地过日子……不要贪污，不要犯错误……'这时，泪水盈满了她的眼眶……临终前，她留下了这样一句话：'我什么都不要！'"

这是一段老革命、老红军，朱德同志夫人的临终感言，言辞情真意切，但也令人震聋发聩。在播音创作时，播音员首先客观还原一位弥留老人的语言状态，气息上运用更多的气声，语气上体现出谆谆善诱。

播音时，注意这是一位亲身经历了腥风血雨的长征，而后又位居党和国家高级领导人的身份的老人。她所说的"要好好地、太平地过日子……不要贪污，不要犯错误……"，是有特殊意义的，是对当下社会现状有深沉理解的，是对领导干部家属的警言嘱咐。演播时，要注意"含威不怒"和"慈爱关切"之间的语气分寸拿捏。

康克清所说出的"我什么都不要"，既是一种无产阶级革命家的高风亮节，也是一位慈祥老人的真情表露。演播时，既不要表现成"喊口号"，也不要表现成"悲哀叹"，应当语气坚定，从容乐观。

主旋律的题材作品，要展现鲜活的、有思想、有温度、有品质的人物形象，将陈情与说理结合起来，用人物崇高的精神和事迹影响、感染受众，润物无声、成风化人。因此，为纪念中国工农红军长征胜利 80 周年，深圳交通广播推出的广播节目《铁流壮歌》从传奇人物入手，采撷出长征中具有典型故事和传奇色彩的英雄人物，编播成"英雄谱"式的系列节目。将磅礴的宏大叙事，化为鲜活的生动故事。

在播音创作上，把握"成风化人"的方针，充分结合当下的传播规律和受众需求，细致考虑受众心理和接受美学。这是在人民广播播音主持业务发展中，对主旋律题材作品播音进行的有益探索和创新尝试。

（作者单位：深圳交通广播）

福建广播事业发展历程
及融媒体时代福建广播节目创新发展

李　斌

目前，全球化、数字化和产业化成为各种大众传播媒介发展的整体方向。在这样的新形势下，我国广播业应该趁着崛起的势头，积极探索长久稳定发展的战略。福建省广播事业在一定层面上已经显现积极的发展趋势。

一、上世纪福建省广播电台制播技术体系建设

20世纪90年代，福建人民广播电台推进广播电台改革，东南广播公司、福建经济广播电台、文艺广播电台相继开办，使广播节目具有鲜明特色，贴近现实、贴近生活、贴近群众，更好适应广大群众的收听需要。"十五"期间，福建省调频广播得到较大发展。据1991年底统计，福建省老、少、边35个贫困县（市），建立了39座调频发射转播台，其中千瓦级台3座，百瓦级台35座，扩大了所在地区的广播覆盖面。1993年福建省广播电视厅拨款120万元，支持县、市调频网建设。到1994年，福建省各县、市已达到至少有一套调频广播节目，其中有22个县、市拥有3套调频广播节目，除自办一套外，还可完整转播中央台、省台两套节目。1995年福建省再次组织实施第二轮调频广播覆盖计划，到1998年全面完成了调频广播覆盖计划，全省各县市均能收听到3套以上的广播节目。调频广播成了广播节目覆盖的主要技术手段之一。1998年5月，福建人民广播电台开办音乐交通频道，在福建东南沿海交通主干线上东至福鼎，南至诏安，西至龙岩、三明、南平，建立起14个调频转播台，进行同频广播。福建省中波台的面貌得到彻底的改变。2003年全省33座中波台改造列入国家"西新工程"建设计划，投入1亿多元，到同年底实现"三满"播出。

1991年福建人民广播电台办有2套广播（新闻、经济），每天播出20多小时。新闻综合广播使用中波882千赫、783千赫、558千赫和调频103.6兆赫覆盖全省。1993年元旦，在福建人民广播电台对台部的基础上成立了东南广播公司，用普通话和闽南话每天播出10小时，播出频率为中波585千赫。1994年5月1日，增办福建文艺广播电台，后于1998年改为福建人民广播电台音乐交通频道，用调频100.7

兆赫同频覆盖全省交通主干道。1997 年 1 月 1 日起，福建人民广播电台东南广播公司节目实现在亚洲二号卫星转播，节目覆盖五洲大部分地区。2002 年 12 月 18 日，开播都市生活广播，频道定位都市娱乐、服务广播，用调频 98.7 兆赫播出，发射功率 3 千瓦。2004 年 6 月 28 日，开播福建音乐广播，以调频 91.3 兆赫频率覆盖福州地区。

海峡之声广播电台 1958 年 8 月 24 日开播。至 20 世纪 90 年代初期，已从开播时的 1 个频率、发射功率 1 千瓦发展到中波、短波、调频共 16 个频率，发射功率达 1000 多千瓦。1994 年，建立了信息中心，专门负责接收新华社卫星转发新闻稿、各地来稿和台港澳的最新消息。2000 年 4 月 1 日，正式开通国际互联网，开设网上广播。2004 年，音乐资讯频道开播，频率 99.6 兆赫。至此，海峡之声广播电台已经拥有新闻时政频道、文艺生活频道、闽南话频道、音乐资讯频道 4 套节目，每天播出 74 小时。

福州人民广播电台成立于 1958 年 7 月 1 日，至 1990 年底，拥有 3 个广播频率，分别为中波 1332 千赫、1370 千赫和调频 89.3 兆赫。1993 年建成第一间立体声直播室，并安装第一部直播热线电话。1995 年 7 月 1 日，新增一套广播，对外呼号为"福州人民广播电台二台"，使用频率为调频 89.3 兆赫，发射功率 1 千瓦，24 小时播音。2002 年 3 月 1 日，新增一套广播，对外呼号为"福州人民广播电台商务交通广播"，频率为调频 87.6 兆赫，发射功率 3 千瓦，24 小时播音。

厦门人民广播电台成立于 1949 年 12 月 25 日，至 1990 年底已拥有 2 套节目 3 个频率（2 个中波，1 个调频）。1993 年 11 月 28 日，用原调频节目新增开办厦广音乐台，频率 94.9 兆赫，是全省第一个 24 小时全天候播出的系列台。1994 年 12 月 25 日，新增一套调频节目，呼号为厦广经济台，频率为 105.2 兆赫。2003 年，厦门人民广播电台台采用"多点发射，同频同步广播"技术，在同安大帽山、海沧新阳工业区、厦门大学等处安装同频小功率发射点，改善了覆盖和收音效果。

漳州人民广播电台成立于 1996 年 5 月 13 日。1997 年 1 月 1 日，综合广播正式开播，节目信号通过云霄笔架山和长泰吴田山发射台发射，频率分别为调频 89.6 兆赫和 96.2 兆赫，播出时间是每天 6：00 至 23：00。当年综合人口覆盖率为 86.4%。2003 年 10 月 20 日，开设文艺广播并试播，2004 年 4 月正式播出后漳州人民广播电台开始拥有 2 套节目，每天播出时间从原来的 19 个小时增加到 37 个小时。

泉州人民广播电台 1995 年 4 月成立，8 月 8 日开始播出。此前，泉州市区地面调频无线广播只有鲤城人民广播电台，播出频率 90.4 兆赫，发射功率 100 瓦，发射台台址设在泉州清源山。2002 年 2 月 1 日，泉州市广播电视中心成立。2003 年 7 月 1 日，泉州人民广播电台第三套节目"经济生活广播"开播，频率为调频 92.3 兆赫，发射功率为 1 千瓦。2005 年 9 月 29 日，第四套节目"刺桐之声"开播，频率为调频 105.9 兆赫，发射功率为 3 千瓦。

龙岩人民广播电台 1951 年 10 月建立龙岩收音站，1965 年在龙岩（县级）建立首家中波实验台。1992 年 12 月 31 日，龙岩地区级立体声调频广播电台 -- 闽西人民广播电台开播，实现每天 18 小时立体声播出。1998 年元月，原县级龙岩人民广播电台（调频 94.6 兆赫）并入闽西人民广播电台，并改呼号为"龙岩人民广播电台"。

三明人民广播电台前身为 20 世纪 50 年代初期建立的"三明地区广播站"。1989 年 9 月 13 日更名为"三明市人民广播电台"，2004 年开办第二套节目调频"都市生活"广播，于当年 10 月 1 日进行试播，播出呼号为"三明人民广播电台都市生活广播"。2005 年 1 月 1 日，三明都市生活节目正式开播，发射频率最初为 87.3 兆赫，发射功率 1 千瓦。

南平人民广播电台前身为南平市人民广播站。1985 年 4 月 9 日成立南平人民广播电台，1990 年 5 月 10 日，南平人民广播电台开办调频广播，1991 年 5 月 23 日，建立无线调频广播电台，呼号为"南平人民广播电台"，频率分别为 95.1 兆赫和 100.9 兆赫。

宁德人民广播电台前身为 1953 年 1 月设立的宁德县人民广播站。1989 年 7 月 1 日由站改台，成立宁德市人民广播电台（县级台），呼号为"宁德市（成立设区市后改为蕉城区）人民广播电台"，广播发射频率为调频 101.7 兆赫，发射功率为 30 瓦，1993 年提高到 100 瓦。2002 年 5 月 28 日，宁德人民广播电台正式开播。2003 年 3 月，建成第一间直播室，并开通了第一个热线电话。2003 年 5 月批准正式使用调频频率 101.7 兆赫作为主频率发射，对外呼号"宁德人民广播电台"。

莆田人民广播电台于 1987 年 6 月 27 日建立，同年 10 月 1 日正式开播。1997 年 10 月在中波 1440 千赫的基础上，又在海拔 710 米的壶公山发射台安装 1 部功率 1 千瓦、使用频率 91.1 兆赫的调频广播发射机。1998 年 2 月 28 日，重新登记台名为"莆田市人民广播电台"，播出频率为调频 93.7 兆赫。2003 年 2 月 12 日，开办第二套调频节目文艺广播，频率 103.0 兆赫。

二、上世纪福建省广播节目设置与播出

从 20 世纪 90 年代开始，福建省广播节目制作进入改革创新新阶段。各级广播电台对节目设置进行专业化改革，新闻广播、文艺广播、财经广播、交通广播等不断发展改进，较好的满足广大听众多层次、多元化需要。

福建人民广播电台 1994 年开始推进直播方式播出，让直播成为广播播出的主要手段，说新闻和主持人主持节目都是广播新形式。板块式结构编排：内容丰富，信息量大，环节多节奏快。引入电话连线：记者可以通过电话采访，或通过电话将采访的内容，甚至是完整的录音通讯节目传回电台，将电话直接引入直播节目和大量使用电话连线做节目。尤其是通过电话和普通听众连线进行沟通，成为节目的组成部分，形成了双向传输和沟通，符合大众传播的要求。"看"得见的广播：第一，把直播间从电台搬到社会上去，让广播从听变成了又听又"看"，拉近与普通听众

的距离。第二，经常开办户外直播活动，与听众"面对面"。

20 世纪 90 年代前后，改革开放的宣传已成为福建电台宣传的重点。各档节目都有相当数量宣传改革开放的内容。邓小平同志南巡讲话发表后，新闻部《早新闻》开辟了《在改革开放中前进》专栏。社教部《对农村广播》与省电视台合作，推出了《来自改革开放第一线的报道》大型广播系列专题。1991 年省电台充分宣传两岸交流合作的情况，如寻根访祖、探亲旅游、文化艺术、经济技术方面的合作交流。播出一批录音通讯。深入宣传"三资"企业的发展，特别突出台资企业的顺利发展和取得的显著效益。《台商到大陆投资前景广阔》等录音报道，通过台商谈自己的切身感受和体会，反映了福建良好的投资环境。

从 1993 年起，福州人民广播电台按照"大板块、直播化"要求逐步推进广播宣传改革：改单个节目结构为大板块、杂志型节目结构，改"我播你听"的灌输式的录播为双向交流的互动式直播。福州台的一、二、三套广播节目均有"大板块、直播化"特色。

1991 年，厦门人民广播电台开始推出主持人直播大版块节目。6 月 2 日，开播第一个综合性直播版块节目《欢乐在今朝》。11 月 4 日和 5 日，又相继推出综合性主持人直播版块节目《千家万户》和《空中商业街》。这 3 个版块节目各有侧重。《欢乐在今朝》以文艺内容为主，《千家万户》以社教内容为主，《空中商业街》以经济内容为主。调频广播以提供音乐欣赏为主兼容新闻信息和点歌服务，共有 10 多个栏目。其中主要栏目有《激光金曲》《群星灿烂》《琴台会友》《音乐厅》和《歌迷信箱》等。

2000 年 1 月 1 日，漳州人民广播电台进行改版。《漳州新闻》由提前一天录播改为当天 7：00 首播，由男女两个主播现场直播；并在 12：00 新开辟一档新闻话题节目《百姓有约》；取消《新闻快递》，在 17：00 新开辟《漳广新闻杂志》，集中播报国际国内时政、社会、经济新闻。青少年节目《青春调频》开播。此次改版，首次推出一档全新运作模式的栏目《商业直播室》，由节目主持人为栏目运作的全权负责人。

1998 年龙岩人民广播电台并入闽西人民广播电台，统一呼号为龙岩人民广播电台。在转播好中央、省电台新闻节目的基础上，自办了新闻和"科技天地""生活之友""经济信息""艺苑风景线""共度好时光""金曲花瓣""空中故事会""听众点歌台""闽西各地""绿芽天地""名典欣赏""戏曲欣赏"12 个板块主持类专题及文艺类节目。

2003 年起宁德人民广播电台逐步推进节目改革。2003 年元旦，节目实现首次改版，在原有节目运行格局的基础上，调整《闽东新闻》播出时间，加大新闻信息量；扩大服务性板块节目份量，开办《老年时空》《1017 友情提示》《都市丽人行》《音乐厨房》《时尚流行风》《1017 帮你忙》《男士时间》《经典老歌》《城市新空气》

《情感方程式》《文学欣赏》《岁月留声》等；2003 年 8 月，开通热线直播节目。2005 年元旦节目又一次改版，节目运作采取四大板块进行，并首次通过手机互动方式与厦广新闻台直播，及时传递新闻讯息，首次参加大型对外广播直播节目"《海峡西岸行》-- 走进宁德"。

三、融媒体时代福建省广播节目的创新与发展

在"互联网+"的今天，现代媒体传播的内容越来越市场化，渠道也越来越市场化，新媒体技术的蓬勃发展为传统媒体带来了挑战，也创造了机遇。面对新媒体的冲击，福建省广播媒体不囿于音频的单一传播方式和模糊的受众群体，而是将视角转向广阔网络媒体空间，由传统的"以我为主"主导思想演化为"用户思维"，从传统媒体人的强势话语权转为受众的自主选择与接纳，取得了不错的成绩。构建新媒体指挥机制，打造多元传播形态。如福建省广播影视集团整合、调配广播电台的媒体资源，科学化管理媒体信息，实现新媒体信息产品采、编、播一体化。同时，各广播电台也建立新媒体应急机制，在遇到突发新闻、重大新闻时能及时调配人力、物力，做出迅速、有效的反应，保证工作流程有条不紊地进行。

随着网络技术的发展，小视频受到了年轻人的追捧，相比较单一的音频传播方式，视频直播兼顾画面，结合声音形象生动的传达更多信息。广播节目的传播方式只有更加生动，形象更加灵活多样，才能够获得更高的美誉度和市场份额。福建广播人对广播可视化进行了大胆的尝试，如针对 2020 年 3 月 7 日泉州欣佳酒店突发楼体坍塌事故，福建交通（应急）广播同步进行"广播直播 + 网络直播"，听众可一边收听直播节目一边观看现场救援和伤员救治情况以及亲历者、救援人员所讲述的感人故事。新浪微博"FM100.7 福建交通广播"账号，在救援期间被中国新闻网、新京报、环球时报、凤凰网、北京青年报等全国多家知名媒体转发关注，成为全国网友了解事故救援进展的重要信息来源。3 月 9 日人民日报记者主动申请让福建交通广播将直播信号转至人民日报客户端进行同步直播，并同步到人民日报微博直播，福建交通应急广播记者心野在救援一对母子现场的采访解说获得全国网友的广泛关注。1 小时的持续直播，在微博端获得 708 万条播放，5000+ 条评论，6 万点赞，并登上 9 日的微博全日榜单和人民日报客户端首页推荐位。福建交通广播的抖音平台截至 10 日中午 12 点，共发布抖音 94 条，播放量超 1.6 亿，其中 7 条超 1000 万 + 播放量，点赞 400 万 +，其中《一家五口唯愿平安》播放量超 4000 万。作为省级应急广播，福建交通广播通过融合立体传播在此次突发事件过程中掌握了主导权，传播了正能量，有力激发了大众对现场救援的信心和力量，为抢险救灾营造了良好舆论氛围。

再如，厦门广播中心于 2019 年初启动"i 听厦门"广播全媒体平台建设，从各频率、各部门抽调骨干力量，组建新媒体部。"i 听厦门"微信平台分为微信公众号和小程序两个部分，二者拥有统一对外标志。微信小程序主要有 7 大功能，分别是：

5 套广播频率直播互动功能、"i 听电台"互联网音频节目专区、广播路况互动功能、广播资讯发布功能、广播活动报名功能、广播主持人粉丝专区功能、用户积分功能。至 2019 年 11 月底，"i 听厦门"微信公众号粉丝超 18.5 万，小程序粉丝 6.7 万，小程序日均用户活跃超一万，平均在线时长超 400 秒，社会影响初现成效。"i 听厦门"作为广播全媒体平台，与各广播频率的深度融合尤为关键。平台上线公测后，先后开展《金鸡来了》特别直播、《第十三届海峡两岸读册歌大赛》直播，以及"约见南音""走进厦门老街巷""寻找厦门好司机""遇上武夷"等活动报名，并于 24 节气定期举办节气公益茶会。2020 年厦门广播中心以微信小程序为基础，进一步拓展研究基于抖音、支付宝的小程序，并打通技术底层，为全网拓展打下基础。同时，提高云服务器、云存储、云安全等方面的技术保障。

在融媒体时代的竞争环境下，广播新闻应充分利用其他传统媒体和新媒体提供的优势资源和便利条件，在丰富新闻内容的基础上，进一步有效地拓宽广播内容的传播渠道，总之传统广播媒体和新媒体的携手更能共赢美好的未来。

（作者单位：福建省广播电视局宣传处）

融媒时代地方电台的转型之道

陈鸿滨

新媒体技术推动媒体功能、媒体格局、媒体边界的不断演变，媒体之间的竞争日趋激烈。地方电台作为传统媒体的重要组成部分，面临着各方的压力，生存空间日益缩小。近年来，为了缓解新媒体带来的冲击，各地地方电台在组织架设、媒体融合、产品创新等方面进行了积极探索与各类尝试，取得了一些成果，但也出现了种种问题。随着媒体技术的进一步发展、5G 技术的逐步普及，媒体行业迎来了以融媒为特征的新时代。在融媒时代中，地方电台如何进一步融入其中、切实发挥主流媒体的作用，如何满足日益增长的受众需求、持续提升自身的影响力，已然成为了新形势下地方电台需要着重思考和研究的问题。

一、"融媒时代"相关概念的梳理及界定

（一）融媒体、全媒体概念辨析

认知并辨析"融媒时代"的相关概念，是地方电台转型升级的理论基础。媒体是为信息的传播加工而存在的介质；新媒体是区别于电视、广播、报刊、杂志等传统媒体，运用数字媒体技术开发并集合多种传统媒体功能的"第五媒体"。

在新媒体出现之后，学界开始探讨"媒体融合""媒体全覆盖"等问题。2016 年，温怀疆等人提出，"融媒体是全媒体功能、传播手段乃至组织结构等核心要素的结合、汇聚和融合，是信息传输渠道多元化下的新型运作模式。"[1]这对"融媒体""全媒体"进行了一定的界定。但随着技术的发展，"融媒体""全媒体"的内涵与外延不断丰富。

简单来说，"媒体融合"是在"互联网 +"的模式下，把传统媒体与新媒体的传播通道结合在一起，生产出不同形式的细分产品，利用不同的平台传播给不同的受众，实现各类媒体平台之间资源共享、集中处理及合作多赢。2018 年至今，县级融媒中心建设的大力推进，提升了县级各类媒体的生存率，在坚守基层意识形态阵地上做出了积极的努力。

而"全媒体"首先强调了信息传输的覆盖领域。2019 年 1 月 25 日，中共中央政治局第十二次集体学习把"课堂"设在了媒体融合发展的第一线。习近平总书记

---

① 温怀疆、何光威、史惠：《融媒体技术》，清华大学出版社 2016 年版。

强调，推动媒体融合发展、建设全媒体成为我们面临的一项紧迫课题。总书记首次提出"四全媒体"，即全程媒体、全息媒体、全员媒体和全效媒体，从四个维度明确深化了全媒体的内涵。"全媒体"从源头上进行规整，确保各个媒介的信息发声一致，导向明确，宣传有力。

全媒体的扩展、融媒体的实现，二者并不矛盾，而是相统一。以媒体融合为抓手，推进全媒体的建设，已然成为媒体行业实现全面跨越的推动力。地方电台要认识到融媒时代的特征，深刻理解"融"的内容。随着各个媒介之间界限的模糊，"融合"已不仅包含平台与技术层面的融合，还包含了内容生产、组织架构、人员设置、管理运营等层面的融合。

（二）融媒时代的信息加工

媒体融合的最终形态必然是一个包含各种传播渠道的"融媒系统"，在符合媒体管理规律的前提下，做到"正面引导把方向，负面管控防风险"，使融媒体中心成为综合型信息集散平台。信息加工流程再造，是"融媒"的基础。融媒时代的信息加工不再是"一个人的战斗"，而是一个系统化的行为。

理想化的融媒时代信息加工中心是由多类媒体共同组建而成；电台、电视、网络均包含其中，发挥各自优长，形成互补互促优势。"采、编、播、存、用"的加工流程得到全新诠释，开放、交互、平等、互助、共享的互联网精神融入其中。经过融媒中心加工之后，一个信息的构成，不再是单一的文字或者图片，不仅是声音或者视频，而是全面综合的；不同传播属性的媒体，从融媒信息中分取出自己所需要使用的资源，进行分发及传播。

融媒时代是"你中有我，我中有你"的时代，也是"人人都有麦克风"的时代。这个时代中，信息加工过程不止于节目策划人或制作小组、主播的参与，还包括了听众用户的参与及融入。因此，地方电台要立足地域优势，突出地方特色，利用自身已有优势满足区域群众的信息需求，适时开放节目的"切入口"，吸引听众参与节目之中，共同创作节目，并主动进行再传播。

简言之，地方电台要准确把握"融媒体"的内涵，主动参与区域融媒中心的建设，积极推进新型主流媒体的建设，探索符合自身特点的媒体融合发展之道。

二、融媒时代中地方电台转型实践的困境

（一）积极寻求"改革突破"带来的发展迷茫

虽然史上形成的"四级办广播、四级办电视"的媒体格局已发生巨大改变，但原有国家级、省级的电台固有覆盖率压力依然存在，地方电台广播媒体矩阵中的定位略显尴尬。同时，喜马拉雅、蜻蜓 FM 等网络电台，以及得到 App、小鹅通、千聊等知识付费平台的出现，迅速抢占了类型化的部分市场；在诸多竞争合作者之间，地方电台的收听份额被不断挤压、不断分化。

因此，地方电台必然要进行转型，通过深度的改革谋求出路。传统地方电台用户数量较少，抗风险能力低，又因地域和定位问题，在类型化风潮中倾向于走小众路线，首先想到的就是从信息发布与传播渠道上谋求突破。但是，从网络媒体、新媒体、自媒体、再到融媒体、全媒体，诸多的新的媒体模式，给地方电台的管理带来了混乱。地方电台一方面跟随潮流构建基于自媒体的发布渠道，即利用电台公众号、电台微博、主播微博等打造自有的新媒体矩阵，将节目转化成为图文、短视频等方式进一步拓展，并形成了一定量级的粉丝数。另一方依托外部音频平台，与喜马拉雅、蜻蜓FM等音频平台开展合作，将电台中的精品节目或金牌主持人推到平台上，进行流量转化及用户吸引。

但是，"改革突破"不是简单的内容复制。在节目转化、重编的过程中，地方电台的节目制作、电台运营、人才梯队等都受到了极大的挑战。网络音频节目与电台节目之间存在着较大的区别，转化不当就会出现节目制作上的良莠不齐、定位不明的现象。此外，公众号运营与电台运营是不同领域的工作，专业人才无法导入，人才转型较慢，带来了信息、管理上的更多的混乱与困扰。

（二）过度追求"媒体矩阵"带来的虚假繁荣

在新媒体的人口红利期，地方电台只要把主要精力放在新媒体传播平台的传播矩阵的整合上，就能够带来一定量的粉丝。随着越来越多新媒体的开设，地方电台能够聚合的粉丝量持续上升，由此造成了地方电台对于"媒体矩阵"的依赖。以粤地某城市广播媒体为例，其微博粉丝数已超过35万人，新媒体矩阵数量超过100个，也聚集了一定量的粉丝。但是，仅仅依靠来自地方电台的自带流量和人口红利出现的自然增长，是不够的。这些新平台带来的收入很低，无法吸引电台进行更多的投入；同时，电台缺乏专业的新媒体运营团队，对新媒体平台只能由主播或编辑进行最基本的维护。

随着人口红利期的消失，粉丝自然增长量越来越少，甚至开始出现负增长。部分地方电台瞄准"精准用户"，并希望通过一系列的努力提升电台的"粉丝数量"。但是，"粉丝"并不等于"用户"。地方电台原本拥有对于听众的维护、联谊、互动等手段，已不适用于日新月益的新媒体时代。有些地方电台积极从广播、微信、微博等平台上进行引流，甚至开通抖音、入驻今日头条等新平台，以挽回局面。但是，零散的渠道带来管理上的缺失，各平台上的粉丝互动、内容联动方面缺少有效结合，使得很多新媒体平台形同虚设，最终导致新平台只能走向冷藏，最终静默。

可以说，部分城市电台错误地将粉丝数量作为衡量电台影响力的重要指标，把电台的用户、微博微信公号的用户等统合形成一个有"总用户量"，却忽略了媒体融合真正的内涵。地方电台在这些领域的尝试，并没有使电台拥有更好的适应力，或者形成基于传播矩阵的集群效应，反而弱化了地方电台的品牌。

（三）把握不清"精准用户"带来的产品混乱

对于地方电台而言，用户即是财富。在"耳朵经济"中，音频领域的用户争夺，最直接表现为用户量的 PK 以及忠实用户占比的 PK。而精准用户则是具有深度挖掘价值的"富矿"。在转型升级中,部分地方电台积极谋求基于精准用户需求的节目改革。例如,根据用户反馈来提升录播节目的制作效果,增加更多角色的广播剧,导入知识型的新主播,利用实景录制等打造新的听觉体验等。再如,为了满足精准用户的互动需求,增加直播型即时节目,改变主持场景及氛围,打破单方面输出的主持模式,尝试多元的互动流程,以此来提升即时互动效果,带来更高的用户粘性。但是,"精良"意味着电台节目制作成本的提升,要走精品路线,也意味着同等经费投入后输出作品量的减少;"互动"意味着制作团队要有更完善的前期筹备,更多素材、环节的提前预设等,并且必须强化播放过程中的合作;"黏性"意味着必须投入更多的人力、物力进行维护,以达到将用户长期吸引在栏目之中,保持联系并激发用户持续参与节目的热情。

多元的要求,带来了产品类型上的混乱;地方电台转型的新产品与原有传统的电台产品混淆在一起,给电台制作带来了难度,整体产品数量供给出现了瓶颈,质量水平呈现起伏。同时,由于旗下的新媒体平台众多,对于电台产品的需求量大,而电台的原创生产无法满足,很多平台只能使用转发非原创作品。但是从用户的角度来看,由于同一内容在多个新媒体平台上的发布,无创新、雷同多,带来不良的体验。可以说,产品混乱,带来负面效应,加剧用户流失。

（四）地方电台转型困境的原因分析

融媒体、全媒体的出现及发展,其深层次的影响因素是新媒体的诞生及其迅猛发展。新的共识已逐步形成:新的传播技术造就了传播场景不断交叉、不断融合、不断细分,"传统的传者与受者、真实与虚拟、公域与私域、生产与消费,甚至人与机器之间的各类边界也开始渐次消融",[1] 由此带来了对传播生态的颠覆,以及业态的重构。地方电台在转型升级中出现的种种困境,并不偶然,其主要原因有二。

一是地方电台自身的发展定位不清。传统地方电台能够在媒体格局中占有一席之地,主要有两个鲜明的特征。其一源自于广播电台的载体特征,即无线广播。"无线广播"的载体特性使得广播媒体曾经是世界上使用最广泛、影响最大的媒体;也使得其能够在电视媒体、互联网诞生后,仍然具有一定的发展空间。"无线广播"决定了其生产过程、传播过程、反馈过程分别存在于不同的时空之中,通过无线电波将传播者与听众关联起来。其二是地方电台的属性特征,即地区性。"地区性"意味着地方电台拥有一块天然的"自留地",其他地方电台难以进入。当然,"地区性"也表明所在区域的经济水平和人口总量会反过来制约地方广播的听众数量和传播规模,为其设置了发展的"天花板"。在新媒体出现之后,地方电台"无线广播""地

---

[1] 苏涛、彭兰:《"智媒"时代的消融与重塑——2017 年新媒体研究综述》,《国际新闻界》2018 年第 1 期。

方性"都受到了巨大的挑战；这种挑战必然要求地方电台从自身实际出发，进行重新定位。但是，地方电台受制于原有的定位、编制等原因，难以作出根源性的改革，其转型方向只能以新媒体为触手，深耕在地听众资源，突出区域属性，附加类型化产品——广播台、音乐台、戏剧台等，以实现生存与发展。当然，这个发展方向已被证明存在较多的漏洞。这从另一个侧面证明了只有精准的定位方向，才能带来正确的发展。

二是转型进程中人员升级工作的缺失。转型对现有地方电台的人力配置提出了更高的要求。而流程再造需要从思想、定位、人员配置等方面进行提升，主动介入到媒体环境的重构之中，把握融合的机遇，实现有效转型。现有地方电台的人员构成主要根据传统电台的功能进行配置，包括编辑、主播。无线设备管理人员等，新媒体领域和跨媒体技术人员配备存在明显缺失。从当前来看，由于地方电台的公有属性，以及薪资、激励政策的制约，对优质人才的吸引力不足，带来了应聘人员少、招聘速度慢、人员素质不高等现象。同时，地方电台人员转型升级的阻力较大，无法及时完成调整，进而造成了转型行动上的滞后，也带来了转型升级中的诸多困境。

三、地方电台转型升级的创新举措

（一）明确定位，打造特色鲜明的新电台

地方电台之所以被冠以不同城市、不同区域的个性化名称，就在于其"地方性"。坚持"地方性"，就要明确自身的定位，突出城市喉舌的作用，突出城市品牌的价值，打造特色鲜明的新电台。

一是要突出喉舌作用，讲好城市故事。坚持"内容为王"、讲好中国故事，是时代赋予新闻媒体的重要使命。在融媒时代，地方电台要突出为地方服务的特色。一是增强正向导向。只要是地方电台的节目，无论是空中飘荡的电波，还是互联网传输的音频，都要发挥出正向导向的作用。近年来，习近平总书记多次强调媒体工作中的导向作用，"要旗帜鲜明坚持正确的政治方向、舆论导向、价值取向，通过理念、内容、形式、方法、手段等创新，使正面宣传质量和水平有一个明显提高。"[①]地方电台作为党和政府主办的媒体，要守好宣传阵地，坚持党性和人民性的统一，及时提供真实客观、观点鲜明的信息内容，阐释党中央重大决策和工作部署，掌握舆论场主动权和主导权。要强化正向价值，坚守导向，弘扬社会主义核心价值观，在多元的思想环境中为人们提供清晰的价值判断。要继续与城市管理部门进行充分的互动，及时传播出城市发展的新动态，从时事、娱乐、社会等不同角度，加强主流意识形态的传输；着力挖掘城市人文底蕴，展示美好生活，挖掘各行各业的模范、

---

① 习近平：《推动媒体融合向纵深发展　巩固全党全国人民共同思想基础》，http://www.xinhuanet.com//politics/leaders/2019-01/25/c_1124044208.htm

典型，讲好城市故事，唱响主旋律，传播正能量。

二是要突出城市品牌，打造类型特色。强调地方性，但不能过度依赖"地方性"。在融媒时代，地方电台要整合不同传播渠道，首先必须打造自身的价值，这个价值不能只是"在地性"，还包括内容上、团队上、品牌上的价值。有特色、有价值的地方电台才能吸纳其他不同的传播渠道，从而益发壮大，反之则会导致自有用户被其他媒体的优质内容所吸引，造成用户流失。

城市电台只有独具特色，才能在互联网平台拓展传播，形成吸聚力，从庞大的网络用户中"分润"到自己的用户群。因此，除了城市特色之外，地方电台还要形成类型特色。在赛立信媒介研究发布的 2018 ~ 2019 全国广播收听市场风云榜中，以"城市电台"为主设立的排行之中，新闻资讯类中成都新闻广播、广州新闻电台、南京新闻广播、徐州新闻综合频率等居于 TOP10 之中；交通汽车类中东莞电台交通广播、成都交通广播、杭州交通经济广播（交通 91.8）、宁波广电集团交通广播、青岛广播电视台交通广播等居于 TOP10；音乐娱乐类的 TOP10 中，除了济南音乐广播 Music88.7、厦门音乐广播等音乐类型外，还包括了江门旅游音乐频率、合肥故事广播、潮州戏曲广播等多种细分类型。这说明类型化电台细分之后，具有鲜活的生命力及生存空间。

但是，"类型化特色"并不是随意而定的。一方面要与城市属性特色等结合在一起。例如，"音乐台"是一个电台大类，在此大类下进一步细分还要根据地方的特色设定为"旅游音乐""娱乐音乐""文化音乐""戏曲音乐"等。城市发展的趋向、城市名片的打造，都可以作为地方电台重新定位的佐证与辅助。把"城市喉舌""城市品牌"的要素吸纳到地方电台转型升级的方向上，通过细化、融合、重组，以城市的文化细胞对地方电台进行深度改造，从而形成具有鲜明烙印的城市新电台。另一方面，要通过对地方用户及网络用户数据的深度挖掘，把握用户的兴趣度，打造具有类型化的产品；并从媒体融合的平台上，获得更多类型化产品支持，形成原创与引入共生的产品库。通过类型化的产品，以碎片化的模式，通过移动终端、网络平台等传播方式，超越城市边界，进入到更为多元的受众领域之中，吸纳更多的用户。

地方电台不仅要着眼于当下，更要着眼于未来；以落地的信息获取区域用户，以类型化的节目获取网络用户，利用融媒体的特性，使二者能够形成有效的互动，并最终融合成一体。唯有如此，才能在浩若繁星的融媒时代中脱颖而出，获得生存与发展的空间。

（二）主动作为，融入互动多元的新平台

当前，地方电台的融合方向有二。一是区域内的媒体融合。目前，国内的区域媒体融合形式多样，在形态和结构上也多有变化，但多数是同类型或相关类型的媒介横向组合。以县级融媒体中心为参照物，城市媒体融合主要表现为传媒集团的整合。整合后的集团中，不同媒体"抱团"发展，又独立运营；既实现了媒体产品之间个性化的差异化、垂直化的错位发展，又形成了集约化、可持续发展的格局。作为节目内容的供应者，地方电台可以跳出传统电台的制作思维，拓展内容、创新形式，"一鱼多吃"，围绕着广播信息，针对不同媒体差异与区别，进行调整与整合；如将音频与图片、文字融合在一起；或将音频与视频、动图等结合在一起；从而使传播的内容更有效、更落地。

第二个融合方向是垂直领域的平台融合，即融入到移动互联网的媒体渠道之中，融入到在线音频平台之中。经过多年的发展，中国在线音频市场已具规模。数据显示，2018年中国在线音频市场用户规模达4.25亿人。预计到2020年，中国在线音频用户规模将达5.42亿。2019上半年中国有52.8%的网民使用过在线音频APP，其中常收听语音直播的人群比例为46.2%；[①]目前用户收听音频的主要渠道仍为手机APP，覆盖85.7%的用户。地方电台通过自身类型化的发展，选择合适的音频平台进行合作，可以吸引到更多的用户。此外，音频平台音频素材的聚合和分发，导入广告资源，将大幅增加各地地方电台的在移动端的盈利比例。双方各司其职，各得其所。地方电台在获得收入收益，增加收入渠道的同时，将更专注于将自身的特色节目做好、做实、做优。此外，随着5G时代的到来，地方电台还要与音频平台一起，通过智能硬件的铺设与融合，渗透到用户日常生活的各个场景之中，为自己带来新的增长点。

为了实现媒体融合，地方电台必须对自有人员进行主动升级。首先，对人才团队的构成重新规划，加重跨媒体人员的配置。有条件的地方电台要主动融入区域融媒中心，推进人才团队的整合升级。不仅包括原有的内容编辑的转型，而且要增加视觉采集、制作及传播的人才配备。其次，招募吸纳优质人才加入到地方电台融媒体的工作之中，对地方电台的产品生产过程进行优化、升级。如受到编制等限制，可以采用柔性人才引进，按照"为我所用"原则，充实壮大融媒体团队。再次，针对配置过量的单位或部门进行升级，引导人员进行转型升级，融入到新的岗位之中。

（三）扬长避短，锁定触手可及的用户群

经历百年岁月，广播电台的传播方式与时代同发展，在技术发展的同时不断跃迁。传受方式不断演变，传受关系也不断演进，从最初的大众传播、顺序播放、守候式收听，再到小众传播、精众传播，以及市场细分、类型化播报、随进随出式收听。互联网时代中个人的需求被不断放大，用户理念十分突出，传统"一对多"的传受关系，将演变成为"多组一对一"的传受关系；进入到融媒时代，又会升级成为"多对多"的传受网络。这就要求，城市电台必须把握住"用户"这个基础。在融媒环境下，单一用户既是收听者，也是传播者；其传播出去的内容，将会激发新一轮的"再传播"。因此，打造铁杆用户群，是融媒时代中地方电台转型升级的重要一环。

首先，要强化服务区域民生。相比于城市报刊而言，地方电台传输出来的乡音

---

① 艾媒网，https://www.iimedia.cn/c400/65917.html，2019-08-29，艾媒大文娱产业研究中心。

方言，更能传递城市文化以及乡土情感；在电台互动节目中呈现的无门槛、百姓化特性与新媒体传播的特点相吻合。因此，地方电台，要把"展示个性，尊重用户"的思维贯通于转型之中，致力于成为区域内用户交流沟通的主要门户。同时，地方电台要服务城市用户，积极介入城市的各个方面，在事件预警、天气预报、治理信息发布等方面主动作为，以广播媒体公信力、传播力、凝聚力打造区域百姓生活中不可缺少的交互链条。地方电台要锁定城市用户，主动了解受众喜好，深入把握受众需求，着力发展"体验式服务"，推进无线传输与实体感受相融合，以内容、资源和渠道的多种优势为自己赢得生存发展的空间。

其次，要构建垂直化的社群经济。利用音频平台的优势，地方电台能介入到类型化、垂直化的社群之中。以社交网络的应用为基础，借助自身的专业性和权威性，通过信息资源的高度整合，制作出优质而丰富的音频产品，不断增强受众黏性，对受众产生影响、获得共鸣，进而聚集一群有共同兴趣、认知、价值观的用户。

在聚合线上用户的同时，地方电台还要做好区域内的"深耕"。借鉴移动社交平台的经验，营造新的社交氛围，利用融媒时代中新的传受网络，让社群用户为节目出谋划策，介入到全程的互动及传播之中，增强受众的参与感和成就感。挖掘在地的类型内容爱好者，利用社群等非正式组织，聚合新用户，加强受众的认同度和依赖感。将线上用户与城市用户整合在一起，创新节目内容，实现节目内容的多样化、多元化，留住最大量的用户。

再次，发挥融媒时代中直播互动的趋势，发挥出"声音"的纽带作用，打造新颖、独特的节目，激发现有用户进行再传播的欲望，实现社群的不断壮大；进而开发出相关的配套产品、互动活动、落地服务等，实现商业转化，为地方电台的良性运营提供经济支持。

综上所述，融媒时代打破传统地方电台的孤岛状态，带来机遇与挑战。城市电台要正视当前的环境变迁，从自身的优势出发，重新进行定位，找准发展方向，主动对接音频平台，做好电台社群运营，通过积极主动的创新工作，并成为新的全媒体体系中重要的不可或缺的一环。

参考文献：

①廖岚：《融媒时代如何强化地方电台竞争力——湖南岳阳电台的实践与探索》，《中国广播电视学刊》2019 年第 7 期。

②张怀远：《融媒时代传统广播的生存与发展研究》，内蒙古大学，2018。

③梁毓琳：《融媒时代城市广播发展现状及趋势》，《现代视听》2018 年第 6 期。

（作者单位：漳州人民广播电台）

音乐广播的品牌发展策略探究

——以宁夏音乐广播发展探索为例

周新文

1906 年 12 月 24 日，加拿大发明家费林登创制了世界上第一个由言语和音乐构成的广播节目。100 多年来，广播媒体以其独有的高兼容性、时效性、伴随性、互动性、服务性、共在感等特质，成为人们生活中的贴心陪伴。音乐节目是在充分汇集各类素材的基础上，经过音乐编辑的选择、加工和再创作后形成的解构类型。音乐与广播的结合为广播的发展创造了新的丰富的内容。音乐广播除播出各类声乐及器乐作品、音乐知识、音乐教育专题外，还播出歌剧舞剧的录音剪辑、选曲、音乐故事和音乐广播剧等，拥有广泛的听众基础。20 世纪 80 年代，音乐节目作为文艺节目形式之一，在国内各个电台中占据重要位置，经历了综合化文艺广播、系列化音乐广播和类型化音乐广播 3 个阶段，逐步踏上由栏目化、综合化向专业化、类型化转变之路。

为加快推动宁夏地区广播事业发展，更好地满足广大人民群众的文化需求，2015 年 6 月 16 日，宁夏音乐广播正式开播，调频 FM104.7，2018 年 10 月完成全区同频覆盖，形成了以"服务听众、有用有趣"为办台理念，以音乐、娱乐、资讯、服务类节目为主题的架构。全天 24 小时播出，包括直播、录播、外购和音乐伴随类节目。包含了《安琪夜话》《拾光俱乐部》《厉害了我的歌》《花花与少年》等一批名优栏目，推出了《1047 声音工厂》《安琪工作室》等围绕优质声音产品、节目内容创作的项目工程。2019 年以来，宁夏音乐广播坚持平台打造与内容运营并行、线上节目和线下拓展并行，积极统筹广播与新媒体传播平台在内容、渠道、平台、经营、管理等方面的融合，开展各类活动 300 余场，影响力、竞争力大幅提升，收听率较上年同期翻了近 4 番。广告创收实现 20% 的年增长，喜马拉雅 App 实时收听人数近 46 万人，位列宁夏地区电台网络收听榜首位。2019 年 9 月，获得赛立信颁发的"2018 ~ 2019 全国广播最具成长性评率"TOP10"奖项。

一、音乐广播业品牌建设分析

从我们的创新与实践来看，品牌的确是广播电台的无形资产。品牌是一种名称、标志、符号以及设计，具有鲜明的个性，与竞争对手产品有着明显的区别。我们的生活中处处散发着品牌的魅力和影响力。广播行业目前已经从之前的电台单向传播模式，逐步过渡到今天的双向互动模式。要实现既做好栏目，又吸引听众成为广告效益的贡献者，则要从品牌建设寻求途径。通过对广播栏目、内容、编排、主持人IP化的推广等方面精心打造，实现电台品牌化，继而抢占更多的社会资源和市场份额，提起宁夏音乐广播的名字，听众就会和优质音乐、优秀且富有内涵的主持人联系在一起，包括公益广告、公益活动等都直接与品牌打造相关联。

媒介是产品，具有自己的市场生命。提高电台品牌，就是要让受众对我们所生产的节目，开展的活动等从知晓和喜欢向关注、偏爱和广泛互动、深度参与的方向转化。宁夏音乐广播首先要吸引听众，增强对听众的黏性。经过一段时间的培养让这一部分听众自发聚集形成收听习惯，形成固定的收听群体。通过大数据分析和调查的技术，了解这部分固定收听群众的生活喜好和品位，相应推出营销，达到品牌效应和经济效益的双赢。

"二八定律"同样适用于电台品牌建设，它是指约仅有 20% 的变因操纵着 80%的局面。对于音乐广播来讲，就是 20% 的消费者为机构和企业提供了 80% 的效益，抓牢 20% 的听众，通过做品牌培养一批忠诚度很高的受众，收到效益。这意味着每一位忠实的听众都可以成为一个新的链接和扩散点，吸引新听众关注和收听节目。因此，那些对电台节目有长期稳定收听习惯的忠实听众，会为电台带来相对稳定的收听率和市场价值。

在同城广播媒体日趋激烈的竞争中，虽然交通、新闻、音乐 3 家电台有较为明显的竞争优势，但随着自媒体对市场的冲击和掠夺，各电台间为抢占广播资源和市场份额，节目同质化现象严重，出现了定位相似、内容品质相近、同一时段重叠严重的现象，专业化的电台大都办成了综合型电台。面对自媒体的蓬勃发展以及 5G、物联网、车联网等技术的创新发展，听众可选择的空间更大，市场对听众有了更加精准的细分和定位，要想在区域内保持住竞争优势，以优质内容为竞争基础的音乐电台品牌建设可以说迫在眉睫。

首先，广播有过"一枝独秀"的辉煌时代，也经历过被"广播即将消亡"的争论。但是随着汽车社会的到来，为广播事业的发展带来了"第二个春天"。车载广播的载体数量逐年上升为广播发展提供了硬件支持。其次，广播电台生存需要品牌的推动。媒体属于高投入、高成本的行业，要想产出必须投入，就要向市场看齐，要想向市场争夺市场份额，就必须思考品牌建设。再次，听众需要"有品质的电台"，对广播节目的内涵有更高的要求。现在各种媒体的选择多元化，传统、单一、说教、乏味、干涩的信息灌输已被听众所抛弃，在选择信息品质方面变得理性，强调个性化服务。在各大数据分析公司和产品销售商家那里，电台是否有影响力，是否有公信力，是否获得更多听众的认可、有好的口碑是衡量一个电台价值的重要依据。"口碑"就是广播品牌建设的价值体现，这对提升广播频率的收听率、占有率和听众忠诚度至关重要。

二、宁夏音乐广播品牌建设实践样本

宁夏音乐广播开播以来，在传播优秀音乐文化作品、引领音乐潮流与价值主流的同时，始终把传播社会核心价值作为承担的社会责任去践行。节目定位始终从引领舆论的使命任务出发，坚持以作品为主体，通过主持人的"二次创作"和创新，将思想教育、知识普及、社会服务等多项内容，将广播特色和音乐的艺术性充分展示出来。我们策划的《花儿为什么这样红》，介绍宁夏花儿及花儿歌手、民族音乐和民族音乐人，很好地传播了本土原创音乐。同时，围绕"音乐"这个主线，在自制节目中，也更好地把音乐和文化融合在一起。早间节目《蹦擦擦拉面馆》和晚间的《花花与少年》都属于一档音乐娱乐新闻类节目，听起来像混搭，这是我们做的一个尝试，通过音乐说新闻，抒发情感、表现情感、寄托情感，而新闻本身也联系到民生，以这样的方式说新闻，更容易让听众感同身受，使听众获得文化上的美感。近两年在宁夏地区知名度比较高、受众普遍喜欢的《厉害了我的歌》，是一档音乐闯关类节目，在寓教于乐中传播音乐，传递社会正能量，通过节目把更好的音乐作品和蕴含的文化内涵通过闯关的方式表达出来；《本土音乐潮》是一档推广宁夏本土音乐和音乐人的节目，主持人在本土音乐方面具有较高的鉴赏能力和水平，将音乐和文化更好融合在一起，有了文化的填充，音乐的内容和范围被大大拓宽。不同的文化内涵所创作出来的音乐所表达出来的意境也不同，它们或是表达自身的思想，或是抒发内心的情感，抑或是释放心中的呐喊，都能够让宁夏听众更好地了解本土的音乐文化，提升民族自信和文化自信。晚间音乐情感类节目《安琪夜话》，用音乐延续情感，进一步升华情感，情感的疏导会使听众获得更加积极的心态。所以说，音乐特有的艺术魅力与感召力是有很好传播效果的。

面对本土广播频率中竞争态势的日趋激烈，通过打造台呼、台标、台歌、报时、节目片花、歌曲、主持人串词、公益宣传等形式，塑造频率整体形象，形成具有鲜明辨识度、认知度和独有理解、记忆的听众印象，让品牌成为受众选择的重要依据。

1. 用公益的力量让音乐广播沁润人心

2018 年，我们启动"点亮梦想·音乐公益教室"主题活动，目前已惠及十几所学校。为那里的孩子送去口琴、非洲鼓、尤克里里等乐器，教授乐理知识和乐器的演奏；与社会公益组织和爱心企业合作举办《消防安全进校园》系列活动，通过安全知识公益课堂和实战演练增强校园师生防灾减灾救灾的意识，同时为每所学校捐赠消防器材。这些活动扩大了社会影响，提升了音乐广播的美誉度。我们开展的"庆祝新中国成立 70 周年——关爱退伍老兵公益"活动、"庆祝新中国成立 70 周年——爱我中国"全民公益快闪活动等各类活动 300 余场。尤其是 2019 年开播 4 周年《粉丝嘉年华》系列活动，实现了宁夏音乐广播与全国省级音乐广播、区内各类自媒体、网红大微、明星达人、近百家商家客户、广大听众的深度融合与互动；《中国好声音》宁夏赛区赛事历时 87 天，共举办海选、复赛、半决赛、总决赛、全国海选赛 50 场，累计现场观看人数累计超过 10 万人，活动网络总人气值达 432 万，总访问量超过 1000 万人次，推出的选手李玉在海南三亚荣获 2019《中国好声音》全国海选总决赛总冠军，为提升宁夏音乐广播在全国的影响力和知名度，进一步发挥品牌效应起到了推动作用。

今年疫情期间，宁夏音乐广播联合安琪爱心基金会发动群众捐款捐物。先后为自治区疾控中心、自治区第四人民医院等 10 多家医疗机构，以及区县各级政府及一线防控人员捐赠口罩、测温枪、防护服等款物。发起爱心餐项目，为一线防控人员免费提供了两万余份爱心午餐；为 17 个防控站点 800 多一线人员捐赠了价值 20 余万元的防疫中药；发起关爱医护人员家属的《致敬最美守望者》公益活动，将总价值 23 万余元的慰问金和慰问品送到首批 137 位宁夏援鄂医疗队员家属手中。3 个多月时间里，开展抗疫助力活动 50 余场次，捐赠抗疫款物等近 600 万元。

2. 用融合的模式助推音乐广播转型升级

融合已经成为当前广播发展的重要推手，今年频率从细节着手，完善网站、微信、微博、抖音公众平台的建设，并强化节目在微信下拉菜单、互联网蜻蜓、喜马拉雅等平台的推送，拓宽 1047 内容的传播渠道。同时发挥线下活动火热的优势，实现活动与微信、抖音平台的广泛互动，增加圈粉。在平台建设的同时，频率不断强化阵地意识和意识形态的管理，对推送的文字、图片、声音、视频等严格四级审核，确保安全。我们先后策划推出"心中的歌唱给共和国"系列微视频、开展寻找"宁夏最美地名故事"评选及音视频故事展播等新媒体特色明显的融合＋内容活动。运用网络新媒体渠道积极创作和推介高质量的文化产品，引导听众形成积极健康向上向善的价值观。

在平台建设上，宁夏音乐广播坚持开门办广播的理念，打破壁垒，与社会各界广泛融合。与宁夏广大本土音乐人、音乐院校、演艺团体、演出场馆、各类文化公司等建立战略伙伴关系，签订互惠协议，互联互通，在不增加人员、不增加经费的情况下，联合开展了数百场社会活动，充实了节目内容，扩大了社会影响，增加了广告创收，实现了融合模式下的众赢。

3. 用音乐的力量提振战疫信心

自新型冠状病毒感染的肺炎疫情发生以来，宁夏音乐广播第一时间将全天节目调整为抗疫特别节目，全面报道抗疫实况；开辟《连线襄阳》专栏，直击湖北一线；派出多路记者对自治区新冠肺炎 13 场发布会进行全媒体报道；开通心理支持热线和网络服务；联合 60 余家电台发起《声暖人心，我们在一起》全国抗击疫情公益歌曲大型征集展播活动，全国累计新媒体触达 846 万人，收听触达 798.9 万人，征集歌曲数量超过 600 首；联合 40 余家电台推出《诗歌诵英雄》《长江，这是我们的呼唤！》

《声音的力量——抗击疫情诗歌朗读会》等全媒体展播活动，新媒体触达近千万人；发起《抗击疫情，悦动未来》客厅运动倡议；制作公益 MV《共筑爱的港湾》，全媒体平台播出，关注量数 10 万人次；制作各类抗疫公益广告、微视频 30 余条；微信公众号推出疫情防控信息 256 条，阅读量 100 万人次。

当今，全球经济下行，新媒体冲击蚕食等日益加剧，广播已经到了攸关生死存亡的紧要关头，我们更要加快脚步谋发展。通过盘活资源、打通渠道、扩大影响、增加创收、推动创新 + 融合的高质量发展；通过推动品牌节目、优秀主持人的 IP 化打造与延展，与直播、抖音、短视频、头条等新媒体相结合，带动广播产业新的增长点；推动广播机制创新。建立与节目生产、市场运营的媒体融合更加匹配的体制机制，加速推动广播各频率由传统媒体思维向互联网思维、由以媒体为中心向以用户为中心、由单向传播向多向互动传播、由单一广告经营向多元产业发展。必须做好线上节目向线上节目线下活动结合，实现传统事业管理向现代企业制度的"六大转变"，这是宁夏音乐广播高质量发展的必路之路，我们必须在前进的道路上披荆斩棘，一路创新行稳致远。

（作者系宁夏广播电视台音乐广播总监）

早期音乐广播体系化建设的探索与实践

——纪念中国人民广播事业暨中央人民广播电台80周年

黄一樑

音乐广播是党领导下人民广播事业重要的组成部分。早在 1941 年夏天，毛泽东同志赠送给延安新华广播电台 20 多张唱片，供广播使用。[①]这说明当时党中央领导在人民广播电台创建之初已经意识到广播节目不仅仅只播放新闻和战报，还应当发挥广播的娱教功能，为解放区人民提供必要的文娱节目，丰富百姓的文化生活。此后，在相当长的一个时期，广播形成了以新闻为主体，专题和文艺为两翼的节目架构。

音乐是老百姓喜闻乐见的艺术表现形式，拥有广泛的群众基础，有着其它艺术形式不可比拟的优势。音乐广播在广播舆论宣传中占有重要位置。战争年代，新华广播电台的音乐节目配合党中央新闻宣传，用战斗的歌声鼓舞士气、打击敌人；和平年代，音乐广播以播放朝气蓬勃、催人奋进的音乐作品，为人民群众投身于社会主义建设注入强劲的动力；改革开放以后，音乐广播呈现多元化的节目形式：传承民族文化、介绍世界经典、推动音乐创作、宣介乐坛人物，为满足人民对美好生活的向往提供有益精神产品做出了巨大贡献。可以说音乐广播伴随人民广播事业从无到有、从弱到强，从当初一头驴就可以拉走所有电台设备，到现在全国已建立包括中央和省、自治区、直辖市等在内共 226 家音乐广播电台，[②]形成传统广播与新媒体融合发展的矩阵式传播形态。

光阴荏苒，时光飞逝，今年是中国人民广播事业暨中央人民广播电台 80 周年纪念，追根溯源、不忘根本，挖掘整理广播史料以此启迪后人是当代广播人的应尽职责。广播史料浩如烟海、卷帙浩繁，本文以中国人民广播事业发源及中央人民广播电台早期音乐广播创建为主线，截取音乐广播史中重要的历史节点，本着取其精要、有所侧重、宏观审视、微观着手的思路，希冀从一个侧面展现广播历史砥砺奋进、波澜壮阔的壮丽画卷。

一、延安文艺思想对早期音乐广播的深刻影响力

音乐广播是党新闻事业和文艺事业的结合体，具有意识形态和文娱教化的双重属性：一是要坚持党性原则，坚持正确的政治方向，服从党对新闻舆论工作的绝对领导，配合新闻广播中的政治宣传任务；二是要处理好新闻的政治性与文艺娱乐性

的主次关系,按照艺术的运行规律,鼓励创作、制作精品,努力为大众提供健康向上、雅俗共赏的音乐节目。

文艺与时代同行,是时代精神的客观现实反映。文艺不是孤立存在,作为党的思想舆论阵地和文艺事业的重要组成部分,音乐广播必定紧扣时代主题,与时代转折中出现的社会思潮紧密相连。1942 年 5 月,毛泽东同志针对当时延安的文艺创作暴露出的矛盾和问题发表了《在延安文艺座谈会上的讲话》。"讲话"揭示了文艺与人民、文艺与生活、文艺与时代、内容与形式、继承与创新、歌颂与暴露、普及与提高、世界观与文艺等一系列重大问题。指明文艺为什么人的问题是一个根本的问题、原则的问题,从而奠定了革命文艺发展的理论基础,确定了党的文艺工作的基本方针,指导和推动了党领导的文艺事业蓬勃发展。

"讲话"所阐释的思想内涵是音乐广播的思想基础和根本遵循。体现在以下几个方面:

1. 音乐广播是对敌斗争的有力武器。中国人民广播事业是在战争的艰苦岁月里创建的,在文武两条战线的斗争中,担当"文化军队"的角色。作为整个革命机器的一个组成部分,广播音乐节目配合新闻宣传,发挥其团结人民、教育人民、打击敌人、消灭敌人的宣教作用。当时电台根据战事要求播放一些能够激发前线战士斗志的歌曲或请文工团演员到电台演唱红色文艺节目。

2. 宣扬延安文艺和解放区文化。在"讲话"精神指引下,根据地作家创作出大量以民间文艺为基础、各种不同艺术形式、反映现实生活题材的文艺作品。音乐作品如歌剧《农村曲》《军民进行曲》等,展现了"讲话"给延安的崭新精神面貌,为延安文艺园地带来了百花争妍的新局面。新华广播电台在宣传时事的过程中穿插丰富多彩的文艺节目,如:革命歌曲、新歌剧、民族民间音乐等。其中由延安"鲁艺"学员在话筒前现唱,以表现新生活的秧歌剧《兄妹开荒》和根据流传在晋察冀边区一带"白毛仙姑"的民间故事传说改编的歌剧《白毛女》广受解放区群众的欢迎。延安新华广播电台最早的播音员之一肖岩回忆:"口语广播主要内容有战报、各根据地的政治消息和传达党中央指示的党报社论。广播中间插播一些文艺节目,什么《黄河大合唱》《渔光曲》等我都播唱过"。[③]1947 年,新华广播电台编播人员联合新华社,为纪念冼星海逝世两周年直播《黄河大合唱》,整场音乐会由播音员齐越担任朗诵,孟启予担任《黄河怨》独唱。这是新华广播电台首次进行大型文艺直播。这一次演出是非常激动人心的,以至于若干年后,参加者还回忆得起那次演出的许多细节。[④]

3. 进一步阐释文艺的功能和作用。"讲话"明确了"文艺工作的对象是工农兵及其干部",也就是说工农兵及其干部对文艺的要求就是文艺工作者创作的方向。"讲话"发表不久,解放区的文艺工作者即开始按照"讲话"所指出的文艺方向深入生活向民间艺术学习,开启了中国现代革命文艺史上一次向民间艺术学习的热潮。

不久，在延安地区形成了一场学习秧歌，并用秧歌的形式进行新的艺术创造的热潮，掀起了一场轰轰烈烈的"新秧歌运动"。1956 年，"第一次全国音乐广播工作会议"再次提出了"音乐为工农兵服务"，并在此基础上的"中西并存的音乐形式"，以及"发扬民族传统的音乐广播方针，和当前对人民进行社会主义、爱国主义思想教育，满足人民音乐欣赏的要求，提高人民的音乐水平的首要任务"。⑤

延安文艺思想对当代音乐创作影响深远。上世纪 50 年代，音乐领域形成了由来自延安和东北鲁艺的艺术家组成的创作群体如刘炽、马可、李焕之等，他们创作的群众歌曲、民族器乐曲、民族歌剧立意清新、时代感强，无论在创作主旨、创作格调以及在民族调式的运用上与延安解放区文化一脉相承。音乐广播与音乐创作是相互依存的关系，优秀的音乐作品通过广播的广泛传播在社会上产生巨大的影响力，与此同时，这些作品所释放出的主基调，潜移默化地影响着音乐创作的方向。可以说，音乐广播作为音乐作品的重要载体和传播平台，对当时音乐创作起到重要的引领和风向标作用。

二、早期音乐广播节目源的原创音乐生产及其平台的配套建设

音乐广播是一个宽泛的概念。狭义上讲，广播频率以播放音乐为主要内容的音乐节目称之为音乐广播；广义上讲，不仅限于音乐广播节目，为音乐广播节目所做出的前期原创音乐生产和音乐资料收集、录制，包括音乐创作、演奏表演、录音制作的生产流程，以及服务于音乐广播的派生机构，如表演艺术团体、出版发行单位、音像资料等，共同构成了为音乐广播服务、从原创到录制和传播的生产流程体系。

新中国成立初期，党领导下的人民广播事业处于萌芽之中，尚未建立完整的如今天意义上的广播传播体系。广播文艺类节目界别模糊、人员不足、演播形式单调、设备简陋是那个特殊时期的基本特征，而节目源缺乏，无内容可播成为音乐广播面临的最大问题。当时音乐节目来源有两个方面：一是被接管过来的国民党电台遗留下来的国乐老唱片；二是苏联莫斯科广播电台寄赠的古典音乐和苏联革命歌曲。⑥节目源素材无论数量和质量远远不能满足日常音乐节目的播出需求。

音乐作品是音乐广播节目的内容支撑，按照时代的发展要求，音乐广播必须建立起一套内容符合时代需要、技术设施齐全的传播体系，而体系的中心环节就是要积累一大批反映时代特色、广大群众喜闻乐见、能够激发人民群众建设社会主义热情的音乐作品。为了解决节目源这一供求矛盾，集中采集和组录一批音乐作品是音乐广播当时最为迫切的需求。中央台在解决节目源供需的总体思路是：录制民族音乐和新时代作品为主要内容，自主"外采"与借助社会力量"组录"相结合的录制方式。1951 年，中央台文艺部先后派出 3 个采录组奔赴祖国各地，录制了 20 多个音乐、戏曲品种共 92 小时节目素材；⑦1952 年，中央台文艺部抓住全军文艺汇演机会，录制了《歌唱二郎山》《桂花开放幸福来》等一批在军队涌现出的优秀作品。⑧

音乐广播节目的特点是无时效性、重复使用。根据这一特点，中央台举全台之力围绕原创音乐生产流程中"原创"和"演播"这两个环节，借助社会力量采取"开门办广播"的方式，进行了高投入、规模化的原创音乐生产平台建设，为早期的音乐广播节目源生产和积累投入了大量人力物力。

1951年，由中央台出资购置的中央音乐学院音工团新址在北京西四王府仓53号落成，[⑨]音工团一项重要任务就是为广播电台创作和录制音乐作品。同一期间，还有来自北京各机关、工厂和院校组成的"北京业余广播合唱团""学生广播合唱团"，负责在广播的音乐节目中教唱并录制艺术歌曲。[⑩]这是解放初期中央台作为意识形态部门在党中央的亲切关怀下，动员社会力量、调配文艺院团资源、服务广播宣传的一项重要举措。此后，为了保证音乐广播能够在常态化的状态下有高质量的音源供应和可持续的节目保障，中央台按照专业文艺院团的规格和标准先后组建了台内设艺术表演团体——中央少年广播合唱团[⑪]和中国广播艺术团。[⑫]

1958年，广播大楼建设完成，其中有两个演播厅供音乐广播原创音乐生产、录制使用，使原创音乐在高质量、标准化生产方面有了重大突破和改变。时任中国广播合唱团演员蔡国屏回忆："在原广播大楼进入到建设阶段，中国广播合唱团担负对录音间和播音室的测试任务。测试结果证明，原广播大楼录音间和播音室的音响效果之优秀，可以说无与伦比"。[⑬]

原创音乐生产录制的规模化建设意义重大，是中央台体系化建设的重要组成部分。一方面解决了音乐广播音源不足之困，填补了音乐广播节目的时长空缺，另一方面完成了音乐广播节目素材的"原始积累"，为中央台乃至全国的音乐广播和音像出版提供了规模巨大的素材库。由于录制的原创作品具有特殊年代的时代特性和不可复制性，具有历史保存、现实使用和版权开发的多重价值。至上世纪90年代，中央台文艺录制资料系统共积累10000多盘录音带、46000多个节目、激光唱片4600多张，[⑭]这些拥有中央台自主著作权的音乐作品在以后的版权管理和商业开发等方面发挥了重要作用。上世纪70年代以后，中国广播艺术团、中国唱片社相继退出中央台编制序列，而中央台文艺部采录组的取消，标志着为音乐广播原创音乐生产服务的业务告一段落。自此，为音乐广播的节目源提供原创音乐生产的专职艺术表演团体、组录单位和部门完成了历史使命。

三、早期音乐广播内容建设和业务规范

新中国建立以后，安定的和平环境为广播的发展创造了必要条件，广播电台各项事业进入平稳的发展机遇期，随着人们对音乐这一艺术门类的欣赏需求不断增强，音乐广播在社会所发挥出的影响力、号召力和感召力也在不断扩大，这就促使音乐广播尽快地探索和建立一套符合音乐广播自身发展规律、从内容到形式的运行机制和传播体系。

50 年代初，胡乔木同志曾经提出："广播要学会走自己的路"。意思是广播不能完全依靠报纸和通讯社，要根据广播特点，自力更生办广播。这为开展广播宣传指出了努力方向，具有重要意义。

1954 年，全国广播系统掀起了一个"学习苏联的先进经验"的热潮，这是因为苏联广播是当时世界上规模最大、拥有最先进的广播设备、具有广泛群众基础的社会主义性质的广播。[15] 同年，中国广播工作者访苏代表团专程到莫斯科学习苏联广播经验，随团的中央台文艺部成员在这次学习中比较全面、系统地了解了苏联音乐广播的现状。回国以后，中央台文艺部借鉴其有利于提高节目编播和制作质量的一些工作方法和制度，结合当时国内音乐广播现状，制订了音乐广播方针和任务。[16]

1. "以现代题材、古典音乐和民间音乐的优秀曲目丰富人民的精神生活、培养人民的爱国主义、国际主义和勇敢勤劳的高尚品质，成为社会主义建设和社会主义改造的自觉的和积极的参加者。"受当时广播为政治任务服务的需要，把传统认知的音乐娱乐表达方式上升为音乐能够起到对人的塑造作用这一高度，强调了音乐广播的教化功能。

2. "按照音乐广播的特殊性来完成为社会政治服务的使命。所有现代音乐、民族民间音乐、世界古典音乐、苏联及东欧各人民民主国家、资本主义国家的进步音乐，都应该在音乐广播中占有一定的地位和比例。"这是建国以来，第一次把外国音乐纳入到音乐广播的传播范围，是针对当时的国际形势，要求把音乐广播作为增进与世界各国人民的友谊，加强同世界各国的文化交流的一座桥梁。此后，音乐广播按照"中外古今，兼收并蓄"的原则，将传统音乐、现代音乐、配合政治任务音乐在音乐广播中各占三分之一，即音乐广播史称之为"三三制"原则。[17]

3. "重视研究音乐广播的特点，创造新颖的音乐广播形式。提高音乐广播编辑的业务水平，让新的广播形式对听众产生巨大吸引力和宣传作用。"创造新颖的音乐广播形式和提高音乐广播编辑业务水平是学习苏联广播先进经验的最大收获。这一时期，中央台音乐广播为了提高听众的音乐欣赏水平、帮助听众解疑释惑、让听众掌握艺术技艺，划分了欣赏性、知识性、教育性、服务性 4 大音乐类型，设置了《每周一歌》《口琴教学》《乐曲解说和作品介绍》等多个栏目。原中央台中国音乐组组长王丹在《我的音乐广播生涯》一文中回忆："通过学习苏联广播经验并结合实际，尝试运用新的编辑手法，做了歌剧、舞剧剪辑和解说。既保持全剧的完整性，又增强了广播特点，较以往播出选场、选段、选曲或全剧有了新的突破"。[18]

三、结语

从人民广播事业创建到中央台初具规模是音乐广播的重要阶段，这一段时期，音乐广播完成了思想体系、硬件建设和内容建设等重要工作，为音乐广播今后的发展打下了坚实的基础。当前中央广播电视总台正在打造新型主流媒体，融入总台后，音乐广播如何发挥资源优势，为受众提供优质的音乐作品；如何以技术为先导，让音视频的音乐节目产品多渠道、立体化传播，成为新时代音乐广播面临重大课题。技术变革推动内容创新，音乐广播节目的方针、任务随时代发展也在不断完善，但无论怎样变化，新时代音乐广播是党的思想舆论宣传主阵地的政治属性不会改变；音乐广播为人民服务、为社会主义服务的方向不会改变；弘扬民族文化、传播世界经典的任务和定位不会改变。当前，从事音乐广播的媒体人应当以"习近平在文艺工作座谈会上的讲话"精神为指导，顺应时代音乐文化潮流，高扬时代精神主旋律，满足听众多样化需求，用音乐特有的表达方式讲好中国故事，传播好中国声音，为实现"两个一百年奋斗目标"和实现中华民族伟大复兴的中国梦营造和谐安宁的舆论环境。

注释：

①④⑤⑦⑧⑩⑯⑱中央人民广播电台台史编写组：《文艺性广播》，《中央人民广播电台台史资料汇编（1949～1984）》。

②《电台之家》，http://www.radio366.com/fenlei.asp?fenlei=yinyue.

③肖岩：《回顾人民广播的战斗历程　发扬延安时代的革命精神——纪念人民广播创建四十周年座谈会发言摘登》，《现代传播》1981年第1期。

⑥⑰王丹：《我的音乐广播生涯》《亲历与记忆》，孙雷军主编，中国广播电视出版社2011年版。

⑨宋学军：《短暂而辉煌的一部团史－记中央音乐学院音工团》，《中央音乐学院学报》2010年第4期。

⑪孟大鹏：《中央少年广播合唱团》《亲历与记忆》，孙雷军主编，中国广播电视出版社2011年版。

⑫康普：《做听众的益友－中央人民广播电台音乐广播简况》，《中国音乐》1981年第1期。

⑬蔡国屏：《广播情未了》《亲历与记忆》，孙雷军主编，中国广播电视出版社2011年版。

⑭⑰杨波主编《文艺类节目》，《中央人民广播电台简史》，中国广播电视出版社2010年版。

⑮左荧：《苏联广播是我们学习的榜样》，《新闻业务》1957年第11期。

（作者单位：中央广播电视总台创新发展研究中心）

新中国人民广播语言规范发展80年

袁 伟 文 俊

引言

广播语言规范是指在广播这一媒介的各个环节所涉及的语言层面的规范，它包括语音、词汇、文本等方面内容。根据国家广播电视总局发布的《2019年全国广播电视行业统计公报》显示，截至2019年底，全国广播节目综合人口覆盖率99.13%。2019年全国广播节目制作时间801.87万小时，与2018年基本持平；播出时间1553.40万小时，同比增长1.75%。[①]可见广播已成为人们日常生活不可缺失的重要媒介，而广播语言规范作为广播媒介高质传播的内容保障，是广播事业建设的重要组成部分。

自1940年12月延安新华广播电台的建立，拉开了新中国人民广播电台的序幕。广播语言规范的建设从此展开，至今已有80年历史。在这80年间，广播语言规范经历了巨大发展，吐字发音更为科学，播音语态更为丰富，播音文本形式更加多样，因此，可以认为，广播语言规范的基础体系已较为完善。

从80年的发展历程上看，本文将新中国人民广播语言规范发展分为了5个阶段，即萌芽阶段（1940～1949年）、奠基阶段（1949～1966年）、曲折阶段（1966～1976年）、恢复阶段（1976～1989年）、发展阶段（1990～1999年）和成型阶段（2000年至今）。下面将对每一阶段的广播语言规范特征进行阐述，并对未来的规范建设及标准制定提出建设性思考。

一、广播语言规范建设的萌芽期（1940～1949年）

1940年到1949年，是我国广播语言规范发展的萌芽期。广播语言规范的萌芽离不开毛泽东等中共中央领导同志对播音工作的指导，以及新华社等部门制定的相应制度。在广播文稿方面，大量由毛泽东等中共中央领导撰写的新闻稿件，经过不断修改、审批最终得以播出，这一过程为广播语言的文本规范打下了基础。此外广播播音员在实践中得出的经验总结也促使了广播语言规范萌芽，这些都是广播语言规范建设萌芽期的重要标志。因此，其萌芽期具体表现是：在规范要素逐步生成的基础上，规范系统的框架也逐步显现。其规范要素逐步组合，构成了规范系统的初步架构。②

在萌芽时期，广播语言规范的发展离不开党的领导。中共中央在这一时期通过多项文件的发布，对广播语言的语音、语法、文本等内容进行规范，为萌芽期的广播语言规范发展打下基础。1941年5月，延安整风运动的开展为广播语言规范建设提供了积极条件。《关于电台广播工作的指示》提出"广播均应采取短小的电讯形式，每节平常以三百至五百字为适当，至多不超过一千字"；同年6月20日，《关于党的宣传鼓动工作提纲》中，提出了对新闻播音规范语言本身的要求，即简洁、明了、清楚、透彻；采用通俗化、群众所熟悉的语言形式，又指出了对新闻播音语言规范系统要素交流的要求，要富有情感，富于煽动性、鼓动性，生动感人等。③之后在《对晋绥日报编辑人员的谈话》和《对华北记者团的谈话》这两篇文稿中，对新闻播音语言规范提出了有效的指导意见，要求在语言上应该注意普通话语音、词汇、语法的准确与精练；对新闻内容的把握上，应该要真实、全面。在语言本体层面，在普通话语音、词汇、语法方面，应该准确、规范、精练；在语言传播层面，应该鲜明、生动、精彩；在新闻广播层面，应该真实、全面、精当。④

1946年6月，新华社改组成立了新华社语言广播部。该部门对广播语言规范提出了更加细致的要求，涉及了广播文本、口语表达和语音等内容。在《新华总社语言广播部暂行工作细则》《XNCR陕北阶段工作的简单总结》以及《对目前改进语言广播的几点意见》等多项文件中，要求播送内容要丰富，文本格式要规范，广播语言要口语化，对广播语言规范的各方面进行了要求，为广播语言规范的发展提供源头。1948年，新华社发布了《新华总社关于在使用统计数字时要学习列宁的精细作风的指示》，以及口语广播部制定的《播音手续》《编播发稿工作细则》《口播清样送审办法》等播音工作规则，进一步强调了在新闻报道中用词用语的准确性，以及播音的具体要求，即"咬字清楚，口齿伶俐""音色清晰"等。⑤

同时，广播播音员也在实践中总结经验，为后来的广播语言规范建设及播音员的培养提供了参考，他们在实践中不断提升业务能力，对语音、用词等严格要求。例如李慕琳的《关于延安口语广播电台的情况》，齐越的《毛主席指示：不要播错一个字》，温济泽的《毛主席为陕北新华广播电台写的广播稿》等回忆录和工作日记中，都表明字音准确、用词规范是当时的基本要求。1948年，陕北台播音组发布了《陕北台播音组关于训练和培养播音员的意见》以及之后发布的《北平新华广播电台训练播音员的方法》，其中对于播音员的政治背景、语音面貌、文化水平等提出了要求。

二、广播语言规范建设的奠基期（1949～1966年）

1949年新中国成立，中国共产党领导的人民广播事业由此进入新的历史阶段。在这一时期，广播语言规范在继承萌芽期的优秀经验基础上，还出现了一批专家学者对广播语言规范进行深入讨论。百花齐放、百家争鸣成为了这个时期广播语言规范建设的主题。

在国家层面上，这一时期国家加强对普通话的普及，对广播语言规范的要求集中在语音和用词的规范。1952 年 12 月第一次全国广播工作会议讨论了播音工作的性质、任务、作用、重要性，以及对播音员的要求和应学习的内容，对之后的广播语言规范建设起到了指导和促进作用。随后又陆续举办了几届全国广播工作会议，特别是在第四届会议中，对于广播文体规范和播音员的播音语言规范都进行了要求，稳固了人民广播语言规范的根基，对广播语言规范发展与优化起到了积极作用。1956 年 2 月 20 日发布的《国务院关于推广普通话的指示》和 1956 年文化部发布的《关于贯彻国务院推广普通话的指示的通知》两个文件中，再次强调了普通话在广播语言规范中的地位，要求播音员必须进行普通话培训，并且在语言规范上要做到字音准确；语法修辞恰当；广播语言要保证规范化。1959 年西藏人民广播电台开始播音，标志着我国省、自治区、直辖市都有了广播电台，为我国广播语言规范建设提供了有利环境。

在这一时期，相关的学者积极探讨，提出许多有益的建议。他们对广播文本语言进行研究，提出句式要适宜听者习惯；文本内容要合乎听者感受。同时，在奠基阶段除了继承萌芽阶段的语言规范外，还对于一些不好的元素进行调整。这些观点为当时的广播语言规范建设注入了新的内容，调节了广播语言规范与社会发展之间的关系。

基于当时的社会环境和对于广播的定位转变，口语化的广播语言成为主流。这一时期我国在播音领域大量借鉴苏联的经验，然而当时新中国刚刚成立，全国上下都投入在废墟上建设社会主义国家的热情中，在这样的社会环境下，广播语态无法做到苏联式的"口语化"和"接近化"。但在之后的广播语言规范发展中，这样的语态成为了现实，并受到大众的喜爱。

三、广播语言规范建设的曲折期（1966 ～ 1976 年）

1966 年"文化大革命"的开展，极端的唯政治思想给广播语言规范的建设带来极大破坏。这一时期，由于受到当时政治环境影响，新闻播音是高、平、空地整日大喊大叫，播音员没能按照新闻播音语言表达的规律去做，没有也没办法全面认真地坚持新闻播音语言规范，使新闻播音语言规范由演进跌入低谷。[6]萌芽阶段和奠基阶段的一些优秀成果在这一阶段几乎被全盘否决，人民广播语言规范的发展陷入了停滞期。

1966 年 5 月，中共中央政治局通过了《中国共产党中央委员会通知》，拉开了"文化大革命"的序幕。基于当时阶级斗争与意识形态需求，播音稿件大都以各式文件为主。其文本创作丧失了原有的客观、真实，取而代之的是大报抄小报的千篇一律，即各级广播电台只能摘播受到严密控制的《人民日报》《解放军报》和《红旗》杂志这 3 本报刊的内容。这样的环境完全限制了文本创作的自由。在极端控制下，文本创作呈固定化、八股式形态，之前的优秀成果在这一阶段被全盘否定，文本规范的发展呈倒退趋势。

在这一时期，之前总结的优秀播音理论和积累的播音经验被否定，理论学习、业务培训、语言训练被迫停止中断，选拔播音员的科学方法和培训方法也被否定。更为严重的是，以中央人民广播电台为代表的爱憎分明、刚柔并济、严谨生动、亲切朴实的播音风格遭到严重扭曲。

在"文革"前期，播音员的播音活动受到了极为严格的限制。"高、平、空"成为了当时播音语态的主调。当时播音主要以实声，追求高调、响亮的音色，挤、紧、实、硬，状态比较亢奋。在这样的环境下，广播及其播音强调自上而下的引领作用，语气的绝对和定位的自上而下使当时的语态形成了"假、平、空"这一语言样态。

在"文革"后期，环境上的变化让语态有所改善，但仍然没有继承之前时期的优秀成果。主要可以概括为"冷、僵、远" 3 个字。冷，就是冷漠，稿件内容脱离实际，播音员言不由衷；僵，就是僵硬，见字出声，呆板生硬，千篇一律；远，就是疏远，以教育者自居，和听众有距离，不能息息相通。⑦

这样的语态违背了人民广播创立以来播音界长期的优良传统，是对广播语言规范长期发展的逆转，不符合事物发展规律，因此当时的广播并没有达到其应有的传播效果，反而使人们听到广播后产生一种岌岌可危的心理感受。

四、广播语言规范建设的恢复期（1976 ~ 1989 年）

在恢复期，广播语言规范的发展主题是解决"文革"时期的遗留问题，因此在恢复阶段广播语言规范的发展是对奠基期的再一次巩固和加强。1978 年改革开放，国家发展走上了强国之路，在这样的时代背景下"大胆创新，百花齐放"的播音语态成为这一时期的主题。

在国家层面上，与之前阶段相比，主要是针对一些特定名词进行规范，进一步细化了广播语言中对于语言和语音的规范要求。1982 年 8 月 17 日国家标准局、中国文改会就统一标准代号读音问题致函广播电视部。这一函件对标准代号的拼音读音问题进行了规范，次年 1 月 1 日中国国际电台对外广播的英语节目呼号中的"北京"改用汉语拼音，即由原来的 RADIO PEKING 改为 RADIO BEIJING。该台广播的法语、印地语、乌尔都语、僧迦罗语、豪萨语、斯瓦希里语等节目也同时作相应改动。强调了在拼音的缩写读音上和标注上的准确运用。⑧1987 年 4 月 1 日国家语委、广播电影电视部印发《颁发〈关于广播、电影、电视正确使用语言文字的若干规定〉的通知》，该通知再度确立了普通话在广播中的语言地位，禁止广播电台滥用方言及错误读音。同年 12 月，中国地名委员会、城乡建设环境保护部、国家语委印发《关于地名标志不得采用"威妥玛式"等旧拼法和外文的通知》，这一通知对地名的播读进行了要求。可见这一时期对于广播语言规范的要求更为细致，也更为精确。

同时，在经历了曲折期后，广播语言规范重新迎来了生机，改正在曲折阶段形成的错误规范成为这一阶段的主题。其中恢复期的播音语态规范变化最为突出。即恢复期对广播语言进行"降调"。"降调"不仅是语言形态上的"降调"，更是创作观念逐渐变化的直接反映。播音创作摆脱政治专政工具的局限，把视野投向了整个社会生活，对"人"自身的关注逐渐在创作中凸显出来。1981 年召开的全国播音经验交流会提出了"大胆创新，百花齐放"的口号，一些专家学者响应号召对当时的广播语言规范进行了研究与探讨，丰富了广播语言规范的内容。他们从不同角度进行分析，提出语言表达应该依据对象的不同进行调整，并将当时的语言特点概括为通俗口语、准确生动、声音响亮、句式简短和词语结构多这 5 个特点。

在广播语言规范中进行降调，不仅宣示着"文革"的结束，更是国家改革开放这一政策在广播事业上的真实体现。基于这样的社会环境和政策方针，广播语言规范的建设再次回归正轨，进入到发展期。

五、广播语言规范建设的发展期（1990 ~ 1999 年）

经历了前 4 个阶段后，广播语言规范建设正式进入了发展期。国家语言文字工作委员会、国家教育委员会、广播电影电视部等部分相继出台相关文件，对广播语言规范的标准提出相关评价方法；相关的委员会也颁布相关文件，以规范广播语言；同时中央人民广播电台等部门还通过举办赛事等方式来进行选拔，不断优化广播语言规范体系；在实践中，还总结出了相关规律，进一步完善了广播语言规范体系。

在发展期，广播语言规范体系已初步成型，除了进一步细化语音、用词规范外，国家对于广播语言规范建设的重点转到了对于从业人员的培养和规范要求方面。1990 年 3 月 22 日，国家语委、新闻出版署印发《关于修订发布〈标点符号用法〉的联合通知》以及 1996 年 6 月 18 日民政部发布的《地名管理条例实施细则》，对广播语言规范的文本内容起到促进作用，进一步对广播文本的字、词和标点符号等内容进行规范。1994 年 7 月 1 日中央机构编制委员会办公室印发《关于调整国家语委部所属事业单位机构编制的回复》批复同意成立国家语委普通话培训测试中心。1994 年 10 月 30 日，国家语委、广播电视部发布《关于开展普通话水平测试工作的决定》，随后于 1997 年 3 月 24 日印发了《关于建立广播电影电视系统普通话水平测试工作领导小组和测试站的通知》，这些举措进一步规范了广播语言的语音规范，有利于从源头解决从业人员基本功薄弱、语言表达能力欠缺等问题。1996 年 9 月，全国广播影视语言工作会议在北京召开，广播电影电视部向会议印发了《关于播音员、主持人上岗的暂行规定（征求意见稿）》，并于 1997 年 12 月 30 日发布了《关于进一步做好播音员主持人持证上岗工作的几点意见》，这一举措进一步规范了广播从业人员特别是播音员主持人的各项规范，为广播语言规范建设提供了人员保障。

在发展阶段，相应的协会和组织也采取了相应措施，以推动广播语言规范的进一步发展。1991年1月19日，中华全国新闻工作者协会第四次理事会第一次全体会议通过了《中国新闻工作者职业道德准则》，同年4月，中央宣传部向全国各地新闻单位发出通知，要求认真贯彻落实。1990年1月18日中央人民广播电台为纪念人民广播事业开创50周年举办的首届全国普通话广播大赛在中央电视台进行决赛。这次大赛进一步对普通话的语音规范进行了巩固与强调，一定程度强调了播音员主持人的发音规范。1993年，中国广播电视学会主持人研究委员会举办全国广播电视"百优双十佳"节目主持人金话筒奖评选活动。金话筒奖的设立，进一步明确了播音与主持艺术专业的行业要求和行业规范，树立了行业标杆和典范，使全国的播音员主持人有了更加明确的创作方向，起到了业界引领作用。这些举措都有利于推动新闻工作者的各项素质建设，为广播语言规范建设进一步发展提供有力保障。

六、广播语言规范建立的成型期（2000年至今）

2000年10月31日第九届全国人大常委会第十八次会议审议通过《中华人民共和国国家通用语言文字法》（简称《国家通用语言文字法》）。明确了普通话和规范汉字作为国家通用语言文字的法律地位，同时也对广播从业人员的普通话水平做出了要求，这标志着广播语言规范有了法律层面的支撑。而成型期的标志转折点是2003年，这一年广电总局提出了实现广播频率专业化的发展目标。此时中央人民广播电台已经开办16套广播频率。全国各级广播电台也都设立起了不同的专业频率，中国的广播事业迎来了蓬勃发展的鼎盛时期，人民广播的语言规范体系建设也逐渐成形。

播音语态是听众最能直观感受到的听觉要素，语态的规范发展从萌芽期的语调高扬、奠基期的激情高昂、曲折期的"假、平、空""冷、僵、远"、恢复期的降调、发展期的生活化，可见每一次语态的变化都与时代环境密切相关。而在成型期，人们的物质生活和社会生产都有了极大提高，因此在语态上80年代是以"播"为主，90年代"播""说"结合，到了00年代又多了"聊"和"侃"的感觉。"聊"的内容更丰富、更灵活，"侃"的方式更自然、更真切，是新朋友见面时的热情介绍，又是老朋友重逢时的嘘寒问暖。[9]

播音语态规范的发展是一个动态过程，隶属于广播语言规范的播音语态规范在长时间的发展中也有了相应的规范体系，并在日后的发展中不断丰富与完善。它需要根据不同环境采取不同的样态以更好地适配节目需要，这有利于强化21世纪电子媒介的传播效果，更好地发挥广播这一媒介的作用。

2000年3月31日，国家广播电影电视总局发布《关于进一步加强播音员、主持人管理有关问题的通知》，对进一步规范广播电视播音主排岗位设置，加强对播音员、主持人队伍的日常管理，完善播音员、主持人持证上岗工作起到了积极作用。2001 年 12 月 31 日，国家广播电影电视总局发布了《播音员主持人持证上岗规定》，进一步规范播音员主持人的岗位管理，提高节目质量。2005 年 8 月 3 日，广电总局印发了《广播电视编辑记者、播音员主持人资格考试办法（试行）》，再次强调了从业人员的规范性。这些规定规范了播音员主持人的从业资格管理，提高了从业人员的素质，加强了广播电视队伍建设，使播音员主持人的业务水平得到了保证，也对广播语言规范的建设提供保障。

成型期的广播语言规范已经有了较为完善的规范体系框架，随着时代的发展广播这一媒介在不断延伸。广播语言规范体系也在不断汲取新的内容。相关专家学者跟进时代发展，对广播语言规范进行理论上的丰富。如姚喜双、匡素萍和姜楠等人，对新媒体时代的语言规范进行研究，提出新媒体时代下的广播语言规范发展趋势；教育部语言文字应用研究所广播电视研究中心也通过举办相关学术研讨会，对广播语言规范进行研究，探讨了新媒体语言发展规律，为新媒体时代语言规范做出了相应贡献。

七、关于人民广播语言规范发展的思考

广播作为人们获取信息的重要媒介，随着智媒体时代的到来广播媒介拥有了更宽广的传播空间。基于时代背景下传播空间的扩展和传播内容的丰富，广播语言规范作为广播媒介的重要准则，还需要不断丰富与发展。

如今广播语言规范工作，仍处于传统广播向更立体的广播体系过渡时期。尽管已有以姚喜双为代表的相关专家学者们不断对其进行深入研究，提出相应规范内容，但与整个媒介环境的变化相比较，当前的广播语言规范发展水平仍不足以匹配媒介发展现状。一些低俗甚至错误的广播用语频频出现在大众生活中，对我国广播事业发展造成了恶劣影响。这样的情况是新中国广播事业诞生之初就不被允许的，也是不应被大众所接受和认可的。作为媒介，需要履行引导大众建立正确价值观、传播正确思想的职责，而广播语言规范发展的滞后让一些投机主义者有了机会，因此亟须对广播语言规范体系做进一步完善。

总之，广播语言规范体系作为现代媒介传播的重要组成部分，对广播事业的发展起着极为重要的引导作用，相关部门、广播从业人员、专家学者应该高度关注，共同推进其对新媒介环境的适应与发展。

注释：

①国家广播电视总局：《2019 年全国广播电视行业统计公报》，http://www.nrta.gov.cn/art/2020/7/8/art_113_52026.html.

②④姚喜双：《解放区新闻播音语言规范的形成及特征》，《中国广播电视学刊》2007 年第 6 期。

③新华通讯社、中共中央文献研究室：《毛泽东新闻工作文选》，新华出版社 1983 版。

⑤唐余俊：《百年中国广播语言研究史》，《学术交流》2017 年第 12 期。

⑥姚喜双：《中国解放区新闻播音语言规范研究启示》，《语言文字应用》2007 年第 3 期。

⑦⑨喻梅：《新中国播音创作简史》，中国传媒大学出版社 2016 年版。

⑧国家语言文字工作委员会：《新中国语言文字事业 70 年纪事》，语文出版社 2019 年版。

（作者单位分别为：教育部语言文字应用研究所；江苏师范大学语言科学与艺术学院）

三等奖

全媒体时代互联网音频的内容生产与传播研究

姜　燕　余俊雯

所谓"全媒体"主要指媒介信息传播采用文字、声音、影像、动画、网页等多种媒体表现手段（多媒体），利用广播、电视、音像、网站等不同媒介形态，通过融合的广电网络、电信网络及互联网络进行传播，最终实现用户以电视、电脑、手机等多种终端均可完成信息的"三屏合一"的融合接收，实现任何人、任何时间、任何地点、以任何终端获得任何想要的信息。在这样的媒介环境下，传统广播的内容生产与传播方式发生了巨大变化。网络电台的兴起便是这种变化过程中的产物，并成为重要的信息与文化传播平台。

一、全媒体环境下网络电台内容生产的分众化音频之路

1、丰富精细的内容分类

与传统广播电台的节目相比，网络电台的内容分类更加精细和丰富，这也使得越来越多的用户选择了网络电台，成为其忠实听众。

笔者以最具代表性的喜马拉雅 FM、蜻蜓 FM、荔枝 FM、考拉 FM 和网易云音乐 5 大移动电台为例总结了当下流行的网络移动电台的各种节目内容（见表 1）。

表1：五大主流移动电台的节目分类

电台名称	喜马拉雅FM	荔枝FM	蜻蜓FM	考拉FM	网易云音乐
节目分类	热门 有声书 音乐 娱乐 相声评书 儿童 3D体验馆 资讯 脱口秀 情感生活 历史 人文 教育培训	情感 音乐 生活 资讯 娱乐	小说 音乐 头条 相声小品 脱口秀 情感 健康 军事 历史 儿童 娱乐 女性 教育	搞笑 小说 王牌脱口秀 音乐 情感 相声评书 排行榜 亲子 历史人文 财经 恐怖故事 健康	明星做主播 创作/翻唱 脱口秀 美文读物 音乐故事 情感调频 有声小说 人文历史

（续上表）

电台名称	喜马拉雅FM	荔枝FM	蜻蜓FM	考拉FM	网易云音乐
节目分类	英语 小语种 广播剧 戏曲 电台 商业财经 IT科技 健康养生 旅游 汽车 动漫游戏 电影 名校公开课 时尚生活 诗歌	二次元 广播剧 文化 脱口秀 语言 亲子	公开课 文化 评书 戏曲 财经 科技 汽车 体育 校园 游戏动漫 广播剧 影视 旅游 自媒体 品牌电台 时尚 中国之声 直播专区 电台专区	军事 名人演讲 电影 汽车 教育培训 经典典藏 广播剧 综艺娱乐 星座风水 国学 生活 科技 动漫游戏 体育 旅游 电台专区	外语世界 二次元 旅途/城市 娱乐/影视 3D/电子 校园/教育 亲子宝贝 广播剧 相声曲艺 我要做主播

由上表可见，当下网络电台广播的内容十分丰富、分类齐全，尤其是蜻蜓FM、喜马拉雅FM和考拉FM三大综合网络电台的分类最为精细。其中，考拉FM和蜻蜓FM均收录了国内外传统广播电台资源，根据电台类型划分成国家台、省市台、网络台和智能台，按照内容又细分为交通台、经济台、新闻台、音乐台、校园台、娱乐台、方言台、曲艺台、外语台、文艺台等等，进一步整合了传统广播的优质资源，保障了内容的专业性与权威感，突显了蜻蜓FM和考拉FM的强大综合实力。毋庸置疑，网络移动电台的竞争已从流量之争进入到内容之争，各家竞相打造PGC+UGC[①]生态，用内容精品化模式增加用户粘性。

2、互联网音频市场的内容切分格局

尽管这5大网络电台在分类上会有重叠，但在内容生产方式的侧重点上均有着显著差异。蜻蜓FM从一开始就致力于专业内容生产，与传统广播电台的联系最为紧密。同时特别专注于分众化传播，在财经、科技、汽车、小说等专业领域内容突出，优势明显。早在2014年末，蜻蜓FM就果断出击，合并了有声小说版权商央广之声，获得了大量优质有声小说资源，并且与中国移动、中国电信、中国联通3大运营商阅读基地深入合作，推出针对运营商用户的听书内容包营销产品，实现用户付费订阅服务。近几年，开始建立关键意见领袖音频内容，全力打造PUGC主播生态，目前已有近10万名专业主播入驻蜻蜓FM，尤其重视头部矩阵，现已包括高晓松、梁

---

① 注：PGC+UGC指内容的专业化生产和用户自主化生产。

宏达、张召忠、郎朗、许知远、蒋方舟、万峰等各行业领域内的权威人士，深化布局有声书市场，全面实现用"声产者"打通内容的传播渠道，并在 2018 年 11 月发布了"九大内容生态矩阵"，领跑音频产业品质升级。

喜马拉雅 FM 力图打造声音帝国，实现 UGC 内容与 PGC 内容并重，增强对优质版权内容的采买力和自平台主播的培养力度。2016 年喜马拉雅联席 CEO 余建军提出"新声活"概念，平台上下努力构建"随时随地，听我想听"的全新场景式美好体验，直接通过智能手机点对点地将声音传达给用户，在满足用户"充分利用时间"需求的同时逐渐拓宽了人们基于"声活"的更多场景，将声音彻底融入生活。

荔枝 FM 作为国内首个提出轻电台应用的播客平台，内容相对来说更加年轻化、个性化，坚持以 UGC 生态为主，全面实现"人人都是播客"。近年来，大量有影响力的官方电台入驻，给荔枝 FM 的优质内容带来了可喜保障，同时也进一步开拓了粉丝经济的深度和广度。当下，荔枝 FM 的功能主要体现在微信公众号上，变身为精致小巧的微信电台。不用台式计算机或笔记本，不用连接耳机或麦克风，只要用智能手机登陆微信关注"荔枝 FM 播客平台"公众号即可收听节目，选择进入"直播"通道即可与电台主播实时进行文字、图片、声音、视频、位置等多种信息交互，也可以一键分享喜欢的电台节目到朋友圈等社交关系网，轻巧便捷，不断提升手机轻电台的用户体验感。

考拉 FM 依托国内外传统优势广播电台内容营造高品味听感，同时用一系列优质自媒体内容努力发展"有见识""有意思"和"有温度"的品牌调性。股市点评名家空空道人与考拉 FM 独家合作播出的《空空道人谈股市》，将晦涩难懂的专业名词、股市趋势用评书化的语言娓娓道来，幽默通俗、生动鲜活，令万千股迷翘首以待；北京卫视新晋花旦栗坤也入驻考拉 FM，开通情感调频添抹一丝治愈系色彩；王牌日播节目《二货一箩筐》更是拥有 650 万订阅量的粉丝忠诚度。不仅如此，考拉 FM 还牵手青春校园广播，主动融入大学生群体，如收录了南昌大学广播电台、龙岩学院广播电台、鲁东大学校园广播等，以开放年轻的心态打造更有活力的内容。此外，还增加了"考拉直播间""我要直播""私密直播""直播预约提醒"等功能，提升用户随时随地随心情的互动体验。还创新性地开辟了恐怖故事、星座风水、国学等新兴专栏，全力打造内容差异化，做到有意思、有温度、有见识、有品位。

网易云音乐主打音乐与社交，在拥有绝对优势的音乐资源之上重点拓展用户社交的多元性和节目内容的多样性，让用户享受好音乐的同时还能拥有更多广播文艺节目的自主选择，一举两得。

但是，如此庞大的信息量如何快速有效地被用户接收和识别，是移动互联网时代内容运营商首要解决的问题，对此，网络电台纷纷选择了分众化传播的路径。信息的智能化传播已经促使信息传播媒介的服务对象从广义上的整体大众分化为不同需求、兴趣和利益的用户群，这也揭示了传播媒体从人际传播到大众传播，再到现在分众传播的必然发展趋势。技术的变革推动着传播方式的改变，从传统电视走向互联网，再到如今越来越被大众依赖的智能手机移动媒体，传播方式从一对多的体现集体意志的强权传播转变为现在一对一甚至多对一的尊重个体、承认差异的分众化、私人定制化传播。

豆瓣 FM 里的音乐仅按照风格流派划分就有 16 种，还创新性地根据生活场景为用户提供了户外、休息、学习等 8 种选择；蜻蜓 FM 将财经、科技、体育、旅游、军事、历史、汽车、健康、时尚等各领域分门别类，方便用户直接检索收听。这种分众传播一改过去大众传播一对多、发散式的信息传递方式，力图形成点对点的传播模式，使信息更加具有针对性和个性化。网络电台在整合传统广播内容和网络新兴内容的基础上，将内容深度垂直细分，让用户可以自主选择符合自身需求的音频节目。

网络电台广播的节目分类如此精细齐全，但总体上我们发现节目内容基本是服务年轻用户群，虽有些许适合中老年用户的节目，但在栏目分类中体现不够鲜明，节目数量占有率太低，如何打开多年龄层尤其是中老年用户的内容市场仍需不断探索。

二、全媒体环境中网络移动电台节目的风格呈现

网络电台作为互联网＋环境下的特有产物，其语言模式既具有网络语言的特征，也具有鲜明的时代特点。互联网不仅可以传播内容，还可以制造内容。各种新鲜词汇从自由且具有朝气的网络土壤里源源不断地破土而出，同时又在全媒体时代中生根发芽并广泛传播，影响深远。

1、网络移动电台节目语言风格的杂糅与创新

全媒体环境中网络电台节目的语言模式具主要表现在语言的杂糅性和创新性。有些具有网络化特质的语言甚至被主流媒体争相抢用，成为全民皆知的词汇，并逐渐成为了节目创作的流行趋势。

例如习近平总书记在 2015 年的新年贺词中说道："为了做好这些工作，我们的各级干部也是蛮拼的。当然，没有人民支持，这些工作是难以做好的，我要为我们伟大的人民点赞。"在这句贺词中，习主席接连用了两个网络热词，分别是"蛮拼的"和"点赞"，这些具有正能量的潮流词汇得到了社会普遍认同与赞赏。这种良好的影响不断发展变化，到了 2019 年，新闻联播主持人的语言风格也发生了极大变化，轻松、幽默、时尚的网络化语言也出现在了以严肃著称的电视节目中。网络词汇作为一种新的语言现象和传播符号，代表了一种新的语言态度和表达方式，具有很强的时代感和时尚性。

在当下年轻人普遍使用微博、微信作为传播媒介主体的行为模式中，相较传统的、规范式的语言表达方式，吐槽式的网络段子更容易受到他们的喜爱与追捧，用强烈的情绪语气和谐音营造出幽默机智、轻松娱乐的传播氛围。

不同于以往的传统受众，新媒体的受众主动性极高，他们更擅长接受和使用网络语言，对节目和文本有着创作式的解读能力，敢于自嘲与自黑，也更喜欢具有此类特征的文字、图片或音视频内容，认为可以调剂生活、释放压力、收获与众不同的发散性思维教育。因此，一些具备上述特征的网络广播文艺节目应运而生，它们作为互联网时代下的特有产物，具备一切适于网络传播与分享的语态特征，在大众娱乐化的解读下，迅速成为一种消费符号，满足娱乐快感。

虽然很多流行的网络热词大多缺乏所指内涵，但也正是这种所指的缺失降低了网民参与的门槛，使得它们更便于传播和分享。思想家马克斯·韦伯曾说："现代化本身就是一个不断"去魅"的过程，市民文化开始奔流，平凡的生活才是核心。"作为互联网的原住民，多数 85、90 后从小就在信息爆炸式环境中成长，有着自己独到的判断和分析能力，从不轻易盲从传统观念。他们喜欢与前辈平等交流、无惧挑战权威、热衷于自我表达、厌恶灌输、敢于质疑，能够快速接收与消化一切新鲜事物，自觉担当起潮流文化的传播者和评论者角色，因此他们更加注重节目内容本身的独特性和个性化。

2、网络电台节目的个性化内容表达

针对目标受众人群，一些具备网络文化语态特征的广播文艺节目喷涌而出，相较于传统广播文艺节目而言，它们以新鲜有趣的内容、深刻独到的观点、轻松幽默的表达和搞怪多样的形式，在广播文艺的舞台上尽情散发着独特魅力。

例如由"牵着蜗牛散步"制作的《蜗牛看西游》节目，用独特视角解读鲜为人知的西游故事，洞悉社会人生哲理；由暴走漫画出品，集新闻、综艺、文学、心理、历史、地理、政治、化学、生物于一体的全方位脱口秀节目《暴走大事件》极富娱乐精神；还有从电视综艺节目里衍生出来的《今晚 80 后脱口秀》，通过 80 后新锐相声演员王自健单口相声式的脱口秀表演，展现年轻一代对社会热点、文化事件、时尚潮流的态度和思想，幽默风趣又不失智慧与深度；以冷知识串联起各学科的知识性脱口秀节目《原来是这样》，用深入浅出的方式普及科学小常识。这些充满个性的节目在现代网络环境中孕育而生，在互联网的风口里逐渐成熟，它们善于讽刺、敢于自嘲、网感十足，扛起了网络广播文艺的一面大旗。

不可否认的是，这类节目用现代化的表达方式、轻松幽默的网络语态、大胆前卫的独到评点、巧妙毒辣的深层隐射形成了自己的独有特色，再适时抖些机灵包袱，备受年轻用户的喜爱与追捧。当然，这样的制作理念也存在着一些问题，比如对经典的解构与重构是否符合听众的审美需求、是否对原著有足够的尊重、是否符合文艺传播的规律等等，都尚需时间的检验摸索前进。同时，市场上也有不少粗俗低下的音频内容，借着所谓的个性化的外衣横冲直撞，但好在未成气候，尚还不能兴风作浪。

赫勒曾经借助歌德的诗句说："尘世之人的至高幸福，莫过于人之个性。"这实际上是一个超越工业时代的主张，因为符合这个标准的幸福，并不是社会总福利的幸福，而是个性化、多元化的快乐，是真正的自由个性。互联网的进步，使赫勒的个性化思想，从一种十足的空想，第一次变成了有强有力生产力和经济发展支持从而在精神上显得更有根基的现实。[①]如今，个性化已成为互联网的主流趋势，也在网络广播文艺节目的生产格调上愈加鲜明地体现出来，大胆创新的创作理念、多种多样的语态表达和稀奇古怪的口味偏好都为自由个性的实现创造了现实条件，但一定要坚守正确的政治原则，严把质量关，不让披着个性化外衣的粗言秽语污染用户的精神世界。

三、网络电台优质音频付费模式的开启与发展前景

一直以来，知识性节目在传统广播文艺节目类型中尽管占有量不大，但因其明确的服务型功能仍然受到听众喜爱。近年来，随着全民学习热潮的兴起，人们对知识的渴求和追捧愈加强烈，越来越多的互联网知识社群不断涌现，例如知乎、果壳、简书等等，而一些拥有优质内容的知识产品平台开始尝试付费道路。移动互联时代下，传统广播文艺中的知识性节目不再免费，付费模式的开启也促使内容生产者化压力为动力，更加用心生产优质内容。网络移动电台的内容生产随着知识付费大潮的来临也逐渐选择了付费的生产与传播模式。

1、网络音频市场抢先试水付费

2016年是知识付费社群经济的崛起之年，果壳网于16年4月推出的付费语音问答产品"分答"风行一时。用户可在"分答"上介绍或描述自己擅长的领域，设置付费问答的价格，其他用户感兴趣就可以付费向其提问。同时，信息接收者还被区分成两种身份，提问者主动付费悬赏，旁听者若有兴趣也可以支付少量费用分享答案。借助名人效应和极强的娱乐属性，"分答"很快引爆社交圈，知识付费时代正在开启，付费经验分享平台也紧跟着节奏扎堆上线，内容收费正在成为一种大趋势，其中又以音频形式最盛——喜马拉雅FM里的付费精品专区和罗辑思维旗下的"得到"应用音频软件，以其相较而言更为优质的内容资源打响付费市场。

"得到"是北京思维造物信息科技有限公司开发的一款主打利用碎片时间获取知识的APP，采取付费收听阅读模式，依托于影响力较大的互联网知识社群罗辑思维，于2015年底上线，提出"好好学习，天天想上"做优质内容付费经济，定位为"替你读书"。通过开设知识新闻、专栏订阅、每天听本书、猜你喜欢、热门排行榜和看金句6个专栏，以精简的内容和碎片化的音频阅读方式，使用户能够更加简单、自由、高效地获取干货，进行知识储备。其中知识新闻和看金句为免费专栏，每天更新5条最具价值的3分钟知识新闻和一句精华名言供用户收听观看，其余均为付

---

① 【匈】阿格妮丝·赫勒：《日常生活》，衣俊卿译，重庆出版社2010年版。

费专栏，从 5 分钟的知识精华收费 2.99 元到每个专栏每年 199 元的订阅价格不等，内容涉及商业、文化、艺术、财经、科技、职场、投资、社会生存等多领域，知识资源丰富优质，顺应了互联网时代的流动性、碎片性、社会交互性特征，并搭上了全民学习的热潮，时时刻刻引导用户付费阅读。

上线仅仅一年，"得到"就用超过 2 亿元的销售额牢牢坐稳了付费音频的头把交椅。4 年时间，得到的付费订阅专栏从最初的 20 个迅猛增长至 160 个，平均每个专栏都有 4 万人的订阅量，刚上线还不到 5 天的《梁宁：增长思维 30 讲》就已经超过 3 万 8 千人订阅，成绩最好的《薛兆丰的经济学课》现已超过 42 万人订阅（时间截止为 2019 年 9 月底）。罗辑思维通过广泛新奇的功能化选题，把高深的研究转述为有趣的故事，吸引普通大众学习，做知识的翻译官。无论是有料音频、干货解读还是每日金句无一不是通过精选碎片化的内容，降低了用户的读书门槛，还另外提供了附加值，优化了用户体验，节约了时间成本。高质广泛的知识内容和简化学习的过程，符合当下用户的消费习惯，易于接受和传播，形成口碑，成功将知识变现。

2、网络音频付费模式的发展前景

相较其它传播渠道，音频是能够让人更加集中注意力的最佳途径，用户反馈也更直接，讲述人质量高下立判。比如知名网络综艺节目《奇葩说》第三季刚一结束，制作人马东就带领着一众专业级辩手在喜马拉雅 FM 开了一档名为《好好说话》的音频节目，收费 198 元，每日更新 6 到 8 分钟的音频课程，内容则是从沟通、说服、辩论、演说到谈判，教给用户一整套应付生活场景需求的说话技术。2016 年 6 月 6 日上线第一天，喜马拉雅 FM 官方数据显示销售突破 500 万，10 天之后，销售额窜到了 1000 万。如此傲人的战绩令内容生产商甚是欣慰，用户消费习惯正在被潜移默化地改变，内容付费市场朝着有利局面发展。

随着付费模式渐渐被大众熟悉并接受，网络音频也开始针对不同受众群体进行内容生产并尝试开展了付费模式的推广与运营，比如针对创业群体的《通往财富自由之路》、针对儿童群体的《凯叔讲故事》等节目，当然还有许多知识型的节目也理所当然地选择了付费模式。不同类型的节目要根据自身的受众群体和内容进行节目的生产，比如要考虑主讲人声音的特质、讲述风格等。2017 年 6 月 12 日，高晓松首档付费音频节目《矮大紧指北》在蜻蜓 FM 独家上线以来，众多网友争先恐后"为晓松买单"，付费音频市场再次掀起一轮热潮。

如今，我国音频种类繁多、细分庞杂，各种电台、播客、APP 数不胜数，市场尾部很大。随着移动互联网的兴起，音频市场的碎片化程度加剧更快，内容市场也正在进一步细分。越来越多的广播人、内容制作者开启自媒体转化，与知名平台合作，加快传统广播节目的 PUGC 化生产，这种趋势对于音频市场的商业开发而言巨大利好。在 2019 年 8 月，荔枝 FM、喜马拉雅 FM 相继传出了将公开发行上市股票的消息，可见借着知识付费的"东风"、借由这几年积累的众多用户以及优质的内容，网络移动电台已经成为了音频界的重要行业潮流，在"流量"和"收益"等方面都大有收获。

结语

全媒体时代，移动互联网正在塑造大音频市场，也改写着传统广播的市场格局。

大量的声音人才和原创内容输出者通过互联网不断获得产品红利，不仅获得了受众的极度关注、巨大的广告价值，还有相当可观的付费收益。同时互联网音频内容的定制化也越来越受欢迎，针对不同场景消费、不同知识需求的人群、不同收听状态的受众等，都有内容上的垂直对应，形成了网络电台丰富的内容数据库，移动音频节目成为全媒体时代媒介形态的新宠。而声音作为一种文化标志以其独有的辨识度与高度的陪伴性在全媒体环境中占据着举足轻重的地位，"音频"成为内容生产及文化输出的重要载体。

从传统广播到互联网音频，新旧媒体的界限逐渐消失，全媒体的环境正在改写着媒体格局并不断促进我国移动音频形态的变化及用户规模的不断增长，网络音频行业迎来了新的创作与发展空间。

参考文献：

①凌昱婕、欧阳宏生：《广播 + 互联网时代的全媒体融合——2015 年中国广播媒介融合年度报告》，《中国广播》2016 年第 2 期。

②张凤铸、胡妙德、关玲：《中国当代广播电视文艺学》，广播学院出版社 2004 年版。

③赵玉明：《中国广播电视通史》，中国传媒大学出版社 2006 年版。

④[澳]奎因/[美]费拉克：《媒介融合》，任锦鸾译，人民邮电出版社 2009 年版。

（作者分别为：中国传媒大学音乐与录音艺术学院教授；中国传媒大学戏剧影视学院 2019 级博士研究生）

数字媒体时代广播新闻传播策略研究

李艳梅

随着数字技术重塑当今的媒体格局，广播的重要作用及其对未来的积极展望是不变的。数字媒体时代，数字技术使内容的复制变得前所未有的简单，而且成本低、质量高。广播新闻因其自身的传播优势有着广阔的发展空间，广播新闻通过声音传递的丰富内涵，赋予听众思考和遐想的无限空间。广播技术和信息技术的飞速发展，也为广播新闻的创新发展提供了不可多得的机遇。数字技术在广播新闻的生产、处理、传播和接收过程中的应用极为广泛。本文主要以第二十九届中国新闻奖获奖的广播作品《农民在国新办新闻发布会上唱主角——首个"中国农民丰收节"中外记者见面会》《纪念改革开放40周年特别报道＜见证＞》《回家》，以及承载新年祝福的《中国声音中国年》等为例，探讨广播新闻在数字技术应用、传递人文精神，留存具有文献价值、历史价值的珍贵声音等方面所做的努力；以期对广播新闻的创新发展和传播有所裨益。

一、数字媒体时代的广播新闻

（一）广播与广播新闻

广播产生的基础是电的发明。无线电问世以后，科学家开始研究用无线电波传递声音。1906年广播发射成功，1920年11月2日，世界公认的第一个广播电台——美国匹兹堡KDKA广播电台开始播音。报告哈定和柯克斯两人竞选总统的选举结果，成为广播的第一个节目。广大选民在第一时间收听到了选票的最新消息，由此产生了极为轰动的效应。这则被及时播报的新闻也就是第一篇现代意义上的广播新闻。[①]

我国自己试办的第一座广播电台是1926年创办的哈尔滨无线电台，广播内容有新闻、音乐、演讲、物价报告等。广播新闻发展于20世纪30年代，以记者的口才而著称，它让我们了解了广播的演变，并成为一种独立的体裁。广播新闻的含义，有广义和狭义之分。从广义上来说，广播新闻包括广播舆论机关播出的所有新闻性稿件，如新闻、通讯、录音报道等等；从狭义上来说，广播新闻指的是广播中的消息，亦称广播消息。本文所指的是广义上的广播新闻。[②]电视的出现对广播新闻构成了威胁，但最终这两种媒体在几十年的时间里得以共存。数字化对新闻编辑室提出了挑战，电台记者需要新的能力：能够拍照或拍摄视频，知道如何以文本形式补充自己的报道。

（二）数字媒体与广播新闻

数字媒体时代，数字技术使内容的复制变得前所未有的容易，而且成本低、质量与原件一样完美。因此，数字技术对大众传媒的发展具有里程碑式的重大意义。数字技术在广播新闻的生产、处理、传播和接收过程中的应用极为广泛。随着互联网的发展，我国的媒体格局正在发生变化。从过去的传统到现在的实践，并通过它的演变，我们提出这样一个问题：在数字时代，广播还能继续是一个重要的新闻媒体吗？毋庸置疑，广播仍然是新闻实践和系统中不可或缺的元素。广播提供信息的能力依然很强，广播新闻的可信度仍然很高。数字媒体时代，人们获取信息的方式呈现多元化。但广播新闻的传播依然具有无可比拟的优越性，广播新闻节目的编排非常灵活，突发性新闻、重点新闻可随时插播，新闻滚动频率高，更新周期短，短、频、快等强势使广播成为新闻传播的最佳媒介之一。[③]

数字媒体时代，广播新闻环境不断拓展和延伸，声音广播的内容日益丰富，互联网用户在广播网站上发现了大量与广播内容相辅相成的新闻。在互联网上"观看"某些广播节目已经成为可能。由于有了这些图像或发布在电台网站上的照片，听众比以前更容易将声音与面孔匹配起来。随着时间的推移，这些新的收听方法可能会改变广播的形象和做法，而广播仍被广泛认为是一种有生命力的传播媒介，广播新闻依然具有强大的传播能力和自身优势。

二、广播新闻的传播策略

（一）有声语言与文化符号的融合

广播是听觉媒介，声音是广播传播的关键因素，是广播媒介传递信息的载体。广播新闻不单纯是简单的声音信息播报模式，而是融合了社会、历史、环境和文化，具备各种声音形式、多元声音生态的综合性的声音景观。

广播作品《回家》获得第二十九届中国新闻奖，它用原生态的文化符号、形态多样的场景声音，把一个生态保护故事从民族文化历史传承的角度展现给听众；黑颈鹤带给人类美妙的大自然交响乐，孩子们与鹤共舞、用优美的民族音乐来祝福神圣的黑颈鹤。抢救、保护和传承优秀的传统文化是每一代人的责任和义务，对于延续文化记忆、建构文化认同意义重大。《回家》把有声语言与文化符号很好的结合在一起，文化符号是一个国家和民族博大的精神财富，这样的融合很容易引起听众的共鸣，由此收到了很好的传播效果。

纪念改革开放40周年特别报道《见证》中有获得"改革先锋"称号的代表，有重大事件的亲历者，有改革开放进程的见证者，涵盖了经济、社会、文化、科技等各领域的40人。《见证》又绝不是一般意义的"40年40人"，其重心不在于人物本身，而在于以"见证者"的视角，展现改革开放40年波澜壮阔的伟大征程以及创造这一历史奇迹的非凡勇气和智慧。《见证》视野开阔，融合了改革开放见证者的一个个生动形象的故事，创新、融合、传播，连接了改革开放 40 年的辉煌历史，讲述了凝聚力量、开拓进取的新时代，把改革开放 40 年的声音与故事、历史与文化展示给广大听众。④

《农民在国新办新闻发布会上唱主角——首个"中国农民丰收节"中外记者见面会》用声音讲述了党和国家对"三农"工作的高度重视，农民的社会地位越来越高，幸福感也越来越强。2018 年是中国实施农村振兴战略的开局之年，国家为"三农"提供了良好环境和政策，设立"农民丰收节"，鼓励当地农民参与乡村振兴，这些都是农民丰收节背后隐藏的意义。⑤

（二）数字技术与口述历史的结合

广播新闻就是借助声音的优势把大量的、多样的、综合的信息传播给广大听众，包括社会的发展、人民的生活，还有知识和文化等方方面面，同时记录、保存下来。从历史记录的广度而言，口述历史提供了相当广阔的空间。民族学家让·范西纳（Jan Vansina）1985 年出版了著作《作为历史的口述传统》（Oral Tradition as History），其中描述了无文字的历史回忆。研究传承问题的历史学者都熟知范西纳"流动的缺口"的说法，认为口头性在传承中发挥着支撑作用。⑥可见口述历史在学术研究中的应用非常广泛。如果没有口述历史，许多文化程度不高的普通老百姓就难以提供他们所见所闻的重要历史情节，一些历史情节就只能通过推理和假设来完成。⑦

随着广播技术和数字技术不断发展和成熟，声音处理技术渐趋专业化、数据化，口述历史的精准性和生动性进一步提高，广播由此成为记录历史、传承文化的最佳载体。广播新闻以声音为展现手段，借口述历史和原始记录的优势，还原历史的真实和现场感，记录、保存和传承了很多具有文化价值、文献价值的珍贵声音。《致我们正在消逝的文化印记》中，记者深入民间采访传者，感受传统文化的丰富与多彩，深入现场，亲身感受非物质文化的多姿多彩，让传承者通过口述的方式记载历史，用话筒诠释广播新闻的真实性。

《见证之鄞州：改革开放微型口述史》以口述记录历史，展现奋斗求索道路，实践坚定信念。改革开放见证者讲述自己的故事，通过个人体验还原时代进程。他们继承了勤劳勇敢的品格，新时代也给了他们更多的机会。记者立足于当下，回顾历史，报道普通村落发展为全国生态村、全国乡村旅游示范点的过程，将改革开放 40 年的点滴和成长生动形象的展示给广大听众。数字化技术的广泛应用实现了声音、图像、文字相结合的多媒体传播效果，弥补了传统广播只有声音没有图像与文字的缺憾。

（三）传播者和听众之间即时互动

数字化技术的应用，不仅延长了广播新闻的生命，而且使受众可以自主选择收听的节目。网络媒体的加盟增强了广播新闻的参与性和互动性。各电台通过互联网使互动性得以广泛的发展。许多节目都有自己的微信公众号和微博账号，听众之间进行交流，听众可以发表自己的观点，传播者和听众之间实现了即时互动。《中国声音中国年》自2016年创办以来，已经成为承载共同文化记忆的有影响有魅力的品牌广播新闻。很重要的一点是，它集中展示了新媒体与广播的双向互动。因为全媒体的介入，《中国声音中国年》不仅仅是6个小时的音频直播，它带给广大听众的是高雅的文化享受和丰盛的声音年夜大餐。它用声音传递的形式，将那些激励过听众、温暖过听众的国家声音、乡情乡音汇集起来，实现新媒体与传统广播的多次完美结合。它把老百姓之间一对一的情感，把乡情乡音与中国人共同的文化情感结合起来。无数条的祝福语音从全世界传来，对祖国的爱、对亲人的祝福，温情默默流淌在每一个听众的心中。2019年，从2月4日除夕12点一直持续到18点，《中国声音中国年》用丰富的声音呈现国家和社会发展、老百姓的点滴生活，还有中华民族传承至今的春节文化。另外，央广直播间和央视直播间视频连线，媒体融合的多元传播模式充分体现了总台融合的优势、影响力。

《见证》中讲改革开放改变了中国，影响了世界。解放思想，实事求是，在观念创新与实践探索中不断奋斗，正是改革开放带给我们的精神财富。40年是民族和国家发展的一个小段落，一滴水可以反映太阳的光辉，这段真实的口述报道记录了宝贵的历史记忆，还有激励听众继续前进的信心和勇气。广播新闻从听众的角度出发，讲述老百姓自己的故事，充分发挥听众的创造力和激情，为广播新闻节目吸引忠实的听众，促进广播新闻得到更好的发展。

（四）数据新闻在广播新闻中的实践

"数据"在拉丁语中的意思是"已知的"，也可以理解为"事实"。随着时代的发展，今天的数据代表着对事物的描述，不仅是记录，而且可以被重新组合。大数据新闻不应简单理解为数字化，而应是数字化基础上的新闻事实的融合表达。数据新闻一个很重要的要素是数据，而数据的真实性和权威性是至关重要的。数字媒体时代，广播新闻不断尝试数据在新闻中的运用，以更好的增强传播效果，吸引听众。

《农民在国新办新闻发布会上唱主角——首个"中国农民丰收节"中外记者见面会》讲述随着中国第一届农民丰收节的临近，唱主角的4位农民向国家、向世界分享收获的喜悦，他们见证了党和国家重视三农工作的点点滴滴。《见证》注重媒体融合传播，在新媒体端，发布图、文、视频综合的专题报道，推出当天每期节目的视频点击量都在1万+，最高的一条达到了60万+，广播新闻获得了强大的整体传播效应。

三、结语

数字媒体时代，到处都可以看到古老的和现代的传播方式、传播媒介并存。信息传播者和接受者，根据自己的需要和条件选择传、受媒介或者方式。也正是在于这种选择，形成了广播、报纸、电视、互联网等传播媒介、传播方式共存的社会环境，从而保持了有利于人类文化传承和社会健康发展的传播生态。广播新闻有自身的优势，它带来了重新发现声音、创造声音、研究声音的一个新时代；原生态的、文化的、历史的多方面的融汇，增强了这一声音作品的感染力和生命力，直击人的心灵和情感深处。广播新闻追求的是解放眼睛、用耳朵来寻找最真实的的快乐与美好，所以说广播新闻这一最直接、最恰当的节目形态载体适合当下。

穿越几千年，岁月静好，余音犹在。文化记忆是宝贵的精神财富，代表着中华民族独特的精神标识、文化认同。保持文化的创造力和生命力，维护和延续人类文化的多样性，对于坚定文化自信、建构文化认同，具有十分重要的意义。保护并把优秀传统文化一代一代传承下去，是广播新闻的使命和责任。广播新闻通过故事化的细节表达，充分发挥声音的优势，借助数字化技术，将载有文化记忆的声音传递给听众。

需要注意的是，要避免故事内容的同质化、形式的单调倾向，要利用数字媒体技术不断加强与听众的互动，以增强广播新闻宣传的感染力、传播力、影响力。另外多制作一些像《农民在国新办新闻发布会上唱主角——首个"中国农民丰收节"中外记者见面会》《纪念改革开放 40 周年特别报道＜见证＞》《中国声音中国年》《回家》这样的广播新闻精品。在数字媒体时代，抓住机遇和挑战，更好的用声音讲述中国故事，延续文化记忆、建构文化认同、增强文化自信

（作者系中国传媒大学新闻学院2019级博士研究生）

注释：

①王文科：《广播新闻报道》，浙江大学出版社 2002 年版。

②程道才：《广播新闻写作》，中国广播电视出版社 1999 年版。

③程文胜：《广播新闻》，中国人民大学出版社 2013 年版。

④中广联合会：《纪念改革开放 40 周年特别报道〈见证〉》，http://www.zgjx.cn/2019-06/23/c_138143450.htm，2019-6-23。

⑤河北记协：《农民在国新办新闻发布会上唱主角——首个"中国农民丰收节"中外记者见面会》，http://www.zgjx.cn/2019-06/23/c_138143682.htm，2019-6-23。

⑥参见舒斯特（M.Schuster）的《无文字文化中历史的建构问题》（*Zur Konstruktion von Geschichte in Kulturen ohne Schrift*）。

⑦金亚：《用声音记录历史，让广播传递思想——从〈声音档案〉看口述历史类广播节目》，《中国广播》2012 年第 5 期。

中国故事广播有声语言艺术创作现状与思考

曾志华

2005 年是中国故事广播诞生的元年。2005 年 3 月 27 日，经广电总局批准，安徽合肥电台故事广播正式开播，成为国内第一家故事广播。随后，各地电台纷纷开始广播频率类型化改革，故事广播的阵营不断壮大，2015 年前后，全国故事广播频率几近 50 家。近两年，由于移动互联、智能终端的迅猛发展，广播的阵地不断被蚕食，多地故事广播也因为广告收入锐减，或并入其他频率或改变呼号。然而，作为一种类型化广播节目，它依然活跃在传统广播和新媒体平台。

我们认为，从"小说连播"成为一个类型化频率广播，"故事广播"于小说连播而言，是一种承前启后、继承发展的关系。不过，它的内涵与外延都较之从前要宽泛许多——从定位而言，当它与其他类型化频率相区别时，"故事广播"指的是一种纯语言类的广播形态；从内容而言，当它确定为类型化频率时，"故事广播"指的是以各种类型的故事作品为基本素材，以有声语言艺术表现为创作手段生产出来的广播节目。

在故事广播中，"故事"的含义既包括长篇小说、散文、诗歌、寓言、广播剧等文艺作品，也包括来自于生活中发生的各类非虚构事件、经历、心得等，即以真实生活为题材的各种各样的生活故事。这些借由有声语言的表现手段呈现出来的一个个"故事"，已成为凸显"故事广播"的标识。

具体而言，目前故事广播在内容上粗略可以分为两大类，一类是与文学紧密相连的，比如当代畅销小说、武侠小说、惊险迷案、爱情故事、幽默文学、传记文学、世界名著、童话故事、惊悚故事等；一类是与新闻事件、社会现实紧密相连的，比如新闻类故事、专题类故事、法制类故事、生活市井类故事等。可以说，故事的内容触角可以延伸到每一个领域，可以涵盖生活的方方面面。

一、故事广播有声语言艺术的当下表现

毫无疑问，对于故事广播而言，有声语言的艺术表现是灵魂，更是本体。有声语言的艺术表现是基于节目形态和节目样式之上的一种再创作。

什么是节目形态？"从传统意义上讲，节目形态，是指广播电视媒体组织传播活动的基本形式和播出方式。"[①]广播节目形态是广播节目的存在方式和基本载体。

从这个角度而言，"讲述"应该是故事广播频率最主要的节目形态。

目前的故事广播呈现出多元化的面貌——在节目形式上，有评书播讲、小说演播、故事播讲、广播剧演播、广播小说剧演播、散文诗歌朗读等；在表现风格上，有评书式播讲、播音式播讲、朗诵式播讲、故事式播讲、评介式播讲等；在人员结构上，有电台、电视台的播音员、主持人，也有来自舞台、影视的表演人员和影视配音员，还可能请来听众，或直接到直播室、录播间，或通过网络、电话参与节目；在人员组合上，有单人播讲、两人对播、多人联播；有直播间与现场的连线、有电台与网络的互动；在编辑、制作方式上，有忠于原著的连播，也有缩编选播；有纯人声播出，也有配乐合成；在内容呈现上，如前所述，可以涵盖生活中的方方面面，可谓题材与体裁不限，古今与中外不限，虚构与现实不限，文学与新闻不限。

讲故事是人类的本能。在文字出现之前，人类的历史就是以讲故事的形式来传播的。故事要讲出来才好听。同样是"讲"故事，报纸平面的文字也许太过冷静，电视因为画面的加盟一方面可能分散了听故事人对故事本身的关注，另一方面也限制和制约了人们的想象力。广播是声音的媒介，通过声音人们容易与视觉、触觉、味觉、嗅觉等各种感知觉器官产生通感。从这个角度而言，广播更接近讲故事本身。那么，怎么"讲"才可能激发听众更广阔的想象力，让广播的本体真正回归呢？综合故事广播全国各地频率的表现，我们认为，当前有声语言的艺术表现主要呈现以下几个方面。

（一）名家新人，各领风骚

故事播讲属于文艺作品演播范畴，对于播讲人的综合文艺素养要求极高。不但要求普通话标准，语言表现也应该有较强的感染力和艺术性。

纵观当下的故事广播节目，在声音呈现上，既有经久不衰的名家名人，也有逐渐成熟的后起之秀，各领风骚，共"长天一色"。比如，在央广文艺之声和 2019 年 10 月 21 日全新开播的阅读之声，听众可以听到李野墨的《陆犯焉识》《平凡的世界》《国宝同仁堂》，牟云、林达信的《迟浩田传》，徐涛、李慧敏的《穆斯林的葬礼》《河流如血》，也能听到王勇、啸岚的《少年股神》，王凯、曾湉的《上帝的花园》以及李佳坚守多年主持的《睡前故事》。在北京台故事广播频率，听众可以听到袁阔成、刘兰芳、翟万臣、梁言、徐平、艾宝良等名家的经典作品，也能听到白钢、王明军、酒杰、罗兵等中坚力量演绎的历史故事、当代长篇，还能在《故事恳谈会》《今晚拍案》《读书俱乐部》等节目里领略到年轻主持人小丹、李雷、宏玖、湘麓等讲述故事的风采。

（二）适当跨界，形式多样

"跨界"指的是突破原有的领域框架或束缚，在两个以上的不同领域、环节进行融合、合作。跨界，既是一种新锐的工作态度，更是一种新颖的审美方式。"跨界"在故事广播中带来内容和形式两个方面的突破。

一是在内容上的突破。北京故事广播的《今晚拍案》，是一档专题性纪实法制故事类栏目。通过庭审实录、记者采编、访谈方式等形式讲述发生在生活中的真实案例。主持人李雷的故事讲述，在保证导向正确的前提下，突出了及时性、生动性和现场感。

二是在形式上的突破。一般而言，故事广播里的节目尤其是长篇连播都是录播。现在，这种沿用了几十年的方式开始有了变化。比如廊坊电台长书广播，一改以往评书全为录播的方式，创新广播评书播出形式，尝试评书直播、与书迷互动、现场点评等，给广播评书注入了新活力。

（三）凸显特色，拉近距离

广播受发射功率、覆盖范围的限制，收听人群相应地有了地域上的"圈子"。因此，注重地域文化，增加有声语言表现的亲和力，拉近与听众之间的距离，是大多数故事广播的一份坚守。

新疆电台故事广播每周末的《杂话新疆》，主持人是有着"中国非物质文化遗产传承人、新疆杂话第一人"之称的赵国柱，他用新疆话说新疆，讲述别具特色的新疆人文故事。河南旅游广播推出的大型纪实栏目《故事河南》，以河南文化大省丰富的文化底蕴为背景，以典型的历史、文化、社会、经济、地理、自然、人物故事为主要内容，从探寻记忆碎片，记录感动瞬间的新闻故事角度切入，深入故事的发生地进行素材的采集和整合，用讲述、采访、专家解读等多种形式，单独成集或制作成系列节目。此外，上海故事广播、陕西故事广播曾经有两档用方言主持的节目《闲话上海滩》和《秦人秦事》都大受欢迎。节目凸显地域特色，语言亲和力强，为故事广播拓宽了路径。

二、有声语言艺术创作的几点困惑

笔者曾在全国范围内就"故事广播收听情况"做过调研。结果显示，决定收听率高低最为重要的因素，一是节目内容，播出作品的选材与编辑；二是节目播讲，演播者有声语言的艺术水平。纵观全国的故事广播频率，主持人的演播水平参差不齐。不少人能播新闻，能做主持，但却讲不了故事，或是讲不好故事。

（一）长篇演播人员亟待培养

长篇演播在故事广播的节目中是重头戏，也是产生声音大家的田地。叶咏梅借用朱右对唐宋八大家文章特色的点评曾经对国内多位演播艺术家的声音艺术风格有过一番精彩的比喻："曹之活、张之峻、孙之粹、查之严、王之博、瞿张之洁、牟刘之情、李之奇。指的是曹灿的演播灵活、生动、形象；张家声的演播高出于一般，独具神韵；孙兆林的演播纯粹；查曼若的演播严谨；王刚的演播技巧精湛、内容丰富；瞿弦和、张筠英的演播默契、洁净；牟云、刘纪宏的演播真切、深情；李野墨的演播奇特而不平凡。"[②]但就目前看来，这样一种风格各异、大家辈出的景象尚未继续。

再比如最常见的传统评书篇目，大多来自单田芳、袁阔成、刘兰芳、田连元等老一辈评书演播艺术家。这些年，尽管在小说演播的艺术领地涌现出了一批优秀的后起之秀，也诞生了不少精良的作品，但还是难掩长篇演播既缺人也缺作品的尴尬现状。由此可见，建立健全长篇演播人员的培养机制势在必行。

（二）语言表现功力亟需提升

在小说连播的鼎盛时期，很多演播艺术家的语言功力扎实深厚，他们"演播并重"，无论是人物语言还是叙述语言都表现到位，彰显出高超的艺术感染力。客观而言，目前从事长篇演播的年轻一代，他们不拘传统，敢于创新，也善于从电影、电视、相声、小品、动漫等相关艺术形式中获取营养，在风格呈现上较老一辈们更为丰富多样，这些都是应该肯定，也是值得欣慰的。但是，年轻一代在语言功力上的锤炼却较前辈们稍逊一筹。有的重"演"轻"播"——人物语言更为夸张，叙述语言则急促、潦草；有的则"演""播"皆轻——在演播、播讲的过程中，人物语言缺少个性，情节推进缺乏节奏，甚至出现基调与原作完全不符的现象。在表达技巧上，停连随意，重音失误，语气失当，节奏上几乎一成不变，有声语言的艺术创作成为照字出声的"念稿"。有听众说，听现在年轻人播的小说"很少再听到'醒耳'的演播了，而'醒耳'那是一种声音动听、字斟句酌、情真意切的声音的艺术。"

我们倡导每一位讲故事的人，不论是主持人还是演播者，不论是过去还是将来，都应该具备扎实的语言功力。只有充分调动创作热情，丰富创作手段，才能实现声音的立体化，为听众打造更为广阔的想象空间，给人以美的享受。

（三）广播规范化意识必须加强

对于文字稿件的艺术创作，备稿是必不可少的一道程序，也早已成为老一辈演播艺术家们的一个习惯。但是，也许是因为心浮气躁，也许是因为有些节目录播改直播的缘故，在已经播出的甚至参评的节目中，我们时常发现字音错误、断句随意，以及内行人一听就知道是因为没有备稿而导致的"趟着走"等问题。比如，在一篇文学作品的演播中，演播者出现了多处本不该有的错误："茶馆坐满了各色人等——短衣、长衫，提鸟笼的少爷，跑码头的行贩"中的"行"字应读"xíng"音，是"行销"、"行商"的意思，演播者错读成"háng"；而"兰天在上，白云游荡，春来鸽哨鸣响，秋飞'人'字雁行"中的"行"字应读"háng"音，是一行行大雁的意思，又错读成"xíng"，等等。

推动语言文字规范化是所有媒体人的社会责任，任何的疏忽与随意，都是对听众的误导，也是责任心的缺失。

三、基于有声语言艺术创作现状的几点思考

（一）有声和有效

强调"有声"，一是编辑对演播者声音的选择，一是演播者自己对声音的调控。

广播是声音的艺术，要用声音"锁住"听众，对于听众的耳朵是一种考验，而对演播者的声音便成为一种硬性考量。

"有效"包括两个方面：一是演播手法上要有效。老舍先生曾说，好的声音应该是往观众耳朵里钻，而不是蹦。要想往听众的耳朵里钻，就必须让我们的声音生出"翅膀"。这个翅膀的一翼是语言表达的技巧，另一翼则是充分到位的案头准备。二是选择内容上要有效。同一个人，在表现某类题材作品时，感觉非常到位，而在另一部作品的演播中，则显露出吃力不讨好的情形。每个人都有自己的擅长领域与渐已形成的风格，我们应该尊重这个事实，"只选对的，不选'贵'的"。

（二）本体的回归和客体的张扬

本体指的是有声语言的艺术创作。相对于"具有动画、声音、视频和（或）交互性的信息传播方式被称作'富媒体'"③而言的简媒体艺术广播，符号的开放性和想象空间的无限性均使得受众的解码过程走向复杂而深化，恰恰是这种"复杂性的解码又有助于唤醒主体的潜能和深度"④。"没有画面，唯有声音"的广播纯粹是声音的艺术，更是想象的艺术。听故事广播，听众可以在声音的世界里无限释放自己的想象空间。从这个角度而言，故事广播的有声语言创作是在真正意义上让广播得以本体的回归。

客体指的是有声语言创作的内容依据。在故事广播中，这个内容依据便是"故事"，它是声音艺术创作者认识解读的对象，也是声音艺术创作者创作活动的对象。如前所述，现在故事广播中的"故事"已经超越了纯文学的范式，它的内核开始成为生活中各式各类的题材。换言之，世界有多广阔，故事的取材范围就有多广阔。故事广播如果能够密切联系生活实际，对历史、对现实进行故事化的解读，必将别有洞天。

（三）行业标准的引领和建立

根植于传统媒体的故事广播的有声语言艺术理应成为行业水准的标杆，更应该成为专业标准的引领。这也正是此文对故事广播予以分析总结的落点所在。

伴随着网络新媒体的发展和人们阅读兴趣与形式的转变，1994年才被引进到中国的有声读物得到了快速的扩张与长足的发展。从国家到地方都建立了或正在建设有声图书馆，参与出版有声读物的出版单位也达到几百家，尤其是可供收听、下载的有声读物资源网站开始大面积出现，比如懒人听书、喜马拉雅等。但是，因为网络监管不力导致的版权混乱、渠道难成体系以及门槛过低，加之不少播读者的专业水平、录音设备良莠不齐等原因，导致目前有声读物作品鱼龙混杂，令人堪忧。

我们认为，要想做好新媒体背景下的有声读物事业，关键是有声读物的内容质量和声音质量，这与有声读物的作品选择有关，更与播读者的有声语言艺术创作水平有关。从国家文化大发展的角度，让故事广播的有声语言艺术作品引领有声语言艺术创作的专业水准，同时借鉴故事广播专业制作的丰富经验建立健全一整套有声读物的评价体系便成为当务之急，刻不容缓。这样既可以促进有声语言艺术整体水平的提高，又能够实现有声读物资源的优质整合，为发展全民阅读事业、为国家文化大发展构建一个时代的有声文化环境。

广播是想象的艺术，"可以插上幻想的翅膀，在自由天地里任你翱翔"。那些经由有声语言"立"了起来的一个个故事、一个个场景、一个个人物，在融媒体时代，更凸显出"讲故事应该是广播的强项"这一鲜明的媒介特色。这种专业化的个性特征，使我们能够在业已细分的广播市场，进一步关注听众和客户的需求，以差异化的策略去吸纳那些被内容细分了的人群，并充分运用广播中有声语言的艺术魅力开发新的受众群体、新的市场。

注释：

①李立：《认识当代电视节目形态》，《新闻界》2006 年第 1 期。

②叶咏梅：《机遇 奋斗 成功——揭秘演播艺术家的成功之路》，见《中国长篇连播历史档案 / 中卷 / 风格卷》，中国广播电视出版社 2010 年版。

③④姚争：《"后广播时代"的简媒体艺术——新兴媒体竞合下的广播》，《现代传播》2014 年第 1 期。

（作者系中国传媒大学播音主持艺术学院教授）

融媒体思路下广播媒体短视频的探索与发展

——以"浙江城市之声"为例

张 静

新媒体时代下，融媒体发展颇受瞩目。近几年，随着短视频的急速发展，各类传统媒体也纷纷涉足短视频领域。对于广播这样非"视觉"类的传统媒体，也有部分电台在短视频方面取得较好成绩。如作为浙江广电集团下属的浙江城市之声，在创建抖音号短短数月之后，粉丝数量超过 400 万，点赞总数超过 2.4 亿，在同类的广播资讯号中名列前茅。根据新浪网 2019 年 12 月的统计，2019 年"浙江城市之声"总播放次数达到 65 亿，被视为"融媒标杆"，做到了"从相加到相融"，被认为是广播业融媒体的代表性存在。

一、媒介融合和融媒体

一般认为，媒介融合的概念始于美国未来学家尼古拉斯·尼葛洛庞帝，他于 1978 年率先提出"'广播电视业'、'计算机业'和'印刷出版业'将在数字化浪潮下呈现交叠重合趋势"的观点，并画出了著名的"三圆环聚合示意图"。此外，加拿大著名传播学者马歇尔·麦克卢汉则被认为是媒介融合理论的创始人。他在 1964 年《理解媒介》一书中用媒介杂交这个概念来描述两种以上媒介的交汇融合。而传播学者、马萨诸塞州理工大学的伊契尔·索勒·普尔提出的"传播形态融合"理论则被认为对如今的"媒介融合"产生了最为直接的影响。虽然目前媒介融合的概念仍无非常明确定义，一般认为媒介融合指在以数字技术、网络技术和电子通信技术为核心的科学技术的推动下，实现不同媒介形态的内容融合、传播渠道融合和媒介终端融合的过程。[①]

据《中国新媒体研究报告 2019》，我国融媒体发展经历了央媒试水的萌芽期、省媒探索的发展期，以及从"相加"到"相融"的一体化实验，在 2019 年我国的融媒体开始进入加速融合创新的深水期，呈现改革向体制机制的纵深下沉、用户市场向地市县下沉的趋势。在此大背景之下，"广播融媒体"的发展也备受瞩目。一方面，"喜马拉雅"和"蜻蜓 FM"等新兴音频平台被认为激活了据有千亿元规模的音频市场。另一方面，传统广播电台的转型和融媒体发展之路也在不断摸索之中。"浙江城市之声"作为广播媒体较早进行了多样的媒介融合的尝试，走在行业前列，近两年来更是进军短视频，并且取得了较大成功，引起了业界较多的关注。

二、浙江城市之声的融媒体、短视频发展

时任"浙江城市之声"新闻部主任农书荣介绍："浙江的媒体，整体转型都很早，尤其在新媒体转型上很突出，可以说很早就培养了一种互联网思维。"[②]面对互联网的冲击、媒体行业的改制，作为广播的浙江城市之声，也不得不考虑在同电视台、报纸、网站的竞争中，广播的优势如何发挥，如何更好地和互联网进行融合。早在2003 年，"浙江城市之声"就涉足互联网，开设了网络社区"城市之声BBS"，探索以"台网互动"为模型的媒介融合；微博兴起之后，2012 年城市之声开设了微博帐号，当年获得新浪微博颁奖，位列整个浙江地区十强；2012 又开设了公众号，粉丝数量达到 80 万，位于全国同类媒体第三；2013 年，开始着手广播内容和新媒体的捆绑；2019 年城市之声抖音号的开设正是这种互联网思维的延续。

1、内容的融合

"浙江城市之声"的融媒体发展，首先是对内容的突破，改变依靠电波单向发送既有内容的传统广播模式，利用多种媒介增强受众的参与；2015 年 4 月，在微信公众号上推出"全民开赞"功能，通过"点赞、打脸、打赏"吸引受众评选，并基于每个月的评选结果实行末位淘汰制。末位的主持者只能待岗，并研发新节目，所以主持人的压力也都很大，通过这样的方式"强推主持人做新媒体的转型"。

再如，早期策划的"大显神通系列节目"中的跑神计划，节目时间为晚上 7 点到 8 点半，记者电话实时在线互联网，边跑步边广播，策划了"跑步真人秀"。节目中给记者安排任务，比如跑到西湖景区岳庙附近，要找到一定人数以上的行人一起喊"精忠报国"等。完成任务会有奖励，否则就会受到做俯卧撑等惩罚。听众参与也能领到红包。这样虽然是广播节目，但是融合了电视真人秀以及互联网元素，也增强了和听众的互动，生产出更接地气、更受听众欢迎的内容。

通过这一系列和听众的互动，可以更精准地了解受众的喜好。比如说，一般认为近年来私家车主是广播的主要听众，收听高峰是早晚两个出行高峰，但在实际中，全民开赞的点评量的最高峰往往出现在下午两点左右，这为加强这个时间段的节目的制作和推广提供了数据支持。

在发展短视频中，"浙江城市之声"开通了主持人视频号，把以主持人命名的广播汽车维权节目搬上抖音的"晓北－城市私家车"，在将主持人与听众的对话互动进行视觉化的同时，通过照片、映像等更立体、直观地展现事件的全貌，收到良好效果，粉丝数超过 600 万。而抖音中的观众留言、点赞数等也为了解、分析用户的反馈，改进节目提供了重要的依据。

2、传播渠道的融合－试水视频行业

中国的"短视频发展"大致经历了以下 3 个阶段，第一阶段，视频时间大致 5

分钟左右，以优酷、土豆等为代表；第二阶段，1分钟左右，以微信、微博为主要平台。"浙江城市之声"和网易合作，推出了时长为1分7秒的短视频。所有主持都要做，在网上PK投票，网友海选。公布的过程也是直播，冠军有现金的奖励等，末位则有一些类似吃芥末这样的小惩罚。这可以说是"逼"主持人去接触短视频，提高了主播拍视频的能力，为在视频领域的发展打下了比较好的基础。抖音是第三阶段，时间只有10秒到15秒，这就要求传递的信息更加精炼并且突出重点。

为了拓展并且促进传播渠道的融合，"浙江城市之声"大力推行"全网平台、一次采集、多元生产、全网分发"。短视频平台的布局始于2018年，当时开设了主播号和栏目号，其中"疯狂主播"收获20万粉丝，这对传统媒体来说意义巨大。随后的2019年，开始在抖音上开设帐号，发现抖音本身的爆发力非常好，粉丝数大幅度增加，粉丝达到300多万，点赞1.8亿。

3、媒介终端的融合

长期以来，传统的听觉内容离不开收音机这样的广播接收终端，随着媒体融合的深化和融媒体的发展，收听形式变得更加多样化，"听觉"内容变得不再需要收音机。早期是在电脑上，近年来，智能手机更是成为了兼容听觉、视觉内容的最主要终端。

"浙江城市之声"在媒介终端的融合方面也做出了多种尝试。例如，在前述的跑神计划节目中，就放弃了电话热线、短信这样的较为传统广播的"互动"做法，观众可以通过网易云音乐、网易直播、微信平台收听、关注节目，通过支付宝来收听和抢红包，做到了全平台播出。2017年联合浙江广播电视集团新蓝网推出了一款名为"喜欢听"的APP。

三、浙江城市之声发展融媒体的经验、教训

作为广播行业较成功的融媒体发展的排头兵，"浙江城市之声"在发展短视频进行了多种探索，积累了有益的经验，同时也遇到了一些有待解决的难题。

1、基于自身优势的原创性内容

首先，挖掘工作人员的潜力，创作原创内容。把网络铺开，与交警、公安、消防部门紧密合作，从这些单位获取监控、车载记录仪里的影像内容。作为以私家车为主要听众对象的媒体，"浙江城市之声"立足交通领域，重点关注道路上发生的事件、故事，用视频来更形象地呈现广播所讲述的内容。最近10年内的视频录像，都成为了"浙江城市之声"选择和剪辑的素材。但是与内容相对专注的音频节目不同，视频中画面内容更为广泛繁杂，有时会包含一些非意图性录入的人物，涉及隐私、肖像权等问题，对于广播媒体来说也是一个新的课题。

2、做好正能量、暖新闻、注重细节

在打造抖音号的过程中，城市之声发现关于突发事件或者民生类新闻，体现"正能量"的视频更容易获得抖音平台的推荐。比如2019年杭州发生的天桥倒塌事件，

与此事件相关的各种新闻视频并不少，但是仅仅关注天桥倒塌的视频没有获得平台推荐，而"浙江城市之声"关注的一辆小轿车成功脱险的视频则获得了推荐，也获得了大量的浏览和点赞。

此外，在对事件事故报道中，对"人"的关注也是不可或缺的。城市之声关于2019 年超强台风利奇马的视频中，有 8 条上了热搜，共有 300 多万赞，其中获得点赞量高的还是关注人、有故事的视频。一方面注意传递"正能量、暖新闻"，另一方面也努力做好细节，包括对背景音乐的选取、字体（大小、颜色）的搭配、推送时间的选择等等。但是长期来看，如何发挥在"听"方面的专长，与"视"融合产生独具特色的产品，仍是广播媒体发展融媒体的主要课题。

3、广播做视频的课题与摸索

在"浙江城市之声"看来，如何利用好互联网思维，去做好原创、整合能力是最重要的。

但做抖音号短视频并不是一帆风顺的，也经历了多次挑战。第一个挑战在最初阶段，面对全新的领域，离开舒适区，转型必然是痛苦的。而且在摸索的过程中，内容的选取、音乐的使用、剪辑手法的磨练，再加上"不知道是否能成功"这样的担心，最初阶段的确是"胆战心惊、如履薄冰"。第二个挑战是发展遇到了瓶颈期，最初作为媒体号有 6 个月的扶持期，后续还是要靠内容。曾有一段时期，因为其他紧要工作，对抖音号的投入有限，停止更新了半个月，数据表现不佳。在发布的内容中，除了一些爆款短视频，也有大量的视频点赞量徘徊在数百左右，反应平平。提高短视频的整体质量，立足自身情况进一步形成自己的特色、品牌，获得更多、更稳定的用户，在媒介融合的实践上更进一步，"浙江城市之声"仍有很长的路要走。

四、结语

传统的广播媒体，由于波段等方面的限制具有较强的地域性，同时亦具有一定的区域垄断性。对于区域性的广播媒体，在互联网时代，特别是终端的移动性大大增强、兼有视觉和听觉功能的智能手机时代，面临着前所未有的挑战和机遇。[③]

在智能手机称霸的时代，其作为终端的使用形式是多样的，在微博、微信之外，有专注音频的喜马拉雅、专注短视频的抖音、倚重文字与图片的今日头条等专业平台，也有媒体自身开发的各种 APP，智能手机能够将各种 APP 聚集到一起，更加方便用户的使用。对于广播等传统媒体来说，这一方面扩展了可以利用的平台，但另一方面，APP 内的内容提供者之间更多是竞争关系，分流了用户，如何融合不同的 APP，起到更好的传播效果，赢得更多的用户，是众多媒体的共同课题。

在发挥原有优势，报道与本地区民众的生活息息相关的内容的同时，"浙江城市之声"较早地开展了在各种新兴网络平台的实践，纵观其发展，无论传播渠道以及媒介终端的形式怎样变化，永恒不变的依旧是"内容为王"。用心做好有原创性的内容，关注日常生活和热点事件中的正能量、暖新闻，注重细节、贴近用户，这些经验相信对于所有传统媒体转型发展融媒体都是很好的借鉴。同时也要看到，2020 年新冠疫情影响之下，越来越多的个人，以及餐饮业、旅游业的相关从业人员也参入到短视频这个领域。可以预见的是，短视频领域的竞争势必将越来越激烈，并对传统媒体进一步造成冲击。包括广播媒体在内的传统媒体，如何进一步发挥自身优势，加速融媒体转型发展，仍需要不忘初心持续探索。

参考文献：

①李振宇：《论三种不同媒介形态对社会的影响》，《今传媒》2018 年第 3 期。

②农书荣：《浅析广播媒体短视频的运营——以浙江城市之声为例》，《视听纵横》2020 年第 1 期。

③张蕾：《融媒体时代广播的融与变》，《青年记者》2020 年第 2 期。

（作者单位：浙江传媒学院播音主持艺术学院。本研究成果由教育部人文社会科学研究规划基金项目资助，项目名称：《基于刷屏上瘾的媒体社会责任履职困境及治理方略研究》，项目编号：20YJA860012）

新中国播音口述史研究路径与方法

李　颖　蒋启迪

广播电视作为主流媒体始终坚定贯彻落实党的方针、引领社会舆论，忠实记录社会时代变化。播音员们的声音通过电台电波传递到千家万户，生动讲述传播中国故事，镌刻着时代的进步，记录着人们为美好生活而奋斗的历程，成为无数人的时代记忆。回顾播音员的历史，也是在回顾新中国发展史以及中国人民奋斗史。通过口述史研究完善新中国播音的历史记忆，不仅可以补足新中国播音史，同时有助于实现播音主持学科建设中教学层面"技"的传承，有利于广播电视发展过程中政策经验"制"的总结，并在回望中凝练与升华新中国历代广播电视人不朽的精神。新中国播音口述史研究，指的是通过口述史的方式对新中国以来具有典型性和代表性的播音员进行采访，并对其口述资料进行保存、梳理和研究，进而从全新的维度，更细致地勾勒新中国广播电视的发展历程。

一、播音口述史作为中国新闻史的重要组成部分

中国新闻史研究始于晚清，[①]是新闻学研究中的重要组成部分。自 1949 年中华人民共和国成立以来，新闻事业和学术研究经历了波澜壮阔的 70 余年发展，新闻史研究亦迈入了一个新阶段，其研究范式也从以改革开放为分界点的前 30 年"革命史范式"向具有清晰理论和方法的"新闻本体范式"转变，[②]逐步建构起一套严谨和整体的学科研究体系。1987 年，国家科委将"新闻事业""广播电视事业"纳入"中国信息商品化产业序列"，以此可见中国新闻史的研究对象与媒体历程和历史重要性相辅相成，中国新闻史研究也形成了中国报刊史和中国广播电视史两大部分。对播音口述史的研究需要我们追本溯源，追寻其学科起源中的差异化研究路径，以全面的视角进一步探析播音口述史的史学价值与时代意义。

1. 中国报刊史与广播电视史的差异化研究路径

如果说报纸是历史的文字记录，广播电视就是历史的音像记录，[③]中国新闻史是中国报业发展史和广播电视发展史的结合。报刊史源远流长，可以从唐宋追溯到近现代，[④]而新闻史上灿若星辰的"报人史"研究亦与中国报业的演进过程密不可分。人们通过关注那些在中国新闻史上作出杰出贡献的新闻人，进而了解中国新闻发展史。从五四新文化运动时期起，徐宝璜于 1919 年出版的《新闻学》标志着中国人自

撰理论新闻学著作迈出第一步，在邹韬奋、黄远生、邵飘萍和范长江等著名"报人"的推动下，报刊亦坚持着"国家之耳目也、喉舌也，人群之镜也，文坛之王也，将来之灯也，现在之粮也"的独特属性，新中国报业朝着出版周期越来越短、发行范围越来越大的方向不断发展。除了报刊这一传统媒介，近年来中国新闻史的研究对象愈发宽泛，有关广播、电视、新媒体、广告的研究新意迭出。⑤

纵观作为无产阶级新闻事业重要组成部分的广播电视史几十年的发展脉络，从其研究视角来看，学者往往将其与数字技术等新载体研究相结合，关注媒介数字化之下的广播电视新媒体现状与转型，较少将研究视角放置于"人"的价值，而"人"始终是历史研究的核心对象。⑥这种研究取向，一定程度上导致了广播电视人集体"缺席"的现象，已不能满足播音发展史以及广播电视史研究的时代诉求。广播电视史并非无人诉说，从其发展分支来看，随着广播电视事业的发展，播音主持也经历了由萌芽、草创到形成的阶段，⑦自1940年人民广播第一位播音员徐瑞璋在革命圣地延安发出第一声呼号以来，人民广播的播音队伍从最初延安新华广播电台的几个人，已发展到了当下的几万人。播音员是广播电视发展脉络中的客观记录者，他们承载着人民广播播音、广播电视与中国新闻发展之间共进同演的历史渊源。

"新闻史的研究不能抱残守缺，必须从人文和社会科学吸取理论和方法的资源，同时从新闻史回向给人文与社会科学。"⑧广播电视史研究需要借鉴新中国报刊史的研究路径与方法，尤其是借鉴对"报人"在报刊史的地位研究，亟待学界立足播音主持的公开性与记录性，发掘亲历者与口述者的真实材料，将播音员、主持人这类"广播电视人"的"缺席"状态转为"在场"，以更好地记录与传承新中国广播电视人的新闻思想与精神理念，充实播音主持学科的发展，进一步为我国广播电视史的研究进程提供丰富的口述材料。

2. 新中国播音口述史的地位与价值

任何一个完整的学科，都有自己学科发展的历史脉络，⑨研究新中国新闻史不仅可以梳理新中国新闻学历史发展脉络，同时也是以史为鉴、史为今用的过程。在广播电视史研究过程中引入"社会史范式"范式，"立足当下，面向历史，然后以社会史的范式和叙事学的方法，综合考察并书写新闻传播的历史衍变与现实关联"，⑩广泛吸取西方传播学和相关学科研究方法。同时综合采用媒介生态范式与现代化范式，将广播电视的发展模式纳入到与之相关的整体生存环境中进行考察，重点探究与现代化发展之间的联系，探讨新时代发展趋势下广播电视展现出的特征与表现形式，是不断加以创新从而推动当代新闻传播学科的发展有效路径。

广播电视自诞生以来，在各个时代都发挥了传递政令、凝聚人心的重要作用，播音学科伴随着广播电视事业的发展而逐步建立起来，体现了与广播电视同频共振的变迁历程。人存在于语言的制度下，语言不仅是交流的工具，同时也是民族性的体现，播音正是"广播电台、电视台有播音员、节目主持人、编辑、记者在各类节目中面向听众、观众直接进行传播的有声语言的活动"。⑪回顾当前的播音学科研究，实践性理论论述较多，有关播音史的研究成果较少。口述史创造性地从位于新闻事件报道第一线的播音员主持人视角对广播电视业态进行分析，既是民族性的体现，也是摸索民族话语方式之下政治、经济与文化建构的重要途径。口述史涉及叙述文本到形成历史文本的转移，对于播音员个体来说或许曾接受过相关访问，但站在新史学角度，根据时间发展脉络将播音员进行族群化访谈，并对采访对象观点进行横向整合与纵向对比，整合的资料兼具史学研究价值与播音学科专业价值，对相关学科研究也会产生一定的参考和促进作用。随着新中国第一代播音员齐越、夏青、林如等人的故去，对新中国播音口述史这一断代史的研究刻不容缓。

二、播音员作为中国新闻史的亲历者与承载者

口述史是历史记忆代代传承的外化式产物，受访者的历史意识与文本习惯是产生口述史的内容基础，播音口述史研究选取在播音长河中熠熠闪光的优秀播音员、主持人进行深度访谈，通过辑录、汇编形成有关新中国播音学科发展建设史的缩影。播音员们作为党和人民的喉舌，如虹云所述"是为歌颂祖国而生的"，其职业生涯的高光时刻与国家和组织也是密不可分的，口述回忆中会有激情澎湃的精神、潸然泪下的感怀等复杂心绪，在历史与现实的叠影下，口述内容也将进一步受到心理及现实层面的主客观限制。根据戈夫曼的"拟剧论"，长期活跃在舞台与镜头前的播音员们拥有着为观众朋友们所熟知的"前台"身份，相较之下其"后台"那些鲜为人知的真实体悟更值得被挖掘、再现。口述内容由于受到记忆力、个人认知等因素影响，产出的口述史内容的真实性需要进行对比验证，其中涉及对受访者隐私权、著作权等合法权利的保护等，这些内容共同构成了对播音口述史的研究。

1. 以人为本的历史研究象限

历史的研究是有关人的研究，播音学科研究的切入点也应当以人为本。自上世纪 80 年代口述史从西方引进中国以来，国内学术界的历史研究方向逐步从传统和主流的"见文本"进而转向"见人"，底层社会的生活状态以及人民大众的心声进一步得到史学界的重视。口述历史研究中无法回避的核心问题是记忆问题，雅克·勒高夫在《历史与记忆》指出："历史学家应主动出来解释记忆和忘却，对其进行深究，以使之成为一门学问。"⑫播音员们扎实的语言功底以及经年累月的播音实践，伴随着时代的发展、制度的变迁，共同谱就了播音学科鸿篇巨制的历史卷轴，播音员们既是历史的见证者同时也是亲历者，其口述史内容兼具理论与实践的价值，是有关播音学科发展建设的第一手资料。

口述史采访是一种公共历史记忆采访机制，它的任务是将私人的历史记忆搜集过来，从而转化成公共的历史记忆。如果不采集，只保留在个人大脑记忆中，仍是私人记忆，一旦被人采集出来，就能成为公共历史记忆的一部分。这样的理解，增

加了"人性维度"，视野更为广泛，"拓展视野、建立新观念、寻找新方法"，有可能突破"历史"本身附带的严肃与传统史观的局限。[13] 播音口述史揭示了播音学科产生的背景、变迁历程与发展规律，站在"人本位"角度以播音员口述的方式记录播音历史，从多元化视角梳理总结出新中国播音学科的历史发展脉络，为播音学科今后的建设提供借鉴意义。

2. 播音员——广播电视台的灵魂

播音员主持人是节目的呈现者和传播者，凝结了广播电视台台前幕后工作人员的集体精神与意志，可谓是广播电视台的"灵魂"窗口，在受众心中也拥有崇高的地位。优秀的主持人在主持节目时，不能仅仅为了满足节目本身的需求来设定主持的核心内容，还应该做到自身的个性化与节目"物化"之间的相互融合[14]。播音员主持人的职业生涯与时代命运是密不可分的，无论是作为开国大典的播音员的齐越、丁一岚，名牌栏目《阅读与欣赏》播音员夏青，《纪录新闻》栏目播音员葛兰，还是《话说长江》中的主持人虹云与陈铎，重大的历史事件中几乎都活跃着播音员的身影，对于播音员的研究也将进一步深化、细化，播音学科的建设进一步完善。

播音员的时代价值主要体现在以下几方面。首先，播音员具有高度的专业性，播音专业在吐字发音上讲究"字正腔圆"，在专业要诀上力求达到张颂所言：有稿播音锦上添花、无稿播音出口成章。在播读中，运用气息与情感的适度把控，气随声动、情声和谐，让受众产生共鸣和共情。其次，播音员具有良好的公众认可度，话筒前和屏幕前这个特殊的工作平台，使得播音员主持人走进了千家万户，成为人们所熟知的"公众人物"，其专业技能以及其个人形象同时受到来自人民群众的检验，历代备受观众喜爱的优秀播音员德艺双馨。最后，播音员具有高尚的职业道德操守。很多老一辈播音员主持人，如齐越、夏青、林如、罗京等等，他们专业过硬，个人形象魅力无穷，在广大的观众心目中留下了良好的公众形象，他们也用毕生的精力维护着自己的公众形象。[15]

3. 播音员主持人对广播电视事业发展的推动

历史研究本身就是对过去经验的重演。勒高夫表示："倘若史学被公认为通过一种不断质疑的重构把过去变成了历史对象，那么我认为历史的确就是关于过去的科学。"问题是我们如何理解"过去"以及如何理解"现在"。[16] 播音口述史研究在记录播音员播音生涯发展与成长的过程中，总结提炼出有关的政策制度优势，可以为当下的广播电视事业发展提供参考。

"播音员"诞生于战争年代，"主持人"出现于新中国成立之后，新闻播音作为一项有声语言艺术创作，会随着时代背景、意识形态、新闻目的而变化，在不同时期形成不同的新闻播音风格。新中国的历代播音员们在完成播音任务、承担时代使命的同时，也创造性地探索、总结出一系列播音风格与规范。语言表达具有即时性、主体性、艺术性等特点，新闻播音发展到现在，当前播音风格如同时代多元化潮流一样呈现多样化，具体可分为 4 大类，分别是：自然美风格、鲜明生动风格、灵活机智风格与个性化风格。[17]其背后也体现着时代变迁以及听众欣赏水平的变化，与政策、技术等要素一同作用于中国广播电视事业的发展。

三、新中国播音口述史的研究方法

口述史最大的特点在于其呈现的历史是经过了受访者本人的主观加工，虽然有关于公共事件，但是融入了个人的体会和年代的影响，所以考虑到真实性及可信度，并不能严谨地将之认定为历史。[18]如何从浩如烟海的播音员主持人中遴选出适宜的访谈对象，既取决于口述史研究的目标与对象，也受限于访谈团队可触达的社会资源。其中，采访提纲的拟定以及访谈者的切入角度在很大程度上决定了口述研究的内容与效度，受访者的精神与心理状态也会反作用于访谈，播音口述史研究过程中也将面临着来自全社会法律法规及伦理问题的拷问，需要在研究中加以重视。

1. 口述史研究方法——忠实的记录者

历史一度感受到来自记忆的压力，正如皮埃尔·诺拉在《新史学》条目中所声称的那样："自此历史的书写处在集体记忆的压力之下：对于'当前'历史来说，媒体建构的事件随即构成集体记忆，当前的历史是事件的继承者；对于本身称之为'科学的'历史来说，集体记忆决定了历史的旨趣和好奇心。"[19]新中国播音员口述史的研究对象是新中国历代具有代表性的播音员、主持人，运用文献研究方法论对相关历史事件的时间线索进行采集及调研，通过专业化访谈忠实记录下受访者口述内容，既关注当前的集体记忆，也致力于发掘那些濒临被遗忘的珍贵历史细节，并对采访得来的文化记忆和重构式叙事内容，结合同时期的历史及社会文化语境进行编码与解码，以此"由表及里""相互印证"地构建出播音史的发展脉络与形态。

播音语言作为一种典型的媒介语言，不仅面向大众，同时具有艺术创作的审美属性。因而与其他种类的艺术语言也有着明显区别。"它把传者的生理过程、媒介的物理过程和受众的心理过程紧密联系起来，形成一个维系'传与受'关系的'链条'。"[20]口述访谈作为对话形式，强调研究者和受访者之间的互动，即便是研究者有计划的访谈，访谈过程中也很容易出现新的素材与观点的动态转移，受访者"述而不作"的叙事方式，由采访者最大程度上还原其表述及观点，并通过辑录整理形成可读之作。多媒体技术的应用也进一步加强了史料的真实性，并为播音学科的教育与传承提供指导与示范。

2. 新中国播音口述史研究流程与规范

口述历史需要在充分调研后以标准化流程开展采访工作，对访谈所形成的内容进行核对与整理，进行资料发表或留存。口述史的采访应当是半开放式的，采访者要足够开放，要有敏锐的触觉，要有善于倾听的耳朵，要有和善的态度，要有鼓励的举动，要能够取得受访者的信任并且具备足够的视野，来引导整个采访的走向；

后期辑录过程中，对采访内容应本着真实、客观、尊重史实的原则，在不影响原汁原味内容输出的基础上进行整理和编辑，减少不必要的新闻写作手法的修饰。㉑

其中采访提纲的撰写起着纲领性的作用，采访内容质量也将对口述史整体内容产生决定性的影响。在进行新中国播音口述史研究过程中，需要根据采访对象有针对性地设计采访提纲，并在兼顾史实全面性的基础上，遵循真实性、时效性、稀缺性原则，根据前期调研和策划挖掘出特有的价值点，立体化、交相印证地展现新中国播音的发展历程。

3. 贯穿始终、不容忽视的伦理学

播音口述史研究从约采被誉为"时代之声"的采访对象并建立与受访者之间的信任机制，到口述史访谈录制过程中的场地、设施等硬件支持所涉及的经费支出，皆需要动用大量的社会资源。口述史的记录过程受到口述者选择性记忆、记忆力下降等影响，历史记忆与历史真相容易出现混淆的情况，口述内容中交织着客观事实与主观情感，会夹杂着细节错位、前后矛盾等误差成分，如何在保证史料真实的基础上保留受访者个人情感记忆，也对口述史研究者的研究与分辨能力提出了要求。

韦恩·C·布思（Wayne C.Booth）在论著中指出："当叙事者按照作品的规范（即作者的规范）行动时，我称之为可靠的叙事者，反之，为不可靠的叙事者。"㉒ 著名播音员的职业生涯往往与政治是密不可分的，因此需要审慎对待相关合法性；应充分考虑受访名单中受访者性别、年龄、生平经历等，对于采访内容中涉及有争议性、保密及隐私性的新闻事件，最好能够相互印证且互为补充，还原历史的本来面目，以应对采访成果在大众传播过程中出现与公众认知不协调的状况；口述史研究工作须根据知识产权等法律法规保障采访过程中涉及的资料版权、采访成果的所属权等内容；受访对象须是与事件与人物有交集的人，还需掌握相关资料且能够进行沟通与交流，同时能够对口述内容负责，访谈团队需要具备对口述内容进行去粗取精、去伪存真的研究能力，并在不侵犯个人隐私、不触犯相关法律、不违背伦理道德的基础上进行口述史料内容的采集与传播。

四、新中国播音口述史的价值与意义

新中国播音口述史是播音学与历史学结盟的产物，以播音事业的参与者播音员为研究对象，搜集到的史料真切、生动，不仅可以弥补文献资料的不足、更加多维度记录播音发展史，也作为一种研究方法为后续播音学科研究打下基础，具有保存、解释、构建新中国播音史学的学术功能。播音口述史留存下来采访的影像资料也具有播音学科教科书的作用，在教育层面上，新中国播音口述史不仅只是一种学术现象，还要成为一个被审视的对象，即应放置在元研究的视野之下加以考察。㉓ 播音事业的蓬勃发展的背后离不开时代的进步和制度的优越性，在以史为鉴的同时也用于预测和指导未来的发展，持续借力加以创新，积极填补当下播音史研究的空白之处，为多彩和繁荣的新中国播音事业添砖加瓦。

1. 名家辑录，标准版的教科书

播音员的播音基本功，包括吐字归音技巧、表达技巧、节目控场力和应变能力等等，对提高播音水平和质量，对增强传播效果具有重要作用[24]，需要播音员在充分掌握各类技巧基础上，通读并深入解析稿件内容，了解和把握受众心理，进而进行有组织、有计划的传播。与其他许多行业不同，播音主持艺术中的语音、语调、节奏等练习往往需要专业指导老师的示范与指导才能够实现，中国播音口述史的研究对象选择均为历代播音主持名家，采访资料的留存更是一种"技"的传承。播音口述史辑录受访者在访谈现场的播读示范、表达技巧等音频、视频资料，不仅体现了播音员的播音专业性，同时也具有着宝贵的教学价值。而播音名家们的经验和心得分享，也能够给当代甚至之后的年轻人们以启迪，让现代年轻的播音主持行业从业者们不忘历史、继往开来。

2. 以史为鉴，广播电视制度发展的延续

中国播音的发展史背后也体现了广播电视制度的变迁史，不同的广播电视制度会催生出具有不同时代特色的播音员。将广播电视制度的发展纳入到播音口述史的研究中，可以有效促进业内对制度的总结与反思，并通过借鉴历年来的成功制度经验反哺播音学科的整体建设。新闻媒体作为党政机关的喉舌，起着重要的传播政令、搭建舆论场的作用，其中播音员更是站在前线的新闻工作者，对内传播党的国家方针与政策，对外宣扬大国文化以及民族精神。从计划经济时期到改革开放再到中华民族的伟大复兴，一代又一代播音员们也历经着铁肩担道义的时代荣光。随着当前5G、AI 等技术的发展，目前全国已有 100 多家融媒体中心广播使用 AI 广播系统进行直播，可以实现全年无休、实时性、批量化更新信息，收获了收视率及受众市场的正向反馈。技术手段的提升也可以更好地应用于时代声音的留存。广播电视行业积极拥抱互联网"融媒体时代"，通过对广播电视制度变迁的研究，更可为今后的媒介发展留下制度层面探寻的起点和踪迹。

3. 永远的精神火炬，不灭的历史丰碑

《广播播音》指出，"播音员不能带着个人感情或偏见来播报新闻，但这也不是说他就得压抑自己。只是说，他应该以专业的态度来做好播报工作"[25]。历史上优秀的播音员、主持人所播报过的每一件重大新闻主题，或主持过的每一档代表性栏目，都像精神食粮一般喂养着一代又一代中国人，随着大众传播的不断发展以及人民文化欣赏水平的不断提高，播音主持艺术也逐渐走进千家万户。对新一代播音员们而言，实现中国梦要亲身践行社会主义核心价值观，规范、约束、纠偏自我，用声音"中流击水"，用话筒"力挽狂澜"，把中国故事讲好，把中国声音传响。[26]中国播音口述史研究通过凝练升华这种力量，谱写出一部时代与政治的微历史，也见证着祖国的繁荣富强，而这些曾出现在历史长河中的洪大声音也历久弥新、熠熠闪光。中国播音口述史根植于中华民族的伟大复兴历史进程中，为国家和民族的发展留存了具有重要参考价值的史料。

4. 补全断代史，还原历史相貌

播音口述史研究作为一门基础性学问，兼具学理价值和实际应用价值，是一项开创性的、可以填补空白的、有建设性意义的工程，而研究历史的目的也是以史鉴今，从历史中发掘出可以指导当下发展的内容。播音主持艺术不仅为社会带来政治、经济、文化价值，在特定场合也能展现国家软实力、传播中华民族的优秀传统文化。从播音员视角出发的新中国播音口述史研究，对于补全断代史、提升播音学科地位具有很强的战略意义，其中受访播音员提供的大量知识信息往往已经在往期采访中有所呈现，对于某些年代较为久远的史实他们也会出现遗忘的情况。因此，如何进行有效信息的整合与提炼，既体现了研究者的水平，也决定着研究成果的有效性。总体来说，播音口述史研究仍处于起步阶段，未来构建具有中国特色的播音史学科仍有待众多播音口述史研究者共同努力。

注释：

①⑤张晓锋、程河清：《中国新闻史研究 70 年（1949-2019）》，《新闻与传播研究》2019 年第 8 期。

②武志勇、王泽坤：《70 年中国新闻史研究述略》，《湖南大学学报（社会科学版）》2019 年第 5 期。

③蒋海升：《中国新闻史研究的学科特点及其发展状态——访中国新闻史学会会长赵玉明先生》，《国际新闻界》2007 年第 4 期。

④王天根：《中国广播电视史研究的发端与历程》，《中国社会科学报》2014 年第 1 期。

⑥张国强、张洪彬：《追寻历史变迁中的因果与意义——杨国强教授访谈》，《学术月刊》2018 年第 2 期。

⑦姚喜双：《在创新中继承，在继承中创新——播音主持艺术发展的思考》，语言文字应用研究论文集（Ⅱ），教育部语言文字应用研究所 2004 年版。

⑧李金铨：《报人报国：中国新闻史的另一种读法》，第 35 页，香港中文大学出版社 2013 年版。

⑨高国庆：《中国播音学史研究》，九州出版社 2016 年版。

⑩李彬：《"新新闻史"：关于新闻史研究的一点设想》，《新闻大学》2007 年第 1 期。

⑪赵玉明、王福顺：《广播电视词典》，第 193 页，北京广播学院出版社 1999 年版。

⑫左玉河：《历史记忆、历史叙述与口述历史的真实性》，《史学史研究》2014 年第 4 期。

⑬钱茂伟：《口述史是通过大脑记忆进行的当代公众历史研究》，《云南大学学报（社会科学版）》2020 年第 2 期。

⑭高健：《播音员主持人在媒体中的"角色"》，《西部广播电视》2015 年第 17 期。

⑮ 王秀军：《浅谈播音员主持人的公众形象》，《新闻研究导刊》2015 年第 3 期。

⑯ 陈群志：《历史时间与时间历史——基于雅克·勒高夫史学时间观的双重视角》，《世界历史》2015 年第 6 期。

⑰ 刘东洁：《基于社会变革探讨我国新闻播音风格变化》，《科技传播》2020 年第 4 期。

⑱㉑ 王婷宇：《口述史中的传播及伦理问题研究》，《大众文艺》2020 年第 6 期。

⑲ 沈坚：《记忆与历史的博弈：法国记忆史的建构》，《中国社会科学》2010 年第 3 期。

⑳ 战迪：《试析当今语境下播音主持语言艺术的特征》，《中国电视》2011 年第 11 期。

㉒[英]W.C.Booth, 《The Rhetoric of Fiction》, 《Chicago:University of Chicago Press》1961 年版。

㉓ 刘来兵、周洪宇：《教育口述史：功能、信度与伦理》，《南京师大学报（社会科学版）》2019 年第 1 期。

㉔ 高国庆、马玉坤：《中美播音理论源头比较：学科建设的启示》，《现代传播》2018 年第 8 期。

㉕ 马玉坤等：《中美播音主持理论研究发端著作点校、整理及翻译》，第 43 页，九州出版社 2017 年版。

㉖ 李斌：《"红色播音员"的精神遗产》，《声屏世界》2017 年第 4 期。

（作者分别为：浙江工业大学播音指导；北京大学新闻与传播学院 2016 级硕士研究生。本文系 2019 年国家社科基金年度项目"中国播音口述史〈1978 年至今〉的阶段性成果，项目编号：19BXW040）

润物无声为民族立心铸魂
春风化雨提升中华软实力

——央广网《每日一习话》的传播实践

王春婵

当今世界，正经历"400年来未有之大变局"。今天的中国，前所未有地走近世界舞台中央，面对挑战层出不穷、风险日益增多的世界，中国进入中国特色社会主义新时代，以民族复兴中国梦重构"时间逻辑"、以"五位一体""四个全面"重构"战略逻辑"，以社会主义核心价值观重构"精神逻辑"。中共十九大概括和提出了习近平新时中国特色社会主义思想，确立为全党、全军、全国各族人民必须长期坚持的指导思想并写进党章、载入宪法，以全新的视野深化了对共产党执政规律、社会主义建设规律、人类社会发展规律的认识，实现了世界第一大执政党从党的指导思想向国家指导思想转化的与时俱进，开辟了马克思主义新境界，开辟了中国特色社会主义新境界，开辟了治国理政新境界，开辟了管党治党新境界。

党的十八大以来，习近平总书记以高度的文化自觉与文化担当，反复强调"文明特别是思想文化是一个国家、一个民族的灵魂"，"坚定中国特色社会主义道路自信、理论自信、制度自信，说到底是要坚定文化自信"，"坚定文化自信，是事关国运兴衰、事关文化安全、事关民族精神独立性的大问题"。

中华文明5000多年绵延不断、经久不衰，在长期演进过程中，形成了中国人看待世界、看待社会、看待人生的独特价值体系、文化内涵和精神品质，这是中华民族区别于其他国家和民族的根本特征，也铸就了中华民族博采众长的文化自信。

历史是最好的老师，我们比历史上任何时期都更接近实现中华民族伟大复兴的中国梦目标。经历了5000多年的艰难困苦，世界上没有哪个民族比中华民族对历史的兴替有更深切的感受、没有哪个民族连续两千年领先于世界之后突然堕入"国土沦陷，水深水热"的苦难，因此也没有哪个民族如此渴望国家的富强、民族的复兴。

截至2019年6月，中国网民数量超过8.54亿，其中手机网民8.47亿。在完善为人民执政、靠人民执政各项制度时，必须适应互联网时代由人民群众变成网民所带来的机遇和挑战，创新互联网时代群众工作机制，坚定中华5000年从未中断的文化自信，牢牢把握社会主义先进文化前进方向，坚持以社会主义核心价值观引领、发展中国特色社会主义先进网络文化、广泛凝聚广大网民精神力量。

"以史为镜可以知兴替"。一个占世界人口五分之一的国家在 70 年时间里通过开辟和形成中国特色社会主义道路，中国人民在中国共产党领导下推翻三座大山、建立新中国，经过 40 多年的改革开放，使一个经济文化落后的东方大国成为当今世界第二大经济体。用几十年时间走过了西方发达国家几百年工业化转型之路，成为世界制造业第一大国、货物贸易第一大国、外汇储备第一大国、互联网手机用户第一大国、外资流入第二大国、商品消费第二大国，中华民族迎来了从站起来、富起来到强起来的伟大飞跃。

站在新的历史方位展望未来，中华民族生生不息绵延发展、饱受挫折又不断浴火重生，都离不开中华文化的有力支撑。为引导受众坚定文化自信，高举中国特色社会主义的旗帜，央广网 2018 年 6 月 1 日开辟《每日一习话》专栏，对习近平总书记十八大以来历次重要讲话、重要文章、重要论述中对中国古代典籍和经典名句进行精心梳理、精准解读，深入挖掘中华民族 5000 年优秀传统文化蕴含的思想观念、人文精神、道德规范，与时俱进，结合新的时代条件和实践要求继承发展、融会贯通传播习近平新时代中国特色社会主义思想，用当代中国马克思主义武装全党、教育人民、推动工作，让 21 世纪马克思主义深入人心、落地生根，增强中华文化的生命力和影响力，通过春风化雨以文化人，润物无声以文育人，用中国特色社会主义核心价值观引领面向广大青少年的网络文化建设，通过全媒体手段将党的创新理论生动阐释与有效传播，有效推进中华优秀传统文化传承发展工程，使社会主义核心价值观在亿万青少年网民中入脑入心、落根发芽、开花结果。

《每日一习话》专栏每期内容约二三百字，包括引用经典的时间、地点、背景，经典出处、释义、解读等，篇幅短小但内涵丰富、内容全面，可谓"麻雀虽小，五脏俱全"。这种结构安排，顺应了网友求快求短的阅读习惯，有利于网友利用碎片化的时间收看收听。《每日一习话》力求通过通俗易懂的表达、清新明快的声音、短小精悍的结构，让新思想持续"刷屏"，让党的创新理论"飞入寻常百姓家"。

针对互联网、大数据、云计算、人工智能、区块链、5G 等新技术新媒介日新月异，广大群众尤其是年轻人主要从网上获取信息的移动化差异化传播规律，《每日一习话》专栏主动适应全媒体网络平台特点，在央广网 PC 端、手机央广网、央广新闻客户端、央广新闻微信公众号《嗨！七点出发》、中国广播客户端、中央人民广播电台官方微博、央广网官方微博和中国交通广播同步直播，通过年轻化的语态，短、平、快节奏，主播播报和配乐等方面均主打网络"清新范儿"，坚定中华文化自信，轻松盘点纵横五千年文化经典，实现历史厚重内容与当代语态清新表达有机统一，90 后主播发挥声音亲和力，配发图文视觉表现，方便网友回看细览。央广网坚持"移动优先"原则，充分运用好新的、权威的、活跃度高的平台资源。中宣部"学习强国"平台开通以来，央广网"学习强国"号每日进行同步更新，受到"学习强国"平台用户的热烈欢迎。《每日一习话》栏目自 2018 年 6 月 1 日开设，截至 2020 年 2 月 7 日，共刊播 500 期，央广网全年全媒体触达受众 100 亿人次，央广新闻"头条号"《每日一习话》共推荐触达用户超 2.1 亿人次，篇均阅读量高达 15.7 万。单篇阅读量最高为 2018 年 7 月 15 日发布的《每日一习话：备预不虞》，点击量超 233 万。其中 8 条阅读量超过 50 万，165 条超过 10 万。

青少年正处于人生成长的"拔节孕穗期"，引导他们树立马克思主义的信仰、中国特色社会主义核心价值观，坚定文化自信、增强文化自觉，事关培养合格的担当民族复兴大任的社会主义建设者和接班人。《每日一习话》以古鉴今，面向青少年培育新一代网民树立社会主义核心价值观，抢占网络舆论引导、思想观念引领传播制高点。如解读习近平总书记引用典故"立志而圣则圣矣，立志而贤则贤矣"时，不仅翻译出字面意思"一个人如果立志成为圣人，就会成为圣人；如果立志成为贤人，就会成为贤人"，而且向青少年号召：青少年不仅要立志，还要"立大志"，把自己的小我融入祖国的大我、人民的大我，与时代同步伐，与人民共命运。

习近平总书记指出，要坚持古为今用，去粗取精、去伪存真，弘扬中华民族优秀文化，促进社会主义核心价值体系建设。《每日一习话》栏目追溯中国 5000 年优秀传统文化精华和世界社会主义 500 年思潮源头活水，紧扣习近平新时代中国特色社会主义思想的深髓要义，精选习近平总书记引用的"夜阑卧听风吹雨，铁马冰河入梦来""人生自古谁无死，留取丹心照汗青"等经典诗句，围绕"爱国主义"进行深入阐释，指出在社会主义核心价值观中，最深层、最根本、最永恒的是爱国主义。

中国优秀传统文化的丰富哲学思想、人文精神、教化思想、道德理念等，为当代中国人民认识和改造世界提供有益启迪，为中国治国理政提供有益启示，更为中国人民道德建设提供有益提供启发。《每日一习话》解读习近平总书记引用过的大量向上向善的警句格言，如"大道之行也，天下为公""见善如不及，见不善如探汤"、"德不孤，必有邻"……等等，结合培育新时代新人文明风尚，提出传承和发扬中国优秀价值观、引导青年一代系好人生的第一颗扣子，当好正心修身的模范。

《每日一习话》通过生动阐释和解读，推动习近平新时代中国特色社会主义思想的广泛传播，推动全社会大力弘扬和践行社会主义核心价值观。二十国集团领导人大阪峰会举行当天，《每日一习话》选用了 2014 年习近平在二十国集团领导人布里斯班峰会讲话中引用的"独行快，众行远"。通过蕴含深邃中国智慧的谚语，表达了习近平外交思想中的合作共赢理念。在世界环境日当天，《每日一习话》栏目选用习近平曾引用的《论语》中的"子钓而不纲，弋不射宿"，解读习近平生态文明思想对自然要取之以时、取之有度。

"落其实者思其树，饮期流者怀其源"。中华民族 5000 年文明史风雨兼程、繁荣昌盛，在近代以前中国一直是世界强国之一，最根本的原因是世世代代的中华儿女培育和发扬了独具特色、博大精深的中华文化，为中华民族克服困难、生生不息提供了强大精神支撑。在全球化信息社会思想大活跃、观念大碰撞、文化大交融的时代，要增强源远流长的中华 5000 年文化自觉和文化自信，立时代潮头、发时代之先声，突出核心价值观引领，让当代精神理想信念的明灯照亮青年一代网民心灵深处。社会主义核心价值观蕴含中国历代古圣先贤的思想和仁人志士的夙愿。2019年 7 月 5 日《每日一习话》解读习近平总书记 2019 年 3 月一次讲话中引用辛弃疾等古人诗词，强调"新时代的文化文艺工作者、哲学社会科学工作者要自觉践行社会主义核心价值观""良好职业道德体现在执着坚守上，要有'望尽天涯路'的追求，耐得住'昨夜西风凋碧树'的清冷和'独上高楼'的寂寞，最后达到'蓦然回首，那人却在，灯火阑珊处'的领悟。"

培育和践行社会主义核心价值观，贵在日常化、具体化、形象化，在落细、落小、落实上下功夫，《每日一习话》将习近平总书记论述中引用的典故、名言细化为每日一句精辟讲述，让社会主义核心价值观润物细无声地浸润到年轻网友心里。如总书记引用的"以至诚为道，以至仁为德"出自苏轼的文章，"意思是说要把最真挚的诚信和最虔敬的仁爱当作自身追求的道德规范，这正是社会主义核心价值观中'诚信'的体现。"《每日一习话》解读经典，加强了核心价值观宣传的权威性、指导性，提升了公众思想道德修养。"弄潮儿向涛头立""浩渺行无极，扬帆但信风""些小吾曹州县吏，一枝一叶总关情"……总书记重要讲话、文章孕含核心价值观理念的华章佳句旁征博引、娓娓道来，让人想听、爱听、愿听，让人耳熟能诵、喜闻乐听。

《每日一习话》既"动之以情"，如 2019 年中秋节选用"每逢佳节倍思亲"，又"晓之以理"，如"从善如登，从恶如崩""大道至简，实干为要"等。广博的选材、丰富的主题，满足了网友的不同需求，也得到了积极反馈。

网友纷纷热议："习总书记引经据典，每句都是那么传神有魅力！""习总书记引用的典故，有历史渊源，也有现实依据，听总书记一习话，胜读十年书""中国智慧博大精深，古为今用辩证治本""句句精辟，真的受益，谢谢习主席，谢谢栏目天天传递正能量"……

中华民族正处在近代以来最好的发展时期，我们即将全面建成小康社会、完成"第一个百年"奋斗目标，进而开启全面建设社会主义现代化国家新征程、向"第二个百年"奋斗目标迈进，这是人类历史上前所未有的波澜壮阔的伟大事业。《每日一习话》将坚持不忘本来、吸收外来、面向未来，坚守中华文化精髓优势，坚持中国特色社会主义核心价值观底色，永葆符合世界进步潮流的当代马克思主义生生不息活力，传播习近平新时代中国特色社会主义思想天天见天天新天天深！

（作者系北京印刷学院博士后）

参考文献：

①《习近平谈治国理政》，外文出版社 2014 年版。

②《习近平谈治国理政》（第二卷），外文出版社 2017 年版。

③习近平著《之江新语》，浙江出版联合集团、浙江人民出版社 2007 年版。

④《习近平关于社会主义文化建设论述摘编》，中央文献出版社 2017 年版。

⑤《习近平关于实现中华民族伟大复兴的中国梦论述摘编》，中央文献出版社 2013 年版。

⑥《习近平新时代中国特色社会主义思想三十讲》，学习出版社 2018 年版。

⑦《十九大以来重要文献选编》，中央文献出版社 2019 年版。

⑧《党的十九大报告辅导读本》，人民出版社 2017 年版。

⑨《< 中共中央关于坚持和完善中国特色社会主义制度、推进国家治理体系和治理能力现代化若干重大问题的决定 > 辅导读本》，人民出版社 2019 年版。

⑩《党的十九届四中全会 < 决定 > 学习辅导百问》，党建读物出版社、学习出版社 2019 年版。

⑪《中华人民共和国大事记》（1949 年 10 月 –2019 年 9 月），人民出版社 2019 年版。

对主持人提升电台自建客户端传播力的思考

吴志超　　刘乐明

自 2014 年起，各大传统媒体掀起了自建客户端的热潮，广播电台也不例外。据人民网研究院发布的《2018 广播融合传播指数报告》显示，全国有 32 个省级以上广播电视台共建设了 69 个广播客户端或广播电视台客户端。依托母体的优势，背靠丰富的资源，电台自建客户端本该炙手可热，然而，在人民网研究院监测的 11 个安卓应用商店中，广播客户端和广播电视台综合客户端的下载量中位数为 7.5 万、均值为 149 万。相较于喜马拉雅、蜻蜓 FM 等用户规模过亿的网络电台客户端，电台自建客户端的下载量总体较低，受众反应热度不高，传播力有待加强。这背后的原因除客户端自身的问题外，主持人也是不可被忽略的影响因素。扭转电台自建客户端传播力不佳的现状，需要主持人的智慧行动与担当。

一、主持人提升电台自建客户端传播力的优势

声音是电台屹立不倒的优势。提升电台自建客户端的传播力，离不开凸显声音的魅力与价值。主持人作为声音内容的主要生产者和传播者，其优势不该被埋没。

（一）高雅的审美品位

随着全民直播时代的到来，普通人做主播已不再是新鲜事，各类主播"你方唱罢我登场"。随之出现的主播素质良莠不齐、直播内容粗俗不堪、平台监管不到位等诸多问题，造成了不良影响，极大地影响了受众的体验。受众收听或收看节目，不仅仅是满足感官的刺激，还要满足其更深层次的情感诉求，这要求节目本身就具有一定的思想价值。主持人的审美趣味对节目的思想价值具有至关重要的作用。相较于网络主播，传统电台主持人大多为学院科班出身，接受过播音主持和新闻业务的专业训练，具备较高的文化修养、艺术修养和人格修养。他们在工作中能谨守底线，以正确的导向，理性、客观的态度，符合主流价值观的内容去引导、影响受众。受众通过其获取信息和艺术享受。

（二）扎实的专业技能

有别于成为网络主播的低门槛，传统媒体主持人的选拔与考核有严格的标准，层层筛选后的主持人在历经多年新闻一线工作后，多数具备了扎实的专业技能。对于电台主持人来说，"好声音"是其专业技能的集中体现。"好声音"体现在主持

人的表达能力好。基本要求是普通话标准、音色悦耳、语流顺畅、气息控制到位，根据不同节目内容运用不同的情感基调，做到以声传情、以情带声。并且能面对听众侃侃而谈，灵活妥善地驾驭各类突发情况，及时巧妙应变。这离不开主持人的文化底蕴、临场应变能力、语言组织能力等业务素质的支撑。相较于众多没有接受专业训练的网络主播，业务素质高既是当下传统电台主持人的优势，也是其转战网络平台的加分项。

（三）良好的受众资源

伴随着网络直播的普及与网络主播从业人数的爆炸式增长，网络直播已逐渐从朝阳行业变成一片红海，主播间的竞争日渐激烈。再加上粉丝打赏行为的日趋理性，一些主播为了保证收入与关注度，不惜造假、犯禁，最后被平台永久封禁。与网络主播相比，电台主持人的成长轨迹是厚积薄发、循序渐进的，他们在历经多年的发展后，不仅树立了良好的口碑，还收获了一批"忠粉"。因此，传统电台在迁入客户端平台时，这些与主持人之间建立起稳定的情感联系的"忠粉"多数会随着主持人完成迁移，这为电台自建客户端奠定了一定的用户基础，也为日后运营用户，助力客户端的品牌推广，甚至反哺电台创造了可能。

二、主持人提升电台自建客户端传播力的困境

从收音机到客户端、从线性传播到小屏传播，看似是简单的场景转换、技术的迭代更新，实则却是难度不小的跨界与转型。在提升电台自建客户端的传播力上，主持人虽有专业素养、业务本领等优势，但也面临着前所未有的压力与挑战。

（一）转型意识不明确

与传统电台线性的收听模式相比，客户端突破了时空的限制，让受众掌握了自主选择权，提高了受众的即时交流感和参与度，促使受众的收听习惯发生改变。传统"我播你听"的被动模式已无法满足当前受众的需求，也不利于客户端在千帆竞发的音频市场中立足。这迫切需要主持人及时更新传播理念，树立转型思维，研究客户端的特点与受众的痛点，在内容生产上贡献自身的创造力。然而，总体而言，主持人的转型意识不明确，虽然其中不乏玩转客户端的佼佼者，但多数主持人存在着流于形式走过场的问题。例如，深耕某一垂直领域，致力于满足某个领域细分受众需求的主持人少之又少。多数主持人借媒体编辑之手，将原有节目粗糙"切割"后，平移到客户端。这些"断音频"节目看似符合当下受众碎片化的收听特点，甚至短期内可以为客户端吸引流量，但终究会因创新性不足，或制作不够精良，未能及时跟进受众需求与关注热点，而难以持续维护受众黏性，致使客户端"掉粉"越来越严重。

（二）主持风格不鲜明

移动互联网时代，客户端成为人们收听电台的重要渠道。客户端依托互联网收

听，不占用卫星频段与频率资源，不受地域限制，拥有海量内容，提升了受众的收听体验。一个不容忽视的问题是，电台客户端的风起云涌加剧了主持人之间的竞争。其原因在于，无论是传统电台主持人还是网络主播，都站在了统一的竞争平台上，主持风格越鲜明，越可能收获用户的注意力。虽然电台主持人在专业修养与业务本领上具有一定的优势，但与网络主播相比，其在个性展示上稍逊一筹。例如，同类型节目的主持人风格大多相近，"千人一面，百人一腔"的问题突出。这种脸谱化的主持风格不利于彰显主持人的个人魅力，还会引起受众的审美疲劳。与此同时，一些主持人对客户端的传播特点认识模糊，对客户端受众的接受习惯了解不深，未能及时对主持风格进行调整与创新，而是将原有的传播语态"原封不动"地贯穿于客户端节目制作的始末，导致"水土不服"，难以对受众形成吸引力。

（三）工作被无限延展

在媒介融合发展的大背景下，传统媒体主持人的身份也逐渐趋向多元化。他们不再是单一的业务型语言传播者，工作也不再局限于语言表达层面，而是要成为集信息收集、内容筛选、节目编辑、内容播报等环节于一体的全媒体工作者，能在记者、编辑、主持人等不同岗位自由切换角色，胜任多方面工作需求。可以说，"跨界"将成为主持人工作的常态。此外，以客户端为代表的新媒体对主持人的工作提出了新要求。电台自建客户端提升其使用率的重要方式是打造良好的互动体验，为受众营造参与感。当受众能广泛地参与到客户端的内容生产并满足自身的信息需求，自然会建立起对客户端的认同感与忠诚度。这需要主持人加以引导，将日常工作融于与受众的高频互动之中，以切合受众之需。此外，线下活动、社区建设、社群运营等环节也都离不开主持人的参与，这就增加了工作强度与难度。

三、主持人提升电台自建客户端传播力的路径

综上可见，主持人在提升电台自建客户端的传播力上，优势与挑战并存。主持人要从完善自身入手，扬己之长，补己之短，提升自身竞争力，为电台自建客户端拓展市场。具体可从以下几个方面来努力：

（一）基础——强化转型意识

面对日益繁荣的音频市场和层出不穷的网络主播，转型成为当下传统电台主持人建构自身影响力的必经之路。正如走在转型前列的知名财经节目主持人黎婉仪所说："跟不上潮流变化就会被时代淘汰，不想被淘汰的话就必须求新求变，去拥抱变化和机遇。"然而，现实中，主持人转型存在着奉命行事或盲目跟风的现象，如何强化转型意识又不失分寸地转型，成了关键。强化转型意识，一方面需要主持人适应媒体发展的大环境与职业发展的新趋势，促进角色转换。如今，媒体传播渠道的延展与受众品味的更迭已成为不可阻挡的潮流。面对新形势，主持人不能一味将自身局限在文字播报的阵地，而是要主动做融入新媒体的排头兵、洞察受众需求的

潜行者和打造优质声音产品的工匠，在"跨界"中实现跨越式发展。另一方面需要主持人从整体上把握节目制作的思路，推动内容升级。在巩固现有节目优势的基础上，有意识地为客户端打造原创精品节目，切实改变"为做节目而做节目"的心态，以最大限度满足客户端受众需求，牢牢抓住节目导向和内容入脑入心这两个着力点，从而让客户端所承载的内容更吸引人、打动人、传得开、传得远。

（二）核心——重塑语言风格

风格是主持人的立身之本。在耳朵经济繁荣的当下，平淡无奇的主持风格早已不能满足受众"挑剔"的耳朵。传统媒体主持人如果长期忽视个性化主持风格的建设，不仅无益于提升节目的传播效果，其自身的生存空间，也会在受众多元化需求与网红崛起的夹击下，不断受到挤压。如何确立极具个性标签的主持风格？对于电台主持人来说，要把打造有性格、有态度、有温度的语言风格作为重点。首先，语言风格要契合节目的定位。追求个性不等同于主持人在表达上无节制地张扬个性，而是要在不脱离节目定位的基础上，打破平庸的壁垒。以新闻娱乐脱口秀《海阳现场秀》为例，主持人海阳立足于节目的平民化视角，以特有的东北口音，辅之以不断变化的腔调，形成了极易被听众识别的语言风格，广泛圈粉。其次，语言风格要适应传播平台的变化。主持人的风格并非一成不变，要根据传播平台进行相应的调整与创新，尤其要适应平台主流受众的接受习惯。面对受众以年轻人为主的客户端，主持人要放下"身段"，掌握"该接地气绝不端架子"的本领，用年轻人的方式、年轻人的创意、年轻人的语言来赢得年轻人。这方面，《新闻联播》主持人在《主播说联播》中的语言风格值得电台主持人学习借鉴。自 2019 年 7 月 29 日起，《主播说联播》在央视新闻旗下的各大新媒体平台上线。在这档短视频节目中，主持人一改以往端正严肃的语言风格，以轻松诙谐的话语解读当期《新闻联播》的重大事件，频频登上热搜，俘获了众多受众的青睐。电台主持人应从中得到启发。

（三）趋势——建立主持人工作室

作为传统媒体的门面与名片，作为离受众最近的角色，传统电台主持人转战移动客户端具有先天的优势，但是，主持人要想在客户端做得有声有色，也要承担更多的工作职责。例如，在节目研发阶段参与市场调研，在播出反馈阶段参与对受众收听数据的分析，参与线下活动的宣传推广等。仅靠主持人"单打独斗"难以支撑全局，建立以主持人为核心的工作室，推行团队化运作模式成为新趋势。工作室一般由主持人牵头，吸纳不同专业知识背景的人才加入，是一处创意生产和工作的空间。建立主持人工作室，首先有利于改善电台自建客户端"造血能力不足"的问题。目前，电台自建客户端仍依赖于母体"输血"，客户端的内容与传统电台的内容重合度较高。成立主持人工作室，可有效激发团队的"造血能力"，鼓励工作室成员既在现有节目上做文章，又在自制节目上下功夫。工作室可通过场景划分、精细剪辑等方式对主持人既有节目进行二次开发，或从细分垂直领域入手，深耕受众的需求，打造专属于客户端的"拳头"产品，保障客户端内容的推陈出新。其次，主持人工作室的建立，有利于优化自建客户端互动性不佳的现状。客户端虽然方便了主持人与受众之间的交流互动，但主持人的时间与经历有限，双方间的互动存在着浅尝辄止的现象，长期以往，难免造成受众的流失。针对这些情况，可通过成立主持人工作室来解决。工作室由专人负责日常运营与维护工作，协助主持人通过线上线下渠道吸引和发展受众，积极引导受众参与内容生产，逐渐在主持人、受众、客户端之间形成一个互动反馈的良性闭环。这既优化了受众体验，又提升了主持人的影响力，也增加了客户端的品牌黏性，一举多得。

四、结语

如今，自建客户端已成为传统电台占领互联网、开发新受众的重要渠道。建设一个客户端相对容易，提升客户端的传播力则需要更多的智慧。作为广播电台的品牌资源，面对客户端的发展与自身的转型需要，主持人理应做出前瞻性思考，采取积极行动。"历史只会眷顾坚定者、奋进者、搏击者，而不会等待犹豫者、懈怠者、畏难者。"主持人要顺势而变，应时而为，积极探索身份转型与业务升级，助力电台自建客户端提升传播力，书写新时代广播电台的新传奇。

（作者单位分别为：南昌师范学院；江西广播电视台广播新闻中心）

全媒体格局中新闻广播的舆论能力建设探析

彭碧萍

在中国人民广播事业建设的 80 年风雨历程中，新闻广播发挥了重要的舆论引导作用，直到今天依然不可忽视。新闻广播是利用声音符号通过广播的方式传播新闻信息、引导社会舆论的广播领域。①它是广播作为媒介的重要支柱，也是广播发挥舆论作用的重要载体。

2019 年习近平总书记在《加快推动媒体融合发展，构建全媒体传播格局》的重要讲话中提出了我国构建全媒体传播格局的未来图景与新要求。广播的发展即将迎来一个全新的时代。与此同时，社会舆论生态、现有的媒体格局、传统的传播方式都将发生深刻的变化，新闻舆论工作将面临着全新的挑战。新闻广播应在全媒体传播格局构建中思考符合自身特性的发展道路，更好地传播新闻信息，增强舆论能力和提升舆论水平。本文将从马克思主义新闻观视角出发，依据习近平总书记关于新闻舆论工作的重要论述，对全媒体格局新闻广播的舆论能力建设进行多角度探讨。

一、新闻广播的发展现状及其舆论能力表现

新闻与广播的结合从 20 世纪 20 年代开始出现，伴随着广播媒体的成熟而逐渐形成格局。中国的新闻广播事业作为人民广播事业的一部分，在历史上发挥了重要的社会舆论引导作用。新中国成立之前，中国共产党领导下的新闻广播在抗日战争时期、解放战争时期，为党的统战工作发挥了十分关键的推动作用，成为中国人民广播事业建设早期的主力军。新中国成立以后，新闻广播在宣传国家政策、对外传播中国形象方面产生了良好的社会舆论效果。在 20 世纪 80 年代迎来了发展高潮，也为今天的新闻广播格局奠定了基础。

（一）新闻广播的发展现状

进入 20 世纪 80 年代，广播逐渐开始摆脱大而全的发展模式，出现了专业台，形成了系列化的布局，第十一次全国广播电视工作会议提出以新闻改革为突破口，进行大刀阔斧的改革。②自此国家和省市级广播电台的新闻广播频率也如雨后春笋一般，破土而出，开创了新闻广播发展的新局面。

1. 专业电台的新闻广播

目前，中国的广播电台采用专业频率化布局。专业电台的种类主要分为：交通、

音乐、新闻、经济、都市、体育等等。除新闻广播电台外，其他如交通广播电台、都市广播电台等专业频率，都制作与交通状况、都市生活或受众群体相关的新闻广播节目，这些新闻广播节目同样能够发挥着舆论引导作用。

2. 新闻广播电台

专业电台中的新闻广播电台主要播出新闻节目，但为了吸引受众，也会涉及其他种类的广播节目。其中，中央人民广播电台中国之声作为中国新闻广播第一品牌，属于国家级新闻广播电台，全天 24 小时播音。它以新闻广播为主体，穿插着广播剧，专题服务等其他节目形态。除此之外，各省市基本上都设立了新闻广播电台，由于历史原因，新闻台是各地广播电台的立台基础，但是某些新闻广播电台的专业程度并不高被称为新闻综合广播电台。

根据前面所提到的新闻广播的定义，本文所探讨的新闻广播既包括新闻广播电台的新闻广播节目，同时也包括其他专业电台的新闻广播节目。

（二）新闻广播的舆论能力表现

新闻广播为听众提供新闻资讯的同时，也承担着新闻舆论的责任。伴随着新媒体形式的出现，广播媒体作为传统媒体的风采不及往日，但是广播依然是社会舆论能力建设不可忽视的媒体形态。

新闻广播的舆论能力首先体现在新闻广播的生产加工环节，如新闻内容的选择、编排和制作等。新闻生产是新闻舆论及其传播的基础。[③]当前的广播节目制作由广播工作者来完成，他们对新闻广播内容的选择，体现了新闻舆论工作者的舆论敏感度；对新闻广播节目的编排，体现了他们对新闻舆论的引导方向；对新闻广播的制作，体现他们对新闻舆论工作的目标设定。整个新闻广播的生产加工环节体现了新闻舆论工作者的主观能动性。

新闻广播舆论能力的另一个体现是舆论"四力"：新闻广播节目的传播手段、传播渠道、传播范围等方面表现出传播力；在传播信息的同时对听众群体和社会舆论形成了引导力；在引导同时，对社会舆论产生了影响深度；听众群体对新闻广播形成了信任程度，这些表现也是新闻广播舆论能力的重要衡量标准。2016 年 2 月 19 日，习近平总书记在党的新闻舆论工作座谈会上指出，要切实提高党的新闻舆论传播力、引导力、影响力、公信力。新闻广播作为广播舆论工作的重要载体，是党的新闻舆论工作的重要组成部分。

然而伴随着互联网技术的飞速发展，媒体融合的趋势明显，全媒体传播格局已经拉开帷幕，新闻广播即将面临着全新的机遇与严峻的挑战。

二、全媒体格局中新闻广播舆论能力建设的机遇与挑战

全媒体时代的媒体融合并不仅仅只是跨媒体，而是"全程媒体、全息媒体、全员媒体、全效媒体"[④]。全程媒体使得新闻事件的传播突破了时空尺度，随时可以

对新闻舆论产生影响。全息媒体使得新闻信息的获取变得更加便利，新闻舆论可以无阻碍传递给社会公众。全员媒体使得新闻舆论的主体增多，主体与主体间出现融合，互动性增强。全效媒体使得新闻媒体的功能多样化，不仅提供新闻内容，还具有社交、服务等功能，形成错综复杂的舆论生态。⑤

（一）全媒体格局中新闻广播舆论能力建设的机遇

广播作为一种传统的媒体形态，主要利用声音传递信息，影响社会舆论，具有作为听觉媒体的独特优势。在《加快推动媒体融合发展，构建全媒体传播格局》的讲话中，习近平总书记强调"传统媒体和新兴媒体不是取代关系，而是迭代关系；不是谁主谁次，而是此长彼长；不是谁强谁弱，而是优势互补"。⑥全媒体时代使新闻广播的舆论传播力增强，舆论引导更具针对性。

首先，新闻广播在全媒体格局中能够借助媒体融合平台，采用云计算、大数据分析、智能检索等先进技术手段，使传播范围变得更加广泛。传播时效从延时变为即时，传播方式从被动到互动，突破了时间与空间的限制，从而更好地发挥新闻广播的舆论传播力。

其次，全媒体时代全员皆媒，新闻广播可以整合各种媒体资源，并利用这些资源进行内容生产。另外，主流新闻广播也可以将自己的广播资源与其他媒体或媒体形态进行共享，增强主流媒体的舆论引导力。全媒体时代舆论主体增多并出现融合趋势，新闻广播能够掌握更多的用户数据，对用户行为进行分析，对舆论发展进行监控，从而对舆论进行有效引导。

中央人民广播电台中国之声作为新闻广播的主流媒体从 2015 年开始以媒体融合为契机，抓住发展机遇，搭建了中国广播云平台，建立了广播联盟，这是我国主流新闻广播电台在媒体融合领域迈出的关键一步。中国广播云平台为未来的中国广播事业的融合发展提供了技术支持和解决方案，同时也将在全媒体时代为新闻广播舆论能力的提升创造可能性。

（二）全媒体格局中新闻广播舆论能力建设的挑战

全媒体的"四全"特点，对新闻广播的舆论能力建设提出了更高的要求。2020年 4 月，人民网研究院发布了 2019 年广播融合传播指数报告，考察了全国 300 个中央及省级广播频率，分析了广播频率融合传播能力。报告显示进入百强的新闻综合类广播频率占比 25%，较 2018 年提升了 5 个百分点。⑦报告同样也显示了目前广播在媒体融合趋势中出现的一些问题，说明了新闻广播的舆论能力建设在全媒体传播格局中将面临着挑战，主要表现在以下几个方面：

1. 复杂舆论生态的挑战

在全媒体格局中新闻广播面对的舆论生态系统由于参与传播的主体数量增多，传播主体之间的互动性增强，舆论主体容易受到冲击和影响。新闻广播的内容生产和传播面临与其他媒体形态竞争的压力，同时面对众多的舆论主体，依然需要保持新闻信息的准确和客观。由于全程媒体的特点，不当的言论可能会造成更大的影响和难以弥补的后果。由于传播渠道和平台的便捷，新闻广播的舆论能力也更容易受到大环境中如政治、经济、社会、文化等其他因素的冲击。

2. 融合能力的挑战

借助互联网技术，广播电台与互联网的联系不断加强，建立了广播网站，推进新闻广播的舆论能力建设。但是目前新闻广播在互联网上的传播效果并不显著，这也导致了新闻广播在网络上的舆论影响力较弱。另外，许多专业广播电台虽然借助"两微"，开通了微博、微信账号，但是广播电台的活跃度不高，这也影响了广播的整体传播力。广播电台在聚合音频客户端，如喜马拉雅、蜻蜓 FM 等积极布局，收听率较高。而在聚合新闻平台如今日头条、搜狐新闻、腾讯新闻等入驻率不高，对于潜在的新闻受众影响力较低。

因此，如何抓住机遇提升舆论能力，转化危机变为发展动力，是新闻广播下一步需要思考的问题。

三、全媒体格局中新闻广播舆论能力建设的思路

习近平总书记强调：新闻舆论工作是最前沿、最直接、最有影响力的意识形态工作。[8]意识具有主观能动性，因此在新闻广播的舆论能力建设中要特别关注舆论主体。全媒体时代的新闻舆论主体出现多元化特征，新闻广播要做好新闻舆论工作首先需要树立全面的主体意识。

（一）从新闻舆论主体出发树立全面的主体意识

根据学者张成良在中国社会科学报上发表的《新闻舆论——概念源流与内涵解读》一文阐释，新闻舆论的效果要增强，必须认识到新闻舆论的主体并不是由单一主体构成的，而是由上位主体、本位主体和下位潜在主体共同构成。[9]因此，在新闻广播的舆论能力建设中要树立三位一体的、全面的主体意识，才能创造良好的社会舆论效果，应对复杂的舆论生态。

1. 新闻广播要对上位主体负责

上位主体是指中国共产党以及中国共产党主办的广播媒体机构。新闻广播要本着对上位主体负责的态度，遵循党的路线、方针、政策，体现党性原则，传播党的声音。新闻广播工作者要树立马克思主义新闻观，做到政治坚定、引领时代、业务精湛以及作风优良。生产出来的新闻广播内容要坚持正确的舆论导向，体现舆论环境中各方的声音，对事实进行报道。坚持正面宣传，适应互联网的传播特点，创新自身的传播内容和方法，坚持舆论监督与正面宣传相统一。

2. 新闻广播要立本位主体形象

新闻广播在全媒体格局中的舆论能力提升要依托本位主体。本位主体是指新闻媒介本身，也是新闻广播的载体。新闻广播的本质是声音符号的传播，声音符号系

统包括语音与音乐、音响等元素。新闻广播要充分利用语音的信息传达特点传播关键的新闻信息；利用音乐树立新闻广播的声音品牌形象；利用音响元素构建新闻广播的真实空间效果。在听众的脑海中留下声音形象，通过抽象的声音元素建构具体的新闻舆论形象，发挥自身伴随性的传播特点，打造听觉媒体的舆论领地。

3.新闻广播要为下位潜在主体服务

下位潜在主体是指与新闻媒体相关的社会公众，也就是新闻广播的听众群体。下位潜在主体既受新闻舆论的影响，又影响着新闻舆论。中国共产党的新闻思想始终是坚持以人民为中心。新闻舆论工作本质上是群众工作。新闻广播要本着宣传群众、动员群众、服务群众的目的，进行新闻舆论工作建设。全媒体的传播格局中，下位潜在主体和本位主体的融合和叠加趋势明显，新闻广播要遵循这一发展趋势，提高新闻内容质量，接近群众生活，接受群众意见，报道群众关心的国家、地方和国际新闻事件。

（二）把握全媒体特点，增强融合能力

虽然新闻广播的融合步伐伴随着新媒体技术的发展早已迈开，但是在融合广度和深度方面还未到位。广播频率依托广播电视客户端或电台客户端、音频聚合客户端、以及聚合新闻客户端等进行传播，这种资源整合形式是广播频率融合发展的大趋势。新闻广播应当顺应融合发展趋势，弥补广播在聚合新闻平台入驻率还不够高的现实，依托聚合新闻平台提供的用户优势，挖掘潜在的受众主体。另外，新闻广播作为声音媒体，具有移动传播的优势和伴随性的特征，最大限度发挥自身特点，争取更多的手机网民群体，提升舆论能力。

同时新闻广播的融合发展并不能仅停留在相加阶段，而应该往纵深方向推进。这要求新闻广播在精耕内容的同时，也要完善传播体系，适应全媒体生态圈。不管是依托广播媒体向垂直产业发展，还是以智能媒体技术为基础打造沉浸式广播，都是新闻广播在全媒体传播格局中不断增强舆论能力的可行路径。

（三）对新闻舆论"四力"的再思考

全媒体时代，从新闻媒体尤其是主流新闻媒体的"舆论主场"变成了众多主体涌入的"舆论广场"。新闻舆论工作在传播力、引导力、影响力和公信力等方面的建设都受到不同的影响。新闻广播的舆论能力建设应该要紧密结合全媒体时代特征，对舆论"四力"进行再思考。

全媒体时代，新闻广播的传播依托媒体融合以及新媒体技术，其传播手段和传播范围可以得到保障。但是新闻广播的传播力形成不仅体现为传出去，而应该做到有效传播，达到"传而通"。传而通的实现有赖于新闻广播的融合趋势向纵深方向发展，做好在微博、微信、客户端等平台的传播，提升传播效力。

对于新闻广播而言，在全媒体格局中舆论引导力将是一个巨大的挑战。新闻广播要对党和人民负责，要坚持党性与人民性相统一。引导社会舆论的性质、发展趋势、

发展方向。在全媒体格局中，新闻广播要发挥自身作为广播媒体的听觉优势。习近平总书记十分强调主流媒体的新闻舆论引导力，[10]因此，主流新闻广播在推进自身发展，构建话语权的同时，也要引导其他地方类新闻广播的舆论方向。

在全媒体传播格局中，由于媒体形态的多样性，新闻广播的舆论影响力想要得到飞跃性的提升似乎并不现实。因此，新闻广播需借助大数据分析、云计算，人工智能等新技术手段走向纵深融合，扩展听众市场并稳固现有的听众群体，依托更大的传播平台和更广的传播渠道，发挥自身的伴随性优势，才能有效提升影响力。主流新闻广播在对内和对外的新闻舆论工作中担当重任，地方级新闻广播在区域性新闻舆论工作中发挥自身优势。

新闻广播的公信力是新闻舆论工作的重中之重，它决定着新闻舆论的传播力、引导力和影响力。相较于文字新闻，新闻广播的声音符号系统更能接近群众，有利于树立公信力。新闻广播的公信力建设，同时也有赖于新闻广播工作者对于新闻事件报道的客观公正、真实准确。

四、结语

从 2014 年《关于推动传统媒体和新兴媒体融合发展的指导意见》到 2019 年《加快推进媒体融合发展，构建全媒体传播格局》的讲话，我国媒体融合发展的思想在不断丰富，与时俱进，全媒体传播格局的建设将是媒体发展的战略目标。

新闻广播作为广播领域新闻舆论工作的主体，承担了重大的舆论引导责任。本文对全媒体时代新闻广播的舆论能力建设进行了初步探索，但全媒体的大幕刚刚拉开，技术的发展日新月异。很快，5G 技术将推动全媒体的发展，迎来新的事物和景象，新闻广播的舆论能力建设也将面临着新的变量。但是万变不离其宗，新闻广播只要客观认识自身特点，全面把握媒体融合的发展趋势和发展规律，借助其他媒体形态的优势补充自身不足，实现自身突破发展。在新的变量面前，可以将所面临的挑战转化为发展机遇；在全媒体格局中，新闻广播的舆论能力建设将有更大的提升空间。

注释：

①吴缦、曹璐：《新闻广播研究》，第 8 ~ 9 页，北京广播学院出版社 1997 年版。

②赵玉明：《中国广播电视通史（第 2 版）》，第 364 ~ 369 页，中国传媒大学出版社 2006 年版。

③丁柏铨：《论新闻舆论传播力、引导力、影响力、公信力》，《新闻爱好者》2018 年第 1 期。

④⑥习近平：《加快推进媒体融合发展，构建全媒体传播格局》，《求是》2019 年第 6 期。

⑤《让主流媒体成为"全媒体"》，《人民日报》2019 年 1 月 30 日。

⑦《2019 年中国广播融合传播指数报告发布》，http://media.people.com.cn/n1/2020/0430/c120837-31693825.html

⑧习近平新闻思想讲义编写组：《习近平新闻思想讲义（2018年版）》，第34页，人民出版社、学习出版社2018年版。

⑨张成良：《新闻舆论：概念源流与内涵解读》，《中国社会科学报》2017年3月16日。

⑩陈力丹：《习近平论"建设全媒体"》，《新闻爱好者》2019年第4期。

（作者系广东财经大学广播电视系讲师、中国传媒大学新闻学专业博士研究生）

广播与社交的"互嵌"研究

周 芳 黄 钦

广播听众到广播用户，广播节目传播到广播产品服务，在互联网时代，每种成功的媒体产品都会有社交基因的深度植入，通过个体的主动传播、连接与生产，实现社群发展与社交需求的满足，广播与社交的互嵌路径值得被关注。

一、内嵌：广播化社交

社交是人类在生活实践中寻求认可的本能延伸，情感的传递和交流是信息互通的需要，是获取亲和的需要，更是归属于爱的需要。广播依托声音的传真性在表达情感、传递氛围、促进理解等方面有着良好的效果，其移动性和"非排他性"也使得广播在受众伴随方面有着独特的优势，而这些听觉特征也使得广播与社交的互融成为可能。

1、时间偏向的社交仪式

在智能手机尚未普及的年代，广播在一定程度上承载着一代人的青春记忆与社交仪式。广播中以征友点歌、婚恋交友为主题的社交节目，满足了人们对媒介的可得和对社交仪式的渴望。在固定的时间打进广播直播间热线、给节目组发送一条短信、给好友点播一首特别的歌曲、留下自己的征友信息期待反馈、认真聆听相亲嘉宾的访谈资料……广播塑造了社交的仪式，在时间象限里给与了听众最直接的、最真诚的、最流动的情感交流方式。把时间拉回现在，广播化的社交方式依然具有活力。现代生活节奏快、压力大，年轻人的社交圈窄、婚姻延后挤压累积现象越发明显。作为唯一的非视觉媒介，广播拥有相对私密的情感感知通道，为以婚恋交友、兴趣话题互动为主体的节目提供了较好的生存土壤。

2、地域性的情感连接

传统广播的频率资源是有限且相互干扰的，广播在发展过程中受到地域划分的影响，导致其在特定的调频波段和特定的区域范围内才能实现收听，尤其是在社交网络不发达的年代，这种地域性的限制恰好给了广播化社交很好的发展空间。广播的移动特性和区域特征更符合社交基础，因此，广播与本地听众互动频次更高、互动效果更好，尤其是在交友相亲类节目中，地域性强的特征使本地听众参与这类社交节目的愿景更强、积极性更高。如河北新闻广播的《有缘天空》尤为强调服务的区域性和公益性，通过节目内容和相关服务着力提高本地听众忠诚度和参与度。

3、广播化社交的优势

在信息特征方面，广播化社交与电视化社交存在着很大的区别：首先，电视的屏幕化特征使社交更"具象"，其"脸谱"也更"人设化"，屏幕的围观是以隐私的牺牲为代价的。以声音为介质的社交则相对含蓄、冷静、走心，作为交往的第一步——初识与印象构成，广播有着台阶式的功能，隐私保护带来情感相对真实，伴随可得性高更有助于融入社交生活。其次，电视和广播在节目制作方式、成本控制、难易程度、互动门槛上有很大差异，广播的媒介使用感和参与感相对更强，而电视长久以来为人"诟病"的"容器人"则表明其在社交表现上动力不足。

广播与社交媒体在社交方式上也有区别。社交媒体在互动机制、信息渠道上有着不可比拟的优势，然而其社交信息的准确性、真实性、匹配度则存在争议，网络用户虚拟性强、用户素质参差不齐、资本的过度经济理性使得社交信息真假难辨，一些虚假信息欺骗、诈骗、隐私泄露等问题频出。因此，广播借助其良好的信赖度和专业水平以及行业公信力和传播规范等优势，能很好的满足受众通过媒介进行社交的这一趋势。

二、外嵌：社交化广播

"现在所处的社交时代里，任何一个单向媒体都无法满足公众对于信息的渴求，哪怕它过去是权威的代名词。"[1]数字化的媒介环境正快速向以社交媒体为核心的局面转变。以微博、微信、短视频为代表的新兴网络社交平台和信息传播平台的崛起，基于社交基因的新应用层出不穷，广播的发展也不可避免的卷入社交化的大趋势中，社会化网络的"微链式传播"给"喇叭式"的传统广播发展提供了新的参考路径。广播外嵌于社交媒体，是基于社交网络的传播格局改变，这种融合与嫁接既是顺应时代潮流也是广播在发展过程中对自身的重构和升级。

1、空间偏向的社交媒体连接

高强度的工作生活节奏导致我们获取信息的时间越来越趋向碎片化，用户主要流量阵地也已经转移到了各类社交媒体和线上载体中。"社交媒体是一种基于互联网用户关系的内容生产和交流平台，具有极强的互动性、即时性和趣缘性。"[2]广播借助社交媒体，将单一的大众传播扩展为多元的传播矩阵，从人内、人际、组织等多维度进行传播渠道的打通。从一对多的大众传播模式转变为点对点的精确传播、点对面的社群传播、多点对多点的复合社交趋势。广播在移动互联网环境下的发展面临两个不同选择：内容生产商或是做渠道和平台。从内容创新角度，与社交媒体连接，将会开发出更多融合类的社交节目，带来新的传播价值和盈利增长点；从渠道或平台的角度，基于社交媒体的垂直领域的开发、语音智能技术的应用是否会给传统广播的发展注入新的活力，社交化的广播也许会给我们答案。移动互联网时代推动了人们收听方式的改变，人们越来越多通过新的终端与接入方式来收听广播，由"你播我听"的传统私人化收听方式转变为更具互动性的社会化收听方式，用广播、玩广播，通过嵌入社交媒体，广播的次级传播价值将得到充分利用。

2、嵌入社交媒体的意义与实践

社交媒体时代，数字广播的技术赋能使广播在精准、智能、多元化的方向发展上存在更多可能，社交媒体在促进共享与相互支持上能给传统广播的发展提供更多的机遇。因此，广播的发展需要在一定程度上遵从社交媒体的逻辑，而后者正是在传播能力和变现能力上有着更强的表现力。

近年来，国内广播媒体纷纷加速向新媒体转型，加强基于社交网络的传播体系建设，从而扩大广播的话语空间。传统广播媒体在推动广播与社交媒体的融合方面也做出了积极尝试：如嵌入微博的"微电台"、研发基于手机等移动媒体的 APP，如江苏广播电台"微啵云"、河北广播电台《992 大家帮》等。此外，上海广播电视台东方广播中心在广播的互联网化和移动广播 APP 化方面做了更深度的尝试：SMG 开发了主打移动社交的音频产品"阿基米德"，把传统广播和互联网社区结合起来，做到了互联网化要求的"去中心化"。用户互相吸引，线上线下活动福利多，很多人会固定的来这个平台自主表达并结交好友，"听众"完成了向"用户"的过渡。在跨地域实践和全媒体运营中，"阿基米德"已有 6000 余个广播节目专属社区，社群传播价值凸显，社交模式初现。

3、社交化广播传播的实现路径

广播在社交媒体时代的发展本质是与受众关系的重构，社交作为一种个性化服务内容必将成为广播创新服务模式，提高受众粘性的新切口。

在社交元素上，基于位置的服务（LBS）+UGC 的内容制作，可进一步增强服务性与交流感。以切片式话题和基于深度垂直兴趣建立粘合性强的互动社区，切准听众的社交心理需求，做用户情感的维系者。如中央电台《为爱向前冲》通过真实精准的交友资讯、与听众之间心与心的联通来提高广播社交的核心竞争力，传递正确婚恋交友价值观，打造立体多元的交友平台并实现了相亲交友类节目的品牌化运营。

在社交渠道上，进一步开发基于移动社交环境的手机广播系统、加强与已有社交媒体平台的深度合作，定制社交，聚合信息，建立高度社交特征的广播直播社区。目前，传统广播通过立体传播集群的打造，在各社交媒体平台上开设账号，进行"众包"传播，线上线下并非相对独立，而是相互勾连，各具平台特色，在最大程度上实现与用户的社会交往与情感互联。如河北新闻广播推出的《有缘天空》充分利用社交媒体的渠道优势和媒介特征，将"微信社群与广播节目、线下活动等构成了一个流量的闭环路径"[③]，使节目在传播效果、服务能力、品牌影响力和经济效益上均有很大突破。

在社交产品上，创新节目内容与呈现方式，构建具有鲜明社交媒体烙印的产品风格，积极进行社会化广播产品实践。例如，央广的"主播朋友圈"，形式与内容十分接地气，整个"朋友圈"虽然是虚构的，但其中内容都来自中国之声记者在两会报道上传回的素材，第一期《朋友圈》在形式上给人耳目一新的感觉，鲜明的社交风格直接穿透受众的手机；第二期加入记者语音聊天、节目访谈视频、会场探秘、记者连线等形式；第三期植入主播申请加你好友这一鲜明的社交元素。用户甚至有权利可以点击拒绝；第四期把朋友圈的控制权交给用户，网友可自主滚动点击查看朋友圈内容。

此外，加强传统广播与网络电台的融合发展，将原有节目进行打包与分发，根据平台特点尝试多样化的符合社交媒体逻辑的产品。如北京广播电视台将所有频率节目整合而来组建北广菠萝台，为受众提供一个可移动、能下载、准定制、多互动的社交平台。青岛音乐体育广播《915全城热恋》在原有广播节目的资源优势基础上搭建了本地专属交友平台，通过会员自荐、人工审核方式、最新约单信息、语音聆听、会员专访、人气榜、不诚信榜、最新活动等板块为年轻人精准社交提供服务。

三、互嵌："强关系"传播下的广播发展新思路

社交的机遇正是在互联网时代尤其是网络社区时代的全面崛起中出现的，社交媒体的高渗透和扩张方式也给广播带来了新的机遇。对于广播媒体而言，广播与社交媒体的相互嵌入将使其深度参与用户生活实践场景中，充分发挥"玩广播""用广播"的社交体验，这一转变意味着"可听、可用、可互动"的广播化社交和社交化广播的"强关系"传播正成为媒体融合发展的又一趋势。

1、广播嵌入生活社交场景

"移动互联网时代争夺的是场景"[④]，美国学者罗伯特·斯考伯和谢尔·伊斯雷尔也在《即将到来的场景时代》一书中预言互联网将在未来20年里进入场景时代。在这个场景中，人与人的社交构成了场景最基本的单元节点，社交媒体也不再是制作混乱的一种力量，相反是构成场景以及场景运行的重要业务组件。

一方面，基于智能终端的社交媒体为社交化广播的发展提供了入口，广播在外嵌社交媒体后获得账号与渠道，并建立潜在场景，或独立实现，或聚拢在一个大账号下。将广播嵌入个人生活、工作及消费等场景，实现传播内容从固定化场景向旅行、购物、学习、就餐等不同移动场景的转变，将用户的媒介接触习惯与社交生活等场景紧密关联，为基于音频的社交圈建立提供契机。

另一方面，"广播嵌入它所处的社会网络中，构成社会网络的一个节点。"[⑤]广播与社交场景的相互嵌入从某种程度上来说是与听众关系的革新与重构。基于社交情景下的个性化传播和服务，将有助于广播自主搭建个性化的场景，以人的交往为逻辑，以社交服务体验为核心，以创造社群交往活跃度为传播情景。因此，广播嵌入社交生活场景，将充分利用社交媒体的平台特征并以用户社交需求生产内容，

从而在未来场景竞争时代中成为重要的信息交流和传播平台。

2、跨媒介联动带来声音社交的更多可能

听觉市场不断被切割，听觉需求和用户习惯被不断挖掘与重塑。用户对声音元素的重视与偏好也为声音的跨媒介发展带来了契机。跨媒介的开放式合作生产，打通不同媒介之间的壁垒，加强与高水平跨媒介节目资源之间的融合，将有助于广播在内容上创新社交关系。如积极拓展与电视台声音节目融合，湖南卫视与声音品牌"凯叔讲故事"间的互动模式值得参考。与不同声音平台，如音乐提供商、网络广播电台等合作，打造"声计划""声入人心"等基于声音的选拔活动，为广播节目主持人、广播剧配音、广告配音等储备力量。与智能语音提供商如"科大讯飞"等开展更深度的合作，为广播的场景化社交发展助力。

3、新技术发展中的未来广播与社交

广播与人的互动，看似是为了争取用户，实则是建立关系。基于"强关系"下的广播与社交，可以充分发挥社会化传播的思维，深化与用户之间的关系，通过信任度的提高，吸纳用户主动靠近。这种"强关系"的建立也因技术的创新发展拥有了前所未有的机遇。如物联网将给广播在场景社交中提供更多可能性，智能穿戴设备、语音搜索技术等会将广播这一声音媒介的伴随特质、移动特征、解放视觉禁锢等优势得到更充分的发挥。

社交媒体与移动设备、传感器、大数据及定位系统等技术能促使广播内容的极大优化，无论是信息广度还是个性化深度，社交媒体都会成为场景时代的内容源泉。从用户的社交需求出发，在技术的帮助下，未来广播可以理解你是谁，和谁在一起，你们在做什么，接下来可能会存在的场景。小到店铺橱柜窗里的折扣信息，大到对路况险情的警告，广播更"懂"用户，能更好走进用户的生活场景，与用户建立强连接，获得"强关系"，从而实现用户的社交增值。因此，跳出"媒介中心主义"思维，以用户需求为催生力量，以用户肖像为场景开发导向，在大数据环境里，合理使用新媒体技术对听众的收听习惯、媒介的使用习惯进行跟踪记录，从而实现人本化的社交场景嵌入。

（作者单位分别为：湖北工程学院文学与新闻传播学院；广西艺术学院影视与传媒学院）

参考文献：

①徐志斌：《社交红利》，北京联合出版公司 2013 年版。

②张卉：《社交媒体视域下电视媒体的发展研究》，《出版广角》2020 年第 4 期。

③赵作为：《新媒体时代婚恋交友类广播节目的创新分析——以河北新闻广播《有缘天空》

为例》,《传媒》2016 年第 12 期。

④彭兰:《场景:移动时代媒体的新要素》,《新闻记者》2015 年第 3 期。

[5]麦尚文:《关系编织与传媒聚合发展——社会嵌入视野中的传媒产业本质诠释》,《国际新闻界》2010 年第 1 期。

在地性视域下的广播解困之道

——以湖南交通广播为例

唐涤非

互联网渐渐改变了传统媒体的传播渠道和媒介介质，导致电视开机率的减少，报纸发行难度的增加，广播收听率的下降。传统媒体的受众触达率不容乐观，互联网的强势兴起使传统媒体渐渐落入低谷。

从上世纪九十年代始，中国进入汽车社会，伴随着车载广播带来的用户增长红利，濒临困境的广播迎来了生机。然而，随着时间的推移，科技的进步，报纸、电视等传统媒体不断地求新求变，开始触底反弹，加之互联网迅猛发展以及移动终端的迅速崛起，媒体竞争空前激烈，在这种情势下，广播的发展不容乐观：一是传统媒体的整体传播模式在升级变化，传统的流量变现愈发困难，广播在广告市场受到冲击；二是传统资讯传递渐渐被新媒体取代；三是原来独有的广播点对面路况信息提供逐渐被导航 APP 点对点服务取代；四是职业司机忙于接单，陪伴性广播让位于声频接单争夺。

车载广播丧失了独占优势，再次遭遇新媒体时代多媒体的冲击。如此以来，广播是否真的进入了死胡同？

与其蜂拥向网络发展难以凸显优势，湖南交通频率却另辟蹊径，紧扣广播在地性特质，强化地缘优势，线上线下两相结合，从增强社会凝聚力、增强交流与信息共享、增强文化与促进娱乐、增强经济活动促进区域发展等方面入手，深耕区域民生实事，尝试着新媒体时代广播的探索创新。

一、增强社会凝聚力，做促进地方治理的智选平台

社会凝聚力是社会秩序的基础，涉及社会关系、共同价值观、成员归属感等等，媒体在增进社会凝聚力的形成中能发挥积极作用。例如，节目中，湖南交通广播着力促进广播发展朝更具参与性的范式转变，通过吸收各界观点，邀约利益各异的成员参与节目，确保提升广播自身凝聚力；节目外，湖南交通广播努力维护和巩固其作为主流媒体的地位，构建政府层面、不同社会部门以及参与者之间的彼此连接，促进社会凝聚力形成，为合力解决一系列社会问题作贡献。

美国心理学家佩勒姆（Pelham Mirenbeg）说过，人们总是会对与自己相关的信

息感兴趣。引发的兴趣会激发受众的思考，进而影响其行为表现。节目中，湖南交通广播关注区域内民生问题，通过对热点话题的关注，构建受众表达舆论的重要平台。如午间节目《新说法》，是湖南省唯一一档自编自采的本土化广播法治节目，主持人是湖南省唯一通过国家司法考试的专业主持人，节目中邀请专家及热点话题的亲历者作为节目的嘉宾，让他们从专业角度为受众进行阐释，或给出明确的建议和意见。因为节目定位于本土，与本地受众息息相关，所以收听率一直是高位运行，收听份额长期稳定在 35% 以上。在另一档节目《新闻早点到》的策划中，强调的是区块链接、环环相扣、精准送达。其中板块"小区红黑榜"就是深耕小区事件，直达地方治理毛细血管终端；在"执法第一现场"板块，湖南交通广播联动省应急管理厅、省交警总队、省生态环境厅、长沙市交警支队、长沙市城管局等行政资源，直击地方区域的事件现场。这样的节目设计，不但促进了广播与受众的联系，更增强了地方区域内人们的主人翁意识，促进了地方区域内社会凝聚力形成。

广播的在地性决定了广播更了解和接近地方区域内的实际问题，能在促进地方治理中发挥独特作用。活动策划中，广播联动政府层面、不同社会部门及各参与者，构成了不同社会层次参与者的非层级互动模式，把代表不同利益的参与者共同融入解决问题的决策中，成为解决地方治理问题的关键因素。如湖南交通广播联动长沙市生活垃圾分类工作领导小组办公室、长沙市城市管理和综合执法局、长沙市文明办等单位共同举办"长沙市首届垃圾分类社区挑战赛"，活动以社区为单位报名参赛。长沙市内设置芙蓉区、天心区、雨花区、开福区、岳麓区 5 大赛区，15 场海选、一场复赛、一场总决赛，由湖南广电名嘴、本土笑星及环保达人等共同组成垃圾分类明星宣讲团，深入社区开展巡回宣讲，以民众喜闻乐见的方式，宣传垃圾分类，成为引导居民参与城市生态文明建设的有效举措。湖南交通广播从 2000 年开始的"爱心送考"活动，持续 20 年不断，已经成为全国广播的公益品牌，20 年的时间，湖南交通广播构建的这一活动完成了"活动——品牌——平台"的蜕变和进化，不但构建了具有全国影响力的原创公益孵化平台，更是助力社会组织管理创新。行之有效的广播宣传可以极大地改变社区的生活，从长远看，广播在节目外的活动策划，因其活动内容、时间及地点等灵活性，始终能紧跟新的社会生态和社会经济发展，其凝聚力对地方区域的治理必然存有潜在影响。

从广播媒介的优势出发，区分开发节目内和节目外的地方区域资源，扩大节目的内涵和外延，促进个人、团体和社区讲述各自的不同故事，分享各自不同的经验。在此过程中，因为其特有的在地性，与本地受众息息相关，广播内容会在很大程度上获得地方区域性的流行，增强了地方区域内的社会凝聚力，促进地方治理，同时也使广播在众多媒体构成的新媒体世界里成为活跃的媒体创作者和贡献者。

二、增强交流与信息共享，做区域融媒传播的特选平台

为了增强交流与信息共享，在传播方式上，湖南交通广播升级改造广播设施，提升地方区域利用广播的效率；传播内容上，湖南交通深耕广播地方区域形象宣传，做极具地方区域传播公信力及关注度的媒体平台。

对于传播方式，传播学学者威尔伯·施拉姆在"选择的或然率公式"中，指出受众总会以"最省力原则"选择媒体。根据这个原则，湖南交通广播一是着力升级改造广播设施，为地方团体联网交流提供便捷途径。如湖南交通广播规划通过"应急广播平台＋广播电视覆盖网＋县级融媒体中心＋村村响"模式，构建起"一次采集、多元生成、多渠道智能　传播与多终端适配"的内容生产、AI 智能传播应急广播传输覆盖技术体系，实现省级、市级、县级、乡镇、乡村 5 级无死角覆盖，打通传播的最后一公里，有效改善偏远农村地区的农业信息共享。二是通过使用当地语言等方式更好地满足受众的需求，在众多媒体的产品和服务严重同质化的今天，为地方区域受众提供特色服务的策略，成为了广播立于不败之地的有效保障。例如，湖南交通广播助力地方脱贫攻坚，广播采取"送客入村，旅游扶贫"的方式，线上、线下全位联动，线上推介旅游线路，线下组织主题自驾活动，打造 FM+ 视频直播+VLOG+ 创意海报＋微信推文的融媒传播矩阵，为受众呈现出一个眼睛可以看、耳朵可以听、脚步可以丈量的新湖南。

对于传播内容，湖南交通广播凭借在地性优势，加强和促进当地文化，使之成为一个广纳地方区域意见和观点的论坛，做地方区域内传播极具公信力及关注度的媒体平台。湖南交通广播构建"FM+"融媒传播矩阵，稳守本土流量入口，构建粉丝经济生态，融媒策划的"飞跃湘江的桥"航拍短视频，这种让受众共同参与，共同完成的活动，激发了受众参与活动的兴奋度，致使媒体的点击阅读量突破 1000 万；而由湖南交通广播联合芒果 V 直播、长沙市城市管理和综合执法局、岳麓区城市管理和综合执法大队推出的《执法大直播》节目，直击本地餐饮油污整治，这个节目不但切实关系到受众身边城市生活质量的改善，而且还通过节目赋予了市民解决问题的参与权，加强了政府与市民之间的亲近感，所以这档节目在本地引起强烈反响，累计收看量超过了 1000 万。做地方区域融媒传播，增强交流与信息共享，这样的方案与地方发展政策相结合，改善了地方区域受众的生活质量，深得居民青睐，所以，湖南交通广播的"两微"活跃粉丝突破 150 万，常读用户比例 40%，粉丝粘性远高于平均水平；10 万＋微信爆文层出不穷，节目小程序活跃粉丝 50 万＋，累计阅读量达到 2 亿人次。

通过改造设备，重建广播的根基，深耕地方区域独特性，不但消解了新媒体对广播的冲击，而且在大胆拥抱融媒传播过程中，广播引领的融媒体平台更提升了地方区域内人们生活轨迹相交的频率，增强了交流与信息共享，增强了媒体与受众，

以及受众与受众之间的互惠联系。实践证明，这种互惠关系很大程度上也造就了区域内人们更具幸福感的生活体验。反过来，带来良好体验的广播融媒体平台，对受众自然具有强大的吸引力。

三、增强文化促进与娱乐，做本土文旅融合的优选平台

首先，通过文化娱乐节目促进本地人群的集体身份认同。如湖南交通广播的《幸运招手来》栏目，周一到周五，全天3档连线，是该广播唯一的一档博彩真人秀节目，直播车每天穿行在长沙城市街头，市民在街头追寻它，找到它，即可获得幸运礼物。这种基于本地人群体验的娱乐节目能有效吸引本地受众参与，集结零散的受众群体，促进本地受众集体身份的建立，为营销具有地方特色的本土文旅资源奠定基础。

其次，在受众集体身份认同基础上，加强文旅产业品牌塑造。一是将各种不同文化娱乐方式与本土文化特定的表现形式和品牌创造结合起来。在描述湖南交通广播时，广播负责人说：湖南交通广播与众不同之处在于，它使生活变得比以往更加美好和有意义，让大家都喜欢它。湖南交通广播以"美好生活在路上"为核心，发挥交通广播特色，解锁新时代汽车文化，与湖南省文旅厅合作制作播出《锦绣潇湘》节目，助力湖南省构建全区域旅游开放发展新格局；二是依托颇具地方特色活动而扩展的广播节目，为受众提供新的听觉维度的同时，既促进地区的发展，也促进广播的自我发展。如湖南交通广播全案策划执行的2019湖南国际文化旅游节，制作推出"莽山森林音乐节"等，助力新开园的莽山景区一举跃居国庆旅游目的地前十强；连续多年打造靖州杨梅节，制作"杨梅之夜演唱会"等，成为农旅融合和乡村振兴的湖南样本，被评为中国优秀乡村文化活动；还有如"做一天小镇青年——十大特色小镇体验""跟着徐霞客游湖南""直播红色湘赣边"等节目创意，通过开启审美强调和打开群体情感记忆的方式，盘活最活跃、最有个性、最有消费力的高净值用户，打造融媒IP和商业流量变现的连接器，让更多合作伙伴分享粉丝经济红利的同时，更促进了地方特色的本土文旅资源开发利用。

从以上的实例可以看到，广播节目对受众的影响是间接发生的。利用广播的在地性，制作促进地方特色文化与娱乐的节目，其影响在于给地方区域内的受众带来了积极体验，唤醒了受众的良好感受，继而催生了受众认可其文旅产品的行为态度，为广播成为本土文旅融合的优选平台提供了条件。

四、促进经济活动，做本土定制服务的独选平台

广播的在地性以关注地方区域问题为核心，必然会关注地方区域内的经济活动，必然会尽己所能地促进地方区域及周边地区的经济活动。根据社会交换原理，在提升广播价值感的同时，更会催生社会广泛而又积极的情感支持，必然有助于广播成为本土具有广泛影响力的广告定制服务的独选平台。

首先，力促区域内的小生产对接"大"市场。在广播节目设计过程中，兼顾难以有实力做广告宣传的本土作坊式小生产者。广播为其开发节目空间，通过节目宣传他们的商品和服务，帮助其改善他们的生意和生活，对于广播而言，这种方式是极具先锋和独创性的。如费大厨辣椒炒肉是长沙街头传承了两代人的拿手菜，恰好能与湖南交通广播日播的反映百态生活的节目《辣椒家族欢乐派》无缝贴合，于是，湖南交通广播采用线上＋线下的方式，量身设计"辣椒炒肉免费吃"的长沙街头头条事件，创造 3 小时狂销 3631 桌的销售数字。这种高度吻合区域内消费者诉求的节目设计，与受众产生了一拍即合的效果，湖南交通广播采取高频高调展示产品存在的方式，持续为小生产者进行产品宣传，提供了一个相对稳定状态的品牌传播知名度。

其次，力促地方区域内企业品牌建设。品牌建设是媒介经济学的核心所在，湖南交通广播跨媒介垂直整合资源，助力本土企业的品牌建立。如为中小型企业提供相应论坛，将节目内容与本土企业的建设相关联，从内容生产向解决方案提供的进化，以"软广告"形式助力合作伙伴破壁出圈。特色栏目《亲爱的房子》是湖南交通广播重磅打造的场景化＋融媒体＋音视频同步直播节目。节目主打智能家居新生活，全网搜索、融媒展示最新最潮的家居潮品，同时开启网红带货模式，完成线上线下联动推广；湖南交通广播为美迪装饰量身打造家装粉丝节，不断刷新家装业的销售佳绩，成就了家装业的业界标杆；针对全新亮相的湖南颐而康保健连锁品牌"颐而康"，湖南交通广播推出"线上＋线下＋名嘴代言"的融媒体整合推广方案，尤其为此推出的"君临颐而康　如在长寿乡"的品牌口号，为"颐而康"的宣传推广做了极具象形性的准确定位；为宣传湖南赫山大米推出的"好溪好米"，让一粒好米的故事响彻三湘四水……湖南交通广播为宣传企业打造了良好的口碑效应。

广播开启的这种互惠范式和社会责任范式，不但使广播获得了广泛的信息交流渠道，其与生产者和企业主等基于信任建立起来的彼此照看家园式的合作行为，更使广播获得了社会广泛认同，让广播成为本土定制服务的独选平台成为了可能。

结语：

我们生活在一个大众传媒时代，在探讨决定媒介宣传效力应该具备哪些因素时，答案并不唯一，但能引发受众喜爱或是对受众具有吸引力是最重要的因素之一。就媒体而言，产生对受众的吸引力，通常采用的策略有：一是接近受众，二是提升受众黏性。充分利用广播的在地性特质，深耕地方区域民生实事，从增强社会凝聚力，增强交流与信息共享，增强文化与促进娱乐，增强经济活动促进区域发展等方面入手，尽可能地接近受众，因接近而易得，因易得而自然提升了受众黏性。事实上，依据吸引的回报理论，人们总是被那些令自己感到满意和开心的人或物所吸引。在新媒体背景下，湖南交通广播的举动收获了更广谱的覆盖、更具成长性的受众规模、更优质的用户群体和更具性价比的资源组合，更收获了 31.8% 的收听份额，成为了连续 16 年稳居中国省级广播收听冠军的频率。

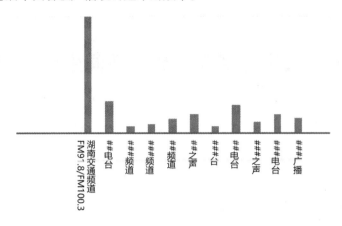

2019年1–10月中国省级广播收听市场份额排名表
（赛立信数据）

新媒体时代，虽然大众传播的优势将世界变成了地球村，但是，不盲目跟风，合理配置媒体资源，适当利用具有增长势能的媒体环境，是媒体从业者应该首要考虑的因素。于广播而言，与其不具有优势地蜂拥着争夺传媒世界的蓝海，不如充分利用广播的在地性特质，带着地方区域内受众的偏爱，品味着"爱就是活下去的自然力量"（保罗·韦伯斯特《爱情多美好》），以不变应传媒世界的纷繁万变，或许是新媒体环境下广播困境的破局之道。

回头看，风景这边独好！

（作者系华南农业大学艺术学院副教授）

把关人理论视角下热线新闻生产研究

——以S市广播电台为例

马新瑶

一、引言

新闻热线自上世纪90年代兴起之后，经历了20余年的繁荣期、成熟期、平稳期和转型期，至今仍然是传统媒体开拓新闻来源的重要方式。热线新闻因其"源于群众，走入群众"的特性和独特的受众群体，即使面对网络媒体的冲击也依旧富有生命力。热线新闻生产在融媒体时代发生了由表及里的转变。在获取信息的途径上，由最初的热线电话、信件拓展到电子邮件、社交网站等网络平台；在报道形式上，由报纸、广播、杂志扩大到H5、交互动画等；在报道内容上，从以媒介为导向转变为以受众为中心。热线新闻生产的整个过程似乎都或多或少地受到了技术的渗入。

但是，尽管新闻生产在信息收集和处理等环节借助了更为便捷的电子系统，记者的工作方式也在一定程度上发生了改变，但热线选择的内在逻辑依旧没有变化，影响把关的诸因素也还在不断地产生影响。具体表现为，成千上万不同类型的热线最终被选择、报道出来的新闻往往存在相似性。本为开拓新闻来源、以争夺受众为最初目的的热线新闻却呈现出同质化趋势。这样的现象是必然还是偶然？何种因素在其中加诸影响？这成为本研究旨在回答的关键问题。

二、理论基础

传统把关人（gatekeeper）理论滥觞于Lewin的"渠道理论[①]（channel theory），进入21世纪，Shoemaker将影响把关人决策的因素分为5大类，构建了"社会系统－社会机构－组织－报道惯例－个人"的金字塔结构。[②]社会系统层次对把关的影响是最基础也是最根本的，包括社会文化、社会性趣、社会结构、主体意识形态等；社会机构指的是媒体外社会机构，包括新闻源、受众、市场、广告、政府、公共关系等；组织层次则涉及组织特性、组织的边界角色、组织的社会化等；报道惯例层次是模式化、常规化的实践形式，媒体工作者运用这些形式从事内容生产，包括新闻价值判断、新闻写作结构、记者对官方信源的依赖等等；个人层次则于把关人的个人特征密切相连，如背景、价值观、思维模式、角色定位等。

由于社会系统层次主要适用于跨文化比较，较为宏观且复杂。个人层次涉及把关人的个人因素，当前获取的信息和数据尚不能进行推断，因此本研究并未考察这两个层面的影响，而是从报道惯例、组织和社会机构 3 个层面进行分析。

三、研究设计

（一）研究问题与假设

本研究将基于把关人理论，从报道惯例、媒介组织和社会机构 3 个方面探究热线新闻选择的影响因素。

报道惯例层面上，记者对新闻价值的判断对把关具有显著影响，包括新闻热线的真实性、趣味性、接近性、重要性。大量研究证明四大特性影响把关[③]，本研究还将深入探究四者影响程度的高低。

研究问题 1：新闻价值对把关的影响。

$H_{1.1}$：新闻价值的四大特性对把关的影响程度有大小之分。

$H_{1.2}$：一条新闻热线具备的新闻价值特性越多，越有可能被选择。

组织层面上，媒介管理规范如广播报道时长（3 分钟）、制作周期（3 到 5 天）、投入产出比也是新闻热线选择必须考虑的规则，这些规范要求热线新闻的制作不能过于复杂。新闻热线中涉及的相关方数量显示了制作新闻报道的成本问题，相关方数量越多，该新闻可能越复杂，制作成本也就越高。广播热线新闻还有一个特点在于接线员对热线的描述，描述越详细越能够帮助记者在短时间内了解事件，降低时间成本。

研究问题 2：媒介管理规范对把关的影响。

$H_{2.1}$：新闻热线中涉及的相关方数量影响其被选择的可能性。

$H_{2.2}$：新闻热线的长度影响其被选择的可能性。

社会机构层面上，主要考察新闻源和受众两个方面。新闻源与受众的融合是热线新闻的一大主要特征，因此热线新闻从选择到生产再到报道的全过程都与受众密切相关，这便与来自其他新闻源的新闻产生了区别。在热线选择的过程中，记者与作为新闻源的受众之间的距离是否会产生影响？在热线新闻中，报料人的来电次数最能显示其紧迫性，来电人数也能直接反映事件的重要性。

研究问题 3：新闻源和受众的融合对新闻热线选择的影响。

$H_{3.1}$：新闻热线是否多次来电影响其被选择的可能性。

$H_{3.2}$：新闻热线是否多人来电影响其被选择的可能性。

基于此，本研究形成了如下框架：

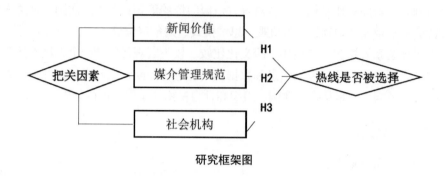

研究框架图

（二）抽样与分析单位

1.目标媒体的选定：本研究以广播为目标媒体，选择S市广播电台作为研究对象，具体为有记录的社会类新闻热线。S市广播电台是全国规模最大、实力雄厚、种类齐全的省级广播电视播出机构，拥有国内首屈一指的新闻生产能力和一流的节目播出能力。S市广播电台的电子热线服务系统自 2014 年 11 月正式开通，由专业的接线员进行记录。

2.时间范围与抽样：选取 2017 年和 2018 年作为研究时段。S市广播电台的社会类新闻热线每天有 10 到 30 条不等，这一研究时段涵盖的新闻热线数量巨大，因此采用构造周抽样方法，在 2017 年上半年和下半年分别抽取一个构造周，共两个构造周，2018 年同理。通过删除取消投诉的热线、多次来电只保留最后一次来电的记录，最终选取 535 条热线作为样本，其中已处理的热线有 91 条，未处理的热线有 444 条。

3.分析单位的选定：本研究的分析单位是在选定时间内的所有新闻热线的文字记录。这些文字记录是专门的接线员对报料人的来电内容进行的如实概括。

（三）类目建构

本研究内容分析部分的类目建构如下：

1.新闻热线的新闻价值（真实性、趣味性、接近性、重要性）：

此类目建构采用 Likert scale 五分量表对四种新闻价值标准分别进行打分。在一个标准中达到 4 分及以上可以判断这条热线具有该特性。

1.1 真实性：1.1.1 非常不真实（1 分）；1.1.2 比较不真实（2 分）；1.1.3 不确定（3分）；1.1.4 比较真实（4 分）；1.1.5 非常真实（5 分）

1.2 趣味性：1.2.1 非常无趣（1 分）；1.2.2 比较无趣（2 分）；1.2.3 不确定（3 分）；1.2.4 比较有趣（4 分）；1.2.5 非常有趣（5 分）

1.3 接近性：1.3.1 距离非常远（1 分）；1.3.2 距离比较远（2 分）；1.3.3 不确定（3分）；1.3.4 距离比较近（4 分）；1.3.5 距离非常近（5 分）

1.4 重要性：1.4.1 非常不重要（1 分）；1.4.2 比较不重要（2 分）；1.4.3 不确定（3

分）；1.4.4 比较重要（4分）；1.4.5 非常重要（5分）

1.5 新闻热线具有的价值个数：1.5.1 一个；1.5.2 两个；1.5.3 三个；1.5.4 四个；1.5.5 五个

2. 媒介管理规范（广播报道时长、制作周期、投入产出比）：

2.1 热线涉及的相关方：2.1.1 一个；2.1.2 二到三个；2.1.3 四个及以上

2.2 热线记录的字数：2.2.1[0,36] 字；2.2.2[37,63]；2.2.3[66,339]

3. 社会机构（来电次数、来电人数）：

3.1 来电次数：3.1.1 一次；3.1.2 多次（大于一次）

3.2 来电人数：3.2.1 一人；3.2.2 多人（大于一人）

（四）编码员训练与信度检验

由两名有过媒体工作经验的大学生担任编码员，编码条数 = 样本量 *10%，即对 54 条热线进行前测编码。Cronbach's alpha 分别为 0.933（趣味性编码）、0.865（相关方编码）、0.979（来电次数），由此可见，类目建构具有准确性，编码具有一致性。

四、研究结果

（一）报道惯例对把关的影响

报道惯例层面中，记者对新闻价值的判断对把关具有显著影响，包括新闻热线的真实性、趣味性、接近性、重要性。对 4 种新闻价值特性有无与处理状态进行列联表分析，结果显示，在已处理的热线中，96.7% 的热线具有真实性；75% 的热线具有趣味性；94.5% 的热线具有接近性；92.3% 的热线具有重要性，排序为真实性、接近性、重要性、趣味性。此外，将 4 种新闻价值特性作为自变量，处理状态作为因变量，建立二分类逻辑回归（Logistic Regression）模型，筛选变量的方法选择 Forward: LR 法，得到逻辑回归模型。四种新闻价值特性的 OR 值分别为 33.105、36.124、162.245、17.441，接近性的 OR 值远高于其他 3 种特性，趣味性和真实性较接近，重要性最低。因此，研究假设 2.1 可以被证明。

对新闻价值特性进行打分后，打分在 4 及以上的被认为具有该特性。对价值特性的数量和处理状态进行列联分析独立性检验，结果显示处理状态受新闻价值特性数量的影响（χ^2=373.973，P<0.001）。因此，一条新闻热线具备的新闻价值特性越多，越有可能被选择，二者呈现显著相关，研究假设 2.2 可以证明。

（二）媒介管理规范对把关的影响

以相关方分段和处理状态作为变量，对其进行列联分析独立性检验，结果显示处理状态受相关方数量的影响（χ^2=17.052，P<.001）。因此，研究假设 3.1：可以被证明。并且，"两到三个"相关方分段的热线的处理比为 19.7%，大于总处理比的 17.0%。

以字数段和处理状态作为变量，对其进行列联分析独立性检验，结果显示处理状态受相关方数量的影响（χ^2=11.240，P=.004）。研究假设 3.2 可以得到验证。研究结果还表明事件叙述越详细（字数越多），热线被选择的可能性越大。

（三）社会机构对把关的影响

分别对来电次数 * 处理状态和来电人数 * 处理状态进行卡方检验，结果并不符合设想。一次来电与多次来电热线的处理比与总体的处理比相差不大，且一次来电的处理比大于多次来电的处理比。而卡方检验的结果，则更直观地显示了来电次数与处理状态之间不存在显著联系（χ^2=3.8415，P>.05）。也就是说，研究假设 4.1 未能得到证明。

来电人数 * 处理状态的列联分析结果也大致相同。从列联分析的结果看，多人来电的处理比高于单人来电和总体的处理比，但卡方检验的结果同样是不具有显著性（χ^2=3.8415，P>.05）。因此，研究假设 4.2 也不能得到验证。

五、讨论与结论

一条新闻热线具备的新闻价值特性越多，越有可能被选择，这一点已经成为常识层面被广泛认同的观点，新闻价值也依旧是把关人需要考虑的关键因素。不过，4 种新闻价值特性与处理状态的相关强度的区别值得注意。二元逻辑回归模型显示，真实性让位于接近性和趣味性，成为影响新闻选择的第三要素。虽然真实性、重要性在热线新闻选择的过程中不是最重要的推动因素，但被选择出来进行报道的大部分热线新闻仍然需要具备这两个特性。趣味性在新闻选择的过程中起到较为明显的作用，但并不是热线新闻不可或缺的热性。

将热线新闻的特征：参与性、贴近性和服务性[①]纳入考虑，可以更好地解释这一现象。热线新闻"源于群众"，与受众的日常生活息息相关，贴近性要求新闻记者努力贴近群众，这也就使得热线的接近性价值成为新闻选择的首要因素。趣味性在热线新闻中相对不那么"必要"则受到其服务性的特征影响。服务功能意味着热线新闻不能一味的追求新鲜、猎奇，更应该脚踏实地，"急受众之急，解受众之困"。在这些特征的作用下，真实性和重要性即使不会成为新闻选择的首要考虑因素，但他们作为基础要素仍旧是热线新闻的必备要素，换句话说，热线新闻是在具备真实性和重要性的基础上以接近性和趣味性为主导的。

在组织层面上，媒介管理规范如广播报道时长（3 分钟）、制作周期（3 到 5 天）、投入产出比也是新闻热线选择必须考虑的规则，这些规范要求热线新闻的制作不能过于复杂，具体到热线上，则要求其涉及的相关方数量不能过多，事件描述足够准确、具体，前者保证采访的成本不会太高，后者可以节省记者在挑选热线时投入的时间和精力。因此，已处理的新闻热线中，所有热线涉及的相关方均为两到三个，表明新闻热线既不能简单的只有一个相关方，也不能过于复杂，造成过大的负担和压力，这符合媒介管理规范的要求。

热线的字数更多地影响记者的直观感受。详细的叙述不仅可以在较短的时间内帮助记者了解事件，还会使其产生"这条热线具有价值"的印象，这涉及到记者与接线员之间的隐性互动。接线员在处理热线时，多数情况下以倾听为主，此时的热线记录并不会很长，只是一个概况。但如果遇到有挖掘潜能的热线，接线员会加入更多的询问，这就使得信息增多，记录字数增长也是可想而知的结果。换句话说，热线的字数在一定程度上显示了接线员对热线的关注程度，这就给热线又增添了一层人为的筛选过程。事实上，接线员对热线的选择也是把关机制的一个环节，只是不在本研究的讨论范围之内。

多次来电和多人来电体现了报料人的迫切，而报料人作为受众，这种迫切性也就在一定程度上反映了受众的需求。而在4种新闻价值特性中，接近性是影响程度最大的要素，多次来电和多人来电的热线被处理的可能性应该高，但事实上并非如此。为何会产生与假设相反的结果？热线新闻的新闻源和受众融合的特点可以解释这一现象。在传统新闻生产中，消息源试图"管理"新闻并令自己以最佳的面貌出现，新闻从业者也希望"管理"消息来源，借此抽取他们想要的信息，消息源和记者之间还存在着话语主体的争夺和话语权的博弈。[⑤]但在热线新闻生产中，这一现象只得到了部分印证。

消息源作为受众，不仅提供信息，还天然地携带了求助、投诉等诉求，尤其是在社会新闻中，消息源希望通过媒体的介入来解决自己面临的问题，这使得双方并不处在势均力敌的初始位置上，媒体的参与对消息源和对记者的意义也就产生了不同。可以说，在报料人层面上，记者极少会遇到"不合作"的消息源，报料人不仅会积极配合，为了达成解决问题的目标甚至还会承担部分记者的职责，比如提供证据佐证自己的说法。

新闻源与受众的融合，使得新闻源从提供者变成了求助者，新闻源不得不让渡出一部分原本处于平等位置的独立性，这也意味着记者可以将自己从追逐者的地位中释放出来，成为占据主动的挑选者。不过，受众与新闻源的融合也要求记者不能脱离受众的需求，多人来电热线的处理比高于总体处理比、多次来电热线的处理比与总体处理比相差并不大，可以说明这一特点。

通过对把关机制的分析，造成热线新闻同质化严重的原因也显现出来，其中既有资本运作的结果，也有政策规则的限制，还有经验习惯的作用。可以说，热线新闻同质化是新闻信息传播过程中的一种客观存在，几乎不可避免。现实经验告诉我们，在传统媒体的旧有框架下寻求改变的思路是行不通的，我们必须打破常规，走出传统媒体框定的范围，立足融媒体时代，重新思考热线新闻同质化问题的解决路径。

灵活引入技术，创新报道形式

在融媒体时代，信息技术得到了不断的提升和发展，传统媒体也逐渐将这些新的传播技术引入并使其落地，为传统媒体所用。电视新闻报道中的新元素不断增加，如直播、VR 等技术。2016 年里约奥运会期间，中央电视台将 VR 技术投入开闭幕式及赛事报道中，使观众有了新的体验。[6]视觉传播技术与广播可能并无太大关联，但新的传播技术的发展带来了新的可能：广播电台传统播出 + 新媒体平台播出 + 线下互动的融媒体手段。在新闻热线来源的收集、处理和筛选过程中也要充分利用技术的便利性。

除了渠道和平台的融合，融媒体媒介组织的形成也势不可挡。或是在原有新闻中心的基础上，融合其他频道或部门的力量，成立新的融媒体新闻中心；或是二是完全按照新媒体的运行模式，重新组建一个新的融合新闻生产部门。[7]这两种路径都可以为传统广播媒体提供变革路径。

找准媒体定位，打造优质内容

为了突破同质化，找到自身的个性化和竞争点，媒体定位是首先需要考虑和确定的。媒体是严肃性、民生性还是娱乐性的；媒体是地方性、区域性还是全国性；媒体面向什么样的受众……这些问题都可以帮助媒体确认自身，找寻定位，并以此作为之后各个阶段的指导和依据、

无论身处何种环境，无论传播技术如何发展，无论传播渠道发生何种变化，内容，对于新闻行业而言，始终是最关键的竞争要素之一。新闻报道质量的不断提高，是广播新闻事业实现创新的重要基础。特别是在融媒体时代，广播等传统媒体受到冲击，行业之间竞争更加激烈，"内容为王"仍是做好新闻报道的关键所在。[6]

重视新闻专业，扩大新闻来源

在技术和管理之外，人的因素不能被忽视。作为新闻选择和新闻生产的主体，记者等新闻从业人员的职业素养几乎决定了新闻报道的质量。在猎奇心理和狂欢心态盛行的网络时代，如何保持新闻报道的中立、全面、理性、深度，是所有新闻从业人员都需要思考的问题。在喧闹浮躁的当代社会，全身心投入一篇深度报道的写作似乎成了一件很难得的事情，但这本应该是对记者的基本要求。如何在稿件数量和经济效益的双重考量之下保证内容质量，这是这个时代给记者出的难题。解决这一难题决不能仅靠记者对新闻专业主义的坚守，还要呼吁政策制定者和媒介经营管理者对这一问题的关注的重视。

参考文献：

① Kurt Lewin：《群体生活的渠道》，中国传媒大学出版社 2002 版。

② Shoemaker, P J, Vos, T. Gatekeeping , London: Sage, 2009.

③Cassidy, W P., Gatekeeping Similar For Online, Print Journalists , Newspaper Research Journal, 2006, 27(2)。

④隋冰茹：《〈齐鲁晚报〉热线新闻选题与报道框架研究》，郑州大学，2014。

⑤曾庆香、刘自雄：《论新闻源与新闻的话语主体》，《国际新闻界》2006 年第 1 期。

⑥李莉：《探析融媒体时代电视新闻报道的创新途径》，《新闻研究导刊》2017 年第 8 期。

⑦张静：《媒体融合背景下广电媒体组织调整的困境及路径研究——以 J 广播电视集团为例》，《西南民族大学学报（人文社科版）》2019 年第 1 期。

（作者单位：南京大学新闻传播学院）

从北部湾之声看区域性对外广播的
创新发展之路

玉楚嫣

2002 年 11 月 4 日，中国—东盟自由贸易区的建设正式启动。广西作为中国唯一一个与东盟国家海路通道并存的省份，成为我国面向东盟开放合作的重点地区，对于国家形成参与和引领国际合作竞争的新形势、实施互利共赢的对外开放战略具有重要的意义。基于此，广西面向东盟的对外传播任务更加紧迫。为了塑造积极国际形象、增进国家之间的交流，中国国际广播电台和广西对外广播电台共同创立了我国首个区域性国际广播频率"广西北部湾之声"，该频率于 2009 年 10 月 23 日首播，其传播主要对象是越南、老挝、柬埔寨、泰国、缅甸等东盟国家。2013 年 9 月至 10 月，习近平总书记提出建设"一带一路"的倡议，广西被列为"一带一路"有机衔接的重要门户，其对外宣传的国家战略地位加速提升。在政策扶持和资金投入的双驱动下，"广西北部湾之声"在创新发展的道路上取得了许多辉煌的成就。

一、全媒体联动：构建多元对外传播平台

2019 年 1 月 25 日，在中共中央政治局第十二次集体学习会上，习近平总书记提出"构建全媒体传播格局"这一紧迫课题。所谓"全媒体"是指，信息传播者综合利用印刷媒介、电影、电视、广播、录音、互联网等媒介形态，根据不同地区、不同民族、不同年龄、不同终端的受众的不同需要，通过广电网络、电信网络以及互联网络等多种传播方式进行全方位、多层次、立体化传播的一种新的信息生产、传播与消费形态[1]。为响应习近平总书记的号召，"广西北部湾之声"积极落实全媒体的建设工作，整合利用广播的媒体资源，综合多种媒体形式，实现在广播、电视、纸质媒体和网络媒体等多媒体平台传播信息，开创多平台、多维度的传播业务，巩固壮大国家主流宣传，成功打造了具有地方特色的媒体融合模式。

1. 纸质媒体赋能对外广播境外传播

纸质媒体入局对外传播能够覆盖广播媒体的境外传播死角，推进多层次的对外传播体系发展。2012 年 9 月，广西人民广播电台与越南广宁广播电视台正式签署合办《荷花》杂志的协议，《荷花》杂志采用了中越双语对照的排版方式，便于中越

读者阅读，杂志内容着重介绍中越两国新闻时事、经济发展、科技文化、旅游美食等方面的内容，削弱了政治宣传的色彩，增进了两国人民的了解。自中越两国合作办刊以来，《荷花》杂志以其丰富的内容、精美的图片、精湛的文笔和不断改版创新的积极进取精神，受到两国领导和读者的好评，影响力持续不断扩大。2012 年，《荷花》杂志在越南的发行量为 2500 册/期，如今的发行量已经增至 10000 册/期，未来《荷花》杂志还将不断增加发行数量，提高整体质量，打造出中越媒体合作的品牌。

2. 电视媒体助力中国文化"走出去"

通过与东盟国家电视台合办电视栏目，定点、定时段播出由"东南亚语广播影视译制中心"译制的中国电视剧、动漫，中国文化实现了"走出去"的目标。"东南亚语广播影视译制中心"由"广西北部湾之声"组建，目前，该译制中心已经拥有英语、越南语、泰语、柬埔寨语、老挝语、缅甸语、等语种的译配技术人才 100 多人。迄今为止，"北部湾之声"与柬埔寨国家电视台、老挝国家电视台、缅甸国家电视台合办的《中国剧场》《中国动漫》《中国电视剧》等栏目已播出《三国演义》《琅琊榜》《西游记》《哪咤传奇》等中国优秀的电视剧和动漫，不断掀起收视热潮[2]。这些合办的电视栏目成为东盟国家境内观众了解中国文化的重要窗口，促进了中国与东盟国家影视行业的发展与合作，增进了国家关系与人们的友谊。

3. 新媒体巩固壮大对外传播主流舆论

随着互联网的迅速提速和扩容，网络终端成为大众传播的主渠道，新媒体作为一种大众媒体，已经渗透到了人们日常的生活，具有广阔的发展空间和市场前景。包括广播在内的传统媒体与新媒体的融合已经成为大势所趋，以"广西北部湾之声"为例，从 2010 年起，"广西北部湾之声"就开始借力新媒体打造自己的门户网站广播电台、移动互联网广播电台、自媒体矩阵等新媒体自有内容。

2010 年 5 月 8 日，"广西北部湾之声"推出的"北部湾在线"网（BBRTV.COM）正式上线。该网站采用简体中文、英语、越南语、泰语 4 种语言发布信息，首页共有"新闻频道""视频道""图频道""节目点播""北部湾之声""主持人库""在线微博"等 13 个专栏全面介绍中国的政治、经济、文化、旅游和饮食等各个领域，为用户提供内容丰富的资讯服务。据统计，每月来自东盟国家用户访问量超过 100 万，"北部湾在线"网已经成为成为广西与东盟国家的沟通桥梁。

除了开办网站，"广西北部湾之声"还积极构建移动媒体传播平台，在微信、微博、Facebook、广西视听、蜻蜓 FM 和荔枝等新媒体平台均有所布局。例如，在微博、微信公众号、Facebook 等社交媒体平台开通运营"广西北部湾之声"自媒体账号；在广西视听、蜻蜓 FM，荔枝等 APP 成立"广西北部湾之声"移动互联网广播电台，用户可以在网络电台上实时收听广播，也可以按照自己的喜好进行点播。

二、节目定位：以外宣为主的多元服务提供者

1979 年 7 月 15 日，党的十一届三中全会顺利召开，制定了"改革开放"的伟大的决策，为当时的中国带来翻天覆地的巨大变化，同时它也让一度被搁置的对外宣传工作再度重启。1984 年 12 月 1 日，广西对外广播电台正式播音，为了贯彻"扩大对外宣传"的战略思想，广播工作者们以火一样的热情投入对外广播事业的建设中。由于国际局势紧张、广播设备简陋等原因，当时的对外广播节目以新闻报道为主，基本围绕中国尤其是广西及附近区域的重大事件，如专题报道港澳回归祖国、"西部大开发"战略、中国正式加入 WTO、广西壮族"三月三"歌节、广西壮族自治区成立 40 周年等。

自中国—东盟自由贸易区正式启用后，中国与东盟国家建立了战略伙伴关系，在经济、文化、旅游等方面的往来更加密切，由此，对东盟国家的传播策略也不应该仅仅停留在政治宣传上。在此背景下，"广西北部湾之声"诞生，尽管此时的对外传播工作重心仍是政治宣传，但广播工作者已经有意识地打造内容多元的广播节目、为受众提供多功能服务。经过不断地摸索，到目前为止，"广西北部湾之声"已经成功地打造出许多相对成熟地节目品牌。例如，时事新闻类节目的"BBR 早新闻""北部湾信息港""泰语新闻"；中文教学类节目的"学说中国话"；文化音乐类节目的"华夏剧场"、"TOP MUSIC"和"阳光　沙滩　北部湾"等节目。

从"外宣工具"到"以外宣为主的多元服务提供者"的身份转变，标志着"广西北部湾之声"实现了人性化传播理念的回归，提升了自身的价值与意义。

三、双边合作：助推节目本土化发展

由于受到传播技术的制约，目前我国的区域性国际广播无法实现远距离的覆盖，这导致了对外广播媒体的影响力有限。再加上"广西北部湾"的外宣在宣传艺术上的欠缺，因此它很难让东盟国家的境内听众产生发自内心的认同感。为了解决这一难题，"广西北部湾之声"采用了与传播对象国的本土媒体合作的方式，这种方式不仅可以扩大自身传播范围，还能有效地拉近与境外受众之间的物理和心理距离，助推节目的本土化发展。

1. 交换节目

通过与东盟国家本土媒体合作，相互播出对方的节目的合作方式可行度高、成本低、准备工作少、覆盖面积广，是我国对外广播开展双边合作的重要方式。目前，"广西北部湾之声"已经与越南、老挝、柬埔寨、泰国等东盟国家的广播媒体开展了合作，2011 年，越南广宁广播电视台每日定时播出《畅游中国》节目，广播频率"越南之声"及"越南胡志明之声"每周定时播出《经济与旅游》节目，这些节目均由"广西北部湾之声"制作，受到了不少越南境内听众的欢迎。

2. 联合举办大型对外交流活动

与东盟国家的本土媒体联合举办活动，是"广西北部湾之声"扩大对外宣传的重要手段。2019 年 12 月 28 日，由"广西北部湾之声"承办的"同唱友谊歌"—2019 中越歌曲演唱大赛国际总决赛在越南河内星河剧院举行，来自中越两国的选手在舞台上激烈角逐，为现场观众带来酣畅淋漓的视听盛宴。"同唱友谊歌"中越歌曲演唱大赛由"广西北部湾之声"于 2005 年首次发起，至今已有 15 年的历史，培养了许多具有音乐天赋的中越选手。该歌唱比赛的比赛规则十分具有新意，中国赛区和越南赛区分别决胜出 5 名选手进入国际总决赛，国际总决赛由中越两国轮流举办，总决赛时，每一名中越参赛选手都要演唱一首中文歌曲和一首越文歌曲并由评委为他们的表现评分。这种比赛规则，拉近了中越人们的距离，受到两国人民的广泛喜爱。

除了歌曲演唱比赛，"广西北部湾之声"还在越南联合当地媒体共同举办了"同一个月亮 共一片爱心"的联谊活动、"携手同行——中越青年自行车友好之旅"的骑行活动、中国（广西）—越南美丽印象摄影展等活动，是中越广播媒体合作的成功范例。

四、结语

区域性国际广播肩负着对外宣传的重要使命，在区域性国际合作中发挥着重要的推动作用。"广西北部湾之声"秉承"中国立场、广西特色、国际表达"的传播理念，主动与东盟国家的媒体开展全方位、多角度的双边合作，逐步构建起区域性国际广播平台、中越合办杂志和电视栏目、新媒体矩阵的多位一体对外传播体系，推进对外传播多元化、服务化和本土化进程。在我国现有的区域性对外广播中，"广西北部湾之声"历史最为悠久、经验最为丰富、成就最为可喜，是许多区域性对外广播学习和借鉴的样板与典范。基于此，通过对"广西北部湾之声"的分析研究，总结其特点和优势，能够为我国区域性对外广播的创新发展和融媒转型提供了可借鉴的方法和路径。

参考文献：

①卢传才：《加强全媒体建设 推动媒体融合发展——学习习近平关于建设全媒体的重要论述》，《决策与信息》2019 年第 5 期。

②赵玉明：《中国广播电视年鉴》2016，中国传媒大学出版社 2016 年版。

③赵然：《广西对东盟广播的历史和现状研究——以北部湾之声为例》，《传媒》2018 年第 3 期。

④谢卓华：《全媒体时代北部湾之声面向东盟实施类型化改革的路径思考》，《新闻知识》2017 年第 4 期。

（作者单位：福建泉州师范学院）

上海青浦人民广播的融合发展路径

魏阜龙　徐国兴

1940 年 12 月 30 日，中国人民广播事业诞生于延安王皮湾村。"延安新华广播电台，XNCR，现在开始播音。"标志着党的新闻事业从报刊文字阶段迈入语言广播时代。[①]伴随着炮火硝烟，人民广播不仅记录了波澜壮阔的中国革命事业，也见证了共和国光辉而曲折的前进历程。青浦区位于上海西郊，有着"上海之源"的美誉，是中国国际进口博览会的永久举办地、长三角生态绿色一体化发展示范区所在地。青浦人民广播电台作为区县级电台，是新中国成立后才建设的基层人民广播，同样经历了艰苦创业、与新中国建设同步发展、新时代融合发展等辉煌历程。知史明理，鉴古知今。结合青浦人民广播的发展历程和成功经验，探究人民广播的融合发展路径，对引领新时代传统媒体的创新发展具有借鉴意义。同时，结合当前正在深入开展的"四史"（中共党史、新中国史、改革开放史、社会主义发展史）学习教育活动，还具有一定的现实指导意义。

一、零基础：青浦人民广播艰苦卓绝创业简史

1949 年 5 月，跟随中国人民解放军渡江南下的华东新华广播电台主要成员接管了国民党办的上海广播电台，上海人民广播电台宣告正式建立。50 年代，有线广播在上海市郊各县先后建立并迅速发展起来，广播喇叭入户率及技术质量均属全国先进水平。

1956 年 2 月 12 日，春节，在这个特殊日子里，青浦县有线广播站正式成立并全县播音。从此，青浦人民广播事业开始了与新中国建设同步、与党和人民同行的光辉历程。这个由领养院的简陋房屋改造成的广播站，总面积不到 100 平方米，全县安装舌簧喇叭 59 只，广播信号传输主要利用电话线，实行"一线（电话线）二用（打电话、通广播）"。当时平均每天播音时间仅为 2 小时零 4 分钟，其中转播节目为主，自办节目多数是放唱片或摘录报刊。在有限的条件下，报纸、广播成的内容共享融合成为人民群众获取信息的主要来源，可以视为媒体融合的源头。

随着宣传的需要和采编播人员的增加，有线广播全天播音时间增多，质量也不断提高。同年 12 月 21 日，原中央广播事业局在青浦县召开为期 5 天的全国农村有线广播技术经验交流会，青浦广播成为学习的样本。改革开放后，青浦人民广播事

业迈入发展的快车道，坚持新闻立台，在实践中发挥了信息传播、宣传教育、社会服务、文化娱乐等多功能作用。1980 年青浦县广播站开设广播专栏《广播评论》，广泛发动干部群众来参加社会问题的广播讨论，在青浦乃至上海引起热烈反响。"种田为什么？""农民怎样尽快富起来？"等富有时代性的话题产生了强烈的磁场。除了播送专题讨论稿、听众来信、广播漫谈、小通讯外，还录制了 10 多个录音报道和 20 多人次的录音讲话，发挥了有线广播传递快覆盖面大的优势，把党的政策、科学的农业知识宣传到家喻户晓，为新时期农村有线广播加强思想政治教育的宣传，作了一次有益的尝试。[②]

1985 年青浦县人民广播电台正式成立，各项工作制度趋向健全、完善，并在改革新闻、提高时效、增加信息量、建立主持人节目等方面作了探索和尝试。1991 年建立调频广播，广播与电视融合，平均每天播音时间为 8 小时 44 分，自办节目时间 5 小时 41 分，占全天播音时间的 67%。同年夏天，上海遭遇特大暴风雨和龙卷风袭击，太湖流域河水水位连续暴涨，一旦引发洪水将严重危及下游上海人民群众生命财产安全。为了消除太湖洪水险情，国家防洪抢险指挥部决定炸开青浦县辖区的红旗塘、钱盛塘堤坝，进行泄洪。青浦县电台在抗洪救灾中，6 位编采人员全部出动，深入炸坝泄洪现场，从 7 月 4 日到 10 日一个星期内发回录音报道、电话报道和通讯、特写等 70 篇。[③]

1998 年 8 月 26 日，全新的青浦县广播电视中心建成并投入运行，186 米高的广播电视塔成为青浦文化地标，也是城市景观的一道亮丽风景。2000 年青浦正式撤县建区，青浦区广播电视台正式成立。

64 年来，一代代青浦广播工作者继承和发扬人民广播的光荣传统，始终忠诚于党的新闻事业，坚持正确的政治方向和舆论导向，在青浦经济社会发展中发挥了重要的舆论引导作用，在服务青浦人民的精神文化生活中锻造了一支政治强、业务精、作风好的优秀队伍。青浦人民广播承前启后，继往开来，加快自身改革发展步伐，节目内容丰富多彩，传播力、引导力、影响力不断提高。

二、大融合：青浦人民广播与时俱进创新发展

2018 年 8 月，习近平总书记在全国宣传思想工作会议上指出，"要扎实抓好县级融媒体中心建设，更好引导群众、服务群众"。从国家战略层面为县级融媒体中心建设指明了发展方向。同年 9 月，中宣部在浙江长兴县召开县级融媒体中心建设现场推进会上提出，"加强县级融媒体中心建设，着力打造基层宣传思想工作和精神文明建设的重要平台，打造为民排忧解难、做群众思想政治工作的重要平台，把基层百姓所需所盼与党委政府积极作为对接起来。"2019 年 4 月，上海市委深改委审议通过了《上海市关于加强区级融媒体中心建设的实施方案》，确定了相关建设的时间节点和工作目标，明确"上海区级融媒体中心要建成主流舆论阵地、综合服

务平台和社区信息枢纽"。

建设区级融媒体中心，是巩固拓展基层宣传文化阵地、夯实党的意识形态工作根基的重大举措，也是在新形势下做好群众工作的一项基础性、战略性工程。2019年 6 月 28 日，青浦区融媒体中心正式揭牌成立。整合原有青浦报、青浦区广播电视台、绿色青浦微博和微信、青浦政府网站等多家单位，打造以区融媒体中心为引领、紧密联通、协同互动的"1+11+X"融媒体集群工作格局。同时上线"绿色青浦"APP，以"新闻＋政务＋服务"为定位，深度融合青浦人民广播、青浦电视台、青浦报、微信、微博官方公众号新媒体等资源，不仅是新闻资讯集散地，还提供生活、教育、交通、旅游、就业等便民服务。

以 2020 年初以来的抗击新型肺炎疫情的新闻报道为例，青浦区融媒体中心立足新闻主业，一方面坚持内容为本，突出正面引导，另一方面坚持移动优先，突出融合创新，形成一系列本土化、接地气的新闻产品，点击率突破百万。区融媒体中心统一技术平台上线"抗疫上海在行动"专题，开发"上海新冠肺炎感染情况数据可视化应用"等模块，及时将疫情动态、政策信息、防控措施传播到千家万户，还结合本地实际，推出专题策划。例如青浦区融媒体中心发布新闻专题《除夕夜，青浦医疗队 15 名勇士奔赴武汉！等你们平安归来》，在快手平台播放量达 8153.3 万。这充分发挥了移动传播"短、快、活、新"特点，也显示了基层传播媒体的空前的传播力与影响力。

为满足听众对广播节目新的要求，进一步提升广播媒体的影响力，经过前期精心策划，在青浦区融媒体中心成立一周年之际，即 2020 年 6 月，青浦人民广播电台（FM106.7）进行全新改版升级，优化了节目布局，做到新闻整点播报，同时根据不同受众需求，更新了部分栏目，积极拓展移动互联网广播。每日开机时间由原 6：00 提早至 5：55，关机时间由原 20：11 延长到 21：00，全天播出时间 15 个小时；调整更换部分节目，新增《为你服务》《行走世界》《评书节目》和《最后一小时》，节目更新颖、内容更丰富；优化《青广新闻》播出时间，每档新闻均为准点播出。

调频广播 106.7MHz 播出时间表

播出时间	栏目名称
5:55	开始曲、节目预告
6:00	青广新闻
6:20	社会视点(周日小伙伴)
6:30	转播央广《新闻和报纸摘要》
7:00	转播上广《990早新闻》
9:00	青广新闻
9:20	多彩生活
9:30	《听世界》
10:00	转播上广FM97.2（戏曲）
11:00	《行走世界》
12:00	青广新闻
12:20	社会视点(周日小伙伴)
12:30	《听世界》
13:00	青广大集锦
14:00	青广新闻
14:20	多彩生活
14:30	《为你服务》
15:30	戏曲欣赏
16:30	《听世界》
17:00	青广新闻（首播）
17:20	社会视点(周日小伙伴)
17:30	《评书》
18:00	青广新闻
18:20	多彩生活
18:30	转播央广《全国新闻联播》
19:00	《行走世界》
20:00	《最后一小时》
21:00	天气预报、全天播音结束

人民城市人民建，人民城市为人民。随着媒体融合的深度推进，"1+11+X"融媒体集群工作格局在青浦落地生根，以广播为媒介，以融合促发展，打造区级、街镇、村居三级广播特色品牌，打通基层宣传思想文化工作到达群众的"最后一公里"，让人民广播在新时代的水乡青浦大地上重新焕发出无限的生机和活力。"福泉之声微广播"就是青浦区融媒体重固镇分中心打造的一个唱响重固"好声音"新阵地。有线广播曾经是上海农村的"标配"，每个乡镇都有广播站，从农事、气象、新闻，到好人、好事、风尚等，内容涵盖方方面面，但在时代变革中逐渐淡出舞台。

对于大多数读不了报纸，用不惯智能手机的农村老人，广播有着广泛的基础，能够让声音迅速、直接飞入百姓家中，尤其受到中老年村民的喜爱。

"福泉之声微广播"每周开设一到两期广播自办节目，目前已经播出 90 期。包括"重固要闻、乡村振兴、空中学堂、书记说事、村民议事、健康养生、乡村故事、便民资讯"等。同时，该广播系统还具备应急插播、定时广播、上级平台对接联网等功能。这项新举措，旨在充分发挥广播"收听便捷、传播迅速、覆盖面广、感染力强"的独特优势，进一步把新闻舆论宣传的触角伸向广大农村社区，延伸至每家每户，探索一条既符合重固特色，又符合时代要求的融媒体发展道路。此外，重固镇和上海广播阿基米德传媒开启战略合作，福泉之声品牌电台正式上线，入驻阿基米德 APP，吸引更多的年轻人倾听重固、了解重固。

无独有偶，今年 5 月份，青浦区夏阳街道王仙村也响起了久违的广播"小喇叭"。王仙村有 6 个自然村，村民们居住分散，且大多都是老年人，不会使用智能手机。相较于大字报、书面宣传等方式，小喇叭直白简单的"喊话"，对老年人而言更容易接受。现在，小广播不仅可以播报村里的紧急通知，还可以把党和政府的声音及时传播到群众中去，直接拉近了农民和村里的关系，让农民能像"主人公"一样了解村里的事情，真正解决了教育群众、引导群众的"最后一公里"。王仙村"小广播"的成功经验已在夏阳其他 7 个农村复制推广，村民们重新听到久违了的广播节目。

三、新时代：青浦人民广播借力媒体融合实现乘风破浪

在互联网技术加速迭代的今天，广播依然是众多媒介中唯一能够"解放"受众双眼和双手的媒体，具有独特的可移动性和伴随性的传播优势。无论媒体形态怎样渗透与融合，认真分析广播的传播特性，坚持按广播的发展规律办广播成为媒体融合新时代广播事业健康发展的根本途径。

数据显示，2012 年中国广播接触率达到 59.7%，全国广播综合人口覆盖率为 97.51%，广告收入 136.2 亿元，听众达到 6.6 亿。[④]到了 2018 年，广播接触率仍达到了 59.1%，覆盖用户较之 6 年前又增加了 2000 万人。[⑤]广播在新媒体冲击下，实现了压力向动力的转化，保持着收听率的稳定和覆盖范围的扩大，国内的广播在大数据、云计算、人工智能技术的加持下，实现了自身与以"两微一端"为代表的新媒体的快速融合，成为报纸、广播、电视三大传统媒体中的"一枝独秀"。

（一）新时代要坚持党管广播、新闻立台的发展规律。

作为大众传播时代的重要媒介形态，广播从其诞生伊始便具备着包括宣传教育、传播信息、文化娱乐、提供服务等多种不同功能。[⑥]在复杂的国际形势和媒介环境下，人民广播事业要始终保持"广播姓党"的高度责任感和使命感，自觉与党中央保持一致，做好党和人民的喉舌。

如今，人们接受外界新闻资讯的渠道多种多样，但广播电台仍然是人们喜欢的接收新闻信息的方式之一。随着社会的发展进步，人们对新闻资讯需求量越来越大，需求面越来越广，继而对新闻质量要求也是越来越高。因此，广播电台新闻要保持和扩大对听众的影响力、吸引力就必须对新闻采编工作进行大力度改革，通过创新思维、创新形式、创新播出手段，尽可能多地向听众投送"含金量"高的新闻资讯，激活听众对电台新闻的兴趣，以新、短、快、活、强的自身优势，引领听众通过广播电台关注新闻，关注国事、家事、身边事。

2013 年元旦，青浦人民广播电台（调频 106.7 兆赫）正式开播沪语专题节目《上

海西爿爿，日脚交关嵞》。作为上海市郊首档全新的沪语专题节目，该栏目每周一至周六，每天播出一期节目。栏目内容聚焦老百姓喜闻乐见的要闻、民生、人物报道、生活信息等。该节目由青浦人民广播电台资深主持人朱彪主播，他是"阿富根"传人，曾荣获上海市第四代"阿富根"铜奖荣誉。

沪语专题节目《上海西爿爿，日脚交关嵞》开播以来，社会反响良好。有听众感慨地说"我们青浦阔别了 20 多年的沪语播音又回来啦，这样的播音听起来格外的亲切！"沪语广播成为青浦人民广播电台的一档品牌栏目，既是"新老青浦人"学习交流纯真上海话的平台，又是一档及时传播各类信息、弘扬区内外先进典型的广播专栏。

（二）新时代要注重内容为王、创新为要的发展目标。

与报纸、电视相比，广播的互动性较强，正因如此，广播更容易与移动互联网相结合。在融媒体环境下的广播节目与听众互动的方式也将更加灵活多样。从过去的书信、电话、短信，过渡到现在的微信、微博、APP 客户端留言，广播与听众的互动性一直在加强，互动效率一直在提升。青浦人民广播电台通过绿色青浦 APP 有了专属网络平台之后，无论主持人是否选用互动的内容，每个人的留言都可以被所有网友看到，人们还可以分享喜欢的节目，转发到其他平台。这意味着优质产品的曝光率可能会成几何级数增长，甚至可能形成话题，引发讨论，成为媒体融合传播的热点。

互联网对用户人群的细分日趋明显。数量庞大的用户群体背后，有完全不同的兴趣爱好、生活方式、人生轨迹、教育背景，以类别划分的广电媒体产品供给方式已无法满足受众个性化的需求。人民广播电台融合创新的首要任务，就是借助互联网和大数据，精准的把握和识别用户的个性化需求，从而提供优质的内容和服务。新时代下，广播音频不再局限在收音机里，而是连接移动互联网，搭载各款音频 APP，通过智能音箱、智能手机、智能车机甚至可佩带设备等不同终端，打破了地域的界线，在更宽广的领域里展现着风采。

青浦区融媒体中心旗下青浦人民广播联合喜马拉雅 APP，打造有声体验馆，以"声音"为媒介，为主流媒体和市民群众打造学习、交流和互动的平台，满足新时代人民群众对美好生活的需要，输出市民、游客心之向往的好内容。同时举办"青浦好声音"主持人大赛，通过线上线下的互动方式，增强与广播听众，特别是播音爱好者之间的互动与联系，为他们打造一个展示才华，学习交流的平台。

（三）新时代要把握不忘初心、深耕地方、树立品牌的奋斗精神。

不忘初心，砥砺奋进，是时代的主旋律，也是广播事业发展的传家宝。从延安王皮湾到遍布祖国的大江南北，人民广播事业 80 载的辉煌弦歌已成过往，它将如同共和国历史上的一个又一个伟大瞬间一样，镌刻在人民广播事业发展的熠熠历程中永放光芒，激励后来者百尺竿头更进一步。在新的历史环境下，人民广播事业的发展，同样需要继承和弘扬起步初创时期的延安精神。坚定履行好"举旗帜、聚民心、育新人、兴文化、展形象"的使命任务，践行党媒之于国家、之于人民的义务和承诺，真正做到"围绕中心、服务大局，团结人民、鼓舞士气，成风化人、凝心聚力，澄清谬误、明辨是非，联接中外、沟通世界。"⑦

2018 年，首届中国国际进口博览会在上海国家会展中心成功举办。青浦作为东道主，第一次站上了国际舞台的中央。青浦电视台、青浦人民广播电台同步推出《护航进博会》特别节目，聚焦青浦区服务保障进博会项目建设、城市管理、产业对接、安全保障等各项工作，跟踪报道服务保障进博会前线指挥部的全体会议，现场报道重大项目的最新进展，全年播发各类广播新闻 300 余条，展示青浦形象，传播青浦声音。通过多渠道、全方位的宣传报道，为进一步提升进口博览会的知晓度和影响力营造良好舆论氛围。

2019 年，长三角一体化高质量发展上升为国家战略，中央明确，在江苏苏州吴江地区、浙江嘉兴嘉善地区和上海青浦地区建设长三角生态绿色一体化发展示范区。9 月 19 日，"青吴嘉长三角一体化发展媒体联盟"正式成立，同时，"长三角示范区发布"微信公众号正式上线。长三角一体化媒体联盟将围绕共推党建联建、共策主题宣传、共设载体布局、共享信息资源、共建交流平台、共融政务服务、共育人才骨干、共谋媒体经营、共创联动机制等方面开展工作，整合三地融媒体宣传资源，切实发挥出"1+1+1>3"的宣传效应。青浦人民广播打造"长三角之声"专栏特色品牌，围绕规划契合、设施汇合、产业耦合、功能聚合、治理融合、环保联合等方面，宣传报道青浦、吴江、嘉善共同推动区域一体化发展制度创新，突破行政区划壁垒，制定统一的产业准入负面清单，实现一张清单管准入；统一企业登记标准和流程，推行企业登记无差别受理，提高政策制定统一性、规则一致性和执行协同性。

人民广播在夹缝中生存，坚守与创新是根本。在激烈的竞争环境下，其核心竞争力就是深耕地方，大力挖掘本土化的节目，保持地方特色。由于疫情原因，催生线上经济快速发展，青浦区融媒体中心立足"移动优先"和"引导群众、服务群众"战略，在上海"五五购物节"期间，开设"大品牌在青浦，惠享品质 let's go！"公益大直播栏目。青浦人民广播的主持人做客直播间，与来自品牌企业主播联袂互动，为青浦代言，为品牌企业带货，截止 9 月 11 日，直播了 13 期节目，受到了市民百姓热烈欢迎，观看人数场均超过 5 千人次。公益大直播助力青浦品牌企业宣传、开辟市民购买优质产品新渠道，促进消费经济恢复，提供了强有力媒体舆论支持。

结论

广播电视媒体与新兴媒体融合发展是全媒体时代的大势所趋，是广播电视媒体革新图存、赢得未来的必由之路。

2019 年 1 月，习近平总书记在中共中央政治局第十二次集体学习时提出，"全媒体不断发展，出现了全程媒体、全息媒体、全员媒体、全效媒体，信息无处不在、无所不及、无人不用，导致舆论生态、媒体格局、传播方式发生深刻变化，新闻舆论工作面临新的挑战。""四全媒体"的提法，是对当前媒体深度融合的精准概括，为新形势下推动媒体融合向纵深发展提供了根本遵循，也为区县级融媒体中心建设指引方向、带来启示。我们要为此继续努力奋斗。

人民广播工作者要站在讲政治的高度，坚持导向为魂、移动为先、内容为王、创新为要，科学把握广播发展规律，加速改革创新，使广播新闻在传播正能量、弘扬主旋律的同时，增加可听性，增强竞争力，为听众制作出更精良、更优秀的作品，把广播电台的传播力、引导力、影响力、公信力全方位呈现出来，充分发挥其主流媒体作用。

参考文献：

①冯帆：《人民广播在迭代中走向繁荣》，《中国广播》2019 年第 12 期。

②张永泉、林茂春：《发挥有线广播优势宣传老山英雄业绩》，《新闻记者》1986 年第 3 期。

③《上海广播电视志》，上海市地方志办公室，http://www.shtong.gov.cn/Newsite/node2/node2245/node4510/node10338/node11090/node63815/userobject1ai12546.html

④李正国、王跃进：《媒介融合环境下广播发展现状、趋势及对策》，《中国广播电视学刊》2014 年第 5 期。

⑤赛立信媒介研究：《用数据看 2018 广播收听市场》，央广网，http://ad.cnr.cn/dsj/20190302/t20190302_524527498.shtml.

⑥赵玉明：《发扬光荣传统再造世纪辉煌 纪念中国人民广播事业创建 60 周年》，《新闻战线》2001 年第 1 期。

⑦柴逸扉：《习近平的新闻舆论观》，人民日报海外版 2016 年 2 月 25 日。

（作者单位：上海市青浦区融媒体中心）

从《奥囡囡》谈儿童系列微广播剧的制播技巧

刘　彦

　　曹禺先生说："广播剧最大的好处是给听者很大的想象余地。"正是这种"听得见但看不见"的特点，让广播剧在培养儿童想象力和专注力等认知方面有着独特优势。令人遗憾的是，尽管二孩时代的到来推动儿童节目成为音频内容创作的热点，但无论是在广播电台还是互联网新媒体，广播剧在海量儿童节目中的比重还非常低，以常规栏目形式出现的系列广播剧更是凤毛麟角。不过，与剧作数量形成鲜明对比的是，在喜马拉雅 App，系列微广播剧《米小圈上学记》的累计播放次数高居儿童类节目榜首。通过反差鲜明的对比，笔者得出两个判断：其一，儿童系列微广播剧市场前景广阔；其二，儿童系列微广播剧的创作难度较大，因而总体产量并不高。

　　市场需求是内容创作最现实且直接的动力。对致力于儿童系列微广播剧创作的同仁而言，如何更好把握其中的制播规律及技巧呢？本文中，笔者以自己在浙江电台旅游之声开办的《奥囡囡》节目为例，围绕四个"巧"谈几点体会。

一、《奥囡囡》节目文章简介

　　2009 年随着浙江电台旅游之声开播，一档名为《奥囡囡》的儿童系列微广播剧同时诞生。该节目属于情景喜剧类广播剧，由笔者自编自导自演且一人分饰三角创作，每集 2 ~ 3 分钟，讲述发生在 5 岁小女孩奥囡囡、5 岁小男孩小强和囡囡妈妈之间的俏皮故事，并将各种百科知识巧妙融入故事情节之中，不仅传授知识，同时引导儿童探索生活中的未知。

　　《奥囡囡》至今已累计播出超过 3000 集，得到了业内和市场的双丰收。在专业方面，先后两次获评浙江省广播电视少儿节目奖广播少儿栏目一等奖，专题策划《奥囡囡的一天》还在 2013 年入选《中国百部优秀儿童广播剧》。在市场方面，节目收听率多年位居全省同类节目前列，培育了一批又一批忠实听众，成为浙江本土儿童节目的品牌 IP。不少如今已就读高中甚至大学的年轻人戏言，自己是听着《奥囡囡》长大的。

　　为便于文章分析，特选择一集节目《为什么春天会犯困呢》剧本如下：

　　小强：哇塞，好美，真的好美哦……

　　囡囡：小强哥哥，你说的是囡囡吗？

小强：怎么可能。

囡囡：那你说的是谁？

小强：当然是春姑娘！囡囡你看，这桃花、这柳条、这蜜蜂，他们都是出来春游的！

囡囡：跟我们一样！我们赶快去放风筝吧。小强哥哥，小强哥哥？啊！小强哥哥，你怎么啦？你怎么突然昏倒啦（紧张地哭）？

妈妈：囡囡啊，以妈妈的经验，小强不是昏倒，而是春困。

囡囡：春困？（打哈欠）糟糕，小强哥哥传染给我了，妈妈我们是不是要去医院看病呀？

妈妈：不要慌，春困不是病，它是一种自然的身体反应。

囡囡：妈妈，那为什么人在春天特别会犯困呢？

妈妈：谁让春天"噶适意"（杭州话，意为很舒服）。春天一到，温度升高，人身上的毛孔开始舒张，新陈代谢加快，供应大脑的氧气就会减少，让人产生软绵绵、暖洋洋、"瞌葱懵懂""混沌沌"（杭州话，意为打瞌睡）的现象，中枢神经系统抑制，也就是我们所说的"春困"了。

囡囡：那要怎么样才能不困呢？

妈妈：当然要养成好习惯。多吃蔬菜，少吃油腻；多点运动，少点熬夜。

囡囡：囡囡记住了。

妈妈：还有一点也能预防春困的。

囡囡：是什么啊？

妈妈：收听《奥囡囡之"十万个为什么"》……

囡囡：对的对的！

妈妈：囡囡，你真的不困吗？

囡囡：不困……

妈妈：我们囡囡果然是好样的！

囡囡：因为囡囡在幼儿园上课的时候已经睡饱了！（笑声效果）

二、技巧解析

（一）选题要讨巧，向"细分用户"提供"适配内容"

制播广播剧，选题是第一步。但在进入具体创作环节之前，首先要解决节目定位问题，通过明确节目的目标受众，分析确定适合该群体的内容主题，形象地说就是向"细分用户"提供"适配内容"。

在这两个问题上，《奥囡囡》有着清晰的策略。不同年龄段的儿童认知能力存在差异，适合的内容也不同。考虑到这种差异，《奥囡囡》在目标受众的选择上不搞"大呼隆""一把抓"，而是明确定位在 3 ~ 6 周岁的学龄前儿童。该年龄段儿童正处有意识认知世界的起始阶段,对新鲜事物好奇心强,尤其喜欢问"为什么"。根据这个特点,《奥囵囵》策划推出主打系列《问不完的为什么》,将百科知识作为节目的主要选题方向,不仅满足儿童探索世界的本能需求,也契合家长培养儿童认知能力的早教需求。

但是,百科知识在儿童广播节目中并不少见,要想让自己的内容与众不同、脱颖而出,选题必须要有独到眼光。《奥囵囵》的技巧在于,所选的知识点既不过于路人皆知,也不过分生僻、远离生活,而是那些"看似熟悉实则陌生"的现象。这些现象生活中十分常见,若要解释明白往往并不容易,例如,为什么香蕉是弯的、为什么人的大拇指会是两截、为什么人冷了会发抖等等。这种"微另类"的选题视角对提升节目辨识度和吸引力产生了两方面的作用。一方面,这种发问方式符合学龄前儿童认识世界的特点,拉近了微剧主角奥囵囵与孩子们的距离,让孩子们感到奥囵囵就是一个自己身边萌萌哒的小朋友。另一方面,它满足了家长与孩子获取知识的诉求,一问一答式强化了亲子间的互动,增强了孩子探寻答案的动力,也为家长答疑解惑提供了便利参考。除此之外,由于这种"看似熟悉实则陌生"的选题策略,也让不少非目标听众的成年人感到十分有趣,进而发展成为节目的忠实粉,这算是意外之喜。

主流媒体节目,既要有意思更要有意义,尤其对于儿童节目来说,需要发挥价值引领作用,扣好孩子们"人生的第一颗扣子"。这些年来,《奥囵囵》除主打系列《问不完的为什么》之外,还不定期围绕国家大事要事、社会热点等,策划推出了如《我爱我的祖国》《宝贝好习惯》《我的美丽家园》等专题系列,将爱国主义、生态环保、爱心公益、生活技能、安全教育等内容融入其中,彰显社会责任担当。这些主题策划,丰富了《奥囵囵》节目的内容结构,增加了节目厚重感,也受到广大家长的普遍欢迎。他们感到,《奥囵囵》节目的导向是健康的,内容是值得信赖的。

(二)编剧要精巧,让故事的每一个细节都值得回味

故事思维是广播剧的血和肉,编剧很大程度上决定了广播剧能否出彩。《奥囵囵》作为情景喜剧类儿童微广播剧,在短短 3 分钟时间里,如何把一个含有知识点的故事,以角色对话为主要形式讲好讲活讲出风格呢?以下结合《为什么春天会犯困呢》的剧本进行说明。

故事在儿童熟悉并向往的场景中发生。广播剧场景的设定不仅要符合基本逻辑,还要努力拉近与听众的心理距离。儿童尤其是低龄儿童对自己喜欢和不喜欢的场景,往往有着鲜明的向往或抗拒的态度。因此,案例剧本中将故事的场景设定为春游,而不是同样有逻辑合理性的家庭或者学校,就是希望用春游这个令绝大部分儿童更加向往的场景,引起他们的兴趣,进而激发他们对故事的想象力,最终达到传递知识点的创作目的。

用喜剧化的桥段推进故事情节。亚里士多德说,悲剧是最高级的。但是,儿童

的内心世界里没有成人世界那么多忧愁和烦恼，他们理解不了悲剧，有趣、好玩才是最重要的。因此，要努力通过一连串的喜剧包袱让笑声贯穿整个听剧过程。案例剧本在短短3分钟时间里，巧妙设置了由3次剧情反转引出的喜剧包袱。第一次反转，囡囡对小强哥哥口中的"好美啊"产生了"自恋式"误解，迅速交代了"春游"场景；第二次反转，小强哥哥由"昏倒"变成"春困"，引出对知识点的解释；第三次反转，故事最后囡囡"上课时已经睡饱了"回应妈妈的赞赏，更是一种冷幽默。这种既意料之外又情理之中的喜剧桥段设计，不仅能让儿童听众在开怀大笑，也让成人听众会心一笑。

以儿童的语言体系和思维方式讲故事。儿童微广播剧，必须要充满童趣，体现童真。语言体系上，案例剧本中极少出现超过10个字的长句，且多叠词、语气词、拟声词，这符合儿童的语言特点。思维方式上，在《奥囡囡》另一集典型作品《为什么星星只有在晚上才能看得到呢》中，囡囡认为"天上的云，是棉花糖、牛奶和冰淇淋'呼噜'一下被电风扇吹到天上的"，这种想象力是儿童独有的。

（三）演播要灵巧，创作让小朋友记得住的好声音

声音演播是广播剧的灵魂，听众在声音的引导下，用想象在脑海中构建故事场景，理解剧情内容。对儿童微广播剧来说，由于儿童对剧情内容的认知能力有限，声音演播就显得更为重要。在《奥囡囡》创作中，主持人通过各种方法，为小朋友讲述有兴趣、听得进、记得住的声音故事。

以声音技巧刻画人物角色。拿捏好音色、音量、语调、节奏、气息等演播技巧，让人物形象丰满立体。如，为塑造奥囡囡这个古灵精怪、呆萌可爱的5岁小女孩，主持人发声技巧是，声音细音调高、音色轻盈灵巧、讲话语速偏慢、咬字相对含糊，尽可能接近儿童的真实表达特点；而在演绎调皮捣蛋的"熊孩子"小强时，为了与奥囡囡形成反差，则运用更充沛的气息和更强的语气，并借助魔性的笑声、"哇塞""噢耶"等口头禅来强化形象；在扮演妈妈时，主持人则运用中低区域音色，以更加夸张的语气语调来演绎，并配以独特的笑声、语气词等，以至于孩子们一听到笑声，就能精准把握是谁"登场"了。

融入方言元素增强在地性。作为一个广播节目，方言元素能够有效增强节目的趣味性和在地性，《奥囡囡》就巧妙运用了大量方言元素。如，"奥囡囡"这个名字就是一句方言，在杭州萧山话中，是用来形容家里最疼爱的小宝宝，用这个名字让听众感到特别亲切。又如，妈妈在对话中会不时用到杭州俚语，比如上文案例剧本中的"噶遏意"（杭州话，意为很舒服）、"瞌葱懵懂""混沌沌"（杭州话，意为打瞌睡）等，有效强化了妈妈身上特有的"市井"生活气息，小朋友听着很有趣，大人听了会心一笑。此外，主持人还用杭州话创作了一首"打油诗"作为片头，朗朗上口，充满童趣，杭州听众一听就能形象地记住奥囡囡的人物形象，外地听众也因似懂非懂的好奇心激发了学习杭州话的兴趣。

用好丰富的音效元素。成功的音效使用能帮助孩子快速在脑海中构建不同的场景，进入故事剧情，增加画面感。在《奥囡囡》里，根据剧情需要会引入囡囡奶奶、老师、同学、机器人、鹦鹉等客串角色，使人物更加丰富；会结合知识点，演绎咳嗽、呼噜、肚子咕咕叫等效果，运用大象、小鸟、小猫等动物的声音，让小朋友更加直观地接受信息，满足好奇心；会以 RAP 的形式创作垃圾分类歌；会在片尾使用《歌唱祖国》《飞得更高》等歌曲，升华主题，烘托气氛，将听众的情绪推向高潮。

（四）推广要新巧，线上线下打造原创人气亲子 IP

"播"是"制"的延续，更是"制"的目的所在，好作品只有更好地到达用户，才能体现出创作的价值。身处信息爆炸时代，一个广播节目要从"千军万马"中脱颖而出，就必须注重推广传播的策略与技巧。《奥囡囡》从自身的定位出发，注重树立融媒思维、用户思维和品牌思维，努力将"奥囡囡"打造为在杭州乃至浙江具有较高知名度的人气亲子 IP，并总结了成功经验：

1. 节目播出融媒化

一方面，作为一档电台广播节目，浙江电台旅游之声频率仍是《奥囡囡》的首播平台，但对播出时段作了精心的安排，为一天 6 次单半点，包括 7：30 和 15：30，覆盖上下午家长接送孩子时间，强化亲子车上收听概念，逐步培育亲子家庭早晚时段锁定旅游之声的收听习惯。另一方面，为突破电台播出"我播你听"诸多局限，《奥囡囡》在依托新媒体"借船出海"上同样做了大量探索，2013 年推出节目专门的微信公众平台，将节目加载到微信小程序 1045"小陪伴"、浙江 +APP、喜欢听 APP、喜马拉雅和蜻蜓 FM 等平台，从而适应亲子家庭碎片化点播、全场景收听的需求。

2. 粉丝培育圈层化

作为一个目标受众十分清晰的节目，《奥囡囡》充分运用圈层营销理念，精准把握低龄儿童家庭的需求，组建专属粉丝团——糯米团，并围绕"游、学、秀"3 个字，策划开展了一系列听众参与的活动。"游"，就是开展以发现神奇大自然为主题的亲子自驾游，让小朋友们听着节目认识美丽世界；"学"，就是开展以民俗文化和公益美德为主题的儿童研学，如认领种植公益活动"囡囡林"、儿童写生画教学等；"秀"，就是秀出宝贝好声音，按照用户生成节目的模式，通过微信征集海采语音、周末亲子互动直播节目，招募宝贝小主播，让小听众的声音在节目中和专属新媒体平台亮相。

3. 形象塑造可视化

将广播节目中的虚拟形象进行视觉化呈现，有效强化主播人设形象，更有利于塑造品牌 IP 形象。《奥囡囡》专门注册了由"奥囡囡"三个字组成的商标，为满足听众的期待感，将节目中的奥囡囡形象，可视化为一名戴发带、穿蓬蓬裙的大眼睛卡通小女孩，IP 形象可爱、呆萌的样子深受小朋友喜爱。同时，节目组不定期推出汽车遮阳挡、车贴、马克杯、节目光盘等周边衍生品，通过线下圈层活动赠送给忠实听众，让看得见摸得着的物品丰富奥囵囵 IP 的外延，进一步巩固听众黏性。

三、结语

经上述分析可见，与当前儿童音频中占大部分的儿歌类、讲故事类节目相比，创作系列微广播剧的专业门槛是相对较高的，这反倒能够成为新媒体自媒体时代传统广播电台的一个比较优势，也就是专业人员集聚所带来的专业内容创作能力。因此，作为一名广播电台从业者，笔者认为在与新媒体自媒体的激烈竞争中，广播电台应该充分发挥自身优势，在儿童系列微广播剧领域加大制播力度，创作出更多叫好叫座的精品。

（作者单位：浙江广电集团交通之声）

广播文化类栏目"本土化"的坚守与创新

吕 瑜

在以"快节奏"和"浅思考"为特点的综艺栏目盛行的今天，作为城市广播电台，要做优秀传统文化的大喇叭，要有弘扬传统文化的使命感与责任意识，需要在坚守和创新上下功夫。然而，随着传统媒体的运营模式受到剧烈冲击，传统媒体在营收上的压力非常大，对于市场和受众更多的是迎合而不是引导，这在相当程度上削弱了传媒在传承传统文化方面的责任。把传统文化传承上发扬好，可以提升媒体品牌，在打造传统媒体的影响力和公信力方面发挥巨大能量。

城市广播电台，在文化传承上最为重要的是"接地气"，要致力于传承本土地域文化，努力捕捉采访对象身上闪亮点。做文化栏目不求"快节奏"和"浅思考"，而是追求"慢"与"深"的节目特色，慢工出细活，心怀本土文化传承，用声音诠释地域文化的博大精深，创新节目声音特质和传播渠道，以期形成独具特色的文化栏目模式。

中国拥有悠久的历史文化，每一座城市都积淀了深厚的城市文化底蕴。城市文化名人是城市文化的象征，是城市文化特色的体现。温州私家车音乐广播的《温州当代文化名人名家》每期节目采访一位深具代表性和号召力的文化名人名家，让听众加深对所居所处的城市源远流长的文化脉流的了解，勾勒出社会风貌和时代的变迁，力求为城市存下珍贵而详实的文化声音档案。

一、紧紧抓住本土特色，打造节目的文化粘性

以《温州当代文化名人名家》为例，对于城市广播电台的文化节目来说，怎样把本土的文化特色发挥出来，让本土文化通过节目润物细无声地滋养受众，这应该是创立节目的初心和坚持不渝的动力。

《温州当代文化名人名家》节目有着独特的舆论宣传力量，91岁的老画家周悦林，曾创作出被誉为"绝世珍品"的瓯绣扛鼎之作，但因为常年隐居，他的名字渐渐被人淡忘。老人家的心愿，希望把画作陈列在自己建造的"悦林艺术馆"，能被更多人看到。但是"申请成立悦林艺术馆"的审批报告向文化主管部门送去好几年了，一直没有得到批复。《温州当代文化名人名家》2019年9月25日播出周悦林先生的节目之后，周老的儿子第二天早上接到瓯海文化局的电话，表示昨天在广播里听

到了《温州当代文化名人名家》对周老的采访，对老画家的经历有了清晰深入的了解，接下来会对悦林艺术馆的审批大开方便之门。10月26日，位于瓯海丽岙杨宅村的"悦林艺术馆"终于迎来了周老期盼已久的开馆仪式。

《离家·回家——海外女作家张翎的"故土与家园"书写》从作家张翎的成长经历出发，探寻"家乡"在张翎人生中的意义；再通过代表作分析，找到张翎"家乡情结"在书写中体现。特别值得一提的是节目的后期制作花了很多心思。节目通过溪水、江水、闽南话、轮船汽笛等声音音效将抽象的文字具象化，让人听起来很有画面感；剪辑了张翎作品改编的《唐山大地震》电影片段，在烘托主题的同时，让听觉更加多元化；另外，还将张翎小说作品的片段进行了演绎，让整期节目更加立体，从作品中铺展了女作家浓郁的乡情。

蜚声中外的小提琴协奏曲《梁山伯与祝英台》与温州有着解不开的缘分，"梁祝之父"何占豪说："温州是《梁祝》起步的地方"。86岁的何占豪对温州有着特殊的感情，他在接受《温州当代文化名人名家》访谈时首次披露了这首"不朽的中国民族音乐经典"诞生前后的幕后故事。何占豪绘声绘色地讲述了《梁祝》确定选题、乐曲创作、首场演出的过程，生动形象，引人入胜。《温州当代文化名人名家——琴弦上的蝴蝶纷飞60载》特意在《梁祝》首演60周年当天（2019年5月27日）播出。很多人听了节目后纷纷表示，知道《梁祝》很有名，不知道原来它跟温州有如此的渊源，了解了《梁祝》背后的故事后，更爱这首世界著名的小提琴协奏曲了。节目播出当天，收获了听众诸多好评——"为有深度的文化节目点赞！"

二、以文化节目带动媒体的文化影响力，用创新的手法来进行运营和包装

一档成功的文化类节目，对于一家广播电台的气质形象是有极大的提升作用，能带动媒体的文化影响力。因此在运营和包装上，应当目光长远，舍得投入。在播出时间、宣传片花、融媒体共同发力、配套活动等方面狠下功夫。

（一）节目的播出时间

在很多广电媒体中，文化节目是被安排在非黄金的播出时间，存在感确实比较弱。但是去年以来有了新的文化现象，广播电视节目中的一些文化类节目竟然成为爆款，这在几年之前是不可想象的，《中国诗词大会》《朗读者》《国家宝藏》《致我们正在消失的文化印记》等节目掀起一股股文化热潮，引发全民关注，这是一种文化的巨大推动力带来的改变。

对于类型化运行的音乐台、文艺台等城市电台来说，给文化栏目提供一个好的节目时间段，可以体现文化自信。从去年和今年以来的众多爆款文化节目可以看出，严谨的文化栏目具有可听可看性和潜力无限的市场价值。

（二）宣传片花的播放

"好酒也怕巷子深"，好的广播节目需要造势和前期充分的宣传，这样才能在一期期节目后，形成品牌的良性循环，促进影响力的提升。所以，片花的作用是非常重要的，通过在电台里的循环滚动播，一次又一次加深印象。

（三）融媒体共同发力，配套活动来助力

做文化栏目，始终要秉持坚守和创新的初心。坚守住文化传承之源，而创新的基础是深入了解掌握受众不断发展变化的需求，把握传媒发展趋势、运用好广播节目的声音特质、通过融媒体，多方位传播。通过微信公众号发布微刊，用文字和照片弥补了广播只有声音的弱项；为了吸引更多受众收听，把节目上传到各款的音频节目 APP 以及视频 APP，努力进行多种传播渠道的延展，从而尽量吸引更多年轻人收听和互动。

依托文化节目，可以拥有众多的文化名家嘉宾资源，还可以策划举办演出、公益活动、沙龙和展览，进一步扩大电台的文化影响力和号召力。

三、用巧妙的构架来提亮

文化节目和新闻节目相比，可供创作的时间更充裕，在品质打磨上理应更好，需要殚精竭虑在节目的构架上，构架要巧妙，呈现出听觉上的美感。

瓯剧，是流传在浙江南部一带具有浓厚地方色彩的古老剧种，被列入国家级非物质文化遗产名录。温州瓯剧团被称为"天下第一团"，在瓯剧团建团 60 周年之际,《温州当代文化名人名家》推出"纪念瓯剧建团 60 周年"特别节目《60 载唱不尽"三春"情长》。大主题小切口，瓯剧 60 年的发展历程用代表性剧目《高机与吴三春》的三代吴三春贯穿，体现了巧思。通过三代"吴三春"陈茶花、翁墨珊、蔡晓秋的艺术之路，从奠基、传承和发展 3 个层面来展现瓯剧团 60 年的历程。3 位瓯剧表演艺术家的唱段让听众感受到瓯剧 60 年在音乐、声腔、节奏上的变化。节目播出后，在戏迷中引起强烈反响，年轻的听众听完节目纷纷为瓯剧这个小剧种在 60 年中取得的成绩和三代"吴三春"为瓯剧的发展所做的努力点赞。

四、赢得信任，做足功夫，用感性的语言细腻描绘人物

做文化人物节目，有时候要等候，有时候要迅速，选择人物时全方位考察，多交流多接触，经得起等待。但是有的时候，出手要快，成就大、档期紧的嘉宾和老艺术家要抓紧进行采访，以免留下遗憾，对文化人物要减少"暮气"，增加"朝气"，用感性语言来细腻刻画人物。跟嘉宾之间前期的交流非常重要，做文化类栏目，面对的大部分采访对象都是某类艺术方面的名家，主播和记者采访沟通时要有专业的态度，虚心的求教精神，耐心细致的案头准备。有时候，甚至要有做考古研究一样的求索和寻访精神。

　　像之前提到的《温州当代文化名人名家——60载唱不尽"三春"情长》节目中，已故"瓯剧名伶"陈茶花是第一代"吴三春"的扮演者，她的表演风范、演唱行腔，有着特有的柔美与风韵。令人叹息的是，陈茶花唱了一辈子瓯剧，可是在温州竟然找不到陈茶花演唱的任何一个唱段，温州瓯剧研究院里没有任何她的唱段资料。《温州当代文化名人名家》努力寻访、几经周折在上海戏曲广播同行的鼎力相助之下，找到了上海音像出版社上世纪六十年代录制的陈茶花的五段瓯剧唱段，这是陈茶花留存于世的仅有的唱段音频，弥足珍贵，在温州瓯剧界引起轰动，引起了无数老戏迷当年"万人空巷看茶花"的回忆。瓯剧团也送来锦旗，感谢栏目组找回老艺术家的珍贵声音资料。

　　地域文化是一颗大树，寒暑易节，栉风沐雨。树下有一些人，他们辛勤耕耘，细心呵护，终于成就这千年古树，根深叶茂，芳香满径。把这些人物和故事记录下来，传扬出去，这是可供城市电台努力耕耘的沃土良田，可以串联起地域文化的渊源流芳。

（作者单位：温州广播电视传媒集团）

疫情环境下城市广播的
融合传播实践与思考

芦　刚

　　2020 年新型冠状病毒肺炎疫情汹汹袭来，转瞬之间改变了整个社会的生态：人群聚集消失，消费模式转型，娱乐需求改变……这种状况，对各行各业的业态面貌势必带来冲击。能否因势而变，成为摆在很多行业面前的一道必须回答的题目。

　　传媒业作为社会运作中的重要一环，同样逃脱不了疫情形势的压迫与冲击。而作为传统传媒业中的广播媒体，在经历了电视时代的低迷、汽车时代的辉煌、互联网时代的平淡和忧虑后，本就在媒体融合的潮流前亦步亦趋，逐步求变。面对突如其来的疫情，猛然间发现原本的生存空间被瞬间压缩，一些本来作为广播媒体的优势因素一夜消失，媒体融合的价值因此大大放大。

　　笔者作为三线城市广播的从业者，亲身体会到来自疫情的冲击主要是这么几个方面：

　　一、动态收听人群大幅度减少，严重影响了广播的传播影响力。疫情期间，各地都执行了严格的居家隔离制度，停工停学，人员进出社区受限。由于出行限制，以及路面顺畅带来的上路时间大大缩短，车载广播收听的需求也随之大大下降。对于广播媒体来说，尽管随着电子互联时代的发展，传播渠道也日益多元化，但车载收听依然占据着决定性的地位。根据赛立信媒介调查公司 2018 年的数据，使用车载平台收听广播电台节目占到所有接收渠道的 50% 以上。对于许多三四线城市的广播媒体来说，在传统广播走向融合传播的新型媒体的路上本身就十分艰难，广告营销的基本依据仍然是当地的机动车保有量，一旦面临这样的局面，无异于雪上加霜。笔者所在的台州广播电台是三线城市台，虽然这几年在媒体融合的工作上取得了不错的进展，但疫情爆发后，广播的全年广告合同随即大面积停播，1～3 月创收同比下降 46%。

　　二、疫情严重抑制了广播传播内容的受关注度，传播效率显著下降。疫情发生后，停工停学，经济活动趋于停摆，人员活动范围被压缩到家庭。特殊时期，新冠肺炎疫情成为人们最核心甚至是唯一的信息需求。对于信息传播来说，不同媒体在这种情况下出现传播内容的高度同质化不可避免。疫情发生后，无论是传统媒体还是网络新媒体，新冠肺炎疫情信息顿时占据大部分的时段、版面和网络空间。由于疫情信息基本来自于政府官方渠道，因此各家媒体发布的信息除了时间上的先后，很多是重复的内容。另一方面，特殊时期的社会生态，使人们接收信息的渠道出现了回归传统的迹象。一度严重流失的电视观众因为禁足家中又坐回了电视机前。以台州为例，根据尼尔森的数据，当地电视频道的收视时长增幅达到了惊人的 38.3%。电视和网络媒体的强势表现，反衬出广播媒体此时在信息传播力上的低迷：由于渠道受限、信息同质以及受众心态的变化，广播传播受关注度一度降至冰点。

三、线下活动无法开展，进一步压缩了广播在宣传与广告经营上的运作空间。线下活动作为广播整体运作的一部分，业已成为广播电台扩大宣传效果和拓展市场的重要手段。仅就广告经营而言，很多电台近年的线下活动在整体创收中所占的比重有不断增加的趋势。笔者所在的台州综合广播，2019 年的活动创收同比前一年增长了 28%，仅活动纯创收（不考虑活动带来的延伸效应）就已占据全年总量的20%。疫情期间，各类聚集性活动全部取消，线下推广无法执行，使广播媒体的运作空间进一步受限。

面对疫情的压力，各地广播媒体及时调整战略，全力投入抗击疫情的工作之中，在困难的局面中力争发挥媒体功能，拓展生存空间。一些台制作了形式多样的抗疫音频宣传品，力图丰富节目元素；一些台推出了连续长时间的抗疫直播节目，提供应急信息服务；还有一些台抓住热点需求，有针对性地开设了疫情防控医生热线、心理咨询热线等。但是传统广播在疫情非常时期，感受最深切的应该还是融合传播所发挥的作用，各种新媒体手段在特殊时期体现出了前所未有的价值。笔者在此汇报一下台州综合广播在此期间的一些工作尝试：

一、广播线上传播退居次要，网络新媒体传播成为主力渠道。疫情发生后，考虑到车载收听人群急剧减少，我们迅速调整了节目编排，广播节目以转播权威渠道节目为主，以及全天滚动的各类疫情防控公益宣传。疫情信息发布的主平台转到了频道的微信公众号、官方微博等平台上。我们通过当地网信管理部门从疫情信息服务角度考虑，将原先一天只有一次发布机会的频道公众号争取到了一天 6 次发布。发布内容涉及疫情内容权威发布、每日疫情数字发布、各地防疫情况、防疫动态信息等。当月发布信息 278 条，阅读量达到 493.6 万。同时我们也通过官方微博发布信息，当月发博 43 条，阅读总数 35 万。得益于近几年下力气搭建的微信公众号平台和微博平台，作为一家市级广播媒体，在特殊时期的信息传播上，还是起到了一家主流媒体的应有作用。

二、尝试各种新媒体传播手段，努力拓展传播渠道，提升传播效果。疫情期间，除了前述的频道微信公众号和微博外，我们还尝试开发多种新媒体传播手段，使信息服务达到更加理想的效果。其中视频直播和短视频的制作转发成为最为典型的做法。从正月初一起，频率根据形势迅速推出了《大医生说疫情》系列栏目，邀请本地各大医院的医生讲解防疫知识。随即在广播直播的同时进行了网络视频直播，封闭家中的人们通过手机即可观看医生讲解。频率还组织主持人出镜制作系列的防疫知识公益宣传短视频，通过官方公众号发布和通过微信转发，在配合防疫宣传工作上发挥了有力作用。针对疫情封闭期间群众购物不便，农户养殖户产品销售难的情况，频率及时推出了主持人带货的公益视频直播，为当地的小海鲜养殖户推销产品，接受群众的网络订购。疫情期间，整个台州广电包括电视频道都相继做了此类尝试。同时，广播本身的音频产品也努力通过网络手段传播，疫情期间我们推出了激励士气的《听见——战"疫"进行时》诗文朗诵活动，除了在自己的广播节目中播出外，还通过社会多家公众号转发。

三、活动线下转线上，充分利用网络手段扩大活动影响力。疫情期间的管控使媒体各类的线下聚集活动无法进行，我们原定在年初举办的几项活动都因此被迫取消。在此情况下，网络虚拟空间能利用到何种程度，成为我们重点思考和探索的课题。疫情期间，我们迎来了一个传统年度活动"万朵鲜花送雷锋"，这是由省台牵头、各地联动举办的大型活动。由于宣传部、文明办等部门十分重视，往年这个活动都有规模较大的线下内容。今年情况特殊，活动的主题因势推出"致敬最美战'疫'人"，但线下的设想基本无法实施。我们在充分评估的基础上，决定以线上形式达成活动的目标。我们推出了一个 H5 接力送花，取代了以往的现场送花，通过 H5 的转发，参与转发送花的人数很快就超过了万人，是真正意义上的"万朵鲜花送雷锋"。我们在 3 月 5 日当天，开设了时长 3 小时的特别直播，取代了以往的现场舞台节目。特别直播通过广播和网上视频直播同步进行，前期进行了充分的预热宣传。在直播过程中，视频资料与广播直播室画面相结合，观看量也实现破万。这种融合多种媒体手段的线上活动，既实现了预定的宣传效果，活动的经济效益也高于往年。

一场疫情，导致整个经济停摆，给传统媒体特别是广播媒体带来了巨大的困难。与此同时，特殊的疫情环境，也给传统媒体从业人员上了很有价值的一课，提供了融合传播的实战机会，其意义将影响深远：一是倒逼传统媒体加快媒体融合的步伐。传统之所以顽固，在于很多人习惯于熟悉了的工作方式和思维方式，在媒体传播环境没有出现显著变化的情况下，哪怕量变每天都在发生，传统媒体还会经常在固守和变化之间犹豫。而这一次疫情，根本不给人犹豫观望的机会，迫使人们在新的路径上寻找生存之道；二是通过实践验证了融合传播的效果。此前各地都在进行媒体融合，都在关注各种新媒体传播的效果，也进行了各种各样的尝试，但很多情况下是作为传统方式的补充和附加，其实际作用和效果产出经常会受到忽视。这次通过疫情环境的检验，新媒体与传统媒体的优劣、融合传播中各种模式的得失、不同新媒体手段比较后的高下，一一呈现在人们面前。

可以预见，疫情之后的媒体形态将出现明显的变化，特别对于广大的三线、四线城市广电媒体来说，这种变化将尤其巨大。从市场到媒体自身，对于传播的形态、路径、目标、效果等都将有全新的要求，融合传播将成为这类城市台最主流和最常态的运作方式，收音机将不再是广播的标配。美国传播学家 E·M·罗杰斯说："创新的扩散是社会变迁的普遍过程"，一种创新技术当社会采用人群达到"临界的大多数"时，"其后的创新会自行被大家接受"。可以认为，如疫情这样的特殊环境，将网络媒体传播的采用量在公众中迅速蔓延，达到了"临界的大多数"，融合传播被普遍接受也就势所必然。

（作者单位：台州广播电影电视集团综合广播）

广播专业频率推进媒体融合的方向和路径

曾学优　肖剑冬

　　进入新世纪第二个 10 年以来，面对移动互联网的技术发展带来的移动短视频应用的爆发，广播电视与其他传统媒体一样，陷入了媒体融合的焦虑和恐慌当中。特别是中央提出如何通过推动媒体融合掌握新闻舆论和意识形态的领导权、主导权这一重大命题之后，从 2015 年开始，全国各大广播电台纷纷走出转型的第一步，在视频直播平台开通直播通道，通过广播可视化的创新形式迎接挑战。然而，尽管是一种比较便捷而且简单的融合方式，由于广播媒体本身并不具备互联网媒体传播的各种功能和特征，广播可视化的道路，并没有给广播媒体的融合发展带来预期的效果。这让我们必须冷静面对广播媒体的融合之路，特别是广播专业频率，在所处的广播电视台还没有探索出切实有效的融合之路之前，广播专业频率应该如何主动作为？作者认为，作为广播频率的领导层，应该先从思想层面解决广播媒体融合的目的是什么、在媒体融合中，广播频率的发展方向又是什么？

　　首先，广播专业频率要进行媒体融合的目的是什么？到了目前这个阶段，只要是关注媒体发展趋势的广播专业人士，应该都非常清楚，每一个专业频率要想以一己之力，去重建一个新的融媒体平台，已经是非常艰难了。那么，广播专业频率进行媒体融合的目的是什么呢？其实，最简单明白的目的，应该是去熟悉、习惯、甚至掌握新媒体传播的基本技能，然后，是把握新媒体传播的规律和趋势，能够生产出一些基本的符合新媒体传播的内容产品，从而将频率传统媒体的从业人员转变为掌握新媒体传播基本技能的从业人员，不至于在媒体发展的大潮中被淘汰，被拍死在沙滩上。如果还能够再进一步的话，就是利用现有从业人员，发挥声音的优势，打造出一档或几档适合新媒体平台传播的、具有较大影响、能够反哺频率本身的内容产品，那就是理想境界了。

　　其次，广播专业频率在媒体融合中的方向是什么？面对繁纷复杂的融媒体时代，面对让人眼花缭乱的传播平台，广播专业频率从无所适从到随意跟风，尝试着一个又一个平台。从最早的网络直播流，到微博社区，再到微信公众号，从仅有声音的产品，到尝试广播直播间的视频化，再到现在以短视频为主的抖音号及其他的各种平台，再到集纳声音、图片、视频为一体的今日头条号等等，广播专业频率忙得不亦乐乎。不过，能够利用这些平台，真正实现媒体融合，或者能够利用这些平台为广播专业频率本身带来更多影响，获得一定社会效益和经济效益的，是少之又少。那么，广播频率在媒体融合中，是应该所有平台都利用上，还是专注于某一类平台？从人民网研究院 2018 年中国广播电视的监测报告来看，作者认为，广播频率要想切实推进媒体融合取得效果，应该根据频率实际情况，循序渐进，从微博、微信公众号和音频客户端开始，逐步向新闻聚合平台、视频发布平台等发展，形成自己的融媒体传播矩，找到适合广播频率发展的路径。要实现这个目标，广播频率目前应该尽快实现平台多样化、内容短视频化、运营 MCN 化。

第一，平台多样化。从媒体融合的台外平台来说，广播频率应该在条件允许的情况下，尽可能地实现在更多的平台进行传播，比如说开通官方微博、微信帐号、入驻新闻聚合平台、布局聚合音频客户端等。从媒体融合的自有平台来说，如果广播频率有实力，能够创建自己的移动客户端，应该是实现媒体融合的有效途径之一。

目前，对于广播频率来说，进行媒体融合最基础也是最简单易行的途径，应该是尽可能地利用台外已有的各种传播平台。根据人民网研究院发布的 2018 年中国广播媒体融合传播指数报告，在监测的 298 个广播频率中，广播频率在聚合音频客户端的开通率比较高，有 295 家频率在喜马拉雅、听伴、爱上 radio、蜻蜓 FM、龙卷风收音机、荔枝等音频客户端可以监测到数据，入驻总量占比 98.99%。其中龙卷风收音机的入驻率最高，为 96%，其次是蜻蜓 FM，入驻率为 87%，爱上 radio 入驻率也超过了 80%。超过 7 成的广播频率入驻 4 个及以上聚合音频客户端。作为以音频为主的传播媒体，广播频率入驻聚合音频客户端，是其应有之义，也能扩大其传播的渠道和范围。但是，入驻音频客户端，相对于其他的融合途径来说，又是广播频率在媒体融合中，最不具有传播价值的途径之一，因为入驻音频客户端，只能为这些音频客户端带去流量，最后为音频客户端形成产业链，但广播频率却很难从其中找到相应的经济价值或者变现模式，成为别人的嫁衣裳是其最终的命运。

音频客户端之外，广播其他的融媒体传播平台入驻率显然不是很高。人民网研究院的监测报告显示，2018 年，298 个广播频率的官方微博开通率为 67.8%、官方微信开通率为 80.5%、入驻新闻聚合平台率为 56.04%，但入驻 5 个聚合平台的只有 2.6%，入驻 3 个以上的为 25% 左右。显然，很多广播频率连两微官方号都没有开通，入驻新闻客户端就更没有普及。如果连这些最基本和普通的媒体融合途径都没有充分的利用，要在其他方面进行更多的融合，显然是不现实的。因此，广播频率首先要解决在两微和新闻客户端方面的开通问题，迈出媒体融合最基础的一步。江西广播电视台旅游频率是江西广播电视台广播版块中最年轻的广播频率，2013 年开播以来，频率就注重媒体融合发展，先后开通了官方微信、微博帐号，入驻了今日头条新闻聚合平台，开通了抖音号，入驻了音频聚合平台蜻蜓 FM、喜马拉雅 FM、阿基米德 FMT 以及手机江西台客户端等，在江西广播频率的媒体融合中是走在前列的。据人民网研究院的监测报告，2017 年，江西广播电视台旅游频率媒体融合指数进入了全国广播频率前百强榜单，位列第 91 名，是江西广播频率中唯一进入百强榜单的。2018 年，又与江西广播电视台信息交通频率（第 61 位）、综合新闻频率（第 88 位）一起进入百强榜单，位列第 75 位。

当然，对单一的广播频率来说，创建移动客户端，建议不要轻易尝试。因为建设一个移动客户端，不但需要需要强大的资金支持，而且后续维护是一个庞大的系统，其不断的投入反而会成为频率沉重的负担。从人民网研究院的监测来看，2018 年，298 个广播频率有 39 个自建了安卓客户端，另有一个广播频率仅建设了苹果客户端，广播频率自建客户端的比例为 13.4%。大多数广播频率没有自建客户端，而是依托广播电台或广播电视台创办的客户端进行传播。从总体上看，除一家广播电视台自建客户端尚未正式推出、两个广播电台没有检索到自建客户端之外，其他广播电视台均创办了包含广播内容的广播电视客户端或专门的广播客户端，广播频率拥有客户端的比重为 95.6%。

从这个数字来看，应该说广播频率实现媒体融合，还是很好的。不过，从实际的传播效果来看，却很难说令人满意。因为移动客户端最关键的是下载量，没有下载量，移动客户端就是摆设。从下载量来看，39 个广播频率客户端中，仅有 2 个客户端的下载量超过百万，在总体上，广播频率客户端的下载量较低，下载量中位数不足 1.8 万，均值为 23 万。很多广播频率客户端已经停止运维，仅可收听直播节目。可见，广播频率客户端的运作并不是一件容易的事，如果一个客户端只有 1.8 万的下载量，其传播效果可以说微乎其微，对广播频率的反哺作用也很小。

因此，广播频率在发展移动客户端方面，最好的办法，还是要更多的依托整个电台或广播电视台的客户端进行传播，这样既可以实现在移动客户端的传播，也可以避免单个频率难以承担的开发和维护一个移动客户端的资金压力。广播媒体的优势更多的是即时性和交互性，如果广播频率能够建设一个移动客户端，其必须满足广播频率与听众或者受众之间的即时交互，否则，就失去了在移动客户端上的传播意义。这一点，在广播电视台打造的集团统一的广播电视客户端之上，似乎都很难实现。只有像上海广播电视台建设的专门的音频客户端阿基米德，是致力于打造专业生产音频内容（PGC）的音频平台，除了其属下的广播频率之外，还联合了全国其他广播频率生产内容和上传内容，应该说是目前全国广播媒体专业生产音频内容最好的移动客户端，其目前下载量超过 1400 万，在媒体融合方面，走在了前列。所以，广播频率依托广播电视台的融合之路，最好还是以广播版块为基础，建设单独的广播版块的客户端，这是当务之急，如果再观望不前，那将真正丧失广播频率实现媒体融合的最后机会。

第二，内容全面化。从生产内容来说，广播频率的媒体融合之路，首先要努力实现从单一的声音产品到音、视频、图片、文字的同步生产，更关键的是，这种同步生产，无论是新闻产品还是娱乐产品，都不能只满足于单纯的实现所所谓的全媒体覆盖传播，而是要跳出原有的生产模式，创造更多的具有互联网、移动网传播特性的融媒体产品。

我们现在可能还会有些思维误区，认为广播频率只要将传统的声音内容生产进行拆分或者将内容生产碎片化，分发到融媒体传播平台，就可以实现媒体融合和转型，这些动作固然是媒体融合的一部分，但不应该是核心内容。广播频率实现媒体融合的核心生产内容，应该转变到真正的融媒体产品生产上来。即使不能一步到位，也应该朝着这个方向调整。在这个方面，安徽广播电视台规模化推进的融媒体工作室，是一个非常好的例子。据了解，从2016年3月开始，该台成立了"达耳闻"新媒体领导小组办公室，由7人团队组成，专职运营达耳闻客户端项目，探索新媒体经营创收模式。截至2019年8月，安徽广播电视台有45家融媒体工作室已开展内容生产、活动策划、项目运营等工作，15家融媒体工作室正在试运行。融媒体工作室均由1名业务骨干牵头招揽本台人员组合而成，团队少则3名成员，多则10多名成员，属于小而精的团队化组织。从内容定位和运营方向来看，这60个融媒体工作室分为12个类型，涵盖新闻、理论、科普、法制、教育、农业、文化、人物、创业、生活、娱乐、综合等，呈现出专业化、垂直化、细分化特征，注重用户需求，直接对接市场。

据了解，安徽广播电视台最早推出，也是目前比较成功的融媒体产品"达耳闻"，是由安徽广播电视台新闻综合广播与网络广播电视台联合推出的。虽然从功能上看，这是一款以个性化音频互动社区、专业化声音服务交易平台为主要的特色、细分市场的垂直APP，是其内容却涵盖了音、视频、图片、文字，主持人的形象展示、活动内容等，都是全方位的呈现给受众。个性化音频互动社区通过"听、说、玩"等几个环节，强化广播节目主持人与听众之间的互动，增强线上线下的粘性，提升节目和主持人的影响力；专业化声音服务交易平台则是重点打造以"声音集市""声音银行"等为核心的有声产品交易平台，主播们从播音间走到听众中间，通过高端司仪、亲子课堂、代替表白、有声提醒、语言教学等订制化服务，真正把听众变为用户。可见，成功迈出媒体融合关键一步的安徽新闻广播，在内容生产方面基本上实现了全覆盖。

第三，运营MCN化。从媒体融合产品的营运来说，广播频率应该积极参与到目前正在兴起的MCN（Multi-Channel Network），即多频道网络的产品形态发展的潮流中，与电视频道一起，专注于内容生产，尽量形成自己的多频道网络产品矩阵，保障内容的持续输出，然后或联合社会MCN机构，或走上自己成为MCN机构之路，实现稳定的商业变现，从而最终实现传统广播频率广告经营模式和产品的转型。

目前，我国国内广电机构尝试布局MCN的，大都是电视频道。从央视到省级电视台，再到地市级电视台，这种布局已经在加速推进。今年8月，中央广播电视塔总台先后在"新闻联播"快手、抖音两平台入驻，推出了《新闻联播主播说》，不断涌现热门话题内容。随后，总台又宣布组建"央视频"平台，有望成为规模化的主流短视频内容创作机构。省级电视频道，比如湖南娱乐频道不但对MCN进行了较大的布局，而且发起成立了全国广电 MCN 同盟会。地市级电视台中如湖南长沙、江苏无锡、山东济宁等都在布局。可以说，电视频道尝试布局 MCN 已经风起云涌了。

电视媒体布局以短视频为主融媒体工作室，有其先天的优势，其本身就是视频内容生产者，将内容拆条或者重新生产，有稳定的内容生产，可以很快孵化出各种热门帐号，比如央视《新闻联播主播说》在抖音开通帐号，短短两个月，粉丝量便达到 2229.7 万，每条短视频观看量少则几万，多则几百万，甚至上千万。有人可能会有疑问，广播频率也布局以短视频为主的 MCN，有必要吗？或者说，是正确的方向和途径吗？其实，广播频率如果只专注于声音产品的媒体融合，必然是越走越窄。目前，全国在音频内容领域能够实现效益的音频客户端，除了喜马拉雅 FM、蜻蜓 FM 等几家头部公司外，以传统的广播媒体建立起来的音频客户端，包括上海广播电视台的阿基米德 FM，也只是迈出了广播媒体媒体融合的第一步，开辟了广播频率传统传播平台之外的另一个阵地，并没有成为真正的融合型媒体，或者是全媒体。

因此，作者认为，在媒体融合的大趋势之下，不是说广播频率不需要专注于音频内容的生产，毕竟音频才是广播的主业和优势，但是，即使是注重于音频内容生产，也必须结合视频及其他形态的内容生产，然后采取 MCN 的模式进行经营，才有可能是广播频率最终实现媒体融合的有效经营。MCN，即 Multi-Channel Network，指利用网络多频道进行传播的产品形态，而 MCN 经营模式则是指一种任何实体 / 组织与内容提供者之间合作生产内容，或者由实体 / 组织单独创作各种垂直内容并在多种频道上发布的商业化运营模式，它是一种管理新媒体现象的机制和策略，其服务范围包括：版权管理、培养目标用户、品牌推广、商业化运营等等。目前，国内 MCN 模式借鉴了国外的运营思路和经纪公司的模式，深度介入内容创作，且以平台分发为主。广播频率借鉴以短视频为主的 MCN 经营模式还是有其潜力的。首先，现在短视频的生产，门槛已经非常低，海量的 UGC 内容就是证明，广播专业频率比起受众来说，有其专业机构优势；其次，广播专业频率拥有主持人资源，也拥有媒体自带的公信力和权威性，孵化出热门帐号，是有潜力的。以南昌某 MCN 公司为例，其涉足内容生产也是 2018 年开始，如今已经拥有南昌生活帮、花样南昌、吃喝玩乐在江西等几个热门微信帐号。目前，江西广播电视台旅游频率正在尝试寻求与该公司的合作，希望利用传统媒体的主持人、公信力、传播平台等资源，共同开发培育和孵化出热门的帐号，从而迈出旅游频率媒体融合关键的步伐。

（作者单位分别为：江西广播电视台旅游频率；吉安广播电视台人事处）

我的广播情缘

赖志忠

人的思想总是由混沌懵懂至启蒙。我的启蒙记事开始于 1974 年，那时，我读小学一年级，每天的高音喇叭声便成为我对社会认识的启蒙。

大喇叭的"烦恼"

每天，当我还在梦乡的时候，都会被生产队晒谷坪旁电杆上的那只大喇叭播放的《东方红》交响乐声惊醒。此时，老父亲便呵斥我们兄弟俩起床。我迷迷糊糊地穿着衣服，耳朵里听到是："南康县人民广播站，今天的第一次播音现在开始。"伴随着大喇叭传出的乐曲声，我每天的劳动便开始了，我先在门角落里拿起镰刀、箩筐，然后打开鸭舍门，把一群鸭子赶到池塘里。随后，耳朵里便听到大喇叭播放出铿锵有力的声音："发展体育运动，增强人民体质，下面开始做第一套广播体操"。我在池塘边割青草的动作，也随着广播体操的音乐节奏格外有力。

初升的阳光刚刺破山谷间缭绕的薄雾，我心里总在嘀咕：这个时候大家都在睡大觉，谁起来做早操呀？大喇叭搅没了我童年的美梦，时时让不懂事的我愤愤不平。

每天，当听到大喇叭播送完《新闻和报纸摘要节目》的时候，心里才会松一口气，就像是下课的美妙铃声响了，终于可以回家吃饭了。因为早上 7 点钟要赶紧回家吃饭，否则，上学就会迟到，就会挨老师的批评。

回到家时，看到父亲端着碗米饭，正和对面住的叔叔伯伯们侃侃而谈。他们对刚才广播的内容评头论足，叔叔说："这个孔老二当老师实在是不行，不会种田，只会教人家当官。官有那么好当的吗？"而伯伯感兴趣的则是某某地方又放了一颗"卫星"，粮食亩产达到多少多少，怎么我们的粮食产量这么低？这让伯伯很是困惑。中央人民广播电台《新闻和报纸摘要节目》播出的内容，成了叔伯们每天茶余饭后的谈资。

大喇叭的乐子

上世纪 60 年代末、70 年代初，在我们公社和大队部的墙上，到处都可以看到"努力办好广播，为全中国人民和全世界人民服务"的宣传标语。那时，我们家乡最大的变化，就是每家每户都安装了小喇叭。

农村人散养，吃个饭还喜欢串串门。人们端着碗米饭，边走边吃边聊着家长里短。可自从家家户户安装了小喇叭后，叔伯们的生活习惯慢慢发生了变化。吃饭时串门的人少了，往往是一家人围坐在饭桌旁，边吃饭边竖起耳朵听着广播。昔日吃饭时叽叽喳喳的吵闹声更少了，谁要是大声说话，就会受到长辈们的呵斥。因为大人们担心一不小心，广播的内容就听没了。

盛夏，落日的余晖染红了半边天。大喇叭下的晒谷坪，就成了我们嬉笑打闹的乐园，更成了知青点大哥哥大姐姐们的乐园。

伴随着大喇叭传出的革命现代京剧《沙家浜》阿庆嫂、胡传魁、刁德一智斗的声音，知青点的哥哥姐姐们开始表演了。记忆最深的是，和着大喇叭传出的《沂蒙颂》"愿亲人，早日养好伤，为人民，求解放，重返前方……"的优美旋律，知青姐姐们翩翩起舞，她们那柔美的舞姿，看呆了大家。虽然那时的我们还不太会欣赏舞蹈，但看着他们伴随着广播声而跳起的舞姿，总觉得比电影里的还好看。有时，他们也会拉着我们一起表演节目，在他们的带动下，我们这些小朋友演唱着一首首老师教给我们的革命歌曲，此时的晒谷坪变成了欢乐的海洋。

当时，每晚最后一个广播节目是"天气预报"。当喇叭传出"下面播送天气预报"节目的声音时，晒谷坪上所有的人都竖起耳朵、屏声静气地听着。不管明天是下雨还是天晴，总有人高兴、有人叹气。下大雨，是一些年轻人的最爱，因为他们不用下地干活，可生产队长却不高兴了。

天气预报节目播送完了，当天的播音也就结束了。此时，老人们呼叫着家里的孙子孙女赶紧回家睡觉，因为明天还要早起，还要上学。可叔叔伯伯们却意犹未尽，他们还坐在晒谷坪上，议论着刚才广播里播送的新闻轶事，唠叨个没完没了。

那个年代，在农村，报纸是一件稀罕物。能够看懂报纸的人，是生产队的"知识分子"。当时，文化生活单调，看电影是节日的盛宴，听广播则是农民们辛苦劳作一天后大大的享受，也是这个偏僻小山村的人们了解外面世界的唯一渠道。广播节目就像是春天里的毛毛雨，浸润着每个人的心田，改变着小山村里人们的生活。

听广播，最难忘的是 1976 年。那年，广播里先后传出我们敬爱的周总理逝世、朱总司令逝世及唐山发生大地震等消息。特别是 9 月 9 日那天下午 3 时左右，大喇叭忽然放出哀乐，播出了我们伟大领袖毛主席与世长辞的讣告。当时，正在田间地头劳作的农民们闻声瞬间惊呆了，大家紧含着泪水缓步从四面八方涌到大喇叭旁，默默地聆听着重复播送的哀乐和讣告。大家紧紧揪住的心难以自禁，沉闷的呜咽声迅速蔓延，变为大声的痛哭声，这在小山村里是从未有过的场景。

神秘的广播站

上世纪 80 年代初，从城镇下放到农村的人员陆续回城了，我们一家也从农村搬回了县城。我们县的广播站就在我每天上学的路旁。每每路过县广播站，我都好奇地透过大门朝里看。在我的心里，这里住着一群"高级知识分子"，他们掌握着高科技，每天把北京中央人民广播电台的声音传送到各家各户，好神奇啊！总想着自己啥时候有机会能够进去瞧一瞧。

美好的愿望终于实现了。那年县里举办中小学国庆文艺晚会，我们班表演的诗朗诵节目获奖了。班主任通知我们，县广播站的工作人员要为我们录制节目了。

录制节目的那天，我早早地起床，把自己打扮得整整齐齐：白上衣，蓝裤子，还系上了崭新的红领巾。心里既兴奋又惶恐，总怕自己的表演会失误，会丢脸。

来到县广播站楼上的大厅，只见工作人员在紧张地调试一个叫录音机的东西，两盘录音带像大饼一样，在她手里叽叽咕咕的转来转去。那天的节目表演是什么时候结束的我都不知道，感觉自己自始至终紧张得大气都不敢出，只是麻木地跟着大家使劲地朗诵。工作人员看到我们东张张西望望，充满好奇心，于是，非常热心地向我们介绍了节目的制作、传输流程。那时，在我们这个小县城里，会无线电技术的人还不多，我们都认为会修理收音机的人，就是一个了不起的人才；会用万用表和电铬铁的师傅，都是我最值得尊敬的神秘人。

有了这次和县广播站的亲密接触，拥有一台小小的收音机，都已成为我们班同学们的一种奢望。班里有位同学，有一天偷偷地把他爸爸的红灯牌小收音机拿了出来，当"嗒嘀嗒 嗒嘀嗒，小喇叭开始广播啦"的声音传出来的时候，我们都高兴得手舞足蹈，那声音好像从遥远的太空传来，犹如天籁之音。此后，我们每天放了学，都在学校的草坪上围坐在一起听广播，听得如痴如醉，有时忘记了回家，甚至忘记了吃饭。大家躺在草坪里，仰望着天空，在童年的心里对广播充满了遐想。

筚路蓝缕的事业

1985 年，一部片名叫《人生》的电影红遍全国。影片中的爱情故事对当时我们这些高中生来说还不太懂，但电影中的男主角高家林在县广播站工作的情景却历历在目，高家林满怀激情的工作镜头，令我羡慕和向往。

1990 年，我从部队复员回乡。县安置办的领导征求我对分配工作的意见，当我看到有县广播电视局的分配名额时，孩童时的广播情结，让我毫不犹豫地选择分配到县广播站工作。

这是一个具有光荣历史的单位，他和新中国一起发展壮大。1950 年 1 月，共和国刚刚成立，百废待兴，江西省政府就专门为我们县配发了一部直流收音机，并成立收音站。由收音员每天负责收录收听国家广播电台新闻，整理印发成文，分发至各单位组织学习。成为偏僻县城迅速了解国家政策的通道；1956 年 3 月建立县有线广播站，成为赣州地区第一个建站的县，全省第二个建站的县；1968 年，改称为"县毛泽东思想广播站"；1973 年 5 月改称为县人民广播站；1980 年 9 月，成立广播事业局，与广播站两块牌子一套人马，1994 年 1 月经广电部批准，县人民广播站改为县人民广播电台。自 1956 年成立广播站以来，广播站播音员，编采员，巡线员。广播三员成为了广播站固有的人员编制。

1965 年，毛泽东为人民广播事业题词：努力办好广播，为全中国人民和全世界人民服务。全县掀起了大办广播事业建设的高潮。

在广播技术设备建设中，县人民广播站的技术设备由 1956 年使用的 300 瓦扩大机。1970 年购置 550 瓦扩大机 1 台。1974 年建设新机房。机房主要设备有：播出控制台 1 台，2X275 瓦功率扩大机 2 台，转播接收机 1 台，录音机 3 台，话筒 3 只，载波送发机 1 台，各种主要仪表 20 件。1975 年在地区技术人员的技术指导下，对县站机房进行了改造。县站技术人员自行设计、制造播音控制台配电柜，线路输出配线柜 32 台。

在广播技术应用里，1960 年 1 月，县有线广播站在坪市区试行电灯零线开放广播；6 月，在西华试行广播与紧急电话遥控装置，同年 8 ~ 10 月分别在坪市、唐江两地利用电灯零线传送广播。1965 年 4 月，县广播站由利用电话线送音频信号改为 19.5KC 调幅载波传送。1972 年全具的广播载波由 19.5KC 调幅载波改为额率为 10KC 的调领载波。1975 年 12 月，县人民广播站对广播机房设备试行自动通控、定时开关、换机的试验，获得成功。

1977 年县人民广播站试制成功光电控制自动调压器。1977 年 10 月，县广播站利用广播地下专线对潭口公社广播扩大机进行通控开关机、遥测监听，使用效果良好。1978 年 5 月，在蓉江镇设计安装（镇）广播站遥控机房.在县站至蓉江的信号专线上，实现通控开关机、自动调压，传送信号时可通电话，一线多用。

乡镇广播站建设于 1958 年开始，县内第一个农村广播站在坪市建立，此后，相继建立龙华、蓉江、唐江、赤土、龙回、风岗、潭口等地广播站。其中赤土、龙回、风岗、潭口等地因当时无电，于 1960 年采用远距离送电，建立广播站。1961 年 6 月，在唐江邮电局设立音频广播放大站.将放大的县站音频信号,通过电话专线定时向中、北片的公社（镇）送广播。1985 年，全县有乡（镇）广播站 29 个。有 191 个村级放大站，基本形成了全县农村广播网。1975 年，全县已经实现队队通广播，户户喇叭响。

1969 年，县广播站除转播上级台站节目外，开始办有县站自办节目。1985 年县广播站的自办节目有新闻性节目、专题性节目、服务性节目、文艺性节目四大类共 17 个节目档次，编播人员增加到 8 人，全县有骨干通讯员 76 人，业余通讯员 101 人。每天播音 3 次，播音时间达 6 小时。

人民广播事业与新中国建设一样，筚路蓝缕，砥砺前行，发展壮大。至 1985 年底，全县 29 个（镇）站中，有专线 203 条，总长 1519.6 线公里，地下专线 64 对公里。有 25 个乡（镇）架设了水泥杆专线。全县广播网已趋完善。每天早中晚三次的播音，成为人们必不可少的精神文化大餐。

困惑的世纪末十年

1992 年，一曲春天的故事，唱遍大江南北，改革开放　发展经济，成为一切工作的主旋律。人们的经济收入也得到了显著提高，有线广播设施也开始更新换代，变为无线调频立体声。电视无线变有线，广播有线变无线。看电影听广播，开始转变为回家就要看电视。各家各户拥有电视机。成为家庭文化娱乐生活的主流。卫星电视节目落地，极大的满足了人们对声情并茂的银屏需求，慢慢地淡忘了左耳朵进右耳朵出的广播节目了。

上世纪末的 90 年代，经济转型，改革的阵痛也痛到了广播人的心里。人员编制紧宿，经费紧宿，设施设备无法更新，严重影响了播出质量，县级的广播部门几乎瘫痪，每天也就仅仅是转播上级台的节目，几十年来的广播，有人不听了。让广播人陷入了深深的苦恼和无奈。

守土有责，再续辉煌。成为广播人不甘心的呐喊。电视节目时间固定化，缺乏即时性，相较于广播优势他无可比拟。守住听众，也要转变办广播的思路和思想。过去，我们播出什么听众听什么。现在，听众想什么，我们播报什么。放下高高在上的身段，诚心诚意地为听众服务，才能拉回我们的听众。

节目跟着时间走，时间跟着听众走，听众跟着环境走。每时每刻，我们的听众在哪里？他需要什么？这是广播人必须思考的问题。清晨，我们为听众送上优美的音乐，送上全国的时政新闻，我们要让听众在休闲锻炼中了解全国；上午，《经济60分》《市场你我他》，我们要让听众在忙于生意的同时，还可以了解其他的经济动态；上午11：30美食节目再伴随道路动态；下午16：00是少儿益智节目《七色花》，下班高峰是《道路动态》《民俗风情》《家庭趣闻》《本地美食》《知心姐姐》。市民结束了紧张和繁忙的工作，便是我们忙碌的时刻。热线电话链接你我。如同空中桥梁，联通我们和听众。

有人说：真理永远存在，就等着你来发现。思想解放天地宽，贴近实际，贴近生活，贴近群众，改变文风，让我们更加领会了《反对党八股》的深刻内涵。广播再次成为了广大市民喜爱的朋友。听众回来了，广告赞助也回来了。广播人的努力换来了良好的生态运转。电台广播，又回到人们的生活之中。

（作者单位：江西省赣州市南康区广播电视台）

华北（广播）电台的创办及精神传承

赵建荣　姚丽菊

华北（广播）电台是随着华北《新华日报》1939 年 1 月 1 日在山西沁县后沟村创刊而出现的。从此，它随华北《新华日报》一起擎起华北新闻、文化大旗，架起一座中国共产党与华北一万万同胞沟通的桥梁，成为党中央在华北敌后的"喉舌""千里眼"和"顺风耳"，成为当时华北地区新闻、思想文化教育运动的核心和组织者。华北（广播）电台在华北《新华日报》社的坚强领导下，肩负起党赋予它的反映抗战、组织抗战、指导抗战、推动抗战的历史重任，在太行山巅吹响了对日本侵略者战斗的号角。

华北《新华日报》（电台）创办的特殊历史背景

华北《新华日报》（电台）创办在一个极不平凡的历史时期，是中国抗日战争由战略相持阶段向战略反攻阶段过渡时期，也是中国政局发生重大变化、华北敌后战争极其频繁而残酷的时期。

背景一，华北《新华日报》（电台）创办时，日寇已停止了对正面战场的进攻，回师华北对我进行扫荡作战，妄图"确实掌握占领地区"，并准备进犯大西北。

背景二，在蒋介石国民党统治集团方面，再也不能容忍进步力量的发展。他们采取"限共""防共"等一系列措施，力图夺取我八路军从日寇铁蹄下收复的华北失地。

背景三，华北《新华日报》（电台）的创办，是坚持华北敌后斗争的第十八集团军正副总司令朱德和彭德怀同志的要求。是在中共南方局和周恩来同志大力支持下，经党的六届六中全会决定，由新华日报武汉总馆派何云等同志主持筹办的。

对于华北《新华日报》（电台）创办的特殊历史背景，彭德怀同志于 1940 年 1 月 1 日报纸（电台）诞生的周年时说："它是随着敌后的特殊环境诞生与成长的，有它的特点存在，它不同于一般报纸。它是诞生在敌人铁蹄蹂躏的废墟上，随着敌后游击战争的流动而壮大起来。它是建立在华北敌后所有一切抗战进步的政权与民众的基础上，它享有广大群众的热爱和拥护。因此，我敢说，新华日报华北版今天已经成为不可挫败的力量。敌人与反共顽固派，企图对它用各种各样的方法来污蔑、捣乱与破坏，都是徒劳无益的"。

报社总编辑兼社长何云同志说："它诞生于国家危急之秋，民族自卫战争怒潮高涨之际，它擎起的新闻、文化大旗高高飘扬在太行山巅。它秉承精诚团结，共赴国难，贯彻到底，争取最后胜利之初衷，在民族解放之伟大战斗中，鼓励前线将士们英勇杀敌，在抗日高于一切之原则下，号召广大人民群众积极参加；为扩大全民族团结，已将自身成为全国各抗日党派，各抗日团体，各爱国同胞之共同喉舌。"

当时，华北敌后的新闻事业主要以报纸、出版为主，后来，随着敌后文化斗争的需要，新华书店在山西辽县（解放后改为左权县）麻田镇也孕育而生。1940 年 12 月 30 日，延安新华广播电台在延安西北的王皮湾村诞生后，华北《新华日报》也加强了对（广播）电台的建设。这从 1941 年 5 月 25 日和 1942 年 4 月 1 日，中宣部在给北方局彭、左、罗的指示电文中就可以看出来。它具有以下特点。

特点一，它播发的内容是以华北《新华日报》社论为主，每次均照全文广播，占去广播时间字数的大部分。

特点二，每逢纪念日华北电台所播送的大部分系首先在纪念会上（领导）讲演的全文，又占去广播时间的大部分。

特点三，对八路军战报华北电台系集中播发。

特点四，华北电台报道范围的广泛。包括军事、经济、文化教育等方面，并以具体事实来宣传根据地的意义与作用。

后来，中宣部在给北方局彭、左、罗的指示电文中又强调了电台广播的工作方式。

方式一，集中力量用短篇电讯方式，多广播地方新闻，而且应为华北电台主要内容……

方式二，八路军战况应采用中央社方式，按逐条电讯广播，使新闻不失时效，收听容易。

方式三，八路军战报华北电台系用集中形式播发。

方式四，禁止长篇论文演讲与通讯……

华北《新华日报》（电台）的特殊作用之一：反映抗战

华北《新华日报》是中共中央北方局的机关报。1939 年 1 月 1 日，它在发刊词中提出了自己的历史使命，即"反映华北抗战之经验，发扬与探讨华北抗战之宝贵经验，报道与记载华北抗战中一切可歌可泣之伟大史迹与典型，不仅足以激发懦顽，且可尽其模范作用，以鼓励与推动全国的团结进步。"

华北（广播）电台配合报社播发的主要内容有：

一、通过对聂荣臻、吕正操两位司令员的采访，综述了创建晋察冀、冀中根据地的英雄史诗；宋时轮将军追忆了北出雁门关，跨越谷北口，直插热河，转战冀东的英雄壮举；宋任穷、陈赓、陈锡联三位将军和李达参谋长的谈话，历述了八路军

129 师各部进出正太、平汉、同蒲铁路，扬威太行山上，越马河北平原，所向披靡，东进山东；与八路军山东纵队胜利会师在泰山脚下。

二、华北（广播）电台播发的来自记者收集、采写的主要内容有：八路军挺进敌后，发动群众，开辟与创建敌后抗日民主根据地的艰苦斗争历程。

三、电台播发了记者在随八路军反扫荡的战斗、生活中，歌颂了各个抗日根据地军民粉碎敌人进攻的伟绩。这些报道激励了华北各根据地广大军民的昂扬斗志，提高了他们胜利的信心。

四、电台播发了记者高度颂扬华北敌后群众性游击队的重大作用，反映了人民战争犹如汪洋大海，陷侵略者于灭顶之灾。

五、记者们没有忘记生活在敌占区同胞们的苦难，他们化妆改扮进入敌占区，采访回来精彩的内容，通过电台揭露了敌人的暴虐统治，报道了敌占区内同胞们顽强不屈的英勇斗争。

六、电台还播发了日本兄弟和朝鲜兄弟开始觉醒，争取敌伪军的工作开始初见成效的内容。例如，通讯《两个朝鲜兄弟》（记者：林火）、《敌寇蹂躏下的晋中人民》（记者：江横）等；

七、电台还播发了八路军团结友军，共同坚持敌后抗战，和记者专访了在华北敌后坚持抗战的国民党爱国将领。例如，在 1942 年反"扫荡"中英勇牺牲的国民党九十八军军长、原一六九师师长武士敏将军。

这些新闻报道的（刊发）播发，为我党开展敌后抗日统一战线工作，作出了可贵的贡献。

华北《新华日报》（电台）的特殊作用之二：指导抗战

创刊于 1939 年元旦的华北《新华日报》（电台），是受中共中央北方局党报委员会领导的。党报委员会主要成员有朱德、彭德怀、杨尚昆、左权、傅钟、陆定一、李大章、何云、陈克寒 9 人组成，杨尚昆任书记。报社总编辑兼社长何云，副总编辑陈克寒、韩进，李竹如任副社长。

党报委员会对报纸、电台的领导是坚强而具体的，对报社、电台工作上的要求是严格的。这从 1941 年 5 月 25 日和 1942 年 4 月 1 日中宣部在给北方局彭、左、罗的指示电文中就反映出来。例如：

一、凡带有关系全国全党八路军性质的文件电务必须事先征求党中央的同意，否则一律不准任意广播。

二、广播材料（内容）应力求短小精彩，生动具体，切忌长篇大论，令人生厌的空谈。

三、广播均应采用短小的电讯形式，每节平常以三百至五百字为适当，至多不得超过一千字；当地负责同志的讲演与论文，如有特别重要意义的，应摘要广播，至多亦不得超过一千字。

四、每节电讯应一次广播完毕，不得拖延时日，至多不得超过两天广播的时间。

另外，还有决定报纸、电台的任务，制定宣传方针，审定每个月的社论计划，审定社论和重要稿件。

中共北方局党报委员会的领导成员，不仅是报纸（电台）的领导者，更是报纸（电台）的宣传者和参与者。他们从军事、政治、文化、建立抗日民族统一战线等方面，都亲自为报纸（电台）撰写社论和评论。这些社论、评论正确地引导着华北人民深刻领会和了解共产党的理论、路线、方针和各项具体政策，掌握和运用革命斗争的策略。

例如，1939年1月27日华北《新华日报》上发表（电台播发）了八路军野战政治部副主任陆定一的长篇文章《晋察冀边区粉碎敌人扫荡的几点重要经验》，从"以什么态度迎击敌人的进攻"等方面总结了经验。

1939年5月11日和13日发表在华北《新华日报》（电台播发）的左权同志的《一月来华北战况概述》文章中，就4月份几个主要战区晋东南、冀中、冀南、晋察冀的战况进行综述和分析，并精确分析战局，提出今后的指导方针。

1940年3月27日，华北《新华日报》上发表（电台播发）了何云同志撰写的《庆祝华北各地大胜利》的社论，宣告了敌人持续一年半对华北的大扫荡以失败告终。充分证明了共产党领导的八路军是最坚强，最英勇的抗日部队。

为配合延安、八路军总部、中共北方局对华北抗战的具体领导，使报纸（电台）具有"千里眼""顺风耳""桥梁"的作用，报纸（电台）落实了彭德怀同志的指示："应该努力使报纸真正办成全华北新的机关报，帮助各地报纸，与全华北加强联系，使报纸成为华北新闻、文化事业的中心"。

华北《新华日报》在《发刊词》（电台播发）中表示："在敌后方……本报愿作文化粮食供应之所，愿在华北文化抗日统一战线工作中，尽其绵薄之力，将全华北战士紧密团结起来。"

为促进华北敌后文艺运动，繁荣敌后文艺创作，到1939年7月，报纸先后创办了多种文艺副刊，包括：《新地》《战地报人》《华北青年》《卫生常识》《回民》《戏剧》《抗日军人》《日本研究》《华北妇女》《敌后方》《新华文艺》等12个专刊，这样就把当时太行地区的大批文化人紧密团结到华北《新华日报》社的周围，从而形成一个先进文化的拳头，来共同对付日寇、汉奸以及抗日阵营里的顽固派和暗藏的反动势力。

报纸为指出敌后文化运动的方向，每逢纪念鲁迅、高尔基、瞿秋白等人的日子，就会发表社论，电台也配合予以播出。例如：

一、针对当时的任务，电台播发的社论有：《论目前文化教育工作》（1939年11月25日）、《改进社会教育》（1940年6月23日）、《纪念"五·四"，整顿好我们的文风》（1942 年 5 月 4 日）等。

二、针对知识分子参加敌后抗战，电台播发的社论有：《大量吸收知识分子参加抗战》（1940 年 1 月 25 日）等。

三、针对敌后抗日文化教育,电台播发的社论有:《广泛开展抗日的文化教育运动》（1940 年 3 月 11 日）等。

四、针对敌伪在文化思想上的猛烈进攻，电台播发的社论有：《文化战线上的一个紧急任务》（1942 年 1 月 19 日）等。

此外，报社（电台播发）还推出纪念特刊，号召向文化战线上的先驱者们学习，继承和发扬他们的革命精神和顽强的战斗作风；要求文化工作者深入实际，深入群众，深入敌后，为开展敌后抗日文化运动而献身。

报社还积极推动和参与发展和扩大文化界的抗日民族统一战线，组织起来，并派出报社、电台有关业务骨干，参加这些组织的领导工作。这极大地锻炼了报社、电台的干部队伍。

华北《新华日报》（电台）的特殊作用之三：组织抗战

华北《新华日报》（电台）的创办者和指挥者理想是宏大的、眼光是深远的。为了更好的组织和推动华北敌后各抗日根据地的抗战，根据党报委员会的指示，华北《新华日报》（电台）除向地方党委提供版面（广播）外，还做了 3 件事。

第一件，积极抓报社（电台）通讯员队伍建设。《报社通讯员条例》就是在何云同志主持下制定的。这个条例开头说，"组织华北通讯网"的目的，是"发展华北的抗日救国的通讯报道工作，以便普遍地深入反映华北的抗战情形，推动华北救国工作。"

到 1939 年底，在各级党组织地帮助和支持下，报社、电台发展的通讯员队伍已达到 500 多人。另还有 50 多个读者会。报社没有忘记敌占区的同胞们，在他们当中也发展了几十名爱国通讯员。

到 1941 年 9 月，华北《新华日报》（电台）和青记学会太行分会联合召开通讯员代表大会，当时在册的通讯员已达到 720 多人；还有特约记者 20 多人。高峰时期，通讯员曾达到八、九百人之多。就拿 1939 年见报的特约记者和特约通讯员来说，太行有张香山（八路军 129 师政治部）和杜润生（太行区党委宣传科科长）、太岳有刘植岩（太岳一地委）、晋察冀有逸人、晋西北有穆欣（解放后著名记者）、冀南有贾锡章、冀鲁豫有巩秉文，足见报社（电台）通讯员队伍已遍及华北各地。

第二件事情，派人参加或帮助筹建新闻和文化团体，向各地报纸提供《新闻电讯》。除承印《抗战生活》等杂志，又为敌占区爱国同胞专门出版《中国人》周报。对本报发表的重要文章，如毛泽东主席的《论新阶段》，不仅在报纸上连载，还通过电台播发，继而成书出版。仅报社成立的两年里，就印刷、发行了包括马列著作、社会科学和学校用书 45 万册，还有 50 多万份传单和布告。这样，华北《新华日报》社就把记协、文联、书店和各兄弟地区报纸紧密地团结在自己的周围。

第三件事情，派出报社（电台）编辑、记者和印刷厂技术人员和职工，到新开辟的太岳、太南、冀鲁豫等根据地筹办当地的报纸和通讯社，先后派出刘祖春到冀鲁豫边区创办《大河日报》，李竹如、陈沂（曾担任新华日报太南版负责人）到山东创办《大众日报》，张磐石创办《冀南日报》，罗定枫创办《冀鲁豫日报》，魏奉璋到太岳创办《太岳日报》等。他们不仅带去了八路军总部和中共北方局的办报（电台）思想，而且也带去了华北《新华日报》（电台）的办报风格和特点。

华北《新华日报》（电台）精神传承

1939 年 4 月 3 日，报纸发表（电台播发）社论《热情的期待——向晋东南全体同业进一言》。社论讲到晋东南的新闻工作已经取得显著的成绩，已有报纸近六十种，论述了敌后新闻事业必须服从于指导抗战、反映抗战、组织和推动抗战的政治目的，这也是报界同人不可推诿的神圣职责。期望全体爱国的新闻工作者加紧团结，更加合理的分工，以集体的力量，克服人力上、物质上、技术上等诸方面的困难，及时交流与总结敌后开辟新闻事业的成功经验。

这样，从太行、太岳、河北平原的冀南、冀鲁豫，到山东各个战略区的任何一张报纸（电台），都是小《新华日报》（电台）。随着各根据地各种工作的进步，其内容、形式、风格上都成为《新华日报》（电台）的翻版。

到 1942 年 8 月，华北《新华日报》（电台）充分发挥新闻事业孵化器的功能，新华日报不仅以华北版为中心形成华北报纸网，而且也形成了全华北（中国共产党领导下）的新闻、文化事业的中心。更重要的是，使报纸（电台）这种特殊武器成为反映抗战、指导抗战、组织和推动全华北抗战力量的源泉。

结语：

中共北方局党报委员会就如同建筑华北最大的新闻、文化大厦的总设计师和总建筑师，大厦建筑的模式和风貌直接反映着总设计师和总建筑师的办报（台）思想和风格，真正实现了政治家办报（台）的思想理念。华北版的模式和风貌，从创刊到终止的 4 年零 9 个月的时间里，经历了从办城市报（台）到办敌后报（台），从重点报道（播出）晋冀豫到报道（播出）全华北；从文章（播出）内容知识化到大众化这样一个曲折发展的过程。这个过程就是报纸（电台）创办者的思想认识和华北敌后根据地实际不断相结合的过程，也是他们办报（台）思想从不完善到完善、从不够明确到明确的实践、发展过程。

从 1939 年元旦创刊（台）到 1943 年 9 月，华北《新华日报》（台）始终是在马克思列宁主义、毛泽东思想指导下，把中国共产党领导抗日战争的理论同华北敌后实际情况相结合，致力于宣传相持阶段的总任务，广泛积聚新的力量，迎接反攻阶段的到来；激励华北军民前仆后继，英勇作战，粉碎日本帝国主义企图把华北建成"大东亚战争"基地的计划；记载了缔造和保卫华北抗日堡垒的壮丽业绩，为中国共产党领导下的华北新闻、文化事业留下了许多不朽的篇章。

（作者单位：中国黄河电视台总部、山西广播电视台外宣中心）

"民族直过区"发展人民广播事业探究

陈庆庄

作为广播电视新闻宣传工作的重要组成部分,人民广播事业承担着宣传党的路线、方针、政策,紧密联系群众的重要职责。随着经济社会的飞速发展,在广大农村尤其是"民族直过区",人民广播事业从无到有、从弱到强,在传播党的声音、报道重要新闻、普及科学文化、丰富群众生活中取得了辉煌业绩,同时自身也得到了长足的发展。本文以沧源佤族自治县为例,对"民族直过区"大力发展人民广播事业进行有益的探究。

一、基本情况

(一)县情

沧源佤族自治县地处祖国西南边陲,中缅边界中段,国境线长 147.083 公里,是全国仅有的两个佤族自治县之一,集老、少、边、山为一体,是个典型的一跃千年的民族直过区。全县总人口 18 万人,其中佤族人口占总人口的 80%,占全国佤族总人口的 40% 左右,占世界佤族总人口的 14.7%,是云南连接东南亚、南亚的重要通道和主要门户之一,也是文化渗透与反渗透的前沿阵地。

(二)人民广播事业情况

沧源自治县早在 1954 年就成立了收音站,1958 年建立广播站,1990 年 3 月成立广播电视局;1993 年建立广播电视采编室;1996 年,成立沧源电视台,并设立自办节目专用频道;2004 年,沧源电视台更名为佤山电视台;2007 年 7 月,经国家广播电影电视总局批准,组建沧源佤族自治县广播电视台,开设广播节目 1 套(无线)、电视自办节目 1 套(有线);2008 年 4 月,经县编委批准,成立沧源自治县佤山电视台;2011 年 4 月 20 日,经国家广电总局批复同意,恢复开播佤汉双语广播节目,电台名称及呼号为沧源人民广播电视台佤山之声,频率为 96.8 兆赫;2013 年 10 月,经市编委批准,成立沧源佤族自治县广播电视台;2019 年 3 月,成立沧源佤族自治县融媒体中心。目前开设自办节目有时政新闻节目《佤山新闻》(汉语,每周三期)、《佤山新闻》(佤语,每周三期周)、《一周要闻》,民生新闻节目《佤山视点》,专题类节目《走进佤山》、《跟我学佤语》、《生活百事通》、《音乐之旅》等。

（三）佤语广播节目

沧源自治县的佤语广播宣传始于 1958 年的广播站，为不定期播出。1987 年至 1992 年，广播站的佤语广播有两种形式，一是在每 5 天 1 次的赶街天中午 12：00 进行佤语广播；二是在广播自办节目中不定期播放佤语新闻。1993 年 1 月，用中波试转播，时间为周一至周六 19 时至 19 时 30 分，时长 30 分钟，可覆盖岩帅、勐省、勐角、糯良、勐来、单甲等乡（镇）；1998 年 5 月 6 日，佤语广播转由新开通的大黑山转播台 300W 调频台发射，每周播出 3 期新闻和佤语译制片、佤族音乐；2000 年，由于设备老化，缺乏经费投入，佤语广播停办；2002 年 6 月，恢复电视、广播佤语节目。目前，广播电台每天 6 时 30 分至 24 时播出，时长为 17 小时 30 分。

（四）沧源高山台站糯良大黑山转播台无线覆盖情况

沧源糯良大黑山转播台建于 1980 年，于 1981 年 6 月 14 日正式开机，海拔达 2380 米，经度 99°22′、纬度 23°12′。

目前，糯良大黑山转播台有 1000W 调频发射机两套，300W 调频发射机一套；1000W 电视发射机一套，300W 电视发射机两套；100W 电视发射机两套。1000W 调频广播对内可覆盖全县乡（镇），还可覆盖邻近双江县部分村寨，耿马县城和部分乡（镇）；对外可覆盖缅甸邻邦 5 个地区。全县 11 个乡（镇、场）都能收听到沧源人民广播电视台佤山之声节目，每日播出总时长 11 小时。

二、"民族直过区"人民广播事业的重要意义

由于历史、区位等因素，沧源自治县社会发育程度低，文化发展滞后，还有相当一部分山区佤族群众不能完全看懂、听懂汉语。因此，人民广播事业，特别是接地气的民语广播的发展就显得十分重要。早在 1993 年，沧源自治县中波试转播，佤族群众首次从收音机中收听到播出的佤语节目，非常激动，纷纷来信来稿，分享感受；节目的播出，甚至对邻国的佤族同胞也产生了深远的影响。

（一）人民广播事业是宣传党的路线方针政策的重要平台。沧源自治县人民广播事业从创办到至今，始终围绕着党和政府的中心工作，宣传党的路线、方针、政策，将党和政府的声音及时传播到人民群众中去，满足广大少数民族群众及时了解掌握党和政府的路线方针政策及重大决策部署的需求，在纷繁芜杂、真假难辨的信息中发挥主流媒体的传播力、影响力、引导力、公信力，宣传引导人民群众听党话、跟党走。

（二）人民广播事业是维护边境和谐稳定的迫切要求。沧源自治县地处中缅边境，147.083 公里的国境线上没有天然屏障，边境地区关系复杂，社会管控不确定因素多，加强、提升、丰富人民广播事业特别是民语（佤语）节目，用当地佤族群众听得懂、听得明白的本土语言宣传党委政府的决策部署，宣传党纪国法，开展社会主义核心价值观教育，维护沧源边境社会和谐稳定就尤为重要。同时人民广播事业

广阔的覆盖面,对外是展示社会主义国家发展的宣传窗口,从而提高边境反渗透力度,促进边境稳定、民族团结、经济发展。

(三)人民广播事业是推进农业农村工作的现实需要。人民广播事业的稳定、健康发展,不仅让农村地区广大佤族群众及时获取科技、文化等重要信息,破除城乡信息不对称、不平等现象,还是广大干部群众的学习平台。在沧源工作的相当一部分机关干部,都不会讲佤语,在开展农业农村工作中,无法与群众交流沟通,给工作带来诸多不便。通过收听收看沧源广播电视台的《跟我学佤语》节目,能掌握佤族基本的日常用语,无形中拉近了干群距离,对推进农业农村工作起到事半功倍的效果。

(四)人民广播事业是传承弘扬佤文化的重要途径。通过佤语广播栏目的提升,《跟我学佤语》《学一首佤族歌曲》《佤山新闻》等节目更贴近实际、贴近生活、贴近群众,佤族优秀传统文化在历史的长河中得以更好的挖掘、保护、传承和弘扬。

三、存在的问题和对策

(一)认识不到位,重视程度不高。随着通讯技术的飞速发展,传统媒体特别是广播事业发展的重视度不足已成为当前的普遍问题。一方面,日新月异的新媒体对传统媒体的冲击,另一方面偏远落后地区对广播节目的要求不高,导致广播事业的发展一直落后于其他媒体,得不到重视。

(二)经费不足,队伍素质急待提升。人民广播事业是一项高科技、高投入、高消耗的公益性社会事业,沧源自治县广播电视台由于自身基础薄弱、造血能力差,加之县财政拨付经费有限,很大程度上影响了广播事业甚至是全县整个新闻宣传质量的提升。沧源自治县的佤语广播节目就是因为缺乏资金投入,一度停播。工作人员专业基础较差,年龄普遍偏大,思想观念比较陈旧,接受新事物能力较弱,对农村地区广播事业发展的促进作用欠缺。

为抓好"民族直过区"沧源自治县人民广播事业建设,切实解决群众信息、科技、文化诉求,应该从以下几个方面入手。

一是坚持正确的舆论导向。突出新闻宣传,把提高质量、多出精品、扩大覆盖作为工作重点,把群众的关注点作为新闻宣传的切入点,用群众喜闻乐见的形式表达出来,汇聚民意、反映民声、凝聚民心,让广播事业既充分发挥宣传阵地和喉舌功能的重要作用,又能为沧源的经济社会发展服务。

二是加大投入,扩大听众覆盖面。在人民广播事业创办之初,由于传播速度快、收听便捷,广播是最受欢迎的新闻媒体之一,但随着信息时代的到来,互联网、移动终端的普及,传统媒体收到了严重的冲击,这既是困境挑战,也是升级发展的契机。所以,应该加大人民广播事业的投入,依托新媒体扩大覆盖面和影响力,建立新的发展机制,走多元化发展之路,打造群众满意的节目,走媒体融和发展之路。沧源自治县乡村大喇叭工程就是有益的探索，应该在定时播报本地新闻的基础上，制作播出和农业农村息息相关的信息，让广播进村入户、走村串寨，将之打造成既传播政策信息，又可以引导群众适时开展农耕生产的具有公共服务属性的平台。

三是加大人民广播事业新闻宣传节目的创新。一方面要提升工作人员的综合素质，强化广播节目前期策划，避免广播节目主题空洞、内容老生常谈，缺乏新意，破除节目时效性短、接受单一的困境，实现广播节目重复收听、收听进程和内容由听众控制的新型传播方式。另一方面，广播节目要结合沧源自治县的实际，抓住佤文化特色，办好民语广播节目，服务好当地群众的同时，助推佤文化传承发展，为传统民族文化的发扬壮大作贡献。

（作者单位：云南沧源佤族自治县融媒体中心）

未来城市的广播形态与功能展望

宋　凯　陈佳慧

一、未来城市简述

城市诞生于人类文明的初始阶段，伴随现代化进程的推进与科学技术的演变，城市在社会中的重要意义愈发突出。社会哲学家刘易斯·芒福德曾预测："人类社会正在成为城市世界。"[①]乡土性是中国社会的传统属性，但城市性在历史发展过程中的同样具有重要意义，尤其在新时期社会资源的流动整合中，城市正作为中国现代社会交往体系的中坚力量，发挥着带动乡镇合作发展与打破阶层隔阂的作用。技术与观念的革新逐渐消解既往的城乡二元对立，未来社会将呈现以城、乡、镇为节点的网状协同结构。

（一）技术推动的智慧城市

5G、物联网、区块链、人工智能等信息技术的进步铺开了万物皆媒、万众互联的未来图景，生产力与生产关系的变革重构了政治上层建筑与思想上层建筑各要素的流动格局，走在技术浪潮前端的城市成为未来世界版图中的关键节点。习近平总书记今年在浙江考察时指出："运用大数据、云计算、区块链、人工智能等前沿技术推动城市管理手段、管理模式、管理理念创新，从数字化到智能化再到智慧化，让城市更聪明一些、更智慧一些，是推动城市治理体系和治理能力现代化的必由之路，前景广阔。"[②]中国从 2012 年就开始了"智慧城市"试点，直至今日，"智慧城市"已经成为北京、上海等众多城市"十四五"规划中的重点课题。简要来说，"智慧城市"="数字城市"+物联网+云计算，[③]依托大数据处理技术对资源进行高效调度，实现信息技术与现代化城市的深度融合，从而打造一个以人民为中心，全心全意为人民服务的智慧生态。在新冠疫情期间，大数据技术在人员流动信息采集、物资调配、政务管理方面大放异彩，也展开了未来城市样态的冰山一角。除技术智能外，深层的人本逻辑更是智慧城市的关键所在。

随着"智慧城市"的发展，"智慧广电"应运而生。2018 年 11 月 16 日，国家广播电视总局发布了《关于促进智慧广电发展的指导意见》，指出"智慧广电"要推动广播电视从功能业务型向创新服务型转变，开发新业态、提供新服务、激发新动能、引导新供给、拉动新消费，为数字中国、智慧城市、乡村振兴和数字经济发展提供有力支撑。④在媒体融合的趋势和"智慧广电"的导向下，广播凭借其实时、兼容、便捷的声音优势叠加智能技术在内容生产、渠道分发、反馈互动等多环节进行了创新转型，把握住了时代潮流中的机遇。在未来城市中，广播将进一步成为城市媒介矩阵的重要部分，背靠大数据信息服务平台，入驻多样化的智能终端，占据人们的听觉阵地，打造集政治、经济、文化等多方位一体的综合服务据点。

（二）传播研究的城市转向

自海德格尔打破主客二元的定式视角后，中介成为现代哲学的关注点。过去传统媒体的研究者们往往将媒介视为对现实世界的再现，甚至将其视为一种手段或工具。新的媒介技术重构了传播形态，形式内容的割裂逐渐消解，传受关系被重新定义，现实虚拟的复合空间成为常态，多种关系的重构在传播学界兴起了对于现代媒介与传播本质的再思考，作为人之延伸的媒介成为人具身、认知及情感的有机组成部分，作为中介的媒介在实体空间与观念空间中均构成了所谓真实的重要部件。而被各种形态媒介裹挟的城市成为了学界的重点关注对象。麦奎尔提出了"媒体城市"的概念："日趋流动、即时并渗入城市空间的媒体集合，已经变成了一个独特的社会体验模式的构成框架……当代城市是个媒体—建筑的复合体，它源于空间化了的媒体平台的激增和杂合的空间整体生产。"⑤麦奎尔以数字技术在城市空间中的扩张为切入视角，颠覆了传统的"拟态"观点，认为大众媒体不是对城市的表征或者再现，而是建构城市、建构现实不可分割的一部分，或者换句话说，媒介即是城市，城市即是媒介。从近年来中国的城市化进程来看，新媒介的出现成为了社会政治、经济、文化发展的创新驱动力，例如直播带货在扶贫项目中助力颇多，甚至成为某些城镇的主要产业，媒介已经内嵌入城镇的转型和发展之中。

除上述侧重技术转向视角外，对个体交往、社会关系等内在层面的探讨也是城市传播的重要面向。联结是未来社会的关键词之一，基于数字信息网络的新型城市如何面对流动的异质性人口之间的冲突，处理媒介赋权下的权力关系，弥合"社会鸿沟"，提升凝聚力，建构身份认同也是未来城市管理中的重大议题。"可沟通城市"被视为未来城市的理想形态，该概念最早由美国传播学者哈姆林克提出，旨在以数字创新为驱动打造一个破除隔阂与分歧的多元和谐环境。除城市内部的可沟通状态外，不同城市间的和谐互通也是未来城市的目标。"可沟通城市"的愿景赋予了未来媒介新的责任，加速了广播、电视、社交媒体在内的融媒矩阵形态与功能的转型。

二、广播在未来城市的形态

2020 年是中国人民广播事业 80 周年，广播人向来擅于吸纳新事物。面对技术冲击下媒体融合转型的浪潮，广播人迎头赶上，积极探索发展的新路径。在渠道融合方面，传统广播经历了网站创办、台网联动、两微一端等阶段形成了今天的两微一端一抖一头（微信、微博、客户端、抖音、头条）的融媒矩阵。在内容融合方面，传统广播借助"中央厨房"一采多发的信息共享云端广泛获取从中央到地方的优质内容，同时 PGC、UGC 等模式更是拓宽了音频内容的来路。在交互融合方面，广播通过无处不在的智能终端为用户提供场景化的个性体验，走向了以用户需求为中心的服务型道路。在收益融合方面，广播集经济效益、政治效益与社会效益于一体，形成了内容产品——用户——传播——营销的"品效销合一"生态，⑥探索多方利益的平衡。未来城市不仅在技术层面上迈向革新，在联结关系层面也将进入一个新的境界，催生广播媒体在空间、消费、权力视域下的形态转变。

（一）空间视域：沉浸式强介入

智能终端对人的全方位包裹使得"沉浸传播"成为可能，所谓"沉浸传播"是指以人为中心，以连接所有泛媒介为关键而实现的无时不在、无处不在、无所不能的传播形式。⑦虽然在视觉、触觉方面有所欠缺，但广播在听觉方面具有独特的沉浸优势，一方面听觉体验可以与个体的其他活动兼容，在办公、出行或休闲娱乐的同时皆可使用音频产品，广播凭借其伴随性与便捷性，在人的活动空间中占据一席之地。另一方面，声音的独特感染力使其与影像相比更具情绪联结优势，声音承载着丰富的情感信息，触及用户的心理空间，带来更深层次的沉浸体验。当前广播在联结交互上迈向进一步融合，生活化、服务化、社交化、个性化特征提升了用户黏性与忠诚度。

奥维云网发布的《2020 年上半年中国智能音箱市场总结报告》显示，2020 年上半年中国智能音箱市场销量已达 1908.6 万台，同比增长 22.7%。随着云端数据平台、物联网等配套设施的跟进，智能音箱在未来市场中的潜力将进一步释放，广播则借助智能音箱等终端在家庭空间中扎根入住。在媒体融合发展过程中广播的市场收益不减反增，车载红利是其中的重要因素，而未来城市 6G 车联网的建成将进一步维持广播在车载空间的优势。基于大数据技术的统筹，广播能为用户提供天气、路况、停车位等信息，同时对用户的人口统计学特征、收听偏好、行为习惯、即时需求等进行数据采集从而实现内容的精准投放，提升有效触达率。

就广播在未来城市的空间形态而言，主要是借由虚拟现实设备、智能穿戴设备、智能家居、智能车载等端口入驻私人及家庭空间，提供具有地域接近性与心理接近性优势的沉浸式服务，进一步做到"以用户为中心"。

（二）消费视域：智能挖掘驱动

注意力是当前及未来消费领域的重要资源，技术赋能下用户需求成为音频产品生产、流通的中心出发点，私人定制取代固定时段、固定栏目的分发模式，实时互动增进了场景化建构的体验，广播的营收也由单一的广告收入转向知识付费、电商带货、MCN 等多样化模式。除对音频产品本身的消费外，广播所提供的附加服务也是消费领域的重要部分。例如 2019 年黑龙江交通广播与百度地图以及相关部门合作启动"998 智享生活"项目，包括"998 美食家""998 爱心驿站""998 出行家"等，基于汽车实时定位与各方平台信息的匹配与处理，为用户提供包括衣食住行在内的全网智能服务。[⑧]又例如喜马拉雅、荔枝 FM 等平台的音频主播与其粉丝之间互动形成了社群经济，在建构情感与社交连接网络，增强用户黏性的同时完成了流量变现。

扎根于私人与家庭空间的广播能够有效捕捉用户碎片化触媒过程中的注意力，并与其他平台互通数据，实现精准营销。由需求拉动的生产转变为基于孪生数据挖掘的主动生产，需求导向性消费转向诱导性消费，偏好分析使得未来广播媒体比用户更懂用户，而广播独有的声音感染力进一步推动用户从心动迈向行动。但我们同时也需要警惕消费主义陷阱，马尔库塞在《单向度的人》中批判的虚假需求是否在大数据时代以新面目出现？看似以用户为中心的智能服务是否只是产能过剩下困境的一种诱骗？定制与细化的内容分发是否只是通过符号序列的变换来制造欲望，形成表面差异？基于算法逻辑的精准营销与智能推送是否在一定程度上是对人自主性的入侵？技术进步带来的究竟是赋能还是人与人之产物更深度的异化？这些问题还需要回到技术价值层面进行反思。

（三）价值视域：人本逻辑优先

人性化智能的本质是基于大数据的算法，数据本身并不具有创造性，只有遵循一系列法则与指令才能最大化其价值。未来城市泛化的媒介使得算法如同毛细血管一般遍布社会肌理，隐蔽而深刻地改变了人的认知结构与交往关系网络。除广为讨论的技术风险外，深嵌于未来城市的算法是否会对人的价值发起挑战呢？

作为人工智能的底层逻辑，算法通过偏好预测与智能推送在带来便捷的同时入侵人类社会，"信息茧房"的忧虑曾一度引起对算法限制人类的批判，但事实并不尽然，阿姆斯特丹大学的学者团体通过自我选择个性化程度和影响的实证研究认为：目前几乎没有经验证据可以证明算法会带来"过滤泡沫"或"回音室"效应。[⑨]另有研究发现，大多数用户对推送给他们的信息带有"普遍的怀疑主义"，在追求实用的同时对聚合类的新闻消费持批判与怀疑态度。[⑩]人在算法面前并非一击即中的靶子，算法也并非天然居于人的对立面，诚然它已渗入未来社会的方方面面，寄居于媒介在信息接触、交互等多环节潜移默化地改变着人们的认知结构与日常行为，但其规训机制并不过于强大，并在未来价值建构体系中更多为人本逻辑服务。

人是未来城市网络中的关键节点，与资本、算法等要素在泛权力场域中处于相互交融的态势，人是话语的驯服者，也是符号内涵的生成者，作为高阶要素，人并不会被物取代，只是会迈向和物更紧密的嵌合，只要人不消散，人本逻辑将永远是未来城市中的主导价值。

三、广播在未来城市的功能

未来媒介即是城市，城市即是媒介，泛媒介融合下，广播作为听觉媒介在新融媒矩阵中占据重要地位。未来广播仍然延续了传统媒体所具有的守望环境、协调社会、传承文化遗产、教化、娱乐等功能，但在以沟通联结为关键的未来城市，广播将在凝聚人民及统筹社会等方面展示出更强大的功能。

（一）协调联动，凝聚社会

中国地域辽阔，各地区资源与发展程度存在较大差异，在未来城市的构建过程中，差距与不均衡将是到达理想目标前的一个长期的状态。广播具有极强的下沉性，触达门槛低，在本次新冠疫情期间广播在农村信息传达、人员管控与社会稳定方面发挥了巨大作用。在未来多层次、复杂化的城镇协同中，具有广泛群众基础的广播将进一步发挥协调联动，凝聚社会的功能。社会学家彼得·布劳认为，最危险的社会是"参数平行"社会，即某些群体在社会各种分层体系中均处于较低地位，则社会将处于危机爆发的边缘。社会分层体系包括阶级、性别、种族等等。广播的声音优势有助于形成情感认同纽带，同时交互性的提升模糊了线上线下空间，使得线下低地位群体在线上共享资源、共同发声，构建新身份认同，形成参数交错社会，从而发挥凝聚不同群体，共建城市和谐发展的功能。

（二）统筹兼顾，占据高地

纵观我国广播的发展历程，"党和人民的耳目喉舌"是广播事业的本质属性，该属性在社会主义未来城市依然重要。技术加持下的未来社会信息无处不在、无所不及、无人不用，致使舆论生态发生了重大变化。广播以沉浸传播的方式渗入不同群体，成为贴近群众、了解群众、稳固群众的端口。在中央、省、市、县四级的全国广播体系覆盖下，广播联动不同区域，凝聚力量，统筹兼顾的功能将进一步凸显。2020 年 2 月 5 日，中央广播电视总台联手"学习强国"学习平台推出有声音频节目《英雄的中国人民一定行》，通过全国广播联盟面向全国各地电台分发，赢得了群众的广泛好评。[11] 强化价值导向，提升思想宣传能力，勇担社会责任，是未来广播工作的重点。

四、结语

信息技术的发展重构了社会生态，万物皆媒、万物互联的图景使广播媒体的融合转型道路面临机遇与挑战。未来城市是智能城市，是媒体城市，也是可沟通城市，借由智能终端，广播将实现对私人及家庭空间的沉浸式介入，通过数据挖掘分析驱动"耳朵经济"，构筑以人为本、以用户为中心的强交互的传播格局。渗透入城市肌理的广播在凝聚社会、把握思想舆论动态方面的功能进一步延伸，成为未来城市融媒矩阵的重要一环。基于以上展望，广播媒体应加速自身在工作架构、意识观念方面的转型，把握广播的声音沉浸优势，突出接近性与交互性特征，加强群众黏性，把握中国特色，在时代浪潮中抓住机遇，迎头赶上。

注释：

①［美］爱德华·W.苏贾：《城市在前：城市化渊源的再梳理》，选自［英］加里·布里奇、索菲·沃森编：《城市概论》，陈剑峰等译，漓江出版社 2015 年版。

②吕建：《思想纵横：推动智慧城市建设迈上新台阶》，《人民日报》2020 年 6 月 16 日第 9 版。

③李德仁，姚远，邵振峰：《智慧城市中的大数据》，《武汉大学学报（信息科学版）》2014 年第 6 期。

④国家广播电视总局：《关于促进智慧广电发展的指导意见》，2018 年 11 月 16 日。

⑤［英］斯科特·麦奎尔，邵文实译：《媒体城市：媒体、建筑与都市空间》第 1 页，第 4 页，江苏教育出版社 2013 年版。

⑥牛存有：《技术赋能广播媒体的数字化、智能化发展——兼议其技术要件及问题》，《声屏世界》2020 年第 10 期。

⑦李沁：《沉浸传播——第三媒介时代的传播范式》，清华大学出版社 2013 年版。

⑧余苗：《5G 时代广播融媒发展新趋势》，《中国广播电视学刊》2020 年第 6 期。

⑨陈昌凤，仇筠茜：《"信息茧房"在西方：似是而非的概念与算法的"破茧"求解》，《新闻大学》2020 年第 1 期。

⑩ Richard Fletcher, Rasmus Kleis Nielsen. Generalised scepticism: how people navigate news on social media. 2019, 22(12):1751－1769.

⑪兰之馨：《全国广播"抗疫"记：打通最后一公里》，《中国广播影视》2020 年第 5 期。

（作者分别为：中国传媒大学移动互联与社会化媒体研究中心研究员；中国传媒大学互联网信息研究院硕士研究生。本文受中国传媒大学中央高校基本科研业务费专项资金资助）

融媒体语境下广播主持人的突围之路

成 倍 张玲玲

当前，我国的媒体传播已经进入融媒体阶段，各种新兴媒体相继出现。2014 年被称为我国的融媒体元年，新兴媒体与传统广播电视之间产生了微妙的关联。何为融媒体？融媒体源于媒介融合，早在 1983 年，美国传播学者、马萨诸塞州理工大学教授伊契尔·索勒·普尔在《自由的技术》中就提到，"媒介融合是指各种媒介呈现出多功能一体化的发展趋势""数码电子科技的发展是导致历来泾渭分明的传播形态聚合的原因。"2020 年 9 月 26 日，新华社刊发了中共中央办公厅、国务院办公厅印发的《关于加快推进媒体深度融合发展的意见》。随着高新技术的飞速发展，原本各自独立的媒介实现了相互融合与渗透，这打破了以往传统媒体"各自为政"的传播方式，进化成为一种可跨越、可相融的融媒体语境。

一、融媒体语境下广播主持人面临的挑战

媒介融合彻底结束了先前的介质割裂，从观念上颠覆了长期以来形成的"自说自话""各管一摊"的媒介布局。媒体主持人长期以来"养尊处优""孤芳自赏"的时代一去不复返，面对的是跨媒体的竞争，跨专业的竞争，跨文化的竞争。这些竞争分布在媒介产品生产的各个环节和方面：

1. 创作手段丰富，节目形态日新月异

传统广播是听觉传媒，主持人的创作手段较为单一，虽然从节目类型上广播可以划分为新闻资讯、专题服务、益智综艺、广播剧等不同种类，但是主持人的创作只能通过语言、音响、音乐等声音元素，节目形态也只有音频这一种形式。

如今在融媒体语境下，借新兴媒体之势，媒体机构可以制作多介质媒介产品，即可以(同时)生产视频、音频、图文。例如中央人民广播电台经济之声《王冠红人馆》，节目同时通过中央电台经济之声和蜻蜓 FM 进行音频直播，还通过微信平台分享图文、实时互动，也在央视频手机客户端进行同步视频直播。这种丰富的节目形态，把传统广播主持人的创作手段从单一的听觉方面，拓展到了听－视觉方面。

2. 受众审美多元，市场需求众口难调

改革开放以后，人们的物质生活水平显著提高，对精神生活也有了更高的追求，越来越多的受众见多识广，在兴趣、爱好、审美方面也都力求彰显个性，从整体上

则呈现出丰富多元的审美需求。

以往，人们的审美较为统一，令大众满意并非难事。如今，审美呈现出多元性，令大众满意几乎成为了一件不可能完成的任务，媒体机构只能从迎合大众转向满足小众。

3. 媒介资源爆棚，竞争压力与日俱增

我国广播是在 20 世纪初从西方引入的，曾经作为党和政府的喉舌，体现了媒体机构的权威性、优越性。1986 年的"珠江模式"打破了上情下达的传播模式，开启了直播、互动、个性的听觉媒体运营。当时，虽然电视崛起并超过了广播，但从信息的供需关系上看，尚属供方市场。

如今，在融媒体语境下，受众获取信息的渠道拓宽了，面对庞大的信息源，受众不会再"死守着"某一家媒体机构或者某一档节目，媒体机构与受众之间的关系从"一对多"变成了"多对多"，传统广播开始面对与日俱增的竞争压力。

二、媒体竞争下广播主持人的应对策略

当今是一个信息高速化的时代，快节奏的生活和繁重的社会压力，让受众对传媒产品有了更高要求，受众乐于甚至期待能够打动自己、感动自己甚至是推动自己的好作品的出现。此背景下广播主持人把故事讲好十分重要。

1. 以人为本，直击人心

何为"以人为本"？与物相比，人更重要，人是根本、是本原，我们应该把关注的目光放在"人"上。以人为本的"本"，刻画了人与人之间的情感联系，而这里的"情"就是指人之常情。

2019 年，中国之声推出了特别策划节目——《共和国记忆》，其中在第一集《我的父亲焦裕禄》中，焦裕禄的女儿焦守云讲述了在父亲去世的 55 个年头里，一家人是如何过日子、如何思念父亲、如何坚守父亲的嘱托。节目以焦守云原音讲述为主，穿插着主持人画外音和记者提问。以当事人讲述为主，就能在悄无声息中将人之常情放大，让受众在人之常情中捕捉到异于常态之处，正是这种隐藏在习以为常中的异于常态，才使得故事更加动人。

例如，在说到母亲坚守父亲"不给组织添麻烦""不跟组织要东西、要救济"的嘱托时，通过焦守云的复述，让听众感受到了母亲真的在严格要求子女，真的在坚决地遵守父亲的嘱托。"她话不多，老是说如果你们在外边惹事，人家不说你们是我徐俊雅的孩子，人家说你们是焦裕禄的孩子。"简单朴素的话语让听众感受到了人物的真实和真诚，增加了说服力和感染力。

焦守云还说，他们儿时会把母亲的这一要求视为无形的压力，一句"压力很大"，让受众感受到了非常人物的人之常情——焦裕禄的孩子也是普通孩子，对于约束和要求也有着本能的反应和表现，这不仅不会让受众产生置疑，反而让我们感受到人

物的真实、鲜活，因此使故事更加可信动人。

这就是"情"的力量，人之常情看起来很朴实、很普通，但却把异于常态隐藏在习以为常之中，当这种"异常"在"平常"中闪现出火花时，受众就会感受到力量。

2. 观察生活，剖析人性

我国古代有很多关于人性的争论，孔子说"性相近，习相远也"，这说明人性有与生俱来和后天习得之分。孟子提出了性善论，"人性之善也，犹水之就下也。人无有不善，水无有不下。"荀子则提出人性本恶，"人之生也固小人。"即便荀子认为人性本恶，他也认为要通过后天努力习得仁义，使得人心向善，这里的善，我们可以理解为利他主义品格。因此，利他主义品格深入广播节目主持人的心底，就会将人性的善传递给受众，将人性的善在社会中传播与弘扬。

还是以《我的父亲焦裕禄》为例，长达12分钟的节目，传递的核心内容是焦裕禄的利他主义精神。节目中有一段讲到焦守云姐姐的工作，没有考上高中的姐姐被安排去酱厂上班，姐姐不愿意，父亲就说："别人能干，你为什么不能干？就是因为你觉得你是县委书记的姑娘。"从对子女的工作问题上，焦裕禄没有利用自己的职务为女儿"搞特殊"，说明他不求利己。对女儿工作的小事可见焦裕禄公私分明，在兰考的建设事业上，他更是鞠躬尽瘁。节目一开场便采用了1966年长篇通讯《县委书记的榜样——焦裕禄》的原音重现："我死了，不要多花钱，要求组织上把我运回兰考，埋在沙堆上。活着我没有治好沙丘，死了我也要看着你们把沙丘治好……"，还有前文提到的母亲所坚守的嘱托，都刻画了一个拥有利他主义品格的好干部形象。

3. 视听合一，声情并茂

传统广播是听觉传媒，融媒体时代使音频节目视频化成为可能，也使广播节目主持人有了更多的曝光和展示机会。但是，主持人要处理好广播的"听－视关系"。

提升有声语言传播效果。在融媒体语境下，受众获得信息的渠道更加多元，广播主持人要始终不忘基本功，给受众带去美的声音、美的感受。在内容上要语意清晰、句式简单、层次清楚。现代人生活节奏快，主持人语言要直奔主题，"皮"不能太厚，不能总是很流利地说一大堆"水话""废话"，要在有限时间内以高质量的文本提高口语传播效率。

引入视觉传播元素。国内学者曾经就"广播视觉化"进行过探讨，传统广播的"广播视觉化"指的是通过语言、音响和音乐，在诉诸听众听觉传播外，也能引起听众的联想，并使受众在脑海中呈现出相应的画面。如今，广播不仅实现了视觉化，也实现了可视化，主持人要充分调动视觉元素，使听觉传播更加声情并茂。例如，《王冠红人馆》栏目在央视频APP实现同步视频直播后，调动了演播室的大屏幕，让收看视频的受众能够有更好的观看感受。

三、融媒体语境下广播主持人的进化之路

1. 塑造个性，雅俗共赏

个性，广义上指一种独特而稳定的心理特征，狭义上指与共性相对的个别性，前者突出稳定性，后者突出独特性。在融媒体时代，面对激烈的竞争与挑战，广播主持人要树立品牌意识，要有个性。个性虽然不是可量化指标，但却可以通过广义和狭义两个维度进行检验。

还是以《王冠红人馆》为例，这是一档财经类节目，大众对于财经节目的普遍印象是专业性强、晦涩难懂、理性高冷，但《王冠红人馆》另辟蹊径，将栏目定位为"最动听"的财经新闻，这就有了个性的独特性维度。该节目开播时间是 2015 年 12 月 6 日，截至 2020 年 9 月，节目在蜻蜓 FM 的播放量超过 8 亿。2020 年 8 月，节目开始在央视频 APP 进行视频同步直播，称得上是一档现象级的财经音频产品。大浪淘沙，只有同时在狭义上受得住同类竞争者的比拼，在广义上又经得起时间的考验，才能在真正意义上称之为有个性。

雅，有正规、标准、高尚、美好之意，我们提倡广播主持人追求大雅。大雅，可以理解为一种极致的美好。俗，指大众化、常见化、通行化，主持人在创作中应该兼顾大俗。大俗，可以理解为一种极致的包容。极致的美好具有包容性，极致的包容也能够带来美感，大俗即大雅。广播主持人在个性塑造中追求大雅、大俗，就要求具有专业上追求极致的精神，用匠心精神，把节目当成一件艺术品而不是流水线上的商品来打造。

2. 一专多能，博学多才

《关于加快推进媒体深度融合发展的意见》（以下简称《意见》）中明确提出了媒体深度融合发展的总体要求，这意味着，未来的中国广播在媒体深度融合语境下，需要的是全媒体人才，固步自封、"全靠一张嘴"将寸步难行。

一专多能，是几十年前播音前辈对后辈们提出的明确要求，在如今的融媒体语境下，"专"和"能"已经不仅仅是技术上、业务上、学科上的要求，而是在此基础上提升到格局的层面上。在《意见》这一背景之下，我们要重新思考：广播主持人应如何定位？我们要重新发问：什么是全媒体人才？如今的一专多能必然是一种人才格局，广播主持人要在融媒体语境下，立足全媒体视野，做全媒体人才，才能更好地讲好中国故事，传播中国文化。

3. 做小人物，观小动作，植大情怀，怀大格局

小人物，指社会名望不高的普通人，在这里我们所说的做小人物包含两个层面：第一，主持人应该摆正自己的心态，千万不能自视过高，更不能孤芳自赏。应该抛弃职业外衣，回归小人物心态，带着服务社会的理念参与媒介传播行为。第二，主持人应该放低自己的姿态，以真诚的态度去关注社会中的小人物，挖掘普通人身上

难能可贵的闪光点。

做小人物，是因为小人物的身上蕴藏着巨大力量，小人物的存在同样具有重要的意义和价值。在战争年代，每一名战士都是英雄，电影《八佰》聚焦了淞沪会战期间"八百壮士"抵抗日军的故事，只有400多人的"八百壮士"与敌人奋战4天。影片中，当身绑炸药的战士一边呼喊着自己的籍贯、姓名、遗言，一边义无反顾跳下仓库炸敌人的情节出现在屏幕上时，很多观影者都深受感动。也许没有人会记得他们的名字，但他们的精神却传递出巨大的力量。2020年9月27日，第七批在韩志愿军烈士遗骸归国，运-20作为专机执行运送任务，机身上01的编号体现出对烈士们的崇敬，这也是在传递无名英雄的伟大精神。

生活就是由无数小事组成的，社会就是由无数小人物构成的，在平淡的生活中坚守，就能汇聚一股激荡人心的能量。例如，中国交通广播《大话车江湖》（原北京交通广播《大话车江湖》）节目主持人梁洪，曾经把目光投向出租车司机，关注的哥们的生活方式和他们的酸甜苦辣。她策划的"北京的士之星"活动曾引起强烈的反响，优秀出租车司机车顶灯旁的红星，汇聚成一道靓丽的风景线。再如，北京电台《京城帮帮团》栏目倡导"大家帮助大家"的生活互助理念，紧紧围绕着闲置物品转让、房屋装修提示、家居生活、征婚相亲等一系列生活小事，在提供互助平台的基础上，充分调动受众的积极性，营造了"我为人人、人人为我"的利他主义氛围。

无论是战争时期，还是和平年代，这些都是对小人物的关照，主持人只有关注生活中的小人物，关注小人物的酸甜苦辣、平凡生活，才能从中挖掘出生活的意义，而在这背后则是主持人本身要厚植一颗博大的胸怀，怀有一个高远的格局，唯有如此，才能回归到小人物的归属中。

综上所述，媒介融合对广播主持人提出了更高的要求，也为主持人的成长、进化带来了更多的可能，在融媒体的语境下，在讲好中国故事的导向下，广播主持人应积极转型，才能在激烈的竞争中成功突围。

（作者分别为：中国传媒大学播音主持艺术学院副教授；中国传媒大学播音主持艺术学院硕士研究生）

媒介逻辑视角下人民广播事业
作为本土化政治实践的特征与效应

李建刚

20世纪，无线电广播作为一种媒介化与制度化的传播建构，对于中国革命实践与社会主义的长期探索产生了巨大而深刻的影响，并逐渐形成具有中国社会主义特色的本土化政治实践的道路与体系。在政治、社会和媒介所形成的传播生态中，人民广播事业映射出不同历史阶段无线电技术对于信息、文化和社会秩序的塑造，也包含广播在历史发展中经历的曲折和失误。

在20世纪，广播与人们的日常生活密不可分。今天，移动互联网、5G、人工智能以及更多的科技创新对于广播融合发展提出了新的挑战。本文从媒介社会学角度出发，通过媒介逻辑（media logic）这一关键概念对人民广播本土化的政治实践进行研究，着力分析人民广播事业与政治传播的内在关联，诠释新时代传播生态体系中广播的创新运作模式，以加速广播参与国家治理体系与治理能力现代化进程的步伐。

一、人民广播政治传播的技术性、制度性与媒介化特征

广播是随着近代科学进步、社会变迁、经济发展的演进而形成的一种传播媒介，今天的广播不仅指模拟广播，还包括数字广播、网络广播和播客。20世纪对于广播的研究主要涉及广播历史、广播技术、广播节目、广播剧等，但是关于广播的媒介研究反而容易被忽略。在视觉文化时代，媒介实际上成为"视觉媒介"（visual media）的简称。这种情况在欧洲和美国也同样存在。广播研究缺少对于中心概念的关注，从早期发展阶段到数字时代，能够达成一致的概念框架尚未形成，这也是全球化背景下影响广播学术发展的重要原因。

与广播研究较为密切的关键概念一般来自3个方面：一是广播业务，包括广播采访、广播新闻、广播制作、广播类型和风格。这些概念一般源自广播业本身，在专业上具有通用性。二是媒介研究的学术领域，这些概念不常用于广播具体的业务，试图从社会学、文化学等理论视角对广播进行分析与解释。三是国家与社会发展的现实需要，诸如广播宣传、广播发展和公共服务等。不论从历史、现实亦或文化的角度，广播的独特性和影响力都会被反复提及。一个典型案例是普林斯顿广播研究

办公室（Princeton Office of Radio Research）的工作，该办公室发表了哈德利·坎特里尔（Hadley Cantril）对奥森·威尔斯（Orson Welles）的著名广播剧《世界大战》（War of the Worlds）及其引人注目的向公众致歉的报道研究。时至今日，国际上无论对于学者或学生，广播依然是一个重要的研究主题，其历史性、现代性和未来性对当下的媒介研究具有强烈的吸引力。

广播与政治的联系始于 KDKA 在 1920 年播出选举结果，当时的听众大约有 1000 人，但是作为无线电媒介和政治舞台之间的紧密关系在几年后才充分显现。1924 年 6 月 10 日，美国主要党派的政治会议首次在电台播出，听众可以实时听到卡尔文·柯立芝（Calvin Coolidge）在美国共和党代表大会上的提名演讲和关于大会的报道。6 月 24 日开始的民主党全国代表大会也通过广播播出。富兰克林·德拉诺·罗斯福（Franklin D.Roosevelt）提名史密斯（AI·Smith）为副总统。广播开始向普通公民开放政治进程，并为政治家提供传递信息和引领舆论的新工具。这一年，美国家庭拥有收音机的比例为 4.7%。[①]在 20 世纪 30 年代的大萧条时期，美国总统罗斯福多次使用无线电广播来提振美国人的精神，他的炉边谈话（Fireside Chats）产生了深远影响。罗斯福的广播演讲声音威严，非常有说服力，以至于共和党的立法者要求工作人员要阅读他的演讲以免受其声音的影响。第二次世界大战期间，大多数国家领导人大量使用广播来团结人民或削弱对手的政治意愿，前者通常比后者更加有效。今天，电台的政治报道不再是会议报道和政治演讲，而是由简短的新闻广播和以评论为特色的时政节目组成。在美国，很多政治家已经放弃了使用广播，转而使用电视，近年来又开始使用互联网和社交媒体。然而在世界欠发达地区，例如非洲的许多地方，广播仍然是一个重要的政治通道。

人民广播事业是中国革命的有机组成部分，在社会主义实践的长期探索中，人民广播事业形成了与国家政治观念演进和文化生活变迁相辅相成的传播生态。回顾 80 年人民广播事业不同凡响的奋斗进程，其特点可以从两方面进行把握：一是意识形态的革命宣传；二是社会主义的建构发展。这两条线索相互交叉、相互影响，在长期的历史发展中形成了以马克思主义新闻观为指导思想和行动指南的人民广播事业，产生了本土化政治实践的历史经验和发展模式。如何从概念和理论创新的角度对人民广播事业的发展及影响进行研究，在广播媒介领域是一个充满挑战性的问题，需要从中挖掘出常态性的实践规律并内化其媒介过程。

媒介逻辑这一重要概念用来描述媒介技术性的和制度性的运作模式，包括媒介如何分配物质性的和符号性的资源，如何在正式的和非正式的规则下运作，以及如何影响个体对于社会经验的选择与表达。尽管带有技术的因素，但是媒介逻辑作为概念的提出和发展既非"技术决定论"，也非"认识断裂论"，而是具有"理论实践论"的功能。在这种模式下，通过区分意识形态的概念和科学发展的概念，使得二者的关系得以澄清并保持一致。大卫·阿尔泰德（David L.Altheide）和罗伯特·斯诺在 1979 年的《阿尔泰德和雪》（Altheide and Snow 1979）中首次提出"媒介逻辑"的概念，从社会、经济及技术进步的角度讨论相关问题，并赋予大众媒介和新媒体传播过程以新的含义。进入新世纪后，媒介逻辑概念中对于政治环境中社会控制所具有的调解（mediation）作用引起重视，其在新媒体生态中的应用分析也越来越多。

欧洲许多学者习惯用媒介化（mediatization）、媒介性（mediality）等概念扩展媒介逻辑的视角和提炼新的意义，关于媒介逻辑社会作用的大部分研究也主要集中在这个方面。毋庸置疑，媒介化发生在广播的传播、文化和权力基础之上，它塑造了不同国家和地域的社会和文化，影响着个人、组织与其环境之间的互动关系。大卫·阿尔泰德认为，媒介逻辑对于政治传播的影响主要来自两种模式：一是政党逻辑（party logic），即管理政党制定的传播策略、组织结构和文化资产；二是媒介逻辑，即政治活动和社会问题通过一系列价值观和内容形式得到关注，并促使政治组织及时应对和赋予意义。在中国，这两种模式形成了政治对于媒介的以及媒介对于社会的连锁效应，事实上表现为"政治决策"和"传播扩散"两种模式的上下层级的链接与传递。在广播业务领域，这种模式的特征同样反映在广播机构和从业者身上，即多年来以促进特定类型的宣传理解和信息展示为目标，其范围包括节目定位、传播价值及娱乐性。

人民广播事业是无线电技术、马克思主义与中国革命实践相结合的产物。在共产党领导的中国革命和社会主义长期建设的历史背景下，人民广播事业从"黑夜明灯"的初始媒介功能走向现代化背景下"生态共振"的社会建构，这个实践探索的过程决定了在宏大历史背景下广播媒介的重要的历史经验、历史脉络和历史逻辑。正如习近平总书记所指出的，"在长期实践中，我们党的宣传思想工作积累了十分丰富的经验。这些经验来之不易、是做好今后工作的重要遵循，一定要认真总结、长期坚持，并在实践中不断丰富和发展。"[②]另一方面，将人民广播事业从媒介逻辑的视角进行研究和探索，将为本土化的概念延伸和国际化的对话交流注入更多活力，可以起到丰富学术内涵，拓展研究领域和促进学术创新的重要作用，并带动广播政治传播、广播文化分析和广播生态学方面的进一步发展。

二、人民广播事业本土化政治实践的四种效应

媒介逻辑包括信息报道的节奏（rhythm）、建构信息的法则（grammar）和信息呈现的形式（format）。通过重新定义传播效果的重要性，不但主导媒介内容生产，也可以进入政治、经济以及其他社会领域并影响这些领域的实践方式。广播作为意识形态的特定的生产方式和传播方式，能将政治材料转化为传播内容和信息。不同于英国广播对于特定政治事件的权威口吻的评论形态，也不同于美国广播以民粹精神自居的政治辩论，中国人民广播事业伴随着中国共产党对于中国革命和社会主义建设的艰苦探索和不懈实践，在本土化政治场域内以结构化的形式对于社会发展、

文化信仰和制度规范产生重要影响。将媒介逻辑的背景转移至对于人民广播事业的大范围的社会影响的基础之上，即具有社会影响性的"社会力"（social power），能够推动广播在发展中更好地彰显这种力量，并促进广播政治传播、社会建制和文化教育之间更加紧密的互动关系。

综合来看，人民广播事业本土化政治实践的媒介逻辑具有以下 4 种效应：

（一）灯塔效应

"九一八"事变后，中国出现 3 种不同性质的政权：国民党政权、共产党政权、日伪政权。尽管中共中央、毛泽东在抗日战争爆发前后多次提出要建立自己的广播电台以冲破敌人的新闻封锁，宣传中国共产党的政策和主张，进一步团结解放区军民和全国人民，但因受制于物质和技术条件而未能如愿。

1940 年 12 月 30 日，延安新华广播电台开播，为党的新闻宣传架起了一座空中桥梁，使党的宣传工作实现了跨地域、跨时空传播，并推动党的新闻事业从报刊、文字阶段迈入电子传播阶段。1941 年 6 月《中宣部关于党的宣传鼓动工作提纲》指出，"在现代无线电业发展的情形下，以及在中国交通工具困难的情形下，发展通讯社的事业，无线电广播事业，是非常重要的。应当在党的统一的宣传政策之下，改进现有通讯社及广播事业的工作。"[③]党在延安台成立之初即将广播媒介纳入统一的宣传政策框架内，将其视为推动和促进文字宣传工作的新媒介、新技术和新思想。

毛泽东认为，"日本敢于欺负我们，主要的原因在于中国民众的无组织状态。克服了这一点，就把日本侵略者置于我们数万万站起来了的人民之前，使它像一匹野牛冲入火阵，我们的一声唤也要把它吓一大跳，这匹野牛就非烧死不可。"[④]解放区广播在中国两种命运两种前途大搏斗的时刻，把革命的声音传遍全国，传向世界。原中宣部新闻局局长钟沛璋认为，"解放战争时期，收听延安广播的人越来越多。1947 年～1948 年，国民党反动派在上海实行白色恐怖，进步报刊被封掉，那时候，重要消息的来源就是靠收听解放区的广播。"[⑤]据记载，沦陷区和国统区有数十万台收音机能收听到延安台广播，[⑥]延安台成为国统区和沦陷区听众心目中"指引航向的灯塔"。延安台播出大量宣传文件和讲话，以电波、声音、言论为弹药和阵地，推动了人们对于当时中国的政治、民族、革命和社会现状的直接认识和深入了解，客观上起到了解放思想、武装思想和引导舆论的革命作用。

（二）联系效应

迪克·威尔逊的《毛泽东传》（经中共中央文献研究室《国外研究毛泽东思想资料选辑》编辑组翻译和校订）书中记载了这样一件事：

1947 年夏，为躲避敌人追击，毛泽东的小分队在王家湾休整。有一天，村子里借窑洞给毛泽东的老人，看到他们听收音机时走了进来，他从来没有见过收音机，见到后大为惊异，前后左右看了个遍后说，"这是什么？里面可有人吗？"大家都乐了。毛泽东说，"别笑，你们哪一个要是知道这个原理，就把它讲给大叔听嘛。"

可没人能做出解释。一阵局促的沉默后，毛拿出凳子让老人坐下，然后就像拉家常似的开始解释无线电是怎么一回事。一个当事人回忆："他讲到了空谷回声，空气的振动，最后是一些有关电磁波的运作原理。我们越听越有趣，像是参加一个很吸引人的讲座。"⑦对于这一新发现，老人颤着声音说，要是早先他看见这玩意儿，准保劈了当柴烧了。以后要是找到这东西，他会留着它听"毛主席的声音"。

广播具有天然的亲近性。老人通过收音机与电波另一端的思想和观点建立起亲密的关系。这个例子揭示出广播能够将人们联系在一起的深层原因。作为一种远距离的信息传播和娱乐方式，广播节目内容与听众的交流方式也是比较个人化的。这就把我们带到了这个故事的核心：广播是一种关系媒介。自广播诞生以来，它一直是可以让听众自由获取和享受听觉信息的载体，广播的内容易于理解，信息丰富、制作成本低廉，最为重要的是它受到听众的信任。人民群众对于广播的信任来自于电台对于听众在政治思想、舆论引导和文化生活方面的无私帮助，这种信任可以帮助听众树立正确的方向，消除孤独感，增强文化归属感，并通过无线电波与党和政府保持联系。

梅益认为，"电台要加强它与听众的联系，必须具备三项条件。第一是广播电台本身的技术设备。第二是群众的收听设备。第三是广播电台的编播工作与组织工作。"⑧这三项条件对于现代社会的广播发展依然是有效的的工作原则。听众相信广播播出的新闻是经过事实核实并受到政府指导和监督的，这大大增强了听众对于电台和主持人的信任。听众也常常把广播中的声音认为是自己的朋友，而主持人、记者和编辑也因此获得很高的影响力和知名度。

（三）公共效应

哈贝马斯将公共领域（Public Sphere）视为一个真实的或虚拟的空间，在这里人们可以聚集在一起讨论公共事务并得出结论。现代公共领域在 18 世纪末和 19 世纪初的资产阶级的发展中得到充分体现，例如咖啡馆、沙龙都成为政治和艺术辩论的场所。广播能够促进人们对于政治的理解和参与，电波营造的公共空间因此成为对广播进行媒介政治角色讨论的有效途径。

广播创造的虚拟公共空间对于国家文化的影响是巨大的。报纸在广播出现之前已存在多年，事实上广播最初被认为是一种脱离实体的报纸。新中国成立初期，全国交通不方便，文盲很多，报纸种类和数量很少，当时全国大约只有 100 万只收音机，半数以上集中在东北、上海及沿海城市，农村基本没有收听工具。在这种环境下，人民广播事业成为群众教育宣传的有力工具，发布新闻传达政令、社会教育和文化娱乐作为广播宣传的三项基本任务得以贯彻。

20 世纪后半期，无线电技术的通信功能和传播功能分别主导着社会媒介系统向个人通信和大众传播两个方向并行发展。广播将声音作为一种解释的方式，这种方式"影响日常的社会互动，从而成为创造、维护和改变文化的整体。"⑨进入 21 世纪后，媒介逻辑在互动和分享层面开始引起学术方面的重视和讨论。在现代社会中逻辑和规则被认为是理所当然的，并且通常是通过制度化的和媒介化的方式发挥作用，是能够促进社会互动的。但是与此同时，社交媒体开始大量吸引青年一代的注意力，广播的接触率快速下降，广播曾经具有的影响社会热点和引导、规范文化话语的力量被削弱，广播的公共空间效应受到巨大冲击和破坏。

从20世纪国际政治传播的调查和研究来看，政治组织依赖大众媒体并受其影响，同时，政治组织仍然控制着政治进程和功能，至少部分政治传播是根据媒介逻辑进行的，例如新出现的"规范逻辑"（normative logic）和"市场逻辑"（market logic）都共同服务于传播框架的语境化。"当媒介和政治行为者调整其行为以适应面向受众的市场逻辑时，政治就是中介化的。"[⑩]这种隐性的媒介逻辑对于现代社会政治传播、社会秩序、国际关系等都产生了新的影响。

（四）共振效应

广播几乎可以接触到所有的人，不论受众文化程度和经济基础如何，他们都能通过广播建立起与社会的联系和交流。广播不是社交媒体，但是很早就具有社会化的功能。广播将不同阶层和背景的社会个体与组织聚集在电波周围，从而使其获得来自国家、地区和文化的认同感与归属感。这种前所未有的影响力使广播成为塑造社会凝聚力的重要工具。

这种媒介现象类似自然界中的共振效应（Resonance）。如果符合事物内在的节奏，共振就会发生。尽管这在工程领域通常是不受欢迎的，但是却适用于广播及文化现象的传播分析。受众利用无线电技术进行参与和合作时不需要额外的信息成本和复杂的技术能力。无线电作为政治传播的有力工具，能够起到稳定社会、凝聚社会和发展社会的作用。例如广播网的建设和发展在一段时期内有力加强了政府与人民群众的联系，促进了国民经济建设的恢复和生产发展。

在互联网时代，政治传播的一个重大变化是与娱乐内容相关的传播形式的大量出现和演绎，这也影响着政治传播的观念和形式。广播也会以娱乐化为主题进行节目制作和播出，记者和媒体经常为了吸引用户注意力而对事件进行加工包装，这些不断扩大的新的政治文化能够有效增强广播的共振效应。但是需要注意的是，个体对于政党的认同与否，很难因为某则新闻报道或特别吸引人的广告而改变。和谐的信息会被接受，但是相反态度的信息则容易受到抵制。这种信息内容和先验态度之间的相互作用支配着强化或极化效应的出现。

通过广播媒体促进政治目标的实现是任何一个政党都会采取的手段和策略，但是能否将其政治理念、执政方式和人民群众的需求有效结合，与社会的发展趋势结合，与人类命运共同体结合则需要更加系统化和逻辑化的媒介设计。当然，其深层动力必然建立在政党的先进性与历史性之上。由于广播传播的伴随性和参与性的特征，很难对于过去的实践重新进行效果的量化和评估，但是如果将广播视为一个媒介化的社会过程，在国家治理体系和治理能力现代化的背景下，共振效应引发的"生态共鸣"作为适应政治实践创新趋势的广播研究的新概念，具有进一步探讨和挖掘的学术意义。

三、新常态背景下广播媒介意义的未来面向

技术是无线电媒体的根本属性，伴随广播发展不断前行，政治决定着广播在传播生态中的地位、影响力和规模，而竞争（市场）与政策（干预与支持）则决定着广播创新的广度和深度，并影响着广播未来的趋势与走向。

面对新世纪的发展，无线电广播的未来似乎存在一定的不确定性，当我们试图思考和迎接新常态时，传统的广播模式已经受到来自互联网的巨大挑战。旧的广播模式依旧存在，而新的广播模式尚未形成。大众媒体在 20 世纪发展与建构的关于国家和社会发展的集体结构感和安全稳定感被新媒体、新技术分化和消解，广播作为国家政治传播的主通道和和优秀听觉文化展示的主平台面临诸多新的挑战。都柏林大学的哥伦比·麦卡弗里（Colum McCaffery）认为："西方民主社会对于政治传播系统的期望通常通过自由主义（liberalism）、多元主义（pluralism）、法兰克福学派（the Frankfurt School）和马克思主义结构主义（Marxist structuralism）4 种基本研究方法进行探索，但是不代表任何问题都可以将政治传播的多样性减少到这四种方法，或者把不可调和的观点打造为人为的共识。"[11] 广播要想跨越政治和媒体理论的广阔领域，社会目标必须是全面的，要有更高的要求，节目内容不能仅是政治新闻或明星娱乐，言论和观点要能胜任政治传播的需求，易于理解，利益明确，并且能够积极传播。

广播曾经作为一种不可视的媒介而存在，这恰恰是一种特殊的交流能力，甚至是重要的和占据主导地位的。在新兴信息技术环境中，媒介逻辑及其影响将继续塑造并推动广播的政治传播及社会效应。由于媒介接触的双向性，当我们在生产和消费信息的过程中塑造媒介时，广播作为技术形式和文化意义的来源依然具有塑造人们社会生活的必要性。对于这样的实践、框架、形式、社会行为及技术整体，我们都需要认识到，在即将到来的新的竞争环境中，媒介逻辑即媒介文化。

注释：

① MOAH, Politics discovers radio, http://www.moah.org/radioking/politics.html.

②《习近平：意识形态工作是党的一项极端重要的工作》，http://jx.cnr.cn/2011jxfw/xwtt/201308/t20130821_513376949.shtml.

③《中央宣传部关于党的宣传鼓动工作提纲》，1941 年 6 月 20 日，《共产党人》1941 年 8 月。

④《毛泽东选集》第 2 卷，人民出版社 1991 年版，第 511 页。

⑤哈艳秋：《中国新闻传播史研究》，中国广播电视出版社 2005 年版，第 92 页。

⑥王求：《永不褪色的记忆，延安新华广播电台诞生记》，https://www.sohu.com/a/158581658_790623

⑦《毛泽东传》，迪克·威尔逊著，中共中央文献研究室《国外研究毛泽东思想资料选辑》编辑组译，国际文化出版公司 2013 年 1 版，第 284 页。

⑧选自《梅益谈广播电视》（此文写于 1950 年），转摘自杨波主编、王燕春副主编《中央人民广播电台 60 周年——广播改革论文选》，北京广播广播学院出版社 2001 年版，第 3 页。

⑨ David L. Altheide, Media Logic, The international Encyclopedia of Political Communication, 2016,P1.

⑩ Landerer, N. (2013). Rethinking the Logics: A Conceptual Framework for the Mediatization of Politics. Communication Theory. Special Issue: "Conceptualizing Mediatization", 23, 239-258.

⑪McCaffery, Colum (1993), Political Communication and Broadcasting: Theory, Practice and Reform, Irish Communication Review: Vol.3.

（作者系中国传媒大学新闻学院副教授、新闻系副主任）

从播音语言范式流变看人民广播
不同阶段的角色与作用

王一婷　王耿炜　任闲牧

一. 划破黑暗的真理之声（1940～1949）

"……刚才最后一响是上海时间 19 点整，延安新华广播电台 XNCR 现在开始播音，请记住，我们的频率是波长 61 米，周率 4940 千周……"。1940 年 12 月 30 日，延安新华广播电台在延安宝塔山上向世界发出第一次呼号。这一声嘹亮呼号向整个中国、整个世界庄严宣告: 中国共产党领导的中国人民广播事业诞生了! 这一声呼号，也叩响了中国人民广播艺术创作的大门，掀开了波澜壮阔的历史大幕。

周恩来总理从苏联带回延安的一部广播发射机发出无线电波，为宣传党的方针政策、团结和凝聚各方力量、打破敌人的舆论封锁发挥了重要作用。抗战期间，虽然延安新华广播电台时播时停，甚至曾三度迁移并更名为陕北新华广播电台，但是在人民广播诞生直至新中国成立的近 10 年时间里，人民广播从未放弃自身的主要任务，即"宣传党的主张、揭露敌人的阴谋、教育和动员人民"。①这一时期广播的内容主要就是国际国内新闻、广播讲话、社论、领导人谈话、中共中央重要文件等。延安新华广播电台明确提出"人民大众的号角要人民大众来鼓吹"的主张，把广播办成"人民的喉舌，民主的呼声"。②人民广播的地位、作用极其明晰，即: 传播真理与正义的灯塔; 军事政治斗争的强有力的武器与工具。抗战时期的人民广播更像是战斗的子弹与号角，以宣读的语言范式为主。充分展现出其舆论宣传的权威性、革命性、战斗性。当时播音员的"每句话、每个字都像子弹一样"，播音员讲到敌人时"慷慨激愤""义正辞严"，讲到人民军队的胜利时则"鼓舞人心""爱憎分明"，播音风格激荡起伏、锐利阳刚，鼓动性极强。1947 年，播音员钱家楣和杨慧琳在陕北新华广播电台播出了青化砭大捷的重要消息。此后，羊马河、蟠龙一连取得三次大捷，钱家楣用利剑似的声音播出了述评《志大才疏、阴险虚伪的胡宗南》，毛主席听后说"这个女同志好厉害，骂起敌人来真是义正辞严! 讲到我们的胜利很能鼓舞人心，真是憎爱分明，这样的播音员要多培养几个!"③

但是情感激昂充沛并不代表着丧失严谨的新闻态度，当时的广播工作者也对播音工作的内容、题材与具体字音规范性提出了要求。1941年5月25日，中共中央宣传部发表的《中共中央宣传部关于电台广播的指示》中这样写道"广播内容应以当地战争及政治、军事、经济、文化教育等各方面的具体活动为中心，并以具体事实来宣传根据地的意义与作用"，1948年7～8月《播音手续》直接明确了播音工作的操作规范，同时文件中明确要求：播音时必须严格依照原稿"不得播错一字""如发现播错，应立即重播"。鲜明的播音风格与严谨的工作态度使许多国民党官兵"明白了内战的起因、形式和前途，了解了中国共产党和人民解放军的政策"，并最终完成了思想上的进步与觉悟，下决心站到人民的一方来。可以说，延安新华广播电台自诞生起便积极贯彻中共的方针政策，鼓舞士气、传播思想、反击敌人，它既是射向敌人心窝的子弹，又是团结人心、鼓舞精神的号角，为战争胜利做出了巨大且独特的贡献。

二. 建设新中国的号召之声（1949～1966）

从黑暗中的曙光到晴空里的烈阳；从战时的"子弹"与"号角"，转变成了经济建设的助推器；从为了呼吁全中国人民反抗压迫、谋求解放到鼓舞人们热火朝天的进行社会主义建设，人民广播的定位与任务发生了天翻地覆的变化。正如毛主席的诗句那样，"雄关漫道真如铁，而今迈步从头越"，人民广播又迎来了新的历史使命与机遇。

"从我们接管城市的第一天起，我们的眼睛就要向着这个城市的生产事业的恢复和发展。通讯社报纸广播电台的工作都是围绕着生产建设这一中心工作并为这个中心工作服务的。""助力恢复与发展"，这是1949年3月5日毛主席在中国共产党第七届中央委员会第二次全体会议上对广播事业的要求与期望。彼时，万象更新，新中国成立前后的一段时间里，无数投身于广播事业的前辈们就已经为发出强有力的号召之声进行了充足准备。

在经历了整整10年的积累与探索后，人民广播所积攒的力量于1949年厚积薄发。主要可以分为两方面的动作：一方面，牢记自身使命，坚定不移的发展着属于人民，属于我们自己的广播事业；另一方面，对旧有的广播事业进行大刀阔斧的改革。

在总体理念上，1950年2月27日，国家新闻总署召开的京津新闻工作会议决定了广播电台的发展方向是："广播电台应以发布新闻、社会教育及文化娱乐三者并重。"1952年12月中国广播电视事业局在京召开了第一次全国广播工作会议，在宣传方面，讨论了联系群众、联系实际，做好宣传工作的基本经验，提出了"精办节目"的口号，并且强调指出，广播宣传的已有节目都必须把听众和经济建设联系起来，动员广大人民群众为完成社会主义建设任务而奋斗。

在1949～1966这17年的时间里，广播事业的长足进步离不开杰出播音员努力钻研与刻苦工作，众多一线播音工作者都在长期的实践里不断上下求索，与具体节目与工作任务相结合，形成了自己独特的风格与特色。根据 1958 年第五次全国广播工作会议提出的"文化娱乐"任务，中央人民广播电台开办了一系列深受听众喜爱的文娱节目。在 1958 年 5 月正式开播的《长篇小说连播》节目就是其中的代表，每天一次，每次 30 分钟，《林海雪原》《苦菜花》《敌后武工队》《红旗谱》《青春之歌》《红岩》《红日》等当时流行的长篇小说都可以在这里听到。1962 年，为了节目调性更加彰显民族特色，节目整体从编到播都开始融入了浓厚的评书风格。

1961 年 5 月，中央人民广播电台创办了《阅读和欣赏》节目，它融文学性、知识性、趣味性于一体，通过介绍古今中外优秀文学作品和文学知识，以提高听众的阅读和欣赏能力，亲切的被听众称为"不见面的文学老师"。《阅读和欣赏》有"三名"：名人、名作、名播音员。叶圣陶、臧克家等名家的美文让人难以忘怀，夏青、方明等播音员深入浅出的讲解方式为观众带来了极强的文化输出。

在少年儿童精神生活建设上，早期的《小喇叭》节目荟萃了当时中国最优秀的少儿节目播音员，如"故事爷爷"孙敬修先生、孙敬修的学生曹灿和"故事阿姨"后来变为"故事奶奶"的康瑛女士，塑造了全国小朋友心中可亲又可敬的形象。他们在对象感，儿童节目演播的口语化与生动性上下了苦功，精湛的播讲艺术吸引了一代代的儿童听众。

向人民树立精神榜样。作为新中国的第一位男播音员，齐越早已在丰富的实战中形成了其独特的朗诵式播音风格，1951 年 4 月，正值抗美援朝战争激烈之时。人民日报刊登了通讯稿《谁是最可爱的人》，由齐越在中央人民广播电台播送。真挚饱满的感情随着浑厚的声音传入了千家万户。节目一经播出，"最可爱的人"瞬间成了人民对于志愿军最亲切的称呼，不仅使得前线的将士们士气高昂，也让后方支前的群众们备受鼓舞。1963 年 2 月开始，雷锋同志的先进事迹在中央人民广播电台的各类节目中连续报道，并开办了《向雷锋同志学习》的专题。在让雷锋精神深入人心的过程中，广播起到了不容忽视的作用，更在全国产生了持久的影响。

人民广播不仅耕耘、构筑了人民群众的精神世界，更作为新中国大事小情的见证者向世界展现中国力量。

1961 年 4 月，第二十六届世界乒乓球锦标赛成功在京举行，中央人民广播电台成功完成了新中国历史上第一次举办的世界性体育比赛的转播任务。这次转播的圆满完成无疑为新中国民族团结、经济潜力巨大的欣欣向荣的国情做了一次非常好的宣传，受到了海内外的广泛关注。1964 年 10 月 16 日，我国第一颗原子弹爆炸成功，这标志着我国国防现代化进入了一个崭新的历史时期。当晚 8 时，中央人民广播电台就向全球播送了我国第一颗原子弹爆炸成功的《新闻公报》《中华人民共和国声明》等一系列文件与贺电，引起了国内与国际的巨大反响。

1965 年 9 月 5 日，中国人民广播事业迎来了诞生的纪念日（当时以 9 月 5 日为纪念日）。中央广播事业局在京召开了隆重的庆祝大会，党和国家领导人高度重视并专门题词祝贺。毛泽东为人民广播事业亲笔写下："努力办好广播，为全国人民和全世界人民服务。"

三. 十年文革的求索之声（1966～1976）

"当前开展的无产阶级文化大革命，是一场触及人们灵魂的大革命，是我国社会主义革命发展的一个更深入、更广阔的新阶段……"1966年8月8日，随着夏青向全国播报的《中国共产党中央委员会关于无产阶级文化大革命的决定》，"文化大革命"拉开了帷幕。人民广播事业作为带有记录现实职能的喉舌，投射出那10年间的风起云涌。

广播工作者在这10年里的创作空间被极大压缩，但仍坚守着自己的新闻职责。群众仍通过人民广播见证了"东方红一号"卫星成功上天，联合国恢复中国合法席位等新中国的巨大越迁、"小球转动大球"带来的中美建交历史巨变，而唐山大地震的国殇，毛泽东主席、周恩来总理、陈毅元帅等诸位开国元勋逝世的沉痛消息，也被播音工作者以时代的方式记录着。

不论是夏青的政治新闻播音创作，还是齐越的长篇通讯，他们秉持的播音风格对后来的播音语体产生了深刻的影响。自夏青之后，不少播音员都开始模仿他，可一味的模仿甚至是扭曲的模仿只能带来话语风格单一化、固定腔调、面具化等问题。齐越的长篇通讯播报虽然不可避免地带有文革时期高而冲的时代印记，但在当时特定的历史条件下引发了强大的正向舆论浪潮，并成为了我国播音史上通讯播音的三大高峰之一。在播音的方法上，齐越尽自身努力最大程度上保留了20多年里形成的优秀播音传统，对之后10年的通讯播音起到了良好的榜样作用。

四. 改革开放的时代之声（1979～2003）

十一届三中全会召开之后，改革开放成为我国的基本国策。在这一阶段，人民广播不仅是历史的记录者，也是历史的推动者。1978年12月23日，中央电台全文播发了中国共产党第十一届中央委员会第三次全体会议公报，为中国实现历史性转折鼓与呼。

人民广播是改革开放的参与者。它尽职地传播着时代的改革之声，自身又在传播的同时积极响应改革号召：紧跟党中央的步伐与时代需求，向新的播音风格、新的节目模式、新的管理方法发起探索，提高媒体的服务意识，加速市场化进程。

播音语言表达样式的转变是最显而易见的。一方面，解开思想镣铐后，广播逐渐淡化了文化大革命期间极左思潮的影响，重新回到了在党的领导下无条件为党和人民利益服务的发展道路上来。广大播音工作者开始把目光投向人民群众的寻常生活。原先高高在上、照本宣科的播音风格显然难以做到与群众亲切交流，无法被民众真正接受。"放低视线、摆正身份"成为改革开放后播音创作者的共识;另一方面,改革开放带来了人民物质生活水平与精神生活水平的提高。1978 年后,收音机社会拥有量剧增,有线广播和广播喇叭则逐年下降。1980 年,全国广播喇叭 9856 万只,1984 年减少为 8603 万只,1985 年为 9271 万只。[④]越来越多人拥有了自己的私人收音机,收听场所也从公共场所变成私人空间,收听状态逐渐转向私密,广播工作者在话筒前的交流方式需要适应听众的收听状态。因此,"播音的降调"成为历史的必然。1979 年,张颂在《谈谈播音的降调问题》一文中结合理论与实践,较为系统和鲜明地回答了播音降调"是什么""怎么降",又清晰地指出了播音降调应该降到"什么程度",降成"什么样子"。并提出了"无一字无依据""无一处无变化"以及"无一言无对象"3 个标准,很好地指明了改变的方向。1981 年元旦,中央人民广播电台对台湾广播《空中之友》节目开播,播音员出身的徐曼第一次以主持人的身份出现在节目中,以亲切平易的语调向听众问候:"亲爱的同胞,新年好! 从今天开始,我给诸位主持《空中之友》节目……我是诸位的朋友,请接受我的友谊。"[⑤]在语体上,没有训导教育、斗争批判,有的只是如同密友一般亲密无间的嘘寒问暖。在内容上,《空中之友》节目从一创办就确定了为听众"解疑、解惑、解忧、解难"的服务方针。该节目开播后 20 天,中央人民广播电台就收到了来自台湾听众的信,主持人"徐曼小姐"也在台湾人民的心中留下了"和平使者"、"知心大姐"的印象。《空中之友》节目果真在空中架起了连接两岸的友谊桥梁,为中国播音主持艺术创作吹起一股清新喜人的春风。

改革开放后节目流程与模式的创新与变化也刺激了播音语言范式的转变。1980 年的第 10 次全国广播工作会议提出了实行"四级办广播、四级办电视、四级混合覆盖"的事业建设方针及与之配套的技术政策,如:卫星广播、调频广播等一系列改革措施。[⑥]在政策、技术支持下,1988 年以珠江经济台为代表的的"珠江模式"舞动新潮。珠江经济台以广州话作为主要播送语言,秉承"大众型、信息型、服务型、娱乐型"的办台方针和理念,采用以新闻、信息为骨干,以大时段(即大板块)节目为肌体,采取主持人直播、多种形式争取听众参与、双向交流的传播模式,形成了对广播界影响极为深远的"珠江模式","珠江模式"的推广从根本上改变了广播工作者的交流姿态。

平易近人、充满生活气息的轻松交谈不再更多地局限于对外宣传,而是开始深入国内广播电台的传播理念。从一对多的"我教你听"式大众传播,逐渐变成了互相交流式的人际传播,在传播的过程中,双方都有几近同等机会的向对方产生影响,而不再只是单方面的观念输出。珠江模式意味着广播工作的信息传播职能、服务职能逐渐被重视,它的成功带动了国内一批优秀经济台与专业台的创立,从中央到地方,人民广播事业为适应社会主义市场经济的发展以及广大听众新要求的一系列改革取得了成功,探索出了一条"新闻 + 文娱 + 教育 + 交通"的多元系列广播模式。

　　广电事业以关注国家发展、反映时代变化、报道社会生活为工作核心，必然跟随时代的发展不断前行，1980 年召开的第十次全国广播工作会议还提出了"坚持自己走路"、"为经济建设服务，为实现四个现代化服务"的广播发展总要求。[⑦]1992 年，随着上海东方广播电台的成立，广播体制改革浮出水面。1993 年被新闻界称为"广播年"，传统广播模式有了根本性的转变。在此之后，广播节目越来越趋向专业化、受众越来越细分化，广播开始向"窄播"演化。[⑧]

　　在从改革开放到 21 世纪初的 30 多年时间里，作为历史记录者、推进者、亲历者的人民广播始终紧紧围绕着国家改革开放和以经济建设为中心的宏观战略布局推进事业改革和发展。在播音范式与风格上，由宣读式逐渐转化为谈话式，从原来的"说教者"开始走下神坛，成为可以互动的真心朋友，主持人的出现，则实现了大众传播与人际传播的深度融合；在节目形式上，直播化、专业化、互动化使得广播内容百花齐放；在体制改革下，广播也越来越符合社会主义市场经济体制的需要。可以说，改革时期的广播事业继承了优良传统，但又不再只是政治活动的宣传工具，它成为时代改革中重要且和谐的引领之声，在改革开放时期扮演关键的角色。

　　从延安到北京，人民广播与党和国家的发展紧密相连，新中国成立后在生产建设动员、政治宣教以及助推改革开放巨变等重要议题上从未缺席。时代的大浪起起伏伏，牵动着广播等大众媒介随之潮起潮落，广播的语言范式也因自身角色任务的不同经历了三次较大的转变。但是，风格的变化中一条鲜明主线始终坚定明确：始终坚持以马克思主义新闻观为指导，坚持以人民为中心的发展理念。独立自主，不忘初心，方能勇立潮头，百折不挠，传递时代之音，大国之声。

注释

① 曹海鹰：《我国播音风格初探》，《中国广播电视学刊》1988 年第 10 期。

② 徐光春主编：《中华人民共和国广播电视简史》，中国广播电视出版社 2003 年版。

③ https://www.sohu.com/a/116383430_394097

④《改革开放以来广播收听方式的变迁》

⑤ 白谦诚：《峥嵘岁月，见证中国节目主持人 25 年》，中国国际广播出版社 2006 年版。

⑥ 张骏德：《试论中国人民广播事业六十年的历史经验》，《新闻大学》，2001 年夏。

⑦ 赵玉明：《中国广播电视通史》，中国广播影视出版社 2014 年版。

⑧ 喻梅：《新中国播音创作简史》，中国传媒大学出版社。

（作者单位：浙江传媒学院）

人民广播80年播音主持风格演变探析

冯鑫燚

1940 年 12 月 30 日，我国人民广播从战争的烽烟炮火中走来，至今已是第 80 个年头。80 年来，我国人民广播播音主持风格在时代背景、技术条件、媒介环境的影响下不断发展变化，呈现出阶段性特征。本文参考姚喜双在《播音学概论》中对播音主持发展历程的分期，试将我国人民广播播音主持风格的演变历程划分为 5 个阶段，概括总结各个阶段的播音主持风格特征。

一、延安陕北时期——铿锵有力、爱憎分明

1940 年 12 月 30 日，陕北延安一口窑洞里传出中国人民广播的第一声呼号："延安新华广播电台，XNCR，现在开始播音"。这个声音来自我国人民广播第一位播音员麦风（本名徐瑞璋），标志着我国人民广播的诞生，也是我国人民广播播音的开端。

从时代背景来看，我国人民广播事业从一开始就是"传播政策、教育人民和同敌人斗争的重要武器之一"。[①]抗日战争及解放战争时期报纸文字消息的传递十分困难，人民广播承担了传递党中央声音的重要任务，对鼓舞军心争取战争的胜利做出了特殊贡献。这一时期的人民广播播音带有独特的政治属性和宣传使命，人民广播最初的宣传目标就是：团结全国人民，打败日本侵略者；后来调整为：团结全国人民，打倒蒋介石，建立新中国。温济泽曾评价，"当时，所有的同志，不管是搞机务的同志，做编辑的同志，还是播音员同志，每个人都做到了全心全意为着实现这个目标而坚决奋斗。"[②]

从技术条件来看，当时我国处于抗日战争时期，传播技术相对落后。1940 年周恩来同志从苏联带回一部无线电广播机，经过延安无线电技术人员的反复摸索、改装，终于克服困难建成了广播电台，开始试播，发射功率 300W。后来曾因技术问题停播，在 1945 年恢复播音。据播音员肖岩回忆，延安新华广播电台环境简陋，只有一孔 20 平方左右的窑洞做播音室，没有隔音设备，就把当地产的灰毛毯从上到下钉满墙壁。一张木桌、一个话筒、一部留声机、毛主席送的二十几张唱片再加一本小字典，就是播音室的所有设备。

肩负着特殊的政治使命，这一时期的播音风格可以用铿锵有力、爱憎分明来概

括。这个阶段担任播音员的主要有徐瑞璋、姚雯、萧岩、孙茜、钱家楣、孟启予、齐越等，播出了毛泽东同志为皖南事变发表的命令和谈话、《陕甘宁边区施政纲领》《在毛泽东旗帜下前进》和《伟大的国际劳动节》等重要稿件。在艰苦的生活工作环境下他们怀着"饱满的政治热情和高度的责任感，以勇敢的开拓者的姿态，独立开创人民广播的一代新风"。③他们的播音吐字清晰、饱含深情，在斥责国民党反动派时义正严辞、义愤填膺；讲到我党的胜利时高亢激昂、鼓舞人心。他们的播音中体现了"摧枯拉朽、势不可挡的气概，贯穿着憎爱分明、坚定豪迈"④的情感，显示出了我党的沉着从容、真理在握。在艰苦简陋的条件下，人民广播播音顽强地传达了党中央的声音，极大地鼓舞了军民。

二、和平建设时期——规范庄重、亲切质朴

1949年10月1日，中华人民共和国成立。建国初期，人民当家作主的热情高涨，各行各业都出现加速发展的势头，播音事业也不例外。随着广播事业的蓬勃发展，人民播音也进入了一个生机勃勃的大发展时期。1956年梅益在第四次全国广播工作会议总结报告中谈到要"改进广播宣传工作"，点明我国广播事业的主要任务已经转变为为社会主义建设服务，在对广大人民进行爱国主义和社会主义教育的同时要满足他们对文化娱乐的需求。

这一时期是广播事业迅速发展时期，广播节目内容和形式比建国前更为丰富多样，播音风格可以用规范庄重、亲切质朴来概括。当时，全国已有40多座电台，也具备了一定数量的播音队伍。播音员在播报新闻、通讯和评论之余也开始参与录音报道、时事对话、广播大会、剧场实况转播的播音。丁一岚和齐越登上天安门城楼，现场广播了开国大典的盛况。同时期涌现出了《谁是最可爱的人》《长春第一汽车厂动工兴建》《鞍山无缝钢管厂建成》《跑在时间前面的人》等优秀播音作品，感人至深，奏响了时代赞歌。出现了一批广受听众欢迎的播音员：齐越、夏青、潘捷、费寄平、林田、林如、葛兰、陈醇、关山等等。在语言的处理运用上，播音员们在继承延安时期的优良传统外还自然融入了新的时代表达，有的热情豪放、有的刚柔相济、有的清新质朴、有的潇洒飘逸，既保证了党和人民的声音被恰切表达，又增强了播音的审美特征，使人易于接受。

三、十年动乱时期——盛气凌人、单调浮夸

1966年5月"文化大革命"开始，党、国家和人民遭到建国以来最严重的挫折和损失。受到极左思潮的影响，全国陷入混乱之中，无数优秀典籍被付之一炬，大量国家文物遭受洗劫，许多知识分子、民主人士和干部遭到批斗。在这个极特殊的历史时期，人民广播播音事业亦遭到严重破坏。建国初期建立起来的播音队伍被迫拆散，许多老播音员被扣上"反动权威""黑五类""修正主义苗子"等帽子，受

到批判、调离播音岗位。播音业务学习和培训被迫停止，北京广播学院停办。

这一时期的播音风格遭到严重扭曲，盛气凌人、单调浮夸。播音创作陷入目中无人、偏激、"脱离群众、上纲上线的畸形发展局面"。⑤当时地方台被要求停止编辑、自办节目，全天候转播中央人民广播电台节目，由党和人民的喉舌转变为"无产阶级全面专政的工具"。自人民广播诞生以来积累的优良播音传统被抛弃，播音内容受到严格管控，在偏激、强压的政治环境下播音工作被迫整齐划一，一味叫喊、偏离事实、追求高调门、大音量，节奏单一缺少变化，走向与听众平等交流的反面。

四、改革开放时期——亲切平和、自然真挚

1978 年党的十一届三中全会后，我国拉开了改革开放的大幕，进入了社会主义现代化建设的新时期。我国经济、科技、教育、文化等各个领域迸发出新的活力，人民广播事业也进入了恢复、发展的新时期。文革中被迫停办的北京电视台，以中央电视台的名号重新开办；广播电视中开始恢复受听众喜爱的专题和文艺节目，并开办了一批新的知识教育性节目。据 1979 年底统计，全国已建成中央及地方各级电台 99 座，发射台和转播台 502 座，调频台 99 座。全国共有电视台 38 座，1 千瓦以上的电视发射和电视转播台 238 座，小功率（50 瓦以下）电视差转台 2000 余座。广播电视技术的发展与逐渐普及为广播电视事业和播音主持事业的发展提供了必要的技术保障。

这一阶段播音主持创作开始"降调"，一改"文革"时期的"高、平、空""冷、疆、远"，播音风格可以概括为亲切平和、自然真挚。这一时期的广播工作会议上提出要探索新的播音方法，鼓励"大胆创新、百花齐放"。随着广播电视节目类型的丰富，主持人节目也开始出现。1981 年，中央人民广播电台《空中之友》栏目开播，徐曼作为主持人出现在节目当中，以亲切平等的姿态，像观众的老朋友一样娓娓道来，拉近了与观众之间的距离，一时间好评如潮。这种富有人情味的播音方式很快就打开市场，流行开来。主持人开始出现在新闻、社教、文艺、生活服务等各类节目当中。进入 90 年代，从中央到地方各级电台、电视台纷纷采用主持人节目形式，这一阶段是我国主持人节目大发展的重要时期，专职主持人队伍壮大起来。从 80 年代以沈力为代表的亲切甜美、娓娓道来的风格，发展为 90 年代以倪萍、赵忠祥、杨澜为代表的热情爽朗、大气知性的风格，到 90 年代末何炅、谢娜为代表的轻松活泼、清新自然的风格，播音主持的发展样态越发多元化、风格日益多样化。2000 年以后，特别是 911 事件发生后，新闻报道时效性进一步增强，大量的突发事件报道、直播连线对主持人提出了更高的要求。播音员主持人适时地调整了语速，节奏更为明快，表达更加鲜活。

五、进入新时代——清新明快、鲜活向上

党的十八大在北京确定了全面建成小康社会和全面深化改革开放的目标，对新的时代条件下推进中国特色社会主义事业作出了全面部署。2014年10月15日，习近平总书记在北京主持召开文艺工作座谈会并发表重要讲话，指出要坚持以人民为中心的创作导向，创作出无愧于我们这个伟大民族、伟大时代的优秀作品，为文艺创作指明了方向。

互联网技术的飞速发展使得媒介融合成为新的业态。新时代受众多屏、跨屏的媒介使用习惯，改变了曾经主流媒体"一家独大"的传统，受众开始参与信息的制作和传播，播音员主持人也面临实时与听众观众沟通、反馈的情况。数字化新传媒技术的发展，使广播电视节目样态越来越丰富。全景交互式演播室的出现，为新闻资讯直播、专题报道、节目演播、现场报道等形式提供了便利，播音员主持人可以实时收看、解读信息，进一步深化受众的参与程度。

这一时期的播音主持风格可以概括为清新明快、鲜活向上。活跃在电视荧屏或收音机中的播音员主持人不胜枚举，各有千秋。白岩松、撒贝宁、康辉、海霞、欧阳夏丹、彭坤、尼格买提、孟非、汪涵、何炅、谢娜都在各自节目领域甚至跨领域风生水起。《新闻联播》《星光大道》《天天向上》《快乐大本营》《非诚勿扰》《开讲啦》等丰富多彩的节目类型给观众很大的选择余地，适应了不同喜好的观众的需求。新的播音主持方式也层出不穷，如朱广权合辙押韵、寓教于乐的"冷幽默"："地球不爆炸，我们不放假，宇宙不重启，我们不休息"打破了观众对新闻播报的传统认知，给人耳目一新的体验，把新闻播得更接地气；尼格买提凭借开朗亲切，清新热情给观众留下邻家大哥哥的印象。主持人不再是正襟危坐、不苟言笑的形象，与观众的距离越来越近。

六、结语

自人民广播诞生以来，我国播音主持事业走过了曲折又辉煌的80年。播音主持风格的变迁离不开时代背景、传媒技术发展等关键因素的影响。我国人民广播播音带着特殊的政治宣传使命诞生，建国后自觉地调整为为社会主义建设服务、为满足广大人民群众文化艺术需求服务，从较为传统的播报，到愈发强调"平等对话"，我国播音主持风格的变迁由此可见一斑。"根据时代变化把握传播目的，自觉调整角色和任务"，[⑥]播音主持的战斗色彩逐渐减弱，服务色彩日渐增强，亲切平易、注重人际交流、风格多元化是其大的发展趋势。

值得注意的是，受到市场和网络自媒体发展的影响，播音主持也出现了一些盲目追求个性、哗众取宠、过度娱乐化的现象。违背了播音员主持人作为党、政府和人民耳目喉舌的定位，不利于传播正能量，是值得我们警醒的。

注释：

①孙东升、蒋永清主编《邓小平手迹故事》，第 85 页，重庆出版社 2014 年版。

②北京广播学院新闻系编选《中国人民广播回忆录》，广播电视出版社 1983 年版。

③④姚喜双：《播音学概论》，北京广播学院出版社 1998 年版。

⑤喻梅：《新中国播音创作简史》，中国传媒大学出版社 2016 年版。

⑥高贵武、王彪：《从宣传鼓动到服务引领：人民广播播音主持近 80 年之嬗变》，《中国广播》2019 年第 12 期。

（作者系中国传媒大学播音主持艺术学院博士研究生、辽宁大学广播影视学院教师）

附录

优秀奖目录

星空下，守望那份真情 ……………………………………………… 秦晓红

抗疫背景下广播剧制播模式探索与思考
　　——以音视频广播剧《凡人小林》为例 ……………………… 孙海苗

空中的蜕变 ………………………………………………………… 邱　雪

生命不息广播情 …………………………………………………… 黄守斌

媒体融合时代广播创新发展研究 ………………………………… 苏中洲

浅析全媒体时代广播节目的圈护与运营 ………………………… 吴维玮

媒体融合时代广播创新发展研究浅析 …………………………… 张金燕

城市新闻广播差异化竞争手法初探 ……………………………… 吴伟懿

中国传统美学意趣在当代播音主持中的应用 …………………… 赵婉莹

广播音响：彰显新闻的特殊魅力 ………………………………… 武俊叶

从《魅力童声》看媒体融合背景下少儿节目的策划与传播 … 孙平华　刘德雅

新媒体时代县级电台主持人如何与时俱进 ……………………… 沈　艳

立体声拾音技术之于广播的重要性 …………………… 孙钦敏　朱　莹

融媒体环境下的电台发展探索 …………………………………… 梁　峰

锤炼"四力"：新时代朗诵艺术的守正创新之路
　　——基于冉迪抗疫朗诵作品之分析 ………………………… 万俊杰

媒体融合时代广播创新发展探讨 ………………………………… 王治国

浅谈广播互动方式在改革创新中的发展 ………………………… 吴　倩

新时代县级广播要有新气象新作为 ……………………………… 赵进红

全媒体框架下提升对港澳广播传播力的策略及路径探析 …… 张　涛　刘肖榕

用声音讲好中国故事的要素 ……………………………………… 王　楠

传统广播公益传播创新的四大路径

——以广东广播电视台"大爱有声"公益行动为例 …………… 王舒涓

双主流对接：主旋律广播剧的创新路径 …………………… 田森杰

坎坷与辉煌：一个沿黄县的有线广播时代 ………………… 李道达

地市级广播媒体MCN转型路径研究

　　——以佛山电台为例 ………………… 曾　岑　刘　涛　梁广棉

从跨界到深耕：区级广播与教育的融合探索 ……………… 符　强

广播在媒体融合时代智能化趋势浅析 ……………………… 张　睿

媒体融合时代的广播生存 …………………………………… 屠　彪

人民广播事业技术发展研究

　　——陕西电台数字化网络化新闻文稿及音频录制播出系统 ………… 李文军

回首80年：人民广播播音创作风格的艺术内涵 …………… 喻　梅

智能音频设备何以成为"四全媒体" ……………………… 张　帅

移动时代广播媒介发展路径探索 …………………………… 张海超

守正创新化虚为实　做看得见的新广播 …………………… 赵文宣

新时代广播新闻主播生存发展之道 ………………………… 樊　维

情系广播这半生 ……………………………………………… 石顺清

媒体融合业态中广播媒介传播场景的转换与应对 ………… 刘　楠

我们需要什么样的播音主持教育

　　——写在"纪念中国人民广播事业诞生80周年"之际 ……… 龚伟亮

规训还是重构：两种理论视角下的移动音频研究 ………… 李汇群

从957私家车频率运营改革看县级广播的突围之路 ………… 施雄伟　王雪梅

融媒时代广播剧"平行宇宙"现象浅析 …………………… 李立伟

媒体深度融合背景下音频新闻栏目的新探索

　　——以《嗨！七点出发》栏目为例 ……………………… 许成龙

传承人民广播红色基因，做党和人民放心的新闻工作者 …… 孔　非

如何增强广播语言的想象魅力 ……………………………… 郝丽萍

探析地市级广播事业的发展之路 …………………………… 陈泽辉

融媒时代广播新闻的可视化策略 …………………………… 张蔚妍

广播专题《紫云英的春天》创作谈 ………………………… 叶赵明